***ACCESO GRATIS** a la Lectura en la Nube*

Para visualizar el libro electrónico en la nube de lectura envíe junto a su nombre y apellidos una fotografía del código de barras situado en la contraportada del libro y otra del ticket de compra a la dirección:

ebooktirant@tirant.com

En un máximo de 72 horas laborales le enviaremos el código de acceso con sus instrucciones.

LA EFICIENCIA DE LA JUSTICIA A DEBATE

LA EFICIENCIA DE LA JUSTICIA A DEBATE

FERNANDO JIMÉNEZ CONDE
Catedrático de Derecho Procesal (Emérito).
Universidad de Murcia

FRANCISCO LÓPEZ SIMÓ
Catedrático de Derecho Procesal.
Universidad de las Islas Baleares
Directores

FELIP ALBA CLADERA
Profesor Permanente Laboral de Derecho Procesal.
Universidad de las Islas Baleares
Coordinador

tirant lo blanch
Valencia, 2024

En caso de erratas y actualizaciones, la Editorial Tirant lo Blanch publicará la pertinente corrección en la página web www.tirant.com.

© TIRANT LO BLANCH
EDITA: TIRANT LO BLANCH
C/ Artes Gráficas, 14 - 46010 - Valencia
TELFS.: 96/361 00 48 - 50
FAX: 96/369 41 51
Email:tlb@tirant.com
www.tirant.com
Librería virtual: www.tirant.es
DEPÓSITO LEGAL: V-3878-2024
ISBN: 978-84-1071-657-5
MAQUETA: Disset Ediciones

Si tiene alguna queja o sugerencia, envíenos un mail a: *atencioncliente@tirant.com*. En caso de no ser atendida su sugerencia, por favor, lea en *www.tirant.net/index.php/empresa/politicas-de-empresa* nuestro procedimiento de quejas.

Responsabilidad Social Corporativa: http://www.tirant.net/Docs/RSCTirant.pdf

AUTORES (por orden de aparición)

Burkhard HESS

Catedrático de Derecho Procesal. Universidad de Viena

Lea QUERZOLA

Profesora Titular de Derecho Procesal Civil y de Derecho Procesal de la UE. Universidad de Bolonia

Rafael BELLIDO PENADÉS

Catedrático de Derecho Procesal. Universidad de Valencia

Sonia CANO FERNÁNDEZ

Profesora Lectora de Derecho Procesal. Universidad de Barcelona

Sara DÍEZ RIAZA

Profesora Ordinaria de Derecho Procesal. Universidad Pontificia de Comillas–ICADE

Ayllen GIL SEATON

Profesora Lectora de Derecho Procesal. Universitat Oberta de Catalunya

Alberto José LAFUENTE TORRALBA

Profesor Contratado Doctor de Derecho Procesal. Universidad de Zaragoza

Lucía MORENO GARCÍA

Profesora Permanente Laboral de Derecho Procesal. Universidad de Almería

Juan Carlos ORTIZ PRADILLO

Profesor Titular de Derecho Procesal. Universidad Complutense de Madrid

Gregorio SERRANO HOYO

Profesor Titular de Derecho Procesal. Universidad de Extremadura

Silvia BARONA VILAR

Catedrática de Derecho Procesal. Universidad de Valencia

Fernando CASTILLO RIGABERT

Profesor Titular de Derecho Procesal. Universidad de Murcia

Alicia BERNARDO SAN JOSÉ

Profesora Titular de Derecho Procesal. Universidad Complutense de Madrid

M.ª Jesús Ariza Colmenarejo

Profesora Titular de Derecho Procesal. Universidad Autónoma de Madrid

Marina Cedeño Hernán

Profesora Titular de Derecho Procesal. Universidad Complutense de Madrid

Ricardo Juan Sánchez

Catedrático de Derecho Procesal. Universidad de Valencia

Patricia Llopis Nadal

Profesora Contratada Doctora de Derecho Procesal. Universitat de València

José Martín Pastor

Catedrático de Derecho Procesal. Universitat de València

Bárbara Sánchez López

Profesora Contratada Doctora de Derecho Procesal. Universidad Complutense de Madrid

Pedro Sánchez-Rivera

Profesor Adjunto de Derecho Procesal. Universidad San Pablo-CEU, CEU Universities

Antonio José Vélez Toro

Profesor Sustituto Interino de Derecho Procesal. Universidad de Granada

Amaya Arnaiz Serrano

Profesora Titular de Derecho Procesal. Universidad Carlos III de Madrid

Alicia Armengot Vilaplana

Profesora Titular de Derecho Procesal. Universidad de Valencia

María Luisa Domínguez Barragán

Profesora Ayudante Doctora de Derecho Procesal. Universidad de Sevilla

Marta Gisbert Pomata

Profesora Ordinaria de Derecho Procesal. Universidad Pontificia de Comillas

Christa M. Madrid Boquín

Profesora Ayudante Doctora de Derecho Procesal. Universitat Jaume I

Begoña Vidal Fernández

Profesora Titular de Derecho Procesal. Universidad de Valladolid

Faustino Cordón Moreno

Catedrático de Derecho Procesal. Universidad de Navarra

Ibon Hualde López

Catedrático de Derecho Procesal. Universidad de Navarra

Ágata M. Sanz Hermida

Catedrática de Derecho Procesal. Universidad de Castilla-La Mancha

Ignacio J. Cubillo López

Catedrático de Derecho Procesal. Universidad de Córdoba

Clara Fernández Carron

Profesora Titular de Derecho Procesal. Universidad Complutense de Madrid

Consuelo Ruiz de la Fuente

Profesora Lectora de Derecho Procesal. Universidad Autónoma de Barcelona

Mercedes Fernández López

Profesora Titular de Derecho Procesal. Universidad de Alicante

Marien Aguilera Morales

Catedrática de Derecho Procesal. Universidad Complutense de Madrid

Federico Bueno de Mata

Catedrático de Derecho Procesal. Universidad de Salamanca

Elisabet Cerrato Guri

Profesora Agregada de Derecho Procesal. Universitat Rovira i Virgili

Sergi Corominas Bach

Profesor de Derecho Procesal. Universidad de Salamanca

Yolanda Doig Diaz

Profesora Titular de Derecho Procesal. Universidad de Castilla-La Mancha

Lidia Domínguez Ruiz

Profesora Titular de Derecho Procesal. Universidad de Almería

Lucana Estévez Mendoza

Profesora Ayudante Doctora de Derecho Procesal. Universidad de Las Palmas de Gran Canaria

Carmen Ladrón de Guevara Pascual

Profesora de Derecho Procesal. CUNEF Universidad

Fernando Martín Diz

Catedrático de Derecho Procesal. Universidad de Salamanca

Luis Miguel Pérez Aguilera

Profesor de Derecho Procesal. CUNEF Universidad

Andrea Spada Jiménez

Profesora Ayudante Doctora de Derecho Procesal. Universidad de Málaga

Francisco Ramos Romeu

Profesor Titular de Derecho Procesal. Universidad Autónoma de Barcelona

Roser Casanova Martí

Profesora Lectora de Derecho Procesal. Universitat Rovira i Virgili

Elisabet Cueto Santa Eugenia

Profesora Ayudante Doctora de Derecho Procesal. Universidad Pontificia de Comillas

Jordi Gimeno Beviá

Profesor Titular de Derecho Procesal. UNED

Carmen Rodríguez Rubio

Profesora Permanente Laboral de Derecho Procesal. Universidad Rey Juan Carlos

Ángel Tinoco Pastrana

Profesor Titular de Derecho Procesal. Universidad de Sevilla

Índice

SEGUNDA PARTE:
Eficiencia de la justicia y medios alternativos de resolución de conflictos

TERCERA PARTE:
Eficiencia de la Justicia y reformas de la organización judicial

CUARTA PARTE:
Eficiencia de la Justicia y reformas procesales civiles

SECCIÓN 1ª: Procesos declarativos

SECCIÓN 3ª: Recursos

SECCIÓN 4ª: Proceso de ejecución

Presentación

1. Esta obra recoge las ponencias impartidas y las comunicaciones defendidas en el IV Congreso Internacional de la Asociación de Profesores de Derecho Procesal de las Universidades Españolas (APDPUE) que, organizado por el Área de Derecho Procesal de la Facultad de Derecho de la Universidad de las Islas Baleares, se celebró del 5 al 7 de octubre de 2023 en Palma de Mallorca, con el título "La eficiencia de la Justicia a debate".

La razón por la que se eligió esta temática es –fue en un principio– muy sencilla. Cuando comenzaron los preparativos de este Congreso (tras el verano de 2022), se estaban tramitando en las Cortes Generales tres proyectos de ley (el de eficiencia organizativa del servicio público de Justicia, el de medidas de eficiencia procesal del servicio público de Justicia y el de medidas de eficiencia digital del servicio público de Justicia –en adelante, PLOEO, PLMEP y PLMED, respectivamente–) que constituían la base legislativa del *Plan Justicia 2030,* un ambicioso plan del Ministerio de Justicia "para –según se proclamaba en su web– hacer más eficiente, ágil y sostenible la Justicia española", de modo que era lógico pensar que el Gobierno y los grupos parlamentarios que lo apoyaban pondrían todo su empeño en que llegaran a convertirse en leyes durante la legislatura en curso. Así pues, la Junta Directiva de la APDPUE consideró que era conveniente, incluso necesario, que su IV Congreso Internacional se dedicara, de forma monográfica, al análisis y discusión de las principales cuestiones que suscita el binomio eficiencia-justicia, partiendo para ello, evidentemente, de las diversas medidas de eficiencia organizativa, procesal y digital de la Justicia que se proponían en los tres importantes proyectos de ley citados.

Así las cosas –con el programa del Congreso cerrado desde hacía tiempo y los ponentes y comunicantes terminando de preparar sus aportaciones al mismo–, a finales del mes de mayo de 2023, inesperadamente, el Presidente del Gobierno disolvió las Cortes y convocó elecciones generales anticipadas el 23 de julio de 2023, caducando, en consecuencia, los referidos proyectos de ley de eficiencia del servicio público de Justicia, junto con otras iniciativas legislativas que estaban en trámite. Por lo tanto, en ese momento supimos, con espanto, que las propuestas del PLOEO, del PLMEP y del PLMED para tratar de tener en España una Justicia más eficiente y digital no saldrían adelante próximamente, que, en contra de lo que habíamos supuesto, dichos proyectos no estarían aprobados en las fechas en que se iba a celebrar nuestro IV Congreso; pero, pese a ello, entendimos que tales propuestas servían, sin duda, para la reflexión y el debate y, en su caso, como base para plantear desde el mundo académico otras propuestas distintas y quizás más acertadas sobre la eficiencia de la Justicia, por lo que decidimos mantener la temática original del Congreso.

Las sorpresas no terminaron ahí. Porque, como es sabido, unos pocos meses antes del Congreso se promulgó el *Real Decreto-ley 5/2023, de 28 de junio, por el que se adoptan y prorrogan determinadas medidas de respuesta a las consecuencias económicas y sociales de la Guerra de Ucrania, de apoyo a la reconstrucción de la isla de La Palma y a otras situaciones de vulnerabilidad; de transposición de Directivas de la Unión Europea en materia de modificaciones estructurales de sociedades mercantiles y conciliación de la vida familiar y la vida profesional de los progenitores y los cuidadores; y de ejecución y cumplimiento del Derecho de la Unión Europea* (en adelante, RDL 5/2023). Y en los meses posteriores al Congreso, cuando ya preparábamos la publicación resultante del mismo, se aprobó el *Real Decreto-ley 6/2023, de 19 de diciembre, por el que se aprueban medidas urgentes para la ejecución del Plan de Recuperación, Transformación y Resiliencia en materia de servicio público de justicia, función pública, régimen local y mecenazgo* (en adelante, RDL 6/2023). Estas dos normas emanadas del Gobierno, como también es sabido, incorporan una buena parte de las medidas previstas en el PLMEP y el PLMED, entrañando por ello una reforma muy importante de los procesos judiciales, sobre todo en lo relativo al recurso de casación (RDL 5/2023) y a la digitalización y la agilización de aquéllos (RDL 6/2023). Aunque no nos guste el cauce utilizado para acometer tan importante reforma (porque, lamentablemente, ésta se sustrajo así al debate parlamentario), hay que reconocer y señalar que con la aprobación de dichos Reales Decretos Leyes la presente obra tiene, si cabe, mayor interés y utilidad, tanto para los estudiosos como para los profesionales del Derecho, puesto que muchas de las ponencias y comunicaciones recogidas en ella abordan, no ya meras propuestas de reforma para hacer más eficiente la Justicia, sino normas en vigor con tal objetivo, que son valoradas por los autores a fin de determinar si son adecuadas y suficientes para conseguir la pretendida eficiencia.

2. La obra se estructura en seis partes, dedicadas, la primera a las tendencias en el Derecho comparado en materia de eficiencia de la Justicia, la segunda a la eficiencia de la Justicia y los medios alternativos de resolución de conflictos, la tercera a la eficiencia de la Justicia y las reformas de la organización judicial, la cuarta a la eficiencia de la Justicia y las reformas procesales civiles, la quinta a la eficiencia de la Justicia y las reformas procesales penales, y la sexta y última a la eficiencia procesal y la digitalización de la Justicia. La cuarta parte –la que se destina a las reformas procesales civiles en pos de la eficiencia–, que es la más extensa, se divide, a su vez, en cuatro secciones: procesos declarativos, procedimiento testigo, recursos extraordinarios y proceso de ejecución.

En todas las partes y secciones mencionadas de la obra aparece, en primer lugar, la ponencia o ponencias que se impartieron en el Congreso sobre el tema correspondiente y, a continuación, las comunicaciones que se defendieron en él sobre el mismo tema (éstas han sido ordenadas alfabéticamente, en función del primer apellido de los distintos autores que han colaborado en cada parte o sección).

En definitiva, se trata de una obra extensa que, a través de sus más de cincuenta capítulos, ofrece a los estudiosos y a los profesionales del Derecho un completo examen de los problemas que genera la combinación entre eficiencia y justicia, teniendo en cuenta los tres proyectos de ley –de eficiencia organizativa, eficiencia procesal y eficiencia digital de la Justicia– que no pudieron llegar a aprobarse en la anterior legislatura, pero cuyas propuestas relativas al recurso de casación y a la digitalización y la agilización de los procesos se han recogido en buena medida en los Reales Decretos Leyes 5/2023 y 6/2023.

3. No queremos terminar esta breve presentación de la obra sin expresar nuestro más profundo agradecimiento a todos los ponentes y comunicantes, por sus valiosas contribuciones a la misma. Y nuestra gratitud asimismo a los más de ciento cincuenta asistentes al Congreso de la APDPUE celebrado en Palma de Mallorca, cuarta edición de un interesantísimo encuentro anual de intercambio académico –y también personal, de amistad entre los procesalistas españoles–, que felizmente pusimos en marcha en 2018.

FERNANDO JIMÉNEZ CONDE
Catedrático de Derecho Procesal (Emérito). Universidad de Murcia
Presidente de la APDPUE

FRANCISCO LÓPEZ SIMÓ
Catedrático de Derecho Procesal. Universidad de las Islas Baleares
Director del IV Congreso Internacional de la APDPUE

PRIMERA PARTE:
HACIA UNA JUSTICIA EFICIENTE. TENDENCIAS EN EL DERECHO COMPARADO

Capítulo I:

Justicia efectiva: la perspectiva europea

BURKHARD HESS
Catedrático de Derecho Procesal.
Universidad de Viena

Resumen: En este trabajo se aborda el concepto de "tutela judicial efectiva" desde la perspectiva europea. En primer lugar, el autor presenta los orígenes del concepto. A continuación, debate su aplicación en la política sobre la justicia a escala europea y de los Estados miembros. Por último, se pregunta si, y en qué medida, las Reglas Modelo Europeas de Proceso Civil ELI/Unidroit llevan el requisito de la tutela judicial efectiva al Derecho positivo. La pregunta final que se hace es: ¿cuál es el valor real de la exigencia de tutela judicial efectiva?

1. INTRODUCCIÓN

La exigencia de *tutela judicial efectiva* es uno de los asuntos más recurrentes de la política legislativa contemporánea. Aunque sus contornos siguen siendo borrosos, es objeto de cita frecuente, lo mismo que su homólogo *acceso a la justicia*. En cambio, el mandato de tutela efectiva no aparece en los textos de los códigos tradicionales de Derecho procesal. En muchos Estados, tampoco es uno de los principios no escritos del proceso[1]. Y, sin embargo, esta noción de moda tiene dimensiones constitucionales y de derechos fundamentales: evoca la idea de una protección jurídica tempestiva, y de una implicación adecuada del juez o tribunal en el conflicto jurídico (es decir, que garantice el derecho a ser oído y el derecho a la defensa)[2]. En la misma línea, no es

---

1 *Jauernig/Hess,* Zivilprozessrecht (30.ª ed. 2011), 5.º capítulo, §§ 24-31. Para un enfoque constitucional *Rosenberg/Schwab/Gottwald,* Zivilprozessrecht (18.ª ed. 2020), número marginal 3.1 f.

2 Así explícitamente el artículo 24.2 de la Constitución de España (1978): "Asimismo, todos tienen derecho al Juez ordinario predeterminado por la ley, a la defensa y a la

concebible una tutela judicial efectiva sin una ejecución efectiva de la sentencia obtenida. En resumen, la exigencia de una tutela efectiva se aproxima al 'derecho a la justicia' en la terminología procesal tradicional, pero tiene sus propios contornos[3].

Entonces, ¿qué se entiende por 'tutela judicial efectiva'? ¿Por qué ya no hablamos de 'impartición de justicia', sino de 'tutela judicial efectiva'?

La terminología moderna va más allá de la visión tradicional de la administración de justicia: por un lado, refleja una dimensión constitucional o de derechos fundamentales; por otro, tiene en cuenta los recursos a disposición del sistema judicial. Además, como asunto jurídico-político de moda, la exigencia de una justicia eficaz ha adquirido una dimensión europea. En esta dimensión sirve para evaluar los sistemas judiciales nacionales desde una perspectiva inter o incluso supranacional, y al mismo tiempo se convierte en un vehículo para que la Comisión europea exija reformas procesales en Estados miembros de la Unión. No obstante, la evaluación de los sistemas judiciales estatales no es un fenómeno regional, como demuestran los (polémicos) Informes 'Doing Business' del Banco Mundial[4].

En esta ponencia se aborda el concepto de 'tutela judicial efectiva' desde esa perspectiva europea. En primer lugar, presentaré los orígenes del concepto. A continuación, debatiré su aplicación en la política sobre la justicia a escala europea y de los Estados miembros. Por último, me preguntaré si, y en qué medida, las Reglas Modelo Europeas de Proceso Civil ELI/Unidroit llevan el requisito de la tutela judicial efectiva al Derecho positivo. La pregunta final es: ¿cuál es el valor real de la exigencia de tutela judicial efectiva?

2. JUSTICIA EFECTIVA: LOS ORÍGENES DEL CONCEPTO

2.1. La perspectiva económica. Relación con los derechos fundamentales

El principio o necesidad de un sistema judicial eficaz surge en un marco asociado a la propia economía nacional. Detrás de su desarrollo está la idea de

---

asistencia de letrado, a ser informados de la acusación formulada contra ellos, a un proceso público *sin dilaciones indebidas* y con todas las garantías, a utilizar los medios de prueba pertinentes para su defensa, a no declarar contra sí mismos, a no confesarse culpables y a la presunción de inocencia." [énfasis añadido]

3 Examinando la carga global que supone para el poder judicial la tramitación de litigios individuales.

4 El resumen estaba accesible en: https://archive.doingbusiness.org/en/data/doingbusiness-score, pero fue retirado en 2022 tras acusaciones de manipulación.

que un sistema judicial estable y eficaz es uno de los factores que garantizan el crecimiento económico[5]. La atención a la prestación de protección jurídica no es nueva; por el contrario, ha sido promovida a nivel internacional por diversas organizaciones internacionales desde la década de los cincuenta del siglo pasado. Baste recordar que en 1958 se adoptó el Convenio de Nueva York sobre Arbitraje en el marco de la CNUDMI (Comisión de las Naciones Unidas para el Derecho Mercantil Internacional)[6]; en 1965, el Banco Mundial creó el Convenio del CIADI (Centro Internacional de Arreglo de Diferencias Relativas a Inversiones) sobre Arbitraje de Inversiones[7]. Es importante subrayar que estas iniciativas se abstraían deliberadamente de la protección jurídica a nivel nacional y buscaban regímenes paralelos extraestatales. El Tratado CEE de 1958, por su parte, contenía en su artículo 220 la autorización para crear un marco jurídico para el reconocimiento mutuo de resoluciones judiciales en materia civil y mercantil, con el fin de reforzar el recién creado Mercado Común[8]. Sin embargo, tampoco en este caso se trataba de abordar el funcionamiento de los sistemas judiciales de los Estados miembros, sino de litigios transfronterizos.

La justicia civil nacional no pasó a ser objeto de interés desde una perspectiva económica hasta finales de los años 80 y 90 del siglo pasado. El trasfondo de esta evolución fue, por un lado, la creciente disponibilidad de datos estadísticos sobre los sistemas judiciales nacionales, con información sobre las cifras de juicios incoados, duración de los procedimientos, número de tribunales y jueces (en relación con la población total) y presupuesto judicial. A partir de los años 90 se probaron e introdujeron nuevas estructuras de gestión en la organización de los tribunales (*nueva gestión pública),* que hacían posible medir y registrar el tiempo dedicado a las actividades judiciales[9]. Al mismo tiempo, el Tribunal Europeo de Derechos Humanos desarrollaba la jurisprudencia sobre el artículo 6 del CEDH, que hizo de la tutela judicial efectiva ante los tribunales civiles un derecho fundamental. De este modo, el 'rendimiento' (*performance*) de los sistemas judiciales nacionales pasó al primer plano de las consideraciones comparativas, especialmente en el plano de la

---

5 *Palumbo/Giupponi/Nunziata/Mora-Sanguinetti,* Judicial performance and its determinants: a cross-country perspective, OECD Economic Policy Papers 5/2013; *Kern,* Perception, Performance and Politics, ZZP Int 14 (2009), 445, 448 y ss. quien distingue entre "datos orientados a los resultados" y "datos orientados a los procesos".

6 UNTS 330, p. 3 - actualmente 172 Estados Parte (14.9.2023).

7 UNTS 572, p. 159 - actualmente 153 Estados Parte (14.9.2023).

8 *Hess,* European Civil Procedure Law (2ª ed. 2021), apartado 1.1.

9 *Hess,* Effektiver Rechtschutz vor staatlichen Gerichten aus deutscher und vergleichender Sicht, en: Gottwald (ed.), Effektivität des Rechtschutzes vor staatlichen und privaten Gerichten (2006), 121, 143 y ss.

política jurídica[10]. Desde el punto de vista institucional, esta evolución condujo a la creación de la Comisión Europea para la Eficacia de la Justicia (CEPEJ), un comité permanente del Departamento General de Derechos Humanos y Estado de Derecho de la Secretaría del Consejo de Europa, con la misión de evaluar y mejorar los sistemas judiciales nacionales[11].

En el plano del Derecho procesal propiamente dicho, las reformas del proceso civil inglés preparadas por Lord Woolf en 1998 marcaron un hito importante. En dichas reformas, la eficacia se convirtió en la vara de medir para diferenciar los distintos procedimientos; la gestión eficaz de los procesos, con optimización de los recursos judiciales, se elevó a la condición de principio rector del proceso. A tal fin, se reforzaron el papel y los poderes de los tribunales en relación con ese *case management* (Reglas 1.4 y 27 de las *Civil Procedure Rules*). Aunque las reformas del derecho procesal inglés no han tenido un éxito universal[12], sí que han inspirado numerosas modificaciones en el ámbito procesal en otros Estados[13].

La influencia directa de los planteamientos económicos en las reformas de las leyes procesales civiles nacionales se puso de manifiesto con gran claridad después de 2008, en relación con la crisis financiera y económica que siguió a la quiebra de *Lehman Brothers*. Irlanda, Portugal y Grecia realizaron cambios de envergadura en sus leyes procesales nacionales a instancias de la denominada *Troika*[14], con el fin de mejorar las condiciones del marco judicial para los inversores[15]. Es preciso señalar que la evaluación de estas reformas ha sido hasta ahora desigual.

De lo anterior cabe derivar un concepto de 'justicia eficaz' con las siguientes características:

---

10 *Kern*, Perception, Performance and Politics: Recent approaches to Qualitative Comparison of Civil Procedure, ZZPInt 14 (2009), 445 y ss.

11 https://rm.coe.int/cepej-2021-11-en-cepej-2022-2023-activity-programme/1680a4cf2a.

12 Merece la pena leer la obra de *Sorabji*, English Civil Justice after the Woolf and Jackson Reform: A Critical Analysis (2014).

13 Tampoco han resuelto todos los problemas, que perviven, sobre todo los relativos a los costes exorbitantes de los litigios: cf. la llamada *Jackson Reform*.

14 La llamada *Troika* se basó en la cooperación del Fondo Monetario Internacional, el Banco Central Europeo y la Comisión de la UE con el objetivo de vincular la concesión de préstamos a los Estados afectados (amenazados por la insolvencia) a reformas sostenibles de sus instituciones estatales.

15 Se sabe poco sobre el impacto real de las reformas. En Grecia, dieron lugar a un cambio significativo de los procesos civiles, que pasaron a ser escritos (en primera instancia); en Portugal consistieron principalmente en la 'desformalización' del derecho procesal.

a) tiene origen en derechos fundamentales procesales, a los que suma consideraciones económicas (esto es, de carga para el sistema judicial en su conjunto);

b) el desarrollo y la configuración del concepto corren a cargo principalmente de organizaciones internacionales y supranacionales;

c) se refiere esencialmente a la organización de la justicia; no obstante, consideraciones de eficacia también se han abierto camino en el propio Derecho procesal.

A continuación, analizaré estos tres elementos.

2.2. El nivel constitucional europeo[16]

a) El artículo 6 del CEDH

El derecho a la tutela judicial efectiva dentro de un *plazo razonable* está expresamente recogido en el texto del artículo 6 (1) del CEDH. La tutela judicial efectiva en un plazo razonable significa que un litigio sea resuelto por los tribunales sin dilaciones indebidas[17]. Según la jurisprudencia del Tribunal de Estrasburgo, que comenzó a finales de los años 70[18], el plazo pertinente comienza con la presentación de la demanda y termina con el dictado de la sentencia (motivada)[19]. Además, se contempla la ejecución forzosa y se incluyen los recursos ordinarios y extraordinarios. La valoración de la duración razonable del procedimiento se realiza en cada caso concreto en función de los siguientes criterios: la complejidad del asunto, el comportamiento procesal del recurrente, la tramitación procesal del tribunal y la importancia del

---

16 La exigencia de una tutela judicial sin dilaciones indebidas también puede encontrarse explícitamente en las constituciones nacionales: por ejemplo, en el apartado 2 del artículo 24 de la Constitución española de 1978 (véase la nota 2). En otros Estados, los tribunales constitucionales han ampliado el requisito de tutela judicial efectiva a la tutela judicial tempestiva, por ejemplo BVerfG, 16.12.1980, BVerfGE 55, 349, 369.

17 *Y. Moon,* Constitutionalization and Fundamentalization of the Design of the Proceedings and the Parties' and Justices' Respective Roles, CPLJ Segment V (2024), párr. 147 y ss.

18 TEDH, 6232/73, *König c. Alemania,* 28.6.1978, párra 98, y *Uzelac,* en: Gottwald (ed.), Effektivität des Rechtsschutzes (2006), 42, 43 y ss.

19 *Calvez & Regis,* Length of court proceedings in the member states of the Council of Europe based on the case law of the European Court of Human Rights (3rd ed. 2018 - CEPEJ), 16 y ss.

asunto para el recurrente[20]. Se trata de criterios muy abiertos que no permiten predecir un resultado con seguridad. No obstante, el mensaje básico del Tribunal de Estrasburgo es claro: la exigencia de tutela judicial efectiva incluye la tutela judicial tempestiva. Por lo tanto, el Tribunal examina en cada caso concreto si se cumplieron los requisitos del artículo 6, apartado 1, del CEDH en el procedimiento impugnado[21].

Por otra parte, en vista de los considerables déficits de eficacia procesal, el Tribunal Europeo de Derechos Humanos no se ha limitado a constatar violaciones del art. 6 del Convenio y otorgar indemnizaciones por daños y perjuicios en virtud del art. 41 del mismo. Antes bien, el Tribunal ha obligado a los Estados contratantes a compensar las violaciones de la tutela judicial efectiva a través de un procedimiento especial[22]. Este procedimiento no es una 'invención' del Tribunal: pueden encontrarse disposiciones equivalentes en las leyes de algunos Estados contratantes, como, por ejemplo, en el artículo 121 de la Constitución española[23]. Alemania fue condenada por el TEDH en 2010 a poner en marcha un procedimiento adecuado a tal fin, que está contemplado en los artículos 198 a 201 de la GVG desde hace más de 10 años (hay que decir que se prevén sumas de indemnización relativamente bajas y que, en la práctica, el procedimiento se aplica con cautela[24]). Mecanismos similares para la indemnización por procedimientos excesivamente largos existen ahora en numerosos Estados partes del CEDH. Sin embargo, estos recursos sólo proporcionan una débil protección al litigante afectado, que busca principalmente un éxito sustantivo (rápido) en 'su' litigio, más que una compensación a tanto alzado por la protección jurídica denegada.

---

20 TEDH, *Comingersoll S.A. c. Portugal [GS],* 2000; *Frydlender c. Francia* [GS], 2000, párr. 43; *Sürmeli c. Alemania* [GS], 2006, párr. 128; *Lupeni Greek Catholic Parish and Others c. Rumanía [GS],* 2016, párr. 143; *Nicolae Virgiliu Tănase c. Rumanía* [GS], 2019 (párr. 209). Resumen de la jurisprudencia del Tribunal de Estrasburgo en *Bieliński c. Polonia, 2022* (párrafos 42-44).

21 Resumen de la jurisprudencia en *Moon* (nota 17); párrafos 159, 162 y ss. En detalle *Calvez & Regis,* Length of court proceedings in the member states of the Council of Europe based on the case law of the European Court of Human Rights (3rd ed. 2018 - CEPEJ), 16 y ss.

22 TEDH, *Kudła* contra *Polonia,* 30210/96, 26.10.2000, párrafos 146-160.

23 El desarrollo legal positivo se encuentra en los artículos 292 - 296 LOPJ.

24 *Lückemann* en: Zöller, Comentario del Codigo procesal civil (34 ed 2023), notas preliminares §§ 198 – 201 Gerichtsverfassungsgesetz, párrafos 1 y ss., 5.

b) El artículo 47 de la Carta de los Derechos Fundamentales y el Derecho Procesal Civil Europeo

El artículo 47.1 de la Carta de los Derechos Fundamentales de la Unión Europea también recoge el mandato de tutela judicial efectiva. El TJUE, siguiendo la jurisprudencia del TEDH, ya había reconocido la garantía de la tutela judicial efectiva como principio general del Derecho de la Unión antes de la entrada en vigor de la Carta[25]. Sin embargo, las violaciones de esta exigencia de tutela judicial efectiva y tempestiva no han desempeñado un papel destacado en la jurisprudencia del TJUE hasta la fecha. Cabe esperar que el Tribunal de Luxemburgo acabe siguiendo en este punto la jurisprudencia del Tribunal de Estrasburgo[26].

Importa señalar que, en el marco del Derecho procesal civil europeo, el TJUE no ha concedido ninguna importancia a la tutela judicial efectiva y oportuna en relación con la excepción de litispendencia. Como es bien sabido, en el asunto C-116/02, *Gasser*, el Tribunal de Justicia rechazó la inoponibilidad de la excepción de litispendencia (hoy, artículo 27 del Reglamento 1215/2012) aun en caso de un procedimiento paralelo excesivamente largo en otro Estado miembro[27]. Prima el principio de confianza mutua, de modo que las lagunas en la protección jurídica deben remediarse a través de medidas cautelares[28]. Con esta rígida jurisprudencia se pretende evitar conflictos entre los tribunales civiles de los Estados miembros, que en última instancia impedirían la libre circulación de sentencias[29].

---

25 TJCE, asunto C-185/95, *Baustahlgewerbe contra Comisión,* EU:C:1998:608, apartado 29.

26 La obligación legal de tener en cuenta la jurisprudencia del Tribunal de Estrasburgo ya se desprende en derecho positivo del art. 52.2 de la Carta.

27 TJUE, 9.12.2003, asunto C-116/02, *Gasser, EU*:C:2003:657, apartado 41 y ss. (sobre abuso de derecho), apartado 70 y ss. (sobre el art. 6 CEDH); también TJUE, 19.12.2013, asunto C-452/12, *Nipponkoa, EU*:C:2013:858.

28 *Hess,* European Civil Procedure Law (2ª ed. 2021), apartados 6.198, 6.280; véase también TJUE, 8.10.2021, asunto C-581/20, *TOTO,* EU:C:2021:808, apartado 54 y siguientes (no del todo convincente en cuanto al fondo).

29 *Hess,* European Civil Procedure Law (2ª ed. 2021), apartados 6.197 - 6.199.

3. DIMENSIONES JURÍDICO-POLÍTICAS

3.1. Consejo de Europa: CEPEJ

La Comisión Europea para la Eficacia de los Sistemas Nacionales de Justicia lleva más de 20 años en activo[30]. Organizada como grupo de expertos de la Dirección General de Derechos Humanos y Asuntos Jurídicos del Consejo de Europa, la CEPEJ se ha convertido en la institución líder e innovadora en la evaluación de los sistemas nacionales de justicia[31]. Su objetivo declarado ha sido asistir a los Estados miembros del Consejo de Europa a fin de que los procesos judiciales tengan una duración razonable, aplicando la jurisprudencia del Tribunal de Estrasburgo a este respecto. En última instancia, se trata de liberar al Tribunal de las numerosas quejas por juicios excesivamente largos[32]. Durante las dos últimas décadas, la CEPEJ ha profundizado y perfeccionado la recopilación de datos estadísticos de los sistemas judiciales nacionales[33], con informes bienales que abarcan actualmente 44 Estados parte y 3 Estados observadores (Israel, Kazajstán y Marruecos)[34]. Otros ámbitos de actividad de la CEPEJ se refieren a los presupuestos y la digitalización del poder judicial, así como a la gestión de los tribunales, donde la CEPEJ también ofrece asistencia práctica.

La CEPEJ utiliza dos indicadores para evaluar la eficacia de los procedimientos: la 'tasa de liquidación', o 'limpieza' (*Clearing Rate*)' y el 'tiempo de resolución' (*Disposition Time).* La primera registra la proporción de casos recibidos y resueltos por año; en cuanto a la segunda, multiplica el número de casos pendientes por 365 y lo divide por el número de casos resueltos por año. Esto permite a la CEPEJ captar tanto la acumulación de casos, como

---

30 Se creó en 2002 sobre la base de una decisión de los Ministros de Justicia del Consejo de Europa. Sitio web: https://www.coe.int/en/web/cepej/about-cepej (último acceso, 16.9.2023).

31 Evaluación temprana en *Uzelac*, Effizienz der Justiz im europäischen Vergleich, en: Gottwald (ed.), Effektivität des Rechtsschutzes vor staatlichen und privaten Gerichten (2006), 41 y ss.

32 Consejo de Europa, Consejo de Ministros, Resolución Res(2002)12 por la que se crea la Comisión Europea para la Eficacia de la Justicia (CEPEJ), adoptada el 18 de septiembre de 2002 .

33 Los datos serán recogidos por personas de contacto nacionales, a través de métodos tanto cuantitativos como cualitativos (por ejemplo, entrevistas con las partes interesadas).

34 Expediente especial - Informe "European judicial systems - CEPEJ Evaluation report - 2022 Evaluation cycle (2020 data)", https://www.coe.int/en/web/cepej/special-file-report-european-judicial-systems-cepej-evaluation-report-2022-evaluation-cycle-2020-data-?p_p_id=56_INSTANCE_Pec933yX8xS5&p_p_lifecycle.

determinar la duración media de los procedimientos a un nivel relativamente abstracto. Estas cifras se registran por separado para los tribunales civiles, administrativos y penales (a pesar de las diferencias en la organización del poder judicial en los países cubiertos); además, también se registran para los procedimientos de apelación y de casación. De este modo se obtiene una visión de conjunto: en 2022 la duración media de los procedimientos civiles en primera instancia fue de 237 días, 177 días en segunda instancia y 172 días en el tercer nivel de enjuiciamiento[35]. No es sorprendente que la primera instancia, como instancia inicial, requiera más tiempo, ya que es en ella donde, de ordinario, deben aportarse y practicarse las pruebas. Los informes de los países también permiten clasificar cada sistema judicial nacional en una comparación global europea. Por ejemplo, a tenor de los indicadores publicados en 2022, los tribunales civiles austriacos requieren una media de 156 días en primera instancia, los alemanes 237 días y los españoles una media de 468 días[36]. El panorama en segunda instancia es bastante diferente: en Austria son 77 días, en Alemania 266 y en España 227. La duración media de los procedimientos en el sistema judicial civil ha aumentado en todos los Estados contratantes en los últimos años, aunque no pueden señalarse razones claras para ello.

3.2. Unión Europea: Barómetro de la Justicia (Cuadro de indicadores judiciales) y Semestre Europeo de la Comisión Europea

La supervisión y evaluación de los sistemas judiciales nacionales de los Estados miembros de la UE por parte de la Comisión Europea se está desarrollando actualmente con gran dinamismo. Esta evolución la desencadenó la crisis del Estado de Derecho en varios Estados miembros de la UE con ocasión del cambio de milenio; en particular, por la adhesión a la Unión de Bulgaria y Rumanía, cuyos sistemas judiciales se consideraban (por desgracia, con razón) propensos a la corrupción[37]. Con respecto a los Estados de Europa del Este en vías de adhesión, la Comisión creó un mecanismo especial de revisión basado en amplios poderes de información y documentado en informes de progreso semestrales. Los avances en el cumplimiento de la normativa judicial están directamente vinculados al mantenimiento o la supresión de las subvenciones

---

[35] Así, los procesos civiles en los Estados parte del Consejo de Europa que duran varias instancias tardan una media de dos años (sin incluir la devolución del asunto a las instancias inferiores).

[36] CEPEJ, Informes Específicos por país 2022, https://rm.coe.int/cepej-fiche-pays-2020-22-e-web/1680a86276.

[37] Sobre este tema en detalle *A. Dori*, The Governance of EU Justice Reforms (tesis doctoral, Heidelberg 2023), p. 15 ss; *Hess*, Europäisches Zivilprozessrecht (2ª ed. 2021), § 2. Rdn. 2. 108 ss.

europeas, lo que proporciona a la Comisión un poderoso instrumento para supervisar los sistemas judiciales nacionales de los Estados en vías de adhesión afectados[38].

La Comisión no disponía, en cambio, de un instrumento comparable para vigilar a los antiguos Estados miembros de la UE, aunque los movimientos populistas intenten destruir la independencia del poder judicial también allí[39]. En este contexto, la antigua comisaria de Justicia *V. Reding* creó en 2012 el llamado *Cuadro de indicadores de la Justicia (EU Justice Scoreboard)*, que se supone que debe trazar un mapa estadístico de la eficiencia y el Estado de Derecho de los sistemas judiciales de los Estados miembros de la UE. Como la UE no disponía inicialmente de datos adecuados, la Comisión optó por obtenerlos de la CEPEJ. Este proceso estuvo dotado de fuertes connotaciones políticas. Según su estatuto, la CEPEJ no debe *evaluar* los plazos de duración de los procesos en los Estados miembros del Consejo de Europa[40]; por el contrario, el seguimiento y la evaluación de los sistemas judiciales de los Estados miembros de la UE sí que es el objetivo directo de la Comisión Europea. Finalmente, esta (con la ayuda de importantes contribuciones financieras a la CEPEJ) obtuvo acceso a los datos esenciales[41]. Otros datos cualitativos importantes del *Scoreboard* se basan en encuestas del Eurobarómetro a la población y a los grupos profesionales afectados. El número de indicadores se ha más que duplicado en los últimos 10 años.

En la actualidad, el Cuadro de indicadores judiciales proporciona información sobre la calidad, la eficacia y el Estado de Derecho (independencia) de los sistemas judiciales de los Estados miembros. Sin embargo, no es el único instrumento de dirección de la Comisión Europea en el ámbito de la protección del Estado de Derecho (véase el artículo 19 del Tratado de la UE). Antes bien, a través de la Agenda de Justicia para el Crecimiento (*Justice for Growth*), la Comisión ejerce influencia en el desarrollo de los sistemas judiciales de los Estados miembros de la Unión y de los que se hallan en vías de adhesión. Esto implica medidas para coordinar las políticas económicas de los Estados miem-

---

38 *A. Dori*, The Governance of EU Justice Reforms (tesis doctoral, Heidelberg 2023), p. 30 y ss.

39 *A. Dori*, The Governance of EU Justice Reforms (tesis doctoral, Heidelberg 2023), p. 129 y ss.

40 Art. 2 de la Resolución del Consejo de Ministros, Res(2002)12 por la que se crea la Comisión Europea para la Eficacia de la Justicia (CEPEJ), adoptada el 18 de septiembre de 2002.

41 El intercambio de datos con la Unión Europea ha politizado el trabajo de la CEPEJ. Mientras tanto, la importancia de las recopilaciones de datos de la CEPEJ para el Cuadro de Indicadores ha disminuido considerablemente, de alrededor del 80% (2012) al 27% (2021), *A. Dori*, The Governance of EU Justice Reforms (tesis doctoral, Heidelberg 2023), p. 120.

bros (art. 121 del TFUE). Los fondos estructurales de la UE se utilizan para modernizar, en particular para digitalizar, los sistemas judiciales de los Estados miembros[42]. Además, la Comisión Europea emite 'Recomendaciones Específicas por País', que evalúan los sistemas judiciales de los Estados miembros; estos, para no quedar excluidos de los programas de financiación de la Comisión, deben aplicar las recomendaciones generales. Todo ello se acompaña de un sofisticado mecanismo de informes. Y los informes específicos de cada país encuentran su base estadística en las recopilaciones de datos del *Scoreboard*[43].

Lo anterior permite afirmar que está surgiendo una política europea de justicia centrada en el seguimiento y la evaluación de la eficacia de los sistemas judiciales de los Estados miembros de la Unión. Para ello, la Comisión Europea utiliza los mismos métodos de evaluación que la CEPEJ, centrándose en particular en las cifras sobre finalización y duración media de los procedimientos. A día de hoy resulta ya posible seguir la evolución durante un periodo de estudio de más de 10 años, con recopilaciones de datos que se amplían y mejoran continuamente. Con todo, todavía es demasiado pronto para hacer una evaluación político-jurídica de las actividades de la Comisión Europea[44]. Lo que sí cabe afirmar es que está adquiriendo una influencia considerable a través de la (co)financiación de la digitalización de los sistemas judiciales de los Estados miembros y del desarrollo de normas técnicas (palabra clave: e-Codex)[45]. A su vez, la creciente digitalización de la justicia afecta directamente a la evaluación de la eficiencia de los sistemas judiciales nacionales.

4. CONCRECIONES: REGLAS MODELO EUROPEAS DE PROCESO CIVIL ELI/UNIDROIT

Por último, me referiré brevemente a la cuestión de si las *European Model Rules of Civil Procedure* ELI/Unidroit promueven la eficacia procesal y, en caso afirmativo, en qué medida[46]. En este sentido, hay que decir que la eficacia no se menciona explícitamente en la parte general sobre los principios pro-

---

42 Sobre la importancia del sistema e-Codex para la interconexión digital de los sistemas judiciales de los Estados miembros de la UE, véase *Hess,* en: Reuß/Windau (eds.), Göttinger Kolloquien zur Digitalisierung der Ziviljustiz im Sommersemester 2022 (2023 - de próxima publicación).

43 *A. Dori,* The Governance of EU Justice Reforms (tesis doctoral, Heidelberg 2023), p. 279 y ss.

44 *A. Dori,* The Governance of EU Justice Reforms (tesis doctoral, Heidelberg 2023), p. 253 y ss. (sobre los efectos del marcador).

45 Hess, en: Reuss / Windau (nota 42).

46 https://www.unidroit.org/english/principles/civilprocedure/eli-unidroit-rules/200925-eli-unidroit-rules-e.pdf. *Stürner,* Die ELI/Unidroit Principles and Rules on Civil Procedure

cesales (Reglas 2 - 16). Sin embargo, las Reglas 5 y 6 contienen los siguientes principios sobre la proporcionalidad de los litigios[47]:

"B. Proporcionalidad

Regla 5. Deber del Tribunal

(1) El tribunal velará porque el proceso se desarrolle con la debida proporcionalidad.

(2) Para valorar si el procedimiento se está desarrollando con la debida proporcionalidad, el tribunal tendrá en cuenta la naturaleza, importancia y complejidad del asunto, así como el necesario cumplimiento de su propio deber de gestión procesal y, en general, el interés en una buena administración de justicia.

Regla 6. Deberes de las partes y de sus abogados

Las partes y sus abogados deben cooperar con el tribunal en beneficio de la debida proporcionalidad en el desarrollo del procedimiento."

Por su parte, las Reglas 7 y 8 amplían el principio de proporcionalidad a las sanciones procesales y a las costas. A través del principio de proporcionalidad procesal, el órgano jurisdiccional y las partes están obligados a dirigir el proceso con eficacia, en los respectivos procedimientos pendientes. El órgano jurisdiccional también está obligado a hacerlo con respecto a los procedimientos que vaya a gestionar. Así pues, cabe concluir que la eficacia también se abre camino en los procesos civiles: no como eficiencia (aquí el destinatario es el legislador), sino como proporcionalidad.

5. CONCLUSIONES

En la actualidad, las *European Model Rules of Civil Procedure* ELI/Unidroit constituyen el proyecto más importante del Derecho procesal europeo de cara a una codificación europea del Derecho procesal civil. Los autores de las normas, que proceden de todos los Estados miembros de la Unión, eran por supuesto conscientes de que es (todavía) demasiado pronto para una verdadera codificación del Derecho procesal civil en Europa. Ello no resta relevancia a este proyecto: su resultado demuestra que un consenso - no sólo sobre principios generales, sino también a nivel de simples normas jurídicas - ya es posible hoy en día.

: Auf dem Weg zu einem europäischen Modellgesetz?, en: Hess (ed.), Europäische Modellregeln für Zivilverfahren (2023), p. 7 y ss.

47 Traducción de M. de Benito y F. Gascón Inchausti.

En la actualidad, las funciones política y económica del Derecho procesal civil no se discuten. Su repercusión en la gestión práctica de la justicia civil a nivel nacional y europeo es evidente: hoy se evalúa a los tribunales civiles, no sólo en lo que respecta a la tramitación eficaz de los litigios, sino también desde una perspectiva comparativa con alcance europeo. Una consecuencia positiva de esta evolución es la competencia entre los sistemas judiciales: ahora, los Estados miembros de la UE tienen que explicar, por lo menos, por qué sus tribunales tardan mucho más que la media de los otros Estados miembros de la UE en resolver los asuntos. Es cierto que la evaluación de los sistemas judiciales no ha estado exenta de críticas. En general, sin embargo, está surgiendo una tendencia según la cual el sistema de justicia civil debe dar cuenta de su actividad (y, por tanto, de su eficiencia) a la opinión pública social y democrática, del mismo modo que cualquier otra institución pública. Este deber de transparencia acabará mejorando la eficacia de la justicia civil a largo plazo, en interés de los litigantes y de la confianza de los ciudadanos en el funcionamiento de las instituciones públicas.

Capítulo II:

Las últimas reformas en busca de la eficiencia del proceso en Italia

LEA QUERZOLA
Profesora Titular de Derecho Procesal Civil y de Derecho Procesal de la UE. Universidad de Bolonia

Sumario: 1. Introducción. – 2. Las crisis de la justicia civil en Italia. – 3. La ley que delega al Gobierno la reforma del proceso civil. – 4. El decreto n. 149 del 17 octubre 2022, que modifica el *Codice di procedura civile*. – 5. Conclusiones.

Resumen: Las últimas reformas del proceso civil en Italia consisten esencialmente en cambios de instituciones del *Codice di procedura civile*, pero que no parecen adecuadas para solucionar los problemas de las crisis de la justicia civil. El lenguaje del legislador procesal se acerca más al de un directivo o un empresario, con palabras que inciden más en el ámbito de la inteligencia artificial que en el ámbito de la justicia, alejándose del lenguaje clásico de la justicia.

1. INTRODUCCIÓN

En primer lugar, quiero agradecer a la Asociación de Profesores de Derecho Procesal de las Universidades españolas, reunida en su IV Congreso Internacional, su invitación. De manera particular, quiero dar las gracias por la invitación a la Junta Directiva de la Asociación y, especialmente, al Prof. Francisco López Simó, director del Congreso; y mi agradecimiento también al Prof. Fernando Gascón Inchausti por su presentación.

Traigo conmigo desde Bolonia los saludos para la procesalística española del Presidente de la *Associazione italiana fra gli studiosi del processo civile*, de mi maestro, el Prof. Paolo Biavati, y del maestro de maestros de la escuela boloñesa, el Prof. Federico Carpi, al que muchos de ustedes conocen personalmente.

Y pasemos ya a hablar de las reformas, especialmente de la última reforma que ha afectado al proceso civil (dicha reforma se refiere tanto al proceso civil como al penal, pero, como sabrán, los procesalistas italianos se ocupan o del uno o del otro; por esta razón no me pronunciaré sobre todo lo relativo al proceso penal y me limitaré al proceso civil).

Tengo que empezar diciendo que no fue fácil la preparación de esta ponencia; y no solo porque sabía que compartiría la mesa con uno de los más importantes procesalistas europeos –el Prof. Burkhard Hess–, sino también porque he tenido con esta reforma desde el principio una relación difícil, explico por qué.

Hace más de un cuarto de siglo, cuando acabé la licenciatura en la Facultad de Derecho y empecé, con muchísimo entusiasmo y honor, a trabajar con el grupo de Derecho procesal civil dirigido por Federico Carpi, cada dos o tres años tenía lugar una reforma del proceso civil. A veces se trataba de una reforma amplia, otras veces se trataba de reformas que afectaban solo a unos institutos del *Codice di procedura civile*; pero cada vez, después de unos años de aplicación de la reforma, se veía que nada iba a cambiar y que el proceso civil permanecía en la misma situación que había impulsado su reforma, cuando no empeoraba.

Por esta razón, después de haber estudiado docenas de reformas que no han funcionado, cuando en Italia se empezó a hablar de la reforma, y por la manera en la que ésta se llevó a cabo, he tenido muchas reservas; por lo que me aproximé sin aquella ilusión, sin aquella pasión que me movía al principio de mi carrera cuando surgía una nueva reforma. Y adelanto, en parte, el final de la historia de esta última reforma antes de describirla en sus pasajes fundamentales: si ustedes me preguntaran si creo que esta reforma va a solucionar el problema de la crisis de la justicia civil en Italia, diría con mucha tranquilidad que no, porque no lo creo. Así se explica aquella difícil relación a la que me he referido antes, porque se tiene la sensación de estudiar algo que ya se sabe que no servirá para nada.

He dicho esto no solo porque fue mi sensación desde el principio, sino porque fue la sensación de los operadores jurídicos con más interés: no estaban y no están felices con ella los abogados (sabemos todos por experiencia que las novedades procesales implican incertidumbre en la aplicación concreta de las nuevas leyes y los abogados no aman la incertidumbre, no pueden contestar a las preguntas del cliente cuando no saben qué pasará porque es la primera vez que se utiliza el nuevo instrumento); no estaban y no están felices los jueces (el nuevo proceso de declaración en primera instancia implica que el juez llegue a la primera audiencia habiendo leído todos los actos introductorios de las partes, que son hasta cuatro por cada parte, *infra* volveremos sobre esta cuestión en detalle); no estaban y no están felices los profesores, que, una vez más, se enfrentan a una reforma que no va a solucionar nada, sino, más bien, según algunos, solo a complicar las cosas.

2. LAS CRISIS DE LA JUSTICIA CIVIL EN ITALIA

Veamos ahora con un poco más de detalle la reforma, empezando por los motivos por los que nos han dicho que era necesaria.

Hace años nos repiten que la crisis de la justicia en Italia es una de las causas del porqué nuestro país no es atractivo para los inversores extranjeros, que no pueden querer traer capital a nuestro país porque si hubiera un litigio sería necesario esperar mucho tiempo hasta que se dictase sentencia (este asunto necesitaría una profundización que no podemos hacer aquí, me limito a subrayar que no me gusta esta consideración de la justicia como instrumental a la economía, que el proceso funcione es un valor en sí mismo).

En el informe del año 2020 del Banco Mundial[1], en la clasificación que considera como parámetros la duración y los costes del proceso civil, Italia se encuentra en el puesto 122 de un listado de 190 países, peor que en las clasificaciones de los años pasados. Traducido en números eso significa que en Italia la duración media de un proceso civil es de unos 850 días (en Francia 347, en Alemania 409 y en España 330).

Estos datos resultaron confirmados por el informe de la Comisión Europea del año 2021[2], informe en el que Italia es una de las "ovejas negras", estando en los últimos lugares en la clasificación de los Estados miembros de la Unión Europea, teniendo más de 3 millones de procesos pendientes. Por eso, la eficiencia del proceso fue uno de los capítulos más importantes del así llamado "Plan nacional de recuperación y resiliencia" que el Gobierno italiano presentó a la Comisión europea en el año 2021[3] (aquí también podríamos comentar los términos utilizados, las palabras son importantes, y a mí no me gusta ni la idea de recuperación ni la de resiliencia, pero, igualmente, tampoco podemos aquí profundizar).

Entre los objetivos del Plan hay la reducción del 40% de la duración del proceso y la reducción del 90% de los procesos pendientes dentro del año 2026[4].

Concretamente, el Plan identifica 4 líneas de acción para reformar el proceso civil:

---

1 World Bank, report *Doing Business in 2020,* in www.worldbank.org, p. 33; ACCETTURO, A.- LINARELLO, A. – PETRELLA, A., *Legal enforcement and global value chain: micro evidence from Italian manufacturing firms,* in *Questioni di economia e finanza,* Banca d'Italia, Roma, 2017, n. 397.

2 European Commission, *The 2021. EU Justice. Scoreboard,* in: https://ec.europa.eu/info/sites/default/files/eu_justice_scoreboard_2021.pdf

3 *Piano nazionale di ripresa e resilienza,* in www.governo.it, p. 48 ss.

4 *Piano nazionale di ripresa e resilienza,* cit. p. 56.

— El aumento del recurso a los medios alternativos de resolución de conflictos[5] (aunque los medios alternativos son una institución positiva, eso significa que solucionamos los problemas del proceso civil no celebrando el proceso).

— Atajar las principales disfunciones del proceso no a través de una reforma global de su estructura, si no a través de intervenciones selectivas[6] –y aquí está otro punto débil de la reforma, no se ha pensado una reforma estructural, sino una modificación concreta de unas instituciones y normas–; estas reformas parciales consisten esencialmente en:

a) gestión más eficaz de la instrucción;

b) potenciación de la digitalización;

c) ordenación más eficaz del juicio de segunda instancia;

d) simplificación del juicio en casación.

— Simplificación del proceso de ejecución forzosa.

— Introducción de un proceso único en materia de familia y menores.

3. LA LEY QUE DELEGA AL GOBIERNO LA REFORMA DEL PROCESO CIVIL

La ley 26 noviembre 2021, n. 206[7], delega la competencia para abordar la reforma del proceso civil al Gobierno (hablamos de lo que en Italia la prensa llamaba “el gobierno de los mejores”[8], cuyo Presidente fue Mario Draghi); ley de delegación, cuyo título precisamente es “Delegación al Gobierno para la eficiencia del proceso civil y para la revisión de la cuestión de los instrumentos de resolución alternativa de los procesos y medidas urgentes de racionalización de los procesos en materia de derechos de las personas y de las familias y en materia de ejecución forzosa”.

El art. 1 de esta ley de delegación declara que el objetivo de la reforma es la “reorganización formal y sustancial del proceso civil (…) en función de la simplificación, rapidez y racionalización del proceso civil (…)”.

La primera vez que leí estas palabras (reorganización, rapidez, racionalización, simplificación) pensé que eran palabras *frías*, que se acercan más a teorías

---

[5] *Piano nazionale di ripresa e resilienza*, cit. p. 60.

[6] *Piano nazionale di ripresa e resilienza*, cit. p. 61.

[7] *Gazz. Uff.*, n. 292 del 9 diciembre 2021.

[8] SCICHILONE, G., “Il Governo dei Migliori”, en www.rivistailmulino.it, 9 febrero 2021.

del *management* que a la idea altísima de Justicia; y percibí la distancia que hay entre este lenguaje, del legislador actual, y el lenguaje de nuestros maestros, que hablaban del proceso como un "misterio" (Salvatore Satta y su libro "El misterio del proceso"), del derecho como hecho esencialmente espiritual (Francesco Carnelutti)[9], de la necesidad de conocer la psicología de los seres humanos antes de conocer el Derecho (Piero Calamandrei)[10], de la necesidad de que la sentencia sea justa antes que rápida (Michele Taruffo)[11], y podría continuar.

Entendámonos. Diciendo eso no quiero decir que tengamos que estar con la mirada fija en el pasado, ignorando que en los últimos treinta años hemos vivido transformaciones que han cambiado el mundo de manera radical y que nos requieren, por lo tanto, también a nosotros una transformación radical; y entiendo muy bien que no podemos pretender atender a un fenómeno tan complejo, como es el proceso, únicamente con los instrumentos de la doctrina clásica[12]. Quiero decir que no podemos razonar simplemente en términos de categorías de *management* y de inteligencia artificial (como dijo Albert Einstein, llegará un día que las máquinas podrán solucionar cualquier problema, pero nunca llegarán a crear uno); olvidando cual es el fin supremo del proceso, es decir, la administración de Justicia.

4. EL DECRETO N. 149 DEL 17 OCTUBRE 2022, QUE MODIFICA EL *CODICE DI PROCEDURA CIVILE*

Regresamos a la historia de los hechos: a partir de esta ley de delegación, el Gobierno aprueba el decreto legislativo de 10 octubre 2022, n. 149[13], en el que están previstas con detalle las modificaciones del *Codice di procedura civile* que se plantean, que se traducen, a su vez, en la práctica, en las cuatro líneas de intervención a las que me he referido antes.

Vamos a ver algunas de estas modificaciones, las más significativas:

---

9 CARNELUTTI, F., "Matematica e diritto", *Rivista di diritto processuale*, 1951, pp. 201-220, p. 211, "Ora il diritto è un fatto essenzialmente spirituale (…)".

10 CALAMANDREI, P., "Il processo come gioco", en CALAMADREI, P., *Opere giuridiche*, Napoli, 1965, I, pp. 537-551, 538, "le leggi processuali sono fatte per uomini vivi dei quali, prima di studiare il diritto, bisogna conoscere la psicologia".

11 TARUFFO, M., "Idee per una teoria della decisione giusta", in *Rivista trimestrale di diritto e procedura civile*, 1997, p. 315 ss.

12 GRIMALDI, R., *La società dei robot*, Mondadori, Milano, 2022, p. 19, "Guardare al passato non vuol dire andare verso il futuro con la testa rivolta all'indietro: significa prendere una rincorsa più lunga, per fare un più lungo balzo in avanti".

13 *Gazz. Uff.*, n. 243 del 17 octubre 2022, suppl. ord. n. 38.

4.1. Proceso de declaración en primera instancia

La idea fundamental es intentar simplificar la actividad procesal y eso concretamente se traduce en:

— la obligación por parte del juez de establecer al principio del proceso el "calendario del proceso"; es decir, el calendario de todas las audiencias y de las actividades que se realizarán en aquéllas;

— la obligación de las partes de presentación telemática de todos los escritos procesales (ahora eso también se prevé en los procesos ante el juez de paz y el Tribunal de casación);

— las modificaciones de los artículos relativos a la fase introductoria del proceso ordinario de declaración, en primera instancia prevén que el juez llegue a la primera audiencia habiendo leído todos los actos introductorios de las partes. Antes de la reforma, el juez llegaba a la primera audiencia teniendo en el informe solo el acto introductorio del actor y la contestación del demandado, y después de la audiencia las partes tenían unos plazos para depositar otros tres escritos de clarificación, modificación o precisión de los actos introductorios. Con la última reforma se ha previsto que antes de la primera audiencia las partes depositen no solo los actos introductorios, sino también dichos tres escritos; es decir, que el juez puede tener que leer 8 documentos procesales de las partes antes de la primera audiencia (si las partes son dos). La intención, se entiende, es llegar a la primera audiencia con el *thema decidendum* y el *thema probandum* totalmente definidos. Si consideramos también el hecho de que en el día de la primera audiencia el juez puede tener docenas de primeras audiencias, entendemos por qué los jueces están preocupados con esta reforma (de hecho, comentan sin problemas que, si es necesario, van a realizar la primera audiencia no solo en un único día);

— la posibilidad de audiencia telemática (que se realizará a través del ordenador) y de audiencia escrita, que es un oxímoron, porque es una audiencia que se desarrolla sin que las partes se vean, ni tan siquiera de manera telemática, simplemente las partes depositan notas escritas; y las notas se leen, no se escuchan, por esto decía que la audiencia escrita es un oxímoron. Todos tenemos en mente las palabras de Giuseppe Chiovenda, *oralità, concentrazione, immediatezza,* que nos hablan de un proceso entre personas que viven, se miran, debaten entre ellos y con el juez, cosas que pasan en la audiencia telemática, pero a través de un ordenador y con una distancia que lo hacen distinto a lo presencial. No es lo mismo. Y tampoco estoy segura que estas modificaciones ayuden a la celeridad del proceso.

— para las controversias más sencillas, se introduce un procedimiento simplificado, que es obligatorio utilizar cuando concurra el presupuesto (el juez puede declarar la conversión del proceso de la forma ordinaria a la forma simplificada);

— se introducen dos órdenes que permiten concluir el proceso (el modelo fue el *référé* francés) cuando el juez considere manifiestamente fundada o infundada la acción o haya nulidad del acto introductorio o sea incierto el *petitum*;

— se introduce en el *Codice di procedura civile* (art. 121, en el libro primero dedicado a los principios generales) el principio de claridad y de concisión de los actos procesales (cuya violación no produce nulidad del acto procesal, sino una sanción a nivel de gastos procesales)[14].

— se introduce la *Oficina del proceso*; es decir, cada juez tendrá unas personas (empleadas por 3 años con cargo a los fondos del Plan nacional de recuperación y resiliencia), seleccionadas entre jóvenes graduados en Derecho, que ayudarán al juez en la preparación de los actos procesales. No obstante, los abogados tienen la legítima sospecha que la sentencia terminará siendo escrita por los jóvenes graduados y no por el juez. Por ahora, esta "oficina" será provisional, para los próximos 3 años, hasta que se alcance la reducción de las causas pendientes; pero demasiadas veces en Italia cosas que han empezado como provisionales han terminado siendo permanentes, por lo que tenemos que ver qué pasará en este caso.

4.2. Proceso de segunda instancia

Aquí también la idea fundamental es simplificar, y eso se pretende a través de:

— la eliminación del filtro de admisibilidad de la apelación (introducido en 2012);

— la eliminación del tratamiento colegiado del juicio y reintroduciendo la figura del juez instructor, que se ocupa de todo el proceso de segunda instancia, aunque al final la decisión será colegial;

— la eliminación de algunas de las hipótesis en las que el juez de segunda instancia puede reenviar el proceso al juez de primera instancia para

[14] Decreto 7 agosto 2023, n. 110, *Regolamento per la definizione dei criteri di redazione, dei limiti e degli schemi informatici degli atti giudiziari con la strutturazione dei campi necessari per l'inserimento delle informazioni nei registri del processo, ai sensi dell'art. 46 delle disposizioni per attuazione del codice di procedura civile*, in *Gazz. Uff.*, n. 187 del 11 agosto 2023.

que se repita el proceso (lo que sucede con ocasión de nulidades tan graves que impiden considerar desarrollada de forma correcta la primera instancia del juicio).

4.3. Juicio en casación

— Aquí también se elimina el filtro (del que se ocupaba una sección *ad hoc* de la Corte de casación, ahora se prevé que cada sección pueda pronunciarse sobre la inadmisibilidad o procedibilidad del recurso, y lo haga por trámite de un procedimiento acelerado: cuando el tribunal crea que el recurso principal o incidental este afectado por alguna causa de inadmisibilidad o procedibilidad o sean manifiestamente infundados, presenta a las partes una propuesta de finalización del juicio; si las partes insisten en el proceso rechazando la propuesta del tribunal, y si la decisión final resulta que confirma la propuesta hecha previamente por el tribunal, serán condenadas muy gravosamente a nivel de gastos procesales);

— Se introduce un nuevo instituto procesal, el reenvío prejudicial al tribunal de casación por parte del juez de instancia cuando se trate de resolver una cuestión de Derecho, que sea nueva, necesaria para la resolución de la controversia, de difícil solución y sea posible que se plantee en numerosas ocasiones; el proceso en el fondo está suspendido hasta que el tribunal de casación se haya pronunciado sobre la cuestión de Derecho y tal pronunciamiento es vinculante para el juez que ha hecho el reenvío.

4.4. Aumento del recurso a los medios alternativos de resolución de controversias

El legislador intenta potenciar su uso a través de:

— beneficios fiscales en favor de las partes;

— potenciando la mediación demandada al juez;

— poniendo la mediación como presupuesto obligatorio para algunas controversias.

5. CONCLUSIONES

A continuación, realizaré algunas consideraciones críticas y prácticas sobre lo que hemos anunciado muy rápidamente. No he comentado hasta ahora que en la Comisión de reforma, que fue nombrada por el Gobierno de los mejores, estaban algunos de los procesalistas más valientes que tenemos hoy en día en Italia: el Presidente de la Comisión fue Francesco Paolo Luiso, y formaban también parte de ella Filippo Danovi, Antonio Carratta, Ilaria Pagni y mi maestro, el Prof. Paolo Biavati (por esa razón en Bolonia tenía cada semana noticias de primera mano). Esencialmente, el problema fue que la Comisión tuvo poco tiempo para concluir su trabajo. Decía al principio que no me gustaron las maneras con las que el Gobierno condujo la reforma y esta es la razón: reformas serias, meditadas, no pueden hacerse teniendo un plazo tan corto con una espada de Damocles sobre la cabeza. Por esa razón, la Comisión tuvo que dividirse en subcomisiones, una sobre el juicio de primera instancia, otra sobre el de segunda instancia, etc.; la Comisión tuvo que trabajar a tiempo parcial, reuniéndose un par de veces al mes, ya que sus miembros seguían atendiendo sus labores profesionales (profesores, jueces, abogados...) y cuando el plazo final se acercaba, tuvieron que concluir el trabajo en el estado en el que se encontraba (mientras que una obra de pensamiento difícilmente tolera plazos, aunque antes o después tengan que ser concluida). Otra dificultad fue alcanzar un acuerdo entre miembros de distintas categorías profesionales, porque en la Comisión estaban profesores, jueces y abogados, y no siempre tenían la misma idea acerca de la cuestión que se estudiaba.

Ya he dicho al principio cual es mi previsión; es decir, que esta reforma no va a alcanzar los objetivos que hemos comentado, esto es, la reducción del 40% de la duración del proceso y del 90% de los procesos civiles pendientes dentro del año 2026. Solo tenemos que esperar, para ver si acierta el Plan de recuperación o la previsión que hemos realizado. Gracias, una vez más, por su atención.

BIBLIOGRAFÍA

ACCETTURO, A.- LINARELLO, A. – PETRELLA, A., *Legal enforcement and global value chain: micro evidence from Italian manufacturing firms*, in *Questioni di economia e finanza*, Banca d'Italia, Roma, 2017, n. 397.

CALAMANDREI, P., "Il processo come gioco", en CALAMADREI, P., *Opere giuridiche*, Napoli, 1965, I, pp. 537-551.

CARNELUTTI, F., "Matematica e diritto", *Rivista di diritto processuale*, 1951, pp. 201-220.

GRIMALDI, R., *La società dei robot*, Mondadori, Milano, 2022.

SCICHILONE, G., "Il Governo dei Migliori", en www.rivistailmulino.it, 9 febrero 2021.

TARUFFO, M., "Idee per una teoria della decisione giusta", in *Rivista trimestrale di diritto e procedura civile*, 1997, p. 315 ss.

SEGUNDA PARTE:
EFICIENCIA DE LA JUSTICIA Y MEDIOS ALTERNATIVOS DE RESOLUCIÓN DE CONFLICTOS

Capítulo III:
Medios alternativos de solución de conflictos (MASC) y derecho a la tutela judicial efectiva

RAFAEL BELLIDO PENADÉS
Catedrático de Derecho Procesal.
Universitat de València

Resumen: El fomento de los medios alternativos de solución de conflictos (MASC) es un objetivo del Derecho de la Unión Europea en las últimas dos décadas, especialmente en materia de consumo. En Derecho privado español se ha intentado secundar ese objetivo desde un planteamiento que ha evolucionado significativamente. En el planteamiento inicial se fomentaba el uso de los MASC en Derecho privado desde el principio de libertad y su carácter voluntario.

Sin embargo, las últimas propuestas legislativas tienden a establecer MASC de carácter obligatorio. De esta forma, se incorpora una restricción en el derecho de acceso a la jurisdicción, que afecta al derecho fundamental a la tutela judicial efectiva reconocido en el art. 24. 1 CE y en el art. 47 CDFUE y que puede resultar compatible con él, siempre que se respeten ciertos límites establecidos en la reciente jurisprudencia del Tribunal Constitucional y del Tribunal de Justicia de la Unión Europea.

1. INTRODUCCIÓN

El fomento de los medios alternativos de solución de conflictos (en adelante MASC)[1] viene siendo un objetivo del Derecho de la Unión Europea (en adelante UE) que se ha ido potenciando progresivamente en las últimas dos décadas, especialmente, en sede de protección de los derechos de los consumidores y usuarios, materia en la que resultan necesarios todos los medios posibles de protección de los derechos de estos, tanto medios jurisdiccionales (individuales y colectivos), como medios alternativos (heterocompositivos y autocompositivos) de resolución de conflictos.

El Derecho de la Unión ha ido intentando proteger los derechos de los consumidores y usuarios con instrumentos normativos de diferente intensidad o carácter vinculante. A finales del S. XX y comienzos del S. XXI optó por el instrumento de recomendaciones de alcance general, a través de la Recomendación 98/257/CE de la Comisión, de 30 de marzo de 1998, relativa a los principios aplicables a los órganos responsables de la solución extrajudicial de los litigios en materia de consumo[2] y de la Recomendación 2001/310/CE de la Comisión, de 4 de abril de 2001, relativa a los principios aplicables a los órganos extrajudiciales de resolución consensual de litigios en materia de consumo[3].

En un segundo momento, el legislador de la Unión Europea ha utilizado con frecuencia el instrumento normativo de la directiva, bien con relación a sectores más específicos, o bien de alcance más general. Entre las directivas relativas a sectores más específicos se encuentra la Directiva 2002/22/CE del Parlamento Europeo y del Consejo, de 7 de marzo de 2002, relativa al servicio universal y los derechos de los usuarios en relación con las redes y los servicios de comunicaciones electrónicas, cuyo artículo 34, bajo la rúbrica «resolución extrajudicial de litigios», dispone que «los Estados miembros garantizarán la

---

1 Es muy variada la terminología que se utiliza para referirse a los medios de resolución de conflictos diferentes al proceso judicial en el que se ejerce la función jurisdiccional (medios alternativos, medios extrajudiciales, medios adecuados ...). Sin desconocer que esos medios pueden ser tanto alternativos, como complementarios, según el momento en el que se utilicen, estimo más acertados los términos "medios alternativos" que los de "medios extrajudiciales", porque, en ocasiones, esos medios se utilizan durante la pendencia de un proceso judicial. Sin embargo, me parecen menos acertados los términos "medios adecuados", pues podrían dar a entender que el proceso judicial no es un medio adecuado para la resolución de controversias, cuando es precisamente ese medio el que desde una perspectiva constitucional y supranacional mayores garantías comporta para el ciudadano que impetra tutela de sus derechos e intereses legítimos.

2 Diario Oficial de las Comunidades Europeas 17. 4. 1998, L 115/31.

3 Diario Oficial de las Comunidades Europeas 19.4.2001, L 109/56.

disponibilidad de procedimientos extrajudiciales transparentes, sencillos y poco onerosos para tratar litigios no resueltos que afecten a los consumidores y se refieran a asuntos regulados por la presente Directiva».

Entre las directivas que se ocupan de la materia con un alcance más general, se encuentra la Directiva 2008/52/CE, de 21 de mayo, sobre ciertos aspectos de la mediación en asuntos civiles y mercantiles[4].

En la última década en materia de consumo han proliferado diversos instrumentos normativos comunitarios más recientes sobre mecanismos alternativos de resolución de conflictos, como la Directiva 2013/11/UE, de 21 de mayo de 2013, relativa a la resolución alternativa de litigios en materia de consumo[5], y el Reglamento (UE) n.º 524/2013, de 21 de mayo de 2013, sobre resolución de litigios en línea en materia de consumo[6].

A nivel de Derecho español la regulación de los medios alternativos de solución de conflictos tradicionalmente ha proliferado en algunos sectores específicos y, sobre todo, a instancias del legislador comunitario, en materia de consumo. Así, en desarrollo de la previsión contenida en el art. 31 de la Ley 26/1984, de 19 de julio, General para la Defensa de los Consumidores y Usuarios, mediante Real Decreto 636/1993, de 3 de mayo, se procedió a la regulación por primera vez del Sistema Arbitral de Consumo, más tarde sustituido por el Real Decreto 231/2008, de 15 de febrero, ante la necesidad de adaptar el Sistema Arbitral de Consumo al Real Decreto Legislativo 1/2007, de 16 de noviembre, por el que se aprueba el Texto Refundido de la Ley General para la Defensa de los Consumidores y Usuario, así como a la Ley 60/2003, de 23 de diciembre, de Arbitraje.

Junto a la Ley 60/2003 de Arbitraje, primer método alternativo de resolución de conflictos al que se concedió protagonismo en nuestro ordenamiento, la regulación general de la mediación, como segundo método alternativo de resolución de conflictos en Derecho privado, vio la luz con la Ley 5/2012, de 6 de julio, de mediación en asuntos civiles y mercantiles (LM), la cual, a

---

4 Directiva 2008/52/CE, del Parlamento Europeo y del Consejo, de 21 de mayo de 2008, sobre ciertos aspectos de la mediación en asuntos civiles y mercantiles (DOUE 24.5.2008, L 136/3).

5 Directiva 2013/11/UE del Parlamento Europeo y del Consejo, de 21 de mayo de 2013, relativa a la resolución alternativa de litigios en materia de consumo (DOUE 18.6.2013, L 165/63) y por la que se modifica el Reglamento (CE) n.º 2006/2004 y la Directiva 2009/22/CE.

6 Reglamento (UE) n.º 524/2013 del Parlamento Europeo y del Consejo, de 21 de mayo de 2013, sobre resolución de litigios en línea en materia de consumo (DOUE 18.6.2013, L 165/1).

su vez, es desarrollada por el Real Decreto 980/2013, de 13 de diciembre[7]. La Ley 5/2012, si bien regula la mediación extrajudicial, también modificó diversos artículos de la Ley 1/2000, de Enjuiciamiento Civil, para introducir, potenciar y regular en esta la mediación intrajudicial.

Pero, además, en el curso de la última década se han llevado a cabo en Derecho español dos proyectos de reforma, que afectan directamente al tema de la ponencia, el Anteproyecto de Ley de impulso de la mediación (ALIM) de diciembre de 2018 y el Proyecto de Ley de medidas de eficiencia procesal del servicio público de justicia (PLMEP) de 22 de abril de 2022[8].

Su particularidad común reside en que, ante la falta de una efectiva implantación de los mecanismos establecidos por la normativa a la que nos acabamos de referir, se proponen modelos de mediación (ALIM), o de medios alternativos de resolución de conflictos (PLMEP), de carácter obligatorio.

Lo anterior, como se ha puesto de manifiesto desde distintos sectores, puede entrar en colisión con el respeto del derecho fundamental a la tutela judicial efectiva consagrado en el art. 24. 1 Constitución española (CE) y en el art. 47 de la Carta de Derechos Fundamentales de la Unión Europea (CDFUE).

2. EL FOMENTO DE LOS MEDIOS ALTERNATIVOS DE SOLUCIÓN DE CONFLICTOS Y SU RELACIÓN CON EL DERECHO A LA TUTELA JUDICIAL EFECTIVA EN EL ORDENAMIENTO DE LA UNIÓN EUROPEA

El fomento de los medios alternativos de solución de conflictos es uno de los objetivos perseguidos en el seno de la Unión Europea desde hace tiempo, lo que viene realizándose en la regulación de ámbitos más o menos específicos. Nosotros nos ocuparemos brevemente de su regulación en la Directiva 2008/52/CE, de 21 de mayo sobre ciertos aspectos de la mediación en asuntos civiles y mercantiles, y en la Directiva 2013/11/UE, de 21 de mayo, relativa a la resolución alternativa de litigios en materia de consumo. Ambas se pronuncian sobre la posible incidencia de las regulaciones de los medios alternativos de solución de conflictos en el derecho fundamental a la tutela judicial efectiva reconocido en la Carta de Derechos Fundamentales de la UE.

---

7 Real Decreto 980/2013, de 13 de diciembre, por el que se desarrollan determinados aspectos de la Ley 5/2012, de 6 de julio, de mediación en asuntos civiles y mercantiles.

8 Proyecto de Ley de medidas de eficiencia procesal del servicio público de justicia de 22 de abril 2022. Cfr. Boletín Oficial de las Cortes Generales, Congreso de los Diputados, XIV Legislatura, Serie A: Proyectos de Ley, 22 de abril de 2022, Núm. 97-1.

Obviamente, en este tema merece una destacada atención la jurisprudencia emanada del Tribunal de Justicia de la UE, al resolver cuestiones prejudiciales planteadas por tribunales nacionales con relación a la compatibilidad de normas de sus legislaciones nacionales con el ordenamiento de la UE, sin excluir su compatibilidad con el derecho fundamental a la tutela judicial efectiva reconocido en el art. 47 de la CDFUE.

2.1. El carácter voluntario u obligatorio de los medios alternativos de solución de conflictos en el Derecho de la Unión Europea. Breve referencia

El objetivo del fomento de los medios alternativos de solución de conflictos en el Derecho de la UE se encuentra unido a la finalidad de asegurar un mejor acceso a la justicia, en el convencimiento de que «el objetivo de asegurar un mejor acceso a la justicia, como parte de la política de la Unión Europea encaminada a establecer un espacio de libertad, seguridad y justicia, debe abarcar el acceso a métodos tanto judiciales como extrajudiciales de resolución de litigios»[9] y en el entendimiento de que «la mediación puede dar una solución extrajudicial económica y rápida a conflictos en asuntos civiles y mercantiles, mediante procedimientos adaptados a las necesidades de las partes»[10].

Sin embargo, esos loables objetivos deben alcanzarse de forma armónica con los derechos fundamentales, incluido el derecho fundamental a la tutela judicial efectiva reconocido en el art. 47 de la CDFUE.

La Directiva 2008/52/CE, de 21 de mayo, sobre ciertos aspectos de la mediación en asuntos civiles y mercantiles, no desconocía el riesgo que un fomento de los medios alternativos de solución de conflictos de carácter obligatorio podía entrañar para el derecho a la tutela judicial efectiva. Por ello, *el legislador europeo optó por un modelo de mediación de carácter voluntario.*

Así, advierte que «la mediación a que se refiere la presente Directiva debe ser un procedimiento voluntario, en el sentido de que las partes se responsabilizan de él y pueden organizarlo como lo deseen y darlo por terminado en cualquier momento» (considerando 13).

---

9 Directiva 2008/52, considerando 5.

10 Como declara la STJUE de 14 de mayo de 2020, asunto C-667/18, apartado 41, además ese objetivo de la Unión Europea de fomento de los medios alternativos de solución de conflictos (MASC) se configura como objetivo incluso en el propio Derecho primario, pues, según el artículo 81 TFUE, apartado 2, letra g), en el marco de la cooperación judicial en materia civil, el legislador de la Unión deberá adoptar medidas destinadas a garantizar «el desarrollo de métodos alternativos de resolución de litigios».

Igualmente, se establece como objetivo principal de la directiva «facilitar el acceso a modalidades alternativas de solución de conflictos y fomentar la resolución amistosa de litigios promoviendo el uso de la mediación y *asegurando una relación equilibrada entre la mediación y el proceso judicial*» (art. 1).

Por último, indica que la función del juez o magistrado del tribunal será *proponer o pedir* a las partes que recurran a la mediación para resolver el conflicto, o que asistan a una sesión informativa (art. 5. 1).

No obstante, se advierte en la Directiva que los Estados gozan de libertad para establecer en sus legislaciones nacionales una mediación obligatoria, o que la sometan a incentivos o sanciones, con un límite: siempre que las legislaciones nacionales no impidan después a las partes el ejercicio de su derecho de acceso a los tribunales[11], límite que, como después se verá, ha sido desarrollado en la jurisprudencia del Tribunal de Justicia de la Unión Europea (TJUE).

La relevancia constitucional de la configuración legal de los medios alternativos de resolución de conflictos tampoco pasó desapercibida al legislador comunitario en la Directiva 2013/11/UE, de 21 de mayo, relativa a la resolución alternativa de litigios en materia de consumo.

En ella, en su considerando 45 se parte de que «el derecho a la tutela judicial efectiva y el derecho a un juez imparcial forman parte de los derechos fundamentales establecidos en el artículo 47 de la Carta de los Derechos Fundamentales de la Unión Europea» y, en consecuencia, se considera que «*los procedimientos de resolución alternativa* no deben concebirse como sustitutivos de los procedimientos judiciales y *no deben privar a consumidores o comerciantes de su derecho a recurso ante los órganos jurisdiccionales*».

Por lo que concluye que esta Directiva «*no debe impedir a las partes ejercer su derecho de acceso al sistema judicial*». De forma que «en los casos en que un litigio no pueda resolverse mediante un procedimiento de resolución alternativa determinado cuyo resultado no es vinculante, no debe impedirse a las partes que incoen a continuación un procedimiento judicial en relación con dicho litigio». No obstante, se admite que «los Estados miembros deben poder elegir libremente los medios adecuados para lograr este objetivo»[12].

---

11 El art. 5. 2 señala en este sentido que «la presente Directiva no afectará a la legislación nacional que estipule la obligatoriedad de la mediación o que la someta a incentivos o sanciones, ya sea antes o después de la incoación del proceso judicial, *siempre que tal legislación no impida a las partes el ejercicio de su derecho de acceso al sistema judicial*». La cursiva es nuestra. Lo que igualmente refleja su considerando 14.

12 Similares consideraciones se hacen en el considerando 26 del el Reglamento (UE) n.º 524/2013, sobre resolución de litigios en línea en materia de consumo, en el que se declara que «el derecho a la tutela judicial efectiva y el derecho a un juez impar-

La norma de cabecera es, con carácter general, el principio de libertad, en especial para el consumidor, ya que el objetivo de la directiva es garantizar que los consumidores puedan presentar reclamaciones contra los comerciantes ante entidades que ofrezcan procedimientos de resolución alternativa de litigios «si así lo desean» (art. 1, primer inciso).

Sin embargo, la propia directiva permite que ese principio pueda ser matizado por los ordenamientos nacionales con ciertos límites, al autorizar «la obligatoriedad de participar en este tipo de procedimientos prescrita en la legislación nacional, siempre que esta no impida a las partes ejercer su derecho de acceso al sistema judicial» (art. 1, segundo inciso).

El respeto de la voluntad del consumidor de someterse al medio alternativo de resolución de conflictos es inequívoco, tanto en los procedimientos de resolución alternativa que tengan por objeto resolver un conflicto proponiendo una solución (art. 9. 2), como cuando los procedimientos de resolución alternativa tengan por objeto resolver un conflicto mediante la imposición de una solución (art. 10. 1 y 10. 2).

Por el contrario, el respeto de la libertad o voluntad del comerciante de someterse a procedimientos de resolución alternativa se admite que sea matizada por las legislaciones nacionales, tanto en los procedimientos de resolución alternativa en los que se propone una solución -bien porque se le obligue a participar (art. 9. 2, a), o bien porque el consumidor ya haya aceptado la solución propuesta (art. 9. 3)-, como en los procedimientos de resolución alternativa en los que se impone una solución, en los que se exigirá la aceptación del comerciante para cada caso concreto (art. 10. 2).

Por otra parte, el Informe de la Comisión de 26 de agosto de 2016, sobre el impacto de la Directiva 2008/52/CE en los Estados miembros[13], tras reconocer que *las prácticas que invitan a las partes a hacer uso de la mediación todavía no son satisfactorias* en general, advierte que la eventual *obligatoriedad de la mediación* es una cuestión controvertida[14] y que esa obligatoriedad puede afectar al

---

cial forman parte de los derechos fundamentales establecidos en el artículo 47 de la Carta de los Derechos Fundamentales de la Unión Europea. *La resolución de litigios en línea no está concebida ni puede concebirse para sustituir a los procedimientos judiciales, ni debe privar a consumidores o comerciantes de su derecho de recurso ante los órganos jurisdiccionales.* Por lo tanto, el presente Reglamento no debe impedir a las partes ejercer su derecho de acceso al sistema judicial». La cursiva es nuestra.

13 El informe de la Comisión al Parlamento, al Consejo y al Comité Económico y Social Europeo de 26 de agosto de 2016 puede consultarse en: https://eur-lex.europa.eu/legal-content/ES/TXT/?uri=CELEX%3A52016DC0542.

14 La doctrina española no es ajena a este debate. Se manifiestan defensores decididos de la voluntariedad de la mediación MARTÍN DIZ, F., *La mediación: sistema complementario de la Administración de Justicia*, Consejo General del Poder Judicial, 2010, p. 37;

derecho a la tutela judicial efectiva consagrado en el artículo 47 de la Carta de los Derechos Fundamentales de la Unión[15] y en el art. 24 CE[16].

CASTILLEJO MANZANARES, R., "Métodos alternativos de resolución de conflictos ¡es necesario menos proceso", en CACHÓN CADENAS, M. y PÉREZ DAUDI, V. (dir.) *El enjuiciamiento civil y penal hoy* (Coord.), Atelier-Fundación privada Manuel Serra Domínguez, 2019, pp. 103-105; Sigüenza López, J: "Concepto y rasgos definitorios de la mediación instaurada en España por la Ley 5/2012", en Sigüenza López, J. y García-Rostán Calvín, G. (dir.), *Estudios sobre mediación y arbitraje desde una perspectiva procesal*, Aranzadi Thomson Reuters, 2017, pp. 74-75; y SÁNCHEZ POS, Mª. V., "Hacia un modelo de obligatoriedad mitigada de la mediación. Comentario breve al Anteproyecto de Ley de Impulso de la Mediación, en JIMÉNEZ CONDE, F. y BELLIDO PENADÉS, R. (dir.), *Justicia: ¿garantías versus eficiencia?*, Tirant lo Blanch, 2019, pp. 923 y ss.

Por el contrario, en sentido favorable a la obligatoriedad mitigada, LÓPEZ YAGÜES, V., "Mediación y proceso judicial, instrumentos complementarios de un Sistema integrado de Justicia Civil", en *Práctica de Tribunales*, nº 137, marzo-abril, 2019, p. 3; CARRETERO MORALES, "¿Puede contribuir el nuevo modelo de «obligatoriedad mitigada» de la mediación a mejorar la eficiencia del proceso civil?: Breve análisis del Anteproyecto de Ley de Impulso a la Mediación", en JIMÉNEZ CONDE, F. y BELLIDO PENADÉS, R. (dir.), *Justicia: ¿garantías versus eficiencia?*, Tirant lo Blanch, 2019, pp. 579 y ss.; ARANDA JURADO, M., "La mediación obligatoria mitigada como instrumento para la promoción de la mediación en los asuntos civiles y mercantiles en el ordenamiento jurídico español", en JIMÉNEZ CONDE, F. y BELLIDO PENADÉS, R. (dir.), *Justicia: ¿garantías versus eficiencia?*, Tirant lo Blanch, 2019, pp. 533 y ss.

15 En este sentido, es de indudable interés la STJUE (Sala 1ª) de 14 de junio de 2017, asunto C-75/16, que después se analizará y que ha sido objeto de considerable atención en la doctrina. Cfr. CARRETERO MORALES, E., "¿Puede contribuir el nuevo modelo...", en *Justicia...*, ob. cit., pp. 583-588 y OROMI I VALL-LLOVERA, S., "La mediación de consumo como requisito de admisibilidad del proceso judicial según el Tribunal de Justicia de la UE (Comentario de la Sentencia del TJUE (Sala Primera) de 14 de junio de 2017", en JIMÉNEZ CONDE, F. (dir.), *Adaptación del Derecho procesal español a la normativa europea y su interpretación por los tribunales*, Tirant lo Blanch, 2018, pp. 459 y ss.

16 Sobre la compatibilidad de los métodos extrajudiciales de resolución de conflictos obligatorios con el derecho fundamental a la tutela judicial efectiva consagrado en el artículo 24 CE también se ha pronunciado la doctrina con posiciones no siempre coincidentes. Cfr., entre otros, MARTíN DIZ, F., *La mediación...*, ob. cit., p. 37; LÓPEZ SÁNCHEZ, J., "El carácter general del requisito de procedibilidad de haber acudido a un "medio adecuado de solución de controversias": a propósito del proceso monitorio", en *Revista General de Derecho Procesal* 55 (2021), pp. 2-9; CARRETERO MORALES, "¿Puede contribuir el nuevo modelo...", en *Justicia...*, ob. cit., pp. 585-586; PICÓ JUNOY, J., "MASC y costas procesales en el futuro proceso civil: ¿La cuadratura del círculo?", *Diario La Ley*, núm. 9801, de 2 de marzo de 2021, p. 1.; y PÉREZ DAUDÍ, V., "La imposición de los ADR ope legis y el derecho a la tutela judicial efectiva", en *InDret*, 2/2019. Sobre esta cuestión en especial, PEITEADO MARISCAL, P., "Consideraciones sobre la relación entre el derecho a la tutela judicial efectiva y la mediación obligatoria", *Estudios de Deusto*, Vol. 66/2, julio-diciembre 2018, pp. 283 y ss.; MARTÍN

La Comisión considera que la imposición de la mediación en el marco de un proceso judicial puede ser aceptable en relaciones duraderas que puedan ser fuente de frecuentes conflictos, como en determinados asuntos de Derecho de familia, o en litigios con vecinos.

Sin embargo, la Comisión estima que los costes relacionados con la resolución de un litigio son factores importantes a la hora de decidir las partes si intentan la mediación o acuden a los tribunales. Y, en consecuencia, «*los incentivos financieros que resulten económicamente más atractivos para que las partes recurran a la mediación, en lugar de a procesos judiciales, pueden considerarse la mejor práctica*». Además de que, *incluso en aquellos asuntos en los que el recurso a la mediación pueda resultar más razonable*, como en algunos asuntos de Derecho de familia, «debe subrayarse que, también en tales casos, *debe respetarse el derecho de tutela judicial efectiva tal como está garantizado por el artículo 47 de la Carta de los Derechos Fundamentales de la Unión*»[17].

En la línea anterior, resultan de gran interés las consideraciones realizadas en el Informe de la Comisión europea de 25 de septiembre de 2019, sobre la aplicación de la Directiva 2013/11/UE del Parlamento Europeo y del Consejo, relativa a la resolución alternativa de litigios (en adelante RAL) en materia de consumo, y del Reglamento (UE) n.º 524/2013 del Parlamento Europeo y del Consejo, sobre resolución de litigios en línea en materia de consumo[18]. En este informe también se ofrecen datos que avalan que hay mayor porcentaje de éxito en algunos Estados miembros en los que la participación en los procedimientos de RAL es voluntaria y gratuita, también la de los comerciantes[19].

DIZ, F., "El derecho fundamental a la justicia: revisión integral e integradora del derecho a la tutela judicial efectiva", *Revista de Derecho Político,* UNED, núm. 106, septiembre-diciembre 2019, pp. 13 y ss.; BARONA VILAR, S., "Integración de la mediación en el moderno concepto de Acces to Justice", *InDret,* octubre 2014; y ORDEÑANA GEZURAGA, I., "Contribuciones al debate sobre la necesidad de constitucionalizar las técnicas extrajudiciales de conflictos en el ordenamiento jurídico español", en CALAZA LÓPEZ, S. y MUINELO COBO, J. C. (dir.), *El impacto de la oportunidad sobre los principios procesales clásicos* (Dir.), Iustel, 2021, pp. 341 y ss.

17 Informe Comisión Europea, pp. 9-10. La cursiva es nuestra.

18 El mismo puede consultarse en: https://data.consilium.europa.eu/doc/document/ST-12604-2019-INIT/es/pdf.

19 En este sentido, se dice que en Austria la participación de los comerciantes en los procedimientos tramitados por la entidad austriaca de RAL subsidiaria en materia de consumo es voluntaria y que el procedimiento es gratuito, tanto para los consumidores, como para los comerciantes. En 2018, los comerciantes participaron en el 77 % de los procedimientos de RAL, con un porcentaje de resolución del 75 %. En cambio, en Alemania solo el 17 % de los comerciantes participó en procedimientos ante el órgano general de conciliación en materia de consumo, cuyo procedimiento de RAL es voluntario, pero no gratuito para los comerciantes.

2.2. Medios alternativos de solución de conflictos obligatorios y derecho a la tutela judicial efectiva en la jurisprudencia del Tribunal de Justicia de la Unión Europea

Presenta gran interés la jurisprudencia del Tribunal de Justicia de la Unión Europea en orden a la relevancia constitucional de la regulación normativa de fomento de los medios alternativos de solución de conflictos que llega al punto de convertirlos en obligatorios, dada la posible afectación al derecho fundamental a la tutela judicial efectiva consagrado en el art. 47 CDFUE. En este aspecto son de destacar la STJUE (Sala 4ª) de 18 de marzo de 2010, relativa a la conciliación previa obligatoria y la STJUE (Sala 1ª) de 14 de junio de 2017, respecto de la mediación previa obligatoria.

2.2.1. Conciliación previa obligatoria

La primera sentencia de interés sobre la materia fue la STJUE (Sala 4ª) de 18 de marzo de 2010, asuntos acumulados C-317/08 a 320/08, que resuelve cuatro cuestiones prejudiciales planteadas por el Giudice di Pace de Isquia (Italia) (Caso Alassini), en el marco de cuatro litigios sobre supuestos incumplimientos de contratos relativos a la prestación de servicios telefónicos.

La Directiva 2002/22/CE, sobre derechos de los usuarios en relación con las redes y los servicios de comunicaciones electrónicas, disponía que los Estados miembros debían garantizar a los consumidores «la disponibilidad de procedimientos extrajudiciales sencillos y poco onerosos sin menoscabo de los procedimientos judiciales nacionales».

La normativa italiana que adaptó el Derecho interno a la Directiva (Decreto Legislativo núm. 259, de 2003) exigía un previo intento de conciliación obligatoria antes de presentar la demanda.

El Tribunal de Justicia de la Unión Europea parte de que, *al supeditar la admisibilidad de las demandas* relativas a servicios de comunicaciones electrónicas *a la realización de una tentativa de conciliación obligatoria, se «introduce una etapa adicional para el acceso a la justicia»*, que *«podría afectar al principio de tutela judicial efectiva»* (apartado 62).

E, igualmente, se informa de que en Finlandia los comerciantes no están obligados a participar en los procedimientos que tramite cualquiera de las tres entidades de RAL certificadas en materia de consumo y que los procedimientos de RAL culminan con una recomendación no vinculante. Ahora, el porcentaje de cumplimiento de esas recomendaciones se sitúa entre el 80 % y el 100 % (Informe de 25 de septiembre de 2019 de la Comisión europea sobre la aplicación de la Directiva 2013/11/UE y del Reglamento (UE) n.º 524/2013, p. 13).

Sin embargo, se estima que, según jurisprudencia reiterada, *los derechos fundamentales* no constituyen prerrogativas absolutas, sino que *pueden ser objeto de restricciones*, «siempre y cuando éstas *respondan efectivamente a objetivos de interés general*» y no impliquen «*una intervención desmesurada* e intolerable *que afecte a la propia esencia de los derechos* así garantizados» (apartado 63).

En el caso se considera que las disposiciones nacionales controvertidas persiguen *objetivos legítimos de interés general*, como «lograr una resolución más rápida y menos costosa de los litigios en materia de comunicaciones electrónicas, así como una disminución de la carga de trabajo de los tribunales» (apartado 64).

Por otra parte, se razona que *la imposición* del medio de solución extrajudicial (conciliación) establecido en el caso «*no resulta desproporcionada* con respecto a los objetivos perseguidos, *habida cuenta de las condiciones concretas de funcionamiento* de dicho procedimiento expuestas en los apartados 54 a 57 de la presente sentencia» (apartado 65).

En definitiva, se concluye que «los principios de equivalencia y de efectividad y *el principio de tutela judicial efectiva tampoco se oponen a una normativa nacional que impone*, para tales litigios, la tramitación previa de un procedimiento de conciliación extrajudicial *cuando* dicho procedimiento *no conduce a una decisión vinculante* para las partes, *no implica un retraso sustancial* a efectos del ejercicio de una acción judicial, *interrumpe la prescripción* de los correspondientes derechos, y *no ocasiona gastos u ocasiona gastos escasamente significativos para las partes*, y siempre y *cuando la vía electrónica no constituya el único medio de acceder* a ese procedimiento de conciliación y *sea posible adoptar medidas provisionales* en aquellos supuestos excepcionales en que la urgencia de la situación lo exija» (apartado 67)[20].

2.2.2. Mediación previa obligatoria

Una segunda sentencia importante sobre la materia es la *STJUE (Sala 1ª) de 14 de junio de 2017, asunto C-75/16*, que tiene por objeto una cuestión prejudicial planteada por el Tribunal Ordinario de Verona (Italia) y que presenta la particularidad de que no se suscita con ocasión de un litigio transfronterizo, sino de un proceso nacional italiano, por lo que no es aplicable la Directiva 2008/52/UE, siendo exclusivamente aplicable la Directiva 2013/11/UE.

El proceso judicial de origen tenía su causa en tres contratos sucesivos de apertura de crédito en cuenta corriente, uno de ellos firmado el 16 de julio de 2009, que el Banco Popolare había suscrito con el Sr. Menini y la Sra. Rampa-

---

20 La cursiva de los entrecomillados es nuestra.

nelli, con el fin de permitirles que adquirieran acciones emitidas por el propio Banco Popolare, o por otras sociedades de su propiedad. El 15 de junio de 2015, Banco Popolare obtuvo un requerimiento judicial de pago contra el Sr. Menini y la Sra. Rampanelli por el saldo que adeudaban por el contrato de apertura de crédito en cuenta corriente de 16 de julio de 2009. El Sr. Menini y la Sra. Rampanelli formularon oposición al requerimiento judicial, procedimiento de oposición que, conforme al Derecho italiano, según el órgano judicial proponente, sólo es admisible si las partes han incoado previamente un procedimiento de mediación (art. 5, 1 bis y 4, DL n.º 28/2010), lo que suscitaba en aquel distintas dudas sobre la compatibilidad entre la legislación italiana y el ordenamiento de la UE.

El Tribunal de Justicia de la Unión Europea advierte que el razonamiento seguido en la sentencia de 18 de marzo de 2010, respecto de la conciliación obligatoria, es aplicable respecto de la obligatoriedad de otros procedimientos alternativos, como la mediación (apartados 55 y 56), por lo que argumenta que configurar la mediación previa obligatoria como requisito de admisibilidad de la demanda judicial tampoco es contrario al *derecho fundamental a la tutela judicial efectiva*, a condición de que la concreta regulación legal cumpla ciertos requisitos.

En consecuencia, el Tribunal de Justicia de la Unión Europea concluye, como ya hiciera en el caso Alassini, que «*la exigencia de un procedimiento de mediación* como requisito de admisibilidad de las acciones judiciales *puede ser compatible con el principio de tutela judicial efectiva cuando* dicho procedimiento no conduce a una decisión vinculante para las partes, no implica un retraso sustancial a efectos del ejercicio de una acción judicial, interrumpe la prescripción de los correspondientes derechos y no ocasiona gastos u ocasiona gastos escasamente significativos para las partes, y siempre y cuando la vía electrónica no constituya el único medio de acceder a ese procedimiento de conciliación y sea posible adoptar medidas provisionales en aquellos supuestos excepcionales en que la urgencia de la situación lo exija (...)» (apartado 61).

En definitiva, la obligatoriedad legal del uso de medios alternativos de solución de conflictos, como la conciliación o la mediación, al establecerlos como requisitos de admisibilidad de las demandas judiciales, puede ser compatible o no con el derecho fundamental a la tutela judicial efectiva, en función de que la concreta configuración legal diseñada por el legislador respete ciertos límites señalados por el tribunal comunitario.

3. EL FOMENTO DE LOS MEDIOS ALTERNATIVOS DE SOLUCIÓN DE CONFLICTOS Y SU RELACIÓN CON EL DERECHO A LA TUTELA JUDICIAL EFECTIVA EN EL ORDENAMIENTO JURÍDICO ESPAÑOL

El ordenamiento jurídico español también ha respondido a las sugerencias de fomento de los medios alternativos de solución de conflictos, en unas ocasiones, con el fomento en positivo del uso de medios alternativos de carácter voluntario y, en otras ocasiones, con la imposición del uso de medios alternativos de carácter obligatorio, lo que ha permitido a la jurisprudencia del Tribunal Constitucional pronunciarse sobre la compatibilidad de la segunda opción legislativa con el derecho fundamental a la tutela judicial efectiva, en particular, respecto de los medios alternativos en los que, como en el arbitraje, en el procedimiento alternativo de solución de conflictos se impone a las partes una solución vinculante.

Pero, además, este debate se plantea también con relación a proyectos de reforma recientes, que ante la escasa implantación que han tenido en nuestro país los medios alternativos de solución de conflictos de carácter voluntario, proponen la mediación u otros medios alternativos de solución de conflictos de corte obligatorio, como es el caso del Anteproyecto de Ley de impulso de la mediación (ALIM) de diciembre de 2018 y el Proyecto de Ley de medidas de eficiencia procesal del servicio público de justicia (PLMEP) de abril de 2022.

3.1. El carácter voluntario u obligatorio de los medios alternativos de solución de conflictos en Derecho español

En el Derecho español ha prevalecido tradicionalmente la voluntariedad del recurso a los medios alternativos de solución de conflictos, como sucede en la Ley de Arbitraje de 2003, o en la Ley de Mediación de 2012.

Sin embargo, se constata una evolución normativa que progresivamente va reduciendo la voluntariedad con diversas técnicas –configuración del MASC como requisito de admisibilidad de la demanda, imposición de consecuencias desfavorables en caso de falta de uso del MASC o de suficiente cooperación en él–.

3.1.1. Arbitraje

La Ley 60/2003, de 23 de diciembre, de Arbitraje configura un medio de resolución alternativa de conflictos de carácter voluntario, ya que su fundamento se encuentra en la autonomía de la voluntad de las partes sobre materias de libre disposición y, por lo tanto, todo convenio arbitral «deberá expresar la voluntad de las partes de someter a arbitraje todas o algunas de las controversias que hayan surgido o puedan surgir respecto de una determinada relación jurídica, contractual o no contractual» (art. 9. 1 LA)[21].

A pesar de que la regulación general del arbitraje y del arbitraje de consumo viene marcada por el carácter voluntario de su acceso al mismo, no han faltado normas en nuestro ordenamiento jurídico, que en un afán de fomento de este método alternativo de solución de conflictos lo han configurado con carácter obligatorio en algunos sectores de nuestro ordenamiento, o han prescindido de la voluntad de alguna de las partes para decidir el acceso a la vía arbitral en algunas controversias propias del ámbito laboral, en materia de transporte, o con relación a determinados seguros privados, según se verá al analizar la jurisprudencia constitucional que se ha pronunciado sobre los mismos.

3.1.2. Mediación

La Ley 5/2012, de 6 de julio, de mediación en asuntos civiles y mercantiles (LM), a su vez desarrollada por el Real Decreto 980/2013, de 13 de diciembre[22], se caracteriza, entre otras cosas, por concebir la mediación en Derecho

---

[21] El Real Decreto 231/2008, de 15 de febrero, por el que se regula el Sistema Arbitral de Consumo, también proclama en su Preámbulo que este reglamento «asegura el recurso a este sistema extrajudicial de resolución de conflictos que, como tal, es de carácter voluntario».

[22] Real Decreto 980/2013, de 13 de diciembre, por el que se desarrollan determinados aspectos de la Ley 5/2012, de 6 de julio, de mediación en asuntos civiles y mercantiles. La bibliografía sobre la mediación en Derecho privado es también abundante. Puede consultarse, entre otra, Sigüenza López y García-Rostán Calvín (dir.), *Estudios sobre mediación y arbitraje desde una perspectiva procesal,* Aranzadi Thomson Reuters, 2017; Sigüenza López, J., *Mediación extrajudicial y proceso civil,* Aranzadi Thomson Reuters, 2018; SOLETO MUÑOZ, H., "La mediación, tutela adecuada en los conflictos civiles", en BLANCO GARCÍA, A. I. (dir.), *Tratado de Mediación. Tomo I. Mediación en asuntos civiles y mercantiles,* Tirant lo Blanch, 2017; LÓPEZ YAGÜES, V., "Mediación y proceso judicial, instrumentos complementarios de un Sistema integrado de Justicia Civil", en *Práctica de Tribunales,* nº 137, marzo-abril, 2019; y MARTÍN DIZ, F., *La mediación: sistema complementario de la Administración de Justicia,* Consejo General del Poder Judicial, 2010 y "Nuevos escenarios para impulsar la mediación en derecho privado: ¿conviene que sea obligatoria", *Práctica de Tribunales,* nº 137, marzo-abril, 2019.
Sobre la mediación en litigios de consumo, PILLADO GONZÁLEZ, E., "La mediación en materia de consumo", en PILLADO GONZÁLEZ, E. (Coord.), *Arbitraje y mediación en materia de consumo,* Tecnos, 2012, pp. 159 y ss.; GRANDE SEARA, P., "El procedimiento de mediación en materia de consumo", en PILLADO GONZÁLEZ, E. (Coord.), *Arbitraje y mediación en materia de consumo,* Tecnos, 2012, pp. 213 y ss.; MARCOS FRANCISCO, D., "La mediación y conciliación en conflictos de consumo.

privado como un mecanismo de resolución de conflictos de carácter voluntario (arts. 1, 6 y 16 LM). *La mediación es voluntaria* (art. 6. 1 LM) y, en consecuencia, nadie está obligado a mantenerse en el procedimiento de mediación ni a concluir un acuerdo (art. 6. 3 LM). Y ni siquiera puede obligarse a iniciar el procedimiento por disposición legal o judicial, ya que su inicio se deja a la voluntad de las partes, por instancia de común acuerdo, o a instancia de una de las partes en cumplimiento de un pacto prexistente de sumisión a mediación (art. 16. 1 LM).

Siendo ello de aplicación a la mediación extrajudicial previa, también la voluntariedad es nota común a la mediación intrajudicial, pues durante la pendencia del proceso la mediación solo puede iniciarse también de manera voluntaria (art. 16. 3 LM), ya que al órgano judicial se le atribuyen las funciones de *informar* y de *invitar* a la negociación y a la mediación, más *no* de *decidir* la derivación a mediación, si las partes no lo consienten.

En este sentido, conforme a la redacción de algunos preceptos de la LEC dada por la Ley 5/2012, *en la citación a la audiencia previa del juicio ordinario y a la vista del juicio verbal*, el órgano judicial "informará a las partes de la posibilidad de recurrir a una negociación para intentar solucionar el conflicto, incluido el recurso a una mediación" (arts. 414. 1, II y 440. 1, II LEC). Así mismo, *durante la audiencia previa del juicio ordinario y durante la vista del juicio verbal*, el órgano judicial "podrá invitar a las partes a que intenten un acuerdo que ponga fin al proceso, en su caso a través de un procedimiento de mediación, instándolas a que asistan a una sesión informativa" (arts. 414. 1, IV y 443. 3, II LEC).

3.1.3. Medios alternativos de solución de conflictos en materia de consumo

La Ley 7/2017, de 2 de noviembre, incorpora al ordenamiento jurídico español la Directiva 2013/11/UE, del Parlamento Europeo y del Consejo, de 21 de mayo de 2013, relativa a la resolución alternativa de litigios en materia de consumo (en adelante LRALMC)[23].

Consideraciones de presente y futuro", en BLANCO GARCÍA, A. I (dir.), *Tratado de Mediación. Tomo I. Mediación en asuntos civiles y mercantiles,* Tirant lo Blanch, 2017; OROMI I VALL-LLOVERA, S., "La mediación de consumo como requisito de admisibilidad del proceso judicial según el Tribunal de Justicia de la UE (Comentario de la Sentencia del TJUE (Sala Primera) de 14 de junio de 2017)", en JIMÉNEZ CONDE, F. (dir.), *Adaptación del Derecho procesal español a la normativa europea y su interpretación por los tribunales,* Tirant lo Blanch, 2018.

23 Sobre la materia vid. ARIZA COLMENAREJO, M. J y FERNÁNDEZ FÍGARES MORALES, M. J (dir.), *La resolución alternativa de litigios en materia de consumo,* Thomson Reuters Aranzadi, 2018; y PILLADO GONZÁLEZ, E., "El procedimiento arbitral de con-

Al igual que en la Directiva, la ley interna autoriza que algunas exigencias de los principios de equidad y libertad puedan no ser de aplicación a los comerciantes cuando una norma especial obligue al comerciante a participar en los procedimientos de resolución alternativa, o a asumir el resultado del procedimiento de resolución alternativa (arts. 9, 13, 14. 3 y 15. 3 LRALMC)[24].

Sin embargo, esas exenciones a los principios de equidad y, en mayor medida, de libertad respecto de los comerciantes, solo tienen carácter excepcional, pues requieren para su aplicación norma especial, y no deben impedir el posterior acceso a la vía judicial, como con rotundidad proclama la Ley 7/2017: «en ningún caso la decisión vinculante que ponga fin a un procedimiento de participación obligatoria podrá impedir a las partes el acceso a la vía judicial» (art. 9 LRALMC)[25].

---

sumo tras la ley 7/2017, de 2 de noviembre, por la que se incorpora al ordenamiento jurídico español la Directiva 2013/11/UE, del Parlamento Europeo y del Consejo, de 21 de mayo de 2013, sobre los métodos alternativos de resolución de conflictos en materia de consumo", en CACHÓN CADENAS, M. y PÉREZ DAUDI, V. (coord.), *El enjuiciamiento civil y penal hoy*, Atelier-Fundación privada Manuel Serra Domínguez, 2019, pp. 229 y ss. y CASTILLEJO MANZANARES, R., "Métodos alternativos de resolución de conflictos: ¿es necesario menos proceso?", en CACHÓN CADENAS, M. y PÉREZ DAUDI, V. (coord.), *El enjuiciamiento civil y penal hoy*), Atelier-Fundación privada Manuel Serra Domínguez, 2019.

24 Para una visión general de la incidencia de esta regulación en nuestro ordenamiento jurídico ver Pillado González, E., "Incidencia de la Ley 7/2017, de 2 de noviembre, por la que se incorpora al ordenamiento jurídico español la Directiva 2013/11/UE, del Parlamento Europeo y del Consejo, de 21 de mayo de 2013, sobre los métodos alternativos de resolución de conflictos en materia de consumo", en ARIZA COLMENAREJO, M. J y FERNÁNDEZ FÍGARES MORALES, M. J (dir.), *La resolución alternativa de litigios en materia de consumo*, Thomson Reuters Aranzadi, 2018, pp. 15-41.

25 Sobre los principios de libertad y eficacia en estos procedimientos ver MOLINA CABALLERO, M. J., "Libertad y celeridad: estándares de calidad en los sistemas alternativos de resolución de conflictos en el ámbito del consumo", en ARIZA COLMENAREJO, M. J y FERNÁNDEZ FÍGARES MORALES, M. J (dir.), *La resolución alternativa de litigios en materia de consumo*, Thomson Reuters Aranzadi, 2018, pp. 115 y ss. Sobre una visión más general de los distintos principios de esos procedimientos cfr. FERNÁNDEZ FÍGARES MORALES, M. J: "Principios, asistencia jurídica y costes en el procedimiento de resolución alternativa de consumo", en ARIZA COLMENAREJO, M. J y FERNÁNDEZ FÍGARES MORALES, M. J (dir.), *La resolución alternativa de litigios en materia de consumo*, Thomson Reuters Aranzadi, 2018, pp. 143 y ss.

3.1.4. Reclamación extrajudicial en materia de cláusulas suelo

El Real Decreto-ley 1/2017, de 20 de enero, de medidas urgentes de protección de consumidores en materia de cláusulas suelo [26], introduce un sistema de reclamación extrajudicial previa a la interposición de demandas judiciales relativas a peticiones de cantidad relacionadas con las cláusulas suelo.

Tras la STJUE de 21 de diciembre de 2016 se preveía un aluvión de reclamaciones de consumidores, en las que solicitaran la restitución de las cantidades pagadas en aplicación de las cláusulas suelo y para un intento de solución amistosa se introdujo un sistema de reclamación extrajudicial previa.

Este tiene carácter voluntario para el consumidor (art. 3. 1 RDL), en el sentido de que la reclamación previa a la interposición de demanda no se configura como requisito de admisibilidad de esta.

Pero el legislador fomenta el uso de la reclamación previa mediante la modificación del régimen de condena en costas, pues la falta de uso de la reclamación previa diseñada en el RDL 1/2017, o el rechazo en ella a la oferta de la entidad de crédito demandada, comporta consecuencias desfavorables para el consumidor (art. 4, 1 y 2 RDL), en materia de condena en costas, según se analizará en breve al exponer la jurisprudencia constitucional española.

3.1.5. Reclamación extrajudicial en materia de transporte aéreo

La disposición adicional segunda (DA 2ª) de la Ley 7/2017 regula un procedimiento de resolución alternativa de litigios en materia de derechos de los usuarios del transporte aéreo, que se caracteriza porque es de aceptación obligatoria y resultado vinculante para las compañías aéreas (DA 2ª. 2)[27].

---

26 Mediante Resolución de 31 de enero de 2017, del Congreso de los Diputados, se ordena la publicación del Acuerdo de convalidación del Real Decreto-ley 1/2017, de 20 de enero («B.O.E.» 7 febrero de 2017).

27 NADAL GÓMEZ, I., "La resolución alternativa de litigios en el transporte aéreo", en ARIZA COLMENAREJO, M. J., y FERNÁNDEZ FÍGARES MORALES, M. J. (dir.), *La resolución alternativa de litigios en materia de consumo,* Thomson Reuters Aranzadi, 2018, pp. 225 y ss.; ARMENTA DEU, T., *Derivas de la justicia. Tutela de los derechos y solución de controversias en tiempos de cambios,* Marcial Pons, 2021, pp. 110-111; PÉREZ DAUDÍ, V., "La imposición de los ADR *ope legis* y el derecho a la tutela judicial efectiva", en *InDret,* 2/2019, pp. 30 y ss. y BONACHERA VILLEGAS, R., "El Proyecto de Orden Ministerial por el que se regula la resolución alternativa de litigios en materia de los derechos de los usuarios de transporte aéreo", en JIMÉNEZ CONDE, F. (dir.), *Adaptación del Derecho procesal español a la normativa europea y su interpretación por los tribunales* (Dir.), Tirant lo Blanch, 2018, pp. 261 y ss.

Dicho procedimiento fue después modificado por la disposición final sexta de la Ley 3/2020, de 18 de septiembre, de medidas procesales y organizativas para hacer frente al COVID-19 en el ámbito de la Administración de Justicia, que da nueva redacción a la DA 2ª de la Ley 7/2017.

La nueva regulación mejora claramente la regulación anterior, salvando además el derecho de acceso a la jurisdicción de la compañía aérea[28] y ante el orden jurisdiccional naturalmente competente, que es el orden jurisdiccional civil (art. 9. 2 LOPJ) y de una forma respetuosa con el derecho fundamental al juez ordinario predeterminado por la ley (art. 24. 2 CE), así como con la jurisprudencia constitucional que después se analizará sobre el derecho a la tutela judicial efectiva y los medios alternativos de solución de conflictos, en cuanto que la decisión adoptada por la entidad acreditada puede ser impugnada por la compañía aérea ante el Juzgado de lo Mercantil competente, el cual podrá revisar con amplitud, si la decisión adoptada es o no «conforme a Derecho».

En cambio, la decisión de la entidad acreditada no será vinculante para el pasajero, que en todo caso podrá ejercitar sus acciones frente a la compañía aérea ante los tribunales civiles[29].

3.1.6. Proyectos de reforma recientes

En los últimos años se han elaborado en Derecho español el Anteproyecto de Ley de impulso de la mediación (ALIM) de diciembre de 2018 y el Proyecto de Ley de medidas de eficiencia procesal del servicio público de justicia de 22 de abril de 2022 (PLMEP). Su denominador común reside en que, ante la falta de una efectiva implantación de los mecanismos establecidos por la normativa europea y española a la que nos hemos referido, establecen modelos de mediación (ALIM), o de medios alternativos de solución de conflictos (PLMEP)[30], de carácter obligatorio[31].

---

28 Efectivamente, como señala ARMENTA DEU, T., *Derivas de la justicia…*, ob. cit., p. 111, el derecho de acceso se salva *in extremis*.

29 Dicho procedimiento de resolución alternativa es objeto de desarrollo a través de la Orden TMA/201/2022, de 14 de marzo, por la que se regula el procedimiento de resolución alternativa de litigios de los usuarios de transporte aéreo sobre los derechos reconocidos en el ámbito de la Unión Europea en materia de compensación y asistencia en caso de denegación de embarque, cancelación o gran retraso, así como en relación con los derechos de las personas con discapacidad o movilidad reducida (BOE 17 de marzo de 2022, núm. 65).

30 Medios adecuados de solución de controversias, en la terminología del PLMEP.

31 Sobre un estudio comparado de ambos textos prelegislativos vid. BELLIDO PENADÉS, R., *Medios alternativos de solución de conflictos y derecho a la tutela judicial efectiva en Derecho Privado (Español y de la Unión Europea)*, Tirant lo Blanch, 2022, pp. 79 y ss.

El ALIM de 2018 establece como elemento central de la reforma la configuración como requisito de procedibilidad en el orden jurisdiccional civil del intento previo obligatorio de uso de un medio concreto de resolución extrajudicial de conflictos, la mediación. Y lo hace mediante la selección de un grupo de materias –bien nutrido, se debe reconocer- que se enumeran de forma expresa, quedando excluidas las materias a las que no se refiera la enumeración[32].

En cambio, el PLMEP de 2022 adopta un enfoque muy diferente. Por una parte, porque en vez de hacer un listado cerrado de materias que requieren una negociación extrajudicial previa, utiliza una fórmula más flexible, que la exige de forma general en el orden jurisdiccional civil y la excluye solo respecto de las materias expresamente excluidas. Por otra parte y sobre todo, porque aunque reconoce que la mediación puede servir para cumplir con el nuevo requisito de procedibilidad (art. 13. 2 PLMEP) y que la misma se debe seguir fomentando, también considera que deben admitirse otros medios alternativos –adecuados, según los términos del PLMEP– de solución de controversias que sirvan al mismo fin.

Para ello el PLMEP utiliza diferentes técnicas. Por un lado, establece de forma expresa la regulación básica de algunas de esas modalidades de negociación, como la conciliación privada (arts. 14 y 15 PLMEP), la oferta vinculante confidencial (art. 16 PLMEP) y la opinión de experto independiente (art. 17 PLMEP).

Por otro lado, de modo más abierto, admite que el requisito se cumpla mediante la negociación directa de las partes, o mediante la negociación a través de sus abogados, así como mediante el empleo de otras modalidades previstas en otra legislación (arts. 1, 4. 1 y 13 PLMEP)[33].

3.2. Medios alternativos de solución de conflictos y derecho a la tutela judicial efectiva en la jurisprudencia del Tribunal Constitucional

La jurisprudencia del Tribunal Constitucional ha tenido la oportunidad de pronunciarse sobre la compatibilidad o no con el derecho fundamental a la tutela judicial efectiva, bien de algunos MASC de carácter obligatorio, bien de MASC de carácter voluntario, pero con el establecimiento de algunas conse-

---

32 Sobre distintas materias en las que la "jurisprudencia" española recomienda que las partes recurran a la mediación vid. SIGÜENZA LÓPEZ, J., *Mediación extrajudicial y proceso civil*, Aranzadi Thomson Reuters, 2018, pp. 178-186.

33 Para un análisis más extenso y profundo de la regulación de los MASC en el PLMEP y las dudas de inconstitucionalidad que suscita vid. BELLIDO PENADÉS, R., *Medios alternativos de solución de conflictos…*, ob. cit., pp. 85-113.

cuencias desfavorables en caso de que no se recurra a él, o de que se asuman en él conductas que puedan considerarse poco colaborativas.

3.2.1. Arbitraje obligatorio

La jurisprudencia constitucional se ha pronunciado en distintas ocasiones sobre la compatibilidad con el derecho fundamental a la tutela judicial efectiva, en su vertiente de derecho de acceso a la jurisdicción, de algunos arbitrajes de carácter obligatorio.

La primera sentencia de interés en la materia es la STC 174/1995, de 23 de noviembre, que declara la inconstitucionalidad de párrafo primero del art. 38.2 de la Ley 16/1987, de 30 de julio, de Ordenación de los Transportes Terrestres. Este disponía que: «Siempre que la cuantía de la controversia no exceda de 500.000 pesetas, las partes someterán al arbitraje de las Juntas cualquier conflicto que surja en relación con el cumplimiento del contrato, salvo pacto expreso en contrario».

En ella se recuerda que el derecho a obtener la tutela judicial efectiva es un derecho de configuración legal, lo que permite al legislador su configuración y determinar los requisitos para acceder a ella, pero precisa que esa facultad legislativa no puede incidir en el contenido esencial del derecho fundamental, imponiendo obstáculos o trabas arbitrarios o caprichosos que lo dificulten, sin fundamento en un fin constitucionalmente lícito.

Igualmente se reconoce que la norma impugnada obedecía a un fin legítimo, como es fomentar el arbitraje para obtener una mayor agilidad en la solución de las controversias de transporte terrestre de menor cuantía y descargar de trabajo a los órganos judiciales.

Sin embargo, se concluye que en la norma cuestionada se quebranta la esencia de la tutela judicial, ya que, al exigir un pacto expreso para evitar el arbitraje y acceder a la vía judicial, está supeditando el ejercicio del derecho a la tutela judicial efectiva de una de las partes al consentimiento de la otra, lo que resulta contrario al art. 24. 1 CE.

Tras la STC 174/1995, por la Ley 13/1996, de 30 de diciembre, de medidas fiscales, administrativas y del orden social, se dio nueva redacción al art. 38.1 de la Ley 16/1987, de 30 de julio, de ordenación de los transportes terrestres (LOTT). Según la nueva redacción: «Se presumirá que existe el referido acuerdo de sometimiento al arbitraje de las Juntas siempre que la cuantía de la controversia no exceda de 500.000 pesetas y ninguna de las partes intervinientes en el contrato hubiera manifestado expresamente a la otra su voluntad en contra antes del momento en que se inicie o debería haberse iniciado la realización del servicio o actividad contratado».

La STC 352/2006, de 14 de diciembre, rechaza que la nueva redacción del precepto vulnere el derecho fundamental a la tutela judicial efectiva, dada la *licitud constitucional de la finalidad de la limitación* del derecho reconocido en el art. 24. 1 CE (fomentar el arbitraje para descargar de trabajo a los órganos judiciales y obtener una mayor agilidad en la solución de las controversias de menor cuantía), así como porque considera que la consecuencia jurídica cuestionada –sometimiento al arbitraje– no resulta desproporcionada, toda vez que puede ser excluida por la declaración de una sola de las partes. En otras palabras, con esa redacción el ejercicio del derecho de acceso a un tribunal de ambas partes quedaba a la exclusiva voluntad de cada parte, que podía manifestar su voluntad en contrario.

Con posterioridad, la STC (Pleno) 119/2014, de 16 de julio, recuerda que «de acuerdo con la doctrina de este Tribunal, el arbitraje obligatorio no resulta conforme al derecho a la tutela judicial efectiva cuando el control judicial sobre el laudo previsto en la ley se limita a las garantías formales o aspectos meramente externos, sin alcanzar al fondo del asunto sometido a la decisión arbitral (SSTC 174/1995, de 23 de noviembre, FJ 3; y 75/1996, de 30 de abril, FJ 2). Hemos de entender, en cambio, que *el arbitraje obligatorio sí resulta compatible con el derecho reconocido en el art. 24.1 CE cuando el control judicial a realizar por los tribunales ordinarios no se restringe a un juicio externo, sino que alcanza también a aspectos de fondo de la cuestión sobre la que versa la decisión*».

En el caso de la intervención decisoria o arbitral de la Comisión Consultiva Nacional de Convenios Colectivos o del órgano autonómico correspondiente, la decisión arbitral resultaba recurrible conforme al procedimiento y en base a los motivos establecidos en el artículo 91 LET, lo que conllevaba la posibilidad de impugnación judicial por considerar que la decisión o laudo arbitral «conculca la legalidad vigente o lesiona gravemente el interés de terceros» (art. 163.1 LRJS).

En consecuencia, «el conjunto de estas previsiones permite concluir que el art. 82.3 LET, párrafo octavo, somete expresamente la decisión arbitral de la Comisión Consultiva Nacional de Convenios Colectivos, o del órgano autonómico correspondiente, a un control judicial que no se limita a aspectos externos o procedimentales», al extenderse «también a impugnaciones fundadas, no sólo en motivos de lesividad a terceros, sino también de ilegalidad, sin establecerse precisiones respecto a esta última causa»[34].

Esta doctrina constitucional se reitera en la STC 1/2018, de 11 de enero, relativa a la cuestión de inconstitucionalidad planteada sobre el artículo 76

---

34 STC (Pleno) 119/2014, de 16 de julio, FJ 5 B. En idéntico sentido la STC (Pleno) 8/2015, de 22 de enero, FJ 5 c, que en este extremo se remite a la primera.

de la LCS. Esta norma, a juicio de la Sala promovente, permitía imponer el arbitraje a la aseguradora por la sola y exclusiva voluntad unilateral del asegurado, lo que comportaría un impedimento para el acceso a la tutela judicial efectiva de la aseguradora, en cuanto que el arbitraje conlleva la exclusión de la vía judicial.

La STC comienza por recordar que «la falta de la necesaria concurrencia de la voluntad de ambas partes litigantes para someterse a este mecanismo extrajudicial de resolución de conflictos y su imposición a una de ellas, en principio, no se compadece bien con el básico aspecto contractual del arbitraje y con el derecho fundamental a la tutela judicial efectiva que garantiza el derecho de acceso a los órganos jurisdiccionales (art. 24.1 CE)».

Posteriormente, el tribunal admite que la restricción al derecho de acceso a los tribunales introducidos por la norma de la Ley de Contrato de Seguro obedece a fines constitucionalmente lícitos, cuales son «fomentar el arbitraje como medio idóneo para la solución de conflictos, descargando a los órganos judiciales del trabajo que sobre ellos pesa (...) y otorgar una especial protección al asegurado en su condición de consumidor».

Pero, sobre todo, esta sentencia destaca un cuestión nuclear, que en este caso «la posible *vulneración del artículo 24 CE no vendría dada* tanto por el hecho de que el contrato de defensa *jurídica haya de someterse inicialmente a un procedimiento arbitral*, sino, más precisamente, *por impedir su posterior acceso a la jurisdicción*, ya que *la impugnación del laudo arbitral es únicamente posible por motivos formales* (arts. 40 y ss. de la Ley 60/2003, de 23 de diciembre, de arbitraje), *con la consiguiente falta de control judicial sobre la cuestión de fondo*».

De esta forma, el arbitraje obligatorio puede resultar respetuoso con el contenido esencial del derecho fundamental a la tutela judicial efectiva, siempre que resulte admisible un posterior control judicial de la decisión arbitral, que no se limite simplemente a un juicio externo, sino que se extienda a los aspectos de fondo de la cuestión objeto de la decisión arbitral. A mi juicio, de lo anterior se desprende que, en términos de constitucionalidad, entra dentro del ámbito de libertad de configuración del legislador establecer como obligatorio un MASC, pero en ese caso solo será constitucionalmente legítimo si en el MASC solo puede decirse la primera palabra sobre la resolución del conflicto, ya que la última palabra deberá corresponder a los Juzgados y Tribunales a través del proceso, a los que las partes podrán acceder en virtud de su derecho fundamental a la tutela judicial efectiva.

3.2.2. Reclamación previa voluntaria y régimen de condena en costas en materia de cláusulas suelo

La jurisprudencia constitucional también se ha pronunciado en sentido favorable, aunque con matices, a la compatibilidad con el derecho fundamental a la tutela judicial efectiva de la configuración legal de medios alternativos de solución de conflictos de carácter voluntario, pero que conllevan consecuencias desfavorables en materia de régimen de imposición de costas procesales, en caso de no recurrir al medio alternativo de solución de conflictos, o en caso de no aceptar una oferta de acuerdo.

En efecto, el mecanismo de reclamación extrajudicial previa previsto en el Real Decreto-ley 1/2017, de 20 de enero, de medidas urgentes de protección de consumidores en materia de cláusulas suelo, tiene sus raíces en la STJUE de 21 de diciembre de 2016, asuntos acumulados C-154/15, C-307/15 y C-308/15, que precisó el alcance de la obligación de las entidades financieras de restituir las cantidades indebidamente satisfechas por el consumidor como consecuencia de cláusulas suelo.

Según se dijo *supra*, el sistema de reclamación extrajudicial previa a la interposición de demandas judiciales, relativas a peticiones de cantidad relacionadas con las cláusulas suelo, tiene carácter voluntario para el consumidor (art. 3. 1 RDL), en el sentido de que la reclamación previa a la interposición de demanda no se configura como requisito de admisibilidad de esta.

No obstante, el legislador potencia su uso mediante la modificación del régimen de condena en costas, pues la falta de utilización de la reclamación previa diseñada en el RDL 1/2017, o el rechazo en ella a la oferta de la entidad de crédito demandada, comporta consecuencias desfavorables para el consumidor (art. 4, 1 y 2 RDL), en lo que se refiere al régimen de condena en costas.

En primer lugar, la STC 156/2021, de 16 de septiembre, *declara constitucional la introducción de la reclamación extrajudicial previa*, habida cuenta de su carácter voluntario, de su mero efecto de moderado retraso en el ejercicio del derecho de acceso a los tribunales y de la licitud constitucional de la finalidad perseguida con el establecimiento de la reclamación extrajudicial previa en materia de cláusulas suelo.

Así, reconoce que el establecimiento de una vía de reclamación previa como la prevista en el art. 3 del Real Decreto-ley en nada afecta a los derechos reconocidos por el art. 24 CE porque «el sistema es enteramente voluntario» y «el consumidor puede renunciar a esta vía, acudiendo directamente a la judicial, no siendo tal procedimiento obstativo en modo alguno de esa opción»[35]. Es decir, en la medida en que la reclamación previa se configura como un requisito de carácter voluntario, el consumidor puede acceder directamente ante los tribunales, sin que la admisión a trámite de la demanda, ni el pronunciamiento sobre el fondo, queden condicionados a la presentación de la reclamación extrajudicial previa.

Así mismo, se advierte que, aunque se introduce una limitación al acceso a los tribunales, en cuanto que se prohíbe el ejercicio de nuevas acciones durante la tramitación del procedimiento de reclamación extrajudicial y se ordena la suspensión del nuevo proceso incoado en contravención de esa prohibición (art. 3. 3), esa limitación persigue un fin lícito, consistente en ordenar las posibles distintas vías de resolución del conflicto conforme a las reglas de la buena fe. Además de que la duración máxima de tres meses del procedimiento de reclamación extrajudicial es un tiempo prudencial, que no puede considerarse excesivo[36].

En consecuencia, el carácter limitado de la restricción, unido a la finalidad constitucionalmente lícita del establecimiento de la reclamación extrajudicial previa, permite concluir en la constitucionalidad del procedimiento extrajudicial previsto en el art. 3 del RDL, finalidad que consiste en «*evitar el colapso judicial que supondría la presentación de multitud de demandas* derivadas de la declaración del carácter abusivo y la consiguiente nulidad de las cláusulas suelo (...)».

A lo que se añade: «Y ese fin es constitucionalmente legítimo, pues se trata, en definitiva, de proteger el ejercicio de la función jurisdiccional que encomienda en exclusiva a los jueces y tribunales el art. 117.3 CE, función que es esencial en un Estado de Derecho que propugna como valor superior de su ordenamiento jurídico la justicia (art. 1.1 CE), y, al tiempo, se persigue permitir que puedan ser efectivos los derechos fundamentales que, en relación con la administración de justicia y con el proceso, se consagran en el art. 24 CE, en especial aquellos que se refieren al acceso a la justicia y a no padecer dilaciones indebidas en el desenvolvimiento del proceso»[37].

En segundo lugar, sobre la base del procedimiento de reclamación extrajudicial previa diseñado en el art. 3 del RDL 1/2017, se configura un *régimen especial de condena en costas procesales* en su art. 4, que anuda consecuencias desfavorables para el consumidor, tanto en caso de falta de presentación de la reclamación previa por este (art. 4. 2), como en caso de rechazo por el con-

---

[35] STC (Pleno) 156/2021, de 16 de septiembre, FJ 9, c, I.

[36] STC (Pleno) 156/2021, de 16 de septiembre, FJ 9, c, II.

[37] STC (Pleno) 156/2021, de 16 de septiembre, FJ 9, c, I.

sumidor de la cantidad ofrecida por la entidad de crédito, ya sea en el previo procedimiento extrajudicial (art. 4. 1), ya sea en el proceso judicial (art. 4, 2 b).

Por una parte, en caso de que se presente por el consumidor la reclamación previa y rechace este la cantidad ofrecida por la entidad de crédito en el procedimiento extrajudicial, se establece que dicha entidad será condenada en costas, si la cantidad a la que se condena en sentencia es más favorable que la cantidad que ofreció dicha entidad (art. 4. 1 RDL).

Por otra parte, en caso de falta de presentación de la reclamación previa por el consumidor, se establecen dos reglas especiales: 1) Si en el proceso la entidad de crédito se allana totalmente antes de contestar a la demanda, se considera que no concurre mala fe procesal a los efectos previstos en el art. 395. 1, II LEC (art. 4. 2, a RDL); y 2) si en el proceso la entidad de crédito antes de contestar a la demanda se allana parcialmente y consigna la cantidad a la que se allana, dicha entidad solo puede ser condenada en costas, si la cantidad a la que se condena en sentencia en favor del consumidor es más favorable que la cantidad que ofreció y consignó dicha entidad (art. 4. 2, b RDL).

La STC 156/2021 declara inconstitucional el trato favorable para la entidad de crédito y desfavorable para el consumidor que impone el art. 4. 2 RD en materia de condena en costas procesales, cuando el consumidor no haya seguido el procedimiento extrajudicial –el medio alternativo de solución de conflictos– establecido en el art. 3 RDL, por considerar que dicho régimen de costas procesales infringe los derechos fundamentales consagrados en los arts. 14 y 24. 1 CE.

Sin embargo, no estima contraria a la Constitución la norma que, en caso de que el consumidor haya seguido el procedimiento extrajudicial y rechace el acuerdo ofrecido por la entidad de crédito, supedita la condena en costas a esta a que el consumidor obtenga en el proceso judicial una sentencia más favorable que la oferta recibida de dicha entidad (art. 4. 1 RDL).

El Tribunal Constitucional considera que el art. 4. 1 RDL altera el régimen general de las costas procesales regulado en los arts. 394 y 395 LEC, porque en materia de condena en costas procesales se sustituye el criterio del vencimiento contenido en estos preceptos de la LEC por el criterio de la obtención de una sentencia más favorable para el consumidor que la oferta efectuada por la entidad de crédito en la reclamación previa[38].

---

[38] Además, se añade que el régimen especial del RDL impide no imponer las costas en los casos en los que el tribunal aprecie serias dudas de hecho o de derecho, así como impide imponer las costas a la entidad financiera, aunque el tribunal aprecie su temeridad, en el supuesto de que la sentencia estimatoria no conceda una cantidad más favorable que la oferta.

No obstante, el Tribunal Constitucional estima, por una parte, que esa alteración del régimen general de las costas procesales mantiene un equilibrio en las posiciones de las partes, otorgando ventajas a ambas, al consumidor incluido, ya que el reconocimiento de cualquier cantidad que supere lo ofertado, por mínimo que sea el aumento, supondrá la condena en costas de la entidad financiera; y, por otra parte, considera que no puede tacharse de irrazonable que no se impongan las costas a la entidad financiera, cuando el fallo judicial no conceda más de lo ofrecido extrajudicialmente por la entidad bancaria.

Ahora bien, lo anterior queda supeditado a que se realice una interpretación conforme a la Constitución del art. 4. 1 del RDL, en virtud de la cual el régimen de imposición de costas procesales en él contenido se considere aplicable cuando el cliente haya reclamado la devolución de lo indebidamente satisfecho antes de acudir a la vía judicial, tanto mediante la reclamación previa del referido art. 3 RDL, como mediante cualquier otro instrumento contemplado en el ordenamiento, tales como el requerimiento fehaciente de pago, la solicitud de conciliación o el intento de mediación, siempre que hayan recibido una respuesta de la entidad financiera ofreciendo una cantidad con la que el cliente no esté de acuerdo[39].

Por el contrario, sí que se considera incompatible con la Constitución el régimen especial de condena en costas diseñado en el art. 4. 2 del RDL, cuya literalidad impide realizar una interpretación del mismo conforme a la Constitución y que infringe los derechos fundamentales reconocidos en los arts. 14 y 24. 1 CE, así como el principio de protección del consumidor establecido en el art. 51 CE.

La infracción del art. 14 CE derivará de que, en los casos en los que se haya utilizado la reclamación previa del art. 3 RDL, el tribunal puede apreciar la existencia de mala fe de la entidad financiera y condenarla en costas.

Sin embargo, si se utilizó un diferente mecanismo de evitación del proceso previsto en la ley procesal, el tribunal no podrá apreciar en ningún caso mala fe de la demandada, aunque el consumidor haya reclamado el pago a la entidad financiera por otras vías, lo que constituye una diferencia de trato que no puede considerarse razonable[40].

Así mismo, el Tribunal Constitucional declara que el art. 4. 2 RDL vulnera el derecho a la tutela judicial efectiva del consumidor, cuando este no haya utilizado la concreta reclamación extrajudicial previa regulada en el art. 3 RDL, en cuyo caso a la entidad financiera le bastará con allanarse para no ser condenada en costas, sin que pueda el tribunal apreciar su mala fe y conde-

---

[39] STC (Pleno) 156/2021, de 16 de septiembre, FJ 11, a.

[40] STC (Pleno) 156/2021, de 16 de septiembre, FJ 11, b.

narla en costas, lo que *colocará probablemente al consumidor en la tesitura de tener que hacer frente a los gastos generados por la intervención de su abogado y de su procurador.* En estas circunstancias, *se produce* de manera patente *un efecto disuasorio sobre el ejercicio de su derecho de acceso a la jurisdicción, que vulnera el derecho a la tutela judicial efectiva* consagrado en el art. 24.1 CE como ya proclamara la STJUE de 16 de julio de 2020, asuntos C-224/19 y C-259/19, respecto del régimen de condena en costas del art. 394. 1 LEC, que es mucho menos restrictivo que el art. 4. 2 RDL, con relación a la posibilidad de condenar en costas a las entidades financieras (FJ 11, b)[41].

Por lo tanto, se debe concluir que la concreta regulación legal del régimen de condena en costas no es una cuestión constitucionalmente inocua, sino que en determinados casos una específica regulación legal del régimen de condena en costas procesales puede producir un *efecto disuasorio sobre el ejercicio de su derecho de acceso a la jurisdicción, que redunde en la vulneración del derecho a la tutela judicial efectiva* reconocido en el art. 24. 1 CE en su vertiente de derecho de acceso a la jurisdicción.

4. SOBRE EL FOMENTO DE LOS MEDIOS ALTERNATIVOS DE SOLUCIÓN DE CONFLICTOS Y SU EFICACIA

Uno de los argumentos frecuentemente utilizados para recomendar el fomento de la mediación y otros medios alternativos de solución de conflictos es que pueden facilitar la resolución extrajudicial rápida y menos costosa de los conflictos en el orden jurisdiccional civil.

Sin embargo, una mirada atenta de la realidad ofrece no pocas sombras sobre la eficacia, al menos de la mediación, que es el medio alternativo de solución de conflictos del que más datos se tienen.

En los Estados miembros de la Unión Europea llama la atención la escasa implantación que tuvo en la práctica jurídica la Directiva de 2008/52/CEE,

---

[41] Una de las cuestiones prejudiciales resuelta por la STJUE de 16 de julio de 2020 planteaba que la aplicación del artículo 394 LEC podía conducir a que no se condenara al profesional al pago íntegro de las costas cuando se estime plenamente la acción de nulidad de una cláusula contractual abusiva ejercitada por un consumidor, pero solo se estime parcialmente la acción de restitución de las cantidades pagadas en virtud de esta cláusula.
El Tribunal de Justicia de la Unión Europea concluye que la Directiva 93/13 se opone a un régimen de condena en costas con ese efecto, «dado que *tal régimen crea un obstáculo significativo que puede disuadir a los consumidores de ejercer el derecho,* conferido por la Directiva 93/13, *a un control judicial efectivo* del carácter potencialmente abusivo de cláusulas contractuales» (apartados 94 y 99).

según reconocen el Informe de la Comisión europea de 2016 y la Resolución del Parlamento europeo de 2017, la cual señala que en la mayoría de los Estados miembros la mediación se utilizó en menos del 1 % de los casos llevados ante los tribunales (Cdo F).

Algo más alentadores son los datos que ofrece el Informe de la Comisión europea de 25 de septiembre de 2019, sobre la aplicación de la Directiva 2013/11/UE, no en cuanto al grado de participación, sino lo que es más importante, respecto del resultado del medio de resolución alternativa de litigios[42].

Dichos datos avalan que hay mayor porcentaje de éxito en algunos Estados miembros en los que la participación en los procedimientos de RAL es voluntaria y gratuita, también la de los comerciantes. En este sentido, se señala que en Austria, donde es voluntaria la participación de los comerciantes en los procedimientos tramitados por la entidad subsidiaria de RAL en materia de consumo y donde el procedimiento es gratuito, tanto para los consumidores, como para los comerciantes, en 2018 los comerciantes participaron en el 77 % de los procedimientos de RAL, con un porcentaje de resolución del 75 %. Por el contrario, respecto de Alemania se indica que solo el 17 % de los comerciantes participó en procedimientos ante el órgano general de conciliación en materia de consumo, cuyo procedimiento de RAL es voluntario, pero no gratuito para los comerciantes.

Por otra parte, respecto de Finlandia, donde los comerciantes no están obligados a participar en los procedimientos de RAL y donde estos procedimientos terminan con una recomendación no vinculante, dice el Informe que el porcentaje de cumplimiento de esas recomendaciones se sitúa entre el 80 % y el 100 %[43].

En España la poca incidencia práctica de la mediación se ha reconocido también por la doctrina[44] y por el Consejo General del Poder Judicial.

Por el contrario, el prelegislador en el Anteproyecto de Ley de impulso de la mediación (ALIM) de 2018 hacía un pronóstico mucho más optimista sobre el uso de la mediación, ya que proponía un modelo de obligatoriedad mitigada para un amplio grupo de materias que a su juicio suponía el 18 % de los asuntos que ingresan anualmente en el orden jurisdiccional civil, según

---

42 Puede consultarse en: https://data.consilium.europa.eu/doc/document/ST-12604-2019-INIT/es/pdf.

43 Informe de 25 de septiembre de 2019 de la Comisión europea sobre la aplicación de la Directiva 2013/11/UE y del Reglamento (UE) n.º 524/2013, p. 13.

44 MARTÍN DIZ, F., *Nuevos escenarios…*, ob. cit., p. 2 y LÓPEZ YAGÜES, V., *Mediación y proceso judicial…*, ob. cit., p. 3.

se indicaba en la Memoria del análisis de impacto normativo (MAIN) de diciembre de 2018, que acompañaba al citado Anteproyecto. Pero, además, la MAIN del ALIM también hacía una estimación muy positiva del porcentaje de acuerdos que podrían alcanzarse, que cifraba en el 50 % de los asuntos mediados, lo que, a su entender, suponía que podrían resolverse anualmente unos 150.000 asuntos, lo que implicaría una reducción aproximada del 10 % de la carga de trabajo del orden jurisdiccional civil [45].

Sin embargo, el Informe sobre el ALIM del Consejo General del Poder Judicial discrepa de lo anterior, al entender que las estimaciones del prelegislador –acerca del número de asuntos afectados por el modelo de mediación que diseña (…)– "carecen de justificación objetiva" y que el porcentaje de acuerdos que podrían alcanzarse estimado por el prelegislador contrasta con el porcentaje de asuntos derivados a mediación finalizados con avenencia, que resulta de los datos proporcionados por la Sección de Estadística del Consejo General del Poder Judicial [46].

La contradicción entre ambas valoraciones –del prelegislador y del CGPJ– aconseja conocer las estadísticas existentes respecto del funcionamiento de la mediación intrajudicial en España en el ámbito del orden jurisdiccional civil, a fin de conocer la realidad de la que se parte y evaluar con mayor conocimiento de causa el eventual impacto de futuras reformas legales.

El análisis de los anteriores datos estadísticos permite sentar, al menos, dos conclusiones básicas. En primer lugar, pese al carácter voluntario de la mediación para las partes del proceso civil, los ciudadanos han mejorado su predisposición a intervenir en la mediación, pues el incremento del porcentaje de asistencia a la primera sesión informativa ha experimentado un incremento nada desdeñable, pasando en las mediaciones civiles del 21 % en los años 2012 a 2015 al 66 % en los años 2016 a 2020, y en las mediaciones de familia pasando del 24.7 % en los años 2012 a 2015 al 67.76 % en los años 2016 a 2020.

En segundo lugar, el aumento del número del intento de mediaciones –asistencia a primera sesión informativa- no ha venido acompañado de un aumento en el número de acuerdos alcanzados. Por el contrario, el número de acuerdos alcanzados ha disminuido sensiblemente en los últimos años. Así, las mediaciones civiles celebradas y terminadas con acuerdo durante los años 2012 a 2015 se aproximaban al 33%, mientras que en los años 2016 a 2020

45 Memoria del análisis de impacto normativo del Anteproyecto de Ley de impulso de la mediación (ALIM) de diciembre de 2018, pp. 32 y 33.

46 Informe sobre el Anteproyecto de Ley de impulso de la mediación aprobado por acuerdo del Pleno del Consejo General del Poder Judicial de 28 de marzo de 2019, pp. 16-17.

giraban en torno al 18.31%. Igualmente, las mediaciones de familia celebradas y terminadas con acuerdo durante los años 2012 a 2015 se aproximaban al 40.6 %, mientras que durante los años 2016 a 2020 fluctuaban en torno al 16.88 %[47].

En consecuencia, la eficacia del medio alternativo de solución de conflictos del que más datos se tienen, la mediación, debe considerarse más bien modesta, lo que debilita la justificación del fomento imperativo de la misma con el fin de disminuir la sobrecarga de trabajo de los órganos judiciales.

5. A MODO DE CONCLUSIÓN

En nuestra opinión, las principales técnicas de fomento de los medios alternativos de solución de conflictos a las que debe aspirar la legislación española no deben ser de carácter represivo, sino de carácter positivo, basadas predominantemente en estímulos económicos, tal y como se recomienda en los informes efectuados desde las instituciones comunitarias.

Ciertamente, los medios alternativos de resolución de conflictos también pueden contribuir a la obtención de justicia por la ciudadanía, aunque sea de forma moderada, según la valoración estadística realizada, pero debe fomentarse su uso desde la voluntariedad, la proporcionalidad y las técnicas de estímulo económico. Por ello, ese fomento de los medios alternativos de resolución de conflictos no debe convertir el derecho de acceso a los tribunales, que es vertiente primigenia del derecho fundamental a la tutela judicial efectiva, en un "recurso subsidiario", concepción que late en el ALIM, al considerar la vía judicial como un «recurso subsidiario para la resolución de los litigios»[48].

Ese mismo enfoque parece presidir el PLMEP, cuando justifica, en términos más literarios, que «antes de entrar en el templo de la Justicia, se ha de pasar por el templo de la concordia», o, en términos más técnicos, la necesidad de consolidar «un servicio público de Justicia sostenible» y de evitar, en consecuencia, el abuso del servicio público de Justicia, entendido como «utilización indebida del derecho fundamental de acceso a los tribunales con fines meramente dilatorios o cuando las pretensiones carezcan notoriamente de toda justificación»[49].

---

[47] Para un análisis completo de los datos estadísticos obtenidos cfr. mi monografía BELLIDO PENADÉS, R., *Medios alternativos de solución de conflictos*..., ob. cit., pp. 117-126.

[48] Anteproyecto de Ley de impulso de la mediación, p. 1.

[49] Anteproyecto de Ley de Medidas de Eficiencia Procesal al Servicio Público de la Justicia, pp. 2 y 6.

A mi juicio, nada hay que objetar al intento de evitar el abuso de los derechos, incluidos los derechos fundamentales, siempre que se recuerde al mismo tiempo que la eficiencia de los servicios públicos también encuentra un límite en el necesario respeto de los derechos fundamentales por los poderes públicos, incluido el legislador (art. 53. 1 CE), los cuales están sujetos a la Constitución y al resto del ordenamiento jurídico (art. 9. 1 CE). En consecuencia, la concepción de la vía judicial como un recurso subsidiario para la resolución de los litigios también tiene sus límites, según se desprende del art. 24. 1 CE y del art. 47 de la CDFUE y de la jurisprudencia del Tribunal Constitucional y del Tribunal de Justicia de la Unión Europea a la que antes se ha hecho referencia. En consecuencia, la solución debe pasar por la relación armónica de complementariedad entre los diferentes métodos –judiciales y alternativos- de resolución de conflictos.

El establecimiento de medios de solución de conflictos obligatorios afecta al derecho fundamental a la tutela judicial efectiva reconocido en el art. 24. 1 CE y en el art. 47 CDFUE, pero puede resultar compatible con este derecho fundamental, en función de la concreta configuración legal diseñada por el legislador.

Por una parte, los medios alternativos de solución de conflictos en los que se impone una solución de carácter vinculante para las partes (arbitraje) solo respetan el derecho a la tutela judicial efectiva, si se fundan en la libre voluntad de las partes, o, si se trata de un caso de imposición legal, si cabe un posterior acceso a la jurisdicción mediante un medio en el que resulte posible el control judicial sobre la cuestión de fondo.

Por otra parte, los medios alternativos de solución de conflictos previos y obligatorios, en los que no se impone una solución de carácter vinculante, sino que se busca que se alcance en ellos una solución consensuada entre las partes (mediación, conciliación o reclamación previa), afectan también al derecho a la tutela judicial efectiva, porque introducen una etapa adicional, que retrasa el acceso a la vía judicial. Pero la imposición legal de esos medios de resolución de conflictos previos obligatorios puede resultar compatible con este derecho fundamental, siempre que la norma de imposición respete ciertos límites establecidos principalmente en la jurisprudencia del Tribunal de Justicia de la Unión Europea antes expuestos (que no impidan el posterior acceso a la vía judicial, que no provoquen un retraso sustancial en el acceso a los tribunales, que no comporte gastos significativos para el justiciable ...).

Desde esta perspectiva pueden suscitarse dudas de inconstitucionalidad, cuando el fomento de los medios alternativos de solución de conflictos se lleva a cabo con técnicas como la imposición de sanciones y el establecimiento de consecuencias desfavorables en la regulación del régimen de imposición de costas procesales, como ha declarado la jurisprudencia del Tribunal Constitucional, respecto del régimen de condena en costas contenido en el art. 4. 2 RDL 1/2017 en materia de cláusulas suelo.

También pueden suscitarse dudas de inconstitucionalidad cuando la participación en los medios alternativos de solución de conflictos comporta gastos significativos para el justiciable, como puede suceder si se establece que se debe intervenir en el medio alternativo de solución de conflictos necesariamente mediante abogado (STJUE 14 junio 2017), o si no se incluyen en el contenido del derecho a la asistencia jurídica gratuita los honorarios de los diferentes profesionales que deban intervenir en el medio alternativo de solución de conflictos –no solo de los abogados- respecto de quienes carezcan de suficientes recursos económicos para litigar (arts. 24. 1 y 119 CE).

Por lo demás, razones de justicia debieran llevar a que el coste de todo medio alternativo de solución de conflictos obligatorio que deban soportar las partes, sea por disposición legal o por decisión judicial (derivación), tengan la consideración de costa procesal mediante su inclusión en el art. 241. 1 LEC.

BIBLIOGRAFÍA

ARANDA JURADO, M., "La mediación obligatoria mitigada como instrumento para la promoción de la mediación en los asuntos civiles y mercantiles en el ordenamiento jurídico español", en JIMÉNEZ CONDE, F. y BELLIDO PENADÉS, R. (dir.), *Justicia: ¿garantías versus eficiencia?*, Tirant lo Blanch, 2019

ARIZA COLMENAREJO, M. J y FERNÁNDEZ FÍGARES MORALES, M. J (dir.), *La resolución alternativa de litigios en materia de consumo,* Thomson Reuters Aranzadi, 2018

ARMENTA DEU, T., *Derivas de la justicia. Tutela de los derechos y solución de controversias en tiempos de cambios,* Marcial Pons, 2021, pp. 110-111

BARONA VILAR, S., "Integración de la mediación en el moderno concepto de Acces to Justice", *InDret,* octubre 2014

BELLIDO PENADÉS, R., *Medios alternativos de solución de conflictos y derecho a la tutela judicial efectiva en Derecho Privado (español y de la Unión Europea),* Tirant lo Blanch, 2022

BELLIDO PENADÉS, R., "Nuevos impulsos a la mediación y a otros MASC para la resolución de controversias de Derecho privado en Derecho español (A propósito del Anteproyecto de Ley de medidas de eficiencia procesal)", en *Meditaciones sobre Mediación (MED+)* (editora BARONA VILAR), Tirant lo Blanch, 2022.

BONACHERA VILLEGAS, R., "El Proyecto de Orden Ministerial por el que se regula la resolución alternativa de litigios en materia de los derechos de los usuarios de transporte aéreo", en JIMÉNEZ CONDE, F. (dir.), *Adaptación del Derecho procesal español a la normativa europea y su interpretación por los tribunales* (Dir.), Tirant lo Blanch, 2018

CARRETERO MORALES, "¿Puede contribuir el nuevo modelo de «obligatoriedad mitigada» de la mediación a mejorar la eficiencia del proceso civil?: Breve análisis del Anteproyecto de Ley de Impulso a la Mediación", en JIMÉNEZ CONDE, F. y BELLIDO PENADÉS, R. (dir.), *Justicia: ¿garantías versus eficiencia?*, Tirant lo Blanch, 2019

CASTILLEJO MANZANARES, R., "Métodos alternativos de resolución de conflictos ¡es necesario menos proceso!", en CACHÓN CADENAS, M. y PÉREZ DAUDI, V. (dir.) *El enjuiciamiento civil y penal hoy* (Coord.), Atelier-Fundación privada Manuel Serra Domínguez, 2019

FERNÁNDEZ FÍGARES MORALES, M. J: "Principios, asistencia jurídica y costes en el procedimiento de resolución alternativa de consumo", en ARIZA COLMENAREJO, M. J y FERNÁNDEZ FÍGARES MORALES, M. J (dir.), *La resolución alternativa de litigios en materia de consumo,* Thomson Reuters Aranzadi, 2018

GRANDE SEARA, P., "El procedimiento de mediación en materia de consumo", en PILLADO GONZÁLEZ, E. (Coord.), *Arbitraje y mediación en materia de consumo,* Tecnos, 2012

LÓPEZ YAGÜES, V., "Mediación y proceso judicial, instrumentos complementarios de un Sistema integrado de Justicia Civil", en *Práctica de Tribunales,* nº 137, marzo-abril, 2019

LÓPEZ SÁNCHEZ, J., "El carácter general del requisito de procedibilidad de haber acudido a un "medio adecuado de solución de controversias": a propósito del proceso monitorio", en *Revista General de Derecho Procesal* 55 (2021)

MARCOS FRANCISCO, D., "La mediación y conciliación en conflictos de consumo. Consideraciones de presente y futuro", en BLANCO GARCÍA, A. I (dir.), *Tratado de Mediación. Tomo I. Mediación en asuntos civiles y mercantiles,* Tirant lo Blanch, 2017

MARTÍN DIZ, F., "El derecho fundamental a la justicia: revisión integral e integradora del derecho a la tutela judicial efectiva", *Revista de Derecho Político,* UNED, núm. 106, septiembre-diciembre 2019

MARTIN DIZ, F., *La mediación: sistema complementario de la Administración de Justicia,* Consejo General del Poder Judicial, 2010,

MARTÍN DIZ, F., "Nuevos escenarios para impulsar la mediación en derecho privado: ¿conviene que sea obligatoria?", *Práctica de Tribunales,* nº 137, marzo-abril, 2019

MOLINA CABALLERO, M. J., "Libertad y celeridad: estándares de calidad en los sistemas alternativos de resolución de conflictos en el ámbito del consumo", en ARIZA COLMENAREJO, M. J y FERNÁNDEZ FÍGARES MORALES, M. J (dir.), *La resolución alternativa de litigios en materia de consumo,* Thomson Reuters Aranzadi, 2018

NADAL GÓMEZ, I., "La resolución alternativa de litigios en el transporte aéreo", en ARIZA COLMENAREJO, M. J., y FERNÁNDEZ FÍGARES MORALES, M. J. (dir.), *La resolución alternativa de litigios en materia de consumo,* Thomson Reuters Aranzadi, 2018

ORDEÑANA GEZURAGA, I., "Contribuciones al debate sobre la necesidad de constitucionalizar las técnicas extrajudiciales de conflictos en el ordenamiento jurídico español", en CALAZA LÓPEZ, S. y MUINELO COBO, J. C. (dir.), *El impacto de la oportunidad sobre los principios procesales clásicos* (Dir.), Iustel, 2021

OROMI I VALL-LLOVERA, S., "La mediación de consumo como requisito de admisibilidad del proceso judicial según el Tribunal de Justicia de la UE (Comentario de la Sentencia del TJUE (Sala Primera) de 14 de junio de 2017)", en JIMÉNEZ CONDE, F. (dir.), *Adaptación del Derecho procesal español a la normativa europea y su interpretación por los tribunales,* Tirant lo Blanch, 2018

PEITEADO MARISCAL, P., "Consideraciones sobre la relación entre el derecho a la tutela judicial efectiva y la mediación obligatoria", *Estudios de Deusto,* Vol. 66/2, julio-diciembre 2018

PÉREZ DAUDÍ, V., "La imposición de los ADR *ope legis* y el derecho a la tutela judicial efectiva", en *InDret,* 2/2019

PICÓ JUNOY, J., "MASC y costas procesales en el futuro proceso civil: ¿La cuadratura del círculo?", *Diario La Ley,* núm. 9801, de 2 de marzo de 2021

PILLADO GONZÁLEZ, E., "El procedimiento arbitral de consumo tras la ley 7/2017, de 2 de noviembre, por la que se incorpora al ordenamiento jurídico español la Directiva 2013/11/UE, del Parlamento Europeo y del Consejo, de 21 de mayo de 2013, sobre los métodos alternativos de resolución de conflictos en materia de consumo", en CACHÓN CADENAS, M. y PÉREZ DAUDI, V. (coord.), *El enjuiciamiento civil y penal hoy,* Atelier-Fundación privada Manuel Serra Domínguez, 2019

PILLADO GONZÁLEZ, E., "Incidencia de la Ley 7/2017, de 2 de noviembre, por la que se incorpora al ordenamiento jurídico español la Directiva 2013/11/UE, del Parlamento Europeo y del Consejo, de 21 de mayo de 2013, sobre los métodos alternativos de resolución de conflictos en materia de consumo", en ARIZA COLMENAREJO, M. J y FERNÁNDEZ FÍGARES MORALES, M. J (dir.), *La resolución alternativa de litigios en materia de consumo,* Thomson Reuters Aranzadi, 2018

PILLADO GONZÁLEZ, E., "La mediación en materia de consumo", en PILLADO GONZÁLEZ, E. (Coord.), *Arbitraje y mediación en materia de consumo,* Tecnos, 2012

PILLADO GONZÁLEZ, E. y FARIÑA RIVERA, F. (dir.), *Mediación familiar: una nueva visión de la gestión y resolución de conflictos familiares desde la justicia terapéutica,* Tirant lo Blanch, 2015

SÁNCHEZ POS, Mª. V., "Hacia un modelo de obligatoriedad mitigada de la mediación. Comentario breve al Anteproyecto de Ley de Impulso de la Mediación", en JIMÉNEZ CONDE, F. y BELLIDO PENADÉS, R. (dir.), *Justicia: ¿garantías versus eficiencia?,* Tirant lo Blanch, 2019

SIGÜENZA LÓPEZ, J: "Concepto y rasgos definitorios de la mediación instaurada en España por la Ley 5/2012", en Sigüenza López, J. y García-Rostán Calvín, G. (dir.), *Estudios sobre mediación y arbitraje desde una perspectiva procesal,* Aranzadi Thomson Reuters, 2017

SIGÜENZA LÓPEZ, J., *Mediación extrajudicial y proceso civil,* Aranzadi Thomson Reuters, 2018

SOLETO MUÑOZ, H., "La mediación, tutela adecuada en los conflictos civiles", en BLANCO GARCÍA, A. I. (dir.), *Tratado de Mediación. Tomo I. Mediación en asuntos civiles y mercantiles,* Tirant lo Blanch, 2017.

Capítulo IV:

Los medios alternativos de resolución de conflictos y el derecho a la tutela judicial efectiva

SONIA CANO FERNÁNDEZ
Profesora Lectora de Derecho Procesal.
Universidad de Barcelona

Resumen: Los ordenamientos jurídicos de nuestro entorno recogen en su normativa la obligación de acudir a medios alternativos de resolución de conflictos previamente a la iniciación de un proceso judicial civil. Sin embargo, tales previsiones pueden colisionar con el derecho a la tutela judicial efectiva reconocido en el artículo 24 de la Constitución española. Es por ello que el presente trabajo realiza un estudio de la jurisprudencia europea y constitucional para analizar si dichas previsiones pueden ser compatibles con las previsiones del legislador, o bien, como parece, podrían vulnerar el citado derecho fundamental.

1. INTRODUCCIÓN

Hace ya mucho tiempo que los ordenamientos jurídicos de nuestro entorno recogen en su normativa la obligación de acudir a medios alternativos de resolución de conflictos previamente a la iniciación de un proceso judicial civil. Fomentar la utilización de dichos métodos ha sido uno de los objetivos buscados por la Unión Europea, especialmente para la protección de los derechos de los consumidores y usuarios. Así pues, durante mucho tiempo se procedió por parte del legislador europeo a la emisión de recomendaciones y a la promulgación de diversas directivas para intentar generalizar el uso de tales métodos de resolución de conflictos. De hecho, el legislador francés ha llegado a prever la mediación en el recurso de casación civil, si bien ésta con carácter voluntario.

En España, la regulación de dichos mecanismos de resolución de conflictos también se ha ido extendiendo, en especial, a materias de consumidores y usuarios, siendo los más desarrollados la mediación y el arbitraje. Sin embargo, a la vista de que los métodos indicados no se han generalizado como pretendía el legislador, se han intentado imponer de forma obligatoria a más ámbitos de los señalados, llegando incluso a configurarse como requisito de procedibilidad para la admisión de una demanda civil. En este sentido, los dos últimos intentos de nuestro legislador para intentar extender dichos mecanismos alternativos de resolución de conflictos han sido un Anteproyecto de Ley de impulso de la mediación de 2018 y el Proyecto de Ley de medidas de eficiencia procesal del servicio público de justicia de 22 de abril de 2022.

La finalidad principal aducida por el legislador, en dicho último Proyecto de Ley y señalada en su Exposición de Motivos, para la extensión de los medios alternativos a otros ámbitos es el hecho de que la justicia en España padece *"desde hace décadas de insuficiencias estructurales"*. Y es por ello que el mencionado Proyecto de Ley se tramitaba con la finalidad de recuperar la confianza perdida por los ciudadanos y, entre otros, intentar agilizar los procedimientos.

El principal problema que se plantea, derivado de la imposición de métodos alternativos de resolución de conflictos como requisito previo para la interposición de una demanda en el ámbito civil, como es el caso del Proyecto de Ley indicado, es la posible vulneración del derecho fundamental a la tutela judicial efectiva recogido en el artículo 24 de la Constitución española, ya que puede ser una traba de acceso a la justicia y, por tanto, de dudosa constitucionalidad[1]. También se plantean posibles colisiones con el artículo 47 de la Carta de Derechos Fundamentales de la Unión Europea, sin embargo, en el presente trabajo, debido a la extensión limitada, no será objeto de análisis dicha posible vulneración.

Es cierto que la mediación es un "*instrumento de paz social*"[2], que conviene incentivar por las ventajas que aporta a la resolución de los conflictos. Los procesos judiciales deben ser eficientes y es un desafío para nuestro legislador conseguirlo, sin embargo, no será posible por dicha vía, si ello implica la vulneración de un derecho fundamental. Es por ello que, a la vista de la situación descrita, el objeto del presente trabajo es el análisis de la posible constitucionalidad o no de la pretendida imposición de acudir a un mecanismo de resolución de conflictos previo a la interposición de una demanda en el orden civil como requisito de admisibilidad de la misma. Para ello será

---

1 Asimismo, RUIZ DE LA FUENTE, C., *Mediación: ¿Alternativa al proceso o traba de acceso?*, Indret 2.2022, p. 298.

2 GARCÍA VILLALUENGA, Leticia y VAZQUEZ DE CASTRO, Eduardo, *La mediación civil en España: luces y sombras de un marco normativo*, Política y sociedad, Madrid, 2013, Tomo 50, número 1, p. 72.

necesario hacer una breve mención a la jurisprudencia tanto del Tribunal de Justicia de la Unión Europea, como del Tribunal Constitucional en relación a otros ámbitos donde algún método alternativo de resolución de conflictos ha sido impuesto como obligatorio previo al acceso a la jurisdicción.

2. LOS MECANISMOS ALTERNATIVOS DE RESOLUCIÓN DE CONFLICTOS COMO REQUISITO PREVIO PARA ACUDIR A LOS ÓRGANOS JURISDICCIONALES

Como se ha indicado, el Proyecto de Ley de medidas de eficiencia procesal del servicio público de justicia de 22 de abril de 2022 preveía la instauración de medios alternativos de resolución de conflictos previamente a la presentación de una demanda civil como requisito de admisibilidad. Así pues, se trataba de un requisito para que la demanda fuese admitida.

Al respecto debe señalarse, en primer lugar, que dichos sistemas alternativos de resolución de conflictos tienen su fundamento en la libertad de las partes y, por tanto, no pueden ser impuestos por el legislador. La única obligatoriedad posible sería la necesidad de acudir a una sesión informativa, para así no vulnerar el principio de voluntariedad de la mediación.

El Proyecto de Ley señalaba que para entender cumplido el requisito debería existir una identidad entre el objeto de la negociación y el objeto del litigio, aun cuando las pretensiones que pudieran ejercitarse, en su caso, en vía judicial sobre dicho objeto pudieran variar. Lo anterior implicaba necesariamente llevar a cabo actividad negociadora y, por tanto, a los efectos analizados en el presente trabajo, haber realizado actividad mediadora, siendo, por tanto, necesaria la celebración de un método de resolución de conflictos previamente a la interposición de la demanda. Hay que tener en cuenta que el apartado 46 del Proyecto de Ley preveía la modificación del artículo 264 de la Ley procesal civil, exigiendo la presentación junto a la demanda del "*documento que acredite haberse intentado la actividad negociadora previa a la vía judicial cuando la Ley exija dicho intento como requisito de procedibilidad*".

Acudir a un método alternativo de resolución de conflictos, como requisito de procedibilidad para la admisión de demandas en el orden civil, quedaba excluido, de acuerdo con el artículo 3, cuando versase sobre materias en las que no existiese libre disposición para las partes, siendo posible su aplicación en relación con los efectos y medidas previstos en los artículos 102 y 103 del Código Civil.

A su vez, expresamente se excluía, de acuerdo con el artículo 4, cuando se pretendiese iniciar un procedimiento para la tutela judicial civil de derechos fundamentales; para la adopción de las medidas previstas en el artículo 158 del Código Civil; en la solicitud de autorización para el internamiento forzoso por razón de trastorno psíquico conforme a lo dispuesto en el artículo 763 de la Ley 1/2000, de 7 de enero, de Enjuiciamiento Civil; en la tutela sumaria de la tenencia o de la posesión de una cosa o derecho por quien haya sido despojado de ellas o perturbado en su disfrute; en la pretensión de que el tribunal resuelva, con carácter sumario, la demolición o derribo de obra, edificio, árbol, columna o cualquier otro objeto análogo en estado de ruina y que amenace causar daños a quien demande; en el ingreso de menores con problemas de conducta en centros de protección específicos, de entrada en domicilios y restantes lugares para la ejecución forzosa de medidas de protección de menores ni de restitución o retorno de menores en los supuestos de sustracción internacional. Tampoco se prevé preciso acudir a un medio adecuado de solución de controversias para la iniciación de expedientes de jurisdicción voluntaria.

El legislador pretendía incentivar e impulsar la celebración de medios alternativos de resolución de controversias en vía no jurisdiccional, ya que, como señalaba la Exposición de Motivos de la Ley, en el apartado II, se consideraba imprescindible para la consolidación de un servicio público de Justicia sostenible. Potenciando la negociación entre las partes, se evitaba la sobrecarga de trabajo de los órganos jurisdiccionales

Cabe indicar que, normalmente, lo más usual, es que previamente a la presentación de una demanda, las partes hayan intentado llevar a cabo algún tipo de acuerdo o aproximación para llegar a una solución. Siempre ha sido más aconsejable obtener un mal acuerdo que acudir a los tribunales de justicia. Por tanto, las previsiones del Proyecto de Ley venían a instaurar lo que habitualmente ya ocurre, el intento de acuerdo previo al proceso judicial que acostumbran a realizar la mayoría de los abogados. Sin embargo, el legislador pretendía imponerlo como una obligación. En este sentido, debe destacarse que el Proyecto de Ley regulaba la asistencia letrada en el uso de los medios alternativos de resolución de conflictos de manera preceptiva en algunos casos.

La cuestión que se plantea aquí no es si los sistemas alternativos a la justicia son eficientes y eficaces, y si deben llegar, por ejemplo, a los tribunales conflictos de escasa cuantía. El tema objeto de análisis es si puede imponerse por el legislador dicha obligatoriedad, a la vista de que podría ser una traba de acceso a la justicia, y, por tanto, vulnerar el derecho reconocido en el artículo 24 de la Constitución.

3. EL TRIBUNAL DE JUSTICIA DE LA UNIÓN EUROPEA Y LOS MEDIOS ALTERNATIVOS DE RESOLUCIÓN DE CONFLICTOS

El TJUE se ha pronunciado en diversas ocasiones en relación a cuestiones prejudiciales planteadas por órganos jurisdiccionales de los estados miembros. En este sentido queremos destacar en este trabajo la Sentencia de 14 de junio de 2017, en el asunto C-75/16, de la Sala 1ª, en la que se plantea una cuestión prejudicial por un Tribunal de Verona en aplicación de la Directiva 2013/11/UE.

Dicha resolución remarca que la cuestión planteada no recae en la obligatoriedad de acudir a un método alternativo de resolución de conflictos, sino en preservar *"el derecho de las partes de acceder al sistema judicial"*. A tal fin recuerda que los derechos fundamentales no constituyen prerrogativas absolutas, sino que pueden ser objeto de restricciones si responden a objetivos de interés general. En todo caso, en dicha Sentencia se vuelve a remarcar que serán compatibles con el derecho a la tutela judicial efectiva cuando no impidan el posterior acceso a la justicia, no retrase sustancialmente el acceso a la vía judicial, interrumpa la prescripción, no ocasione gastos significativos a las partes, se establezcan distintos medios de acceso al procedimiento, y no sólo la vía electrónica, y no impidan la adopción de medidas provisionales.

4. EL TRIBUNAL CONSTITUCIONAL Y EL DERECHO A LA TUTELA JUDICIAL EFECTIVA

El Tribunal Constitucional se ha pronunciado no sólo acerca de la posible vulneración del derecho a la tutela judicial efectiva y la obligatoriedad de métodos alternativos en los que el tercero impone la solución, como es el arbitraje, sino también sobre otros sistemas en los que las partes son las que deben llegar a un acuerdo, como es el caso de la reclamación administrativa previa y la conciliación laboral[3].

El primer supuesto es el del arbitraje impuesto y, en este sentido, se pronunció la Sentencia del Tribunal Constitucional 174/1995, de 23 de noviembre.

---

[3] El Tribunal Constitucional se ha pronunciado también sobre el derecho a la tutela judicial efectiva y los medios alternativos de resolución de conflictos que se establecen como voluntarios por el legislador y, este mismo impone consecuencias desfavorables en caso de no acudir a ellos o cuando no se alcanza un acuerdo si la posterior resolución jurisdiccional acaba recogiendo el acuerdo propuesto a las partes en el medio alternativo utilizado previamente. Al tratarse de medios voluntarios, no van a ser objeto de análisis en el presente trabajo por falta de espacio y quedar al margen de la materia analizada.

En dicha sentencia, dicho Tribunal estimo las cuestiones de inconstitucionalidad planteadas en relación al artículo 38.2 de la Ley 16/1987 de Ordenación de los Transportes Terrestres al imponer dicho precepto un arbitraje obligatorio. Concretamente se indicaba que la supresión de la voluntad de una de las partes es contraria a la Constitución ya que el derecho a la tutela judicial efectiva consiste "*en la libre facultad que tiene el demandante para incoar el proceso y someter al demandado a los efectos del mismo*". Al tener que contar con el consentimiento de la parte contraria, "*se quebranta, por tanto, la esencia misma de la tutela judicial al tener que contar con el consentimiento de la parte contraria para ejercer ante un órgano judicial una pretensión frente a ella.*"

Posteriormente, y con la nueva redacción del citado precepto, en la STC 352/2006, de 14 de diciembre, se volvía a vulnerar el artículo 24 ya que se preveía que el silencio de las partes se equiparaba a la existencia de un convenio arbitral. Lo anterior implicaba que la renuncia a la jurisdicción, que requiere de la voluntad expresa de las partes, ahora necesitaba de silencio[4]. También en dicho ámbito del transporte terrestre se pronuncia dicho Tribunal en la STC 174/1995, considerando que no se respeta el derecho a la tutela judicial efectiva cuando el recurso de anulación del laudo no permite entrar en el fondo del asunto.

En el orden laboral, el Tribunal Constitucional también se ha pronunciado acerca de la constitucionalidad de la obligatoriedad del arbitraje. Concretamente en la STC 119/2014, de 16 de julio, en relación con las modificaciones introducidas por la Ley 3/2012, de 6 de julio. En esta Sentencia, el Tribunal Constitucional recuerda que no se vulnera el artículo 24 de la Constitución cuando el control judicial del recurso "*alcanza también a aspectos de fondo de la cuestión sobre la que versa la decisión*".

En el marco de la Ley 50/1980, de 8 de octubre, de Contrato de Seguro también se pronuncia el Tribunal Constitucional. Concretamente en la STC 1/2018 de 11 de enero, se declara la inconstitucionalidad del artículo 76 de dicha Ley. Además de señalar que la renuncia al derecho a la tutela judicial efectiva debe ser expresa, clara e inequívoca, considera dicho Tribunal que cuando se acude al arbitraje, "*la renuncia al ejercicio del derecho fundamental proviene de la legítima autonomía de la voluntad de las partes, que, libre y voluntariamente, se someten a la decisión de un tercero ajeno a los tribunales de justicia para resolver su conflicto*". En este supuesto, además, la inconstitucionalidad proviene de la falta de control judicial sobre el fondo del laudo que pueda recaer.

---

4 BELLIDO PANADÉS, Rafael, *Medios alternativos de resolución de conflictos y derecho a la tutela judicial efectiva en Derecho Privado (español y de la Unión Europea)*, Valencia, 2022, p. 62.

El Tribunal Constitucional también se ha pronunciado en relación al derecho a la tutela judicial efectiva y la imposición de medios alternativos de resolución de conflictos en el ámbito de la reclamación administrativa previa[5] y de la conciliación laboral[6]. En este sentido cabe indicar que, si el requisito previo que debe cumplirse, no impide la vía judicial, sino que la aplaza a un momento posterior, y dicho aplazamiento tiene una finalidad constitucionalmente legítima y conforme al principio de proporcionalidad, no habrá, en principio, vulneración del artículo 24.1 de la Constitución[7].

5. ANÁLISIS DE LA POSIBLE INCONSTITUCIONALIDAD

El Informe sobre el Anteproyecto de Ley de Medidas de Eficiencia Procesal del servicio público de justicia realizado por el Consejo General del Poder Judicial[8] señala que la obligatoriedad de los medios alternativos de resolución de conflictos previos al inicio de un proceso civil, tal y como habían sido previstos en dicho Anteproyecto, respetaba los criterios fijados en la Sentencia del TJUE de 14 de junio de 2017, a la que ya se ha hecho referencia.

En este sentido, y de forma resumida, el Informe señala que, de acuerdo con la jurisprudencia del TJUE, los derechos fundamentales pueden ser objeto de restricción cuando respondan a objetivos legítimos de interés general y siempre que se cumplan una serie de condiciones como son: no impedir el posterior acceso a la justicia, no retrasar sustancialmente el acceso a la vía judicial, interrumpir la prescripción, no ocasionar gastos significativos a las partes, establecer distintos medios de acceso al procedimiento, no sólo la vía electrónica y no impedir la adopción de medidas provisionales.

Sin embargo, para algún autor[9], las previsiones del legislador plantean dudas de inconstitucionalidad, de acuerdo con la jurisprudencia del Tribunal de Justicia de la Unión Europea y del Tribunal Constitucional. Concretamente, en lo que se refiere a los gastos que puede ocasionar la realización de un medio alternativo de resolución de conflictos, ya que, en relación al resto de elementos indicados, no se produce vulneración alguna al respetarse todos ellos íntegramente[10].

---

5 STC 330/2006, de 20 de novembre.

6 STC 185/2013, de 4 de noviembre.

7 En el mismo sentido, BELLIDO PANADÉS, Rafael, *Medios alternativos…, ob. cit.*, p. 70.

8 Aprobado por Acuerdo del Pleno del Consejo General del Poder Judicial de 22 de julio de 2021.

9 BELLIDO PANADÉS, Rafael, *Medios alternativos…, ob. cit.*, p. 100.

10 En el mismo sentido, BELLIDO PANADÉS, Rafael, *Medios alternativos…, ob. cit.*, p. 101.

En este sentido, como ya se ha señalado, en el citado Proyecto de Ley, en su artículo 2, se prevé la asistencia letrada en el uso de medios alternativos como facultativa, si bien, no lo es para algunos supuestos en que se establece como preceptiva. La cuestión es que dicho precepto podría ir contra la STJUE de 14 de junio de 2017 cuando el conflicto se suscite entre comerciantes y consumidores individuales, ya que, en dicho caso, las partes deben tener acceso al procedimiento alternativo sin que se le pueda exigir a un consumidor la obligación de ser asistido por un abogado[11].

Además, el contenido del derecho a la asistencia jurídica gratuita previsto en el Proyecto de Ley es restrictivo y no recoge todos los supuestos en los que intervenga un profesional. Por tanto, quien no tenga recursos para pagar al mediador, puede ver vulnerado el derecho a la tutela judicial efectiva, ya que, en principio, los honorarios de los profesionales que intervienen son a cargo de las partes. Por ello, como señala PANADÉS BELLIDO, *"si el intento de medio alternativo de conflictos se configura como requisito de admisión a trámite de la demanda y el contenido del derecho a la asistencia jurídica gratuita no incluye el coste de la tramitación del medio alternativo de solución de conflictos elegido por el ciudadano, respecto de los justiciables que carezcan de medios económicos la conjunción de ambas circunstancias puede redundar en la infracción de los arts. 24.1 y 119 CE y en una vulneración del derecho fundamental a la tutela judicial efectiva en su vertiente de derecho de acceso a la jurisdicción (art. 24.1 CE), del que es instrumental el derecho a la justicia gratuita (art. 119 CE), de modo que la lesión de este puede conducir a una vulneración de aquel"12.*

El segundo de los aspectos que pone en duda la doctrina[13] es el régimen de condena en costas fijado en el Proyecto de Ley. El hecho de establecer para determinados casos una regulación legal diferente de la general, puede producir "*un efecto disuasorio14*" sobre el derecho de acceso a los tribunales que afecta, a su vez, en el derecho del artículo 24.1. De hecho, el Informe del CGPJ, al que ya se ha hecho referencia, ya señala que las nuevas previsiones de condena en costas no son necesarias, además de no seguirse por los ordenamientos de nuestro entorno dicho sistema[15].

---

11 En el mismo sentido, BELLIDO PANADÉS, Rafael, *Medios alternativos…, ob. cit.*, p. 102.

12 En el mismo sentido, BELLIDO PANADÉS, Rafael, *Medios alternativos…, ob. cit.*, p. 104 y MARCOS FRANCISCO, D., Reflexiones en torno a los MASC en el Anteproyecto de Ley de medidas de eficiencia procesal", Meditaciones sobre mediación, Tirant lo Blanch, p. 81.

13 BELLIDO PANADÉS, Rafael, *Medios alternativos…, ob. cit.*, p. 105.

14 En el mismo sentido, BELLIDO PANADÉS, Rafael, *Medios alternativos…, ob. cit.*, p. 105.

15 Véase el Informe del Anteproyecto de Ley de Medidas de Eficiencia Procesal al Servicio Público de Justicia, de 22 de julio de 2021 en los apartados 31-32. Concretamente el apartado 32 señala.- Debe señalarse que la obligatoriedad de los MASC y el incenti-

6. CONCLUSIONES

El Tribunal de Justicia de la Unión Europea y el Tribunal Constitucional ya se han pronunciado en diversas ocasiones en relación a la constitucionalidad de las previsiones que establecen la obligatoriedad de acudir a un método alternativo de resolución de conflictos.

Para el TJUE, la imposición de medios alternativos de resolución de conflictos será compatible con el derecho a la tutela judicial efectiva cuando no impidan el posterior acceso a la justicia, no retrasen sustancialmente el acceso a la vía judicial, interrumpan la prescripción, no ocasionen gastos significativos a las partes, se establezcan distintos medios de acceso al procedimiento, y no sólo la vía electrónica, y no impidan la adopción de medidas provisionales

Para el Tribunal Constitucional, si el requisito previo que debe cumplirse, no impide la vía judicial, sino que la aplaza a un momento posterior, y dicho aplazamiento tiene una finalidad constitucionalmente legítima y conforme al principio de proporcionalidad, no habrá, en principio, vulneración del artículo 24.1 de la Constitución.

Dichos requisitos se cumplen con excepción del régimen de condena en costas previsto en el Proyecto de Ley ya que puede crear un efecto disuasorio sobre el derecho de acceso a los tribunales.

BIBLIOGRAFÍA

BELLIDO PANADÉS, Rafael, *Medios alternativos de resolución de conflictos y derecho a la tutela judicial efectiva en Derecho Privado (español y de la Unión Europea)*, Valencia, 2022.

GARCÍA VILLALUENGA, Leticia y VAZQUEZ DE CASTRO, Eduardo, *La mediación civil en España: luces y sombras de un marco normativo*, Política y sociedad, Madrid, 2013, Tomo 50, número 1.

MARCOS FRANCISCO, D., Reflexiones en torno a los MASC en el Anteproyecto de Ley de medidas de eficiencia procesal", Meditaciones sobre mediación, Tirant lo Blanch.

RUIZ DE LA FUENTE, C., *Mediación: ¿Alternativa al proceso o traba de acceso?*, Indret 2.2022.

vo a través de la modulación del régimen general de costas son técnicas distintas cuyo uso cumulativo no resulta conceptualmente necesario. De hecho, el incentivo de las soluciones consensuadas a través del régimen de costas se ha configurado en el derecho comparado como *second best* frente a la improcedencia de imponer con carácter obligatorio acudir a medios de negociación previos. Asimismo, BELLIDO PANADÉS, Rafael, *Medios alternativos…, ob. cit.*, p. 109.

Capítulo V:

El origen de la oferta confidencial vinculante como MASC de uso obligatorio mitigado

SARA DÍEZ RIAZA
Profesora Ordinaria de Derecho Procesal.
Universidad Pontificia Comillas (ICADE)

Sumario: 1. Introducción; 2. El precedente anglosajón de la oferta vinculante: La Caldererbank letter y la oferta "Part 36"; 3. La oferta vinculante en nuestro ordenamiento; 3.1 La "oferta motivada" en materia seguros; 3.2. Oferta vinculante del Reglamento 2019/1150 (servicios de intermediación en línea; 3.3. La oferta confidencial vinculante como MASC en el Proyecto de Ley de Eficiencia procesal; 4. La obligatoriedad y el derecho a la tutela judicial efectiva; 5. Conclusiones.

Resumen: De forma paulatina y un tanto sigilosa se va introduciendo en nuestro ordenamiento la oferta confidencial vinculante, un nuevo MASC del que apenas teníamos conocimiento hasta el momento y cuyo origen es, como el de muchos otros, anglosajón. Analizamos cual es el precedente en el derecho inglés y vemos como va calando en nuestro ordenamiento en materias especiales, hasta desembarcar con más fuerza en el por el momento fallido proyecto de ley de eficiencia procesal. Junto con su aparición es necesario analizar si esta obligatoriedad mitigada es compatible con el derecho al acceso a los tribunales de justicia.

1. INTRODUCCIÓN

El Título I del Proyecto de Ley de medidas de eficiencia procesal del servicio público de Justicia, -en adelante PLMEP- que fue publicado el día 22 de abril de 2022 en el Boletín Oficial de las Cortes Generales, ha sido dedicado a introducir en nuestro ordenamiento los llamados "medios adecuados de solución de controversias en vía no jurisdiccional" (MASC) con el fin de equipararlos a la propia Jurisdicción. Este proyecto parte de la premisa de que, si bien la potestad jurisdiccional corresponde exclusivamente a los juzgados y tribunales, sin embargo, la Justicia no es competencia exclusiva de la administración de la justicia contenciosa. Por ello lo encuadra dentro del movimiento de llamado por la filosofía del derecho "la justicia deliberativa", que no la ejerce sólo los juzgados y tribunales, ni la abogacía, sino que es propiedad de toda la sociedad civil.

Estos medios son definidos en su artículo primero como *cualquier tipo de actividad negociadora, tipificada en esta u otras leyes, a la que las partes de un conflicto acuden de buena fe con el objeto de encontrar una solución extrajudicial al mismo, ya sea por sí mismas o con la intervención de un tercero neutral.* Los medios adecuados de resolución de controversias a los que se refiere este proyecto de ley son la negociación previa a la vía jurisdiccional, entre ellas la negociación directa, la conciliación ante notario, ante registrador o ante letrado de la administración de justicia, la conciliación privada, la oferta vinculante confidencial y opinión de experto independiente, así como a la mediación regulada en la Ley 5/2012, de 6 de julio, de mediación en asuntos civiles y mercantiles, o a cualquier otro medio adecuado de solución de controversias previsto en otras normas.

En esta comunicación nos vamos a centrar en el estudio de la oferta vinculante confidencial, sus precedentes y la obligatoriedad mitigada de sus usos.

2. EL PRECEDENTE ANGLOSAJÓN DE LA OFERTA VINCULANTE: LA CALDERERBANK LETTER Y LA OFERTA "PART 36"

El origen de la oferta vinculante está en el sistema jurisprudencial anglosajón y se conoce como la Caldererbank letter gestada la jurisprudencia inglesa, en concreto del Tribunal de Apelación inglés. Este Tribunal resolviendo la liquidación del régimen económico matrimonial en un proceso de divorcio, tuvo conocimiento que la mujer había ofrecido al marido, de modo extra judicial, una propuesta vinculante más ventajosa que la que dictaminó el tribunal de justicia, y por ello, la esposa solicitó quedar exenta del pago de los gastos del proceso, y así se reconoció por el Tribunal. La decisión se tomó en el 5 de junio de 1975 y el caso fue el de Jacqueline Anne Calderbank contra John Thomas Calderbank, de ahí el nombre de esta oferta[1].

Una oferta de Calderbank es una oferta de liquidación realizada "sin perjuicio de los costes" ("without prejudice save as to costs"). Las ofertas de Calderbank también se conocen como ofertas de liquidación sin perjuicio de gastos[2]. Un elemento clave de una oferta de Calderbank es que, si bien la oferta no puede presentarse como prueba ante el tribunal durante el juicio, el tribunal puede ser informado de ella una vez concluido el proceso, especí-

---

1 Se puede consultar la resolución completa del Tribunal de apelación inglés en https://www.nadr.co.uk/articles/published/MediationLawReports/Calderbankv-Calderbank1975.pdf

2 https://uk.practicallaw.thomsonreuters.com/7-203-9974?originationContext=document&transitionType=DocumentItem&contextData=(sc.Default)&ppcid=aa8a399f893249a28ae61209575e0ad9&comp=pluk&firstPage=true.

ficamente al momento de determinar quién debe pagar las costas procesales y la cuantía de esas costas.

Sin embargo, la Caldererbank letter ha sido en parte reemplazada por otras ofertas institucionalizadas denominadas Part 36[3], si bien la primera es bastante más flexible que la segunda[4], pues las consecuencias en materia de costas quedan totalmente a discreción del tribunal, a diferencia de las ofertas de la "Part 36" que se encuentran regladas.

El nombre de esta oferta viene de la ubicación de su regulación, en concreto en la normativa de las *Procedure rules* del ámbito civil (CPR), dentro de las *Rules and Directions,* que se dividen en "partes" que serían equiparables a nuestras "secciones, y la oferta a la que nos estamos refiriendo está contenida en la numero 36, de ahí el nombre, y que concretamente su rúbrica es Offers to settle, que podemos traducir como ofertas para llegar a un acuerdo, que a su vez contiene treinta reglas que lo regulan[5].

3. LA OFERTA VINCULANTE EN NUESTRO ORDENAMIENTO

3.1. La "oferta motivada" en materia seguros

La Ley 21/2007 de 11 julio incorporó a nuestro ordenamiento jurídico la Directiva 2005/14/CE del Parlamento Europeo y del Consejo de 11 de mayo de 2005 por la que se modifican las Directivas 72/166/CEE, 84/5/CEE, 88/357/CEE y 90/232/CEE del Consejo y la Directiva 2000/26/CE del Parlamento Europeo y del Consejo relativas al seguro de responsabilidad civil derivada de la circulación de vehículos automóviles, regulando en los artículos 7 y 9 la LRCSCVM el procedimiento de oferta o respuesta motivada. El Considerando 22 de la Directiva remite al procedimiento de "oferta motivada" establecido en la Directiva 2000/26/CE y lo hace extensivo a toda clase de accidentes, con el fin de aumentar la protección de cualquier víctima de un accidente de automóvil.

---

3 Se puede consultar un modelo oficial de esta oferta institucionalizada y reglada en https://assets.publishing.service.gov.uk/government/uploads/system/uploads/attachment_data/file/975087/n242a-eng.pdf

4 Es bastante clarificador el artículo de CARSON, I., "Calderbank Offer: What is a Calderbank offer and how are they used in commercial disputes?, 17 de mayo de 2023, https://harperjames.co.uk/article/calderbank-offer/

5 La regulación se puede consultar en https://www.justice.gov.uk/courts/procedure-rules/civil/rules/part36-

Se prevé un sistema en el que, en el plazo de tres meses desde la recepción de la reclamación del perjudicado, tanto si se trata de daños personales como en los bienes, el asegurador deberá presentar una oferta motivada de indemnización si entendiera acreditada la responsabilidad y cuantificado el daño que le obliga irrevocablemente.

Previa reclamación extrajudicial del perjudicado[6] al asegurador, anterior a cualquier demanda judicial, solicitando la indemnización que corresponda previa comunicación del siniestro, el asegurador, en el plazo de tres meses, tanto si se trata de daños personales como en los bienes, deberá presentar una oferta motivada de indemnización si entendiera acreditada la responsabilidad y cuantificado el daño.

La oferta motivada del asegurador para que sea válida ha de cumplir una serie de requisitos y contener una propuesta de indemnización por los daños en las personas y en los bienes que pudieran haberse derivado del siniestro, con el cálculo de los daños y perjuicios causados a las personas realizados según las normas contenidas en la Ley, además los documentos, informes o cualquier otra información de que se disponga para la valoración de los daños, incluyendo el informe médico definitivo[7], e identificará aquéllos en que se ha basado para cuantificar de forma precisa la indemnización ofertada, de manera que el perjudicado tenga los elementos de juicio necesarios para decidir su aceptación o rechazo.

El pago del importe que se ofrece nunca se puede condicionar la renuncia por el perjudicado del ejercicio de futuras acciones en el caso de que la indemnización percibida fuera inferior a la que en derecho pueda corresponderle.

---

6 A pesar de que el artículo 7 se refiere exclusivamente al perjudicado, algunos autores como AGÜERO RAMÓN-LLIN, E., "El ejercicio de la acción civil para el resarcimiento de las víctimas de accidentes de tráfico: ámbito de aplicación, impulso y supervisión por parte del ministerio fiscal de los mecanismos establecidos en la ley de responsabilidad civil y seguro en la circulación de vehículos a motor, el régimen aplicable a los menores", *Jornada de Especialistas en Seguridad Vial,* Fiscalía General del Estado, 17 de junio de 2013, https://www.fiscal.es/documents/20142/276959/Ponencia+Elena+Ag%C3%BCero+Ram%C3%B3n-Llin.pdf/b8b62b16-118a-072f-62ee-33919ec2dde4?t=1562244537680, consideran que "nada impide que la reclamación se ejecute por un familiar o tercero (por ejemplo, abogado o procurador).

7 HURTADO YELO, J.J., "El informe médico definitivo en la oferta motivada", *El Derecho.com, Tribuna* 21 de junio de 2023, https://elderecho.com/informe-medico-definitivo-oferta-motivada, hace un análisis jurisprudencial de la necesidad de aportar el informe médico particular y forense para la determinación de las cuantías de las indemnizaciones por daño personal.

Si el asegurador no realiza una oferta motivada de indemnización, deberá dar una respuesta motivada dando contestación suficiente a la reclamación formulada, con indicación del motivo que impide efectuar la oferta de indemnización, bien sea porque no esté determinada la responsabilidad, bien porque no se haya podido cuantificar el daño o bien porque existe alguna otra causa que justifique el rechazo de la reclamación, que deberá ser especificada.

En caso de disconformidad del perjudicado con la oferta motivada, las partes, de común acuerdo y a costa del asegurador, podrán pedir informes periciales complementarios, incluso al Instituto de Medicina Legal siempre que no hubiese intervenido previamente[8]. En este caso se obligará al asegurador a efectuar una nueva oferta motivada en el plazo de un mes desde la entrega del informe pericial complementario, continuando interrumpido el plazo de prescripción para el ejercicio de las acciones judiciales.

No se admitirán a trámite, de conformidad con el artículo 403 de la Ley de Enjuiciamiento Civil, las demandas en las que no se acompañen los documentos que acrediten la presentación de la reclamación al asegurador y la oferta o respuesta motivada, si se hubiera emitido por el asegurador.

3.2. Oferta vinculante del Reglamento 2019/1150 (servicios de intermediación en línea

Otro modelo de oferta vinculante la podremos encontrar en el Reglamento (UE) 2019/1150 del Parlamento Europeo y del Consejo, de 20 de junio de 2019, sobre el fomento de la equidad y la transparencia para los usuarios profesionales de servicios de intermediación en línea.

Siendo el Reglamento de aplicación directa en nuestro ordenamiento, vemos como en caso de conflicto de las empresas prestatarias de servicios de intermediación en línea con los usuarios profesionales de la plataforma, previa reclamación de estos, existirá una propuesta para la resolución por parte de la empresa prestadora del servicio de intermediación. La plataforma oferente quedará vinculada de forma irrenunciable a su propuesta y el usuario podrá aceptar o rechazar la oferta expresa o tácitamente o acudir a una mediación o al proceso judicial de no estar conforme con la solución propuesta[9].

---

8 *Vid.*, PINA BARRAJÓN, N., "La disconformidad del perjudicado con la oferta o la respuesta motivada de la aseguradora. La vía judicial. La mediación", *Diario La Ley*, Nº 9525, Sección Tribuna, 25 de Noviembre de 2019, Wolters Kluwer.

9 *Vid.* Art. 11 del Reglamento destinado a la regulación del "Sistema interno de reclamaciones" el cual, según dicción de este precepto: "… se pondrá fácilmente a disposición de los usuarios profesionales a título gratuito y garantizará la tramitación dentro de un plazo razonable. Se basará en los principios de transparencia e igualdad

3.3. La oferta confidencial vinculante como MASC en el Proyecto de Ley de Eficiencia procesal

Los elementos que definen una oferta vinculante son cuatro: la existencia de un conflicto, una propuesta de una de las partes para poner fin al conflicto, la obligación irrenunciable de cumplir con la anterior propuesta y la confidencialidad.

La oferta vinculante confidencial tiene aún poco predicamento en nuestro ordenamiento, como hemos visto sólo limitada al ámbito del seguro, relacionada con la responsabilidad civil derivada del uso y circulación de los vehículos de motor. En el PLEP le dedica tan sólo un artículo a su regulación, en concreto el 16 y como dice CALAZA LÓPEZ[10], la oferta vinculante tiene la formulación más sencilla de todos los MASC que contempla el proyecto de ley. Este artículo se limita a regular la obligatoriedad del cumplimiento de la oferta hecha por cualquier persona que, con el fin de poner término un conflicto, formula a la otra parte y esta otra la acepta, siendo esta aceptación irrevocable. La oferta vinculante tendrá carácter confidencial, aplicándole las reglas sobre la misma establecidas con carácter general para la negociación.

Para que la oferta sea efectiva hay que dejar constancia del contenido, de la identidad del oferente, de su envío, de la recepción y de la fecha, de la aceptación. La oferta tiene un plazo de caducidad que en defecto del que proponga el oferente será de un mes, en caso de que no sea aceptada decaerá quedando expedita la vía judicial.

Varias son las cuestiones que nos plantea este medio adecuado de solución de conflictos, una la confidencialidad y sus efectos, otra la obligatoriedad de acudir a estos medios que choca con la naturaleza voluntaria de los mismos, así como los incentivos que se usan para promoverlas como es la exención o moderación del pago de las costas judiciales.

4. LA OBLIGATORIEDAD Y EL DERECHO A LA TUTELA JUDICIAL EFECTIVA

Para aclarar la compatibilidad con el derecho de acceso a los tribunales en que se concreta, entre otros, el derecho a la tutela judicial efectiva, nos fija-

---

de trato aplicada a situaciones equivalentes y tratará las reclamaciones de manera proporcionada en relación a su importancia y complejidad. Asimismo, permitirá a los usuarios profesionales presentar reclamaciones directamente al proveedor.."

10 En "Ya llegan los medios adecuados de solución de controversias en vía no jurisdiccional: cuanta más desjudicialización, mejor", *Actualidad Civil* n.º 6, junio 2022.

remos en la jurisprudencia del TJUE quien ha tratado este tema en distintas ocasiones, para ello sirva de muestra, la Sentencia (Sala Cuarta) de 18 Marzo 2010[11] y la Sentencia (Sala Primera) de 14 Junio de 2017[12]. La primera se refiere a la interpretación del principio de tutela judicial efectiva en relación con una normativa nacional que establece una tentativa de conciliación extrajudicial obligatoria, como requisito de admisibilidad de las acciones judiciales en determinados litigios y la segunda con una normativa nacional que establece que el procedimiento de oposición sólo es admisible cuando las partes hayan incoado previamente un procedimiento de mediación.

Ambas sentencias tuvieron la misma magistrada ponente, Rosario Silva de Lapuerta, y lógicamente ambas coinciden en que la exigencia de método alternativo de solución de conflictos como requisito de admisibilidad de las acciones judiciales puede ser compatible con el principio de tutela judicial efectiva si se dan cuatro condicionantes. Veamos pues si estas cuatro condiciones son compatibles con la exigencia de una oferta vinculante confidencial previa.

La primera condición es que el procedimiento no conduzca a una decisión vinculante para las partes, y, por lo tanto, no afecte a su derecho a un recurso judicial. Es decir, si con intentar el sistema alternativo, aunque no se llegue a un acuerdo, este requisito quedaría cumplido, por eso en nuestro caso, en el supuesto de hacer una oferta vinculante confidencial por el oferente, el PLP en el artículo 16.3 prevé cuándo se deja el camino libre para poder acudir a la vía contenciosa, pues en el caso de que la oferta vinculante sea rechazada, o no sea aceptada expresamente por la otra parte en el plazo de un mes o en cualquier otro plazo mayor establecido por la parte requirente, la oferta vinculante decaerá y la parte requirente podrá ejercitar la acción que le corresponda ante el tribunal competente, entendiendo que se ha cumplido el "requisito de procedibilidad" (para nosotros presupuesto procesal).

El segundo requisito jurisprudencial es que no implique un retraso sustancial a efectos del ejercicio de una acción judicial. Realmente en el supuesto de una oferta vinculante confidencial en el plazo de un mes puede quedar resuelta la cuestión, y como mucho en un plazo superior que fija el oferente. El plazo mínimo que fija la ley tiene sentido para que la otra parte tenga tiempo de sobra de estudiar la oferta y aceptarla o rechazarla. A nuestro juicio ese plazo es amplio sobre todo para conflictos sencillos, no obstante, si a juicio del ofertante el asunto es más complejo podrá ampliarlo, no habiendo tiempo mínimo para contestar, aunque sí tiempo máximo.

---

11 C-317/2008 LA LEY *8706/2010. Vid. Fundamentos 54,55,56 y 57*

12 C-75/2016, LA LEY 61335/2017, ECLI: EU:C:2017:457. *Vid. Fundamentos 61 a 63.*

El tercero de los presupuestos fijados por el TJUE es que el comienzo del MASC interrumpa la prescripción de los correspondientes derechos. Con carácter general el artículo 6 del PLEP reconoce que la solicitud de una de las partes dirigida a la otra para iniciar un procedimiento de negociación a través de un medio adecuado de solución de controversias, en la que se defina adecuadamente el objeto de la negociación, interrumpirá la prescripción o suspenderá la caducidad de acciones desde la fecha en la que conste el intento de comunicación de dicha solicitud a la parte requerida en el domicilio personal o lugar de trabajo que le conste al solicitante, o bien a través del medio de comunicación electrónico empleado por las partes en sus relaciones previas, reiniciándose o reanudándose respectivamente el cómputo de los plazos en el caso de que en el plazo de treinta días naturales a contar desde la fecha de recepción de la propuesta por la parte requerida, no se mantenga la primera reunión dirigida a alcanzar un acuerdo o no se obtenga respuesta por escrito. La interrupción o la suspensión se prolongará hasta la fecha de la firma del acuerdo o cuando se produzca la terminación del proceso de negociación sin acuerdo.

Por último, y como cuarta condición es que no ocasione gastos u ocasione gastos escasamente significativos para las partes[13]. En el caso de la formulación de una oferta vinculante se considera preceptiva la intervención de Abogado excepto cuando la cuantía del asunto controvertido no supere los 2.000 euros o bien cuando una ley sectorial no exija la intervención de letrado o letrada para la realización o aceptación de la oferta. Por lo que el gasto del asesoramiento legal prejudicial quedaría cubierto por la asistencia jurídica gratuita por lo que el impacto económico para las partes quizás podríamos decir que sería el menor de todos los MASC. No obstante, la mayoría de los ciudadanos que se les plantea un conflicto no está en disposición, por no cumplir los requisitos, de estar cubierto por la gratuidad de la justicia, por ello, lo normal sería que los gastos que ocasiona este, y los demás MASC, deberían incluirse en las costas procesales caso de llegar a los tribunales de justicia.

---

13 CALAZA LÓPEZ, S., «El realismo mágico de la nueva Justicia civil», *Revista de la Asociación de profesores de Derecho procesal de las Universidades españolas* n.o 2, Ed. Tirant lo blanch, 2020, critica este desplazamiento del gasto público al coste privado afirmando que este “abaratamiento” de la Justicia —minoración de asuntos para los Jueces y Magistrados— con el consiguiente ahorro para el Estado, a costa del “endeudamiento” del justiciable “encarecimiento” del procedimiento—, supone un desplazamiento del gasto público —transmutado ahora en ahorro público—, al gasto privado del litigante, revelador de un auténtico impuesto procesal revolucionario.”

5. CONCLUSIONES

1. No existe una regulación prolija de la oferta confidencial vinculante, lo que concuerda con la filosofía de la regulación de los MASC con el fin de dejar más espacio a la autonomía de la voluntad de las partes, lo único que debe constar en la futura regulación son las características básicas de este sistema así: la existencia de un conflicto, una propuesta de una de las partes para poner fin al conflicto, la obligación irrenunciable de cumplir con la anterior propuesta y la confidencialidad.
2. La oferta confidencial vinculante ha sido importada de la jurisprudencia anglosajona y antes del PLEP aparece en materia de seguros, como "oferta motivada. La oferta motivada del asegurador se constituye como un sistema extrajudicial de solución de un posible conflicto que incluso se convierte en obligatorio, pues no se admitirá la demanda si no se ha solicitado al asegurador, no siendo confidencial pues es necesario adjuntar la oferta o por el contrario la respuesta a esa solicitud no proponiendo oferta por las causas que debidamente justifiquen.
3. Si bien la obligatoriedad mitigada de acudir a la propuesta vinculante o a cualquier otro tipo de MASC no choca con el derecho de acceso a los Tribunales como manifestación del derecho a la tutela judicial efectiva, sin embargo, choca con la esencia de la naturaleza voluntaria de estos sistemas.
4. La no voluntariedad de acudir a los MASC vaticina el mismo fracaso estrepitoso que tuvo la conciliación preceptiva de la LEC de 1881, que se convirtió en facultativa por la Ley 34/84, de 6 de agosto, donde se reconoció que la experiencia había dado resultados pocos satisfactorios.

BIBLIOGRAFÍA

AGÜERO RAMÓN-LLIN, E., "El ejercicio de la acción civil para el resarcimiento de las víctimas de accidentes de tráfico: ámbito de aplicación, impulso y supervisión por parte del ministerio fiscal de los mecanismos establecidos en la ley de responsabilidad civil y seguro en la circulación de vehículos a motor, el régimen aplicable a los menores", Jornada de Especialistas en Seguridad Vial, Fiscalía General del Estado, 17 de junio de 2013.

CALAZA LÓPEZ, S., "Ya llegan los medios adecuados de solución de controversias en vía no jurisdiccional: cuanta más desjudicialización, mejor", Actualidad Civil n.º 6, junio 2022.

CARSON, I., "Calderbank Offer: What is a Calderbank offer and how are they used in commercial disputes?, 17 de mayo de 2023, https://harperjames.co.uk/article/calderbank-offer/

HURTADO YELO, J.J., “El informe médico definitivo en la oferta motivada”, El Derecho.com, Tribuna 21 de junio de 2023, https://elderecho.com/informe-medico-definitivo-oferta-motivada.

PINA BARRAJÓN, N., “La disconformidad del perjudicado con la oferta o la respuesta motivada de la aseguradora. La vía judicial. La mediación”, Diario La Ley, Nº 9525, Sección Tribuna, 25 de Noviembre de 2019, Wolters Kluwer.

Capítulo VI:

Medios adecuados de solución de controversias en el Reglamento de servicios digitales

AYLLEN GIL SEATON
Profesora Lectora de Derecho Procesal.
Universitat Oberta de Catalunya

Sumario: 1. Introducción. 2. Eficiencia y MASC. 3. El Reglamento, principales novedades en materia de resolución de conflictos. A. El sistema interno de reclamaciones. B. Resolución extrajudicial de los conflictos. 4. Conclusiones.

Resumen: El Reglamento de servicios digitales impone un régimen específico de obligaciones para sus grandes operadores. Entre estas obligaciones destaca el establecimiento de un sistema interno de gestión de las controversias y la incorporación de un sistema de resolución extrajudicial, disponible en línea y que garantice una solución eficaz y eficiente de las controversias de los destinatarios del servicio.

1. INTRODUCCIÓN

El 27 de octubre de 2022, tras un plazo de elaboración relativamente rápido, se publicó el Reglamento (UE) 2022/2065 relativo a un mercado único de servicios digitales y por el que se modifica la Directiva 2000/31/CE (Reglamento de Servicios Digitales), (en adelante, la DSA).

La consolidación de las plataformas en línea como elementos centrales del comercio electrónico pone en evidencia, por una parte, la rápida transición que ha experimentado la sociedad desde el llamado internet clásico y, por otra, el poder de control de un grupo reducido de prestadores de servicios de las plataformas, a los que el reglamento denomina "guardianes de acceso".

Lo anterior genera un entorno de servicios digitales ciertamente ventajoso para los usuarios, pero no carente de riesgos para los destinatarios de los servicios en general. Por ello, y para facilitar el correcto funcionamiento de este mercado, el Reglamento establece un régimen de obligaciones específicas para los prestadores de servicios de plataformas en línea. Dentro de las que se prescribe la de ofrecer un sistema de gestión interna de los conflictos y se promueve la utilización de mecanismos extrajudiciales para la resolución de determinadas controversias.

A partir de este contexto, en este trabajo se aborda el tratamiento de los medios adecuados de solución de controversias (en adelante, MASC) en el reglamento, las obligaciones impuestas a las plataformas en línea y las opciones disponibles para los destinatarios del servicio en cuanto a la gestión de sus conflictos. Ahora bien, con carácter previo al análisis de estas cuestiones, se hará una especial referencia al impacto generado en la eficiencia de la justicia con la correcta promoción de los MASC.

2. EFICIENCIA Y MASC

En la búsqueda por mejorar el acceso a la justicia y, en definitiva, por otorgar una protección eficaz y eficiente de los derechos de los ciudadanos en una sociedad marcada por los nuevos avances de la tecnología, es indispensable explorar en los mecanismos alternativos de resolución de conflictos. Por ello, el desafío creciente para los Estados de adoptar mecanismos procesales y judiciales que aseguren una protección eficaz de los derechos no se agota en la corrección de las deficiencias de la justicia estatal, sino que debe ser capaz de reconocer la capacidad negociadora de los ciudadanos y robustecerla por medio de la promoción de mecanismos específicos.

En algunos casos el objetivo se alcanzará exclusivamente por la vía judicial, pero en muchos otros será la vía consensual la que ofrezca la mejor opción. La elección del medio más adecuado de solución de controversias aporta calidad a la justicia y reporta satisfacción al ciudadano. Para ello es necesario introducir, a nivel general y sectorial, medidas eficaces que no se degraden ni transformen en meros requisitos burocráticos.

A nivel europeo, convergen, por un lado, la necesidad de estimular el crecimiento y fortalecimiento de un mercado único y, por otro lado, la necesidad de prever un sistema de resolución de conflictos eficiente y eficaz para los ciudadanos. Con este desafío en mente, la Unión Europea ha trabajado durante los últimos años en el desarrollo y promoción de los mecanismos extrajudiciales de conflictos, y a nivel digital de los ODR, como una forma de reforzar una protección efectiva de los derechos de los ciudadanos.

Sobre la base de este planteamiento general, en los apartados siguientes se analizará el sistema propuesto por el legislador en el Reglamento de servicios digitales, que apuesta por los sistemas extrajudiciales de solución de controversias.

3. EL REGLAMENTO, PRINCIPALES NOVEDADES EN MATERIA DE RESOLUCIÓN DE CONFLICTOS

La DSA y el Reglamento de mercados digitales (en adelante, DMA) forman parte del mismo paquete y se complementan mutuamente. La DMA -de manera muy sucinta- pretende introducir un nuevo marco normativo en materia servicios de intermediación y define un régimen de obligaciones y sanciones a los prestadores de servicios digitales. Así, la DMA regula determinados aspectos relacionados con el derecho de la competencia, mientras que la DSA se centra en las relaciones entre los proveedores de servicios de intermediación y sus usuarios.

Se trata de regímenes que complementan la regulación existente y no afectan la aplicación de otras normas de la Unión Europea aplicables en el sector[1].

La DSA, tiene el propósito inmediato de establecer un entorno en línea más seguro y confiable[2].Se trata de un régimen cuya aplicación se aplica a los proveedores de servicios intermediarios de plataforma en los que concurren los elementos para ser designados por la Comisión como “guardianes de acceso”, según lo dispuesto en el propio reglamento. Tiene una estructura estratificada, formada por una pirámide de cuatro niveles, que regula diferentes servicios[3].

Asimismo, en cuanto al ámbito de aplicación espacial de la DSA, no es relevante si el proveedor está establecido en la UE o en un tercer país. La aplicabilidad de la DSA depende de si el servicio se ofrece en la UE[4].

Dentro de las novedades incorporadas en la DSA, se destacan, para los fines de este trabajo, la implementación de los sistemas extrajudiciales de resolución de conflictos en las plataformas en línea. Así, en sus artículos 20 y

---

1 DE MIGUEL ASENSIO, P.A., “El Reglamento (UE) de Mercados Digitales: Fundamentos, obligaciones de las plataformas y ejecución”, *La Ley Unión Europea*, Nº 108, Noviembre 2022, pp. 6-7.

2 CASTELLÓ PASTOR, J. J., “Nuevo régimen de responsabilidad de los servicios digitales que actúan como intermediarios a la luz de la propuesta de Reglamento relativo a un mercado único de servicios digitales”, en CASTELLÓ PASTOR, J. J. (Dir.), *Desafíos jurídicos ante la integración digital: aspectos europeos e internacionales,* Aranzadi Thomson Reuters, 2021, p. 37.

3 Sin perjuicio de otras particularidades. Art. 3 REGLAMENTO (UE) 2022/2065 DEL PARLAMENTO EUROPEO Y DEL CONSEJO de 19 de octubre de 2022 relativo a un mercado único de servicios digitales y por el que se modifica la Directiva 2000/31/CE.

4 Para un análisis detallado del reglamento y su ámbito de aplicación subjetivo y espacial, ver: WILMAN, F., “The Digital Services Act (DSA) - An Overview”, SSRN: https://ssrn.com/abstract=4304586.

21, se obliga, por una parte, a establecer un sistema interno de tramitación de reclamaciones[5] y, por otra parte, se prevé la posibilidad para el destinatario del servicio de acudir a un órgano certificado para resolución extrajudicial de las decisiones adoptadas por el prestador de la plataforma en línea[6].

En los párrafos siguientes se analizarán los elementos centrales que configuran estas formas de gestión de los conflictos entre las plataformas en línea y los destinatarios del servicio.

A. El sistema interno de reclamaciones

Entre las obligaciones impuestas por el reglamento (DSA) a las plataformas en línea, en materia de resolución de los conflictos, se prevé en primer lugar, el establecimiento de un sistema interno de gestión de reclamaciones. Concretamente, el artículo 20 del Reglamento obliga a los prestadores de las plataformas a facilitar a los destinatarios del servicio, un sistema de gestión de ciertas reclamaciones, por vía electrónica y gratuita. Se trata de un sistema voluntario para el usuario y que deja siempre abierta la posibilidad de acudir a la vía judicial para la resolución de la controversia.

A través de este mecanismo, se pretende tramitar las impugnaciones de determinadas decisiones del prestador del servicio asociadas a la retirada o bloqueo de la información; o la suspensión o cese de la prestación del servicio; o, suspensión o cese de la cuenta; o por último, la suspensión, cese o restricción de la capacidad de monetizar la información[7]; limitándose así su ámbito de aplicación[8].

---

5 Art. 20 REGLAMENTO (UE) 2022/2065 DEL PARLAMENTO EUROPEO Y DEL CONSEJO de 19 de octubre de 2022 relativo a un mercado único de servicios digitales y por el que se modifica la Directiva 2000/31/CE (Reglamento de Servicios Digitales).

6 Art. 21. REGLAMENTO (UE) 2022/2065 DEL PARLAMENTO EUROPEO Y DEL CONSEJO de 19 de octubre de 2022 relativo a un mercado único de servicios digitales y por el que se modifica la Directiva 2000/31/CE (Reglamento de Servicios Digitales).

7 Art. 20.1. REGLAMENTO (UE) 2022/2065 DEL PARLAMENTO EUROPEO Y DEL CONSEJO de 19 de octubre de 2022 relativo a un mercado único de servicios digitales y por el que se modifica la Directiva 2000/31/CE (Reglamento de Servicios Digitales).

8 CASTELLÓ PASTOR, J.J. "Sistema de resolución extrajudicial de controversias en el mercado único", en *La Ley Mediación y Arbitraje,* Nº 13, Sección Novedades de ADR, 2022.

El precepto no desarrolla detalladamente las características que debe reunir este sistema, pero hay algunos elementos que se pueden extraer de su redacción y que son interesantes de destacar aquí.

En primer lugar, se advierte que el mecanismo de resolución que ofrezca la plataforma debe tramitarse por vía electrónica y debe ser gratuito para el destinatario del servicio. Esta decisión que incentiva la gestión en línea del conflicto es -a mi juicio- una característica positiva, en la medida que obliga a la gestión del conflicto de manera electrónica, con la reducción de costes que esto supone y, a su vez, ofrece al usuario una vía de solución directa con el prestador del servicio.

El precepto, agrega, que estos sistemas deben ser de fácil acceso y deben ofrecer resultados rápidos, de manera diligente y no arbitraria, pero fuera de estos parámetros generales no prevé un listado de mecanismos concretos a los que acudir, dejando completa libertad a las plataformas para su elección y configuración.

No obstante, la DSA exige que la decisión no se adopte "exclusivamente" por medios automatizados. Esta desconfianza por la completa automatización de la decisión en esta fase, a mi juicio, no resulta del todo justificada. Cuando el conflicto surge en una plataforma línea, y se pretende ofrecer al usuario una resolución del mismo eficaz y eficiente, la utilización de tecnologías, como por ejemplo la *blockchain*, que permiten automatizar completamente las decisiones puede constituir una oportunidad para reducir costos y tiempo.

Quedan entonces, abiertas las preguntas, sobre qué mecanismos se considerarán adecuados y dónde se publicarán las condiciones y características de los procedimientos internos ofrecidos por las plataformas para los destinatarios del servicio.

Por último, contra la decisión obtenida en este procedimiento interno es posible recurrir a un mecanismo extrajudicial de resolución de conflictos, en los términos previstos por el art. 21, o bien acudir a la vía judicial.

B. Resolución extrajudicial de conflictos

El art. 21 de la DSA reconoce expresamente el derecho de los destinatarios del servicio de acudir a un órgano extrajudicial de su elección para impugnar la decisión obtenida en el proceso de reclamación interna del art. 20. Como se desprende de su redacción, el ámbito de aplicación de este mecanismo extrajudicial queda limitado a las decisiones adoptadas por la plataforma en línea en relación con el retiro de la información o bloqueo de acceso; con la suspensión o cese de la prestación del servicio a los destinatarios; la suspensión o supresión de la cuenta de los destinatarios; la suspensión, cese o restricción de algún otro modo la capacidad de monetizar la información proporcionada por los destinatarios[9]. Lo que no debe entenderse como un impedimento para acudir a los MASC cuando la controversia quede fuera de este ámbito de aplicación, en cuyo caso será de aplicación la normativa general sobre mediación, arbitraje y otras formas de solución extrajudicial.

Ahora bien, esta vía no exige el agotamiento del procedimiento de reclamación interna, según se puede deducir de la propia redacción del precepto cuando señala: "...incluidas las reclamaciones que no se hayan resuelto a través del sistema interno de tramitación de reclamaciones mencionado en dicho artículo". Por tanto, se trata de una vía disponible para los destinatarios del servicio en cualquier fase del conflicto, habiéndose acudido o no al mecanismo de gestión interno previsto por la plataforma en línea.

Si bien la norma no menciona ningún mecanismo extrajudicial en concreto, ni tampoco favorece la utilización de uno en particular, sí regula las condiciones que deben reunir los órganos encargados de resolver las disputas. Así, sin perjuicio de la posibilidad de establecimiento directo del órgano por los Estados miembros[10], el propio art. 21 en su apartado tercero prescribe las condiciones para la certificación de dichos órganos, en los términos siguientes:

> *"a) que es imparcial e independiente, también financieramente, de los prestadores de plataformas en línea y de los destinatarios del servicio prestado por los prestadores de plataformas en línea, en particular de las personas físicas o entidades que hayan enviado notificaciones;*
> *b) que tiene los conocimientos necesarios en relación con las cuestiones planteadas en uno o varios ámbitos específicos de los contenidos ilícitos, o en relación con la aplicación y ejecución de las condiciones generales de uno o varios tipos de plataformas en línea, para poder contribuir de manera eficaz a la resolución de un litigio;*
> *c) que sus miembros son remunerados de una forma que no está vinculada al resultado del procedimiento;*
> *d) que el mecanismo de resolución extrajudicial de litigios que ofrece es fácilmente accesible a través de tecnologías de comunicación electrónicas y ofrece la posibilidad de iniciar la resolución del litigio y de presentar en línea la documentación justificativa necesaria;*
> *e) que es capaz de resolver litigios de manera rápida, eficiente y eficaz en términos de costes y en al menos una lengua oficial de las instituciones de la Unión;*

---

9 Art. 20.1 REGLAMENTO (UE) 2022/2065 DEL PARLAMENTO EUROPEO Y DEL CONSEJO de 19 de octubre de 2022 relativo a un mercado único de servicios digitales y por el que se modifica la Directiva 2000/31/CE (Reglamento de Servicios Digitales).

10 Art. 21.6. REGLAMENTO (UE) 2022/2065 DEL PARLAMENTO EUROPEO Y DEL CONSEJO de 19 de octubre de 2022 relativo a un mercado único de servicios digitales y por el que se modifica la Directiva 2000/31/CE (Reglamento de Servicios Digitales).

> *f) que la resolución extrajudicial del litigio que ofrece se lleva a cabo con arreglo a unas normas de procedimiento claras y justas que sean fácilmente accesibles al público y conformes al Derecho aplicable, incluido el presente artículo."*

Si bien, se observa una clara intención del legislador europeo de promover la resolución extrajudicial de las controversias en las plataformas en línea, no se identifican mecanismos concretos para la gestión de los conflictos. La fórmula por la que se opta, en cambio, pone el acento en la certificación del órgano de resolución de la disputa, sujeta al cumplimiento de algunas condiciones relativas a su constitución como tal, y algunos parámetros mínimos del procedimiento que ofrece para la gestión del conflicto.

Sobre este último punto, y en particular en cuanto la constitución del órgano extrajudicial, parece no ser suficiente simplemente exigir la independencia e imparcialidad del mismo, en los términos previstos por el art. 21. Por la experiencia observada en el arbitraje y en la mediación, convendría establecer condiciones específicas, propias del área en que la que se desarrollarán los potenciales conflictos, que aseguren efectivamente la selección de órganos independientes e imparciales respecto de todos los intervinientes.

Por su parte, en cuanto al procedimiento propiamente tal, el reglamento exige que se trate de un mecanismo disponible electrónicamente y que facilite la presentación en línea de la documentación por parte del destinatario. Cuyas normas de procedimiento sean claras, de fácil acceso al público y conformes al derecho aplicable. Por último, la DSA agrega que el órgano debe ser capaz de resolver el conflicto de manera eficaz y eficiente.

Nuevamente, a mi juicio, las exigencias parecen ser muy vagas y difíciles de controlar en la práctica. El desafío por asegurar procedimientos extrajudiciales eficientes ha conducido a la elaboración de reglamentos, la imposición de deberes, guías de buenas prácticas y una serie de otras medidas que tienen como único fin reducir los costos y el tiempo de duración de los procedimientos, por lo que parece difícil imaginar cómo se controlará, en la práctica, la eficacia y eficiencia del procedimiento ofrecido por el órgano extrajudicial.

4. CONCLUSIONES

El alcance del sistema de resolución extrajudicial incorporado en la DSA, trasciende el ámbito exclusivamente jurídico, toda vez que se enmarca dentro de un propósito más amplio que busca el correcto funcionamiento del mercado de servicios digitales, generando un entorno seguro y predecible para los destinatarios de los servicios.

Para alcanzar este objetivo, el legislador europeo prescribe, entre otras obligaciones, el establecimiento de un sistema interno de reclamación del conflicto y un sistema extrajudicial de resolución de las controversias, que asegure una solución rápida y eficaz.

De esta manera, se pretende contribuir a la eficiencia en la gestión de los conflictos en el mercado de servicios digitales por medio del fortalecimiento de los MASC. Y aunque, de momento, no pase de ser una mera aspiración es un paso más en la búsqueda por una justicia eficaz y eficiente a nivel europeo.

BIBLIOGRAFÍA

DE MIGUEL ASENSIO, P.A., "El Reglamento (UE) de Mercados Digitales: Fundamentos, obligaciones de las plataformas y ejecución", *La Ley Unión Europea,* Nº 108, Noviembre 2022.

CASTELLÓ PASTOR, J. J., "Nuevo régimen de responsabilidad de los servicios digitales que actúan como intermediarios a la luz de la propuesta de Reglamento relativo a un mercado único de servicios digitales", en CASTELLÓ PASTOR, J. J. (Dir.), *Desafíos jurídicos ante la integración digital: aspectos europeos e internacionales,* Aranzadi Thomson Reuters, 2021.

WILMAN, Folkert, "The Digital Services Act (DSA) - An Overview", available at SSRN: https://ssrn.com/abstract=4304586

Capítulo VII:

La mediación regulada en el Reglamento (UE) 2019/1150, sobre el fomento de la equidad y la transparencia para los usuarios profesionales de servicios de intermediación en línea: ¿un medio realmente "adecuado" de solución de controversias?

ALBERTO JOSÉ LAFUENTE TORRALBA
Profesor Contratado Doctor de Derecho Procesal.
Universidad de Zaragoza

Sumario: 1. La necesidad de mecanismos de tutela eficaces en las disputas entre plataformas digitales y usuarios profesionales. *1.1. Relaciones asimétricas y abusos contractuales en un escenario intrínsecamente transfronterizo. 1.2. La inadecuación de los sistemas jurisdiccionales estatales para abordar esta clase de conflictos. 1.3. La introducción de vías extrajudiciales de solución de conflictos: su lógica en el marco de la estrategia europea para crear un espacio de libertad, seguridad y justicia.* 2. Radiografía del doble sistema de resolución extrajudicial de disputas contenido en el Reglamento P2B. *2.1. Instauración de un sistema interno de tramitación de reclamaciones. 2.2. Mediación entre la plataforma y el usuario profesional de sus servicios.* 3. Principales problemas que plantea el mecanismo de mediación creado por el Reglamento P2B. *3.1. Imposibilidad de asegurar la independencia e imparcialidad del mediador. 3.2. El exiguo número de mediadores. 3.3. El descarrilamiento final: criterios para el reparto de los costes de la mediación.* 4. Conclusión.

Resumen: El legislador europeo, a través del Reglamento 2019/1150, ha dado un paso decisivo a la hora de regular las relaciones entre las plataformas de intermediación en línea y los usuarios profesionales que contratan sus servicios, poniendo coto a las prácticas abusivas que la parte débil venía sufriendo en este ámbito. Para la salvaguarda de los derechos que dicha norma reconoce, se ha diseñado un mecanismo de mediación que busca resolver el conflicto al margen de los tribunales. Dicho mecanismo, sin embargo, adolece de importantes deficiencias y errores de base que pueden agravar el desequilibrio subyacente entre las partes, al dejar que los aspectos más relevantes de la mediación sean predispuestos unilateralmente por el contratante fuerte.

1. LA NECESIDAD DE MECANISMOS DE TUTELA EFICACES EN LAS DISPUTAS ENTRE PLATAFORMAS DIGITALES Y USUARIOS PROFESIONALES

El objeto de esta modesta intervención versa sobre los mecanismos de solución extrajudicial de controversias que, desde la Unión Europea, están empezando a introducirse en un sector particularmente próspero -y problemático- de la economía digital. Me refiero a las disputas surgidas entre los prestadores de servicios de intermediación en línea y los usuarios profesionales que acuden a ellos para lograr visibilidad, expandir su radio de acción comercial y llegar a mercados que, de otro modo, les resultarían prácticamente inaccesibles.

1.1. Relaciones asimétricas y abusos contractuales en un escenario intrínsecamente transfronterizo

Lo primero que hay que dilucidar es el porqué de esta apuesta por los medios alternativos a la jurisdicción que encontramos en el Reglamento de la UE de 20 de junio de 2019, sobre el fomento de la equidad y la transparencia para los usuarios profesionales de servicios de intermediación en línea (en adelante "Reglamento P2B", denominación abreviada ampliamente extendida). A este respecto, es fácil observar que aquí se han entrecruzado varios fenómenos: por una parte, se advierte una necesidad cada vez más acuciante de regular la actuación en territorio europeo de esos leviatanes tecnológicos que se han enseñoreado del mundo de la contratación *online* y copado los mercados de bienes y servicios. Esas grandes plataformas operan en un ámbito intrínsecamente deslocalizado como es Internet, un ámbito donde las fronteras nacionales se diluyen y pierden su significación y, por todo ello, muy refractario a cualquier tentativa reguladora. El legislador europeo ha tratado de imponer unas reglas mínimas en lo que empezaba a parecer un "territorio comanche" y reconducir las prácticas abusivas de estos operadores, dada su exorbitante posición de dominio.

Porque, en efecto, la asimetría de las relaciones entre estas plataformas y las empresas que recurren a ellas coloca a estas últimas en una situación de dependencia –cuando no de manifiesta vulnerabilidad- que las predispone a sufrir abusos. Para la pequeña y mediana empresa, las plataformas de intermediación en línea se han convertido en el portal de acceso a un universo comercial de posibilidades prácticamente ilimitadas, un universo que expande sus posibilidades de subsistir y crecer en un entorno cada vez más competitivo. Estas plataformas hacen posible un milagro inconcebible hace apenas unos años: que una pequeña empresa, muchas veces dotada de una estructura mínima, acceda a los mercados internacionales de bienes y servicios. Las plataformas digitales conectan ofertas y demandas que, si no fuera por esta vía, jamás llegarían a encontrarse, eliminando –de paso- los costes de transacción y abaratando considerablemente los costes de producción.

En este contexto, para muchas empresas de dimensiones discretas tener una cuenta en un *Marketplace* como Amazon u otro semejante y poder colocar productos en sus redes de distribución se convierte en una cuestión vital: es un tren que no pueden permitirse el lujo de perder, si no quieren quedar fuera de juego y ser barridos del mapa productivo. Esto, lamentablemente, pone a los pequeños comerciantes a tiro de condiciones y prácticas contractuales que suponen un aprovechamiento de su situación de inferioridad[1].

1.2. La inadecuación de los sistemas jurisdiccionales estatales para abordar esta clase de conflictos

Para corregir y poner freno a tales abusos, el Reglamento P2B ha introducido una serie de previsiones garantistas en beneficio de estos usuarios profesionales, dando pasos decisivos en la consecución de clausulados contractuales más transparentes y equilibrados que minimicen el riesgo de arbitrariedades y les aseguren un trato más justo. Pero, obviamente, con esto no es suficiente: proclamar formalmente una serie de derechos sirve de poco, si esos derechos no van acompañados de unos medios de tutela eficaces para hacer frente a su vulneración, inobservancia o atropello. Cuando se regula un sector con tendencia a las concentraciones de poder y al abuso de posición dominante por parte de ciertos operadores, no es prudente confiar en la buena fe de estos para hacer cumplir la norma.

Los mecanismos de tutela "clásicos", por así decir, son los que ofrecen los sistemas jurisdiccionales de los distintos Estados miembros de la Unión Europea. Mecanismos que al legislador europeo le han parecido –creo que con razón- inadecuados e insuficientes para los conflictos entre las plataformas intermediarias y los usuarios profesionales.

---

1 Para un conocimiento más amplio de estas cuestiones, vid. ALBIEZ DOHRMANN, K. J., "La ausencia de negociación en la contratación digital a propósito del Reglamento (UE) 2019/1150, de 20 de junio, sobre el fomento de la equidad y la transparencia para los usuarios profesionales de servicios de intermediación en línea", en *Anuario de Derecho Civil*, vol. 75, núm. 4, 2022, pp. 1397 a 1449; CUENA CASAS, M., "La contratación a través de plataformas de intermediación en línea", en *Cuadernos de Derecho Transnacional*, octubre de 2020, vol. 12, núm. 2, pp. 283 a 348; ECHEBARRÍA SÁENZ, M. "Restricciones de acceso al mercado y plataformas digitales: el caso Amazon como ejemplo", en *Revista de Estudios Europeos*, núm. 78, julio-diciembre de 2021, pp. 154 a 182.

En efecto, los procesos que se desenvuelven ante las jurisdicciones nacionales lo tienen difícil para alcanzar los parámetros de agilidad, bajo coste y eficacia que demandan las transacciones en Internet. El dinamismo del tráfico digital se compadece mal con los tiempos de tramitación de los procesos judiciales. Además, la onerosidad de estos procesos los hace disuasorios para las pequeñas empresas, habida cuenta de sus limitados recursos financieros. Esta onerosidad se agrava si tenemos en cuenta las cláusulas de sumisión tan habituales en los contratos prerredactados por las plataformas, en cuya virtud se traslada la competencia internacional a los tribunales de su sede social, ubicada normalmente en terceros países. Todo ello puede convertir la reclamación judicial de los derechos reconocidos en la normativa europea en una aventura de tintes cuasi épicos; aventura que, desde la óptica del pequeño comerciante, habrá preferible asumir la lesión y abdicar de la defensa del derecho.

1.3. La introducción de vías extrajudiciales de solución de conflictos: su lógica en el marco de la estrategia europea para crear un espacio de libertad, seguridad y justicia

Para sortear los problemas apuntados *supra*, el Reglamento P2B intenta explorar otras vías de tutela. Una de ellas –que no trataremos aquí- pasa por promover el asociacionismo entre los usuarios profesionales para hacer causa común en sus contenciosos contra las plataformas, diseñando a tal efecto herramientas de tutela colectiva. La otra vía, regulada en los arts. 11 a 13 del Reglamento P2B, consiste en desalojar la controversia del ámbito judicial y procurar su resolución por cauces alternativos al proceso.

Esta segunda vía resulta coherente con el fomento de los ADR que, desde hace décadas, viene auspiciando la Unión Europea, hasta el punto de convertirlos en uno de los ejes fundamentales de su política en materia de Justicia. Este empeño, como sabemos, cristalizó en uno de los textos más importantes elaborados hasta la fecha, como es la Directiva 2008/52/CE, de 21 de mayo, sobre ciertos aspectos de la mediación en asuntos civiles y mercantiles. Y el legislador europeo viene decantándose por estas fórmulas extrajudiciales, precisamente, en escenarios contractuales caracterizados por la presencia de una parte débil que demanda una protección intensificada: ahí tenemos, sin ir más lejos, la Directiva 2013/11/UE, de 21 de mayo, relativa a la resolución alternativa de litigios en materia de consumo, así como el Reglamento (UE) 524/2013 sobre resolución *online* de estos mismos litigios. Por tanto, no es de extrañar que el legislador europeo, en las relaciones entre plataformas intermediarias y usuarios profesionales, haya elegido modalidades de tutela análogas a las que le han funcionado en otros contextos de desequilibrio contractual.

2. RADIOGRAFÍA DEL DOBLE SISTEMA DE RESOLUCIÓN EXTRAJUDICIAL DE DISPUTAS CONTENIDO EN EL REGLAMENTO P2B

Llegados a este punto, conviene exponer de modo sintético el esquema de resolución alternativa de conflictos delineado en el Reglamento P2B, que combina o conjuga dos piezas: en primer lugar, el establecimiento obligatorio, por parte de los proveedores de servicios de intermediación en línea, de un sistema interno para tramitar las reclamaciones de los usuarios profesionales; y, en segundo lugar, la designación por parte de las plataformas de mediadores que coadyuven a la solución extrajudicial de las disputas que surjan con dichos usuarios[2]. Una vez expuesto el régimen jurídico de ambos mecanismos, en el apartado III abordaré los problemas, deficiencias y perplejidades que esta regulación plantea y que, a mi juicio, puede terminar socavando gravemente su eficacia.

2.1. Instauración de un sistema interno de tramitación de reclamaciones

Comenzando por el sistema interno de reclamaciones, el art. 11 del Reglamento advierte que debe ser fácilmente accesible y gratuito para los usuarios profesionales, aparte de tramitarse en un "plazo razonable" que no se cuantifica ni siquiera de forma aproximativa. Ha de basarse, además, en los principios de transparencia, igualdad de trato en situaciones equivalentes y proporcionalidad en el tratamiento de las reclamaciones según su importancia y complejidad[3]. El primer principio –la transparencia- aparece concretado en

---

2 La exposición que aquí acometeremos será, inevitablemente, sintética, dado el formato de la presente contribución. Para un estudio más detallado, vid. CASTELLÓ PASTOR, J. J., "Mediación en los conflictos derivados de los servicios digitales en la Unión Europea", en BARONA VILAR, S. (ed.), *Meditaciones sobre mediación (MED+)*, Tirant lo Blanch, Valencia, 2022, pp. 357 a 380; así como FERNÁNDEZ MASIÁ, E., "Mecanismos de solución de controversias y servicios de intermediación en línea", en CASTELLÓ PASTOR, J. J. (dir.), *Desafíos jurídicos ante la integración digital: aspectos europeos e internacionales*, Thomson-Aranzadi, Cizur Menor (Navarra), 2021, pp. 109 a 131.

3 El Reglamento (UE) 2022/2065, de 19 de octubre, relativo a un mercado único de servicios digitales, amplía las exigencias del sistema interno de tramitación de reclamaciones al disponer, entre otras cuestiones, que la decisión ha de adoptarse "bajo la supervisión de personal adecuadamente cualificado y no exclusivamente por medios automatizados" (art. 20.6). Ello deja traslucir una aparente desconfianza a los sistemas algorítmicos y a la incorporación de sistemas de inteligencia artificial para resolver las reclamaciones. Esta prohibición *de facto* de las decisiones automatizadas ha sido criticada por algún autor, por entender que ello redundará en un incremento de los costes y el tiempo de tramitación de las reclamaciones, que la intervención humana no garantiza la plena fiabilidad del resultado y que, al fin y al cabo, el usuario

varios aspectos: inserción en las condiciones generales de toda la información pertinente sobre el acceso y funcionamiento del sistema interno; información pública y actualizada con periodicidad anual sobre número, tipo, tiempo medio de tramitación y resultado de las reclamaciones presentadas; y uso de un lenguaje sencillo y comprensible en la respuesta a las reclamaciones. El segundo principio –el de igualdad de trato aplicada a situaciones equivalentes- no solo carece de especificaciones para hacerlo efectivo, sino que posee una cualidad evanescente que hace muy difícil comprobar su cumplimiento: dada la protección de datos personales, la plataforma no va a publicar ni comunicar al reclamante cómo se han resuelto casos similares al suyo, ni se establece ninguna obligación en tal sentido. En otras palabras, el usuario carece de datos para saber si ha recibido un trato igual al de otros reclamantes, a no ser que estos voluntariamente se los faciliten.

2.2. Mediación entre la plataforma y el usuario profesional de sus servicios

En cuanto a la mediación en conflictos P2B, el art. 12 ofrece un escueto régimen centrado en los aspectos siguientes: como punto de partida, la plataforma tiene el deber de designar, en las condiciones generales de los contratos que suscriba con los usuarios profesionales, a dos o más mediadores para intervenir en todo litigio que se derive de la prestación de los servicios de intermediación en línea. Para acudir a esta mediación, no es obligatorio agotar primero la vía del sistema interno de reclamaciones: el usuario afectado puede prescindir de este y recabar directamente la entrada en escena del mediador.

Los mediadores así designados han de reunir unas condiciones mínimas: en principio han de operar dentro de la Unión Europea. No se dice que deban hacerlo dentro del país de residencia del usuario afectado, así que es posible que un mediador francés, alemán o polaco acabe llevando la reclamación de un empresario domiciliado en España. Es más: excepcionalmente, cabe designar a mediadores que trabajen fuera de la Unión Europea, siempre que se garantice que no se priva a los usuarios afectados de las salvaguardias jurídicas establecidas por el Derecho de la Unión o el de los Estados miembros.

Asimismo, los mediadores deben ser imparciales e independientes, sus servicios deben ser asequibles para los usuarios profesionales y han de prestarlos en el idioma de las condiciones generales que rigen la relación contractual. Deben tener, además, facilidad de acceso, bien sea físicamente en el lugar

---

siempre dispone de la vía judicial si no está de acuerdo con la decisión automatizada (vid. CASTELLÓ PASTOR, J. J., "Mediación en los conflictos derivados de los servicios digitales en la Unión Europea", cit., pp. 375 y 376).

de establecimiento o residencia del usuario o bien –como será frecuente- de manera remota usando las tecnologías de comunicación. Gestionarán la disputa sin demoras indebidas y dispondrán de conocimientos suficientes de las relaciones inter-empresariales para contribuir eficazmente a la resolución de este tipo de litigios.

Seguidamente, el art. 12 del Reglamento nos recuerda la voluntariedad para las partes que es consustancial la mediación, atemperada por del deber de buena fe en la búsqueda de un acuerdo. Esa voluntariedad les deja las manos libres para no intentar la mediación o desistir de ella en cualquier momento, quedando expedito el camino para que planteen sus pretensiones en un proceso judicial. Como colofón, el precepto aborda el espinoso tema del coste de la mediación y su distribución entre las partes. Es una cuestión de capital importancia que, lejos de concretarse, queda envuelta en una nebulosa de circunloquios sazonada de conceptos jurídicos indeterminados: se nos dice que las plataformas intermediarias soportarán "una parte razonable" de los costes totales de la mediación en cada caso individual, y que esa proporción habrá de señalarla el mediador sirviéndose de varios criterios, que se enuncian de modo abierto: los fundamentos relativos de los argumentos de las partes, la conducta de estas y el tamaño y capacidad financiera de cada parte respecto de la otra.

La "coda" de este régimen se contiene en art. 13, que lanza un mandato a la Comisión: en estrecha cooperación con los Estados miembros, fomentará que las plataformas de intermediación en línea, así como las organizaciones que las representen, creen de manera individual o colectiva una o más instituciones de mediación especializada en esta clase de conflictos.

3. PRINCIPALES PROBLEMAS QUE PLANTEA EL MECANISMO DE MEDIACIÓN CREADO POR EL REGLAMENTO P2B

3.1. Imposibilidad de asegurar la independencia e imparcialidad del mediador

Son múltiples las observaciones críticas que esta regulación suscita. La principal de ellas es que lo que esta norma regula no es una mediación digna de tal nombre: es, más bien, un sucedáneo un tanto tosco, e incluso me atrevería a decir que una versión degradada, de la mediación auténtica, la recogida en la Directiva de 2008. A este respecto, resulta irónico que el Reglamento P2B proclame el deber de independencia e imparcialidad de los mediadores cuando estos son designados a dedo por la plataforma en el marco de un contrato de adhesión. Si hasta ahora estos intermediarios digitales se han prevalido de su superioridad contractual para imponer condiciones ventajosas para ellos –e injustificadamente perjudiciales para los usuarios profesionales-, ¿por qué cree el legislador europeo que no harán lo mismo a la hora de elegir a los mediadores? ¿Qué le ha llevado a pensar que dejar la designación de los mediadores en las manos exclusivas de una de las partes de la controversia, casualmente la de mayor poder negociador, técnico y financiero, era una buena manera de garantizar su imparcialidad?

3.2. El exiguo número de mediadores

El Derecho vive tiempos confusos, en los que cada vez más asistimos a fenómenos que, si me lo permiten, podríamos calificar como "fetichismo jurídico". Hay ciertas figuras jurídicas que, según parece, basta mencionar para elevarnos a un estado de bienaventuranza, volvernos buenos y sabios y aliviar todos nuestros pesares. Es lo que parece haberle sucedido al legislador europeo en su Reglamento de 2019: por el motivo que fuere, ha pensado que bastaba con invocar su fetiche jurídico –la mediación- para que las aguas se abrieran y las pequeñas empresas que contratan con colosos tecnológicos llegaran indemnes al otro lado. Lógicamente no es así: no basta con prever la mediación, sino que hay que regularla bien. Y en esta regulación hay muchos, demasiados aspectos que fallan.

Entre ellos, salta a la vista del relativo al número de mediadores. Hemos visto que, para cumplir con su obligación, a la plataforma le basta con designar a dos mediadores en sus condiciones generales. Condiciones generales que son las mismas para una multiplicidad realmente prodigiosa de contratos, pues estamos hablando de contratación seriada. ¿En serio cree el legislador europeo que dos mediadores van a resolver este tipo de conflictos de una manera más rápida y eficiente que toda la estructura jurisdiccional de los Estados miembros? Solo en este país tenemos cientos de mediadores titulados que podrían intervenir perfectamente en este tipo de conflictos (cursando, si acaso, algún complemento formativo especializado) y resulta que el legislador europeo se contenta con una sesión de Google Meet o Zoom realizada con un mediador ubicado en Holanda. Creo que la situación patrimonial de entidades como Amazon, Aliexpress o eBay es lo bastante holgada como para poder articular una red de mediadores razonablemente amplia en los países donde opera.

3.3. El descarrilamiento final: criterios para el reparto de los costes de la mediación

No acaban aquí las críticas, pues en el art. 12.4 del Reglamento P2B se dicen algunas cosas que revelan una visión desenfocada, cuando no una ignorancia clamorosa, del papel de un mediador. Hay una regla de oro, y es que el mediador no es quien para juzgar nada: sus juicios y opiniones se los ha de guardar para sí. Cualquier valoración que haga puede ser interpretada como una toma de partido que destruya su imagen de imparcialidad. En el art. 12.4, sin embargo, se ignora por completo esta regla de oro: a la hora de definir la proporción de costes que asume cada una de las partes, se obliga al mediador a valorar nada menos que los argumentos de cada una de ellas y su buena o mala conducta. En otras palabras: tiene que evaluar la calidad de los argumentos en que se apoya cada parte y la buena o mala fe con la que se hayan conducido en el conflicto para juzgar la porción de costes que cada uno merece asumir. Esto, claramente, es un despropósito: se pretende que un mediador impuesto por una de las partes ejerza funciones propias de un juez.

4. CONCLUSIÓN

Como se desprende del análisis desarrollado en estas páginas, flaco favor ha hecho el Reglamento P2B a las pequeñas y medianas empresas que acuden a plataformas intermediarias para colocar sus bienes y servicios en el mercado digital europeo. No creo incurrir en una suspicacia desmesurada al afirmar que la "mediación" recogida en dicha norma está hecha a medida de las macroentidades que, actualmente, controlan el sector estratégico de los servicios de intermediación en línea. Si realmente se quiere que la equidad penetre en estas relaciones intrínsecamente desequilibradas, no parece que una pseudo mediación diseñada por y para la parte dominante sea el mecanismo de tutela más adecuado[4].

BIBLIOGRAFÍA

ALBIEZ DOHRMANN, K. J., "La ausencia de negociación en la contratación digital a propósito del Reglamento (UE) 2019/1150, de 20 de junio, sobre el fomento de la equidad y la transparencia para los usuarios profesionales de servicios de intermediación en línea", en *Anuario de Derecho Civil*, vol. 75, núm. 4, 2022, pp. 1397 a 1449.

---

4 A este respecto, certeramente advierte LLOPIS NADAL que el Reglamento P2B se enmarca en una clara tendencia hacia la privatización de la solución de controversias, lo que no es –aclara- necesariamente sinónimo de impartición de justicia. Destaca la autora que tanto en el sistema interno de tramitación de reclamaciones como en la mediación la intervención de cualquier poder u organismo público es inexistente, siendo el propio sujeto frente al que se inicia el procedimiento quien determina, de forma unilateral, las características esenciales de ambos mecanismos (vid. LLOPIS NADAL, P., "La evolución del comercio digital: nuevos sujetos, nuevos conflictos y nuevas soluciones alternativas a la jurisdicción", en FUENTES SORIANO, O. [dir.], *Era digital, sociedad y Derecho*, Tirant lo Blanch, Valencia, 2020, p. 505).

CASTELLÓ PASTOR, J. J., "Mediación en los conflictos derivados de los servicios digitales en la Unión Europea", en BARONA VILAR, S. (ed.), *Meditaciones sobre mediación (MED+)*, Tirant lo Blanch, Valencia, 2022, pp. 357 a 380.

CUENA CASAS, M., "La contratación a través de plataformas de intermediación en línea", en *Cuadernos de Derecho Transnacional*, octubre de 2020, vol. 12, núm. 2, pp. 283 a 348.

ECHEBARRÍA SÁENZ, M. "Restricciones de acceso al mercado y plataformas digitales: el caso Amazon como ejemplo", en *Revista de Estudios Europeos*, núm. 78, julio-diciembre de 2021, pp. 154 a 182.

FERNÁNDEZ MASIÁ, E., "Mecanismos de solución de controversias y servicios de intermediación en línea", en CASTELLÓ PASTOR, J. J. (dir.), *Desafíos jurídicos ante la integración digital: aspectos europeos e internacionales*, Thomson-Aranzadi, Cizur Menor (Navarra), 2021, pp. 109 a 131.

LLOPIS NADAL, P., "La evolución del comercio digital: nuevos sujetos, nuevos conflictos y nuevas soluciones alternativas a la jurisdicción", en FUENTES SORIANO, O. (dir.), *Era digital, sociedad y Derecho*, Tirant lo Blanch, Valencia, 2020, pp. 495 a 505.

Capítulo VIII:

Los MASC como requisito de procedibilidad en el proceso civil: ¿una futura medida de eficiencia procesal?

LUCÍA MORENO GARCÍA

Profesora Permanente Laboral de Derecho Procesal.

Universidad de Almería

Resumen: En este estudio se abordan los medios adecuados de solución de controversias (MASC) como requisito de procedibilidad en una futura reforma del proceso civil español. En particular, se analiza si la introducción de este requisito en el orden civil afecta al derecho a la tutela judicial efectiva. Igualmente, se estudia la regulación de los MASC en el decaído Proyecto de Ley de medidas de eficiencia procesal del servicio público de Justicia (2022).

1. INTRODUCCIÓN

En los últimos años una de las cuestiones que se han planteado es la introducción de los medios alternativos de solución de controversias como requisito de procedibilidad en el orden civil. En particular, este requisito previo a la demanda se contemplaba en el Proyecto de Ley de medidas de eficiencia procesal del Servicio Público de Justicia (en lo sucesivo, PLMEP)[1]. En este Proyecto de Ley se proyectaba la introducción de una serie de medidas, que se denominaban de "eficiencia procesal", para afrontar las "insuficiencias estructurales" de nuestro sistema de Justicia; insuficiencias agravadas con la situación generada por el COVID-19 (v. EM del PLMEP). Entre el bloque de

1 BOCG, Congreso de los Diputados, Serie A, Núm. 97-1, de 22 de abril de 2022.

medidas propuestas, se encontraban las dirigidas a introducir y potenciar en nuestro ordenamiento jurídico los "medios adecuados de solución de controversias" (en los sucesivo, MASC).

En lo que aquí interesa, el PLMEP contemplaba la introducción de los MASC como requisito de procedibilidad en el orden civil, de forma que antes de la presentación de la demanda el justiciable debía acudir a algún medio alternativo de resolución de controversias. La incorporación de este requisito en el proceso civil no es una cuestión baladí. Todo lo contrario, pues son muchos los interrogantes que plantea (entre ellos, su conformidad con el derecho a la tutela judicial efectiva). Igualmente, la regulación propuesta en el PLMEP presentaba algunas deficiencias. En este estudio se pretende señalar las ventajas e inconvenientes de esta iniciativa legislativa de cara a una futura regulación de este requisito de procedibilidad[2].

2. LOS MEDIOS ADECUADOS DE SOLUCIÓN DE CONTROVERSIAS Y EL DERECHO A LA TUTELA JUDICIAL EFECTIVA

Una de las cuestiones que plantea la introducción de los MASC como requisito de procedibilidad en el orden civil es si afecta al derecho a la tutela judicial efectiva en su vertiente de acceso a los tribunales[3]. En principio, la respuesta parece negativa, sobre todo si tenemos en cuenta lo manifestado por el TJUE, en las Sentencias de 18 de marzo de 2010 y de 14 de junio de 2017[4]. En concreto, en la última de las sentencias señaladas, el TJUE se manifiesta sobre la conformidad con el Derecho de la UE de una normativa nacional que establece la mediación como requisito obligatorio de admisibilidad de las acciones judiciales. En lo que aquí interesa, el Tribunal de Justicia indica que el carácter voluntario de la mediación no reside *"en la libertad de las partes de recurrir o no a este proceso, sino en el hecho de que las partes se responsabilizan de él y pueden organizarlo como lo deseen y darlo por terminado en cualquier momento"* (apartado 50). En coherencia con ello, el TJUE señala que lo importante no es el

---

2 Téngase en cuenta que, con posterioridad a la finalización de este estudio, los MASC se contemplan en el Proyecto de Ley Orgánica de medidas en materia de eficiencia del Servicio Público de Justicia y de acciones colectivas para la protección y defensa de los derechos e intereses de los consumidores y usuarios, publicado en el BOCG, Serie A, Núm. 16-1, de 22 de marzo de 2024.

3 En general sobre la obligatoriedad de los ADR y el derecho a la tutela judicial efectiva puede verse PÉREZ DAUDÍ, V., "La imposición de los ADR ope legis y el derecho a la tutela judicial efectiva", *INDRET: revista para el análisis del Derecho,* Núm. 2, 2019.

4 SSTJUE de 18 de marzo de 2020 (asuntos acumulados C-317/08, C-318/08, C-319/08 y C-320/08, Alassini) y de 14 de junio de 2017 (asunto C-75/16, Menini).

carácter obligatorio o facultativo del sistema de mediación, *"sino que se preserve el derecho de las partes de acceder al sistema judicial"* (apartado 51).

En lo que se refiere al derecho a la tutela judicial efectiva, el TJUE entiende que *"los derechos fundamentales no constituyen prerrogativas absolutas, sino que pueden ser objeto de restricciones, siempre y cuando éstas respondan efectivamente a objetivos de interés general perseguidos por la medida en cuestión y no impliquen, habida cuenta del objetivo perseguido, una intervención desmesurada e intolerable que afecte a la propia esencia de los derechos así garantizados"* (apartado 54 de la STJUE de 2017). En la citada STJUE de 18 de marzo de 2010, el Tribunal de Justicia considera como "objetivos de interés general" las pretensiones del legislador de rapidez en la resolución de los conflictos, disminución de los costes y reducción de la carga de trabajo de los tribunales (apartado 64). Es cierto que en esta Sentencia el Tribunal de Justicia se manifiesta en relación con el establecimiento de la conciliación obligatoria, pero como establece el TJUE posteriormente (Sentencia de 2017), sus argumentos son aplicables a las legislaciones nacionales que establezcan la obligatoriedad de cualquier otro medio alternativo de resolución de conflictos. Así las cosas, en ambas Sentencias, el TJUE concluye que:

> *"... la exigencia de un procedimiento de mediación como requisito de admisibilidad de las acciones judiciales puede ser compatible con el principio de tutela judicial efectiva cuando dicho procedimiento no conduce a una decisión vinculante para las partes, no implica un retraso sustancial a efectos del ejercicio de una acción judicial, interrumpe la prescripción de los correspondientes derechos y no ocasiona gastos u ocasiona gastos escasamente significativos para las partes, y siempre y cuando la vía electrónica no constituya el único medio de acceder a ese procedimiento de conciliación y sea posible adoptar medidas provisionales en aquellos supuestos excepcionales en que la urgencia de la situación lo exija..."* (apartado 67 de la STJUE de 2010, y 61 de la STJUE de 2017)[5].

---

[5] En relación con lo expuesto por el TJUE en las sentencias citadas, el CGPJ, en el Informe de 22 de julio de 2021, sobre el ALMEP, realiza una valoración sobre la obligatoriedad de los MASC y su posible afección al derecho de acceso a los tribunales. En particular, el CGPJ estimó que la regulación proyectada en el entonces Anteproyecto superaba *"el test de proporcionalidad establecido por el TJUE y que puede ser empleado como criterio hermenéutico del alcance del artículo 24 CE en relación con la obligatoriedad del intento de MASC con carácter previo al acceso a la jurisdicción"*. Al respecto, el CGPJ señala que el *"resultado del MASC es vinculante para las partes, como cualquier contrato, pero no impide el acceso a la jurisdicción"*. Respecto de los gastos para las partes, el CGPJ es consciente de que generará costes económicos para ellas, pero considera que el Anteproyecto contempla medidas con el fin de evitar *"que los costes derivados del intento de MASC sean significativos o que su importe pueda suponer un obstáculo para el acceso a la jurisdicción"*. Asimismo, el CGPJ destaca la libertad de elección de los MASC y la posibilidad de solicitar medidas cautelares por la parte que haya iniciado un intento de negociación, satisfaciéndose así *"las exigencias de tutela cautelar derivadas del artículo 24 CE"* (v. págs. 15 a 19 del citado Informe).

3. LOS MASC EN EL PROYECTO DE LEY DE MEDIDAS DE EFICIENCIA PROCESAL DEL SERVICIO PÚBLICO DE JUSTICIA

Uno de los aspectos más polémicos del PLMEP fue el establecimiento de la exigencia general en el orden civil de acudir, con carácter previo a la interposición de la demanda, a lo que denomina "medios adecuados de solución de controversias". Según el legislador, *"antes de entrar en el templo de la Justicia, se ha de pasar por el templo de la concordia"* (EM del PLMEP). Y para ello, opta por obligar a los justiciables a acudir previamente a algún MASC. Además, se incide en dicha obligación estableciendo un sistema de costas y sanciones que atiende a la "colaboración" de las partes en el procedimiento de negociación previa (v. art. 6.3 PLMEP).

En cierto modo, la imposición de los MASC como requisito de procedibilidad en el orden civil es "una vuelta al pasado"; pues, en la LEC de 1881 se preveía la obligación del intento de conciliación con carácter previo al ejercicio de acciones judiciales. Sin embargo, posteriormente, por la Ley 34/1984, de 6 de agosto, de reforma urgente de la Ley de Enjuiciamiento Civil, se estableció dicho requisito como facultativo, pues, como se indicaba en la EM de dicha Ley, la experiencia había demostrado que los resultados habían sido pocos satisfactorios[6]. Pese a ello, el legislador insiste –en 2022– en la introducción de dicho requisito en el orden civil y vuelve a hacerlo en 2024, a través del Proyecto de Ley Orgánica de medidas en materia de eficiencia del Servicio Público de Justicia y de acciones colectivas para la protección y defensa de los derechos e intereses de los consumidores y usuarios[7].

A continuación, se analizan algunos aspectos de la regulación de los MASC en el PLMEP de 2022. Por cuestiones de espacio, limitamos el estudio a las cuestiones más controvertidas[8].

---

6 Sobre la conciliación obligatoria en la LEC de 1881, v. BANACLOCHE PALAO, J., "Las reformas en el proceso civil previstas en el Anteproyecto de Ley de Medidas de Eficiencia Procesal: ¿una vuelta al pasado?", *Diario La Ley*, Núm. 9814, 2021, y PÉREZ DAUDÍ, V., "Los MASC y el proceso civil. Propuestas de reforma del Proyecto de Ley de Eficiencia Procesal", *Diario La Ley,* Núm. 10121, 2022.

7 Dado que esta obra se cerró con anterioridad a la publicación del citado Proyecto de Ley Orgánica de 2024, esta iniciativa parlamentaria no es objeto de este trabajo.

8 En un estudio anterior, la autora analiza los MASC y otros aspectos del PLMEP en relación con los litigios de consumo: v. MORENO GARCÍA, L., "Previsiones de reformas legislativas en los litigios con consumidores", en *Los vulnerables ante el proceso civil* (Herrero Perezagua y López Sánchez, dirs.), Atelier, Barcelona, 2022, págs. 111 y ss.

3.1. Consideraciones generales

Lo primero que llama la atención de la regulación de los MASC en el PLMEP de 2022 es la propia denominación utilizada por el legislador: “medios adecuados de solución de controversias”. Como señala CALAZA LÓPEZ, el legislador evita utilizar la referencia a “medios alternativos”. En puridad, ello tiene sentido, pues, en la regulación proyectada los mecanismos extrajudiciales dejan de ser medios alternativos para ser obligatorios si se quiere acudir a la vía judicial[9]. Aun así, no debiera utilizarse la expresión “medios adecuados”, pues hace pensar que los mecanismos extrajudiciales son los “adecuados” para la resolución de los conflictos, en detrimento de los judiciales[10].

Sin perjuicio de la denominación utilizada, se entiende acertada la definición de MASC del PLMEP. El legislador opta por un concepto amplio, que abarca *“cualquier tipo de actividad negociadora”*, regulada en esta u otras leyes, en la que las partes puedan alcanzar una solución por sí mismas o con la ayuda de un tercero neutral (art. 1 PLMEP)[11]. Dicha amplitud facilitaría el cumplimiento del requisito de procedibilidad.

Por su parte, el ámbito de aplicación de los MASC en el PLMEP era bastante amplio, pues se exigía, en general, en todos los asuntos civiles y mercantiles. Solo se excluían algunas materias por su carácter no disponible para las partes o por su incidencia en derechos fundamentales[12]. También se exceptuaban de

---

9 Como señala CALAZA LÓPEZ, los MASC *“ya no son alternativos pues dejan de discurrir en paralelo –como posible alternativa– al proceso judicial, para incorporarse, con toda la fuerza de la ley, dentro de su núcleo duro, su propio procedimiento. Pero sí son extrajudiciales pues se encomiendan a cualquier profesional jurista o no–, a cualquiera excepto, precisamente, a los jueces y magistrados”* (CALAZA LÓPEZ, S., “El realismo mágico del nuevo proceso civil”, *Revista de la Asociación de Profesores de Derecho Procesal de las Universidades Españolas*, Núm. 2, Tirant lo Blanch, Valencia, 2020, págs. 42-43).

10 Sobre la denominación empleada en el PLMEP, v. CALAZA LÓPEZ, S., *ibidem*, pág. 42; y PÉREZ DAUDÍ, V., “Los MASC y el proceso civil. Propuestas de reforma del Proyecto de Ley de Eficiencia Procesal”, cit.

11 En general, en el PLMEP se incluyen dentro de los MASC la mediación, la conciliación o a la opinión neutral de un experto independiente. También se entiende cumplido el requisito de procedibilidad si *“se formula una oferta vinculante confidencial o si se emplea cualquier otro tipo de actividad negociadora, tipificada en esta u otras normas (…)”*. Asimismo, se admite que la actividad negociadora se desarrolle *“directamente por las partes, asistidas de sus abogados cuando su intervención sea preceptiva…”* (art. 4.1 PLMEP).

12 En lo que respecta al ámbito civil, el PLMEP no exigía acudir a los MASC como requisito de procedibilidad cuando se pretendiese un procedimiento para la tutela civil de los derechos fundamentales; para la adopción de las medidas de protección de menores previstas en el artículo 158 del CC; para la solicitud de autorización para el internamiento forzoso por razón de trastorno psíquico ex art. 763 LEC; para la tutela sumaria de la tenencia o de la posesión de una cosa o derecho por quien haya sido

los MASC las materias laboral, penal y concursal, así como los asuntos en los que una de las partes fuese una entidad pública (art. 2.2 PLMEP).

3.2. Los MASC como requisito de procedibilidad en el orden civil: ¿posible subsanación?

Como se ha indicado, en el PLMEP de 2022 el intento de actividad negociadora previa se configura como un "requisito de procedibilidad", sin el cual no se puede admitir a trámite la demanda (art. 4 PLMEP). En este sentido, el PLMEP proyectaba modificar el artículo 264 de la LEC a fin de que con la demanda se tuviera que acompañar el documento que acreditase haber intentado la actividad negociadora previa a la vía judicial cuando ello fuese obligatorio. En línea con lo dispuesto, también se proponía reformar los artículos 399 y 403.2 de la LEC. En particular, se contemplaba la inadmisión a trámite de la demanda cuando no se hubiese intentado la actividad negociadora previa como requisito de procedibilidad. En este aspecto, se echaba en falta en el texto del PLMEP la posibilidad de subsanar dicho requisito al igual que se prevé en el proceso laboral (art. 81.3 LRJS[13]), so riesgo de afectar al derecho a la tutela judicial efectiva[14]. Pese a haber sido advertida esta falta de previsión

---

despojado de ella o perturbado en su disfrute; cuando se pretenda que el tribunal resuelva, con carácter sumario, sobre la demolición o derribo de obra, edificio, árbol, columna o cualquier otro análogo en estado de ruina y que amenace causar daños al demandante; y en el procedimiento de ingreso de menores con problemas de conducta en centros de protección específicos. Tampoco sería necesario acudir a un MASC cuando se pretendiese iniciar un expediente de jurisdicción voluntaria (art. 4 PLMEP).

13 El tenor del artículo 81.3 de la LRJS es el siguiente: "*Si a la demanda no se acompañara certificación del acto de conciliación o mediación previa, o de la papeleta de conciliación o de la solicitud de mediación, de no haberse celebrado en plazo legal, el secretario judicial* (sic)*, sin perjuicio de resolver sobre la admisión y proceder al señalamiento, advertirá al demandante que ha de acreditar la celebración o el intento del expresado acto en el plazo de quince días, contados a partir del día siguiente a la recepción de la notificación, con apercibimiento de archivo de las actuaciones en caso contrario, quedando sin efecto el señalamiento efectuado*".

14 Con referencia al ALMEP, el CGPJ advirtió –en su Informe de 22 de julio de 2021– que el legislador debía plantearse incluir la posibilidad de subsanación del defecto del intento de acudir a los MASC a los efectos de admisión de la demanda. Según se establece en el referido Informe, existe una "*una consolidada jurisprudencia constitucional favorable, por exigencias del artículo 24.1 CE, a la subsanación no sólo formal sino también material del requisito de la conciliación previa en el ámbito laboral*". Entre los autores, se manifiestan en el mismo sentido: LÓPEZ SÁNCHEZ, J., "El carácter general del requisito de procedibilidad de haber acudido a un medio adecuado de solución de controversias: a propósito del proceso monitorio", *Revista General de Derecho Procesal*, Núm. 55, 2021, pág. 23.

por el CGPJ al emitir el informe sobre el ALMEP, en el Proyecto de Ley de 2022 no se incluía expresamente la posibilidad de subsanación. De haber salido adelante esta iniciativa, cabe entender que dicha subsanación debiera ser posible, en todo caso, por vía del artículo 231 de la LEC.

3.3. Eficacia del acuerdo alcanzado en los MASC

En relación con la eficacia del acuerdo alcanzado en la vía negociadora previa, el artículo 12 del PLMEP le reconocía carácter "vinculante" para las partes, quiénes no podrían presentar demanda con el mismo objeto. Contra dicho acuerdo solo se podía ejercitar *"la acción de nulidad por las causas que invalidan los contratos…"*. Cabe señalar que en la primera versión del ALMEP se atribuía eficacia de cosa juzgada al acuerdo alcanzado en los MASC. Ello fue criticado duramente por la doctrina, así como por el CGPJ en el Informe emitido en relación con el citado Anteproyecto de Ley. Esto ocasionó que, posteriormente, en la versión del Anteproyecto remitida al Consejo de Estado se suprimiese la referencia a la eficacia de cosa juzgada[15]. Acertadamente, la segunda versión del Anteproyecto de Ley y, después, el PLMEP hacen referencia al carácter "vinculante" del acuerdo para las partes. Este cambio se consideró positivo al respetar la jurisprudencia existente del Tribunal Supremo sobre el artículo 1816 del Código Civil[16].

---

15 En relación con la versión del Anteproyecto de Ley remitida al Consejo de Estado puede verse: COLMENERO GUERRA, J. A., "Algunas consideraciones sobre la reforma de los MASC en el Anteproyecto de Eficiencia Procesal del Servicio Público de Justicia", *LA LEY Mediación y Arbitraje*, Núm. 10, 2022.

16 Sobre la jurisprudencia del TS respecto del artículo 1816 CC resulta de interés lo señalado por el CGPJ, en el Informe, de 22 de julio de 2021, sobre la primera versión del ALMEP. En el mismo, el CGPJ señala que, sobre el artículo 1816 CC, el TS ha indicado que *"Como cualquier otro negocio jurídico, lo convenido por las partes tiene eficacia vinculante entre ellas, pero la eficacia vinculante del acuerdo transaccional no puede confundirse con el efecto de cosa juzgada previsto en el art. 222 LEC, y no queda vedada la posibilidad de discutir en sede judicial la eficacia del contrato de transacción en sí mismo considerado a la luz de las normas que regulan los contratos…"*. Por ello, el CGPJ propuso –en 2021– modificar la redacción del artículo 10.1 de la primera versión del Anteproyecto sustituyendo la referencia de la cosa juzgada por el carácter vinculante del acuerdo para las partes en los términos previstos en el artículo 23.3 de la Ley 5/2012. Según señaló el CGPJ, *"el acuerdo, dado su valor netamente contractual, podrá ser objeto de las acciones de nulidad, anulabilidad o rescisión correspondientes y, por tanto, las partes podrán tener acceso al control jurisdiccional de fondo de la relación jurídica configurada en el acuerdo alcanzado a través del MASC"* (págs. 15 y ss. del citado Informe).

3.4. MASC y costas procesales

En sintonía con la introducción de los MASC como requisito de procedibilidad, en el PLMEP se preveían modificaciones en la regulación de la tasación e imposición de las costas procesales. Así, por un lado, se proyectaba modificar el artículo 32.5 de la LEC a fin de incluir en la tasación de costas los honorarios de abogado y procurador cuando, sin ser preceptiva su intervención, el consumidor se valga de ellos para interponer la demanda tras la reclamación previa. Y ello sin el límite del artículo 394.3 de la LEC[17].

Por otro lado, se contemplaba la modificación de los artículos 394 y 395 de la LEC. Respecto del artículo 394.1 de la LEC, se preveía que, cuando fuese obligatoria la actividad negociadora previa, no hubiese pronunciamiento en costas a favor de la parte que hubiera rechazado expresamente o por actos concluyentes, *"y sin justa causa, participar en un medio adecuado de solución de controversias al que hubiese sido efectivamente convocado"*. En caso de estimación o desestimación parcial, se posibilitaba que el juez acordase la condena en costas de la parte que no hubiere acudido, sin causa justificada, al intento de negociación previa siendo esta obligatoria. En tal caso, la decisión debía estar motivada.

Además de lo anterior, el legislador "sancionaba" duramente al que rechazase intervenir en una actividad negociadora. En tal caso, se preveía la exoneración de la condena en costas a la parte que hubiera requerido acudir a la actividad negociadora previa, *"salvo que se aprecie abuso del servicio público de Justicia"* (art. 394.4 LEC).

También se preveían cambios en la regulación de la condena en costas en caso de allanamiento (art. 395 LEC). En particular, en el PLMEP se contemplaba la condena en costas del demandado que se allanase a la demanda cuando no acudió, sin causa justificada, a la actividad negociadora previa cuando esta fuese legalmente preceptiva. Solo se preveía que el tribunal no efectuase esta condena en costas si apreciaba –y así lo motivaba– *"circunstancias excepcionales para no imponérselas"* (art. 395.3 LEC, en su redacción proyectada).

---

17 Esta medida puede considerarse favorable para el consumidor, pues, como señala BANACLOCHE PALAO, *"con ello se pretende incentivar a quien litiga contra un consumidor por cantidades pequeñas (de menos de 2.000 euros, que es lo que no exige representación y defensa preceptivas) a llegar a un acuerdo económico, por el riesgo que podría suponerle no hacerlo y perder después"*. BANACLOCHE PALAO, J., "Las reformas en el proceso civil previstas en el Anteproyecto de Ley de Medidas de Eficiencia Procesal: ¿una vuelta al pasado?", cit., apartado II.

En definitiva, el PLMEP afectaba –notablemente– al actual sistema de condena en costas[18]. El régimen propuesto desplazaba el principio del vencimiento objetivo cuando fuese legalmente preceptivo acudir a una actividad negociadora previa, si la parte requerida rechazaba sin motivo justificado participar en la misma. Pero no solo esto, pues, el condenado al pago de las costas procesales podría solicitar su exoneración o reducción si ofreció un acuerdo en vía extrajudicial equivalente a lo sentenciado posteriormente por el juez.

3.5. Los MASC en los litigios de consumo

En lo que se refiere a los litigios de consumo, en el PLMEP se contemplaban dos reglas sobre cómo cumplir el requisito de procedibilidad. Por un lado, en la disposición adicional quinta del citado Proyecto de Ley se disponía una regla general aplicable a todos los litigios individuales de consumo. Se trataba de una regla que permitía al consumidor mayor flexibilidad, pues, no le obligaba a utilizar los MASC contemplados en el PLMEP, sino que podía optar por efectuar una mera reclamación extrajudicial[19], utilizar los MASC o cualquier otro medio de resolución extrajudicial de conflictos regulados por la legislación en materia de consumo. También podía considerarse cumplido el requisito de procedibilidad con la resolución de las reclamaciones presentadas por los usuarios de los servicios financieros ante el Banco de España, la CNMV y la Dirección General de Seguros y Fondos de Pensiones.

Por otro lado, se preveía incluir un nuevo apartado 5 en el artículo 439 de la LEC en relación con un supuesto concreto: las acciones de reclamación de cantidades indebidamente satisfechas por el consumidor en aplicación de las cláusulas "suelo" o "*de cualesquiera otras cláusulas que se consideren abusivas contenidas en contratos de préstamo o crédito garantizados con hipoteca inmobiliaria*". Según el artículo transcrito, para que se admitiese a trámite tales demandas sería necesaria una reclamación extrajudicial previa frente a la persona física o jurídica que hubiese concedido el préstamo o crédito de manera profesional. En desarrollo de dicha regla, en la disposición adicional sexta del PLMEP se proyectaba regular los trámites correspondientes de la reclamación previa

18 Un estudio exhaustivo sobre la regulación vigente de las costas procesales puede verse en HERRERO PEREZAGUA, J. F., *Reglas, excepciones y problemas del pronunciamiento sobre costas,* La Ley, Madrid, 2019.

19 Un aspecto que no aclaraba el legislador era la forma que ha de adoptar dicha reclamación extrajudicial. A falta de previsión específica, cabe entender que el consumidor podría efectuar la reclamación extrajudicial por cualquier medio reconocido en Derecho (así, por ejemplo, no sería necesario un intento de negociación, sino que bastaría con el envío de una reclamación extrajudicial).

en los casos a los que se refería el artículo 439.5 de la LEC. En coherencia con ello, en el PLMEP se contemplaba la derogación del RDL 1/2017.

Sobre la tramitación de la reclamación previa contemplada en dicha disposición adicional sexta, la regulación proyectada se valora positivamente, al menos en comparación con la dispuesta en el RDL 1/2017. En particular, en el PLMEP no se obligaba a las entidades de crédito a implantar un sistema específico de reclamación –como lo hace el RDL–, sino que el legislador facilitaba los trámites. El consumidor debía dirigir una reclamación extrajudicial al empresario o profesional; reclamación que, aparentemente, podría efectuarse por cualquier vía reconocida en Derecho. En lo que se refiere al plazo de "espera", en el PLMEP se agilizaba, pues disponía un plazo máximo de un mes para que las partes llegasen a un acuerdo (en el RDL se dispone un plazo de 3 meses).

4. CONCLUSIÓN

En mi opinión, no creo que los MASC como requisito de procedibilidad en el orden civil contribuyan verdaderamente a la eficiencia procesal. En la vigente LEC existe la posibilidad de que las partes lleguen a un acuerdo o, incluso, de que soliciten la suspensión del procedimiento para acudir a la mediación. La introducción de este requisito supondrá, en la mayoría de las ocasiones, mayores gastos para el justificable[20], dilaciones en la resolución del conflicto y el riesgo de burocratización de la vía previa extrajudicial[21].

---

20 En este sentido, v. BANACLOCHE PALAO, J., "Las reformas en el proceso civil previstas en el Anteproyecto de Ley de Medidas de Eficiencia Procesal: ¿una vuelta al pasado?", cit., apartado II. En lo que se refiere al coste económico, CALAZA LÓPEZ considera más coherente –y beneficioso para el "bolsillo del justiciable"– si *"el legislador crease una plataforma MASC dentro del Poder Judicial, con profesionales –mediadores, expertos, conciliadores– al servicio de la resolución armoniosa de los conflictos civiles y mercantiles (...); y todo ello fuere costeado por el Estado"*. Según la autora, el "abaratamiento" de la Justicia se consigue *"a costa del endeudamiento del justiciable"*, que tendrá que asumir los gastos del cumplimiento del requisito de procedibilidad. Además, la autora considera que, aunque se proyecte modificar la Ley de asistencia jurídica gratuita para incluir los honorarios de los abogados que asistan a las partes en la vía negociadora, es un hecho *"que no son ricos todos los que no pueden disfrutar de la justicia gratuita"* (CALAZA LÓPEZ, S., "El realismo mágico del nuevo proceso civil", *Revista de la Asociación de Profesores de Derecho Procesal de las Universidades Españolas*, cit., págs. 44-46).

21 Como señala TORRE SUSTAETA, *"uno de los riesgos principales que encierra otorgar a un mecanismo alternativo la naturaleza de obligatorio es caer en la indeseada burocratización de dicha fórmula, desvirtuando del todo su naturaleza"* (TORRE SUSTAETA, M.ª V., "La mediación obligatoria: redefiniendo los métodos alternativos de resolución de conflictos", *Diario La Ley*, Núm. 9853, 2021).

En cualquier caso, de *lege ferenda*, parece claro que el legislador deberá replantearse algunos aspectos, sobre todo, en relación con la regulación propuesta en el PLMEP de 2022 (como, por ejemplo, la subsanación del requisito de procedibilidad en términos similares a lo previsto en el orden laboral).

BIBLIOGRAFÍA

BANACLOCHE PALAO, J., "Las reformas en el proceso civil previstas en el Anteproyecto de Ley de Medidas de Eficiencia Procesal: ¿una vuelta al pasado?", *Diario La Ley*, Núm. 9814, 2021.

CALAZA LÓPEZ, S., "El realismo mágico del nuevo proceso civil", *Revista de la Asociación de Profesores de Derecho Procesal de las Universidades Españolas*, Núm. 2, Tirant lo Blanch, Valencia, 2020.

COLMENERO GUERRA, J. A., "Algunas consideraciones sobre la reforma de los MASC en el Anteproyecto de Eficiencia Procesal del Servicio Público de Justicia", *LA LEY Mediación y Arbitraje*, Núm. 10, 2022.

HERRERO PEREZAGUA, J. F., *Reglas, excepciones y problemas del pronunciamiento sobre costas*, La Ley, Madrid, 2019.

LÓPEZ SÁNCHEZ, J., "El carácter general del requisito de procedibilidad de haber acudido a un medio adecuado de solución de controversias: a propósito del proceso monitorio", *Revista General de Derecho Procesal*, Núm. 55, 2021.

MORENO GARCÍA, L., "Previsiones de reformas legislativas en los litigios con consumidores", en *Los vulnerables ante el proceso civil* (Herrero Perezagua y López Sánchez, dirs.), Atelier, Barcelona, 2022.

PÉREZ DAUDÍ, V., "La imposición de los ADR *ope legis* y el derecho a la tutela judicial efectiva", *INDRET: revista para el análisis del Derecho*, Núm. 2, 2019.

– "Los MASC y el proceso civil. Propuestas de reforma del Proyecto de Ley de Eficiencia Procesal", *Diario La Ley*, Núm. 10121, 2022.

TORRE SUSTAETA, M.ª V., "La mediación obligatoria: redefiniendo los métodos alternativos de resolución de conflictos", *Diario La Ley*, Núm. 9853, 2021.

Capítulo IX:

Externalización y administrativización de la justicia civil a través de métodos MASC como recetas para su descongestión y eficiencia

JUAN CARLOS ORTIZ PRADILLO
Profesor Titular (catedrático ac.) de Derecho Procesal[1].
Universidad Complutense de Madrid

Sumario: 1. El diagnóstico: exceso de litigiosidad. 2. El medicamento: los métodos adecuados de solución de controversias (MASC). 3. El tratamiento: externalización y administrativización de la justicia civil. 3.1. La administrativización de la resolución extrajudicial de disputas a través de organismos públicos. 3.2. La desjudicialización obligatoria de la controversia con carácter previo al proceso jurisdiccional. 4. Una segunda opinión 'médica' (conclusiones).

Resumen: Reducir el número de asuntos que anualmente ingresan ante los tribunales de Justicia se ha convertido en un verdadero mantra en las últimas reformas y propuestas legislativas. Para tal fin, una de las principales recetas puestas en práctica a nivel nacional y europeo consiste en externalizar la Justicia civil a través de dos cauces relacionados con el empleo de los métodos ADR/MASC: de una parte, mediante el desarrollo de un sistema administrativo de entidades y procedimientos de resolución extrajudicial de conflictos; y de otra, a través de una impuesta búsqueda de solución extrajudicial con carácter obligatorio y previo a la judicialización de la controversia.

1. EL DIAGNÓSTICO: EXCESO DE LITIGIOSIDAD

La Justicia española se somete periódicamente a *chequeos médicos*. Y tras la lectura de los mismos, el encargado de velar por su salud —el legislador— concluye que está «congestionada» porque padece un *exceso de litigiosidad*. Así,

1 La presente comunicación constituye uno de los resultados de los Proyectos de Investigación financiados por el Ministerio de Ciencia e Innovación «Hacia una justicia civil eficiente: desafíos actuales y próximos desde la perspectiva europea» [ref. PID2019-103909GB-I00. I.P.: Clara Fernández Carron] y «Eficiencia y acceso a la Justicia Civil en tiempos de austeridad (EFFI-JUST)» [ref. PID2021-122647NB-I00. I.P.: Fernando Gascón Inchausti y Pilar Peiteado Mariscal].

por ejemplo, si examinamos los datos resultantes del último informe de la Comisión Europea para la Eficacia de la Justicia del Consejo de Europa[2] (CEPEJ)—, los indicadores de eficiencia de la Administración de Justicia en España han empeorado considerablemente: i) el número de asuntos que ingresan en los tribunales de Justicia aumenta año tras año; ii) la duración media de los procesos también se incrementa cada año; y iii) la tasa de resolución (el cociente resultante de dividir entre los asuntos resueltos y los ingresados en un determinado periodo) apenas mejora. Aunque se excluyan los datos referidos al año 2020 respecto a la primera instancia de la jurisdicción civil bajo el argumento de la ralentización de la Administración de Justicia como consecuencia de la crisis del COVID-19, la evolución de la *enfermedad* es preocupante: la duración media de los procesos judiciales en primera instancia en España ha pasado de los 264 días en el año 2012 a los 362 en el año 2018. Y de igual modo, la tasa de resolución en España en primera instancia en el ámbito civil y mercantil era del 100% en el año 2012, frente al 87% en 2018 (siendo la media europea, para ese mismo año, un 98%).

Otro de los chequeos —Memoria anual del CGPJ[3]— tampoco arroja resultados positivos. En la jurisdicción civil han ingresado en el año 2021 un 17% más de asuntos que en 2020, y un 8,5% más que en 2019. La tasa de Litigiosidad (asuntos ingresados por cada 1000 habitantes) fue del 54,5% en 2021, frente al 46,6% de 2020. Y la duración media de los procesos civiles en primera instancia empeora año tras año: en el año 2021 se ha situado en los 8,2 meses, cuando en 2019 era de 7,4; en 2018 era de 7,0 y en 2017 fue de 6,4.

2. EL MEDICAMENTO: LOS MÉTODOS ADECUADOS DE SOLUCIÓN DE CONTROVERSIAS (MASC)

Ante tales resultados, el legislador ha buscado los mejores medicamentos y el mejor tratamiento para mejorar la salud de su paciente. No obstante, la elección de aquéllos se ha visto condicionada por dos serias coyunturas:

---

2 *European judicial systems CEPEJ Evaluation Report 2022. Evaluation cycle (2020 data).* Se trata de un informe con fichas de países y una base de datos interactiva donde se explica las principales tendencias en los sistemas judiciales de 44 países europeos y 3 Estados observadores, entre los años 2012 a 2020. Disponible en: https://www.coe.int/en/web/cepej/special-file-report-european-judicial-systems-cepej-evaluation-report-2022-evaluation-cycle-2020-data-?p_p_id=56_INSTANCE_Pec933yX8xS5&p_p_lifecycle=0&p_p_state=normal&p_p_mode=view&p_p_col_id=column-4&p_p_col_pos=1&p_p_col_count=2.

3 Memoria anual 2022, aprobada por el Pleno de 21 de julio de 2022. Disponible en: https://www.poderjudicial.es/cgpj/es/Poder-Judicial/Consejo-General-del-Poder-Judicial/Actividad-del-CGPJ/Memorias/.

de una parte, la impuesta austeridad presupuestaria que prosiguió a la crisis económica de finales de la primera década del siglo XXI y, de otra, el actual contexto postpandémico de finales de su segunda década.

Sucede, sin embargo, que el legislador ha tenido conocimiento de que Europa lleva décadas recetando unas fabulosas píldoras denominadas «métodos extrajudiciales de resolución de conflictos», bajo diferentes acepciones (ADR, ODR, RAL, RLL, MASC...), que dicen que facilitan y simplifican el *acceso a la Justicia* porque dicho acceso no debe ser entendido únicamente como sinónimo del derecho de los ciudadanos de acceso *a la Jurisdicción* y a obtener una tutela *judicial* efectiva, sino como el poder acceder a una solución justa y adecuada a su controversia, sin necesidad de tener que emplear siempre y en todo caso el sistema jurisdiccional.

El prospecto indica que dichas píldoras tienden a *prevenir y reducir la sobrecarga de trabajo de los Tribunales de Justicia* y, además, se trata de medicamentos *ágiles, rápidos y baratos4. Justamente lo que busca el legislador español para así curar a su paciente: «descongestionar» la actividad jurisdiccional y, a la vez, dotarla de «eficiencia». En resumen, la panacea.*

3. EL TRATAMIENTO: EXTERNALIZACIÓN Y ADMINISTRATIVIZACIÓN DE LA JUSTICIA CIVIL

Ciertos estudios realizados desde instancias europeas[5] han revelado, sin embargo, que la tradicional receta de promover la *ingesta* de dichos medicamentos MASC con carácter voluntario y de manera alternativa a la vía jurisdiccional (métodos *out of court*), no se ha traducido en una apreciable reducción de la litigiosidad judicial, debido a "errores" en su administración: Como quiera que dichos medicamentos se prescriben de manera voluntaria, se consumen muy poco[6]. Por ello, la nueva receta europea aboga por que tales medi-

---

4 Título y conclusiones de la Recomendación del Consejo de Europa (1986) 12, del Comité de Ministros a los Estados Miembros, *relativa a medidas tendentes a prevenir y reducir la sobrecarga de trabajo de los Tribunales de Justicia,* adoptada por el Comité de Ministros el 16 de septiembre de 1986.

5 Vid., principalmente, el Informe de la Comisión al Parlamento Europeo, al Consejo y al Comité Económico y Social Europeo, de 26 de agosto de 2016, y la Resolución del Parlamento Europeo, de 12 de septiembre de 2017, ambos sobre la aplicación de la Directiva 2008/52/CE del Parlamento Europeo y del Consejo sobre ciertos aspectos de la mediación en asuntos civiles y mercantiles.

6 Lo que se denominó la «paradoja de la mediación»en el estudio «Quantifying the Cost of Not Using Mediation - a Data Analysis (2011 Study)», de 6 de abril, elaborado por Giuseppe De Palo, Ashley Feasley y Flavia Orecchini, por encargo de la Dirección General de Políticas Interiores de la Unión Europea.

camentos se prescriban con carácter obligatorio a través de diversas fórmulas: exigir un intento de solución autocompositiva como requisito previo antes de acudir a la vía judicial, incorporar incentivos y sanciones legales para impulsar el consumo de dichas píldoras, tanto antes como durante la tramitación de los procesos jurisdiccionales, así como también crear entidades y procedimientos extrajudiciales de resolución de conflictos en específicos sectores caracterizados por altas cotas de conflictividad social.

Se trata, en resumen, de «externalizar la justicia civil[7]» a través de dos cauces: de una parte, mediante la creación de entidades administrativas con facultades para resolver de manera extrajudicial determinados conflictos civiles referidos a concretos sectores jurídicos; y de otra parte, mediante la obligatoriedad de intentar una solución previa a la vía judicial.

3.1. La administrativización de la resolución extrajudicial de disputas a través de organismos públicos

La *Justicia* civil no cuenta únicamente con dos formas jurídicas de resolución de controversias. A saber; una vía pública (el proceso jurisdiccional, otorgado en exclusiva a los órganos jurisdiccionales) y una vía privada (cualquier otra forma ADR de iniciativa privada). Existe una tercera vía: la intervención de los poderes públicos en la solución de controversias privadas de Derecho Civil a través de instituciones y procedimientos de naturaleza administrativa.

Un primer ejemplo de la citada intervención administrativa lo encontramos en el Derecho de Familia. Se han desarrollado mecanismos e instituciones de naturaleza pública para minorar la conflictividad familiar en sede judicial, como son los Puntos de Encuentro Familiar (P.E.F) y los Servicios especializados de Mediación Familiar. Ambos son ejemplos de servicios —autonómicos— administrativos que, si bien no *resuelven* extrajudicialmente los conflictos al margen de la Administración de Justicia, sí son empleados como instrumentos colaborativos para cooperar en el cumplimiento de resoluciones judiciales y, lo que es más importante, para la *pacificación* de los conflictos en materia de Derecho de Familia y la consecución de soluciones consensuadas que eviten tener que acudir nuevamente a la vía judicial. Tanto es así, que tales intervenciones administrativas se han tratado de ampliar a todo el Derecho Privado —civil y mercantil— a través de diversas iniciativas financiadas públicamente (convenios de colaboración o programas subvencionados públicamente), con el beneplácito del CGPJ, para que los Colegios Profesio-

---

7 Sobre la continua desjudicialización y administrativización de la resolución de controversias, vid. ARMENTA DEU, T. (2021). *Derivas de la justicia. Tutela de los derechos y solución de controversias en tiempos de cambio.* Marcial Pons, p. 39-40.

nales y las Cámaras de Comercio desarrollen Servicios de mediación civil y mercantil.

El segundo gran ejemplo lo encontramos en el Derecho de Consumo. Una de las líneas estratégicas seguidas desde hace décadas por la Unión Europea para facilitar a los ciudadanos una respuesta rápida y económica a sus disputas referidas a la contratación en materia de consumo ha sido la promoción de entidades y procedimientos ADR/RAL para tratar de resolver extrajudicialmente dichas controversias entre los consumidores y las empresas y comerciantes.

En España, el mejor ejemplo de esta administrativización de la resolución de conflictos civiles lo encontramos en el Sistema Arbitral de Consumo (SAC): un arbitraje institucional de resolución extrajudicial de conflictos ágil y económico, con carácter vinculante y ejecutivo para ambas partes, que se desarrolla a través de órganos administrativos —las Juntas Arbitrales de Consumo—. Sin embargo, dicho SAC no ha evitado la masiva judicialización de reclamaciones referidas a determinados sectores en materia de consumo (v. gr., la contratación bancaria y otros servicios financieros), de modo que el legislador español ha tratado de avanzar en la referida administrativización y reformar el sistema público de resolución alternativa de conflictos en donde determinados organismos públicos supervisores (BdE, CNMV y DGSFP) se limitan a informar —esto es, sin efectos vinculantes—, y sustituirlo por un procedimiento administrativo ante una «Autoridad Administrativa Independiente (A.A.I.)», de obligado sometimiento para las empresas cuando el reclamante sea el consumidor, y cuya resolución tendrá carácter vinculante bajo determinadas circunstancias. El objetivo, como decimos, es facilitar a los consumidores el acceso a una vía extrajudicial de resolución de sus reclamaciones sencilla y económica, que evite acudir a la jurisdicción civil.

Aunque la de creación de una *Autoridad Administrativa Independiente de Protección del Cliente Financiero*[8] *(APCF) quedó en el aire tras la disolución de las Cámaras legislativas en mayo de 2023, sí se reformó oportunamente el procedimiento extrajudicial de determinadas reclamaciones referidas al transporte aéreo —derivadas de lo establecido en los Reglamentos (CE) 261/2004 y 1107/2006— ante la Agencia Estatal de Seguridad Aérea*[9] *(AESA), que ha adquirido la condición de única entidad*

---

8 Proyecto de Ley por la que se crea la Autoridad Administrativa Independiente de Defensa del Cliente Financiero para la resolución extrajudicial de conflictos entre las entidades financieras y sus clientes (Proyecto de Ley 121/000134. BOCG núm. 134-1, de 16 de diciembre de 2022).

9 Con más detalle, vid. NADAL GÓMEZ, I. (2021). "Presente y futuro de las reclamaciones de los pasajeros de transporte aéreo. Análisis de las reformas procesales pendientes", *Justicia: revista de derecho procesal*, Nº 2, pp. 141-214.

RAL en dicho ámbito, a los efectos dispuestos en la Ley 7/2017, y cuyo procedimiento concluye ahora con un resultado no vinculante para el consumidor, pero sí para las compañías, adquiriendo así naturaleza de título ejecutivo extrajudicial en caso de que resulte favorable para el consumidor.

3.2. La desjudicialización obligatoria de la controversia con carácter previo al proceso jurisdiccional

El segundo cauce para reducir la sobrecarga de trabajo del orden jurisdiccional civil consiste en forzar un intento de solución autocompositiva —en realidad, justificar haberlo intentado— como requisito de procedibilidad para acceder a la Jurisdicción. No se trata ya de ofrecer mecanismos alternativos a la vía judicial o de invitar a las partes a abandonar el proceso ya iniciado[10], sino de convertir el proceso jurisdiccional en una opción residual[11] para los casos en que no hay acuerdo.

Desde Europa se ha advertido que exigir una mediación o conciliación previa como requisito de admisibilidad de la demanda no resulta en todo caso contrario al Derecho de la Unión[12], o que exigir una gestión antes de acudir a la vía judicial como pueda ser una reclamación previa parece constituir una exigencia procedimental razonable[13]. Y España ha tratado de establecer dicho requisito previo en la jurisdicción civil en las últimas propuestas legislativas (entre otras, en el Proyecto de Ley de mediación en asuntos civiles y mercantiles de 2011, en el Anteproyecto de Ley de Impulso de la Mediación de 2019 y en el Proyecto de Ley de Medidas de Eficiencia Procesal del Servicio Público de Justicia —PLMEP— de 2022), de modo que es sólo cuestión de tiempo que acabe por convertirse en Derecho positivo. Y ello a pesar de las advertencias críticas de la doctrina, que ha alertado contra esa idea de favorecer una Administración de Justicia «más ágil, moderna y eficaz», a través de reformas legislativas que «que ponen el acento en la evitación ordinaria de la intervención judicial en la resolución de las controversias[14]»; que suponen «importantes desincentivos que desalientan a los ciudadanos de recurrir a la jurisdicción

---

10 ARMENTA DEU, T. (2021). *Derivas de la justicia…*, op. cit., p. 42.

11 LÓPEZ SÁNCHEZ, J. (2021). "El carácter general del requisito de procedibilidad de haber acudido a un «medio adecuado de solución de controversias»: a propósito del proceso monitorio", *Revista General de Derecho Procesal*, núm. 55.

12 Vid. Las SSTJUE de 18 de marzo de 2010. Asuntos C-317/08 a C-320/08 (Alassini y otros). ECLI:EU:C:2010:146, y de 14 de junio de 2017, asunto C-75/16 (Menini y Rampanelli). ECLI:EU:C:2017:457.

13 STJUE de 13 de julio de 2023, Asunto C-35/22 (Cajasur Banco). ECLI:EU:C:2023:569.

14 ASENCIO MELLADO, J. M. (2014). "Obstáculos al acceso a la Justicia", *Práctica de Tribunales*, núm. 109, p. 2.

en busca de soluciones a los problemas jurídicos que les afectan[15]»; o que se basan en «eslóganes y tópicos corrosivos[16]».

4. UNA SEGUNDA OPINIÓN "MÉDICA" (CONCLUSIONES)

1. La *externalización* de la Justicia civil a través de la creación de entidades administrativas imparciales y especializadas para la resolución extrajudicial de determinadas tipologías de controversias no debe demonizarse. De este modo, y a través de inversión e infraestructuras públicas, el Estado ofrece a los ciudadanos otros modos de resolución de conflictos distintos al proceso jurisdiccional, de modo que avanza en la idea de facilitar el derecho a una Justicia integral, que incluya todas las variantes de resolución de litigios al justiciable, sean judiciales o extrajurisdiccionales[17].

2. Los datos avalan la conveniencia de modificar el ineficiente sistema actual de "etapas a agotar" en determinadas parcelas de consumo (reclamación previa a la entidad, reclamación al organismo supervisor que finaliza con un informe no vinculante y reclamación judicial) y que los organismos públicos puedan resolver extrajudicialmente y con carácter vinculante determinadas reclamaciones de naturaleza privada. Por ejemplo, en materia de reclamaciones ante la CNMV, su última memoria anual indica que «se ha incrementado muy notablemente el porcentaje de aceptaciones o rectificaciones comunicadas por las entidades tras haber emitido el Servicio de Reclamaciones de la CNMV un informe favorable al reclamante, hasta alcanzar el 81,5 % en 2021[18]». Y en materia de reclamaciones ante la AESA, su informe anual de 2021 también indica que «en 8 de cada 10 reclamaciones efectuadas ante

---

15 SIGÜENZA LÓPEZ, J. (2023). "La negociación eficiente también tiene un coste", en VV.AA. *LA JUSTICIA TENÍA UN PRECIO* (Directores: Juan F. Herrero Perezagua y Javier López Sánchez). Atelier, pp. 57-58.

16 DÍEZ-PICAZO GIMÉNEZ, I. (2023). "Discurso inaugural: los retos actuales del proceso civil", en VV.AA., *LOGROS Y RETOS DE LA JUSTICIA CIVIL EN ESPAÑA* (Directores: Fernando Jiménez Conde, Julio Banacloche Palao y Fernando Gascón Inchausti). Tirant lo Blanch, p. 29.

17 Con más detalle sobre la noción de un derecho fundamental a la Justicia que incluya los ADR, vid. BARONA VILAR, S. (2016). "Justicia integral y *access to justice*: crisis y evolución del paradigma", en VV.AA., *Mediación, arbitraje y jurisdicción en el actual paradigma de justicia* (Coord. Silvia Barona Vilar). Civitas Thomson Reuters; MARTÍN DIZ, F. (2019). "El derecho fundamental a justicia: Revisión integral e integradora del derecho a la tutela judicial efectiva", *Revista de Derecho Político*, 1(106).

18 Memoria 2021, p. 17. Disponible en: https://www.cnmv.es/DocPortal/Publicaciones/Informes/Memoria_reclamaciones_2021.pdf.

AESA (80,2%), las compañías atendieron las peticiones de los pasajeros bien durante el proceso de resolución por AESA o al final del mismo[19]».

3. Por ende, si los datos estadísticos del CGPJ en materia de *cláusulas suelo* indican que tales procedimientos representaron en 2021 el 41,5% del total de juicios ordinarios resueltos y que el porcentaje de sentencias favorables al cliente, año tras año (periodo 2017-2021), supera el 97%[20], cobra sentido la creación de una A.A.I. que resuelva extrajudicialmente los litigios en dicho sector, a petición del consumidor, como eficaz vía para minorar la judicialización de tales controversias. El sistema ideado con el Real Decreto-ley 1/2017 ha sido, sencillamente, un rotundo desastre.

4. Sí consideramos muy criticable, por el contrario, el modo en que se pretende instaurar en España una *desjudicialización* obligatoria y generalizada en materia civil. Una cosa es construir "carriles bici" y otra distinta obligar a la gente a montar en bicicleta[21]. Exigir un intento de autocomposición como requisito previo para el acceso al sistema judicial, en los términos planteados hasta ahora por el legislador español (vid., por todos, el PLMEP de 2022) no incentiva la búsqueda de una solución, sino acreditar un intento fallido de solución ADR, de modo que los esfuerzos del demandante seguirán centrándose en acreditar la persistencia del desacuerdo, con el objetivo de acceder a los tribunales, en vez de dirigirse hacia la consecución de una solución a su controversia[22]. La (propuesta) regulación legal sobrecarga a la parte demandante con múltiples exigencias preprocesales (escoger el MASC, notificar adecuadamente dicha propuesta a la parte contraria, costear su inicial tramitación ante la correspondiente entidad o tercero neutral, y justificar documentalmente que se ha intentado una actividad negociadora previa) que no van acompañadas de similares incentivos o sanciones eficaces para que la parte demandada

---

19 Véase el Informe Anual 2021 de actividad en Derechos de los Pasajeros. Disponible en la dirección: https://www.seguridadaerea.gob.es/sites/default/files/220504_Informe_Anual_Derechos_de_los_Pasajeros_2021.pdf.

20 Datos accesibles en: https://www.poderjudicial.es/cgpj/es/Poder-Judicial/En-Portada/Los-Juzgados-de-clausulas-abusivas-han-resuelto-ya-el-71-6-por-ciento-de-los-713-129-asuntos-ingresados-desde-su-puesta-en-marcha--en-junio-de-2017. Según los mismos, desde la entrada en vigor de los juzgados especializados (1 de junio de 2017), el número de fallos estimatorios favorables a los consumidores se sitúa en el 97,8%.

21 FERNÁNDEZ-BALLESTEROS, M. A. (2013). *Avenencia o ADR. Negociación, Mediación, Peritajes, Conciliación, Pactos y Transacciones.* Iurgium, p. 62, nota a pie 24.

22 Así lo hemos argumentado en ORTIZ PRADILLO, J. C. (2022). "Estándares europeos de métodos ADR y su encaje en el proceso civil en España", en VV.AA., *Estándares europeos y proceso civil (Hacia un proceso civil convergente con Europa).* Directores: Fernando Gascón Inchausti y Pilar Peiteado Mariscal. Atelier, p. 465. Ebook disponible en: https://atelierlibrosjuridicos.com/libreria-juridica/estandares-europeos-y-proceso-civil-9788418780769/.

se vea en la tesitura de participar activamente en dichas actuaciones extrajudiciales previas, pues el principal mecanismo articulado para incitar a la parte contraria a mostrar una actitud *colaboradora* en dichas negociaciones previas —la reordenación del sistema de costas procesales— tiene lugar al finalizar el proceso jurisdiccional y puede llegar a provocar mayor litigación (i. e., impugnación de la tasación de costas y su imposición judicial).

BIBLIOGRAFÍA

ARMENTA DEU, T. (2021). *Derivas de la justicia. Tutela de los derechos y solución de controversias en tiempos de cambio.* Marcial Pons.

ASENCIO MELLADO, J. M. (2014). "Obstáculos al acceso a la Justicia", *Práctica de Tribunales,* núm. 109.

BARONA VILAR, S. (2016). "Justicia integral y access to justice: crisis y evolución del paradigma", en VV.AA., *Mediación, arbitraje y jurisdicción en el actual paradigma de justicia* (Coord. Silvia Barona Vilar). Civitas Thomson Reuters.

DÍEZ-PICAZO GIMÉNEZ, I. (2023). "Discurso inaugural: los retos actuales del proceso civil", en VV.AA., *LOGROS Y RETOS DE LA JUSTICIA CIVIL EN ESPAÑA* (Directores: Fernando Jiménez Conde, Julio Banacloche Palao y Fernando Gascón Inchausti). Tirant lo Blanch, pp. 21-30.

FERNÁNDEZ-BALLESTEROS, M. A. (2013). *Avenencia o ADR. Negociación, Mediación, Peritajes, Conciliación, Pactos y Transacciones.* Iurgium.

LÓPEZ SÁNCHEZ, J. (2021). "El carácter general del requisito de procedibilidad de haber acudido a un «medio adecuado de solución de controversias»: a propósito del proceso monitorio", *Revista General de Derecho Procesal,* núm. 55.

MARTÍN DIZ, F. (2019). "El derecho fundamental a justicia: Revisión integral e integradora del derecho a la tutela judicial efectiva", *Revista de Derecho Político,* 1 (106).

NADAL GÓMEZ, I. (2021). "Presente y futuro de las reclamaciones de los pasajeros de transporte aéreo. Análisis de las reformas procesales pendientes", *Justicia: revista de derecho procesal,* Nº 2, pp. 141-214.

ORTIZ PRADILLO, J. C. (2022). "Estándares europeos de métodos ADR y su encaje en el proceso civil en España", en VV.AA., *Estándares europeos y proceso civil (Hacia un proceso civil convergente con Europa).* Directores: Fernando Gascón Inchausti y Pilar Peiteado Mariscal. Atelier, p. 465. Ebook disponible en: https://atelierlibrosjuridicos.com/libreria-juridica/estandares-europeos-y-proceso-civil-9788418780769/.

SIGÜENZA LÓPEZ, J. (2023). "La negociación eficiente también tiene un coste", en VV.AA. *LA JUSTICIA TENÍA UN PRECIO* (Directores: Juan F. Herrero Perezagua y Javier López Sánchez). Atelier, pp. 55-80.

Capítulo X:

Costas en caso de inasistencia injustificada a los MASC y posterior vencimiento procesal del rebelde extraprocesal

GREGORIO SERRANO HOYO
Profesor Titular de Derecho Procesal.
Universidad de Extremadura

Sumario: 1. Planteamiento. Consecuencias procesales previstas para el rechazo injustificado a participar en la actividad negociadora: carácter sancionador y disuasorio del derecho de acceso a la jurisdicción 2. Frustración del mecanismo negociador prejudicial: intento "sin efecto" ("sin respuesta") por inasistencia sin justa causa del convocado 3. Nueva excepción al criterio objetivo del vencimiento: prohibición de pronunciamiento sobre costas a favor de la parte vencedora en primera instancia que rehusó de forma expresa o tácita e injustificadamente su participación en un MASC 4. Exención de la condena en costas a la parte requirente por la no intervención de la requerida a iniciar una actividad negociadora previa 5. Conclusiones.

Resumen: La negativa injustificada a acudir a uno de los medios adecuados de solución de controversias (en adelante, MASC) por parte de quien posteriormente es demandado en el proceso ulterior no evitado puede legitimar que se impongan las costas al rebelde extraprocesal, de acuerdo con la reforma de las costas procesales que introducía el decaído Proyecto de Ley de medidas de eficiencia procesal del servicio público de Justicia.

La cuestión estriba en determinar si la inasistencia injustificada a un MASC debe vincularse con las costas o, por el contrario, esa conducta del rebelde extraprocesal debe dar lugar solamente a la imposición de una sanción o multa.

La prohibición de pronunciamiento favorable en costas para tal rebelde extraprocesal posteriormente vencedor procesal puede comportar abusos por parte de litigantes que, incluso sabedores de la debilidad de su reclamación previa, tras la inasistencia del contrario al MASC acuden al proceso en la confianza de que, aunque el juez desestime su posterior demanda, no les va a imponer las costas por constar que la parte contraria vencedora no ha acudido a la sesión informativa o inicial.

No es acertado que se excepcione el principio del vencimiento, sin perjuicio de que la previa rebeldía extraprocesal sea objeto de una multa aparte que incentive acudir al MASC para intentar evitar el proceso.

1. PLANTEAMIENTO. CONSECUENCIAS PROCESALES PREVISTAS PARA EL RECHAZO INJUSTIFICADO A PARTICIPAR EN LA ACTIVIDAD NEGOCIADORA: CARÁCTER SANCIONADOR Y DISUASORIO DEL DERECHO DE ACCESO A LA JURISDICCIÓN

Cuando quien tiene un conflicto inicia, de forma voluntaria u obligatoria, un medio adecuado de solución de controversias (en adelante, MASC) para intentar evitar el proceso puede suceder que el convocado o requerido para acudir al mecanismo negociador no asista ante el tercero neutral, con causa o sin causa justificada, frustrando la solución consensual del conflicto, llevando a aquél a incoar un posterior proceso. Vamos a analizar las consecuencias procesales que tiene la inasistencia injustificada extraprocesalmente del convocado al MASC.

El decaído Proyecto de Ley de medidas de eficiencia procesal del servicio público de Justicia (PLEP, en lo sucesivo) preveía para la parte renuente a la negociación extraprocesal consecuencias económicas tanto en forma de costas como de multas; realmente esas consecuencias procesales de carácter económico tienen naturaleza sancionadora para quien ha frustrado el MASC. En el mismo sentido, se pronuncia la conclusión 4 de la Resolución del Parlamento Europeo, de 12 de septiembre de 2017, sobre la aplicación de la Directiva 2008/52/CE del Parlamento Europeo y del Consejo, de 21 de mayo de 2008, sobre ciertos aspectos de la mediación en asuntos civiles y mercantiles (Directiva sobre la mediación).

Lo que se pretende es valorar brevemente la idoneidad de costas y/o multas como reacción ante esa inasistencia injustificada del, llamémosle, rebelde extraprocesal. Ya adelantamos que no nos parece adecuado vincular lo que sucede extraprocesalmente en el MASC con lo que sucede en la sentencia de fondo que pone fin a la instancia procesal o, más concretamente, con los efectos de la inasistencia injustificada del requerido o convocado al MASC y los efectos de la posterior resistencia del demandado, antes rebelde preprocesal, derivados de la proyectada inaplicación del criterio objetivo del vencimiento para la imposición de costas.

La excepción a la vigencia del principio objetivo del vencimiento entraña un efecto disuasorio del proceso subsiguiente para el rebelde extraprocesal y, a la vez, incentivador para el promotor del MASC frustrado que se encuentra con un escudo procesal en el caso de que su demanda sea desestimada en el proceso posterior al MASC intentado sin efecto, sin respuesta por el contrario.

La negativa injustificada o el rechazo sin justa causa de los MASC a través de los que se puede lograr el acuerdo o transacción comportaba en el PLEP que se impusieran costas o multas.

La reforma de las costas para sancionar el rechazo o negativa injustificada a acudir a los MASC alude como ejemplo al Derecho inglés, que previó la no imposición de las costas cuando la parte convocada haya rechazado sin justa causa acudir a un MASC[1], pero los tribunales han entendido que el criterio debe inaplicarse si el promotor del MASC que resulta vencido no prueba que la previa negativa del luego demandado vencedor era injustificada.

2. FRUSTRACIÓN DEL MECANISMO NEGOCIADOR PREJUDICIAL: INTENTO "SIN EFECTO" ("SIN RESPUESTA") POR INASISTENCIA SIN JUSTA CAUSA DEL CONVOCADO

Un MASC intentado sin efecto (y, consiguientemente, sin acuerdo al frustrarse la negociación *ab initio*) se debe a la inasistencia de la parte convocada al medio alternativo de resolución del conflicto. En cambio, un MASC intentado sin avenencia presupone la comparecencia de ambas partes y la falta de acuerdo, pero no puede saberse a cuál de ellas es imputable el fracaso por hallarse cubierto por el deber de confidencialidad.

Si una de las partes rehúsa participar o intervenir en la primera reunión del MASC al que acude la otra parte en conflicto, es claro que es aquélla la que frustra cualquier solución amistosa y que tal parte sólo está interesada en la solución judicial[2].

El art. 6.2 PLEP distinguía la doble posibilidad: "el caso de que la propuesta inicial de acuerdo no tenga respuesta o bien de que el proceso negociador finalice sin acuerdo".

La primera es la falta de respuesta, la inasistencia o incomparecencia del convocado a la primera sesión del MASC que equivale a rechazo (rehusar la participación); todo el que no acude a la convocatoria está rehusando cualquier tipo de acuerdo.

---

1 Informe sobre el Anteproyecto de Ley de medidas de eficiencia procesal del servicio público de Justicia, aprobado por el Pleno del CGPJ en su reunión de 22 de julio de 2021, punto 32 y ss.

2 "Lo más significativo de esta nueva exigencia «de procedibilidad» que se quiere imponer es su relevancia para la decisión que se adopte en materia de costas en el posterior proceso civil. Para imponer o no las costas ya no resultará lo más relevante el haber ganado o perdido el pleito, sino el comportamiento que se tuvo en relación con el MASC que se hubiera intentado, de modo que cabe no conceder las costas a quien acudió a un pleito pudiendo haber obtenido ese mismo resultado mediante un acuerdo prejudicial", en BANACLOCHE PALAO, J., "Las reformas en el proceso civil previstas en el Anteproyecto de ley de Medidas de Eficiencia Procesal: ¿Una vuelta al pasado?", *Diario La Ley*, nº 9814, 19 de marzo de 2021, pág. 7 (edición digital).

La determinación de lo que sea justa causa de la inasistencia corresponde al juez y, dada la imprevisión por parte del legislador, gozará de una amplia discrecionalidad; será la jurisprudencia quien se encargue de determinar este concepto. En cualquier caso, cabría distinguir causas exógenas (enfermedad, fuerza mayor, inidoneidad del MASC elegido por la otra parte, etc.) determinantes de una rebeldía extraprocesal involuntaria y causas endógenas al objeto de la controversia (pretensión infundada o temeraria, inexistencia de deuda, etc.) determinantes de una rebeldía extraprocesal voluntaria. En estos casos, cabría sostener que el requerido debe acudir al MASC y exponer allí los fundamentos de su oposición a lo pretendido o propuesto por el convocante a la negociación previa, pero ello comporta gastos (honorarios del abogado o del tercero neutral, entre otros) que no le serán reembolsados y que pueden legitimar que no participe en el MASC.

En el caso de que la negociación se haya intentado "sin efecto" respecto del futuro demandado, cabe entender que existe un incumplimiento manifiesto de la obligación/carga de acudir por parte del requerido y que la conducta de éste aboca irremediablemente al proceso al demandante que intentó darle una oportunidad de evitarlo. El prelegislador anuda a esa conducta extraprocesal una consecuencia desventajosa o perjudicial para el que rehúsa participar, pero no es propiamente una presunción "iuris et de iure" de que el proceso era evitable de forma notoria y evidente: estamos ante una mera hipótesis. Además, el hecho de que el rebelde extraprocesal haya resultado vencedor en el proceso posterior demuestra que la propuesta de acuerdo no era sostenible y que era precisamente el convocante al MASC quien debió reconsiderar su posterior inicio del proceso.

3. NUEVA EXCEPCIÓN AL CRITERIO OBJETIVO DEL VENCIMIENTO: PROHIBICIÓN DE PRONUNCIAMIENTO SOBRE COSTAS A FAVOR DE LA PARTE VENCEDORA EN PRIMERA INSTANCIA QUE REHUSÓ DE FORMA EXPRESA O TÁCITA E INJUSTIFICADAMENTE SU PARTICIPACIÓN EN UN MASC

El art. 394.1 LEC regula el criterio objetivo del vencimiento como criterio general impositivo de las costas. El proyecto de ley introducía un nuevo párrafo tercero en este precepto del siguiente tenor: "No obstante, cuando la participación en un medio de solución de conflictos sea legalmente preceptiva, o se hubiere acordado, previa conformidad de las partes, por el juez, la jueza o el tribunal o el letrado o letrada de la Administración de Justicia durante el curso del proceso, no habrá pronunciamiento de costas a favor de aquella parte que hubiere rehusado expresamente o por actos concluyentes, y sin justa causa, participar en un medio adecuado de solución de controversias al que hubiese sido efectivamente convocado".

De esta forma, el art. 394.1 III LEC incluía una segunda excepción al criterio objetivo del vencimiento, consistente en la no imposición de costas al demandante vencido, pese a resultar totalmente victorioso el después demandado no asistente al procedimiento negociador previo.

Aunque esta norma alude a "aquella parte", vamos a partir de que no es la promotora del MASC, sino la convocada quien no comparece. Lo lógico y habitual será que quien rechaza el MASC es el requerido o futuro demandado, porque habiendo sido convocado de forma efectiva, tiene lugar la inasistencia o incomparecencia (dicho de otra forma, se coloca en "rebeldía preprocesal voluntaria"). Esto es fácilmente demostrable y deducible de la documentación aportada por el demandante para acreditar que ha cumplido con el requisito de procedibilidad impuesto en el PLEP.

A la vista de lo dispuesto en el precepto que comentamos, la parte convocada que no comparezca a la primera sesión del MASC por mucho que resulte vencedora no obtendrá un pronunciamiento en costas a su favor; dicho de otra forma, al contumaz extraprocesal que en el proceso posterior consigue que el juez dicte una sentencia desestimatoria de la pretensión del actor no le resulta aplicable el criterio objetivo del vencimiento, con lo que cada parte tendrá que abonar sus costas y él se ve sancionado con la pérdida de una cuantía económica importante: el límite del tercio de la cuantía litigiosa puede ser mucho mayor que la multa prevista (nuevo art. 247.3 LEC).

La interpretación de lo que es justa causa para la negativa a acudir al sistema extrajudicial que hagan los tribunales será decisiva para evitar una consecuencia económica gravosa y desproporcionada para el rebelde extraprocesal vencedor en el ulterior proceso[3]. Si en caso de inasistencia sin justa causa se prohíbe siempre el pronunciamiento sobre costas y, consiguientemente, se veta la condena en costas derivada del vencimiento por parte del demanda-

---

3 "Si la regulación del futuro régimen de costas, en abstracto, no parece merecer reproche constitucional, puede ocasionar, en atención a las concretas circunstancias en que se aplique, un perjuicio desproporcionado respecto de la valoración que merece la negativa a negociar, sobre todo cuando no se condena en costas al actor que pudiera litigar temerariamente. Ciertamente, la regulación proyectada otorga cierto margen de discreción al juez en el momento de decidir si aprecia una actitud temeraria o de abuso del servicio público de Justicia para imponer o descartar una condena en costas: en el ejercicio de esa prudente discreción, el juez deberá ser especialmente cuidadoso para no lesionar el derecho a una tutela judicial efectiva del demandado", en LÓPEZ SÁNCHEZ, J., "El carácter general del requisito de procedibilidad de haber acudido a un «medio adecuado de solución de controversias»: a propósito del proceso monitorio", *Revista General de Derecho Procesal*, N°. 55, 2021, p. 24.

do, parece desproporcionada la consecuencia para la parte demandada, cuyo rechazo al MASC se demuestra a la vista de la posterior sentencia a todas luces justificada[4]. Dicho de otro modo, la pretensión de quien acudió al MASC era infundada o temeraria y por mucho que el posterior demandado hubiese acudido no habría llegado a ningún acuerdo con el demandante y, además, se desconocería la capacidad persuasiva que hubiese tenido para conseguir evitar la posterior demanda.

El objetor de los MASC puede desconfiar legítimamente de ellos mientras no sean de verdad equivalentes al proceso y mientras los gastos generados al compareciente no los recupere como una de las partidas que integran las costas.

4. EXENCIÓN DE LA CONDENA EN COSTAS A LA PARTE REQUIRENTE POR LA NO INTERVENCIÓN DE LA REQUERIDA A INICIAR UNA ACTIVIDAD NEGOCIADORA PREVIA

El proyectado art. 394.4 LEC prevenía: "Si la parte requerida para iniciar una actividad negociadora previa tendente a evitar el proceso judicial hubiese rehusado intervenir en la misma, la parte requirente quedará exenta de la condena en costas, salvo que se aprecie un abuso del servicio público de Justicia".

No nos vamos a ocupar de la excepción[5], sino de la regla de la exención de la condena en costas al requerido no asistente o rebelde preprocesal, re-

---

4 "Queda por ver cómo se interpreta la exigencia de concurrencia de justa causa por parte de los órganos judiciales pero, en todo caso, la obligación de participar en el MASC para la parte demandada no puede llevarse hasta el extremo de incluir aquellas pretensiones en las que es evidente que no existe ninguna obligación por su parte, o que se formulan con temeridad por el demandante, ya que ello le podría acarrear unos gastos innecesarios en fase preprocesal, simplemente para evitar un pronunciamiento desfavorable en las costas procesales en el proceso posterior o, lo que es peor todavía, a iniciar un procedimiento de negociación en un asunto donde considera, acertadamente, que le asiste totalmente la razón y que en nada debe de transigir frente a una reclamación infundada que se dirige contra ella", en FERREIRO BAAMONDE, X., "El concepto de abuso del servicio público de Justicia en el proyecto de ley de medidas de eficiencia procesal", AAVV (Dir. SERRANO HOYO, G. y RODRÍGUEZ GARCÍA, N.), *Justicia restaurativa y medios adecuados de solución de conflictos*, Dykinson, Madrid, 2022, p. 252.

5 Si hemos dicho que el abuso del servicio público de Justicia en materia de costas está constituido por la negativa injustificada a intervenir (colaborar o participar) en un MASC y va implícito en las reformas del art. 394, no tiene sentido que el promotor del procedimiento negociador fallido y posterior demandante pueda verse premiado

gla que coincide con la prohibición de su imposición en caso de vencimiento por el rebelde extraprocesal, antes comentada. En efecto, lo dispuesto en este precepto conduce al mismo efecto o solución que el art. 394.1 III LEC, pero ahora fijándose en el requirente perdedor en lugar de en el requerido vencedor: en el referido art. 394.4 LEC se recogía la exención de la condena en costas a la parte requirente que resulta vencida en juicio y en el párrafo 3º. del apartado 1 del art. 394 se preveía la prohibición de pronunciamiento en costas a favor del demandado vencedor por haberse negado injustificadamente a participar en el MASC y haberse colocado en situación de rebeldía extraprocesal[6].

Es verdad que esta exención propiciaba que el promotor y ulterior demandante pueda ser un litigante más temerario, ya que con la reforma eludía la imposición de las costas a tal perdedor al ser eximido de su condena en cuanto promotor del MASC, pese a resultar vencido. El promotor que no encuentra resistencia extraprocesal cuenta con una protección en materia de costas que no se debilita pese al carácter infundado de su pretensión.

---

con la exención de la condena en costas derivada de su vencimiento, salvo que haya incurrido en un abuso del servicio público de Justicia que obviamente no puede referirse al rechazo sin justa causa para intervenir en un MASC que él ha promovido, sino en el inicio abusivo del posterior proceso. Por tanto, surge la cuestión nada sencilla de averiguar qué significa esta excepción.

6 Como advierte HERRERO PEREZAGUA, "la eficiencia empuja hacia la evitación del pleito o su conclusión anticipada: una y otra parte están advertidas de que no basta con el acogimiento íntegro de sus respectivas pretensiones para ser restituidas plenamente en la situación anterior al pleito, es decir, no basta con que el Derecho les ampare, es necesario que intenten una solución acordada. Solo si quien rehusó participar en esa solución lo hizo con justa causa, podrá esperar que la excepción no se aplique; pero la imprecisión de la ley —que aboca necesariamente a la discrecionalidad judicial— no anima precisamente a transitar ese camino por el alto grado de incertidumbre.

El proyecto prevé la incorporación de un nuevo apartado cuarto en el art. 394 LEC que, salvo error de apreciación por mi parte, no es sino una reiteración de lo establecido en el ya aludido párrafo tercero del 394.1. De lo establecido en él, se colige que no se le impondrán las costas al actor, ni siquiera cuando pierda el pleito, si el demandado, requerido previamente para intentar una solución extrajudicial, hubiera rehusado intervenir. La condena solo procederá si el juez aprecia un abuso del servicio público de Justicia. El matiz, excesivamente sutil, tal vez se encuentre en que el 394.1.III atiende a la conducta del demandado (si rehusó con o sin justa causa) y el 394.4 a la del actor (si el hecho de formular la demanda constituye en el caso concreto un abuso del servicio público de Justicia)", "El coste del proceso al servicio de la eficiencia", en *La justicia tenía un precio,* HERRERO PEREZAGUA, J. F. (dir.)/ LÓPEZ SÁNCHEZ, J. (dir.), Atelier, Barcelona, 2023, pág. 88.

El precepto confiere la exención a la "parte requirente a iniciar una actividad negociadora previa tendente a evitar el proceso judicial", esto es, a la parte que promueve el MASC y que el tercero neutral cite o convoque al contrario a la primera sesión. Pero entonces surge la duda sobre la razón o carácter reiterativo de este nuevo apartado porque ya los nuevos párrafos de los apartados 1 y 2 contemplan la eventualidad de que no haya acudido el ahora demandado al proceso negociador previo. Así, el nuevo art. 394.1 II prohibía imponer las costas al demandante, aunque el demandado reacio a la negociación previa (que haya rehusado participar en un MASC, como dice el precepto) haya resultado vencedor o, como señalaba el nuevo art. 394.4, la parte requirente está exenta de la condena en costas por mucho que resulte vencida (salvo abuso del servicio público de Justicia).

Este nuevo apartado, que sustituía el término participar o colaborar por el de intervenir, se refería sólo al actor requirente de inicio de un MASC, debería partir de la doble posibilidad de que el requirente sea vencedor o sea vencido y no valorar solamente la rebeldía extraprocesal del requerido sin tener en cuenta la decisión sobre el fondo de la cuestión controvertida.

Si el requirente resulta vencedor en el proceso no tiene sentido la exención de la condena en costas, es decir, no sólo no va a ser condenado, sino que va a ser el requerido -rebelde extraprocesalmente- quien sea condenado en aplicación del principio del vencimiento. Ello comporta que el requirente tiene derecho al reembolso de las partidas que integran las costas. No obstante, volvemos a llamar la atención sobre el hecho de que en este caso la negativa injustificada a todas luces (tanto *a priori* como *a posteriori*) del rebelde extraprocesal no recibe sanción económica vía costas, ya que éstas se imponen en aplicación del criterio del vencimiento: concurrirían dos títulos de imposición de costas y cabría entender que el criterio general del vencimiento absorbe o incluye el particular de la exención de costas por inasistencia injustificada del convocado; o, dicho de otra manera, si el requerido hubiera asistido, también se le hubiesen impuesto las costas. En definitiva, la negativa o rechazo del MASC le habría salido gratis al requerido rebelde vencido por cuanto las costas se le hubiesen impuesto igualmente. Por ello, su conducta extraprocesal debe llevar aparejada una multa por su negativa injustificada a fin de que no le sea inocua o impune procesalmente desde el punto de vista de las costas y, en cambio, gravosa o perjudicial para el requirente vencedor al soportar los gastos de acudir al MASC infructuoso.

Por el contrario, si el inicial requirente y posterior actor resulta vencido en el proceso, la incomparecencia del requerido o, mejor, convocado (no se adquiere la condición de parte procesal hasta la iniciación del proceso), en el procedimiento negociador previo determina que el requirente no pueda ser condenado en costas por ser aplicable la exención prevista. La persona no compareciente al método negociador asume esta grave sanción, es decir, no asistir para mostrar su oposición expresa a la pretensión hecha valer por el litigante a través del MASC comporta para la misma persona comparecida en el ulterior proceso la pérdida de las costas en caso de vencimiento. No obstante, el hecho de no invocar excepciones a la solución consensual no comporta su inexistencia ni la preclusión para su invocación procesal y, de hecho, planteadas en el proceso han sido acogidas por el juez determinando una sentencia desestimatoria. Al prelegislador parece remorderle la conciencia por lo que puede entrañar de injusticia, de sanción económica desproporcionada, y ahora vuelve sus ojos al requirente que quiso aprovecharse de forma quizá torticera de este precepto, que ha visto afianzada su débil posición con la incomparecencia del contrario. Se introduce ahora el concepto de abuso del servicio público de Justicia imputable al que ha puesto en marcha el proceso negociador que ha terminado "sin efecto" y, posteriormente, el proceso judicial con sentencia desestimatoria. Nos lleva a pensar en la existencia de mala fe preprocesal del promotor.

Con la excepción a la excepción del criterio objetivo del vencimiento volvemos al régimen general de imposición de costas. El abuso del servicio público de Justicia cambia de dirección y se vuelve contra el promotor del MASC al que se considera causante del proceso dado su vencimiento total por el requerido: el requirente no debió deducir de la inasistencia del requerido que su pretensión no iba a encontrar resistencia por el mismo y el planteamiento de la demanda resulta temerario o, al menos, contrario a las reglas de la buena fe a la vista de su completa desestimación.

En definitiva, esta noción de abuso del servicio público de Justicia planteada como excepción parece hacerse eco de lo sucedido en Reino Unido en que, finalmente, la parte que solicitó un MASC al que no acudió la parte contraria vencedora judicialmente debe levantar la carga de la prueba de que la negativa de ésta a asistir era injustificada, sin que quepa presumir su falta de justificación[7]. En definitiva, el principio del vencimiento debe ser la regla

---

7 "En el Reino Unido hace ya años *se optó por aplicar con carácter generalizado el criterio de la imposición de costas a la parte que se negase a acudir a mediación u otro MASC* recomendado por el tribunal y finalmente surgieron problemas. ... Este criterio comenzó a ser esgrimido por *las partes que, sabiendo que tenían pocas posibilidades de éxito en el proceso judicial, instaban a la contraria a la utilización de la mediación o de otro MASC con carácter previo a la interposición del procedimiento judicial.* ... La sentencia del caso Halsey invierte la tendencia y deja claro que los tribunales no pueden obligar en ningún caso a mediar a las partes que no están dispuestas a hacerlo y *sienta la responsabilidad de la carga de la prueba sobre la parte que pierda el proceso, que habrá de demostrar que no era razonable la negativa de la otra parte a mediar o utilizar otro MASC.*
En la sentencia del caso Halsey, los jueces dejan claro que *la decisión de privar a la parte ganadora en el proceso judicial de las costas, sobre la base de su negativa a participar en un*

como criterio de imposición de costas y el demandante vencido debe afrontar la difícil tarea de probar que la inasistencia del rebelde extraprocesal era injustificada o irrazonable para conseguir que se le exima de la condena en costas derivada del principio objetivo del vencimiento.

5. CONCLUSIONES

La prohibición de imposición de las costas al promotor de un MASC en caso de rebeldía extraprocesal de convocado, pese a que en el posterior proceso su demanda ha sido desestimada, se revela injusta: puede decirse *a posteriori* que el rebelde extraprocesal no rehusó injustificadamente acudir al MASC. El posterior vencimiento del rebelde prejudicial dota en cierto modo de justificación sobrevenida a la inasistencia previa o, dicho de otra forma, demuestra que lo solicitado en el MASC no tenía fundamento.

Si acudir a la sesión inicial del MASC es obligatorio para el convocado a fin de aducir las razones de su oposición, esa inasistencia injustificada debe ser objeto de sanción, pero no puede consistir en la privación de las costas, en el decaimiento del principio el vencimiento. Dicho de otro modo, el criterio objetivo del vencimiento no puede verse exceptuado por la negativa injustificada a acudir al MASC a que ha sido convocado.

Por supuesto, la inasistencia al MASC del convocado para aducir la justificación de la oposición a la propuesta de acuerdo planteada por su promotor no comporta que para el mismo posteriormente demandado entre en juego la regla de preclusión de las alegaciones tendentes a justificar una oposición no articulada en el MASC ni que desapodere al juez de la posibilidad de apreciar la concurrencia de causa justificada sobrevenida a la vista de la defensa desplegada en el proceso en cuanto al fondo del asunto.

Las costas están vinculadas a la estimación o desestimación de la pretensión y no deben vincularse al hecho de que el convocado haya asistido o haya rehusado acudir al MASC, sin perjuicio de que se imponga una sanción al rebelde extraprocesal. El hecho de que el demandado sea vencedor en cuanto al fondo no justifica su inasistencia al MASC a los efectos de la multa prevista

---

MASC, debe ser una excepción a la regla general, y la carga de la prueba ha de pesar sobre la parte que pierda el procedimiento que habrá de acreditar que la negativa de la otra parte a participar en un MASC a fin de intentar solucionar amistosamente la disputa no tenía fundamento alguno y era totalmente irrazonable", en CARRETERO MORALES, E., "El controvertido tratamiento de las costas procesales en el Proyecto de Ley de medidas de eficiencia procesal del servicio público de justicia", *Diario La Ley,* Nº 10274, 25 de abril de 2023, pp. 18-19. La cursiva es nuestra.

legalmente. La previsión de que la multa se imponga en el proceso plantea si el juez tiene que valorar si la justificación no aducida era justa o injusta o, en cambio, se presume su injusticia y, consiguientemente, la sanción económica es automática e ineludible. La solución inglesa de que sea el demandante el que tenga que probar que la negativa fue injustificada para que no sea aplicable o, dicho de otro modo, se excepcione el criterio del vencimiento para la imposición de costas parece apuntar a la voluntariedad de la rebeldía y a que ha sido efectivamente convocado al MASC e, incluso, a que no puede recaer en el sancionado con las costas la prueba de que su rebeldía extraprocesal fue voluntaria y fruto de la mala fe preprocesal.

¿En qué medida lo que ocurre en el MASC prejudicial y lo que ocurre en el proceso son dos planos que se pueden mezclar? Son dos fases yuxtapuestas, una preprocesal y otra procesal, que están delimitadas y no debería haber puntos de conexión o de interferencia de la primera sobre la segunda. La inasistencia injustificada a la primera puede dar lugar una multa, pero deducir de la alegación posterior de excepciones materiales estimadas judicialmente y determinantes de una sentencia desestimatoria la justificación de una conducta que no tuvo lugar entraña un grave error, una confusión de planos. Hay que diferenciar las consecuencias de la negativa injustificada a participar en el MASC de la desestimación de la pretensión deducida por el demandante. La negativa injustificada y la sanción o multa debieran correr paralelamente a las costas; la multa debe imponerla alguien distinto al juez y no éste en pieza separada, sino en un procedimiento sancionador[8].

---

8 Salvando las distancias, como señala la SAP J 1409/2020 (ECLI:ES:APJ:2020:1409) en el caso de la reclamación previa obligatoria, como requisito de procedibilidad por su exigibilidad imperativa para la admisión a trámite de la demanda, contra una aseguradora en materia de tráfico e incumplimiento por ésta de su deber de presentar la oferta motivada o dar la respuesta motivada a que se refieren los artículos 7 y 22.3 del Texto Refundido de la Ley sobre Responsabilidad civil y seguro en la circulación de vehículos a motor, aprobado por el Real Decreto Legislativo 8/2004, de 29 de octubre constituirá infracción administrativa grave o leve, de acuerdo con lo dispuesto en los artículos 40.4.t) y 40.5.d) del Texto Refundido de la Ley de Ordenación y Supervisión de los Seguros Privados. Añade: "no nos encontramos ante la interpretación favorable a limitación alguna de medios de defensa con tintes de sumariedad, en perjuicio de la aseguradora, sino ante las consecuencias de la pasividad de la compañía en el trámite prejudicial. Es palmario, pues, que tal pasividad en la actuación de la aseguradora a ella solo debe perjudicar, al ser únicamente a ella imputable ... Es clara, por tanto, la intención del legislador de evitar que las partes demoren la confección de sus informes médicos hasta el momento de presentar la demanda o la contestación o los oculten a la parte contraria hasta ese momento... En estos casos el legislador acuerda la imposición a la aseguradora de la sanción administrativa de multa en los términos previstos en la Ley 20/2015, de 14 de julio de ordenación, supervisión y solvencia de las entidades aseguradoras y reaseguradoras" (FJ 2º).

El criterio objetivo del vencimiento para la imposición de costas no debe verse excepcionado por la negativa injustificada del rebelde extraprocesal a participar en el MASC. Tal negativa debe dar lugar a una multa (art. 247.3 LEC redactado por el PLEP).

BIBLIOGRAFÍA

BANACLOCHE PALAO, JULIO, "Las reformas en el proceso civil previstas en el Anteproyecto de ley de Medidas de Eficiencia Procesal: ¿Una vuelta al pasado?". *Diario La Ley*, nº 9814, 19 de marzo de 2021.

CARRETERO MORALES, EMILIANO, "El controvertido tratamiento de las costas procesales en el Proyecto de Ley de medidas de eficiencia procesal del servicio público de justicia", *Diario La Ley*, Nº 10274, Sección Doctrina, 25 de abril de 2023, pp. 1-24.

FERREIRO BAAMONDE, XULIO, "El concepto de abuso del servicio público de Justicia en el proyecto de ley de medidas de eficiencia procesal", AAVV (Dir. SERRANO HOYO, GREGORIO y RODRÍGUEZ GARCÍA, NICOLÁS), *Justicia restaurativa y medios adecuados de solución de conflictos*, Dykinson, Madrid, 2022, pp. 243-260.

HERRERO PEREZAGUA, JUAN FRANCISCO, "El coste del proceso al servicio de la eficiencia", en *La justicia tenía un precio* HERRERO PEREZAGUA, JUAN FRANCISCO (dir.)/ LÓPEZ SÁNCHEZ, JAVIER (dir.), Atelier, Barcelona, 2023, pp. 81-104.

LÓPEZ SÁNCHEZ, JAVIER, "El carácter general del requisito de procedibilidad de haber acudido a un «medio adecuado de solución de controversias»: a propósito del proceso monitorio", *Revista General de Derecho Procesal*, Nº. 55, 2021, pp. 1-74.

TERCERA PARTE: EFICIENCIA DE LA JUSTICIA Y REFORMAS DE LA ORGANIZACIÓN JUDICIAL

Capítulo XI:
*Los Tribunales de Instancia, ¿entre Sísifo y La Historia Interminable?**

SILVIA BARONA VILAR
Catedrática de Derecho Procesal.
Universitat de València

Resumen: Este trabajo se centra en el estudio de los Tribunales de Instancia, exponiendo los diversos intentos de modulación del modelo organizativo de tribunales de justicia, con comisiones y propuestas que no prosperaron. En el último intento de reforma se incorporaban los Tribunales de Instancia, como eje sobre el que articular esta organización judicial colegiada, que no altera el ejercicio de la función jurisdiccional ni las competencias de los órganos de enjuiciamiento unipersonales. Las propuestas elaboradas desde hace varios lustros, debatidas y consensuadas, los programas piloto aprobados por el Consejo General del Poder Judicial, así como las experiencias existentes en el derecho comparado, ofrecen una base testada para incorporar en España estos Tribunales de Instancia. Con ellos se alcanzaría una mayor racionalización del modelo de organización de los tribunales, evitando algunas de las disfuncionalidades actualmente existentes que han puesto de manifiesto que el viejo modelo del juzgado unipersonal ha ido quedándose obsoleto.

* *Redactado en el marco del Proyecto Prometeo CIPROM 2023-64 (GVA).*

1. UNA REFLEXIÓN PREVIA (ENTRE *SÍSIFO* Y *"LA HISTORIA INTERMINABLE"*) Y UN TRÁNSITO POR LA HISTORIA DE LA ORGANIZACIÓN DE TRIBUNALES EN ESPAÑA

El análisis de los tribunales de instancia, su historia jurídica, sus propuestas y los intentos fallidos legislativos de incorporarlos al ordenamiento jurídico español suscita una dicotomía entre la realidad y el deseo, entre el posibilismo y la fantasía o entre la utopía o la distopía.

La larga historia de reflexiones, propuestas, proyectos fallidos etc., en los que se impulsaba la organización judicial con la emergencia de los tribunales de instancia evoca la mitología griega, y en especial a *Sísifo,* su trabajo empujando perpetuamente la piedra gigante hacia la cima de la montaña, para que volviese a caer rodando hasta el valle, desde donde la recogía de nuevo y la empujaba nuevamente hasta la cumbre de manera indefinida. La presentación de las tentativas de tribunales de instancia en España ofrece una suerte de "trabajo de Sísifo", por cuanto, cuando ya se había alcanzado la meta de llegar con propuestas legales que podrían haber sido aprobadas por el legislativo español, terminaron truncadas por la disolución de las Cortes generales.

Igualmente, resulta cercana también a la gran obra de Michael Ende *Die unendliche Geschichte* ("La historia interminable"), en busca de la realidad a través del recorrido del camino inverso. Quizás en este tortuoso trayecto de apariciones y desapariciones en los debates públicos y en las comisiones institucionales de distinto color político, amén de las propuestas legislativas, confluye un "Bastian Baltasar Bux", protagonista de esta historia, que, a medida en que se adentra en Fantasía, debe ir resolviendo los misterios de su propio corazón. Bastian y los tribunales de instancia viven en la fantasía, lo que les permite continuar en ese limbo de realidad-deseo, utopía-distopía que resulta fascinante y sugestivo, a la vez que irritante y rechazable.

Este devenir asimétrico, inquietante y poco efectivo de los intentos de incorporación en el ordenamiento jurídico español de los Tribunales de Instancia ofrecen ese entrópico camino que desde hace tiempo se muestra en nuestra Historia jurídica. De hecho, lejos de poder considerarse como algo novedoso, responde a un debate que lleva tres lustros planteándose en nuestro país.

En su estudio, en consecuencia, parece recomendable comenzar desde el análisis de la organización jurisdiccional, de dónde partimos, dónde estamos y de qué manera su incorporación influirá en una total reorganización judicial y, por supuesto, en una nueva planta y demarcación judicial. Incorporar los tribunales de instancia en nuestra organización judicial no supone una pieza más, adendada al sistema organizativo, sino que implica integrar un componente del "puzzle" que solo encaja en la medida en que se produzca una verdadera metamorfosis organizativa, algo que requiere amplitud de miras, adaptabilidad al medio y al momento histórico pertinente, algo que no es sino la consecuencia de esa mudanza constante del derecho *per se* y del modelo procesal *in concreto*, y que Bruno Sassani supo muy clarificadoramente definir como "*diritto vivente*".

1.1. La Ley provisional de 15 de septiembre de 1870 sobre organización del Poder Judicial

El punto de partida se halla en el texto que acompañó durante más de un siglo a la organización judicial, la Ley provisional de 15 de septiembre de 1870 sobre organización del Poder Judicial. Una ley que nació con vocación de provisionalidad, empero estuvo vigente hasta la aprobación de la LOPJ de 1985. Esta Ley fue resultado del trabajo elaborado por diversas Comisiones de Codificación y por el impulso realizado por los Ministros Ruiz Zorrilla y Montero Ríos.

La Exposición de Motivos incidía en algunas necesidades que, curiosamente, recuerdan a algunos de los debates del actual sistema de Justicia: mostraba el caos de las instituciones judiciales propiciado por la pasividad legislativa -situación absolutamente contraria a la actualidad, debido a esa constante y líquida creación legislativa-; se hablaba de la armonización entre las leyes orgánica, del proceso civil y del proceso penal; se mencionaba, el valor de los tribunales colegiados, considerados de doble confianza en materia de imparcialidad[1].

En la Ley de 1870 se establecía un mapa de competencias territoriales en la Administración de Justicia, adecuado al momento: Tribunal Supremo, Audiencias en la capital de distrito, Tribunal de partido de cada cabeza de partido, Juzgado de Instrucción en cada cabeza de circunscripción y uno o más Juzgados municipales en cada término municipal. A efectos judiciales el territorio se dividía en *distritos, partidos, circunscripciones* y *términos municipales.* Se dejaba a una ley posterior la división judicial, pero haciéndose hincapié en la necesidad de determinar además de las demarcaciones, las poblaciones en las que se constituían tanto las Salas ordinarias de Audiencia para juzgar las causas por delito competencias de los Jurados, como las Salas extraordinarias de Audiencia para juzgar las causas por delitos comunes (estas últimas no eran división judicial especial).

---

1 COMISIÓN GENERAL DE CODIFICACIÓN, MINISTERIO DE JUSTICIA, *Crónica de la codificación española 1. Organización judicial*, Madrid, 1970, pp. 104-116.

1.2. Sucesión de reformas hasta la Constitución de 1978

Aun cuando el texto de 1870 se mantuvo hasta después de la aprobación de la Constitución de 1978, fue enmendada en diversos momentos, en atención a los avatares políticos[2].

En primer lugar, en el periodo de la Restauración, amén de suspenderse la vigencia del tribunal del jurado (Decreto de 3 de enero de 1875) por motivos de coste, se aprobaron las leyes procesales LEC 1881 y LECRIM 1882, debiendo adaptarse la normativa orgánica a lo previsto en las mismas. Ahora bien, en este periodo, los debates se sucedieron en torno a cuestiones tales como separación o no de las jurisdicciones civiles y penales, la doble o única instancia, la promoción de los tribunales colegiados frente a los unipersonales, unificación de cuerpos de fiscales y jueces, la desaparición de órganos, como juzgados municipales, audiencias provinciales y territoriales, la atribución de estatuto jurídico independiente a los magistrados del TS, la necesidad de especialización de jueces y magistrados, la policía judicial dependiente del Ministerio Fiscal o sobre nuevas demarcaciones judiciales. Muchos de estos temas han seguido permanentemente en la agenda política.

En segundo lugar, durante la Dictadura de Primo de Rivera se suspendió la vigencia de la Constitución de 1876, efectuándose depuraciones, suprimiéndose el Jurado (RD 21 septiembre de 1923), se creó el Consejo Judicial (RD de 21 de junio de 1925), se reformó la demarcación judicial, se suprimieron algunos partidos judiciales y juzgados de primera instancia, incrementándose su número en las poblaciones importantes (reestructuración). Se creó en 1928 una Comisión Reorganizadora de la Administración de Justicia para elaborar un Proyecto de bases para la reforma de la Organización de Tribunales de 1929, que elaboró un texto de Anteproyecto articulado de la Ley sobre la Organización del Poder Judicial en 1929, que no prosperó.

Durante la II República se impulsó lo que se denominó la "republicanización de la Justicia". Se derogaron numerosas normas anteriores; se incorporó la jubilación anticipada y forzosa como sanción de la actuación profesional judicial, que afectó a numerosos funcionarios, se suprimió el Consejo Judicial, asumiendo sus competencias la Sala de Gobierno del TS; se abolieron los tribunales de honor (quedaron restringidos al ámbito militar); se estableció la regulación de los aforados, sometidos a lo que se consideraba como "jurado especial" o al Tribunal de garantías constitucionales. Se reinstauraba el jurado y se incorporaba la responsabilidad patrimonial del Estado por perjuicios irrogados por error judicial o por delito de los funcionarios judiciales en el ejerci-

---

2 RODRÍGUEZ RAMOS, L., "En 1870: la primera revolución de la justicia penal", en *Diario La Ley, n. 9571, 11 de febrero de 2020*, pp. 2-6.

cio de sus cargos. En este periodo hubo proyectos elaborados por la Comisión Jurídica Asesora del Ministro de Justicia Albornoz y Liminiana, para regular los Jueces comarcales y de paz, la separación de la Justicia civil de la criminal y proyectos de reforma de LEC y LECRIM, así como la regulación específica de nombramientos de los magistrados del TS y la reorganización de la Justicia municipal. Proyectos todos ellos que quedaron truncados.

Durante la Dictadura franquista proliferaron las jurisdicciones y los tribunales especiales[3], tales como los tribunales de contrabando[4], el Juzgado de delitos monetarios[5], el Tutelar de menores[6], la Jurisdicción militar[7], el Tribunal de orden público[8] y el Tribunal de Vagos y maleantes[9]. Se reorganizó la Comisión General de Codificación, se creó el Consejo Asesor de Justicia, que

---

3 *Crónica de la codificación española,* cit., pp. 341 a 343.

4 Creados por Decretos de 11 de septiembre de 1953, 23 de enero de 1960 y 16 de julio de 1964, desapareciendo mediante la aprobación de la LO 7/1982, de 13 de julio.

5 Creados por Ley de 24 de noviembre de 1938. Desaparecieron mediante Ley 19/2003, que atribuyeron su competencia a las AN y al JCI.

6 Regulados por Decreto de 11 de junio de 1948 se configuraron como órganos colegiados no profesionales, creando un sistema de jurisdicción especial para menores que estuvo vigente hasta 1992. Eran órganos administrativos-judiciales, compuestos por personas cuyas características esenciales eran la de gozar de una moralidad y vida familiar intachables, que por sus conocimientos técnicos se hablaban más indicadas para el desempeño de la función tuitiva que se les encomiende, atribuyéndoles funciones protectoras, reformadoras y de enjuiciamiento a los menores de 16 años. Era un sistema sin garantías procesales, sin reconocimiento del principio de legalidad, tipicidad y proporcionalidad propios del Derecho penal. Se reformó por Decretos de 19 de diciembre de 1969 y de 26 de febrero de 1976, dando entrada en los Tribunales Tutelares de Menores, como jueces unipersonales, a personal activo de la Carrera Judicial o Fiscal, pero sin estar sometidos a las normas procesales aplicables en el orden jurisdiccional penal. El Tribunal disponía de absoluta libertad de criterio en la instrucción y en la investigación y, según su criterio y bajo su responsabilidad, podía imponer cualquier medida, desde la amonestación al internamiento en centro correccional, con independencia de la mayor o menor gravedad de los hechos. A partir de la Constitución Española de 1978, la jurisdicción especial de menores se modifica, tanto en la LOPJ de 1985 -crea los Juzgados de Menores- como mediante la Ley Orgánica 4/1992, de 5 de junio, sobre reforma de la Ley reguladora de la competencia y el procedimiento de los Juzgados de Menores. Finalmente, en enero de 2001 entra en vigor la LO 5/2000, de 12 de enero, reguladora de la Responsabilidad Penal de los Menores.

7 Regulados por el Código de Justicia Militar y leyes de 2 de marzo de 1943 y 25 de abril de 1951, Decreto-Ley de 18 de abril de 1947 y Decreto de 24 de enero de 1945.

8 Creado por Ley de 2 de diciembre de 1963, asumiendo competencia para enjuiciamiento de delitos antes reservados a la jurisdicción militar.

9 Se incorporan mediante la Ley de 4 de agosto de 1933 y del Reglamento de 3 de mayo de 1935; se modifica mediante la Ley de 15 de julio de 1954, que incluye a los homosexuales como peligrosos. La Ley 16/1970 de 4 de agosto de Peligrosidad y re-

elaboró las bases para una futura Ley Orgánica de la Justicia, que se centraba en la unidad jurisdiccional estructurando la planta jurisdiccional con TS, AP, Juzgados de primera instancia e instrucción, Juzgados municipales, comarcales y de paz[10]. Todas estas reformas orgánicas fueron igualmente acompañadas de reformas procesales.

2. PUNTO DE INFLEXIÓN: LA CONSTITUCIÓN DE 1978 Y LAS NECESARIAS LOPJ 6/1985 DEL PODER JUDICIAL Y LEY 38/1988, DE 28 DE DICIEMBRE, DE DEMARCACIÓN Y PLANTA JUDICIAL

Indiscutiblemente, la aprobación de la Constitución española de 6 de diciembre de 1978 supuso un punto de inflexión en nuestro país respecto de la etapa de dictadura que le precedió. En esencia, la proclamación de España como un *Estado social y democrático de Derecho, que propugna como valores superiores de su ordenamiento jurídico la libertad, la justicia, la igualdad y el pluralismo político* (art. 1.1 CE) suponía el reconocimiento de la justicia como uno de sus pilares, configurándose el Judicial como verdadero poder del Estado en la CE de 1978[11]. El Poder Judicial forma parte de la estructura política del Estado y pilar fundamental en el modelo político del sistema social y democrático de derecho configurado. Y no solo se le diseña, sino que se le adjudican las herramientas necesarias para consolidar los principios esenciales del Poder Judicial.

Se configura la potestad jurisdiccional o jurisdicción, dimanante de la soberanía del Estado, ejercida exclusivamente por jueces y magistrados independientes, responsables, inamovibles, con todas las garantías para alcanzar la tutela de los derechos de la persona, como eje fundamental que es de todo el ordenamiento, juzgando de modo irrevocable y haciendo ejecutar, en su caso, lo juzgado (art. 117.1). Se consolida el Estatuto del personal jurisdiccional que, unos años más tarde, en 1985, pasaría a integrarse en la LOPJ (art. 122.1 CE). Se suprimieron los juzgados de distrito, se unificaron los cuerpos de jue-

---

habilitación social mantuvo las medidas de seguridad pre-delito, derogándose por el Código penal de 1995.

10 La LOPJ provisional de 1870 no se refirió a los juzgados de paz expresamente, todo y que lo hacía incorporándolos en lo que se consideraba como justicia menor o municipal, siendo la Ley de Bases de la Justicia Municipal de 19 de julio de 1944, la que regulaba la misma, con un Reglamento posterior aprobado por Decreto de 19 de junio de 1969 (quince años después de la anterior norma).

11 BARONA VILAR, S., "El Título VI de la Constitución, "Poder Judicial", desde una mirada en el Siglo XXI", *Anuari de Dret Parlamentari, núm 31 extraordinari, 40 aniversari de la Constitució Espanyola,* 2018, pp. 478-485.

ces y fiscales, se aumentaron las competencias de los jueces de instrucción y se incorporó a la norma orgánica la Audiencia Nacional; órgano creado por el Real Decreto Ley 1/1977.

Sin embargo, la vieja estructura de la LOPJ provisional de 1870 siguió presente en la LOPJ de 1985. Las modificaciones de esta norma se han sucedido -cerca de setenta modificaciones- alterando los orígenes. Entre otras, se crearon numerosos órganos unipersonales: los juzgados de lo penal, de lo mercantil, de los juzgados centrales de vigilancia penitenciaria y centrales de menores, los de violencia contra la mujer, etc., además de incorporarse reformas por la legislación de menores o del jurado. El modelo unipersonal era predominante.

Además, se aprobó la Ley de Demarcación y Planta Judicial de 1988, para desarrollar de forma normativa, organizativa y financiera, los Juzgados y Tribunales, su distribución, su competencia, su circunscripción, etc., dando cumplimiento al mandato de la disposición adicional 1ª de la LOPJ, teniendo en cuenta las propuestas de las Comunidades Autónomas y del CGPJ. La Ley de 1988 ratificó el ámbito territorial de la jurisdicción de los distintos órganos de alcance autonómico, provincial y municipal que resultaba de las circunscripciones determinadas a efectos político-administrativos. Y se establecía la revisión de la planta judicial cada cinco años, siempre con el previo informe del CGPJ, para adaptarla a las necesidades de cada momento.

Se mantienen los *partidos judiciales* como divisiones territoriales básicas (integrados por uno o varios municipios limítrofes que deben pertenecer a la misma provincia), en las que se inscribe el primer escalón de órganos judiciales servidos por Jueces de carrera, Juzgados de Primera Instancia e Instrucción, respetando la competencia de las Comunidades Autónomas para fijar la capitalidad. La Ley fijaba algunos criterios para determinar los partidos: un mínimo deseable de 50.000 habitantes y una superficie media de 700 a 1.000 kilómetros cuadrados, es decir, a partir de unos 15 kilómetros de radio, por considerarse una distancia media fácilmente superable en principio con los actuales medios de comunicación. Los parámetros iniciales se han ido modulando en función de los volúmenes de litigiosidad, las comunicaciones, y las características orográficas y comarcales. Se ha visto reducida la superficie de los partidos en lugares de acumulación urbana, de condensación industrial y de carácter turístico, mientras que las zonas en que la densidad demográfica es muy baja, bien por la despoblación, bien por tratarse de zonas difícilmente habitables, determinan un considerable aumento de la superficie del partido, sin alcanzar siempre el número de población deseable en término medio.

El resultado de la aprobación de la Ley de 1988 -modificada en casi una veintena de ocasiones- fue la creación de 105 nuevos partidos judiciales, añadidos a los 317 existentes en ese momento, arrojando un total de partidos judiciales de 422, cifra que coincide exactamente con el número de partidos de la demarcación histórica existente a la promulgación de la Ley de 1870, lo que revela un elevado grado de equilibrio de la división territorial lograda, aun cuando, como se verá, los aumentos demográficos repercuten de forma muy notable en el aumento del número de órganos de cada circunscripción y en el conjunto, con respecto a aquella planta histórica. El número de jueces y magistrados era de 3.570 (un miembro de carrera judicial por cada 10.800 habitantes).

3. COMISIÓN INSTITUCIONAL DE 2009 PARA PROPONER LOS ELEMENTOS ESENCIALES PARA LA ELABORACIÓN DE UNA NUEVA LEY DE PLANTA Y DEMARCACIÓN JUDICIAL. PROPUESTA DE TRIBUNALES DE INSTANCIA

El 24 de abril de 2009 el Consejo de Ministros constituyó una Comisión Institucional con el cometido de determinar, estudiar y proponer los elementos esenciales para la elaboración de una nueva Ley de Planta y Demarcación Judicial. La Comisión, presidida por el Secretario de Estado de Justicia, Juan Carlos Campos, quedó formada por ocho vocales de diversos sectores profesionales e institucionales de la Justicia: Silvia Barona Vilar (Academia), José Luis Bueren Roncero (Fiscalía), Landelino Lavilla Alsina (Consejo de Estado), Fernando Ledesma Bartret (Consejo de Estado), Augusto Méndez de Lugo y López de Ayala (Judicatura, Presidente TSJ), Victoria Ortega Benito (Abogacía), Herminia Palencia Guerra (LAJ), y Juan Antonio Xiol Ríos (Judicatura; en aquel momento en el TS).

La estructura fijada por la Ley de 1988 no respondía a la realidad social ni a la configuración de la administración de justicia de la primera década del siglo XXI. Frente a los 39 millones de habitantes de 1988, en el año 2010 España superaba los 46 millones, un 15% más; y el paisaje social y sociológico había cambiado sensiblemente. Los flujos migratorios internos y externos habían concentrado la población en las capitales y en las zonas de la costa mediterránea, con una paralela despoblación de las áreas del centro peninsular. Cuestiones todas ellas que motivaban propuestas de cambio en los Planes de Modernización de la Justicia que se iban presentando, y muy especialmente la necesidad de buscar soluciones a un incremento exponencial de la litigiosidad. Los asuntos ingresados se incrementaron por encima del 100% en la última década del siglo XX y en la primera del siglo XXI. En 1995 se computaron 5.450.824 asuntos, siendo en 2009 más de 100 millones y además de forma asimétrica, dado que el aumento de la litigiosidad no es uniforme en todo el territorio, sino que se adapta a los cambios socioeconómicos y demográficos experimentados por nuestro país. Este retrato expuesto naturalmente incidió en la Ley de Planta de 1988, creando nuevas unidades judiciales (entre 2001 y 2009 se crearon 700), y órganos nuevos (contencioso-administrativo, de lo mercantil, violencia sobre la mujer etc.).

La Ley de 1988 venía superada por un contexto social, sociológico, económico, político, que exigía una nueva planta y demarcación. Los datos estadísticos, que son eso, datos, arrojaban un diagnóstico no especialmente halagüeño. La constante creación de nuevas unidades judiciales no había servido para disminuir el volumen de asuntos pendientes ante los tribunales. El incremento porcentual anual de la pendencia de asuntos era constante, pese a la creación de unidades y de nuevos órganos.

Esto llevó a la Comisión a considerar que el problema no se circunscribía a la dotación de medios, sino a la inadecuación a los nuevos tiempos y realidades de la propia estructura de la organización judicial. La Comisión insistió en la necesidad de abordar una transformación de la Justicia de manera global y coherente y no sectorial o parcial, de manera que la estructura y organización, la planta y demarcación judicial, solo era posible analizarla desde el contexto demográfico, económico y social. Un componente esencial afectaba en esa primera década del siglo XXI y ha seguido adquiriendo protagonismo en la realidad social, la tecnología. Es indudable que el trabajo en red, la interoperatividad, los sistemas informáticos, las comunicaciones electrónicas, las herramientas algorítmicas de apoyo y colaboración de los operadores jurídicos y la incorporación de la oficina judicial eran ya, en esos primeros años del siglo XXI, una realidad que avizoraba una transformación estructural y organizativa innegable.

Tomando en consideración lo expuesto, la Comisión presentó un Informe de Bases para la Reforma de la Planta y Demarcación Judicial[12], que no propone un sistema totalmente nuevo, sino de reestructuración del actual, asumiendo que la reorganización de la planta y demarcación es una cuestión de Estado, que requiere debate y consenso.

En tal sentido la Comisión, siguiendo esa idea de análisis global e integral, efectuó cinco recomendaciones, de las cuales las cuatro primeras se centraban en aspectos estructurales del nuevo sistema de planta y demarcación, mientras que el quinto, aun siendo estructural, tenía un carácter funcional:

1°.- *Superación del partido judicial como base del modelo:* Se entendió que el partido judicial respondía a un contexto histórico caracterizado por grandes deficiencias en las infraestructuras públicas y por las consiguientes dificultades de desplazamiento. Respondía a la idea de ofrecer una partición geográfica que

---

12 Puede encontrarse en: https://geografosubjetivo.files.wordpress.com/2010/12/planta-judicial.pdf.

garantizara al ciudadano la presencia de un juez próximo, como manifestación del derecho a la tutela judicial efectiva (art. 24 CE). El acceso a la justicia exige proximidad, pero las infraestructuras tecnológicas permitían en 2009 -y más ahora- obtener una tutela efectiva con una menor dispersión territorial. La ciudadanía demanda calidad de la Justicia, lo que irremediablemente exige una ágil y eficaz gestión de los recursos, siendo una de las medidas la necesaria concentración para la reordenación de la demarcación. Para ello se proponían nuevas fórmulas encaminadas a superar la desfasada división en partidos judiciales propia del siglo XIX, y diseñar estructuras territoriales más homogéneas y acordes con la sociedad del siglo XXI.

2º.- *Extensión de la organización colegiada*: Frente a la concepción de que el ejercicio unipersonal de la función jurisdiccional se traduce en la creación de un órgano independiente al servicio de cada titular de la función -con una estructura organizativa cerrada en torno al juez-, provocando una proliferación de órganos con idéntica competencia objetiva y territorial en cada partido judicial y, por derivación, una innecesaria dispersión de medios y esfuerzos, se propone la organización colegiada de los tradicionales "juzgados", estructurándose como un único tribunal con el número de jueces que se precise, con un presidente y con una oficina que preste servicio a todos ellos.

El modelo unipersonal venía generando disfunciones que no estaban presentes en los escalones superiores de la pirámide judicial, caracterizados por la forma colegiada de decisión y de organización. Se plantean, al trabajar de forma separada y no integral, fricciones entre los distintos juzgados de un mismo partido, con consecuencias en la sustitución de las vacantes y ausencias o la propia distribución del trabajo, así como, muy en particular, las reiteradas remisiones de asuntos entre juzgados por diferencias de interpretación sobre las llamadas "normas de reparto".

Estas disfunciones organizativas inciden indiscutiblemente en la función de la justicia y, muy especialmente, en la tutela de la ciudadanía, afectando a la dilación indebida en la tramitación de las causas. Resulta complicado evaluar de forma objetiva las cargas de trabajo de los jueces, al no existir correspondencia entre el número de procedimientos y de asuntos tramitados en la práctica. Es más, se detectaba alguna "perversión" como el empleo de los concursos de traslado para ocupar órganos de la misma población y con idéntica competencia.

El diseño de un nuevo sistema de planta se presentaba como una oportunidad para arbitrar un marco orgánico óptimo para la instancia, más acorde a una asignación racional de los recursos. No hay necesidad real de que el juez competente y predeterminado por la Ley para resolver un asunto tenga adscrito un órgano específico y separado. Se defendía el modelo de organización colegiada, pudiendo los jueces de una misma demarcación constituir un único tribunal con un presidente y con una oficina con servicio a todos ellos. Con este modelo se permite resolver los problemas de reparto de asuntos o de sustituciones que, hoy en día, obstaculizan el funcionamiento de los órganos unipersonales. Asimismo, la colegiación de la organización facilita la introducción de un primer nivel de especialización en la distribución de asuntos y "ponencias", compatible con la especialización de los propios tribunales.

En todo caso, se advertía por la Comisión que esta colegiación tiene una dimensión fundamentalmente organizativa. Por tanto, la decisión unipersonal seguiría siendo la regla general a efectos del ejercicio de la potestad jurisdiccional en la instancia, sin perjuicio, como es obvio, de que se habiliten mecanismos para que determinados asuntos de especial trascendencia puedan ser conocidos de forma colegiada.

Las consecuencias derivadas de este nuevo modelo de organización colegiada serían:

1°) la concentración de recursos con el modelo de Oficina Judicial, con medios más eficaces y menos dispersos, aprovechando la tecnología;

2°) la racionalización de sustituciones y la distribución del trabajo, garantizando la actuación de jueces titulares y, por otro, un sistema flexible basado en la adscripción de los jueces a un solo tribunal;

3°) la colegiación de la decisión de los asuntos de especial trascendencia, dando así mayor garantía de acierto y facilitando, al tiempo, que el juez del primer nivel de la pirámide jurisdiccional se familiariza con el sistema de decisión colegiada de los órganos de segunda instancia y casación;

4°) la introducción de un segundo nivel de especialización en la distribución de ponencias/asuntos, como complemento del primer nivel de especialización –el de los propios órganos–.

3°.- *Creación de tribunales de base o primer grado*: Se proponía crear un primer escalón en la organización judicial, para conocer de aquellos asuntos que no revisten una especial complejidad y pueden recibir un tratamiento más ágil. Estos tribunales se distribuirían de acuerdo con variables objetivas como la población, la carga de trabajo o la accesibilidad geográfica. Las plazas de estos órganos se cubrirían con los primeros escalones de la carrera judicial, favoreciendo el acopio de experiencia por parte de los jueces de nuevo ingreso como paso previo a su promoción profesional. Esta propuesta caminaba paralela a la supresión de los juzgados de paz, ante la pérdida progresiva de funciones. Estos tribunales de base o de primer grado, servidos por jueces de carrera, se encargarían del despacho de asuntos civiles, penales y contencioso-administrativos de una menor entidad y complejidad.

4º.- *Creación de tribunales de instancia*: En el marco de esta nueva organización judicial se proponía por la Comisión la creación de los tribunales de instancia en núcleos urbanos importantes. Estos tribunales permitirían implantar un nuevo modelo que atienda principalmente a la naturaleza del asunto a enjuiciar, sin menosprecio a la importancia de un adecuado despliegue territorial. Su creación sería paralela a la de los tribunales de base, que descargarían de pequeños asuntos a éstos. Su incorporación comportaría una reordenación de la organización judicial en función de la complejidad del asunto, y favorecería la especialización de los tribunales que conocen de asuntos con mayor trascendencia. De ahí que el acceso a las plazas de estos tribunales habría de obedecer a verdaderos criterios de especialización.

Con estos tribunales se produciría una mejor distribución de la competencia objetiva de los órganos jurisdiccionales de instancia, con mayor compensación y equilibrio del trabajo desarrollado por los jueces en función de la categoría y experiencia. Es una medida que evitaría que jueces recién ingresados en la carrera tengan que asumir asuntos de especial trascendencia. Obviamente estos tribunales casan a la perfección con los principios de la oficina judicial.

5º.- *Atribución de la investigación penal al Ministerio Fiscal*: La superación del partido judicial y la concentración de la instancia favorecen una investigación penal más ágil, flexible y adaptada a los distintos tipos de delincuencia, por lo que, aprovechando la especial fisonomía del Ministerio Fiscal, como órgano dotado de una mayor movilidad territorial y capacidad de especialización dentro del orden penal, se recomendaba la dirección de la fase preliminar del procedimiento de investigación al Ministerio Fiscal; tarea que se complementaría con la del juez de garantías, competente para autorizar ciertas medidas coercitivas.

Todas estas propuestas de la Comisión venían complementadas por medidas de desarrollo:

La necesidad de configurar oficinas delegadas de registro, mediación y auxilio judicial (en los territorios donde desaparecerían juzgados), aprovechando el impulso de las tecnologías;

Creación de los tribunales de base, con competencias en materia civil, penal y contencioso-administrativa, sobre asuntos de trascendencia limitada y tramitación simplificada, tomando como criterios de demarcación los parámetros objetivos de población, de litigiosidad, y de superficie o accesibilidad geográfica;

Creación del segundo nivel, los tribunales de instancia, encargados de concentrar el conocimiento de los litigios algo más complejos o específicos, conforme criterios de especialización. Sustituirían a los Juzgados de Primera

Instancia, de Instrucción, de Violencia sobre la Mujer, de Menores, de Vigilancia Penitenciaria, de lo Social y Contencioso-Administrativo, además de importante volumen de asuntos de las Audiencias Provinciales, como el enjuiciamiento colegiado de delitos graves. Su sede radicaría en núcleos de población importantes, abarcando una demarcación que en algunos casos coincidirá con la provincia. Regla de actuación de estos jueces es su decisión unipersonal; en algunos casos, enjuiciamiento delitos graves o impugnación de disposiciones generales de entes locales en el contencioso-administrativo han de resolverse de forma colegiada. De este modo, se articulan de forma flexible unipersonal y colegiada, ofreciendo una racionalización de la distribución de asuntos.

Tribunal Central de lo Contencioso-administrativo y Tribunal Central de lo Penal: Parece coherente con el modelo sustituir a la Audiencia Nacional por un verdadero tribunal especializado, un tribunal central de lo contencioso y lo penal, regido por los mismos criterios de especialidad que fundamentan los tribunales de instancia. Conocerían de materias de las ramas contencioso-administrativa y penal que exigen demarcación nacional y una formación cualificada.

Las Audiencias Provinciales, órganos con enorme protagonismo en la sociedad del siglo XIX, para conocer de todos los delitos, han perdido importancia, debido a la irrupción de los órganos unipersonales. Así, ante la creación de tribunales de instancia como órganos de demarcación extensa se plantea el futuro de la Audiencia Provincial. Cabría, no obstante, bien mantener, siquiera en un primer momento, las Audiencias provinciales, como órganos de apelación civil y penal, o bien que la asumiesen los Tribunales Superiores de Justicia autonómicos.

Tribunales Superiores de Justicia: La Comisión proponía la potenciación del papel del TSJ como órgano de apelación civil y penal, lo que favorecería la formación de doctrina más armónicos a nivel autonómico, con el consiguiente beneficio para la seguridad jurídica y el derecho de los ciudadanos a la igualdad en la aplicación de la Ley. Este sistema concentrado respeta el modelo de Estado autonómico, además de favorecer una mejor distribución de los recursos judiciales disponibles. Se entendió en la Comisión que la duplicidad en el ámbito de la provincia de la primera y la segunda instancia civil y penal no tiene sentido alguno. Esto lleva a la necesidad de reajustar igualmente los TSJ, dividiendo la Sala Civil de la Penal, con creación de secciones en función de la carga de trabajo, sin perjuicio de tomar en consideración criterios de especialidad, como ya sucede en las salas de lo social y de lo contencioso-administrativo.

Se propone reducción del número de magistrados del Tribunal Supremo, para favorecer la unificación de la doctrina jurisprudencial.

Si bien todas estas medidas serían esenciales para la implementación de una demarcación y planta judicial adecuada en el Siglo XXI, no bastan para que la misma funcione. Habrá que incorporar otras medidas:

1°) La efectiva implantación de procedimientos de solución extrajudicial de conflictos, como vía previa a los tribunales ordinarios;

2°) La desjudicialización de la función de constancia y publicidad de los estados civiles, como actividad administrativa que no puede condicionar el asentamiento territorial del poder judicial;

3°) La mayor agilización y simplificación de los procesos, potenciando el principio de oralidad, los procedimientos abreviados y la imposición de cargas proporcionadas ante demandas manifiestamente infundadas;

4°) La concentración de recursos, especialización de unidades y creación de una ambiciosa red institucional de colaboración con agentes públicos (p. ej. Agencia Tributaria) para la efectiva ejecución de lo juzgado;

5°) La actualización del proceso selectivo de jueces y fiscales, con tiempo global de preparación más reducido y nuevas formas de evaluación de técnicas y habilidades jurídicas no estrictamente memorísticas;

6°) La determinación de sistemas céleres de provisión de cargos judiciales, evitando retrasos en los nombramientos y el daño que ello comporta;

7°) La creación de un sistema de control de la eficiencia del gasto y de la evaluación de la eficiencia de la administración de justicia en términos económicos, para garantizar la adecuada asignación y utilización de los recursos;

8°) El perfeccionamiento de la estadística judicial, para alcanzar mayor certeza de los datos y una adecuada integración en el sistema general de estadística;

9°) La maximización de los beneficios de las tecnologías, incluyendo la implantación de una red de comunicaciones unificada en todo el territorio nacional;

10°) Un nuevo régimen de formación del personal auxiliar de la Justicia, que asegure la solvencia en el manejo de los medios tecnológicos.

Tras este Informe presentado por la Comisión Institucional, se aprobó por el Consejo de Ministros remitir a las Cortes Generales el Proyecto de LO de modificación del Poder Judicial para la creación de los Tribunales de instancia (Proyecto LO 121/000144, por la que se modifica la LO 6/1985, de 1 de julio, del Poder Judicial, para la creación de los Tribunales de Instancia, BOE 2 agosto 2011), con la pretensión de configurarlos como el órgano de organización colegiada que agrupara, en sus respectivas secciones especializadas, a los jueces de los distintos juzgados existentes en un partido judicial. Tenían vocación de sustituir de manera progresiva a los órganos judiciales unipersonales, pero la disolución de las Cortes generales el 27 de septiembre de 2011 impidió que continuara su tramitación.

4. NUEVOS INTENTOS FALLIDOS DE INCORPORAR LOS TRIBUNALES DE INSTANCIA. COMISIÓN INSTITUCIONAL DE 2012 Y ANTEPROYECTO DE LEY ORGÁNICA DEL PODER JUDICIAL DE 2014

Las elecciones generales de 20 de noviembre de 2011 supusieron cambio de gobierno y de titular del Ministerio de Justicia. Se nombró una Comisión por Acuerdo del Consejo de Ministros de 2 de marzo de 2012 para la elaboración de la Ley de Demarcación y de Planta Judicial, presidida por Antonio Dorado Picón (CGPJ), y en la que intervinieron Luis Mª Díez-Picazo Giménez (TS), Antonio Alvárez-Buylla Ballesteros (Procurador), Juan Damián Moreno (Academia), Carlos Lesmes Serrano (TS), Marta Silva de Lapuerta (Abogada General del Estado, Joaquín María Vives de la Cortada Ferrer-Calbetó y Luis María Ruibal Pereira (Gabinete del Secretario de Estado de Justicia). Presentaron en 2013 una Propuesta de texto articulado de Ley de Demarcación y de Planta Judicial[13].

Esta nueva Comisión insistió en la necesidad de transformar los juzgados unipersonales en tribunales de instancia. Se hablaba de las disfuncionalidades de los juzgados unipersonales. Se hacía referencia al incremento de las unidades judiciales, sin que ello paliara la inadecuación de la organización judicial a la nueva realidad española. Se vinculaba a la transformación de la oficina judicial, un nuevo modelo de gestión del servicio público de Justicia más acorde con criterios de racionalización y eficiencia. Con ello se transformaría el primer escalón del sistema jurisdiccional, superando el partido judicial estanco como base del modelo y trasladando a la primera instancia el modelo de organización colegiada.

En esa organización la Presidencia del Tribunal de Instancia asume la gestión y representación del ámbito territorial de su jurisdicción, ejerciendo funciones jurisdiccionales y tareas gubernativas, convirtiéndole en *piedra angular del nuevo mapa judicial español.*

---

13 Puede encontrarse esta Propuesta de Ley de Demarcación y de Planta Judicial, elaborada por la Comisión Institucional creada por Acuerdo de Consejo de Ministros de 2 de marzo de 2012, en https://www.mjusticia.gob.es/es/AreaTematica/ActividadLegislativa/Documents/1292430153229-Propuesta_Ley_de_Demarcacion_y_Planta.PDF.

Estos nuevos Tribunales de instancia tenían su ámbito jurisdiccional coincidente con los límites administrativos de la provincia. La resolución unipersonal se mantiene en este primer nivel, como base del ejercicio de la potestad jurisdiccional. La organización colegiada, por tanto, ofrece *mejora sustancial en la propia distribución de las cargas de trabajo y la optimización del régimen de sustituciones entre jueces, …*y, por otro lado, *facilitaría la puesta en común de las resoluciones más complejas y/o trascendentes, lo que redundará en mejor acoplamiento de los jueces a su función jurisdiccional y a la colegiación resolutiva.*

Se consideraba que la adscripción funcional de sus integrantes y la posibilidad de creación de unidades especializadas dotaría a estos tribunales de instancia de la flexibilidad suficiente para una mejora sustancial de su gestión interna y, por ende, de la atención al ciudadano. Propone mantener el principio general de un Tribunal por provincia, optimizándose los medios materiales, personales y temporales de la Administración de Justicia.

Paralelamente, los Tribunales Superiores de Justicia mantendrían una circunscripción autonómica, reforzando su condición de órgano de apelación de los órdenes jurisdiccionales civil y penal. Se mantiene la propuesta de la Comisión de 2010 de desdoblar las Salas de lo Civil y Penal del TSJ. Y, paralelamente, se defendía la desaparición de las Audiencias Provinciales, siendo sus competencias asumidas en parte por los Tribunales de Instancia y en parte por los TSJ.

Igualmente, se hace propuestas en torno a la AN y el TS. La AN quedaría afectada por la colegiación de la primera instancia, mediante la creación de Salas de Instancia de lo Penal y de lo Contencioso-Administrativo y, por otro, la consolidación de la segunda en las correspondientes Salas. En cuanto al TS, manteniendo la estructura en 5 Salas, impone una disminución de efectivos en la Sala V, determinada por su carga competencial, y un refuerzo de su Gabinete Técnico de Información y Documentación que incrementa sus efectivos tanto en número de jueces como de letrados.

Este texto permitió la presentación del ALOPJ en abril de 2014, en el que se incorporaba la creación de los Tribunales de Instancia. Diseñaba los Tribunales Provinciales de Instancia como nuevos órganos judiciales de primer grado, y reorganizaba los Libros en los que se configuraba la LOPJ. Se presentaba como un texto que buscaba la reducción de los tiempos de resolución con tres medidas: los Tribunales Provinciales de Instancia, el fortalecimiento de la especialización judicial, y la reducción de la litigiosidad mediante la seguridad jurídica que proporcionará la jurisprudencia vinculante del TS.

El ALOPJ diseñaba una nueva estructura organizativa judicial: TS (se consagraba la doctrina jurisprudencial vinculante del TS -integradora o uniformadora del derecho- para los Tribunales inferiores, argumentándose una mayor seguridad jurídica), AN (compuesta por tres Salas, penal, contencioso-administrativo y social, asumiendo las competencias de los actuales Juzgados Centrales) y los TSJ (convertidos en órganos de segunda instancia o apelación en todos los órdenes además de conocer de la casación en materia de derecho propio de la comunidad autónoma, e incluso conocer de determinados asuntos en primera instancia); los tres tendrán la denominada "Sala de Asuntos Generales", de naturaleza estrictamente jurisdiccional, que se ocuparán de aquellas cuestiones que, por una u otra razón, no encajan bien en ningún orden jurisdiccional concreto. Asimismo, los Tribunales Provinciales de Instancia, que se componen de cuatro Salas, una por cada orden jurisdiccional: de lo Civil, de lo Penal, de lo Contencioso-Administrativo y de lo Social; y dentro de cada Sala se estructuraban Unidades judiciales y Secciones. Estos Tribunales tomarán el nombre de la provincia y tendrán su sede oficial en la capital.

La circunscripción del Tribunal Provincial de instancia es provincial, no coincidiendo con los actuales partidos judiciales, con pretensión de que en cada provincia existiera un único órgano judicial de primer grado para todos los órdenes jurisdiccionales, lo que favorecería una mayor flexibilidad y una maximización de los recursos existentes, facilitando sustituciones en el mismo Tribunal, reasignando efectivos para hacer frente a necesidades cambiantes del servicio público de la Justicia. Esto favorecería mayor seguridad jurídica en cuanto al aumento de la predictibilidad de las resoluciones.

Integra dos posibles vías de actuación de estos tribunales: bien de forma unipersonal o, cuando la ley lo permita, de forma colegiada, asumiendo, en consecuencia, las competencias de los juzgados actuales y las de las Audiencias en primera instancia en el orden civil y penal. Todo esto parece que podría favorecer la calidad de las resoluciones al permitir mayor especialización dentro del mismo tribunal[14].

---

14 Se establecían una serie de exigencias: 1°) en la identificación de la plaza ocupada por cada Juez debe constar no sólo el Tribunal Provincial de Instancia de que se trate, sino también: el orden jurisdiccional, si es Juez unipersonal o miembro de sección colegiada, si tiene encomendadas funciones legalmente especializadas (familia, mercantil, etc.) o no; 2°) Los asuntos se turnarán con arreglo a criterios predeterminados y objetivos, comunicándose a las partes; 3°) Solo se permitirán cambios en el reparto de asuntos por enfermedad prolongada, licencia de larga duración, existencia de vacantes y refuerzos previamente establecidos, comunicándolo a las partes; 4°) Necesidad de llevanza de un libro con todas las incidencias en el reparto de asuntos; 5°) La reasignación de efectivos dentro del mismo Tribunal Provincial de Instancia, cuando conlleve un cambio con respecto a los datos de la plaza para la que el Juez afectado fue nombrado, que deberá guiarse por dos criterios, uno de entrada, el de la voluntariedad, y a falta de voluntarios, el orden de antigüedad inverso. Con estas cautelas el ALOPJ quería garantizar la predeterminación legal del juez y la inamovilidad judicial.

Paralelamente, se suprimen los jueces de paz. Existe una apuesta por la profesionalización judicial.

Se hace referencia a la necesidad de superar el partido judicial. Las experiencias de la provincialización de la Justicia, señala el texto, en sedes como la contencioso-administrativa o social, han sido muy positivas. Además, se requiere de una Ley de Demarcación y Planta que incorpore el periodo de implementación, con un periodo transitorio razonable que permita la incorporación de este modelo "provincial" y la desaparición del partido judicial.

A pesar de que el modelo definitivo de Tribunal debe tender a la concentración en una sede de todos los efectivos judiciales, la diversa realidad geográfica del territorio y las infraestructuras judiciales existentes ameritaban incorporar medidas que flexibilizaran la regla general, pudiendo tener el Tribunal de instancia otras sedes, además de la oficial, en alguna otra población de la provincia cuando concurriera carga de trabajo o distancia a la capital. Igualmente se tenía en cuenta tanto el carácter uniprovincial de algunas Comunidades Autónomas como el hecho insular o las especiales características de la zona. Las Comunidades Autónomas realizarían propuesta relativa a las sedes de los tribunales provinciales de instancia de su territorio, para respetar las peculiaridades de cada Comunidad.

5. TRIBUNALES DE INSTANCIA EN EL PROYECTO DE L.O. DE EFICIENCIA ORGANIZATIVA DEL SERVICIO PÚBLICO DE JUSTICIA

Aun cuando las propuestas anteriores no prosperaron, por diversos motivos, es indudable que ofrecieron planteamientos, con mayor o menor diferenciación, que se nucleaban en torno a la aplaudida creación de los Tribunales de Instancia en el organigrama jurisdiccional español, alterando la estructura judicial, las competencias e imbricándolo, en todo caso, con una propuesta de modelo de organización judicial que alteraba el paradigma tradicional del modelo de juzgado unipersonal. Se vino creando una suerte de asentimiento acerca del modelo colegiado, todo y que con matices en los diferentes documentos expuestos.

Pareciera que el trabajo de *Sísifo* podía finalizar mediante el alcance de la cima, no procediendo a rodar hacia el valle para volver a empezar. Y esa historia interminable de irrealidad, deseo o utopía comenzaba a calar en un contexto propicio para la incorporación de los tribunales de instancia en nuestro ordenamiento. Los trabajos realizados no caían en saco roto, sino que propiciaban algunos proyectos piloto de tribunales de instancia locales y sectoriales, empero ya reflejaban una realidad cambiante. A ello debe unirse las experiencias de los países de nuestro entorno más próximo, en los que, sin lugar a dudas, la fantasía era realidad.

5.1. Proyectos piloto de tribunales de instancia y experiencias internacionales

Son interesantes los proyectos piloto que con el apoyo del CGPJ han aprobado algún plan piloto de Tribunal de Instancia.

1.- Por un lado, el aprobado por el Pleno del CGPJ por Acuerdo de 23 de noviembre de 2011 (BOE 22 diciembre 2011), en virtud del cual, y para favorecer la especialización, se diseña un plan piloto de un tribunal de primera instancia en los juzgados de lo mercantil de Barcelona, respondiendo al compromiso de todos los jueces de trabajar de forma colegiada como si formasen parte de un mismo tribunal de primera instancia. Para evitar que la predeterminación del juez y para el trabajo de forma colegiada, ninguna materia se atribuye de forma exclusiva a un solo juez. Con ello se materializa una experiencia piloto que llevaba funcionando en Barcelona desde 2009[15].

Este tribunal de instancia mercantil se organizó unificando criterios en materia concursal y en acciones individuales para la defensa de consumidores y usuarios, creándose cuatro subsecciones especiales para conocer de determinadas materias en juicios declarativos: tres juzgados en materia de patentes y modelos de utilidad; dos juzgados para marcas y propiedad intelectual; dos, para competencia desleal y defensa de la competencia y tres, para demandas de impugnación de acuerdos de sociedades mercantiles. Para esta organización se puso en marcha un servicio común de notificaciones. Se buscaba la especialización de jueces, mayor seguridad en la toma de decisiones para juez y partes y eficiencia de medios. En el año 2013, modificada la Ley concursal que introducía mecanismos de segunda oportunidad, se especializaron dos juzgados para el conocimiento de los procedimientos concursales consecutivos, derivados de acuerdos extrajudiciales de pago.

En su funcionamiento se preveían reuniones mensuales de la junta de jueces mercantiles para tratar asuntos comunes a todos los juzgados y reuniones de forma periódica de las secciones especializadas para tratar cuestiones específicas. Los acuerdos se publicitaban a través de los colegios profesionales[16].

15 Una posición favorable puede verse en FERNÁNDEZ-SEIJO, J.Mª, "Justicia Mercantil y Tribunales de Instancia", en https://almacendederecho.org/justicia-mercantil-tribunales-instancia. Este autor explica por qué se inició la experiencia en Barcelona -el aumento masivo de asuntos provocados por la crisis económica-

16 FERNÁNDEZ-SEIJO, J.Mª, "Justicia Mercantil y Tribunales de Instancia", en https://almacendederecho.org/justicia-mercantil-tribunales-instancia

2.- Por otro, el aprobado por la Comisión Permanente del CGPJ de los Tribunales de Instancia Mercantil de Sevilla en febrero de 2016, consistente en la organización de dos secciones de los cinco jueces que prestaban servicio en los Juzgados de lo Mercantil número 1 y número 2 de Sevilla, agrupando jueces, LAJ y personal del jugado, con un coordinador por sección elegido entre los compañeros por un año, acordándose los asuntos en Junta de Jueces y permitiendo que algunos casos complejos se resuelvan de forma unipersonal pero después de haber sido debatidos colegiadamente[17].

También es interesante contar con las experiencias de países de nuestro entorno. Los números son significativos. En enero de 2022 España se encontraba con 3.803 juzgados (órganos unipersonales con organización y funcionamiento unipersonal), frente a la situación de otros que tienen Tribunales de instancia: Holanda con 11 Tribunales de Instancia; Bélgica con 12 Tribunales de Instancia; Dinamarca con 24 Tribunales de distrito; Alemania con 115 Tribunales de Distrito; Francia con 288 Tribunales de Instancia; Italia con 140 Tribunales Ordinarios; Austria con 115 de Distrito; Polonia con 45 de Distrito; Portugal con 23 Tribunales de Comarca; Finlandia con 20 de Distrito; Suecia con 48 de Distrito, Noruega con 83 de Distrito; Suiza con 26 Tribunales cantonales y la República Checa con 8 Tribunales de distrito. La conformación colegiada en todos estos países contrasta con la hasta el momento unipersonalidad de nuestro modelo de instancia.

5.2. Momento adecuado. ODS, Agenda 2030

Después de varios intentos de incorporación en el ordenamiento jurídico español de los tribunales de instancia parece que existe una cierta aceptación de la superación del modelo de organización judicial basado en el tradicional juzgado unipersonal, presente en el siglo XIX, y que obedecía a unas coordenadas espacio-temporales, sociológicas, demográficas y económicas, de una sociedad esencialmente agraria, dispersa y apenas comunicada, amén de con dificultades de movilidad, que en nada se parecen a la sociedad española del siglo XXI.

El retrato de la sociedad del Siglo XXI muestra unos parámetros bien diversos, que no solo han transformado la vida y las maneras de relacionarse las personas, sino también han propulsado una metamorfosis en la Justicia, que ha ido poco a poco modulándose en busca de una adaptación a la realidad en

---

[17] Puede encontrarse, https://www.poderjudicial.es/cgpj/en/Judiciary/Pressroom/Press-Releases/-El-CGPJ-aprueba-el-plan-piloto-de-Tribunal-de-Instancia-Mercantil-de-Sevilla, https://www.iustel.com/diario_del_derecho/noticia.asp?ref_iustel=1149885.

la que queda contextualizada[18]. Una realidad que incide en todas las aristas de la Justicia, y, por ende, también en las necesidades gestadas en sede de la organización jurisdiccional.

De este modo podemos afirmar, sin dudar, que, si la consolidación del sistema jurídico de tutela judicial fue uno de los grandes mojones consolidados en los Siglos XIX y XX, el Siglo XXI presenta una emergencia por su transformación, siendo dos las claves que la identifican: por un lado, la expansión de la idea de Justicia, incorporando métodos y cauces diversos de los tribunales y el proceso judicial; y por otro, la maximización de la búsqueda de la eficiencia del sistema de Justicia. Vivimos en la era de la sublimación de la eficiencia, de la fascinación por el "eficienticismo" y todo lo que conlleva, más por menos, celeridad, optimización, etc.

El contexto es el más adecuado, desde que en el año 2015 se adoptaren por Naciones Unidas los Objetivos de Desarrollo Sostenible (ODS), impulsando la transformación de los Estados con fundamento en la sostenibilidad económica, social y ambiental, surgiendo la denominada "Agenda 2030", una agenda global ambiciosa que ofrecía una voluntad de movilización de la comunidad internacional en los retos por alcanzar unos objetivos comunes[19]. La Agenda 2030 asume que el desarrollo sostenible no puede hacerse realidad sin que haya paz y seguridad, para lo cual se ha de luchar para construir sociedades pacíficas, justas e inclusivas que proporcionen igualdad de acceso a la justicia y se basen en el respeto de los derechos humanos, en un estado de derecho

---

18 Sobre esta evolución, cambio de paradigma de la Justicia y motivos para ello puede verse mis trabajos, BARONA VILAR, S., "Proceso civil y penal ¿líquido? en el siglo XXI", en *Justicia civil y penal en la era global* (ed. Silvia Barona Vilar), Valencia, Tirant lo Blanch, 2017, pp. 20-66; BARONA VILAR, S., "A la búsqueda de la eficiencia y la celeridad, claves de la Justicia civil del siglo XXI", en *Obra homenaje al Maestro Dr Jorge Fábrega*, Instituto Colombo-panameño de Derecho Procesal, 2019, pp. 661-685; BARONA VILAR, S., "Una justicia "digital" y "algorítmica" para una sociedad en estado de mudanza", en *Justicia algorítmica y neuroderecho* (ed. Silvia Barona Vilar), Valencia, Tirant lo Blanch, 2021, pp. 21 a 64; BARONA VILAR, S., "Mutación de la Justicia en el siglo XXI. Elementos para una mirada poliédrica de la tutela de la ciudadanía", en *Justicia poliédrica en periodo de mudanza (nuevos conceptos, nuevos sujetos, nuevos instrumentos y nueva intensidad* (ed. Silvia Barona Vilar), Valencia, Tirant lo Blanch, 2022, pp.31-62; BARONA VILAR, S., "La digitalización y la algoritmización, claves del nuevo paradigma de Justicia eficiente y sostenible", en *Uso de la información y de los datos personales en los procesos: los cambios en la era digital* (Dir. Ignacio Colomer Hernández), Navarra, Thomson Reuters-Aranzadi, 2022, pp. 75-116.

19 BARONA VILAR, S., "Justicia algorítmica, ¿más o menos sostenible?", en la obra colectiva *Los ODS en la Justicia: el derecho Procesal y la Inteligencia Artificial*, Valencia, Tirant lo Blanch, 2022, pp. 223-226.

efectivo y una buena gobernanza a todos los niveles, así que en instituciones transparentes y eficaces que rindan cuentas.

En ese contexto la Justicia, el modelo de Justicia, su conformación, sus principios, sus protagonistas y su *modus operandi* están llamados a desempeñar ineludiblemente un papel fundamental en el cumplimiento, control y sustento de los ODS. Podría pensarse *a priori* en que el objetivo más afectado es el 16: *Paz, Justicia e Instituciones sólidas20*, y ciertamente es el que nominalmente lo está, en esa búsqueda imprescindible de sociedades pacíficas e inclusivas para el desarrollo sostenible, desde el acceso a la justicia para todos y todas y la construcción de instituciones responsables y eficaces a todos los niveles. Ahora bien, no son compartimentos estancos, sino que se hallan imbricados los unos con los otros, debiendo adoptarse medidas ambiciosas y urgentes que permitan efectivamente alcanzar esos cambios y que van a incidir transversalmente en el Objetivo 1 (poner fin a la pobreza en todas las formas del mundo), el Objetivo 3 (Salud y Bienestar), el Objetivo 4 (Educación de Calidad), el Objetivo 5 (lograr la igualdad entre géneros y empoderar a todas las mujeres y niñas), el Objetivo 10 (Reducción de las desigualdades), el Objetivo 13 (Acción por el Clima), entre otros. Todos ellos inciden ineludiblemente en la tutela de las personas, en el cómo, cuándo, de qué manera, en qué lugar y por qué personas, y encaminándose hacia una mayor cohesión social y una reducción de la desigualdad mediante la justicia inclusiva.

Con el fin de que la Agenda 2030 no quede en mera declaración programática es imprescindible una respuesta de los gobiernos de los Estados, dirigida a avanzar efectivamente hacia el cumplimiento de estos objetivos. Es imprescindible incorporar medidas que fomenten una *Justicia más sostenible, más equitativa, más igual y más justa socialmente.*

Muchas de las propuestas formuladas en estos tres últimos lustros han ido encaminadas, en algunos casos de forma segmentada y no integral, a la búsqueda de una transformación de la Justicia en los términos expuestos y muy especialmente a la búsqueda de la "eficacia y eficiencia", disvalores de la sociedad actual que penetraron y se solidificaron como consecuencia de la globalización, que ha traído consigo una proliferación de relaciones jurídicas personales, públicas, económicas, de consumo, institucionales, de la mano de una intercomunicación fluida, de avances de las tecnologías de la información y comunicación, transformación en infraestructuras del comercio, del transporte, que han propulsado una constante movilidad de personas, mercancías, alterándose los protagonistas en la sociedad y, con ellos, los valores y

---

[20] https://www.agenda2030.gob.es/objetivos/objetivo16.htm

principios. Basta pensar en el rol residual y minimalista que asume el Estado[21], en el marco de las políticas económicas y también jurídicas, siendo absorbida su capacidad decisora en muchos casos por políticas supranacionales e internacionales, que presentan un mundo cambiado y cambiante. Ejemplo de cuanto decimos es el impulso en determinadas áreas ha asumido la *soft law*, con una gran aceptación por numerosos países. Ese mundo es resultado indiscutible de la globalización, vista ésta como un conjunto multidimensional de procesos sociales que crea, multiplica, despliega e intensifica intercambios e interdependencias sociales en el nivel mundial, a la vez que crea en las personas una conciencia de conexión cada vez mayor entre lo local y lo distante[22].

La Justicia del siglo XXI viene conformada por nuevos criterios, nuevos valores, siendo indudable el factor de crecimiento de un mundo globalizado en el que cualquier decisión sobre la Justicia presenta consecuencias *ad intra* y *ad extra*. El contexto global e internacional, incluso supranacional, unido a la búsqueda de un modelo de justicia que, siendo eficiente, responda a los ODS de una "Justicia más sostenible, más equitativa, más igual y más justa", es lo que ha llevado a numerosas reformas organizativas. Algunas se quedaron en meros anteproyectos o proyectos; otras, han prosperado, caminando hacia ese modelo de Justicia que pretende responder a una Agenda Internacional 2030.

Un factor impensable alteró los tiempos de los ODS, la pandemia planetaria del Covid-19, paralizó la vida y generó una percepción de vulnerabilidad en la Humanidad. Si la emergencia climática y la revolución digital eran dos de los componentes de la agenda social, económica y ambiental del siglo XXI, anudados a la sostenibilidad, la situación propulsada por la pandemia sanitaria ha acelerado los procesos de transformación del planeta, encontrando su componente nuclear en la transformación digital, algorítmica y en la cada vez más aceptada incorporación de las inteligencias artificiales en el mundo de la Justicia[23].

5.3. Consecuencia: tres proyectos de eficiencia

En esa búsqueda de una Justicia más sostenible, accesible, eficiente, se presentaron tres proyectos de ley, que pretenden ofrecer un modelo de Justicia diverso, así como adaptarlo a la realidad que nos acompaña. Los ejes estraté-

---

21 Un Estado atópico, en términos señalados por WILKE, H., *Atopia. Studien zur atopischen Gesellschaft*, Suhrkamp Taschenbuch Wissenschaft, 2001.

22 STEGER, M.B., *Globalization: A very Short Introduction*, Oxford University Press, 2003, p. 13.

23 *Ad extensum*, BARONA VILAR, S., *Algoritmización del Derecho y de la Justicia. De la Inteligencia Artificial a la Smart Justice*, Valencia, Tirant lo Blanch, 2021.

gicos que los impulsaban son: a) la consolidación de los derechos y garantías de los ciudadanos con una batería de medidas entre las que se encuentra el reconocimiento e impulso de los MASC, la elaboración de una nueva ley de defensa o una nueva LECRIM, o una mayor atención a las víctimas especialmente vulnerables; b) la promoción de una mayor eficiencia del servicio público con la consolidación de la oficina judicial, del expediente judicial digital y la integración de las diversas plataformas de gestión procesal; y c) la garantía de acceso a la justicia en todo el territorio, favorecido por una mayor cohesión y coordinación territorial de la mano de la transformación digital, que ha venido consolidándose a través de la interoperabilidad de sistemas informáticos del sector Justicia en los diversos territorios, beneficiado, en todo caso, por la co-gobernanza Estado-Comunidades Autónomas.

1.- *Proyecto de Ley de Eficiencia Organizativa,* que se articulaba esencialmente sobre tres figuras clave: los Tribunales de Instancia, la Oficina Judicial y las Oficinas de Justicia en los municipios.

2.- *Proyecto de Ley de Eficiencia Procesal,* que introducía una regulación conjunta de los MASC, intentando una mayor cohesión social, con propuesta de reforma de leyes procesales para aumentar la celeridad en la tramitación de los procedimientos judiciales, mediante el empleo de las tecnologías, y otras normas.

3.- *Proyecto de Ley de Eficiencia Digital,* que tenía como eje dar cobertura jurídica y regular la transformación digital del servicio público de Justicia, impulsando su eficiencia y orientando al dato los sistemas de Justicia, generalizando el uso de medios tecnológicos para relacionarse con la Administración de Justicia, potenciando el "Punto de Acceso General de la Administración de Justicia", las sedes judiciales electrónicas, sistema único de identificación segura y de firma digital electrónica, favorece el teletrabajo, etc. En suma, fomentaba lo que se denomina como orientación de la Justicia al dato[24], que permitirá actuaciones automatizadas, proactivas y asistidas, aunque siempre con el respeto pleno a las leyes procesales y bajo criterios legales objetivos y públicos, atendiendo a la importancia que tiene para la sociedad obtener resoluciones judiciales en un plazo razonable, con preferencia por las comunicaciones judiciales telemáticas con garantías de seguridad jurídica, entre otras.

---

24 Interesante es el texto presentado por el Comité Técnico Estatal de la Administración Judicial electrónica *Manifiesto por un espacio público de datos en el ámbito de Justicia,* que puede encontrarse en: https://www.mjusticia.gob.es/es/JusticiaEspana/Proyectos-TransformacionJusticia/Documents/Manifiesto%20del%20Dato.pdf.

5.4. Proyecto de LO de eficiencia organizativa. Tribunales de Instancia como uno de sus ejes

Se justificaba este texto en la necesidad de racionalizar el modelo de organización de los tribunales, ante la disfuncionalidad que se ha venido generando en el ámbito de la Administración de Justicia, ante la inadaptabilidad del modelo a la realidad en constante periodo de mudanza, con un prolijo protagonismo tecnológico, una deslocalización y despoblamiento de determinadas localidades, generando realidades asimétricas en el territorio, mayor complejidad y hasta sofisticación de la litigiosidad… el viejo modelo del juzgado unipersonal ha ido, como señala la Exposición de Motivos, quedando obsoleto.

La respuesta que se ofrecía en este texto era la de la reorganización del modelo judicial, operando de forma colegiada; algo que no es nuevo, precisamente si tenemos en cuenta los antecedentes expuestos, y si se mira las experiencias existentes en derecho comparado. En esencia, *se trata de incorporar un modelo de tribunales de instancia, como eje sobre el que articular esta organización judicial colegiada, que no altera el ejercicio de la función jurisdiccional ni las competencias de los órganos de enjuiciamiento unipersonales.*

Con este proyecto de LO de eficiencia organizativa del servicio público de Justicia se pretendía acometer la reforma organizativa de la Administración de Justicia, pero no de forma sectorial, sino en todos sus ámbitos, siendo tres los ejes esenciales sobre los que se despliega: a) La creación y constitución de los Tribunales de Instancia; b) Supresión de los Juzgados de Paz y creación de Oficinas de Justicia en los municipios; y c) Oficina Judicial adaptada a la nueva organización judicial colegiada.

Las disfuncionalidades organizativas que se han venido presentando por razones endógenas y exógenas han favorecido esta propuesta de reforma; una reforma que tiene como objetivo alcanzar una eficiencia organizativa, con optimización de los recursos disponibles, desde la búsqueda de:

1.- La especialización de los órganos judiciales, así como la adecuación de los medios personales y materiales que les apoyan en el cumplimiento de los cometidos derivados de la función jurisdiccional;

2.- Mayor homogeneidad de las prácticas y los comportamientos de los órganos judiciales y de las oficinas judiciales, ofreciendo una mayor previsibilidad, accesibilidad y proximidad, lo que comporta a la vez mayor seguridad y confianza a la ciudadanía y a los operadores jurídicos en el seno de la Justicia;

3.- Mayor capacidad organizativa.

Hemos venido asistiendo en las últimas décadas a una multiplicación imparable de las normas, generando en ciertos casos una anomia legislativa, y, paralelamente, en materia de organización judicial, a la creación de órganos judiciales (unipersonales), a la creación de unidades judiciales, siguiendo la ruta de la unipersonalidad, y sin que este esfuerzo de mayor dotación presupuestaria viniera acompañado de una reestructuración o revisión de la organización.

¿Han sido reformas cosméticas? No podemos decir que así haya sido, empero si fragmentarias o sectoriales, provocando en algunos casos una multiplicación de órganos con idéntica competencia, con inversión en medios en cada uno de ellos, que no ha paliado las necesidades reales de la carga de trabajo. La creación de nuevas unidades judiciales ha sido importante en estos últimos años, especialmente en 2021 tras la pandemia, pero al no alterar el modelo organizativo judicial, ha supuesto una multiplicación de órganos de idéntica competencia y la misma inversión en medios en cada uno de ellos, con independencia de la efectiva necesidad real de carga de trabajo que deben atender, que es asimétrica y no equilibrada territorialmente. Es más, esta política de incremento de las dotaciones judiciales ha propiciado una mayor justicia interina e incluso no profesional, en la medida en que deben cubrirse las plazas con suplencias de forma inmediata para garantizar las necesidades inaplazables.

La percepción general ha venido siendo la de una necesidad de reestructuración. El actual contexto de crisis sanitaria ha permitido validar estos impulsos y propulsar, parece que ahora con mucha mayor posibilidad de convertirse en realidad, una transformación en el modelo organizativo de justicia, incorporando el modelo de Tribunales de Instancia en el ordenamiento jurídico español.

Los Tribunales de Instancia suponen:

— Simplificación del acceso a la Justicia, al existir un Tribunal y no Juzgados diferentes. Este único Tribunal sería asistido por una única organización, la Oficina Judicial, desapareciendo el modelo de juzgado actual y su forma de funcionamiento.

— Permite corregir las disfunciones consecuencia de las diferentes formas de proceder en aspectos organizativos y procedimentales, facilitando fórmulas de gestión y organización más eficientes, como pueden ser la determinación de pautas comunes entre los miembros del Tribunal, unificando criterios en la interpretación y aplicación del derecho, lo que ofrece mayor seguridad jurídica en cuanto a la previsible respuesta judicial en caso de conflicto. Incluso se favorecería la mayor uniformidad en los tiempos de resolución de asuntos de un mismo tipo.

— Posibilita un primer nivel de especialización en la distribución de asuntos, compatible con la de los propios Tribunales.

— Otorga mayor flexibilidad a la planta judicial, adaptándose a las necesidades reales de cada momento. Por ejemplo, facilitando las sustituciones entre ellos.

— Casa bien con las pautas de funcionamiento de la Oficina Judicial.

Todo ello permite pensar en que la incorporación de este modelo colegiado organizativo puede favorecer no solo la mejora del funcionamiento del primer escalón del sistema jurisdiccional, sino que ofrecerá una mayor confianza -al menos la potenciará- de la ciudadanía en nuestro sistema judicial de justicia.

La implementación de la propuesta que se realizaba en el PLO de eficiencia organizativa implicaba, teniendo en cuenta los datos de principios de enero de 2022 del Ministerio de Justicia (probablemente han incrementado a lo largo de los años 2022 y 2023), la transformación de 3.803 órganos unipersonales (cada uno con un juez o magistrado, de un LAJ y de un número variable de personal al servicio de esta) en 431 Tribunales de Instancia (431 partidos judiciales). Estamos hablando de 883 Juzgados de Primera Instancia, 502 Juzgados de Instrucción, 1.076 Juzgados de Primera Instancia e Instrucción, 396 Juzgados de lo Penal, 230 Juzgados de lo Contencioso-Administrativo, 385 Juzgados de lo Social, 51 Juzgados de Vigilancia Penitenciaria, 81 Juzgados de Menores, 92 Juzgados de lo Mercantil y 107 Juzgados de Violencia sobre la Mujer[25].

En cuanto a la forma de realizar la transformación:

1.- Suprimir el Juzgado como órgano unipersonal, creando a este respecto un órgano colegiado nuevo, en el que se integrarán todos los jueces de primera instancia del territorio al que se extienda su ámbito competencial.

Los críticos de este modelo han planteado la posible vulneración del principio de independencia y del derecho al juez legal o predeterminado. Para evitarlo hay que fijar *a priori* los criterios de distribución de asuntos entre los distintos miembros, así como la determinación de los medios para solventar posibles discrepancias entre los miembros del tribunal[26].

2.- El complemento perfecto de este nuevo modelo son las Oficinas judiciales. Existirá un único Tribunal asistido por una única organización que le dará soporte, de manera que, como señala el art. 436 PLO, su actividad se desarrollará a través de las unidades procesales de tramitación y los servicios

---

25 https://www.mjusticia.gob.es/es/ElMinisterio/GabineteComunicacion/Documents/220412%20Presentaci%C3%B3n%20PLEO_.pdf.

26 FERNÁNDEZ-SEIJO, J.Mª, "Justicia Mercantil y Tribunales de Instancia", en https://almacendederecho.org/justicia-mercantil-tribunales-instancia.

procesales que se determinen[27]. La unidad procesal de tramitación realizará funciones de ordenación del procedimiento y de asistencia directa a los jueces, juezas, magistrados y magistradas en el ejercicio de las funciones que le son propias. Obviamente, con ello se evitan las disfuncionalidades organizativas y procedimentales.

3.- Manejo de herramientas informáticas, trabajando en un modelo de cogestión Estado-Comunidades autónomas. En la actualidad los órganos judiciales ya disponen de herramientas informáticas muy desarrolladas que han permitido la evolución de las formas de documentación, gestión y tramitación del procedimiento, transitando del expediente en papel al expediente judicial electrónico. Y, por supuesto, ya existen sistemas de gestión procesal que permiten gestión y tramitación digital de los procedimientos, haciendo posible la comunicación telemática, tanto *ad intra*, entre los jueces-juezas y la Oficina judicial, como *ad extra*, a saber, entre diversas oficinas judiciales, o con profesionales, otras Administraciones y la ciudadanía. Y el camino sigue, esto es, hacia la búsqueda igualmente de la inmediación digital plena y segura.

4.- Las unidades procesales estarán dirigidas por los LAJ y podrán subdividirse en áreas (que no realizarán tareas de ordenación del procedimiento). Hay un dato interesante en la regulación: la definición de la ubicación del puesto de trabajo, permitiendo su desvinculación del lugar físico en el que presten los servicios, permitiendo el trabajo deslocalizado.

5.- El PLO también incorpora como tercer eje a las Oficinas de Justicia en el Municipio[28]. Desde hace varias décadas se ha estado trabajando en la transformación de los Jueces de Paz, creados por RD de 22 de octubre de 1855 (en todos los pueblos en los que haya ayuntamiento). Su progresiva pérdida de competencias[29] en las sucesivas reformas ha hecho plantear su "reinvención", que pasa por la supresión del modelo de jueces de paz para convertirlos en Oficinas de Justicia municipales, que ofrecerían servicios a la ciudadanía

---

27 Dentro de las funciones asignadas a los servicios comunes procesales se halla las de prestar auxilio judicial en el marco de la cooperación jurídica internacional, así como las relacionadas con los medios adecuados de solución de controversia.

28 El art. 439 ter define las Oficinas de Justicia en los municipios como aquellas unidades no integradas en la Oficina Judicial del partido judicial que se constituyen en el ámbito de la organización de la Administración de Justicia para la prestación de servicios a la ciudadanía de los respectivos municipios, regulando los aspectos relativos a su dotación, gestión de sus instalaciones, medios instrumentales y otros medios necesarios para el desarrollo de sus funciones.

29 Sus competencias se circunscriben a reclamaciones en sede civil de menos de 90 euros, sin competencias penales y sin competencias registrales desde la reforma de la Ley 20/2021, de 21 de julio, manteniendo competencias residuales en relación con las comunicaciones telemáticas.

referidos a: la práctica de diligencias judiciales, a la celebración de juicios telemáticos, a la conexión con colegios de abogados (turno de oficio, justicia gratuita), a la conexión con las oficinas de víctimas del delitos, se convertiría en oficina colaboradora del Registro civil, permitiría ofrecer soporte a las unidades MASC, podría realizar trámites gerenciales territoriales así como impulsaría el trabajo deslocalizado a través de la digitalización.

Esta transformación de los juzgados de paz en oficinas de justicia en el municipio mantendría la idea de proximidad al ciudadano, evitando desplazamientos; además, contribuiría a una absoluta necesidad de dinamizar la España vaciada, manteniendo la administración en el territorio; por su parte, se aprovecharían los recursos humanos que actualmente trabajan en los juzgados de paz, además de poderse cubrir también por personal de los Cuerpos de funcionarios al servicio de la Administración de Justicia, con la posibilidad de que también se incluya personal de otras Administraciones Públicas, en atención a los diferentes servicios que se prestarán desde las mismas y conforme se disponga en las correspondientes relaciones de puestos de trabajo; y permitirían su integración en el modelo organizativo de los tribunales de instancia y de la oficina judicial, siempre desde la mirada digital.

5.5. Estructura del PLO de eficiencia organizativa

El PLO de eficiencia organizativa se estructuraba en un único artículo, una disposición adicional, ocho disposiciones transitorias y cinco disposiciones finales.

1.- Por un lado, crea los tribunales e Instancia y el Tribunal Central de Instancia

2.- Por otro, Creación y constitución de las Oficinas de Justicia en los municipios

El artículo 26 atribuye ejercicio de la potestad jurisdiccional a los siguientes Tribunales: a) Tribunales de Instancia; b) Audiencias Provinciales; c) Tribunales Superiores de Justicia; d) Tribunal Central de Instancia; e) Audiencia nacional; y f) Tribunal Supremo. Se suprimen los Juzgados.

El artículo 84 prevé la existencia de un Tribunal de Instancia en cada partido judicial y su estructura mínima; establece la posibilidad de secciones, pudiendo integrarse también por Secciones de Familia, de lo Mercantil, de Violencia sobre la Mujer, de Enjuiciamiento Penal, de Menores, de Vigilancia Penitenciaria, de lo Contencioso-Administrativo y de lo Social, regulando el ámbito territorial al que extenderán su jurisdicción cada una de las Secciones, su estructura, su composición y sus competencias. Y, al margen de estas Secciones especializadas, se mantiene la posibilidad de que en cualquiera de ellas se especialicen también algunas plazas para el conocimiento de determinadas clases de asuntos o las ejecuciones propias del orden jurisdiccional de que se trate.

A la vez, este modelo de organización colegiada que mantiene función unipersonal ha llevado a incorporar algunas modificaciones atribuidas por razón de la materia a determinados órganos unipersonales. A título de ejemplo, se producen cambios en relación con los procedimientos concursales, o por ejemplo en materia de familia (el art. 86 enumera las competencias atribuidas a las Secciones de Familia y a Jueces civiles especializados en esta materia, homogeneizándose las competencias que tenían asumidas los Juzgados de familia y los jueces especializados en esta materia).

Por su parte, cada Tribunal de Instancia estará integrado por la Presidencia del Tribunal y los jueces, las juezas, los magistrados y magistradas que desarrollen su actividad jurisdiccional. E igualmente existirá una Presidencia de Sección cuando en la misma existan ocho o más plazas judiciales, siempre que se haya integrado el Tribunal por dos o más Secciones y el número total de plazas judiciales del Tribunal sea igual o superior a doce. Debe tenerse en cuenta:

El art. 166 regula el nombramiento de quien ostentará la Presidencia tanto del Tribunal de Instancia como de las Secciones, así como de la Presidencia del Tribunal Central de Instancia y de la Presidencia de sus Secciones, estableciendo el periodo de ejercicio del cargo, su renovación y la posible liberación de trabajo. Las opciones eran plurales, dado que hay quien sostenía que fueren los mismos integrantes del tribunal los que eligieren al presidente y no por antigüedad o por decisión del CGPJ.

Los arts. 169 y 170 regulan las Juntas de Jueces y Juezas del Tribunal de Instancia y de la Junta de sus Secciones, su forma de constituirse y su ámbito de actuación.

Interesante es el art. 264.4 que establece la posibilidad de que la Junta de Sección del Tribunal de Instancia pueda reunirse para examinar y valorar criterios cuando los jueces, juezas, magistrados y magistradas que la integren sostuvieren sus resoluciones diversidad de criterios interpretativos en la aplicación de la ley en asuntos sustancialmente iguales.

El art. 167 establece la publicidad de las normas predeterminadas por las que se rija el reparto de asuntos entre los jueces, juezas, magistrados y magistradas de los Tribunales de Instancia, fijando la facultad de la Presidencia del Tribunal de proponer el nombramiento de alguno de sus integrantes cuando se den las circunstancias del art. 84.6.

El sistema adapta a la nueva organización judicial el régimen de sustituciones voluntarias, el régimen legal subsidiario, prórrogas y la provisión de plazas.

5.6. Instauración de un régimen de transitoriedad

Por un lado, la constitución de los Tribunales de Instancia afectaría a numerosos órganos unipersonales, manteniéndose vigente el régimen de organización anterior a la entrada en vigor de la ley en los juzgados unipersonales hasta el establecimiento de los Tribunales de Instancia y su transformación en secciones (disposición transitoria primera).

Los jueces decanos y decanas se convertirán en Presidentes/as del Tribunal de Instancia (disposición transitoria tercera) o del Tribunal Central de Instancia (una vez se haya constituido). Este Tribunal Central de Instancia se constituirá como fecha máxima el 1 de julio de 2023 (disposición transitoria segunda).

Asimismo, la implantación de la oficina judicial será simultánea a la de los Tribunales de Instancia (disposición transitoria cuarta). E igualmente, en la fecha de constitución prevista para cada Tribunal de Instancia las actuales Secretarías de Juzgados de Paz o Agrupaciones de aquéllas en los respectivos partidos judiciales se transformarán en Oficinas de Justicia en los municipios (disposición transitoria quinta). Y en el momento en que se creen las Oficinas de justicia en el municipio, cesarán los jueces y juezas de paz, salvo que quedaren pendientes algunas resoluciones definitivas, en cuyo caso mantendrán prorrogadas su jurisdicción únicamente si deben ser solo resueltos por ellos (disposición transitoria sexta)

En los procesos de familia, que se inicien a partir de la fecha de constitución de los Tribunales de instancia serán competencia de las Secciones de Familia cuando éstas se hayan constituido como órganos especializados, lo que no obstará a que dentro de estas Secciones se mantenga la especialización de los jueces, juezas, magistrados o magistradas que las integran en materias específicas (disposición transitoria séptima).

6. ¿Y AHORA QUÉ?

La disolución de las Cortes Generales españolas en mayo de 2023, con convocatoria de elecciones de ambas Cámaras el 23 de julio de 2023, supuso el desencanto para quienes aplaudían la incorporación de los tribunales de instancia propuestos por el texto del *Proyecto de Ley Orgánica de eficiencia orga-*

nizativa. De nuevo, una vez más, comenzaba el "trabajo de Sísifo" al haber rodado la piedra hasta el valle, para no se sabe si comenzar o no de nuevo.

Las Cortes generales dieron el triunfo al candidato socialista Pedro Sánchez Pérez Castejón como Presidente del Gobierno el día 16 de noviembre de 2023. Un gobierno que deberá decidir si continua con el trabajo realizado en el Ministerio de Justicia de impulsar la reforma de la Justicia desde las tres dimensiones, de eficiencia, organización y digitalización, o si, aun reformando, comienza desde otro punto de partida diverso del que ya conocemos.

Nos queda la duda. Una duda, a la que se refería en el siglo XVI Michel de Montaigne, en *Apología a Raimundo Sabunde,* dado que, al plantearse *Que sais-je?* o *Qué sé yo?,* continuaba manifestando que no se trata tanto de buscar una respuesta a la cuestión dudosa planteada, cuanto de expresar que nada se sabe, aun cuando no se afirme así; esto es, los ensayos de Montaigne son la búsqueda de un modo de pensar y de hablar sin afirmar absolutamente nada, sino de mostrar la incognoscibilidad. Y en esa incognoscibilidad nos movemos cuando realizamos conjeturas acerca de la conclusión o no de la historia interminable de los tribunales de instancia y su paso de la fantasía a la realidad, o la finalización del trabajo de Sísifo alcanzando la meta -incorporación organizativa de los tribunales de instancia-.

Llegado este momento no se si finalizar este trabajo proclamándome escéptica como Montaigne, poniendo en duda el realismo de los tribunales de instancia, o preferir acabar con la idea de Borges de que "la duda es uno de los nombres de la inteligencia", lo que nos lleva a repensar, a discutir y a seguir analizando y avanzando. Quien se queda con una Verdad y la considera inamovible, es obvio que se estanca y empobrece su propio pensamiento. Queda -parece- todavía mucho que leer, pensar y reflexionar, antes de incorporar en el ordenamiento jurídico español una reforma organizativa judicial en la que, entre otros, se incorporen los tribunales de instancia y se adapte una organización judicial hoy obsoleta e inadecuada a las coordenadas y especialmente necesidades de la sociedad del siglo XXI. Quizás en este ahora me alinee mejor con Victor Hugo y su declaración de que *incluso la noche más oscura terminará y el sol saldrá.* ¿Por qué no?

BIBLIOGRAFÍA

BARONA VILAR, S., "Proceso civil y penal ¿líquido? en el siglo XXI", en *Justicia civil y penal en la era global* (ed. Silvia Barona Vilar), Valencia, Tirant lo Blanch, 2017.

BARONA VILAR, S., "El Título VI de la Constitución, "Poder Judicial", desde una mirada en el Siglo XXI", *Anuari de Dret Parlamentari, núm 31 extraordinari, 40 aniversari de la Constitució Espanyola,* 2018.

BARONA VILAR, S., "A la búsqueda de la eficiencia y la celeridad, claves de la Justicia civil del siglo XXI", en *Obra homenaje al Maestro Dr Jorge Fábrega,* Instituto Colombo-panameño de Derecho Procesal, 2019.

BARONA VILAR, S., *Algoritmización del Derecho y de la Justicia. De la Inteligencia Artificial a la Smart Justice,* Valencia, Tirant lo Blanch, 2021.

BARONA VILAR, S., "Una justicia "digital" y "algorítmica" para una sociedad en estado de mudanza", en *Justicia algorítmica y neuroderecho* (ed. Silvia Barona Vilar), Valencia, Tirant lo Blanch, 2021.

BARONA VILAR, S., "Mutación de la Justicia en el siglo XXI. Elementos para una mirada poliédrica de la tutela de la ciudadanía", en *Justicia poliédrica en periodo de mudanza (nuevos conceptos, nuevos sujetos, nuevos instrumentos y nueva intensidad* (ed. Silvia Barona Vilar), Valencia, Tirant lo Blanch, 2022.

BARONA VILAR, S., "La digitalización y la algoritmización, claves del nuevo paradigma de Justicia eficiente y sostenible", en *Uso de la información y de los datos personales en los procesos: los cambios en la era digital* (Dir. Ignacio Colomer Hernández), Navarra, Thomson Reuters-Aranzadi, 2022.

BARONA VILAR, S., "Justicia algorítmica, ¿más o menos sostenible?", en la obra colectiva *Los ODS en la Justicia: el derecho Procesal y la Inteligencia Artificial,* Valencia, Tirant lo Blanch, 2022.

COMISIÓN GENERAL DE CODIFICACIÓN, MINISTERIO DE JUSTICIA, *Crónica de la codificación española 1. Organización judicial,* Madrid, 1970.

CTAJE, Comité Técnico Estatal de la Administración Judicial electrónica *Manifiesto por un espacio público de datos en el ámbito de Justicia,* que puede encontrarse en: https://www.mjusticia.gob.es/es/JusticiaEspana/ProyectosTransformacionJusticia/Documents/Manifiesto%20del%20Dato.pdf.

FERNÁNDEZ-SEIJO, J.Mª, "Justicia Mercantil y Tribunales de Instancia", en https://almacendederecho.org/justicia-mercantil-tribunales-instancia.

RODRÍGUEZ RAMOS, L., "En 1870: la primera revolución de la justicia penal", en *Diario La Ley, n. 9571, 11 de febrero de 2020.*

STEGER, M.B., *Globalization: A very Short Introduction,* Oxford University Press, 2003.

WILKE, H., *Atopia. Studien zur atopischen Gesellschaft,* Suhrkamp Taschenbuch Wissenschaft, 2001.

Capítulo XII:

Oficinas de Justicia en los municipios vs. Juzgados de Paz

FERNANDO CASTILLO RIGABERT
Profesor Titular de Derecho Procesal.
Universidad de Murcia

Sumario: 1. Los Juzgados de Paz en la Ley Orgánica del Poder Judicial de 1985. 1.1 "España llena" y "España vaciada". 1.2 Competencias de los Juzgados de Paz. Datos estadísticos. - 2. La organización jurisdiccional en los municipios desde 1944 a 1985. 2.1 La Justicia Municipal en la Ley de 19 de julio de 1944. 2.2 La reforma llevada a cabo por Ley Orgánica del Poder Judicial de 1985. 2.3 El proyecto de reforma de la Ley Orgánica del Poder Judicial de 2006: la propuesta de creación de los Juzgados de Proximidad. - 3. Las Oficinas de Justicia de los municipios. - 4. Proyección de la supresión de los Juzgados de Paz en un territorio de la "España llena": la Región de Murcia. - 5. Conclusiones.

Resumen: En este breve trabajo se estudia la Justicia Municipal en España teniendo en consideración la estructura demográfica del país. Los problemas son diferentes según nos encontremos en territorios densa o escasamente poblados. De igual forma, se reflexiona sobre las llamadas Oficinas de Justicia de los municipios como alternativa a los órganos judiciales.

1. LOS JUZGADOS DE PAZ EN LA LEY ORGÁNICA DEL PODER JUDICIAL DE 1985

Con la disolución de las Cortes Generales[1], y la convocatoria de elecciones, decayeron los proyectos de Ley que estaban en tramitación y, entre ellos, el de "eficiencia organizativa"[2]. En dicho texto, se preveía la desaparición de los

1 Real Decreto 400/2023, de 29 de mayo, de disolución del Congreso de los Diputados y del Senado y de convocatoria de elecciones.

2 En mi trabajo "La reforma de la Ley Orgánica del Poder Judicial para la implantación de los Tribunales de Instancia y las Oficinas de Justicia en los municipios" (en AA.VV., Horizonte Justicia 2030. Reflexiones críticas sobre los Proyectos de Eficiencia del Servicio Público de Justicia, Madrid, 2023, págs. 21 a 44) tuve ocasión de analizar las consecuencias que se derivarían de la nueva estructura judicial con la creación de los llamados "Tribunales de Instancia" y las nuevas "Oficinas de Justicia". Ahora me centro en un tema más concreto: reflexionar sobre algunas consecuencias de la pretendida desaparición de los Juzgados de Paz y su sustitución por las "Oficinas de Justicia".

Juzgados de Paz[3] y la creación de unos nuevos órganos, de naturaleza no jurisdiccional, denominados "Oficinas de Justicia en los municipios".

Para comenzar nuestra exposición, debemos partir de la actual configuración legal -que data de la Ley Orgánica del Poder Judicial de 1985- y examinar los antecedentes legales inmediatamente anteriores. Hemos de tomar, asimismo, en consideración la estructura demográfica de España para evaluar las consecuencias que se derivarían de la reforma propuesta.

En los artículos 99 de la LOPJ se establece que "en cada municipio, y con jurisdicción en el término correspondiente, habrá un Juzgado de Paz". La ley no exige ningún requisito mínimo de población para la creación de un Juzgado de esta clase. Es suficiente, por tanto, que la localidad sea, conforme a las normas administrativas, "municipio"[4].

---

3 Un resumen de los argumentos a favor y en contra de la configuración actual de los Juzgados de Paz lo podemos encontrar en DÍAZ PITA, M.ª. P. "Jurisdicción, Proceso Civil y Registro Civil. Un peculiar trinomio", Madrid, 2023, págs. 194 y ss. Según esta autora, "La definitiva inclusión de los Jueces de Paz en la LOPJ de 1985...no fue, sin embargo, en absoluto pacífica, sino que, antes al contrario, fue precedida de una enconada discusión parlamentaria en torno al contenido del Proyecto de LOPJ de 1985 en la que se enfrentaron tesis a favor y en contra de la supresión de estos órganos judiciales...Se alegaron en contra de su mantenimiento razones históricas, jurídicas, constitucionales y sociológicas que, según sus detractores, aconsejaban prescindir de estos órganos judiciales; razonamientos y motivos contestados por quienes apostaban por la inclusión de esta figura en la LOPJ, apelando justamente a esas necesidades sociológicas y, sobre todo, apoyándose en la justificación constitucional de su existencia que habría de residenciarse, por un lado, en el derecho de participación ciudadana en la Administración de Justicia que proclamaba (y proclama) el artículo 125 de la CE, y por otro, en la necesaria subsistencia de Tribunales históricos y consuetudinarios entre los que, decían, cabía incluir a los Jueces de Paz" ob.cit, págs..195-196.
Son varias las cuestiones en las que la doctrina se encuentra dividida: por un lado, que se trate de jueces legos (no técnicos en Derecho) y, por otro, su sistema de elección. A favor, se pronunció MORENO CATENA, V "Las innovaciones en la organización de los Tribunales españoles en el Proyecto de Ley Orgánica del Poder Judicial", en *Documentación Jurídica,* nº 42 a 44, abril-diciembre, 1984, I, págs. 523 a 526. En sentido contrario, DAMIÁN MORENO, J. ("Los Jueces de Paz. Antecedentes históricos y perspectivas actuales", Madrid, 1987, págs. 238-239), que estima que este tipo de Juez puede ser contrario al principio de igualdad ante la ley por establecer una desigualdad en el enjuiciamiento de los asuntos según estén encomendados a jueces legos o técnicos. GASCÓN INCHAUSTI, F. entiende que la figura del Juez de Paz no tiene anclaje constitucional en el artículo 125 y que, por tanto, no sería inconstitucional su supresión ("La figura del juez de paz en la organización judicial española", en *Reforma Judicial. Revista Mexicana de Justicia,* nº 8, julio-diciembre de 2006, pág. 3).

4 La no exigencia de un mínimo de habitantes puede ser cuestionada desde el punto de vista de la correcta utilización de los recursos públicos. Él artículo 99.2 de la Ley Orgá-

1.1. "España llena" y "España vaciada"

Resulta conveniente ver con qué realidad demográfica nos enfrentamos[5]. Según el Instituto Nacional de Estadística[6]:

---

nica del Poder Judicial sí prevé que pueda existir una sola oficina judicial para varios municipios, obviamente para racionalizar el adecuado uso de los recursos públicos. En sentido inverso, y como veremos más adelante, la supresión, sin más, de los Juzgados de Paz, y su sustitución por órganos no jurisdiccionales, en localidades con un número notable de habitantes puede, asimismo, tener consecuencias negativas. Sería deseable, aunque es un tema que excede el propósito de este trabajo, que se abordase una racionalización de la estructura municipal del país teniendo en consideración la densidad demográfica. Al mismo tiempo, entiendo que las razones económicas no pueden ser las únicas a la hora de tratar esta cuestión.

5 Un breve pero completo resumen de la evolución poblacional de los municipios lo podemos encontrar en PLAZA GUTIÉRREZ, J.I., "Evolución y cambio de los municipios españoles (1979-2019)" consultado en https://www.idluam.org/blog/evolucion-y-cambios-de-los-municipios-espanoles-1979-2019/. Según afirma este autor, "tal y como se recoge en un reciente artículo publicado por el profesor Abel Albet, de la Universidad Autónoma de Barcelona (UAB), España junto con Francia han sido los dos países europeos donde menor reducción de la planta municipal se ha producido desde mediados del pasado siglo hasta la actualidad. En términos de población, hoy el 61% de todos los municipios de España son inferiores a 1.000 habitantes y reúnen tan solo poco más de un 3% de toda la población del país. Frente a ellos, los de 10.000 a 100.000 habitantes (8,5% del total) y los de más de 100.000 (un 0,75%) concentran el 80% de toda la población española (el 40% cada uno de ellos). Los datos que proporciona el Informe elaborado en 2016 por la Federación Española de Municipios y Provincias (FEMP) reflejan muy significativamente el punto al que se ha llegado hoy en la evolución demográfica municipal en España de los últimos años. Según esta fuente, *el 50% de los municipios está en riesgo más o menos severo de extinción a medio o largo plazo*, enfrentándose a una realidad con tres frentes: la crisis demográfica en que está inserta España (y una parte de Europa también), la situación cada vez más crítica de las provincias más azotadas por la despoblación desde hace décadas y la situación tan preocupante de las áreas rurales. Y en este mismo informe se subraya, al mismo tiempo, el marcado "*minifundismo demográfico*" de los municipios españoles, donde en 14 provincias (de ambas Castillas y Aragón) más del 80% de todos sus municipios no pasan de 1.000 habitantes, lo que se refuerza con el hecho de que, además, en España entre el año 2000 y el 2016 creció un 38% el número de municipios de menos de 100 habitantes. Entre 1981 y 2011 se produjo una evolución demográfica municipal espacialmente desigual. Perdió peso la población concentrada en los municipios de menos de 10.000 habitantes (especialmente los de menos de 1.000) y aumentó sobre todo la que albergan los de 10.000 a 50.000 (el vaciamiento progresivo va afectando a las áreas más rurales y zonas de menor peso, mientras que las capitales provinciales y ciudades medias y pequeñas o cabeceras comarcales retuvieron aún población), pues los de más de 100.000 habitantes no varían mucho en esos 30 años."

6 En https://www.ine.es/infografias/infografia_padron.pdf podemos encontrar el siguiente resumen a 1 de enero de 2022: Población total inscrita en el padrón: 47.475.420; número total de municipios 8131; provincia con más municipios, Burgos con 371;

- En el año 2000, había 493 municipios con menos de 100 habitantes de un total de 8104 localidades.[7]
- En 2022, existían 1344 municipios con menos de dicha cifra de habitantes, de un total de 8131. Se ha pasado, por consiguiente, de un 6,08 % a un 16,52 %.
- Hay 32 provincias con municipios con menos de 100 habitantes.
- De ellas, Guadalajara tiene 174 municipios con menos de cien personas censadas; Burgos, 161, Soria, 115; Ávila, 115; Teruel, 93; Zaragoza, 83; Salamanca, 83; Segovia, 77; Cuenca, 76 y Palencia, 74. En todos los casos, el porcentaje de municipios poco poblados es muy significativo (alrededor del cincuenta por ciento) en relación con el total de municipios de la respectiva provincia.
- Asimismo, se constata que todas las provincias citadas están en tres Comunidades Autónomas: Castilla-León, Castilla-La Mancha y Aragón. Esto demuestra que existe el problema de la llamada "España vaciada"

Sobre el problema de la España "vaciada" o "vacía" alertó el Defensor del Pueblo en el año 2018.[8]

La lectura de su informe pone de manifiesto la gravedad del problema de la despoblación de determinadas partes del territorio nacional, de tal manera que puede perfectamente contraponerse la existencia de una España "llena" a otra "vacía" o "vaciada". La primera, la España urbana, concentra, en los sesenta y tres municipios que tienen más de cien mil habitantes, más del cuarenta por ciento de los habitantes totales del país. Los ciento cuarenta y ocho municipios de más de cincuenta mil habitantes suman el cincuenta y tres por ciento de la población total. Se puede hablar, por tanto, de un proceso de concentración hacia las ciudades con consiguiente abandono del medio rural.

---

provincia con menos municipios, Las Palmas con 34. En cuanto a la distribución poblacional, el INE nos ofrece los siguientes datos: número de municipios con menos de 1000 habitantes, 4986; de 1001 a 10000, 2381; de 10.001 a 50.000. 613; de 50.001 a 100.000, 87 y más de 100.000 habitantes, 64 municipios. El 39,9% de la población viven en municipios de más de 100.000 habitantes, el 13,1% en los de 50.001 a 100.000, el 26,8% en los de 10.001 a 50.000, el 17,2% en los de 1001 a 10.000 y el 3% en los de menos de 1000.

7 https://www.larazon.es/espana/20220516/scr3xj47n5asrgpm47cg44face.html#:~:text=Una%20cifra%20refleja%20c%C3%B3mo%20ese,hay%201.344%20municipios%20(de%20las

8 "La situación demográfica en España. Efectos y consecuencias. Estudio". Separata del volumen II del Informe anual 2018, Madrid, 2019. Consultado en https://www.defensordelpueblo.es/wp-content/uploads/2019/06/Separata_situacion_demografica.pdf.

Esta concentración urbana ha sido también objeto de atención por los órganos de la Unión Europea que denomina "Áreas Urbanas Funcionales" las ciudades de más de cincuenta mil habitantes, junto con sus municipios limítrofes, que son aquellos en los que, al menos, el quince por ciento de su población se desplaza diariamente, por razones de trabajo o estudio, a la ciudad cabeza de esa área urbana. [9]

Según el informe del Defensor del Pueblo, con dicho criterio estadístico de la Unión Europea, se estima que en España existen setenta y tres áreas urbanas funcionales en las que vive el sesenta y ocho por ciento de la población.[10]

Es de resaltar -sigue señalando el informe del Defensor del Pueblo- que, según la monografía publicada en febrero de 2019 por la Fundación BBVA y el Instituto Valenciano de Investigaciones Económicas, la población española se ha multiplicado por 2,5 desde 1900, pero un setenta por ciento de municipios ha perdido residentes, por lo que se ha producido un proceso de urbanización y el porcentaje de población que vive en núcleos urbanos ha pasado del cincuenta por ciento al ochenta y siete por ciento. Por tanto, en las zonas rurales sólo permanece el trece por ciento de la población.[11]

En el informe se señala que la crisis económica de los últimos años ha ahondado este fenómeno de despoblación de una forma que no duda en calificar de "devastadora". La población de las áreas rurales tiende a desplazarse a lugares en los que existen mayores oportunidades laborales y mejores servicios de toda clase. No se trata de un hecho nuevo ni es exclusivo de España, pero lo cierto es que produce un despoblamiento de determinadas zonas del país que se encuentran, además, con una edad media de sus habitantes cada vez más elevada originando lo que se ha venido en denominar por algunos "un invierno demográfico".[12]

---

9 El fenómeno de progresiva despoblación fue tenido en consideración por el Parlamento Europeo en el Reglamento de disposiciones comunes para el reparto de los fondos y se reconoce, por primera vez, la despoblación como potencial criterio de asignación. La Unión Europea considera áreas escasamente pobladas las que tienen una densidad de población inferior a 12,5 hab./km2, y las muy escasamente pobladas aquellas que tienen menos de 8 hab./km2

10 Según datos del año 2017, las cinco áreas urbanas funcionales españolas con mayor población (por encima del millón de habitantes) son: Madrid (6,71), Barcelona (4,96), Valencia (1,72), Sevilla (1,54) y Bilbao (1,03). En su conjunto, suman 16 millones de habitantes, un 34 % de la población española.

11 Alrededor de un tercio de los habitantes de España vive ahora en las capitales de provincia, que han multiplicado por casi cinco veces su población desde principios del siglo pasado.

12 El mensaje de la distribución de la densidad de población en España no puede ser más preocupante. Las áreas con densidades inferiores a 12,5 habitantes/km2 se extienden por 42 provincias y 4.423 municipios, ocupan un 54,84 % del espacio de esas

Como se puede comprobar, nos enfrentamos a una realidad que no se puede ignorar, consecuencia de la previsión del artículo 99 de la LOPJ: en buena parte del territorio, municipios extremadamente poco poblados, por el simple hecho de serlo, deberán tener un Juzgado de Paz.[13]; en otras partes del territorio nacional, poblaciones densamente pobladas tendrán solamente un Juzgado de Paz.

Parece razonable concluir que toda reforma de la organización jurisdiccional debería ir precedida de un estudio demográfico serio, huyendo de soluciones simples y generales pues la realidad es compleja.

1.2. Competencias de los Juzgados de Paz. Datos estadísticos

Las competencias de los Juzgados de Paz, como sabemos, son muy reducidas. Según el artículo 100.1 de la LOPJ conocerán, en el orden civil, de la sustanciación en primera instancia, fallo y ejecución de los procesos que la ley determine y cumplirán también las demás funciones que la ley les atribuya. Por lo que respecta al orden penal, conocerán en primera instancia de los procesos por faltas que les atribuya la ley. Podrán intervenir, igualmente, en actuaciones penales de prevención, o por delegación, y en aquellas otras que señalen las leyes.

En el orden civil, el art. 47 de la LEC establece que a los Juzgados de Paz corresponde el conocimiento, en primera instancia, de los asuntos civiles de cuantía no superior a noventa euros que no estén comprendidos en ninguno de los casos a que, por razón de la materia, se refiere el apartado primero del artículo 250.

---

provincias y en él sólo vive el 5,43 % de la población, 2.410.869 personas, con una densidad media de 8,69 habitantes/km2. Pero lo más grave es que la estructura etaria está notablemente envejecida y presenta un déficit en el relevo generacional" en BURILLO CUADRADO, M.P., RUBIO TERRADO, P. y MURILLO MOZOTA, "Strategies facing the depopulation of the Serrania Celtibérica within the framework of the European cohesion policy 2021-2027". Economía Agraria y Recursos Naturales 19(1), 83-97: https://doi.org/10.7201/earn.2019.01.05.

13 No obstante, sí se tiene en consideración el volumen de población para establecer la retribución de los jueces de paz. En 2022, se consideraban cinco escalas diferentes. Así, en la 1 (población hasta 1999 habitantes) la cuantía salarial ascendía a 1216 euros al año, mientras que en la 5 (municipios con más de 15000 habitantes) la remuneración era de 4862 euros al año, conforme a lo dispuesto en la Disposición adicional vigésima quinta del Real Decreto Ley 18/2022, de 18 de octubre. En los municipios de menos de 7000 habitantes se agrupan las secretarías, de modo que hay un solo LAJ para varios juzgados.

En materia penal, desaparecidas las faltas, su competencia queda reducida a intervenciones a prevención, delegación u otras que les señalen las leyes.

Los datos estadísticos de la actividad real de los Juzgados de Paz nos los proporciona el Consejo General del Poder Judicial.

En el año 2022[14], nos encontramos con las siguientes cifras por lo que respecta a los asuntos civiles:

- Asuntos ingresados: 755.912
- Asuntos resueltos: 752.612. De éstos, se celebraron 7.677 juicios verbales (el 1% del total aproximadamente), 11.206 actos de conciliación, se tramitaron 687.456 exhortos (esto es, el 91% del total) y 46.273 agrupados como "resto de asuntos".

En referencia a los asuntos penales, los números son los siguientes en el mismo año:

- Asuntos ingresados: 705.582
- Asuntos resueltos: 706.116. De los que, 665.426 (el 94 %) se enmarcan en la tramitación de exhortos penales y 40.690 clasificados como "resto de asuntos".

Estas cifras eran, sin duda, conocidas por el legislador. Ponen de manifiesto que la actividad estrictamente jurisdiccional es muy reducida y, por tanto, podía optar por incrementar las competencias o, por el contrario, suprimir los Juzgados de Paz y sustituirlos por otros órganos de naturaleza no jurisdiccional. Se decantó por esta segunda posibilidad.

2. LA ORGANIZACIÓN JURISDICCIONAL EN LOS MUNICIPIOS DESDE 1944 A 1985

2.1. La Justicia Municipal en la Ley de 19 de julio de 1944

En la Ley Orgánica del Poder Judicial de 1985, se decidió la desaparición de los órganos judiciales intermedios, hasta entonces existentes, entre los Juzgados de Primera Instancia e Instrucción y los de Paz.

---

14 Datos consultados en https://www.poderjudicial.es/cgpj/es/Temas/Estadistica-Judicial/Estadistica-por-temas/Actividad-de-los-organos-judiciales/Otros-organos-de-la-administracion-de-justicia/Juzgados-de-Paz/

Conviene, aunque sea de forma rápida, recordar la evolución de la organización de la justicia en los municipios en la etapa inmediatamente anterior a la Ley Orgánica del Poder Judicial.

El punto de partida fue la Ley de 19 de julio de 1944, de Bases para la reforma de la Justicia Municipal.

La Exposición de Motivos explicitó claramente los objetivos fundamentales que perseguía: a) aproximar la justicia al justiciable; b) profesionalizar la justicia lo más posible, asegurando la formación técnica de jueces y fiscales y c) disponer de los recursos económicos suficientes para ello.

Para lograr este propósito, la Justicia Municipal se articulaba de la siguiente manera (base 2ª):

- Juzgados municipales, radicados en las capitales de provincias y municipios de más de veinte mil habitantes.
- Juzgados comarcales, constituidos en los centros o capitales de comarca.
- Juzgados de paz: en los municipios donde no hubiese Juzgados municipales ni comarcales.

De acuerdo con la base 3ª, los Juzgados municipales estarían a cargo de funcionarios de la carrera judicial con categoría de juez, los comarcales serían cubiertos por licenciados en Derecho que superasen una oposición,[15] y los de Paz serían designados por las Salas de Gobierno de las Audiencias Territoriales entre una terna elevada por los Jueces de Primera Instancia, previos los informes que el Ministerio de Justicia[16]. Era un cargo honorifico y gratuito.[17] Los locales y material de los juzgados estaban a cargo de la Administración municipal. [18]

---

15 Quienes superasen la oposición deberían asistir posteriormente a un cursillo de capacitación en el que completarían sus conocimientos jurídicos para el mejor cumplimiento de la función que se les encomienda. A la terminación del cursillo, se les otorgaba el título correspondiente, Las categorías de estos Jueces estaban determinadas por razón de la importancia de la comarca respectiva, de acuerdo con lo previsto reglamentariamente.

16 El Juez de Paz no necesariamente tenía que ser licenciado en Derecho, debía ser persona de prestigio, moralidad, arraigo en la localidad y pertenecer a Falange Española Tradicionalista y de las J.O.N.S. En el caso de que las Salas de Gobierno estimasen que las personas propuestas no reunían las condiciones de moralidad, competencia e idoneidad necesarias para el desempeño de esta función, podían devolver la terna al Juez de Primera Instancia para que formulase otra nueva, con exclusión de las personas que fueron rechazadas en la anterior.

17 Así lo disponía la Base octava

18 Dicha Base octava disponía que los Ayuntamientos, a cambio de los servicios que les prestan los Juzgados Municipales, Comarcales y de Paz estaban obligados a instalar,

La competencia de estos órganos era la siguiente:

Los Juzgados de Paz se configuraban, como ahora, como órganos mixtos con jurisdicción en asuntos civiles y penales.

En el ámbito civil, además del Registro Civil, se les atribuía el conocimiento, en primera instancia, de los juicios verbales de cuantía no superior a 250 pesetas. Asimismo, conocían de actos de conciliación.[19]

En materia penal, conocían del enjuiciamiento de la mayor parte de las faltas, excepto las de imprenta, lesiones y estafa; de los actos de conciliación y de la formación de atestados con ocasión de delitos, hasta que pudiera actuar, en función preventiva, el Juez Comarcal o intervenga directamente el Instructor.[20]

Por lo que respecta a los juzgados municipales y comarcales,[21] se les atribuía, asimismo, el conocimiento de asuntos de naturaleza civil y penal, conforme a lo establecido en la Base Novena.

En el ámbito civil, conocería el llamado "juicio de cognición"[22], procesos en materia de arrendamientos urbanos y rústicos, conciliación, actos de jurisdicción voluntaria, Registro Civil, etc.

En materia penal, ejercían su jurisdicción en el enjuiciamiento de faltas (incluidas las de imprenta, lesiones y estafa), diligencias sumariales preventivas hasta que interviniese el Juez de Instrucción y de las que éste delegue, etc.[23]

2.2. *La reforma llevada a cabo por Ley Orgánica del Poder Judicial de 1985*

En cumplimiento de la previsión del art. 122 de la Constitución Española de 1978, se promulgó la Ley Orgánica del Poder Judicial de 1 de julio de

---

con el debido decoro, los locales destinados a oficinas del Juzgado y facilitar el material necesario para su funcionamiento. Los Juzgados de Paz de poblaciones inferiores a cinco mil habitantes recibirían una subvención de la cuantía que dispusiese el Gobierno.

19 Base Novena.

20 Base Novena

21 Por RD 2104/77, de 29 de junio, los Juzgados Comarcales y Municipales pasaron a denominarse Juzgados de Distrito.

22 Juicio que fue desarrollado por el Decreto de noviembre de 1952 y con una cuantía inicial de hasta tres mil pesetas. En el momento de su supresión, la cuantía venía establecida en ochocientas mil pesetas.

23 La Base Novena enumeraba con detalle las competencias penales de los Juzgados Comarcales y Municipales.

1985. En su Exposición de Motivos, se afirma que se trataba de adaptar la organización territorial del Poder Judicial al nuevo Estado de las Autonomías. A efectos judiciales, conforme a lo establecido en el art. 30, el Estado se organiza en Municipios, Partidos, Provincias y Comunidades Autónomas. Desaparecen los Juzgados de Distrito, que se transformaron, según los casos, en Juzgados de Primera Instancia e Instrucción o de Paz. Finalmente, se unifica la carrera judicial.[24]

La Exposición de Motivos de la Ley de Demarcación y Planta Judicial[25]nos ofrece los criterios del legislador de la época para la creación de Partidos Judiciales. Así, lo Partidos deben tener un mínimo deseable de cincuenta mil habitantes; una superficie media de setecientos a mil kilómetros cuadrados; quince kilómetros de radio (distancia media fácilmente superable con los medios de transporte existentes); un deseable juzgado por cada veinticinco mil habitantes, aunque todo era modulable en función de distintos parámetros.

Como consecuencia de la aplicación de estos criterios, se crearon ciento cinco partidos que se añadieron a los trescientos diecisiete existentes, danto un total de cuatrocientos veintidós.

---

24 La unificación de la carrera judicial fue una medida adecuada. Es mucho más discutible la bondad de la desaparición de los Juzgados de Distrito. En mi opinión, deberían haberse mantenido con las adaptaciones que hubiesen sido necesarias. Y, justamente y como consecuencia de la unificación de la carrera, el primer destino de quienes hubiesen superado la oposición y el curso en la Escuela Judicial debería haber sido un Juzgado de Distrito, órgano en el que podían adquirir la tan necesaria experiencia en el oficio de juzgar, que no sólo requiere de conocimientos técnicos, sino que debe ir acompañado de una madurez que sólo el paso del tiempo, y la resolución de asuntos, en principio no demasiado complicados, proporciona. De hecho, el proyecto de modificación de la Ley Orgánica del Poder Judicial para la creación de los Juzgados de Proximidad, del que inmediatamente hablaremos, iba en la dirección que indico. Se proponía la creación de una nueva categoría judicial, la de juez de proximidad (art. 299.1 del proyecto). En un nuevo artículo 301 bis se establecía que el ingreso en la carrera judicial, por la categoría de juez de proximidad, tendrá lugar mediante la superación de un concurso de méritos, entre juristas con más de seis años de ejercicio profesional, que cumplan los requisitos generales para el ingreso en la Carrera judicial. La forma de ingreso tenía determinadas peculiaridades, reguladas pormenorizadamente en la Ley, y se preveía que, tras nueve años como jueces de proximidad se podría ascender a la categoría de juez mediante concurso a las vacantes convocadas por el Consejo General del Poder Judicial.
Este proyecto, en mi opinión, suponía la rectificación del modelo establecido en la Ley Orgánica del Poder Judicial y una vuelta a órganos judiciales intermedios entre la justicia de paz y la de primera instancia.

25 Ley 38/88, de 28 de diciembre.

Dando cumplimiento a lo previsto en el art. 42.2 de la Ley,[26] los Juzgados de Distrito se convirtieron en Juzgados de Primera Instancia o de Paz. La transformación se llevo a cabo conforme a lo previsto en el RD 122/89, de 3 de febrero.

2.3. El proyecto de reforma de la Ley Orgánica del Poder Judicial de 2006: la propuesta de creación de los Juzgados de Proximidad

La población de los municipios sí fue tenida en cuenta en el proyecto de Ley Orgánica de modificación de la Ley 1/1985, de 1 de julio, del Poder Judicial, en materia de justicia de proximidad y Consejos de Justicia, publicado en el Boletín Oficial del Congreso de los Diputados el 27 de enero de 2006.

El art. 26 del mencionado proyecto de modificación de la Ley Orgánica del Poder Judicial creaba los llamados "Juzgados de Proximidad"[27] que, según el artículo 97 bis, tendrían su sede en los municipios en donde exista Juzgado de primera instancia e instrucción, y tengan régimen municipal especial o se cumplan las exigencias del artículo 121.1 de la Ley de Bases de Régimen Local[28]. El ámbito territorial sería el del término municipal y, en su caso, el partido judicial correspondiente. Se configuraban como juzgados civiles, penales y contencioso administrativos.

En el orden civil, se proponía un nuevo artículo 46 bis de la Ley de Enjuiciamiento Civil en el que se atribuía a dichos juzgados el conocimiento, en primera instancia, de los juicios verbales a los que se refiere el apartado 2 del artículo 250 (en razón de la cuantía) y del proceso monitorio, cuando la deuda dineraria vencida y exigible, fuera de cantidad determinada que no

---

26 "En el plazo de un año, a partir de la fecha de la promulgación de la presente Ley, el Gobierno, oído el Consejo General del Poder Judicial, efectuará la conversión de los actuales Juzgados de Distrito en Juzgados de Primera Instancia, de Instrucción, de Primera Instancia e Instrucción o, en su caso, de Paz, con arreglo a lo dispuesto en la disposición transitoria tercera de la Ley Orgánica del Poder Judicial."

27 Vid. Armenta Deu, M.T., Justicia de Proximidad, Madrid, 2006.

28 Este precepto hace referencia a los llamados municipios de gran población que son los siguientes: a) A los municipios cuya población supere los 250.000 habitantes. b) A los municipios capitales de provincia cuya población sea superior a los 175.000 habitantes .c) A los municipios que sean capitales de provincia, capitales autonómicas o sedes de las instituciones autonómicas. d) Asimismo, a los municipios cuya población supere los 75.000 habitantes, que presenten circunstancias económicas, sociales, históricas o culturales especiales.
En los supuestos previstos en los párrafos c) y d), se exige que así lo decidan las Asambleas Legislativas correspondientes a iniciativa de los respectivos ayuntamientos. Creo que la propuesta se quedaba corta y debería haber extendido este régimen a agrupaciones de municipios dentro de un mismo partido judicial.

excediera de 3000 euros. Asimismo, conocerían de las demandas de desahucio de finca urbana por falta de pago de la renta o cantidades debidas por el arrendatario. Y, finalmente, también decidirían sobre las tercerías de dominio que se suscitasen en la ejecución de sus sentencias y sobre la rescisión de sentencias firmes y nueva audiencia al demandado rebelde.

Un nuevo apartado primero del artículo 14 de la Ley de Enjuiciamiento Criminal atribuía a los Juzgados de Proximidad el enjuiciamiento de determinadas faltas, conforme a lo establecido en dicho precepto.

Finalmente, se añadía un nuevo artículo 7 bis a la Ley de la Jurisdicción Contencioso Administrativa en el que se atribuía a los Juzgados de Proximidad el conocimiento en única o primera instancia de los recursos contencioso-administrativos que se interpusieran frente a los actos de las Entidades locales cuando tuvieran por objeto sanciones administrativas que consistieran en multas, cualesquiera que fuera su materia, que no excedan de mil euros.

3. LAS OFICINAS DE JUSTICIA DE LOS MUNICIPIOS

La Oficinas de Justicia de los municipios[29], según el proyecto de Ley de Eficiencia Organizativa, se localizarán en aquellas localidades en las que no exista un Tribunal de Instancia. No se integran en la Oficina Judicial, pero se constituyen en el ámbito de la organización de la Administración de Justicia para la prestación de servicios en los municipios.

Los medios materiales de dichas Oficinas estarán a cargo de los Ayuntamientos, salvo cuando fuese conveniente su gestión total o parcial por el Ministerio de Justicia o la Comunidad Autónoma con competencias. Los sistemas y equipos informáticos serán facilitados por el Ministerio de Justicia o por las Comunidades Autónomas.

En cuanto a los medios personales, la regla general es que las Oficinas estarán a cargo de funcionarios de los cuerpos de la Administración de Justicia. Pueden incluirse determinados puestos a cubrir por personal de otras Administraciones Públicas. Al frente de la Secretaría se encontrará personal del Cuerpo de Gestión Procesal y Administrativa.

Las Oficinas desempeñarán también las funciones que se les encomienden por los servicios comunes de la Oficina Judicial del Partido Judicial.

---

[29] Ya tuve ocasión de tratar el tema de las Oficinas de Justicia en los municipios en “La reforma de la Ley Orgánica del Poder Judicial para la implantación de los Tribunales de Instancia y las Oficinas de Justicia en los municipios”, cit. págs. 42-44.

Los servicios que gestionan las oficinas son los siguientes:

— Práctica de los actos de comunicación procesal cuyos destinatarios residan en el municipio donde presten sus servicios, siempre que no hayan podido practicarse por medios electrónicos.

— Colaboración con otros órganos:

- Con el Registro Civil
- Con los Colegios de Abogados (asistencia jurídica gratuita).
- Con las Gerencias Territoriales del Ministerio de Justicia u órganos equivalentes de las Comunidades Autónomas para la recepción de solicitudes o gestión de peticiones.
- Con unidades de medios "adecuados" de solución de controversias existentes en su ámbito territorial, en coordinación con la Administración prestacional competente.[30]
- Con las Administraciones Públicas competentes para que, en cuanto el desarrollo de las herramientas informáticas lo permita, se facilite a jueces, magistrados, letrados, fiscales y otro personal no integrado en su relación de puestos de trabajo, el desempeño ocasional de su actividad laboral en estas instituciones comunicando telemáticamente con sus respectivos órganos.
- Otros servicios que figuren en convenios de colaboración entre diferentes Administraciones Públicas.

4. PROYECCIÓN DE LA SUPRESIÓN DE LOS JUZGADOS DE PAZ EN UN TERRITORIO DE LA "ESPAÑA LLENA": LA REGIÓN DE MURCIA

Me parece interesante analizar, en un caso concreto, los efectos que tendría la desaparición de los Juzgados de Paz, y su sustitución por las Oficinas de Justicia. Para ello, voy a proyectar las previsiones de la Ley, si se aprobara tal como hemos explicado, sobre la realidad que mejor conozco, que es la Región de Murcia, donde tengo mi domicilio y desarrollo mi actividad profesional.

---

30 En el supuesto de que, finalmente, se aprobasen estos órganos me parece interesante el desarrollo de esta competencia en el ámbito del arbitraje de consumo. En mi experiencia actual como árbitro de la Junta Arbitral de la Región de Murcia, son muchas las audiencias que llevamos a cabo por medios telemáticos, en conexión con las Oficinas Municipales de Información al Consumidor de diferentes municipios. Sería conveniente utilizar a las Oficinas de Justicia para poder extender esta práctica a otros municipios que carecen de los medios necesarios en este momento.

La Región de Murcia, según datos del Instituto Nacional de Estadística, cuenta con un total de 1.531.878 habitantes, distribuidos en cuarenta y cinco municipios. Es, por tanto, una Región de pocos municipios, pero éstos, generalmente tienen bastante población. A efectos territoriales, está compuesta por once partidos judiciales.[31]

A la vista de los datos poblacionales, podemos concluir que la mayoría de los Partidos Judiciales de la Región están compuestos por unos pocos municipios bastante poblados. La excepción, en cuanto al número de municipios que integran un partido judicial, serían Yecla y Jumilla (cada uno de esos Partidos Judiciales sólo se compone por un municipio) que se encuentran bastante distantes del resto de poblaciones de la Región y también entre sí. En el extremo contrario, el ejemplo sería el partido de Cieza con nueve municipios, algunos de escasa población -pero muy por encima de los números de la "España vaciada"- como Ojós (522 habitantes) y Ulea (882 habitantes).

La supresión de los Juzgados de Paz agravaría la situación actual donde nos encontramos con que municipios bastante poblados sólo tienen ese tipo de órgano judicial. Y decimos agravaría porque la desaparición de la presencia de órganos del Poder Judicial en parte del territorio no nos parece, en absoluto, una buena noticia.

Veamos algunos ejemplos de lo que decimos:

- En el Partido Judicial de Murcia, Alcantarilla, que cuenta con 42.630 habitantes no tendría presencia, en su territorio municipal, de órgano alguno del Poder Judicial.
- En el Partido Judicial de Lorca, el municipio de Águilas, con 36.403 habitantes de derecho (que aumentan notablemente en verano por la

31 Los partidos judiciales son: Caravaca de la Cruz (cuatro municipios y un total de 58.348 habitantes), Cartagena (tres municipios y 255.206 habitantes), Cieza (nueve municipios y 78.108 habitantes), Lorca (tres municipios y 150.118 habitantes), Mula (cinco municipios y 36.239 habitantes), Murcia (cuatro municipios y 533.312 habitantes), Yecla (un solo municipio y 35.232 habitantes), Molina de Segura (seis municipios y 146.230 habitantes), Totana (cinco municipios y 95.449 habitantes), Jumilla (un solo municipio y 26.596 habitantes) y San Javier (cuatro municipios y 117.038 habitantes). Partiendo de estos datos, podemos concluir que la mayoría de los Partidos Judiciales de la Región están compuestos por unos pocos municipios bastante poblados. La excepción, en cuanto al número de municipios que integran un partido judicial serían Yecla y Jumilla que se encuentran bastante distantes del resto de poblaciones de la Región y también entre sí. En el extremo contrario, el ejemplo sería el partido de Cieza compuesto de nueve municipios, algunos de escasa población -pero muy por encima de los números de la "España vaciada"- como Ojós (522 habitantes) y Ulea (882 habitantes).

presencia de miles de turistas), y distante casi cuarenta kilómetros de la capital del partido, no dispondría de órgano alguno del Poder Judicial.

- En el Partido Judicial de San Javier (integrados por municipios cuya población se multiplica exponencialmente en verano al ser localidades ribereñas o próximas al Mar Menor), San Pedro del Pinatar (26.827 habitantes) y Torre Pacheco (38.140 habitantes) tampoco contarían con órgano judicial alguno.

Estimo, por tanto, que una reforma de este calado debe ser más meditada. Debe huirse de aplicar una solución que no tenga en consideración la estructura demográfica del país y no puede aprobarse sin un estudio pormenorizado de los efectos que produciría en diversos ámbitos.

5. CONCLUSIONES

El breve estudio que hemos realizado nos permite formular algunas conclusiones sobre la pretendida sustitución de los Juzgados de Paz por las Oficinas de Justicia en los municipios y los efectos que pueden ocasionar:

1ª. La realidad demográfica de España pone de manifiesto que una parte del territorio sufre un grave problema de escasez de población, especialmente en Castilla-León, Castilla-La Mancha y Aragón. Los habitantes de muchos municipios de la "España vaciada" presentan un rango de edad elevado, puesto que los jóvenes suelen optar por la emigración ante la falta de oportunidades laborales, económicas y de servicios de sus lugares de nacimiento. En sentido contrario, existen zonas del territorio densamente pobladas en las que existen municipios en los que no parece, en absoluto, conveniente la desaparición de la presencia de uno de los órganos jurisdiccionales.

2ª. Parece razonable que los poderes públicos favorezcan políticas que intenten paliar este problema poblacional. La "eficiencia" y la "eficacia" no pueden ser los únicos criterios a considerar a la hora de tratar de la reforma de la organización jurisdiccional. De hecho, no lo son en otros muchos casos. El medio rural tiene valores que deben ser conservados por razones históricas, culturales, ambientales, etc. El fenómeno de la despoblación ha de ser, en la medida de lo posible, reducido o, al menos, se debe intentar que no se incremente.

3ª. Los poderes y servicios públicos, en mi opinión, deben estar presentes en todo el territorio nacional y ser accesibles a los ciudadanos. Las posibilidades de uso de los medios telemáticos y recursos informáticos no pueden sustituir siempre a la atención presencial, especialmente en aquellos supuestos en que la mayor parte de la población es de avanzada edad.

4ª. La inexistencia de órganos judiciales en municipios densamente poblados -como consecuencia de la supresión de los Juzgados de Paz- nos merece un juicio negativo. Es más, el mantenimiento de los actuales Juzgados de Paz también nos parece insuficiente para muchas localidades que tienen un padrón numeroso o que estacionalmente ven multiplicada su población. Los Juzgados de Paz tienen unas competencias puramente simbólicas y resultan insuficientes para los requerimientos de muchas localidades. La ley debe huir de automatismos y considerar los diferentes casos existentes en función de la población.

5ª. La propuesta de la creación de Juzgados intermedios entre los de Primera Instancia y los de Paz, con las características de los que el proyecto de reforma de la Ley Orgánica del Poder Judicial de 2006 llamaba de "proximidad", debería ser retomada, pero no limitada a los municipios del artículo 121.1 de la Ley de Bases del Régimen Local.

6ª. Las Oficinas de Justicia no se integran en el Poder Judicial y no lo representan en el territorio en el que se localicen.

BIBLIOGRAFÍA

ARMENTA DEU, M.T., "Justicia de proximidad", Madrid, 2006.

BURILLO CUADRADO, M.P., RUBIO TERRADO, P. y MURILLO MOZOTA, F. "Strategies facing the depopulation of the Serrania Celtibérica within the framework of the European cohesion policy 2021-2027". Economía Agraria y Recursos Naturales 19(1), 83-97: https://doi.org/10.7201/earn.2019.01.05.

CASTILLO RIGABERT, F., "La reforma de la Ley Orgánica del Poder Judicial para la implantación de los Tribunales de Instancia y las Oficinas de Justicia en los municipios", en AA.VV., Horizonte Justicia 2030. Reflexiones críticas sobre los Proyectos de Eficiencia del Servicio Público de Justicia, Madrid, 2023, págs. 21 a 44.

DAMIÁN MORENO, J., "Los Jueces de Paz. Antecedentes históricos y perspectivas actuales", Madrid, 1987, págs. 238-239.

DÍAZ PITA, M.ª. P. "Jurisdicción, Proceso Civil y Registro Civil. Un peculiar trinomio", Madrid, 2023, págs. 194 y ss.

GASCÓN INCHAUSTI, F, "La figura del juez de paz en la organización judicial española", en Reforma Judicial. Revista Mexicana de Justicia, nº 8, julio-diciembre de 2006, pág. 3.

MORENO CATENA, V "Las innovaciones en la organización de los Tribunales españoles en el Proyecto de Ley Orgánica del Poder Judicial", en Documentación Jurídica, nº 42 a 44, abril-diciembre, 1984, I, págs. 523 a 526.

PLAZA GUTIÉRREZ, J.I., "Evolución y cambio de los municipios españoles (1979-2019)" consultado en https://www.idluam.org/blog/evolucion-y-cambios-de-los-municipios-espanoles-1979-2019/

CUARTA PARTE: EFICIENCIA DE LA JUSTICIA Y REFORMAS PROCESALES CIVILES

SECCIÓN 1ª:
PROCESOS DECLARATIVOS

Capítulo XIII:
Cómo hacer más eficientes los procesos declarativos civiles

ALICIA BERNARDO SAN JOSÉ
Profesora Titular de Derecho Procesal.
Universidad Complutense de Madrid

Sumario: 1. La eficiencia como receta para los males de la justicia civil. Expectativas no contrastadas. 2. La Administración de Justicia como un servicio público: un cambio de paradigma, de función jurisdiccional al Servicio Público de Justicia. 3. El momento de la prevención del conflicto y el papel de las autoridades reguladoras. 4. Conquistas irrenunciables de la justicia civil. 4.1. La garantía de la celebración de audiencias y vistas. 4.2. La modalidad presencial de la celebración de audiencias y vistas. 5. Evaluación rápida de posibles medidas de mejora de los procesos declarativos ordinarios. 6. Las tensiones del proceso monitorio.

Resumen: Este trabajo constituye una reflexión sobre qué proceso civil queremos: qué nos sobra y qué nos falta en materia procesal y qué haría falta más allá de lo procesal para prevenir los conflictos. Asimismo, incorpora una valoración crítica de la eficiencia que hasta ahora se nos ha propuesto legislativamente como receta para paliar los males de la justicia civil creando expectativas todavía no contrastadas[1].

Queridas compañeras y queridos compañeros:

Antes que nada, quiero empezar dando las gracias al Director del Congreso, el profesor Francisco López Simó, por pensar en mí para impartir esta ponencia entre tantos compañeros que, sin duda alguna, podrían estar ocupando este lugar. Sé que es fruto de la amistad y el cariño mutuo que nos tenemos desde hace muchos años. Gracias también a todos y cada uno de los miembros

---

1 Este trabajo recoge por escrito la ponencia oral titulada *Cómo hacer más eficientes los procesos declarativos civiles*, impartida en el IV Congreso Internacional de la APDPUE celebrado en octubre de 2023 en Palma de Mallorca. He querido no traicionar el espíritu de mi intervención de entonces, aunque con posterioridad se ha dictado y ratificado el Real Decreto-ley 6/2023, de 19 de diciembre, por el que se aprueban medidas urgentes para la ejecución del Plan de Recuperación, Transformación y Resiliencia en materia de servicio público de justicia, función pública, régimen local y mecenazgo, que altera parcialmente el contenido de este trabajo. Con esta decisión mantengo el texto inalterado y dejo para otro momento la valoración de las novedades que, tan reciente e inesperadamente, ha incorporado este Real Decreto-ley.

del comité científico y del comité organizador por avalar su propuesta. Me siento de verdad muy honrada por la confianza que ello supone.

Afronto el tema de cómo hacer más eficientes los procesos declarativos civiles desde una posición, podemos llamarla, conservadora o no disruptiva. Con esto quiero decir que no voy a hablar de la inteligencia artificial (IA) aplicada al proceso judicial y sus posibilidades de futuro y eso que creo que el futuro de la IA no es una cuestión de décadas porque va a un ritmo muy acelerado y el impacto de las herramientas tecnológicas en materia de justicia ya forma parte de nuestro presente y es imparable. No me cabe duda, además, de que la implantación de estas herramientas mejorará la ratio coste-productividad de la justicia, pero no es este el tema en el que quiero centrarme. Tampoco voy a poner el foco en la gestión de la justicia y sus problemas de gobernanza, aunque, sin duda, merecen al menos señalarse como causas de ineficacia de la Administración de justicia.

Mi interés, sobre todo, se ha centrado en el proceso como herramienta legal, como medio para solucionar los conflictos jurídicos. Con esto me alejo de cierta propensión a considerar el proceso como causa del conflicto mismo o como manifestación de una justicia retributiva que debería evitarse. Como es bien sabido, el proceso constituye el genuino instrumento para impartir justicia que incorpora en sí mismo las garantías –decantadas por el tiempo– que hacen de él el medio más adecuado de solución de controversias, con pleno respeto a los principios básicos de audiencia e igualdad, por no mencionar el valor que representa en términos de seguridad jurídica. Pienso que los tiempos de la eficiencia procesal no pueden disminuir la importancia de contar con buenas normas procesales y de mejorar las que ya tenemos, sin renunciar ni a los juicios ni a los jueces. Estas son mis premisas y de ellas voy a partir.

Estamos en un momento de pausa legislativa que nos brinda una ocasión magnífica para reflexionar sobre qué proceso queremos: qué nos sobra y qué nos falta en materia procesal y qué haría falta más allá de lo procesal para prevenir los conflictos.

Esta es la materia que me propongo abordar de forma poco disruptiva pero realista, basándome en datos que permiten retratar y combatir ciertos «tópicos corrosivos», como el manido «exceso de litigiosidad» o hasta el despectivo «abuso de la jurisdicción» que constituyen –como sabemos– los males más recientes que se ha propuesto erradicar el legislador. Aunque el PLMEP[2] y las demás leyes de eficiencia están, en estos momentos, ya caducadas, todo

---

2 Proyecto de Ley de medidas de eficiencia procesal del servicio público de Justicia (BOCG, Sección Congreso de los Diputados, Serie A: Proyectos de Ley, Núm. 97-1, de 22 de abril de 2022 (núm. exp. 121/000097). https://www.congreso.es/public_oficiales/L14/CONG/BOCG/A/BOCG-14-A-97-1.PDF

indica que en el futuro más próximo volverán a plantearse las soluciones que este texto ha puesto sobre la mesa. Sus propuestas no son Historia del Derecho, sino medidas en las que se va a insistir en esta nueva Legislatura. Y con este marco como contexto es hora de valorar la eficiencia que se nos propone como receta para paliar los males de la justicia civil creando expectativas todavía no contrastadas.

1. LA EFICIENCIA COMO RECETA PARA LOS MALES DE LA JUSTICIA CIVIL. EXPECTATIVAS NO CONTRASTADAS

A estas alturas no hay quien no esté cansado de oír, leer y hablar de eficiencia procesal. Se ha elevado al *leitmotiv* de todas las reformas de la Administración de Justicia y es fácil caer en la fascinación por el «eficientismo»: a nadie se le ocurriría enarbolar la bandera de la ineficiencia. Los criterios de eficiencia no son solamente genéricamente racionales, sino incluso constitucionalmente debidos por el imperativo de efectividad en la prestación de tutela judicial (art. 24.1 CE), por la exigencia de prestar esa tutela en un proceso sin dilaciones indebidas (art. 24.2 CE) y por el deber del Estado implícito en su responsabilidad por un funcionamiento anormal de la Administración de Justicia (art. 121 CE).

El signo de los tiempos en materia procesal es, así, la consecución de la eficiencia procesal. Otra cosa es compartir una idea universal o generalmente admitida de la eficiencia procesal. Su definición –pienso– no puede venir impuesta desde fuera, desde el mundo de la Economía, a costa del sacrificio de los valores jurídico-procesales más arraigados en la justicia civil, como es el de "dar a cada uno lo suyo" (ULPIANO) mediante la aplicación del Derecho sustantivo al caso concreto. Me parece que esta es la premisa irrenunciable del Derecho procesal. Lo que nos jugamos no es ni más ni menos que esto: la plenitud del derecho sustantivo y la tutela de los derechos subjetivos. Recientemente el Prof. ASENCIO MELLADO decía con toda claridad que es hora de olvidar la eficiencia mal entendida y regresar a la eficacia y se mostraba en contra de la eficiencia como el «bálsamo de Fierabrás (que) consiste en que cada ciudadano asuma la responsabilidad de solucionar sus problemas conviniendo con su adversario bajo amenaza de condena en costas si no lo hace[3]. Es hora de que, desde el Derecho procesal y, específicamente, desde el ámbito académico, reivindiquemos la justicia y su calidad en términos jurídicos como ingredientes básicos en la receta de la eficiencia. Y, en mi opinión, hay dos prerrequisitos que la eficiencia debe salvaguardar: la calidad de la decisión

3 ASENCIO MELLADO, J.M., "Legislar con urgencia", *Práctica de Tribunales*, nº 161, marzo de 2023, p. 1.

final y una mayor inversión en jueces y en la racionalización de la plantilla de los funcionarios de la Administración de Justicia.

1º) De entrada, la comprensión más extendida de la eficiencia procesal –con MORA-SANGUINETTI a la cabeza– la hace pasar también por calidad, pero reduce esta calidad a la combinación de tres factores, que son: su lentitud (si se tarda mucho o poco en resolver), su coste (si es más o menos accesible para los ciudadanos) y su predictibilidad (si los ciudadanos perciben que las resoluciones judiciales no les van a sorprender)[4]. ¿Es la predictibilidad un índice de calidad de la decisión final?, ¿equivale la predictibilidad a la calidad entendida como la mejor aplicación del Derecho sustantivo en el caso concreto? Pienso que la eficiencia que nos proponen legislativamente orilla esto último. La predictibilidad es una cualidad común aplicable a cualquier resolución, pero una sentencia civil es una resolución cualificada de la que cabe esperar bastante más: mediante la sentencia se pacifica un conflicto intersubjetivo privado, tras el debido proceso, normalmente con fuerza de cosa juzgada, y mediante la aplicación del ordenamiento sustantivo al caso. Predictibilidad, pues, no asegura calidad y puede ser la puerta por la que termine entrando en masa la inteligencia artificial en la justicia civil, igualando esta a una Administración pública cualquiera. Sobre estos riesgos volveré después, pero quiero insistir ya en que la justicia no va de cumplir profecías ni de confirmar estadísticas, sino de resolver casos singulares. El Estado no puede decirle a ningún ciudadano que su caso no es solo suyo.

2º) En segundo lugar, toca también advertir que el criterio rector de la eficiencia propuesta legislativamente no descansa en el aumento de la inversión pública, sino en la introducción de medidas de ahorro económico bajo la premisa central de hacer más con los mismos recursos. Esta idea de eficiencia no hace más que replicar la perspectiva anglosajona del *new public management* consistente en gestionar lo público con criterios privados. Pero la sobrecarga judicial es ya una patología histórica desatendida por todos los gobiernos que está agravada por las sucesivas situaciones de crisis que atravesamos desde hace más de quince años. A este desbordamiento de la carga de trabajo de los jueces se suma la ineficiente cogobernanza de la Administración de Justicia, en la que están implicadas tres administraciones que ni están coordinadas ni ejercen el debido control sobre los miles de empleados públicos que sirven directamente en los órganos jurisdiccionales. Para dar una idea de cuánto puede influir el mal funcionamiento de estas plantillas hay que tener presente que, con datos de 1 de enero de 2022, hablamos de:

— Una plantilla de personal jurisdiccional de 5.728 personas.

---

4 MORA-SANGUINETTI, J.S., *La factura de la injusticia*, Tecnos, Madrid, 2022, pp. 43 y ss.

— De Letrados de la Administración de Justicia de 4.389 personas.

— Y de funcionarios judiciales, un total de 41.483 personas en los órganos judiciales. Es decir, más de siete veces el número de jueces y más de nueve el de Letrados de la Administración de Justicia. Es importante no perder de vista, con estos números, la influencia que tiene el régimen de formación, permisos, vacaciones, bajas, e incluso huelgas, de estos más de 40.000 empleados públicos en el correcto funcionamiento de los tribunales, que es muchas veces lo que atasca la justicia; no hay más que pensar en el impacto de las recientes huelgas sucesivas de este mismo año, primero, de Letrados de la Administración de Justicia, después las convocadas por jueces, y más adelante las del resto de funcionarios de la Administración de justicia. El trabajo del personal que presta apoyo a los jueces es el que directamente determina la rapidez o lentitud de la sustanciación del proceso.

2. LA ADMINISTRACIÓN DE JUSTICIA COMO UN SERVICIO PÚBLICO: UN CAMBIO DE PARADIGMA, DE FUNCIÓN JURISDICCIONAL AL SERVICIO PÚBLICO DE JUSTICIA

Volviendo la mirada al papel de la Justicia en nuestra sociedad, la eficiencia nos coloca ante un cambio encubierto de paradigma. Los tres Proyectos de Eficiencia (procesal, organizativa y digital) conciben la Justicia como un servicio público en el que prima la relación coste-productividad. Y, así, aunque no deja de reconocerse que el fin del proceso es la tutela judicial de los derechos privados de los individuos, el designio de estas reformas es que los medios para alcanzar este objetivo, por ser públicos y limitados, deben estar regidos por criterios de economía y eficiencia, orientados a que la sentencia se dicte en un plazo razonable.

Pero la consideración de la Justicia como un mero servicio público administrativo que la aparta de la concepción de la Justicia como Poder Judicial y la coloca dentro del ámbito de la Administración Pública, la aleja del mandato constitucional del art. 117.3 CE. La proclamación de España como un Estado social y democrático de Derecho, que propugna como valores superiores de su ordenamiento jurídico la libertad, la justicia, la igualdad y el pluralismo político (art. 1.1 CE), supone el reconocimiento de la Justicia como uno de sus pilares, donde el Judicial se configura como un verdadero poder del Estado diferenciado del resto de poderes y de sus funciones. En cambio, la estructura jurídica de la nueva Justicia 2030 pretende un cambio sustancial del sistema judicial que supone la transformación de nuestro modelo de Poder Judicial independiente en otro de servicio público de Justicia si no directamente dependiente de la Administración, sí –al menos– mucho más intervenido.

El Proyecto de Eficiencia procesal no oculta su objetivo de implantar un «servicio público de Justicia sostenible». Pero no se pronuncia sobre qué se entiende por este nuevo concepto de Justicia sostenible; lo vincula a otra nueva expresión como la de «abuso del servicio público de Justicia», del que dice que es una «actitud incompatible de todo punto con su sostenibilidad», y califica de «utilización indebida del derecho fundamental de acceso a los tribunales» el acudir a la jurisdicción «con fines meramente dilatorios o cuando las pretensiones carezcan notoriamente de toda justificación». Ninguna de estas afirmaciones está suficientemente contrastada en datos y, si se piensa, nadie compartiría estas mismas expresiones aplicadas a genuinos servicios públicos como la sanidad o la educación. Recortar en Justicia a pretexto de su insostenibilidad sin hacer un esfuerzo presupuestario para hacer de ella un servicio dotado de medios suficientes supone renunciar a tutelar bien los derechos de los ciudadanos, a quienes, por otra parte, litigar no les resulta gratis (a diferencia de la educación y la sanidad).

Es más, la eficiencia procesal y su medida estrella de los medios adecuados de solución de controversias (MASC) obligatorios no propicia que la Justicia sea más barata ni que sea de calidad. Los MASC suponen renunciar a mejorar el proceso, a no desarrollar el acceso a la Justicia ni sus problemas de ineficiencia. Y las políticas de desjudicialización no pueden ser el argumento para no mejorar las condiciones del enjuiciamiento civil.

El motor común de los proyectos de eficiencia proviene de la pandemia, para, de una vez, desjudicializar, digitalizar y administrativizar el proceso. Pero no todas las medidas que se proponen son idóneas y deseables para tiempos no pandémicos. En este punto, quiero llamar la atención sobre la importancia del papel de las autoridades reguladoras en el momento de prevención del conflicto.

3. EL MOMENTO DE LA PREVENCIÓN DEL CONFLICTO Y EL PAPEL DE LAS AUTORIDADES REGULADORAS

De entrada, hay problemas que son metaprocesales y cuya solución es muy difícil abordar solo desde las filas del Derecho procesal. Estoy pensando en la abultada litigiosidad que generan las cláusulas abusivas y que lleva años provocando situaciones de colapso de la Administración de Justicia, que, a su vez, genera desconfianza en el sistema judicial como medio para abordar razonablemente un problema muy extendido y frecuente; pero pienso también en la inefectividad –o la percepción que los ciudadanos tienen– de los procesos de desahucio y de los juicios hipotecarios, donde buenas normas procesales que buscan la rapidez y la eficiencia de la tutela del crédito están siendo frenadas por motivos extraprocesales, como la superior tutela del deudor en situación de riesgo de exclusión social, a causa –ni más ni menos– de servicios sociales insuficientes e ineficientes.

La idea que quiero transmitir, si nos fijamos en lo primero, es que por buenas que sean las reformas procesales (crear juzgados, simplificar procedimientos, introducir el régimen de pleito-testigo, etc.), no hay normativa frente a las cláusulas abusivas que ataje la verdadera causa que favorece este tipo de litigiosidad, ubicada en que las administraciones responsables del mercado financiero (Banco de España, CNMV, Consejerías competentes en materia de consumo), no hacen su trabajo preventivo ni sancionador por causas muy diversas, entre las que no hay que excluir la confluencia de intereses. Su inacción termina favoreciendo que no se purguen las cláusulas abusivas del mercado y que los profesionales fuercen la formalización del conflicto ante los tribunales. La realidad muestra que, aunque los tribunales tutelan a los consumidores, desde la pacificación del conflicto individual que se resuelve en el proceso civil no se da una solución de conjunto a un problema estructural como el uso generalizado de estas cláusulas en determinados sectores regulados, como la banca, los seguros, la energía o la telefonía. Esto no lo arregla –no lo está arreglando, de hecho– el Derecho procesal y no cabe esperar que, sin la acción eficaz de las Administraciones competentes, las leyes de eficiencia, por sí mismas, cambien este panorama de ineficiencia estructural. En términos de gestión de los conflictos, puede ser más mucho más eficaz un buen sistema de prevención y sanción genuinamente administrativa desde estas instancias reguladoras, que imponer y generalizar a los particulares la obligación de agotar las vías alternativas al proceso judicial, como la mediación.

El ejemplo de las cláusulas abusivas en contratos de financiación es claro: nos encontramos ante un proceso civil lento –un proceso ordinario, en la actualidad–, carente de los medios suficientes para despachar el ingente número de asuntos que penden ante los tribunales y que transmite la idea de un exceso de litigiosidad –calificado impropiamente como «abuso de jurisdicción»– al que los jueces, en el fondo, no quieren dedicarse. Puede entenderse que el examen continuo del mismo tipo de cláusula y de poco monto recuerde al mitológico «castigo de Sísifo», condenado a empujar en bucle la piedra hasta la cima de la montaña, pero cada justiciable es una «piedra distinta» y cada uno merece su tratamiento singular.

Hace falta, desde luego, una visión holística de los conflictos y de la justicia, pero no es el momento de crear expectativas no razonables y no contrastadas sobre la mediación obligatoria o el pleito testigo, que, en el fondo, evitan mejorar la calidad de la justicia civil y, sobre todo, orillan el derecho del justiciable de acceder y participar en su propio proceso ante el juez hasta obtener una resolución de fondo de calidad.

Lo dicho me lleva a mostrar mis reticencias hacia un sistema de mediación o MASC obligatorios antes del proceso. En contra del PLMEP, soy menos optimista sobre el éxito o la eficacia de la mediación obligatoria mitigada en el proceso civil.

Hasta el momento, todos los intentos de conciliación y mediación preprocesal que se han ensayado en la justicia civil española han fracasado. No solo en 1984, cuando se suprimió del todo la conciliación previa obligatoria, sino que, sobre todo, estoy pensando en el fracaso de la mediación promocionada por el Real Decreto-ley 1/2017, de 20 de enero, de medidas urgentes de protección de consumidores en materia de cláusulas suelo, contenidas en contratos de préstamo o crédito garantizados con hipoteca inmobiliaria. Esta norma, dictada a raíz de la STJUE de 21 de diciembre de 2016, Gutiérrez Naranjo [asuntos acumulados C-154/15 (Francisco Gutiérrez Naranjo/Cajasur Banco, S.A.U.), C-307/15 (Ana María Palacios Martínez/Banco Bilbao Vizcaya Argentaria, S.A.), y C-308/15 (Banco Popular Español, S.A./Emilio Irles López y Teresa Torres Andreu)], ofrecía a los consumidores afectados por cláusulas suelo un cauce sencillo para llegar a un acuerdo sobre la abusividad de la cláusula suelo y la restitución de las cantidades pagadas en su virtud, que resultaba voluntario para el consumidor y obligatorio para la entidad financiera (art. 3). Pensado específica y coyunturalmente para evitar el incremento de litigios civiles y su elevado coste para la Administración de Justicia, este cauce –además de parcialmente inconstitucional, STC 16.09.21, por un régimen de condena en costas contrario a la igualdad– fracasó a causa del desinterés de las entidades financieras en llegar a un acuerdo con el consumidor en el plazo de los tres meses previsto, lo que, al final, representaba una demora añadida para la resolución judicial del conflicto.

Como se ha dicho, la intensa actividad judicial frente a las cláusulas abusivas no ataja la inacción de las Administraciones y autoridades reguladoras en materia de disciplina del mercado. Y generalizar los MASC como paso obligatorio al proceso civil supone, a mi juicio, una claudicación del propio sistema jurisdiccional como solución genuinamente adecuada de composición de conflictos.

4. CONQUISTAS IRRENUNCIABLES DE LA JUSTICIA CIVIL

Lo dicho me lleva a reivindicar lo bien hecho hasta ahora, que no es cosa de poco. La eficiencia no puede borrar los muchos aciertos de la LEC de 2000; y, de ellos, destaco como conquistas irrenunciables de la justicia civil:

la oralidad, la inmediación, la publicidad, la presencialidad y el pronto tratamiento de las cuestiones procesales. Estos son aciertos de la LEC que a la eficiencia, parece, no le importa sacrificar.

El PLMEP abandera la huida de la oralidad, ya muy tocada por el plan de choque frente a la pandemia, que generalizó, muy coyunturalmente al principio, la celebración de vistas telemáticas en un contexto de máxima restricción de la libertad deambulatoria. Ya finalizada la crisis sanitaria mundial, se propone implantar definitivamente un régimen de celebración de vistas que afecta a dos aspectos muy próximos pero conceptualmente distintos: 1°) la garantía de su celebración preestablecida legalmente; y 2°) su modalidad –presencial o virtual– de celebración.

4.1. La garantía de la celebración de audiencias y vistas

Oralidad, inmediación, contradicción y publicidad reales han sido clave en el éxito de la LEC de 2000, que sacó a jueces y abogados de sus despachos para colocarlos en las salas de vistas en mejores condiciones de tratar y discutir el asunto que a través de un intercambio en diferido de escritos. Lo que se avecina, de la mano de cierta flexibilidad procedimental, es la potestad del juez, de carácter discrecional, de prescindir de la celebración de vistas. ¿Es esto realmente necesario para conseguir un proceso más eficiente?

Si contestamos esta pregunta desde el contexto del juicio verbal, cuya regulación originaria en la LEC convirtió la vista en una «caja de sorpresas» para ambas partes, hay que valorar como positiva la introducción de la contestación escrita por obra de la Ley 42/2015[5]. El diseño actual del juicio verbal basado en demanda y contestación a la demanda por escrito y celebración de vista ante el tribunal si alguna de las partes lo pide sirve de manera eficiente para tramitar la clase de demandas para las que este cauce está legalmente previsto y las estadísticas así lo confirman. La tentación que nos acecha es que esta vuelta a la «escritura preparatoria de la oralidad» termine por engullir la oralidad misma.

La vista ha pasado de ser una actuación necesaria y nuclear del juicio verbal a ser, desde el año 2015, un trámite eventual del proceso, condicionado a que lo pida alguna de las partes (y siempre que no se aparte después de su solicitud) o, en su defecto, a que el juez la estime procedente. HERRERO PEREZAGUA ya vio en este cambio de rumbo un cierto sesgo de falta de con-

---

5 Ley 42/2015, de 5 de octubre, de reforma de la Ley 1/2000, de 7 de enero, de Enjuiciamiento Civil.

vicción en las bondades de la oralidad[6] y ahora ya sabemos que este cambio era el presagio de lo que ha venido después con el PLMEP, que propugna claramente la desaparición de las vistas, o cuanto menos, convertirlas en un trámite excepcional, a costa –digámoslo claro– de más escritura y dispersión.

Si recordáis, el PLMEP achacaba a la regulación actual del juicio verbal «la celebración de multitud de vistas innecesarias para la resolución del pleito, siendo suficiente para ello la prueba documental presentada con el escrito de demanda y contestación». Y esta mera afirmación apodíctica le bastaba al prelegislador para dejar exclusivamente en manos del juez la decisión sobre la necesidad de celebrar vista, concediéndole la facultad de denegar la solicitud de vista oral formulada por una parte, o incluso por ambas, «evitándose así un retraso injustificado en la resolución de los pleitos»[7]. Ahora bien, para articular esta novedosa facultad judicial la vista se sustituye por una sucesión de escritos: uno primero, para proponer prueba y para que el actor se pronuncie sobre las excepciones procesales propuestas por el demandado; otro segundo, para presentar las impugnaciones de la prueba de la contraparte; y, finalmente, el juez resuelve también por escrito –auto– las cuestiones suscitadas y se pronuncia sobre la pertinencia de la vista. A tales alturas, la vista queda reducida a que haya sido propuesta prueba de carácter personal y todavía cabe que el juez la deniegue porque se tenga por suficientemente ilustrado con las pruebas documentales o periciales ya aportadas, que será el resultado que acabará arrojando una reforma en este sentido. Lo que está en juego es el carácter contradictorio de la prueba pericial y de la testifical, que algunos, de hecho, se empeñan en desacreditar, así como de la menos frecuente declaración de las partes, y con ello se reduce el derecho a la prueba a la mínima expresión de aportar o proponer. Y con ser esto un retroceso en sí mismo en el enjuiciamiento civil, el legislador olvida que el acto de la vista no sirve solamente para practicar unos determinados medios de prueba; es también el momento oportuno para realizar aclaraciones, para pronunciarse sobre las excepciones materiales opuestas de contrario o por otros codemandados y, en fin, para fijar los hechos sobre los que exista contradicción. En contra del empeño por fomentar el encuentro personal y la cooperación entre las partes y el juez, de todo esto se prescinde en nombre de la eficiencia procesal, que, además, sacrifica también todo viso de publicidad de un proceso basado ya enteramente en la escritura, cual mero procedimiento administrativo.

---

6 HERRERO PEREZAGUA, J.F., "El cambio de modelo del juicio verbal", en GARCÍA-ROSTÁN CALVÍN, G. y SIGÜENZA LÓPEZ, J. (dirs.), *El proceso civil ante el reto de un nuevo* panorama *socioeconómico,* Thomson Reuters Aranzadi, Cizur Menor (Navarra), 2017, p. 76.

7 Aptdo. V de la Exposición de Motivos del PLMEP.

La tendencia a la escritura también se advierte en los instrumentos procesales europeos, como el proceso europeo de escasa cuantía. Pero razones de peso existen para justificar esta opción en el contexto de litigios transfronterizos, en los que la celebración de una vista oral entraña dificultades extra y costes económicos, personales y de tiempo añadidos que pueden llegar a ser insalvables cuando se trata de reclamaciones de escasa cuantía. Con todo, el proceso europeo de escasa cuantía ha planteado dudas de compatibilidad con el derecho fundamental a ser oído pública y equitativamente de los arts. 6.1 CEDH y 47.II CDFUE, que, según jurisprudencia constante del TEDH, comprende el derecho a una audiencia oral y pública, al menos, en una instancia[8], salvo circunstancias excepcionales que justifiquen prescindir de su celebración[9], que han de derivarse esencialmente de la naturaleza de las cuestiones controvertidas sobre las que tenga que pronunciarse el juez, por ejemplo, en los casos en que el procedimiento se refiera exclusivamente a cuestiones jurídicas o muy técnicas[10], y no de la frecuencia de tales cuestiones[11].

Si esto es así en el proceso europeo de escasa cuantía, con más razón habrá de serlo en el juicio verbal proyectado, desprovisto del componente transfronterizo. Sin la finalidad de acortar las significativas distancias personales, culturales y geográficas y de ahorrar los disuasorios costes que acompañan a la litigación internacional, no es razonable tomar el proceso europeo de escasa cuantía como modelo de justicia. Creo que en un contexto meramente nacional o interno, la concentración de actuaciones orales y públicas en el acto de la vista y la inmediación judicial contribuyen a una respuesta judicial de mayor calidad y, por tanto, más justa, en la medida en que se ve muy reforzado el valor de las pruebas personales (declaraciones de partes, testigos y, en ocasiones, peritos) y, en general, de las pruebas cuya práctica requiera contradicción.

La posibilidad de que todo el procedimiento se sustancie por escrito y sin contacto alguno con el tribunal, por su sola voluntad, resta legitimidad social y eficiencia al servicio público de Justicia. Decía el PLMEP que la justicia debe percibirse por la ciudadanía «como algo propio, como algo cercano, eficaz, entendible y relativamente rápido»[12]. Pues bien, esa cercanía solo se consigue cuando el justiciable asiste presencialmente a su juicio o vista y ve y oye a su abogado defender el tema que le afecta ante el juez que va a resolver su asun-

---

8 *Fischer v. Austria*, 1995, § 44; *Salomonsson v. Sweden*, 2002, § 36; *Göç v. Turkey* [GC], 2002, § 47; *Fredin v. Sweden* (nº 2), 1994, §§ 21-22; *Allan Jacobsson v. Sweden* (n.º 2), 1998, § 46; *Selmani and Others v. the former Yugoslav Republic of Macedonia*, 2017, §§ 37-39.

9 *Hesse-Anger and Anger v. Germany* (dec.), 2001; *Mirovni Inštitut v. Slovenia*, 2018, § 36.

10 *Koottummel v. Austria*, 2009, § 19.

11 *Miller v. Sweden*, 2005, § 29; *Mirovni Inštitut v. Slovenia*, 2018, § 37.

12 Aptdo. I de la Exposición de Motivos del PLMEP.

to, al que pone rostro. Recuerdo en este momento las palabras que el Prof. Julio BANACLOCHE PALAO pronunció en noviembre del año pasado en su comparecencia ante la Comisión de Justicia del Congreso de los Diputados en relación con el PLMEP y que preparando esta ponencia he rescatado:

Decía Julio, «(...) la filosofía que está detrás de este proyecto es eliminar las vistas. Esto, a diferencia de lo que dice la Exposición de Motivos, no es acercar la justicia al ciudadano. Doña Manolita ahora tiene posibilidades en todos los procesos de estar sentada viendo al juez que le va a poner sentencia y escuchando a los abogados que están resolviendo su asunto, que a lo mejor es el único que tiene durante toda su vida, y con este procedimiento doña Manolita no va a tener vista o no va a tener posibilidad de estar presente en su juicio. Eso no es acercar la justicia al ciudadano»[13]. No puedo estar más de acuerdo.

Confiemos en que las futuras reformas del proceso civil no insistan en esta idea y se mantenga como regla general la celebración de una vista oral y pública siempre que lo solicite al menos una de las partes, so pena de vulnerar el principio de publicidad de las actuaciones de rango constitucional (arts. 6 CEDH y 47 II CDFUE y arts. 120.1 y 24.2 CE). Al fin y al cabo, en palabras de GASCÓN INCHAUSTI, la oralidad «influye en la legitimación social del sistema judicial: le otorga al justiciable su "day-in-court" e incrementa la percepción de que el Estado, a través del tribunal, se toma en serio la resolución del caso concreto»[14].

4.2. La modalidad presencial de la celebración de audiencias y vistas

Junto a la oralidad de vistas y juicios, que es un bien que hay que preservar, reivindico también la presencialidad como otra de las conquistas a las que no se debería renunciar bajo el pretexto de una mayor eficiencia.

Como todos sabemos, las vistas telemáticas han sido uno de los principales remedios para mantener la actividad judicial en tiempos de pandemia. Concebidas inicialmente como un «equivalente funcional» aceptable de las actuaciones orales restringidas por motivos de salud[15], estamos en un punto en el que ya se ha planteado la generalización de las vistas y audiencias telemáticas. Se preguntaba el Prof. GASCÓN INCHAUSTI si las vistas telemáticas habían venido para quedarse y la respuesta es obvia: sí. El problema es que el carácter mediato de la comunicación por videoconferencia arroja luces y sombras.

---

13 Cortes Generales. Diario de Sesiones del Congreso de los Diputados. Año 2022. Núm. 806. https://www.congreso.es/public_oficiales/L14/CONG/DS/CO/DSCD-14-CO-806.PDF

14 GASCÓN INCHAUSTI, F., "¿Han venido para quedarse las vistas telemáticas?", AFDUAM EXTRAORDINARIO (2021), p. 396.

15 GASCÓN INCHAUSTI, F., *op. cit.*, p. 394.

Tomando prestadas las palabras del Prof. GASCÓN INCHAUSTI, «las actuaciones orales en formato telemático no aportan el mismo "valor añadido" que las actuaciones orales presenciales, especialmente cuando se trata de actos de cuyo contenido depende la toma de decisiones relevantes para las partes»; o por decirlo con las del Prof. RICHARD GONZÁLEZ, «resulta claro que la pantalla como medio físico interpuesto supone un obstáculo para la inmediación y aún para la contradicción procesal»[16].

Sin entrar de lleno a desarrollar los problemas de la oralidad telemática, a nadie se le escapa que la celebración de juicios virtuales presenta: (i) problemas de fiabilidad sobre el entorno y las condiciones ambientales desde las que transmite cada sujeto; (ii) mermas importantes en materia de publicidad de los procesos; y (iii) la lógica resistencia a admitir la llamada «inmediación digital» como un equivalente apto para colmar las exigencias del principio de inmediación sin desvirtuarlo. Y si ponemos la mirada en el largo plazo, el resultado –como ya ha dicho SÁNCHEZ LÓPEZ– puede terminar poniendo en cuestión la centralidad del juez persona y su posible sustitución por plataformas digitales de justicia[17].

EL PLMEP no exige ponderar la incidencia de estos problemas a la hora de determinar la modalidad presencial o virtual de la comparecencia, declaración o celebración de la vista, que cabe acordar en dos supuestos: (i) a solicitud del sujeto interviniente, cuando tenga su domicilio fuera de la circunscripción del tribunal; (ii) en todo caso, de oficio o a instancia de parte, cuando el tribunal decida –discrecional e inmotivadamente– que la audiencia previa o el acto del juicio se celebren por videoconferencia. Como expuso el Prof. BANACLOCHE PALAO en el Congreso, el PLMEP podría hacer establecido «una serie de criterios que permitan controlar la decisión del juez, pero no se establece ningún criterio (...) por tanto, cualquier decisión que tome el juez es válida, con lo cual no estamos ante un paso de discrecionalidad, sino de arbitrariedad pura y dura del juez en cuanto a poder celebrar o no vistas telemáticas», y esto, a su juicio y también al mío, es inadmisible para los ciudadanos.

---

16 RICHARD GONZÁLEZ, M., "La implantación de la denominada justicia electrónica en la era post covid 19", en PICÓ i JUNOY, J., MENDOZA DÍAZ, J. y MANTECÓN RAMOS, A. (dirs.), *La prueba a debate: diálogos hispano*-cubanos, J.M. Bosch Editor, Barcelona, 2021, p. 141 . De este mismo autor, vid. "Elogio del juicio oral (presencial) escrito por un profesor partidario del uso de la tecnología en el sistema judicial", *Diario La Ley,* nº. 9654, 16 de junio de 2020.

17 SÁNCHEZ LÓPEZ, B., "Entre la oralidad telemática y la escritura digital: ¿caminamos felices hacia el «medievo digital»?", en GASCÓN INCHAUSTI, F. y PEITEADO MARISCAL, P. (dirs.), *Estándares europeos y proceso civil. Hacia un proceso civil convergente con Europa,* Atelier, Barcelona, 2022, p. 54.

5. EVALUACIÓN RÁPIDA DE POSIBLES MEDIDAS DE MEJORA DE LOS PROCESOS DECLARATIVOS ORDINARIOS

Estas medidas de eficiencia que suponen la huida de la celebración de vistas no mejoran, en mi opinión, las condiciones ni la calidad del enjuiciamiento civil. Y, al revés, cabe pensar en medidas idóneas para mejorar la justicia civil que, paradójicamente, podrían parecer en principio poco eficientes, porque, a la postre, terminen alargando la tasa de duración de asuntos que la Economía toma como unidad básica de eficiencia procesal. De este tipo de medidas podemos pensar en las siguientes, algunas ya planteadas por el PLMEP:

1ª) Ampliar el plazo de contestación a la demanda en el juicio verbal. Esto, que podría ser un anatema para el prelegislador, sería muy bien recibido por los abogados, que son usuarios cualificados del servicio de justicia y que piden ampliar el plazo actual de solo diez días hasta los veinte, para mayor plenitud del derecho de defensa, máxime si tenemos presente, de una parte, que algunos juicios verbales por razón de la materia son especialmente complejos y, de otra, que algunos de esos diez días se pierden en contratar el preceptivo abogado y en evaluar el asunto y preparar la prueba. Una medida así no penaliza los datos de la justicia a nivel "macro", porque la estadística no se vería afectada, pero puede beneficiar mucho a nivel "micro", en la justicia del caso concreto.

2ª) En el marco también del juicio verbal puede resultar conveniente establecer como obligatorias, si alguna de las partes lo pide, las conclusiones. Añadirlas o quitarlas no penaliza la tasa de duración del proceso y, sin embargo, colma el derecho de contradicción y defensa mediante la valoración final del resultado de la prueba. Personalmente estimo que la consagración legal de este trámite, obligatorio a instancia de parte, es una mejor medida que dejarlo al criterio discrecional del juez según el diseño de la Ley 42/2015.

3ª) Por seguir en el juicio verbal, no es buena idea introducir –como pretendía el PLMEP– sentencias civiles *in voce* en juicios verbales con abogados. De entrada, es un paso atrás en las garantías de motivación y exhaustividad de las sentencias civiles, que solo cabe imaginar ante una estandarización tal de los asuntos que no está justificada como disposición general. Esta «oralidad adelantada» de la sentencia civil parece estar pensada para unas pocas materias, pero incluso si pensamos en una materia como la de cláusulas abusivas, las sentencias orales del PLMEP ni acortan ni mejoran la calidad de la decisión. Más bien, la sentencia oral introduce un riesgo de incorrecta aplicación del sistema de fuentes del Derecho en la resolución del caso que puede luego comprometer la redacción de la sentencia escrita conforme a la última jurisprudencia dictada en la materia. Lo que hay detrás de la escritura de la sentencia no es una mera forma, es la garantía –que sirve de acicate psicológico a los jueces para dar por terminado el asunto– de que la decisión encierra un juicio fáctico y jurídico atento al caso y singularizado. ¿O acaso queremos, como en Polonia, llegar al extremo de pagar una tasa por la motivación de la sentencia?

4ª) Por seguir todavía en el juicio verbal, personalmente defiendo la reinstauración del recurso de apelación –escrito– frente a toda sentencia de primera instancia, con independencia de la cuantía del litigio. La eliminación del recurso de apelación en los juicios verbales de menos de 3000 euros responde a una visión economicista de la Justicia, por mucho que la descarga de trabajo de los órganos jurisdiccionales se nos quiera velar bajo la atractiva –hoy– terminología de la eficiencia procesal y el acortamiento de la duración del proceso, que fue el argumento empleado en el año 2011 para introducir entonces esta medida. El anhelo de la justicia debería presidir toda normativa procesal[18]. Conociendo cómo funciona el legislador en los últimos tiempos, lo que hoy es una excepción, el proceso civil de instancia única, mañana puede ser el modelo de proceso civil. Teniendo en cuenta que el recurso de apelación en el juicio verbal determinado por la cuantía viene siempre resuelto por un solo magistrado (art. 82.2 LOPJ), el establecer en 3000 euros la *summa gravaminis* del recurso niega a muchos justiciables acceder a la Audiencia Provincial sin, a cambio, aligerar la carga de trabajo real de las Audiencias y deja asuntos sin jurisprudencia aplicable.

5º) Por otra parte, me parece un acierto el rediseño del ámbito del juicio verbal en el PLMEP, siempre bajo la premisa de mantener la celebración de la vista en los términos ya expuestos. El rediseño propone incrementar la cuantía del juicio verbal a los 15000 € e incorporar a su ámbito de aplicación las materias de: i) acciones individuales en materia de CGCC; ii) reclamación de cuotas impagadas de propiedad horizontal, cualquiera que sea su cuantía; y iii) la división de la cosa común. La práctica de estos más de veinte años ha permitido comprobar que estos asuntos son cuestiones que bien pueden ventilarse de forma más rápida y ágil por el juicio verbal, siempre que –insisto– este mantenga su fisionomía actual de publicidad y contradicción.

6º) La actualidad de las cláusulas abusivas ha puesto de manifiesto la inexistencia de un cauce procesal, en el seno de los procesos declarativos ordinarios, que permita depurarlas en cualquier momento del proceso, para cumplir con el principio de efectividad de la Directiva 93/13. En este punto, llamo la atención sobre la insuficiencia del tratamiento previsto en el art. 408 LEC

---

18 En estos mismos términos ya se ha expresado VALLESPÍN PÉREZ, D., "El juicio verbal desde la óptica del modelo constitucional de juicio justo", en ASENCIO MELLADO, J.M. y FUENTES SORIANO, O. (dirs.), *El proceso como garantía*, Atelier, Barcelona, p. 375.

sobre la nulidad del negocio jurídico, primero, porque solo está previsto para el proceso ordinario y se discute mucho su aplicabilidad en el juicio verbal y, segundo, porque requiere ser alegado por el demandado, a instancia de parte. Las exigencias europeas marcan el camino de extender el control judicial de las cláusulas abusivas a todo procedimiento y en todo momento, por lo que es preciso clarificar cómo habría de hacerse, acaso echando mano de las cuestiones incidentales de especial pronunciamiento a que se refiere el art. 389 LEC.

7º) Una medida que ha cobrado actualidad en los últimos tiempos consiste en limitar la extensión de los escritos forenses, que, de momento, ya ha llegado a recursos e instancias extraordinarias en España, como el recurso de casación y el amparo, bajo el influjo de otros tribunales como el TEDH. Las ventajas de esta polémica medida consisten en facilitar al tribunal la lectura, el análisis, y la decisión del asunto, mediante una estandarización de la estructura y contenido de los escritos de alegaciones de las partes. Tras su debut en la casación contencioso-administrativa en 2016 por Pleno no jurisdiccional de magistrados, el Real Decreto Ley 5/2023, de 28 de junio[19], ha introducido la medida de limitar la extensión de estos escritos –y de sujetarlos a la estructura y formato que permita su mejor tratamiento digital– en la casación civil (art. 481.8 LEC)[20], en las condiciones desarrolladas en el Acuerdo de la Sala de Gobierno del Tribunal Supremo de 8 de septiembre de 2023[21].

Es claro que se puede ser completamente eficaz en veinticinco folios y, al revés, totalmente ineficaz en ciento veinticinco. La calidad –estaremos todos de acuerdo– no se mide en la cantidad de páginas, aunque el esfuerzo por la concisión suele conllevar claridad de ideas. La cuestión es otra; en concreto estas dos: 1ª) la muy discutible legitimidad de la Sala de Gobierno del Tri-

---

19 Real Decreto-ley 5/2023, de 28 de junio, por el que se adoptan y prorrogan determinadas medidas de respuesta a las consecuencias económicas y sociales de la Guerra de Ucrania, de apoyo a la reconstrucción de la isla de La Palma y a otras situaciones de vulnerabilidad; de transposición de Directivas de la Unión Europea en materia de modificaciones estructurales de sociedades mercantiles y conciliación de la vida familiar y la vida profesional de los progenitores y los cuidadores; y de ejecución y cumplimiento del Derecho de la Unión Europea.

20 Art. 481.8 LEC: «La Sala de Gobierno del Tribunal Supremo podrá determinar, mediante acuerdo que se publicará en el "Boletín Oficial del Estado", la extensión máxima y otras condiciones extrínsecas, incluidas las relativas al formato en el que deban ser presentados, de los escritos de interposición y de oposición de los recursos de casación».

21 Acuerdo de la Sala de Gobierno del Tribunal Supremo. Extensión y otras condiciones extrínsecas de los escritos de interposición y oposición de los recursos de casación civil. Art. 481.8 LEC (Real Decreto-Ley 5/2023, de 28 de junio).

bunal Supremo como órgano dotado de capacidad normativa *ad extra*, con afectación directa de la libertad de alegaciones de los justiciables en ejercicio de su derecho de acceso a los recursos, que es un derecho de configuración legal, pero no de configuración reglamentaria; y 2ª) el juicio de proporcionalidad en el sacrificio del derecho de defensa a causa de las limitaciones de extensión y estructura de los escritos de las partes. Este es un claro ejemplo del «eficientismo» que supedita el derecho de defensa de los justiciables a las conveniencias técnicas de la Administración de justicia a través de normas infralegales o *soft law* que terminan atribuyendo al propio órgano tutelador la potestad de determinar las condiciones en que dispensa la tutela. Y, en todo caso, la claridad y concisión que se exige a los justiciables debería predicarse también de las sentencias.

8º) No quiero acabar esta relación rápida de medidas sin mencionar la que propugna atribuir a los jueces potestades discrecionales de determinación del procedimiento o *case management*. Es lo que propugnan las Reglas modelo europeas de proceso civil adoptadas por ELI y UNIDROIT en 2020, en la misma línea que las Normas mínimas comunes del proceso civil en la UE auspiciadas por el Parlamento Europeo en el año 2017. Personalmente, me cuesta pensar que una solución a la sobrecarga de trabajo de nuestros jueces pase por atribuirles la función añadida de diseñar el «traje a medida» y el calendario del caso; pero, más allá de esto, que tiene que ver con el carácter realista de las medidas que se barajan, entiendo que las normas procesales sirven al fin de establecer con fijeza y seguridad jurídica el tratamiento de los asuntos y garantizan al mismo tiempo la igualdad de trato. Estos –la seguridad jurídica y la igualdad– son valores que –pienso– hay que preservar y, por ello, entiendo que por flexible que sea el procedimiento –y seguramente hay que introducir flexibilidad para casos puntuales–, las potestades atribuidas a los tribunales deben presentar cierto carácter reglado que permita a todos los sujetos anticipar cómo se tratará el asunto. Vuelve a resultar paradójico que siendo la predictibilidad una característica de la eficiencia, no se pida que el proceso proporcione una seguridad semejante.

6. LAS TENSIONES DEL PROCESO MONITORIO

He dejado para el final la reforma necesaria del proceso monitorio, que adolece en la actualidad de graves problemas e inseguridades. Lo que en el año 2000 comenzó siendo un proceso sencillo –y exitoso– para la tutela rápida del crédito dinerario, en 2023 se ha transformado, tanto por la vía legislativa como por la vía de la interpretación jurisprudencial, en un instrumento procesal complejo.

Aunque son varios los aspectos de la actual regulación e interpretación de los arts. 812 y ss. LEC que plantean problemas, voy a centrarme en tres cuestiones básicas:

1) Las excesivas cargas sobre el demandado

Mientras que en el proceso monitorio original de la Ley de Enjuiciamiento Civil existía la debida coherencia interna entre la petición inicial sucinta del acreedor y las razones también sucintas de oposición del deudor, tras la reforma del proceso monitorio de 2015 (Ley 42/2015), esa coherencia interna se ha roto. Se ha mantenido la petición inicial sucinta, pero, al mismo tiempo, se exige al deudor que alegue de forma fundada y motivada las razones de su oposición, con postulación obligatoria para cuantías superiores a 2000 euros, lo que supone obligar al deudor a presentar una verdadera contestación a la demanda. A esta carga ya de por sí muy gravosa se añade el rígido efecto preclusivo que aplican los tribunales y que impide al demandado alegar, en el proceso declarativo posterior, razones nuevas en sustento de su defensa.

La sencillez del proceso monitorio sugiere que resulta preferible, a mi juicio, un modelo con una oposición sin razones o, al menos, con razones sucintas.

2) La complejidad de la conversión del proceso monitorio en juicio verbal

Además, en el ámbito del juicio verbal, la conversión del proceso monitorio en juicio verbal en virtud de la oposición del deudor resulta excesivamente compleja y asimétrica, en cuanto a la sucesión de trámites alegatorios (petición inicial sucinta, oposición exhaustiva, impugnación escrita de la oposición, y, en su caso, incluso aclaraciones orales en la vista).

3) Complejidad en el proceso monitorio con la regulación del incidente contradictorio previo de control de cláusulas abusivas contenidas en contratos celebrados con consumidores

Y en tercer término, el problema del monitorio se concentra –como sabemos– en el incidente previo y contradictorio de control de oficio de las cláusulas abusivas introducido por la Ley 42/2015 a raíz de la STJUE de 14 de junio de 2012, Banco Español de Crédito.

Que este incidente resulta complejo y desnaturaliza el proceso monitorio está fuera de cuestión y ha pretendido enmendarlo el PLMEP. La cuestión es cómo reformar el proceso monitorio para devolverle su sencillez originaria.

Una reforma más ambiciosa o amplia del proceso monitorio podría pasar –como propone el Prof. VALLINES GARCÍA– por prescindir del proceso monitorio nacional y aplicar el régimen del proceso monitorio europeo también a los asuntos internos, con las especialidades necesarias para cumplir con la jurisprudencia del TJUE en materia de protección de los consumidores[22]. El carácter puro o no documental del monitorio europeo es atractivo para los acreedores, que no necesitan aportar una apariencia de crédito, y resulta más cómodo para los deudores que solo tienen que manifestar su oposición sin dar razones, en comparación con el monitorio nacional. Con ello, se pondría fin a las diferencias de trato a acreedores y deudores que existen hoy entre el proceso monitorio europeo y el proceso monitorio español, según el carácter transfronterizo o meramente interno de la deuda.

Como he dicho desde el principio que he afrontado el reto de hablar desde una posición conservadora, creo que sin llegar a esta solución arriesgada, que tendría que convivir con una variante documental en materia de consumo, se pueden corregir los problemas apuntados para ganar en eficiencia con estas medidas:

1ª) Hay que retomar la oposición sucinta del deudor, sin necesidad de dar razones y sin efectos preclusivos en cuanto a la discusión plenaria posterior en el proceso que corresponda.

2ª) La oposición del deudor no debería eximir al acreedor de presentar una demanda en forma, con independencia del procedimiento adecuado de discusión de la deuda, de modo que esa demanda pueda ser luego contestada sin limitaciones y con plenas garantías por el demandado, en la línea que sostienen los profesores JIMÉNEZ CONDE[23], HERRERO PEREZAGUA[24] o GÓMEZ AMIGO[25], entre otros. Esto volvería a convertir el proceso monitorio en el cauce de facilitación de un título ejecutivo dinerario en caso de falta de oposición para el que fue concebido, y no en el mecanismo actual de recuperación de créditos que invierte los trámites de alegación y prueba del posterior proceso contradictorio al que da paso la oposición.

3ª) Y, en tercer término, hay que sustituir el actual incidente contradictorio previo de control de cláusulas abusivas en materia de consumo por un control de oficio de contradicción diferida, que es la solución que ofrece el PLMEP,

---

22 VALLINES GARCÍA, E., "La reforma necesaria del proceso monitorio en España: ¿hacia una generalización del proceso monitorio europeo?, en GASCÓN INCHAUSTI, F. y PEITEADO MARISCAL, P. (dirs.), *Estándares europeos y proceso civil. Hacia un proceso civil convergente con Europa,* Atelier, Barcelona, 2022, pp. 629-694.

23 JIMÉNEZ CONDE, F., "El proceso monitorio tras las reformas de 2015", en GARCÍA-ROSTÁN CALVÍN G. y SIGÜENZA LÓPEZ, J. (dirs.), *El proceso civil ante el reto de un nuevo* panorama socioeconómico, Thomson Reuters Aranzadi, Cizur Menor (Navarra), 2017, pp. 109-110.

24 HERRERO PEREZAGUA, J.F., "Cinco preguntas sobre la transformación del monitorio", *Revista General de Derecho Procesal,* nº. 45, mayo de 2018, p. 38.

25 GÓMEZ AMIGO, L., "El proceso monitorio en busca de la eficiencia procesal", *Revista General de Derecho Procesal,* núm. 60, mayo 2023, p. 30.

que lo asimila al trámite de corrección de la cuantía reclamada. Y hacer posible este control también en la fase ejecutiva del proceso monitorio cuando no haya tenido lugar antes en línea con las exigencias que marca el TJUE; exigencias –aprovecho para decir– que hay que introducir en el procedimiento de jura de cuentas de los arts. 34 y 35 LEC, que es una omisión que el PLMEP no ha tenido en cuenta.

Y con esto termino. En realidad, acabo con la reflexión de que lo que pretende el PLMEP –que no haya procesos, en suma– es muestra de que, en materia procesal, la eficiencia es cuestión de detalles normativos menores. El problema no son las normas procesales, son los medios. Y, por eso, lo que el PLMEP propone es reducir los litigios, porque su regulación procesal no requiere de mejoras sustanciales. Nuestra situación, afortunadamente, no es la de finales de los años noventa, donde el proceso no servía para resolver. Ahora no podemos convertir la justicia en un servicio público de carácter administrativo, gobernado por criterios de economía, sin antes considerar que los problemas de la justicia pasan por incrementar las plantillas de jueces y dotarlos de los medios adecuados para garantizar las condiciones más óptimas para enjuiciar los asuntos. Este es, hoy, un verdadero problema. El último informe de la Comisión Europea para la Eficiencia de la Justicia (CEPEJ) de 2022, con datos de 2020, muestra que, frente a la media de países europeos observados de 22.2 jueces por cada 100.000 habitantes, España cuenta con tan solo 11.2 jueces, al igual que Francia, pero por detrás de Italia con 11.9 jueces por cada 100.000 habitantes, de Portugal con 19.4 y, muy lejos de los envidiables 25 jueces por cada100.00 habitantes de Alemania y, en general, de toda Centroeuropa.

Con esto espero haber reflejado bien la preocupación –que seguro que es compartida– por mejorar el proceso civil sin prescindir, como decía al principio, de jueces y de juicios. El centro debe seguir siendo tutelar los derechos de los justiciables, y no atribuirles los males de la insostenibilidad de un sistema en el que no se invierte suficiente y eficientemente.

BIBLIOGRAFÍA

ASENCIO MELLADO, J.M., "Legislar con urgencia", *Práctica de Tribunales,* nº 161, marzo de 2023, pp. 1-3.

GASCÓN INCHAUSTI, F., "¿Han venido para quedarse las vistas telemáticas?", *AFDUAM EXTRAORDINARIO* (2021), pp. 383-401.

GÓMEZ AMIGO, L., "El proceso monitorio en busca de la eficiencia procesal", *Revista General de Derecho Procesal,* nº. 60, mayo 2023.

HERRERO PEREZAGUA, J.F., "El cambio de modelo del juicio verbal", en GARCÍA-ROSTÁN CALVÍN, G. y SIGÜENZA LÓPEZ, J. (dirs.), *El proceso civil ante el reto de un nuevo* panorama *socioeconómico,* Thomson Reuters Aranzadi, Cizur Menor (Navarra), 2017, pp. 43-101.

HERRERO PEREZAGUA, J.F., "Cinco preguntas sobre la transformación del monitorio", *Revista General de Derecho Procesal,* nº. 45, mayo de 2018.

JIMÉNEZ CONDE, F., "El proceso monitorio tras las reformas de 2015", en GARCÍA-ROSTÁN CALVÍN G. y SIGÜENZA LÓPEZ, J. (dirs.), *El proceso civil ante el reto de un nuevo* panorama socioeconómico, Thomson Reuters Aranzadi, Cizur Menor (Navarra), 2017, pp. 103-115.

MORA-SANGUINETTI, J.S., *La factura de la injusticia,* Tecnos, Madrid, 2022.

RICHARD GONZÁLEZ, M., "La implantación de la denominada justicia electrónica en la era post covid 19", en PICÓ i JUNOY, J., MENDOZA DÍAZ, J. y MANTECÓN RAMOS, A. (dirs.), *La prueba a debate: diálogos hispano*-cubanos, J.M. Bosch Editor, Barcelona, 2021, pp. 139-184.

RICHARD GONZÁLEZ, M., "Elogio del juicio oral (presencial) escrito por un profesor partidario del uso de la tecnología en el sistema judicial", *Diario La Ley,* nº. 9654, 16 de junio de 2020.

SÁNCHEZ LÓPEZ, B., "Entre la oralidad telemática y la escritura digital: ¿caminamos felices hacia el «medievo digital»?, en GASCÓN INCHAUSTI, F. y PEITEADO MARISCAL, P. (dirs.), *Estándares europeos y proceso civil. Hacia un proceso civil convergente con Europa,* Atelier, Barcelona, 2022, pp. 19-116.

VALLESPÍN PÉREZ, D., "El juicio verbal desde la óptica del modelo constitucional de juicio justo", en ASENCIO MELLADO, J.M. y FUENTES SORIANO, O. (dirs.), *El proceso como garantía,* Atelier, Barcelona, pp. 361-378.

VALLINES GARCÍA, E., "La reforma necesaria del proceso monitorio en España: ¿hacia una generalización del proceso monitorio europeo?, en GASCÓN INCHAUSTI, F. y PEITEADO MARISCAL, P. (dirs.), *Estándares europeos y proceso civil. Hacia un proceso civil convergente con Europa,* Atelier, Barcelona, 2022, pp. 601-644.

Capítulo XIV:
La diligencia de comprobación de hechos como mecanismo de eficiencia en los procesos mercantiles

M.ª JESÚS ARIZA COLMENAREJO
Profesora Titular de Derecho Procesal.
Universidad Autónoma de Madrid

Sumario: 1. Objeto de la diligencia de comprobación de hechos. 2. Similitud con otras figuras procesales. 3. Comprobación de hechos en términos de eficiencia procesal. 4. Conclusiones.

Resumen: Las diligencias de comprobación de hechos están reguladas en algunas normas sectoriales como la Ley de Patentes, Competencia Desleal o Secretos Empresariales, y tienen por finalidad acceder a cierta información para determinar indiciariamente la viabilidad de la futura demanda. La peculiaridad reside en que el acceso lo realiza el juez que posteriormente va a resolver el proceso principal, constituyendo una especie de investigación preliminar en el proceso civil. Además, será el juez el que decida si los hechos parecen constituir una violación en los términos que señalan las respectivas leyes. El análisis valora la posibilidad de unificar figuras afines no suficientemente perfiladas, como son las diligencias de comprobación de hechos, las diligencias preliminares y las más recientes sobre acceso a fuentes de prueba, para reconducirlas a una única institución que permita establecer *ex ante* cuál es el material probatorio con el que cuentan las partes. A partir de ahí, y con criterios de buena fe procesal, se podrá comprobar la viabilidad de la pretensión y actuar en consecuencia. Con ello se potencia la eficacia procesal facilitando el acceso a las fuentes de prueba, de tal modo que se evitan retrasos en la tramitación de la fase de prueba. Al mismo tiempo, un sistema de acceso a fuentes de prueba previo a la interposición de la demanda puede evitar litigios infundados, o favorecer acuerdos entre las partes.

1. OBJETO DE LA DILIGENCIA DE COMPROBACIÓN DE HECHOS

La creación de los Juzgados de lo Mercantil como órganos especializados supone la aceptación de un ámbito del Derecho que requiere también la adaptación de los procesos a las necesidades específicas del derecho material debatido. En esta línea, la regulación de materias como los derechos de propiedad intelectual, industrial, competencia desleal y los secretos empresariales, incorporan al proceso civil las denominadas diligencias de comprobación de hechos como actos procesales de preparación del litigio. Su similitud con otras actuaciones requiere de un análisis sobre su fundamento y naturaleza, así como la unificación de instituciones cuyo objeto es parecido, tales como el acceso a fuentes de prueba, las diligencias preliminares, y las medidas de aseguramiento de prueba.

Las diligencias de comprobación de hechos se regulan en el art. 17 de la Ley de Secretos Empresariales, que a su vez se remite a la Ley de Patentes (LP), concretamente los arts. 123 a 126. Se trata de actos previos a la interposición de la demanda que, por mediación del órgano judicial, permite comprobar la existencia iniciaría de la violación de una patente o un secreto empresarial. El principal inconveniente estriba en el carácter reservado de las informaciones a las que se va a tener acceso y que, por supuesto, sólo se pueden facilitar bien por consentimiento del titular, bien por requerimiento judicial. De ahí las prevenciones que se adoptan tanto en el momento de acordar la diligencia como en el posterior desarrollo del proceso principal.

El planteamiento del objetivo que se pretende con la práctica de tales diligencias ha sido ciertamente confuso, ya que el legislador no distingue convenientemente entre diligencias preliminares, diligencias de comprobación de hechos, e incluso con medidas cautelares[1]. Por ello, vamos a encontrar normativa sectorial de carácter mercantil en la que se regulan sin uniformidad, como veremos más adelante. Por ahora cabe señalar que la comprobación de hechos lo es en sentido amplio, y tiene por finalidad preparar la demanda, o al menos, determinar su viabilidad. El art. 123.3 LP establece que la diligencia se acordará si puede llegar a presumirse la infracción de la patente, y este indicio sólo puede conseguirse por esta vía. Además, su práctica se realizará por razones de urgencia, sin notificación previa al requerido, ya que de lo contrario se debe acudir a las disposiciones de la LEC sobre diligencias preliminares. En principio, del resultado de la diligencia de comprobación sólo tiene conocimiento el juez, que tomará la decisión sobre si realmente encuentra indicios de infracción o no. En realidad, estamos en presencia de un acto similar a los actos de investigación del proceso penal, con el riesgo adicional de que el juez evalúe con carácter previo si la eventual demanda podría estar fundada. Eso puede poner en riesgo la imparcialidad judicial, habida cuenta de que es el propio juez el que accede a la información y valora indiciariamente si hay infracción de patente, para posteriormente y en caso afirmativo, trasladar la

---

1 Confusión que también se aprecia en la práctica de los tribunales. Por ejemplo, Auto del Juzgado de lo Mercantil de Zaragoza de 6 de abril de 2017, en el que se insta medida cautelar urgente al amparo del art. 732.2 LEC, pero el juzgado lo acuerda como una medida de comprobación de hechos en materia de propiedad intelectual.

información al demandante de la diligencia de comprobación. Tendrá un plazo de 30 días hábiles para plantear la correspondiente demanda.

Otro tanto sucede en materia de protección del secreto empresarial, puesto que la comprobación lo será de cualquier hecho necesario para preparar la demanda, es decir, comprobar si hipotéticamente se ha producido la infracción. En principio no hay más requisitos para acordarla, por lo que el objeto principal es averiguar hechos o circunstancias de tipo material y procesal.

2. SIMILITUDES CON OTRAS FIGURAS PROCESALES

Como señalamos, uno de los problemas que existen en esta materia es la falta de criterio a la hora de prever distintas instituciones con objetivos similares. Dependiendo de la norma que la regule, recibirá el calificativo de diligencia de comprobación de hechos, diligencia preliminar o diligencia de acceso a fuentes de prueba, o se enmarcará en el deber de exhibición documental. Un ejemplo lo encontramos en el art. 36 de la Ley de Competencia Desleal (LCD), que se enuncia como diligencias preliminares, pero en realidad se refiere en la redacción a las diligencias de comprobación de hechos cuyo conocimiento resulta objetivamente indispensable para preparar el juicio. El procedimiento se corresponde con el previsto en la LP para la comprobación de hechos, y no el de las diligencias preliminares de la LEC. En todo caso abogamos por unificar la institución, dotándola de un objetivo que aparece comúnmente aceptado, y alejándolo de los postulados más clásicos propios de las diligencias preliminares. Precisamente estas últimas constituyen el punto de partida de los actos preparatorios[2].

Tradicionalmente se han concebido las diligencias preliminares como vías para preparar un juicio, pero circunscrito a la averiguación de datos procesales que permitan constituir válidamente la litis. Sin entrar a analizar los antecedentes de la actual LEC, los arts. 256 y siguientes han ido incorporando diligencias cuyo espectro de averiguación es más amplio. El principal debate ha sido si las diligencias preliminares preparan el juicio desde un punto de vista procesal, o también pueden prepararlo materialmente en el sentido de valorar la viabilidad de la acción, lo que nos adentra en el acceso a fuentes de

2 Vid. ARMENGOT VILAPLANA, A., "Diligencias preliminares, medidas cautelares y especialidades probatorias en materia de competencia desleal", en *Los actos de competencia desleal y su tratamiento* procesal, dir., Beneyto Pallás, K., Valencia, 2020, pp. 205 y sig.; GIRONA DOMINGO, R.M., *Las acciones civiles en defensa del secreto empresarial*, Barcelona, 2022, p. 334, considera que las diligencias de comprobación de hechos de la LSE son una modalidad especial de las diligencias preliminares.

prueba[3]. Lo determinante es que facilitan información a quien va a demandar, información que no puede obtener por sí mismo, de tal modo que será necesaria la intervención del órgano judicial para acceder a ciertos datos, y para que se preserve la confidencialidad en atención a la finalidad estrictamente jurisdiccional. Los tribunales han señalado que se trata de instituciones de distinta naturaleza destinadas a preparar un procedimiento[4].

Precisamente las modificaciones de la LEC de 2006 y 2014 han incluido diligencias específicas en materia de propiedad intelectual e industrial, más propias de un sistema de acceso a fuentes de prueba que útiles para averiguar presupuestos procesales. En alguna ocasión se ha entendido que las diligencias preliminares pretenden preparar prueba tendente a demostrar elementos de una infracción, frente a las diligencias de comprobación que buscan comprobar el hecho de la infracción o violación[5]. Si acudimos al ámbito de la competencia desleal, las diligencias preliminares se han empleado para verificar y comprobar hechos que son indispensables para interponer la futura demanda, en base a la falta de disponibilidad probatoria[6].

En 2017 se produjo la reforma de la LEC con el objetivo de incorporar una institución circunscrita a las acciones de reclamación de daños por infracción del derecho de la competencia, relativa al acceso a las fuentes de prueba. Se abandona ya la idea de preparar un juicio procesalmente para prepararlo materialmente. El problema es que sólo se aplicará a un sector concreto del derecho privado, aunque en 2019 también lo recoge la Ley de Secretos Empresariales en el art. 18. El mecanismo del acceso a las fuentes de prueba se concibe como una mezcla de diligencia preliminar y el deber de exhibición

---

3 BANACLOCHE PALAO, J., *Las diligencias preliminares*, Madrid, 2003, p. 30, entiende que la finalidad es valorar la viabilidad de la pretensión, lo que las diferencia de otras instituciones. Por el contrario, GARCIANDÍA GONZÁLEZ, P., "La incidencia de las actuaciones previas a la demanda en el proceso subsiguiente: práctica de diligencias, adopción de medidas y celebración de juicio monitorio con oposición del deudor", *Revista General de Derecho Procesal*, nº 52, 2020, p. 8, pone el elemento diferenciador en la finalidad preparatoria de las diligencias preliminares, frente a la constatación de hechos necesarios para que prospere la pretensión de otras instituciones similares.

4 Auto nº 201/2022, de 27 de abril, del Juzgado de lo Mercantil nº 12 de Barcelona.

5 Auto de 7 de mayo de 2018 del Juzgado de lo Mercantil nº 3 de Madrid.

6 Auto de 25 de octubre de 2006 del Juzgado de lo Mercantil nº 1 de Barcelona, que, bajo regulación anterior a la actual, afirma que la finalidad esencial de las diligencias preliminares es «desvelar al futuro actor los pormenores de los hechos que deben servir de fundamento a su demanda». No obstante, no hay una diferencia clara en lo que la Ley de Patentes y la Ley de Competencia Desleal identifican como diligencias preliminares y diligencias de comprobación de hechos.

documental[7]. Entre las características para tener en cuenta está la posibilidad de que se pidan en fase de proposición de prueba, lo que se asemeja al deber de exhibición, pero, sobre todo, antes de presentar la demanda, en cuyo caso goza de la naturaleza jurídica de las diligencias preliminares. Ahora bien, el procedimiento no es el mismo y tampoco el plazo que se concede al solicitante para interponer la demanda, que es de veinte días, a diferencia de los 30 días hábiles establecido en caso de solicitar diligencia preliminar. Por lo tanto, las instituciones encuentran puntos divergentes en la regulación, si bien su finalidad es semejante. Resulta necesario, por lo tanto, unificar criterios, requisitos y consolidar una figura única a riesgo de generar exceso de incidentes procesales.

Por último, cabe apreciar cierta confusión con las medidas cautelares, en concreto con lo previsto en el art. 732.2 LEC relativo a la posibilidad de requerir informes o realizar investigaciones que sean necesarias cuando la pretensión del proceso principal consista en la prohibición o cesación de conductas ilícitas. Generalmente el titular del derecho suele instar simultáneamente la petición de diligencia de comprobación de hechos y medidas cautelares de este tipo, ya que en ambos casos se pide un informe de resultado y se lleva a cabo cierta investigación de carácter coactivo (entradas y registro en determinados lugares) que asemeja sendas figuras. No obstante, la jurisprudencia ha establecido la base de las diferencias en atención a los presupuestos exigibles[8]. La finalidad de preparación de un proceso o la evitación de probables incumplimientos de la hipotética sentencia de condena constituyen objetivos distintos.

3. COMPROBACIÓN DE HECHOS EN TÉRMINOS DE EFICIENCIA PROCESAL

El carácter sensible de la información que se maneja en procesos en que se debaten derechos mercantiles, tales como el derecho de propiedad intelectual, industrial, patentes y marcas, o los secretos empresariales, hace especialmente relevante la incorporación de actos previos a la presentación de la demanda con varios objetivos. El primero es precisamente proteger la infor-

---

7 GONZÁLEZ GRANDA, P., "La regulación del acceso a las fuentes de prueba en la LEC: algunas sombras relativas al sistema y a su naturaleza jurídica", *Justicia*, nº 2, 2017, p. 138, para quien la distinta consideración depende del momento en que se soliciten, y no por su contenido.

8 Auto 337/2022, de 13 de julio, del Juzgado de lo Mercantil nº 11 de Barcelona, que rechaza la diligencia de comprobación de hechos y deja a la parte que reitere la petición de medidas cautelares como pretensión autónoma.

mación que constituye material probatorio. De este modo, el procedimiento debe garantizar que los datos obtenidos sólo son conocidos por quienes intervienen en el proceso, y no se hace un uso fraudulento de ellos utilizando esta herramienta para acceder a información confidencial. El segundo objetivo es valorar con carácter previo la viabilidad de una hipotética demanda y de un proceso que puede tener repercusiones sobre la reputación de algunas empresas. A ello se añade la carga de trabajo de los tribunales y la aspiración de los poderes públicos en arbitrar mecanismos que eviten la litigiosidad.

El establecimiento de instituciones previas del tipo *discovery* norteamericano puede suponer una mejora en términos de eficiencia, ya que evitaría litigios o fomentaría acuerdos *ex ante*[9]. Quizá no tanto con un grado de potestades de las partes que puedan afectar a otros derechos fundamentales, pero sí mediante la intervención del órgano judicial. Con las actuales diligencias de comprobación de hechos estamos asistiendo a una fase de investigación más o menos coactiva en la que el órgano judicial asume un rol de partícipe inicial, en el sentido de conocer información, y posteriormente valorar su repercusión en un proceso ulterior, filtrando la información que se facilita a la parte demandante. Los riesgos de conculcar la imparcialidad judicial aparecen de inmediato, por lo que quizá sea más conveniente asignar esta función a otro órgano que no va a ser el que adopte la decisión final. Aquí pueden tener relevancia las reformas programadas y fallidas en torno a la eficiencia organizativa del servicio público de la Justicia, donde se pasa del juzgado con titularidad única, al colegiado.

4 CONCLUSIONES

Las diligencias de comprobación de hechos reguladas en la LP y a la que se remiten otras normas materiales como la Ley de Competencia Desleal o la Ley de Secretos Empresariales tienen por finalidad determinar si se ha cometido la infracción del derecho reconocido. Ahora bien, la información la obtiene el juez que posteriormente va a resolver el proceso principal. Se trata de un mecanismo que presenta similitudes con otras instituciones procesales, pero siempre dentro de los actos preparatorios. La propuesta pasa por reformar todas para generar un sistema unificado que permita obtener información sobre hechos constitutivos de la hipotética infracción, así como los medios de prueba de que disponen las partes, facilitar el acceso a las fuentes de prueba, y consolidar principios como la disponibilidad probatoria y la buena fe procesal, con el fin de potenciar la eficiencia procesal. Esta se logra con carácter

---

9 ORMAZÁBAL SÁNCHEZ, G., *La brecha procesal civil entre EEUU y Europa*, Valencia, 2016, p. 87 y siguientes.

previo por el conocimiento que tienen los contendientes de la información probatoria, lo que agiliza el desarrollo del proceso, y también, a la vista de las armas de que se dispone, promover los acuerdos antes de la presentación de la demanda. Con ello se evitaría poner en marcha un proceso para conocer con qué medios de prueba cuentan las respectivas partes y poder valorar las posibilidades de éxito de sus pretensiones. Anticipar y detectar esas circunstancias puede reducir la litigiosidad. Si además se promoviera una fase de actos previos en todo tipo de proceso civil, probablemente contaríamos con el efecto deseado.

BIBLIOGRAFÍA

ARMENGOT VILAPLANA, A., "Diligencias preliminares, medidas cautelares y especialidades probatorias en materia de competencia desleal", en *Los actos de competencia desleal y su tratamiento* procesal, dir., Beneyto Pallás, K., Valencia, 2020, pp. 205 y sig.

BANACLOCHE PALAO, J., *Las diligencias preliminares,* Madrid, 2003. GARCIANDÍA GONZÁLEZ, P., "La incidencia de las actuaciones previas a la demanda en el proceso subsiguiente: práctica de diligencias, adopción de medidas y celebración de juicio monitorio con oposición del deudor", *Revista General de Derecho Procesal,* nº 52, 2020.

GIRONA DOMINGO, R.M., *Las acciones civiles en defensa del secreto empresarial,* Barcelona, 2022.

GONZÁLEZ GRANDA, P., "La regulación del acceso a las fuentes de prueba en la LEC: algunas sombras relativas al sistema y a su naturaleza jurídica", *Justicia,* nº 2, 2017.

ORMAZÁBAL SÁNCHEZ, G., *La brecha procesal civil entre EEUU y Europa,* Valencia, 2016.

Capítulo XV:

Eficiencia y apreciación de oficio de cláusulas abusivas en el proceso civil declarativo

MARINA CEDEÑO HERNÁN
Profesora Titular de Derecho Procesal.
Universidad Complutense de Madrid

Sumario: 1. Introducción: eficiencia y calidad de la decisión jurisdiccional. 2. El aumento de los poderes de dirección del juez como condición para garantizar la eficiencia en la tutela de los consumidores frente a cláusulas abusivas. 3. El control de oficio de cláusulas abusivas. 3.1. Las condiciones para llevar a cabo el control de oficio. 3.2. El control de oficio cuando el consumidor es el demandante. 3.3. El control de oficio en sede de recurso: la flexibilización de la prohibición de *reformatio in peius*. 4. Reflexión final.

Resumen: La protección de los consumidores constituye un objetivo esencial en la Unión Europea. Conforme a la jurisprudencia del Tribunal de Justicia de la Unión Europea, la eficiencia en este ámbito está relacionada con el aumento de los poderes de dirección material del órgano judicial. Este trabajo se centra en la apreciación de oficio de cláusulas abusivas como condición para garantizar la eficiencia en la tutela de los derechos de los consumidores.

1. INTRODUCCIÓN: EFICIENCIA Y CALIDAD DE LA DECISIÓN JURISDICCIONAL.

Con carácter general, la eficiencia es la capacidad para lograr un determinado objetivo optimizando los recursos disponibles para ello. Con el fin de delimitar si se ha alcanzado o no esa eficiencia en el ámbito de la justicia o, más exactamente, del sistema jurisdiccional civil, hay que comenzar por preguntarnos cuál es el resultado que se persigue con esa eficiencia, puesto ésta no es más que un instrumento y no un fin en sí misma. A este respecto caben dos opciones. La primera es la que considera que el fin del proceso civil es pura y simplemente la resolución de conflictos intersubjetivos. La segunda es la que entiende que el fin del proceso civil es resolver conflictos intersubjetivos mediante decisiones de calidad.

Si nos decantamos por la primera concepción, la eficiencia se definirá en función la de rapidez y el menor coste en la resolución de los conflictos. Un proceso rápido y con un coste no muy elevado se considerará eficiente, sin que la mayor o menor calidad de la decisión entre en juego a estos efectos.

Si, por el contrario, entendemos que la calidad de la decisión es esencial para calificar un proceso como eficiente, el tiempo y el dinero empleado en un proceso no serán por sí solos suficientes para valorar su eficiencia. En este caso, «un sistema judicial es eficiente cuando su funcionamiento resulta razonablemente rápido y económico, pero también cuando se orienta estructuralmente para llegar a decisiones informadas, precisas y responsables que se basen en todos los fundamentos jurídicos pertinentes»[1].

Un sistema judicial que no se oriente a obtener decisiones de calidad no puede considerarse adecuado para garantizar una tutela efectiva de los justiciables. Por ello, la valoración de la eficiencia en el ámbito de la justicia no puede limitarse a un análisis puramente económico.

Esta comunicación se centrará en un aspecto de la eficiencia que tiene relación directa con la calidad de la tutela que se proporciona a los justiciables. Me refiero, en concreto, a la tutela de los derechos de los consumidores frente a cláusulas abusivas.

2. EL AUMENTO DE LOS PODERES DE DIRECCIÓN DEL JUEZ COMO CONDICIÓN PARA GARANTIZAR LA EFICIENCIA EN LA TUTELA DE LOS CONSUMIDORES FRENTE A CLÁUSULAS ABUSIVAS.

Un objetivo esencial dentro de la Unión Europea es, sin duda, la protección de los consumidores frente a posibles prácticas abusivas de los empresarios o profesionales. Solo una política eficaz de protección de los consumidores garantizará el «funcionamiento correcto y eficiente del mercado único»[2]. No resulta, por ello, extraño que la jurisprudencia del Tribunal de Justicia de la Unión Europea haya vinculado las normas tuitivas de los consumidores con el orden público comunitario, en especial la Directiva 93/13, sobre cláusulas abusivas en los contratos celebrados con consumidores[3].

---

1 Vid. M. TARUFFO, «Oralidad y escritura como factores de eficiencia en el proceso civil», en *Oralidad y escritura en un proceso civil eficiente,* vol. I, F. CARPI y M. ORTELLS RAMOS (ed.), editorial Universidad de Valencia, Valencia, 2008, p. 207.

2 Así lo proclama el Parlamento Europeo , «La política de los consumidores: principios e instrumentos», en *Fichas temáticas sobre la Unión Europea-2023* (accesible en https://www.europarl.europa.eu/factsheets/es/sheet/46/la-politica-de-los-consumidores-principios-e-instrumentos).

3 Esta vinculación se inicia en la Sentencia del TJUE de 26 de octubre de 2006, asunto Mostaza Claro (C-168/05), y se refuerza en la Sentencia de 6 de octubre de 2009, asunto Asturcom (C-40/06).

En coherencia con este objetivo, se ha producido en los últimos años un incremento de las cuestiones prejudiciales relacionadas con la compatibilidad entre las normas procesales o sustantivas internas y la protección que el Derecho de la Unión Europea brinda a los consumidores. Y sin duda uno de los aspectos de la legislación procesal que se ha visto más afectado por la jurisprudencia del TJUE es el de los poderes de actuación de oficio del juez ante cláusulas contractuales de posible carácter abusivo y, paralelamente, el de los principios que rigen el proceso civil.

Esta jurisprudencia del Tribunal de Justicia no solo ha obligado a los tribunales nacionales a modificar algunos de sus planteamientos y doctrinas anteriores, sino que también ha empujado al legislador patrio a llevar a cabo algunas reformas parciales de la legislación procesal. Así ha sucedido en el proceso de ejecución hipotecaria y, en general, en el proceso de ejecución de títulos ejecutivos extrajudiciales o en el proceso monitorio. Sin embargo, hay un ámbito en el que contamos con una gran cantidad de sentencias del Tribunal de Justicia, algunas de gran relevancia, sin que esto haya tenido reflejo en la legislación procesal. Me refiero, en concreto, al proceso declarativo, en el que se centrará este trabajo.

La Directiva 93/13 sobre cláusulas abusivas se fundamentan en la situación de inferioridad del consumidor frente al empresario o profesional tanto en su información previa como en su capacidad de negociación, situación que le lleva a adherirse a las condiciones redactadas de antemano por el profesional sin poder influir en su contenido. Esta Directiva, como otras especialmente tuitivas con los consumidores, se centra en el aspecto sustantivo y no entra en el terreno procesal que, en principio, se deja a la autonomía procesal de los Estados. Sin embargo, el TJUE sí ha dado ese salto de lo sustantivo a lo procesal y ha considerado que los jueces nacionales deben adoptar un papel activo con el fin de compensar dentro del proceso el desequilibrio en perjuicio del consumidor que se ha producido fuera del proceso. Este criterio lleva a un replanteamiento de la distribución de roles entre el juez y las partes y también a una revisión de los principios básicos que tradicionalmente rigen el proceso civil, como son el principio dispositivo o el de aportación de parte.

Una de las principales manifestaciones de ese papel activo que se exige al juez civil es la apreciación de oficio de cláusulas abusivas[4].

---

4 Un estudio más extenso sobre ésta y otras manifestaciones de la ampliación de los poderes de dirección del juez en el proceso civil de declaración puede verse en M. CEDEÑO HERNÁN, «El principio dispositivo y los poderes del juez en el proceso declarativo: la extensión de la actuación de oficio como cauce para la protección de los consumidores», en *Estándares europeos y proceso civil. Hacia un proceso civil convergente con*

3. EL CONTROL DE OFICIO DE CLÁUSULAS ABUSIVAS.

Conforme a la jurisprudencia del TJUE, el juez nacional ha de analizar de oficio el carácter abusivo de las cláusulas contractuales sin necesidad de que los litigantes lo hayan alegado y, en su caso, declarará la nulidad, pese a que las partes no lo hayan pedido. Se produce, por tanto, una ampliación del objeto del proceso y del ámbito al que se extenderá la sentencia[5].

3.1. Las condiciones para llevar a cabo el control de oficio

La primera Sentencia en la que el Tribunal de Luxemburgo manifiesta en concreto a los jueces españoles que han de apreciar de oficio la abusividad de las cláusulas contractuales es la STJUE de 27 de junio de 2000, asunto Oceáno Grupo Editorial y Salvat Editores (C-240/98 a C-244/98). El TJUE afirma que la facultad de los jueces para apreciar de oficio la concurrencia de cláusulas abusivas es el medio adecuado para alcanzar los objetivos previstos en los artículos 6 y 7 de la Directiva 93/13: que los consumidores no queden vinculados por cláusulas abusivas y que se produzca un efecto disuasorio en lo que se refiere a utilizar ese tipo de cláusulas en el futuro.

Se habla en este primer momento de facultad judicial, pero pronto este calificativo desaparecerá y se hablará ya de un deber del juez nacional de apreciar de oficio cláusulas abusivas. Así sucede a partir de la Sentencia del Tribunal de Justicia de 26 de octubre de 2006, asunto Mostaza Claro (C-168/05).

La jurisprudencia no fija un momento preclusivo para llevar a cabo esta apreciación de oficio, sino que el juez, dentro de la primera instancia, deberá hacer esta apreciación en cualquier momento, tan pronto como disponga de los elementos de hecho y de derecho para ello y si estima que esa cláusula es abusiva se abstendrá de aplicarla, «salvo si el consumidor se opone»[6].

En todo caso, el deber de apreciar de oficio las cláusulas abusivas no puede hacerse al margen de los principios o garantías básicas del proceso. En este sen-

---

Europa, F. GASCÓN INCHAUSTI y P. PEITEADO MARISCAL (dirs.), Atelier, Barcelona, 2022, pp. 487 a 534; también en M. CEDEÑO HERNÁN, *Protección de los consumidores, cláusulas abusivas y poderes de dirección del juez en el proceso civil*, Tirant Lo Blanch, Valencia, 2023.

[5] El TJUE ha flexibilizado el deber de congruencia cuando está en juego la tutela de los derechos de los consumidores, incluso en casos en que no hay cláusulas contractuales de posible carácter abusivo. Así lo pone de manifiesto la STJUE de 14 de septiembre de 2023, asunto RTF (C-83/22).

[6] Es la STJUE de 4 de junio de 2009, asunto Pannon (C-243/08), la que introduce por primera la voluntad del consumidor como límite a la apreciación de oficio de cláusulas abusivas.

tido, la STJUE de 21 de febrero de 2013, asunto Banif Plus Bank (C-472/11), afirma que, con carácter general, si el juez aprecia de oficio la existencia de una cláusula abusiva ha de informar a las partes e instarles a un debate contradictorio en la forma prevista por las normas procesales nacionales.

Se puede plantear si la medida en que el juez nacional ha de intervenir o plantear cuestiones de oficio puede verse modulada por la asistencia o no de abogado. O, con otros términos, si el juez ha de ser más activo cuando la parte más débil, es decir, el consumidor no actúa asistido de un letrado. Y la respuesta que de forma unánime ha dado el TJUE es que no: la asistencia de abogado no limita o modula los poderes de actuación de oficio del juez[7].

3.2. El control de oficio cuando el consumidor es el demandante

Una cuestión de especial interés es determinar si la apreciación de oficio de cláusulas abusivas impuesta por la jurisprudencia europea se aplica también cuando el consumidor es el demandante o si se limita a los casos en que éste es el demandado.

Sobre esta cuestión debemos destacar, en primer lugar, la STJUE de 20 de septiembre de 2018, asunto OTP Bank (C-51/17), que resuelve una cuestión prejudicial planteada en el contexto de un proceso iniciado por unos consumidores contra una entidad bancaria instando la declaración de nulidad de determinadas cláusulas por su carácter abusivo. El órgano jurisdiccional remitente pregunta si debe atenerse al principio dispositivo y, por tanto, resolver sobre la base de los hechos y las pretensiones formuladas por los demandantes o si la Directiva 93/13 le obliga a apreciar de oficio el carácter abusivo de otras cláusulas, aunque no haya sido invocado por los demandantes.

La respuesta del TJUE es contundente: «los artículos 6, apartado 1, y 7, apartado 1, de la Directiva 93/13 deben interpretarse en el sentido de que corresponde al juez nacional señalar de oficio, en sustitución del consumidor en su condición de parte demandante, el posible carácter abusivo de una cláusula contractual, tan pronto como disponga de los elementos de Derecho y de hecho necesarios para ello».

A mi juicio, el planteamiento del TJUE en la Sentencia OTP Bank rompe la coherencia del proceso civil, regido —no lo podemos olvidar— por el principio dispositivo. Este principio, obviamente, puede requerir matizaciones o excepciones con el fin de proteger a los consumidores. Sin embargo, en un

---

7 Cfr., entre otras, las SSTJUE de 4 de octubre de 2007, asunto Rampion y Godard (C-429/05); de 4 de junio de 2015, asunto Faber (C-497/13) o de 11 de marzo de 2020, asunto Lintner (C-511/17).

caso en que es el consumidor quien libremente ha acudido al proceso y ha delimitado con su demanda el objeto del mismo, no creo que resulte necesario para la adecuada protección del consumidor obligar al juez a llevar a cabo una investigación para descubrir si existen otras cláusulas contractuales distintas e independientes de las que constituyen el objeto del proceso que pudieran resultar abusivas.

El propio Tribunal de Justicia, unos años más tarde, ha matizado su postura en la STJUE de 11 de marzo de 2020, asunto Lintner (C-511/17). Una vez más, nos encontramos ante un proceso iniciado por una consumidora frente a una entidad bancaria, solicitando la declaración de nulidad de determinadas cláusulas de un contrato de préstamo con garantía hipotecaria. Entre otras cuestiones, de indudable interés, el tribunal remitente plantea si el deber del tribunal nacional de analizar de oficio las cláusulas abusivas se extiende a todas las cláusulas contractuales con independencia de que la consumidora demandante solo hubiera solicitado la declaración del carácter abusivo de alguna de ellas.

La respuesta del TJUE es que «el examen de oficio debe respetar los límites del objeto del litigio, entendido como el resultado que una parte persigue con sus pretensiones, tal y como hayan sido formuladas y a la luz de los motivos invocados en apoyo de las mismas». El respeto al principio dispositivo y a la prohibición de incurrir en *extra petitum* explican esta limitación del ámbito de control de oficio que cabe exigir al juez nacional.

En consecuencia, el control de oficio de cláusulas abusivas solo debe alcanzar a aquellas que sean relevantes para resolver las pretensiones planteadas en el proceso y no a otras. No puede, por tanto, admitirse que el proceso civil se convierta en un proceso inquisitivo en el que el juez decida sobre lo que será objeto del proceso con independencia de la voluntad de las partes, ni siquiera en aras de la protección del consumidor.

3.3. El control de oficio en sede de recurso: la flexibilización de la prohibición de reformatio in peius

Una cuestión polémica es si en sede de recurso se debe controlar también de oficio la concurrencia de cláusulas abusivas, pese a que la abusividad no se hubiera planteado en la primera instancia ni el recurrente lo haya solicitado. Esto nos enfrenta de forma directa con el tema de la congruencia en segunda instancia y de la prohibición de *reformatio in peius.*

La respuesta del TJUE a esta cuestión ha sufrido una evolución a lo largo del tiempo. En un primer momento, la postura del Tribunal de Luxemburgo se refleja en dos sentencias: la STJUE de 30 de mayo de 2013, asunto Asbeek

Brusse y Man Garabito (C-488/11) y la STJUE de 30 de mayo de 2013, asunto Jőrös (C-397/11). Lo que esencialmente se cuestiona en ambos casos es si en segunda instancia el juez nacional está obligado a apreciar de oficio el carácter abusivo de una cláusula contractual cuando esto no se ha planteado en la primera instancia ni se ha solicitado en el recurso o si, por el contrario, debe aplicar las normas nacionales que obligan al juez nacional que resuelve en apelación a atenerse a los motivos aducidos por las partes y a resolver conforme a lo pedido por estas.

El TJUE llega a la conclusión de que el juez nacional que resuelve sobre la apelación estará obligado a apreciar de oficio la nulidad de una cláusula abusiva, siempre que, conforme a la legislación nacional, esté facultado u obligado a apreciar de oficio la validez de un acto jurídico en relación con las normas nacionales de orden público.

Por tanto, lo que el TJUE está diciendo en estas sentencias no es que todos los jueces nacionales deban apreciar de oficio la abusividad en segunda instancia, sino que está estableciendo un paralelismo con lo que disponga el Derecho nacional. Y, obviamente, la cuestión que entonces se plantea es si en nuestro ordenamiento se cumple o no esa condición.

La respuesta no resulta en absoluto sencilla. El Tribunal de Justicia no deja claro si la equivalencia se refiere al control de cualquier acto jurídico en relación con las reglas de orden público o si, por el contrario, se refiere al control de oficio de las propias cláusulas contractuales[8]. Si se opta por la primera interpretación, más extensiva, se podría afirmar que como nuestro sistema procesal civil admite la potestad del tribunal de apelación de examinar de oficio determinados presupuestos procesales por su naturaleza de orden público y «la protección del consumidor participa de esta naturaleza, el tribunal tiene que apreciar de oficio la abusividad»[9].

Si, por el contrario, nos decantamos por la segunda interpretación, más restrictiva, las normas procesales imponen que el tribunal *ad quem* se pronuncie «exclusivamente sobre los puntos y cuestiones planteados en el recurso y, en su caso, en los escritos de oposición o impugnación» y que «la resolución no podrá perjudicar al apelante, salvo que el perjuicio provenga de estimar la

---

8 En este sentido, M. AGUILERA MORALES, «El control de oficio de las cláusulas abusivas en sede de recurso: la próxima batalla ante el TJUE», en Diario La Ley, nº. 9378, Sección Doctrina, 15 de marzo de 2019.

9 En esta línea, J.F. HERRERO PEREZAGUA, «Extensión, límites y efectos de las resoluciones civiles según la interpretación jurisprudencial europea», en *Adaptación del derecho procesal español a la normativa europea y a su interpretación por los tribunales. I Congreso Internacional de la Asociación de Profesores de Derecho Procesal de las Universidades Españolas*, ed. Tirant lo Blanch, Murcia, 2018, p. 229.

impugnación de la resolución de que se trate, formulada por el inicialmente apelado» (artículo 465.5 de la LEC). No obstante, la jurisprudencia del Tribunal Supremo ha reconocido, si bien en casos excepcionales, la apreciación *ex officio* de la nulidad radical cuando se trate de actos contrarios a la legalidad o al orden público[10].

En esta situación de duda, se dicta la STJUE de 17 de mayo de 2022, asunto Unicaja (C-869/19), que muestra una clara evolución de la postura del Tribunal de Luxemburgo. Esta Sentencia se enmarca en un proceso iniciado por un consumidor contra la entidad bancaria que le había concedido un préstamo con garantía hipotecaria, en el que solicitó la declaración de nulidad de la cláusula suelo inserta en el contrato y la restitución de las cantidades indebidamente percibidas.

El Juzgado de Primera Instancia estimó la demanda y declaró abusiva la cláusula suelo por falta de trasparencia. En consecuencia, condenó a la entidad bancaria a la devolución de las cantidades indebidamente percibidas por aplicación de la cláusula suelo, pero limitó en el tiempo los efectos restitutorios con arreglo a la STS 241/2013, de 9 de mayo. La entidad bancaria interpuso recurso de apelación en la medida en que se le condenaba a la totalidad de las costas. Una vez transcurrido el plazo para interponer el recurso de apelación o para adherirse al mismo, pero antes de que la Audiencia decidiera, se dictó las STJUE de 21 de diciembre de 2016, asunto Gutiérrez Naranjo (C-154/15, C-307/15 y C-308/15), que consideró contrario al Derecho de la Unión la limitación de los efectos restitutorios derivados de la nulidad de la cláusula suelo.

La Audiencia Provincial no acordó la restitución plena de las cantidades percibidas en virtud de la cláusula suelo porque el consumidor no había recurrido la sentencia de primera instancia y, por tanto, el deber de congruencia y la prohibición de *reformatio in peius* le impedían modificar los pronunciamientos no recurridos.

El consumidor interpuso recurso de casación en el que alega que el tribunal de apelación debió acordar de oficio la restitución íntegra de las cantidades indebidamente pagadas en virtud de la cláusula suelo, tal y como exige la STJUE Gutiérrez Naranjo.

En estas circunstancias, el Tribunal Supremo alberga dudas en cuanto a la compatibilidad de los principios de justicia rogada, de congruencia y de prohibición de *reformatio in peius* y también de la eficacia de cosa juzgada,

---

10 Sobre el tema, M. MARCOS GONZÁLEZ, M., *La apreciación de oficio de la nulidad contractual y de las cláusulas abusivas*, Ed. Civitas/Thomson Reuters, Navarra, 2011, pp. 103 y ss.

establecidos en el Derecho nacional, con el artículo 6, apartado 1, de la Directiva 93/13. Decide, por ello, suspender el proceso y plantear al Tribunal de Luxemburgo si un tribunal nacional que conoce de un recurso de apelación interpuesto exclusivamente por la entidad bancaria, y no por el consumidor, debe acordar, pese a tales principios, la restitución íntegra de las cantidades percibidas en virtud de la cláusula abusiva.

El TJUE afirma que en el asunto en cuestión no puede presumirse una pasividad total del consumidor por el hecho de que no haya interpuesto recurso de apelación contra la sentencia de primera instancia. En tales circunstancias, la aplicación de los principios procesales nacionales tiene como efecto privar al consumidor de los medios procesales que le permiten hacer valer sus derechos en virtud de la Directiva 93/13 y, en consecuencia, puede hacer imposible o excesivamente difícil la protección de tales derechos, vulnerando de este modo el principio de efectividad.

Por tanto, al menos en los casos en que el consumidor no muestra una pasividad total, los principios procesales sobre los que se construye el proceso civil deben ceder si fuera necesario para proteger al consumidor frente a cláusulas abusivas. Habrá que esperar para ver si esta misma doctrina se acaba extendiendo a casos en los que el consumidor sí muestra una pasividad total como, por ejemplo, cuando está en rebeldía, como ya ha dicho respecto de la primera instancia[11].

4. REFLEXIÓN FINAL.

La tutela de los derechos de los consumidores constituye un ámbito especialmente sensible y un objetivo esencial en la Unión Europea. La eficiencia en la protección de los consumidores dentro del proceso civil justifica la ampliación de los poderes de actuación de oficio del juez hasta el punto de prescindir de ciertas normas o principios tradicionales de los sistemas procesales nacionales que obstaculicen esa actuación. Así lo ha puesto de manifiesto la

---

11 La Sala de lo Civil del Tribunal Supremo, incluso antes de esta última Sentencia, se había manifestado a favor de la apreciación de oficio de cláusulas abusivas en segunda instancia, pero no en recursos extraordinarios. Así se puede ver en la STS 1723/2015, Sala Primera, de 22 de abril. Este criterio, sin embargo, deberá ser revisado por el Alto Tribunal español no solo a la vista de la Sentencia Gutiérrez Naranjo sino también de otras Sentencias posteriores — SSTJUE de 17 de mayo de 2022, asunto Ibercaja Banco (C-600/19) y asuntos SPV Project 1503 Srl y Banco di Desio e della Brianza (C-693/19 y C-831/19- que afirman con meridiana claridad que la preclusión y la cosa juzgada no pueden impedir la apreciación de oficio de cláusulas abusivas sobre las que el órgano jurisdiccional no se hubiera pronunciado con anterioridad.

ingente jurisprudencia del Tribunal de Luxemburgo sobre la apreciación de oficio de cláusulas abusivas.

La configuración del proceso no puede ser un impedimento para garantizar a los consumidores una tutela eficiente que aúne rapidez, coste razonable y calidad en la decisión. Ahora bien, las especialidades en la tutela judicial de los consumidores y, entre ellas, la ampliación de los poderes de dirección del juez, deben tener en cuenta que el proceso es una compleja estructura y cualquier cambio ha de estar conectado con su arquitectura general si no queremos romper la coherencia del sistema procesal.

BIBLIOGRAFÍA

AGUILERA MORALES, M., «El control de oficio de las cláusulas abusivas en sede de recurso: la próxima batalla ante el TJUE», en Diario La Ley, nº. 9378, Sección Doctrina, 15 de marzo de 2019.

CEDEÑO HERNÁN, M., «El principio dispositivo y los poderes del juez en el proceso declarativo: la extensión de la actuación de oficio como cauce para la protección de los consumidores», en *Estándares europeos y proceso civil. Hacia un proceso civil convergente con Europa*, F. GASCÓN INCHAUSTI y P. PEITEADO MARISCAL (Dirs.), Atelier, Barcelona, 2022, pp. 487 a 534.

CEDEÑO HERNÁN, M., *Protección de los consumidores, cláusulas abusivas y poderes de dirección del juez en el proceso civil*, Tirant Lo Blanch, Valencia, 2023.

HERRERO PEREZAGUA, J. F., «Extensión, límites y efectos de las resoluciones civiles según la interpretación jurisprudencial europea», en *Adaptación del derecho procesal español a la normativa europea y a su interpretación por los tribunales. I Congreso Internacional de la Asociación de Profesores de Derecho Procesal de las Universidades Españolas*, ed. Tirant lo Blanch, Murcia, 2018, pp. 209 a 239.

MARCOS GONZÁLEZ, M., *La apreciación de oficio de la nulidad contractual y de las cláusulas abusivas*, Ed. Civitas/Thomson Reuters, Navarra, 2011.

PARLAMENTO EUROPEO, «La política de los consumidores: principios e instrumentos», en *Fichas temáticas sobre la Unión Europea-2023* (accesible en https://www.europarl.europa.eu/factsheets/es/sheet/46/la-politica-de-los-consumidores-principios-e-instrumentos).

TARUFFO, M., «Oralidad y escritura como factores de eficiencia en el proceso civil», en *Oralidad y escritura en un proceso civil eficiente*, vol. I, F. CARPI y M. ORTELLS RAMOS (ed.), editorial Universidad de Valencia, Valencia, 2008, pp. 205 a 219.

Capítulo XVI:
Financiación de procesos judiciales por terceros: una aproximación desde la perspectiva de las acciones de representación[1]

RICARDO JUAN SÁNCHEZ
Catedrático de Derecho Procesal.
Universitat de Valencia

Sumario: 1. Introducción. 2. Algunas referencias básicas al modelo TPF. 3. Aspectos sustantivos del TPF. a) Algunas consideraciones generales sobre la Propuesta de regulación de los TPF. b) Los condicionantes sobre el TPF derivados de la Directiva (UE) 2020/1828. c) Conclusiones sobre el panorama actual del TPF en el Derecho español. 4. Aspectos procesales del TPF. a) Consideraciones procesales derivadas de la propuesta de Directiva TPF. b) Consideraciones procesales derivadas de las previsiones de la Directiva (UE) 2020/1828. c) Consideraciones procesales derivadas del anteproyecto de modificación de la LEC para la transposición de la Directiva (UE) 2020/1828. 5. Conclusiones.

Resumen: Desconocida en gran medida en la práctica de nuestros tribunales, la financiación de pleitos por terceros (*third-party funding*) es una realidad sugerente, pero no exenta de problemas procesales. Esta comunicación hace una aproximación a dicha figura mediante el análisis de las escasas referencias normativas existentes, así como de las propuestas de regulación de la misma, tanto a escala europea como nacional, centradas principalmente en el ámbito de las acciones colectivas o de representación en materia de consumo.

1. INTRODUCCIÓN

Es de Perogrullo, pero sin dinero no hay proceso. El derecho de acción no es un derecho absoluto y entre sus principales condicionantes está el tema económico. La posibilidad de hacer frente a los costes económicos de un proceso incide de forma directa en el acceso a la tutela judicial efectiva (así, en relación con las tasas judiciales: SSTC 140/16; 227/16; 92/17): pueden ser un obstáculo real y absoluto para el disfrute de ese derecho capital. Estos proble-

1 Comunicación presentada en el marco del Proyecto MICIN PID2021-122569OB-I00 financiado por el Ministerio de Ciencia e Innovación, dirigido por la dra. Armengot Vilaplana.

mas se agravan en situaciones de crisis económicas y sobre todo en el caso de los colectivos más vulnerables.

Muchas de las situaciones de dificultad o imposibilidad material, o tan solo inoportunidad, para instar la tutela de los tribunales no pueden ser cubiertas por las previsiones de los textos internacionales y constitucionales sobre la asistencia legal en situaciones de pobreza, pues están pensadas para situaciones muy concretas (por ejemplo, raramente cubriría muchas de las situaciones afectantes a empresarios o trabajadores autónomos).

Exclusión hecha del beneficio de pobreza, este podría ser el escenario completo de posibilidades para atender los costes de un proceso: a) mediante los recursos propios del demandante; b) mediante pequeñas aportaciones, en su caso, de los afectados en un mismo asunto; c) a través de la financiación de un tercero mediante un seguro de defensa jurídica; *crowndfunding*; financiación de una cartera de casos; y el *third-party funding*; d) usando el criterio de la *cuota litis* (prohibida, por ejemplo, en países como Alemania, Austria y Suiza), o un método de iguala; e) finalmente, mediante la financiación pública (también previsto en la Directiva: podría ser tanto directa, como indirecta mediante subvenciones a las entidades habilitadas; o a través de ciertas exenciones o reducciones de gastos, como las tasas judiciales).

En materia de acciones de representación la financiación es un tema clave dado que por la manera en que se deben configurar los procedimientos para su tramitación cabe tener presentes unos costes adicionales a cualquier otro proceso, no de escasa envergadura. Gascón Inchausti apunta: a) la identificación de los consumidores afectados; b) las comunicaciones con ellos; c) la obtención de elementos de prueba; d) implementación de la plataforma electrónica; e) la gestión de la distribución de las cantidades concedidas por sentencia.

No cabe descartar la más que probable existencia de elementos de extranjería que también añadirán un mayor esfuerzo financiero.

Precisamente en materia de acciones de representación, la Directiva europea que las regula [Directiva (UE) 2020/1828 del Parlamento Europeo y del Consejo de 25 de noviembre de 2020 relativa a las acciones de representación para la protección de los intereses colectivos de los consumidores, y por la que se deroga la Directiva 2009/22/CE] no excluye ninguna de aquellas formulas, sino que más bien de manera más o menos explicita viene a reconocerlas todas, pero, como diré más adelante, especialmente se preocupa de la incidencia que en el ejercicio de este tipo de acciones puede tener la financiación por tercero empresario, el auténtico *third-party funding* o, en su acrónimo inglés, el TPF.

Como también señala Gascón, aunque no se trate una cuestión propiamente procesal, sí tiene una clara incidencia procesal el modelo de TPF que se pretenda implementar.

Y un apunte más, en todos los documentos de trabajo de la UE sobre la tutela judicial colectiva está presente el problema de la financiación, en sus diferentes lecturas, como se verá.

2. ALGUNAS REFERENCIAS BÁSICAS AL MODELO TPF

La particular preocupación de la Directiva con el *third-party* (TPF) o *third-party litigation funding* (TPLF) se justifica por las características de este producto.

Principalmente porque a través del mismo se puede hacer un uso instrumental de las entidades habilitadas para sortear la falta de legitimación de otros sujetos; y en este sentido conviene tener en cuenta lo que sigue.

Por lo general se caracteriza por ser un producto de inversión de alta rentabilidad o de optimización de recursos financieros: "el proceso civil como negocio". Existe un creciente mercado de fondos de financiación de litigios, una verdadera industria, lo que puede provocar un uso meramente espurio de esa posibilidad

El perfil del inversor en pleitos se centra sobre todo en grandes aseguradoras, despachos de abogados, fondos de inversión especializados o bancos. Y no cabe descuidar el posible uso encubierto de esta figura para atacar a los competidores (*revenge claims*). En nuestro país, es posible que, debido a la fragilidad financiera de las entidades habilitadas actualmente el ejercicio de las acciones colectivas, pueda explicarse el escaso uso de este tipo de instrumentos ante nuestros tribunales. Lo que podría cambiar con la transposición a nuestro ordenamiento de la Directiva (UE) 2020/1828.

Y algo, que como se verá puede tener mayor incidencia en el propio proceso: la más que probable aparición de un conflicto de intereses entre financiador y la parte financiada sobre el devenir de aquel.

Todo esto nos tiene que hacer ver que el TPF no cabe circunscribirlo a situaciones de insolvencia, sino que también puede emplearse como manera de no arriesgar el patrimonio propio para emprender una acción judicial y eludir ciertos riesgos.

No cabe pues ignorar todo ese componente económico-financiero del modelo de los TPF y su estudio desde la perspectiva del análisis económico del derecho, pero no toca aquí. Suele también fijarse una estrecha relación entre el empleo de estas técnicas y los periodos de contracción económica: quienes más achacan sus efectos, tienes menos recursos o para hacer valer sus derechos. El factor riesgo (el resultado incierto del pleito) no es ajeno a la decisión última de instar un pleito.

Para exponer algunas ideas sobre sobre la figura del TPF y poder valorar sus implicaciones jurídicas voy a utilizar un esquema más bien clásico en la manera de abordar ciertas cuestiones jurídicas, exponiendo en primer lugar sus aspectos de naturaleza jurídico-sustantiva y a continuación los de naturaleza jurídico-procesal.

Pero antes una idea previa a tener presente y que enlaza con lo dicho al inicio de esta comunicación: no se pierda de vista que si sin dinero no hay proceso, y por ello ante el hipotético caso de un TPF, la primera línea de defensa procesal que pudiera plantearse un demandado es precisamente cuestionar legalmente ese modo de costear el proceso, y cabe preguntase si la legislación procesal está preparada para ello.

3. ASPECTOS SUSTANTIVOS DEL TPF

El TPF es bastante conocido en el ámbito anglosajón (Australia, EEUU, Inglaterra como principales referencias), y especialmente está extendiendo en el ámbito del arbitraje internacional, en el que muy relevantes instituciones de ese sector lo reconocen de forma expresa y lo regulan con mayor o menor extensión.

En el ámbito europeo, esta figura actualmente se emplea bajo la premisa de la libertad contractual, salvo que esté expresamente prohibida, como ocurre en Grecia, Irlanda o, de forma parcial, en Alemania.

En el derecho vigente, la Directiva (UE) 2020/1828 solo hace una mención al mismo en su art. 10, y además con él único objetivo de regular el control de un hipotético conflicto de intereses entre el financiador y las partes procesales (en plural: la actora o la pasiva).

En nuestro ordenamiento no existe referencia directa o indirecta al mismo y el primer intento de introducirlo fue el decaído "Anteproyecto de Ley de acciones de representación para la protección de los intereses colectivos de los consumidores" de 2023, cuyo artículo 850, como después se volverá a decir, lo introducía siguiendo el tenor de la Directiva europea.

En todo caso, por parte la UE hay una clara intención de regular ese fenómeno como lo evidencia la existencia de un proyecto específico de Directiva de "Financiación privada de litigios responsable" (*Responsible private funding of litigation*) del año 2021, formulada a propuesta del Parlamento Europeo.

Conviene por lo tanto detenerse en algunos aspectos generales de esa propuesta de Directiva y ciertas previsiones de la la Directiva (UE) 2020/1828 para tener una mejor perspectiva en el análisis concreto del uso de esta figura en el ámbito de las acciones de representación.

a) Algunas consideraciones generales sobre la Propuesta de regulación de los TPF.

La referida propuesta de Directiva sobre TPF, en caso de aprobarse, constituiría el marco regulador general de esta figura con independencia del tipo de acción que se ejercitase, siempre y cuando el tercero financiador tenga la condición de empresa mercantil que financia litigios con fines comerciales (art 2).

En primer lugar, cada Estado miembro tendrá la facultad de autorizar o no este modelo de financiación en el ámbito de su sistema judicial (art. 4). Esto está en sintonía con el citado art. 10 de la Directiva (UE) 2020/1828, que parte de la hipótesis de su uso siempre que "lo permita el Derecho nacional".

En caso de admisibilidad general o particular de este modelo de financiación de litigios, el mismo se deberá caracterizar en todo caso por los siguientes aspectos: a) la implantación de un sistema público de autorización y supervisión de los financiadores; b) que estos reúnan unas condiciones mínimas para la autorización como financiador (capital -*adecuancy of capital*-, estructura -gobernanza-, deber fiduciario...); c) debe garantizarse que prevalecerán los interés del financiado (sustantivos y procesales, añadimos nosotros); e) se propone una regulación mínima de los acuerdos de financiación; f) y se propone también una relación de cláusulas que se considerarán abusivas; g) la obligatoriedad de comunicación del TPF y la transparencia de los contactos del financiador con terceros interesados en el proceso o con la parte demandada; h) establecimiento de un régimen sancionador, etc.

Como puede comprobarse, se trata de condicionantes serios para intervenir como financiador de litigios.

b) Los condicionantes sobre el TPF derivados de la Directiva (UE) 2020/1828.

Como se ha dicho la Directiva (UE) 2020/1828 solo contiene una referencia al TPF para prever la posible existencia de un conflicto de interés, pero contiene otras previsiones relevantes desde la perspectiva de los costes del proceso y que es preciso tener en consideración en la comprensión del mismo: a) las entidades habilitades, al margen de como financien un concreto proceso, deben tener una situación de solvencia e independencia económica y de transparencia de sus fuentes de financiación; b) hay una expresa referencia a que los Estados deben prestar asistencia a las entidades habilitadas, posible previsión de que el TPF no será habitual; c) salvo la evitación del conflicto de interés, la Directiva no contiene ninguna referencia a los requisitos y condiciones del acuerdo.

c) Conclusiones sobre el panorama actual del TPF en el Derecho español.

Así pues, puede concluirse que, con el marco normativo actual, la característica es una práctica desregulación del fenómeno. El escenario cambiaría radicalmente si se aprobase la Propuesta de Directiva TPF, pues a las exigencias propias de esa propuesta habrá que añadir lo que prevé la Directiva (UE) 2020/1828 sobre las entidades habilitadas, de modo que estaríamos ante un doble sistema de autorización y supervisión: de los financiadores y de las entidades habilitadas (doble sistema de control, en otro sentido: por la autoridad y por el juez).

No entro en otro tipo de cuestiones sustantivas, que me limito a apuntar en este apartado: a) el relativo a la naturaleza de los contratos de financiación y el tratamiento de todos los conflictos colaterales que pueden surgir respecto de los mismos; b) la propia conflictividad que de ellos puede derivarse; y, c) el marco tributario de los mismos.

4. ASPECTOS PROCESALES DEL TPF

Aparentemente el fenómeno de los PPF no representa una cuestión de estricta naturaleza procesal, pero no son pocas las situaciones en las que el TPF obligará al juez del proceso a tomar decisiones sobre el mismo. Es una materia abonada de ejemplos en el terreno de la categoría de los hechos procesales.

En este punto deben examinarse por separado los tres textos que pueden acabar teniendo impacto en esta materia.

a) Consideraciones procesales derivadas de la propuesta de Directiva TPF.

De la propuesta de sobre financiación por terceros se derivan una serie de exigencias para el financiador que pueden tener incidencia en el proceso y que pueden ser un serio desincentivo para animarse a financiar un pleito: a) se optaría por un modelo que obliga al demandante a comunicar al tribunal la existencia del TPF, y en su caso, a consideración de este o por petición de la parte contraria, a entregar copia completa y no expurgada del acuerdo (art. 16); b) el demandado podrá cuestionar el contrato por considerarlo contrario a la legislación vigente sobre materia; c) en su articulado (art. 7.2) se explicita que en el caso de las acciones de representación el deber fiduciario impuesto a todo financiador ha de comportar que en caso de conflicto de intereses prevalecerá el interés del demandante durante todo el procedimiento; d) además, como requisito de transparencia y de prevención de conflictos (art. 13) durante el proceso el financiador está obligado a comunicar al demandante tanto los contactos como acuerdos que durante el mismo mantenga con terceros interesados en el pleito o con la parte demandada; e) en esa misma línea, se prohibirá la retirada unilateral de la financiación (art. 14) y la resolución del contrato tendrá que contar con el consentimiento del financiado o en su defecto con autorización judicial -conocida como cláusula de salida- (art. 15); f) y como aspecto de suma importancia, el contrato de financiación no puede excluir al financiador de su responsabilidad en el pago de las cotas procesales en caso de imposición al demandante, para ello además se prevé expresamente que en caso de insuficientes recursos del demandante para satisfacer la condena en costas (esto es, subsidiariamente) el financiador responderá solidariamente frente a las mismas (art. 18), lo que se conoce como *garanty for cost* - en todo caso el financiador podría cubrir esa contingencia con una póliza de seguro que incluya el paquete de financiación; g) en este último caso, frente al demandante el financiador solo asumirá una parte de costas que fije el juez (art. 18); h) en este punto, el demandado podría exigir que se constituya una caución u otra garantía sobre el pago de las costas procesales (arts. 6 y 17).

Al margen de la supervisión administrativa previa para autorizar la intervención como financiador, se deriva también que el concreto acuerdo de financiación ha de estar bajo el control del juez que conoce el litigio.

Esto es por lo tanto un anticipo de las cuestiones que un futuro podrían plantearse con la implementación de este modelo, pero ahora nos sirven para contrastar la situación actual.

b) Consideraciones procesales derivadas de las previsiones de la Directiva (UE) 2020/1828.

Aunque no se trate de una cuestión expresamente derivada de un contrato TPF, se prevé que el demandado pueda cuestionar la legitimación de la entidad como consecuencia de su situación financiera (art. 5).

De su art. 10 no se deriva expresamente el deber comunicar el contrato TPF, pero indirectamente así puede entenderse de la obligación que se impone a las entidades habilitadas de aportar al proceso un resumen financiero de las fuentes de financiación empleadas en el mismo (art. 10.3). Dicho artículo, en cambio, sí prevé que se pueda excluir la legitimación de la entidad habilitada porque la financiación por un tercer plantea un conflicto de intereses.

En la Directiva (UE) 2020/1828 este tipo de financiación está contemplado exclusivamente en el caso de las acciones resarcitorias.

Ya no hay más previsiones específicas sobre la financiación por terceros y sus consecuencias procesales, pero sí prevé el principio de vencimiento en materia de costas y que los estados deben prestar una debida asistencia a las entidades habilitadas para que la hipotética condena en costas no coarte su actuación (art. 20).

c) Consideraciones procesales derivadas del anteproyecto de modificación de la LEC para la transposición de la Directiva (UE) 2020/1828.

Como no podía ser de otra manera, el referido anteproyecto, decaído como consecuencia de la disolución de las Cortes Generales en mayo de 2023, hacía una referencia específica a esta cuestión en su propuesta de un nuevo art. 850 LEC que hubiera llevado por rótulo el siguiente: "Pronunciamiento sobre la financiación del proceso por un tercero"[2].

En ese artículo queda claro que el resumen financiero de las fuentes de financiación se debería presentar siempre en el caso de las acciones resarcitorias, y que en caso de que dicha financiación provenga de un acuerdo de TFP, así se debería señalar expresamente. Las cuestiones relativas a la financiación por tercero según el anteproyecto se resolverían en el denominado auto de certificación previsto para ese tipo de procesos.

---

2 "Artículo 850. Pronunciamiento sobre la financiación del proceso por un tercero. 1. En el mismo auto en el que certifique la acción habrá el tribunal de pronunciarse, en su caso, sobre la financiación del proceso por un tercero. El tribunal rechazará la financiación por tercero si entiende que concurre un conflicto de intereses. 2. Se entenderá que concurre conflicto de intereses cuando el tercero que financie el litigio tenga un interés económico en el ejercicio o el resultado de la acción, que pueda apartarla de la protección de los intereses colectivos de los consumidores. Se entenderá en particular que existe una situación de conflicto de intereses cuando el demandado sea un competidor del financiador o un empresario o profesional del que dependa el financiador. El tribunal considerará igualmente que existe conflicto de intereses si advierte que las decisiones de la entidad demandante, incluidas las relativas a los acuerdos de resarcimiento, están influidas por un tercero que esté financiando el proceso, de un modo que pueda resultar perjudicial para los intereses colectivos de los consumidores y usuarios afectados. 3. Si el tribunal aprecia la existencia de conflicto de intereses, requerirá a la entidad demandante para que renuncie a la financiación controvertida o la modifique en el plazo que el propio tribunal señale, que no podrá ser superior a un mes. Si en dicho plazo la entidad demandante no justifica haber procedido a la renuncia o modificación requerida, sobreseerá el tribunal el proceso o excluirá del mismo a la entidad afectada, en caso de que hubiere concurrido otra entidad habilitada al ejercicio de la acción de representación resarcitoria a la que no afectara el conflicto de intereses. 4. Del mismo modo procederá el tribunal si advierte la existencia de un conflicto de intereses con posterioridad a la certificación de la acción. En tal caso, de oficio o a instancia de parte, el tribunal resolverá lo que proceda tras la sustanciación de un incidente de previo pronunciamiento, sin que en ningún caso queden afectados los derechos de los consumidores y usuarios incluidos en la acción de representación en los términos del artículo 848 de esta ley".

El anteproyecto, siguiendo lo que dice la Directiva, definía las situaciones de conflicto de intereses y en el caso de que el conflicto se plantease ya dictado el referido auto de certificación de la acción colectiva, en ese caso las decisiones al respecto se resolverían mediante incidente, que podría ser provocado tanto a instancia de parte como de oficio. Por lo tanto, sus consideraciones eran de tipo básicamente procedimental.

5. CONCLUSIONES

Desde una neta consideración procesal la principal conclusión que se deriva de lo expuesto es que el tratamiento de las cuestiones relativas al TPF en el seno del proceso no se determina por la normativa europea, sino que es un ámbito que compete a la autonomía procesal de cada Estado miembro.

Otra cuestión que debe quedar clara es que una cosa es el control de la financiación de las entidades habilitadas, y otra distinta, aunque relacionada, es el control de la financiación de un litigio singular.

Las cortapisas, exigencias y controles que se fijan a la financiación por tercero que se derivan de los textos de trabajo de la UE con la finalidad de evitar un conflicto de intereses también ponen de manifiesto que la misma tiene la clara intención de apartarse del modelo estadounidense de *class action.*

BIBLIOGRAFÍA

Aguilera Morales, M., "Hacia un marco normativo europeo sobre la financiación privada de litigios", *El Derecho procesal: entre la Academia y el Foro* (Martín Pastor, Juan Sánchez), 2022, pp. 587-596.

Agulló Agulló, D., "Los contratos de financiación de litigios por terceros (third-party funding) en España", Revista de Derecho Civil, n. 1, 2022, pp. 183-231.

Gascón Inchausti, F., "Algunas claves del Anteproyecto de Ley de Acciones de Representación de los intereses colectivos de los consumidores", Almacén de Derecho, febrero 2023.

Gascón Inchausti, F., "Hacia un modelo europeo de tutela colectiva", Cuadernos de Derecho Transnacional, n. 2, 2020, pp. 1290-1323.

Hortelano Anguita, M.A., "Comentarios sobre el Anteproyecto de Ley de acciones de representación para los intereses colectivos de los consumidores", Actualidad Civil, n. 2, 2023, pp. 1-4.

Capítulo XVII:

En busca de una Justicia eficaz y eficiente para el mercado interior en línea más allá de la tutela colectiva del consumidor[1]

PATRICIA LLOPIS NADAL

Profesora Contratada Doctora de Derecho Procesal.

Universitat de València

Resumen: Este trabajo pretende dar a conocer cómo en la búsqueda de una Justicia eficaz y eficiente para el mercado interior en línea, desde Bruselas se ha ido más allá de la tutela colectiva del consumidor introduciendo la posibilidad de que organismos públicos, organizaciones y asociaciones ejerzan acciones instando la protección de los empresarios en su papel de usuarios profesionales o de sitios web corporativos. El estudio realizado pone de manifiesto que, si bien este instrumento podría incrementar la efectividad y la eficiencia de los procesos seguidos ante los tribunales por conductas que afectan al buen funcionamiento del mercado interior, transcurridos tres años desde que es aplicable, la repercusión de esta legitimación extraordinaria ha sido prácticamente inexistente.

1. INTRODUCCIÓN

La actual configuración del mercado interior en línea ha provocado que, además de la tradicional relación entre empresarios y consumidores, se establezca un nuevo tipo de relación entre los empresarios y las plataformas o

---

1 Esta publicación es parte del proyecto de I+D+i (PID2021-122569OB-I00: Instrumentos para la justicia civil ante los litigios-masa. En especial, acciones de representación y régimen del proceso testigo), financiado por MCIN/AEI/10.13039/501100011033/ y "FEDER Una manera de hacer Europa".

buscadores que éstos utilizan para ofrecer sus bienes y/o servicios a través de internet. La particularidad de estas relaciones es que el empresario se sitúa en una posición de inferioridad respecto del prestador de servicios de intermediación o el motor de búsqueda, por ello, el legislador de la Unión ha entendido que, a efectos de garantizar el correcto funcionamiento del mercado interior, su protección era necesaria. Entre las medidas adoptadas para proteger a los empresarios en su papel de usuarios profesionales o de usuarios de sitios web corporativos destaca, en el plano procesal, el reconocimiento de legitimación para el ejercicio de acciones a los organismos públicos y a las organizaciones y asociaciones que representen los intereses de estos sujetos. El presente trabajo tiene por objeto explicar cómo, con el propósito de lograr una Justicia eficaz y eficiente para el mercado interior en línea, desde Bruselas se ha ido más allá de la tutela colectiva del consumidor mediante la introducción de una nueva acción de representación destinada a proteger al empresario-usuario de servicios.

2. EL MERCADO INTERIOR COMO BASE PARA LA ARMONIZACIÓN DEL DERECHO PROCESAL DE LOS ESTADOS MIEMBROS

Establecer un mercado interior y garantizar su correcto funcionamiento han sido -y siguen siendo- dos de los principales objetivos de la Unión Europea. En ejecución de esta competencia compartida el art. 26 del TFUE permite la adopción de las medidas que se estimen necesarias para lograr un espacio sin fronteras donde la circulación de mercancías, personas, servicios y capitales se realice de forma libre. Por ello, tomando como base el art. 114 del TFUE[2], desde Bruselas se desarrolla una continua tarea dirigida a aproximar las legislaciones de los Estados miembros. De este modo, el legislador de la Unión ha adoptado una serie de normas de derecho sustantivo en diferentes ámbitos -propiedad industrial e intelectual, derecho de la competencia, protección de consumidores…-. Sin embargo, estas regulaciones sectoriales, *a priori* de derecho material, también incluyen entre su articulado normas de naturaleza procesal con incidencia en los procesos civiles de los Estados miembros. Así, la conjunción del art. 26 del TFUE y el art. 114 del mismo tex-

---

2 El art. 114 del TFUE abre el capítulo relativo a la aproximación de las legislaciones de los Estados miembros y, ya en su primer apartado, anticipa que estas disposiciones, destinadas a lograr una mayor convergencia entre los ordenamientos jurídicos nacionales, se aplicarán para la consecución de los objetivos enunciados en el art. 26 -artículo donde se prevé que la Unión Europea adopte las medidas destinadas a establecer el mercado interior y/o a garantizar su funcionamiento-.

to legal ha permitido a la Unión Europea llevar a cabo lo que se ha bautizado como "armonización vertical"[3].

En consecuencia, con el propósito de conseguir la correcta protección de determinados derechos sustantivos en el mercado interior, desde Bruselas se han aprobado Reglamentos y Directivas sectoriales que han introducido cambios en las legislaciones procesales de los Estados miembros y que no necesariamente se aplican a litigios transfronterizos. A título de ejemplo, la protección de los secretos empresariales mediante la Directiva 2016/943[4] cuyo articulado es, en esencia, de contenido procesal; o la tutela colectiva de los derechos de los consumidores, con una regulación que ha experimentado varias modificaciones hasta llegar a la actual Directiva 2020/1828[5] en la que se permite que las acciones colectivas -ahora denominadas de representación- sean de cese y/o de contenido resarcitorio.

Entre todas estas normas que han facilitado la armonización vertical y que contienen previsiones que inciden sobre el derecho procesal de los Estados miembros[6], en 2019 se adoptó un Reglamento por el que se reconoció una nueva tutela colectiva, con sus propias particularidades y destinada a la protección de unos sujetos muy concretos. Nos referimos al Reglamento 2019/1150[7], adoptado para proteger a la parte débil de las relaciones que se establecen en el mercado interior en línea; para ello, contiene una serie de normas de derecho sustantivo y, si bien en menor medida, de derecho procesal, destinadas a proteger a los usuarios profesionales frente a los proveedores de servicios

---

3 WAGNER, G., "Harmonisation of Civil Procedure: Policy, Perspectives", en Kramer, X. E. y Van Rhee, C. H. (dir.), *Civil Litigation in a Globalising World*, ed. Springer, 2012, pág. 101: "El concepto de armonización vertical se utiliza para designar aquellas áreas en las que la Unión Europea introduce normas procesales sin legislar en el área del proceso civil y, por tanto, sin usar como base la autorización concedida por el art. 81 del TFUE" (traducción libre de la autora).

4 Directiva (UE) 2016/943, de 8 de junio de 2016, relativa a la protección de los conocimientos técnicos y la información empresarial no divulgados (secretos comerciales) contra su obtención, utilización y revelación ilícitas, D.O.U.E., L 157, de 15 de junio de 2016.

5 Directiva (UE) núm. 2020/1828, de 25 de noviembre de 2020, relativa a las acciones de representación para la protección de los intereses colectivos de los consumidores y por la que se deroga la Directiva (CE) núm. 2009/22, D.O.U.E., L 409, de 4 de diciembre de 2020.

6 Para una exposición exhaustiva de las normas adoptadas hasta el año 2018, *vid.*, GASCÓN INCHAUSTI, F., *Derecho Europeo y legislación procesal civil nacional: entre autonomía y armonización*, ed. Marcial Pons, 2018, págs. 24 y ss.

7 Reglamento (UE) 2019/1150, de 20 de junio de 2019, sobre el fomento de la equidad y la transparencia para los usuarios profesionales de servicios de intermediación en línea, D.O.U.E., L 186, de 11 de julio de 2019. Esta norma también es conocida como *Reglamento P2B* (del inglés, *Platform to business*).

de intermediación en línea, así como a los usuarios de sitios web corporativos frente a los motores de búsqueda en línea -en otras palabras, al pequeño fabricante, prestador o desarrollador que usa una plataforma digital o un buscador para lograr que sus bienes, servicios o aplicaciones lleguen a un número mayor de consumidores de lo que le permitiría el comercio tradicional-. Sin embargo, esta tutela colectiva contenida en una norma de directa aplicación parece haber pasado desapercibida para los distintos agentes implicados.

3. EL MERCADO INTERIOR EN LÍNEA Y LA NECESIDAD DE UNA JUSTICIA EFICAZ Y EFICIENTE QUE GARANTICE SU CORRECTO FUNCIONAMIENTO

A efectos de una mejor comprensión del presente trabajo, es necesario detenernos en explicar a qué nos referimos con los términos mercado interior *en línea.* El mercado interior en línea debe entenderse como un concepto más acotado de mercado interior -o, si se prefiere, un ámbito específico de éste-, por cuanto su principal característica es que las relaciones se perfeccionan -y, en ocasiones, se desarrollan- en internet. Es difícil encontrar referencias expresas al concepto *mercado interior en línea* en el Derecho de la Unión, no obstante, el considerando 7 del Reglamento 2019/1150 afirma la necesidad de garantizar un entorno comercial equitativo, predecible, sostenible y confiable "dentro del *mercado interior en línea*" (cursivas de la autora).

Más determinante con vistas a entender el alcance del mercado interior en línea es, posiblemente, el art. 1.2 del Reglamento 2019/1150 relativo a su ámbito de aplicación. En el mismo se pone de manifiesto la importancia de que el establecimiento o domicilio de los usuarios profesionales y de sitios web corporativos, así como el de los consumidores a los que estos ofrecen sus bienes y servicios, se encuentre en la Unión Europea. Por su parte, resulta irrelevante el lugar donde esté establecido o resida el prestador de servicios de intermediación o el motor de búsqueda ya que, al llevar a cabo sus actividades en un entorno digital en el que participan empresas y consumidores que están ubicados en el territorio de los Estados miembros, sus funciones tienen repercusión sobre el mercado interior, específicamente, sobre el que se desarrolla en línea.

Con ello, hemos anticipado que en la actual configuración del mercado interior en línea son tres los sujetos que participan en las relaciones que pueden establecerse: el usuario profesional o de sitios web corporativos -que se corresponde con el empresario que ofrece sus bienes y/o servicios en internet-[8], el consumidor -quien adquiere los bienes y/o servicios que se ponen a su disposición en internet-, y el prestador de servicios de intermediación o motor de búsqueda -que, de algún modo, permite o facilita que los dos primeros se pongan en contacto en internet y se materialice la relación comercial-.

En la tradicional configuración del comercio solo existía un tipo de relación: la que se establecía entre el empresario[9] y el consumidor[10]. En estas relaciones el consumidor constituye la parte débil y, en consecuencia, la parte que ha sido -y sigue siendo- necesario proteger para lograr un correcto funcionamiento del mercado interior; con tal propósito y desde hace varias décadas en Bruselas se lleva a cabo una ingente labor legislativa. Entre las distintas normas adoptadas, por su repercusión procesal y, en especial, por su pretensión de lograr una Justicia eficiente, destacan las que armonizan las acciones colectivas en defensa de los derechos de los consumidores. Así, los considerandos de la Directiva más reciente en este ámbito ponen de manifiesto la intención del legislador de la Unión de establecer a favor de los consumidores "un mecanismo procesal efectivo y eficiente de acciones de representación para obtener medidas de cesación y medidas resarcitorias"[11]; una tutela de intereses colectivos que ha devenido todavía más necesaria en el mercado interior en línea, pues como anticipa esta norma en su considerando primero "la globalización y la digitalización han aumentado el riesgo de que gran número de consumidores se vean perjudicados por una misma práctica ilícita".

Si bien lo expuesto no deja de ser cierto, en el mercado interior en línea, tal y como se configura en la actualidad, se establece una relación adicional que puede repercutir sobre su correcto funcionamiento, se trata de la rela-

---

8 El Reglamento 2019/1150 define ambos sujetos. Así, es *usuario profesional* "todo particular que actúa en el marco de una actividad comercial o profesional o toda persona jurídica que ofrece bienes o servicios a los consumidores a través de servicios de intermediación en línea con fines relativos a su comercio, negocio, oficio o profesión" [(art. 2.1)], mientras que es *usuario de un sitio web corporativo* "toda persona física o jurídica que usa una interfaz en línea, es decir, cualquier programa informático, incluido un sitio web o parte del mismo o aplicaciones, incluidas las aplicaciones para móviles, para ofrecer bienes o servicios a los consumidores con fines relativos a su comercio, negocio, oficio o profesión" [(art. 2.6)] .

9 Esto es, "toda persona física o persona jurídica, ya sea privada o pública, que actúe, incluso a través de otra persona que actúe en nombre o en representación de aquella, con fines relacionados con su propia actividad comercial, empresarial, oficio o profesión" [art. 3.2), de la Directiva 2020/1828].

10 Es decir, "toda persona física que actúe con fines ajenos a su propia actividad comercial, negocio, oficio o profesión" [art. 3.1), de la Directiva 2020/1828].

11 Considerando 7 de la Directiva 2020/1828; idénticas ideas encontramos en su considerando 9.

ción entre el empresario y la plataforma o el buscador que utiliza para hacer llegar sus productos y/o servicios a sus potenciales consumidores. La peculiaridad de ésta reside en el hecho de que el empresario, quien en su relación con el consumidor representaba la parte fuerte, se presenta ahora como la parte débil y, en consecuencia, el legislador de la Unión ha considerado que era necesaria su protección frente a los prestadores de servicios de intermediación y los motores de búsqueda. De este modo, con vistas a garantizar el buen funcionamiento del mercado interior, fue adoptado el Reglamento 2019/1150 para proteger a los sujetos que, en el marco de esas relaciones, se encuentran en una situación de inferioridad -es decir, a los empresarios en su papel de usuarios profesionales o de sitios web corporativos-.

Así, con la doble finalidad de garantizar la transparencia adecuada y las posibilidades de reclamación efectiva a favor de los empresarios que recurren a las plataformas y/o a los buscadores, el mencionado Reglamento, en esencia, realiza dos cosas. Por una parte, en la medida en que actúan en el mercado interior en línea, impone a los prestadores de servicios de intermediación y a los motores de búsqueda una serie de obligaciones (obligaciones vinculadas a la información que han de incluir en sus condiciones generales y a la relación contractual que puedan establecer con el empresario-usuario de sus servicios)[12]. Por otra parte, además de prever medios alternativos para la solución de los conflictos que puedan surgir[13], atribuye a determinadas entidades una legitimación extraordinaria para tutelar colectivamente derechos e intereses de los usuarios profesionales y de sitios web corporativos cuando las obligaciones que prevé el propio Reglamento no hayan sido respetadas por la plataforma o el buscador.

Así, a través de acciones judiciales que podrán ser ejercitadas tanto por organismos públicos como por organizaciones o asociaciones representativas, se pretende alcanzar una Justicia eficaz y eficiente respecto de asuntos que repercuten en el mercado interior en línea yendo más allá de la tutela colectiva de los consumidores. Una Justicia eficaz porque el efecto que se desea o se espera obtener con el recurso a los tribunales frente al incumplimiento de las obligaciones que impone el Reglamento se ve reducido cuando el empresario-usuario de plataformas o buscadores ha de actuar de forma individual e

---

12 *Vid.*, LÓPEZ-TARRUELLA, A. y RODRÍGUEZ, F., «Las implicaciones prácticas del Reglamento 2019/1150 sobre equidad y transparencia para las plataformas de comercio electrónico», en Ortega Burgos, E. (dir.), *Nuevas tecnologías 2020,* Tirant lo Blanch, Valencia, 2020, págs. 211 y ss.

13 *Vid.*, LLOPIS NADAL, P., "La evolución del comercio digital: nuevos sujetos, nuevos conflictos y nuevas soluciones alternativas a la jurisdicción", en Fuentes Soriano, O. (dir.), Arrabal Platero, P., Doig Díaz, Y., Ortega Giménez, A. y Turégano Mansilla, I. (coords.), *Era digital, sociedad y derecho,* Tirant lo Blanch, Valencia, 2020, págs. 503 y ss.

identificable contra quien se encuentra en una posición de superioridad[14]. Y una Justicia eficiente porque la conducta de un prestador de servicios de intermediación o de un motor de búsqueda afectará, como regla general, a una pluralidad de empresarios-usuarios legitimados para instar por sí mismos -e individualmente- la tutela judicial de sus derechos, algo que podría conducir a distintos procesos civiles con idéntico objeto, por ese motivo, el ejercicio de una única acción colectiva por parte de la entidad que representa los intereses de todos los empresarios-usuarios afectados permitiría lograr los resultados deseados con el mínimo de recursos posibles.

4. CARACTERÍSTICAS ESENCIALES DE UNA LEGITIMACIÓN PARA EL EJERCICIO DE ACCIONES COLECTIVAS QUE HA PASADO DESAPERCIBIDA

A partir de lo establecido en el art. 14 del Reglamento 2019/1150 y de sus considerandos 44 y 45 es posible extraer las características esenciales de esta legitimación extraordinaria, sin embargo, no todos los extremos se resuelven con claridad y ello, posiblemente, haya contribuido a su escasa trascendencia. En primer lugar, si bien no lo hace con la misma contundencia que la Directiva 2020/1828, entendemos que la intención del legislador ha sido la de legitimar a determinadas entidades para el ejercicio de acciones colectivas. Ello es así porque, aunque no utiliza la expresión *acciones de representación*, sí insiste en que ha de tratarse de entidades que se encarguen de defender, o que persigan entre sus objetivos, "los intereses colectivos de los usuarios profesionales o de los usuarios de un sitio web corporativo"; además, recuerda que esta legitimación ha de entenderse sin perjuicio del derecho a ejercitar acciones individuales por el propio interesado.

En segundo lugar, el alcance de esta tutela colectiva se limita a la acción de cese destinada a impedir o a prohibir el incumplimiento de las obligaciones que impone esta norma de Derecho de la Unión; así, con su ejercicio será posible poner fin a las conductas contrarias al Reglamento y evitar preventivamente que se inicien o que se repitan. En consecuencia, salvo que se prevea algo distinto en el derecho interno de cada Estado, tras obtener una sentencia en la que se declare la ilicitud de las actividades y se ordene su cese, corresponderá, a cada empresario-usuario del servicio que se ha visto afectado, ejercer individualmente la acción dirigida a obtener la indemnización por

---

14 Así lo dispone el considerando 44 del Reglamento 2019/1150, donde, además, como factores que contribuyen a reducir esta efectividad cita, a título de ejemplo "la falta de recursos financieros, el miedo a las represalias, y las cláusulas exclusivas de elección de ley y foro en las condiciones generales".

los daños y perjuicios que haya podido sufrir -lo que resta eficiencia a este instrumento, pues obliga a multiplicar los procesos civiles para alcanzar el pleno resarcimiento de los perjudicados-.

En tercer y último lugar, debemos detenernos en las entidades que pueden ejercer esta acción. Por una parte, se permite legitimar a organismos públicos nacionales, tanto de creación *ad hoc* como ya existentes, exigiéndose que entre sus funciones se prevea la defensa de los intereses colectivos de estos usuarios. En España no se ha legitimado expresamente a ningún organismo público para el ejercicio de esta acción, cabría ver si, llegado el momento, una aplicación por analogía del art. 31.d) de la Ley 34/2002[15] permitiría al Ministerio Fiscal solicitar el cese de las conductas que afectan al mercado interior en línea -ahora bien, tampoco debemos olvidar que esta legitimación le fue atribuida para proteger los intereses colectivos de los consumidores[16]-.

Por otra parte, las organizaciones y asociaciones que persigan un interés legítimo de representación de estos usuarios pueden solicitar a los Estados miembros que las designen como legitimadas[17]. Para ello, el Reglamento las sujeta a unos requisitos similares a los del art. 4 de la Directiva 2020/1828: la actividad de representación ha de ejercerse con continuidad -garantizando que no se creen para una actuación concreta-, sus objetivos han de corresponderse con el interés colectivo de los usuarios profesionales o de sitios web corporativos -siendo diferentes a las que protegen a los consumidores- y han de ser imparciales y carecer de ánimo de lucro -debiendo dar publicidad a sus miembros y a sus fuentes de financiación para evitar la influencia de terceros-.

En relación con estos organismos públicos, organizaciones y asociaciones debemos realizarnos varias preguntas. La primera es si la legitimación que el Reglamento les atribuye se limita a los tribunales del Estado al que pertenecen o, por el contrario, también pueden ejercer acciones transfronterizas ante los tribunales de un Estado miembro distinto. A diferencia de la Directiva

---

15 Ley 34/2002, de 11 de julio, de servicios de la sociedad de la información y de comercio electrónico, B.O.E., núm. 166, de 12 de julio 2002.

16 En nuestra opinión, más difícil resulta admitir la legitimación de la Dirección General de Consumo y de los órganos autonómicos o locales competentes para la defensa de los consumidores, por cuanto sus funciones tienen difícil encaje con la defensa de los intereses colectivos de los usuarios profesionales o de sitios web corporativos -quienes, no olvidemos, son los empresarios en las relaciones de consumo-.

17 En España, el formulario de solicitud puede encontrarse en la página web del Ministerio de Asuntos Económicos y Transformación Digital. Como puede observarse, es un trámite sencillo en el que solo se requieren los datos de identificación del solicitante y de la entidad junto a la declaración del cumplimiento de todos los requisitos [https://avancedigital.mineco.gob.es/es-es/Servicios/Documents/formulario-p2b.pdf (última consulta, 16 de septiembre de 2023)].

2020/1818, que regula expresamente esta cuestión, de la redacción literal del Reglamento no podemos extraer una respuesta, sin embargo, consideramos que la misma ha de ser afirmativa, en especial, porque se prevé la publicación en el D.O.U.E. de una lista elaborada por la Comisión en la que consten las entidades designadas por cada Estado -una lista cuya razón de ser, entendemos, es que el tribunal ante el que se presente la demanda no ponga en entredicho su legitimación cuando la entidad demandante proceda de un Estado miembro distinto-.

La segunda pregunta es si la designación por el Estado y su inclusión en la lista de la Comisión Europea son imprescindibles para que la entidad pueda ejercer acciones colectivas; en este caso la respuesta ha de ser negativa. Así, como prevé el Reglamento, interpuesta una demanda el tribunal ha de aceptar la lista como prueba de la legitimación extraordinaria de la entidad -aunque ésta siempre será susceptible de impugnación-. En cambio, la no designación por el Estado -y, en consecuencia, su no inclusión en la lista-, no determina de manera automática su falta de legitimación, debiendo el tribunal competente verificar que, en el caso concreto, la entidad cumple todos los requisitos. El legislador de la Unión no solo ha previsto expresamente ambas cuestiones -la primera en el articulado y la segunda en los considerandos-, sino que, además, recuerda que el objetivo de la designación y de la lista no es otro que *hacer más eficientes y más breves los procesos judiciales* pues simplifica el trámite para la comprobación de su legitimación -sobre todo, cuando se trata de acciones transfronterizas-.

Lo anterior nos permite mantener que la designación por el Estado y la inclusión en la lista de la Comisión redunda en beneficio de todos. Sin embargo, el D.O.U.E. pone de manifiesto que, al parecer y con carácter general, ni los Estados han designado organismos públicos para ejercer estas acciones, ni las organizaciones y asociaciones han solicitado asumir esta legitimación. Así, el art. 14.6 del Reglamento prevé que todas las modificaciones de la lista se publiquen sin dilación en el D.O.U.E. y que, en todo caso, la lista se actualice cada seis meses; no obstante, en el boletín solo hay dos publicaciones -la más reciente de 5 de octubre de 2021-, y únicamente constan cinco organismos públicos, organizaciones y asociaciones en toda la Unión[18]. A falta de información sobre si esta acción colectiva se ha ejercido en alguna ocasión ante los

[18] Lista de organizaciones, asociaciones y entidades públicas designadas elaborada y publicada de conformidad con el artículo 14, apartado 6, del Reglamento (UE) 2019/1150 del Parlamento Europeo y del Consejo sobre el fomento de la equidad y la transparencia para los usuarios profesionales de servicios de intermediación en línea, D.O.U.E., C 402/05, de 5 de octubre de 2021. La última consulta se realizó el 16 de septiembre de 2023. Entre las cinco entidades del listado encontramos la asociación española Centro Español de Derechos Reprográficos EGDPI-CEDRO; se trata de una

tribunales, la fecha de la última actualización de la lista y el reducido número de entidades que en ella figuran nos conduce a afirmar que esta legitimación extraordinaria ha pasado desapercibida.

5. A MODO DE CONCLUSIÓN: CÓMO FACILITAR EL ENCAJE DE ESTA TUTELA COLECTIVA EN NUESTRO ORDENAMIENTO JURÍDICO INTERNO

Si bien España es, junto a Austria e Irlanda, uno de los Estados que ha designado y comunicado a la Comisión entidades para el ejercicio de estas acciones, la repercusión de esta legitimación hasta la fecha ha sido prácticamente inexistente. Como recuerda el Reglamento, estas entidades deben poder ejercer acciones ante los tribunales conforme a los requisitos procesales nacionales. En cuanto estamos ante una fuente del Derecho de la Unión de aplicación directa -por lo que no requiere transposición-, el legislador interno no ha previsto ninguna medida en relación con esta nueva tutela colectiva, sin embargo, debemos tener presente que el art. 6.1.8ª de la LEC ya no puede limitarse a reconocer capacidad para ser parte a las entidades que protegen intereses colectivos y difusos de los consumidores, sino que deben considerarse incluidas las que tutelan intereses de la misma naturaleza de los usuarios profesionales y de sitios web corporativos.

Finalmente, aun cuando el objetivo último de esta tutela colectiva es garantizar el buen funcionamiento del mercado interior, no es posible incluirla bajo el paraguas de la Directiva 2020/1828. Ello es así, primero, porque con el Reglamento 2019/1150 se protege a unos sujetos distintos a los consumidores -de ahí que no figure en el anexo I-; y, segundo, porque, si bien en el marco de unas relaciones diferentes, el sujeto protegido es el empresario, es decir, quien tiene la legitimación pasiva en las acciones de representación para la protección de los intereses colectivos de los consumidores. A pesar de ello, debemos plantear si el considerando 18 de la Directiva 2020/1828[19] no deja la puerta abierta a aplicar -en la medida de lo posible y con todas las adaptaciones que sean necesarias-, la legislación nacional por la que ésta se transponga a las acciones colectivas con las que se pretenda la tutela de los usuarios profe-

---

de las últimas incorporaciones pues no figuraba en la primera lista publicada por la Comisión el 10 de septiembre de 2020 (D.O.U.E., C 300/2).

19 "La decisión de aplicar las disposiciones de la presente Directiva a aspectos distintos de los incluidos en su ámbito de aplicación ha de seguir siendo competencia de los Estados miembros. Por ejemplo, los Estados miembros deben poder mantener o establecer legislación nacional que corresponda a las disposiciones de la presente Directiva con respecto a litigios no incluidos en el ámbito de aplicación del anexo I".

sionales o de sitios web corporativos frente a los incumplimientos de las plataformas o de los buscadores; una solución que facilitaría su encaje en nuestro ordenamiento jurídico, incrementaría su popularidad y contribuiría a lograr una Justicia eficaz y eficiente para el mercado interior en línea.

BIBLIOGRAFÍA

GASCÓN INCHAUSTI, F., *Derecho Europeo y legislación procesal civil nacional: entre autonomía y armonización*, ed. Marcial Pons, 2018.

LLOPIS NADAL, P., "La evolución del comercio digital: nuevos sujetos, nuevos conflictos y nuevas soluciones alternativas a la jurisdicción", en Fuentes Soriano, O. (dir.), Arrabal Platero, P., Doig Díaz, Y., Ortega Giménez, A. y Turégano Mansilla, I. (coords.), *Era digital, sociedad y derecho*, Tirant lo Blanch, Valencia, 2020, págs. [495] a 506.

LÓPEZ-TARRUELLA, A. y RODRÍGUEZ, F., "Las implicaciones prácticas del Reglamento 2019/1150 sobre equidad y transparencia para las plataformas de comercio electrónico", en Ortega Burgos, E. (dir.), *Nuevas tecnologías 2020*, Tirant lo Blanch, Valencia, 2020, págs. [207] a 225.

WAGNER, G., "Harmonisation of Civil Procedure: Policy, Perspectives", en Kramer, X. E. y Van Rhee, C. H. (dir.), *Civil Litigation in a Globalising World*, ed. Springer, 2012, págs. 93 a 119.

Capítulo XVIII:

La relación entre las acciones colectivas y las acciones individuales de los consumidores y usuarios: regulación vigente y propuesta de reforma

JOSÉ MARTIN PASTOR
Catedrático de Derecho Procesal.
Universitat de València

Sumario: 1. INTRODUCCIÓN. 2. LA RELACIÓN ENTRE LAS ACCIONES COLECTIVAS E INDIVIDUALES PARA LA TUTELA JUDICIAL DE LOS CONSUMIDORES Y USUARIOS EN LA VIGENTE LEY DE ENJUICIAMIENTO CIVIL. 3. LA RELACIÓN ENTRE LAS ACCIONES COLECTIVAS E INDIVIDUALES PARA LA TUTELA JUDICIAL DE LOS CONSUMIDORES Y USUARIOS EN EL ANTEPROYECTO DE LEY DE ACCIONES DE REPRESENTACIÓN PARA LA PROTECCIÓN DE LOS INTERESES COLECTIVOS DE LOS CONSUMIDORES. 4. CONCLUSIÓN.

Resumen: El fracaso del sistema diseñado por la LEC sobre las acciones colectivas -e individuales-, para la protección de los derechos e intereses de los consumidores y usuarios, requiere la implementación de mecanismos eficaces para que se pueda poner fin a las prácticas ilícitas y dichos sujetos sean resarcidos, en su caso, de los daños causados por aquellas, sin congestionar y colapsar la justicia civil.

Para transponer la Directiva (UE) 2020/1828 del Parlamento Europeo y del Consejo, de 25 de noviembre de 2020, relativa a las acciones de representación para la protección de los intereses colectivos de los consumidores, se requiere la modificación de la normativa procesal civil, así como la regulación de las entidades habilitadas que puedan ejercer las acciones de representación para la protección de los intereses colectivos de dichos sujetos. Con el objetivo de cumplir con la primera exigencia de la transposición normativa los Ministerios de Justicia y de Consumo promovieron un Anteproyecto de Ley de acciones de representación para la protección de los intereses colectivos de los consumidores, que, de momento, no se ha convertido en Proyecto de Ley y, por lo tanto, no es objeto en la actualidad de tramitación parlamentaria.

Sin embargo, en dicha propuesta normativa se contiene, a mi juicio, una adecuada regulación de la relación entre las acciones colectivas de representación y las acciones individuales de los consumidores y usuarios afectados, que puede mejorar la eficiencia de la tutela procesal civil de los derechos e intereses de dichos sujetos.

Para ello, cuando se ejercitan acciones colectivas de representación, cabe destacar la inadmisibilidad de la intervención de los consumidores y usuarios como parte en los procesos en los que se ejercitan dichas acciones. Estos sujetos, en el caso de que se ejercite una acción colectiva de resarcimiento, podrán decidir, según los casos, entre desvincularse o vincularse al proceso colectivo correspondiente.

Asimismo, para los consumidores y usuarios que se desvinculen o no se vinculen al proceso colectivo, se contempla la suspensión de la prescripción de las acciones individuales de resarcimiento, esto es, el ejercicio de las acciones colectivas de representación producirá el efecto suspensivo de la prescripción de las potenciales acciones individuales de resarcimiento. Estas acciones individuales podrán, en consecuencia, ejercitarse cuando finalice el proceso colectivo.

A mi parecer, el diseño previsto en el mencionado Anteproyecto puede contribuir a hacer más eficientes los procesos en los que se ejerciten las acciones colectivas de representación, evitando la saturación y el colapso de la justicia civil, y a mejorar la tutela de los derechos e intereses de los consumidores y usuarios perjudicados.

1. INTRODUCCIÓN

Partimos de la base de que las técnicas de tratamiento de la litigiosidad masiva deberían garantizar las soluciones uniformes, la seguridad jurídica, la economía procesal, y la pronta y eficaz tutela de los derechos e intereses de los sujetos perjudicados.

Las acciones colectivas constituyen el instrumento más novedoso de nuestro sistema procesal-civil para atender los supuestos de reparación judicial colectiva de los consumidores y usuarios afectados.

La LEC reguló por primera vez, a través de distintos preceptos, las acciones colectivas para la protección de los derechos e intereses de los consumidores y usuarios en el ordenamiento jurídico español. En aquel momento no se consideró necesario un proceso o procedimiento especial para el ejercicio de dichas acciones, sino que se introdujeron una serie de normas especiales en determinados preceptos de la ley.

El fracaso del sistema diseñado por la LEC sobre las acciones colectivas -e individuales-, para la protección de los derechos e intereses de los consumidores y usuarios, requiere la implementación de mecanismos eficaces para que se pueda poner fin a las prácticas ilícitas, y los consumidores y usuarios sean resarcidos, en su caso, de los daños causados por aquellas.

La Directiva (UE) 2020/1828 del Parlamento Europeo y del Consejo, de 25 de noviembre de 2020, relativa a las acciones de representación para la protección de los intereses colectivos de los consumidores, trata, por una parte, de garantizar que todos los Estados de la Unión Europea cuenten, al menos, con un mecanismo de tutela colectiva a instancia de las entidades legalmente habilitadas para la salvaguarda de los intereses de los consumidores y usuarios, y, por otra parte, de evitar el ejercicio abusivo de dicha acción procesal.

Cabe destacar que la mencionada Directiva no diseña un procedimiento colectivo por el que deban sustanciarse las acciones de representación, ni articula las fases de una estructura procedimental. Por ello, corresponde a los Estados miembros la configuración por completo del procedimiento para el ejercicio de estas acciones, en sus dos modalidades –cesación y resarcitorias–, conforme al principio de autonomía procesal.

El plazo previsto para la transposición del nuevo instrumento expiró el 25 de diciembre de 2022. Para esta fecha deberían haberse publicado, en consecuencia, las disposiciones necesarias para dar cumplimiento a lo establecido en dicha Directiva, disposiciones que deberían haber sido aplicables aplicables seis meses más tarde, a partir del 25 de junio de 2023.

Para transponer dicha Directiva se requiere la modificación de la normativa procesal civil, así como la regulación de las entidades habilitadas que puedan ejercer las acciones de representación para la protección de los intereses colectivos de los consumidores. Para cumplir con la primera exigencia de la transposición normativa los Ministerios de Justicia y de Consumo promovieron un Anteproyecto de Ley de acciones de representación para la protección de los intereses colectivos de los consumidores, que, de momento, no se ha convertido en Proyecto de Ley y, por lo tanto, no es objeto en la actualidad de tramitación parlamentaria.

A continuación, de los diversos aspectos problemáticos relacionados con las acciones colectivas para la tutela judicial de los consumidores y usuarios, únicamente me centraré en su relación con las acciones individuales que pueden ejercitar dichos sujetos.

Y ello porque, a mi juicio, la cuestión más relevante es la definición de las relaciones entre los procesos en los que se ejercitaran acciones colectivas, por un lado, y los procesos en los que se ejercitaran acciones individuales conexas por parte de los consumidores y usuarios perjudicados, por otro lado.

Téngase presente que la eficacia del sistema procesal civil para la protección de los consumidores y usuarios requiere no solo que se ponga fin a las prácticas ilícitas, sino además que aquellos sean resarcidos, en su caso, de los daños causados por aquellas.

Para clarificar el objeto de las acciones colectivas hay que partir de la distinción que efectúa ORTELLS RAMOS entre las acciones para la tutela judicial de los derechos e intereses jurídicos colectivos, y las acciones para la tutela judicial de los derechos e intereses jurídicos individuales de los integrantes de grupos sociales que han sido lesionados por una causa común.

En las primeras el derecho o interés jurídico necesitado de protección es de naturaleza supraindividual, esto es, "tiene un carácter colectivo e indivisible para el grupo social afectado"[1]. En las segundas los derechos e intereses jurídicos necesitados de protección son de naturaleza pluriindividual, es decir, "pueden ser de titularidad individual de cada miembro del grupo social, pero la necesidad de la tutela deriva de que un mismo hecho o acto ha causado perjuicio a los diferentes miembros del grupo"[2].

De esta forma, simplificando, podríamos hablar de acciones "colectivas" para la tutela de los derechos e intereses jurídicos colectivos, y de acciones "colectivas" para la tutela de los derechos e intereses jurídicos individuales conexos. O de ejercicio de acciones propiamente colectivas, y de ejercicio colectivo de acciones individuales conexas, ya que, como inmediatamente veremos, el legislador permite que estas acciones individuales se ejerciten de forma acumulada -y accesoria- a la acción colectiva de cesación.

2. LA RELACIÓN ENTRE LAS ACCIONES COLECTIVAS E INDIVIDUALES PARA LA TUTELA JUDICIAL DE LOS CONSUMIDORES Y USUARIOS EN LA VIGENTE LEY DE ENJUICIAMIENTO CIVIL

En el ATJUE, *Fernández Oliva,* de 26 de octubre de 2016, se hace mención expresa a "las complejidades del procedimiento nacional de que se trata en los litigios principales, especialmente en lo que respecta a las relaciones entre las acciones individuales y las acciones colectivas paralelas" (FD 33°).

Sobre esta cuestión, cabe sintetizar los siguientes aspectos:

1°) El propósito inicial del legislador. La tramitación en un procedimiento único de los procesos en los que se ejercitaran acciones colectivas y acciones individuales para la tutela de los consumidores y usuarios. La acumulación inicial de las acciones colectivas e individuales. La publicidad en los procesos para la protección de los derechos e intereses colectivos y difusos de los consumidores y usuarios, y la carga procesal de intervención de estos en dichos procesos.

2°) La desaparición de la carga procesal de intervención de los consumidores y usuarios en el proceso en el que se ejercite únicamente una acción colectiva de cesación para la defensa de sus derechos e intereses

[1] *Vid.* ORTELLS RAMOS, M., en AAVV, *Derecho Procesal Civil,* Cizur Menor (Navarra), Aranzadi-Thomson Reuters, 2019, p. 126.

[2] *Vid.* ORTELLS RAMOS, M., en AAVV, *Derecho… (2019), cit.,* pp. 126-127.

colectivos o difusos. La admisibilidad de la tramitación en procedimientos distintos de los procesos en los que se ejerciten acciones colectivas de cesación y acciones individuales para la tutela de los consumidores y usuarios. La jurisprudencia contraria del Tribunal Constitucional al archivo o sobreseimiento del proceso individual por la pendencia del proceso colectivo

3°) El segundo intento del legislador para la tramitación en un procedimiento único de los procesos en los que se ejerciten acciones colectivas y acciones individuales para la tutela de los consumidores y usuarios: la acumulación del proceso colectivo y de los procesos individuales. La inaplicación de esta técnica por los órganos jurisdiccionales.

4°) La solución del legislador cuando no resulte posible la tramitación en un procedimiento único de los procesos en los que se ejerciten acciones colectivas y acciones individuales para la tutela de los consumidores y usuarios: la admisibilidad de la suspensión de las actuaciones del proceso individual por prejudicialidad civil hasta que se resuelva el proceso colectivo. La jurisprudencia contraria del Tribunal de Justicia de la Unión Europea a la suspensión del proceso individual por prejudicialidad civil del proceso colectivo.

5°) La solución del CGPJ: la concentración de las múltiples demandas individuales de los consumidores y usuarios en determinados órganos jurisdiccionales, mediante la atribución a órganos jurisdiccionales unipersonales, con carácter exclusivo, del conocimiento de determinadas materias o clases de asuntos.

Como conclusión, hay que poner de manifiesto el fracaso del sistema diseñado por la LEC sobre las acciones colectivas -e individuales-, para la protección de los derechos e intereses de los consumidores y usuarios, y que queda mucha litigiosidad masiva, actual o potencial; mucha contradicción jurisprudencial; mucha inseguridad jurídica; poca economía procesal, y una lenta e ineficaz tutela de los consumidores y usuarios perjudicados.

3. LA RELACIÓN ENTRE LAS ACCIONES COLECTIVAS E INDIVIDUALES PARA LA TUTELA JUDICIAL DE LOS CONSUMIDORES Y USUARIOS EN EL ANTEPROYECTO DE LEY DE ACCIONES DE REPRESENTACIÓN PARA LA PROTECCIÓN DE LOS INTERESES COLECTIVOS DE LOS CONSUMIDORES

Ante la situación de crisis de la justicia civil expuesta, las propuestas de reforma se centran en la introducción de proceso testigo –en el Proyecto de Ley de Eficiencia Procesal- y la regulación de las acciones de representación

-en el Anteproyecto de Ley de acciones de representación para la protección de los intereses colectivos de los consumidores (ALAR)-, porque habrá que delimitar qué instrumento es el más adecuado para la tutela judicial "masiva" de los consumidores y usuarios.

El ALAR contempla dos modalidades de acciones de representación. En primer lugar, la acción de cesación. Pero, ya que la orden de cesación no proporciona una reparación de los daños que la conducta lesiva haya provocado a los concretos consumidores afectados, prevé también las acciones resarcitorias. Con estas se tratará de reparar los daños mediante la condena al pago de indemnizaciones, a la reparación o sustitución de los bienes adquiridos por los consumidores o al reembolso del precio pagado por estos, y la resolución de los contratos en que se haya materializado la conducta infractora o la reducción del precio de los bienes o servicios afectados por aquella.

En esta propuesta normativa se regulas de forma autónoma y separada los procesos en que se deben ejercitar estas acciones de representación. Un proceso especial para la acción de cesación y un juicio verbal con especialidades para las acciones resarcitorias.

No obstante, las acciones de representación de cesación y resarcitorias asociadas a la misma infracción pueden ejercerse en el marco de un mismo procedimiento, mediante una acumulación de acciones dentro del proceso especial.

En relación con la acción de representación de cesación no se requiere que los consumidores y usuarios afectados manifiesten su voluntad de adherirse a ella o de beneficiarse de una eventual sentencia estimatoria. Tampoco podrán los consumidores y usuarios afectados intervenir como parte en el proceso correspondiente.

En cuanto a la acción de representación resarcitoria, cabe señalar su consideración como acción *stand-alone* -su ejercicio no requiere la previa declaración en sentencia firme de que la conducta del empresario o profesional demandado es contraria a los intereses colectivos de los consumidores-, y no como una acción *follow-on* -consecutiva a una previa declaración de antijuricidad de la conducta del empresario o profesional demandado-.

En cuanto al ejercicio de las acciones de representación se ha previsto:

a) Como regla general, un ejercicio conjunto y simultáneo. Se parte de la admisibilidad de la acumulación de las acciones de representación de cesación y resarcitoria por parte del demandante.

b) Como excepción, un ejercicio separado y sucesivo. El tribunal podrá acordar su tramitación separada y la suspensión del proceso en que se esté ejercitando la acción de representación resarcitoria en tanto se resuelva la de cesación.

Pero, cuando se ejercitan acciones de representación resarcitorias, cabe destacar la inadmisibilidad de la intervención de los consumidores y usuarios como parte en los procesos en los que se ejercitan dichas acciones.

Para ello se contempla la suspensión de la prescripción de las acciones individuales de resarcimiento, esto es, el ejercicio de las acciones de representación produce el efecto suspensivo de la prescripción de las potenciales acciones individuales de resarcimiento. Estas acciones individuales podrán, en consecuencia, ejercitarse cuando finalice el proceso colectivo.

En cuanto a la delimitación del ámbito subjetivo de la acción de representación resarcitoria se prevé: a) Como regla general, un sistema de exclusión voluntaria (*opt-out*), esto es, de inclusión por defecto, con posibilidad de exclusión o desvinculación expresa. b) Como excepción, un sistema de inclusión voluntaria (*opt-in*), esto es, de vinculación expresa. De esta forma, el auto de certificación determinará el ámbito objetivo del proceso y su ámbito subjetivo, esto es, los consumidores y usuarios que han de verse afectados.

Sentada la regla general de que los consumidores, en su caso, habrán de desvincularse de la acción, en el auto de certificación podrá el tribunal optar, de manera excepcional, por someter el régimen de la acción a la vinculación expresa de sus posibles beneficiarios.

El auto de certificación habrá de recibir la máxima y mejor publicidad entre los consumidores y usuarios afectados, de modo que resulte legítima la actuación sobre sus derechos e intereses por parte de la entidad habilitada demandante.

Como se puede observar, la publicidad del proceso en el que se ejercitan las acciones de representación constituye un elemento clave del sistema, que permitirá que los consumidores y usuarios afectados por la acción de representación tengan un conocimiento efectivo de la existencia del proceso y de las opciones que en relación con él se les abren, y que puedan manifestar su voluntad de desvincularse –cuando proceda, de vincularse– de forma sencilla y sin costes.

Para dicha publicidad se contemplan: a) Exigencias de difusión y publicidad a las decisiones relevantes del proceso. b) Poderes discrecionales amplios del tribunal para practicar las notificaciones individuales, cuando sean posibles, y recurrir a los medios de comunicación o cauces equivalentes (incluidas las redes sociales) de amplia difusión en el ámbito geográfico en que pueda presumirse la residencia habitual de los afectados.

Asimismo, se prevé la creación de un Registro Público de Acciones de Representación, que se encomienda al Ministerio de Justicia, con el objetivo de: a) Fomentar la transparencia y el conocimiento de las acciones de representación en marcha, tanto en general, como por sus posibles beneficiarios. b) Permitir la adecuada coordinación entre los órganos judiciales ante los que pudieran estar pendientes procesos colectivos con objetos idénticos o conexos.

Instrumentalmente, también está contemplada la suspensión del proceso en el que se ejercitan acciones de representación para que los consumidores afectados puedan manifestar su voluntad. Una vez certificada la acción, el proceso quedará en suspenso durante el plazo marcado por el tribunal para permitir que los sujetos afectados manifiesten su voluntad de desvinculación o, en su caso, de vinculación.

La propuesta normativa también requiere la implementación de una plataforma electrónica para la gestión del procedimiento, que ha de servir para transmitir la información a los afectados, con la finalidad de que estos puedan manifestar su voluntad cuando proceda y la información obtenida pueda ser utilizada de manera fiable por el tribunal o por las entidades habilitadas demandantes.

En cuanto a los efectos del auto de certificación sobre las acciones individuales de resarcimiento, debemos distinguir los siguientes supuestos:

a) Acciones ejercitadas antes del auto de certificación.

En este caso se realizará un ofrecimiento de adhesión. De oficio o a instancia del demandado, el tribunal que esté conociendo de un proceso en que se esté ejercitando por uno o varios consumidores o usuarios una acción resarcitoria individual cuyo objeto esté comprendido por el auto de certificación pondrá dicha resolución en conocimiento del demandante o de los demandantes y les requerirá para que, en el plazo de diez días, manifiesten, si así lo desean, su voluntad de vincularse a la acción de representación, al tiempo que ordenará la suspensión del proceso individual.

Si el demandante manifiesta su voluntad de vincularse a la acción de representación, el tribunal sobreseerá el proceso individual.

Si el demandante rechaza vincularse a la acción de representación o no responde al requerimiento, alzará el tribunal la suspensión y mandará que el proceso individual siga su curso.

b) Acciones ejercitadas durante el plazo concedido en el auto de certificación para la desvinculación.

En este supuesto puede tener lugar una desvinculación tácita. La interposición de la demanda resarcitoria individual equivaldrá a la expresión de la voluntad de no verse vinculado a la acción de representación resarcitoria y a su resultado. No obstante, también podrá realizarse un ofrecimiento de adhesión. El tribunal ante el que se hubiera ejercitado la acción individual podrá, de oficio o a instancia de la parte demandada, informar al demandante de la existencia del proceso en que se está ejercitando la acción de representación y ofrecerle la posibilidad de manifestar su voluntad de vincularse al mismo.

c) Acciones ejercitadas transcurrido el plazo de desvinculación.

En este caso se producirán los efectos de preclusión e inadmisibilidad. No podrán ejercitarse acciones resarcitorias individuales cuyo objeto esté comprendido por el auto de certificación. El tribunal inadmitirá a trámite las demandas que contravengan la prohibición anterior o las sobreseerá, de oficio o a instancia de parte.

El auto de certificación constituye pues el punto de referencia desde el que regular las relaciones entre la acción colectiva y las acciones individuales de resarcimiento, que no serán ya admisibles una vez transcurrido el plazo concedido a los consumidores y usuarios afectados para manifestar su voluntad de desvincularse de la acción.

Asimismo, está prevista una alternativa procedimental para la resolución de la acción colectiva de representación. Así, será admisible la existencia, en primer término, de un debate y un enjuiciamiento en relación con la responsabilidad del demandado sobre la conducta infractora, que termine con una sentencia que se ciña a esta cuestión, seguido en su caso de un nuevo debate y enjuiciamiento en relación con las concretas cantidades que han de pagarse a los beneficiarios del pronunciamiento anterior.

En la sentencia el tribunal determinará quiénes son sus beneficiarios, bien de forma individualizada –cuando sea posible–, bien estableciendo las características y requisitos que han de concurrir en un consumidor individual para poder beneficiarse de aquella.

En cuanto a la cosa juzgada de la sentencia, la opción por un modelo de exclusión o de inclusión influye en el ámbito subjetivo de la cosa juzgada de la sentencia firme que ponga fin al proceso, por lo que debemos diferenciar entre:

a) Sistema de exclusión voluntaria (*opt-out*). La sentencia afectará a los consumidores y usuarios a los que se refiera el auto de certificación, aunque no hayan sido identificados de manera individualizada en dicha resolución o en la sentencia.

b) Sistema de inclusión voluntaria (*opt-in*). La sentencia únicamente afectará a los consumidores y usuarios que hayan expresado su voluntad de verse afectados por el resultado de la acción.

Ciñéndonos al efecto negativo o excluyente de la cosa juzgada, se distingue entre:

a) El auto que deniega la certificación de la acción. Una vez sea firme el auto denegando la certificación de la acción, no será admisible otra acción de representación resarcitoria que tenga el mismo objeto que aquella cuya certificación se denegó, aunque la entidad demandante sea diferente.

b) La sentencia que resuelve sobre la acción de representación resarcitoria. Será inadmisible la demanda en que, con posterioridad, se ejercite una acción de representación resarcitoria que tenga el mismo objeto que aquella a la que se puso fin mediante sentencia firme, aunque se haya interpuesto por un demandante diferente.

En cuanto al cumplimiento y la ejecución de los pronunciamientos resarcitorios, los beneficiarios de una sentencia o un acuerdo resarcitorio no deberán emprender un nuevo proceso para obtener aquello que les corresponda.

4. CONCLUSIÓN

El fracaso del sistema diseñado por la LEC sobre las acciones colectivas e individuales, para la protección de los derechos e intereses de los consumidores y usuarios, requiere la implementación de mecanismos eficaces para que se pueda poner fin a las prácticas ilícitas y dichos sujetos sean resarcidos, en su caso, de los daños causados por aquellas, sin congestionar y colapsar la justicia civil.

En el ALAR se contiene, a mi juicio, una adecuada regulación de la relación entre las acciones colectivas de representación y las acciones individuales de los consumidores y usuarios afectados, que puede contribuir a hacer más eficientes los procesos en los que se ejerciten las acciones colectivas de representación, evitando la saturación y el colapso de la justicia civil, y a mejorar la tutela de los derechos e intereses de los consumidores y usuarios perjudicados.

BIBLIOGRAFÍA

MARTÍN PASTOR, J., *Las técnicas de reparación judicial colectiva en el proceso civil.: De las incipientes acciones colectivas a la tradicional acumulación de acciones,* Valencia, Tirant lo Blanch, 2019, y bibliografía aquí citada.

Capítulo XIX:

Falsas impresiones sobre la primera instancia civil como instancia time consuming: premisas erróneas y conclusiones falaces de la eficiencia que viene

BÁRBARA SÁNCHEZ LÓPEZ

Profesora Contratada Doctora de Derecho Procesal.
Universidad Complutense de Madrid.
Miembro del IDEIR

Resumen: La presente comunicación[1] se centra en los tiempos de la justicia española a la luz de las últimas estadísticas e informes oficiales, con la finalidad de poner en evidencia que la importante primera instancia civil no es la fase del proceso en la que se concentra la ineficiencia de la justicia y que, en consecuencia, resulta inidóneo introducir medidas que se dirigen a recortar —cuando no a prescindir, sin más— de la celebración de vistas y audiencias en forma presencial en la primera instancia civil.

---

1 Esta comunicación se enmarca en el ámbito del proyecto de investigación titulado "Eficiencia y acceso a la justicia en tiempos de austeridad" (PID2021-122647NB-I00), financiado por el Ministerio de Ciencia e Innovación. Constituye una versión reducida y actualizada de parte de mi trabajo "Entre la oralidad telemática y la escritura digital: ¿Caminamos felices hacia el «medievo digital»?", en *Estándares Europeos y Proceso Civil. Hacia un Proceso Civil convergente con Europa*, F. Gascón Inhausti y P. Peiteado Mariscal (dir.), Atelier, 2022, pp. 19-116.

1. LA CELEBRACIÓN PRESENCIAL DE VISTAS Y AUDIENCIAS COMO HIPÓTESIS DE INEFICIENCIA PROCESAL

1. Con el objetivo de alcanzar la arquetípica "eficiencia procesal", el Plan justicia 2030 de la XIV Legislatura —y de la ya presente XV— ha proyectado una reducción de los tiempos de la administración de justicia en línea con los objetivos políticos del Consejo de Europa y, en particular, de la CEPEJ (*Council of Europe European Commission for the efficiency of justice*). Dejando al margen el simplismo de identificar la eficiencia procesal con la reduccionista triada económica de duración, coste y predictibilidad de las decisiones judiciales, el ya caducado Proyecto de Ley de Medidas de Eficiencia Procesal (PLMEP) propuso, como medidas —entre otras— para mejorar la justicia civil, la celebración generalizada de vistas y juicios de forma telemática y aun su supresión discrecional e inmotivada en el ámbito del juicio verbal, para aligerar el proceso civil[2]; es decir, una reversión de la oralidad de la primera instancia civil conquistada con la Ley 1/2000, de 7 de enero, de Enjuiciamiento Civil. La convocatoria electoral del año 2023 dio al traste con la tramitación de esta reforma, pero buena parte de su contenido —y, en lo que ahora importa, la supresión de la inmediación y la oralidad reales que suponen la celebración presencial de vistas— la ha aprobado el Gobierno mediante el Real Decreto Ley 6/2023, de 19 de diciembre, respecto del que se mantiene la vigencia de estas reflexiones.

La idea se funda en la observación —pero solo parcial, lo adelanto ya— de los datos estadísticos judiciales, tanto a nivel internacional[3] como a nivel nacional[4], que evidencian que la segunda instancia civil y penal ha registrado

---

2 BOCG. Congreso de los Diputados, serie A, núm. 97-1, de 22/04/2022. cve: BOCG-14-A-97-1. *Vid.*, en lo que hace a la generalización de la videoconferencia, su art. 17 (que propone un art. 137 bis LEC dedicado a la *Realización de actuaciones judiciales mediante el sistema de videoconferencia*), su art. 27 (relativo al auxilio judicial del art. 169.4 LEC), su 54 PLMEP (de reforma del art. 346 LEC, relativo a la emisión y ratificación del dictamen de perito), y el art. 55 PLMEP (de reforma del art. 364 LEC relativo a la declaración domiciliaria de testigos). Y, en lo que hace a la reforma de la vista del juicio verbal, sus arts. 65 y 72, que pretenden introducir en los arts. 414.2 y 432.1 LEC una llamada personación "por medios por videoconferencia o mediante la utilización de medios telemáticos".

3 Especialmente, los informes periódicos de la CEPEJ, cuyo último informe es el *European judicial systems CEPEJ. Evaluation Report 2022. Evaluation cycle (2020 data)*, que desde su presentación el pasado 5 de octubre de 2022 está disponible en la web de la CEPEJ: Evaluation of judicial systems (coe.int).

4 La estadística del CGPJ puede consultarse, nivel usuario, en los informes sobre la *Justicia dato a dato* y en la sección *Indicadores clave*, donde se emplea una variedad más amplia que la utilizada por la CEPEJ. Puede accederse a los datos estadísticos del CGPJ en es de los publicados en la sección de Indicadores clave en algunas de las

mejores tasas de eficiencia que la primera instancia; y esto se emplea para construir la hipótesis de que la oralidad de la primera instancia lastra la eficiencia del sistema. Pero, como vamos a ver, la hipótesis es errónea y las conclusiones, equivocadas.

2. La hipótesis se sustenta en que los mejores indicadores, esto es, la Tasa de Resolución de asuntos (=TR) y la Tasa de Duración (=TD), se concentran en la segunda instancia civil y penal, con valores por encima del 100 % en TR (de 116,9 % y 103 %, respectivamente), y presenta las franjas más estrechas de duración de asuntos (de 227 y de 59 días, respectivamente), como muestran los datos del último informe de la CEPEJ:

2020		**TD (avg. 237 d)**	**TR (avg. 98 %)**
Civil	1ª Inst.	468 d.	86.3 %
	2ª Inst.	**227 d.**	**104 %**
	TS	888 d.	74.7 %
Penal	1ª Inst.	247 d.	95.1 %
	2ª Inst.	**59 d.**	**103.0 %**
	TS	412 d.	74.3 %
Cont.Adm.	1ª Inst.	406 d.	99.5 %
	2ª Inst.	459 d.	94.1 %
	TS	350 d.	88.8 %

3. Ahora bien, una mirada más atenta revela que cada jurisdicción y cada instancia presentan problemas de ineficiencia que es posible localizar perfectamente para actuar de forma focalizada, sin sacrificio de la preciada oralidad de la primera instancia y de la mucho más valiosa inmediación, que no es sino el resultado de la reunión de personas. Por referencia al proceso civil, los datos no permiten extraer la idea de que la duración del proceso depende de que haya —o no— que celebrar vista. Al fin y cabo, tampoco hay que celebrar —como norma— vista en los recursos extraordinarios y esto no le impide al Tribunal Supremo (TS) —como muestra la misma tabla— acumular las mayores tasas de ineficiencia de la justicia española en todos los órdenes, con TR inferiores al 90 % y con una TD que, en lo civil, registra un lamentable promedio de 888 días. Y si todavía descendemos un poco más, veremos que las medi-

---

tasas, como apreciará el lector de las tablas te enlace: https://www.poderjudicial.es/cgpj/es/Temas/Estadistica-Judicial/, con la advertencia de que existen divergencias entre los datos de la CEPEJ y los nacionales y, dentro de estos, entre los datos de los informes *Justicia dato a dato* respecto de los publicados en la sección de *Indicadores clave* en algunas de las tasas.

das que propone el Plan Justicia 2030 se fundan en una hipótesis errónea, en un diagnóstico errado de los males de la justicia, que no se concentran en la primera instancia civil y que tampoco radican en la oralidad de la celebración de vistas y audiencias ni en la presencialidad, particularmente, del juicio verbal. Los tiros certeros deberían ir, acaso, por subir la *ratio* española de tan solo 11,24 jueces por cada 100.000 hab., frente al muy lejano promedio de 22,2 jueces, es decir, el doble que tienen los 47 Estados analizados (o a la mediana de 17,6 jueces por cada 100.000 hab)[5].

2. LA REFUTACIÓN DE LA HIPÓTESIS CON LOS DATOS

4. El PLMEP propone aplicar a la justicia civil un confinamiento digital temporalmente indefinido que no está justificado a la luz de las causas que la estadística judicial nacional permite identificar como males de la justicia.

2.1. La cronicidad de los males de la justicia civil

5. De entrada, es poco razonable tomar como modelo de justicia civil el que arroja una segunda instancia basada en la forma escrita, a partir de las medidas del plan de choque frente a la pandemia. Primero, porque, ante todo, se ha tratado de un período excepcional en el que todo lo personal y lo inmediato ha quedado paralizado por las fuertes restricciones deambulatorias; pero es que, además, con los datos de los informes sobre la *Justicia dato a dato* y los *Indicadores clave* del CGPJ en la mano[6], la evolución de la jurisdicción civil en los últimos cinco años (2018 a 2022) permite observar que: (i) la congestión del sistema judicial español es anterior y, por tanto, independiente de la crisis sanitaria y económica de la covid-19; y (ii) la repercusión directa de la covid-19, aun siendo negativa, es menor de la que pudiera suponerse: las tasas de eficiencia no se hundieron en el año 2020, sino que mejoraron en el año 2021, y ya en el último año las tasas de congestión

---

5 Según el informe del año 2022 de *La justicia dato a dato* la ratio de plazas orgánicas de jueces y magistrados se ha elevado a 11,7.

6 Así, la tasa de resolución expresa el cociente entre asuntos resueltos y asuntos ingresados; la tasa de pendencia expresa la ratio entre los asuntos pendientes al final del periodo y los resueltos en el mismo periodo; la tasa de sentencia muestra la ratio entre el número de sentencias y el de asuntos resueltos; y la tasa de congestión muestra la carga de asuntos que quedan en trámite al final del periodo resultante del cociente entre la suma de asuntos pendientes y entrantes en el período y el número de asuntos resueltos en el mismo.

del orden civil han vuelto a empeorar, pero todo según una tendencia ya estructural y prácticamente estable[7]:

CIVIL	2018	2019	2020	2021	2022
T. Resolución	0,9	0,94	0,92	**1**	0,94
T. Pendencia	0,71	0,7	0,85	**0,68**	0,73
T. Congestión	1,7	1,7	1,85	**1,67**	1,73

2.2. La necesidad de contextualizar instancias para valorar su eficiencia

6. Además, es necesario contextualizar cada instancia para valorar su eficiencia. La forma del proceso no es un elemento que quepa valorar de forma aislada de la función a la que sirve la instancia en cuestión y, en particular, es un error comparar los fríos datos de duración de la primera y de la segunda instancia sin tener en cuenta que no son momentos procesales equivalentes ni tienen funciones homogéneas entre sí.

Por un lado, la primera instancia es aquella que consume más tiempo en su sustanciación siempre e invariablemente. Y es falaz extraer de esta observación la conclusión de que en ella se concentra la ineficiencia del sistema. Lo que se concentra en ella es la conformación fáctica y jurídica del litigio y esto consume un notable mayor tiempo, por la necesidad general de celebrar vistas, pero también por el tiempo que se emplea en la admisión de la demanda, en la localización y emplazamiento del demandado, y en la notificación a partes y terceros que tienen una participación de la que carecen las instancias superiores. Por otro lado, la segunda instancia debe su menor duración a que no constituye un *novum iudicium*, sino que está configurado como sistema de garantía formal del juicio de primer grado y, en particular, su aparente mayor eficiencia no se basa solo en la escritura, sino que también se encuentra favorecida por factores de descongestión como la irrecurribilidad de sentencias dictadas en juicios verbales de cuantía inferior a 3.000 euros (art. 455.1 LEC) o el poco acceso *de facto* al recurso de apelación civil, que en los últimos cinco años registra promedios anuales no superiores al 18 % de las sentencias dictadas en primera instancia. Puede verse de esta otra forma: la oralidad

---

7 Las tasas que emplea el CGPJ y que se muestran en las tablas son: 1º) La tasa de resolución (TR), que expresa el cociente entre los asuntos resueltos y los ingresados en el año, por lo que los valores menores a la unidad muestra incapacidad resolutiva; 2º) La tasa de pendencia (TP) muestra el cociente entre los asuntos pendientes al final del periodo y los resueltos en ese periodo; y 3º) la tasa de congestión (TC), que es el cociente donde el numerador está formado por la suma de los asuntos pendientes al inicio del periodo y los registrados en ese periodo y donde el denominador son los asuntos resueltos en dicho periodo.

de la primera instancia civil imprime al sistema una agilidad sin la que: (i) la primera instancia no podría despachar el número de asuntos que ingresan en los Juzgados cada año (v. tabla); y (ii) los tribunales de apelación no podrían tampoco mantener el menor tamaño de sus plantillas.

CIVIL	**2018**	**2019**	**2020**	**2021**	**2022**
Asuntos ingresados en orden civil	2.227.531	2.384.147	2.212.084	2.587.127	2.809.693
Recursos JPI e Inst.	16,9 %	16,9 %	15,8 %	16,6 %	17,3 %
Recursos JMerc.	11,0 %	11 %	5,8 %	7,5 %	8,8 %

7. Si examinamos las tasas de eficiencia en función del tipo de órgano jurisdiccional civil, se hace evidente que la ineficiencia se concentra, sobre todo: (i) en la Sala 1.ª del Tribunal Supremo (con una tasa de congestión de 3,44 puntos en el año 2022, el doble que la primera instancia), seguida a distancia por: (ii) las Secciones Civiles de las Audiencias Provinciales, que han escalado hasta los 2,01 puntos desde los 1,81 puntos del precedente 2021 y cuya TR ha descendido hasta igualarse a la de la Sala 1.ª TS; y (iii) por los Juzgados de lo Mercantil, con 1,80 puntos de congestión. Y todo ello podemos desvincularlo *prima facie* de la forma oral o escrita del proceso o de la instancia.

TASAS 2022. JURISDICCIÓN CIVIL	**TR**	**TP**	**TC**
Juzgados de Primera Instancia	0,95	0,7	1,7
Juzgados de lo Mercantil	1,12	0,83	**1,8**
Juzgados de Violencia sobre la Mujer	0,91	0,76	1,78
Juzgados de Familia	1,01	0,38	1,4
Juzgados 1ª Instancia e Instrucción	0,91	0,78	1,77
Audiencias Provinciales. Secciones Civiles	**0,84**	1	**2,01**
Audiencias Provinciales. Secciones Mixtas	0,96	0,78	1,78
T.S.J. Sala Civil y Penal	0,94	0,47	1,47
Tribunal Supremo: Sala 1ª	**0,84**	2,44	**3,44**
Total	*0,94*	*0,73*	*1,73*

2.3. Los focos de ineficiencia de la justicia civil: la ejecución civil, los Juzgados de lo Mercantil y el Tribunal Supremo

8. Esta última tabla y la siguiente —que recoge la serie histórica de ejecuciones civiles ingresadas desde 2018— muestran que, en el proceso civil, los problemas de ineficiencia se concentran en tres focos, además de —por decirlo con las palabras de MORA-SANGUINETTI—, en el "otro gran problema de España, incluso más grave: hay diferencias muy importantes en la

eficacia de la justicia entre las distintas Comunidades Autónomas o provincias españolas"[8]. Sin desviarnos mucho del objeto de este trabajo, los tres focos son: (i) el proceso de ejecución civil, que es el ámbito donde naufraga la efectividad de la justicia civil española y que se desarrolla casi íntegramente por escrito, con escaso espacio para introducir dosis útiles de oralidad sin desnaturalizar su función ejecutiva; (ii) los Juzgados de lo Mercantil y su incapacidad para hacer frente a la carga de procesos concursales y declarativos, sobre todo, en materia de cláusulas abusivas, donde la oralidad es poco significativa; y (iii) la Sala 1.ª del TS y la duración de los recursos extraordinarios, cuyas causas nada tienen que ver con la oralidad y la presencialidad del proceso, sino con los fines de esta instancia y los medios para hacerlos efectivos. La consustancial falta de espacio y de tiempo de este trabajo impide detenerse en ellos.

EJ. 2022	Hipotecarias	Laudos arbitrales	Otros TNJ	Familia	Otros TJ	Regl. _UE	Total
2018	27.404	1.336	34.148	40.992	355.389	2,78	**459.547**
2019	17.411	1.204	32.605	39.609	376.463	4	**467.692**
2020	20.460	973	25.116	34.290	323.493	251	**404.583**
2021	27.874	1.389	25.058	34.575	415.458	244	**504.598**
2022	24.952	1.207	23.995	34.434	431.809	358	**516.755**

2.4. Los datos sobre duración de los asuntos civiles: el tiro mal dirigido contra la oralidad y la presencialidad

9. Los datos muestran, así, que las medidas que diseñadas por el PLMEP e impladas por el Real Decreto Ley 6/2023 están muy mal dirigidas contra la oralidad de los procesos civiles y contra la celebración misma de la vista del juicio verbal, que es el proceso civil predominantemente oral por excelencia, cuando los mayores retrasos de la justicia española no se están concentrando ni en la primera instancia ni en el juicio verbal. En este punto toca considerar ahora los valores de duración estimada del proceso[9], para hacer notar, de entrada, que la primera instancia civil presenta mucho mejor tasa de duración que la segunda instancia. En el año 2022, la duración media estimada de la primera instancia se ha situado en 7,7 meses frente a los 9,6 de duración es-

8 MORA-SANGUINETTI, J. S., *La factura de la injusticia*, Tecnos, 2022, p. 56.

9 Vid. C.G.P.J - Temas - Transparencia - Estimacion de los tiempos medios de duracion de los procedimientos judiciales (poderjudicial.es), aunque no puede dejar de advertirse de lo engañoso de esta tasa cuando en la estadística se incluyen procedimientos consensuales o procesos no contenciosos, que distorsionan los resultados con la mayor agilidad y brevedad que imprime a los datos.

timada de los recursos de las AAPP, y esto es una tendencia consolidada que puede verse en la serie histórica de los últimos cinco años:

TD	2018	2019	2020	2021	2022
1ª Inst.	7	7,4	8,4	8,2	7,7
2.ª Inst.	7,8	8,9	9,7	8,8	9,6

10. La oralidad no penaliza la duración de la primera instancia. Pero, es más, si descendemos a los tiempos medios de duración por clases de asuntos civiles y tomamos como referencia el promedio de los 7,7 meses de duración de la primera instancia civil en el año 2022, se advierte muy claramente la superior duración de los procesos ordinarios en comparación con los verbales y, en particular —pese a que todos ellos han mejorado en el último año— la elevada duración de: (i) los procesos ordinarios de impugnación de cláusulas generales, con 21,7 meses de duración estimada frente a los 23,3 meses del año 2021; (ii) de los ordinarios a secas, con 16 meses, frente a los 17,7 meses del año precedente; y (iii) el resto de ordinarios, que duran 13,1 meses, frente a los 13,7 meses del año 2021. Estos tres tipos de procesos ordinarios doblan e incluso triplican —en el caso de los procesos de impugnación de cláusulas generales— la duración de los "demás verbales", que tienen una duración media estimada de 8,9 meses y que comprenden aquellos no específicamente recogidos por razón de la materia (lo señalo todo en negrita en la siguiente tabla).

Estimación de los tiempos medios de duración

Comparativa por tipos de procedimiento — Año 2022

(orden creciente)

Divorcios consensuados	2,2
Modificación medidas consensuadas	3,3
Separaciones consensuadas	3,4
Guarda, custodia, o alimentos de hijos menores no matrimoniales consensuados	3,7
Resto monitorios	5,9
Verbales arrendaticios	7,7
Asuntos civiles PROMEDIO	**7,7**
Demás verbales	**8,9**
Divorcios no consensuados	10,2
Separaciones no consensuadas	10,6
Modificacion medidas no consensuadas	10,7
Guarda, custodia, o alimentos de hijos menores no matrimoniales NO consensuados	10,8

Verbales posesorios por ocupación ilegal de viviendas	10,9
Resto de verbales posesorios	11,3
Nulidades Matrimoniales	11,8
Ordinarios - Resto	**13,1**
Liquidación régimen económico matrimonial	14,6
Monitorios europeos	15,5
Ordinarios	**16**
Cambiarios	18,4
Concursos de personas físicas no empresarios	18,7
Titulos de ejecución europeos dimanantes de reglamentos comunitarios	19,5
Ordinarios en procesos declarativos por ejercicio de acciones individuales sobre condiciones generales incluidas en contratos de financiación con garantía hipotecaria	**21,7**
División patrimonios	24,6
Ejecuciones procedentes del derecho de familia	34,9
Ejecuciones otros titulos judiciales	38,4
Ejecuciones hipotecarias	39,8
Ejecuciones civiles (total)	40,7
Ejecuciones de laudos arbitrales	48,4
Ejecuciones otros títulos no judiciales	63,4

11. Y cierro, en fin, los datos estadísticos con un apunte a vuelapluma sobre los datos de duración media de la segunda instancia civil, que no cabe tomar —insisto— como modelo para acelerar la justicia de primera instancia, puesto que su duración es superior. Si se observan más en detalle los tiempos de la segunda instancia por tipos de procedimiento, se comprobará que la duración de las apelaciones de sentencias dictadas en procesos verbales se sitúan exactamente en la media de 9,6 meses y que, paradójicamente, son más eficientes y sostenibles que las apelaciones de sentencias de juicios ordinarios, que encabezan el *ranking* de lentitud de la segunda instancia civil. Dado que el procedimiento de apelación contra toda sentencia de primera instancia civil es el mismo y predominantemente escrito (arts. 455 y ss. LEC), la explicación de resultados tan dispares no puede sino obedecer a motivos diferentes de la configuración escrita del recurso de apelación.

3. CONCLUSIONES

1ª) Es un error que la realidad refuta con datos incontestables sostener que la oralidad penaliza la duración de la primera instancia frente a la celeridad que imprime la escritura al recurso de apelación.

2ª) La forma predominante de cada instancia del proceso no es un elemento que quepa valorar de forma aislada de la función a la que sirve la instancia sobre la que se proyecta. Pretender sustituir la oralidad y la presencialidad de la primera instancia —sea la presencialidad natural o sea la presencialidad "debilitada" que proporciona la tecnología—, por la escritura —la de siempre o una digital— de los recursos civiles, es contrario a la eficiencia: arroja un resultado incompatible con el fin que se propone cumplir la primera instancia. Instancia cuya tarea primordial es la determinar si subsiste el conflicto, depurar óbices y presupuestos procesales y determinar el ámbito del juicio fáctico, lo que va ligado a la forma oral porque en ella está comprometida la participación de las partes, sus representantes y defensores con el tribunal y aun la de otros sujetos en la actividad probatoria, como testigos y peritos, siendo, además, la primera instancia el primer y —muchas veces— el único grado de jurisdicción al que accede el justiciable con la aspiración —elevada al rango de derecho fundamental— de que un juez vea, lea, escuche y juzgue su caso.

3ª) Pese al declarado empeño por mejorar la eficiencia procesal, medidas como las consistentes en generalizar la celebración telemática de vistas o prescindir discrecional e inmotivadamente del acto de la vista del juicio verbal, como propone el PLMEP, no ataja los problemas individualizables de congestión y de demora judicial que cabe identificar en las series históricas de la estadística judicial del CGPJ y que se sitúan en la ejecución civil, en los Juzgados de lo Mercantil y en la Sala 1.ª del TS.

BIBLIOGRAFÍA

BANACLOCHE PALAO, J., "Las reformas en el proceso civil previstas en el Anteproyecto de Ley de Medidas de Eficiencia Procesal: ¿una vuelta al pasado?", en Diario La Ley, nº 9814, 2021, 19 de marzo de 2021.

CARPI, F., y ORTELLS RAMOS, M. (editores), *Oralidad y escritura en un proceso civil eficiente*, Universidad de Valencia, Asociación internacional de Derecho Procesal, Valencia, 2008, II tomos.

GASCÓN INCHAUSTI, F., "¿Han venido para quedarse las vistas telemáticas?", en Derecho y política ante la pandemia: reacciones y transformaciones, en *Anuario de la Facultad de Derecho de la Universidad Autónoma de Madrid*, núm. extraordinario (2021), Tomo II Reacciones y transformaciones en el Derecho Privado, pp. 383 y ss.

MORA-SANGUINETTI, J. S., *La factura de la injusticia*, ed. Tecnos, 2022.

RICHARD GONZÁLEZ, M., "Elogio del juicio oral (presencial) escrito por un profesor partidario del uso de la tecnología en el sistema judicial", en *Diario La Ley,* nº 9654, 16 de Junio de 2020.

SÁNCHEZ LÓPEZ, B., "Entre la oralidad telemática y la escritura digital: ¿Caminamos felices hacia el «medievo digital»?", en Estándares Europeos y Proceso Civil. Hacia un Proceso Civil convergente con Europa, F. Gascón Inchausti y P. Peiteado Mariscal (dir.), Atelier, 2022, pp. 19-116.

Capítulo XX:
Algunas cuestiones del juicio de desahucio a la luz de las modificaciones introducidas por la Ley 12/2023, de 24 de mayo, por el derecho a la vivienda

PEDRO SÁNCHEZ-RIVERA
Profesor Adjunto de Derecho Procesal.
Universidad San Pablo-CEU, CEU Universities

Resumen: En el presente trabajo se estudia las modificaciones que se han introducido en el juicio de desahucio por la Ley 12/2023, de 24 de mayo, por el derecho a la vivienda. La citada ley introduce unos requisitos de procedibilidad al arrendador demandante, especialmente si es gran tenedor que podría ser unos verdaderos obstáculos para el acceso a la Jurisdicción. Aunque la ley pretende proteger al arrendatario vulnerable, hay una descompensación en los requisitos procesales que se exigen a las partes, en perjuicio del actor.

1. INTRODUCCIÓN

En el presente trabajo vamos a estudiar la eficiencia en el nuevo proceso por desahucio a la luz de las modificaciones introducidas por la Ley 12/2023, de 24 de mayo, por el derecho a la vivienda.

Las modificaciones introducidas por esta ley incluyen los supuestos previstos en los números 1°, 2°, 4°, y 7° del apartado primero del artículo 250 de la Ley de Enjuiciamiento Civil (en adelante LEC), es decir, desahucio por impago de rentas núm.1°, precario núm. 2°, protección de la tutela sumaria de la posesión núm. 4° y el núm. 7° reclamación de la posesión por titulares de derechos reales inscritos en el Registro de la Propiedad. No obstante, en ese trabajo, nos vamos a centrar en el número 1° del apartado primero del art.

250 de la LEC, desahucio del arrendatario por impago de las cantidades debidas. Examinar todos los supuestos, en especial, el caso de la tutela sumaria por quien haya sido despojado de su inmueble sin su consentimiento, donde se incluiría el fenómeno de la okupación, excedería el ámbito de este trabajo.

Según el diccionario de la Real Academia de la Lengua Española[1] "*eficiencia es la capacidad de lograr los resultados deseados con el mínimo posible de recursos*". Cómo veremos a lo largo de este trabajo, el arrendador que interponga una demanda de desahucio, va a tener que sortear un especial número de requisitos de procedibilidad, que constituirán verdaderos obstáculos para conseguir el desahucio del arrendatario incumplidor. Podríamos afirmar, que el actual proceso de desahucio, al menos en relación al arrendador y especialmente si es gran tenedor, es manifiestamente ineficiente.

El proceso debe tutelar en la misma medida los derechos de las partes, tanto demandante como demandado. En este proceso veremos cómo existe una posible descompensación entre la protección al arrendatario y la que se otorga al arrendador, especialmente cuando este último es gran tenedor[2].

2. MODIFICACIONES INTRODUCIDAS EN EL JUICIO DE DESAHUCIO

A) Requisitos de procedibilidad en la demanda para el arrendador gran tenedor

En la Ley 12/2023, de 24 de mayo, por el derecho a la vivienda (en adelante Ley de vivienda), se introducen una serie de requisitos que afectan a la demanda, de tal forma, que si no se justifican al presentarla determinan su inadmisión. Estos requisitos se incluyen en los apartados 6 y 7 del art. 439 de la LEC, que han sido añadidos por la Ley de vivienda.

---

1 Real Diccionario de la Lengua Española, Edición del Tricentenario, última actualización en 2022, https://dle.rae.es/eficiencia .Última consulta 7 de septiembre de 2023.

2 El termino gran tenedor es definido en el artículo 3k de la Ley 12/2023, de 24 de mayo por el derecho a la vivienda como:

k) Gran tenedor: a los efectos de lo establecido en esta ley, la persona física o jurídica que sea titular de más de diez inmuebles urbanos de uso residencial o una superficie construida de más de 1.500 m2 de uso residencial, excluyendo en todo caso garajes y trasteros. Esta definición podrá ser particularizada en la declaración de entornos de mercado residencial tensionado hasta aquellos titulares de cinco o más inmuebles urbanos de uso residencial ubicados en dicho ámbito, cuando así sea motivado por la comunidad autónoma en la correspondiente memoria justificativa.

1. Acreditar que el inmueble objeto de la demanda de desahucio constituye vivienda habitual de la persona ocupante.

La ley no distingue si este requisito se tiene que exigir sólo al arrendador gran tenedor o al que no lo es, por lo que podemos entender que se exigirá a cualquier demandante sea o no gran tenedor.

El concepto de vivienda habitual está previsto en el art. 3i) de la Ley de vivienda que dispone que residencia habitual es: "*la vivienda que constituye el domicilio permanente de la persona que la ocupa y que puede acreditarse a través de los datos obrantes en el padrón municipal u otros medios válidos en derecho*".

Por tanto, para que se admita a trámite la demanda al arrendador, éste tendrá que acreditar si el inmueble es vivienda habitual. Con esta previsión legal, parece que se está atribuyendo al demandante la carga de la prueba del uso que está haciendo el arrendatario de la vivienda. Parece que lo lógico sería que, si el arrendatario es el que está usando el inmueble, él será el que mejor sepa qué uso está haciendo y pueda acreditar más fácilmente, si la vivienda es o no residencia habitual. Por esta razón, y aplicando el principio de facilidad probatoria, la carga de la prueba la debería tener la parte que más cerca y, por tanto, más facilidad tiene para poder acreditar un hecho y, en este caso, sería el arrendatario y no el arrendador, como prevé la ley.

En cuanto a la forma de acreditar el uso de la vivienda, aunque el apartado 6 del artículo 439 de la LEC, es bastante genérico nos da alguna pista para ayudarnos a acreditar el tipo de uso que se está dando. Así, sin perjuicio de poder utilizar cualquier medio válido en derecho, se menciona expresamente el padrón municipal. Este dato puede ser el más habitual para acreditar si estamos ante una residencia habitual de un sujeto[3].

2. El demandante tendrá que expresar en su demanda si tiene la condición de gran tenedor en los términos que establece el artículo 3k) de la Ley de vivienda.

El término gran tenedor ya se utilizaba en muy parecidos términos en el Real Decreto-Ley 11/2020, de 31 de marzo, por el que se adoptaron medidas urgentes complementarias en el ámbito social y económico para hacer frente

---

[3] En cuanto a si el padrón municipal hace o no prueba plena del uso de la vivienda ACHÓN BRUÑEN, entiende que no hace prueba plena, sino que es una presunción que "*puede ser destruida por otros medios, ente los cuales se incluyen las investigaciones realizadas por el Letrado de la Administración de Justicia*". ACHÓN BRUÑÉN, M.ª José, (2023) Problemas que puede suscitar las modificaciones de los juicios de desahucio, precario, recobrar la posesión, derechos reales inscritos y de la ejecución hipotecaria por la Ley 12/2023, de 24 de mayo, *Práctica de Tribunales*, nº 161, julio Ed. LA LEY, Las Rozas, 2023, pág., 3.

al COVID-19, en su artículo 4 define gran tenedor como: "*....la persona física o jurídica que sea titular de más de diez inmuebles urbanos, excluyendo garajes y trasteros, o una superficie construida de más de 1.500 m2,..()*".

La novedad que introduce la Ley de vivienda en el concepto de gran tenedor está matizado, al incluir el término "*entorno de mercado residencial tensionado*", donde bastará para ser gran tenedor ser titular de cinco o más inmuebles urbanos de uso residencial ubicados en dicho ámbito. La declaración de entorno de mercado residencial tensionado corresponderá a las Comunidades Autónomas. Por tanto, para determinar qué entornos van a tener esta calificación, será necesaria la actuación de las Comunidades Autónomas y, en tanto no realicen la memoria justificativa correspondiente, no se podrá aplicar el término gran tenedor en atención a la titularidad de 5 inmuebles y no de 10.

La Ley de Vivienda no aclara a que tipo de titularidad sobre un inmueble se refiere. ¿Se está hablando de propiedad? Y en este caso, ¿nos referimos a la propiedad del 100% o es posible sólo un porcentaje inferior para estar dentro del concepto de gran tenedor? Además, ¿qué pasa si se tiene otro derecho real como la nuda propiedad, usufructo, uso y habitación, etc.,? Parece que para resolver estas dudas tendremos que esperar a que la jurisprudencia vaya aclarándolo y hasta entonces nos encontraremos en cierta indefinición[4].

3. El demandante gran tenedor tendrá que acreditar en la demanda, sí el demandado se encuentra o no en situación de vulnerabilidad económica.

Como ya hemos comentado más arriba en relación al principio de facilidad probatoria, también en este caso, parece que quién está más cerca de acreditar la vulnerabilidad es el que la puede estar sufriendo y tiene un interés en alegarlo en el proceso. No obstante, en la modificación introducida por la ley de vivienda, se hace recaer la carga de acreditar la vulnerabilidad del demandado en el actor.

Así pues, se exige que el demandante acredite la vulnerabilidad económica aportando un documento emitido por los servicios de las administraciones autonómicas y locales competentes en materia de vivienda, asistencia social, y evaluación e información de situaciones de necesidad social. Para emitir este certificado por la administración será necesario que previamente el ocupante haya dado su consentimiento para que la administración pueda proceder. Este certificado debe tener una vigencia no superior a 3 meses en el momento de presentación de la demanda.

---

4 En relación con el debate doctrinal que ha suscitado esta cuestión ver: FUENTES-LOJO RIUS, Alejandro, Coordinador, ¿Puede una comunidad de bienes ser considerada gran tenedor? *Actualidad Civil,* nº 7, julio, Editorial LA LEY, Las Rozas, 2023, págs.., 6 y 7.

Por lo tanto, en el mejor de los casos el arrendador gran tenedor obtendría, en primer lugar, el beneplácito de su inquino para que la Administración Autonómica o local correspondiente emita el documento acreditativo de su vulnerabilidad económica. En segundo lugar, que la Administración actúe y emita ese documento en un tiempo razonable. El artículo dispone que el documento en cuestión no puede tener una vigencia superior a 3 meses.

Este plazo puede tener la siguiente justificación, evitar solicitar el documento con mucha antelación. Nos referimos al supuesto en que el arrendador consiga la autorización del inquilino e inste cuanto antes la actuación de la administración. Con esta solicitud se pretendería tener preparado y en su poder el documento acreditativo de la vulnerabilidad o no del inquilino en previsión de un futuro incumplimiento. El plazo de tres meses desbarata esta posibilidad y hace imposible actuar de forma preventiva, ya que se correría el riesgo de que el documento haya caducado en el momento en que se necesite instar el desahucio. Además, si se solicita con antelación este documento, por ejemplo, al inicio del arrendamiento, no impide que, al transcurrir el tiempo, la situación cambie y quien no estaba en situación de vulnerabilidad inicialmente, en el momento de interponer la demanda sí lo esté.

El largo apartado 6 del artículo 439 introducido por la ley de vivienda permite que se pueda cumplir el requisito que hemos comentado, es decir, presentar documento acreditativo de la vulnerabilidad del inquilino, de otras dos formas.

La primera, se refiere a la posible inactividad de la administración. Así, se podría cumplir el requisito con la declaración responsable emitida por el propio actor de que, ha acudido a los servicios de las administraciones autonómicas y locales competentes en materia de vivienda, asistencia social, sin que hubiera sido atendida o se hubieran iniciado los trámites correspondientes en el plazo de dos meses desde que se presentó su solicitud, junto con el justificante acreditativo de la misma. Además, se establece que el actor tendrá que acudir a los servicios ya indicados, en un plazo máximo de cinco meses de antelación a la presentación de la demanda.

En segundo lugar, se refiere al supuesto en el que el inquilino no da su autorización para que la administración pueda emitir el documento que acredite su vulnerabilidad. En este caso se podrá presentar el documento acreditativo de los servicios competentes que indiquen que la persona ocupante no consiente expresamente el estudio de su situación económica en los términos previstos en la legislación y normativa autonómica en materia de vivienda. Este documento no podrá tener una vigencia superior a 3 meses.

Como podemos ver, acreditar por parte del actor la vulnerabilidad del demandado no será una labor ni sencilla ni rápida. Siendo conscientes de la dificultad de acreditar la vulnerabilidad, en la doctrina se han comenzado a aventurar fórmulas para intentar sortear este requisito de la manera menos difícil posible. Así, MAGRO SERVET[5] apunta que se puede incluir en el propio contrato de arrendamiento, una cláusula en la que el arrendatario reconoce que no es una persona vulnerable y aporta documentos que lo acrediten. Así, en la demanda se podrá, mediante otrosí, alegar que no se ha tramitado la previa vía de la vulnerabilidad debido al expreso reconocimiento del arrendatario en el contrato. Este mismo autor[6], también propone elevar a escritura pública la cláusula que hemos comentado para hacer más fuerza a la hora de un posterior incumplimiento. Así en este caso el Notario habrá advertido claramente al arrendatario sobre las cláusulas del contrato en las que reconoce que no es vulnerable y que no hay intención de dejar de pagar las rentas ya que es solvente, como consta en la documentación que se adjunta al contrato. Esto serviría como cláusula preventiva si inmediatamente dejara de pagar la renta, y facilitaría la prueba de que su intención era incumplir y podría abrir posibles vías penales por estafa.

Este tipo de cláusulas preventivas se irán generalizando. No obstante, el problema de la eficacia de estas cláusulas la tendremos si al cabo de los años la situación económica del arrendatario cambia a peor. En este supuesto, el demandado podría alegar en la contesta a la demanda su vulnerabilidad. Así, el tribunal podría apreciar esta situación y suspender el proceso hasta que se justifique que el arrendador gran tenedor, se ha sometido al procedimiento de conciliación e intermediación que establezca la Administración.

4. Acreditar que la parte actora se ha sometido al procedimiento de conciliación e intermediación que a tal efecto establezcan las Administraciones Públicas.

En el nuevo apartado 7 del ya citado artículo 439 de la LEC, se establece que en el caso en el que el arrendador sea gran tenedor se estable un nuevo requisito que hay que acreditar al interponer la demanda. Esto es, el sometimiento a un procedimiento de conciliación o intermediación que a tal efecto establezcan las Administraciones Públicas competentes, en base al análisis de las circunstancias de ambas partes y de las posibles ayudas y subvenciones existentes en materia de vivienda conforme a lo dispuesto en la legislación y normativa autonómica en materia de vivienda.

---

5 MAGRO SERVET, Vicente, Remedios ante la Ley 12/2023, de 24 de mayo de vivienda: la constancia en el contrato de arrendamiento de la no vulnerabilidad del arrendatario, *Diario La Ley*, nº. 10308, junio, Ed. LA LEY, Las Rozas, 2023, pág., 9.

6 MAGRO SERVET, Vicente, Cláusulas preventivas en contratos de arrendamiento elevados a escritura pública tras la Ley de vivienda 12/2023, de 24 de mayo, *Diario La Ley*, nº. 10312, junio, Ed. LA LEY, Las Rozas, 2023, págs. 9 y 10.

Para que se tenga la carga de justificar el haber acudido a esa conciliación se deben dar tres supuestos:

a) El arrendador sea gran tenedor.

b) El inmueble constituya vivienda habitual del ocupante.

c) Que el arrendatario se encuentre en situación de vulnerabilidad económica.

La ley prevé dos formas de acreditar este requisito por el actor:

1°) Una declaración responsable emitida por la parte actora de que ha acudido a los servicios indicados anteriormente, en un plazo máximo de 5 meses de antelación a la presentación de la demanda, sin que hubiera sido atendida o se hubieran iniciado los trámites correspondientes en el plazo de 2 meses desde que presentó su solicitud, junto con el justificante acreditativo de la misma.

En este primer supuesto, se parte de la falta de respuesta de la administración, que ha provocado la imposibilidad de sometернos a ese procedimiento de conciliación.

2°) Documento acreditativo de los servicios competentes que indiquen el resultado del procedimiento de conciliación o intermediación, en el que se hará constar la identidad de las partes, el objeto de la controversia y si alguna de las partes ha rehusado participar en el procedimiento. Este documento no podrá tener una vigencia superior a 3 meses.

En este segundo supuesto, sí se ha podido llevar a cabo el procedimiento de conciliación y se presentaría el justificante correspondiente.

B) Requisitos de procedibilidad en la demanda para el arrendador que no es gran tenedor

Aunque la mayor parte de los requisitos de procedibilidad de la demanda se exigen al arrendador gran tenedor, podemos entender que también hay algún requisito que debe ser cumplido por un arrendador que no tenga esta consideración.

1. Acreditar en la demanda que el inmueble es vivienda habitual.

El artículo 439 apartado 6 no especifica que este requisito sólo se exija al arrendador gran tenedor por lo que hemos de entender que también un actor que no tenga esta condición tendrá que acreditarla. No obstante, la forma de acreditar y los problemas para ello serían los mismos que hemos comentado anteriormente para el caso del gran tenedor y a ello nos remitimos.

2. Justificar que no concurre en la parte demandante la condición de gran tenedor.

Para acreditar la falta de condición de gran tenedor, el art. 439.6 de la LEC dispone que se deberá adjuntar a la demanda certificación del Registro de la Propiedad en el que conste la relación de propiedades a nombre de la parte actora. No está previsto en la ley cómo tendría que hacerse este certificado, con lo que tendrá que habilitarse la forma y los términos en el que el registro tendrá que expedir este documento. Ya se puede solicitar al Registro de la Propiedad el "certificado de localización de la ley 12/2023, por el derecho a la vivienda"[7].

Acreditar que no se es gran tenedor también va a ser una de las situaciones a las que se tendrán que enfrentar los futuros demandantes y que, hasta la fecha, no parece totalmente resuelto.

C) Otras modificaciones del juicio de desahucio posteriores a la demanda

Además de las normas que hemos estado viendo en relación a la admisión de la demanda, la ley también introduce durante el procedimiento normas que siguen teniendo que ver con la protección del arrendatario vulnerable. Así en el artículo 441 en el apartado quinto establece que siempre que la vivienda sea habitual, se tendrá que informar al demandado cuando se le notifique el decreto de admisión de la demanda, de la posibilidad de acudir a las Administraciones Públicas autonómicas y locales competentes en materia de vivienda y asistencia social.

No obstante, y sin perjuicio de la notificación que debe incluirse en el decreto que hemos comentado, el juzgado comunicará de oficio la existencia del procedimiento a la Administración autonómica o local competentes en materia de vivienda y asistencia social. La finalidad de esta comunicación es que la administración pueda verificar la situación de vulnerabilidad y, en su caso, presentar al juzgado propuestas de vivienda digna en alquiler social y otras ayudas económicas o subvenciones de que pueda beneficiar al demandado. El plazo que la ley prevé para que conteste la Administración es como máximo de 10 días. Hemos de entender que estas notificaciones al demandado y a la Administración se van a llevar a cabo cuando el arrendador no sea gran tenedor, ya que si lo es, ya tuvo que haber acreditado la vulnerabilidad

---

[7] Los posibles problemas que puede generar este certificado se pueden ver en FIERRO RODRÍGUEZ, Diego, El difícil encaje en el sistema de folio real del certificado sobre tenencia de bienes inmuebles introducido por Ley de Vivienda, *Diario la Ley*, nº. 10357, septiembre, Ed. LA LEY, Las Rozas, 2023, 1-14.

del demandado en el momento de presentar la demanda, además de haber intentado un procedimiento de conciliación.

En el caso de que el arrendador sea gran tenedor, el Juzgado incluirá en el oficio que remita a la Administración, los documentos que acreditan la vulnerabilidad y que tuvieron que ser presentados con la demanda. La Administración tendrá, también, un plazo máximo de 10 días para comunicar al Juzgado la propuesta de medidas de atención inmediata a adoptar, así como de posibles ayudas económicas y subvenciones.

Una vez recibida la comunicación de la Administración o transcurrido el plazo que se le ha dado, el letrado de la Administración de Justicia dará traslado a las partes para que en el plazo de 5 días puedan solicitar la suspensión de la fecha prevista para la celebración de la vista o del lanzamiento, cuando esta sea necesaria por la inmediatez de las fechas.

Recibidos los escritos de las partes o transcurrido el plazo, el juez decidirá sobre la suspensión mediante auto. La duración será como máximo de dos meses si el demandante es una persona física o de cuatro meses si se trata de una persona jurídica. La suspensión se alzará una vez adoptadas las medidas por las Administraciones Públicas o cuando transcurra el plazo máximo de suspensión, continuando el procedimiento por todos sus trámites.

Resulta interesante destacar que el apartado 7 del artículo 441 de la LEC, prevé que el tribunal, a la hora de tomar esta decisión, tendrá que tener en cuenta la posible situación de vulnerabilidad también del arrendador. En este apartado se dan una serie de pautas al tribunal para ayudarle a apreciar la situación de vulnerabilidad, teniendo en cuenta el Indicador Público de Renta de Efectos Múltiples mensual (IPREM)[8].

3. CONCLUSIÓN

Las modificaciones previstas en el juicio de desahucio por la Ley 12/2023, de 24 de mayo, por el derecho a la vivienda, tiene una motivación bien intencionada, ya que tratan de poner al ocupante vulnerable en el centro. No obstante, esto supone atribuir a la parte contraria unas cargas procesales (requisitos de procedibilidad, carga probatoria…) que consideramos desproporcionadas. Especialmente para el arrendador gran tenedor, los requisitos que

---

8 Una explicación más detallada en MAGRO SERVET, Vicente, Análisis práctico y sistemático de los aspectos relevantes de la nueva Ley de vivienda 12/2023 de 24 de mayo, *Diario La Ley*, nº. 10300, junio, Ed. LA LEY, Las Rozas, 2023, pág., 27.

se le exigen rayan lo irrazonable, de tal forma, que podría atentar contra el derecho a la tutela judicial efectiva, en su vertiente de acceso a los tribunales.

Efectivamente, entendemos que puede afectar al derecho de acceso a los tribunales ya que los requisitos que se exigen al actor se pueden considerar como verdaderos obstáculos para acceder a la jurisdicción.

También la ley adolece de ciertas imprecisiones que ya procedía del Real Decreto-Ley 11/2020, de 31 de marzo, por el que se adoptaron medidas urgentes complementarias en el ámbito social y económico para hacer frente al COVID-19, como es el termino gran tenedor y su alcance. Es decir, si afectará a propietarios del 100% de todos los inmuebles, o basta tener un porcentaje, cualquier que sea, para computar los 10 inmuebles. ¿Y si se es usufructuario, se computaría? Tendremos que esperar a que los tribunales vayan acotando el alcance de este concepto.

BIBLIOGRAFÍA

ACHÓN BRUÑÉN, M.ª José, (2023) Problemas que puede suscitar las modificaciones de los juicios de desahucio, precario, recobrar la posesión, derechos reales inscritos y de la ejecución hipotecaria por la Ley 12/2023, de 24 de mayo, *Práctica de Tribunales,* nº 161, julio Ed. LA LEY, Las Rozas, 2023.

FIERRO RODRÍGUEZ, Diego, El difícil encaje en el sistema de folio real del certificado sobre tenencia de bienes inmuebles introducido por la Ley de Vivienda, *Diario La Ley,* nº. 10357, septiembre, Ed. LA LEY, Las Rozas, 2023.

FUENTES-LOJO RIUS, Alejandro, Coordinador, ¿Puede una comunidad de bienes ser considerada gran tenedor? *Actualidad Civil,* nº 7, julio, Editorial LA LEY, Las Rozas, 2023.

MAGRO SERVET, Vicente, Análisis práctico y sistemático de los aspectos relevantes de la nueva Ley de vivienda 12/2023 de 24 de mayo, *Diario La Ley,* nº. 10300, junio, Ed. LA LEY, Las Rozas, 2023.

MAGRO SERVET, Vicente, Remedios ante la Ley 12/2023, de 24 de mayo de vivienda: la constancia en el contrato de arrendamiento de la no vulnerabilidad del arrendatario, *Diario La Ley,* nº. 10308, junio, Ed. LA LEY, Las Rozas, 2023.

MAGRO SERVET, Vicente, Cláusulas preventivas en contratos de arrendamiento elevados a escritura pública tras la Ley de vivienda 12/2023, de 24 de mayo, *Diario La Ley,* nº. 10312, junio, Ed. LA LEY, Las Rozas, 2023.

Real Diccionario de la Lengua Española, Edición del Tricentenario, última actualización en 2022, https://dle.rae.es/eficiencia.

Capítulo XXI:

Proliferación y reducción de los procesos civiles: ¿es posible un proceso civil unificado?

ANTONIO JOSÉ VÉLEZ TORO
Profesor Sustituto Interino de Derecho Procesal.
Universidad de Granada

Resumen: Desde el punto de vista de la eficiencia procesal sería deseable la unificación del proceso civil, evitando las propuestas de reforma para derivar la mayoría de asuntos hacía un juicio verbal de escasas garantías, así como la proliferación de tipos procesales "ad hoc".

Ante este panorama, para responder a la pregunta de si es posible la unificación procesal, debemos partir de las aproximaciones y divergencias entre los actuales procesos declarativos. Por último, y solo entonces, debemos abrir el debate sobre si derogar el juicio verbal o el ordinario o, por el contrario, construir un nuevo proceso a partir de las instituciones procesales.

1. INTRODUCCIÓN

La LEC de 1881 estaba construida toda ella sobre la base del juicio de mayor cuantía[1], de modo que las instituciones estaban referidas y ordenadas hacía el proceso declarativo de mayor cuantía[2]. Así mismo, contenía múltiples procesos verbales, debiendo de introducir la contestación escrita en el juicio de cognición de 1952[3].

---

1 Montero Aroca, J., *Análisis crítico de la LEC en su centenario*, 1982, Madrid, Civitas, p. 94.

2 Prieto-Castro y FerrÁndiz, L., *Tratado de Derecho Procesal Civil*, t. I, 2ª ed., Pamplona, Editorial Aranzadi, 1985, p. 868.

3 Fairen Guillén, V., «Adiós a la L.E.C. de 1881», *Revista de Derecho Procesal*, 2000, nº 2, p. 311, ss.

Sin embargo, no fue hasta mediados del S. XX cuando diversos procesalistas alertaron de la proliferación de procesos civiles, proponiendo la reducción de procesos declarativos, la supresión de los declarativos especiales[4].

Las causas de la proliferación de procesos vienen dadas por el desarrollo económico, que generó una mayor variedad de litigiosidad, el rechazo al juicio de mayor cuantía por su rigidez formal, lentitud y elevado coste, así como la insuficiencia de los modelos procesales tradicionales, lo que generaba la aparición de nuevos procesos civiles de declaración ordinarios o especiales y de tramitación más sencilla y económica[5].

La LEC de 2000 consigue reducir los cuatro procesos declarativos a un ordinario y un verbal, así como refundir los diferentes juicios verbales en un solo articulado, poniendo fin a las regulaciones independientes contenidas dentro y fuera de la LEC[6].

El juicio ordinario se regula de modo único y unitario, sin insertar especificidades que se dejen aparte. Por el contrario, el juicio verbal obedece a una deficiente técnica regulativa, de modo que se inserta en la propia regulación general del juicio verbal las especificidades de los juicios verbales. Así lo atestiguan los artículos 437.3 (relativo a demandas de desahucios de fincas urbanas por falta de pago o por expiración de plazo y para recuperación de viviendas ocupadas ilegalmente), 439 (dedicado a regular parcialmente especificidades de las demandas de juicios verbales especiales posesorios, de protección del titular registral, por desahucios y por incumplimientos de contratos de venta o arrendamiento de bienes muebles inscritos, así como su arrendamiento financiero, remitiendo finalmente a una cláusula general en su apartado 5),

---

4 Guasp Delgado, J., «Reducción y simplificación de los procesos especiales», *Anuario de Derecho Civil*, Abril-Junio 1951, p. 411, ss.; Muñoz Peces-Barba, M., «Reducción de los tipos de procesos civiles», *Revista de Derecho Procesal (Publicación Iberoamericana)*, 2.ª época, 1961, nº 1, p. 211, ss.; Herce Quemada, V., «La proliferación de tipos procedimentales civiles en primera instancia», *Revista de Derecho Procesal*, 1.ª época, III Julio-Septiembre 1965, p. 119, ss.

5 González García, J. M., *La proliferación de procesos civiles*, 1996, Madrid, McGraw-Hill, p. 50, ss. Por su parte, Montero Aroca, J., *Los principios políticos de la nueva Ley de Enjuiciamiento Civil (Los poderes del juez y la oralidad)*, 2001, Valencia, Ed. Tirant lo Blanch, p. 45, concluía que la huida de la LEC de 1881 se llevaba a cabo a través de la proliferación de procesos especiales, fenómeno que "*respondía, en la mayor parte de los casos, a la existencia de fuerzas sociales capaces de lograr del legislador la creación de tutelas propias*".

6 Con carácter general, véase, Banacloche Palao, J., «Juicio ordinario y juicio verbal» en Ureña Gutiérrez, P. (Dir.), *Análisis crítico de la Ley de Enjuiciamiento Civil: propuestas de mejora*, Madrid, CGPJ-Centro de Documentación Judicial (Manuales de Formación Continuada 29-2004), p. 209, ss.; Lorca Navarrete, A. M., *Análisis jurisprudencial del juicio civil ordinario y verbal*, San Sebastián, IVDP, 2014, p. 9, ss.; Garberí Llobregat, J., *El nuevo juicio verbal en la Ley de Enjuiciamiento Civil*, Barcelona, Bosch, 2015, p. 27, s.

440.2, 3 y 4 (especificidad, en el traslado de la demanda en casos de desahucio, para la protección del derecho real inscrito), 441 (actuaciones previas a la vista para casos especiales, caso de la adquisición de la posesión de herencia, la inmediata entrega de la posesión de la vivienda ocupada ilegalmente, suspensión de obra nueva, para la protección de los derechos reales inscritos, así como para la exhibición de bienes y embargo por incumplimiento en los contratos de venta a plazos), 444 (con reglas específicas sobre el contenido de la vista) y 447 (con disposiciones sobre plazos para dictar sentencia y sobre efectos de la sentencia según el tipo de juicio verbal común y especiales).

Frente a la cada vez más compleja construcción del juicio verbal, la regulación del juicio ordinario resulta unificada.

La reforma operada por la Ley 42/2015, de 5 de octubre, de Reforma de la LEC ha supuesto un acercamiento del juicio verbal al ordinario al extender la contestación escrita[7]. Ya no cabe aludir a la diferencia entre contestación escrita (para el juicio ordinario) y oral (para el juicio verbal), sino que hemos considerar el juicio ordinario como juicio bifásico, que se descompone en la audiencia previa y el juicio propiamente dicho, frente al juicio verbal que se configura como un juicio monofásico o abreviado, con una sola vista oral, al menos, como posibilidad.

No obstante, de la lectura de la LEC se puede apreciar fácilmente que la mayor parte de las disposiciones generales comunes de los juicios civiles y de los procesos declarativos están pensadas para el juicio ordinario, e incluso que determinadas instituciones de general aplicación se han regulado dentro de las normas propias de este juicio, generándose la impresión de que el juicio verbal es un añadido, un cuerpo extraño insertado en la LEC, integrado constantemente por normas procesales especiales.

2. LA FALTA DE ADECUACIÓN DE LA LEC AL JUICIO VERBAL

La falta de adecuación del juicio verbal a las instituciones procesales resulta una constante a lo largo de la LEC. Así, en relación a la acumulación de procesos la regulación general de la LEC (art. 77) permite una *vis* atractiva hacía el proceso ordinario, pero no en sentido inverso.

El tratamiento de la declinatoria resulta atropellado al coincidir el plazo para su formulación con el de contestación (ex-art. 64.1 en relación con el art.

---

7 Cfr., Marcos Francisco, D., «El nuevo juicio verbal tras la Ley 42/2015, de 5 de octubre, de Reforma de la Ley 1/2000, de 7 de enero, de Enjuiciamiento Civil», *RGDPr*, Nº 38 - Enero 2016, s. p.

438.1, ambos de la LEC), lo que supone una inadecuación manifiesta respecto del juicio verbal.

En materia de prueba, a pesar del proceso de asimilación operado por la Ley 42/2015, de 5 de octubre, que permite a la parte actora aportar documentos en el acto de la vista, conforme al art. 265.3 LEC, sin embargo siguen sin solucionarse la mayoría de las discordancias en materia de prueba, pues al estar concebida para el juicio ordinario el legislador se ha visto obligado a introducir normas procesales especiales para el juicio verbal debido a que no todas las disposiciones generales sobre las diversas pruebas le son aplicables directamente, pese a lo que dispone el artículo 445 LEC.

Así, la prueba documental sigue manteniendo deficiencias en cuanto a la inexistencia de trámite de impugnación de documentos y dictámenes, tal como viene recogido en el art. 427 LEC para el juicio ordinario. Además, la previsión para practicar la prueba de exhibición de documentos entre las partes y por parte de terceros (art. 328 a 330 LEC) está concebida para la mecánica del juicio ordinario, donde se insta y se acuerda en la audiencia previa para practicarse con anterioridad al juicio.

Tampoco el interrogatorio de partes queda suficientemente resuelto en el juicio verbal ni en el caso de personas jurídicas y entes sin personalidad (art. 309 LEC), ni para las respuestas escritas de las personas jurídicas y entidades públicas (ex-art. 381 y 315 LEC), por lo cual deviene imposible formular repreguntas.

En cuanto a la prueba testifical, las disposiciones sobre tachas resultan de difícil aplicación (art. 378 y siguiente de la LEC), así como la imposibilidad de llamamiento sobre hechos que consten en informes escritos (art. 380.3 LEC).

La prueba pericial se ha asimilado a la del juicio ordinario ya que se pueden aportar dictámenes suscitados por la contestación (art. 338.1 LEC), aunque la tacha de peritos resulta complicada si los informes se presentan a cinco días de la vista.

El reconocimiento judicial no se adapta a la mecánica del juicio verbal debido a que el examen de lugares precisaría su práctica anticipada o en diligencia final.

Finalmente, en lo referente a la prueba de reproducción de sonidos, palabras e imágenes con el deber de aportar transcripción escrita, no se previene de tales extremos para aquellos procesos verbales no precisados de defensa técnica.

3. INSTITUCIONES PROCESALES COMUNES EN EL JUICIO ORDINARIO Y VERBAL

No existe en el juicio verbal un trámite específico para ampliación de hechos nuevos o de nueva noticia, tal como existe en el art. 426.4 y 5 LEC para el juicio ordinario, debiéndose acudir al art. 286 de la LEC; sin embargo, no se indica en qué momento del juicio verbal puedan ser aportados.

Así mismo, tampoco cuenta el juicio verbal un trámite específico para aclaraciones y subsanaciones, equivalente al art. 426.1, 2 y 3 LEC para el juicio ordinario.

Las conclusiones constituyen otra institución procesal de aplicación general en los juicios orales, siendo potestativas en el juicio verbal, salvo en determinados procesos especiales.

Igualmente, en el juicio ordinario las diligencias finales están permitidas, mientras que en el juicio verbal se encuentran excluidas[8].

La gran diferencia entre la sentencia en los procesos verbal y ordinario viene dada por los efectos de cosa juzgada como consecuencia de los procesos sumarios insertos en el proceso verbal.

Así mismo, existe la predeterminación de la sentencia estimatoria en determinados tipos de juicios verbales por mantener una conducta omisiva o de no acreditación (desahucios, ocupación ilegal de vivienda, protección del titular registral y en arrendamiento financiero y de bienes muebles).

4. ALCANCE DE LAS REFORMAS PARA APROXIMAR EL PROCESO VERBAL AL ORDINARIO

En cuanto a la forma de la demanda, la demanda abreviada o sucinta propia del juicio verbal (art. 437.2 LEC) ha quedado en una posición residual tras la Reforma de la LEC de 2015[9], por lo que el juicio verbal asume como propia la regulación del juicio ordinario en materia de demanda, así como sus reglas en materia de preclusión de alegaciones y litispendencia de los arts. 399 (*"La demanda y su contenido"*), 400 (*"Preclusión de la alegación de hechos y fundamentos*

---

8 Vallespín Pérez, D., «Análisis constitucional del juicio verbal previsto en la Ley 42/2015, de 5 de octubre, de Reforma de la Ley 1/2000, de 7 de enero, de Enjuiciamiento Civil», *Práctica de Tribunales*, Nº 117, noviembre-diciembre 2015, s. p.

9 Cfr., Garberí Llobregat, J., *El nuevo juicio verbal en la Ley de Enjuiciamiento Civil*, Barcelona, Bosch, 2015, p. 38, ss.; Arsuaga Cortázar, J., «II. La reforma del juicio verbal» en Arsuaga Cortázar, J.; Anta González, J.F.; de la Serna Bosch, J., *La reforma del procedimiento civil*, Valencia, Tirant lo blanch, 2015, p. 71, ss.

jurídicos") y 401 (*"Momento preclusivo de la acumulación de acciones. Ampliación objetiva y subjetiva de la demanda"*).

Por lo demás, tanto en el juicio ordinario como en el verbal están permitidas las peticiones declarativas, constitutiva y de condena.

En cuanto a la contestación, la Reforma de 2015 de la LEC ha impuesto la forma escrita para el juicio verbal[10], si bien el plazo se reduce con carácter general a 10 días, coincidente con el plazo para formular declinatoria. Por lo demás, la contestación y, en su caso, la reconvención a la demanda, remite expresamente a la normativa del juicio ordinario en materia de contestación. Igualmente, las reglas sobre reconvención en el proceso verbal se han de completar con lo dispuesto para la reconvención en el ordinario (arts. 406 y 407 LEC). Estamos, pues, ante otro déficit regulativo.

Respecto a los plazos, la principal diferencia radica en el plazo para la contestación a la demanda, que en el juicio ordinario es de veinte días, mientras que en el nuevo juicio verbal es sólo de diez días[11].

En cuanto a la reconvención, frente a la amplia admisión en el juicio ordinario (arts. 406 y 407 LEC), únicamente se permite en aquellos juicios verbales que, además de mantener conexión, no sean sumarios y que no determine la improcedencia del juicio verbal, rigiéndose en todo caso por las normas dispuestas para el juicio ordinario (art. 438.2.II LEC), excepto el plazo de contestación a la reconvención que también será de diez días[12].

En el juicio verbal se deja a la voluntad de las partes la celebración de la vista oral frente a lo dispuesto para el juicio ordinario[13], por lo que, si alguna de las partes no pide expresamente la vista pública, la misma no tendrá lugar y, con ello, no existirá prueba ni conclusiones.

---

10 Sobre la contestación del juicio ordinario, véase, Díez-Picazo Giménez, I., en Oliva Santos, A., Díez-Picazo Giménez, I., Vega Torres, J., *Derecho Procesal Civil. El proceso de declaración,* 3.ª ed., Madrid, Editorial Universitaria Ramón Aceres, 2005, p. 289, ss.; Lorca Navarrete, A. M., *Análisis jurisprudencial del juicio civil ordinario y verbal,* op. cit., p. 196, ss.

11 Véase, Rodríguez Tirado, A. M.., «La nueva configuración del juicio verbal con contestación escrita. El derecho a la asistencia jurídica gratuita del demandado», *Práctica de Tribunales,* Nº 117, noviembre-diciembre 2015, s. p.

12 Véase, Vallespín Pérez, D., «Análisis constitucional del juicio verbal previsto en la Ley 42/2015, de 5 de octubre, de Reforma de la Ley 1/2000, de 7 de enero, de Enjuiciamiento Civil», *art. cit.*, Nº 117, s. p.; Soler Pascual, L. A., «La reconvención en el juicio verbal tras la reforma operada por la Ley 42/2015», *Práctica de Tribunales,* Nº 117, noviembre-diciembre 2015, s. p.

13 Véase, Arsuaga Cortázar, J., «II. La reforma del juicio verbal» en Arsuaga Cortázar, J.; Anta González, J.F.; de la Serna Bosch, J., *La reforma del procedimiento civil,* op. cit., p. 83, s.

En cuanto a la dinámica de la audiencia previa y del juicio frente a la vista del juicio verbal, la Reforma de 2015 la LEC ha extendido a la vista del juicio verbal las disposiciones sobre tratamiento y resolución de las excepciones procesales en la audiencia previa, siguiendo el esquema contenido en los artículos 416 y siguientes de la LEC, al remitir expresamente el art. 443.2 LEC[14], así como la posibilidad de aportar documentos y dictámenes relativos al fondo, en respuesta a las alegaciones efectuadas por el demandado en la contestación.

En la práctica, no se observa la totalidad de fases que integran la vista del juicio verbal, siendo frecuente la omisión del trámite de fijación de hechos controvertidos, sino que se concede la palabra inicialmente a las partes para, a continuación, pasar a la proposición y práctica de la prueba.

Las disposiciones sobre el tratamiento y resolución de las excepciones procesales en el juicio verbal remiten expresamente a las del proceso ordinario por indicación del art. 443.2 LEC, a partir de la Ley de Reforma de la LEC. Lo que vuelve a poner de manifiesto una deficiente regulación del juicio verbal, que se ha intentado remediar mediante la asimilación al proceso ordinario.

La alegación de crédito compensable en el juicio verbal (art. 438.3 LEC), también ha de remitir a la regulación contenida en el ordinario (art. 408 LEC). Sin embargo, sigue sin regularse la alegación de nulidad del negocio jurídico en que se fundamenta la demanda en el juicio verbal (ex-art. 408 LEC).

La exclusión de la vista oral como medida política de ahorro únicamente se ha planteado en las propuestas legislativas para el juicio verbal, pero no para el juicio ordinario.

Así mismo, hemos de resaltar la inobservancia en la práctica de los trámites para realizar aclaraciones y, sobre todo, para la fijación de hechos controvertidos. Sobre este extremo no existen datos estadísticos, pero se constata con suma frecuencia en la práctica de no pocos tribunales.

Por último, la restricción en el acceso a la segunda instancia para el juicio verbal -basada exclusivamente en intentar poner remedio a la sobrecarga de trabajo de los tribunales y en evitar o aplazar el necesario incremento de plantillas-, a la postre, solo conlleva, además de ver limitado el acceso a la tutela judicial efectiva en una sola instancia, una baja calidad en las propias sentencias pues se dictan a sabiendas de su anticipada firmeza sin que puedan ser impugnadas ante el tribunal superior.

---

14 Véase, Banacloche Palao, J.; Gascón Inchausti, F.; Gutiérrez Berlinches, A.; Vallines García, E., 2005. *El tratamiento de las cuestiones procesales y la audiencia previa al juicio en la Ley de Enjuiciamiento Civil*, Madrid, Ed. Thomson-Civitas, 2005, p. 35, ss.

A modo de conclusión provisional, parece que el legislador parece desconfiar del juicio verbal hasta el punto de considerarlo un producto de escaso valor jurídico. Lo que sirve al *Proyecto de Ley de medidas de eficiencia procesal del servicio público de Justicia* de 2022 para propugnar el aumento de peso cualitativo y cuantitativo del juicio verbal, al tiempo que lo despoja de las ya escasas garantías procesales hasta el punto de que la vista deviene en facultativa para el juzgador.

5. ELEMENTOS PARA EL DEBATE: CUESTIONES A PENSAR PARA UNA REFORMA

Consideramos que desde el punto de vista de la eficiencia procesal, resultaría muy conveniente contar con un modelo procesal civil único, pero igualmente consideramos que debe contener las mayores garantías.

En primer lugar, la propuesta del profesor Gimeno Sendra realizada en 2019 radica en suprimir el juicio verbal y subsumirlo en el ordinario, al tiempo que considera que la audiencia previa puede ser decidida por el juez como vista previa o convocar a las partes directamente para el acto de juicio, de modo que quedaría unificada la audiencia y el juicio en unidad de acto o mantener su carácter bifásico[15]. Dicha propuesta se completaba con conveniencia de suprimir los procesos especiales y sumarios.

En segundo lugar, y a contrario sensu, se podría postular la desaparición del actual proceso ordinario, con una mejora sustancial del juicio verbal, que debería abordar la falta de adaptación de las instituciones procesales al verbal.

En tercer lugar, cabe que el legislador opte por la construcción de un nuevo proceso, para lo que debería plantearse dónde tratar las excepciones procesales y la admisión de la prueba. En este punto, a partir del reciente *Proyecto de Ley de medidas de eficiencia procesal del servicio público de Justicia* de 2022, se podría proponer que, con carácter previo al juicio y de modo conjunto, se aborde la proposición y admisión de previa de la prueba, así como las impugnaciones sobre la misma, la eventual tramitación y resolución de las excepciones procesales. Es decir, debatir si habría que indicar el objeto de prueba y hacer una propuesta de prueba con los escritos de demanda y contestación a la demanda o si, por el contrario, la proposición y decisiones sobre la prueba tener lugar en la propia vista.

---

[15] Gimeno Sendra, V., «La abolición del juicio verbal y de los procesos especiales sumarios», *Revista General de Derecho Procesal,* Núm. 51, Mayo 2000, s/p.

Igualmente, se podría propugnar que todas las cuestiones (excepciones procesales, aportación de nuevos hechos o de nueva noticia y propuesta de prueba, así como impedimentos para llevar a cabo el juicio) se traten al inicio de la vista, con la lógica posibilidad de suspender para subsanar defectos o para la mejor práctica de la prueba, tal y como acontece en los procesos de familia, en la jurisdicción social o en el proceso abreviado contencioso-administrativo.

6. CONCLUSIONES

Primera: Las posibles reformas deberían comenzar por la reducción de los procesos especiales.

Segunda: Así mismo, consideramos que la sumariedad puede ser sustituida por medidas cautelares específicas.

Tercera: Si el legislador procediera a unificar los procesos declarativos hacía un modelo único frenaría la proliferación de tipos procesales.

Cuarta: Por razones de técnica legislativa, si se optara por unificar el proceso declarativo lo más aconsejable sería una revisión completa de la LEC, ya que actualmente está concebida para el juicio ordinario, de modo que el juicio verbal encaja mal.

BIBLIOGRAFÍA

ARSUAGA CORTÁZAR, J., «II. La reforma del juicio verbal» en ARSUAGA CORTÁZAR, J.; ANTA GONZÁLEZ, J.F.; DE LA SERNA BOSCH, J., *La reforma del procedimiento civil*, op. cit., p. 83, s.

ARSUAGA CORTÁZAR, J., «II. La reforma del juicio verbal» en ARSUAGA CORTÁZAR, J.; ANTA GONZÁLEZ, J.F.; DE LA SERNA BOSCH, J., *La reforma del procedimiento civil*, Valencia, Tirant lo blanch, 2015.

BANACLOCHE PALAO, J., «Juicio ordinario y juicio verbal» en UREÑA GUTIÉRREZ, P. (Dir.), *Análisis crítico de la Ley de Enjuiciamiento Civil: propuestas de mejora*, Madrid, CGPJ-Centro de Documentación Judicial (Manuales de Formación Continuada 29-2004), pp. 207-228.

BANACLOCHE PALAO, J.; GASCÓN INCHAUSTI, F.; GUTIÉRREZ BERLINCHES, A.; VALLINES GARCÍA, E., 2005. *El tratamiento de las cuestiones procesales y la audiencia previa al juicio en la Ley de Enjuiciamiento Civil*, Madrid, Ed. Thomson-Civitas, 2005.

DÍEZ-PICAZO GIMÉNEZ, I., en OLIVA SANTOS, A., DÍEZ-PICAZO GIMÉNEZ, I., VEGA TORRES, J., *Derecho Procesal Civil. El proceso de declaración*, 3.ª ed., Madrid, Editorial Universitaria Ramón Aceres, 2005.

FAIREN GUILLÉN, V., «Adiós a la L.E.C. de 1881», *Revista de Derecho Procesal*, 2000, nº 2, p. 311-311.

GARBERÍ LLOBREGAT, J., *El nuevo juicio verbal en la Ley de Enjuiciamiento Civil,* Barcelona, Bosch, 2015.

GIMENO SENDRA, V., «La abolición del juicio verbal y de los procesos especiales sumarios», *Revista General de Derecho Procesal,* Núm. 51, Mayo 2000, s. p.

GONZÁLEZ GARCÍA, J. M., *La proliferación de procesos civiles,* Madrid, McGraw-Hill, 1996.

GUASP DELGADO, J., «Reducción y simplificación de los procesos especiales», *Anuario de Derecho Civil,* Abril-Junio 1951, pp. 411-420.

HERCE QUEMADA, V., «La proliferación de tipos procedimentales civiles en primera instancia», *Revista de Derecho Procesal,* 1.ª época, III Julio-Septiembre 1965, pp. 119-146.

LORCA NAVARRETE, A. M., *Análisis jurisprudencial del juicio civil ordinario y verbal,* San Sebastián, IVDP, 2014.

MARCOS FRANCISCO, D., «El nuevo juicio verbal tras la Ley 42/2015, de 5 de octubre, de Reforma de la Ley 1/2000, de 7 de enero, de Enjuiciamiento Civil», *Revista General de Derecho Procesal,* Nº 38 - Enero 2016, s. p.

MONTERO AROCA, J., *Análisis crítico de la LEC en su centenario,* Madrid, Civitas, 1982.

MONTERO AROCA, J., *Los principios políticos de la nueva Ley de Enjuiciamiento Civil (Los poderes del juez y la oralidad),* Valencia, Ed. Tirant lo Blanch, 2001.

MUÑOZ PECES-BARBA, M., «Reducción de los tipos de procesos civiles», *Revista de Derecho Procesal (Publicación Iberoamericana),* 2.ª época, 1961, nº 1, pp. 211-213.

PRIETO-CASTRO Y FERRÁNDIZ, L., *Tratado de Derecho Procesal Civil,* t. I, 2ª ed., Pamplona, Editorial Aranzadi, 1985.

RODRÍGUEZ TIRADO, A. M.., «La nueva configuración del juicio verbal con contestación escrita. El derecho a la asistencia jurídica gratuita del demandado», *Práctica de Tribunales,* Nº 117, noviembre-diciembre 2015, s. p.

SOLER PASCUAL, L. A., «La reconvención en el juicio verbal tras la reforma operada por la Ley 42/2015», *Práctica de Tribunales,* Nº 117, noviembre-diciembre 2015, s. p.

VALLESPÍN PÉREZ, D., «Análisis constitucional del juicio verbal previsto en la Ley 42/2015, de 5 de octubre, de Reforma de la Ley 1/2000, de 7 de enero, de Enjuiciamiento Civil», *Práctica de Tribunales,* Nº 117, noviembre-diciembre 2015, s. p.

SECCIÓN 2ª:
PROCEDIMIENTO TESTIGO

Capítulo XXII:
Procedimiento testigo y extensión de efectos de la sentencia: ¿una solución eficiente a los problemas que plantea la litigación masiva?

AMAYA ARNÁIZ SERRANO
Profesora Titular de Derecho Procesal.
FCSJ – Instituto de Justicia y Litigación "Alonso Martínez".
Universidad Carlos III de Madrid

Resumen: El objetivo de este trabajo es ofrecer una visión de conjunto sobre la introducción del proceso testigo y la extensión de efectos en la jurisdicción civil; reforma proyectada en origen por el Anteproyecto de la Ley de Medidas de Eficiencia Procesal y, finalmente, acometida por el Real Decreto Ley 6/2023, de 19 de diciembre, por el que se aprueban medidas urgentes para la ejecución del Plan de Recuperación, Transformación y Resiliencia en materia de servicio público de justicia, función pública, régimen local y mecenazgo.

INTRODUCCIÓN[1]

El objetivo de este trabajo no es otro que el de ofrecer una visión de conjunto sobre la introducción del proceso testigo y la extensión de efectos en la jurisdicción civil. Reforma proyectada en origen por el Anteproyecto de la Ley de Medidas de Eficiencia Procesal y, finalmente, acometida por el Real Decreto Ley 6/2023, de 19 de diciembre, por el que se aprueban medidas urgentes para la ejecución del Plan de Recuperación, Transformación y Resiliencia en materia de servicio público de justicia, función pública, régimen local y mecenazgo. Más allá del análisis de la nueva regulación, la finalidad de estas páginas no es otra que la de detenernos en algunas consideraciones, no sé si críticas, pero sí al menos preocupantes, sobre la evolución de nuestra disciplina. Unas consideraciones que se ponen de relieve, entre otras, en esta nueva regulación, fruto de una necesidad no resuelta satisfactoriamente hasta el momento de dar respuesta a nuevas formas de litigación.

Trataré de articular el trabajo en torno a 4 consideraciones. En primer lugar, abordaré el porqué de la incorporación del pelito testigo y la extensión de efectos al proceso civil. Intentaré explicar cuáles son los fenómenos que han llevado al legislador a introducir este tipo de procedimientos en nuestro ordenamiento jurídico. que no son novedosos, pero que quizá sí debieran llevarnos a replantearnos si la evolución del derecho privado y procesal civil son sostenibles en el tiempo. A continuación, se analizará la regulación de ambas instituciones y trataré de exponer sus fortalezas y sus debilidades. Y, finalmente, se tratarán de esbozar, a modo de conclusión, algunos de los retos y paradojas ante los que nos sitúan estas "novedosas" regulaciones.

1. ALGUNAS CONSIDERACIONES GENERALES

1.1. Proceso testigo y extensión de efectos como respuesta a la litigación en masa

El derecho se transforma en la medida en que la sociedad evoluciona y avanza. Y en el ámbito del derecho privado tanta es la evolución que hoy se estudian con autonomía e independencia disciplinas que hasta hace no mucho

---

[1] Este trabajo de investigación tiene su origen en la ponencia impartida en el IV Congreso Internacional de la Asociación de Profesores de Derecho Procesal de las Universidades Españolas (Universidad de las Islas Baleares), que llevaba por título "La eficiencia de la justicia a debate", celebrado en la Universitat de Illes Balears, Facultat de Dret, Palma de Mallorca, los días 5, 6 y 7 de octubre de 2023. Cfr. Https://apdpue.es/iv-congreso-apdpue/

se incardinaban dentro del genérico derecho civil. Buen ejemplo de ello son el derecho de los consumidores; el derecho societario; el derecho de familia y sucesiones; el derecho mercantil o el derecho de propiedad intelectual e industrial… Esa "sofisticación" o evolución del tradicional derecho privado, ha hecho surgir también una nueva forma de litigiosidad, que además ha resultado – en muchas ocasiones- masiva y reiterativa[2]. Su consecuencia, el colapso de nuestras instancias judiciales. Para combatir este mal los legisladores llevan tiempo "ensayando" instrumentos procesales que permitan, de un lado, evitar el colapso del sistema y, de otro, dar una respuesta más rápida y eficiente al ciudadano. La acumulación de acciones, de procedimientos, las acciones colectivas, los juzgados especializados y ahora, en el orden civil, el proceso testigo y la extensión de efectos, dan buena prueba de ello[3].

Para esos nuevos derechos que, en caso de entrar en crisis, desbordan las instancias judiciales y que, en determinados casos, son fuente de gran inseguridad jurídica, el sistema no ha encontrado –al menos hasta el momento y pese a haber ensayado ya formas de solución extrajudicial–, otras formas de pacificación. Esto es lo que explica que no hayan cesado los intentos de inventar y reinventar el proceso para dar respuesta a una forma de litigación que pone en jaque a nuestro sistema de justicia. En la Exposición de Motivos del Proyecto de Ley de medidas de eficiencia procesal del servicio público de Justicia (en adelante, PLMEP)[4] se contenía una explicación amplia sobre esta cuestión en la que podía leerse que "[e]s una realidad el gran problema que,

---

2 Buen ejemplo de cómo esas ramas que han ido cobrando autonomía en el Derecho privado, como es el Derecho de consumidores y el Derecho bancario, han traído consigo una forma de litigación masiva y reiterativa puede verse en el estudio empírico llevado a cabo por TRUCHERO CUEVAS, "Las cláusulas suelo o cómo no gestionar los conflictos sobre condiciones generales de la contratación", *Diario la Ley*, núm. 10291, 2023. Y en relación con la búsqueda de la eficiencia del sistema judicial pueden consultarse los trabajos de ALCOCEBA GIL, J. M., «La eficiencia de la justicia: medida, meta o discurso (II). Sobre la eficacia como meta de las políticas públicas de justica» y "Algunas consideraciones en torno al discurso de la eficiencia de la justicia", Foro, Revista de Ciencias Jurídicas y Sociales, Nueva Época, vol. 25, núm. 2, 2022, https://dx.doi.org/10.5209/foro.90770

3 Un análisis detallado sobre las distintas reformas acometidas para dar respuesta a esta problemática se halla en los trabajos del profesor ORTELLS RAMOS, entre los que destacaría "Proceso colectivo, procesos en serie y proceso testigo. Jueces y CGPJ ante los litigios civiles en masa", *Revista General de Derecho Procesal*, Iustel, núm. 54, 2021, "Tutela judicial civil colectiva y nuevos modelos de los servicios de defensa jurídica en España", *Revista General de Derecho Procesal, núm.* 48, 2019, y "Tutela colectiva y petición colectiva de tutelas individuales conexas en el proceso civil español. Las normas y su aplicación", en *Litigiosidad masiva y eficiencia de la justicia civil*, Pamplona, 2019.

4 BOCG, Serie A, Proyectos de Ley, 22 de abril de 2022, núm. 97-1.

desde múltiples puntos de vista, ha provocado en la Administración de Justicia la litigación en masa en materia de condiciones generales de la contratación. El enorme volumen de asuntos que se deriva de ella ha desembocado, en algunos casos, en un auténtico colapso de los órganos judiciales, provocando importantes disfunciones en la respuesta de la Administración de Justicia ante esta situación, hecho que provoca una merma de confianza de los ciudadanos en el funcionamiento de sus instituciones". De hecho, es la primera vez que en un texto legislativo se explicita casi una frustración ante un nuevo modo de proceder en la litigación privada, cuando se expone que "[e]xisten importantes razones para incorporar este sistema a nuestra regulación procesal civil en esta materia concreta ya que, en muchas ocasiones, los actores utilizan demandas o plantillas iguales o similares para el ejercicio de las mismas pretensiones, de modo que un universo muy amplio de perjudicados termina litigando con demandas prácticamente idénticas. De hecho, se ha generalizado un modo de litigación en masa en el que se utilizan plataformas informáticas no solo para captar clientes, sino también para la gestión de las demandas en las distintas fases". Quizá por ello, en esta ley se busca dotar de nuevas herramientas a los órganos de la jurisdicción civil, así como a los justiciables, que permitan dar una respuesta adaptada, eficaz y ágil a las pretensiones relativas a las condiciones generales de la contratación. Una de las soluciones operadas por esta ley para la tramitación de este modo de litigar en masa es la incorporación del sistema de tramitación del procedimiento testigo y la extensión de efectos.

1.2. Fundamentos del proceso testigo y la extensión de efectos

Todas estas reformas que se han ido acometiendo en la legislación procesal con objeto de hacer frente a la denominada litigación en masa han sido explicadas y justificadas con idénticos argumentos[5]. En primer término, se ha acudido a las consabidas razones de economía procesal y material[6]. Estos

---

[5] Sobre esta cuestión puede verse más pormenorizadamente el trabajo de DOMÍNGUEZ BARRAGÁN, M. L., "Historia y fundamentos de la extensión de efectos de sentencias firmes como figura procesal autónoma". *Revista de Estudios de Deusto,* 2019, núm. 67 (2), https://doi.org/10.18543/ed-67(2)-2019pp235-261, págs. 235-261.

[6] En la Exposición de Motivos del PLMEP se decía que: "Teniendo en cuenta los extremos advertidos, es previsible que la regulación de este procedimiento testigo reducirá notablemente la litigación en masa, en especial los procedimientos sobre nulidad por abusividad de las condiciones generales de la contratación en los que haya que valorar únicamente elementos objetivos, y evitará la necesidad de completa tramitación de los procedimientos ya iniciados con identidad sustancial de objeto, lo que supondrá un alivio muy considerable en las cargas de trabajo de los órganos judiciales, reforzándose además la homogeneidad en las respuestas de la Justicia ante esta tipología de procedimientos".

instrumentos confieren sin duda al juez la posibilidad de economizar recursos extendiendo una solución estandarizada para una multiplicidad de asuntos[7]. Pero, sin duda, el fundamento último que se atribuye a estas figuras procesales se encuentra en el respeto a los principios de uniformidad e igualdad en la aplicación de la ley[8]. La idea de promover la igualdad en la aplicación de la ley ya se hallaba en la incorporación del proceso testigo y la extensión de efectos en la LJCA de 1998. De hecho, en el derecho administrativo esta búsqueda de la uniformidad en la aplicación de la ley a través de las resoluciones judiciales se encontraba ya la regulación contenida en el art. 86 de la LJCA de 1956, en la que se preveía como excepción a la cosa juzgada la extensión de efectos de la sentencia estimatoria de pretensiones anulatorias de actos o disposiciones a quienes estuvieran afectadas por ellos[9]. Aunque hubo interpretaciones y posiciones contrarias a la posibilidad de extensión *ultra partem* de la sentencia, tras los pronunciamientos del TC[10], la jurisprudencia y la doctrina se muestran pacíficas al reconocer esta posibilidad que permite la consecución de la igualdad en la aplicación de la ley[11]. Así, no es infrecuente leer pronunciamientos como el de la STS 5886/2011, de 13 de septiembre, en el que puede leerse que: "No cabe olvidar que la extensión de efectos se configura en la ley como un instrumento procesal dirigido a evitar la reiteración de procesos contra los llamados actos masa y que se funda en el principio de igualdad en la aplica-

---

7 Efectivamente como expone CALAZA LÓPEZ, "El motor de la Justicia no habrá de ponerse en marcha cada vez que se suscita un conflicto de esta naturaleza: la diferencia entre llevar a cada justiciable, desde su punto de partida hasta su destino, en un sofisticado proceso individualizado para cada concreto conflicto —un solo viaje: un único vehículo, un mismo motor, una idéntica cantidad de gasolina, para cada concreto litigio—; y llevar a todos los justiciables, en este mismo trayecto —un solo viaje: un único vehículo, un mismo motor, una idéntica cantidad de gasolina, para todos ellos— comportará, desde una perspectiva macroeconómica, el ahorro de una ingente cantidad de tiempo, esfuerzo y talento de nuestros Juzgadores", en *Rebus sic stantibus, extensión de efectos y cosa juzgada*, Madrid, 2021, pág. 134.

8 DE DIEGO DÍEZ, L.A., *Extensión de efectos y proceso testigo en la Jurisdicción Administrativa*, Madrid, 2016, pág. 147.

9 Cfr. TOLEDO JÁUDENES, J. "Extensión «ultra partem» de la eficacia de la sentencia administrativa en trámite de ejecución", Revista de administración pública, núm. 109, 1986, págs. 247-254.

10 El primero de los pronunciamientos en acoger esta posibilidad fue la STC 10/1998, del 13 de enero, posteriormente confirmada por las SSTC 23 a 28/1998.

11 GIMENO SENDRA, V., «El proceso de ejecución (II)», en *Derecho Procesal Administrativo* (con MORENO CATENA, V. y SALA SÁNCHEZ, P.), Madrid, 2004, pág. 281.

ción de la ley por los tribunales"[12]. Lo que, al tiempo, favorece la seguridad jurídica y confiere al sistema mayor previsibilidad[13].

Si bien, como ha señalado parte de la doctrina, esta aspiración encaja mejor en el orden contencioso-administrativo, pues en la jurisdicción civil rige el principio dispositivo, lo que imposibilita la traslación de este presumible efecto que en el contencioso es más probable[14]. Además, en la práctica también será un óbice para alcanzar esa pretendida uniformidad de las resoluciones

---

12 En sentido parecido, también podía leerse en la STS 3445/2018, de 9 de octubre, que "[…] los artículos 110, 111 y 37.2 de la LJCA de 1998 sirven para garantizar el principio constitucional de igualdad en la aplicación jurisdiccional de la ley, además de evitar el coste y el retraso de la repetición de procesos en lo que se han denominado «actos en masa» en materia tributaria, de personal y de unidad de mercado. Y es evidente que, en este caso, el respeto a la igualdad nos vincula por partida doble, dado el número considerable de precedentes planteados como se ha dicho y que se han enumerado, lo que nos autoriza a examinar en forma breve esta impugnación. Las Administraciones deben acomodar su actuación, en la medida que les sea posible, a lo que resuelvan los Tribunales en casos en que los interesados se encuentran en idéntica situación fáctica y jurídica y acomodarse a lo resuelto o «juzgado», pero en este caso el recurso esgrime que no hay identidad de situaciones, lo que nos llevará a un examen más extenso de esa cuestión".
GIMENO SENDRA también expresa que "[…] el fundamento de este precepto —el referido a la «extensión de efectos» en el ámbito contencioso— hay que encontrarlo (…) en última instancia, en el principio constitucional de igualdad en aplicación de la Ley, pues tratándose de situaciones litisconsorciales, sería contrario al referido principio constitucional y al derecho a una tutela judicial efectiva y sin dilaciones indebidas que los litisconsortes inactivos, que no reaccionaron en su día, mediante el correspondiente recurso contencioso-administrativo, se vieran ante la ejecutoriedad del acto, discriminados frente a los activos que decidieron interponer el recurso en tiempo y forma", en *Comentarios a la nueva regulación de la Jurisdicción Contencioso- Administrativa de 1998,* Madrid, 1999, pág. 768.

13 Sobre los principios y fundamentos que inspiran estas modalidades procesales puede consultarse CHARRO GONZÁLEZ, J.M., "La extensión de efectos de sentencias en el proceso contencioso-administrativo. Principios de igualdad, de eficacia y de seguridad jurídica", *Actualidad* Administrativa, núm. 7, 2020, pág. 1 y ss.

14 En efecto, en una acertada apreciación ha escrito PEREA GONZÁLEZ que "la salvedad que debemos efectuar en el marco civil es que esa tutela preferente de la igualdad en la aplicación de la ley no existe; o al menos, no como podría trasladarse del Derecho público. Y no por capricho o discriminación del Derecho privado, sino porque éste —a diferencia del Derecho público— no puede pretender un tratamiento idéntico, por muy parecidas que puedan ser sus situaciones, cuando la raíz del contencioso no se encuentra en una norma —abstracta y pública— sino en un acto o negocio jurídico, cuyo origen no es la actuación pública, sino el tráfico privado […] significándose, además, que la identidad subjetiva del conflicto civil se mantiene en la tensión de actores diferenciados, mientras que la Administración es una para todos», ("Hacer generalidad de la singularidad: proceso testigo y extensión de efectos. ¿Una nueva tutela del conflicto privado?", *Diario La Ley,* núm. 9676, 2020, pág. 2).

en el orden jurisdiccional civil la necesidad de convergencia en los criterios interpretativos de las cincuenta y dos Audiencias Provinciales. Tal vez debiéramos preguntarnos si es que ese nuevo derecho que surge de la actual contratación civil y mercantil se aleja cada vez más de la libre disposición y se asemeja más a esa necesidad de acomodar al interés general sino una norma (abstracta y pública) sí al menos a un clausulado estandarizado e innegociable en sus términos. Como señalan GÓMEZ POMAR y ARTIGOT GOLOBARDES, "[p]ara aplicar de manera socialmente ventajosa este conjunto normativo, no digamos ya para trazarlo con un mínimo de criterio y buen sentido, es imprescindible entender la entraña económica de las relaciones contractuales subyacentes"[15]. De hecho, esa trascendencia más allá del interés individual en la uniformidad de la respuesta se desprende también cuando se esgrimen razones de orden público como fin perseguido por estas instituciones[16].

En el caso de la articulación legal del proceso testigo y, en su caso, la extensión de efectos, hemos podido leer explicaciones que evidencian sin adornos que lo que se pretende es "evitar la celebración de toda la tramitación del procedimiento, de procedimientos que comparten una «sustancial identidad objetiva»". Vamos, que nos permite sortear el normal desarrollo del proceso para alcanzar la tutela judicial efectiva. Esto no debiera sorprendernos, pues también lo hemos hecho en el orden penal a través de la institución de la conformidad premiada o los juicios rápidos. Hoy son muchas -quizá demasiadas- las reformas que son asumidas en el orden procesal y que desdibujan su esencia. Tal vez ya no nos sorprenda, pero hubo un tiempo en que la tutela judicial efectiva o la resolución del conflicto a través de la jurisdicción se alcanzaba casi de manera exclusiva –sino generalizada–, mediante un proceso articulado que pretendía dar respuesta, favorable o no, a las pretensiones planteadas en el caso concreto. En nuestra tradición jurídica, habiéndose ensayado diversas

---

15 GÓMEZ POMAR y ARTIGOT GOLOBARDES, "Costes, precios y excedente contractual en el control de la contratación de consumo, especialmente la hipotecaria", *Anuario de Derecho Civil,* tomo LXXIII, 2020, pág. 10.

16 Tras evidenciar las dificultades que comporta la incorporación del proceso testigo y de la extensión de efectos en el proceso civil, en atención a principios como los de la de autonomía de la voluntad o el principio dispositivo así como la dificultad de justificar en este orden un excesivo intervencionismo público como es el de la paralización de los procesos por voluntad del juez. La Prof.ª. CALAZA LÓPEZ asevera que "[s]in embargo, son razones de orden público, interés general y responsabilidad colectiva, en tiempos de crisis, las que nos impulsan a asumir una Justicia redistributiva, conmutativa y sostenible: ante una litigiosidad masiva, la respuesta no puede ser individualizada, pues ello colapsaría, todavía más si cabe, nuestros Juzgados y Tribunales", en "Tutela global del derecho privado en un contexto de justicia sostenible", en Proceso y daños: perspectivas de la justicia en la sociedad del riesgo, coord. T. Funes Beltrán; J.M. Asencio Mellado (dir.), M. Fernández López (dir.), 2022, Valencia, págs. 90-91.

fórmulas estructurales, la experiencia y la doctrina del Tribunal Constitucional han ido demostrando cuáles eran esas estructuras mínimas o comunes del proceso que permitían, de un lado, satisfacer las exigencias de la tutela jurídica y, de otro, dotar a esa tutela de efectividad[17].

Esos diseños de tutela hoy parecen estar superados en pro de otros valores imperantes como son la eficacia y la eficiencia del sistema de justicia. Buena prueba de ello es la propia exposición de motivo del Anteproyecto de Ley de Medidas de Eficiencia Procesal del Servicio Público de Justicia (en adelante ALMEP) en el que ya podía leerse que: "El sistema de Justicia de nuestro país padece desde hace décadas de insuficiencias estructurales, algunas de las cuales sin justificación, que han dificultado que ocupe plenamente el lugar que merece en una sociedad avanzada. No hay duda de que en algunos puntos del sistema puede haber déficit de recursos que haya que corregir, pero no parece que esta sea la causa principal de nuestros problemas crónicos, derivados más bien de la escasa eficiencia de las soluciones que sucesivamente se han ido implantando para reforzar la Administración de Justicia como servicio público". Parece sin duda que el legislador se encuentra en este momento más preocupado por la eficiencia operativa del sistema que por la calidad del mismo.

Y no se me malinterprete, porque no pretendo hacer con esta reflexión una salvaguarda de las garantías a costa de la eficiencia del servicio público de justicia, pues ya en su concepción más primigenia se concibe como una tutela judicial efectiva. Pero creo, y quizá me equivoque, que antes de acometer este tipo de reformas en el ámbito de la justicia debiéramos preguntarnos si no existen otros ámbitos del Derecho para actuar preferentemente. Por otra parte, ya tenemos cierta conciencia de que no han logrado mitigar la avalancha de conflictos que comportan las nuevas relaciones jurídicas –[18]. Si se me permite, sería algo así como concebir el derecho procesal como una *ultima ratio* en la solución de los conflictos en masa, pues no cabe duda de que si fuera de los tribunales es complejo lograr mecanismos eficaces, más complejo se me antoja que el sistema de justicia pueda hacerl[19] .

---

17 Sobre el proceso como escenario de la tutela procesal cfr. RAMOS MÉNDEZ, F., *El sistema procesal español*, 1999, págs. 9 y ss.

18 Es una opinión comúnmente compartida que el balance sobre la utilización del proceso testigo y de la extensión de efectos en la jurisdicción contencioso-administrativa es negativo, pues ni se ha logrado un uso generalizado ni cuando se ha empleado ha conseguido mitigar significativamente la litigiosidad. Buena prueba de ello es el ilustrativo título que daba a su trabajo CÓRDOBA CASTROVERDE, D., "Réquiem por la extensión de efectos de las sentencias en el orden contencioso-administrativo", *Revista de Jurisprudencia el Derecho*, núm. 2, 2007.

19 REYNAL QUEROL, N., "El proceso testigo en el proyecto de ley de medidas de eficiencia procesal", *Justicia: revista de derecho procesal*, ISSN 0211-7754, núm. 1, 2022, pág. 73.

1.3. La ausencia de novedad en la regulación

La incorporación del proceso testigo y de la extensión de efectos tienen poco o nada de novedoso en cuando a su diseño. El pre-legislador no ha hecho sino proyectar al orden civil estos instrumentos ya contemplados en la LJCA (arts. 37 y 110 y 111 LJCA)[20]. Y lo ha hecho sin tener muy presente que, como pone de relieve CALAZA LÓPEZ, en la jurisdicción contencioso-administrativa rigen principios, reglas y valores diversos a los de la jurisdicción civil, además de un sujeto pasivo, la Administración pública, que también comporta peculiaridades a tener en cuenta en el marco del diseño procesal[21]. Este hecho quizá pueda explicar algunas de las cuestiones reguladas de manera un tanto insatisfactoria.

En el orden civil, tras lo que se ha denominado la justicia post-covid y en íntima relación con un fenómeno que nada tiene que ver con ésta, como es la conflictividad derivada de la contratación masiva, el CGPJ en su "Plan de choque para la reactivación tras el estado de alarma" ya contemplaba la necesidad de su incorporación[22]. De hecho, con motivo de la crisis provocada por las cláusulas suelo, el CGPJ ya valoró su implementación durante los años 2013 y 2014, cuando se constató que las entidades financieras no iban a solucionar extrajudicialmente el problema de las cláusulas abusivas[23].

Luego, el legislador cuando proyecta por vez primera en nuestro modelo procesal civil el proceso testigo y la extensión de efectos en el PLMEP no sólo no estaba introduciendo ninguna novedad, sino que, además, lo hacía tras haber sido requerida esta reforma durante años por el propio CGPJ.

Finalmente, la regulación del proceso testigo y la extensión de efectos se han incorporado a la LEC a través del Real Decreto Ley 6/2023, de 19 de di-

---

[20] Sobre la incorporación de la tutela colectiva en la jurisdicción contencioso-administrativa, cfr. DOMÍNGUEZ BARRAGÁN, M. L., "Historia y fundamentos de la extensión de efectos de sentencias firmes como figura procesal autónoma". *Revista de Estudios de Deusto*, 2019, núm. 67 (2), https://doi.org/10.18543/ed-67(2)-2019pp235-261, págs. 235-261.

[21] CALAZA LÓPEZ, S., "Tutela global del derecho privado en un contexto de justicia sostenible", en *Proceso y daños: perspectivas de la justicia en la sociedad del riesgo*, José María Asencio Mellado (dir.), Mercedes Fernández López (dir.), 2022, Valencia, pág. 86.

[22] El Pleno del CGPJ aprobó en el Plan de choque para la Administración de Justicia tras el estado de alarma diversas propuestas de reforma en un documento de trabajo sobre medidas organizativas y procesales, documento que puede consultarse en https://www.poderjudicial.es/cgpj/es/Poder-Judicial/En-Portada/El-Pleno-del-organo-de-gobierno-de-los-jueces-aprueba-el-plan-de-choque-del-CGPJ-para-la-reactivacion-tras-el-estado-de-alarma

[23] TRUCHERO CUEVAS, J. "Las cláusulas suelo o cómo no gestionar los conflictos sobre condiciones generales de la contratación", *op. cit..*, pág. 7.

ciembre, por el que se aprueban medidas urgentes para la ejecución del Plan de Recuperación, Transformación y Resiliencia en materia de servicio público de justicia, función pública, régimen local y mecenazgo (en adelante, RDL), convalidado el 10 de enero de 2024. La explicación de las reformas que se hallaba en el PLMEP ha sido reducida considerablemente en el RDL 6/2023, más preocupado por justificar el cauce legislativo escogido para abordar las reformas que las propias reformas. Esta preocupación es la que quizá lleva al legislador a afirmar en el Preámbulo del RDL que "estas medidas, singularmente las de digitalización del servicio público de justicia, así como las procesales…, no inciden en el contenido de los derechos y libertades del título I de la Constitución Española,… Las medidas procesales no "afectan" a aquellos derechos ni se refieren a los elementos estructurales o esenciales del proceso judicial, ni regulan un elemento esencial del Poder Judicial como institución básica del Estado. Además, en dicha regulación procesal no se altera ni se afecta a la competencia de los órganos judiciales, ni, en definitiva, supone una regulación general del derecho a la tutela judicial efectiva"[24].

1.4. Naturaleza y ubicación sistemática

Se ha discutido la naturaleza tanto del proceso testigo como de la extensión de efectos y, anudado a ello, se ha cuestionado la disposición sistemática que de ambos instrumentos se ha hecho en la Ley de Enjuiciamiento Civil. Se trata de un mecanismo previsto para mejorar la respuesta de la administración de justicia ante la reiteración de demandas en el concreto ámbito de las acciones individuales relativas a condiciones generales de la contratación, es decir, en el ámbito del nuevo juicio verbal. Cierto es que el proceso testigo se solicita por las partes con la demanda o, en su caso, con la contestación a la misma o, es el LAJ al examinarlas quien puede apreciar la posibilidad de tramitarlo. Luego, su ubicación obedece por igual a su delimitación objetiva (el juicio verbal) como a su ordenación sistemática. Así se explica que el procedimiento testigo haya sido incorporado a través de un nuevo precepto, el art. 438 bis LEC, a renglón seguido de la regulación general destinada a la admisión de la demanda y contestación, así como de la reconvención. Esta ubicación ha sido cuestionada por la doctrina que, apuesta por estos nuevos instrumentos en el ámbito civil y mercantil y que considera que contemplados de manera conjunta –proceso testigo y extensión de efectos– debieran encontrar una regulación más amplia y autónoma[25]. De esta opinión es CALAZA

---

[24] Sobre el contenido y contexto en el que se enmarca el RDL 6/2023, cfr. COLMENERO GUERRA, J.A., "El proceso testigo en el proceso laboral", en prensa.

[25] De esta opinión, también en relación con la incorporación de estas figuras en el ámbito laboral se muestra partidario COLMENERO GUERRA, "Proceso testigo en

LÓPEZ, quien se muestra a favor de un ámbito de aplicación más generoso y, por consiguiente, apuesta "por su razonable ubicación en un nuevo Título IV («Del procedimiento testigo y la extensión de efectos») del Libro I («De las disposiciones generales relativas a los juicios civiles») de la LEC", pues como sigue exponiendo "parece más sistemática su ubicación a renglón seguido de la «acumulación de acciones y/o procesos» y del «procedimiento testigo» pues viene a cerrar, perfectamente, el ciclo, ya en fase ejecutiva, de la litigiosidad ventilada, con toda celeridad, economía y unidad, por estos cauces, tradicional uno —la acumulación— y moderno el otro —procedimiento testigo— pero destinados ambos, con su complementaria extensión de efectos, a agilizar, dinamizar y universalizar nuestra sobrecargada Justicia civil en una legítima aspiración de eficacia, eficiencia y sostenibilidad, mediante la reducción de costes, la minoración de procedimientos y la maximización de resultados"[26].

En cuanto a la extensión de efectos, el legislador ha decidido incorporarla en el art. 519 LEC, a continuación de la acción ejecutiva de consumidores y usuarios fundada en sentencia de condena sin determinación individual de los beneficiados, bajo la rúbrica "extensión de efectos de sentencias dictadas en procedimientos en los que se hayan ejercitado acciones individuales relativas a condiciones generales de la contratación". De este modo, el mecanismo de extensión de efectos queda incorporado al Libro III *De la ejecución forzosa y de las medidas cautelares,* Título I. *De los títulos ejecutivos.* En principio, la ubicación del mismo ha sido considerada más afortunada que la del proceso testigo, pues por muchos se considera que se trata de un procedimiento incidental respecto de otro ejecutivo. Pero lo cierto es que su naturaleza se aproxima más a la de un proceso declarativo especial como es el monitorio, pues su eficacia radica en el silencio o falta de oposición de la parte demanda.

---

el proceso laboral" (*en prensa*) cuando afirma que: "En realidad, los arts. 86bis, 247 bis y 247 ter deberían haberse agrupado dentro del Título II («De las modalidades procesales»), del Libro II de la LJS, bien al final, generando un Capítulo XII, nuevo (con una rúbrica, por ejemplo, «Proceso testigo y extensión de efectos»), o, incluso, por qué no, tras los «procesos de impugnación de convenios colectivos», al tratarse del ejercicio o tutela judicial colectiva, fenómeno que se encuentra conexionado con la litigación en masa".

26 *Rebus sic stantibus,* extensión de efectos y cosa juzgada, cit.., págs. 162 y 163. La Prof.ª. Calaza recoge también la posición de aquellos que consideran que tratándose de incidente en ejecución su ubicación acertada sería en un capítulo específico «De la extensión de efectos en fase ejecutiva» del LIBRO III «De la ejecución forzosa y de las medidas cautelares» de la LEC. Esta posición puede cfr. en VELASCO JIMÉNEZ, C., "La extensión de efectos y el procedimiento testigo en el plan de choque para la Administración de Justicia tras el Estado de Alarma", *Diario La Ley*, núm. 9682, 2020, pág. 4.

Por ello, también se ha considerado que habría sido más oportuna su regulación sistemática con el proceso testigo. No obstante, su ubicación es, sin duda, mucho más afortunada que la del proceso testigo[27].

En todo caso, la doctrina mayoritaria es de la opinión de que, de no ampliarse su contenido, una de las demandas más constantes[28] y, por tanto, ser finalmente aplicable tan sólo a las pretensiones individuales frente a condiciones generales, su lugar idóneo sería, desde luego, como un proceso especial. Y ello por la necesidad de regular conjuntamente proceso testigo y extensión de efectos atendiendo a su necesaria armonía y complementariedad.

En caso de ampliarse su objeto y no restringirlo a acciones individuales relativas a condiciones generales de la contratación, como ha propuesto CALAZA LÓPEZ[29], lo suyo sería ubicarlo efectivamente en un nuevo Título IV, dentro del Libro I ("De las disposiciones generales relativas a los juicios civiles"), a continuación del Título III destinado a la «acumulación de acciones y procesos», que se titulase "Del procedimiento testigo y la extensión de efectos". Este nuevo Título IV podría englobar de manera sistemática y estructurada la acumulación de acciones y de procesos, así como el testigo y la extensión de efectos[30].

---

27 VELASCO JIMÉNEZ, C., "La extensión de efectos y el procedimiento testigo en el plan de choque para la Administración de Justicia tras el Estado de Alarma", *Diario La Ley*, núm. 9682, 2020, pág. 4.

28 Son muchas las voces que abogan por ampliar el ámbito del proceso testigo y de la extensión de efectos a otros conflictos, como, pueden ser entre otros muchos, los relativos a la contratación generalizada y masiva de toda suerte de bienes y servicios, así como a la modulación contractual vía *rebus sic stantibus*. Sobre este extremo vid., entre otros, ACHÓN BRUÑÉN, M.J., "Futuras reformas legales que afectan a pleitos con consumidores y usuarios: especial referencia a la extensión de efectos y al «pleito testigo» en los procesos de nulidad de cláusulas abusivas", *Práctica de Tribunales*, núm. 146, 2020, pág. 3; LÓPEZ SÁNCHEZ, J., "Prospectiva de la tutela colectiva en España: entre el proceso testigo y la trasposición de la Directiva 2020/1828", en Barona Vilar, (ed.), *Justicia poliédrica de mudanza*, Valencia 2022, pág. 124 y. REYNAL QUEROL, N., "El proceso testigo en el proyecto de ley de medidas de eficiencia procesal", *Justicia: revista de derecho procesal*, núm. 1, 2022, pág. 67.

29 CALAZA LÓPEZ, S., "Tutela global del derecho privado en un contexto de justicia sostenible", s*upra cit.*, págs. 91-92 y en CALAZA LÓPEZ, S., *Rebus sic stantibus*, extensión de efectos y cosa juzgada, cit.., pág. 140.

30 Cfr. ORTELLS RAMOS, M., "Tutela judicial colectiva y nuevos modelos de los servicios de defensa jurídica en España", *Revista General de Derecho Procesal*, Iustel, núm. 48, 2019, pág. 3.

2. EL PROCESO TESTIGO[31]

2.1. Concepto y ámbito de aplicación del proceso testigo

El proceso testigo es un instrumento procesal que permite, tanto de oficio como a instancia de parte, provocar la suspensión de uno o varios procesos en marcha a la espera de que se resuelva otro similar, es decir, «con identidad sustancial de objeto». La finalidad última de este proceso no es otra que la de rentabilizar la respuesta judicial. En el marco de los principios del proceso civil, habrá de permitirse que, concluido con sentencia firme el proceso testigo, los suspendidos puedan solicitar: i) la extensión de efectos al suspendido; ii) el desistimiento; o bien, iii) la prosecución del procedimiento originario. Luego, el procedimiento testigo no pretende otra cosa que la de dar respuesta a demandas con identidad sustancial de objeto procurando no tener que tramitar cada una de ellas de manera autónoma.

El ámbito de aplicación del pleito testigo se ha circunscrito a las demandas cuyo objeto sean acciones individuales relativas a condiciones generales de la contratación (arts. 438 bis y 20.1.4 LEC). Quedando excluidos de este ámbito de aplicación aquellos supuestos en que es necesario realizar un control de transparencia de la cláusula o valorar la existencia de vicios en el consentimiento del contratante. En estos casos, la demanda no podrá beneficiarse del procedimiento testigo para su resolución.

El ámbito material, que ya se encontraba proyectado así en el PLMEP, ha sido objeto de numerosas críticas por haber sido excesivamente restrictivo[32].

---

31 Son muchas y muy variadas las denominaciones que se han empleado para designar este proceso. ORTELLS RAMOS, da buena cuenta de ello recopilando entre las empleadas el «procedimiento guía», el «proceso muestra», el «proceso modelo», el «proceso sonda» o el «proceso testigo». Y en relación con el proceso suspendido se han referido al mismo como «proceso posterior», «proceso vinculado», «proceso subsiguiente», y «proceso dependiente», (en "Proceso colectivo, procesos en serie y proceso testigo. Jueces y CGPJ ante los litigios civiles en masa", *Revista General de Derecho Procesal*, Iustel, núm. 54, 2021, pág. 19, nota 29). En el presente trabajo hemos optado por la denominación de proceso testigo y extensión de efectos que es la empleada por el CGPJ en su plan de choque para la reactivación tras el estado de alarma de 2020. Plan de choque que puede consultarse en https://www.poderjudicial.es/cgpj/es/Poder-Judicial/Consejo-General-del-Poder-Judicial/Oficina-de-Comunicacion/Archivo-de-notas-de-prensa/El-Pleno-del-organo-de-gobierno-de-los-jueces-aprueba-el-plan-de-choque-del-CGPJ-para-la-reactivacion-tras-el-estado-de-alarma

32 Entre otros muchos, pueden verse los trabajos de ACHÓN BRUÑÉN, M.J., "Futuras reformas legales que afectan a pleitos con consumidores y usuarios: especial referencia a la extensión de efectos y al «pleito testigo» en los procesos de nulidad de cláusulas abusivas", *Práctica de Tribunales*, núm. 146, 2020; CALAZA LÓPEZ, S., "Tutela glo-

De un lado, porque dentro del ámbito de las condiciones generales de la contratación se modifica ligeramente el ámbito de aplicación de los juicios ordinario y verbal. Mientras las demandas donde se ejerciten acciones colectivas relativas a condiciones generales de la contratación se tramitarán a través del cauce del juicio ordinario (art. 249.1.5º), las acciones individuales sobre este mismo tipo de condiciones generales se reservan al juicio verbal (art 250.1.14º). De este modo, sólo las acciones individuales podrán beneficiarse del procedimiento testigo y de la extensión de efectos. De otro, también se ha considerado que, a diferencia de lo que sucede en el orden contencioso-administrativo en materia de litigiosidad pública, el ámbito proyectado para el proceso testigo en el orden civil ha sido mucho menos ambicioso, desaprovechando la potencialidad de esta figura[33].

2.2. *Requisitos de aplicación del proceso testigo*

Para poder recurrir al proceso testigo se precisan una serie de condiciones relativas a los procesos que pueden erigirse como testigos y a los sujetos y objetos que forman parte de los distintos procesos (art. 438 bis 1 LEC).

2.2.1. La existencia de procesos anteriores y pendientes

El primero de los presupuestos para poner en marcha el proceso testigo, tal y como se colige del art 438 bis, es la existencia de procesos anteriores y pendientes a aquél que pretende ser tramitado como proceso guía. Esto significa que, junto con la demanda que acabará de ser interpuesta, deben concurrir otros procedimientos que no sólo deben haberse incoado previamente en el tiempo, sino que además tienen que encontrarse en tramitación. Aunque

---

bal del derecho privado en un contexto de justicia sostenible", *op. cit.*, pág. 93; NEIRA PENA, A.Mª., "El procedimiento testigo. ¿Una alternativa a las acciones colectivas?", en Logros de la Justicia Civil en España, (dirs.) F. Jiménez Conde, J. Banacloche Palao y F. Gascón Inchausti, (coord.) G. Schumann Barragán, Valencia, 2023, pág. 374 y ORTELLS RAMOS, M., "Proceso colectivo, procesos en serie y proceso testigo. Jueces y CGPJ ante los litigios civiles en masa", *Revista General de Derecho Procesal,* núm. 54, 2021, pág. 18, entre otros.

33 En este sentido se ha considerado que podría haberse previsto para todo tipo de conflictividad de carácter masivo que se produce en el marco del Derecho privado y no sólo en algunos de los conflictos de esta naturaleza relativos a consumo. Sobre este extremo CALAZA LÓPEZ, S., (*Rebus sic stantibus, extensión de efectos y cosa juzgada,* cit., pág. 138-139), considera que estos procedimientos se estarán infrautilizando de no "extrapolarse a otros conflictos, como, entre otros, los relativos a la contratación generalizada y masiva de toda suerte de bienes y servicios, así como a la modulación contractual vía *rebus sic stantibus*".

nada se dice en el precepto parece irrelevante la fase procesal en la que se encuentren. Si el fundamento es la economía procesal y la igualdad en la aplicación de la ley no parece que sea óbice el estadio en que se halle el proceso.

El art 438 bis requiere simplemente la pendencia de procesos anteriores, pero no exige un número determinado de procesos preexistentes para aplicar la técnica del proceso testigo. En cuanto a la cantidad de procedimientos necesarios, parece razonable pensar que con la existencia de al menos dos de ellos ya sería viable la utilización de este régimen procesal. Ante el silencio del legislador, será al juez a quien, conforme a su criterio, corresponda decidir si pone en marcha este instrumento procesal[34].

2.2.2. Identidad objetiva y subjetiva

La regulación del pleito testigo no deja claro qué tipo de identidad subjetiva es necesaria, pero de la lectura conjunta de los arts. 438 bis y 519.2 LEC parece que sólo será necesaria la identidad de demandados entre el proceso que ha servir de modelo y el proceso dependiente. De lo contrario, dándose también la identidad objetiva nos encontraríamos ante un supuesto de litispendencia[35].

En cuanto a la identidad objetiva el legislador precisa que deberá existir entre las condiciones generales de la contratación cuestionadas en el proceso testigo y el que pudiéramos denominar procedimiento suspendido o aplazado. Semejanza de tal entidad que permita, en su caso, la extensión de efectos de la sentencia. El art 438 bis exige, por un lado, que en todos ellos se hayan planteado las mismas pretensiones y, por otro, que las condiciones generales de la contratación cuestionadas tengan identidad sustancial. Esto significa que entre los procesos debe existir una identidad o semejanza lo suficientemente significativa como para que la solución jurídica ofrecida al objeto litigioso de uno de ellos –el del denominado proceso testigo–, pueda comportar

---

34 Esto también significa, como acertadamente señala CALAZA LÓPEZ, que "el Juez pueda acudir a esta nueva herramienta procesal, a partir del número de casos con "identidad jurídica", que considere relevante, sin que deba justificarse la "masividad" de la litigiosidad latente en este momento sobre un concreto objeto litigioso. Será, pues, la prudencia de cada Juez, tras sopesar sus ventajas y desventajas, la que le impulsará a hacer uso de este instrumento procesal cuando estime que resulte más beneficioso para un determinado asunto, aplicar una impartición global de la justicia, antes que otra individualizada", en CALAZA LÓPEZ, S., "Tutela global del derecho privado en un contexto de justicia sostenible", *op. cit.*, pág. 94. En idéntico sentido CALAZA LÓPEZ, S., *Rebus sic stantibus, extensión de efectos y cosa juzgada*, cit., pág. 141.

35 CALAZA LÓPEZ, S., *Rebus sic stantibus, extensión de efectos y cosa juzgada*, cit., pág. 128.

un efecto prejudicial sobre los del proceso o procesos aplazados mediante la extensión de efectos.

La transcendencia de esa identidad de objetos habrá de ser decidida por el Juez caso por caso, con independencia de quien haya sido el que haya instado la aplicación del proceso testigo. En este punto, el acierto es crucial en la efectividad de este recurso para combatir la litigiosidad en masa[36]. En el ámbito contencioso-administrativo ya se ha comprobado cómo un excesivo rigorismo en la interpretación de esa identidad convierte en inaplicable y, por consiguiente, en inservible esta institución[37].

En todo caso, es previsible que -como sucede en el orden contencioso-administrativo- en la práctica forense se interprete que esa identidad objetiva es equivalente a la identidad de las pretensiones en cuanto a su naturaleza o esencia. De manera que, si se entiende que el contenido de las condiciones generales es equivalente, no será inconveniente para apreciar la identidad que su formulación que no sea plenamente coincidente[38]. Esta interpretación resulta coherente con los otros dos requisitos, en esta ocasión excluyentes, previstos por la norma. De un lado, que no sea necesario realizar un control de transparencia de la cláusula general invocada y, de otro, que no se precise la valoración de vicios del consentimiento del contratante[39]. En ambos casos,

---

36 A este respecto es importante lo que ya evidenciaba CANCIO FERNÁNDEZ que "la teleología del proceso testigo se focaliza en la correcta identificación y selección del proceso o procesos testigos que va a constituirse como referente para el resto, de manera que éste reúna el mayor número de variantes que permitan abarcar todas las contingencias de los asuntos suspendidos, debiendo valorarse por el juzgador la amplitud de las alegaciones formuladas por las partes, de manera que su complitud le identifique como idóneo en relación a los demás asuntos pendientes", en "Procedimiento testigo y extensión de efectos en materia tributaria: significado de su vinculación por vía remisoria", *Revista Quincena Fiscal*, núm. 13, 2009, pág. 5.

37 GONZÁLEZ MONTES J. L., "El estado actual de la justicia administrativa: problemas y soluciones", en *Jornadas de Estudio sobre la jurisdicción contencioso-administrativa* (GARCÍA PÉREZ, coord.), 1998, págs. 32 a 34; FONT I LLOVET, T. "La extensión a terceros de los efectos de la sentencia en vía de ejecución", *Justicia Administrativa, Revista de Derecho Administrativo*, núm. extraordinario, 1999, págs. 165 a167; y PÉREZ ANDRÉS, A., *Los efectos de las sentencias de la jurisdicción contencioso-administrativa*, Navarra, 2000, págs. 250 a 252.

38 En este sentido, NOYA FERREIRO, L., *Extensión de efectos de la sentencia y el pleito testigo. ¿Una apuesta por la eficacia?*, *Revista Española de Derecho Administrativo*, núm. 200, 2019, pág.101 y REYNAL QUEROL, N., «El proceso testigo en el proyecto de ley de medidas de eficiencia procesal», en *Revista Justicia*, núm. 1, 2022, págs. 80 y 81.

39 En todo caso, como ha puesto de relieve GASCÓN INCHAUSTI, quizá " [...] hubiera sido más oportuno que el legislador, en lugar de excluir estos asuntos del ámbito de aplicación del proceso testigo, hubiera delimitado con más precisión el requisito de la identidad objetiva. Así, regulando de forma explícita en la ley la exigencia de

se precisaría de la actividad contradictoria y de prueba, trámites que el mecanismo precisamente pretende sortear[40].

2.3. Procedimiento para escoger el proceso testigo

2.3.1. Competencia

El conocimiento de las demandas sobre acciones individuales relativas a condiciones generales de la contratación se encuentra atribuido a los JPI del domicilio del demandante (art 52.1.14 LEC). Por tanto, será ante estos órganos jurisdiccionales donde procederá el planteamiento del proceso testigo. Asimismo, el proceso o procesos anteriores que se convertirán en procesos dependientes han de estar o haber estado pendientes ante el juzgado que conoce de la primera instancia del proceso iniciado y que pretende convertirse en pleito testigo (519.2 LEC).

2.3.2. Detección de los procesos candidatos a testigo

El art 438 bis contempla dos cauces para plantear la utilización del proceso testigo. De un lado, se prevé que sea el propio órgano jurisdiccional quien tome la iniciativa en este sentido. De otro, se contempla la posibilidad de que sea a instancia de parte como se dé comienzo al proceso testigo.

identidad de pretensión, fundamentación jurídica y fundamentación fáctica entre los procesos, ya quedaban descartados todos aquellos asuntos que no cumplieran con esta triple equivalencia, entre los cuales sin duda se encuentran la gran mayoría de supuestos de control de la transparencia de la cláusula y de existencia de vicios del consentimiento del contratante", en "Suspensión del proceso, tramitación preferente y extensión de los efectos de la sentencia-testigo en el proceso administrativo", Tribunales de Justicia, núm. 3, 2021, pág. 7 del *E-Prints Complutense: https://eprints.ucm.es.*

40 Así lo entiende CABALLERO GEA, J.A. al exponer que "si los hechos que fundamentan la misma no fueron los mismos que determinaron la sentencia objeto de extensión lo más lógico será la denegación, pues el precepto está pensado para supuestos en que la extensión responda a procesos en que se ventila la misma cuestión jurídica con escasa complejidad fáctica que haga innecesario la apertura del proceso a prueba", *Procedimientos contencioso-administrativos*, Madrid, 2004, pág. 380. En el mismo sentido, CALAZA LÓPEZ, S., *Rebus sic stantibus, extensión de efectos y cosa juzgada*, cit., pág. 144 y GONZÁLEZ GARCÍA, S., "EL procedimiento testigo y la extensión de efectos de la sentencia ¿Una solución jurisdiccional a la litigación en masa?, en Logros de la Justicia Civil en España, (dirs.) F. Jiménez Conde, J. Banacloche Palao y F. Gascón Inchausti, (coord.) G. Schumann Barragán, Valencia, 2023, pág. 362.

En el primer caso, es el LAJ quien identifica un grupo de procedimientos similares susceptibles de ser tramitados de acuerdo con el sistema del proceso testigo. El momento procesal previsto para que el Letrado detecte esta situación es el de la admisión de la demanda. En este trámite si, previamente a decidir la admisión o inadmisión, advierte su similitud con otras demandas ya planteadas con anterioridad y verifica que no es necesario proceder ni al control de transparencia de la cláusula impugnada ni se requiere el control de vicios sobre el consentimiento, deberá dar cuenta de ello al juez para que resuelva sobre la procedencia de aplicar la técnica del proceso testigo[41].

El legislador también contempla la posibilidad de que, no habiéndose apreciado por el LAJ la posibilidad de instar un proceso testigo, sea la parte actora la que en su escrito de demanda incluya la petición de que el procedimiento se sustancie por los cauces propios de esta técnica procesal. También podrá ser la parte demandada, quien pueda instarlo con la contestación a la demanda. En caso de que fuesen varios los demandantes o demandados parece razonable que cualquiera de ellos pueda instar en la demanda o, en su caso, en la contestación a la demanda la aplicación del proceso testigo, sin que sea necesario en ninguno de los casos el concurso de voluntades. Esta parece la interpretación lógica pues la decisión última sobre la procedencia o no del proceso testigo no depende de la voluntad de las partes en conflicto sino del juez a quien la ley le atribuye la facultad discrecional sobre la procedencia o no del mismo y cuya decisión se sustanciará en parámetros objetivos[42].

Parte de la doctrina ha considerado la posibilidad de que esos momentos procesales no resulten excluyentes, pudiéndose entender que no hay óbice alguno para poder instar en un momento posterior la suspensión del proceso a la espera de la resolución del proceso testigo[43]. De hecho, hay quien, ante

---

41 Hay quien ha considerado críticamente este examen por parte de Letrado de la Administración de Justicia, así CALAZA LÓPEZ, S., asevera que "[d]e verificar la concurrencia de estos dos criterios negativos, claramente diferenciados, se ocupará el Letrado de la Administración de Justicia, con asunción de una función manifiestamente antieconómica, pues este conocimiento previo no eludirá —ni siquiera minimizará— el ulterior conocimiento del Juez, quién habrá de constatar, en un segundo control sobre el mismo objeto, todos estos extremos", (en *Rebus sic stantibus, extensión de efectos y cosa juzgada,* cit., pág. 142).

42 Sobre este particular cfr. CALAZA LÓPEZ, S., *Rebus sic stantibus, extensión de efectos y cosa juzgada,* cit., pág. 146; ORTELLS RAMOS, M., "Proceso colectivo, procesos en serie y proceso testigo. Jueces y CGPJ ante los litigios civiles en masa", *Revista General de Derecho Procesal,* núm. 54, 2021, pág. 27.

43 Considera la Prof.ª. CALAZA LÓPEZ que cabe preguntarse "[…] si sería posible alegar dicha circunstancia en un momento posterior si esa avalancha de demandas idénticas se produce —hechos nuevos— o se conoce —hechos de nueva noticia— después de concluida la fase de alegaciones —demanda y contestación a la demanda—.

el silencio del legislador, considera que el juez hasta el mismo momento en que comienza el plazo para dictar sentencia en el proceso testigo podría estar incorporando procedimientos para conferir así mayor eficacia a este mecanismo que pretende paliar los efectos nocivos de la litigiosidad masiva[44].

El legislador también guarda silencio sobre la posibilidad de oír a las partes. Sobre este extremo parece razonable entender que, como sucede en el orden contencioso-administrativo (art. 37.2 LJCA), las partes tengan la posibilidad de ser escuchadas antes de que el juez ponga en marcha el proceso testigo. Si bien el art 438 bis no contempla la posibilidad de convocar a las partes a una audiencia con objeto de que puedan presentar las alegaciones que consideren oportunas, en cumplimiento de la garantía constitucional de audiencia y contradicción el juez tendrá que darles la posibilidad de que expresen lo que consideren conveniente en relación con la tramitación del proceso testigo y, en su caso, sobre la posible suspensión de su procedimiento. Hay quien ha considerado que quizá este trámite no sería preciso por contemplar el precepto la posibilidad de recurrir en apelación el auto de suspensión[45], pero como señala CALAZA LÓPEZ, "parece más razonable ofrecer un trámite de alegación —gratuito para el justiciable—, durante la fase de decisión de la suspensión, que obligarle a costear los gastos de un nuevo recurso, frente a una resolución perjudicial, respecto de la que no tuvo ocasión de defenderse y a la que difícilmente podrá hacer frente, pues a duras penas podrá cuestionar la «identidad sustancial» objetiva ante el desconocimiento del objeto litigioso y demás extremos conflictivos del procedimiento testigo"[46].

Y no encontramos objeción alguna por la que no deba interesarse, en un momento posterior a este, la incorporación del procedimiento en marcha al «tren testigo» pues la herramienta procesal en trámite de construcción legal, en este momento, ha de ser flexible, operativa y dinámica, si pretende ser útil a la minoración de la litigiosidad masiva por la vía de la resolución conjunta", en en *Rebus sic stantibus, extensión de efectos y cosa juzgada,* cit., pág. 146).

44 CALAZA LÓPEZ, S., *Rebus sic stantibus, extensión de efectos y cosa juzgada,* cit., pág. 149 y NEIRA PENA, A.Mª., "El procedimiento testigo. ¿Una alternativa a las acciones colectivas?", *supra cit.*, pág. 376.

45 Cfr. a este respecto ACHÓN BRUÑÉN, M.J., "Futuras reformas legales que afectan a procesos con consumidores y usuarios: especial referencia a la extensión de efectos y al «proceso testigo» en los procesos de nulidad de cláusulas abusivas", *Práctica de Tribunales,* núm. 146, 2020, pág. 5.

46 Cfr. ACHÓN BRUÑÉN, M.J., "Futuras reformas legales que afectan a pleitos con consumidores y usuarios: especial referencia a la extensión de efectos y al «pleito testigo» en los procesos de nulidad de cláusulas abusivas", *Práctica de Tribunales,* núm. 146, 2020, pág. 7 y CALAZA LÓPEZ, S., *Rebus sic stantibus, extensión de efectos y cosa juzgada,* cit., pág. 153.

2.3.3. Selección del proceso testigo y de los procedimientos aplazados

Una de las cuestiones más criticadas por la doctrina ha sido precisamente la ausencia de regulación del procedimiento que ha de seguirse para determinar qué proceso o procesos deben seguir su tramitación y qué otros quedarán en suspenso[47]. Aunque nada se dice en la ley, la doctrina ha entendido mayoritariamente que –siguiendo las pautas interpretativas ya establecidas en la jurisdicción contencioso-administrativa– el juez debiera escoger de entre los procesos con identidad sustancial aquél que por su complejidad o amplitud permita una mayor extensión de sus efectos[48]. Esto es en principio lo que lo haría más eficiente a los fines perseguidos, la evitación de la litigiosidad masiva y reiterativa. De este modo, queda descartado en principio el criterio exclusivamente temporal, *prior tempore, potior iure*. Además, también hay cierto consenso en que el órgano judicial, ante la inexistencia de restricciones o pautas legalmente establecidas, podrá optar por tramitar más de un proceso testigo ante un supuesto de litigiosidad masiva[49]. Por todo ello, al juez corresponderá esa complejísima tarea que es la de determinar si resulta procedente o no esa tutela conjunta que supone el establecimiento de un proceso testigo[50].

---

[47] CALAZA LÓPEZ, S., *Rebus sic stantibus, extensión de efectos y cosa juzgada*, cit., pág. 147 y ORTELLS RAMOS, M., "Proceso colectivo, procesos en serie y proceso testigo. Jueces y CGPJ ante los litigios civiles en masa", *Revista General de Derecho Procesal,* núm. 54, 2021, pág. 12.

[48] Vid. CALAZA LÓPEZ, S., *Rebus sic stantibus, extensión de efectos y cosa juzgada*, cit., pág. 149 y ORTELLS RAMOS, M., "Proceso colectivo, procesos en serie y proceso testigo. Jueces y CGPJ ante los litigios civiles en masa", *Revista General de Derecho Procesal,* núm. 54, 2021, pág. 7.

[49] En relación con el proceso testigo en la jurisdicción contencioso-administrativa GASCÓN INCHAUSTI ya se mostraba favorable en este sentido pues considera que de este modo «puede lograrse que los diversos aspectos del caso —más acentuados en unos recursos que en otros— sean objeto de resolución expresa, (en "Suspensión del proceso, tramitación preferente y extensión de los efectos de la sentencia-testigo en el proceso administrativo", *Tribunales de Justicia,* núm. 3, 2001, pág. 75). De esta misma opinión es CALAZA LÓPEZ, S., *Rebus sic stantibus, extensión de efectos y cosa juzgada,* cit., pág. 149-151.Ante la posibilidad de tramitación conjunta de más de un proceso testigo algunos autores han puesto de relieve la posibilidad de que esta posibilidad resultase contraria al fin perseguido, así NOYA FERREIRO advierte que "la resolución tardía de uno de los procesos preferentes va a provocar sin duda el retraso en todos los demás, dando lugar y desvirtuando la finalidad de este expediente, que no es otra que la agilización y simplificación de los trámites procesales", en "La extensión procesal del ámbito del enjuiciamiento de la Jurisdicción Contenciosa-Administrativa" (Castillejo Manzanares, R. (dir.), en *Tratado sobre el Proceso Administrativo (LJCA),* Valencia, 2019, pág. 5.

[50] Pues como pone de relieve ORTELLS RAMOS, "[n]i al demandante del proceso dependiente, ni tampoco al demandado en el mismo, les resulta indiferente qué proceso sea "identificado" como proceso testigo. Por el contrario, habida cuenta de los

Así pues, son numerosas las cuestiones que el legislador ha dejado en manos de la discrecionalidad del juez. Tendrá en primer lugar que determinar cuántos son los asuntos que considera como representativos para dar trámite al procedimiento testigo y, consiguientemente, considerar que se encuentra ante un fenómeno de litigiosidad masiva. De otro, habrá de estimar cuál es el plazo máximo para suspender procesos e incorporarlos a esa resolución del proceso testigo que pretende desplegar efectos ante esa litigiosidad masiva. El legislador tampoco ofrece criterios al juez para la selección del que deba ser el proceso testigo frente a los subordinados.

2.3.4. Forma y contenido de la resolución

El art. 438 bis sí que contempla la forma de las resoluciones que ponen fin al mecanismo del proceso testigo. Se prevé que el órgano jurisdiccional en caso de considerar que no concurren los presupuestos necesarios para adoptar esta técnica procesal resolverá mediante providencia su denegación y mandará continuar con la tramitación ordinaria del proceso. Este tipo de resolución, la providencia, impedirá conocer las razones que han llevado al tribunal a considerar no procedente el proceso testigo. Quizá siendo tanta la discrecionalidad que se le confiere al órgano jurisdiccional no estaría de más poder conocer qué motivos son los que conducen a los jueces a rechazar este instrumento que se ha considerado capital para la prevención y erradicación de un concreto tipo de litigiosidad en masa. Esta motivación puede resultar menos relevante para las partes cuyos procesos proseguirán por sus cauces ordinarios, pero podría resultar de gran interés para valorar políticas legislativas tendentes a innovar ante formas de litigiosidad masiva. Y, aunque nada se dice en el art 438 bis sobre si esta providencia será impugnable, debiéramos entender, atendiendo al régimen general de los recursos, que cabe recurso de reposición.

En cambio, el art. 438 bis dispone que en caso de que el órgano jurisdiccional entienda que se cumplen los requisitos exigidos para el proceso testigo, habrá de dictarse auto acordando la suspensión del curso de las actuaciones hasta la terminación del procedimiento identificado como testigo. En este caso la resolución sí será motivada. El tribunal deberá en este caso justificar las razones que le han llevado a apreciar la posibilidad de adoptar la técnica

---

efectos que el resultado de éste va a tener respecto del proceso dependiente, tiene interés en cuál sea el objeto en sentido amplio del proceso testigo, en el desarrollo de la situación procesal [...] y en cuál haya sido, sea y vaya a ser la calidad de la defensa de las partes en el mismo", en "Proceso colectivo, procesos en serie y proceso testigo. Jueces y CGPJ ante los litigios civiles en masa", *Revista General de Derecho Procesal,* núm. 54, 2021, pág. 27.

del proceso testigo (art. 206.2.2ª LEC). Luego, la motivación del auto debiera permitir comprender, de un lado, los elementos que han conducido al juez –en ese amplio ámbito de discrecionalidad– a poner en marcha el proceso testigo[51]. De otro, posibilitará comprobar la concurrencia de los requisitos y presupuestos recogidos en el primer párrafo del art 438 bis. Asimismo, se prevé la posibilidad de que este auto que acuerda la suspensión pueda ser recurrido en apelación.

2.3.5. Tramitación preferente

El legislador explicita, eso sí, que "el procedimiento testigo se tramitará con carácter preferente". En todo caso, no queda claro cómo opera ese carácter preferente pues no parece que ni siempre ni en todo caso pueda justificarse su tramitación preferente respecto del resto de litigiosidad –ya sea de naturaleza civil o mercantil– que se encuentre en tramitación ante ese mismo juzgado[52]. De nuevo será al juez al que corresponda valorar la celeridad que confiere a la tramitación del proceso testigo en relación con la litigiosidad acumulada para lo cual, sin duda, tendrá en cuenta el número de procesos en suspenso cuya posible resolución depende del proceso testigo.

2.4. Suspensión de los procesos derivada del proceso testigo

En caso de que el juez mediante auto acuerde el régimen del proceso testigo se procederá a suspender el curso de los procesos a la espera que este último se resuelva y su decisión pueda, en su caso, extenderse al proceso o procesos que quedaron en suspenso. Esa pretensión de extensión de los efectos a los que guardan esa identidad objetiva es lo que explica que la paralización procedimental deba mantenerse hasta que se dicte sentencia firme en la causa identificada como modelo o guía.

---

51 GONZÁLEZ GARCÍA, S., "EL procedimiento testigo y la extensión de efectos de la sentencia ¿Una solución jurisdiccional a la litigación en masa?, *supra cit.*, pág. 364.

52 Cfr. ACHÓN BRUÑÉN, M.J., "Futuras reformas legales que afectan a pleitos con consumidores y usuarios: especial referencia a la extensión de efectos y al «pleito testigo» en los procesos de nulidad de cláusulas abusivas", *op. cit.*, pág. 151 y ORTELLS RAMOS, M., "Proceso colectivo, procesos en serie y proceso testigo. Jueces y CGPJ ante los litigios civiles en masa", *op. cit.*, pág. 23.

2.4.1. Prescripción

La exigua regulación del proceso testigo genera numerosos interrogantes y sobre todo mucha inseguridad jurídica en relación con la situación en la que quedan el procedimiento o procedimientos suspendidos. Nada se dice en el art 438 bis sobre el estado en que subsiste el proceso como consecuencia de la paralización. Los efectos que la suspensión deberían quedar clarificados por el legislador. Uno de los aspectos que debiera haberse contemplado en la regulación –capitales para generar seguridad jurídica–, es precisamente el de la interrupción de la prescripción del derecho hecho valer en la demanda del proceso dependiente. Sobre este particular parece razonable considerar que la suspensión del proceso hasta la finalización del proceso testigo conllevará la interrupción de la prescripción.

2.4.2. Medidas cautelares

Nada se dice tampoco de la tutela cautelar. Pese a ello, parece razonable considerar que, aunque nada se establezca respecto del proceso que queda suspendido, cabrá la posibilidad de solicitar y adoptar medidas cautelares entretanto se desarrolla y resuelve el proceso testigo[53]. Se trataría de minimizar los posibles efectos lesivos que la suspensión -adoptada en algunos casos de oficio y otros a instancia de una parte quizá en contra del criterio de la otra- podría acarrear en el proceso suspendido. Luego, la suspensión del proceso dependiente no deberá afectar al proceso cautelar que paralelamente se halla pendiente o en curso.

2.4.3. Supuestos que determinan el levantamiento de la suspensión del proceso pendiente

En cuanto al levantamiento de la suspensión del proceso dependiente, el único supuesto que contempla el art 438 bis consiste en la obtención de una sentencia firme en el proceso testigo. Resulta evidente que no sólo la sentencia firme en el proceso testigo pondrá fin a la suspensión del proceso dependiente, pero probablemente el legislador se refiere sólo a la forma de resolución del proceso guía que permitirá a continuación extender los efectos y, consiguientemente, hacer efectivo el mecanismo diseñado[54].

---

53 ORTELLS RAMOS, M., "Proceso colectivo, procesos en serie y proceso testigo. Jueces y CGPJ ante los litigios civiles en masa", *Revista General de Derecho Procesal,* núm. 54, 2021, pág. 20.

54 Sobre este particular ya señalaba MARTÍN VALERO, A.I., que "sólo entran dentro del ámbito del mismo —del instrumento de la extensión de efectos, se entiende—

Para ello, la decisión que ponga al proceso testigo para poder levantar la suspensión debe ser una decisión firme, esto es, invariable, contra la que no sea posible interponer recurso alguno. No son obstáculo para esta firmeza, ni la pendencia de alguno de los medios previstos legalmente para atacar la cosa juzgada -como el proceso de revisión de una sentencia firme-, ni el recurso de amparo ante el Tribunal Constitucional o del recurso ante el Tribunal Europeo de Derechos Humanos[55].

Aunque el legislador sólo se refiere a la sentencia firme como resolución que pone fin a la suspensión del proceso pendiente, no cabe duda de que no será el único supuesto, aunque sí el más general. Asimismo, tendrá que procederse al levantamiento de la suspensión del proceso dependiente cuando el proceso guía llegue a su término, aunque no sea por la vía considerada como ordinaria. Así sucederá por ejemplo en el caso de allanamiento (art. 21.2 LEC), en el caso de terminación del proceso por satisfacción extraprocesal o por carencia sobrevenida de objeto (art. 22 LEC). También cuando el proceso testigo concluya por auto que homologue el acuerdo extrajudicial celebrado por las partes (art. 19.2 LEC). Y, lo mismo sucederá cuando se dicte auto que acuerde la caducidad de la instancia (art. 237 LEC).

2.5. La finalización del proceso testigo y su incidencia en los procesos suspendidos

2.5.1. Aspectos procedimentales

En el apartado tercero del art. 438 bis LEC se establece el proceder cuando la sentencia dictada en el procedimiento testigo ha adquirido firmeza. De manera que tan pronto como tiene lugar el levantamiento de la suspensión del proceso dependiente, el tribunal habrá de dictar una providencia en la que deberá indicar si considera procedente o no la continuación de la causa hasta el momento paralizada. Este pronunciamiento deberá tomar en cuenta si las cuestiones planteadas en el procedimiento testigo han sido o no resueltas en la resolución que le ha puesto fin. En el caso que el tribunal concluya que

---

las sentencias estimatorias de la pretensión del demandante, pues solo éstas resultan susceptibles de ser extendidas", (en "Algunos apuntes sobre las pretensiones de plena jurisdicción", *Actualidad Administrativa*, núm. 5, 2020, pág. 9).

55 Vid. CALAZA LÓPEZ, S., "Tutela global del derecho privado en un contexto de justicia sostenible", en *Proceso y daños: perspectivas de la justicia en la sociedad del riesgo*, coord. Tamara Funes Beltrán; José María Asencio Mellado (dir.), Mercedes Fernández López (dir.), 2022, Valencia, págs. 97 y -132 y REYNAL QUEROL, N., "El proceso testigo en el proyecto de ley de medidas de eficiencia procesal", *Justicia: revista de derecho procesal*, núm. 1, 2022, pág. 75.

algunas de las pretensiones han quedado sin resolver, debe concretar aquellas que considere no sentenciadas. De la providencia dictada deberá darse traslado al demandante del procedimiento suspendido para que formule alguna de estas peticiones: i) desistimiento del proceso, ii) continuación del mismo o iii) extensión de los efectos de la sentencia firme del proceso testigo.

La petición de la parte actora parece razonable que se formule por escrito, si bien el Anteproyecto guarda silencio sobre este aspecto formal, pues debe presentarse ante el órgano jurisdiccional en el plazo de cinco días.

En caso de sentencia desestimatoria la motivación resultará sumamente importante no sólo para las partes sino para el diseño del sistema pues la misma podrá conducir a la minoración de esa litigiosidad masiva[56].

2.5.1.1. Desistimiento del proceso pendiente

El demandante del proceso dependiente probablemente considerará el desistimiento como la mejor opción para su causa en aquellos supuestos en que el proceso testigo acabe con sentencia desestimatoria. Solicitado el desistimiento por el demandante, corresponderá al LAJ levantar la suspensión conforme a la dicción del art 438 bis LEC. Si bien esto es lo que parece deducirse de una lectura literal del precepto, que parece que de modo automático el LAJ acordará el desistimiento a solicitud de la parte actora, sería aconsejable que el mismo atendiese a las reglas generales contenidas en el art 20 LEC. De entender que opera el desistimiento automáticamente se estaría, por un lado, menoscabando las facultades de alegación y defensa en los casos en que el demandado ya hubiese sido emplazada o se encontrase personado. De otro, el desistimiento, al dejar imprejuzgada la pretensión y no desplegar efecto de cosa juzgada, permitiría en su caso al actor iniciar con posterioridad otro proceso, cuestión que no resulta muy eficiente respecto de los fines perseguidos por el proceso testigo.

Finalmente, el art. 438 bis prevé en su apartado cuarto que el desistimiento se acordará sin condena en costas. Resulta una disposición superflua pues conforme al régimen general de la Ley si el desistimiento es unilateral, el actor no será condenado en costas, pues al no estar emplazado el demandado,

---

56 A este respecto considera CALAZA LÓPEZ, que "La motivación de la sentencia desestimatoria será, en todo caso, un factor muy relevante, por cuánto si logra convencer a un buen número de justiciables, de la inconveniencia de su pretensión, ante la elocuencia y contundencia de la negativa, entonces —aunque de modo desfavorable— también habrá servido para monitorizar —e, incluso, minorar— ese «brote» de masiva —y acaso compulsiva— litigiosidad" (en *Rebus sic stantibus, extensión de efectos y cosa juzgada, cit.*, pág. 155).

no se le ha generado ningún gasto procesal que le deba ser reembolsado (art. 396.1 LEC). Tampoco se condenará en costas si el desistimiento es bilateral y hay acuerdo (art. 396.2 LEC).

2.5.1.2. Continuación del proceso suspendido

Entre las facultades conferidas al actor del proceso suspendido cuando ha finalizado el proceso testigo también se encuentra, como no podía ser de otra manera, la posibilidad de solicitar la prosecución de su proceso. Esto supondrá que las actuaciones hasta el momento paralizadas continuarán su curso hasta su finalización. Parece razonable pensar que se optará por la continuación del proceso, bien cuando no se ofrece una solución en su opinión satisfactoria, bien cuando no se hayan solventado algunas de las pretensiones formuladas. En este último caso, hay quien considera que no cabría una extensión de efectos a la carta[57] y, sin embargo, hay quien es de la opinión de que se podría permitir una continuación del proceso suspendido exclusivamente para aquellas pretensiones del mismo a las que efectivamente la causa modelo no ha dado respuesta[58].

La literalidad del art 438 bis no deja lugar a dudas sobre el carácter imperativo de la reanudación de las actuaciones en caso de haberse instado la continuación, incluso en los supuestos en los que el tribunal, en la providencia que dicta una vez finalizado el procedimiento testigo, se hubiese pronunciado de forma contraria.

Esta imperatividad en la reanudación pese al criterio contrario manifestado por el órgano judicial tiene su sanción. Y es que el art. 438 bis LEC contiene una variación de las reglas generales sobre condena en costas del art. 394 de la LEC para contemplar la posibilidad de que el juez, pese a dictar una sentencia en la que se estime íntegramente las pretensiones de la parte demandante, imponga razonadamente que cada parte abone sus propias costas y las comunes por mitad, cuando la continuación del procedimiento se ha llevado a cabo habiéndose manifestado la innecesaria consecución de la causa.

---

[57] En este sentido, CALAZA LÓPEZ, asevera que "Ha de destacarse, además, que la sentencia firme, cuya extensión de efectos se inste, es inmodificable, por razón de la cobertura —positiva y negativa— de la cosa juzgada material, de suerte que el demandante podrá solicitar la extensión —o no— de sus efectos, pero no, desde luego, la modulación —a su antojo— en esta fase terminal del procedimiento testigo, del contenido de una sentencia que tan sólo le beneficia parcialmente o, peor aún, le resulta íntegramente desfavorable" (en *Rebus sic stantibus, extensión de efectos y cosa juzgada*, cit.., págs. 157-158).

[58] CALAZA LÓPEZ, S., "Tutela global del derecho privado en un contexto de justicia sostenible", *cit.*, pág. 128.

Hay quien ha considerado que la norma sanciona de forma injustificada al actor que, después de haber tenido suspendido durante años su proceso, decide continuarlo en contra de la opinión manifestada por el Juez, y obtiene una sentencia estimatoria de su pretensión. Pero también es cierto que puede ser un criterio razonable atendiendo a lo dispuesto en el párr. 2 del art. 394 en el que pude leerse que "para apreciar, a efectos de condena en costas, que el caso era jurídicamente dudoso se tendrá en cuenta la jurisprudencia recaída en casos similares"[59].

En todo caso la posibilidad de continuación del proceso y, en general, las amplias facultades conferidas al actor del proceso suspendido, ya eran consideradas en el orden contencioso administrativo como facultades "especulativas", pues muy probablemente cada actor considerase que el resultado de proceso obedece a una estrategia de litigación que no habría sido la suya, de manera que como ponía de relieve CÓRDOBA CASTROVERDE, "se produce aquí el inconveniente añadido de que, salvo que se trate de asuntos con una misma dirección letrada, la tendencia es querer tramitar su propio recurso con vistas a que no queden condicionados por la línea de defensa y pruebas que se hayan practicado en otro procedimiento sin su participación activa, por lo que suelen oponerse a esta paralización"[60].

Este riesgo de especulación puede resultar más evidente cuando quien insta la continuación del procedimiento previamente había mostrado su conformidad con la suspensión del proceso hasta la finalización del proceso testigo. En estos casos, se diluyen las ventajas de agilización que confiere el proceso testigo por la decisión unilateral de una de las partes que aspira a la vista de la sentencia que le resulta perjudicial a rebatir la motivación jurídica. Como pone de relieve CALAZA LÓPEZ, en estos casos "el demandante del procedimiento aplazado, disconforme con la sentencia testigo, y dispuesto a reanudar su propio procedimiento, debiera centrar su táctica defensiva, de ser posible, en aportaciones fácticas y jurídicas nuevas, así como en un razonamiento probatorio también divergente y en unas conclusiones distintas a las presentadas por su predecesor, puesto que la reiteración de contendidos, —probablemen-

---

59 Cfr. GONZÁLEZ GARCÍA, S., "EL procedimiento testigo y la extensión de efectos de la sentencia ¿Una solución jurisdiccional a la litigación en masa?, cit.., pág. 365 y REYNAL QUEROL, N., "El proceso testigo en el proyecto de ley de medidas de eficiencia procesal", *Justicia: revista de derecho procesal*, ISSN 0211-7754, núm. 1, 2022, pág. 82.

60 "Dificultades y problemas que plantea en la actualidad la extensión de efectos de las sentencias en el orden contencioso-administrativo", en https://elderecho.com/dificultades-y-problemas-que-plantea-en-la-actualidad-la-extension-de-efectos-de-las-sentencias-en-el-orden-contencioso-administrativo

En sentido parecido puede consultarse también DE DIEGO DÍEZ, L.F., *Extensión de efectos y proceso testigo en la Jurisdicción administrativa*, Madrid, 2016, pág. 136.

te ante el mismo Juez que suspendió ese procedimiento y resolvió desfavorablemente otro que, a su vez, consideró similar— está abocado al más profundo de los fracasos"[61].

2.5.2. Extensión de los efectos

La extensión de efectos constituye la tercera alternativa que el art 438 bis ofrece al demandante del proceso dependiente al finalizar el proceso testigo. En el apartado sexto del precepto se dispone que, si el demandante solicitase la extensión de los efectos de la sentencia del procedimiento testigo, deberá estarse a lo dispuesto en el artículo 519 LEC. Esto significa que el legislador ha optado por conferir una regulación más autónoma a la extensión de efectos, pues no sólo podrán beneficiarse de este procedimiento aquellos demandantes cuyos procedimientos quedaron en suspenso como consecuencia del proceso testigo, sino quienes se encuentren en una situación de partida que les permita acreditar también esa identidad sustancial de la que parte el proceso testigo. De este modo se pretende conferir una mayor eficacia al proceso testigo que, de este modo, podrá desplegar los efectos más allá de los supuestos detectados con ocasión de la tramitación del mismo. Se trata de que, dictada una sentencia en la que se ha identificado una problemática que ha dado lugar a una litigación masiva, pueden beneficiarse de la misma otros posibles demandantes sin necesidad de tramitar un nuevo proceso. Por tanto, el presupuesto para poder instar la extensión de efectos no es otro que la sentencia estimatoria que ha adquirido firmeza[62].

3. LA EXTENSIÓN DE EFECTOS

La extensión de efectos queda contemplada en el art. 438 bis 6 y desarrollada entre los apartados 2 a 6 del art 519 LEC. Como sucede con el proceso testigo no se trata de una regulación novedosa, sino que tiene clara inspiración en los arts. 110 y 111 de la LJCA. Y, también, como en el caso del proceso testigo, ha sido objeto de numerosas críticas por lo poco ambicioso que ha sido el legislador en el diseño de su ámbito de aplicación, desaprovechando la

---

61 *Rebus sic stantibus, extensión de efectos y cosa juzgada, cit.*, pág. 158.

62 Tal y como advirtiera DE DIEGO DE DIEGO DÍEZ, L.F., "carecería de sentido extender los efectos de sentencias que se limitasen a declarar la inadmisibilidad del recurso o de la desestimación del mismo, pues, en cualquiera de los anteriores casos no puede haber reconocimiento de una situación jurídica individualizada. Queda, pues, descartada la extensión de sentencias in peius", en *Extensión de efectos y proceso testigo en la Jurisdicción administrativa*, Madrid, 2016, págs. 57 y 58.

oportunidad de contemplarlo de forma más generalizada para la litigiosidad en masa[63] y, de otro, por el desaprovechamiento para haber realizado una regulación más acorde con las características del orden jurisdiccional civil. Por ello, gran parte de las críticas que se han vertido en relación con esta regulación tiene que ver con el "arrastre" de la normativa contenida en la LJCA. Así, como sucede en la regulación procesal contencioso-administrativo, el legislador contempla exclusivamente las singularidades del procedimiento, debiendo entenderse que en todo aquello no contemplado operan supletoriamente las normas generales de la LEC[64].

3.1. Requisitos para aplicar la extensión de efectos

Para poder recurrir a la extensión de efectos el art. 519.2 LEC establece una serie de requisitos de muy distinta naturaleza. El primero de ellos es la condición de la resolución judicial que puede ser objeto de extensión de efectos, no cualquier sentencia en materia de acciones individuales relativas a condiciones generales de la contratación podrá dar lugar a la extensión de efectos. De otro, para proceder a la extensión de esa resolución se precisará que el órgano jurisdiccional vuelva a examinar la identidad o semejanza objetiva y subjetiva. Si bien se trata ciertamente del tercer examen para aquellos cuyo pleito se encontraba en suspenso, como expone COLMENERO GUERRA, "[E]l matiz diferencial se encuentra en que los términos de comparación ya no serán las pretensiones tal como las configuraron las partes (los demandantes del Pleito testigo y los demandantes del pleito posterior), sino cotejando la sentencia firme del Pleito testigo con las alegaciones y documentación, y otros elementos de prueba del demandante y demandado en la fase de extensión de efectos"[65].

---

63 Cfr. entre otros, CALAZA LÓPEZ, S., *Rebus sic stantibus, extensión de efectos y cosa juzgada,* cit., pág. 161; NEIRA PENA, A.Mª., "El procedimiento testigo. ¿Una alternativa a las acciones colectivas?", *op. cit.*, pág. 373 y REYNAL QUEROL, N., "El proceso testigo en el proyecto de ley de medidas de eficiencia procesal", *Justicia: revista de derecho procesal,* núm. 1, 2022, pág. 73.

64 En relación con la insuficiente regulación contenida en la LJCA, por ejemplo, ROSENDE VILLAR, C., recordaba que "aun cuando el apartado 5 sólo se refiere a las causas de desestimación del incidente, también pueden concurrir causas de inadmisibilidad que no impedirán, en caso de subsanarse, la interposición de un nuevo incidente", (en "La nueva regulación de la extensión de los efectos de la sentencia a terceros. (La reforma del art. 110 LJCA)", *Actualidad Jurídica Aranzadi,* núm. 633, 2004, pág. 14.

65 "El pleito testigo en el proceso laboral", en prensa. En todo caso, se trata de un control que ciertamente ha sido sumamente criticado por la doctrina. Vid., entre otros, los trabajos de CALAZA, *Rebus sic stantibus..., cit..*, pág. 162, , R.; NOYA FERREIRO,

3.1.1. Sentencia de primera instancia firme confirmada por la AP

El art. 519.2 de la LEC dispone que sin perjuicio de que pueda optarse por acudir a un procedimiento declarativo, en el caso de las demandas referidas en el art. 250.1.14.º, los efectos de una sentencia que reconozca una situación jurídica individualizada y que, de haberse dictado en primera instancia, hubiera adquirido firmeza tras haber sido recurrida ante la Audiencia Provincial, podrán extenderse a otras.

Lo primero que se desprende del precepto es que no cualquier resolución que ponga fin al proceso testigo podrá desplegar sus efectos no sólo en los procesos dependientes sino en terceros. Debe tratarse de una sentencia que se haya pronunciado sobre el fondo de la cuestión admitiendo la pretensión deducida. Eso es lo que parece desprenderse de la alusión que se hace a la situación jurídica individualizada.

Pero este no es el único requisito. Se precisa no sólo que la sentencia sea firme[66], sino que se requiere según el tenor del precepto que la sentencia de primera instancia haya sido apelada y confirmada ante la Audiencia Provincial. Pese a que los términos del precepto puedan resultar confusos, se trata de una exigencia que queda explicitada en la Exposición de Motivos del Anteproyecto de la Ley de Eficiencia Procesal. Allí se decía que "con esta regulación se permite que dicha extensión de efectos se pueda solicitar en el juzgado del domicilio de la persona afectada -evitando la elección a la carta del órgano-, citando la sentencia que haya sido declarada firme tras ser confirmada por la Audiencia Provincial correspondiente, requisito que refuerza la seguridad y garantías de la propia regulación".

En todo caso se trata de un requisito sumamente singular, pues el hecho de que sólo se puedan extender los efectos cuando la sentencia ha sido confirmada por la Audiencia Provincial hace que esa especie de función cuasi nomofiláctica atribuida a través de la extensión de efectos a los juzgados de primera instancia sólo cobrará sentido cuando la sentencia haya sido recurrida ante la Audiencia Provincial.

M.L., «La extensión procesal del ámbito del enjuiciamiento de la Jurisdicción Contenciosa-Administrativa» (CASTILLEJO MANZANARES, R.), en *Tratado sobre el Proceso Administrativo (LJCA)*, Ed. Tirant lo Blanch, Valencia, 2019, pág. 5 y 6.

66 En cuanto a la firmeza de la sentencia todos podemos estar de acuerdo en que, como expone CALAZA LÓPEZ, "[...] ha de ser una sentencia firme, pues no cabe una «extensión provisional de efectos» a la espera de tantos cambios o mutaciones esenciales, cuántos fueren los sucesivos enjuiciamientos en vía de recurso: ello frustraría la eficiencia, celeridad y economía que esta medida pretende imprimir, precisamente, a un nuevo modelo de Justicia sostenible", (en *Rebus sic stantibus, extensión de efectos y cosa juzgada, cit.*, pág. 156).

En todo caso, son muchas las voces que han criticado que no tenga cabida la extensión de efectos cuando la sentencia hubiese adquirido firmeza por haber transcurrido el plazo para ser recurrida. Quizá, teniendo presente la regulación contenida en el art. 110.5 b) de la LJCA, habría bastado con exigir para la extensión de efectos que la sentencia firme dictada no resultase contraria a la jurisprudencia existente en la materia, sin precisar la confirmación de la Audiencia Provincial.

3.1.2. Identidad requerida

El art 519.2 en sus apartados c y d estable el alcance de la identidad objetiva que ha de existir entre la situación jurídica resuelta por la sentencia y aquella a la que pretende extenderse. El legislador precisa que, de un lado, las condiciones generales de contratación tengan identidad sustancial con las conocidas en la sentencia cuyos efectos se pretenden extender y, de otro, que no sea preciso realizar un control de transparencia de la cláusula ni valorar la existencia de vicios en el consentimiento del contratante. A través del examen de esta identidad se pretende asegurar que la extensión se producirá cuando concurra la necesaria identidad entre los objetos del proceso testigo o causa modelo y del proceso dependiente. Aunque el precepto no enuncia los requisitos con la misma literalidad, pues en este caso se dice, por un lado, que las partes de ambos procedimientos se encuentren en "idéntica situación jurídica" y, de otro, que las condiciones generales de la contratación cuestionadas tengan "identidad sustancial", se trata de los mismos requisitos que son exigibles para instar el proceso testigo y proceder a la suspensión del proceso o procesos dependientes. Como sucede con el art. 438 bis no se contienen tampoco en el art. 519 LEC criterios que permitan delimitar qué debe entenderse por identidad objetiva. A este respecto pueden serle aplicables las mismas consideraciones que se han realizado en relación con el proceso testigo.

Lo que resulta evidente es que el éxito de este mecanismo para paliar o mejorar la respuesta ante supuestas demandas reiterativas o masivas quedará en manos del uso discrecional que el órgano juzgador haga al apreciar esa identidad sustancial. Si, como sucedió con el proceso testigo en la jurisdicción contencioso-administrativa, el precepto es interpretado en su literalidad y se precisa que se trate de situaciones jurídicas idénticas[67], su aplicación será

---

67 Buen ejemplo de esta posición sumamente restrictiva era la sentencia STS 1120/2007, de 21 de febrero, en la que podía leerse que: "En las precedentes sentencias de esta Sala y Sección de 12 de enero, 25 de mayo y 13 de septiembre de 2004, 21 de diciembre de 2005 y 8 de febrero de 2006 se subraya como el artículo 110.1 a) de la Ley 29/98 es terminante a este respecto y exige que sean, no semejantes, ni parecidas, similares o análogas, sino idénticas las situaciones respecto de las que se pretende la

compleja. Por ello, es de esperar que atendiendo a las críticas doctrinales[68] y a la evolución que ha sufrido la interpretación jurisprudencial en el ámbito contencioso-administrativo[69], los órganos de la jurisdicción civil adopten de partida una interpretación más flexible. Es decir, que a la hora de apreciar la identidad sustancial pongan mayor énfasis en la identidad netamente jurídica, alejándose un poco del apego estricto y rígido a los hechos y a aquellas otras circunstancias no tan relevantes o accidentales que no repercuten esencialmente en la conformación jurídica de la relación.

En todo caso, el nivel de identidad debe ser de tal entidad que permita su apreciación de manera más o menos evidente de la simple lectura de la documentación que acompaña y fundamenta la solicitud de extensión de efectos, haciendo innecesaria ningún tipo de actividad probatoria[70]. Esto explicaría que el propio precepto impida la extensión de efectos cuando sea preciso realizar un control de transparencia de la cláusula o se requiera valorar la existencia de vicios en el consentimiento del contratante. En ambos casos, se precisaría de actividad probatoria, que no parece tener cabida en la extensión de efectos.

En cuando a la identidad subjetiva el art 519.2 en su apartado b) precisa que se trate del mismo demandado o quien le sucediera en su posición, lo

---

extensión de efectos de la sentencia. Por tanto, es preciso operar con extremo cuidado a la hora de comprobar si existe o no esa identidad y tal requisito debe entenderse en sentido sustancial. Es decir, la Ley de la Jurisdicción está pidiendo que sean las mismas las pretensiones jurídicas que sobre ellas se fundamentan en un caso y en el otro, pues lo único que estamos haciendo es cumplir lo que en dicho precepto, concretamente, en su apartado 1 a) se establece: que sólo cabe esa extensión cuando las situaciones jurídicas sean idénticas".

68 Vid. por todos a SANTAMARÍA PASTOR, J.A., *La Ley reguladora de la Jurisdicción Contencioso- Administrativa*, Madrid, 2010, págs.1155-1156.

69 Muestra de esa evolución es la STS 4322/2018, de 19 de diciembre, en la que se ha señalado que: "Es verdad que la jurisprudencia ha puesto de manifiesto que el legislador quiere que exista identidad y no parecido o semejanza. Ahora bien, esa misma jurisprudencia ha considerado que la identidad se refiere a la posición jurídica, es decir que tiene un carácter sustancial de manera que no se ve excluida por aspectos accidentales como pueden serlo las fechas o los lugares o, en general, aquellos otros factores que no inciden en dicha posición". Advertía incluso que el criterio rígido "desnaturalizaría" la extensión de efectos tornándola en "inaplicable".

70 Sobre este extremo considera CALAZA LÓPEZ, que "Esta «identidad jurídica» ha de ser, por lo demás, evidenciable ab initio, sin que sea preciso iniciar un periplo de alegaciones, prueba y conclusiones, que acabaría por convertir este mecanismo de la «extensión de efectos» en un proceso similar al declarativo y, en consecuencia, pocos —o acaso ningún— trámite conseguiría ahorrarle, resultando infructuoso", en en *Rebus sic stantibus, extensión de efectos y cosa juzgada*, cit., pág. 172).

que significa que se exige la identidad absoluta de la parte demandada entre los procesos.

3.2. Presupuestos procesales para la extensión de efectos

3.2.1. Competencia

El art. 519 de la LEC no hace referencia alguna al órgano competente para dar curso a la extensión de efectos. Quizá con esa omisión el legislador ha pretendido corregir una de las problemáticas que planteaba la dicción del ALMEP en el que se disponía que "la solicitud se planteará por medio de escrito dirigido al Juzgado del domicilio del demandante que hubiera dictado la sentencia cuyos efectos se pretende extender" (art. 519.2 último párrafo). Esta atribución de competencia partía de la consideración de que el tribunal resolvería todos los supuestos del mismo modo que el que adquirió firmeza, pero lo cierto es que, en algunos casos, al juzgado de primera instancia le correspondería extender los efectos de un pronunciamiento que le fue revocada por la Audiencia Provincial o, incluso, casado por el Tribunal Supremo[71]. Quizá por ello, el legislador en la redacción dada por el RDL 6/2023, ha guardado silencio. La omisión de la referencia esta vez al jugado del domicilio del demandado unido a la referencia a que la extensión de efectos debe realizarse respecto de "la sentencia que reconozca una situación jurídica individualizada y que, de haberse dictado en primera instancia, hubiera adquirido firmeza tras haber sido recurrida ante la Audiencia Provincial", nos lleva a pensar que podrá solicitarse según el caso, ante el juzgado del domicilio del demandado, ante la Audiencia Provincial o, en su caso ante el Tribunal Supremo.

3.2.2. Plazo

El art. 428 bis contempla que la solicitud de extensión de efectos deberá formularse en el plazo máximo de un año desde la última notificación de la resolución dictada en segunda instancia en virtud de la cual la sentencia cuyos

---

71 Sobre esta problemática de la regulación contenida en el PLMEP, CALAZA LÓPEZ, ya proponía que "lo más eficaz para evitar esta clara distorsión sería otorgar la competencia para conocer de la extensión de efectos, siempre y en todo caso, al mismo Juez que hubiere dictado la resolución firme cuya extrapolación de efectos se interesa, esto es, al de primera instancia cuando esta resolución fuera la última y a la AP cuando la sentencia que hubiere de extenderse fuera la dimanante de la apelación en la segunda instancia", (en *Rebus sic stantibus, extensión de efectos y cosa juzgada*, cit., pág. 167).

efectos se pretende extender haya adquirido firmeza. Se trata del mismo plazo que el contemplado para la extensión de efectos en el art. 110. 1. letra c) de la LJCA. Por ello, parece muy razonable que haya merecido las mismas críticas que aquél pues, salvando las diferencias entre ambas jurisdicciones y los derechos e intereses en ambas tutelados, a nadie se le escapa que se trata de un pazo excesivamente breve máxime cuando la información relativa al *dies a quo* para el cómputo del plazo anual es el de la notificación de la declaración de firmeza de la sentencia, información que obra en manos de un tercero, aquellos que fueron parte en el proceso cuyos efectos ahora pretenden extenderse[72].

Sin duda se trata de un plazo excesivamente breve y que presenta serias complicaciones para los terceros que pretenden la extensión de los efectos, pues la notificación es contada desde que se pone en conocimiento del fallo a los que fueron parte en el proceso y no desde que el tercero peticionario pudo tener razonablemente noticia de la sentencia[73]. Sin duda, se genera una carga en el tercero que ha de estar vigilante, pues obligará a quienes sientan que podrían beneficiarse a futuro de la extensión de efectos a dar cumplido seguimiento al desarrollo del proceso para asegurarse de poder actuar dentro de los plazos[74].

---

72 RUIZ PIÑEIRO, F.L., "La extensión de efectos de las sentencias y sus plazos", Actualidad Administrativa, núm. 3, 2018, pág. 2.

73 Sobre este particular, cfr. NOYA FERREIRO, L., "El pleito testigo: del proceso administrativo al proceso civil", en El Derecho procesal: entre la Academia y el Foro, José Martín Pastor (dir.), Ricardo Juan Sánchez (dir.), 2022, Madrid, pág. 437 y ORTELLS RAMOS, M., "Proceso colectivo, procesos en serie y proceso testigo. Jueces y CGPJ ante los litigios civiles en masa", *op. cit.*., pág. 16.

74 Además, si asumimos que este plazo operará como en la jurisdicción contencioso-administrativa, ya sabemos que su interpretación será sumamente restrictiva. Así, puede leerse en la STS 6219/2013, de 27 de noviembre, que "Se debe añadir, no obstante, que no es posible admitir que el plazo del año para deducir la solicitud controvertida pueda computarse a partir de la fecha de notificación del Auto de 19 de febrero de 2003 , estimatorio de la ejecución instada por el actor en el procedimiento del que dimana la extensión de efectos aquí enjuiciada, y ello como consecuencia de que el repetido plazo viene establecido en el artículo 110.1. c) de la Ley jurisdiccional, tanto en su redacción originaria como en la actualmente vigente, en relación con la fecha de la última notificación de la propia sentencia a quienes fueron parte en el proceso, con la única salvedad de que se hubiere interpuesto recurso de interés de ley o de revisión, en cuyos supuestos se contará desde la última notificación de la resolución que les ponga fin. De modo que, contrariamente a lo que sostiene la parte recurrente, la existencia de uno o varios incidentes de ejecución de la sentencia cuya extensión de efectos se postula no reabre un nuevo término para su solicitud, al margen de la posible repercusión que tales incidentes pudieran tener en relación con hipotéticas extensiones de efectos en curso y debidamente formuladas en su día".

Parte de la doctrina administrativa ha considerado que se trata de un plazo razonable al entender que en la práctica forense es una situación poco frecuente la estimación de un recurso contencioso-administrativo, por lo que es previsible que en estos tiempos, particularmente en materias como las de personal, la noticia se difunda y conozca rápidamente entre los colectivos interesados en extender los efectos de una sentencia. Esto puede que sea así en determinadas materias de naturaleza administrativa, pero parece poco probable que opere del mismo modo en la jurisdicción civil y, además, lo que parece ineficiente es que un instrumento por el que se apuesta con fundamento en la igualdad en la aplicación de la ley y en el interés general quede finalmente al albur del conocimiento eventual del tercero y que el ordenamiento no se preocupe por buscar mecanismos que puedan conferir una mayor eficacia a la extensión de efectos[75].

En cuanto al cómputo del plazo, además de su brevedad, deberemos entender, como se ha hecho para el proceso testigo en el orden contencioso-administrativo que, pese a la dicción literal del precepto, el *dies a quo* si se hubiere interpuesto recurso de casación, en interés de ley o de revisión se contará desde la última notificación de la resolución que les ponga fin[76]. Hay quienes han considerado la oportunidad de que la extensión de efectos debiera operar de forma cuasiautomática al menos respecto de los procedimientos que quedaron en suspenso[77].

Finalmente, recordar que se trata de un plazo de caducidad y que en el plazo de un año no se descuentan los días inhábiles conforme al art. 5 del Código Civil.

3.3. Procedimiento

El procedimiento que el art 519.2 prevé para la tramitación de la extensión de los efectos de la sentencia dictada en el proceso testigo posee una estructu-

---

75 SANTAMARÍA PASTOR, J.A., *La Ley reguladora de la Jurisdicción Contencioso- Administrativa, cit.*, pág. 1158.

76 En este sentido, cfr. STS 6219/2013, de 27 de noviembre. Entre la doctrina vid. Entre otros, CALAZA LÓPEZ, S., *Rebus sic stantibus,* extensión de efectos y cosa juzgada, *cit.*, pág. 15; RUIZ PIÑEIRO, F.L., «La extensión de efectos de las sentencias y sus plazos», Actualidad Administrativa, núm. 3, 2018, pág. 2.

77 Vid. CALAZA LÓPEZ, S., "Tutela global del derecho privado en un contexto de justicia sostenible", cit.., pág. 108 y LÓPEZ GIL, M., "El proceso testigo y la extensión de efectos de las sentencias en el proceso de consumidores", Ponencia presentada en las VIII Jornadas de la Asociación de Profesores de Derecho Procesal «Proceso y garantías», disponible en https://hdl.handle.net/10630/26575, pág. 5.

ra muy similar a la de proceso monitorio[78]. La eficacia del proceso monitorio se encuentra en el valor que se confiere al silencio de la parte contra la que se formula, silencio que es interpretado por el legislador como una conformidad tácita. Pues bien, en el modo de proceder en el caso de la extensión de efectos la filosofía procedimental es similar pues, presentada la solicitud de efectos y habiéndose producido el traslado de la misma a la parte para que manifieste lo que considere oportuno, su silencio será interpretado por ley como una conformidad tácita[79].

La solicitud de extensión de efectos ha de plantearse mediante escrito dirigido al juzgado del domicilio del demandante que hubiera dictado la sentencia cuyos efectos se pretende extender (519.2). En dicha instancia habrán de indicarse los siguientes extremos: i) el número de procedimiento en el que se ha dictado la sentencia cuyos efectos se pretende extender; ii) la concreta pretensión que se formuló en este procedimiento a fin de comprobar la equivalencia, pretensión que podrá ser de anulación, de cantidad o ambas; iii) la identidad de la situación jurídica entre ambos litigios; y finalmente, iv) debe señalarse un número de cuenta bancaria en la que, eventualmente y en caso de estimar la extensión de efectos, puedan realizarse los ingresos que correspondan. A la solicitud habrá de acompañarse toda la documentación necesaria para fundamentar la petición de extensión de efectos.

3.3.1. Aptitudes de la parte demandada

En el art. 519 3 LEC se prevé que la parte demandada que ha sido condenada en el procedimiento previo en el que se hubiera dictado la sentencia cuya extensión de efectos se pretende contará con un plazo de diez días para

---

78 Así ha sido puesto de relieve por CALAZA LÓPEZ, S., "Tutela global del derecho privado en un contexto de justicia sostenible", *supra cit.*, pág. 89 y partidario COLMENERO GUERRA, "Proceso testigo en el proceso laboral" (*en prensa*).

79 En cuanto a la naturaleza de este proceso, como decíamos al comienzo del trabajo, hay quienes, en relación con la extensión de efectos en el ámbito contencioso ha considerado que se trata de un incidente de ejecución, mientras que, otros consideran que, pese a su ubicación sistemática se trata de un proceso declarativo. Sobre este extremo, expresa DOMÍNGUEZ BARRAGÁN, que "lo que más llama la atención de este mecanismo procesal es que, aunque el texto legal nos hable de incidente de ejecución, la repercusión que tiene la figura es de carácter declarativo. Su objetivo no es otro que la declaración de la ampliación subjetiva de los efectos de una resolución judicial. Si realmente atendemos a su función, nos damos cuenta de que lo que se ofrece a través del sistema de extensión de efectos es una tutela de una pretensión meramente declarativa", en «La controvertida naturaleza jurídica de la extensión subjetiva de efectos de las sentencias firmes en el ámbito contencioso-administrativo», *Revista General de Derecho Procesal*, núm. 51, Iustel, 2020.

que manifieste lo que considere conveniente, pudiendo allanarse u oponerse fundadamente. Pero si en el plazo previsto de diez días no contestase su silencio será interpretado por el legislador como una muestra conformidad con la solicitud. Esta interpretación es lo que aproxima a la extensión de efectos a la figura del monitorio, porque a diferencia del proceso declarativo, en el que la rebeldía del demandado tiene el valor propio de una oposición tácita a la demanda, aquí se interpreta como aceptación tácita, dando preeminencia a la celeridad y eficacia del proceso.

3.3.2. Resolución del tribunal

Una vez presentado el escrito de contestación o transcurrido el plazo establecido, el órgano judicial ha de dictar una resolución pronunciándose sobre la estimación o desestimación de la extensión de efectos. El plazo establecido legalmente del que dispone el tribunal para pronunciarla es de 5 días a contar desde la presentación del escrito o del transcurso de los días para hacerlo. Dicha resolución debe revestir la forma de auto, lo que permitirá conocer las razones del pronunciamiento judicial. Dicho auto podrá contener un pronunciamiento de condena en costas. Si el auto accede total o parcialmente y hubiera habido oposición, se estará a la regulación sobre imposición de costas procesales prevista en el art. 394 LEC. En cambio, si se rechaza la solicitud de extensión de efectos no se hará pronunciamiento condenatorio sobre las costas, sin perjuicio de poder acudir al juicio declarativo que proceda. Luego, aplicando el criterio del vencimiento la parte que se opuso a la extensión que fue reconocida habrá de ser condenada en costas. Por el contrario, se deduce que en el supuesto que el demandado no hubiese manifestado oposición o, incluso no se hubiese manifestado, el auto acordando la extensión de efectos no contendrá condena en costas de ninguna de las partes, de modo que cada parte abonará las costas que ha causado y las comunes por mitad conforme al régimen general. El auto que estime la extensión tiene efectos de cosa juzgada[80].

3.3.3. Ejecución

Finalmente, es preciso recordar que el auto estimatorio constituye un título ejecutivo. De hecho, el art 519.6 LEC le reconoce fuerza ejecutiva, por ello

---

80 En la versión del art 519 LEC promovida por el CGPJ en el "Plan de choque en la Administración de Justicia tras el estado de alarma", se preveía expresamente que el auto que resolviese sobre la extensión de efectos no produciría efectos de cosa juzgada. DE este modo se atribuía a la extensión de efectos carácter sumario. En cambio, en la redacción incorporada ya en el PLMEP la alusión a la cosa juzgada ha desaparecido, permitiendo considerar que el auto despliega efectos de cosa juzgada.

dispone que "[s]i en el término previsto en el artículo 548 no se cumpliera voluntariamente realizando el ingreso en la cuenta designada por el solicitante, la parte interesada podrá instar la ejecución del auto que acuerde la extensión de efectos, para lo que servirá de título ejecutivo el testimonio del auto que acuerde la extensión de efectos".

La ejecución del auto estimatorio de la extensión de efectos deberá instarse dentro de los 5 años siguientes a la firmeza de esta resolución (arts. 548 y 518.6 LEC). En todo caso, no se podrá despachar ejecución dentro de los 20 días siguientes a aquel en que la resolución de condena sea firme, pues el auto que resuelve la extensión de efectos es apelable y su tramitación será preferente (art. 519.5 LEC)[81].

4. ALGUNAS CONSIDERACIONES CRÍTICAS

4.1. Sobre la modulación del derecho a la tutela judicial efectiva

La incorporación del proceso testigo y de la extensión de efectos comportan un modelo de tutela judicial efectiva que se aparta de los parámetros procedimentales que podríamos denominar clásicos[82]. La tutela se obtendrá por cauces sin duda más expeditivos, pero también menos convencionales a los que se han diseñado tradicionalmente para salvaguardar las garantías

---

81 La posibilidad de apelar y que la tramitación del recurso sea preferente deja sin respuesta si cabe solicitar la ejecución provisional. Si se tiene presente que se el auto tiene la misma consideración que la sentencia de la que trae causa, la del proceso testigo, podría entenderse que sería viable la ejecución provisional conforme al art. 526 LEC. Cfr. CALAZA LÓPEZ, S., "Tutela global del derecho privado en un contexto de justicia sostenible", cit.., pág. 107. En todo caso, para GARCÍA GÓMEZ DE MERCADO, la tramitación preferente lo será sólo "del procedimiento testigo, respecto de los subordinados, pero no del resto de la litigiosidad obrante en ese Juzgado", en VV.AA., *Comentarios a la Ley de la Jurisdicción Contencioso-Administrativa de 1998*, Navarra, 1998, pág. 379.

82 De hecho, como pone de relieve, LÓPEZ SÁNCHEZ: "El respeto al principio de autonomía de la voluntad en el ámbito privado puede considerarse que ha sido la razón determinante de que, al menos hasta ahora, se viniese considerando toda solución colectiva como lesiva de la libre determinación de cada sujeto sobre sus derechos e intereses. Tales planteamientos están cediendo ante situaciones de colapso de la Administración de Justicia como consecuencia de la formulación de reclamaciones en un número masivo, sobre todo en el ámbito de consumo", en ·Los retos de la justicia civil ante los litigios en masa", *Logros de la Justicia Civil en España,* (dirs.) F. Jiménez Conde, J. Banacloche Palao y F. Gascón Inchausti (coord.) G. Schumann Barragán, Valencia, 2023, pág. 276.

procesales y ejercer la potestad jurisdiccional. Como pone de relieve CHAVES GARCÍA, que "su desarrollo es ágil y un atajo que sirve para «subirse al carro del vencedor» por parte de quienes no tenían entablado litigio. Pues bien, el incidente se mueve en la tensión entre quien quiere que se le extienda el efecto de la sentencia estimatoria de otro, y la resistencia de la Administración a reconocerlo, unido a la prudencia del órgano jurisdiccional pues al fin y al cabo se está decidiendo si puede «sortearse» un procedimiento judicial con plenitud de garantías mediante un expeditivo procedimiento incidental".

En ese distanciamiento de los que podríamos denominar procesos judiciales estándares o clásicos hay quien ha llegado a cuestionar su constitucionalidad, pues encuentran en dicha modulación de la tutela una afectación directa de lo que se considera el núcleo esencial de la tutela judicial efectiva[83]. Si bien es cierto que la incorporación de estas figuras modifica la forma en que se puede obtener la tutela de los tribunales y lo hace, sin duda, con merma de algunos de los principios que han regido tradicionalmente el orden jurisdiccional civil y con mayor intervencionismo público, esto es una tendencia que ya se ha producido en otras materias, como puede ser la probatoria. Por ello, no puedo estar más de acuerdo con CALAZA LÓPEZ cuando, al apreciar algunas de esas modulaciones que implican estos nuevos mecanismos, asevera que las mismas "no lastran, bajo nuestro punto de vista, el nuevo instrumento al punto de tornarlo inservible, infructuoso ni mucho menos inconstitucional, pues el interés privado, protegido por el litigante individual, habrá de

---

83 Entre otros, pueden consultarse a este respecto los trabajos de GÓMEZ-FERRER MORANT, R., «Comentarios a la Ley de la Jurisdicción Contencioso-Administrativa de 1998 (artículo 111)», *Revista Española de Derecho Administrativo,* núm. 100, 1998 y GONZÁLEZ PÉREZ, J., *Comentarios a la Ley de la Jurisdicción Contencioso-Administrativa,* Navarra, 2016, en relación con esta figura en el ámbito contencioso-administrativa. En relación con la incorporación del proceso testigo en el orden jurisdiccional civil, afirma GARCÍA MARTÍNEZ que: "es difícil encontrar en el orden civil supuestos a los que aplicar la extensión de los efectos, especialmente en el ámbito de las condiciones generales de la contratación, por más que este tipo contractual responda a la naturaleza de los contratos en masa. Según la LCGC (7/1998), las condiciones habrán de ser concretas, claras y de sencilla redacción, estar integradas en el documento contractual, con entrega al adherente de un justificante (control de incorporación). También han de respetar la buena fe y el justo equilibrio de las contraprestaciones. Si el adherente es un consumidor, goza de la protección frente a las cláusulas abusivas, que pueden revestir la forma de estipulaciones o de prácticas no consentidas expresamente (TRLGDCU, 1/2007). La casuística a que conduce esta situación resulta incompatible con la identidad fáctica exigida por la extensión de los efectos de la sentencia firme y de aplicarse atentaría contra los principios en materia de prueba, con grave quebranto de los derechos de defensa y tutela judicial efectiva», en AA.VV., "Diálogos para el futuro judicial. III. Cláusulas abusivas y litigación de consumo", *Diario La Ley,* núm. 9640, 2020, pág. 13.

resultar conciliable con el interés público en la obtención, para todos, de una Justicia redistributiva, conmutativa o sostenible: si no alcanza ante una avalancha, un auténtico alud de conflictos idénticos —por falta de medios humanos y técnicos— a resolver, con individualidad, todas y cada una de las discrepancias planteadas, entonces lo razonable será agruparlas: la eficiencia, la celeridad y la economía se imponen, ante el reto del colapso, frente a los cánones tradicionales de la Justicia individualizada"[84]. Pero a ello añadiría quizá una reflexión adicional, pues debiéramos preguntarnos si además de ese interés general que trasciende al interés privado por preservar un recurso escaso como es el de la administración de justicia, no hay también una legislación que, pese a su naturaleza privada, puede precisar de un mayor y mejor control público. Asimismo, la proliferación de procesos que tienden a dar una respuesta estandarizada y global para los litigios en masa, además de generar sin duda igualdad en la aplicación de la ley, conllevan implícitamente la renuncia a una tutela individualizada, aquella que se predicaba del ejercicio de la función jurisdiccional que aspiraba a descender de la norma general a la casuística particular[85]. Y, esto me lleva a una última reflexión, y es que, si el conflicto subyacente no precisa de una respuesta judicial singularizada, porque la misma ya se ha dado para supuestos idénticos, quizá lo que debe explorarse es otra forma de hacer extensiva la interpretación judicial, sin necesidad de reiteración de procesos, más o menos complejos que nada aportan ya a la interpretación del sistema legal.

Sin duda, el legislador debiera emplearse en la búsqueda de soluciones al margen de la jurisdicción, dejando el acceso a la tutela judicial como último recurso. Debieran explorarse otras alternativas que eviten la judicialización del conflicto, máxime si se prevé que, dadas las características de la materia, la demanda de tutela judicial pueda acabar en el colapso de los tribunales[86].

---

84 CALAZA LÓPEZ, S., *Rebus sic stantibus, extensión de efectos y cosa juzgada, op. cit.*, págs. 136-137. En sentido contrario, sobre la dudosa constitucionalidad del procedimiento testigo y la extensión de efectos pueden verse las posiciones de Vid., GÓMEZ-FERRER MORANT, R., "Comentarios a la Ley de la Jurisdicción Contencioso- administrativa de 1998 (artículo 111)", *cit.* y GONZÁLEZ PÉREZ, J., "Comentarios a la Ley de la Jurisdicción Contencioso-Administrativa", *supra cit.*

85 Sobre las posibles limitaciones o modulaciones de la tutela judicial efectiva en el procedimiento testigo, cfr. Por todos SCHUMANN BARRAGÁN, G., "Procedimientos testigo y derecho a la tutela judicial efectiva: la eficiencia y los límites negativos a la libertad del legislador procesal civil", *cit.*, págs. 329-350

86 En este sentido, al abordar los problemas de la litigación masiva ROMERO JIMÉNEZ, G., afirma con acierto que [...] muchas de las grandes reformas que ha propuesto el CGPJ, como el proceso testigo o la extensión de efectos, debieron implementarse en el año 2013 o 2014, cuando se constató que las entidades financieras no iban a solucionar extrajudicialmente el problema de las cláusulas abusivas. De entre esas

Efectivamente, como pone de relieve CALAZA LÓPEZ, "[s]i la litigiosidad es masiva, la respuesta ha de ser universal. No es eficaz, eficiente, ni siquiera rentable —como se verá— ofrecer respuestas pautadas, individuales y singulares, tras procedimientos específicos, a tantos y tantos conflictos sustancialmente idénticos como los que llegan a colapsar, cada vez con más frecuencia, nuestros Juzgados y Tribunales". Pero quizá, si ciertamente para alcanzar esa eficiencia de la respuesta ante la conflictividad masiva en el ámbito judicial lo óptimo, implica "lograr eludir el proceso sin necesidad, siquiera de haberlo instaurado"[87] –como se sigue afirmando en relación con las bondades de la extensión de efectos–, cabe plantearse si el ámbito judicial es el más adecuado para procurar esa repuesta uniforme y generalizada que precisa este tipo de conflictividad. Siendo esto así, quizá debiéramos preguntarnos si el legislador, en lugar de seguir buscando soluciones que permitan economizar y estandarizar respuestas ante litigios recurrentes e iguales, que ya cuentan con una interpretación jurídica ofrecida por los tribunales, no debiera buscar fuera del sistema judicial mecanismos que permitan desincentivar la huida hacia delante que supone acudir a la jurisdicción en estos casos. De la compleja crisis judicial en la que nos sumieron las cláusulas suelo, debiéramos haber aprendido algo. El sistema judicial tardó casi 10 años en dar salida a esta ingente litigiosidad, generando desde luego una gran seguridad jurídica e igualdad en la aplicación de la Ley, pues en más del 95% se cifraba la estimación de las demandas[88]. Pero si esto era así, la pregunta sigue sin respuesta, por qué en un contexto de tanta previsibilidad en el resultado las demandas seguían sucediéndose en el tiempo.

Sin duda, un elemento que coadyuva a esta situación es precisamente "la inoperancia de las acciones colectivas como cauce idóneo para dirimir los intereses de un gran número de consumidores y cuyo principal problema es la carencia de efecto de cosa juzgada de la sentencia recaída en el proceso colectivo en el posterior proceso individual"[89]. Por ello, como señala LÓPEZ SÁN-

---

medidas, además del ya mencionado proceso testigo y la extensión de efectos, habría que introducir una previsión similar a la del artículo 20 de la Ley del Contrato de Seguro, que disuadiría a las entidades financieras de continuar con el procedimiento para dilatar el cumplimiento de una eventual resolución», en AA.VV., "Diálogos para el futuro judicial. III. Cláusulas abusivas y litigación de consumo", *Diario La Ley*, núm. 9640, 2020, pág. 6.

87 CALAZA LÓPEZ, S., *Rebus sic stantibus, extensión de efectos y cosa juzgada, op. cit.*, pág. 134.

88 El detalle de las cifras puede consultarse en el detallado trabajo de TRUCHERO CUEVAS, "Las cláusulas suelo o cómo no gestionar los conflictos sobre condiciones generales de la contratación", op. cit.

89 GONZÁLEZ GARCÍA, S., "EL procedimiento testigo y la extensión de efectos de la sentencia ¿Una solución jurisdiccional a la litigación en masa?, en Logros de la

CHEZ, "[p]ara abordar los problemas de litigiosidad masiva es necesaria una amplia perspectiva, que pueda situarse tanto en el ámbito de la prevención del litigio, su evitación mediante procedimientos negociados o la articulación de los procesos de referencia para la fijación de criterios de resolución de las concretas pretensiones"[90].

4.2. Sobre la aspiración de uniformidad

El proceso testigo y la extensión de efectos, como ya hemos tenido la oportunidad de explicar, encuentran su fundamento tanto en la aplicación del principio constitucional de igualdad en aplicación de la ley como en la promoción de la seguridad jurídica. Por ello, constituye una cierta debilidad del sistema la atribución de la competencia a los juzgados de primera instancia que impedirá o dificultará esa universalización de la respuesta. El hecho de que cada juzgado de primera instancia pueda iniciar su propio proceso testigo, de hecho, uno o varios, al cual quedarán vinculados el resto de procesos que ingresaron en su juzgado, hará probable la disparidad de soluciones dada a supuestos sustancialmente similares. Luego, al menos en principio, esa pretendida homogeneidad en las respuestas judiciales que se perseguía a través del proceso testigo y de la extensión de efectos se restringirá al ámbito provincial. Pues para la extensión de efectos –como ya se ha expuesto– esa función cuasi-nomofiláctica se les confía a los juzgados de primera instancia, sólo cuando la sentencia hubiese sido recurrida ante la Audiencia Provincial. Parece que el sistema ha sido diseñado pensando más en economizar recursos que en alcanzar la igualdad en la aplicación de la ley. Igualdad que se antoja compleja al menos hasta que exista una doctrina asentada sobre el particular, lo que se parece complicado a la vista de los vaivenes a los que nos suele tener acostumbrados el derecho de consumidores.

Justicia Civil en España, (dirs.) F. Jiménez Conde, J. Banacloche Palao y F. Gascón Inchausti, (coord.) G. Schumann Barragán, Valencia, 2023, págs. 359-360. En el mismo sentido, cfr. PÉREZ DAUDÍ, V. "El precedente judicial. la previsibilidad de la sentencia y la decisión automatizada del conflicto", Revista General de Derecho Procesal, núm. 54, 2021.

90 En "Los retos de la justicia civil ante los litigios en masa", *Logros de la Justicia Civil en España, op. cit.*, pág. 283. Por ello, como sigue diciendo LÓPEZ SÁNCHEZ, "Evidentemente, la litigación en masa puede suponer un tratamiento colectivo de situaciones estrictamente individuales y, […] en tensión con el respeto al principio de autonomía de la voluntad y libre determinación en los propios derechos e intereses. El equilibrio entre la eficiencia del tratamiento colectivo y la intangibilidad de los derechos subjetivos privados reclama una cuidada construcción del sistema de acciones" (págs. 283 y 284).

Además, la seguridad jurídica comporta, tal y como expone DÍEZ-PICAZO[91], la previsibilidad de que los poderes públicos en un caso concreto actuarán o dejarán de hacerlo y de que, si actúan, lo harán de una manera concreta. Esto es lo que ha llevado a parte de la doctrina a entender que la seguridad jurídica se encuentra en la base de la extensión de efectos. Por ello, esa volatilidad de los pronunciamientos en materia de consumo es la que permite vaticinar una exigua aplicación. Hay quienes consideran que en la práctica algunos órganos judiciales no harán uso de la extensión de efectos precisamente por esa falta de previsibilidad de los pronunciamientos de los órganos superiores. Por tanto, esa incertidumbre que sobrevuela las materias de condiciones generales de la contratación también puede que haga ineficientes estos instrumentos. Lo oscilante de la jurisprudencia del Tribunal Supremo y del TJUE en esta materia será determinante de la eficacia de estos procesos. En este sentido, es sumamente esclarecedor SÁNCHEZ GARCÍA, cuando expone que "puede ser positivo en procedimientos en que exista una doctrina jurisprudencial del TS que no genere ninguna duda interpretativa, como, por ejemplo, en supuestos de gastos de préstamos hipotecarios, en los que el TS fijó doctrina en las sentencias de 23/1/2019. Pero no creo que pueda ser aconsejable en aquellos supuestos en los que no exista una jurisprudencia clara sobre la materia. Así, por ejemplo, en materia de créditos *revolving* el TS ha dictado la sentencia de 4 de marzo de 2020 y ha conseguido lo que parecía imposible: crear más inseguridad jurídica que con la sentencia de 25 de noviembre de 2015, encontrándonos con sentencias contradictorias, no solo de primera instancia, sino, también, de Audiencias Provinciales. En estos supuestos la extensión de efectos puede generar una gran inseguridad jurídica"[92].

Esta incertidumbre que se ha generado precisamente en torno a la interpretación de las materias relativas a condiciones generales de la contratación es lo que ha llevado a pronosticar a algunos, sino el fracaso, quizá sí una utilización muy cautelosa del proceso testigo y la extensión de efectos[93]. Finalmente, advertir que, como ha puesto de relieve NEIRA PENA, que "se echa en falta la existencia de un registro del proceso seleccionado como testigo o modelo, que permita dar publicidad al mismo y a las pretensiones en él deducidas, con el fin de identificar y registrar los procesos que pueden ser caracterizados como dependientes por referirse a cuestiones jurídicas sustancialmente idén-

---

91 DÍEZ PICAZO, L.Mª., "La doctrina del precedente administrativo", *Revista de Administración Pública,* 1982, núm. 98, pág. 13.

92 "Diálogos para el futuro judicial. III. Cláusulas abusivas y litigación de consumo", AAVV, *Diario La Ley,* núm. 9640, 2020, pág. 12.

93 Cfr. CALAZA LÓPEZ, S., *Rebus sic stantibus, extensión de efectos y cosa juzgada, cit.,* pág. 136.

ticas" [94]. Pues, la existencia y publicidad de estos registros es una constante en el Derecho comparado que, sin duda, contribuye a generar mayor seguridad jurídica y previsibilidad del sistema[95].

4.3. Sobre la eficiencia del sistema de justicia

No hay duda de que la incorporación del proceso testigo y la extensión de efectos en el orden jurisdiccional civil contribuye –como lo han hecho otros instrumentos con anterioridad– a la economía procesal. La posibilidad de que una pluralidad de objetos procesales pueda ser resuelta mediante el juego armónico de un proceso testigo que extiende sus efectos a otros procesos con identidad sustancial, evitando el discurrir normal de todos esos otros asuntos, comporta, al menos sobre el papel, un gran beneficio, tanto para los justiciables como para la propia Administración de Justicia. Hasta podría decirse para el conjunto de la sociedad, que vería descongestionarse la justicia civil[96]. Efectivamente este tipo de instrumentos procesales permiten dotar de mayores cotas de eficiencia al sistema judicial en la medida en que economizan tanto medios materiales como personales[97]. Y esto como pone de relieve CHARRO GONZÁLEZ resulta relevante, pues "no hay que olvidar la importancia que últimamente adquiere el parámetro del coste económico de la Justicia en relación a la valoración de la misma como servicio público financiado, claro está, con fondos públicos"[98]. Pero quizá, como acertadamente recuerda DÍEZ-PICAZO JIMÉNEZ[99], rememorando al profesor de Oxford, Adrian Zuckerman, no estaría de más que a la trilogía de "acceso, coste y duración" de los procesos se sumase el elemento de la "calidad", difícilmente mensurable pero, sin duda, capital para medir la calidad y también la eficiencia de la Justicia. Pues, como advierte ALCOCEBA GIL, en la actualidad "son varias las voces que, desde determinados lugares de la comunidad jurídica, alertan sobre la

---

94 "El procedimiento testigo. ¿Una alternativa a las acciones colectivas?", op. cit.., pág. 375.

95 Sobre este particular, cfr. ORTELLS RAMOS, M., "Proceso colectivo, procesos en serie y proceso testigo. Jueces y CGPJ ante los litigios civiles en masa", *cit.,* pág. 18.

96 CALAZA LÓPEZ, S., *Rebus sic stantibus, extensión de efectos y cosa juzgada, cit.*, págs. 106-107.

97 Sobre el concepto y medida de la eficiencia en el sistema de justicia, cfr. ALCOCEBA GIL, J. M., "La eficiencia de la justicia: medida, meta o discurso. Sobre la eficacia como medida", *Diario La Ley*, núm. 10199, 2023.

98 CHARRO GONZÁLEZ, J.M., "La extensión de efectos de sentencias en el proceso contencioso-administrativo. Principios de igualdad, de eficacia y de seguridad jurídica", *Actualidad* Administrativa, núm. 7, 2020, pág. 3.

99 "Discurso inaugural: los retos actuales del proceso civil", en Logros de la Justicia Civil en España, (dirs) F. Jiménez Conde, J. Banacloche Palao y F. Gascón Inchausti, (coord.) G. Schumann Barragán, Valencia, 2023.

deriva «gerencialista», que podría poner en riesgo la vigencia del constructo ilustrado al que hoy llamamos justicia —es decir, la buena justicia—, puesto que afectaría a los mismos pilares del complejo sistema de valores en que se sustenta"[100]. Desde esta perspectiva, si bien la mayor parte de las objeciones que se han planteado a la búsqueda de la eficiencia de la Administración de justicia tienen que ver con la afectación o rebaja de las garantías procesales en favor de enfoques economicistas del proceso, también debieran considerarse las cuestiones atinentes a la calidad de la Justicia o a la eficiencia más allá de la rentabilización de los recursos. Pues, hay otros parámetros susceptibles también de determinar la eficiencia del sistema de justicia que, sin embargo, no parecemos estar tan interesados en medir o favorecer, como pueden ser la capacidad del Estado para tutelar los derechos; la defensa de los principios democráticos y la pluralidad; la facultad de poner coto al ejercicio arbitrario del poder; la protección de los Derechos Humanos o la defensa de los derechos individuales y sociales de colectivos especialmente vulnerables. Como recuerda con acierto ALCOCEBA GIL, la eficiencia está operando en las reformas legislativas como base argumental sobre la que esconder o reforzar una concreta concepción de la justicia, por ello debiéramos utilizarla "para construir una justicia más eficiente en términos democráticos, sociales y equitativos, más redistributiva y cercana a la realidad y necesidades de la ciudadanía"[101].

BIBLIOGRAFÍA

ACHÓN BRUÑÉN, M.J., "Futuras reformas legales que afectan a pleitos con consumidores y usuarios: especial referencia a la extensión de efectos y al «pleito testigo» en los procesos de nulidad de cláusulas abusivas", *Práctica de Tribunales,* núm. 146, 2020.

ALCOCEBA GIL, J. M., "La eficiencia de la justicia: medida, meta o discurso. Sobre la eficacia como medida", *Diario La Ley,* núm. 10199, 2023.

ALCOCEBA GIL, J. M., "La eficiencia de la justicia: medida, meta o discurso (II). Sobre la eficacia como meta de las políticas públicas de justica", *Diario La Ley,* núm. 10200, 2023.

ALCOCEBA GIL, J. M., "La eficiencia de la justicia: medida, meta o discurso (III). Sobre la eficacia como discurso", en *Diario La Ley,* núm. 10201, 2023.

100 "La eficiencia de la justicia: medida, meta o discurso (III). Sobre la eficacia como discurso", en *Diario La Ley,* núm. 10201, (2023), pág. 3. Vid. también CANALES ALIENDA, J.M. "La Administración de la Justicia: hacia una visión gerencial del servicio público de la justicia", *Revista de Estudios Políticos. Nueva Época,* núm. 73. 1991, págs. 213-227.

101 "La eficiencia de la justicia: medida, meta o discurso (III). Sobre la eficacia como discurso", *supra cit.,* pág. 7.

ALCOCEBA GIL, J. M., "Algunas consideraciones en torno al discurso de la eficiencia de la justicia", Foro, Revista de Ciencias Jurídicas y Sociales, Nueva Época, vol. 25, núm. 2, 2022, https://dx.doi.org/10.5209/foro.90770

CABALLERO GEA, J.A. *Procedimientos contencioso-administrativos*, Madrid, 2004.

CALAZA LÓPEZ, S., "Tutela global del derecho privado en un contexto de justicia sostenible", en *Proceso y daños: perspectivas de la justicia en la sociedad del riesgo*, coord. Tamara Funes Beltrán; José María Asencio Mellado (dir.), Mercedes Fernández López (dir.), Valencia, 2022.

CALAZA LÓPEZ, S., *Rebus sic stantibus, extensión de efectos y cosa juzgada*, Madrid, 2021.

CANALES ALIENDA, J.M. "La Administración de la Justicia: hacia una visión gerencial del servicio público de la justicia", *Revista de Estudios Políticos. Nueva Época*, núm. 73. 1991.

CANCIO FERNÁNDEZ, R.C. "Procedimiento testigo y extensión de efectos en materia tributaria: significado de su vinculación por vía remisoria", *Revista Quincena Fiscal*, núm. 13, 2009.

COLMENERO GUERRA, J.A., "El pleito testigo en el proceso laboral", 2024, *en prensa*.

CÓRDOBA CASTROVERDE, D., "Réquiem por la extensión de efectos de las sentencias en el orden contencioso-administrativo", *Revista de Jurisprudencia el Derecho*, núm. 2, 2007.

CÓRDOBA CASTROVERDE, D., "Dificultades y problemas que plantea en la actualidad la extensión de efectos de las sentencias en el orden contencioso-administrativo", en https://elderecho.com/dificultades-y-problemas-que-plantea-en-la-actualidad-la-extension-de-efectos-de-las-sentencias-en-el-orden-contencioso-administrativo.

CHARRO GONZÁLEZ, J.M., "La extensión de efectos de sentencias en el proceso contencioso-administrativo. Principios de igualdad, de eficacia y de seguridad jurídica", *Actualidad* Administrativa, núm. 7, 2020.

CHAVES GARCÍA; J.R., "El Supremo habla alto y claro de la extensión de efectos", https://delajusticia.com/2016/03/17/el-supremo-habla-alto-y-claro-de-la-extension-de-efectos/

DE DIEGO DÍEZ, L.A., Extensión de efectos y pleito testigo en la Jurisdicción Administrativa, Madrid, 2016.

DÍEZ PICAZO, L.Mª. "La doctrina del precedente administrativo", *Revista de Administración Pública*, núm. 98, 1982

DÍEZ-PICAZO GIMÉNEZ, I., "Discurso inaugural: los retos actuales del proceso civil", en en Logros de la Justicia Civil en España, (dirs) F. Jiménez Conde, J. Banacloche Palao y F. Gascón Inchausti, (coord.) G. Schumann Barragán, Valencia, 2023.

DOMÍNGUEZ BARRAGÁN, M. L., "Historia y fundamentos de la extensión de efectos de sentencias firmes como figura procesal autónoma". *Revista de Estudios de Deusto*, 2019, núm. 67 (2), https://doi.org/10.18543/ed-67(2)-2019pp235-261

DOMÍNGUEZ BARRAGÁN, M.L., "La controvertida naturaleza jurídica de la extensión subjetiva de efectos de las sentencias firmes en el ámbito contencioso-administrativo", *Revista General de Derecho Procesal*, núm. 51, Iustel, 2020

FONT I LLOVET, T. "La extensión a terceros de los efectos de la sentencia en vía de ejecución", *Justicia Administrativa, Revista de Derecho Administrativo*, núm. extraordinario, 1999.

GARCÍA MARTÍNEZ, PJ., "Diálogos para el futuro judicial. III. Cláusulas abusivas y litigación de consumo", *Diario La Ley*, núm. 9640, 2020.

GASCÓN INCHAUSTI, F., "¿Hacia un modelo europeo de tutela colectiva?, *Cuadernos de Derecho Transnacional*, octubre, 2020, vol. 12, núm. 2, pp.1 290 - 1323. [CARPETA]

GASCÓN INCHAUSTI, F., "Suspensión del proceso, tramitación preferente y extensión de los efectos de la sentencia-testigo en el proceso administrativo", *Tribunales de Justicia*, núm. 3, 2021 [Disponible en https://eprints.ucm.es/id/eprint/26589/].

GÓMEZ-FERRER MORANT, R., «Comentarios a la Ley de la Jurisdicción Contencioso-Administrativa de 1998 (artículo 111)», *Revista Española de Derecho Administrativo*, núm. 100, 1998.

GÓMEZ POMAR, F. Y ARTIGOT GOLOBARDES, M., "Costes, precios y excedente contractual en el control de la contratación de consumo, especialmente la hipotecaria", *Anuario de Derecho Civil*, tomo LXXIII, 2020.

GONZÁLEZ MONTES J. L., "El estado actual de la justicia administrativa: problemas y soluciones", en *Jornadas de Estudio sobre la jurisdicción contencioso-administrativa* (GARCÍA PÉREZ, M. Coord.), 1998.

GONZÁLEZ PÉREZ, J., *Comentarios a la Ley de la Jurisdicción Contencioso-Administrativa*, Navarra, 2016.

GONZÁLEZ GARCÍA, S., "EL procedimiento testigo y la extensión de efectos de la sentencia ¿Una solución jurisdiccional a la litigación en masa?, en Logros de la Justicia Civil en España, (dirs) F. Jiménez Conde, J. Banacloche Palao y F. Gascón Inchausti, (coord.) G. Schumann Barragán, Valencia, 2023.

GIMENO SENDRA, V., *Comentarios a la nueva regulación de la Jurisdicción Contencioso-Administrativa de 1998*, (con MORENO CATENA, V., GARBERÍ LLOBREGAT, J., GONZÁLEZ-CUÉLLAR SERRANO, N.), Madrid, 1999.

GIMENO SENDRA, V., "El proceso de ejecución (II)", *en Derecho Procesal Administrativo* (con MORENO CATENA, V. y SALA SÁNCHEZ, P.), 2ª Edic., Madrid, 2004.

LÓPEZ GIL, M., "El pleito testigo y la extensión de efectos de las sentencias en el proceso de consumidores", Ponencia presentada en las VIII Jornadas de la Asociación de Profesores de Derecho Procesal «Proceso y garantías», disponible en https://hdl.handle.net/10630/26575.

LÓPEZ SÁNCHEZ, J. "Los retos de la justicia civil ante los litigios en masa", en Logros de la Justicia Civil en España, (dirs) F. Jiménez Conde, J. Banacloche Palao y F. Gascón Inchausti, (coord.) G. Schumann Barragán, Valencia, 2023.

LÓPEZ SÁNCHEZ, J., "Prospectiva de la tutela colectiva en España: entre el proceso testigo y la trasposición de la Directiva 2020/1828", en Barona Vilar, (ed.), *Justicia poliédrica de mudanza*, Valencia 2022.

MARTÍN VALERO, A.I., "Algunos apuntes sobre las pretensiones de plena jurisdicción", *Actualidad Administrativa*, núm. 5, 2020.

MORENO GARCÍA, L., "La tutela colectiva de los consumidores en la Unión Europea: a propósito de la Directiva 2020/1828, de 25 de noviembre de 2020", *Revista de derecho mercantil*, núm. 327, 2023.

NEIRA PENA, A.Mª., "El procedimiento testigo. ¿Una alternativa a las acciones colectivas?", en Logros de la Justicia Civil en España, (dirs) F. Jiménez Conde, J. Banacloche Palao y F. Gascón Inchausti, (coord.) G. Schumann Barragán, Valencia, 2023.

NOYA FERREIRO, L., "La extensión procesal del ámbito del enjuiciamiento de la Jurisdicción Contenciosa-Administrativa", Tratado sobre el Proceso Administrativo (LJCA), R. Castillejo Manzanares (dir.), C. Alonso Salgado Valencia (coor), Valencia, 2019.

NOYA FERREIRO, L., "El pleito testigo: del proceso administrativo al proceso civil", en *El Derecho procesal: entre la Academia y el Foro,* José Martín Pastor (dir.), Ricardo Juan Sánchez (dir.), 2022, Madrid.

ORMÁZABAL SÁNCHEZ, G., "El «dieselgate» ante los tribunales alemanes y norteamericanos: lecciones que cabe extraer respecto del tratamiento de la litigación masiva", *InDret,* núm. 3, 2020.

ORTELLS RAMOS, M., "Proceso colectivo, procesos en serie y proceso testigo. Jueces y CGPJ ante los litigios civiles en masa", *Revista General de Derecho Procesal,* núm. 54, 2021.

ORTELLS RAMOS, M., "Tutela judicial civil colectiva y nuevos modelos de los servicios de defensa jurídica en España", en *La tutela de los derechos e intereses colectivos en la justicia del siglo XXI,* Ana Montesinos García (coord.), María José Catalán Chamorro (coord.), Valencia, 2020.

ORTELLS RAMOS, M., "Tutela colectiva y eficiencia de la justicia civil", en ORTELLS RAMOS, M. y CUCARELLA GALIANA, L.A., Litigiosidad masiva y eficiencia de la justicia civil, Pamplona, 2019.

ORTELLS RAMOS, M., "Tutela judicial colectiva y nuevos modelos de los servicios de defensa jurídica en España", en Revista General de Derecho Procesal, Iustel, núm. 48, 2019.

PEREA GONZÁLEZ, A., "Hacer generalidad de la singularidad: pleito testigo y extensión de efectos. ¿Una nueva tutela del conflicto privado?", *Diario La Ley,* núm. 9676, 2020.

PÉREZ ANDRÉS, A., *Los efectos de las sentencias de la jurisdicción contencioso-administrativa,* Navarra, 2000.

PÉREZ DAUDÍ, V. "El precedente judicial. la previsibilidad de la sentencia y la decisión automatizada del conflicto", *Revista General de Derecho Procesal,* núm. 54, 2021.

PÉREZ-SERRABONA GONZÁLEZ, F.J., "Indefinición de un nuevo modelo de tutela colectiva para consumidores (Directiva 2020/1828): la vigente *class action* europea", *La Ley mercantil,* núm. 81, junio, 2021.

PERTÍÑEZ VÍLCHEZ, F.; VACAS CHALFOUN, A.; RAYÓN BALLESTEROS, M.C.; BUENOSVINOS GONZÁLEZ, H.; FERNÁNDEZ LÓPEZ, M.; TORRE SUSTAETA, M.V. y PEREA GONZÁLEZ, A. (coord.), "Diálogos para el futuro judicial LVII. El pleito testigo y la extensión de efectos en el proceso civil", *Diario La Ley,* núm. 10222, 2023.

RAMOS MÉNDEZ, F., *El sistema procesal español,* Barcelona, 1999.

REYNAL QUEROL, N., "El proceso testigo en el proyecto de ley de medidas de eficiencia procesal", *Justicia: revista de derecho procesal,* núm. 1, 2022.

RODRÍGUEZ CARBAJO, J.R., "La extensión de efectos de las sentencias dictadas en los procesos testigo/piloto", *Diario La Ley,* núm. 7246, 2009.

ROSENDE VILLAR, C., "La nueva regulación de la extensión de los efectos de la sentencia a terceros. (La reforma del art. 110 LJCA)", *Actualidad Jurídica Aranzadi,* núm. 633, 2004.

RUIZ PIÑEIRO, F.L., "La extensión de efectos de las sentencias y sus plazos", Actualidad Administrativa, núm. 3, 2018.

SANTAMARÍA PASTOR, J.A., *La Ley reguladora de la Jurisdicción Contencioso- Administrativa*, Madrid, 2010.

SCHUMANN BARRAGÁN, G., "Procedimientos testigo y derecho a la tutela judicial efectiva: la eficiencia y los límites negativos a la libertad del legislador procesal civil", en *Modernización, eficiencia y aceleración del proceso*, coord. Francesc Ordóñez Ponz, Santiago Francisco Rodríguez Ríos; Silvia Pereira i Puigvert (dir.), Teresa Armenta Deu (pr.), María Jesús Pesqueira Zamora (dir.), 2022.

TOLEDO JÁUDENES, J. "Extensión «ultra partem» de la eficacia de la sentencia administrativa en trámite de ejecución", *Revista de administración pública*, núm. 109, 1986.

TRUCHERO CUEVAS, J. "Las cláusulas suelo o cómo no gestionar los conflictos sobre condiciones generales de la contratación", *Diario la Ley*, núm. 10291, 2023.

VELASCO JIMÉNEZ, C., "La extensión de efectos y el procedimiento testigo en el plan de choque para la Administración de Justicia tras el Estado de Alarma", *Diario La Ley*, núm. 9682, 2020.

VV.AA., "Diálogos para el futuro judicial III. Cláusulas abusivas y litigación de consumo", *Diario La Ley*, núm. 9640, 2020.

Capítulo XXIII:

Mecanismos para una justicia civil eficiente ante el fenómeno de la litigación masiva

ALICIA ARMENGOT VILAPLANA
Profesora Titular de Derecho Procesal.
Universidad de Valencia

Resumen: La litigación en masa es una realidad innegable que reclama la implantación de instrumentos procesales que permitan racionalizar los recursos con los que cuenta la Administración de justicia, al tiempo que garanticen la tutela judicial efectiva de los ciudadanos. Diversos mecanismos destinados a hacer frente a esta situación se encuentran en estos momentos pendientes de definición: de un lado, el diseño de un nuevo proceso que se iniciará por el ejercicio de una acción colectiva y cuyas líneas vienen marcadas por la Directiva 2020/1828/UE; de otro, la técnica del procedimiento modelo y de la extensión de los efectos de una sentencia firme en un proceso posterior. En este trabajo se efectúa una somera descripción de estos mecanismos con el objetivo de reflexionar acerca de si con ellos se satisface la economía procesal y la eficiencia de la justicia en esas situaciones de conflicto que afectan a grandes colectividades.

1. INTRODUCCIÓN

Hasta fecha relativamente reciente, España no ha tenido una cultura de litigación colectiva. Los conflictos surgidos en el ámbito del derecho privado han tenido tradicionalmente un tratamiento judicial individualizado. Incluso en aquellos supuestos en los que la petición de tutela podía ser instada por múltiples afectados por una causa común, nuestro ordenamiento se ha in-

---

1 Esta publicación es parte del proyecto de I+D+i (PID2021-122569OB-I00: Instrumentos para la justicia civil ante los litigios-masa. En especial, acciones de representación y régimen del proceso testigo), financiado por MCIN/AEI/10.13039/501100011033/ y "FEDER Una manera de hacer Europa". La publicación se cerró el 26 de septiembre de 2023.

clinado por el establecimiento de técnicas dirigidas a facilitar el acceso a la justicia, pero siempre desde una perspectiva individual (procesos monitorios, exenciones en la postulación obligatoria, medios alternativos de resolución de conflictos, o asistencia jurídica gratuita).

Factores de carácter social y económico han determinado la necesidad de implantar instrumentos destinados a aprovechar que una misma actividad procesal -un único procedimiento- sirva de cauce para dar respuesta a una multiplicidad de conflictos con identidad objetiva sustancial. Esta situación se ha manifestado con especial evidencia en el ámbito de la contratación masiva y estandarizada fruto de la inclusión de condiciones generales de la contratación; pero se está evidenciando también en el ámbito de las acciones civiles por daños derivados de las infracciones al Derecho de la Competencia, y podría producirse en otros ámbitos distintos (daños derivados de catástrofes naturales o de acontecimientos que generan responsabilidad extracontractual en favor de multitud de personas).

Dos mecanismos destinados a hacer frente a esta situación se encuentran en estos momentos pendientes de definición. Uno de ellos, impulsado por la adaptación de la Directiva 2020/1828/UE, de 25 de noviembre, consiste en la creación de un procedimiento especial que se iniciará por el ejercicio de una acción colectiva -acción de representación en la terminología europea-. Otro de ellos, proviene de nuestro derecho interno, y consiste en implantar en el proceso civil la técnica del proceso modelo o del pleito testigo existente ya en el ámbito del proceso contencioso administrativo.

2. EL MECANISMO DE LA ACCIÓN COLECTIVA. LA NECESIDAD DE CREAR UN PROCEDIMIENTO ESPECIAL EN EL CONTEXTO DE LA LEC

Como es de sobra conocido, la LEC de 2000 no apostó por la creación de un proceso especial que tuviera por objeto esas situaciones de conflictividad masiva, sino que decidió insertar una serie de preceptos dispersos por la LEC y aplicables en los procesos en los que se solicita la tutela de una pluralidad de derechos e intereses de consumidores y usuarios. La aplicación práctica de estas normas ha evidenciado la necesidad de crear un proceso especial que cubra las lagunas generadas con la actual regulación y que introduzca importantes novedades exigidas por este tipo de litigación colectiva. Estas novedades deberían girar en torno a los siguientes ejes.

En primer lugar, y en relación con la legitimación, el marco normativo interno actual viene delimitado por dos coordenadas: la variedad de entes que pueden ejercer una acción colectiva y la atribución de legitimación de manera diversa a los mismos en función del carácter determinable o no de los consumidores afectados (art. 11 LEC). La futura regulación de las acciones colectivas deberá establecer de manera unitaria los requisitos que debe cumplir una entidad para adquirir el estatus de "entidad habilitada" y, reunida esa condición, tendrá legitimación para ejercer cualquier acción colectiva, sin distinguir entre acción de cese y acción de resarcimiento, y sin distinción tampoco entre los intereses determinables o indeterminados. Debe tenerse en cuenta que la Directiva 1828/2020/UE en materia de acciones de representación diferencia, a efectos de atribuir legitimación, entre entidades habilitadas para el ejercicio de acciones nacionales y entidades habilitadas para el ejercicio de acciones transfronterizas, fijando para estas últimas unos requisitos comunes que deben cumplirse en todos los Estados miembros, y dejando libertad a estos últimos para que exijan esos mismos requisitos a las entidades habilitadas para el ejercicio de acciones nacionales. En esta línea, considero adecuado que la futura reforma de esta materia opte por uniformar los requisitos que deben cumplir las entidades habilitadas tanto para ejercer acciones nacionales como acciones transfronterizas, concentrando en unas pocas entidades la legitimación para el ejercicio de una acción colectiva; además, deberá desaparecer la confusa atribución de legitimación en función del tipo de acción a ejercer (cesación o resarcimiento) o en función del grado de determinación de los consumidores a los que afectará la acción.

En segundo lugar, el actual marco normativo permite la intervención de los consumidores en el proceso colectivo, bien porque se les comunica desde el principio la iniciación del proceso y se adhieren a la demanda, bien porque solicitan posteriormente la intervención para ejercer su derecho o interés individual (art. 15 apartados 2 y 3 LEC). La práctica judicial ha demostrado que tanto la comunicación previa a los consumidores sobre la futura iniciación del proceso (art 15.2 LEC), cuanto su posterior intervención procesal ha conducido a una elevada complejidad procedimental que no se ha visto compensada con el reconocimiento de la situación jurídica individualizada de los consumidores personados[2]. La futura regulación de esta materia, siguiendo la línea marcada por la Directiva, deberá prescindir de la intervención procesal de los consumidores. La sentencia que ponga fin al proceso colectivo afectará, por regla general, a todos los consumidores cuya situación esté incluida

---

2 Así ocurrió en el asunto resuelto por la SAP de Madrid, (Sección 28°), núm. 603/2018, de 12 de noviembre, al resolver la macro demanda de Adicae presentada contra más setenta entidades bancarias por la utilización de cláusulas suelo, en la que no solo no se fijan las características que deben concurrir en los consumidores para beneficiarse de la sentencia, sino que tampoco se identifican a los que estaban personados en el proceso. Un análisis de la sentencia en mi obra *Hacia la reconstrucción de la acción colectiva*, Aranzadi, 2020.

en la acción colectiva, ello salvo que hayan ejercido su derecho de exclusión; excepcionalmente, el juez podrá acordar en el trámite de certificación de la acción si, atendidas las circunstancias del conflicto, los consumidores deben manifestar su voluntad de quedar sujetos a la sentencia (opt-in). Pero, en todo caso, esta manifestación de los consumidores no deberá articularse a través del mecanismo de la intervención procesal, sino por vías más ágiles y sencillas de expresión de la voluntad.

En tercer lugar, y en relación con la preparación del proceso colectivo, la futura regulación deberá superar los estrechos márgenes de las diligencias preliminares (art. 256.1.6 LEC) y avanzar hacia una regulación más flexible sobre el acceso a las fuentes de prueba, al estilo de lo acontecido en los procesos de reclamación de daños derivados de infracción del derecho de la competencia (art. 283 bis LEC), o en los procesos sobre secretos empresariales (art. 18 LSE). En este sentido, el art. 18 de la Directiva 1828/2020/UE prevé la posibilidad de que el tribunal, previa petición de parte, pueda ordenar la exhibición de las pruebas que obren a disposición de la parte contraria y cuyo conocimiento sea preciso para ejercer o continuar la acción[3].

En cuanto a la ejecución de la sentencia que pone fin a un proceso colectivo es constatable que la regulación del art. 519 LEC no ha sido suficiente para hacer frente a las situaciones que se plantean finalizado un proceso colectivo. La Directiva deja claro que, tras el dictado de la sentencia colectiva, su cumplimiento en relación con cada consumidor no puede suponer la iniciación de un nuevo proceso para el reconocimiento de su situación individual, debiendo establecerse mecanismos sencillos y ágiles para que los consumidores puedan solicitar ese resarcimiento sin necesidad de una personación formal en el proceso (art. 9.6 Directiva). Por otro lado, la Directiva impone a los Estados miembros el deber de regular el destino de las cantidades obtenidas a raíz de la sentencia colectiva y no repartidas entre los consumidores beneficiarios (art. 9.7 Directiva).

No cabe duda de que la ejecución de la sentencia colectiva, en el caso de que los consumidores beneficiarios no estén identificados, implicará una tarea laboriosa dirigida a comprobar que en los consumidores reclamantes concurren las identidades precisas para ser beneficiarios de la condena, así

---

[3] También en relación con la actividad probatoria, especialmente en las acciones colectivas resarcitorias, deberá tenderse a una flexibilización de los criterios clásicos de demostración del perjuicio y permitir condenas a tanto alzado basadas en una estimación del daño, ello sin perjuicio de una ulterior modificación de la condena si se comprobara la insuficiencia de la cantidad inicialmente impuesta, LÓPEZ SÁNCHEZ, Los retos de la justicia civil ante los litigios en masa, en *Logros y retos de la justicia civil en España* (Dir., JIMÉNEZ CONDE, F., BANACLOCHE PALAO, J., GASCÓN INCHAUSTI, F), Valencia, 2023, p. 340.

como concretar, en su caso, las cantidades o las prestaciones de las que se les debe resarcir. Una de las opciones de articular la ejecución de una sentencia colectiva consistirá en encomendar a un técnico o profesional -que ofrezca suficientes garantías- la tarea de liquidar entre los consumidores la cantidad única a la que se habrá podido condenar al empresario, opción no exenta de polémica en tanto implicará descargar de dicha tarea al órgano jurisdiccional y encomendarla a un agente externo sometido al necesario control judicial[4].

3. LA TÉCNICA DEL PROCEDIMIENTO TESTIGO Y LA DE LA EXTENSIÓN DE EFECTOS DE LA SENTENCIA

A diferencia del ejercicio de una acción colectiva -que provocará la iniciación de un único proceso en el que se intentará analizar el conflicto en su dimensión colectiva- la técnica del pleito testigo o del proceso modelo consiste en elegir un proceso individual -dentro de la pluralidad de procesos planteados con identidad sustancial-, y tramitarlo con carácter preferente, suspendiendo el curso de los demás procesos individuales en los que concurran las identidades exigidas por la ley en relación con el proceso testigo. La técnica del pleito testigo supone por tanto un tratamiento individualizado de cada uno de los procesos, tramitándose de manera completa el proceso modelo, y acudiendo a una vía procedimental abreviada para los procesos suspendidos.

La redacción propuesta para este instrumento en el decaído Proyecto de Ley de Medidas de Eficiencia Procesal se bifurcaba en dos preceptos: el art. 438 ter LEC, en el que se regulaba la posibilidad de suspender procesos posteriores tras la designación por el juez de un proceso modelo, y el art. 519.2 LEC, en el que se regulaba el mecanismo de la extensión de los efectos de la sentencia firme dictada en un proceso en otro proceso distinto. Ambas instituciones se presentaban como mecanismos distintos y no necesariamente vinculados, pudiendo solicitarse la extensión de los efectos de una sentencia firme en otro proceso posterior pese a que esa sentencia no hubiera sido dictada en un proceso modelo[5]. No obstante, la redacción propuesta adolecía de

4 La opción del Anteproyecto pasaba por atribuir esta función a la propia entidad demandante, sobre el tema, GASCÓN INCHAUSTI, F., Algunas claves del Anteproyecto de Ley de Acciones de Representación de los intereses colectivos de los consumidores, *Almacén de Derecho*, 17 febrero 2023 (https://almacendederecho.org/algunas-claves-del-anteproyecto-de-ley-de-acciones-de-representacion-de-los-intereses-colectivos-de-los-consumidores).

5 LÓPEZ GIL, M., El pleito testigo y la extensión de efectos de las sentencias en el proceso de consumidores, Ponencia presentada en las VIII Jornadas de la Asociación de Profesores de Derecho Procesal "Proceso y Garantías", Las Palmas de Gran Canaria, el 26 y 27 de abril de 2023; también sobre la consideración de la extensión de efectos

cierta imprecisión y planteaba importantes interrogantes que no encontraban respuesta en el texto legal. En la medida en que el citado proyecto caducó con la disolución de las Cortes generales (RD 400/2023, de 29 de mayo), no parece razonable estudiar en detalle la citada propuesta, pero sí apuntar las cuestiones que en una futura regulación deberían tenerse en cuenta para una aplicación de esta técnica respetuosa con los derechos del justiciable.

En primer lugar, es de todo punto necesario que la ley establezca unos criterios para orientar al tribunal en la decisión de elegir un proceso como testigo -entre todos los planteados con identidad sustancial- o para configurar el objeto del proceso creado específicamente para ser modelo. En la regulación proyectada no se incluía referencia alguna a los criterios que podrían determinar la elección del proceso modelo[6] y tampoco se determinaba el número de procedimientos con identidad sustancial que debían estar pendientes para que pudiera activarse esta técnica. Teniendo en cuenta que la sentencia dictada en ese proceso modelo va a determinar una serie de opciones y consecuencias en los procesos suspendidos, no parece que la elección de aquél pueda ser meramente aleatoria o dependa únicamente del factor temporal de su presentación.

En segundo lugar, deben precisarse correctamente las identidades que deben concurrir entre el proceso modelo y los procesos dependientes para que éstos puedan quedar suspendidos y puedan, en su caso, solicitar la extensión de los efectos de la sentencia dictada en el proceso modelo.

En cuanto a las identidades subjetivas entre los dos procesos, la regulación proyectada daba pie a entender que podían ser distintos los demandantes de ambos procesos (el modelo y el dependiente), pero debía tratarse del mismo demandado pues, finalizado el proceso modelo, si el demandante del proceso suspendido solicitaba la extensión de los efectos de la sentencia, debía acudirse a la regulación proyectada del art. 519.2 b) LEC, la cual exigía -para esa extensión de efectos- que se tratara del mismo demandado o quien le sucediera en su posición. No obstante, cabe plantearse si sería posible acudir también a la extensión de los efectos cuando no coincidiera el demandado en ambos procesos, pero la sentencia viniera referida a una condición general idéntica en ambos casos. En esta línea, el actual art. 221.1. 2º LEC ya contem-

---

como un mecanismo desvinculado del procedimiento testigo, FERNÁNDEZ LÓPEZ, M., Medidas especiales para la litigación en masa: algunos comentarios sobre la propuesta de regulación del pleito testigo y de la extensión de efectos desde la perspectiva de su impacto en los derechos procesales, en *El Derecho Procesal: entre la Academia y el Foro,* cit., p. 465.

6 BANACLOCHE PALAO, J., Las reformas en el proceso civil previstas en el Anteproyecto de Ley de Medidas de Eficiencia Procesal: ¿una vuelta al pasado?, Diario La Ley, núm., 9814, 19 de marzo de 2021, (LA LEY 2979/2021).

pla la posibilidad de que una sentencia que declare ilícita o no conforme a la ley una determinada actividad o conducta, determine, si, "conforme a la legislación de protección a los consumidores y usuarios, la declaración ha de surtir efectos procesales no limitados a quienes hayan sido partes en el proceso correspondiente".

En cuanto a las identidades objetivas, la regulación proyectada incluía unos presupuestos negativos que excluían la aplicación de esta técnica (a saber: cuando la pretensión planteada exigía efectuar un control de transparencia, o examinar posibles vicios del consentimiento), y un presupuesto positivo: que en el proceso posterior se planteara una pretensión que hiciera referencia a una condición general de la contratación idéntica, en lo sustancial, a la examinada en la pretensión del proceso testigo. Sería precisa una regulación que fijara con mayor precisión si la identidad de objetos entre el proceso modelo y el proceso dependiente debería ir referida al petitum (declarativa de nulidad de la cláusula; declarativa de condena a cierta cantidad) o también al título o causa de pedir (la causa de la nulidad de la cláusula; el enriquecimiento injusto por las cantidades abonadas en exceso, p. ej.). La circunstancia de que no puedan someterse a la técnica del proceso testigo pretensiones cuya fundamentación radique en hechos que requieren de una valoración probatoria individualizada (así, p. ej., el control de transparencia o los vicios del consentimiento), induce a pensar que solo podría acudirse a esta técnica cuando estuviéramos ante condiciones que fueran objetivamente, es decir, por su intrínseca naturaleza, abusivas o nulas.

Otro de los elementos fundamentales para un correcto funcionamiento de la técnica del pleito testigo radica en posibilitar instrumentos de información tanto a los órganos jurisdiccionales cuanto a los consumidores que hayan planteado o pretendan iniciar un proceso idéntico al proceso modelo. Como ha sido puesto de manifiesto[7], si la técnica del proceso modelo va a aplicarse dentro de los límites competenciales de un juzgado, es decir, en relación con los procesos pendientes ante el mismo, y no en relación con procesos pendientes en diferentes juzgados, el objetivo de la economía procesal se debilita, abriéndose la posibilidad de una pluralidad de procesos modelos referidos a una misma cláusula -con sus dependientes procesos suspendidos-, y con el riesgo para la seguridad jurídica de generarse una jurisprudencia dispar[8]. Por su parte, los consumidores que pretendan iniciar un proceso civil deberían tener herramientas para conocer que un proceso anterior con un objeto idén-

7 ORTELLS RAMOS, M., Proceso colectivo, procesos en serie y proceso testigo. Jueces y CGPJ ante los litigios civiles en masa, en *Revista General de Derecho Procesal*, núm. 54, 2021, p. 22.

8 REYNAL QUEROL, N., El proceso testigo en el proyecto de ley de medidas de eficiencia procesal, *Justicia,* 2022, 1, p. 77.

tico al que pretenden iniciar está tramitándose ante determinado juzgado en calidad de proceso modelo, ofreciéndole la posibilidad de solicitar que se le aplique la técnica del proceso testigo.

En otro orden de ideas, es innegable que toda técnica que se implante para aligerar la sobrecarga de trabajo de los tribunales y para lograr una aplicación uniforme del ordenamiento jurídico no puede erosionar los derechos fundamentales de los justiciables como el derecho a la tutela judicial efectiva, el derecho de contradicción o audiencia, el derecho a utilizar los medios de prueba pertinentes, o el derecho a un proceso sin dilaciones indebidas, entre otros. La regulación proyectada del procedimiento testigo omitía la audiencia de la parte demandante en el proceso dependiente antes de acordar su suspensión, y ello podría lesionar el derecho a la tutela judicial efectiva del demandante que no quisiera acogerse a la técnica del proceso testigo[9]. Del mismo modo habría que pensar en los litigantes del proceso elegido como modelo, que deberían prestar su conformidad en que el proceso que plantearon para resolver un conflicto jurídico entre dos sujetos sea utilizado como modelo para otros muchos. Siguiendo en esta línea, los demandantes en los procesos suspendidos tendrán también interés en participar en la elección o configuración del proceso modelo, y deberían tener la posibilidad de aportar alegaciones o proponer medios de prueba que puedan influir en la resolución del proceso testigo[10]. Por último, cuando el proceso testigo finaliza y debe decidirse sobre la continuación o no del proceso suspendido, deben tenerse en cuenta los intereses de ambas partes, no limitando la defensa del demandado -que ya habrá sido demandado en el pleito testigo y puede tener razones para que el proceso dependiente continúe o para oponerse a la extensión de efectos de la sentencia-, ni la de la parte demandante en el proceso suspendido cuando su interés radique en continuar con ese proceso.

Finalizado el proceso modelo con sentencia firme, la regulación proyectada contemplaba tres opciones que se ofrecen al demandante del proceso suspendido, una vez conocida la opinión del juzgado sobre la continuación o no del procedimiento.

La primera de las opciones consistía en desistir del proceso (desistimiento de sus *pretensiones* decía la regulación proyectada). Esta opción procederá, probablemente, cuando el proceso modelo haya finalizado con sentencia desestimatoria, siendo relevante en tal caso la audiencia del demandado -caso de

---

9 NOYA FERREIRO, M. L., "El pleito testigo: del proceso administrativo al proceso civil", en *El Derecho Procesal entre la Academia y el Foro*, Barcelona, 2022, p. 429.

10 NEIRA PENA, A. M, El procedimiento testigo. ¿Una alternativa a las acciones colectivas?, en *Logros y retos…*, cit., p. 377.

que haya sido emplazado- en tanto puede tener interés en la continuación del proceso.

Una segunda opción consiste en solicitar que el proceso dependiente continúe, sea en los mismos términos en que fue planteado, sea solo para que se resuelva alguna de sus pretensiones. Cabe por tanto que el demandante del proceso suspendido alegue razones para justificar que el proceso debe continuar porque discrepa de la decisión adoptada en el proceso modelo y considera que de seguir el proceso puede obtener un pronunciamiento distinto. Y cabe, en segundo lugar, que el demandante del proceso suspendido solicite la continuación del proceso para tramitar las pretensiones que no han sido resueltas. Entiendo que esta última opción no se ejercerá de manera aislada, sino que puede ir unida a la de solicitar la extensión de los efectos de la sentencia dictada en el proceso modelo a aquella de sus pretensiones que haya quedado resuelta en este último. Y así, cuando el proceso modelo ha finalizado por sentencia que declara la nulidad de una condición general de la contratación, y el proceso suspendido tenía por objeto una pretensión idéntica, y, en acumulación accesoria, la pretensión de condena dineraria, el demandante del proceso suspendido podrá solicitar la extensión de esa declaración de nulidad para que se dicte pronunciamiento estimatorio sobre la primera pretensión, y la continuación del proceso para que en él se resuelva la pretensión de condena dineraria.

La tercera opción consiste en solicitar la extensión de los efectos de la sentencia dictada en el proceso modelo al proceso suspendido. Se plantea en este supuesto un incidente de naturaleza sumaria dirigido a crear un auto que declare la situación jurídica del demandante en el proceso suspendido -partiendo de lo sentenciado en el proceso modelo- y a partir del cual proceda el cumplimiento voluntario o la ejecución forzosa. Sin entrar en la tramitación procedimental de este incidente, conviene pararse a pensar si algo de lo que se pretendía con la técnica del proceso testigo -la economía procesal- acaba desvaneciéndose ante la necesidad de discutir en este incidente la extensión de los efectos de la sentencia. La opción de extender los efectos de la sentencia no debe suponer el dictado de la misma sentencia en el proceso suspendido, sino la emisión de una nueva -estimatoria o desestimatoria de la pretensión- en función de lo resuelto en el proceso modelo. Lo declarado en el proceso modelo será por tanto una declaración vinculante, no en el sentido de cosa juzgada puesto que no concurre la identidad subjetiva del demandante, pero sí en el sentido de declaración irrefutable que no cabrá volver a examinar.

4. CONCLUSIONES

El examen somero que he efectuado de estas dos herramientas permite concluir que, en ambos casos, el objetivo de la economía procesal se cumpliría con ciertos matices. El ejercicio de una acción colectiva tiene tal vez la ventaja de analizar en un único proceso una situación jurídica que, afectando a una multiplicidad de personas, ha decidido enjuiciarse de forma global, ello sin perjuicio de que la posterior fase de cumplimiento o ejecución tenga carácter individual. Desde el punto de vista de la percepción del ciudadano hacia la Administración de Justicia, y también desde el punto de vista de la estadística judicial, el proceso colectivo no implicará la pendencia de una multiplicidad de procesos suspendidos que esperan una respuesta judicial y que generan la imagen de una justicia lenta y tardía. Con el ejercicio de una acción colectiva existiría en cambio un único proceso pendiente cuya sentencia podrá beneficiar a muchos consumidores, que, si bien podrán permanecer atentos al resultado de ese proceso, lo harán desde una posición extraprocesal. Cierto es también que el proceso colectivo puede posibilitar el acceso a la justicia de consumidores en aquellas situaciones en las que la cuantía o entidad de la reclamación no justificaría la iniciación de un proceso individual. Y, en fin, la acción colectiva cumple una función que excede de los intereses particulares de los consumidores y que se orienta a la autorregulación del mercado, ello debido al impacto social y al daño reputacional que puede provocar el éxito de una acción colectiva[11].

Con todo, el proceso colectivo no puede desprenderse de ciertas características que lo envolverán: es un proceso costoso, en el sentido económico del término, que puede precisar financiación por parte de terceros; es un proceso costoso también desde el parámetro temporal, dilatándose en su fase de ejecución o en el caso de que se paralice con el fin de lograr una transacción; precisa además de herramientas adicionales al propio instrumento procesal sin las cuales la efectividad del proceso será ilusoria: creación de un registro público de acciones colectivas en el que puedan consultarse los procesos de este tipo que estén pendientes y la información de los consumidores eventualmente afectados por el mismo; creación de una plataforma electrónica para la gestión del procedimiento a través de la cual los consumidores puedan manifestar de manera sencilla su opción de quedar vinculados o no por la sentencia, y que permita extraer una información segura de la relación definitiva de los consumidores perjudicados; encargo -a la entidad habilitada o a

---

[11] OROMÍ I VALL-LLOVERA, S., Implicaciones jurídico-sociales de la litigiosidad masiva; una reforma legal necesaria, en *El Derecho Procesal entre la Academia y el Foro*, Barcelona, 2022, p. 453.

un experto- de la función de liquidar entre los consumidores beneficiarios la condena impuesta.

Por su parte, la técnica del procedimiento testigo no excluye la tramitación individual de los procesos suspendidos. Es cierto que la posibilidad de que en estos procesos se solicite la extensión de los efectos de la sentencia dictada en el proceso modelo podrá acortar la tramitación de los procesos suspendidos. Pero además de los derechos fundamentales que pueden verse afectados, nada excluye que al retomar el proceso suspendido deba realizarse una actividad procesal que determine los efectos de la sentencia del proceso modelo en el proceso suspendido o sea necesaria la continuación del procedimiento para la tramitación de las pretensiones no resueltas.

BIBLIOGRAFÍA

BANACLOCHE PALAO, J., Las reformas en el proceso civil previstas en el Anteproyecto de Ley de Medidas de Eficiencia Procesal: ¿una vuelta al pasado?, *Diario La Ley*, núm., 9814, 19 de marzo de 2021, (LA LEY 2979/2021).

FERNÁNDEZ LÓPEZ, M., Medidas especiales para la litigación en masa: algunos comentarios sobre la propuesta de regulación del pleito testigo y de la extensión de efectos desde la perspectiva de su impacto en los derechos procesales, en *El Derecho Procesal: entre la Academia y el Foro*, Barcelona, 2022.

GASCÓN INCHAUSTI, F., Algunas claves del Anteproyecto de Ley de Acciones de Representación de los intereses colectivos de los consumidores, Almacén de Derecho, 17 febrero 2023 (https://almacendederecho.org/algunas-claves-del-anteproyecto-de-ley-de-acciones-de-representacion-de-los-intereses-colectivos-de-los-consumidores).

LÓPEZ GIL, M., El pleito testigo y la extensión de efectos de las sentencias en el proceso de consumidores, Ponencia presentada en las VIII Jornadas de la Asociación de Profesores de Derecho Procesal "Proceso y Garantías", Palmas de Gran Canaria, 26-27 de abril de 2023.

LÓPEZ SÁNCHEZ, Los retos de la justicia civil ante los litigios en masa, *Logros y retos de la justicia civil en España* (Dir., JIMÉNEZ CONDE, F., BANACLOCHE PALAO, J., GASCÓN INCHAUSTI, F), Valencia, 2023.

NEIRA PENA, A. M, "El procedimiento testigo. ¿Una alternativa a las acciones colectivas?", en *Logros y retos de la justicia civil en España*, Valencia, 2023.

NOYA FERREIRO, M. L., "El pleito testigo: del proceso administrativo al proceso civil", en *El Derecho Procesal entre la Academia y el Foro*, Barcelona, 2022.

OROMÍ I VALL-LLOVERA, S., "Implicaciones jurídico-sociales de la litigiosidad masiva; una reforma legal necesaria", en *El Derecho Procesal entre la Academia y el Foro*, Barcelona, 2022.

ORTELLS RAMOS, M., Proceso colectivo, procesos en serie y proceso testigo. Jueces y CGPJ ante los litigios civiles en masa, en *Revista General de Derecho Procesal*, núm. 54, 2021.

REYNAL QUEROL, N., El proceso testigo en el proyecto de ley de medidas de eficiencia procesal, *Justicia*, 2022, 1.

Capítulo XXIV:

El artículo 110 de la LJCA como proyección del principio de eficiencia en la Administración de Justicia: experiencias tras un cuarto de siglo de vigencia

MARÍA LUISA DOMÍNGUEZ BARRAGÁN

Profesora Ayudante Doctora de Derecho Procesal.
Universidad de Sevilla

Resumen: La búsqueda de la eficacia en el proceso judicial ha sido, desde siempre, uno de los objetivos del legislador. Hace un cuarto de siglo, la LJCA trajo consigo algunas novedades como el pleito testigo o la extensión de efectos de sentencias firmes que, si bien quebraban algunos presupuestos procesales tradicionales proyectaban, en gran medida, esa meta de eficiencia en la administración de justicia por parte de los tribunales. Tras unos años de luces y sombras, la extensión de efectos de sentencias firmes parece que vuelve a estar más viva que nunca sirviendo, incluso, de institución modelo para otros ordenamientos jurídicos.

1. INTRODUCCIÓN

¿Constituye la extensión de efectos de sentencias firmes del ámbito contencioso-administrativo un verdadero acto de administración de justicia? El dotar de una respuesta rotunda a esta pregunta se ha convertido en todo un reto. La herramienta procesal que recoge el artículo 110 de la Ley 29/1998, de 13 de julio, reguladora de la Jurisdicción Contencioso-administrativa (en adelante, LJCA) ha tenido, desde su entrada en vigor hace 25 años, unos objetivos claros: facilitar el acceso a la justicia administrativa en casos idénticos y luchar por conseguir una mayor eficacia en la administración de justicia. Recordemos que la exposición de motivos de la LJCA indicaba:

"Dos novedades importantes completan este capítulo de la Ley. La primera se refiere a la posibilidad de extender los efectos de una sentencia firme en materia de personal y en materia tributaria a personas distintas de las partes que se encuentren en situación idéntica. Aun regulada con la necesaria cautela, la apertura puede ahorrar la reiteración de múltiples procesos innecesarios contra los llamados actos en masa".

La posibilidad de su introducción como herramienta que pueda dar "una respuesta adaptada, eficaz y ágil a las pretensiones que se sustancien"[1] en el orden jurisdiccional civil ha hecho que, en los últimos tiempos, la extensión de efectos de sentencias firmes vuelva a estar en el centro del catálogo procedimental español.

A la hora de buscar sus fundamentos puede afirmarse que el derecho a la igualdad y la tutela judicial efectiva son los dos pilares básicos sobre los que se construye la institución de la extensión de efectos de sentencias firmes, una institución originariamente española pero que, por su utilidad, ha sido reproducida, en mayor o menor medida, en otros ordenamientos jurídicos como el colombiano o el portugués (extensión de jurisprudencia y *extensão dos efeitos da sentença*, respectivamente). Aunque presentan una gran similitud y beben de las mismas fuentes, ha de advertirse que la figura colombiana introducida en la Ley 1437 de 2011 por la cual se expedía el Código de Procedimiento Administrativo y de lo Contencioso Administrativo ha ido más allá, creando un nuevo tipo de extensión más perfeccionado y constitucional y evitando así algunas de las limitaciones de la extensión de efectos española. Como decíamos al principio de estas letras, la valoración de la figura es de por sí una tarea compleja y muestra de ello es el reciente ATS 4811/2023, de 20 de abril[2], que en su FJ II expone:

> "(...) La primera de esas circunstancias (la posibilidad de extensión de efectos de la resolución recurrida) es objetiva: nuestra Ley Jurisdiccional determina en los artículos 110 y 111 qué sentencias son susceptibles de extensión de efectos, de suerte que el órgano judicial que ha dictado la resolución que pretende recurrirse en casación puede comprobar que la misma reúne los requisitos que aquellos preceptos determinan objetivamente; ello, obviamente, sin perjuicio del control que, sobre tal actuación, corresponde efectuar a esta Sala al adoptar la decisión que corresponda sobre la admisión (o no) del recurso".

---

1 Así lo indicaba (por extensión) el Proyecto de Ley de medidas de eficiencia procesal del servicio público de Justicia en su exposición de motivos cuando se refería a la técnica del pleito testigo.

2 Téngase en cuenta que, para la cita de todas las resoluciones contenidas en este trabajo, se ha utilizado la base de datos del Centro de Documentación Judicial (CENDOJ) y para su identificación el código ROJ, es decir, el número de identificación de las mismas en el Repertorio Oficial de Jurisprudencia.

Así, esta comunicación tiene como objetivo exponer algunas de las luces y las sombras que siguen rodeando a esa figura procesal magnética que es la extensión de efectos de sentencias firmes del orden jurisdiccional contencioso-administrativo, sobre todo desde el punto de vista de otros ordenamientos jurídicos. No podemos olvidar que el actuar de las Administraciones Públicas bajo el principio de eficacia es un mandato constitucional recogido en el artículo 103 de nuestra norma fundamental que indica que:

> "La Administración Pública sirve con objetividad los intereses generales y actúa de acuerdo con los principios de eficacia, jerarquía, descentralización, desconcentración y coordinación, con sometimiento pleno a la ley y al Derecho".

2. LA BÚSQUEDA DE LA EFICACIA: POSIBLES MEJORAS A LA LUZ DEL DERECHO COMPARADO

La extensión de efectos de sentencias firmes recogida en el artículo 110 de la LJCA fue una novedad absoluta en el panorama procesal, puesto que quebraba el sistema tradicional de eficacia inter partes de las sentencias firmes. En su virtud, los efectos de una sentencia firme que reconozca una situación jurídica individualizada a favor de una o varias personas podrán extenderse a terceros siempre y cuando nos encontremos ante una situación comprendida en una de estas tres materias: materia tributaria, materia de personal al servicio de la Administración Pública o materia de unidad de mercado; y siempre que se cumplan una serie de requisitos de carácter procesal y material: que no exista cosa juzgada, que exista una identidad entre las situaciones jurídicas a comparar, que el juez o tribunal sentenciador sea también competente por razón del territorio, etc. De igual forma, debemos recordar también aquí que en el procedimiento administrativo el principio de eficacia ha de estar siempre presente, en función de lo establecido en el artículo 129.1 de la Ley 39/2015, de 1 de octubre, del Procedimiento Administrativo Común de las Administraciones Públicas, englobado dentro de los llamados principios de buena regulación:

> "En el ejercicio de la iniciativa legislativa y la potestad reglamentaria, las Administraciones Públicas actuarán de acuerdo con los principios de necesidad, eficacia, proporcionalidad, seguridad jurídica, transparencia, y eficiencia. En la exposición de motivos o en el preámbulo, según se trate, respectivamente, de anteproyectos de ley o de proyectos de reglamento, quedará suficientemente justificada su adecuación a dichos principios".

Como venimos mencionando, la extensión de efectos de sentencias firmes se creaba (junto a la herramienta del pleito testigo) para luchar contra la reiteración de múltiples procesos innecesarios llevados a cabo contra los llamados actos en masa o actos plúrimos y, de hecho, el auto resolutorio de las extensiones tiene una importancia suprema, pues permite acceder al recurso de casación a tenor de lo dispuesto en el artículo 86 LJCA. Sin embargo, el propio artículo 110 LJCA no limita, en su articulado, los actos administrativos susceptibles de recurso con potencial extensión, permitiendo que la sentencia obtenida frente a un acto administrativo no plúrimo pueda también ser extendida, dando lugar a que la propia eficacia pretendida se ponga en entredicho.

Frente a esta cuestión, ha de aludirse a la extensión de jurisprudencia colombiana que, en relación a su naturaleza jurídica, se acerca a la figura del precedente judicial del sistema anglosajón[3]. Resulta de especial interés la no reserva material que presenta la institución colombiana, siendo una limitación que bascula, más bien, hacia el tipo de resolución judicial susceptible de extensión. Mientras que en el sistema español lo normal es que sean las sentencias de los Juzgados de lo Contencioso-administrativo las que extiendan sus efectos, en el ordenamiento colombiano son las sentencias procedentes del tribunal que está en la cúspide de la pirámide judicial y que poseen la condición de sentencias de unificación jurisprudencial las únicas que pueden extenderse, logrando una armonización y homogeneización de criterios desde las instancias superiores lo que, a nuestro juicio, resulta más eficaz. Hipotéticamente, podríamos plantear que fuese la Sala Tercera del Tribunal Supremo la que extendiera los efectos de las sentencias, evitando así múltiples recursos a las extensiones que limitan o disminuyen la eficacia lograda con la aplicación de la figura.

De la misma forma, haciendo referencia a uno de los requisitos procedimentales, hemos de aludir al plazo que tiene el solicitante para poder pedir la extensión de efectos de las resoluciones judiciales. En Colombia, se establece un período negativo, ya que se puede pedir la extensión de jurisprudencia mientras que no haya caducado la pretensión judicial (aunque sí se establecen 30 días para activar el mecanismo del artículo 269). Sin embargo, en España el límite temporal viene determinado por el legislador, que considera que la solicitud de extensión de efectos de sentencias firmes solo podrá realizarse en el plazo de un año desde la última notificación de la sentencia a extender (con algunas excepciones derivadas de los casos de interposición de determinados recursos). A nuestro juicio, entendemos que la respuesta colombiana es

[3] Como recoge ISAZA CARDOZO: "El precedente se constituye entonces como una nueva forma de ver el derecho por parte de los ordenamientos jurídicos que se han sustentado tradicionalmente en el derecho continental o *civil law* y permite el nacimiento de figuras como la de la extensión de la jurisprudencia". Cfr. ISAZA CARDOZO, Germán Darío, "Hacia el rediseño del mecanismo de extensión de la jurisprudencia en Colombia: una propuesta desde el estudio de la fuerza del precedente constitucional", en *Vía Iuris,* (28), 13 -26, 2020, pág. 18.

más coherente con la eficacia procurada, ya que no limita las posibles solicitudes de extensión a un plazo concreto y general para todas las circunstancias, sino que dependerá del caso ante el que nos encontremos.

3. INTERPRETACIONES JUDICIALES: LA EXTENSIÓN DE EFECTOS DE SENTENCIAS FIRMES DESDE LA VISIÓN JUDICIAL

Son múltiples las interpretaciones relativas a la extensión de efectos de sentencias firmes que ha realizado nuestro Tribunal Supremo. Por ello, señalaremos algunas de las más concernientes a los aspectos a los que venimos aludiendo en esta comunicación.

En primer lugar, es destacable el ATS 12524/2017, de 21 de diciembre, que desestima un recurso de queja y pone de manifiesto la excepcionalidad del mecanismo de la extensión de efectos dentro del ordenamiento, al considerar que los pronunciamientos de este instrumento procesal poseen un efecto multiplicador que trasciende del caso concreto y que tiene la virtualidad de proyectarse sobre otros muchos, lo que tradicionalmente ha justificado que puedan tener acceso al recurso de casación los autos dictados en aplicación del artículo 110 LJCA.

Como segundo ejemplo de la perspectiva de la institución en los Tribunales, la STS 2333/2021, de 10 de junio, en su FJ IV indica:

> "(...)1. El incidente de extensión de efectos regulado en el artículo 110 de la LJCA evita tramitar por entero múltiples y repetitivos procedimientos cuando, concurriendo las exigencias materiales y procedimentales que prevé, un asunto esté ya resuelto por sentencia firme en la que se reconoce una situación jurídica individualizada. De darse esas circunstancias, el pronunciamiento precedente puede extenderse a otros administrados que lo soliciten y estén en idéntica situación. 2. Para que este incidente cumpla tal finalidad es preciso que la sentencia objeto de extensión sea conforme a Derecho. No se trata de erigir el incidente en una suerte de recurso de revisión contra una sentencia firme, inatacable e inmodificable, sino de evitar que un pronunciamiento contrario a Derecho se expanda".

Otra de las críticas que, habitualmente, ha recibido la institución en relación a su complejidad en la búsqueda de la eficiencia ha sido la necesidad de que la sentencia a extender debe reconocer una situación jurídica individualizada. Este ha sido el caso del ATS 10821/2023, de 19 de julio, donde se deniega la extensión de efectos en base a los siguientes motivos (FJ III):

> "Efectivamente, tal como observa el Abogado del Estado, no existe la identidad exigida por el art. 110.1.a) de la LJCA. La sentencia nº 1332/2021 se refería al Cuerpo de Delineantes de Hacienda en su conjunto, con la finalidad de determinar en qué grupo de los contemplados en el art. 76 del EBEP debe incluirse. La solicitud ahora examinada, en cambio, tiene que ver con un cuerpo de funcionarios diferente, cuya similitud con el Cuerpo de Delineantes de Hacienda habría

> de ser objeto de la prueba correspondiente. Esta sola consideración determina la inviabilidad de la extensión de efectos solicitada. A ello debe añadirse que en la sentencia nº 1332/2021, a diferencia de lo que aquí se solicita, no se pretendió el reconocimiento del derecho de una persona determinada, sino una declaración relativa al estatuto de todo un cuerpo de funcionarios".

A su vez, la sentencia SU-611 de 2017 de la Corte Constitucional colombiana expresaba:

> "(...) el trámite de extensión de jurisprudencia permite hacer extensible exclusivamente las sentencias de unificación proferidas por el Consejo de Estado para que, por un trámite especial y sumario, se pueda reclamar ante una autoridad administrativa el reconocimiento de un derecho en los mismos términos que ya lo ha dispuesto el órgano de cierre de la jurisdicción contenciosa. Ello, no significa un desconocimiento de la vinculación a la jurisprudencia constitucional, pues, en todo caso, el Consejo de Estado, como todas las autoridades judiciales y las autoridades administrativas, están vinculadas a la jurisprudencia constitucional, y sus actuaciones deben observar los lineamientos que esta Corporación ha fijado en relación con el contenido y alcance de las normas constitucionales. A partir de lo anterior, la figura de extensión de la jurisprudencia está sometida a una doble vinculación al precedente constitucional. En un primer momento, al proferirse la sentencia de unificación que, posteriormente, será invocada para el trámite de extensión, el Consejo de Estado debe observar el precedente constitucional y armonizar las normas aplicables al caso objeto de unificación con la jurisprudencia proferida por la Corte Constitucional. En un segundo momento, a la hora de adelantarse el trámite de extensión, tanto las autoridades administrativas como el Consejo de Estado, deberán aplicar las normas correspondientes con sujeción a la jurisprudencia constitucional".

En relación a las últimas actuaciones del legislador, deberemos estar a la espera de la interpretación que realicen nuestros tribunales en lo referente a la introducción del apartado quinto del artículo 56 LJCA, tras la modificación de la norma llevada a cabo por el artículo 224.2 del Real Decreto-ley 5/2023, de 28 de junio, por el que se adoptan y prorrogan determinadas medidas de respuesta a las consecuencias económicas y sociales de la Guerra de Ucrania, de apoyo a la reconstrucción de la isla de La Palma y a otras situaciones de vulnerabilidad; de transposición de Directivas de la Unión Europea en materia de modificaciones estructurales de sociedades mercantiles y conciliación de la vida familiar y la vida profesional de los progenitores y los cuidadores; y de ejecución y cumplimiento del Derecho de la Unión Europea. Se abre el debate si, en los términos en los que está redactado, el artículo 56 puede o debe aplicarse también a las solicitudes de extensión de efectos. Ya adelantamos que, a nuestro juicio, la respuesta ha de ser afirmativa.

4. A MODO DE CONCLUSIÓN

Como ha podido comprobarse, desde su entrada en los distintos ordenamientos jurídicos, la extensión de efectos de sentencias firmes ha vivido distintas etapas. No obstante, en los últimos tiempos las figuras que luchan por agilizar la justicia han cobrado una especial relevancia y, aunque de forma lenta, van mostrando poco a poco resultados beneficiosos, impulsadas, en gran medida, por la digitalización. En el Centro de Justicia Administrativa de la Universidad Autónoma de Madrid se llevó a cabo en 2022 una investigación empírica, creando una base de datos relativa a los procedimientos de extensión de efectos en la función pública, con la cual se pudo demostrar que la extensión de efectos se concedía solo en un 59,3% de los casos. Sin duda, el aumento de este porcentaje por la flexibilización de los requisitos de la extensión es uno de los objetivos a cumplir.

De todas formas, es innegable la importancia del derecho comparado para la mejora de las instituciones similares, constituyendo un verdadero ejemplo práctico de ello la extensión *ultra partem* de los efectos de las resoluciones judiciales.

BIBLIOGRAFÍA

DE DIEGO DÍEZ, Luis Alfredo, *Extensión de efectos y pleito testigo en la Jurisdicción Administrativa,* Cizur Menor (Navarra), Civitas, 2016.

DOMÍNGUEZ BARRAGÁN, María Luisa, "Historia y fundamentos de la extensión de efectos de sentencias firmes como figura procesal autónoma", en *Estudios de Deusto,* vol. 67, núm. 2, págs. 235-261, dic. 2019.

ISAZA CARDOZO, Germán Darío, "Hacia el rediseño del mecanismo de extensión de la jurisprudencia en Colombia: una propuesta desde el estudio de la fuerza del precedente constitucional", en *Vía Iuris,* (28), 13 -26, 2020.

MARTÍN CONTRERAS, Luis, *La extensión de efectos de una sentencia a terceros: el artículo 110 de la Ley reguladora de la Jurisdicción Contencioso- Administrativa,* Comares, Granada, 2010.

VARGAS FLORIÁN, Sandra Mercedes, "La fuerza vinculante de la jurisprudencia del Consejo de Estado", en *Iusta,* núm. 48, enero-junio, 2018.

Capítulo XXV:

Breve aproximación al "pleito testigo" y a su encaje en el proceso civil

MARTA GISBERT POMATA
Profesora Ordinaria de Derecho Procesal.
Universidad Pontificia de Comillas

Sumario: 1. Aproximación histórica. 2. Aproximación en el proceso civil. 3. Conclusión.

Resumen: La figura del procedimiento testigo existe ya en el orden contencioso administrativo (arts. 37.2 y 3 de la Ley de jurisdicción contencioso-administrativa). Se crea para buscar cauces que permitan agilizar la tramitación de los recursos masivos que tienen idéntico objeto en dicha jurisdicción. La existencia de esta figura procesal en la jurisdicción contencioso-administrativa, donde las relaciones se suscitan entre el litigante y la Administración, tiene un mejor encaje que en el resto de jurisdicciones donde se suceden entre particulares y, en concreto en el proceso civil, ha provocado que se dude del encaje constitucional de esta figura frente a la tutela judicial efectiva y el derecho de defensa.

1. APROXIMACIÓN HISTÓRICA

La figura del procedimiento testigo no es nueva en nuestro ordenamiento. En el orden contencioso administrativo se desarrolla en el artículo 37.2 y 3 de la Ley de jurisdicción contencioso-administrativa, ley 29/1998, de 13 de julio.

También, el procedimiento de sentencia piloto es una de las medidas adoptadas en el marco del proceso de reforma del sistema de protección del Convenio Europeo de Derechos Humanos (CEDH) para contribuir a la resolución de uno de los problemas que se identificaron inicialmente como más graves: el gran número de demandas individuales que tenían la misma causa estructural a nivel interno (los contenciosos repetitivos)[1].

---

1 Véase CACHO SÁNCHEZ, Yaelle, en "El procedimiento de sentencia piloto a examen: ¿sus efectos sobre el sistema europeo de protección de derechos humanos son transformadores, beneficiosos o perversos", *Revista de Derecho Comunitario Europeo,* nº 65, 2020, págs. 121-. Y el *Rapport explicatif, Protocole nº 14 à la Convention de sauvegar-*

Otros ordenamientos jurídicos, como el alemán[2] o el portugués[3], adoptan el mecanismo del proceso tipo o ejemplar, que consiste en la reunión de procesos pendientes sobre la misma cuestión de fondo ante un único tribunal.

En nuestro ordenamiento, el procedimiento testigo se crea para buscar cauces que permitan, ante la creciente preocupación por agilizar la tramitación de los recursos masivos que tienen idéntico objeto en la jurisdicción contencioso-administrativo, que el Juez o Tribunal suspenda la tramitación de los recursos que presenten esa identidad y resolver, con carácter preferente, uno o varios de ellos (*leader case*), pudiéndose aplicar los efectos de la primera o primeras sentencias resultantes a los demás casos en vía de ejecución o, eventualmente, podrían inducir al desistimiento de otros recursos[4].

Por tanto, la regulación que contiene el art. 37.2 LJCA condujo a la instauración del "procedimiento testigo" en nuestro ordenamiento, apelativo que responde a la idea de que un primer recurso va a configurarse como referente del futuro procesal del resto de asuntos que se hallen suspendidos y, por ende, de las partes afectadas por esa pendencia, praxis procesal que se configura como elemento sustancial de la estructura jurisdiccional de los países anglosajones, de honda raigambre y extendida utilización, favorecido claro está por las peculiaridades propias de un sistema de derecho que prima la exégesis emanada de los Tribunales sobre las compilaciones normativas[5]. Sin embargo, en los sistemas *common law*, la institución del *leading case* o, como también se conoce de manera coloquial, *landmark decisión*, no posee exactamente el mismo contenido ni profundidad que el contemplado en el art. 37.2 de nuestra Ley Jurisdiccional.

---

de des Droits de l'Homme et des Libertés fondamentales, amendant le système de contrôle de la Convention, párrs. 7 y 8.
Un sistema parecido, pero no propiamente la figura del pleito testigo, existe en el Tribunal Europeo de Derechos Humanos, es el llamado "well Stablished Case-Law» (WECL) o 'jurisprudencia bien establecida' para tratar los casos repetitivos de forma más simplificada (Protocolo No. 14, artículo 28.1.b). Los casos repetitivos son aquellos en los que la jurisprudencia del Tribunal está ya bien asentada o consolidada. Por ejemplo, aquellos referidos a reclamaciones por la demora en la tramitación de los procesos civiles, que constituyen más de un cuarto de los analizados por el Tribunal. Véase página oficial del Tribunal Europeo de Derechos Humanos: http://www.echr.coe.int/echr/Homepage_EN

2 Art. 93.a, del Código de la Jurisdicción Administrativa (Verwaltungsgerichtsordnung, VwGO) y art. 114 del Código de la Jurisdicción Social (SGG).

3 Art. 48 del Código de Procedimiento en los Tribunales Administrativos.

4 Apartado III de la Exposición de Motivos de la LJCA.

5 CANCIO FERNÁNDEZ, Raúl, Procedimiento testigo y extensión de efectos en materia tributaria: significado de su vinculación por vía remisoria", en *Revista Quincena Fiscal,* nº 13/2009 parte Estudios, edit. Aranzadi, 2009. BIB 2009\709.

En efecto, el *leading case o landmark decision* es el resultado lógico del sistema legal basado en el *Stare decisis.* En virtud de este principio los jueces han de decidir los casos del presente atendiendo a cómo se decidieron casos iguales o semejantes en el pasado. En sentido horizontal, el *stare decisis* fuerza la vinculación del juez a sus decisiones anteriores[6]. En sentido vertical, a las de los tribunales superiores que ejercen sobre ellos jurisdicción en apelación. En principio, los jueces no están obligados por precedentes establecidos por tribunales de su mismo rango, ni por los de tribunales de apelación sin jurisdicción sobre ellos. Por ello se suele distinguir entre precedentes vinculantes y precedentes persuasivos dependiendo de la relación que liga a unos tribunales con otros (un precedente obligatorio para unos tribunales será persuasivo para otros). Los únicos precedentes con fuerza obligatoria para todos los jueces son los que proceden del Tribunal Supremo (en el caso de los Estados Unidos, en materias de derecho federal)[7].

En nuestro ordenamiento, el Tribunal Supremo considera que la previsión del artículo 37.2 de la LJCA constituye, realmente, una alternativa a la acumulación de autos, sucesiva, por reunión de procesos, siendo el efecto propio de dicha acumulación, el que se siga en un solo procedimiento, dos o más procesos con idénticos objetos y que estos sean resueltos en una misma sentencia. Entre otras, la STS (Sala 3ª) de 15 de enero de 2007 añade a este planteamiento que "el efecto propio de dicha acumulación, en lo que al presente recurso importa, es seguir en un sólo *procedimiento* dos o más procesos cuyos objetos son idénticos y que se resuelven por una misma sentencia. Y, precisamente, para evitar los inconvenientes y complejidades que puede presentar dicho

---

6 BLASCO GASCÓ, Francisco de P., en "Comentario de la Sentencia del Tribunal Supremo de 11 de septiembre de 2009 Eficacia retroactiva y prospectiva del cambio de criterio jurisprudencial, en *Comentarios a las sentencias de unificación de doctrina: civil y mercantil,* Vol. 3, Dir. Mariano Izquierdo Tolsada, edit. Dykinson, Boletín Oficial del Estado y Colegio de Registradores de la Propiedad y Mercantiles de España, 2009, pág. 833.

7 CANCIO FERNÁNDEZ, Raúl, cit., lo expone así: "en su doble vertiente vertical y horizontal, a saber: la de configurar, en primer lugar, la decisión del órgano jurisdiccional superior como un mandato que los órganos inferiores no pueden revocar (binding precedent) y, en segundo término, estableciendo la posibilidad de que un tribunal pueda modificar su propia doctrina sólo por razones justificadas y motivadas y siempre en consonancia con las recientes decisiones de los órganos inferiores y de su mismo nivel (persuasive precedent), el procedimiento testigo del art. 37.2 LJCA tiene un rol puramente ritual, como mecanismo de estandarización de decisiones que afectan a recursos con idéntico objeto, que si bien incide sobre el fondo del asunto, lo hace desde el plano procesal y no desde la óptica de la sustantividad material". Se puede consultar, entre otros muchos, MAGALONI KERPEL, A.L., S*tare decisis y creación judicial de derecho (constitucional) A propósito de El precedente constitucional en el sistema judicial norteamericano,* McGraw Hill, Madrid, 2001.

tratamiento conjunto de pretensiones iguales y abordar la masificación procesal característica del actual recurso contencioso-administrativo, introduce la LJCA de 1998, en el capítulo dedicado a la acumulación, un instrumento procesal alternativo"[8] y, una vez se dicte sentencia del proceso preferente, se notifica a las partes de los procesos suspendidos, para que, a la vista del sentido del fallo y de sus fundamentos jurídicos se pueda pedir la extensión de sus efectos, solicitar la continuación del procedimiento o el desistimiento.

2. APROXIMACIÓN EN EL PROCESO CIVIL

En el marco del proceso civil, se viene haciendo frente a los "pleitos masa" con la regulación de los artículos 11 y concordantes de LEC[9], que no ha servido para tratar de modo eficiente los litigios de estas características o solo lo ha hecho de modo limitado y con una "primera técnica por la que apostó la judicatura para superar esas deficiencias, forzada por la necesidad de hacer frente a la avalancha de demandas por cláusulas suelo, y que ha consistido en concentrar procesos en serie ante algunos Juzgados de Primera Instancia con especialización funcional"[10].

---

8 Entre otras, véase también, STS de 4 diciembre 2006. RJ 2006\8253, añade: "al servicio de dichas finalidades, la Ley permite al Juez o Tribunal, ante el que pende una pluralidad de recursos con idéntico objeto, en lugar de acumularlos, elegir uno o varios «procesos testigos» (Leader case) para tramitarlos con carácter preferente, suspendiendo el curso de los demás hasta que dicte sentencia en aquél o aquellos".

9 ORTELLS RAMOS, Manuel, "Proceso colectivo, procesos en serie y proceso testigo. Jueces y CGPJ ante los litigios civiles en masa", *Revista General de Derecho Procesal,* nº 54, 2021: "La actitud de la judicatura ante los litigios civiles en masa ha determinado una peculiar evolución de los instrumentos adecuados para tratarlos de modo eficiente. El régimen de la LEC no ha sido (tal vez porque no ha podido ser) aplicado para satisfacer suficientemente las necesidades de protección de una pluralidad de derechos individuales lesionados por una causa común. Una avalancha de demandas individuales sobre cláusulas abusivas en contratos de préstamo con garantía hipotecaria amenazó la capacidad de respuesta del sistema judicial. El CGPJ optó por proteger al conjunto del sistema con el cortafuego de concentrar la competencia sobre tales demandas en un solo juzgado por provincia. Estos juzgados han estimado más del noventa por cien de tales demandas. Esta constatación ha sugerido que es conveniente establecer una técnica que elimine o reduzca la carga de trabajo y los costes de la tramitación separada de litigios cuya resolución acaba por ser igual en un porcentaje tan elevado. Con este fin, el CGPJ ha propuesto regular el proceso testigo en materia civil y modificar la regulación de la extensión de efectos de determinadas sentencias".

10 El CGPJ, ante el colapso judicial que supuso la multitud de demandas presentadas sobre las denominadas en la materia, circunstancia que ha ido en beneficio del principio de seguridad jurídica. Se puede consultar en https://www.poderjudicial.es/cgpj/es/Poder-Judicial/En-Portada/El-CGPJ-da-por-concluido-el-plan-de-espe-

Y llevamos ya un tiempo en el que se viene hablando de que, para afrontar adecuadamente la ya mencionada litigación en masa, se debe incorporar el procedimiento testigo a la jurisdicción civil y mercantil que se encuentra colapsada, en parte, por dicha litigación. Se trata de demandas y patrones de litigación que se presentan en gran número y que, además, suelen ser prácticamente idénticas salvo en la determinación de la parte activa. Esta litigación en masa se produce principalmente en procedimientos que afectan a consumidores, tráfico aéreo, clausulas bancarias y algunas materias propias del derecho de competencia[11]. El CGPJ, en "Medidas organizativas y procesales para el Plan de Choque en la Administración de Justicia tras el estado de alarma", adoptado por el Consejo General del Poder Judicial, en fecha de 6 de mayo de 2020, en "II. Medidas del bloque Civil", incluye, en la medida 2.15, la *implantación del "pleito testigo" en la jurisdicción civil, limitado a condiciones generales de la contratación. Su finalidad sería i*ncrementar la capacidad resolutiva judicial en materia de condiciones generales de la contratación[12].

Siguiendo con esta línea, se quiso incorporar esta figura al ordenamiento procesal civil en el Proyecto de Ley de Medidas de Eficiencia Procesal del Servicio Público de Justicia, de 22 de abril de 2022, buscando dotar de nuevas herramientas a los órganos jurisdiccionales, así como a los justiciables, que permitiese dar una respuesta adaptada, eficaz y ágil a las pretensiones que se sustancien en el particular ámbito al que nos referimos[13]. El CGPJ en su Informe al Anteproyecto de Ley (parágrafo nº 358), se mostró partidario de esta incorporación al proceso civil: "Es loable, sin duda, el designio del prelegislador de introducir en el proceso civil este tipo de procedimiento, de eficacia sobradamente contrastada en el procedimiento contencioso-administrativo".

La propuesta de regulación la realizaba en un nuevo artículo 438 ter LEC, que se insertaba como una especialidad del juicio verbal, modificándose tam-

---

cializacion-en-clausulas-abusivas-en-20-juzgados-gracias-a-la-notable-disminucion-de-asuntos-pendientes.

11 FERNÁNDEZ SEIJO, Jose María, en "Notas sobre los llamados pleitos "testigo" y su encaje en la ley de enjuiciamiento civil. Una posible solución procesal a la litigación en masa en tiempos de crisis", en *Revista Aranzadi Doctrinal*, nº. 7, 2020.

12 El CGPJ abrió un debate, en el que participaron diversas instituciones y entidades, cuyo resultado se plasmó en el documento mencionado.

13 La Exposición de Motivos del Proyecto de Ley lo justificaba diciendo: "es una realidad el gran problema que, desde múltiples puntos de vista, ha provocado en la Administración de Justicia la litigación en masa en materia de condiciones generales de la contratación. El enorme volumen de asuntos que se deriva de ella ha desembocado, en algunos casos, en un auténtico colapso de los órganos judiciales, provocando importantes disfunciones en la respuesta de la Administración de Justicia ante esta situación, hecho que provoca una merma de confianza de los ciudadanos en el funcionamiento de sus instituciones".

bién el artículo 250.1 LEC, añadiéndose el inciso 14º para remitir a este procedimiento la tramitación de las demandas en que se ejercitasen acciones individuales relativas a condiciones generales de contratación en los casos previstos en la legislación sobre esta materia.

En ese mismo Proyecto de Ley se regulaba la "extensión de efectos de la sentencia" (art. 519 LEC según redacción dada por el Proyecto de Ley), figura procesal con la que se asocia el pleito testigo y, a veces. Y en la propia Exposición de motivos del Proyecto de Ley el legislador se ocupó de conceptualizar ambas figuras (pág. 18): "el procedimiento testigo, entendiendo por tal aquél en el que uno o varios procedimientos judiciales iniciados quedan suspendidos, por una decisión judicial, hasta la firmeza de la sentencia dictada en el procedimiento preferente. Y una vez firme, se concede a las partes la posibilidad de reanudar el pleito, de desistir del mismo, o de acudir a una vía rápida de extensión de efectos. De otro lado, la extensión de efectos supone que los efectos de una resolución judicial firme puedan extenderse a otras personas que no han iniciado un procedimiento judicial, siempre que se encuentren en una situación jurídica individualizada con identidad sustancial a la reconocida por sentencia firme". Es decir, busca establecer una especie de precedente, pero directamente aplicable. La idea en la extensión de efectos es que el consumidor la pueda pedir en un juzgado de su domicilio, citando cualquiera de las sentencias que hayan sido declaradas firmes y que guarden identidad con su reclamación. Se trataría de instar una ejecución ante el mismo juzgado que haya dictado una sentencia firme, pidiendo que se le extiendan los efectos de la sentencia, posteriormente, abierto un incidente, se le daría traslado a la ejecutada, resolviendo el juez si concede tal extensión [14]. Si lo hace, se evita el procedimiento declarativo, todo ello sin perjuicio del eventual recurso de apelación por la ejecutada. Si se rechaza, podrá presentarse demanda declarativa.

Hecha esta aclaración, es importante mencionar que la experiencia existente en la jurisdicción contencioso-administrativa del pleito testigo muestra que debido a la concurrencia de una jurisprudencia restrictiva y una utilización muchas veces abusiva de la regulación legal de esta figura, no se han logrado los objetivos que se pretendían, habiendo quedado convertido en una solución no solo inoperante sino incluso generadora de más litigiosidad con la consiguiente sobrecarga judicial. El pleito testigo, lejos de conseguir la anhelada disminución en el número de recursos, los ha incrementado en todas las instancias al abrir el debate sobre los requisitos y consecuencias de su aplicación, por ejemplo: dificultad de establecer la identidad sustantiva y

---

14 Como expone PÉREZ GARCÍA PATRÓN, David, en "Diálogos para el futuro judicial. III. Cláusulas abusivas y litigación de consumo", *Diario La Ley*, n.o 9640, 26 de mayo de 2020.

procesal; concurrencia con la cosa juzgada; qué sucede si la sentencia que se pretende extender es contraria a la jurisprudencia; definición del régimen de recursos en cuanto a si es posible revisar solo la identidad o puede entrarse en fondo del asunto, etc[15].

Si bien, hay que señalar que resulta más factible, a priori, la existencia de esta figura procesal en la jurisdicción contencioso-administrativa donde las relaciones se suscitan entre el litigante y la Administración, que en el resto de jurisdicciones donde se suceden entre particulares. Pudiera pensarse que la implantación de este sistema en el orden civil podría vulnerar el derecho de defensa en cada caso concreto ya que no estaríamos en presencia de un acto administrativo único y con la misma fundamentación frente a una pluralidad de administrados.

Está claro que los sistemas procesales civiles de corte continental, como el nuestro, se basan en el principio de la autonomía de la voluntad y de oportunidad, y que es evidente que las instituciones procesales civiles (como la capacidad, la legitimación o la cosa juzgada) se articulan sobre la idea de un individuo que reclama frente a otro, no teniendo cabida en dichas estructuras tradicionales, al menos en principio, la litigación en masa de la que venimos tratando. No obstante, es cierto que la realidad nos va superando, y cada vez surgen más situaciones donde los perjudicados son un numeroso grupo de personas, determinables o no, que evidentemente no pueden verse privados del acceso a la justicia, amparándose en la insuficiencia del sistema individua-

---

15 Véase el Informe del Ilustre Colegio de Abogados de Madrid a la "consulta pública sobre el anteproyecto de ley de medidas procesales, tecnológicas, y de implantación de medios de solución de diferencias", https://web.icam.es/wp-ontent/uploads/2021/05/RESPUESTA-A-CONSULTA-P%C3%9ABLICA-APYL-MEDIDAS-PROCESALES-TECNOL%C3%93GICAS-Y-ADRS.doc.pdf (última consulta 9-12-2022), pág. 26.
También la Comisión General de Codificación, Sección Especial para la reforma de la Ley de la Jurisdicción Contencioso-Administrativa, en el Informe explicativo y propuesta de anteproyecto de ley de eficiencia de la Jurisdicción Contencioso-Administrativa, Ministerio de Justicia, Madrid, 2013, p. 53, deja claro que "el resultado final es que, lejos de disminuir, el número de recursos se ha incrementado en todas las instancias y también se ha multiplicado el número de recursos de casación que se pronuncian sobre temas referidos a la extensión de efectos, llegando a generar cientos de sentencias del Tribunal Supremo que han congestionado algunas secciones". Véase también el Informe Explicativo y propuesta de Anteproyecto de Ley de Eficiencia de la Jurisdicción Contencioso-Administrativa, https://www.mjusticia.gob.es/es/AreaTematica/ActividadLegislativa/Documents/1292430803259Informe explicativo y propuesta de anteproyecto de ley de eficiencia de la Jurisdiccion Contencioso.PDF, pág. 53.

lista que inspira nuestros principios informadores del proceso civil para dar respuesta a estas nuevas realidades[16].

Esto ha provocado que se dude del encaje constitucional de esta figura frente a la tutela judicial efectiva y el derecho de defensa. Se podría plantear que el litigante que ve suspendido su proceso tendrá que ser un espectador pasivo de cómo se decide un asunto idéntico al suyo en otro proceso (el pleito testigo), sin posibilidad de defenderse ni de intervenir en modo alguno. Y se añade que, si finalmente la sentencia fuese desestimatoria, afectará directamente a sus derechos al estar ya prejuzgado su caso. Se pone así, en tela de juicio, el derecho a articular su propia defensa del asunto, sin estar sometido a la que plantee el abogado del caso elegido como proceso testigo. Y, también, el derecho a no ver prejuzgadas sus pretensiones por las sentencias dictadas en procesos defendidos por abogados que quizás no fueran los más idóneos. Si bien, frente a este planteamiento, se podría articular otros contrarios que consideren que ni el derecho a la igualdad, ni el derecho de defensa, ni tampoco el derecho a la tutela judicial se ven comprometidos en el diseño del pleito testigo. En primer lugar, a nadie le debería extrañar que, una vez enjuiciado un asunto por un órgano judicial, si tiene que enfrentarse a otro con idéntico objeto, la respuesta sea la misma; sobre todo si los argumentos de defensa no varían. Eso es lo que cabe esperar de un juez coherente. Se trata precisamente de no vulnerar el principio de igualdad en la aplicación de la ley[17]. De hecho, un cambio de criterio exigiría una especial motivación al respecto como expone, entre otras, la STC 8/1981 y STC 67/2008. Sin carácter exhaustivo, la STC 145/1997, de 15 de septiembre dice que el cambio de criterio es constitucionalmente posible cuando es consciente, reflexivo y con criterios generalizables; y la STC 132/ 1997, de 15 de julio señala que no se puede entorpecer

---

16 PLANCHADELL GARGALLO, Andrea y JUAN Y MATEU, Fernando, en "La Ley alemana de 16 de agosto de 2005 sobre el" proceso-modelo" para los inversores en mercados de capitales: (Kapitalanleger-Musterverfahrensgesetz)", en *Revista de derecho de sociedades*, edit. Aranzadi, 2006, nº 27, págs. 213-236, pág. 225.

17 Véase, sobre esta segunda postura, DE DIEGO DÍEZ, Luis Alfredo, "El pleito testigo", *Revista Aranzadi Doctrinal*, 2012, BIB 2017/1114, pág. 15 y BLASCO ESTEVE, Avelino, en "Comentarios a la Ley de la Jurisdicción Contencioso-Administrativa de 1998" (artículo 37), en *Revista Española de Derecho Administrativo*, núm. 100 (extraordinario), 1998, pág. 365. En el sentido de ver difícil encaje constitucional de esta figura, véase, GONZÁLEZ PÉREZ, Jesús, en *Comentarios a la Ley de la Jurisdicción Contencioso-Administrativa*, 8.ª ed., Civitas-Thomson Reuters, Cizur Menor (Navarra), 2016, pág. 502; GÓMEZ-FERRER MORANT, Rafael, "Comentarios a la Ley de la Jurisdicción Contencioso-Administrativa de 1998" (artículo 111), en *Revista Española de Derecho Administrativo*, núm. 100 (extraordinario), 1998, págs. 794-795; y ALFONSO PÉREZ ANDRÉS, Antonio, *Los efectos de las sentencias de la jurisdicción contencioso administrativa*, edit. Aranzadi, 2000, págs. 298-301.

la necesaria evolución de la jurisprudencia y que el principio de igualdad en aplicación de la ley circunscribe su virtualidad al ámbito normativo, se limita a eventuales desigualdades en la aplicación de la norma y a la modificación arbitraria por el mismo órgano judicial de su precedente en cuanto línea jurisprudencial que constituye doctrina consolidada (STC 63/1984).

3. CONCLUSIÓN

La implantación del procedimiento testigo en el orden civil parte ya con ciertos reparos que se han manifestado en el orden contencioso-administrativo y que aquí podrían agravarse y si se decide incorporar a nuestro ordenamiento procesal civil, se debe tener muy presente el derecho a la tutela judicial efectiva y el derecho de defensa.

BIBLIOGRAFÍA

ALFONSO PÉREZ, Antonio, *Los efectos de las sentencias de la jurisdicción contencioso administrativa,* edit. Aranzadi, 2000.

BLASCO ESTEVE, Avelino, en "Comentarios a la Ley de la Jurisdicción Contencioso-Administrativa de 1998" (artículo 37), en *Revista Española de Derecho Administrativo,* núm. 100 (extraordinario), 1998.

BLASCO GASCÓ, Francisco de P., en "Comentario de la Sentencia del Tribunal Supremo de 11 de septiembre de 2009 Eficacia retroactiva y prospectiva del cambio de criterio jurisprudencial, en *Comentarios a las sentencias de unificación de doctrina: civil y mercantil,* Vol. 3, Dir. Mariano Izquierdo Tolsada, edit. Dykinson, Boletín Oficial del Estado y Colegio de Registradores de la Propiedad y Mercantiles de España, 2009, pág. 829-861.

CACHO SÁNCHEZ, Yaelle, en "El procedimiento de sentencia piloto a examen: ¿sus efectos sobre el sistema europeo de protección de derechos humanos son transformadores, beneficiosos o perversos", *Revista de Derecho Comunitario Europeo,* nº 65, 2020, págs. 121-.

CANCIO FERNÁNDEZ, Raúl, Procedimiento testigo y extensión de efectos en materia tributaria: significado de su vinculación por vía remisoria", en *Revista Quincena Fiscal,* nº 13/2009 parte Estudios, edit. Aranzadi, 2009. BIB 2009\709.

DE DIEGO DÍEZ, Luis Alfredo, "El pleito testigo", *Revista Aranzadi Doctrinal,* 2012, BIB 2017/1114.

FERNÁNDEZ SEIJO, Jose María, en "Notas sobre los llamados pleitos "testigo" y su encaje en la ley de enjuiciamiento civil. Una posible solución procesal a la litigación en masa en tiempos de crisis", en *Revista Aranzadi Doctrinal,* nº. 7, 2020.

GÓMEZ-FERRER MORANT, Rafael, "Comentarios a la Ley de la Jurisdicción Contencioso-Administrativa de 1998" (artículo 111), en *Revista Española de Derecho Administrativo,* núm. 100 (extraordinario), 1998.

GONZÁLEZ PÉREZ, Jesús, en *Comentarios a la Ley de la Jurisdicción Contencioso-Administrativa,* 8.ª ed., Civitas-Thomson Reuters, Cizur Menor (Navarra), 2016.

MAGALONI KERPEL, A.L., S*tare decisis y creación judicial de derecho (constitucional) A propósito de El precedente constitucional en el sistema judicial norteamericano,* McGraw Hill, Madrid, 2001.

ORTELLS RAMOS, Manuel, "Proceso colectivo, procesos en serie y proceso testigo. Jueces y CGPJ ante los litigios civiles en masa", *Revista General de Derecho Procesal,* nº 54, 2021.

PLANCHADELL GARGALLO, Andrea y JUAN Y MATEU, Fernando, en "La Ley alemana de 16 de agosto de 2005 sobre el" proceso-modelo" para los inversores en mercados de capitales: (Kapitalanleger-Musterverfahrensgesetz)", en *Revista de derecho de sociedades,* edit. Aranzadi, 2006, nº 27, pags. 213-236.

PÉREZ GARCÍA PATRÓN, David, en "Diálogos para el futuro judicial. III. Cláusulas abusivas y litigación de consumo", *Diario La Ley,* n.o 9640, 26 de mayo de 2020.

Capítulo XXVI:

La extensión de los efectos de la sentencia en la tutela de consumidores y usuarios: Acciones colectivas y procedimiento testigo, ¿dos vías incompatibles?

CHRISTA M. MADRID BOQUÍN
Profesora Ayudante Doctora de Derecho Procesal.
Universitat Jaume I

Sumario: 1. Introducción.- 1. Los efectos extensivos de las sentencias referidas a la tutela de consumidores y usuarios: regulación actual.- 3. El procedimiento testigo y la extensión de sus efectos: una propuesta *de lege ferenda*.- 4. Conclusiones.

Resumen: El procedimiento testigo propuesto en el Proyecto de Ley de medidas de eficiencia procesal del servicio público de Justicia busca mejorar la tutela de consumidores y usuarios con relación a aquellas pretensiones basadas en las condiciones generales de contratación. Es una herramienta procesal que permitiría tutelar una multitud de demandas con identidad objetiva planteadas en este ámbito, así como puede serlo también la iniciación de un proceso basado en una acción colectiva. Analizamos, con relación a estas dos posibilidades, los efectos extensivos de la sentencia para poder tener en cuenta este factor al optar entre una u otra vía procesal.

1. INTRODUCCIÓN

Como ya es conocido, en la LEC se recoge la tutela procesal destinada a proteger los derechos e intereses de consumidores y usuarios[1]; una materia demostradamente relevante hoy en día debido a los numerosos tipos y a la ingente cantidad de relaciones comerciales que se establecen en nuestra sociedad, determinadas por la libertad económica y la economía de libre mercado.

1 Esta contribución ha sido realizada en el marco del proyecto de investigación "Acciones colectivas y acceso a la justicia: reflexiones para una necesaria reforma", financiado por la Universitat Jaume I (Ref.: UJI-B2021-19, IP: Andrea Planchadell Gargallo).

En nuestra LEC del año 2000, el legislador renunció a configurar un proceso especial para este tipo de casos, ya sea que se tratase de acciones individuales o de acciones colectivas, tal como se explica en el numeral VII de su Preámbulo, y optó más bien por configurar una serie de especialidades procesales que afectan tanto a los presupuestos procesales (competencia, capacidad, legitimación, postulación) como a la acumulación de procesos, los efectos de la sentencia y las facultades de las partes en fase de ejecución, entre otras.

Asimismo, cabe destacar cómo la tutela de los consumidores y usuarios se ve enormemente determinada por la normativa de la Unión Europea, que poco a poco se va trasponiendo e incorporando al ordenamiento nacional[2]. En este sentido, la regulación de la tutela de consumidores y usuarios, individual y colectiva, se ve configurada en un maremágnum de leyes, especialmente de índole sustantiva, pero que también afectan al ámbito procesal y, consecuentemente, al ejercicio del constitucional derecho a la tutela judicial efectiva.

Entre las propuestas *de lege ferenda* más recientes y relevantes encontramos el Anteproyecto de Ley de acciones de representación para la protección de los intereses colectivos de los consumidores, con el cual se busca trasponer la Directiva (UE) 2020/1828 del Parlamento Europeo y del Consejo, de 25 de noviembre de 2020, relativa a las acciones de representación para la protección de los intereses colectivos de los consumidores, y por la que se deroga la Directiva 2009/22/CE. Paralelamente, podemos destacar el Proyecto de Ley de medidas de eficiencia procesal del servicio público de Justicia (Proyecto de Ley 121/000097) que, entre otras cosas, viene a regular la posibilidad de aplicar el denominado "procedimiento testigo" en el ámbito procesal civil, concretamente para tutelar las pretensiones derivadas de acciones individuales relativas a condiciones generales de contratación, que se sustanciarán a través del juicio verbal.

En estas páginas nos vamos a centrar precisamente en esta última propuesta para poder explicar, de forma sucinta pero clara, qué es el procedimiento testigo, en qué supuestos puede aplicarse, si tiene alguna relación con los intereses colectivos de consumidores y usuarios y las acciones colectivas, los efectos extensivos que tendrá la sentencia testigo y, en fin, cómo ello podría beneficiar la tutela judicial de consumidores y usuarios, también considerada desde el punto de vista de la eficiencia procesal.

---

2 Como explica MOLLAR PIQUER, M. P., *La prueba en el proceso de consumidores y usuarios,* Tirant lo Blanch, Valencia, 2019, pp. 17 y 18.

2. LOS EFECTOS EXTENSIVOS DE LAS SENTENCIAS REFERIDAS A LA TUTELA DE CONSUMIDORES Y USUARIOS: REGULACIÓN ACTUAL

En la legislación procesal vigente, este particular viene regulado de forma especial en los artículos 221, 222 y 519 LEC, que distinguen diferentes efectos para la sentencia dependiendo del tipo de pretensión o intereses que se hayan tutelado en cada caso, que podrían ser individuales, colectivos o difusos.

Como punto de partida para analizar los efectos de la sentencia, debemos recordar la configuración del proceso civil conforme a una serie de principios, concretamente el principio de oportunidad y el principio dispositivo, que derivan de la autonomía de la voluntad de las partes, y el principio de contradicción[3]. En aplicación de estos, un instrumento como las acciones colectivas vendrá a *facilitar* la tutela de grupos -más o menos grandes y más o menos determinados- de consumidores o usuarios, pero no se podría pretender la aplicación *imperativa* de una sentencia dictada en un proceso "ajeno" a un afectado que no haya sido parte en el mismo y que, sencillamente, no haya ejercido su derecho de acción con relación a una situación jurídica decidida en aquel proceso celebrado entre terceros. En otras palabras, para que una situación jurídica sea tutelada en un proceso civil dispositivo, será necesario que la persona afectada inste esa tutela (principio de oportunidad y de justicia rogada), pudiendo participar en la configuración del proceso, defendiendo sus intereses (principios dispositivos y de contradicción), ya sea en fase declarativa o, si no, al menos en la ejecución. En esta línea, la LEC parece rehusarse a extender los efectos de una sentencia dictada en el ámbito de la protección de consumidores y usuarios a terceras personas afectadas que sencillamente no hayan pretendido la tutela judicial de la situación en cuestión.

Al contrario, sí se facilita alguna vía para extender los efectos de dichas sentencias a aquellas personas afectadas que, aún no habiendo sido partes en el proceso declarativo, lo soliciten en la etapa ejecutiva, siempre y cuando se cumplan los presupuestos y requisitos determinados en la LEC.

De acuerdo con los artículos 221 y 519 LEC, los efectos de las sentencias dictadas en los procesos promovidos para la protección de consumidores o usuarios variarán en función del tipo de acción y de los intereses tutelados en el proceso[4]. Así pues, en primer lugar, en el caso de las acciones individuales

---

3 Sobre estos principios y su aplicación en las acciones colectivas ahonda PLANCHADELL GARGALLO, A., "La consecución de la tutela judicial efectiva en la litigación colectiva", en *InDret. Revista para el análisis del Derecho,* No. 4, 2015.

4 Con relación a los efectos de las sentencias dictadas en los procesos para la tutela de consumidores y usuarios, vid. PLANCHADELL GARGALLO, A., Las "acciones colectivas" en el ordenamiento jurídico español, Tirant lo Blanch, Valencia, 2014, pp. 203 y ss.; PÉREZ MARÍN, M. A., "La protección de los derechos de los consumidores a

o bien cuando se hubieren personado consumidores determinados, la sentencia se pronunciará expresamente sobre sus pretensiones y sus efectos recaerán sobre esas personas particularmente (art. 221.1.3ª LEC). Estos casos, la tutela prevista en la sentencia puede referirse tanto a acciones individuales como a aquellas promovidas por grupos de consumidores (no asociaciones) que gozan de capacidad y legitimación conforme a los artículos 6.1.7º y 11.2 LEC.

En segundo lugar, cuando se trate de intereses colectivos -es decir, que existe un grupo de personas determinado o fácilmente determinable[5]- y la demanda haya sido interpuesta por una asociación de consumidores o usuarios legitimada, la sentencia estimatoria determinará individualmente a los consumidores y usuarios beneficiados por la misma. Si la determinación individual no fuera posible, por las particularidades del caso, deberán indicarse los datos, características y requisitos necesarios para poder exigir el pago o, en su caso, instar la ejecución o intervenir en ella (art. 221.1.1ª LEC). Se trata, en estos casos, de condenas dinerarias o de condenas de hacer, de no hacer o de dar cosa específica o genérica.

Adicionalmente, detalla la LEC, que cuando la sentencia declare ilícita o no conforme a la ley alguna actividad o conducta, se deberá determinar si dicha declaración ha de surtir efectos procesales no limitados a quienes hayan sido partes en el proceso correspondiente (art. 221.1.3ª). En este sentido, los efectos de esta declaración podrán extenderse a terceros, si así lo determina la resolución judicial.

En tercer lugar, el artículo 519 LEC, referido a la acción ejecutiva de consumidores y usuarios, se pronuncia con relación a aquellas sentencias condenatorias, dictadas en procesos instados por una asociación legitimada, que no hayan determinado individualmente a las personas beneficiadas. En estos casos, la ejecución puede ser instada por la asociación demandante o por el Ministerio Fiscal, pero además podría ser solicitada por los beneficiarios "indeterminados pero determinables" de la sentencia. En este último supuesto, el o los interesados comparecerán con su solicitud ante el tribunal competente, el cual, tras haber dado audiencia al condenado y a las demás partes procesales, dictará un auto resolviendo si según los datos, características y requisitos establecidos en la sentencia, se reconoce a el o los solicitantes como beneficiarios de la condena. En caso de reconocer tal condición, será este auto junto con su testimonio el documento que constituirá el título ejecutivo que permitirá a los beneficiados iniciar el proceso de ejecución. Consideramos

través del pleito testigo o la ilusión del legislador", Revista General de Derecho Procesal, No. 60, 2023.

5 Sobre la distinción entre intereses colectivos y difusos y los respectivos tipos de legitimación, vid. GÓMEZ COLOMER, J. L./ BARONA VILAR, S. (coords.), *Proceso civil. Derecho Procesal II,* 3ª ed., Tirant lo Blanch, Valencia, 2023, pp. 111-114.

que estos supuestos podrían referirse a sentencias que protejan tanto intereses colectivos (si hay un grupo de usuarios determinables) como intereses difusos (si es un grupo indeterminado o difícilmente determinable, pero la demanda ha sido interpuesta por una asociación legitimada según el art. 11. 3 LEC).

En síntesis y a modo de resumen podemos indicar que la sentencia afectará, como regla general y preferente, a consumidores y usuarios determinados. No obstante, si la naturaleza de la pretensión ejercida no ha permitido realizar durante el proceso esa determinación, la sentencia indicará datos, características o requisitos que permitan identificar a las personas beneficiadas, mismos que se verificarán al ejecutar la sentencia. En consecuencia, una persona afectada por los hechos que fueron objeto de la sentencia y que resulte beneficiada por la misma, podrá pedir la ejecución o sumarse a la ejecución ya instada por otra parte legitimada, para así obtener de la tutela judicial dispensada en esa sentencia. Sea como sea, para que haya tutela judicial en estos casos, será indispensable la actuación de la persona interesada, que deberá intervenir en el proceso declarativo o en el proceso ejecutivo, conforme a los principios de oportunidad y dispositivo.

3. EL PROCEDIMIENTO TESTIGO Y LA EXTENSIÓN DE SUS EFECTOS: UNA PROPUESTA *DE LEGE FERENDA*

El Proyecto de Ley de medidas de eficiencia procesal del servicio público de justicia (PLMEP) proponía una serie de reformas a la LEC con el objeto de "adaptar su regulación a las necesidades actuales, con la finalidad de agilizar alguno de sus trámites, reforzar las garantías de sus procesos y adaptarla tanto a las necesidades de la sociedad actual como a las de la propia Administración de Justicia" (número V de la exposición de motivos).

En el ámbito de la tutela procesal de consumidores y usuarios, reconoce que un grave problema se ha derivado de la litigación en masa en materia de condiciones generales de la contratación, ya que el enorme volumen de asuntos planteados en sede judicial ha provocado el colapso de los órganos jurisdiccionales, su disfuncionalidad y, por tanto, la falta de confianza de los ciudadanos[6]. Se plantea como una herramienta novedosa, tanto para los tribunales como para los justiciables, la incorporación de los llamados "procedimientos testigo", que permitirán dar una respuesta adaptada, eficaz y ágil a las pretensiones que se susciten en dicho campo.

---

6 En cuanto a las complicaciones surgidas en este ámbito, ORTELLS RAMOS, M., "Proceso colectivo, procesos en serie y proceso testigo. Jueces y CGPJ ante los litigios civiles en masa", Revista General de Derecho Procesal, No. 54, 2021.

Esta figura, que ya se ha venido aplicando en la jurisdicción contecioso-administrativa, busca dar respuesta a demandas con identidad sustancial de objeto, sin necesidad de tramitar todas ellas. Así pues, por propuesta del Letrado de la Administración de Justicia –que controla los requisitos de admisibilidad de las diferentes demandas– o bien por iniciativa de alguna de las partes procesales, se permite al órgano judicial elegir un procedimiento que se tramitará con carácter preferente (el procedimiento testigo), suspendiendo el curso de los demás procedimientos en los que se aprecie la identidad de objetos. Una vez que se dicte sentencia firme en el caso designado como testigo, se requerirá a los afectados por los procedimientos suspendidos para que opten entre solicitar la extensión de los efectos de la sentencia de referencia a su caso, pedir la reanudación de su procedimiento o desistir del mismo[7].

De acuerdo con el PLMEP, con la incorporación de los procedimientos testigo "se evitará la tramitación simultánea o sucesiva de procedimientos judiciales sustancialmente idénticos en aras de garantizar un principio de economía procesal concebido de una manera mucho más amplia" (número V de la exposición de motivos).

Los presupuestos necesarios para la aplicación del sistema de procedimiento testigo incluyen[8]: (1) que se trate de acciones individuales relativas a las condiciones generales de contratación, (2) que las condiciones generales de contratación cuestionadas tengan "identidad sustancial" y (3) que no sea preciso realizar un control de transparencia de la cláusula ni valorar la existencia de vicios en el consentimiento del contratante.

Adicionalmente, el PLMEP propone una reforma al artículo 519 LEC que vendría a incorporar algunos apartados adicionales para regular los presupuestos necesarios para extender los efectos de la "sentencia testigo" a los demás procesos con identidad sustancial de la pretensión, que hubiesen sido suspendidos a la espera de la tramitación del proceso de referencia. En estos casos, para lograr la extensión de los efectos de la sentencia y además de los tres presupuestos recogidos en el párrafo anterior, será también necesario (4) que se trate del mismo demandado o de quien le suceda en su posición y (5) que el órgano sentenciador o competente para la ejecución de la sentencia cuyos efectos se pretende extender fuera también competente, por razón de

---

7 Con relación a estas tres vías, vid. ACHÓN BRUÑÉN, M. J., "Futuras reformas legales que afectan a pleitos con consumidores y usuarios: especial referencia a la extensión de efectos y al "pelito testigo" en los procesos de nulidad de cláusulas abusivas", Diario La Ley, No. 12225, 2020.

8 Analiza los presupuestos del procedimiento testigo, ARIZA COLMENAREJO, M. J., "Efectos de las resoluciones dictadas en procesos colectivos y el llamado proceso testigo", en ROMERO PRADAS, M. I. (dir.), *Hacia una tutela efectiva de consumidores y usuarios,* Tirant lo Blanch, Valencia, 2022, pp. 755 y ss.

territorio, para conocer de la pretensión. Además, se indica como requisito procedimental (6) que la solicitud deberá formularse en el plazo máximo de un año desde la firmeza de la sentencia del procedimiento testigo.

4. CONCLUSIONES

Según hemos podido apreciar en las breves páginas que anteceden, el procedimiento testigo se refiere necesariamente a acciones individuales relativas a condiciones generales de contratación, nunca a acciones colectivas. Es más, podemos concluir que este tipo de procedimiento es incompatible con las acciones colectivas, de manera que una sentencia dictada en un procedimiento testigo no podría extender sus efectos a un subsiguiente proceso colectivo y, al contrario, un proceso basado en una acción colectiva no podría servir de "testigo" para extender sus efectos conforme a las reglas explicadas en el apartado anterior.

Por tanto, el procedimiento testigo y la acción colectiva se tratan de herramientas diferenciadas, entre las cuales tendrá que decidir el grupo de consumidores y usuarios afectados (en estos casos, por cuestiones relativas a las condiciones generales de contratación), conforme a los principios de oportunidad y dispositivo que, como hemos dicho, configuran estos procesos civiles. Dependerá de las circunstancias del caso (o de los casos) la elección individual o grupal de optar entre una u otra vía.

Con relación al procedimiento testigo será imperativo que se delimiten adecuadamente los presupuestos, sobre todo para que quede claro cómo determinar la "identidad sustancial" que debe apreciarse entre los objetos de los diferentes procesos afectados, y ello tanto en el proceso declarativo, cuando se decide elegir un caso preferente y suspender los demás, como en el ejecutivo, al extender los efectos de la sentencia referente a las otras pretensiones[9]. Esto será necesario para la correcta aplicación del procedimiento testigo, para facilitar realmente el trabajo a los tribunales (conforme al componente de eficiencia procesal pretendido) y para proporcionar seguridad jurídica a los justiciables. De lo contrario, la confusión que se puede generar provocaría el peligro de suspender una multitud de procesos, a la espera de que se dicte la sentencia firme en el proceso testigo, y que posteriormente, al verificarse en ejecución que no se cumplían los presupuestos necesarios, terminen celebrándose los juicios declarativos suspendidos, con el consiguiente retraso

---

9 Coincidimos en este sentido con las observaciones realizadas por PÉREZ MARÍN, M. A., "La protección de los derechos de los consumidores a través del pleito testigo o la ilusión del legislador", cit., realizadas en las conclusiones de dicho artículo.

que implicaría para las partes en la consecución de su tutela judicial y además habiéndose acumulado igualmente el trabajo para los órganos judiciales.

En general valoramos positivamente la idea de incorporar el proceso testigo, que podría, si es bien entendido, reducir el número de procesos con pretensiones sustancialmente idénticas, dando una respuesta eficiente a los consumidores y usuarios afectados, posiblemente más rápida e igualmente efectiva. En todo caso, destacamos la importancia de que se respete la libertad de los afectados con relación al ejercicio de su derecho de acción, permitiéndoles solicitar u objetar la aplicación del sistema testigo a su caso particular.

Con todo ello, al momento de escribir estas líneas continúa siendo incierto el futuro del PLMEP y, en esta línea, consideramos que un reto importante para la próxima legislatura será armonizar las diferentes leyes que se refieran a la tutela de consumidores y usuarios, ya sea que se trata de acciones individuales o colectivas, de iniciativas nacionales o europeas, así como los demás instrumentos procesales que a estos efectos se puedan ir perfeccionando. Como hemos sostenido en ocasiones anteriores, es necesario buscar un balance entre lo novedoso y lo tradicional, entre la Administración de Justicia y la función jurisdiccional constitucional, de manera que la tutela judicial no sea solamente *eficiente*, sino que, ante todo, sea *efectiva*.

BIBLIOGRAFÍA

ACHÓN BRUÑÉN, M. J., "Futuras reformas legales que afectan a pleitos con consumidores y usuarios: especial referencia a la extensión de efectos y al "pelito testigo" en los procesos de nulidad de cláusulas abusivas", *Diario La Ley,* No. 12225, 2020

ARIZA COLMENAREJO, M. J., "Efectos de las resoluciones dictadas en procesos colectivos y el llamado proceso testigo", en ROMERO PRADAS, M. I. (dir.), *Hacia una tutela efectiva de consumidores y usuarios,* Tirant lo Blanch, Valencia, 2022, pp. 755-784

GÓMEZ COLOMER, J. L./ BARONA VILAR, S. (coords.), *Proceso civil. Derecho Procesal II,* 3ª ed., Tirant lo Blanch, Valencia, 2023

MOLLAR PIQUER, M. P., *La prueba en el proceso de consumidores y usuarios,* Tirant lo Blanch, Valencia, 2019

ORTELLS RAMOS, M., "Proceso colectivo, procesos en serie y proceso testigo. Jueces y CGPJ ante los litigios civiles en masa", *Revista General de Derecho Procesal,* No. 54, 2021

PÉREZ MARÍN, M. A., "La protección de los derechos de los consumidores a través del pleito testigo o la ilusión del legislador", *Revista General de Derecho Procesal,* No. 60, 2023

PLANCHADELL GARGALLO, A., *Las "acciones colectivas" en el ordenamiento jurídico español,* Tirant lo Blanch, Valencia, 2014

PLANCHADELL GARGALLO, A., "La consecución de la tutela judicial efectiva en la litigación colectiva", en *InDret. Revista para el análisis del Derecho,* No. 4, 2015

Capítulo XXVII:

El pleito testigo en el orden jurisdiccional civil y la extensión de efectos de la sentencia[1]

BEGOÑA VIDAL FERNÁNDEZ
Profesora Titular de Derecho Procesal.
IEE - Universidad de Valladolid

Resumen: Abandonado el proyecto de ley de eficiencia procesal que contemplaba la introducción en el proceso civil del pleito testigo y la extensión de los defectos de sus pronunciamientos finales, y abandonada esta propuesta en el Real Decreto-ley 5/2023 que lo sustituyó, se ha abierto la posibilidad de analizar ambos instrumentos jurídicos sin sujeción a ninguna redacción legal, ni siquiera provisional. El presente trabajo asume el modelo vigente en el orden jurisdiccional contencioso-administrativo, lo confronta con otros posibles instrumentos legalmente previstos para abordar la litigiosidad civil en masa, y plantea las posibilidades (y las dificultades) de su traslación al proceso civil.

1. INTRODUCCIÓN

El fallido proyecto de ley de eficiencia procesal[2] preveía la modificación de la LEC para introducir en el proceso civil, entre otras muchas técnicas, dos

[1] Trabajo realizado en el marco del Proyecto de investigación del plan estatal "El Derecho Procesal civil y penal desde la perspectiva de la Unión Europea: la consolidación del Espacio de Libertad, Seguridad y Justicia (Ref. PID2021-124027NB-I00)", financiado por MCIN/ AEI / 10.13039/501100011033 / FEDER, UE.

[2] Cuya tramitación se vio abruptamente paralizada por la disolución de las Cortes Generales, y de cuyo contenido se han recuperado aquellas disposiciones consideradas inaplazables por el Real Decreto Ley 5/2023, que no incluye ni el procedimiento testigo ni la extensión de efectos de las sentencias así dictadas en el orden jurisdiccional civil. En cambio, sí que se introducen modificaciones para mejorar la eficiencia del

institutos como medidas de eficiencia procesal frente al colapso provocado por los litigios masivos: el procedimiento testigo y la extensión de efectos de las sentencias[3]. Esta propuesta ya fue presentada por el CGPJ en su plan de choque para la Justicia[4], resultado de los debates celebrados entre los llamados a afrontar los colapsos de los tribunales, los jueces y juezas, quienes están a favor de que la pretensión procesal de cada afectado pueda ser tratado en

---

pleito testigo en el orden contencioso-administrativo, ya existente, y que "curiosamente no estaban contempladas en el proyecto de ley de eficiencia procesal" (Martín Valero, A.I. (2023), "Las reformas introducidas en la Ley de la Jurisdicción Contencioso Administrativa por el Real Decreto-ley 5/2023", *Actualidad Administrativa,* nº 9, septiembre 2023. LA LEY, donde critica el alcance tan reducido de la modificación operada por esta norma que no resuelve uno de los principales motivos de su ineficiencia, como es la deficiente regulación de la tramitación de los recursos suspendidos una vez se ha dictado resolución definitiva en el pleito testigo, y que es lo que ocurría también en la versión preparada para el proceso civil).

3 Como resalta Ortells Ramos ("Proceso colectivo, proceso en serie y proceso testigo. Jueces y CGPJ ante los litigios civiles en masa", *Revista General de Derecho Procesal,* 54 (2021), espec. p.12-13), el precedente de esta solución se encuentra en un anterior Real Decreto-ley 1/2017 que estableció un procedimiento extrajudicial voluntario para las reclamaciones de consumidores derivadas de cláusulas suelto en contratos de préstamo o de crédito garantizados con hipoteca inmobiliaria. Dicha solución apartó de los tribunales un elevado número de pleitos, pero otra cantidad aún mayor seguían pendientes. La aportación más interesante de esta norma fue la determinación de un número de juzgados para conocer de manera exclusiva y no excluyente de las demandas en materia de condiciones generales incluidas en contratos de préstamos con garantías reales inmobiliarias destinados a personas físicas. La parte más valorada de esta solución era su flexibilidad, pues permitía hacer frente a una avalancha de demandas con el mismo objeto procesal y su reducción o desaparición cuando así ocurra, con la demanda específica de tutela que justificó la especialización de estos juzgados. Además, con ello se creaba un "cortafuegos" que impedía que se extendiera la sobrecarga a todos los órganos jurisdiccionales con competencia en esa materia (Ortells Ramos (2021), cit., pp.13-14). De hecho, informa este autor que desde su puesta en marcha en 2017 hasta 2020, estos juzgados recibieron 570.789 asuntos que de este modo no se expandieron a los juzgados de primera instancia (Ortells Ramos (2021), cit. p. 17).

4 De nuevo informa Ortells Ramos ((2021) cit., espec. p. 18), que estos debates se recogieron en las conclusiones de las XXVIII Jornadas Nacionales de Juezas y Jueces Decanos de España, celebradas en Melilla 15-17 octubre de 2018, con las que "urgieron" a instar reformas procesales para afrontar los pleitos masa, aludiendo expresamente al pleito testigo y a la extensión de efectos de estas sentencias. El CGPJ plasmó las propuestas debatidas en su documento sobre *Medidas organizativas y procesales para el plan de choque en la administración de justicia tras el estado de alarma".* En ellos se puso de manifiesto que ni los jueces ni los abogados se han mostrado nunca muy partidarios de que en un único procedimiento se tramiten varias pretensiones, aquellos por el incremento de la complejidad de la tramitación y éstos por el cálculo de honorarios sobre un único número de referencia de asuntos (Ortells Ramos (2021) cit., p. 15).

un procedimiento propio y diferente, de ahí que no hayan sido proclives a facilitar otra vía de salida como es la acumulación objetivo-subjetiva de pretensiones.

En general se destaca por la doctrina que se trata de trasladar al proceso civil unos instrumentos que ya han demostrado su eficacia en el ámbito contencioso-administrativo, los litigios contra la Administración, donde el crecimiento del sector público ha provocado que se planteen reclamaciones prácticamente idénticas cuando un número indeterminado de ciudadanos se vean simultáneamente afectados de modo similar en sus respectivas esferas jurídicas por una misma actuación administrativa[5].

2. ANÁLISIS DE LA EVENTUAL INTRODUCCIÓN DEL PLEITO TESTIGO Y LA EXTENSIÓN DE EFECTOS DE LA SENTENCIA EN EL PROCESO CIVIL

2.1. Litigación en masa: instrumentos jurídicos para hacer frente a la litigación en masa.

Al hablar de "litigación en masa" hacemos referencia, con Fernández Seijo[6], a la tendencia creciente a presentar demandas clonadas en las que lo que se cambia son los datos de los demandantes, que se producen en procedimientos de consumidores, de tráfico aéreo y materias propias del derecho de la competencia, y en las que se litiga bien a través de plataformas o bien por medio de demandas modelo que se distribuyen por las redes sociales.

En principio, parecía que nuestra legislación procesal civil contaba con instrumentos suficientes para satisfacer la petición de tutelas judiciales colectivas, o las peticiones colectivas de tutelas judiciales individuales conexas, pero como destaca Ortells Ramos, las expectativas quedaron decepcionadas en la

---

5 Noya Ferreiro, L. (2019), "Extensión de efectos de la sentencia y el pleito testigo. ¿Una apuesta por la eficacia?", *Revista española de Derecho Administrativo.* Núm. 200 (Julio-Septiembre 2019).: "A nadie se le oculta el incremento, en los últimos tiempos, de pleitos con objeto idéntico, al pretender la anulación, con todas sus consecuencias en la esfera individual del sujeto, de actos o actuaciones que afectan a un número amplio de personas. Tanto las actuaciones derivadas de la aplicación de normativas propias de la función pública, como del ámbito tributario, dan lugar a numerosas reclamaciones que requieren una pronta respuesta evitando resoluciones contradictorias que deriven en situaciones de desigualdad...".

6 Fernández Seijo, J.Mª (2020), "Notas sobre los llamados pleitos "testigo" y su encaje en la ley de enjuiciamiento civil", *Revista Aranzadi Doctrinal.* Número 7 (Julio 2020).

situación de los litigios derivados de las clausulas suelo en contratos de préstamo con garantía hipotecaria[7]. La respuesta a la litigación en masa puede venir a través de diferentes instrumentos jurídicos.

2.2. Aclarando conceptos cercanos o con finalidades afines

2.2.1. Legitimación colectiva y acciones de representación.

La tutela judicial colectiva en el proceso civil está contemplada para la protección de los intereses de los consumidores a través de la llamada acción de cesación o pretensión de condena a dejar de realizar una conducta ilícita lesionadora de los derechos e intereses de los consumidores, y prohibir su repetición en el futuro, pero también a través de la legitimación colectiva para la petición de tutelas individuales y/o colectivas[8]. Sin embargo, como se ha resaltado *supra*, la experiencia española con los procesos colectivos no ha sido positiva, y ello es debido, según apunta Fernández Seijo[9], a las ambigüedades del diseño legal y las consecuencias que se han derivado de ello. Recuerda Pérez Marín[10] que la regulación vigente no permite aplicar directamente a los consumidores que no intervinieron en el proceso el pronunciamiento que resuelve una pretensión de tutela colectiva, sin perjuicio de que sí puedan solicitar la ejecución de la sentencia "como beneficiarios de la condena", según establece el art. 519 LEC.

2.2.2. Acumulación de pretensiones o de procesos.

El fenómeno de la acumulación significa utilizar el cauce procedimental de un proceso para sustanciar varias pretensiones, es decir que a lo largo del procedimiento los actos son únicos pero su contenido es múltiple, porque cada uno de ellos se refiere a varias pretensiones. Siendo la pretensión el

---

7 Ortells Ramos (2021), p. 6. A través de la jurisprudencia mediática del momento, el autor señala cómo la regulación de los arts. 11 y concordantes de la LEC fue incapaz de dar respuesta a la necesidad de un cauce específico para tratar en un único procedimiento varias pretensiones individuales conexas, haciendo inevitable la concurrencia de demandas separadas a tramitar en procedimientos diferentes (op.cit., p. 10).

8 Con los requisitos establecidos en los arts. 11 y 15 LEC. Vid. Ortells Ramos (2021), cit., pp. 3-5.

9 Fernández Seijo, J.Mª (2020), "Notas sobre los llamados pleitos "testigo"..., cit.

10 Pérez Marín, Mª A., (2023), "La protección de los derechos de los consumidores a través del pleito testigo o la ilusión del legislador", *Revista General de Derecho Procesal 60 (2023)*, p.6.

objeto del proceso, habiendo pluralidad de pretensiones hay una pluralidad de procesos, aunque el procedimiento sea único. Hay varios objetos procesales que exigen varios pronunciamientos, cada pretensión su propio pronunciamiento. La acumulación tiene como efectos que todas las pretensiones se discuten en un mismo procedimiento y se resuelven en la misma sentencia, pero con tantos pronunciamientos como pretensiones se han sustanciado. El problema que plantea es la mayor complejidad y duración de la tramitación. Las razones que la justifican son fundamentalmente dos: economía procesal y evitar resoluciones contradictorias.

Cabe distinguir la acumulación de acciones (o acumulación inicial de pretensiones) y la acumulación de procesos. Para que se acuerde la acumulación de acciones es preciso cumplir con el requisito de la conexidad de las pretensiones a acumular[11]: la coincidencia de alguno de los 3 requisitos de las pretensiones (si coinciden los tres no hay conexidad sino identidad, y en esta situación un proceso excluye al otro). Cuando el nexo son los sujetos (acumulación objetiva) basta con que las pretensiones no sean incompatibles entre sí. Cuando el nexo es uno de los elementos objetivos de la pretensión (acumulación objetivo-subjetiva) el vínculo tiene que producirse en la causa de pedir, y viene dado por tratarse de los mismos hechos. Y además es preciso que el tribunal que va a conocer de las pretensiones acumuladas sea competente por razón de la materia o de la cuantía[12]. La acumulación de procesos[13] significa la reconducción a un procedimiento único de 2 o más procesos pendientes y con tramitaciones independientes hasta ese momento, resolviéndose en una sentencia. La razón que predomina en este caso es el interés de la Justicia de evitar fallos contradictorios. Ha de solicitarse ante el tribunal que esté conociendo del proceso más antiguo, y solo mientras esté en primera instancia. La LEC establece que procede siempre en los procesos para la protección de los derechos e intereses difusos o colectivos[14].

2.2.3. Sentencia piloto.

El sistema de sentencias piloto ha sido utilizado y desarrollado por el TEDH para hacer frente al colapso que ha venido padeciendo desde finales del siglo XX, fundamentalmente por la avalancha de demandas contra el mismo Estado parte alegando la misma vulneración de un precepto del Convenio, lo que

---

11 Art. 72.1 LEC.
12 Art. 73.1.1º LEC.
13 Arts. 74 a 98 LEC.
14 Art. 76 LEC.

el tribunal ha denominado "demandas repetitivas"[15] por lo que en principio aparece como un instrumento jurídico apto para hacer frente con mayor eficiencia a la litigación en masa en el proceso civil. Pero es de destacar que, en este ámbito supraestatal, ha trasmutado su naturaleza al automatizar la extensión de la resolución a todos los casos "repetitivos". De modo que, lo que era una resolución judicial, que consiste en aplicar el derecho al caso concreto, adquiere una dimensión legislativa de solución general y abstracta[16]. Y, en este sentido, "tienen la virtud de utilizar un enfoque general... y puede servir de instrumento para valorar las prioridades legislativas... de un Estado"[17].

Se pone de manifiesto que una de las consecuencias de esta técnica es la tendencia a la objetivación de los objetos litigiosos, con la "consiguiente desafección del tribunal por el derecho subjetivo individual"[18]. Y este puede ser uno de los riesgos de su aplicación en los litigios privados, con una eventual vulneración de derechos fundamentales procesales.

2.2.4. Pleito testigo y extensión de efectos de la sentencia.

El pleito testigo conlleva la paralización temporal de varios procedimientos sustancialmente idénticos de modo que quedan en situación de letargo[19] has-

---

15 Sobre la aparición, regulación, aplicación y efectos de este procedimiento vid. Queralt Jiménez, A. (2018), "Las sentencias piloto como ejemplo paradigmático de la transformación del Tribunal Europeo de Derechos Humanos", *UNED. Teoría y Realidad Constitucional*, núm. 42. Sintetiza el funcionamiento: "cuando el tribunal recibe un número significativo de demandas que se deriven de la misma causa, podrá decidir seleccionar una o varias de ellas y darles una tramitación prioritaria. Al estudiar el caso o casos seleccionados, tratará de lograrse una solución que pueda extenderse más allá del caso o casos estudiados, de modo que abarque todos los asuntos similares, esto es, que plantean el mismo problema de base, tanto presentes como futuros" (pág. 406). Vid. asimismo Abrisketa Uriarte, J. (2013), "Las sentencias piloto: el Tribunal Europeo de Derechos Humanos, de juez a legislador", *Revista Española de Derecho Internacional (REDI)*, vol. LXV/1 enero-junio 2013.

16 Vid. Queralt Jiménez (2018), cit: "las sentencias piloto son tomadas por el Tribunal como un instrumento que atañe a todo el sistema europeo de garantías y, por ello, cuando dicta una de estas sentencias da cuenta de ello al Comité de Ministros, a la Asamblea Parlamentaria del Consejo de Europa, el Secretario General del Consejo de Europa y al Comisario para los Derechos Humanos del Consejo de Europa. De esta forma, pretende ponerse el acento sobre la base estructural de la vulneración del Convenio, elemento que necesita en muchas ocasiones, de la concurrencia de diferentes actores para su reversión" (p.408).

17 Abrisketa Uriarte (2013), cit., p. 97.

18 Expresión de Abrisketa Uriarte, J. (2013), cit., p.74.

19 Perea González, A. (2020), "Hacer generalidad de la singularidad: pleito testigo y extensión de efectos ¿Una nueva tutela del conflicto privado?", Diario La Ley, Nº 9676,

ta que se resuelve el procedimiento guía o testigo. Se trata de una técnica para ahorrar trámites estériles, no procesos[20], que plantea las siguientes cuestiones problemáticas: la determinación de la identidad del objeto de los procedimientos, el número de casos necesarios para proceder a aplicarla y suspender los que están a la espera de la sentencia-testigo, y la necesidad de establecer el procedimiento de tramitación preferente de este procedimiento testigo[21].

Como puntualiza Pérez Marín[22], la relevancia del pleito testigo no reside en sí mismo sino en que representa la vía para acceder a la extensión del fallo de la sentencia dictada. Por ello debería exigirse que en el momento de acordarse la tramitación del proceso testigo, se valore también la concurrencia de las condiciones de extensión de efectos[23]. Aunque parezca que la extensión de efectos de la sentencia es una consecuencia lógica de la existencia del pleito testigo, se trata de dos institutos distintos que pueden ser aplicados con independencia uno del otro[24]. Esta extensión de efectos provoca la fuerza expansiva de un pronunciamiento ya firme. En la regulación actual de la LEC no está prevista la extensión de la sentencia dictada para resolver una situación individual, a otra situación individual, y carece de cauce. Solamente está prevista la extensión de un pronunciamiento en una situación de tutela colectiva para defensa de intereses difusos a una individual, pero no al contrario ni de individual a individual[25]. Como apunta López Gil, esta extensión debe ser

---

Sección Plan de Choque de la Justicia, 17 de Julio de 2020.

20 Pérez García-Patrón, "Diálogos para el futuro judicial III. Cláusulas abusivas y litigación de consumo", *Diario La Ley* nº 9640 de 26 de mayo de 2020.

21 Identificadas por Perea González, A. (2020), cit.

22 Pérez Marín, Mª A., (2023), cit., p. 30.

23 Pérez Marín, Mª A., (2023), cit., p. 32.

24 Vid. López Gil, M. (2023), "El pleito testigo y la extensión de efectos de las sentencias en el proceso de consumidores", Ponencia presentada en las VIII Jornadas de la Asociación de Profesores de Derecho Procesal "Proceso y Garantías" celebradas en las Palmas de Gran Canaria, el 26 y 27 de abril de 2023. Cuando la decisión no sea favorable, podrá tramitarse un pleito testigo que no irá seguido de una petición de extensión de efectos de dicha resolución, y también puede suceder que se prevea la posibilidad de solicitar la extensión de efectos de una sentencia en un asunto para el que no se ha iniciado previamente ningún proceso declarativo. La solicitud de extensión de los efectos de una sentencia testigo puede realizarla no solo los demandantes de los procesos suspendidos, sino también cualquiera que considere que se encuentra en la misma situación que quien obtuvo la sentencia que se solicita aplicar, aunque no haya litigado, e incluso quien inició un proceso con un objeto sustancialmente idéntico y no fue suspendido, pero desiste del mismo. La autora pone de manifiesto en su trabajo las incoherencias de la regulación prevista en el non-nato proyecto de ley de eficiencia procesal.

25 Pérez Marín, Mª A., (2023), "La protección de los derechos de los consumidores a través del pleito testigo o la ilusión del legislador", cit., pp.10-11.

accesible a quienes están en la misma situación jurídica pero su caso no ha sido juzgado y su solicitud no ha sido denegada con anterioridad[26].

2.3. Características del pleito testigo y de la extensión de efectos de la sentencia

Partimos de la definición del *pleito testigo* recogida del Dictamen del Consejo de Estado[27], como una "vía orientada a dar respuesta a demandas con identidad sustancial de objeto sin necesidad de tramitarlas todas", en la que se sigue un procedimiento con carácter preferente y se suspende el curso de los demás en los que da aquella identidad, y una vez firme la sentencia dictada en el procedimiento tramitado con preferencia o testigo, los interesados afectados por la suspensión pueden solicitar bien la extensión de los efectos de la sentencia de referencia, bien continuar el procedimiento suspendido o bien desistir del mismo. El perjuicio que inicialmente puede suponer la paralización del proceso se verá compensado con la posibilidad de solicitar la aplicación de la sentencia dictada en el proceso testigo cuando les interese.

Presupuesto para la aplicación del pleito testigo es la existencia de una demanda cuyas pretensiones han sido objeto de procedimientos anteriores por otros litigantes[28]. Esta condición plantea la cuestión de que para que el tribunal lo sepa solo puede tratarse de demandas presentadas ante el mismo órgano. Si no es así y se han presentado demandas ante diferentes tribunales, entonces aparecerán múltiples pleitos testigo en diversos lugares. Ortells Ramos encuentra la solución a esta situación acudiendo al Derecho alemán, donde el instrumento para coordinar estos procesos consiste en un registro electrónico que publica las pretensiones deducidas en el pleito testigo junto con el tribunal que conoce del mismo[29]. Y es requisito para su aplicación que el proceso que se tramita con carácter preferente tenga un objeto sustancialmente idéntico a los de los que quedan en suspenso[30].

---

[26] López Gil, M. (2023) cit. "Echo de menos la inexistencia de cosa juzgada que debería operar como causa de denegación de la extensión de efectos ya sea porque el solicitante inició un proceso declarativo que finalizó con una sentencia firme contraria a sus intereses como para aquel a quien se le negó la extensión de efectos en un previo incidente de extensión".

[27] Consejo de Estado (2022). *Dictamen sobre el Anteproyecto de ley de medidas de eficiencia procesal del servicio público de Justicia*, p. 114.

[28] Ortells Ramos, M. (2021), cit., p.20.

[29] Ortells Ramos, M. (2021), cit., pp. 22-23.

[30] No se va a entrar a considerar este requisito por extralimitarse ampliamente del objeto de esta comunicación. Baste recordar que la identidad de objetos procesales conlleva que uno de los procesos excluye al otro (por litispendencia o por cosa juzgada, depende del momento procesal).

2.4. Aplicación del pleito testigo en el orden jurisdiccional civil

En general es valorada positivamente la idea de introducir en el proceso civil este instrumento, "de eficacia sobradamente contrastada en el proceso contencioso-administrativo"[31], pero simultáneamente se destacan los reparos sobre su adecuación y sobre su eficacia en un proceso en el que se ventilan derechos privados, o se reclama que se aproveche la ocasión para extenderlo a otros ámbitos que presentan la misma problemática de litigiosidad masiva, y a los procedimientos pendientes en otros juzgados[32].

Está constatado que en muchas ocasiones los demandantes en estos tipos de pleitos utilizan demandas o plantillas idénticas o similares porque esta litigación está gestionada por un reducido número de despachos por medio de plataformas informáticas con herramientas de inteligencia artificial, que desemboca en la tramitación homogénea de un importante número de demandas. En estas circunstancias el pleito testigo puede ser más eficaz que los instrumentos actualmente contemplados en la LEC[33].

Las críticas a esta solución, compuesta del procedimiento testigo acompañado de la extensión de efectos de la sentencia en un proceso civil, son también numerosas. Se critica el tratamiento privilegiado de las partes del proceso seleccionado como testigo, frente a los demás que se ven congelados y además no pueden hacer uso de otras estrategias distintas a las diseñadas por los actores de la demanda testigo, vulnerando su derecho fundamental a las pruebas pertinentes y en general al debido proceso. Tanto el demandante como el demandado del proceso dependiente tiene interés en saber qué proceso va a ser identificado como testigo, y en saber cuál ha sido y va a ser la calidad de la defensa técnica de las partes[34].

Las costas pueden ser una cuestión problemática si se utilizan como instrumento de política legislativa. El Proyecto de ley de eficiencia procesal posibilitaba la no imposición de costas al demandado aunque se hubiera estimado las pretensiones del actor que decide continuar el proceso suspendido, con el fin de incentivar la extensión de efectos de la sentencia, pero que en la

---

31 Consejo General del Poder Judicial (2021). Pleno. *Informe sobre el anteproyecto de ley de medidas de eficiencia procesal al servicio público de justicia.* Párrafo 358. Igualmente, el Consejo Fiscal ((2022). *Informe del Consejo Fiscal al Anteproyecto de ley de medidas de eficiencia procesal del servicio público de Justicia,* p. 48), la considera "acertada y eficaz". En la doctrina destacamos a Fernández Seijo, J.Mª (2020), "Notas sobre los llamados pleitos "testigo" y su encaje en la ley de enjuiciamiento civil", cit.

32 Consejo Fiscal (2022). *Informe del Consejo Fiscal al Anteproyecto de ley de medidas de eficiencia...*, cit., p. 49.

33 En este sentido Fernández Seijo, J.Mª (2020), cit.

34 Ortells Ramos. M., (2021), cit., p.27.

práctica no parece tener mucha virtualidad[35]. Además, primar al demandado vencido en perjuicio del actor no parecía conciliable con los arts. 14 y 24 de la Constitución[36].

3. CONCLUSIONES

En general, admitida la necesidad de incrementar los medios jurídicos que hagan más eficaz la Justicia civil, la doctrina busca como encajar instrumentos como el pleito testigo y la extensión de efectos del pronunciamiento testigo en el proceso civil. La diferente naturaleza de los intereses en juego en el proceso contencioso-administrativo y en el civil hace muy dificultoso todo trasvase de soluciones. Hay que recordar que la raíz del contencioso civil se encuentra en un acto o negocio jurídico mientras que el administrativo está en una norma abstracta y pública[37]. El pleito testigo es un instrumento que tiene sentido en la litigación contra la Administración, en el orden jurisdiccional contencioso-administrativo, en el que la demanda ("recurso") se presenta contra un acto de la Administración, es un proceso a un acto, lo que se enjuicia es el acto, y se traduce en que con una única vez el resultado es válido para todas las ocasiones en las que se ha aplicado ese acto.

En lo civil, lo que está en juicio en un pleito son intereses individuales. Cuando un mismo bien jurídico que es objeto de litigio interesa a diversos individuos, el proceso civil puede ser un proceso colectivo en el que se pueden sustanciar acciones colectivas o acciones de representación. Cuando son varias las demandas que se presentan vinculadas entre sí por conexiones en la causa de pedir o fundamentación, el ordenamiento jurídico prevé su tramitación conjunta y simultánea mediante la acumulación de los procesos.

No veo factible, porque va en contra de los principios esenciales del proceso civil, aplicar automáticamente la solución pronunciada en un litigio determinado a los demás que comparten identidades parciales en las pretensiones, porque los procesos civiles no son procesos a un acto, sino de conflictos de intereses entre partes contrapuestas. Aunque se pretenda limitar su aplicación a

---

35 Consejo de Estado (2022). *Dictamen sobre el Anteproyecto de ley de medidas de eficiencia...* cit., p.115

36 Consejo General del Poder Judicial (2021). Pleno. *Informe sobre el anteproyecto* ... cit., párrafo 381.

37 Mientras que el origen del contencioso civil está en el tráfico privado, el del administrativo está en la actuación pública (Perea González, A. (2020), cit.) No obstante, el autor está a favor de tal incorporación sobre el argumento de que la ley debe facilitar y estimular la resolución eficaz de conflictos, y en relación con esta finalidad ambos instrumentos han demostrado su eficacia.

determinadas categorías de asuntos como los relativos a las condiciones generales abusivas y transparentes incluidas en los contratos con los consumidores, lo cierto es que, si bien dichas condiciones se contienen de modo genérico, su aplicación no es genérica, sino que la propia exigencia de transparencia las convierte en cláusulas aplicadas individualmente y no de modo abstracto y general, en cada uno de los contratos que se firman bilateralmente con cada uno de los consumidores contratantes. Una de las exigencias más importantes del proceso civil es el respeto de la igualdad de las partes litigantes y no discriminación entre los impetrantes de la tutela judicial.

Por otro lado, los requisitos que permiten el pleito testigo no pueden ser diferentes de los que se establezcan para la extensión de los efectos de la sentencia. La vinculación entre ambos instrumentos no admite que obtenida una resolución testigo no pueda obtenerse la extensión de sus efectos porque no se cumplan los requisitos para ello al ser éstos más estrictos que los que han fundado la suspensión del pleito sometido al resultado del pleito testigo o guía.

El abandono del proyecto de ley de eficiencia procesal es una buena noticia en lo que a este trabajo interesa, porque permite revisar aquella primera aproximación y, si finalmente se trasplanta, hacerlo lo mejor posible[38].

BIBLIOGRAFÍA

Abrisketa Uriarte, J. (2013). "Las sentencias piloto: el Tribunal Europeo de Derechos Humanos, de juez a legislador", *Revista Española de Derecho Internacional (REDI)*, vo. LXV/1 enero-junio 2013.

Consejo de Estado (2022). *Dictamen sobre el Anteproyecto de ley de medidas de eficiencia procesal del servicio público de Justicia.* https://www.boe.es/buscar/doc.php?id=CE-D-2021-1112

Consejo Fiscal (2022). *Informe del Consejo Fiscal al Anteproyecto de ley de medidas de eficiencia procesal del servicio público de Justicia.* Accesible en la web de la Fiscalía General del Estado.

Consejo General del Poder Judicial (2021). Pleno. *Informe sobre el anteproyecto de ley de medidas de eficiencia procesal al servicio público de justicia.* Accesible en la web del CGPJ.

Fernández Seijo, J.Mª (2020), "Notas sobre los llamados pleitos "testigo" y su encaje en la ley de enjuiciamiento civil", *Revista Aranzadi Doctrinal.* Número 7 (Julio 2020).

---

38 Y para esta labor es imprescindible tomar en consideración la propuesta completa que presentan en su trabajo Fernández Seijo, J.Mª (2020), cit. Y especialmente Ortells Ramos (2021, cit.) que aprovecha la propuesta del fallido proyecto de ley para identificar todos los aspectos que habrían de ser tenidos en cuenta en una nueva norma, recogidos en las pp. 28 a 44 en relación con el pleito testigo, y 44 a 47 la extensión de efectos de la sentencia.

López Gil, Milagros (2023), "El pleito testigo y la extensión de efectos de las sentencias en el proceso de consumidores", Ponencia presentada en las VIII Jornadas de la Asociación de Profesores de Derecho Procesal "Proceso y Garantías" celebradas en las Palmas de Gran Canaria, el 26 y 27 de abril de 2023. Accesible en: https://hdl.handle.net/10630/26575

Martín Valero, A.I. (2023), "Las reformas introducidas en la Ley de la Jurisdicción Contencioso Administrativa por el Real Decreto-ley 5/2023", *Actualidad Administrativa*, nº9, septiembre 2023. LA LEY.

Noya Ferreiro, L. (2019), "Extensión de efectos de la sentencia y el pleito testigo. ¿Una apuesta por la eficacia?", *Revista española de Derecho Administrativo*. Núm. 200 (Julio-Septiembre 2019). Estudios.

Ortells Ramos, M. (2021), "Proceso colectivo, proceso en serie y proceso testigo. Jueces y CGPJ ante los litigios civiles en masa", *Revista General de Derecho Procesal*, 54.

Perea González, A. (2020), "Hacer generalidad de la singularidad: pleito testigo y extensión de efectos ¿Una nueva tutela del conflicto privado?", Diario La Ley, Nº 9676, Sección Plan de Choque de la Justicia / Tribuna, 17 de Julio de 2020, Wolters Kluwer.

Pérez García-Patrón, "Diálogos para el futuro judicial III. Cláusulas abusivas y litigación de consumo", *Diario La Ley* nº 9640 de 26 de mayo de 2020.

Pérez Marín, Mª A., (2023), "La protección de los derechos de los consumidores a través del pleito testigo o la ilusión del legislador", *Revista General de Derecho Procesal 60 (2023).*

Queralt Jiménez, A. (2018), "Las sentencias piloto como ejemplo paradigmático de la transformación del Tribunal Europeo de Derechos Humanos", *UNED. Teoría y Realidad Constitucional*, núm. 42, pp. 395-424.

SECCIÓN 3ª:
RECURSOS

Capítulo XXVIII:

Hacia un sistema más eficiente de recursos en el proceso civil y, en especial, de los recursos extraordinarios[1]

FAUSTINO CORDÓN MORENO
Catedrático de Derecho Procesal.
Universidad de Navarra

Resumen: Como se dice en la Exposición de Motivos del Proyecto de Ley de medidas de eficiencia procesal del servicio público de Justicia, ésta, como servicio público que es, precisa tanto de legitimidad social como de eficiencia. Legitimidad como grado de confianza y credibilidad que el sistema de justicia debe tener para nuestra ciudadanía; y eficiencia como capacidad para producir respuestas eficaces y efectivas. Se trata, por tanto, de afianzar que el acceso a la justicia suponga la consolidación de derechos y garantías de los ciudadanos; y que su funcionamiento como servicio público se produzca en condiciones de eficiencia operativa. Lo que significa que, a la hora de plantear la regulación de este funcionamiento se respeten -y se potencien- aquellos derechos y garantías.

Objeto de esta intervención será analizar en qué medida las medidas previstas contribuyen a alcanzar esos objetivos en el ámbito de los recursos extraordinarios, uno de los contenidos más relevantes sin duda dentro de las reformas contenidas en aquel Proyecto de Ley, que el RD-Ley 5/2023, de 28 de junio, convirtió en normas positivas, sin que el posterior RD-Ley 6/2023, de 19 de diciembre, que positivizó otros de sus contenidos, haya afectado a su regulación. Y me referiré solo a los recursos extraordinarios en el ámbito civil, por el cambio de modelo que la reforma introduce.

---

1 Texto de la conferencia de clausura del IV Congreso Internacional de la Asociación de Profesores de Derecho Procesal de las Universidades Españolas, pronunciada el 6 de octubre de 2023.

1. INTRODUCCIÓN

Desde hace tiempo se viene recurriendo al concepto de eficiencia -a la necesidad de lograr una mayor eficiencia- a la hora de plantear y diseñar las regulaciones en el ámbito de la justicia ante el ritmo creciente de la litigación. Ciertamente, no se discute que la mayor eficiencia sea un objetivo a conseguir, pero sí cuáles son los factores determinantes de la ineficiencia que se deban corregir y, sobre todo, si las medidas adoptadas -o que se proponen- para corregirla son las adecuadas, teniendo siempre presente que la finalidad perseguida es la tutela eficaz de los derechos de los ciudadanos. Como se dice en la Exposición de Motivos del Proyecto de Ley de medidas de eficiencia procesal del servicio público de Justicia, ésta, como servicio público que es, precisa tanto de legitimidad social como de eficiencia. Legitimidad como grado de confianza y credibilidad que el sistema de justicia debe tener para nuestra ciudadanía; y eficiencia como capacidad para producir respuestas eficaces y efectivas. Se trata, por tanto, de afianzar que el acceso a la justicia suponga la consolidación de derechos y garantías de los ciudadanos; y que su funcionamiento como servicio público se produzca en condiciones de eficiencia operativa. Lo que significa que, a la hora de plantear la regulación de este funcionamiento se respeten -y se potencien- aquellos derechos y garantías.

Objeto de mi intervención será analizar en qué medida las medidas previstas contribuyen a alcanzar esos objetivos en el ámbito de los recursos extraordinarios, uno de los contenidos más relevantes sin duda dentro de las reformas contenidas en aquel Proyecto de Ley, que el RD-Ley 5/2023, de 28 de junio, convirtió en normas positivas, sin que el posterior RD-Ley 6/2023, de 19 de diciembre, que positivizó otros de sus contenidos, haya afectado a su regulación. Y me referiré solo a los recursos extraordinarios en el ámbito civil, por el cambio de modelo que la reforma introduce. Dentro de este límite, examinaré críticamente las dos cuestiones a las que antes me refería, a saber: los factores que el legislador considera determinantes de la ineficiencia en el sistema hasta ahora vigente; y si las medidas adoptadas para corregirlos por el RD-Ley 5/2023 son las adecuadas, tanto desde la perspectiva de la técnica jurídica como, sobre todo, de la finalidad que en última instancia interesa, que es la más eficaz tutela de los derechos de los ciudadanos, con respeto de sus derechos y garantías

2. FACTORES DETERMINANTES DE LA INEFICIENCIA

El punto de partida para el legislador es el fracaso del modelo de recursos extraordinarios en la LEC/2000. Considera en la Exposición de Motivos del Proyecto de Ley de medidas de eficiencia procesal, cuya normativa

-como digo- ha sido trasladada en lo esencial al RD-Ley 5/2023, que "*La previsión de dos recursos diferentes (recurso extraordinario por infracción procesal y recurso de casación), en función de la naturaleza procesal o sustantiva de la infracción, y de tres cauces distintos de acceso (procesos sobre tutela civil de derechos fundamentales, cuantía superior a 600.000 euros e interés casacional) no resulta operativa en el actual desarrollo del derecho privado.*" Y las razones de esta falta de operatividad que invoca son las siguientes: las sucesivas reformas de la LEC han situado las cuestiones socialmente más relevantes en procedimientos por razón de la materia; la cada vez más difícil tarea de deslindar nítidamente las normas sustantivas de sus implicaciones procesales a efectos de los recursos extraordinarios; y, en fin, la propia evolución de la litigiosidad hacia materias que afectan a amplios sectores de la sociedad, con un peso cada vez más importante del derecho de la Unión Europea y de la jurisprudencia elaborada por su Tribunal de Justicia. En este contexto, continúa la Exposición de Motivos del Proyecto de Ley, "*son cada vez más evidentes tanto las dificultades que encuentran las partes para construir correctamente los recursos como los obstáculos que tiene la propia Sala de lo Civil del Tribunal Supremo para cumplir su función de unificación de doctrina en materias socialmente relevantes.*"

Pero ¿eran reales estos obstáculos.? Veámoslo:

A) Con respecto a la falta de operatividad del sistema que se alega por la dualidad de recursos con tres vías de acceso diferentes, me parece que puede tener interés recordar, en primer lugar, algo de todos conocido, a saber, que la separación de recursos extraordinarios y la atribución de la competencia para conocer de ellos a órganos judiciales diferentes (TS y TTSJ), y con ella, la sustracción de la normativa procesal a la función uniformadora (de su interpretación) tradicionalmente vinculada al recurso de casación atribuido a la competencia del Tribunal Supremo, no fue, en palabras de la Exposición de Motivos de la LEC, una decisión gratuita: "*No puede desdeñarse, en efecto, la consideración de que, al amparo del artículo 24 de la Constitución, tienen cabida legal recursos de amparo –la gran mayoría de ellos- sobre muchas cuestiones procesales. Estas cuestiones procesales son, a la vez, garantías constitucionales desde el punto de vista del artículo 123 de la Constitución. Y como quiera que, a la vista de los artículos 161.1, letra b) y 53.2 del mismo Texto Constitucional, parece constitucionalmente inviable sustraer al Tribunal Constitucional todas las materias incluidas en el artículo 24 de nuestra Norma Fundamental, a la doctrina del Tribunal Constitucional hay que atenerse. Hay, pues, según nuestra norma fundamental, una instancia única y suprema de interpretación normativa de muchas materias procesales*". Para las demás que no supongan vulneración del artículo 24 CE, se remodela por completo el recurso en interés de la ley, que tiene ahora asignada esa función uniformadora, atribuyéndose la competencia para conocer del mismo al Tribunal Supremo y dotándose a sus sentencias de una eficacia vinculante (cfr. anterior art. 493). En definitiva, la función de uniformar la interpretación de las leyes procesales se mantenía en última instancia en el Tribunal Supremo, salvo cuando por estar en juego garantías constitucionales debía pronunciarse sobre ellas el Tribunal Constitucional.

En segundo lugar, la regulación, en el régimen de la LEC, de ambos recursos como alternativos, comportaba que la parte debía optar por uno u otro, en el bien entendido que, si elegía el extraordinario por infracción procesal y el mismo era estimado por el TSJ, tendría abierta la vía del de casación frente a la posterior sentencia que se dictara (cfr. anterior art. 466). Ciertamente, de esta forma, y a diferencia de lo que ocurría en la LEC/1881, "*no cabrá ya pretender la anulación de la sentencia recurrida con reenvío a la instancia y, a la vez, subsidiariamente, la sustitución de la sentencia de instancia por no ser conforme al Derecho sustantivo*", y en este sentido, se podía afirmar que el sistema instaurado era menos generoso que el anterior con los litigantes vencidos. Pero, aparte de que el nuevo sistema contribuiría, sin duda, a una mayor seriedad en la alegación de las infracciones procesales, "*se ha considerado más conforme con las necesidades sociales, con el conjunto de los institutos jurídicos de nuestro Ordenamiento y con el origen mismo del instituto casacional, que una razonable configuración de la carga competencial del Tribunal Supremo se lleve a cabo concentrando su actividad en lo sustantivo*".

A la luz de tales consideraciones se puede sostener que la denuncia de la falta de operatividad de la dualidad de recursos se hace sin que en ningún momento se haya intentado que el sistema, tal y como estaba previsto en la LEC, entrara en funcionamiento y, por tanto, sin conocer los resultados de su aplicación. Por eso, la crítica de la falta de operatividad debería dirigirse no tanto a la regulación legal de la dualidad de recursos como a su régimen transitorio, que fue preciso diseñar a toda prisa al no aprobarse la norma orgánica de atribución de competencia al TSJ para conocer de los recursos extraordinarios por infracción procesal.

Con respecto a este régimen transitorio, para el que se elaboró la disposición final 16ª LEC, ciertamente la supeditación del recurso extraordinario por infracción procesal a la admisión del recurso de casación, cuando se utilizaba la vía de acceso del interés casacional, impedía formular el primero de forma autónoma, es decir, sin venir acompañado de un recurso de casación (que fuera además admitido), en los casos tramitados por razón de la materia o de cuantía inferior a la *summa gravaminis*, cerrando el paso en tal caso al control casacional de las infracciones procesales, que podían ser relevantes.

En este punto tiene razón el RD-Ley 5/2023 cuando dice que las sucesivas reformas de la LEC han situado las cuestiones socialmente más relevantes en procedimientos por razón de la materia. Pero, si bien se observa, este obstáculo no existía en la regulación prevista en la LEC, en el que, como ya he dicho, ambos recursos eran alternativos: a) si se optaba por el recurso extraordinario por infracción procesal, su estimación, en cuanto determinaba la anulación de la sentencia con posibilidad de que volviera a enjuiciarse la cuestión, no impedía, según el anterior art. 465 LEC, el planteamiento del posterior recurso de casación contra la nueva sentencia que se dictara, y, en cambio, si la sentencia era desestimatoria, se hacía recaer sobre la parte las consecuencias del error en la elección y el acceso a la casación quedado cerrado; y b) si, por el contrario, optaba por el de casación, ya no tendrá oportunidad para hacer valer las infracciones procesales. El ahorro en la carga de trabajo parece evidente.

B) Veamos las razones concretas que, según el legislador, fundamentarían la falta de operatividad.

La tercera ("*la propia evolución de la litigiosidad hacia materias que afectan a amplios sectores de la sociedad, con un peso cada vez más importante del derecho de la Unión Europea y de la jurisprudencia del Tribunal de Justicia de la Unión Europea*") me parece que no justifica, por sí, una reforma del recurso de casación, sino en todo caso, en los supuestos de litigación en masa, del proceso en primera instancia, aunque la técnica para ellos diseñada se aplique también a la casación; y esto es lo que hace el Proyecto de Ley de medidas sobre eficiencia procesal con la introducción del procedimiento testigo en primera instancia, que el RD-Ley 5/2023 no recogió en el ámbito civil, pero sí el posterior RD-Ley 6/2023 (art. 438 bis), aunque sin trasladarlo a la casación, como sí ha ocurrido en el ámbito contencioso-administrativo (art. 94 LJCA).

Y la segunda ("*la cada vez más difícil tarea de deslindar nítidamente las normas sustantivas de sus implicaciones procesales a efectos de los recursos extraordinarios*") no es, en mi opinión, un obstáculo de peso; por las siguientes razones:

a) En primer lugar, porque la jurisprudencia precisó desde el primer momento de vigencia el de la LEC 2000 el concepto de «cuestión procesal» (a los efectos de la delimitación de los recursos extraordinarios), dotándola de un contenido más amplio que el que le otorgaba la LEC de 1881, al incluir, entre tales cuestiones, las normas de enjuiciamiento civil que inciden en la conformación de la base fáctica de la pretensión, únicas -entiendo- en las puede ser difícil la tarea de deslindar nítidamente las normas sustantivas de sus implicaciones procesales, a que alude la Exposición de Motivos del Proyecto de Ley, dejando el recurso de casación limitado a una estricta función revisora del juicio jurídico consistente en la determinación del alcance y significado de los hechos probados a la luz de la norma sustantiva invocada, es decir, a la revisión del juicio de fondo.

b) Y, en segundo lugar, porque las dudas que se podían plantear sobre la naturaleza procesal o sustantiva de la norma a aplicar para resolver las cuestiones objeto de debate y, por tanto, sobre el recurso extraordinario a seguir, no son frecuentes en la práctica y, cuando han surgido, han sido resueltas por la jurisprudencia, que había dicho (V. la STS 573/2014, de 16 de octubre, RJ 2014, 5813) que la distinción entre uno y otro recurso extraordinario con base en la naturaleza -sustantiva o procesal- de la norma cuya infracción se invoca es una simplificación, porque, aunque efectivamente el recurso extraordinario por infracción procesal solo puede fundarse en la vulneración de normas de esta naturaleza, el recurso de casación "*habrá de fundarse, como único motivo, en la infracción de normas aplicables para resolver las cuestiones objeto del proceso*" (anterior art. 477.1 de la LEC), y, aunque lo habitual es que estas normas sean de naturaleza sustantiva, excepcionalmente, algunos procesos civiles pueden tener por objeto cuestiones de naturaleza procesal. Y cuando esto ha ocurrido, el TS no ha visto obstáculo para admitir el recurso de casación (por ejemplo, la STS 144/2014, de 13 de marzo, resolvió un supuesto en el que, al amparo de lo previsto en el artículo 698 LEC, se había ejercitado la acción de nulidad del proceso de ejecución hipotecaria seguido anteriormente respecto de un inmueble propiedad de la demandante, por infracción de las normas que regulan tal procedimiento, con causación de indefensión) o para reconducir a la parte al recurso que él estimaba correcto (en los casos en que el recurso se fundaba en la infracción de las normas reguladoras de la legitimación, cuya naturaleza procesal o sustantiva ha sido discutida en la jurisprudencia).

Por consiguiente, solo la primera razón de las invocadas como causante de la falta de operatividad del sistema anterior ("*que las sucesivas reformas de la LEC han situado las cuestiones socialmente más relevantes en procedimientos por razón de la materia*") puede tener fundamento para justificar el nuevo sistema centrado en el interés casacional como única vía de acceso a la casación (con la única excepción de los casos en que se invoque la vulneración de derechos fundamentales). Pero, como antes decía, solo desde la perspectiva del régimen transitorio, no de la regulación contenida en la LEC.

C) Por eso, me parece que hay que elevar a primer plano la razón, también invocada, de la complejidad de la tramitación del recurso, con una fase de admisión que contribuye a la sobrecarga de trabajo de la Sala primera y a un retardo inasumible de los tiempos de respuesta, a pesar de su mejora en los últimos tiempos, con la incidencia que ello tiene en la confianza de los ciudadanos en la administración de justicia. Ante el incremento de la litigación y el rechazo de la opción de incrementar sustancialmente los recursos personales y materiales, parece que la reforma de dicha fase se ha considerado una cuestión de supervivencia. Aquí, me parece, es donde hay que buscar la verdadera razón de la reforma, o por lo menos la más importante, y en ella se centra fundamentalmente la Exposición de Motivos del Proyecto de Ley

3. EL CONTENIDO DE LA REFORMA

3.1. Planteamiento

A la vista de las anteriores consideraciones, me parece que hay que insistir en preguntarnos si la finalidad de la casación, que busca centrar la actividad de la Sala Primera en la formación de jurisprudencia sobre los asuntos relevantes, no se hubiera alcanzado mejor sustrayéndole el control de la infracción de normas procesales, por lo menos en los asuntos de relevancia constitucional, tal y como estaba previsto en el régimen originario de la LEC. Aunque, ante el rechazo de esa vía por el legislador, deba llevarnos a inquirir si con las medidas realmente adoptadas se logra el objetivo de un recurso de casación más ágil, pero afianzando los derechos y garantías de los ciudadanos desde el primer momento de acceso al recurso, porque, al ser el derecho a los recursos de configuración legal, el legislador tiene libertad para crearlos o suprimirlos, pero, una vez creados, su libertad para regularlos no puede entenderse absoluta, ya que tiene como límite el respeto a esos derechos y garantías.

Al respecto, la reforma se asienta en tres pilares básicos: la simplificación de la concepción del recurso, mediante la previsión de uno único, el recurso de casación, que no depende ya de la naturaleza o cuantía del proceso, sino en la concurrencia de interés casacional y que puede fundarse en la infracción de normas sustantivas o procesales o de ambas conjuntamente; el fortalecimiento del interés casacional como vía única de acceso al recurso (salvo en los casos en que se invoque la vulneración de derechos fundamentales); y (iii) la agilización, a través de la adopción de determinadas medidas concretas, de la tramitación, sobre todo de la fase de admisión, en aras de la reducción de los tiempos de respuesta de la Sala Primera.

Teniendo en cuenta estos objetivos, procedo a analizar las principales novedades del RD-Ley 5/2023:

3.2. Primera innovación: las resoluciones recurribles

Aunque, en realidad, la reforma mantiene la redacción anterior, incorporando algunas innovaciones que ya habían sido introducidas por la jurisprudencia y plasmadas en el Acuerdo del Pleno no jurisdiccional de la Sala Primera de 27 de enero de 2017. Así, a) la recurribilidad de los autos (también sentencias) dictados en apelación en procesos sobre reconocimiento y ejecución de sentencias extranjeras en materia civil y mercantil al amparo de los tratados y convenios internacionales, así como de Reglamentos de la Unión Europea u otras normas internacionales, aunque se limite a los casos en que la facultad de recurrir se reconozca en el correspondiente instrumento; y b) la exigencia de que la Audiencia, al dictar la sentencia, conforme a la ley, deba actuar como órgano colegiado.

Se mantiene que, como regla, la resolución recurrida debe ser una sentencia dictada por la Audiencia que ponga fin a la segunda instancia. Interpretando la norma anterior (art. 477.2), que también contenía esta exigencia, el Acuerdo de la Sala primera de 2017 consideró que no eran recurribles en casación, entre otras, las sentencias de las Audiencias Provinciales que carezcan de la condición de sentencia dictada en segunda instancia por acordar la nulidad y retroacción de las actuaciones o la absolución en la instancia, o por resolver una cuestión incidental. Sin embargo, es dudosa la aplicación de esta exclusión. Con el nuevo régimen de la casación, en el que -como diré más adelante- no se excluye como vía de acceso el interés casacional de naturaleza procesal, por lo que el TS puede pronunciarse sobre los motivos de esta naturaleza, sin necesidad de que se planteen a la vez motivos de fondo, puede plantear dudas la exclusión de las sentencias absolutorias en la instancia, cuando la Audiencia confirma la sentencia de primera instancia que no se pronunció sobre el fondo por apreciar la concurrencia de un defecto procesal (por ejemplo, la falta de jurisdicción, de competencia objetiva o de las exigencias del litisconsorcio pasivo necesario) y esta cuestión procesal constituye el objeto único del recurso de apelación.

3.3. Segunda innovación: las vías de acceso al recurso

A) Frente a las tres vías de acceso recurso previstas en la LEC, la nueva regulación prevé solo dos: el interés casacional; y la vulneración en la vía judicial civil de derechos fundamentales susceptibles de recurso de amparo, aun cuando no concurra interés casacional, sin excluir -como hace el Proyecto de Ley de medidas de eficiencia procesal- los que reconoce el artículo 24 de la Constitución.

La nueva norma da un paso adelante en la reforma que había introducido la Ley 37/2011, de 10 de octubre, de Medidas de Agilización Procesal, cuyo eje -en palabras del Acuerdo no jurisdiccional de la Sala Primera de 30 de diciembre de 2011- radicaba en la universalización del recurso de casación por razón de interés casacional, más allá, por tanto, de los asuntos que se tramitaban específicamente por razón de la materia, a los que estaba limitado con anterioridad. La Ley 37/2011 -decía el acuerdo- establece con carácter general la existencia de un interés casacional —que consiste, en síntesis, en la necesidad de unificación o fijación de la interpretación de la ley— como presupuesto de la admisibilidad del recurso, cualquiera que sea la forma de tramitación y la cuantía del asunto. La novedad que introduce ahora la reforma es la desaparición de la excepción de los asuntos que no se tramitan por razón de la materia y que tienen una cuantía superior a 600.000 €, en los cuales el recurso era admisible antes sin que concurriera aquel presupuesto.

El interés casacional se erige así en un presupuesto general de acceso al recurso y es independiente de los motivos en que el mismo se fundamenta, del mismo modo que en el recurso de amparo constitucional son diferentes la justificación de la trascendencia constitucional y los motivos en que el recurso se articula. De esta forma, y como ya había dicho el TS, "*la función creadora y uniformadora de la doctrina jurisprudencial es la que cobra verdadera relevancia, por encima de la función nomofiláctica y, por supuesto, del concreto interés de los litigantes*" (ATS 29 enero 2002, RJ 2002\3101).

B) Se desprende de la norma que el interés casacional puede ser tanto sustantivo como procesal. La admisibilidad de este segundo -excluido por la jurisprudencia en la anterior regulación- resulta evidente si se tiene en cuenta que el recurso de casación único puede fundarse en la infracción de normas procesales exclusivamente y que también en tal caso se exige la concurrencia de interés casacional. De esta forma desaparece la limitación antes contenida en la disposición final 16ª, regla 2ª, conforme a la cual no podía presentarse el recurso extraordinario por infracción procesal de forma separada y única (sin interponer a la vez el recurso de casación) en los asuntos en que se pretendía el acceso al recurso por la vía de dicho interés casacional.

Obsérvese, con respecto al supuesto de interés casacional más frecuente -oposición a la jurisprudencia del TS- que no será fácil que concurra porque ya existe jurisprudencia pacífica, del TC y del TS, sobre la generalidad de las infracciones de normas procesales reguladoras del procedimiento o de la sentencia. El interés casacional (procesal) se fundamentará en estos casos en la oposición de la sentencia recurrida a esta jurisprudencia que, como digo, será excepcional, y cuando la cuestión procesal tenga relevancia constitucional, existirá también trascendencia constitucional a los efectos del recurso de amparo, por concurrir uno de los supuestos que el TC ha individualizado dentro de la misma (la trascendencia), a saber, el no seguimiento de la jurisprudencia por él establecida. A tales efectos, entiendo que no será aplicable la doctrina del TS -discutible, en mi opinión- que había excluido del interés casacional la oposición de la sentencia recurrida a la jurisprudencia del TC (por ejemplo, ATS 29 enero 2002, RJ 2002\3101).

C) Siguiendo el modelo del recurso de casación contencioso administrativo (art. 88 LJCA), se distinguen los casos en que el interés casacional se presume de aquellos otros en que puede ser apreciado por el tribunal:

a) Con respecto a los primeros, se suprime como supuesto de interés casacional que la norma a aplicar no tenga más de cinco años de vigencia;

se mantienen los otros dos que ya existían ("*cuando la resolución recurrida se oponga a doctrina jurisprudencial del Tribunal Supremo o resuelva puntos y cuestiones sobre los que exista jurisprudencia contradictoria de las Audiencias Provinciales*") y se introduce otro nuevo, a saber, que sobre la norma a aplicar no exista doctrina jurisprudencial del Tribunal Supremo (art. 477.3). Las mismas previsiones se prevén para los recursos de casación de los que deba conocer un Tribunal Superior de Justicia (art. 477.3, II).

El nuevo supuesto (inexistencia de jurisprudencia) ya había sido contemplado en la jurisprudencia e incorporado al Acuerdo de la Sala primera sobre criterios de admisión de 2017, y su justificación parece evidente: "*No puede crearse jurisprudencia sin un primer caso en el que se analice la aplicación de la norma cuya interpretación se discute...*" (STS 134/2021, de 9 de marzo, RJ 2021/968). En cambio, el legislador no ha incorporado expresamente a la norma el otro supuesto previsto también en el Acuerdo de 2017, a saber, que "*la parte recurrente justifique debidamente la necesidad de ... modificar la* (jurisprudencia) *ya establecida en relación con el problema jurídico planteado porque haya evolucionado la realidad social o la común opinión de la comunidad jurídica sobre una determinada materia.*" Sin embargo, atendido su fundamento (el criterio de interpretación sociológico del art. 3.1 CC y la necesidad de que la jurisprudencia no quede "petrificada"), hay que entender que este supuesto de interés casacional continúa subsistente, siendo aplicable al mismo la carga que el Acuerdo de 2017 impone a la parte recurrente de justificar debidamente la necesidad de modificar la jurisprudencia ya establecida, sin perjuicio de que el control por la Sala de los razonamientos por ella formulados requiera "*un análisis jurídico que desborda el enjuiciamiento provisorio propio del trámite o decisión sobre la admisión*" (STS 56/2020, de 27 de enero, RJ 2020\145), lo que parece indicar que, salvo carencia manifiesta de fundamento, el recurso de casación superará el trámite de admisión en tales casos. Aunque es discutible su encaje en el supuesto general de oposición a la jurisprudencia o en el nuevo supuesto introducido por el RD-Ley 5/2023, al que me refiero a continuación.

b) El art. 477.4 introduce, como nuevo supuesto a apreciar por el tribunal, el interés casacional notorio cuando la resolución impugnada se haya dictado en un proceso en el que la cuestión litigiosa sea de interés general para la interpretación uniforme de la ley estatal o autonómica; entendiéndose que existe tal interés general cuando la cuestión afecte potencial o efectivamente a un gran número de situaciones, bien en sí misma o por trascender del caso objeto del proceso (art. 477.4).

La introducción de este supuesto, con carácter general y sin vincularlo a ninguna de las otras modalidades de interés casacional, constituye sin duda una de las novedades más relevantes de la reforma y también aquí se ha tenido presente la regulación del recurso de casación contencioso administrativo; en concreto, los diversos casos, previstos en el art. 88.2 LJCA, en los que, "entre otras circunstancias" y, por lo tanto, sin que la lista sea cerrada, el tribunal podrá apreciar, de manera discrecional, que existe interés casacional objetivo, motivándolo expresamente en el auto de admisión. Entre ellos, en efecto, se encuentran los dos que menciona el artículo 477.4 LEC para la casación civil (cuando la cuestión litigiosa sea de interés general y cuando afecte a un gran número de situaciones), siquiera en la LJCA se contemplan como supuestos independientes y en la LEC se considere que el segundo presume el primero. Obsérvese que, como en el orden contencioso administrativo, no basta que la cuestión litigiosa afecte al interés general, sino que es necesario que el tribunal se pronuncie sobre ella para la formación de jurisprudencia ("*para la interpretación uniforme de la ley estatal o autonómica*").

Como dijo el Informe del Pleno del CGPJ al Anteproyecto de Ley de medidas de eficiencia procesal de 22 de julio de 2021, al encontrarse desvinculado este supuesto de las otras modalidades del interés casacional, se yuxtapone a estas modalidades y opera con independencia de ellas. Su elemento determinante será la concurrencia del interés general para la interpretación uniforme de la ley estatal o autonómica, concepto jurídico indeterminado apreciado subjetivamente por la Sala, que deberá concretar ulteriormente su significado en la práctica aplicativa del precepto. Esto supondrá que el recurrente deberá razonar acerca de la existencia de un interés general para la interpretación uniforme de la ley –función casacional típica– para que la Sala, conforme a su criterio, pueda apreciar si concurre y abrir el cauce de la casación.

A juicio del CGPJ, la apertura de un cauce de acceso a la casación alternativo a los ya existentes abrirá el paso a un mayor número de recursos que dificultará su gestión, contradiciéndose la finalidad que persigue el legislador; y proponía como posible interpretación alternativa considerar que "*el nuevo apartado 4 del artículo 477 no se encuentra desconectado del anterior apartado 3, y por tanto, que no introduce una nueva modalidad de interés casacional, sino una concreción del mismo bajo las demás modalidades que prevé el artículo 477, que se estimará concurrente cuando, aun no cumpliéndose con los requisitos formales establecidos respecto de los mismos, se aprecie que la cuestión litigiosa presenta interés general para la interpretación uniforme de la ley. De este modo, podría embeber la excepción establecida en los acuerdos no jurisdiccionales relativa a la necesidad de jurisprudencia o de modificación de jurisprudencia por evolución de la realidad social o de la común opinión de la comunidad jurídica respecto de la materia que constituya el objeto litigioso, e incluso el interés casacional notorio.*"

Sin embargo, el legislador no ha seguido este criterio. Como ya he dicho, aunque parece indudable que en todos los demás supuestos legales de interés casacional concurre un interés general para la interpretación uniforme de la ley estatal o autonómica, dicho interés general no puede reducirse a aquellos supuestos, pues de lo contrario la reproducida cláusula resultaría redundante, sino que necesariamente tiene que abarcar otros distintos; y tampoco creo que, sin una precisión en tal sentido del legislador, la misma haya de limitarse a ser una mera regla interpretativa del contenido del artículo 477.3 de la LEC.

Obviamente, no debe ser el recurrente quien determine en qué casos, diferentes de los previstos en el citado precepto, aquel interés general puede ser apreciado, sino que es a la Sala primera del Tribunal Supremo a quien corresponde con exclusividad tal prerrogativa, sin perjuicio de que el justiciable intente llevar a este órgano jurisdiccional el convencimiento sobre la conveniencia de la admisión o rechazo de un determinado asunto, por afectarle directamente.

En definitiva, la reforma brinda a la Sala primera la posibilidad de admitir asuntos que, con fundamento en los demás criterios legales, no tendrían acceso a la casación. La cuestión -como también se ha planteado- es si, a la vista de que también en esos otros criterios legalmente previstos está implicado un interés general para la interpretación uniforme de la ley estatal o autonómica, el legislador no debería haber dado un paso más hacia la discrecionalidad y optar por la eliminación de los tres tradicionales criterios legales generales del interés casacional, sustituyéndolos por una cláusula de carácter abierto, en cuyo ámbito habría que entender incluidos aquellos criterios en los que también está implicado el interés general, como antes decía. Además, su supresión contribuiría a equiparar las infracciones sustantivas y procesales, ya que la definición de interés casacional contenida en el artículo 477.3 de la Ley de Enjuiciamiento Civil favorece las primeras sobre las segundas, siendo de más difícil aplicación a estas últimas.

3.4. Tercera innovación: los motivos del recurso

El recurso de casación -se limita a decir el artículo 477.2- "*habrá de fundarse en infracción de norma procesal o sustantiva*" o en ambos tipos de infracciones conjuntamente, en cuyo caso, el tribunal deberá resolver primero "*el motivo o motivos cuya eventual estimación determine una reposición de las actuaciones*" (art. 487.3).

A) Las primeras novedades son la desaparición de la tipificación de los motivos en que se concretaba la infracción procesal en el anterior art. 469 LEC y la falta de concreción de la infracción de la ley sustantiva, que el art. 477.1 se limitaba a las normas aplicables para resolver las cuestiones objeto del proceso. La segunda de estas innovaciones no parece que tenga especial trascendencia porque la exigencia de que la infracción se refiera a las normas aplicables para resolver las cuestiones objeto de proceso se encuentra implícita en el requisito de que en el escrito de interposición se exprese "*la norma procesal o sustantiva infringida, precisando, en las peticiones, la doctrina jurisprudencial que se interesa de la Sala, en su caso, y los pronunciamientos correspondientes sobre el objeto del pleito* (art. 481.1)." En cambio, la primera puede plantear dudas, porque, aunque también en tal caso sea aplicable el requisito anterior, la expresión "infracción de norma procesal" apela a la universalidad de las vulneraciones de normas de tal naturaleza, mientras que en la normativa anterior : a) por un lado, "*(n)o todas las infracciones procesales son controlables a través del recurso extraordinario por infracción procesal, ya que es imprescindible que la vulneración de la norma procesal tenga encaje en alguno de los motivos tasados en el artículo 469.1 de la Ley de Enjuiciamiento Civil*" (STS 582/2016, de 30 de septiembre, RJ 2016/4584), lo que había llevado a la exclusión, por ejemplo, de las infracciones de las normas sobre costas procesales (cfr. la STS 40/2015, de 4 de febrero, RJ 2015/380); y b) por otro, dentro de algunos de los motivos, existían infracciones privadas del recurso, en concreto, las infracciones de normas procesales que no causen indefensión (en sentido material), excluidas expresamente en el motivo tercero del art. 469 ("Infracción de las normas legales que rigen los actos y garantías del proceso") e implícitamente en el motivo cuarto (cuando se invocaba como motivo la vulneración en el proceso civil de derechos fundamentales reconocidos en el artículo 24 de la Constitución), por la estrecha relación e incluso confusión, en la jurisprudencia del Tribunal Constitucional, entre la interdicción de la indefensión y el derecho a obtener la tutela judicial efectiva y de ambas con los derechos enumerados en el artículo 24.2, de forma que la invocación de la vulneración de cualquiera de los derechos del art. 24 exige la producción de indefensión. Ciertamente la generalidad de la norma da pie para sostener que el recurso de casación puede fundamentarse en la infracción de cualquier norma procesal, pero parece que solo si tal infracción lleva consigo la conculcación o limitación del derecho de defensa (indefensión material) el recurso será admisible, pues solo entonces se producirá un perjuicio real y efectivo para los intereses del afectado.

B) La infracción de la norma, procesal o sustantiva se expresará en el escrito de interposición, "*precisando, en las peticiones, la doctrina jurisprudencial que se interesa de la Sala*" (art. 481.1). Aunque la identificación de la infracción legal alegada no aparecía mencionada expresamente como requisito del escrito de interposición en el anterior art. 481 LEC, el mismo había sido introducido por la jurisprudencia y plasmado en el Acuerdo sobre criterios de admisión de 27 de enero de 2017, considerando su omisión causa de inadmisión del recurso de casación. El precepto eleva ahora a la categoría de norma esta doctrina jurisprudencial.

Se excluye, pues, que el recurso se funde exclusivamente en la infracción de la jurisprudencia; aunque ello será admisible "*cuando la regla jurídica haya sido enunciada exclusivamente por la jurisprudencia. Cuando la norma jurídica infringida viene enunciada en un precepto legal, es necesario que se cite este precepto, en cuyo caso la cita de la jurisprudencia infringida solo sirve para justificar el interés casacional* (sentencia 461/2019, de 3 de septiembre)" (ATS de 12 de mayo de 2021, RC 261/2019

C) Dentro de las infracciones procesales, dispone el art. 477.5 que *"(l)a valoración de la prueba y la fijación de hechos no podrán ser objeto de recurso de casación, salvo error de hecho, patente e inmediatamente verificable a partir de las propias actuaciones*"; o, lo que es lo mismo, el recurso no podrá fundamentarse en tales causas, con la excepción que se indica en el precepto. Se eleva así a rango legal una doctrina jurisprudencial reiterada, que se había plasmado en los diferentes acuerdos de la Sala primera fijando los criterios de admisibilidad de los recursos extraordinarios.

La función de fijar los hechos y valorar la prueba corresponde a los órganos judiciales de instancia y, por tanto, es ajena a la casación y, por eso, en el anterior recurso extraordinario por infracción procesal no figuraba el error en la valoración dentro de los motivos contemplados en el art. 469 de la LEC, que eran tasados, con la única excepción de que se le imputara error patente o arbitrariedad.

En los criterios adoptados por la Sala Primera en el acuerdo de 30 de diciembre de 2011 se recogía la doctrina precedente: "*La errónea valoración de la prueba no puede ser planteada en este recurso, salvo cuando, al amparo del artículo 469.1.4.º LEC, se demuestre que la valoración probatoria efectuada en la sentencia recurrida es arbitraria, ilógica o absurda, en forma suficiente para estimar vulnerado el derecho a la tutela judicial efectiva, o inválida por vulnerar un derecho fundamental*". En los posteriores Criterios de 27 de enero de 2017 se dice que solo el error patente puede alegarse como motivo del recurso, y se precisan sus requisitos: "*La valoración de la prueba no puede ser materia de los recursos extraordinarios. Solo el error patente puede alegarse como motivo del recurso, con los siguientes requisitos: (i) debe tratarse de un error fáctico -material o de hecho-; (ii) debe ser patente, evidente e inmediatamente verificable de forma incontrovertible a partir de las actuaciones judiciales; (iii) no podrán acumularse en un mismo motivo errores patentes relativos a diferentes pruebas; (iv) es incompatible la alegación del error patente en la valoración de la prueba con la vulneración de las reglas de la carga de la prueba del art. 217 LEC sobre un mismo hecho.*" Y en los mismos términos se pronuncia ahora el artículo 477.5. Pero también la arbitrariedad debe entenderse incluida. Ciertamente, cuando la sentencia recurrida incurre en un error de hecho patente en la valoración, es arbitraria, ilógica o absurda. Sin embargo, no es así a la inversa porque la arbitrariedad puede deberse a causas distintas: "*Una decisión judicial incurre en el injustificable vicio de la arbitrariedad, en primer término, cuando se utilizan argumentos que no responden a los principios de la razón y de la lógica, a las reglas de la experiencia o a los conocimientos científicos; en segundo lugar, cuando los razonamientos parten de premisas falsas, porque obviamente en estos casos se alcanzarán con-*

clusiones igualmente falsas; y, por último, cuando no se respeten los criterios normativos de aplicación en el ámbito de la decisión que debe de adoptarse" (STS 141/2021, de 15 de marzo).

No se discute que en el recurso de casación el recurrente no puede introducir hechos nuevos, planteando un litigio diferente del desarrollado en la instancia; debe limitarse a plantear cuestiones jurídicas sin apartarse de los hechos declarados probados en la instancia; ni tampoco hacer "supuesto de la cuestión", invocando la infracción de normas desde una contemplación de los hechos diferente de la constatada en la instancia, eludiendo así la valoración probatoria contenida en la sentencia impugnada. No obstante, debe entenderse que en el nuevo régimen subsisten los casos -excepcionales- en que la jurisprudencia había matizado esta regla general y, en consecuencia, había admitido la posibilidad de revisar en los recursos extraordinarios el juicio de hecho de la instancia. Me refiero a los asuntos que versan sobre la tutela de derechos fundamentales sustantivos, en los que ha declarado que "*esta Sala no puede partir de una incondicional aceptación de las conclusiones probatorias obtenidas por las sentencias de instancia, sino que debe realizar, asumiendo una tarea de calificación jurídica, una valoración de los hechos en todos aquellos extremos relevantes para apreciar la posible infracción de los derechos fundamentales alegados*". O a aquellos otros en los que, por ejemplo, el recurso se fundamenta en la infracción por el tribunal de instancia de una norma de prueba legal, que sigue subsistente en nuestro ordenamiento; o en la infracción de la regla del artículo 281.3 LEC (según la cual los hechos alegados por una parte y admitidos plenamente por la contraria están exentos de prueba), con respecto a la que se ha declarado que el tribunal, para decidir el litigio, no puede obviar tales hechos admitidos si son pertinentes y relevantes (cfr. STS 719/2013, de 14 de noviembre, RJ 2013, 7869).

3.5. Cuarta innovación: la fase de admisión del recurso

Esta fase sufre importantes modificaciones.

A) Las exigencias que condicionan el acceso al recurso se traducían en la normativa anterior en un elenco de causas de inadmisibilidad, previstas para los dos recursos extraordinarios (por infracción procesal y casación) en los arts. 473 y 483 LEC, que habían sido interpretadas en los criterios de admisión de los recursos extraordinarios establecidos en los diversos Acuerdos de la Sala primera del TS (el último de 27 de enero de 2017) que, de acuerdo con la jurisprudencia del TC, complementan la regulación legal de los recursos extraordinarios, sin que supongan limitación del derecho fundamental de acceso a los mismos) y las mismas eran aplicadas con rigor.

Este rigor en el control del acceso a la casación no se vio atemperado en la reforma del recurso contenida en el Proyecto de Ley de medidas de eficiencia procesal, cuyo modelo ha sido trasladado al RD Ley 5/2023, de 28 de junio y convertido en derecho vigente. La Exposición de Motivos del indicado Proyecto (VI) se limita a denunciar "*la dedicación desmesurada de los medios personales de que dispone la Sala a una compleja fase de admisión que alarga de forma desmedida los tiempos de respuesta de todos los recursos*", por lo que se propone como objetivo de la nueva regulación "*garantizar la celeridad en los tiempos de respuesta de la Sala Primera, mediante la simplificación de la fase de admisión.*" Y esta misma finalidad (una mayor "*agilidad en la tramitación de los recursos que están pendientes ante el Tribunal Supremo*" es destacada en el Preámbulo del RD-Ley 5/2023. Veamos las normas introducidas a tal fin.

B) Como en la normativa anterior, el control de la admisión del recurso de casación se realiza en dos momentos y por dos órganos diferentes: por el tribunal ante el que se interpone el recurso, cuyo control es limitado (a las causas de inadmisión absolutas) y cuya regulación es prácticamente idéntica a la anterior; y, en caso de que el recurso haya sido admitido, por la Sala primera del TS (o la Sala de lo Civil y Penal del TSJ competente), que son los órganos con competencia para resolverlo. Es en esta fase donde se incorporan las innovaciones relevantes (art. 483). Este precepto, en efecto, introduce un nuevo control por el letrado de la Administración de Justicia de los presupuestos del recurso cuya falta es constitutiva de causas de inadmisibilidad absolutas. De esta forma se reitera el control que ya había realizado el letrado de la Administración de Justicia del tribunal *a quo* (o el mismo tribunal), suprimiendo del mismo el requisito de la recurribilidad de la sentencia y añadiendo "*la debida constitución de los depósitos para recurrir y el cumplimiento, en su caso, de los requisitos del artículo 449, procediendo en caso contrario a la inadmisión mediante decreto*" (art. 483-1). Es dudosa la necesidad, o conveniencia, de este segundo control por el letrado de la Administración de Justicia, porque es el tribunal quien tiene la última palabra sobre la admisión. Pero, sobre todo, no parece que contribuya al objetivo de reducción de tiempos perseguido. Obsérvese que, si el letrado de la Administración de Justicia aprecia la falta de alguno de los presupuestos antes indicados, inadmitirá el recurso mediante decreto, frente al que podrá interponerse recurso de revisión (art. 454 bis-1 LEC), con lo que la fase de inadmisión se alargará y se hará recaer una nueva carga sobre el tribunal competente.

Concurriendo los requisitos anteriores, el letrado de la Administración de Justicia elevará las actuaciones a la Sección de Admisión del tribunal competente (Sala primera del TS o Sala de lo Civil y Penal del TSJ) para que se pronuncie sobre la admisión del recurso (art. 483.2). A diferencia de la normativa anterior, no se pasarán las actuaciones al Magistrado Ponente, a fin de que se instruya y someta a deliberación de la Sala lo que haya de resolverse sobre la admisión o inadmisión del recurso, sino que se elevan directamente a la Sección de Admisión existente dentro de la Sala.

C) Desaparece el trámite de puesta de manifiesto a las partes personadas de las posibles causas de inadmisión apreciadas por el tribunal, prevista en el art. 483.3 anterior. La admisión pasa a ser un trámite no contradictorio, sin intervención de las partes, que no podrán ya hacer alegaciones en esta fase. El legislador ni siquiera ha considerado conveniente adaptar a la casación civil la norma del art. 90.1 LJCA, según la cual, siquiera excepcionalmente, la Sección de la Sala de lo Contencioso-administrativo del Tribunal Supremo podrá acordar oír a las partes personadas acerca de si el recurso presenta interés casacional objetivo para la formación de jurisprudencia.

D) Y desaparece también el elenco de causas de inadmisión que estaban previstas en los arts. 473.2 (en el recurso por infracción procesal) y 483.2 (en el recurso de casación). La decisión sobre la admisión se deja en manos del tribunal *ad quem* (de la Sección- de Admisión), que no está vinculado por la previa decisión de admisión del recurso adoptada por el tribunal *a quo* ni está sujeto a un catálogo de causas como en la legislación anterior, y se adopta sin prestar audiencia al recurrente.

Pero la ausencia de tipificación de las causas de inadmisión no debe traducirse en la discrecionalidad del tribunal. De acuerdo con la doctrina constitucional, resulta al menos discutible que la libertad del legislador se extienda a configurar la admisión de los recursos con fundamento en la discrecionalidad. Partiendo siempre de la libertad que tiene el legislador tanto para el establecimiento de un sistema de recursos como para su negación o eliminación, entiendo que, creado el recurso, no se puede articular una regulación que omita los derechos fundamentales implicados, a riesgo de que la discrecionalidad de que disfruta se transforme en arbitrariedad. Y tal riesgo existe en los sistemas discrecionales puros de admisión.

La Sala de Admisión deberá verificar el cumplimiento de todos los requisitos previstos en los diversos preceptos legales: no solo de los que son susceptibles de control por el letrado de la Administración de Justicia en los dos momentos antes indicados, constitutivos de causas de inadmisión absolutas, sino también de los previstos en el artículo 481 que regula el contenido del escrito de interposición del recurso: apreciación del interés casacional y de la norma, procesal o sustantiva, que se considera infringida (art. 481.1), relevancia de la incidencia de la infracción invocada en el fallo (art. 481.3), etc; y también en otros preceptos, como, por ejemplo, el límite de la impugnación de la valoración de la prueba (art. 477.5)

Y habrá que tener en cuenta también que, entre las causas de inadmisión que desaparecen se encuentra la que preveía el artículo 483.2-4º ("*Si el recurso careciere manifiestamente de fundamento o se hubiesen resuelto ya en el fondo otros recursos sustancialmente iguales*"), que facultaba al tribunal a un control anticipado de la cuestión de fondo. Este control se efectuará ahora por la Sala del TS (o el Pleno) encargada de decidir el recurso.

Por lo demás, es previsible la interpretación por la Sala de las diversas causas que determinan la inadmisibilidad del recurso en un nuevo acuerdo que sustituya al de 2017. Y es previsible también -deseable, más bien- la aplicación de la doctrina jurisprudencial que había dulcificado de alguna forma el rigor en la admisión, insistiendo en que "*no cabe incurrir en un rigorismo formal que vulnere la tutela judicial efectiva*", porque "*(s)e ha de salvar, ante todo, y en beneficio de la mayor amplitud del derecho del recurrente a la tutela judicial efectiva, en su vertiente de derecho a utilizar los medios de impugnación legalmente establecidos, la incorrecta formulación de éste y de los restantes motivos del recurso...*" (STS 293/2007 de 14 marzo, RJ 2007, 2567). Y, de acuerdo con esa declaración de principios, había distinguido (a partir del ATS de 6 de noviembre de 2013, JUR 2013/355553) las causas de inadmisión absolutas o insubsanables (por ejemplo, la irrecurribilidad de la resolución o la interposición del recurso fuera de plazo), que exigen una respuesta expresa y motivada del órgano judicial, al versar sobre un presupuesto de orden público, y las que no tienen tal consideración, sino que están fundadas en vicios o defectos subsanables. Unas y otras se han venido sometiendo a un control diferente por la Sala primera, siendo el de las segundas, más flexible. Como declaró la STS 439/2013, de 25 de junio (RJ 2013, 4981), "*puede ser suficiente para pasar el test de admisibilidad y permitir el examen de fondo de la cuestión, la correcta identificación de determinados problemas jurídicos, la exposición aun indiciaria de cómo ve la parte recurrente el interés casacional y una exposición adecuada que deje de manifiesto la consistencia de las razones de fondo. En tales casos, una interpretación rigurosa de los requisitos de admisibilidad que impidan el acceso a los recursos extraordinarios no es adecuada a las exigencias del derecho de tutela efectiva.*"

E) "*El recurso de casación* -dice el art. 483.3 - *se inadmitirá por providencia sucintamente motivada que declarará, en su caso, la firmeza de la resolución recurrida y se admitirá por medio de auto que exprese las razones por las que la Sala Primera del Tribunal Supremo o la Sala de lo Civil y Penal del Tribunal Superior de Justicia debe pronunciarse sobre la cuestión o cuestiones planteadas en el recurso", sin que contra dichas resoluciones quepa recurso alguno*" (art. 483.4).

La norma introduce el mismo modelo que la casación contencioso-administrativa en los casos en que ha de apreciarse por el tribunal la existencia de interés casacional objetivo para la formación de jurisprudencia (art. 88.3, a) LJCA), pero lo generaliza, extendiéndolo también a los supuestos en que se presume la existencia de interés casacional, para los que el artículo 88.3, b)

LJCA exige que la inadmisión se acuerde por auto motivado en el que se justificará que concurren las salvedades que en aquél se establecen.

Resulta evidente que con ello se persigue agilizar el trámite, concentrando el órgano casacional su esfuerzo en la motivación de las resoluciones de admisión, que son muchas menos, con la consecuencia, que ha sido subrayada por la doctrina, de la falta de información -o del ofrecimiento de una mínima información- del justiciable sobre los motivos que han dado lugar a que su recurso no haya superado el trámite de admisión y que le podían servir para corregir y depurar su técnica casacional. Como se ha dicho gráficamente, se imprime así celeridad en dicho trámite a costa de mermar la actividad formadora e ilustrativa que el alto tribunal ha venido desarrollando a través de los autos de inadmisión de los recursos, reduciéndose ahora a los autos de admisión. Sin embargo, no hay mayores implicaciones prácticas, pues contra la providencia o auto que resuelva sobre la admisión del recurso de casación no cabe recurso alguno (art. 483.4 LEC).

Por otra parte, es discutible que la inadmisión por providencia se acomode a la doctrina del Tribunal Constitucional sobre el derecho a una resolución motivada que implica el derecho del justiciable a conocer las razones de las decisiones judiciales. Aunque ciertamente la exigencia legal de "motivación sucinta" y la doctrina constitucional sobre la suficiencia de este tipo de motivación para satisfacer las exigencias constitucionales, permitirían defender lo contrario. En cualquier caso, la cuestión fue resuelta por el Tribunal Europeo de Derechos Humanos (STEDH, Sección 3ª, de 7 de mayo de 2019) que, al pronunciarse sobre si el dictado de una providencia por el Tribunal Constitucional para inadmitir un recurso de amparo suponía una vulneración del derecho a la tutela judicial efectiva, lo hizo en sentido negativo, con base en que la función del Tribunal Constitucional y las particularidades del procedimiento ante el mismo permiten que las condiciones de admisibilidad de un recurso sobre fundamentos de Derecho sean más estrictas que las de un recurso ordinario.

F) La admisión, en cambio, deberá realizarse siempre por medio de auto que es también una decisión motivada, por lo que deberán expresarse en él las razones por las que la Sala Primera del Tribunal Supremo o, en su caso, la Sala de lo Civil y Penal del Tribunal Superior de Justicia que corresponda, debe admitir el recurso y pronunciarse en él sobre la cuestión o cuestiones planteadas.

Ciertamente, a la vista de la doctrina constitucional sobre la suficiencia de la motivación que antes mencionaba, ésta también podría ser sucinta, pero el contenido de la norma apunta a que sea más desarrollada: expresará "*las razones por las que la Sala Primera del Tribunal Supremo o la Sala de lo Civil y Penal del Tribunal Superior de Justicia debe pronunciarse sobre la cuestión o cuestiones plan-*

teadas en el recurso." En cualquier caso, no ha trasladado el legislador al ámbito civil la norma del art. 90.4 LJCA, que prevé el contenido de la de ambas resoluciones (providencia de inadmisión y auto de admisión), disponiendo para esta segunda que "*Los autos de admisión precisarán la cuestión o cuestiones en las que se entiende que existe interés casacional objetivo e identificarán la norma o normas jurídicas que en principio serán objeto de interpretación, sin perjuicio de que la sentencia haya de extenderse a otras si así lo exigiere el debate finalmente trabado en el recurso.*" Aunque previsiblemente este será su contenido.

Obsérvese, por lo demás, que la exigencia -y, en su caso, la suficiencia- de la motivación son irrecurribles, al serlo la resolución en que se contiene, por lo que la única vía para su control será la del recurso de amparo constitucional, con las tradicionales limitaciones a su admisión, más cuando se interpone contra resoluciones del Tribunal Supremo.

3.6. Quinta innovación: la sentencia

Admitido el recurso de casación, previa la eventual oposición de la parte recurrida y la celebración de vista en su caso (solo si la Sala lo considera conveniente para la mejor impartición de justicia; desaparece la vinculación cuando ambas partes lo piden: arts. 485 y 486), la Sala dictará la resolución correspondiente resolviendo el recurso. Esta resolución -dice el art. 487.1- será una sentencia, "*salvo que, habiendo ya doctrina jurisprudencial sobre la cuestión o cuestiones planteadas, la resolución impugnada se oponga a dicha doctrina, en cuyo caso el recurso podrá decidirse mediante auto que, casando la resolución recurrida, devolverá el asunto al tribunal de su procedencia para que dicte nueva resolución de acuerdo con la doctrina jurisprudencial.*" Junto a esta posibilidad de que el recurso sea estimado mediante auto, resulta relevante también la previsión contenida en el apartado 3 del precepto: "*Cuando en el escrito de interposición se denuncien distintas infracciones, procesales y sustantivas, la Sala resolverá en primer lugar el motivo o motivos cuya eventual estimación determine una reposición de las actuaciones.*" Veamos ambas innovaciones.

A) La redacción del supuesto en que el recurso de casación puede estimarse mediante auto puede inducir a confusión porque la oposición de la sentencia recurrida a la "*doctrina jurisprudencial sobre la cuestión o cuestiones planteadas*" no es el fundamento de la decisión del recurso, sino una de las modalidades del interés casacional que permite que la resolución impugnada sea recurrible en casación; se trata, pues, de un presupuesto que condiciona el acceso al recurso, su admisibilidad, y no su decisión. El fundamento de la estimación del recurso, que ya habrá sido admitido por esta causa (interés casacional), es el motivo o los motivos invocados (en los que se expresarán las infracciones legales denunciadas, que pueden ser sustantivos y/o procesales, sin que la norma limite el supuesto a los primeros), que la Sala deberá examinar y, en el caso de que el pronunciamiento sea estimatorio, confirmará la jurisprudencia establecida con anterioridad o, si lo considera procedente, la modificará, abriendo el camino a un cambio de la misma (que deberá verse confirmado por, al menos, una sentencia posterior, salvo que la sentencia haya sido dictada por el Pleno).

La forma de auto, que es potestativa ("podrá decidirse", dice la norma), se limita, pues, a la resolución estimatoria que confirma la doctrina jurisprudencial existente; si decide modificarla, seguirá siendo una sentencia. En tal caso, concluye el precepto, dicho auto, "*casando la resolución recurrida, devolverá el asunto al tribunal de su procedencia para que dicte nueva resolución de acuerdo con la doctrina jurisprudencial.*" Se establece, por tanto, un modelo de casación con reenvío, sobre el que parece oportuno formular las siguientes consideraciones:

a) El modelo no es novedoso. Ciertamente estaba excluido del recurso de casación en la redacción anterior del art. 487 LEC, aunque expresamente solo en los casos en que la vía de acceso al recurso hubiera sido la del interés casacional (anterior art. 487.3). Cuando la utilizada fue la vulneración de derechos fundamentales o la cuantía, el art. 487.2 no excluía el reenvío expresamente, ya que se limitaba a decir que, en tales casos, la sentencia "*confirmará o casará, en todo o en parte, la sentencia recurrida.*" Sin embargo, la jurisprudencia había introducido el reenvío en algunos supuestos; por ejemplo, si la sentencia del TS revocaba la de apelación, que había apreciado la prescripción o la caducidad de la acción ejercitada (ambas cuestiones sustantivas), reenvíaba las actuaciones a la Audiencia para que dictara nueva sentencia; porque, al apreciar la prescripción o la caducidad de la acción ejercitada, ni la sentencia de primera instancia ni la de apelación valoraron la prueba sobre el fondo de la cuestión litigiosa y, lógicamente, tampoco enjuiciaron en derecho, por lo que faltaba, y de un modo absoluto, el juicio de hecho y de derecho sobre la materia objeto del proceso.

En cambio, fue el modelo introducido por el texto de la LEC/2000 en el recurso extraordinario por infracción procesal: "*En los demás casos* (con excepción de aquellos en que el recurso se hubiese fundado en la infracción de las normas sobre jurisdicción o competencia objetiva o funcional), *de estimarse el recurso por todas o alguna de las infracciones o vulneraciones alegadas, la Sala anulará la resolución recurrida y ordenará que se repongan las actuaciones al estado y momento en que se hubiere incurrido en la infracción o vulneración*" (anterior art. 476.2, IV). Aunque en la disposición final 16ª.1, regla 7ª, en la que se regulaba el régimen transitorio de los recursos extraordinarios, cambió de criterio y suprimió el reenvío cuando se hubiese recurrido la sentencia por infracción procesal al amparo del motivo 2.º del apartado primero del artículo 469 (infracción de las normas reguladoras de la sentencia) y la sentencia fuera estimatoria, y si se alegare y estimare producida una vulneración del artículo 24 de la Constitución que sólo afectase a la sentencia. No obstante, la jurisprudencia introdujo excepciones a la referida disposición final, entendiendo que, en todos aquellos supuestos en que era estimado el recurso (extraordinario por infracción procesal) por vicios en la sentencia (art. 469.1-2º LEC), era procedente una u otra solución (retroacción de actuaciones o asunción de la instancia por el tribunal de casación) según el caso de que se trate; y, en concreto, que será procedente devolver las actuaciones a la Audiencia Provincial para que dictase nueva sentencia cuando se estimaba necesario para evitar que la decisión del asunto se viese privada de una instancia (la segunda).

b) La generalización del reenvío para que la Audiencia "*dicte nueva resolución de acuerdo con la doctrina jurisprudencial*", plantea la duda acerca de si impone al tribunal de instancia la vinculación a dicha doctrina (elevándola al rango de norma legal); y, en caso de que la respuesta sea negativa, si dictada nueva sentencia en la que dicho tribunal se aparte de ella, la misma será recurrible de nuevo en casación. No me parece que el legislador haya pretendido tomar parte en la polémica sobre el carácter vinculante de la jurisprudencia ni excepcionar el contenido del art. 12.2 LOPJ ("*No podrán los Jueces y Tribunales corregir la aplicación o interpretación del ordenamiento jurídico hecha por sus inferiores en el orden jerárquico judicial sino cuando administren justicia en virtud de los recursos que las leyes establezcan*"), por lo que entiendo que la respuesta debe ser a favor de la admisión del recurso (cuyo interés casacional sería evidente). Y, admitido el recurso, la Sala decisora dictará un nuevo auto estimatorio... o una sentencia desestimatoria si entiende que, a la vista de los fundamentos de la sentencia recurrida, procede rectificar la jurisprudencia.

B) En los demás casos el recurso de casación se decide por medio de sentencia, sobre cuyo contenido el artículo 487 se limita a recoger la norma antes mencionada: si en el escrito de interposición se denuncien distintas infracciones, procesales y sustantivas, la Sala resolverá en primer lugar el motivo o motivos cuya eventual estimación determine una reposición de las actuaciones. A diferencia de lo que ocurría en la normativa anterior (arts. 476, en relación con la disposición final 16ª.1, regla 7ª, y 487), nada dice sobre cuándo la estimación del motivo o motivos invocados determina la reposición de las actuaciones, ni tampoco sobre el contenido de la sentencia cuando tal reposición no sea procedente. Al respecto, habrá que tener en cuenta:

a) Si el motivo invocado -y estimado- fue la vulneración de derechos fundamentales, será aplicable el criterio del anterior artículo 487.2: la sentencia de casación confirmará o casará, en todo o en parte, la sentencia recurrida, debiendo entenderse que, aunque nada dijera la norma, el mismo tribunal dictará sentencia sobre el objeto del proceso, enjuiciando las cuestiones debatidas de manera coherente con el motivo estimado y el contenido de la resolución casacional.

b) Cuando se recurrió en casación invocando el interés casacional (sustantivo), el criterio aplicable será el contenido en el anterior artículo 487.3: si la sentencia considera fundado el recurso, casará la resolución impugnada y resolverá sobre el caso, declarando lo que corresponda según la modalidad de interés casacional alegada. En el supuesto de que haya sido la existencia de jurisprudencia contradictoria de las Audiencias Provinciales, los pronunciamientos de la sentencia que se dicte en casación no afectarán a las situaciones jurídicas creadas por las sentencias, distintas de la impugnada, que se hubieren invocado.

c) Si se invocaron diversos motivos fundados en la infracción de normas sustantivas y la estimación de uno de ellos comporta la remisión de actuaciones, la sentencia decidirá sobre él en primer lugar. Según la jurisprudencia, es lo que ocurre, por ejemplo, cuando revoca la dictada en apelación que había apreciado la caducidad de la acción ejercitada: "*Al apreciar la caducidad de la acción ejercitada en la demanda, ni la sentencia de primera instancia ni la de apelación valoraron la prueba sobre el fondo de la cuestión litigiosa y, lógicamente, tampoco la han enjuiciado en derecho. Falta, por tanto, y de un modo absoluto, el juicio de hecho y de derecho sobre la materia objeto del proceso. De ahí que, no siendo la casación un nuevo juicio que, como la apelación, permita una cognición plena sobre todas las cuestiones de fondo de hecho y de derecho sometidas a debate, y no habiendo sido estas enjuiciadas, en puridad, por ninguna instancia, el pronunciamiento de esta Sala deba limitarse, como autoriza el artículo 487.2 LEC, a casar la sentencia recurrida para que el tribunal de apelación, como órgano de instancia plenamente facultado para conocer de todas las cuestiones de hecho y de derecho objeto del proceso, las resuelva en sentencia que no podrá ya apreciar la caducidad de la acción ejercitada en la demanda, solución ya adoptada por la STS del Pleno de los magistrados de esta Sala de 29 de abril de 2009 y en STS de 7 de octubre de 2009 en sendos casos de apreciación de caducidad y de prescripción de la acción por el tribunal de segunda instancia*" (STS de 30 noviembre 2011, JUR 2011/433123).

d) Si se invocaron en el recurso motivos fundados en la infracción de normas procesales y sustantivas, será aplicable la norma del artículo 487.3, que antes veíamos: "(...) *la Sala resolverá en primer lugar el motivo o motivos cuya eventual estimación determine una reposición de las actuaciones.*" Para su correcta interpretación habrá que tener en cuenta que la reforma nada dice acerca de si la reposición de las actuaciones es el efecto de la estimación de cualquier motivo procesal (que era el criterio del anterior artículo 476.2, IV) o subsisten las excepciones (infracción de normas reguladoras de la sentencia y vulneración del artículo 24 de la Constitución que sólo afecte a la sentencia) de la anterior disposición final 16ª.1, regla 7ª), a las que me refería anteriormente. En el primer caso, al comportar la estimación de todos los motivos procesales la reposición de actuaciones, la regla del artículo 487.3 se limitará a decir que la sentencia de casación deberá resolver tales motivos en primer lugar. Si, por el contrario, se entiende que subsisten las excepciones previstas en la referida disposición final, la sentencia, si estima el motivo, acordará o no la reposición de actuaciones aplicando la doctrina jurisprudencial existente, conforme a la cual la reposición sería procedente en aquellos casos en que la asunción de la instancia por el TS "*traería consigo que la casi totalidad del asunto quedara privada de la segunda instancia, en detrimento de los derechos de defensa de las partes, y que este Tribunal, desnaturalizando su función de órgano de casación y mediante un procedimiento no adecuado para la revisión total de los problemas procesales y probatorios del litigio, tuviera que proceder a una nueva valoración conjunta de la prueba*" (STS 18 enero 2009, RJ 2010/1401).

Estos motivos serán normalmente los procesales (aunque excepcionalmente puedan ser sustantivos, como antes decía), por lo que la sentencia se pronunciará sobre ellos (sobre todos ellos; la norma dice *el motivo o* motivos) en primer lugar. De esta forma, se traslada al texto legal una doctrina jurisprudencial ya establecida, aunque en ella no se contenía la limitación de su aplicación a los casos de acumulación de distintas infracciones procesales y sustantivas. Por lo demás, interpuesto recurso de casación con fundamento solo en la infracción de normas procesales, si la estimación de todas ellas determina la retroacción, será aplicable la doctrina jurisprudencial que considera que debe resolverse en primer lugar la que determinen la retroacción más amplia.

C) En fin, nada dice el precepto sobre el caso de la sentencia estimatoria cuando se invoca como motivo del recurso la infracción de las normas reguladoras de la jurisdicción o de la competencia, que tenía un contenido propio en la anterior regulación en el art. 476.2, I, II y III LEC, cuya aplicación al recurso vigente parece razonable.

4. VALORACIÓN DE LA REFORMA

En general, merecen una valoración positiva las innovaciones encaminadas a agilizar la tramitación del recurso de casación reduciendo los tiempos de espera, aunque el legislador en ocasiones (control de la admisión por el letrado de la Administración de Justicia del TS) vayan en contra de tal objetivo. No, en cambio, el cauce del decreto ley utilizado, que ha sustraído al debate parlamentario la reforma de un ámbito tan importante de la justicia civil

No obstante, es dudoso que, no asumido el criterio de la libre selección de asuntos como objeto del recurso por parte del tribunal, las reformas legales sean suficientes para alcanzar tal objetivo pretendido si no van acompañadas de medidas organizativas y de otro tipo.

A) Entre las primeras es evidente que resulta necesaria la ampliación del número de magistrados de la Sala. En cambio, dudo de la viabilidad de otras que se han sugerido, como aumentar el protagonismo del Gabinete Técnico del Tribunal Supremo. No veo obstáculo a su potenciación, pero sí a la atribución al mismo en la fase de admisión de funciones semejantes a las del letrado de la Administración de Justicia, por la diferente naturaleza de ambos órganos, meramente asistencial o de apoyo la del primero de ellos. Cuestión distinta es que se racionalice el trabajo de este órgano en aras de una mayor eficacia. Pero no me parece que sea esta misión de la ley.

B) Ante el incremento de la litigación, señalado por la exposición de motivos como una de las razones de la reforma, parece necesario detectar los ámbitos en que se produce y buscar soluciones para reducir su incidencia también en el ámbito de los recursos. Me refiero -sobre todo, aunque no sólo- a la litigación en masa, problema que se aborda en el Proyecto para la primera instancia y que el RD-Ley 6/2023 ha convertido en norma positiva, pero para el que no se prevé -a diferencia de lo que ocurre en otros órdenes jurisdiccionales- aplicación alguna en el ámbito de la casación. Sin excluir la conveniencia de repensar el poco éxito de medios alternativos para la resolución de conflictos, que han quedado al margen de la reforma, así como otras medidas propuestas tradicionalmente para limitar el acceso de asuntos a los tribunales.

Capítulo XXIX:

Algunas consideraciones sobre la fijación de hechos y la valoración de la prueba en el recurso de casación

IBON HUALDE LÓPEZ
Catedrático de Derecho Procesal.
Universidad de Navarra

Resumen: El presente trabajo tiene por objeto analizar la posibilidad de que la Sala Primera del Tribunal Supremo realice en el ámbito casacional una revisión de los hechos fijados como probados en la sentencia recurrida y una nueva valoración de la prueba, a la luz del Acuerdo no jurisdiccional de 27 de enero de 2017 y de la jurisprudencia de dicho órgano jurisdiccional.

1. INTRODUCCIÓN

El apartado quinto del artículo 477 de la Ley de Enjuiciamiento Civil, en su redacción resultante del Real Decreto-ley 5/2023, de 28 de junio, dispone que «la valoración de la prueba y la fijación de hechos no podrán ser objeto de recurso de casación, salvo error de hecho, patente e inmediatamente verificable a partir de las propias actuaciones», reproduciendo casi textualmente lo dispuesto en el Acuerdo no jurisdiccional de 27 de enero de 2017 en el ámbito de los motivos del desaparecido recurso extraordinario de infracción procesal. Dicho Acuerdo también exige como uno de los requisitos generales del recurso de casación que los motivos del mismo respeten la valoración de la prueba contenida en la sentencia recurrida, lo cual implica que no se puede pretender una revisión de los hechos probados ni una nueva valoración probatoria y que no pueden fundarse implícita o explícitamente en hechos distintos de los declarados probados en la sentencia recurrida ni en la omisión total o parcial de los hechos que la Audiencia Provincial considere acreditados (petición de principio o hacer supuesto de la cuestión); y enumera entre las causas de inadmisión específicas de este último recurso extraordinario la carencia manifiesta de fundamento, a la que hacemos una breve referencia a continuación, impidiéndose expresamente al recurrente la alteración de la base fáctica de la sentencia recurrida.

2. LA CARENCIA MANIFIESTA DE FUNDAMENTO

Como es sabido, una de las causas más recurrentes de inadmisión del recurso de casación consiste en la carencia manifiesta de fundamento, lo que se produce, entre otras circunstancias, cuando se altera la base fáctica de la sentencia. Y es que, según se deduce de la jurisprudencia reiterada de la Sala Primera del Tribunal Supremo, este órgano debe partir como regla general de los hechos declarados probados en la instancia[1]. Con anterioridad a la aprobación del mencionado Real-Decreto ley, que elimina el listado de causas de inadmisión recogido en el artículo 483.2 de la Ley de Enjuiciamiento Civil, la carencia manifiesta de fundamento no figuraba en la redacción original de este último precepto, estando solo prevista para el eliminado recurso extraordinario por infracción procesal (art. 473.2,2º LECiv); y su inclusión en el ámbito casacional fue consecuencia de la reforma derivada de la Ley 7/2015, de 21 de julio[2].

El Acuerdo no jurisdiccional de 27 de enero de 2017 ha tratado de dotar de contenido a la carencia manifiesta de fundamento como causa de inadmisión específica del recurso de casación mediante una relación de supuestos de carácter meramente ejemplificativo: la alteración de la base fáctica de la sentencia; el planteamiento de cuestiones nuevas o de cuestiones que no afecten a la *ratio decidendi* de la sentencia; impugnar la interpretación del contrato sin atenerse a los requisitos establecidos por la jurisprudencia para el acceso al recurso de casación; la petición de principio o hacer supuesto de la cuestión; la falta de efecto útil del motivo; la falta de concreción en el desarrollo argumental; la mezcla de cuestiones heterogéneas; y la falta de identificación de la infracción alegada. No obstante, se ha de advertir que la base fáctica de la sentencia también puede verse afectada tanto por el planteamiento de

---

1 Véase, por ejemplo, SSTS de 9 de marzo de 2012 y 23 de enero de 2012, así como ATS de 28 de enero de 2014.

2 A través de la referida reforma se añadió al artículo 483.2 de la Ley de Enjuiciamiento Civil un número cuarto, a cuyo tenor procederá tal inadmisión «si el recurso careciere manifiestamente de fundamento o se hubiesen resuelto ya en el fondo otros recursos sustancialmente iguales». En congruencia con ello, el Acuerdo no jurisdiccional de 27 de enero de 2017 recoge como una de las causas de inadmisión comunes al recurso extraordinario por infracción procesal y de casación «la carencia manifiesta de fundamento (arts. 473.2.2 y 483.2.4º LEC)».

cuestiones nuevas como por la petición de principio o hacer supuesto de la cuestión, que constituyen otros dos de los supuestos incluidos en aquella relación de carácter ejemplificativo, en los términos antedichos. Al respecto, cuestiones nuevas son las que no fueron suscitadas por el recurrente en la primera instancia[3]; y las que sí lo fueron, pero no entraron en el debate de la apelación, quedando fuera de la razón decisoria de la sentencia de segunda instancia[4], según se deduce del Acuerdo de 27 de enero de 2017[5]. Y es que la finalidad del recurso de casación es corregir las posibles infracciones legales en las que hubiera podido incurrir la sentencia impugnada, que únicamente resultarán predicables respecto de aquellas cuestiones sobre las que se haya pronunciado por constituir objeto del recurso de apelación[6].

En cambio, la petición de principio o hacer supuesto de la cuestión equivale a formular una impugnación dando por sentado lo que falta por demostrar o afirmando lo contrario a lo declarado como cierto en la instancia[7]. Esta causa de inadmisión suele estar sustentada en una alteración de la base fáctica de la sentencia recurrida, al tener el recurrente por acreditados unos hechos que no lo están y anudarles una consecuencia que únicamente sería procedente si hubiesen sido declarados probados en aquella resolución. Pero, según se ha puesto de manifiesto jurisprudencialmente, los hechos declarados probados en la sentencia de segunda instancia son incólumes en casación, bajo pena de hacer supuesto de la cuestión; y, subsiguientemente, la presentación por el recurrente de una nueva versión de los hechos para justificar su pretensión dará lugar a que el recurso sea inadmitido. En la práctica son muchas las resoluciones que han acordado la inadmisión del motivo por adolecer de ese vicio casacional[8]; por ejemplo, cuando el recurrente da por probado que el tercer

---

3 Véase, por ejemplo, STS de 6 septiembre de 2012.

4 Véase, por ejemplo, STS de 9 de julio de 2014 y ATS de 29 de julio de 2020.

5 El Acuerdo de 27 de enero de 2017 (requisitos generales de desarrollo de los motivos del recurso de casación) entiende por tales cuestiones nuevas «tanto las que se planteen por primera vez en el recurso de casación como las indebidamente planteadas en la segunda instancia».

6 Como se ha reiterado jurisprudencialmente, lo contrario vulneraría principios fundamentales del proceso civil como el de contradicción y oportunidad de defensa mediante la proposición de las pruebas correspondientes, con infracción del derecho a la tutela judicial efectiva (art. 24.1 CE). Véase, por ejemplo, STS de 13 de octubre de 2015, así como SSTS de 28 de mayo de 2004, 21 de julio de 2008, 3 de diciembre de 2009, 6 de mayo de 2011, 10 de mayo de 2011, 13 de julio de 2011, 21 de septiembre de 2011, 10 de octubre de 2011 y 30 de abril de 2012.

7 Véase, entre otras resoluciones, SSTS de 29 de abril de 2011, 6 de mayo de 2013 y 16 de marzo de 2016, así como AATS de 30 de enero de 2019, 6 de febrero de 2019 y 13 de febrero de 2019.

8 Véase, a título de ejemplo, AATS de 11 de abril de 2018, 24 de marzo de 2021, 7 de abril de 2021 y 14 de abril de 2021.

adquirente de una finca tenía conocimiento de la posesión en concepto de dueño por otro sujeto[9]. Y ha sido igualmente apreciado en la sentencia, con la consiguiente desestimación del motivo; por ejemplo, cuando el recurrente da por sentado un inexistente incumplimiento de los deberes de información en el ámbito de la responsabilidad contractual[10].

3. LOS HECHOS PROBADOS DE LA SENTENCIA RECURRIDA

Hemos de tener presente que el objeto del recurso de casación consiste en corregir la infracción o aplicación indebida por los órganos de instancia de las normas sustantivas o, en su caso, la jurisprudencia aplicable al fondo del asunto que se les ha planteado. Pero ello partiendo siempre de los hechos declarados probados en la sentencia recurrida[11]; es decir, sin alteración de los hechos probados que esta haya fijado como tales, pues ese recurso extraordinario no constituye una tercera instancia y no permite la revisión de la prueba, sino que se limita a examinar la correcta aplicación del ordenamiento jurídico[12]. El problema es que, en muchas ocasiones, resulta complicado deducir de la sentencia recurrida qué hechos tienen la consideración de probados. Desde luego, esta situación no se ve favorecida por la literalidad de la Ley de Enjuiciamiento Civil, cuyas reglas especiales sobre la forma y contenido de las sentencias no establecen una obligación de que estas contengan una relación de hechos probados: «En los antecedentes de hecho se consignarán, (...), los hechos probados, en su caso» (art. 209,2ª LECiv).

Esta última expresión («en su caso») se copia del artículo 248.3 de la Ley Orgánica del Poder Judicial, que da pie a interpretar que tal obligación de recoger esa relación de hechos probados depende de lo establecido en cada una de las leyes de enjuiciamiento correspondientes a los distintos órdenes jurisdiccionales; y no existe en el civil, a diferencia de los órdenes penal[13] y laboral[14], en los que sí se prevé expresamente. Sin embargo, tal interpretación no es unánime entre nuestra doctrina científica, existiendo en ella una constatable falta de consenso, de la que incluso se ha hecho eco la Sala Primera del Tribunal Supremo, sobre el alcance del artículo 209,2º de la Ley

---

9 Véase ATS de 14 de noviembre de 2018.

10 Véase STS de 9 de julio de 2020.

11 Véase, por ejemplo, SSTS de 25 de enero y 9 de marzo de 2012, así como ATS de 28 de enero de 2014.

12 Véase, por ejemplo, ATS de 15 de julio de 2020.

13 Véase artículo 142,2.ª de la Ley de Enjuiciamiento Criminal.

14 Véase artículo 97.2 de la Ley de la Jurisdicción Social.

de Enjuiciamiento Civil[15]; precepto que hubiese sido conveniente modificar aprovechándose la reciente reforma operada en la citada ley procesal para hacer extensivo el mandato legal de recoger la referida relación de hechos probados al orden jurisdiccional civil, pero la realidad es que las dudas interpretativas se mantienen después de aquella.

Y es que el propio Tribunal Supremo, en coherencia con su doctrina anterior a la aprobación de la vigente Ley de Enjuiciamiento Civil (doctrina con arreglo a la cual la inclusión de los hechos probados solo constituía un imperativo en sentencias dictadas en los órdenes jurisdiccionales en los que así se hubiese previsto expresamente como el penal o el laboral)[16], ha descartado que exista una obligación de relacionar los hechos probados, sino que se trata de una mera facultad del juzgador, lo que se justifica por la diversidad y complejidad de las materias propias del proceso civil, siempre «desde la perspectiva jurisprudencial de que la sentencia judicial constituye un todo unitario e interrelacionado en cuanto a sus elementos de hecho, de derecho o normativos, sus conclusiones previas y predeterminantes y el fallo o consecuencia de éstas»[17]. Sea como fuere, la Sala Primera de dicho órgano jurisdiccional decide el recurso de casación con la vista puesta en la relación de hechos probados contenida como resumen de antecedentes al principio de su propia resolución; y son muy frecuentes en la práctica las inadmisiones que traen causa de la alteración por el recurrente de la base fáctica de la sentencia recurrida[18].

Se ha apuntado ya que la función del recurso de casación es contrastar la correcta aplicación del Derecho a la cuestión de hecho, la cual ha de ser respetada, por lo que como regla general la Sala Primera del Tribunal Supremo debe partir de los hechos declarados probados en la instancia. Ello significa que no cabe introducir hechos nuevos en el debate casacional, lo cual podría producirse cuando se plantean cuestiones nuevas, siendo este un término más amplio que el de hechos nuevos, puesto que aquellas pueden referirse tanto a estos últimos como a los fundamentos jurídicos, siempre que formen parte de la causa de pedir (de lo contrario, rige el principio *iura novit curia*). Pero aquella regla no ha impedido que el Tribunal Supremo, con carácter excepcional, tenga en cuenta en el ámbito casacional ciertas cuestiones nuevas de carácter

---

15 Véase, por ejemplo, STS de 25 de noviembre de 2008.

16 Véase SSTS de 6 de octubre de 1988, 28 de junio de 1990, 27 de noviembre de 1997, 8 de julio de 2002, 8 de marzo de 2004 y 25 de febrero de 2005, entre otras resoluciones.

17 Véase, por ejemplo, SSTS de 25 de noviembre de 2008, 10 de noviembre de 2009, 18 de junio y 27 de diciembre de 2010, 25 de marzo de 2013, 25 de junio de 2014 y 19 diciembre de 2018, entre otras resoluciones.

18 Véase, por ejemplo, AATS de 29 de julio de 2020, 24 de febrero de 2021, 17 y 24 de marzo de 2021 y 14, 21 y 28 de abril de 2021, entre otras resoluciones.

sustantivo como el transcurso del plazo de caducidad de la acción, susceptible de ser controlado de oficio, lo que supone un límite a la prohibición de plantear cuestiones nuevas[19]; o la nulidad radical de los negocios jurídicos[20]. En todo caso, el alto tribunal ha rechazado que pueda deducirse en casación la nulidad de un contrato, con fundamento en la referida posibilidad de que sea apreciada de oficio, cuando en la instancia se había pretendido su cumplimiento[21].

Otra de las excepciones en cuya virtud el Tribunal Supremo ha revisado en casación el juicio de hecho trae causa de la doctrina conocida como la integración del *factum*; doctrina de la que su Sala Primera se ha servido para la resolución de un motivo por medio de la adición a los hechos del recurso de otros relevantes y complementarios que consten en el proceso y no se opongan a los que la sentencia impugnada considera probados[22]. Sin embargo, dicho órgano jurisdiccional se ha encargado de advertir que se trata de una facultad excepcional que debe ejercitarse con ponderación y referirse a hechos complementarios, no suficientemente explicitados en la resolución recurrida y de constancia necesaria para la decisión judicial; o a circunstancias fácticas que contribuyen a perfilar la cuestión litigiosa y ayudar a su resolución. Por ende, tal facultad del tribunal no puede contradecir la apreciación probatoria de la instancia ni utilizarse para llenar un vacío probatorio sobre hechos relativos a la *ratio decidendi*, supliéndose la actividad probatoria que constituye función soberana del juzgador de instancia[23].

4. EL CONTROL DE LA VALORACIÓN DE LA PRUEBA

Como sabemos, la Sala Primera del Tribunal Supremo debe partir como regla general de los hechos declarados probados en la instancia, por lo que no es posible la introducción de hechos nuevos en el debate casacional. Pero tampoco es posible discutir cuestiones fácticas de la sentencia recurrida como la valoración de la prueba[24]. Y es que, de acuerdo con los requisitos generales de desarrollo de los motivos del recurso de casación contenidos en el Acuerdo de 27 de enero de 2017, «los motivos del recurso de casación deben respetar

---

19 Así lo reconoce la STS de 9 de julio de 2014.

20 Véase SSTS de 30 de junio de 2009, 24 de febrero y 6 de septiembre de 2010, 31 de marzo de 2011 y 21 de mayo de 2012, entre otras resoluciones.

21 Véase SSTS de 30 de junio de 2009, 20 de julio de 2012 y 6 de septiembre de 2012.

22 Véase STS de 26 de noviembre de 2010.

23 Véase STS de 12 de septiembre de 2013.

24 Véase, por ejemplo, AATS de 11 de abril de 2018, 13 de febrero y 12 de junio de 2019, así como SSTS de 27 de marzo de 2007, 21 de marzo de 2019 y 15 de marzo de 2021.

la valoración de la prueba contenida en la sentencia recurrida, lo que implica que no puede pretenderse una revisión de los hechos probados ni una nueva valoración probatoria». Las cuestiones de índole probatoria están vedadas en la casación, pues lo contrario convertiría a ese recurso extraordinario en una tercera instancia, según ha declarado en repetidas ocasiones el alto tribunal[25]. En definitiva, la valoración de la prueba es una función que corresponde a los tribunales de instancia, aunque excepcionalmente ha tenido acceso no al recurso de casación[26], sino al extinto recurso extraordinario por infracción procesal —y en la actualidad puede tenerlo al recurso de casación por infracción de normas procesales— para denunciar la existencia en la sentencia recurrida de arbitrariedad en la valoración de la prueba, error patente o la vulneración de una regla tasada de valoración de la prueba. Es decir, cuando la valoración de la prueba no supera el test de razonabilidad exigible para el respeto del derecho a la tutela judicial efectiva (art. 24 CE)[27]; test de razonabilidad en cuya aplicación el alto tribunal ha controlado la valoración de la prueba pericial realizada por los órganos de instancia[28].

Pues bien, respecto al control de la errónea valoración de la prueba realizada por los órganos de instancia, la jurisprudencia de la Sala Primera del Tribunal Supremo lo ha limitado al error patente que supone una valoración arbitraria de aquella[29]. Y así se deduce del Acuerdo no jurisdiccional de 27 de enero de 2017, que recoge la doctrina del Tribunal Constitucional relativa a los requisitos necesarios para dotar de relevancia constitucional al error en la valoración de la prueba: que el error sea fáctico (material o de hecho), esto es, que afecte a la base fáctica sobre la que se sustenta la sentencia impugnada; que no sea imputable a la negligencia de la parte, sino atribuible al órgano judicial; que pueda apreciarse inmediatamente de forma incontrovertible a partir de las actuaciones judiciales; y que resulte determinante de la decisión adoptada, por constituir el soporte único o básico —*ratio decidendi*— de la resolución, de forma que no pueda saberse cuál hubiera sido el criterio del órgano judicial de no haber incurrido en él[30]. A tales requisitos el propio

---

25 Véase, por ejemplo, AATS de 1 de marzo de 2017, 18 de julio y 7 de noviembre de 2018, 13 de febrero, 8 de mayo y 11 de diciembre de 2019, 8 de julio de 2020 y 24 de marzo, 7 de abril y 5 de mayo de 2021, entre otras resoluciones.

26 La imposibilidad de realizar un nuevo examen de la prueba mediante el recurso casación ha sido reiterada jurisprudencialmente incluso en el ámbito de los procesos que versan sobre derechos de naturaleza indisponible (procesos no dispositivos) como los de familia. Véase, por ejemplo, STS de 27 de abril de 2012 y ATS de 28 de enero de 2014.

27 Véase, por ejemplo, ATS de 29 de enero de 2013.

28 Véase, por ejemplo, STS de 29 de abril de 2005.

29 Véase, por ejemplo, STS de 15 de marzo de 2021.

30 Véase, por todas, SSTC de 26 de enero y 26 de noviembre de 2009.

Acuerdo añade otros dos: que no pueden acumularse en un mismo motivo errores patentes relativos a diferentes pruebas; y que es incompatible la alegación del error patente en la valoración de la prueba con la vulneración de las reglas de la carga de la prueba del artículo 217 de la Ley de Enjuiciamiento Civil sobre un mismo hecho.

Sea como fuere, la Sala Primera del Tribunal Supremo ha advertido que «un adecuado planteamiento de esta infracción exige identificar y justificar concretamente el medio o, de ser varios, los medios probatorios cuya valoración incurre en arbitrariedad, error patente o infringe una norma legal de valoración y destacar la relevancia de este juicio de valoración erróneo en la resolución de la controversia». Pero ello sin que sea posible realizar tal denuncia para combatir el resultado de una valoración conjunta de la prueba, «en el que las conclusiones fácticas obtenidas de la valoración de algún medio probatorio calificada de errónea hayan sido obtenidas y fijadas por mor de otras pruebas valoradas en conjunto»[31]; es decir, no cabe pretender una nueva valoración conjunta de la prueba distinta de la realizada por el tribunal de instancia y tampoco atacar esta mediante la impugnación de pruebas concretas ni pretender que se otorgue prioridad a algún medio probatorio para obtener conclusiones interesadas. Y téngase también en cuenta que aquel órgano jurisdiccional ha relativizado la eficacia de las normas de valoración legal de la prueba, siendo igualmente excepcional el control de la valoración de la prueba por vulneración de alguna de dichas normas. Así, a pesar de que los documentos privados hacen prueba plena en el proceso cuando su autenticidad no sea impugnada por la parte a quien perjudiquen (art. 326.1 LECiv), la valoración de los mismos debe hacerse en relación con el conjunto de los restantes medios de prueba; y el interrogatorio de las partes, aunque hace prueba contra su autor (art. 316.1 LECiv), no es un medio probatorio superior a los demás, de forma que su eficacia queda condicionada al resultado de las demás pruebas[32].

Aunque hemos repetido que, como regla general, la Sala Primera del Tribunal Supremo ha de partir en el recurso de casación de los hechos declarados probados en la instancia, este órgano jurisdiccional la ha excepcionado cuando se trata de procesos relativos a la tutela civil de derechos fundamentales de contenido sustantivo. Así, en tales procesos el alto tribunal ha verificado las valoraciones recogidas en la sentencia recurrida para la apreciación de una posible infracción de los referidos derechos[33]; por ejemplo, en procesos

---

[31] Véase, por ejemplo, SSTS de 23 diciembre de 2009, 18 de febrero de 2015, 6 de abril de 2017 y 26 de enero de 2018.

[32] Véase STS de 13 de abril de 2016.

[33] Véase SSTS de 7 de diciembre de 2005, 27 de febrero de 2007, 18 de julio de 2007, 25 de febrero de 2008, 2 de junio de 2009, 30 de junio de 2009, 3 de marzo de 2010,

para la protección del derecho al honor[34]. Sin embargo, ello no puede llevar a desvirtuar la naturaleza del recurso de casación bien pretendiendo que el alto tribunal corrija la concreta fijación de los hechos efectuada en la sentencia recurrida o realice una nueva valoración de la prueba en su conjunto, o bien proponiendo una calificación que hace supuesto de dicha revisión[35].

Precisamente, en el ámbito de los procesos para la tutela civil de los derechos fundamentales de contenido sustantivo, la Sala Primera del Tribunal Supremo ha admitido la revisión en el recurso de casación de la cuantía de las indemnizaciones por resarcimiento de daños materiales o compensación de daños morales, excepcionando la regla general de que la valoración de la prueba es función exclusiva de los órganos de instancia, en los siguientes términos: «(...) la revisión solo es susceptible de lograrse en este recurso extraordinario cuando se hubiera producido error notorio o arbitrariedad, así cuando se advirtiera una notoria desproporción –(...)– o se hubiera cometido infracción del ordenamiento en la determinación de las bases tomadas para la fijación de la cuantía»[36].

5. CONCLUSIÓN

La reforma operada por el Real Decreto-ley 5/2023, de 28 de junio, excluye del recurso de casación la valoración de la prueba y la fijación de hechos, «salvo error de hecho, patente e inmediatamente verificable a partir de las propias actuaciones»; error que, por ejemplo, podría ser apreciado en la valoración de la prueba documental, pero también de otros medios probatorios que consten en soporte audiovisual. En otras palabras, se recoge de manera expresa la posibilidad de atacar valoraciones probatorias y fijación de hechos probados, cuando las mismas no resisten el referido test de razonabilidad. Pues bien, tras la citada reforma, pueden denunciarse mediante la casación —por la vía de la tutela judicial civil de derechos fundamentales susceptibles de recurso de amparo— aquellas que traigan consigo la vulneración de los reconocidos en el artículo 24 de la Constitución (art. 477.2 LECiv). Ello a diferencia de lo previsto en el Proyecto de ley de medidas de eficiencia pro-

---

15 de noviembre de 2010, 25 de enero de 2011, 20 de febrero de 2012, 29 de enero de 2013, 6 de marzo de 2013, 10 de julio de 2014, 22 de junio de 2015, 24 de junio de 2016, 20 de diciembre de 2017, 12 de enero y 7 de febrero de 2018 y 27 de junio de 2019, así como ATS de 20 de marzo de 2019, entre otras resoluciones.

34 Véase, por ejemplo, STS de 8 de enero de 2013.

35 Véase, por ejemplo, SSTS de 30 de junio de 2005, 30 de abril de 2008, 24 de julio de 2012, 29 de enero de 2013, 22 de septiembre de 2015, 21 de diciembre de 2016, 5 de abril de 2017 y 27 de junio de 2019.

36 Véase STS de 8 de enero de 2013.

cesal, que exceptuaba expresamente de la posibilidad de denuncia a través de esa vía las violaciones de derechos fundamentales contemplados en dicho precepto constitucional, cuya invocación quedaba así limitada al recurso de amparo, salvo que pudiera acreditarse la concurrencia de interés casacional. Y es que, en virtud del mencionado proyecto, la vulneración de derechos fundamentales como cauce autónomo para el acceso a la casación solo se reservaba para los que tuvieran un contenido sustantivo. En definitiva, en la actualidad la valoración de la prueba y la fijación de hechos puede ser objeto de control casacional por la vía del interés casacional y de la vulneración de derechos fundamentales. No obstante, es de esperar que el recurrente, pudiendo optar por ambas vías, elija la de la tutela judicial civil de derechos fundamentales por la menor discrecionalidad que esta última brinda al órgano casacional respecto a la anterior, así como por la menor probabilidad de que un posterior recurso de amparo sea objeto de admisión.

Recuérdese que, tratándose de derechos fundamentales susceptibles de amparo (sustantivos y procesales), antes de acudir al Tribunal Constitucional y, en su caso, al Tribunal Europeo de Derechos Humanos, se ha de llegar hasta la casación para agotar la vía judicial ordinaria. Por tanto, el control casacional viene precedido de dos instancias anteriores y puede ir seguido de otras dos más, lo que nos parece excesivo. Desde nuestro punto de vista, sería razonable sustraer del conocimiento de la Sala Primera del Tribunal Supremo todas las infracciones de derechos fundamentales (sustantivos y procesales); conocimiento que quizás solo esté justificado por la naturaleza subsidiaria del recurso de amparo, que implica la necesidad de agotamiento previo de la totalidad de los cauces procesales previstos en la jurisdicción ordinaria (arts. 53.2 CE y 41-44 LOTC). Y es que lo contrario supone un ineficiente solapamiento de funciones entre este órgano jurisdiccional y el Tribunal Constitucional relativas a la formación, unificación o modificación de la jurisprudencia sobre una misma materia. Así, partiendo de que la doctrina jurisprudencial del Tribunal Constitucional en materia de derechos fundamentales prevalece sobre la del Tribunal Supremo, pudiendo forzar a este último a cambiar la suya, parece más lógica la posibilidad de que sea aquel órgano constitucional el encargado con exclusividad de establecer tal jurisprudencia, siempre con independencia del carácter sustantivo o procesal de esos derechos. Eso sí, dicha posibilidad no impediría el acceso a la casación de la infracción de derechos fundamentales (sustantivos y procesales) por el cauce del interés casacional.

Capítulo XXX:

Y más de dos décadas para una reforma (apresurada) de los recursos extraordinarios: reflexiones sobre la nueva configuración de la casación civil[1]

ÁGATA M. SANZ HERMIDA
Catedrática de Derecho Procesal.
Universidad de Castilla-La Mancha

Sumario: 1. Introducción. 2. Algunas consideraciones sobre la nueva casación. 2.1 Único recurso y el "interés casacional" como piedra angular del sistema. 2.2 Reflexiones sobre el régimen de admisión y decisión del recurso. 3. A modo de conclusión.

Resumen: La abrupta terminación de la XIV Legislatura imposibilitó la aprobación de numerosas propuestas legislativas en tramitación, entre ellas, el ya caducado Proyecto de *Ley de medidas de eficiencia procesal del servicio público de justicia*-en adelante, PLMEPSPJ-. Como modo de recuperar algunas de esas reformas, se aprueba el RD-L 5/2023, de 28 de junio[2] que, entre otras, incluye la de la casación civil, incorporando las líneas básicas trazadas en el PLMEPSPJ, con los problemas inherentes a un "corta y pega" de urgencia y a su desconexión de una reforma más profunda de la justicia civil. Tras más de dos décadas de un sistema transitorio, se pone fin a la

---

1 Comunicación realizada en el marco del Proyecto de Investigación SBPLY/21/180501/000178 «*Crisis y retos de la justicia: el necesario equilibrio entre eficiencia e inclusión de grupos vulnerables*», cofinanciado por Fondo Europeo de Desarrollo Regional (FEDER) y convocado por la Consejería de Educación, Cultura y Deportes de la Junta de Comunidades de Castilla-La Mancha. IPs: Yolanda Doig Díaz e Isabel Turégano Mansilla

2 Real Decreto-ley 5/2023, de 28 de junio, por el que se adoptan y prorrogan determinadas medidas de respuesta a las consecuencias económicas y sociales de la Guerra de Ucrania, de apoyo a la reconstrucción de la isla de La Palma y a otras situaciones de vulnerabilidad; de transposición de Directivas de la Unión Europea en materia de modificaciones estructurales de sociedades mercantiles y conciliación de la vida familiar y la vida profesional de los progenitores y los cuidadores; y de ejecución y cumplimiento del Derecho de la Unión Europea. Las modificaciones relativas al recurso de casación civil se contienen en el Libro V, "Adopción de medidas urgentes en el ámbito financiero, socioeconómico, organizativo y procesal", Título VII "medidas de carácter procesal", capítulo III "Modificación de la ley de enjuiciamiento civil".

controvertida dualidad de recursos extraordinarios, retornando a un único recurso de casación que acogerá las denuncias de las infracciones de naturaleza procesal y de fondo, en el que cobra absoluto protagonismo el interés casacional y su nueva modalidad "interés casacional notorio", sin perjuicio de otros aspectos. Se trata, sin embargo, de una reforma descontextualizada y, pese a todo, apresurada, en el que no obstante sus luces, también se encuentran sombras.

1. INTRODUCCIÓN

Desde la aprobación de la LEC han sido más que evidentes los titubeos del Legislador sobre el diseño del modelo español de casación, lo que, en buena medida, es reflejo de los antecedentes del recurso de casación y las particularidades de su desarrollo en el Derecho español[3]. Así, la delimitación de los fines y función y, consecuentemente, el régimen del recurso, ha pivotado bien en el control de la aplicación de la ley -función nomofiláctica y uniformadora o de defensa del *ius constitutionis*- o bien, además, en la protección de derechos del justiciable a través de una justicia del caso concreto -función procesal o protección del *ius litigatoris*-[4]. A este debate se le ha unido progresivamente la necesidad de que la casación sea un instrumento que contribuya a la agilidad y eficacia del proceso, lo que requiere limitar el volumen de asuntos que

---

[3] Como señala la doctrina, aunque encuentra sus antecedentes en el *Conseil des Parties* integrado en el *Conseil du Roi* del Antiguo Régimen, la casación es una creación de la Revolución Francesa sustentada en la manifiesta desconfianza en los jueces y la necesidad de limitar la función jurisdiccional en la aplicación de la ley, evitando que la labor interpretativa se transformara en una labor creativa del derecho, atribución que corresponde al Legislador. Es este contexto de supremacía parlamentaria y necesidad de efectuar un "control político de la jurisdicción" el que inspiró la casación. Sobre estos aspectos, cfr. ARMENTA DEU, T., "Recurso de casación: entre eficacia y nuevas orientaciones de fines tradicionales", en *InDret,* 2018-1, pp. 1-49, esp. pp. 4 y ss.; BACIGALUPO ZAPATER, E., "Tribunal de casación y recurso de casación", en VV.AA., *Derecho y justicia penal en el s. XXI. Liber amicorum en homenaje al Profesor Antonio González-Cuéllar García,* Madrid, Colex, 2006, pp. 779-798, esp.pp.779-781; MORENO CATENA, V., "Los recursos extraordinarios por infracción procesal y casación", en CORTÉS DOMÍNGUEZ/MORENO CATENA, *Derecho procesal civil. Parte general,* Valencia, Tirant lo Blanch, 2019, pp. 373-400, esp. pp. 381-382; NIEVA FENOLL, J., *Derecho procesal II. Proceso Civil,* Madrid, Marcial Pons, 2015, pp. 321-323; BARBICHE, B., "Les attributions judiciaires du Conseil du Roi", en *Histoire, économie & société,* 2010/3, pp. 9-17, (DOI 10.3917/hes.103.0009); ORTELLS RAMOS, M., "Capítulo 22. El recurso de casación", en ORTELLS RAMOS, M. (dir.), Derecho procesal civil, Pamplona, Thomson Reuters/Aranzadi, 2020, pp. 415-432, esp. pp. 415-416

[4] ARMENTA DEU, T., *Lecciones de Derecho procesal civil. Proceso de declaración. Proceso de ejecución. Procesos especiales. Arbitraje y mediación,* Madrid, Marcial Pons, 2023, p. 286.

llegan a la más alta autoridad judicial ordinaria, nuestro TS, a partir de un replanteamiento de los fines y régimen jurídico de este tipo de recursos[5].

En efecto, frente a la tradicional distinción de recurso de casación por infracción de ley o por quebrantamiento de forma (arts. 1692 y 1693 ALEC), la LEC estableció dos recursos diferenciados respectivamente, el recurso de casación (arts. 477-489) y recurso extraordinario por infracción procesal (arts. 468 a 476 LEC), sobre la base de que esta división habría de «contribuir, sin duda, a la seriedad con que éstas se alegan», a la vez que ampliaba e intensificaba «la tutela judicial ordinaria de los derechos fundamentales de índole procesal, cuyas pretendidas violaciones generan desde hace más de una década gran parte de los litigios» (Exposición de Motivos). En este contexto, se proyectaron los recursos de casación y extraordinario por infracción procesal, cuyo conocimiento se atribuía, en principio, a dos órganos jurisdiccionales diferentes (TS y TSJ, respectivamente), lo que despertó un importante debate doctrinal sobre su diseño[6], sin perjuicio, además, de poner de relieve la necesidad de acometer, entre otras, la reforma de la LOPJ para adecuar la atribución competencial de los TSJ.

---

5 Como señala ARMENTA DEU, a partir de la distinción introducida por la ALEC 1881 y su previa Ley de Bases de 21 de junio de 1880 entre *casación por infracción de ley o doctrina legal* y *casación por quebrantamiento de las formas esenciales del juicio*, atendiendo esencialmente a la necesidad o no de utilizar el mecanismo de reenvío, la historia de la casación civil se ha debatido entre la necesidad de limitar el número de asuntos y la orientación que se persigue con el recurso. ARMENTA DEU, T., "Recurso de casación...", *op. cit.*, p. 6.

6 Se señalaba, entre otras críticas, que había sido un modo de atender a las reivindicaciones nacionalistas que dejaba sensiblemente mermada la potestad del TS de la declaración de la doctrina procesal con carácter vinculante y que presentaba serias dudas de constitucionalidad (GIMENO SENDRA, V., "La casación civil y su reforma", en *Actualidad Civil,* nº 7, abril 2009, pp. 1-17, esp. p. 3). Asimismo, se cuestionaba la resultaba también controvertida la tramitación procesal proyectada que habría de llevar inexorablemente al justiciable a elegir, de forma alternativa y siempre que en la decisión objeto de recurso concurrieran motivos de queja de naturaleza tanto procesal como material, o bien por plantear el recurso extraordinario por infracción procesal, o bien por recurrir en casación, pues no cabe interponerlos de forma sucesiva o acumularlos eventualmente (cfr. arts. 476.4; 477.1 LEC) (MORENO CATENA, V., "Los recursos extraordinarios ...", *op. cit.,* p. 374). Sin embargo, entre las posiciones favorables, MONTERO AROCA/FLORS MATÍES, consideran que el diseño proyectado podría contribuir a reducir la sobrecarga tradicional del TS y que ha impedido, a su vez, que este órgano cumpla con la función que constitucionalmente está llamado a desempeñar de unificación de la jurisprudencia o de la aplicación de la norma material de derecho privado. Cfr. MONTERO AROCA/FLORS MATÍES, *El recurso de casación civil. Casación e infracción procesal,* Valencia, Tirant lo Blanch, 2018, p. 28, nota a pie n. 8,

Precisamente la falta de previsión de las modificaciones normativas necesarias provocó la inserción *in extremis* de la DF16ª de la LEC en la que se estableció un régimen transitorio[7] -se señalaba, por un año-, que atribuía la competencia para el conocimiento de estos recursos a la Sala de lo Civil del TS, manteniendo en principio su potestad como intérprete último de las leyes ordinarias –materiales y procesales- (de acuerdo con lo dispuesto en los arts. 123.1 CE y 56.1 LOPJ). No obstante, esta configuración quebraba como consecuencia de la atribución, como excepción, del conocimiento del recurso por infracción procesal a las Salas de lo Civil de los TSJ en los casos en que se acumule al recurso de casación foral (DF16ª.1ª LEC) y con el establecimiento de un particular régimen de vinculación del recurso extraordinario por infracción procesal a la admisibilidad del recurso de casación (DR 16ª.1.5ª LEC) lo que supuso *de facto* en estos casos que la Sala Primera del TS se viera mermada en el "ejercicio de su función unificadora y uniformadora"[8], a la vez que privó de autonomía al recurso por infracción procesal[9]. El tiempo transcurrido desde la aprobación de la Ley sirvió para aquilatar el régimen proyectado con algunos retoques legislativos[10] que fueron, además, complementados por algunos acuerdos del TS, siempre al amparo de las necesidades de eficiencia y agilidad del sistema procesal[11].

La abrupta terminación de la XIV Legislatura imposibilitó la aprobación de numerosas propuestas legislativas en tramitación y se acudió a la controver-

---

7 De ahí que de manera rápida el TS publicara el *Acuerdo de Pleno no jurisdiccional (art. 264.1 LOPJ) de 12 de diciembre de 2000, en relación con los «criterios sobre recurribilidad, admisión y régimen transitorio en relación con los recursos de casación y extraordinario por infracción procesal*

8 CGPJ, "Informe sobre el Anteproyecto de Ley de medidas de eficiencia procesal al Servicio Público de Justicia", adoptado por Acuerdo de Pleno del CGPJ de 22 de julio de 2021, apdo. 412.

9 BELLIDO PENEDÉS, R., "Claroscuros de la proyectada reforma del recurso de casación civil", en *Revista General de Derecho procesal*, 58 (2022), pp. 1-57, esp. p 3.

10 Véase la *Ley 37/2011, de 10 de octubre, de medidas de agilización procesal* que, entre otros aspectos, procedió a "una modificación en cuanto a las resoluciones recurribles por la cuantía o la reforma del art. 483.2 LEC efectuada por la Ley Orgánica 7/2015, de 21 de julio.

11 A *cuerdo sobre los criterios de recurribilidad, admisión y régimen transitorio de los recursos de casación y extraordinario por infracción procesal, regulados en la nueva Ley de enjuiciamiento civil*, de 12 de diciembre de 2000; *Acuerdo sobre los criterios de admisión de los recursos de casación y extraordinario por infracción procesal*, de 30 de diciembre de 2011; *Acuerdo sobre criterios de admisión de los recursos de casación y extraordinario por infracción procesal*, de 27 de enero de 2017

Sobre el contenido y sentido de estos acuerdos, cfr. ORTELLS RAMOS, M., "Una nueva reforma de la casación civil española", en *Revista General de Derecho Procesal*, 11(2007), pp. 1-35, esp. pp. 14-15;

tida utilización, por los déficits de calidad técnica y democrática que presenta[12], del RD-L para, al amparo de razones de "urgencia y necesidad", aprobar algunas de las reformas legales proyectadas durante la Legislatura. De este modo, entre el conglomerado de materias del RD-L 5/2023, de 28 de junio[13] se cuela la reforma de la casación civil que incorpora las líneas básicas trazadas en el caducado Proyecto de *Ley de medidas de eficiencia procesal del servicio público de justicia* -en adelante, PLMEPSPJ-, con los problemas inherentes a un "corta y pega" de urgencia y a su desconexión de una reforma más profunda de la justicia civil. Se pone fin a la controvertida dualidad de recursos extraordinarios, retornando a un único recurso de casación que acogerá las denuncias de las infracciones de naturaleza procesal y de fondo, en el que cobra absoluto protagonismo el interés casacional y una nueva modalidad, el "interés notorio" expresión jurídica indeterminada que, sin duda, requerirá de una cierta práctica para concretar su contenido. Se acompañan además, algunas modificaciones referidas, entre otros aspectos, a la admisión del recurso, junto con la posibilidad de que, en su caso, se resuelva por "auto de reenvío" (art. 487.1 LEC), todo ello con el objetivo dotarlo de una auténtica naturaleza de extraordinario.

---

12 Por lo que afecta, tanto a la calidad legislativa de las normas tramitadas de este modo, como a su calidad democrática. Cfr. ARMENTA DEU, T., *Lecciones de Derecho procesal civil. Proceso de declaración. Proceso de ejecución. Procesos especiales. Arbitraje y mediación*, Madrid, Marcial Pons, 2023, p. 285; GARCÍA VICENTE, J.R., "La nueva casación civil: dudas y certezas", *La Ley*, n. 10344, septiembre 2023, pp.2; PICÓ I JUNOY, J., "Reflexiones críticas de urgencia sobre la reciente reforma de la casación civil", *La Ley*, n. 10325, julio 2023, pp. 1-2.

13 Real Decreto-ley 5/2023, de 28 de junio, por el que se adoptan y prorrogan determinadas medidas de respuesta a las consecuencias económicas y sociales de la Guerra de Ucrania, de apoyo a la reconstrucción de la isla de La Palma y a otras situaciones de vulnerabilidad; de transposición de Directivas de la Unión Europea en materia de modificaciones estructurales de sociedades mercantiles y conciliación de la vida familiar y la vida profesional de los progenitores y los cuidadores; y de ejecución y cumplimiento del Derecho de la Unión Europea. Las modificaciones relativas al recurso de casación civil se contienen en el Libro V, "Adopción de medidas urgentes en el ámbito financiero, socioeconómico, organizativo y procesal", Título VII "medidas de carácter procesal", capítulo III "Modificación de la ley de enjuiciamiento civil".

2. ALGUNAS CONSIDERACIONES SOBRE LA "NUEVA" CASACIÓN

2.1. Único recurso e interés casacional como la piedra angular del sistema

Uno de los cambios más visibles de la reforma se ha centrado en el retorno a un único recurso de casación fundado, bien en infracción de norma procesal o bien, sustantiva siempre que concurra interés casacional o, cuando se interponga contra sentencias dictadas para la tutela judicial civil de derechos fundamentales susceptibles de recurso de amparo, aun cuando no concurra interés casacional (art. 477.2 LEC), por lo que, consecuentemente, desaparecen los recursos por infracción procesal y en interés de ley.

Con esta previsión se ha atendido a una reivindicación propugnada por un amplio sector de la doctrina procesalista[14] y operadores jurídicos[15] y que tuvo su correspondiente proyección en la tramitación *Proyecto de Ley Orgánica por la que se adapta la legislación procesal a la Ley Orgánica 6/1985, de 1 de julio, del Poder Judicial, de reforma el recurso de casación y se generaliza la doble instancia penal* que, sin embargo, no llegó a ser aprobado[16].

La nueva casación permite pues, invocar infracciones sustantivas o procesales (art. 477.2 LEC), frente a sentencias de segunda instancia dictadas por las AP cuando, conforme a la ley, deban actuar como órgano colegiado; en segundo lugar, frente a autos o sentencias dictados en apelación de procesos sobre reconocimiento y ejecución de sentencias extranjeras en materia civil y mercantil al amparo de los Tratados y Convenios Internacionales, así como de Reglamentos de la UE u otras normas internacionales, siempre que la facultad de recurrir aparezca reconocida en el correspondiente instrumento internacional (art. 477.1 LEC). De este modo se elimina la posibilidad de recurrir por razón de la cuantía, lo que contribuye a concepción de la casación como instrumento tutelar del *ius constitutionis*[17] y se dejan fuera también los autos

---

14 Cfr. BELLIDO PENEDÉS, R., "Claroscuros de la proyectada reforma…", *op.cit.*, p. 3.

15 MUÑOZ ARANGUREN, A., "El diseño del nuevo recurso de casación civil en el Proyecto de Ley de medidas de eficiencia procesal del servicio público de justicia", en *Diario La Ley*, nº 10210, enero de 2023, pp. 1-29, esp. p. 1.

16 En el que también se evidenciaba el afán de reducir el número de recursos que conoce el TS, lo que redundaría en una aminoración tanto de la sobrecarga de trabajo, como del retraso en la resolución de recursos de la Sala 1.ª del TS, como señalaban SÁNCHEZ ALBARRÁN, O.A./CARRASCO GALLEGO, J.A., "La eficiencia de la futura reforma de la casación civil española. Una aproximación desde la óptica del análisis económico del Derecho", en *Actualidad Civil*, nº 15, Septiembre de 2008, pp. 1-10, esp. p. 2.

17 *Voto particular concurrente del Vocal, Juan Manuel Fernández Martínez, al acuerdo del Pleno del día 22 de julio de 2021, respecto del punto I-9º. del orden del día.*

definitivos, salvo la excepción que se acaba de indicar, con lo que todo lo relativo al proceso de ejecución quedará fuera de la técnica casacional[18].

Por lo que se refiere a las infracciones procesales, quedarían subsumidas las establecidas anteriormente para el recurso por infracción procesal del art. 469.1 LEC[19], si bien se excluye expresamente, de manera consecuente con la naturaleza extraordinaria del recurso, los aspectos relativos a la valoración de la prueba y fijación de hechos, salvo error de hecho, patente e inmediatamente verificable a partir de las propias actuaciones[20]. Infracción procesal que, además, debe haber sido denunciada oportunamente.

El motivo del recurso debe ser la existencia de interés casacional, salvo en aquellos casos en los que se recurra en casación a sentencias dictadas para la tutela judicial civil de derechos fundamentales susceptibles de recurso de amparo (art. 477.2 LEC). Y es precisamente la determinación del interés casacional uno de los aspectos más novedosos de la reforma. En efecto, por un lado, se recogen los ya consolidados motivos de oposición en la resolución recurrida a la doctrina jurisprudencial del Tribunal Supremo o resuelva puntos y cuestiones sobre los que exista jurisprudencia contradictoria de las Audiencias Provinciales o aplique normas sobre las que no existiese doctrina jurisprudencial del Tribunal Supremo; o, en los casos de recursos de casación de los que deba conocer un Tribunal Superior de Justicia, cuando se trate de oposición a doctrina jurisprudencial, o no exista doctrina del TSJ sobre normas de Derecho especial de la Comunidad Autónoma correspondiente, o resuelva puntos y cuestiones sobre los que exista jurisprudencia contradictoria de las Audiencias Provinciales (477.3 LEC).

Pero además se regula el denominado "interés casacional notorio" (art. 477.4 LEC) que abre la puerta a una admisión discrecional del recurso[21], que consagra una casación "donde dicho Tribunal es quien elige sobre qué materias quiere decidir y cuándo y cómo hacerlo"[22], y presenta similitudes con otros antecedentes en nuestro sistema como "la especial trascendencia constitucional", en el caso del recurso de amparo (e art. 50.1.b) LOTC) o al "in-

---

18 MUÑOZ ARANGUREN, A., "El diseño ...", *op. cit.*, p. 6. Y, como señala GARCÍA VICENTE, se pone fin de este modo a la consideración del TS como tercera instancia. GARCÍA VICENTE, J.R., "La nueva casación civil...", *op. cit.*, p. 5.

19 Cfr. CGPJ, "Informe al Anteproyecto...", op. cit., apdo. 423.

20 Siguiendo, a este respecto, lo que ya había postulado el TS en su Acuerdo del Pleno no jurisdiccional de 27 de enero de 2017, en su apartado I.1, relativo a los motivos del recurso por infracción procesal.

21 GARCÍA VICENTE, J.R., "La nueva casación civil...", *op. cit.*, p. 5.

22 BANACLOCHE PALAO, J., "Las reformas en el proceso civil previstas en el Anteproyecto de Ley de Medidas de Eficiencia Procesal: ¿una vuelta al pasado?", en *Diario La Ley*, 9814, marzo 2021, pp. 1-22, esp. p. 2.

terés casacional objetivo para la formación de jurisprudencia" del recurso de casación en el orden contencioso del art. 88.1 de la LJCA[23]. Incluso se le ha llegado a comparar con el *writ of certiorari* norteamericano[24], instrumento que posibilita la avocación de un asunto sobre la base de las facultades discrecionales del Tribunal Supremo Federal -*Supreme Court,* en adelante, SC-[25], pese a las ostensibles diferencias entre ambos regímenes jurídicos.

En todo caso, si bien la práctica jurisprudencial necesariamente irá dotando de contenido más preciso a esta modalidad de interés casacional, no hay que perder de vista que sus contornos aparecen normativamente perfilados, ya que se señala que existe interés general cuando la cuestión afecte potencial o efectivamente a un gran número de situaciones, bien en sí misma o por trascender del caso objeto del proceso, lo que, entre otros, dará cabida a recursos en el ámbito del Derecho de consumo[26] y cuya eficacia práctica hubiera requerido de la aprobación del procedimiento testigo[27]. Estamos pues, ante un sistema reglado que, no obstante, deja un margen de discrecionalidad o flexibilidad al TS no equiparable al *certiorari.*

2.2. Reflexiones sobre el régimen de admisión y decisión del recurso

La reforma presta, entre otros, particular atención a algunos aspectos relativos a la admisión del recurso y a los requisitos formales que deben cumplirse.

---

23 Como señala MARTÍNEZ DE VELASCO "Se trata de dos conceptos jurídicos indeterminados cuyo halo de incertidumbre es bien diferente. El primero («interés casacional») ha sido delimitado con mayor o menor precisión por el legislador. El segundo («para la formación de la jurisprudencia»), solo enunciado. Consecuentemente, la posición del Tribunal Supremo frente a uno y otro es distinta", expresión esta última "debe entenderse en sentido amplio, comprensiva tanto de situaciones en las que no existe jurisprudencia y debe ser establecida, como de aquellas otras en las que, existiendo, necesita ser esclarecida, precisada, matizada o corregida". MARTÍNEZ DE VELASCO, J.H., "El interés objetivo en la nueva casación contencioso-administrativa", en *AFDUAM* 22 (2018), pp. 355-380, esp. p. 362.

24 Para una visión general, cfr. GILSANZ USUNAGA, J., "El *certiorari* ante el Tribunal Supremo Americano: una aproximación desde el Derecho español", en *Cuadernos de Derecho Transnacional* (Marzo 2016), Vol. 8, Nº 1, pp. 125-149; HUALDE LÓPEZ, I., "Una aproximación al Tribunal Supremo y *certiorari* norteamericano", *Cuadernos de Derecho Transnacional* (Marzo 2015), Vol. 7, Nº 1, pp. 71-95

25 *Rules of the Supreme Court of the United States,* revisadas recientemente el 5 de diciembre de 2022 y en vigor desde el 1 de enero de 2023, si bien los aspectos relativos al *certiorari* no se han visto modificados por la revisión.

26 PICÓ I JUNOY, J., "Reflexiones críticas de urgencia sobre la reciente reforma de la casación civil", *Diario LA LEY,* Nº 10325, julio de 2023, p.4

27 MUÑOZ ARANGUREN, A., "El diseño …", *op. cit.*, p. 4.

Así, por un lado, la nueva redacción dada al art. 481 LEC recoge de manera particularmente detallada el contenido del escrito, absorbiendo los criterios técnicos establecidos en los diversos Acuerdos de Pleno no Jurisdiccional de 2000, 2011 y 2017 a los que debe sumarse el reciente e inmediato a la reforma Acuerdo de la Sala de Gobierno del Tribunal Supremo de 8 de septiembre de 2023 -todavía no publicado en BOE-. Se incorpora así la exigencia legal de expresar los motivos del recurso y los preceptos legales vulnerados y jurisprudencia infringida, dando carta de naturaleza a lo que anteriormente había exigido el TS en los citados Acuerdos[28].

No se presta, sin embargo, la misma atención a la regulación de la admisión/inadmisión, en la que se observan importantes fallas. A este respecto, la decisión sobre el cumplimiento de estos requisitos y la comprobación en cada caso de la concurrencia de las exigencias materiales y formales para la admisión o inadmisión del recurso se atribuye a una Sección de nuevo cuño, la denominada "Sección de Admisión de la Sala Primera del TS" (o, en su caso, a la Sala de lo Civil y Penal del correspondiente TSJ), cuya composición se desconoce, pudiendo afectarse al derecho al juez ordinario. Junto a ello, se omiten las causas de inadmisión 83, de modo que legalmente no se limitan las facultades del órgano competente, lo que resulta criticable como manifiesta BANACLOCHE PALAO[29].

Por otro lado, se dispone en el art. 483.3 de la LEC que el recurso de casación "se inadmitirá por providencia sucintamente motivada que declarará, en su caso, la firmeza de la resolución recurrida y se admitirá por medio de auto que exprese las razones por las que la Sala Primera o la Sala de lo Civil y Penal del Tribunal Superior de Justicia debe pronunciarse sobre la cuestión o cuestiones planteadas en el recurso". Así, por un lado, se admite la inadmisión por "providencia sucintamente motivada", lo que ha sido objeto de crítica, pues este tipo de resolución requeriría un auto[30]. Se traslada en definitiva "la carga de motivación del auto de inadmisión al auto de admisión", siguiendo

---

28 Lo que, además, como el TC tiene declarado, es respetuoso con el derecho al recurso en relación con la protección del derecho a la tutela judicial efectiva STC 7/2015, de 22 de enero.

29 BANACLOCHE PALAO, J., "Las reforma en el proceso civil... "., *op. cit.*, p. 17 que reafirma en BANACLOCHE PALAO, J., "Comparecencia en relación con el Proyecto de Ley de medidas de eficiencia procesal del servicio público de justicia. Por acuerdo de la Comisión de Justicia. (Número de expediente 121/000097)" celebrada el 10.11.2022 y publicada en el Diario de Sesiones n. 806, 2022, p. 28

30 Así, FERNÁNDEZ MARTÍNEZ considera que, dada la importancia de esta decisión con relación al ejercicio del derecho al recurso, debería haberse hecho al revés, es decir, inadmitir por auto y admitir por providencia FERNANDEZ MARTÍNEZ, J.M., "Voto particular...", *op. cit.*; en el mismo sentido, BANACLOCHE PALAO, J., "Las reforma en el proceso civil... "., *op. cit.*, p. 17.

lo previsto para el recurso de casación penal y contencioso-administrativo, lo que, según el CGPJ[31] contribuye a la simplificación de la fase de admisión.

Cabe destacar, finalmente, la eliminación de la posibilidad de que las partes personadas pudieran formular alegaciones previo conocimiento, mediante providencia, de la posible causa de inadmisión que preveía el art. 483.3 LEC, así como el carácter preceptivo de la vista cuando todas las partes lo solicitaban, lo que ha sido particularmente objeto de importantes críticas.

En cuanto a la decisión del recurso, dispone el art. 487 LEC que el recurso de casación se decidirá por sentencia, salvo que, habiendo ya doctrina jurisprudencial sobre la cuestión o cuestiones planteadas, la resolución impugnada se oponga a dicha doctrina, en cuyo caso el recurso podrá decidirse mediante auto que, casando la resolución recurrida, devolverá el asunto al tribunal de su procedencia para que dicte nueva resolución de acuerdo con la doctrina jurisprudencial. Este auto de reenvío constituye otra de las novedades del recurso y presenta, cuando menos, una rareza que choca frontalmente con la naturaleza de la casación y la conformación de nuestro sistema jurisdiccional, en el que la jurisprudencia tiene el valor de complementar el ordenamiento[32].

3. A MODO DE CONCLUSIÓN

Era, ciertamente, necesaria una reforma de los recursos extraordinarios, tras más de dos décadas conviviendo con un sistema "transitorio" con los problemas prácticos inherentes a esta situación. Sin embargo, la reforma de la casación se ha realizado de una manera descontextualizada de una más profunda -y proyectada- revisión de la justicia civil en la búsqueda de una reducción de la litigiosidad a través del fortalecimiento de los medios alternativos de solución de conflictos o la introducción de otros instrumentos de simplificación, como el denominado "procedimiento testigo", lo que, sin duda, tendrá incidencia en su proyección

La apresurada reforma, introduce un nuevo escenario en el que, sin perjuicio de sus aciertos, se incluyen importantes novedades cuya puesta en práctica no va a estar exenta de dificultades por los espacios de indefinición que se dejan, particularmente en aquellos casos en los que puede suponer una merma o reducción de las garantías fundamentales. El nuevo sistema pretendía devolver al recurso su naturaleza extraordinaria, contribuyendo a fortalecer la función interpretativa del TS -o, en su caso, de los TSJ-, reduciendo los obstá-

---

31 CGPJ, "Informe al Anteproyecto…", *op. cit.*, apdo 418,

32 *Voto particular concurrente del Vocal, Juan Manuel Fernández Martínez, al acuerdo del Pleno del día 22 de julio de 2021, respecto del punto I-9°. del orden del día.*

culos o dificultades en su acceso -provenientes de la distinción entre casación e infracción procesal, así como eliminando la cuantía como modo de acceso al recurso- y simplificando la tramitación procesal, lo que debía redundar en una justicia más ágil y eficaz. La pregunta que, de manera automática, se plantea es si esta reforma, parcial y aislada, con defectos y fallas, servirá y en qué medida, para lograr los fines perseguidos por la casación civil.

BIBLIOGRAFÍA

ARMENTA DEU, T., "Recurso de casación: entre eficacia y nuevas orientaciones de fines tradicionales", en *InDret,* 2018-1, pp. 1-49;

-*Lecciones de Derecho procesal civil. Proceso de declaración. Proceso de ejecución. Procesos especiales. Arbitraje y mediación,* Madrid, Marcial Pons, 2023.

BACIGALUPO ZAPATER, E., "Tribunal de casación y recurso de casación", en VV.AA., *Derecho y justicia penal en el s. XXI. Liber amicorum en homenaje al Profesor Antonio González-Cuéllar García,* Madrid, Colex, 2006, pp. 779-798;

BANACLOCHE PALAO, J., "Comparecencia en relación con el Proyecto de Ley de medidas de eficiencia procesal del servicio público de justicia. Por acuerdo de la Comisión de Justicia. (Número de expediente 121/000097)" celebrada el 10.11.2022 y publicada en el Diario de Sesiones n. 806, 2022

BANACLOCHE PALAO, J., "Las reformas en el proceso civil previstas en el Anteproyecto de Ley de Medidas de Eficiencia Procesal: ¿una vuelta al pasado?", en *Diario La Ley,* 9814, marzo 2021, pp. 1-22

BARBICHE, B., "Les attributions judiciaires du Conseil du Roi", en *Histoire, économie & société,* 2010/3, pp. 9-17, (DOI 10.3917/hes.103.0009);

BELLIDO PENEDÉS, R., "Claroscuros de la proyectada reforma del recurso de casación civil", en *Revista General de Derecho procesal,* 58 (2022), pp. 1-57.

GARCÍA VICENTE, J.R., "La nueva casación civil: dudas y certezas", *La Ley,* n. 10344, septiembre 2023,

GILSANZ USUNAGA, J., "El *certiorari* ante el Tribunal Supremo Americano: una aproximación desde el Derecho español", en *Cuadernos de Derecho Transnacional* (Marzo 2016), Vol. 8, Nº 1, pp. 125-149;

GIMENO SENDRA, V., "La casación civil y su reforma", en *Actualidad Civil,* nº 7, abril 2009

MONTERO AROCA/FLORS MATÍES, *El recurso de casación civil. Casación e infracción procesal,* Valencia, Tirant lo Blanch, 2018

HUALDE LÓPEZ, I., "Una aproximación al Tribunal Supremo y *certiorari* norteamericano", *Cuadernos de Derecho Transnacional* (Marzo 2015), Vol. 7, Nº 1, pp. 71-95

MORENO CATENA, V., "Los recursos extraordinarios por infracción procesal y casación", en CORTÉS DOMÍNGUEZ/MORENO CATENA, *Derecho procesal civil. Parte general,* Valencia, Tirant lo Blanch, 2019, pp. 373-400;

MUÑOZ ARANGUREN, A., "El diseño del nuevo recurso de casación civil en el Proyecto de Ley de medidas de eficiencia procesal del servicio público de justicia", en *Diario La Ley,* nº 10210, enero de 2023, pp. 1-29.

NIEVA FENOLL, J., *Derecho procesal II. Proceso Civil,* Madrid, Marcial Pons, 2015.

ORTELLS RAMOS, M., "Capítulo 22. El recurso de casación", en ORTELLS RAMOS, M. (dir.), Derecho procesal civil, Pamplona, Thomson Reuters/Aranzadi, 2020, pp. 415-432

- "La casación en España: selección de recursos y carga de trabajo en el Tribunal Supremo", en BONET NAVARRO (dir.)/MARTÍN PASTOR (coord.), *El recurso de casación civil,* Pamplona, Aranzadi/Thomson Reuters, 2010, pp. 31-86.

- "Una nueva reforma de la casación civil española", en *Revista General de Derecho Procesal,* 11(2007).

PICÓ I JUNOY, J., "Reflexiones críticas de urgencia sobre la reciente reforma de la casación civil", *La Ley,* n. 10325, julio 2023.

SÁNCHEZ ALBARRÁN, O.A./CARRASCO GALLEGO, J.A., "La eficiencia de la futura reforma de la casación civil española. Una aproximación desde la óptica del análisis económico del Derecho", en *Actualidad Civil,* nº 15, Septiembre de 2008, pp. 1-10.

SECCIÓN 4ª:
PROCESO DE EJECUCIÓN

Capítulo XXXI:

Hacia un proceso de ejecución civil más eficiente: alcance de las reformas del RDL 6/2023 en esta materia

IGNACIO J. CUBILLO LÓPEZ
Catedrático de Derecho Procesal.
Universidad de Córdoba

Resumen: En este trabajo se analizan y valoran las reformas contenidas en el Real Decreto-ley 6/2023, de 19 de diciembre, en materia de ejecución forzosa civil.

1. PRESENTACIÓN

El presente trabajo[1] tiene su origen en una ponencia impartida en el IV Congreso Internacional de la Asociación de Profesores de Derecho Procesal de las Universidades Españolas (APDPUE), organizado por la Universidad de las Islas Baleares, en octubre de 2023, con el título "La eficiencia de la Justicia a debate". La ponencia se enmarcó en una de las Mesas sobre "Eficiencia de la Justicia y reformas procesales", y versó sobre cómo reformar la ejecución civil española, con el reto de lograr un proceso más eficiente. Para ello, tuvimos en consideración las propuestas de modificación de la LEC en materia de

---

1 El cual se ha llevado a cabo dentro del proyecto de investigación "Eficiencia y acceso a la justicia civil en tiempos de austeridad" (PID2021-122647NB-I00), dirigido por F. Gascón Inchausti y P. Peiteado Mariscal, de la Universidad Complutense de Madrid, y del que forma parte el autor. El autor también se integra en la "Red Andaluza para la Investigación en Modelos de Eficiencia Procesal" (D5-2023_03), dirigida por Y. De Lucchi López-Tapia, de la Universidad de Málaga.

ejecución forzosa, que se contenían en el *Proyecto de Ley de medidas de eficiencia procesal del servicio público de Justicia* (en adelante, PLEP), a fin de valorar si eran adecuadas y suficientes para conseguir la pretendida eficiencia. Este proyecto de ley inició su tramitación parlamentaria el 22 de abril de 2022, pero no llegó a ser aprobado, puesto que decayó -junto con otras iniciativas legislativas- el 29 de mayo de 2023, al disolverse las Cortes por la convocatoria de Elecciones Generales. Por lo tanto, en las fechas en que se celebraba el Congreso referido, ya se conocía que las propuestas del PLEP no saldrían adelante; pero servían para la reflexión y el debate, y como base para idear otras propuestas distintas.

En los meses posteriores al Congreso referido, cuando preparábamos la publicación resultante del mismo, se ha promulgado el Real Decreto-ley 6/2023, de 19 de diciembre, por el que se aprueban medidas urgentes para la ejecución del Plan de Recuperación, Transformación y Resiliencia en materia de servicio público de justicia, función pública, régimen local y mecenazgo (en adelante, RDL). Esta norma supone una reforma muy importante de los procesos judiciales, sobre todo en lo relativo a su digitalización. No en vano, con ella se deroga la Ley 18/2011, de 5 de julio, reguladora del uso de las tecnologías de la información y la comunicación en la Administración de Justicia, ofreciendo una nueva ordenación de la materia; además de que se modifican las leyes procesales -y entre ellas de forma destacada la LEC- para hacer posible la tramitación electrónica de los procedimientos. El RDL recoge algunas de las medidas previstas en el PLEP, pero, según su Exposición de Motivos (cfr. ap. XI), únicamente aquellas que, determinando el cumplimiento de hitos definidos en el Programa del Mecanismo para la Recuperación y la Resiliencia, responden "*a la necesidad de una norma que sustente la realización de actos procesales por medios telemáticos una vez ha desaparecido la emergencia internacional por COVID-19*", o bien sirven "*para garantizar la imprescindible agilización en la tramitación de los procedimientos judiciales*". De este modo, parece que todo lo que no redunde directamente en la digitalización y en la agilización de los procesos se ha dejado fuera de esta reforma.

La realidad es que son muy variados y relevantes los aspectos del proceso civil que han sido modificados por el RDL 6/2023. Entre otros, no solo la regulación de las actuaciones orales o la presentación de documentos o el sistema de notificaciones, con el fin de dar una mayor entrada aún a los medios telemáticos en su realización, sino que también: se ha ampliado el ámbito del juicio verbal, reformando algunos puntos de su tramitación; se ha introducido el procedimiento testigo y la extensión de su sentencia a otros casos similares; se han cambiado multitud de preceptos relativos a recursos, sea para adecuar el recurso de revisión a la jurisprudencia del TC, sea para permitir interponer el recurso de apelación ante el órgano *ad quem*, o sea para terminar de suprimir las numerosas referencias al recurso extraordinario por infracción procesal que todavía quedaban en la LEC así como para ajustar mejor las normas del nuevo recurso de casación (conforme al anterior y precipitado Real Decreto-ley 5/2023, de 28 de junio); etc.

Sin embargo, en cuanto al proceso de ejecución, la reforma llevada a cabo por el nuevo RDL puede calificarse de limitada, pues, es cierto que se han producido algunos cambios en aspectos puntuales de la ejecución, como los relativos a las costas en la ejecución provisional o al modo de efectuar los requerimientos judiciales de pago, e incluso se ha realizado una modificación legal de más entidad y alcance, como la que atañe al control de abusividad durante la ejecución -ordinaria e hipotecaria- y a sus efectos; pero la reforma del RDL en materia de ejecución quizá llama más la atención por lo que no ha incluido que por lo que sí ha recogido, pues muchas de las propuestas de modificación que preveía el PLEP, sobre todo referentes a la realización forzosa, no han sido acogidas por el RDL: piénsese que ninguno de los numerosos cambios que se proyectaban para la regulación de las subastas judiciales -y que afectaban a casi una veintena de preceptos de entre los que van del art. 644 al art. 671 LEC- han sido asumidos por la nueva norma.

Y si la perspectiva de la ponencia original estuvo centrada en el PLEP, para ver en qué medida sus propuestas servían para caminar hacia una ejecución civil más eficiente, la de este trabajo, en cambio, se focaliza en los cambios recientemente realizados por el citado RDL y que entrarán en vigor el 20 de marzo de 2024; aunque no perdemos de vista lo que, pudiéndose recoger, no se ha recogido, y lo que podría modificarse sin estar en estos textos normativos.

Antes de abordar las reformas del proceso de ejecución que se han efectuado (o que se podrían haber hecho), vemos conveniente examinar los datos ofrecidos por el Consejo General del Poder Judicial (CGPJ), con base en la estadística judicial, relativos a las ejecuciones civiles en España en los últimos años, a fin de saber de manera más concreta cuál es la situación fáctica de la que partimos en este ámbito jurisdiccional.

2. ALGUNOS DATOS RECIENTES SOBRE LA EJECUCIÓN CIVIL EN ESPAÑA

Es casi un tópico afirmar que la ejecución forzosa civil en nuestro es país es muy ineficiente[2]. Pero para saber en qué se apoya esta impresión general, resulta útil repasar ciertos datos de los últimos años.

En el ámbito del Consejo de Europa, la Comisión Europea para la Eficiencia de la Justicia (CEPEJ) mide la eficiencia y la calidad de los sistemas judiciales de los Estados atendiendo a dos indicadores, que son la "tasa de resolución" (o CR, *Clearance Rate*), que es la ratio que se obtiene dividiendo el número de casos resueltos por el número de casos entrantes en un período de tiempo, expresada como porcentaje; y la "tasa de duración" (o DT, *Disposition Time*), relativa al tiempo necesario para que un caso pendiente sea resuelto, y que se obtiene dividiendo el número de casos pendientes al final del periodo medido -el 31 de diciembre- por el número de casos resueltos dentro de ese periodo, y multiplicado por 365[3].

No vamos a efectuar aquí un análisis de los datos que se ofrecen en los informes de la CEPEJ sobre nuestra justicia civil, en comparación con los de otros países. Pero sí queremos fijarnos en los últimos datos que proporciona el CGPJ, referentes a los dos elementos que se toman como parámetros de eficiencia por dicha Comisión: de un lado, el volumen de asuntos ingresados y resueltos, y de otro, la duración media de los procesos, ambos en el ámbito de las ejecuciones que se tramitan ante la jurisdicción civil[4]; de este modo tendremos un mejor conocimiento del escenario sobre el que se proyectado las últimas reformas, así como de en qué medida puede ser necesario incrementar los niveles de eficiencia de la ejecución civil en España.

---

2 Del "agujero negro de los juzgados" se califica por AGUIRRE RODRÍGUEZ, R., en "Diálogos para el futuro judicial XLIV. Hacia una ejecución civil eficaz", *Diario La Ley*, nº 10070 (de 9 de mayo de 2022): https://diariolaley.laleynext.es/dll/2022/05/17/dialogos-para-el-futuro-judicial-xliv-hacia-una-ejecucion-civil-eficaz

3 Cfr. el último informe publicado de la CEPEJ, *European judicial systems CEPEJ Evaluation Report*, de 2022, en el que se analizan los datos hasta 2020: https://rm.coe.int/cepej-report-2020-22-e-web/1680a86279. En concreto, sobre la eficiencia y calidad de los sistemas judiciales, y el estudio comparativo de esos dos indicadores en los distintos Estados, ver pp. 123-161 (sobre la primera instancia civil, pp. 131-136; sobre la segunda instancia, pp. 155-158; y sobre los recursos extraordinarios, pp. 159-161).

4 CGPJ, "Análisis de las ejecuciones en base a la Estadística Judicial. Año 2022", en *Datos de Justicia. Boletín de Información Estadística* nº 105, Julio 2023, pp. 2-6; que puede consultarse en: https://www.poderjudicial.es/cgpj/es/Temas/Estadistica-Judicial/Estudios-e-Informes/Datos-de-Justicia/.

2.1. Índices de ejecuciones iniciadas y resueltas

Así, en primer lugar, los datos sobre las ejecuciones ingresadas, resueltas y pendientes de los últimos años en el orden civil de nuestro país son los siguientes:

	2016	2017	2018	2019	2020	2021	2022
Ingresadas	508.062	446.695	459.547	467.692	404.645	504.598	516.755
Reiniciadas	129.060	116.734	137.035	139.356	127.613	136.352	123.922
Acumuladas	4.333	4.144	4.256	4.127	4.041	4.024	3.491
Resueltas	664.018	615.391	617.478	593.521	504.592	602.181	578.397
Pendientes	1.946.229	1.893.233	1.869.175	1.891.898	1.924.710	1.997.243	2.078.509

Como puede apreciarse, cada año ingresan en los tribunales civiles españoles unas 500.000 demandas de ejecución; el número de ingresos bajó de esta cifra desde 2017 y hasta la llegada de la pandemia por el COVID-19, pero se ha recuperado en los años posteriores a la misma. A su vez, el número de las ejecuciones que se resuelven cada año supera el de las que comienzan, pero la diferencia entre unas y otras es cada vez más exigua. Así, si en 2016 las ejecuciones resueltas superaban en casi 156.000 a las iniciadas, y si en 2019 esa cifra era de casi 126.000, en 2022 la diferencia entre ejecuciones ingresadas y resueltas no llega a 62.000 a favor de estas últimas. Por tanto, cada año se incrementa el número de las ejecuciones civiles que quedan sin resolver. Y en la actualidad, la cifra global de ejecuciones pendientes supera los dos millones, como también cabe observar.

También nos parece relevante -para constatar la realidad de nuestra ejecución civil- la información que distingue el número de ejecuciones iniciadas cada año según el tipo de título ejecutivo, y sobre este particular los datos son los siguientes:

	2016	2017	2018	2019	2020	2021	2022
Total ejecuciones civiles	**508.062**	**446.695**	**459.547**	**467.692**	**404.583**	**504.598**	**516.755**
En Procesos Relativos al Derecho de Familia	44.061	42.030	40.992	39.609	34.290	34.575	34.434
De Ejecuciones Hipotecarias	48.410	30.094	27.404	17.411	20.460	27.874	24.952
De laudos arbitrales	1.337	1.214	1.336	1.204	973	1.389	1.207
Otros títulos no judiciales	36.237	33.747	34.148	32.605	25.116	25.058	23.995
Otros títulos judiciales	377.674	339.371	355.389	376.463	323.493	415.458	431.809
Títulos de ejecución europeos dimanantes de reglamentos comunitarios	343	239	278	400	251	244	358

En cuanto al porcentaje de las ejecuciones ingresadas por año que representan las anteriores cifras, los datos son:

	2016	2017	2018	2019	2020	2021	2022
En Procesos Relativos al Derecho de Familia	8,7%	9,4%	8,9%	8,5%	8,5%	6,9%	6,7%
De Ejecuciones Hipotecarias	9,5%	6,7%	6,0%	3,7%	5,1%	5,5%	4,8%
De laudos arbitrales	0,3%	0,3%	0,3%	0,3%	0,2%	0,3%	0,2%
Otros títulos no judiciales	7,1%	7,6%	7,4%	7,0%	6,2%	5,0%	4,6%
Otros títulos judiciales	74,3%	76,0%	77,3%	80,5%	80,0%	82,3%	83,6%
Títulos de ejecución europeos dimanantes de reglamentos comunitarios	0,1%	0,1%	0,1%	0,1%	0,1%	0,1%	0,1%

Llama la atención que, si tomamos 2022 como referencia, las ejecuciones de *título judicial* alcanzan el 90,3% de los procesos de ejecución que se inician (6,7% + 83,6%), de forma que las ejecuciones de *título no judicial*, unidas a las hipotecarias, solo llegan al 9,4% de ese total (4,8% + 4,6%); en tanto que la ejecución de laudos y de títulos europeos es muy reducida, pues solo suma el 0,3% (0,2% + 0,1%). Cada año ha ido subiendo el porcentaje de las ejecuciones de "otros títulos judiciales", lo cual se debe -como señala el propio CGPJ- al "elevadísimo número de procedimientos relacionados con el ejercicio de acciones individuales sobre condiciones generales incluidas en contratos de financiación con garantías reales inmobiliarias cuyo prestatario sea una persona física (los comúnmente llamados "procedimientos de cláusulas suelo") que desde 2017 se vienen presentando ante los juzgados de primera instancia"[5]. En cambio, el número de ejecuciones hipotecarias se ha reducido a la mitad de 2016 a 2022, quedando en un número y en un porcentaje muy similar al de las ejecuciones de otros títulos no judiciales.

[5] CGPJ, "Análisis de las ejecuciones…", cit., p. 5.

2.2. Duración de los procesos de ejecución y repercusiones

Por otra parte, en lo referente a la duración media de las ejecuciones acabadas durante estos mismos años en España, la información sobre el número de meses que conlleva su tramitación es la siguiente:

	2016	2017	2018	2019	2020	2021	2022
EJECUCIONES CIVILES	**34,5**	**35,4**	**36,8**	**38,0**	**39,5**	**40,0**	**40,7**
En Procesos Relativos al Derecho de Familia	29,5	30,5	31,5	32,3	33,7	35,1	34,9
De Ejecuciones Hipotecarias	31,0	33,2	35,9	38,3	39,9	39,6	39,8
De laudos arbitrales	37,9	41,5	45,2	45,7	49,3	51,1	48,4
Otros títulos no judiciales	50,3	52,1	53,6	55,1	58,4	61,0	63,4
Otros títulos judiciales	33,0	33,7	34,9	35,9	37,2	37,7	38,4
Títulos de ejecución europeos dimanantes de reglamentos comunitarios	11,9	16,6	16,4	14,1	15,8	18,2	19,5

Así, todo tipo de ejecución civil ha incrementado su tiempo de duración en los últimos años. Nótese que los procesos de ejecución de títulos judiciales finalizados en 2022 han requerido una media aproximada de tres años (36 meses); en las ejecuciones hipotecarias, la duración media ha sido algo superior, alcanzando casi los 40 meses; y en las ejecuciones de otros títulos no judiciales, el tiempo medio de tramitación ha superado los cinco años (más de 63 meses).

Estos datos parecen preocupantes y contrastan con la duración de los procesos declarativos civiles, cuya resolución se obtiene -como por otro lado es lógico- en un número muy inferior de meses, tal como se muestra en la siguiente tabla[6]:

Órganos de la Jurisdicción Civil

	2022	2021	2020	2019	2018
Juzgados de 1ª Instancia y de 1ª Instancia e Instrucción	7,7	8,2	8,4	7,4	7,0
Juzgados de Violencia sobre la Mujer	8,1	8,6	8,5	7,2	6,6
Juzgados de lo Mercantil[53]	33,6	44,6	52,1	54,9	53,1
Audiencias Provinciales	9,6	8,8	9,7	8,9	7,8
T.S.J. - Sala Civil y Penal	4,2	4,9	4,7	3,8	4,4
T. Supremo. Sala 1ª	24,3	24,6	22,4	20,0	18,9

6 CGPJ, "La Justicia Dato a Dato - Año 2022. Estadística Judicial", p. 101; puede consultarse en https://www.poderjudicial.es/cgpj/es/Temas/Estadistica-Judicial/Estudios-e-Informes/Justicia-Dato-a-Dato/

Por tanto y, en resumen, la tramitación de la primera instancia consume un tiempo medio de unos 7 u 8 meses (dejando al margen los concursos de acreedores); la duración media de la segunda instancia es de unos 9 meses; y los recursos extraordinarios ante el TS han exigido, hasta la fecha, más de dos años para su sustanciación.

Lo anterior significa que, cuando un justiciable acude a los tribunales para la tutela de sus derechos, el horizonte temporal que se abre ante él hasta que vea enteramente satisfecho su derecho puede ser muy lejano. Si hablamos de un asunto que pase por fase declarativa y por fase ejecutiva, contando con que la primera fase tenga dos instancias (y que no haya recurso de casación), el tiempo medio estimado hasta que el caso pueda entenderse como definitivamente resuelto -por haber sido también ejecutado- sería de cuatro años y medio (8 meses de primera instancia + 9 meses de apelación + 36 meses de ejecución). Y si se trata de dar efectividad a un derecho recogido en un título extrajudicial, pese a la inexistencia de proceso declarativo previo, acabamos de ver cómo la duración puede ser aún mayor, superando los cinco años de media.

Esos márgenes temporales, además, no se reducen, sino que crecen cada año; al igual que sigue aumentando el número de ejecuciones que quedan pendientes de resolución al terminar el año, desde 2019. Todo lo cual no solo resulta negativo desde el plano de la defensa de los derechos de los ciudadanos y de las empresas, dificultando que en la práctica la tutela judicial de aquellos sea realmente "efectiva" -al menos en el sentido de "eficiente"-; también tiene consecuencias adversas desde una perspectiva económica. Así se ha puesto de relieve en algunos estudios, como el realizado hace algunos años en la Universidad de Barcelona sobre el impacto del sistema de ejecución civil en la economía[7]. En este informe se analizan las consecuencias económicas desfavorables que provoca un sistema de ejecuciones ineficiente, en el que se requiera un tiempo excesivamente prolongado para lograr que una sentencia sea cumplida por completo. Esas consecuencias se sintetizan en el siguiente esquema[8]:

---

7 Cfr. Universitat de Barcelona (grupo AQR-Lab) y Cambra de Comerç de Barcelona, "Impacto económico del sistema de ejecución de resoluciones judiciales y propuestas de mejora", 2017 (Chrome-extension://efaidnbmnnnibpcajpcglclefindmkaj/https://www.cambrabcn.org/documents/20182/51408/EJECUCIONES_SENTENCIAS_GENER+2018.pdf/32f6039e-f225-4ff9-92c9-74026d0f57fe).

8 *Ibidem*, p. 14.

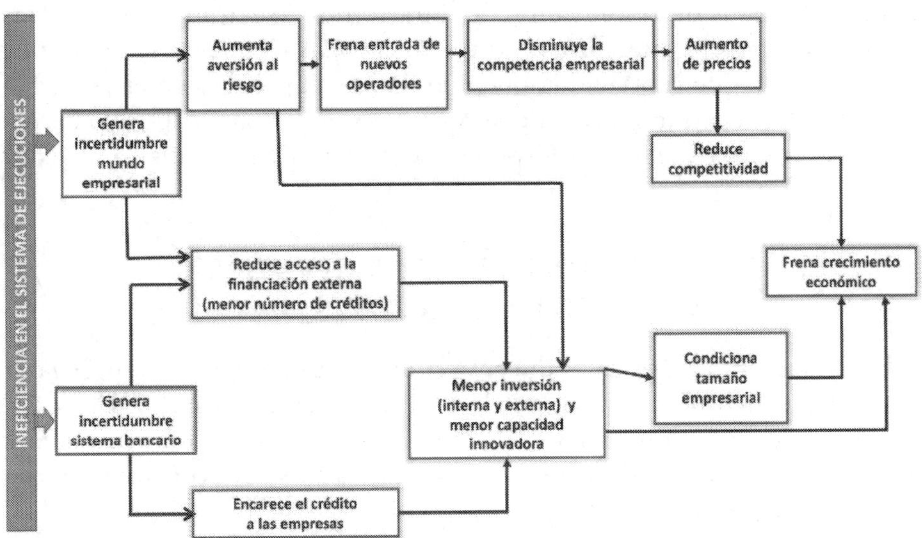

Como puede apreciarse, la ineficiencia de los procesos de ejecución genera incertidumbre tanto en el mundo empresarial como en el sistema bancario. Si la previsión temporal, para que pueda verse exigido judicialmente el cumplimiento de contratos y obligaciones, es larga, las empresas se retraerán de invertir en nuestro territorio, con la consiguiente disminución de la competencia y el más que probable aumento de los precios, todo lo cual frenará el crecimiento económico. A su vez, si los bancos constatan que la recuperación de impagos es lenta y costosa, el acceso al crédito se dificultará y encarecerá, lo que tendrá como resultado una todavía menor inversión e innovación empresarial, y ello ralentizará aún más el desarrollo de la actividad económica.

De manera que son variados los motivos -jurídicos y económicos- que abonan el propósito de que la ejecución forzosa sea más eficiente, en el sentido de que su tramitación conlleve menos tiempo, además de que su desenlace debe ser más satisfactorio para las dos partes de un litigio. Sin duda, los esfuerzos para lograr este objetivo habrán de ser de diferente naturaleza[9]. Convendrá una mayor dotación de personal, así como de medios materiales, si se quieren

---

9 Así, por ejemplo, en el informe recién citado, se sugieren medidas de dos tipos. Las primeras se refieren a los *órganos* encargados de la ejecución y consisten en definir la figura del "agente de la ejecución", existente en otros Ordenamientos, al que se atribuirían amplias funciones de la ejecución, con un importante grado de autonomía respecto de los órganos judiciales y un sistema de responsabilidad; y se propone que estos sujetos sean los procuradores, en lugar de los letrados de la administración de justicia (cfr. "Impacto económico…", cit., pp. 47-51 y 55-57). Las segundas serían medidas de carácter *procedimental*, con el fin de agilizar la ejecución, tales como: mejorar la información que reciben los afectados, aumentar el empleo de instrumentos

disminuir las tasas de resolución y de duración que se acaban de examinar. Pero en este trabajo queremos aludir a las *medidas de carácter procesal* que se ha adoptado (o que cabría adoptar) a fin de que el proceso de ejecución sea más ágil y eficiente, sin merma de las garantías de las partes, pues pensamos que esta es la tarea que nos corresponde desde nuestra particular perspectiva.

3. REFORMAS EN LA EJECUCIÓN CIVIL INTRODUCIDAS POR EL RDL 6/2023

Ante el panorama descrito y que muestran las cifras expuestas, surge la pregunta de qué medidas procesales se han recogido en el reciente RDL 6/2023 en materia de ejecución civil, y si suponen una buena solución para mejorar los tiempos y los índices de asuntos resueltos relativos a los procesos de ejecución civil en España.

Ya se ha adelantado que las reformas en este ámbito no pueden considerarse estructurales ni de gran entidad; sí tiene más importancia -sin duda- la relativa al control de abusividad durante la ejecución, por el número elevado de procesos a los que puede afectar y por su mayor relación con la eficiencia procesal, como veremos. Pero el resto de modificaciones consisten en cambios puntuales, algunos de ellos adoptados con el fin de cohonestar la ejecución con el propósito principal del RDL de digitalizar la justicia; otros se orientan a mejorar aspectos muy concretos de la tramitación de la ejecución, que la práctica había puesto de relieve como necesitados de cambio y por ello se habían incluido en el PLEP; y hay un bloque final de modificaciones que sirven para corregir y actualizar algunas remisiones legales, así como para ajustar ciertos preceptos que tendrían que haberse retocado en anteriores reformas de la LEC.

A continuación, exponemos el contenido principal de dichas modificaciones legales, siguiendo primordialmente el orden de los artículos afectados, aunque con las necesarias alteraciones a efectos de una sistemática más clara. Al final del trabajo haremos una breve valoración de estas reformas desde el enfoque de la pretendida eficiencia procesal.

3.1. Exención de las costas de la ejecución provisional en caso de cumplimiento

El primer cambio que aparece en los preceptos que regulan la ejecución en la LEC es el relativo a las costas en la ejecución provisional, y consiste en

---

tecnológicos, simplificar y reducir los pasos del procedimiento, entre otras (*ibidem*, pp. 57-60).

la adición de un apartado 5 y último en el art. 527 LEC, según el cual: una vez despachada la ejecución provisional, si el ejecutado cumple en el plazo de veinte días lo ordenado en el auto que despacha ejecución, se le eximirá del pago de las costas causadas en este proceso. Esto es algo que ya se recogía en el PLEP y que venía aplicándose por algunas Audiencias Provinciales[10]. Con ello se quiere proporcionar al obligado por una sentencia de condena no firme un plazo para que pueda cumplir con lo mandado en la resolución antes de que se despliegue la actividad ejecutiva; es de algún modo parecido al plazo de espera dispuesto en el art. 548 LEC para que pueda despacharse la ejecución definitiva de un título judicial. Bien es cierto que, en la norma que se introduce como art. 527.5, el plazo de veinte días opera desde la notificación del auto que despacha ejecución; mientras que, en el art. 548, el plazo se establece para impedir que se acuerde el despacho antes de ese tiempo[11].

No obstante, en la medida en que la ejecución provisional se insta por el acreedor o beneficiado por una sentencia de condena aún recurrible, y se dirige contra quien resulta obligado por ella, pero que la impugna, parece difícil que este mismo recurrente cumpla de forma voluntaria y pronta lo establecido en dicha resolución, cuando lo que ha hecho por el momento es atacarla. Quizá cumpla porque constate que el acreedor -o beneficiado por la sentencia- ha solicitado y obtenido el despacho de una ejecución provisional que él no esperaba, o porque caiga en la cuenta de que no le compensa pro-

---

10 Así, la Junta de Magistrados de las Secciones Civiles de la Audiencia Provincial de Madrid dictó un Acuerdo en tal sentido el 28 de septiembre de 2006, y hay un buen número de resoluciones de esta AP y de otras en la línea apuntada, tal como recoge ACHÓN BRUÑÉN, M. J., en "Comentario crítico a las modificaciones introducidas en el proceso de ejecución civil por la Ley de medidas de eficiencia procesal del servicio público de justicia (actualmente en proyecto)", *Práctica de Tribunales*, nº 159, noviembre de 2022, nota 72. Entre las últimas, pueden destacarse las sentencias de las AAPP de Madrid (secc. 8ª) 215/2017, de 8 de junio, y de Ávila (secc. 1ª) 46/2018, de 17 de mayo.

11 La redacción del art. 548 LEC resulta bastante confusa en lo relativo a la determinación del *dies a quo* del plazo que señala, que comenzará un día u otro, en función de cuál sea el título ejecutivo. En nuestra opinión, si la ejecución se refiere a un título que sea una resolución procesal irrecurrible, se computará desde el día siguiente al de su notificación; y si se trataba de una resolución recurrible pero que no se ha recurrido, se contará desde el día siguiente al último día del plazo para el recurso no interpuesto. Cuando el título sea arbitral, el plazo se iniciará desde el día siguiente al de la notificación del laudo definitivo, pues esta resolución puede entenderse firme y ejecutable, aunque frente a ella se ejercite una acción de anulación (cfr. art. 45 de la Ley de Arbitraje). En cambio, cuando el título ejecutivo consista en un acuerdo de mediación elevado a escritura pública, la fecha relevante será la de formalización de la escritura, ya que solo desde entonces adquiere fuerza ejecutiva (cfr. art. 25 de la Ley de Mediación).

longar la controversia de la que trae causa la sentencia, por cuanto pueden engrosarse las costas a las que termine haciendo frente, así como incrementarse los intereses moratorios si la obligación es dineraria.

Sea como fuere, si el deudor u obligado cumple lo dispuesto en una sentencia de condena y que se ordena en el auto que despacha ejecución provisional, la ley le "premia" eximiéndole del pago de las costas que haya causado la solicitud y el despacho de esta ejecución; de manera que el actor no recuperará los gastos que estas actuaciones le hayan ocasionado. En estos casos, el letrado de la administración de justicia pondrá fin a la ejecución provisional, por aplicación de la previsión general del art. 570 LEC, a la que se acudirá en virtud de la remisión genérica a las reglas de la ejecución definitiva, contenida en el art. 524.2 LEC; y a la vez, se entiende que el ejecutado-recurrente desistirá de su recurso, pues este se ha quedado sin objeto.

Esta novedad legislativa supone una excepción a las reglas sobre costas en ejecución, dispuestas en el art. 539.2 LEC. Pues, como es conocido, lo general es que el ejecutado se haga cargo de todas las costas causadas durante el proceso de ejecución, sin necesidad de condena expresa, exceptuando las relativas a aquellas actuaciones o incidentes para los que la ley prevé un pronunciamiento específico sobre las costas. Esta regla también se aplica aun en los casos en que, tratándose de una obligación dineraria, el deudor proceda al pago en el momento en el que se le practica el requerimiento de pago decretado dentro del proceso (si proviene de un título no judicial) o incluso antes del despacho (si es respecto de un título judicial), conforme al art. 583 LEC. Según esta última norma, por tanto, si el incumplimiento de lo dispuesto en un título ejecutivo ha provocado que el acreedor haya tenido que incoar una ejecución, aunque después el deudor pague ante las primeras actuaciones del proceso, deberá asumir los gastos procesales que ha originado con su conducta incumplidora: "*salvo que justifique que, por causa que no le sea imputable, no pudo efectuar el pago antes de que el acreedor promoviera la ejecución*" (art. 583.2).

Así, en la ejecución provisional, se quiere favorecer que el condenado por una sentencia cumpla, de forma que se eviten las demás actuaciones ejecutivas distintas y subsiguientes a las iniciales (demanda y despacho), las cuales quedarán bajo la carga económica del beneficiado por la sentencia, quien no tendrá derecho al reembolso del gasto que le hayan supuesto. Esta es la eficiencia procesal que se busca con la adición del art. 527.5 LEC.

Esta nueva norma ha suscitado la duda, ya planteada cuando se encontraba en el PLEP, de si pueden embargarse los bienes del ejecutado antes de que se cumpla el plazo que se señala. Para algunos, como la norma no indica nada específico al respeto, habría que entender que, junto con el auto que despacha ejecución provisional, se dictará el decreto con medidas ejecutivas, lo que incluye los embargos posibles, conforme al art. 551.3 1° LEC, y por cuanto esta cuestión fue advertida cuando se estaba tramitando el novedoso precepto y no se ha modificado en el sentido de excluir o paralizar los embargos, no hay más remedio que contar con la posible afección para la ejecución de los bienes del demandado[12]. Para otros, sin embargo, lo anterior no es coherente con la finalidad de la nueva norma, y "el sentido común invita a pensar que si hay un plazo de cumplimiento voluntario, dentro del mismo no debería efectuarse embargo alguno, sin perjuicio de que nada impida, mientras transcurre el plazo de cumplimiento voluntario, que se insten las oportunas medidas de averiguación de bienes"[13].

Lo cierto es que, cuando en una ejecución de título extrajudicial se acuerda el requerimiento de pago en el decreto que acompaña al auto que despacha, aunque este decreto también incluya medidas ejecutivas como embargos (art. 551.3 1º), estos no se materializarán hasta que no se constate que el deudor no quiere cumplir con aquello que se le requiere y, entre tanto, podrán adoptarse las medidas de localización y averiguación de sus bienes que sean procedentes (art. 551.3 2º), siempre que hayan sido pedidas de manera justificada por el actor en su demanda, según establece el art. 554.2, todos LEC[14]. Por tanto, parece más que razonable que las medidas ejecutivas concretas que en su caso se hubiese acordado al despachar ejecución provisional queden condicionadas, para su efectividad, a que el demandado no cumpla en veinte días lo ordenado en el despacho[15].

---

12 En este sentido, ACHÓN BRUÑÉN, M. J., "Comentario...", ob. cit., p. 25.

13 LÓPEZ CHOCARRO, I., "Algunas carencias del Proyecto de Ley de Eficiencia Procesal; un réquiem por la ejecución civil", *Diario La Ley*, nº 10129, de 13 de septiembre de 2022, p. 8.

14 Así lo explica PEITEADO MARISCAL, P., en "Actuaciones previas al despacho de ejecución dineraria. Liquidación del título ejecutivo y requerimiento de pago", *Teoría y práctica del proceso de ejecución civil*, Aranzadi, Cizur Menor, 2020, pp. 184-186. Y así se deduce del art. 582 II LEC, al que nos referiremos *infra*, que indica que, aunque el requerimiento de pago efectuado sin éxito en el domicilio del título vuelva a intentarse en el mismo lugar, a partir de este segundo intento ya podrán materializarse los embargos que se hubieran acordado a instancia de parte.

15 Lo cual no obsta para que, si se quiere tener completa certeza de que no se padecerán embargos, lo mejor será cumplir lo antes posible. A juicio de ACHÓN BRUÑÉN, M. J. (*ibidem*): "lo más coherente es que el ejecutado que quiera evitar el embargo pague o proceda al cumplimiento cuanto antes o al menos presente un escrito anunciando el mismo al inicio de la ejecución para que no se proceda a adoptar medidas ejecutivas que puedan perjudicarle, pues corre el riesgo de que dichas medidas puedan llegar a acordarse dado que el legislador no ha establecido lo contrario".

3.2. Control de cláusulas abusivas en los procesos de ejecución

Es conocido que desde 2013, y a raíz de la jurisprudencia del Tribunal de Justicia de la Unión Europea (TJUE) relativa a la aplicación de la Directiva de 5 de abril de 1993, sobre las cláusulas abusivas en los contratos celebrados con consumidores, nuestras normas procesales contemplan el control de dichas cláusulas tanto de oficio como a instancia de parte. Así, de un lado, el juez ante quien se presenta una demanda de ejecución de título extrajudicial debe abrir de oficio un incidente contradictorio de forma previa al despacho de la ejecución, en el que oiga a las partes -también a la demandada- por quince días, cuando estime que el título aportado puede contener cláusulas abusivas (art. 552.1 I LEC). De otro lado, y consecuentemente, el ejecutado podrá plantear un incidente de oposición de fondo, frente a la ejecución despachada, si entiende que el título incluye cláusulas abusivas y esto no se ha apreciado por el tribunal antes del despacho; lo cual podrá hacerse así en la ejecución ordinaria (art. 557.1 7ª LEC) como en la hipotecaria (art. 695.1 4ª LEC)[16]. Pues bien, el RDL 6/2023 realiza algunos cambios legales relativos a este control de abusividad, principalmente en el control de oficio y en los efectos de la resolución que decide los incidentes sobre el carácter abusivo de las cláusulas, sean planteados de oficio o a instancia de parte. Veámoslo.

3.2.1. Cambios relativos al control de oficio

Con respecto al control de oficio de las posibles cláusulas abusivas, en primer lugar, el RDL lleva a cabo varias modificaciones en el art. 551 LEC, que son las siguientes:

- Se modifica el apartado 1 de dicho precepto para que señale expresamente, entre los requisitos que debe examinar el juez para decidir si

---

16 Esta reforma de la LEC se operó por la Ley 1/2013, de 14 de mayo, de medidas para reforzar la protección a los deudores hipotecarios, reestructuración de deuda y alquiler social, que modificó los arts. 552.1, 557.1, 561.1-3ª y 695, entre otros; si bien la poco posterior Ley 8/2013, de 26 de junio, de rehabilitación, regeneración y renovación urbanas, amplió el plazo para oír a las partes, en el incidente *ex officio,* de cinco a quince días. Estas leyes fueron consecuencia inmediata de la sentencia *Aziz,* de 14 de marzo de 2013, en la que el TJUE reprochó que nuestro sistema de ejecución forzosa no permitiera el control de oficio de cláusulas abusivas en contratos -muchos de ellos bancarios- con consumidores; aunque ya previamente se había pronunciado sobre el deber de los tribunales de vigilar de oficio la posible concurrencia de cláusulas abusivas en cuanto dispusieran de los suficientes elementos de hecho y de Derecho, como en las sentencias de 4 de junio de 2009 (*Pannon*), de 6 de octubre de 2009 (*Asturcom Telecomunicaciones*), de 9 de noviembre de 2010 (*VB Pénzügyi Lízing*) y de 21 de febrero de 2013 (*Banif Plus Bank*).

despacha ejecución, el relativo a que "*no considere abusivas las cláusulas contenidas en los títulos extrajudiciales que sirven de fundamento a la ejecución o que determinan la cantidad exigible*"; es decir, junto a los tres requisitos clásicos de naturaleza procesal (la concurrencia de los presupuestos procesales, la regularidad formal del título ejecutivo y la adecuación de lo pedido con el título), se incluye como único requisito sustantivo aquel que -como decimos- viene controlándose desde hace una década. Ocurre que, hasta la fecha, la exigencia de este control de oficio figuraba únicamente en el precepto referente a la denegación del despacho de la ejecución (art. 552), y no en el relativo al propio despacho, a sus requisitos y a las resoluciones con que se realiza (art. 551); por lo que parece acertada esta inclusión en el art. 551.1 LEC, que se acompaña de lo dispuesto en los apartados 2 y 4 del mismo artículo, como veremos a continuación. Además, también se concreta el ámbito sobre el que se proyecta el referido control de oficio, que se exige, no respecto de cualquier cláusula del contrato en general, sino sólo sobre aquellas que repercutan en la ejecución solicitada o en su cuantía[17].

- En segundo lugar, en el art. 551.2 LEC, relativo a los extremos que deben indicarse en el auto que contiene la orden general de ejecución (contra quién se despacha ejecución, la cuantía, si de forma solidaria o mancomunada y las precisiones que sean necesarias), se añade un quinto punto para los casos en que la ejecución se funde en un contrato con un consumidor, a fin de que tal auto señale de forma expresa que "*las cláusulas que sirven de fundamento a la ejecución y que determinan la cantidad exigible insertas en los títulos ejecutivos extrajudiciales no son abusivas*". Por lo tanto, se hace preciso que el tribunal exteriorice y explicite que ha efectuado el preceptivo control de abusividad y que su resultado ha sido negativo en cuanto a la existencia de cláusulas abusivas.
- Lo anterior se une a que, en tales supuestos, "*se indicará expresamente al deudor que puede oponerse a dicha valoración y se le advertirá que en caso de no*

---

17 Se ha discutido sobre a qué cláusulas alcanza el examen del tribunal relativo a su posible abusividad, ya que tanto el art. 552.1 II LEC -referente al control de oficio- como el art. 557.1 7ª LEC -sobre la oposición del ejecutado- hablan de cláusulas abusivas, en general; y, en cambio, el art. 695.1 4ª LEC establece que la oposición a la ejecución hipotecaria podrá basarse en: "*El carácter abusivo de la cláusula que constituya el fundamento de la ejecución o que hubiese determinado la cantidad exigible*". (Sobre este particular, QUESADA SARMIENTO, M. J., "El despacho de ejecución y el control de oficio del carácter abusivo de las cláusulas contractuales", en *Diario La Ley*, de 8 de febrero de 2023, nº 10224, p. 5; y los autores a los que se remite). Ahora, el nuevo art. 551.1, al igual que los nuevos arts. 551.2 5º y 552.4 LEC, según veremos, optan por la última redacción, de modo que las cláusulas que se examinen -y sobre las que se discuta- habrán de guardar alguna relación con la ejecución de que se trate.

hacerlo en tiempo y forma no podrá impugnarla en un momento ulterior". Esta disposición se añade en el art. 551.4 LEC, norma que señala que, frente al auto que despacha ejecución, no cabrá recurso alguno, sin perjuicio de la oposición que puede formular el demandado contra la ejecución despachada tanto por motivos de fondo como procesales (conforme a lo previsto en los arts. 556 a 561 LEC).

Por tanto, el legislador de 2023 ha querido dejar claros los siguientes extremos, referidos al art. 551 LEC: *i*) que el juez ejecutor debe controlar de oficio la eventual abusividad de las cláusulas que influyen en la ejecución, si el título consiste en el contrato de una entidad o un profesional con un consumidor; *ii*) que aquel habrá de reflejar, en el auto del despacho, que ha llevado a cabo dicho control, aunque su resultado sea negativo; *iii*) que la decisión del tribunal sobre la abusividad, adoptada sin incidente previo, sólo podrá cuestionarse por medio de oposición, con apoyo en el art. 557.1 7ª (o 695.1 4ª) LEC, y no mediante recurso, de forma que el auto que despacha ejecución es del todo irrecurrible[18]; y *iv*) que en el mismo auto que despacha debe apercibirse al ejecutado de que, pasado el trámite de oposición, le precluirá la oportunidad de hacer valer el carácter abusivo de las cláusulas que fundamentan la ejecución o determinan su cuantía.

Aunque no se declare en su Exposición de Motivos, estas últimas reformas tienen su base en lo resuelto por la STJUE de 17 de mayo de 2022 (*Ibercaja Banco*), cuando concluye en su ap. 60, 1): "Los artículos 6, apartado 1, y 7, apartado 1, de la Directiva 93/13/CEE del Consejo, de 5 de abril de 1993, sobre las cláusulas abusivas en los contratos celebrados con consumidores, deben interpretarse en el sentido de que se oponen a una legislación nacional que, debido al efecto de cosa juzgada y a la preclusión, no permite al juez examinar de oficio el carácter abusivo de cláusulas contractuales en el marco de un procedimiento de ejecución hipotecaria ni al consumidor, transcurrido el plazo para formular oposición, invocar el carácter abusivo de tales cláusulas en ese procedimiento o en un procedimiento declarativo posterior cuando el juez, al inicio del procedimiento de ejecución hipotecaria, ya ha examinado de oficio el eventual carácter abusivo de dichas cláusulas pero la resolución judicial en que se despacha ejecución hipotecaria no contiene ningún motivo, siquiera sucinto, que acredite la existencia de tal examen ni indica que la apreciación efectuada por dicho juez al término de ese examen no podrá ya cuestionarse si no se formula oposición dentro del referido plazo".

---

18 Pues cabía la duda de si el concreto pronunciamiento sobre la no abusividad -en caso de haberse producido en el auto que despacha- era en sí mismo apelable, como sucede con las decisiones sobre abusividad acordadas tras un incidente contradictorio, según el antiguo art. 561.3 o el nuevo art. 561.4 LEC. Con la reforma se aclara que no.

Como es sabido, en el proceso de ejecución hipotecaria se aplican las mismas normas sobre el despacho de la ejecución que en la ejecución ordinaria, pues no existe especialidad alguna al respecto (cfr. art. 681.1 LEC); por lo que lo dispuesto en los arts. 551 y 552 LEC acerca del control de oficio de cláusulas abusivas tiene idéntica virtualidad en unas ejecuciones y en otras.

No hay duda de que las modificaciones del RDL 6/2023 en este punto persiguen que el control de oficio de la eventual abusividad de las cláusulas se haga necesariamente en el inicial momento en que se va a *despachar ejecución*. Según la doctrina del TJUE, tal apreciación podría efectuarse en momentos posteriores, de no haberse realizado antes. Pero, precisamente, lo que quiere nuestro legislador es que no se deje para más tarde; al igual que busca reconducir *al trámite de oposición* la posible impugnación por el demandado del carácter abusivo de las cláusulas, sin que pueda producirse después, hechas las advertencias precisas; de manera que, despachada la ejecución y resuelta la eventual oposición sin encontrar causa para su archivo, el procedimiento de ejecución ha de proseguir sin detenerse en exámenes de oficio o en denuncias de parte que tendrían que haberse realizado antes, y que serían muy entorpecedores si tienen lugar avanzada la fase de realización -o incluso una vez finalizada-. Lo cual entendemos que responde a un propósito de eficiencia procesal, compatible a su vez con el respeto de la jurisprudencia del TJUE sobre la protección que dispensa la Directiva de 1993.

Es decir, en la misma sentencia (*Ibercaja Banco*) se establece que, cuando "el procedimiento de ejecución hipotecaria ha concluido y los derechos de propiedad respecto del bien han sido transmitidos a un tercero, el juez, actuando de oficio o a instancias del consumidor, ya no puede proceder a un examen del carácter abusivo de cláusulas contractuales que llevase a la anulación de los actos de transmisión de la propiedad y cuestionar la seguridad jurídica de la transmisión de la propiedad ya realizada frente a un tercero" (ap. 57). Por lo que las normas de protección de los consumidores no se imponen a la protección de los terceros de buena fe que proporciona el Registro de la Propiedad, por muy imperativas que sean (¡menos mal!). Ahora bien, de la cita anterior podría deducirse *a sensu contrario* que hasta que se produzca la transmisión del bien (mediante el decreto de adjudicación y su inscripción) cabría efectuar el control de abusividad, de oficio o a instancia de parte. Y, en todo caso, la misma sentencia condiciona esa salvaguarda de los derechos del tercero adquirente -para que sea compatible con la Directiva- a que el ejecutado consumidor pueda "invocar en un procedimiento posterior distinto el carácter abusivo de las cláusulas del contrato de préstamo hipotecario para poder ejercer efectiva y plenamente sus derechos en virtud de la citada Directiva, con el fin de obtener la reparación del perjuicio económico causado por la aplicación de dichas cláusulas" [ap. 58, más ap. 60, 2)]. Es de entender que tanto una cosa como la otra sólo tendrán cabida si no se ha producido un control de la abusividad previo en los términos del citado ap. 60, 1); o con otros términos, la posible apreciación de la abusividad hasta la adjudicación, así como la reclamación del consumidor en un proceso distinto de la ejecución, tienen como presupuesto que no se haya efectuado un examen de la abusividad en un momento previo, dando noticia suficiente de él al consumidor y permitiéndole discutir procesalmente el resultado alcanzado, ya que, si se ha hecho esto último y el afectado ha permanecido pasivo, es muy razonable que no quepan ya ulteriores controles o alegaciones.

Cuando, fruto del control de abusividad que debe realizarse al inicio, el juez entienda por el contrario que alguna de las cláusulas que afectan a la ejecución pedida puede ser abusiva, habrá de abrir un incidente contradictorio, previo al despacho. El RDL 6/2023 ha mantenido el segundo párrafo del art. 552.1 LEC, introducido en 2013, no sabemos si por descuido, pues a la vez incorpora un apartado 4 en el mismo art. 552, que reitera lo dispuesto en el apartado 1 II, aunque también lo amplía. Así, las diferencias del nuevo art. 552.4 respecto del art. 552.1 II son dos: de un lado, se menciona que el examen de oficio que determina la apertura de un incidente se refiere a "*alguna de las cláusulas que constituyen el fundamento de la ejecución o que hayan determinado la cantidad exigible*", en lugar de la alusión genérica a "*alguna de las cláusulas*" de la norma de 2013; y de otro lado, el nuevo precepto se cierra con el siguiente inciso: "*Una vez firme el auto que resuelva la controversia, el pronunciamiento sobre la abusividad tendrá eficacia de cosa juzgada*". En lo demás, relativo a la tramitación que ha de seguirse -dar audiencia a las partes por quince días y resolver conforme a lo dispuesto en el art. 561-, se emplean los mismos términos en los dos preceptos; es más, el art. 552.4 mantiene -erróneamente- la referencia al art. 561.1 3ª que recoge el art. 552.1 II, cuando el propio RDL ha suprimido dicho número del art. 561.1. Por lo tanto, consideramos que lo correcto hubiera sido suprimir el segundo párrafo del art. 552.1, y que el nuevo art. 552.4 se remitiese al nuevo art. 561.2, todos LEC.

Así, si el órgano judicial tiene dudas o certeza del carácter abusivo de alguna de las cláusulas por las que se solicita la ejecución o que influyen en su cuantía, se le impone el deber de abrir un incidente, en el que puedan intervenir tanto la parte activa del proceso ya personada como la parte pasiva aún sin personar; siendo estos casos los únicos en los que el demandado recibe noticia de que se ha abierto un proceso de ejecución contra él, pudiendo actuar, antes de que se despache ejecución (que se hace, como regla, *inaudita parte debitoris*). Para que el deudor demandado pueda tomar parte en dicho incidente tendrá que personarse, según las reglas generales. Entendemos que, si se practica un acto de comunicación formalmente correcto y pese a ello el demandado no se persona, el incidente seguirá su curso y el juez podrá declarar la abusividad de las cláusulas.

Se supone que el trámite de audiencia a las partes será para que formulen alegaciones *escritas*, en el plazo *común* de quince días. Y aunque el precepto no indique nada sobre el particular, las partes podrán aportar *pruebas* de carácter escrito junto con sus alegaciones, así como proponer pruebas de carácter personal, conforme a las reglas generales de todo incidente declarativo. Por su lado, el juez podrá decretar pruebas de oficio para valorar si las cláusulas son abusivas, según la jurisprudencia del TJUE. Si las partes lo solicitan o el juez lo estima conveniente, pensamos que cabrá acordar la celebración de una *vista*, como ocurre cuando el incidente se origina por la oposición del ejecutado, en virtud del art. 560 LEC, ya que el incidente planteado *ex officio* y el que se suscita a instancia de parte son plenamente análogos; y así lo muestra, además, que la resolución de los primeros haya de hacerse conforme a la dispuesto para la resolución de los segundos, según la remisión del art. 552.1 y 4 al art. 561 LEC, recién comentada.

La regulación del incidente de oposición que puede formular el ejecutado no ha sido reformada por el RDL de 2023, pues los arts. 556 a 560 LEC no se han modificado (ni las disposiciones correlativas del art. 695 LEC para la ejecución hipotecaria), sino que permanecen en su última versión, de 2015[19].

3.2.2. Efectos del auto resolutorio de un incidente de abusividad

En cambio, como decimos, el art. 561 LEC sí se ha modificado, con el objetivo principal de asentar que la resolución que pone fin a un incidente en el que se discute sobre la abusividad de las cláusulas -ya se haya promovido de oficio o a instancia de parte- tenga *eficacia de cosa juzgada*: así se declara en los incisos finales no sólo del art. 561.2, también del ya citado art. 552.4, al igual que del art. 695.3 II LEC (relativo a los incidentes por oposición frente a la ejecución hipotecaria).

Recordamos que el auto que decide sobre la abusividad -sea para estimarla o para desestimarla- es apelable, conforme a los arts. 561.4 y 695.4 I LEC. Si el juez entiende que las cláusulas son respetuosas de los derechos del consu-

---

19 Como es sabido, el deudor podrá oponerse a una ejecución ordinaria por el carácter abusivo de las cláusulas, con apoyo en el art. 557.1 7ª, presentando escrito de oposición en el plazo de diez días desde que se le notifica el despacho; después, el ejecutante podrá impugnar esta oposición en el plazo de cinco días desde que se le traslada el escrito de oposición, o desde que se resuelve la oposición por motivos procesales; y ambas partes podrán solicitar en sus escritos la celebración de una vista (art. 560). Sin embargo, cuando se siguen las reglas de la ejecución hipotecaria, el deudor podrá oponerse invocando el art. 695.1 4ª, pero en estos casos se convoca a las partes a una comparecencia en la que podrán alegar y probar sobre el carácter abusivo o no de las cláusulas, según el art. 695.2, todos LEC.

midor, ordenará que continúe la ejecución, bien mediante su despacho, bien dando paso a la fase de realización, según proceda. En cambio, si aprecia que alguna cláusula es abusiva, deberá determinar cuáles son las consecuencias para la ejecución, lo que estará en función del tipo de cláusula afectada[20]. Así, cuando pueda prescindirse de la cláusula sin que esto afecte a la esencia y subsistencia del contrato, se suprimirá sin más aquella y la ejecución podrá *continuar*, aunque por una cantidad distinta; para ello, se precisa una nueva liquidación, que el tribunal ha de requerir al ejecutante[21]. Sin embargo, cuando el contrato no pueda subsistir de eliminarse la cláusula abusiva, o si la cláusula ha sido el fundamento de la entera ejecución, la apreciación de la abusividad tendrá como consecuencia el *sobreseimiento* del proceso; a menos que tenga encaje la doctrina jurisprudencial sobre la posible integración del contrato a base de una norma aplicada de forma supletoria, en cuyo caso se salvará la vigencia del contrato, permitiendo que la ejecución prosiga[22].

Pues bien, una vez firme la resolución que ha zanjado el debate acerca de la abusividad de una o varias cláusulas en el proceso de ejecución, dicho auto

---

[20] En principio, toda cláusula que se declare abusiva será nula y se tendrá por no puesta, sin que pueda producir efectos vinculantes para el consumidor, salvo que él manifieste de forma expresa que prefiere quedar vinculado por ella; así lo dispone tanto el art. 83 del Texto refundido de la Ley General para la Defensa de los Consumidores y Usuarios (LGDC) como el art. 6.1 de la Directiva de 1993 (y la jurisprudencia del TJUE relativa a esta norma). En estos preceptos se añade que el resto del contrato seguirá siendo obligatorio para las partes, siempre que pueda subsistir sin la cláusula que se estima abusiva.

[21] Esto puede ocurrir tanto con cláusulas referentes a la determinación del precio, cuando este se fija conforme a un interés variable y el límite inferior o "suelo" de esta variabilidad se considera abusivo por falta de transparencia (con apoyo en el art. 4.2 de la misma Directiva), como con cláusulas que no regulan el objeto principal del contrato y que pueden ser abusivas por su contenido (conforme al art. 3.1 de la Directiva), como las relativas a los intereses moratorios. En el primer caso, estimada la abusividad, se eliminará el límite inferior establecido para el interés variable y se recalculará la cuantía debida al ejecutante; y en el segundo, se suprimirá cualquier interés por la demora y solo se devengará el interés remuneratorio por el capital pendiente de pago, según conocida jurisprudencia europea e interna.

[22] Como ejemplo de cláusulas que se refieren al precio y de un modo tal que, si se suprimen, el contrato no podrá subsistir, pues no se podrá calcular la remuneración del préstamo, están las cláusulas IRPH. Y como ejemplo de cláusulas que en principio no afectan al precio ni a la prestación, pero que fundamentan la ejecución por entero, están las cláusulas de vencimiento anticipado. En sendos casos, sólo si se salva la vigencia del contrato mediante la aplicación de una norma supletoria, la ejecución podrá continuar. Sobre esta jurisprudencia, con relación a las últimas cláusulas, cfr. nuestro trabajo "Evolución de la doctrina jurisprudencial del TJUE y del TS relativa a las cláusulas de vencimiento anticipado: convergencias y divergencias", en *Revista General de Derecho Procesal*, núm. 51, 2020, pp. 1-50.

tendrá la eficacia de excluir una nueva discusión procesal sobre el carácter abusivo de las cláusulas examinadas, y esto tanto en el mismo proceso como en otros distintos, según es propio, respectivamente, de la eficacia vinculante y excluyente de la cosa juzgada formal y material (cfr. arts. 207.4 y 222.1 LEC).

Siempre ha existido una cierta controversia sobre la eficacia en general del auto que resuelve los incidentes de oposición de fondo. Pues, a pesar de que el art. 561.1 LEC señala que en tal auto se decidirá "*a los solos efectos de la ejecución*", de suerte que esta resolución no tendría fuerza de cosa juzgada en sentido material (y las partes podrían alegar en otro proceso las cuestiones objeto de oposición), en la práctica sucede que desde hace décadas impera una doctrina jurisprudencial -desarrollada por el TS sobre la base del antiguo juicio ejecutivo de la LEC de 1881- en virtud de la cual: el auto resolutorio de una oposición por motivos de fondo relativa a un título extrajudicial, una vez firme, despliega una eficacia de cosa juzgada equivalente a la de las sentencias firmes; y no solo respecto de las cuestiones discutidas y decididas, sino también con relación a las que pudieron hacerse valer en dicho trámite y no se alegaron. De manera que, tratándose de esta clase de títulos, el proceso declarativo posterior al que se refiere el art. 564 LEC sólo podría versar sobre aquellos extremos que no pudieron aducirse a través del incidente de oposición; o que, habiéndose aducido, fueron rechazados, por no tener acomodo entre los motivos del art. 557 LEC. Esta jurisprudencia entiende que la regla de preclusión del art. 400.2 LEC, unida al art. 222 LEC, tiene "el carácter de principio general", que habrá de regir igualmente estos supuestos[23].

La doctrina anterior se ha aplicado respecto de las distintas causas del art. 557 LEC, incluida la 7ª, sobre cláusulas abusivas; también en los procesos hipotecarios, en los que debe acudirse a los correlativos arts. 695 (para la oposición) y 698 (para el declarativo posterior), ambos LEC. Ahora se determina, con la reforma de 2023, que siempre que se resuelva un incidente contradictorio referente al carácter abusivo de las cláusulas en que se apoya la ejecución o que sirven para fijar su cuantía, se haya suscitado de oficio o a instancia de parte, sea en la ejecución ordinaria o en la hipotecaria, el auto resultante tendrá -ya sin duda- eficacia de cosa juzgada, por ministerio de la ley y no sólo de la jurisprudencia, según los ya citados arts. 552.4, 561.2 y 695.3 II LEC.

---

[23] Cfr. SSTS 462/2014, de 24 de noviembre y 463/2014, de 28 de noviembre; más la STS 576/2018, de 17 de octubre, que considera que la alegación sobre el carácter abusivo de una cláusula de afianzamiento (por establecer una renuncia de los fiadores a los derechos de orden, excusión, división y extinción) está alcanzada por la cosa juzgada material y no puede aducirse en un proceso declarativo posterior, por cuanto se opuso en la ejecución, fue desestimada en este incidente, pero no fue recurrida por quien pretende alegarla de nuevo en otro proceso.

No sabemos si dicha especificación sólo referente al control de abusividad, y situada en un apartado distinto del relativo a la resolución del resto de motivos de oposición (en el apartado 2 y no en el 1 del art. 561 LEC), se entenderá en el sentido de que el auto resolutorio de otras causas no ha de desplegar tal eficacia, como sería acorde al tenor literal del precepto y al carácter sumario de la discusión que cabe plantear por medio de un incidente de oposición.

Como tampoco sabemos si la eficacia de cosa juzgada que se establece respecto del control de abusividad alcanza únicamente a los concretos motivos de abusividad sobre los que se ha debatido, o si -por el contrario- también debe proyectarse sobre los que se pudieron alegar por el consumidor afectado y no se adujeron. Esto último supondría aplicar enteramente el art. 400.2 LEC a los incidentes de abusividad. Y es lo que se deriva de la jurisprudencia interna recaída hasta la fecha sobre la materia. Pero quizá sea más acorde con la doctrina del TJUE y con la protección de los derechos de los ejecutados que el efecto de cosa juzgada material del auto resolutorio sólo se predique respecto del objeto realmente discutido y resuelto, y no sobre el llamado "objeto virtual" (derivado del citado art. 400.2 LEC). Habrá que ver cómo se interpreta y se aplica la nueva norma, así como las "correcciones" que puedan llegarnos desde la jurisprudencia europea.

3.3. Notificaciones y requerimientos en la ejecución

Puede decirse que el propósito principal del RDL 6/2023 es la digitalización de la administración de justicia. Y en este sentido, uno de los ámbitos del proceso civil más afectado por la reforma son los actos de comunicación, ya que se procura generalizar su práctica a través de sistemas y medios telemáticos. Como consecuencia, la inmensa mayoría de los preceptos que integran el capítulo de la LEC sobre los actos de comunicación judicial (arts. 149-168) han sido modificados por el citado RDL.

Sin embargo, en las normas del proceso de ejecución solo apreciamos dos reformas puntuales que se refieran al modo de practicar ciertos actos de comunicación:

- De un lado, en el art. 582, sobre el lugar del requerimiento de pago, para las ejecuciones de título no judicial en que deba hacerse por el juzgado, se introduce la posibilidad de que lo efectúe en la sede judicial electrónica[24].

---

24 Las sedes judiciales electrónicas se regulan en los arts. 8 a 12 del RDL de 2023, y consisten en direcciones electrónicas disponibles para los ciudadanos a través de redes

- De otro lado, en las normas de ejecución hipotecaria, y en concreto en el art. 682.2, que prescribe los dos requisitos que ha de incluir la escritura de constitución de hipoteca para que sean aplicables las reglas especiales de este procedimiento -el valor de tasación del bien hipotecado y el domicilio del deudor a efectos de notificaciones-, se dispone, justo a continuación de la exigencia de consignar tal domicilio, que "*Los actos de comunicación se practicarán siempre por medios electrónicos cuando sus destinatarios tengan obligación, legal o contractual, de relacionarse con la Administración de Justicia por dichos medios*".

3.3.1. Régimen general de los actos de comunicación, aplicable también a la ejecución

Así, para tener una idea general -aunque sintética- de cómo queda el régimen de los actos de comunicación tras el RDL, que nos sirva para valorar mejor los cambios producidos en las comunicaciones procesales referentes a la ejecución, diremos que se empleará un modo de notificar u otro en función de a quién se dirija el acto. Si este se dirige a una parte representada por Procurador, será este profesional quien reciba de modo electrónico todos los actos de comunicación, de cualquier clase (arts. 153 y 154 LEC). En cambio, si la parte no tiene aún Procurador designado o litiga por sí misma, primero habrá que atender a si está obligado o no a relacionarse con la Administración de Justicia por medios electrónicos, sea por obligación legal (personas jurídicas y ciertos profesionales: art. 273.3 LEC) o sea por una obligación asumida contractualmente (como se dispone con novedad), y a estos casos se asimilan aquellos en que el destinatario opta por la comunicación electrónica sin estar obligado (cfr. art. 152.2 LEC); y en segundo lugar, también se atenderá a la relevancia procesal del acto que se comunica, de manera que:

Si la parte destinataria está *obligada* a comunicarse electrónicamente con los juzgados, las notificaciones y requerimientos se le harán por vía telemática, en su sede judicial electrónica, siguiendo lo dispuesto en el art. 162 LEC, conforme al cual, si a los tres días del envío el destinatario no ha accedido al mensaje, se entenderá efectuada la comunicación. Se exceptúan los actos que por su trascendencia procesal requieren que haya certeza de la recepción por el destinatario, como son aquellos de los que depende la *personación* de la parte o su *intervención* personal en las actuaciones; en estos casos, si a los tres días no ha habido acceso al mensaje en la sede judicial electrónica, no se dará por hecha la comunicación directamente sino que se pasará a hacer por edictos,

---

de telecomunicaciones cuya titularidad y gestión corresponde a las administraciones competentes en materia de Justicia (art. 8.1 RDL).

publicando el acto en el Tablón Edictal Judicial Único, conforme al art. 164 LEC (cfr. art. 155.1 LEC)[25].

Sin embargo, cuando el acto de comunicación se dirija a quien *no esté obligado* a emplear medios telemáticos (personas físicas, que no ejerzan una de las profesiones citadas en el art. 273.3), entendemos que deben seguirse las tres pautas siguientes, que se derivan del confuso art. 155.2, unido a otros preceptos: *1)* en primer lugar se intenta la comunicación en la sede judicial electrónica, para ver si es aceptada voluntariamente por su destinatario; *2)* en caso negativo, se realiza la remisión al domicilio (conforme al art. 160), y esta comunicación será eficaz en cuanto se acredite que la remisión ha sido correcta y a uno de los domicilios previstos legalmente (en el art. 155.3); y *3)* si del acto depende la personación o la intervención personal de la parte en las actuaciones, no bastará con la correcta remisión sino que habrá que tener constancia de la recepción o de lo contrario se practicará la comunicación por entrega (del art. 161), en virtud del art. 158, todos LEC.

Por lo tanto, la comunicación por entrega en el domicilio queda reservada para muy pocos supuestos: para los actos de comunicación dirigidos a la parte no representada por procurador ni obligada a relacionarse con los tribunales por vía electrónica, y que persigan la personación o la intervención personal de aquella en las actuaciones, cuando se ha intentado antes la comunicación de otra forma y no ha tenido éxito.

3.3.2. Requerimiento judicial de pago en la ejecución ordinaria

Pues bien, para los requerimientos de pago que deba realizar el juzgado en una ejecución de título extrajudicial, por cuanto no se han practicado de forma previa y fehaciente (según el art. 581 LEC), el art. 582 I LEC dispone en su inciso inicial que: "*El requerimiento de pago se efectuará en el domicilio que figure en el título ejecutivo*". De este modo, se acudirá a la comunicación por entrega del art. 161 LEC, a cargo de personal judicial o del procurador del ejecutante que así lo solicite, a fin de notificar simultáneamente al deudor (cfr. art. 553 LEC) tanto la demanda ejecutiva como el auto que despacha ejecución y el decreto que incluye las medidas ejecutivas que se adopten y el requerimiento de pago. Esta será la primera comunicación del proceso y de ella dependerá que el demandado tenga noticia de las actuaciones y pueda personarse en ellas e intervenir; además, los requerimientos son los únicos actos de comunicación que admiten la respuesta del destinatario (art. 152.5 LEC); y la reacción del

---

[25] El art. 164 LEC, sobre la comunicación edictal, también adquiere nueva redacción tras el RDL 6/2023, y habrá de completarse con lo ordenado con carácter general sobre esta forma de comunicación en el art. 54 del propio RDL.

deudor a este requerimiento es determinante del devenir del proceso, pues si el demandado paga la suma requerida, y abonados los intereses y las costas, el letrado de la administración de justicia pondrá fin a la ejecución (art. 583 LEC). Por todo ello, entendemos que el referido inciso inicial del art. 582.1 LEC ha de aplicarse a todo requerimiento judicial de pago que sea la primera comunicación procesal; también cuando el destinatario esté obligado a relacionarse con los tribunales por medios electrónicos, al considerar que dicho precepto es una norma específica de esta clase de actos de comunicación que debe primar sobre la previsión genérica contenida en el art. 155.1 LEC.

En el primer párrafo del art. 582 se concreta que el requerimiento de pago se hará, en particular, en el domicilio que consta en el título; aunque, a petición del ejecutante, puede efectuarse en otros domicilios en los que pueda hallarse al ejecutado, aun de forma accidental. Si no se localiza al ejecutado en el domicilio del título, cabe repetir la comunicación por entrega en el mismo domicilio, pero ya desde entonces serán efectivos los embargos y medidas ejecutivas que se hubieran decidido o que se acuerden, a instancias del ejecutante (pues como regla dichas medidas no pueden materializarse hasta constatar la voluntad de incumplimiento del deudor); y si esta comunicación vuelve a fracasar, se dará paso a los edictos, de conformidad con el párrafo segundo del mismo art. 582 (en consonancia con los arts. 156.4, 161.4 y 164), todos LEC[26]. Esto es lo dispuesto en el art. 582 hasta la fecha.

Con la reforma de 2023 y según hemos adelantado, se ha añadido en el párrafo I la posibilidad de practicar el requerimiento de pago también por vía electrónica, cuando el destinatario sea una persona jurídica u otro sujeto obligado al empleo de dichos medios[27]. Dada la ubicación de este nuevo inciso, situado justo después de la preceptiva indicación de que el requerimiento de pago "*se efectuará*" en el domicilio del título, cabe entender que el requerimiento electrónico no sustituye al realizado por entrega, sino que se trata de una opción complementaria, que puede hacerse "*también*", en los supuestos mencionados. De manera que el requerimiento en el domicilio seguirá siendo el prioritario y obligado en todos los casos.

Cuando el requerimiento de pago se practique por entrega y a la vez por vía electrónica (o por remisión), el primero en el que tenga lugar una recepción acreditada del destinatario -o de los sujetos que puedan recibirlo en su nombre según el art. 161.3- será el que determine la fecha de su realización y

26 No obstante, la jurisprudencia ha venido permitiendo que antes de acudir a la comunicación edictal se intente el requerimiento por remisión al domicilio.

27 Así se señala en el art. 582 I LEC: "*Podrá también hacerse a través de la sede judicial electrónica en el caso de que el ejecutado esté obligado a intervenir con la Administración de Justicia a través de medios electrónicos*".

el inicio de sus efectos (como el embargo de los bienes del deudor, si no paga en el acto, según el art. 581.1, o el comienzo del plazo para oponerse, al que alude el art. 557.1 en relación con el art. 556.1, etc.). Si la comunicación en el domicilio no llega a producirse, porque no se encuentra en él al deudor, ni se localiza otro domicilio donde acudir a practicar el requerimiento, ya hemos dicho que no quedará más remedio que efectuarlo mediante su publicación en el Tablón Edictal Judicial Único (arts. 582 II y 161.4). Y lo mismo ha de suceder respecto del requerimiento por vía electrónica cuando el destinatario no acceda a su contenido, pues al ir ligado a un acto del que depende la personación, y a la vista de la trascendencia procesal de la reacción del requerido, entendemos que no cabe considerarlo practicado según la regla general del art. 162.2 I, sino que tendrá que comunicarse igualmente en forma edictal, en virtud del art. 155.1 II. Por lo que la falta de recepción acreditada en los requerimientos efectuados de un modo u otro determina que tenga que hacerse en la forma dispuesta en el art. 164, todos LEC.

3.3.3. Notificaciones y requerimientos en la ejecución hipotecaria

Por lo que concierne a la ejecución hipotecaria, ya se ha dicho que el RDL 6/2023 ha introducido en el art. 682.2 2° LEC un inciso que "recuerda" que los actos de comunicación a quienes tengan la obligación -legal o contractual- de relacionarse con los tribunales por medios electrónicos habrán de practicarse por estos medios; lo cual se dispone de forma general, para cualquier proceso, en los arts. 152.2 y 155.1 LEC, como también se ha visto. Llama la atención que una norma así se incorpore entre los preceptos de la ejecución hipotecaria y no se haga en los de la ejecución ordinaria, pues parece más razonable que no se indique nada al respecto, al tratarse de una regla ya dispuesta con carácter general, o bien que se recoja entre las normas que rigen toda ejecución.

La ubicación de dicha prescripción tras señalar que la escritura de hipoteca debe incluir un domicilio del deudor a efectos de notificaciones y requerimientos, pudiera dar a entender que, cuando el deudor sea una persona jurídica (u otro sujeto obligado al empleo de medios electrónicos), se prescindirá de la comunicación procesal en el domicilio inscrito en el Registro y habrá de hacerse en todo caso a través de la sede judicial electrónica, y subsidiariamente en el Tablón Edictal Judicial Único, conforme a lo dispuesto en el ya comentado art. 155.1 LEC. Sin embargo, a nuestro juicio, esto no debe ser así, al menos cuando se trate del requerimiento de pago, pues este se regula en un precepto específico, el art. 686 LEC, que no ha sido modificado por el RDL.

No sabemos si la falta de reforma del art. 686 LEC es algo deliberado o por olvido del legislador, pero lo cierto es que los requerimientos de pago en las ejecuciones hipotecarias se han de regir por esta norma, que regula en sus distintos apartados cómo y dónde deben efectuarse los requerimientos de pago tanto judiciales (apartados 1 y 3) como extrajudiciales (apartado 2) relativos a estos procedimientos[28]. El requerimiento de pago judicial, que es el que ahora nos atañe, debe intentarse "*en el domicilio que resulte vigente en el Registro*" (art. 686.1 *i. f.*), pues los domicilios inscritos inicialmente pueden modificarse, según lo dispuesto en el art. 683 LEC. Si no se logra dar con el deudor en el domicilio inscrito, antes se pasaba directamente a la comunicación por edictos, pero, fruto de una línea jurisprudencial iniciada con la STC 122/2013, de 20 de mayo, y seguida de muchas otras, se modificó el art. 686.3 (en 2015), para disponer que el juzgado debe realizar averiguaciones a fin de localizar un domicilio donde practicar el requerimiento al demandado de forma efectiva, de suerte que, sólo si estas averiguaciones fracasan, se acudirá válidamente a los edictos[29].

Como decimos, entendemos que la norma anterior resulta aplicable a todo requerimiento de pago que se efectúe como resultado del despacho de una ejecución hipotecaria, y esto con independencia de si el ejecutado está obligado o no a relacionarse con los tribunales por medios electrónicos. Si se trata de un deudor sujeto a esta obligación, pensamos que se podrá, a la vez que se

28 "En cuanto al requerimiento extrajudicial, el art. 686.2 LEC ofrece dos opciones en sus incisos segundo y tercero. El notario puede practicarlo en el domicilio que resulte del registro; y en este caso, tanto en la persona del destinatario como en otra mayor de edad que se encuentre en el domicilio y tenga con el destinatario relación personal o laboral. El notario puede practicarlo también en un domicilio distinto del que figura en el registro, pero entonces ya solo en la persona del destinatario y con su consentimiento. Si el destinatario fuere persona jurídica -inciso cuarto del art. 686.2 LEC-, pueden recibir el requerimiento quienes, encontrándose en el domicilio registral, integran el órgano de administración, representan a la persona jurídica o, a juicio del notario, estén encargados por la persona jurídica de recibir comunicaciones en su nombre" (PEITEADO MARISCAL, P., "La ejecución sobre bienes hipotecados o pignorados", en *Teoría y práctica...*, ob. cit., p. 307).

29 "Esta forma de comunicación es muy delicada, puesto que permite que el proceso de ejecución se desenvuelva sin conocimiento del ejecutado y puede determinar la nulidad de las actuaciones por originar indefensión si se practica de manera no justificada. No es fácil determinar en general cuándo debe entenderse que el ejecutado ha sido suficientemente buscado y es posible, por tanto, notificar mediante edictos sin vulnerar sus derechos; pero de la muy abundante jurisprudencia vertida sobre este tipo de supuestos se infiere que, sin llegar a retrasar gravemente el proceso de ejecución en perjuicio del ejecutante, un esfuerzo de averiguación razonable y proporcionado implica atender, por un lado, a los datos que resulten de los propios autos y de la documentación aportada por las partes al proceso y, por otro, a los que se deriven de las fuentes de información de que disponen los tribunales a través del punto neutro judicial" (PEITEADO MARISCAL, P., "La ejecución sobre bienes hipotecados o pignorados", en *Teoría y práctica...*, P., ob. cit., p. 308).

practica el requerimiento en el domicilio inscrito, intentar la comunicación también en la sede judicial electrónica, tal como se establece en el reformado art. 582 I LEC y hemos estudiado; así se cumplirá de algún modo con la nueva prescripción del art. 682.2 2º LEC, pero no en el sentido de excluir la comunicación por entrega en el domicilio del deudor.

3.4. Las escasas y puntuales modificaciones en la vía de apremio

En materia de realización forzosa, ya hemos dicho en la presentación que el RDL 6/2023 ha acometido pocos cambios y, sobre todo, es de destacar que no ha recogido ninguno de los previstos por el PLEP para las subastas judiciales y que afectaban en particular a los arts. 644 a 657 y 667 a 671 LEC, todos los cuales iban a ser reformados. Así, de todos los preceptos propios del procedimiento de apremio (arts. 634 a 680 LEC), sólo se reforman tres normas (arts. 634, 635 y 639 LEC), con modificaciones ciertamente puntuales, que nos limitamos a enumerar:

- *Entrega al ejecutante de cantidades periódicas.* En el primero de los preceptos dedicados a la vía de apremio, el art. 634 LEC, se regula la entrega directa al ejecutante, para los casos en que los bienes embargados consisten en dinero y, por tanto, no requieren propiamente realización. En él se añade un nuevo apartado 2 (y los actuales apartados 2 y 3 pasan a ser el 3 y el 4), que permite al letrado de la administración de justicia acordar la entrega de las cantidades embargadas que tengan carácter periódico (como sueldos, pensiones, rentas, etc.), de forma que con una resolución se decrete una entrega periódica al ejecutante hasta completar el pago del principal que se le adeude; tras lo cual, podrá realizarse la liquidación de los intereses debidos y de las costas, y acordar en otra resolución una nueva entrega periódica hasta que se pague la deuda completa. Esta modificación ya se contemplaba en el PLEP.
- *Venta por subasta de las acciones no cotizadas.* Para los supuestos en que los bienes embargados sean acciones o participaciones societarias que no cotizan en Bolsa, el art. 635.2 LEC señala que se enajenen siguiendo las disposiciones estatutarias que rigen la sociedad y, en especial, los derechos de adquisición preferente; y cuando las normas de la sociedad no determinen nada al respecto, hasta la fecha se disponía que se realizasen por medio de venta notarial, y ahora se establece que "*la realización se hará a través de subasta judicial*". Esta modificación, en cambio, no se preveía en el PLEP.
- *Aceptación del perito tasador mediante comunicación electrónica.* Cuando se nombra a un perito para que tase o valore económicamente un bien, a fin de fijar su precio de salida en la subasta o medio de realización que

se emplee, el art. 639.1 LEC indica que la aceptación habrá de hacerse al día siguiente de aquel en el que el perito recibe la designación, y ahora se añade -con novedad- que "*La aceptación podrá ser comunicada telemáticamente al órgano judicial encargado de la ejecución*". De manera que el perito nombrado podrá cursar su aceptación por medio de la sede judicial electrónica. Es de suponer que el órgano que lo nombra, al hacerlo, le señalará cómo y dónde puede efectuar tal comunicación, pero en todo caso en el Punto de Acceso General de la Administración de Justicia figura el directorio de las distintas sedes judiciales electrónicas para el contacto electrónico con los órganos judiciales de los ciudadanos y de los diferentes profesionales, como es el caso (cfr. art. 12 RDL). Esta reforma tampoco se incluía en el PLEP; pero sí la relativa al apartado 4 del mismo art. 639, donde se corrige la remisión que se hacía al art. 658, por el art. 659 LEC, puesto que alude a los acreedores con anotaciones anteriores a la del ejecutante, que se regulan en este último precepto y no en el otro (aunque nos referiremos a este cambio en el epígrafe siguiente, donde se apuntan este tipo de modificaciones).

Como puede observarse, las reformas realizadas en este campo son realmente limitadas, en especial si se comparan con las que se proyectaban. No es momento de analizar con detalle qué cambios en las subastas han podido ser aprobados y no lo han sido, pero, para que se aprecie la diferencia y se reflexione sobre la conveniencia de su posible y futura incorporación a la LEC, no nos resistimos a señalar, aunque sea de modo telegráfico, cuáles eran las principales propuestas del PLEP al respecto:

Se establecía que la *notificación de la subasta al ejecutado no personado* debía ser personal, sin que fuera suficiente con la convocatoria que se anuncia en el BOE, como sucede hoy día, según el art. 645.1 LEC.

Se mejoraba la redacción del art. 657 LEC, relativo a la información que deben proporcionar los titulares de derechos inscritos antes que el ejecutante, sobre las *cargas minoradas o extinguidas*, a fin de que la depuración de estas cargas fuera más precisa, a los efectos de descontarlas del valor de tasación para fijar el precio de salida, conforme al art. 666 LEC; se preveían los supuestos en que hubiera habido subrogación en el crédito anterior, así como la posibilidad de intimar con la imposición de multas para lograr que respondan las personas requeridas.

Se regulaba con más detalle la posibilidad que se ofrece al ejecutado de presentar *un tercero que mejore las pujas* realizadas, cuando estas no han alcanzado el mínimo para ser aprobadas, dispuesta en los actuales arts. 650.4 y 670.4 (y que pasaba a estar en el apartado 3 de dichos preceptos). En este sentido, de un lado, el plazo para la presentación del tercero se iniciaba de forma automática desde el cierre de la subasta; y de otro lado, junto al plazo para dicha presentación -previo depósito del tercero-, se añadía un segundo plazo para completar el pago ofrecido, y ambos plazos eran de diez días.

Se modificaban los porcentajes mínimos del precio de salida que tienen que ser superados para que se pueda *aprobar el remate* (también regulados en los actuales arts. 650.4 y 670.4 y que pasaban a ser los arts. 650.3 y 650.4 respectivamente), situándose para bienes muebles en el 30% de dicho precio, o en cantidad suficiente para cubrir toda la deuda, sin límite inferior; y en el 50% para los inmuebles, o en cantidad que logre la completa satisfacción del ejecutante, sin que en estos casos pueda ser inferior al 40% del valor de subasta.

Se cambiaba en parte el régimen de la participación del *acreedor en las subastas,* pues, por una parte, podía hacer pujas, aunque fuera el único postor y, por otra, se suprimía la adjudicación en pago en caso de subasta desierta, de forma que el ejecutante que quisiera cobrar su crédito a través de la adquisición del bien debería hacer pujas (en este sentido, se modificaban los arts. 647.2, 651 y 671). A su vez, se regulaba con más precisión el tiempo, la forma y la cuantía de la *cesión del remate* que pueden llevar a cabo el ejecutante y los acreedores posteriores, según el 647.3, todos LEC.

3.5. Cambios formales, corrección de errores y actualización de remisiones

Por último, el RDL 6/2023 también lleva a cabo algunas modificaciones de tipo formal, o para corregir errores o ajustar la remisión de unas normas a otras, como se ha adelantado. A continuación, anotamos muy brevemente estos cambios, siguiendo el orden de los preceptos a los que afectan.

- El art. 535 LEC, relativo a la ejecución provisional de las sentencias de segunda instancia, se modifica sólo para señalar que tal ejecución podrá pedirse desde que la notificación de la resolución que tenga por interpuesto el recurso de casación, únicamente, por cuanto el recurso extraordinario por infracción procesal ya no existe, al ser suprimido por el RDL 5/2023, de 28 de junio; pero como esta apresurada y defectuosa norma no eliminó todas las referencias a dicho recurso, se hace ahora con el RDL 6/2023, de 19 de diciembre, también en sede de ejecución provisional.
- Es sabido que, antes de que se despache ejecución, el letrado de la administración de justicia debe consultar el Registro Público Concursal, pues, si el demandado está declarado en concurso o ha iniciado negociaciones preconcursales, no podrá despacharse una ejecución singular contra él (arts. 551.1 II y 568.1 LEC), con el fin de lograr una igualdad de trato entre los acreedores con derechos equivalentes, en una situación de insuficiencia patrimonial del ejecutado, de suerte que no

cobren sólo los más rápidos, los más fuertes o los mejor informados. El RDL 6/2023 ha actualizado la remisión que contiene el art. 551.1 II LEC, de modo que dicha consulta se hará, según el nuevo tenor, "*a los efectos previstos en los artículos 600 y siguientes del texto refundido de la Ley Concursal, aprobado por Real Decreto Legislativo 1/2020, de 5 de mayo*".

En cambio, llama la atención que ni el legislador de 2020 cuando aprobó esta última norma (TRLC), ni el de 2022 cuando la reformó (mediante la Ley 16/2022, de 5 de septiembre), ni tampoco ahora el de 2023, se han ocupado de modificar y actualizar el art. 568 LEC, referente a la suspensión de la ejecución en caso de situaciones concursales o paraconcursales, pues sorprendentemente este precepto continúa aludiendo a los arts. 5 bis y 57.3 de la Ley Concursal de 2003[30]. Hay que tener en cuenta, por tanto, que la remisión al art. 5 bis debe entenderse hecha, igualmente, a los arts. 600 y ss. TRLC; en tanto que la remisión al art. 57.3 lo será al art. 603 TRLC, que es el que regula desde 2022 el tratamiento de la ejecución de garantías reales.

- En el art. 561.4 LEC se corrige la remisión errónea que se hacía al art. 697 LEC, cuando lo procedente es que se haga al art. 700 LEC, como se dispone ahora -y ya preveía el PLEP-. Se trata de los supuestos en los que el auto estimatorio de un incidente de oposición se recurre en apelación por el ejecutante, el cual puede pedir que se mantengan los embargos y las medidas de garantía que se hubieran acordado, previa prestación de una caución con la que pueda indemnizarse al ejecutado en caso de que se confirme la improcedencia de la ejecución despachada; además, comoquiera que no podrán solicitarse nuevas medidas ejecutivas *sensu stricto* hasta que no se resuelva el recurso y se aclare si el despacho fue legal o no, sí está en la mano del actor pedir embargos y otras medidas que sirvan para garantizar que el ejecutado cumpla lo dispuesto en el título, de ser estimado el recurso y revocada la oposición, según lo que establece el citado art. 700 LEC.

---

[30] Sucede que la regla general que impide despachar ejecución en caso de situación concursal o preconcursal del deudor se encuentra en el art. 568 LEC, norma ubicada entre las relativas a la suspensión de la ejecución, que en su primer apartado establece: "*No se dictará auto autorizando y despachando la ejecución cuando conste al Tribunal que el demandado se halla en situación de concurso o se haya efectuado la comunicación a que se refiere el artículo 5 bis de la Ley Concursal y respecto a los bienes determinados en dicho artículo. En este último caso, cuando la ejecución afecte a una garantía real, se tendrá por iniciada la ejecución a los efectos del artículo 57.3 de la Ley Concursal para el caso de que sobrevenga finalmente el concurso a pesar de la falta de despacho de ejecución*". Esta previsión debería formar parte de la regulación del despacho de la ejecución establecida en los arts. 551 y 552 LEC, pero no sucede así. Y, además, las remisiones legales que contiene están desfasadas.

Esta última norma permite al ejecutante solicitar dichos embargos y medidas "*para asegurar el pago de las eventuales indemnizaciones sustitutorias y las costas de la ejecución*", sin que sean propiamente medidas ejecutivas, pues no se ordenan directamente a la realización forzosa de los bienes sobre los que se proyectan, sino que tienen carácter preventivo y sirven para asegurar la eventual ejecución pecuniaria en los casos en que no se consiga la ejecución *in natura* de una obligación no dineraria[31]. Es a este carácter preventivo y no ejecutivo -de las medidas que cabe pedir en tales supuestos- a lo que se refiere la remisión que ahora se corrige, y que podrán adoptarse, en los supuestos del art. 561 LEC, ya se trate de una ejecución dineraria o no dineraria.

- También de conformidad con lo recogido en el PLEP, en el art. 581.1 LEC, se modifica el sujeto que hará el requerimiento de pago judicial, en los casos en que procede, que será siempre el letrado de la administración de justicia, y no "el Tribunal", como se decía antes de la presente reforma. Todo requerimiento de pago realizado en el curso de una ejecución será atribución del de los letrados de la administración de justicia, como, por otra parte, así sucede en la práctica.
- De forma similar, se acoge otra propuesta del PLEP, por la que se suprime el párrafo segundo del art. 612.1 LEC, que decía que el tribunal debía decidir mediante providencia las solicitudes de mejora, modificación o reducción de los embargos que se hubieran acordado. Este inciso proviene de la redacción originaria de la LEC y debió ser eliminado en 2009, cuando (por la Ley 13/2009, de 3 de noviembre, de reforma de la legislación procesal para la implantación de la nueva Oficina judicial) se asignó a los secretarios judiciales -desde 2015, letrados de la administración de justicia- la decisión de esta clase de peticiones, sobre las que resolverán mediante decreto, recurrible en revisión directa, y según dispone el art. 612.2 LEC desde esa fecha. Así, convivían desde entonces dos normas contradictorias, que encomendaban la misma decisión al juez y al secretario judicial, en los apartados 1 y 2 del mismo precepto. Sin duda, desde la Ley 13/2009, la adopción de los embargos ejecutivos, la de sus garantías, así como las decisiones sobre las distintas vicisitudes por las que atraviesen unos y otras, son competencia de los actuales letrados de la administración de justicia. Así sucede también en

---

[31] A la vez, tales embargo y medidas tampoco son medidas cautelares ni están sometidas a su régimen jurídico, pues no se acuerdan por el juez, oyendo antes a las partes, si concurren los presupuestos clásicos de *fumus boni iuris* y *periculum in mora*, previa fianza; tan solo se sujetan a los requisitos que señala el art. 700 LEC: que se insten por el ejecutante, que el letrado de la administración de justicia las considere justificadas y adecuadas para el fin de garantía que se busca, y que así lo acuerde de forma motivada mediante decreto.

la práctica y es bueno que la legislación sea coherente con ello en todas sus normas.

- De nuevo asumiendo una reforma apuntada en el PLEP, se modifica el art. 639.4 LEC en dos puntos. El primero es que se corrige la remisión que se hace al art. 658 LEC, cuando claramente debe decir 659, por tratarse del precepto referente a los acreedores con una inscripción sobre el bien de fecha posterior a la del derecho del ejecutante, a los que se permite -junto a las partes- presentar alegaciones con las que discutan el avalúo efectuado por el perito tasador así como informes periciales alternativos, en el plazo de cinco días desde el que el perito designado haya entregado su valoración. Este error figuraba en el art. 639.4 desde su redacción original y no ha sido corregido hasta la fecha.

Por otro lado y en segundo lugar, se suprime el párrafo segundo de la misma norma, que fue introducido por la reforma de 2009, conforme al cual, el decreto que decida sobre la discusión procesal que haya podido suscitarse en torno a la tasación del bien era "*susceptible de recurso directo de revisión ante el Tribunal que dictó la orden general de ejecución*". Ahora, con la supresión que opera el RDL de 2023, dicha resolución se recurrirá según la regla general establecida en el nuevo art. 454 bis.1, por el que cabrá recurso de revisión contra el decreto que resuelva la reposición, que habrá de interponerse previamente; y sólo habrá revisión directa frente a los decretos definitivos (aquellos que pongan fin al proceso o impidan su continuación), o frente a los decretos respecto de los que la ley lo señale expresamente. Por tanto, dado que ahora se elimina la previsión expresa en tal sentido, los decretos que fijan el avalúo serán recurribles en reposición, primero, y después en revisión.

– La última remisión legal que se corrige y actualiza en materia de ejecución es la incluida en el art. 682.2 1º LEC, precepto relativo al valor de tasación del bien hipotecado, que ha de consignarse en la escritura de constitución y que servirá como tipo de salida en caso de que haya que realizar el bien en una ejecución hipotecaria; para esta tasación, se establece un límite inferior, fijado en el 75% del valor señalado en la tasación oficial que se hiciera para suscribir el préstamo hipotecario, a fin de que no pueda alterarse a la baja el valor real del bien en perjuicio del deudor del préstamo en una hipotética y futura ejecución, pues sucedería entonces que el bien se vendería fácilmente al salir con un precio muy inferior al de mercado, pero el deudor perdería el bien tal vez sin satisfacer íntegramente la deuda y sin recuperar remanente. Este límite inferior del precio que se inscribe fue introducido en la LEC por la Ley 1/2013, y se fijó con referencia a "*lo previsto en la Ley 2/1981, de 25 de marzo, de Regulación del Mercado Hipotecario*". Ahora se modifica y no podrá bajar del 75% del valor de la tasación que se haya hecho conforme a lo previsto en el art. 18 del Real Decreto-ley 24/2021, de 2 de noviembre, de transposición de la Directiva en materia de bonos garantizados (y de otras).

4. VALORACIÓN FINAL

Después de exponer las novedades introducidas por el RDL 6/2023 en la LEC en materia de ejecución forzosa, es el momento de ofrecer una valoración sobre ellas, aunque sea breve y apresurada (pues todavía no han pasado dos meses desde su publicación en el BOE y aún no son vigentes cuando se escriben estas páginas), que se centra en examinar si sirven al propósito de eficiencia procesal que se busca. El PLEP llevaba en su nombre el objetivo principal que pretendía, la eficiencia procesal; y el citado RDL tiene como meta primordial la digitalización de la administración de justicia y de los procesos, pero esto no deja de ser un medio para lograr el fin de mejorar la eficiencia de la justicia, así como "*para garantizar la imprescindible agilización en la tramitación de los procedimientos judiciales*", según se declara en su Exposición de Motivos. De aquí que la nueva norma acoja varias de las medidas propuestas en el PLEP, aunque no sean todas ni quizá las más relevantes, en cuanto a la ejecución se refiere.

La reforma relativa a la exención de las *costas en la ejecución provisional*, si el obligado cumple lo dispuesto en el despacho en un plazo breve (art. 527.5), puede considerarse positiva y favorecedora de que se cumpla lo ordenado en el título, de suerte que se eviten actuaciones ejecutivas que siempre son complicadas de efectuar y más aún de revertir en caso de que se estime el recurso interpuesto contra la sentencia que provisionalmente se ejecuta. No sabemos si esta novedad tendrá mucha virtualidad práctica, pues no parece fácil que quien recurre una sentencia lleve a término con prontitud aquello respecto de lo que impugna. Pero, si esto sucede, bienvenido será el ahorro de las actuaciones procesales que comporta. Eso sí, con el inconveniente de que será el ejecutante quien cargue con el peso económico de la demanda y del despacho de ejecución provisional, ya que entonces no recuperará los gastos que estas actuaciones le hayan ocasionado, en contra de las reglas generales sobre costas en la ejecución (del art. 539.2 LEC).

También nos merece una valoración positiva la reforma referente al *control de cláusulas abusivas* en la ejecución, al establecer un tratamiento más claro del control que ha de hacerse de oficio al despachar ejecución, y que responde a las exigencias derivadas de las resoluciones del TJUE (cfr. art. 551). Además, se resuelven las dudas que podían existir sobre la eficacia del auto resolutorio de un incidente de abusividad, pues ya se haya promovido *ex officio* o a instancias del ejecutado, se establece que tendrá fuerza de cosa juzgada, siempre que haya sido posible un debate contradictorio entre las partes; lo cual resulta respetuoso tanto del derecho al proceso del actor como del derecho de defensa del demandado, a la vez que es coherente con la mencionada jurisprudencia europea. Al determinar que el auto que despacha ejecución debe advertir al ejecutado que tendrá que formular oposición si quiere alegar el carácter abusivo de las cláusulas, so pena de preclusión, se evitará el goteo de pretensiones con esa finalidad, así como el desarrollo de actuaciones ejecutivas que luego devengan ineficaces, lo que cabe entender como procesalmente eficiente. Quedan algunas dudas por despejar acerca del alcance de la establecida eficacia de cosa juzgada, pues no sabemos si sólo se proyectará sobre el objeto "real" que haya tenido el incidente de abusividad, o también sobre su objeto "virtual" (según el art. 400.2), pero sobre esto habrá que esperar a la interpretación que hagan los tribunales de la norma dispuesta en los arts. 552.4 y 561.2, *i. f.*

Respecto a las novedades en materia de *realización forzosa*, ya hemos afirmado que nos parecen insuficientes. Se podrían haber incorporado algunas de las medidas previstas en el PLEP, tendentes a que esta fase de la ejecución conlleve menos tiempo y -sobre todo- un resultado económico más satisfactorio para ambas partes; pues en la práctica es muy común que la vía de apremio, de un lado, se extienda durante años (hasta lograr la "*completa satisfacción del acreedor ejecutante*": art. 570) y, de otro lado, conduzca al resultado de que los bienes del ejecutado se vendan o se adjudiquen por un valor muy inferior al que tienen en el mercado, provocando un sacrificio patrimonial en el deudor mayor del que sería razonable y que el acreedor tenga que instar la realización de nuevos bienes para poder satisfacer enteramente su crédito. Por ello, vemos oportuno que se reflexione sobre la conveniencia de introducir en la ley medidas que supongan una depuración más real de las cargas anteriores a la del ejecutante, o que faciliten que el ejecutado presente terceros que mejoren las pujas que se han hecho, o que conlleven que el bien no se venda por debajo de un precio que equivalga a malbaratarlo, o que mejoren la cesión del remate para que la subasta pueda ser más exitosa, etc.

A la vez, junto a las medidas que se proponían en el PLEP para hacer de las subastas judiciales un medio más útil de realización forzosa, también podría estudiarse el modo de fomentar el empleo de otras formas distintas de realización, como la venta o *subasta por entidad especializada*, tal como se ha sugerido por algunos autores[32]. En este sentido, cabe valorar si este medio podría acordarse de oficio en algunos supuestos; o si ayudaría a su mayor empleo suprimir la caución en todos los casos; o si la valoración del bien es bueno que la

---

[32] Así, GÓMEZ LINACERO, A., "Análisis crítico de la subasta judicial: externalización de la venta por entidad especializada bajo supervisión del Letrado de la Administración de Justicia", en *Práctica de Tribunales*, nº 160, enero de 2023, pp. 1-33.

haga la propia entidad; o si se establecen limitaciones a los precios diferentes de los porcentajes mínimos previstos para las subastas judiciales, etc.

Para terminar, entendemos que habría que ajustar el régimen de los *actos de comunicación* propios del proceso de ejecución, puesto que el RDL -como hemos visto- ha pensado muy poco en las comunicaciones específicas de este proceso. Cabe detenerse a considerar qué actuaciones y resoluciones deben notificarse de manera necesaria y en lo posible "presencial", y cuáles no sería preciso comunicar al ejecutado -en especial si no se persona en el proceso, como sucede en un porcentaje muy elevado de ejecuciones- o sólo a través de medios electrónicos.

BIBLIOGRAFÍA

ACHÓN BRUÑÉN, M. J., "Comentario crítico a las modificaciones introducidas en el proceso de ejecución civil por la Ley de medidas de eficiencia procesal del servicio público de justicia (actualmente en proyecto)", *Práctica de Tribunales*, nº 159, noviembre de 2022.

AGUIRRE RODRÍGUEZ, R. (con otros), en "Diálogos para el futuro judicial XLIV. Hacia una ejecución civil eficaz", *Diario La Ley*, nº 10070 (de 9 de mayo de 2022): https://diariolaley.laleynext.es/dll/2022/05/17/dialogos-para-el-futuro-judicial-xliv-hacia-una-ejecucion-civil-eficaz

CEPEJ, *European judicial systems CEPEJ Evaluation Report*, 2022: https://rm.coe.int/cepej-report-2020-22-e-web/1680a86279

CGPJ, "Análisis de las ejecuciones en base a la Estadística Judicial. Año 2022", *Datos de Justicia. Boletín de Información Estadística* nº 105, julio 2023: https://www.poderjudicial.es/cgpj/es/Temas/Estadistica-Judicial/Estudios-e-Informes/Datos-de-Justicia/

CGPJ, "La Justicia Dato a Dato - Año 2022. Estadística Judicial": https://www.poderjudicial.es/cgpj/es/Temas/Estadistica-Judicial/Estudios-e-Informes/Justicia-Dato-a-Dato/

GÓMEZ LINACERO, A., "Análisis crítico de la subasta judicial: externalización de la venta por entidad especializada bajo supervisión del Letrado de la Administración de Justicia", *Práctica de Tribunales*, nº 160, enero de 2023.

LÓPEZ CHOCARRO, I., "Algunas carencias del Proyecto de Ley de Eficiencia Procesal; un réquiem por la ejecución civil", *Diario La Ley*, nº 10129, de 13 de septiembre de 2022.

PEITEADO MARISCAL, P. (con CUBILLO LÓPEZ, I.), *Teoría y práctica del proceso de ejecución civil*, Aranzadi, Cizur Menor, 2020.

QUESADA SARMIENTO, M. J., "El despacho de ejecución y el control de oficio del carácter abusivo de las cláusulas contractuales", *Diario La Ley*, de 8 de febrero de 2023, nº 10224.

UNIVERSITAT DE BARCELONA (grupo AQR-Lab) y CAMBRA DE COMERÇ DE BARCELONA, "Impacto económico del sistema de ejecución de resoluciones judiciales y propuestas de mejora", 2017.

Capítulo XXXII:

Mayor eficiencia del proceso de ejecución sí, pero no a cualquier precio[1]

CLARA FERNÁNDEZ CARRON
Profesora Titular de Derecho Procesal.
Universidad Complutense de Madrid

Resumen: Dado que la lentitud es uno de los factores de análisis de la calidad y eficiencia de un sistema judicial, desgraciadamente, la excesiva duración del proceso de ejecución se erige en uno de los principales problemas que aqueja a nuestra Administración de Justicia y que, además, viene lastrándose en el servicio público de Justicia desde antaño. El proceso de ejecución no resulta eficiente, ya que no permite cumplir adecuadamente con el mandato constitucional de la segunda de las vertientes de la función jurisdiccional, lo que acarrea una lesión del derecho fundamental a la tutela judicial efectiva.

Con el presente trabajo pretendemos alcanzar un doble objetivo. En primer lugar, determinar cuáles son, a nuestro juicio, los motivos fundamentales que originan la dilación temporal del proceso de ejecución para, posteriormente, proponer soluciones a este problema que permitan dotar de mayor celeridad a estos procesos y, con ello, aumente su eficacia. En segundo lugar, dado que estamos aterrados con la dirección que están tomando ciertas corrientes doctrinales y propuestas legislativas auspiciadas por determinados colectivos profesionales y secundadas por instituciones públicas con las que se pretende resolver el problema de la falta de eficiencia del proceso de ejecución, analizaremos los argumentos que sustentan nuestra absoluta renuencia a la hora de aceptar la línea a la que van encaminadas. Y es que, si bien es cierto que tales modificaciones quizá sí podrían redundar en una mejora sustancial de los tiempos de duración de la ejecución, permitiendo dotar de mayor eficiencia a la segunda de las vertientes de la función jurisdiccional, sin embargo, pondrían en tela de juicio el derecho a la tutela judicial efectiva.

---

1 El presente trabajo ha sido realizado en el marco del Proyecto de Investigación nacional «Hacia una justicia civil eficiente: desafíos actuales y próximos desde la perspectiva europea» (ref. PID2019-103909GB- I00).

1. INTRODUCCIÓN

Tradicionalmente, junto al coste y a su predictibilidad, la lentitud es uno de los factores de análisis de la calidad de un sistema judicial[2] y una manera de medir su eficiencia además de, por supuesto, resultar un elemento fundamental a la hora de determinar el grado de satisfacción y confianza de los justiciables en el sistema judicial de su Estado.

En este punto, y por muy manidas que nos resulten las frases "una justicia lenta no es justicia" y "hacer esperar la justicia es injusticia", ello no puede desviarnos de una realidad indiscutible: el derecho a un proceso sin dilaciones indebidas —aplicable también a la fase de ejecución— forma parte del contenido del derecho a la tutela judicial efectiva consagrado en el art. 24 CE, por cuyo cumplimiento han de velar los Tribunales y que, dada su consideración de derecho fundamental, lo hace acreedor de una tutela profundamente intensa. Pues bien, pese a los múltiples intentos por parte del legislador para acelerar los tiempos de duración de los procesos de ejecución[3], no se ha conseguido el efecto deseado. La duración del proceso sigue siendo muy superior a la de la media de la mayoría de los Estados miembros de la UE, resultando sus tiempos excesivamente dilatados. Éstos, además, van en progresivo aumento, lo que conduce a que se pueda afirmar que la duración temporal del proceso previsto en España para "hacer el derecho" no es razonable[4], lo que se corro-

---

2 *Vid.*, Mora-Sanguinetti, J.S., quien señala que la lentitud en la resolución de un conflicto engloba otros problemas ya que, si un sistema judicial es muy lento, también es muy costoso. Partiendo de que resulta muy difícil lograr que un sistema judicial sea, al mismo tiempo, rápido, barato y predecible, este autor formula una serie de apreciaciones importantes a todo este respecto. Así, sostiene que: a) aunque cabría pensar que la Justicia funciona bien si es rápida, sin embargo, la rapidez no sería realmente importante si la Justicia fuera tan costosa que no estuviera al alcance de la mayoría de los justiciables; b) si la Justicia fuera rápida y también barata, tampoco cumpliría su función si sus resoluciones fueran poco predecibles; c) si el sistema judicial fuera muy barato probablemente se vería sometido a altos niveles de litigación, aumentándose su congestión, reduciéndose su rendimiento y poniendo en compromiso su rapidez a la hora de resolver las disputas ("Justicia y economía: la eficiencia del sistema judicial en España y sus impactos económicos", *Papeles de Economía Española*, núm. 168, 2021).

3 A través de modificaciones legales tales como el aumento de la atribución de funciones de carácter no jurisdiccional y de responsabilidades de carácter procedimental al LAJ en el marco del proceso de ejecución; la introducción del embargo telemático en sede de ejecución dineraria; y la implementación de la subasta electrónica como medio de realización forzosa.

4 No obstante lo dicho, la actividad de ejecución que se lleva a cabo en la jurisdicción civil, aun siendo susceptible de mejorar —ya que existen más de dos millones de ejecuciones en trámite—, presenta buenos resultados, lo que se corrobora porque durante el año 2021 se concluyeron más ejecuciones que las que se incoaron (*vid.*, el Informe de 5 de abril de 2022 de la Sección de Estadística Judicial del CGPJ, en el que

bora por los datos ofrecidos por el CGPJ en su Memoria Anual de 2022 sobre la estimación de los tiempos medios de duración de las ejecuciones civiles durante el año 2021[5] que evidencian un notable incremento si se comparan con los datos recabados durante los últimos diez años. Partiendo de que en el año 2013 las ejecuciones civiles duraban una media de 34,2 meses, es decir, algo menos de tres años, esta cifra ha aumentado progresivamente a lo largo de los años hasta alcanzar una duración media de 40,7 meses durante 2022 lo que, por tanto, supone que el acreedor ejecutante se ve abocado a esperar casi tres años y medio para, en su caso, y aunque como es bien sabido, no siempre ocurre así, lograr la completa satisfacción de su derecho[6].

Sentado lo anterior y, dada la temática sobre la que versa el Congreso —la eficiencia de la Justicia a debate[7]—, antes de continuar, formularemos un par de consideraciones previas importantes.

---

se señala que en la jurisdicción civil se registraron 522.426 ejecuciones y se concluyeron 620.927, lo que supone que las ejecuciones resueltas superaron a las ingresadas en aproximadamente un 20% más).

5 Memoria correspondiente al ejercicio 2021 sobre el estado, el funcionamiento y actividades del Consejo General del Poder Judicial y de los Juzgados y Tribunales en el año 2021, aprobada por el Pleno de 21 de julio de 2022 [https://www.poderjudicial.es/cgpj/es/Temas/Transparencia/ch.Estimacion-de-los-tiempos-medios-de-duracion-de-los-procedimientos-judiciales.formato1/?idOrg=20&anio=2022&territorio=Espa%C3%B1a&proc=Ejecuciones%20civiles%20(total)].

6 Aunque algunas ejecuciones son más rápidas, como las procedentes del Derecho de familia, cuya duración media durante el año 2022 fue de 34,9 meses, otras, por el contrario, superan con creces la duración media de 40,7 meses (por ejemplo, las ejecuciones de laudos arbitrales, cuya media es de 48,4 meses y las de otros títulos no judiciales, cuya duración media supera los cinco años —concretamente, 63,4 meses—).

7 Temática especialmente acertada dada la reincidencia de la Comisión en la exigencia de que los Estados miembros alcancen un sistema de Justicia eficiente (*vid.* el paquete anual de primavera del Semestre Europeo presentado el 24 de mayo de 2023, en el que se interesa que todos los Estados miembros remuevan los obstáculos legales para conseguir un «Buen gobierno y respeto del estado de derecho, en particular sistemas de justicia independientes, de calidad y eficientes»; y el último análisis semestral sobre la eficiencia de los sistemas judiciales, en el que se señala que "La calidad, la independencia y la eficiencia son las principales cualidades de un sistema judicial eficaz"). Sentado esto, si bien es cierto que darle la espalda a la necesidad de contar con un servicio público de Justicia eficaz resultaría absolutamente injustificable, tanto o más lo es que, acogiendo e impulsando con fervor el retórico recurso discursivo de la eficiencia de la Justicia, el ámbito institucional la utilice como principal sustento argumental y justificación de iniciativas políticas y legislativas en las que lo que realmente subyace es la sustitución de la obligación del Estado por sistemas privados de gestión y resolución de conflictos jurídicos, desmantelando el servicio público de Justicia y dando cabida a iniciativas que promueven su privatización. En este punto estamos totalmente de acuerdo con Taruffo, M., quien afirma que la desconfianza que subyace en lo público, alimentada por la caracterización de la Justicia como un

1. Toda reflexión encaminada a cómo mejorar la eficiencia de la Justicia y, en concreto, la del proceso de ejecución, pasa necesariamente por determinar qué ha de entenderse por eficiencia cuando aplicamos tal noción a este ámbito dado que la Justicia, por sus características propias e intrínsecas, obviamente no puede considerarse como cualquier otra Administración del Estado y, por supuesto, menos aún como una empresa[8]. Partiendo de la definición del Diccionario de la RAE del término eficiencia —"capacidad de lograr los resultados deseados con el mínimo posible de recursos[9]"—, si pretendemos predicarla respecto de la Justicia y, concretamente, respecto del proceso de ejecución, resulta indispensable precisar los dos extremos que conforman su noción.

A) Dado que el proceso de ejecución es una actividad jurisdiccional sustitutiva del incumplimiento del deudor ordenada por órganos públicos, y puesto que la esencia de la actividad ejecutiva radica en la transformación de la realidad de modo que ésta se adecue a lo que es conforme a la pretensión ejecutiva, "los resultados deseados" mediante el proceso se ciñen a lograr la completa satisfacción del acreedor ejecutante (art. 570 LEC), resultados que,

---

instrumento inútil e inoperante debido a su falta de eficiencia trae consigo que el vacío provocado por la falta de adecuación de la Justicia "pública" tienda a ser llenado por la Justicia "privada" ("Aspectos de crisis de la justicia civil: fragmentación y privatización", *Anuario de la Facultad de Derecho de la Universidad Autónoma de Madrid*, núm. 3, 1999, pág. 69). En sentido parecido, véase el trabajo de Armenta Deu, T., "Privatización de la Justicia (seguridad jurídica y abandono del proceso)",https://www.researchgate.net/publication/292735705_PRIVATIZACION_DE_LA_JUSTICIA_SEGURIDAD_JURIDICA_Y_ABANDONO_DEL_PROCESO.

8 Si bien no cabe duda de que la simbología económica ha penetrado en el ámbito de la Justicia, encontrándose el discurso político imperante sobre lo que ésta debe ser estrechamente ligado a planteamientos netamente economicistas que provienen del sector privado —optimización de sus capacidades productivas; máximo rendimiento de los recursos disponibles o retorno de la inversión realizada en este servicio público— (Alcoceba Gil, J.M., "La eficiencia de la justicia: medida, meta o discurso (III)", *Diario La Ley* núm. 10201, de 4 de enero de 2023), por mucho que se pretenda la incorporación de lógicas propias de la cultura empresarial al ámbito de la Justicia mediante la aplicación de postulados subsumibles bajo el paradigma de la eficiencia provenientes del esquema conceptual del sector privado, la Justicia no puede medirse con lógicas productivistas basadas en la rentabilidad porque es evidente que el sistema de Justicia no está destinado a ser rentable y nunca lo conseguirá.

9 Aunque el concepto de eficiencia es similar al de eficacia, estando relacionados ambos con el resultado que se obtiene de un determinado proceso, no deben confundirse ya que, pese a que la eficacia también supone la capacidad de alcanzar un objetivo, no importa si éste se ha logrado o no con el mejor uso a los recursos o medios disponibles, mientras que la eficiencia hace referencia a su mejor utilización, de modo que la diferencia entre ambos estriba en que la eficiencia no sólo hace referencia al objetivo conseguido, sino también a cómo se ha llegado a cumplir.

obviamente, han de obtenerse en el marco de un proceso sin dilaciones indebidas para que no se produzca la vulneración del derecho a la tutela judicial efectiva.

B) Por lo que se refiere a que tales resultados se obtengan "con el mínimo posible de recursos", hay que partir de que: a) los recursos destinados a la satisfacción de la Justicia, ya de por sí limitados y escasos, se han visto reducidos aún más por el efecto de la crisis económica; b) los medios de que dispone la Justicia para alcanzar sus resultados, además de insuficientes, no son proporcionales a su demanda que, por el contrario, tiende a aumentar; c) gran parte del éxito de una reforma legal depende de los recursos asignados a la Justicia. Sentado esto y, aún a riesgo de caer en un discurso simplista, no tenemos más remedio que instar al Gobierno para que aumente el presupuesto destinado a la Justicia, dotándola de medios adecuados y suficientes —recursos personales, materiales y organizativos[10]— para prestar su servicio de manera eficiente[11]. Y es que, a nadie se le escapa que, por sentido común, los ahorros sólo pueden buscarse donde pueden encontrarse[12].

2. Aunque la búsqueda de una Justicia en la que se aceleren los tiempos de los procesos es muy legítima, erigiéndose la economía procesal como criterio razonable para justificar una reforma, sin embargo, la perspectiva de que la Justicia siempre es mejor cuanto más rápida es nos parece absolutamente errónea. La búsqueda de un proceso de ejecución eficiente no puede conducir a un detrimento de su calidad, a través de la limitación de las garantías judiciales[13]. En otras palabras, en el proceso de ejecución no ha de tenerse que elegir entre la eficiencia y las garantías, porque el proceso debe ser eficaz y, a la vez, tiene que proporcionar las necesarias garantías a los justiciables[14].

---

10 Recuérdese que la dotación de medios personales y materiales a los Tribunales para el correcto desempeño de la función jurisdiccional es una obligación constitucional (arts. 103 y 122 CE).

11 Abogamos por ello aun cuando somos conscientes de que, tal y como se indica en el informe bienal de evaluación de los sistemas judiciales de 2022 publicado por la CEPEJ, en el que se analiza la eficacia de los sistemas judiciales con referencia a datos del 2020, el presupuesto ejecutado en España —87,9 por habitante y 0,37% del PIB— está por encima de la media europea.

12 Cadiet, L., "La justicia civil francesa entre eficacia y garantías", *Civil Procedure Revue*, vol. 4, núm. 3, septiembre/diciembre 2013, pág., 49.

13 Para un análisis detenido del enfrentamiento entre los conceptos de eficacia y garantías y sus objeciones, *vid.*, Jiménez Conde, F. y Bellido Penadés, R. (Dirs.), quienes destacan las que ponen el foco en la disolución o rebaja de las garantías procesales en favor de enfoques excesivamente economicistas del proceso (*Justicia ¿garantías «versus» eficiencia?*, Valencia, Tirant lo Blanch, 2019).

14 En este sentido estamos totalmente de acuerdo con Cadiet, L., quien opina que el debate entre la eficiencia y las garantías es un problema mal planteado ya que el proceso

2. DESARROLLO DE TRABAJO

2.1. Causas de la lentitud del proceso de ejecución y propuestas para combatir sus deficiencias y aumentar su nivel de eficiencia

En la ejecución, salvo las pocas competencias reservadas a los Jueces y Magistrados por estar estrictamente vinculadas a las funciones constitucionales[15], todas las demás tareas corresponden a los LAJ, quienes llevan a cabo la mayor parte de las actuaciones del proceso de ejecución[16], convirtiéndose así en un elemento clave en estos procesos.

Las principales causas de la lentitud de los procesos de ejecución y, con ello, de su falta eficiencia, se suelen achacar a que éstos, para su desarrollo, requieren de numerosas fases, lo que ralentiza la función jurisdiccional y, sobre todo, a que presentan muchas dificultades de carácter operativo y material ya que, durante su tramitación, pueden surgir incidentes procesales que favorecen la lentitud de la actividad ejecutiva —entre otros, la oposición a la ejecución o la interposición de tercerías de dominio o de mejor derecho—. Sentado esto, si bien es cierto que lograr una mayor economía procesal en los procesos de ejecución y, con ello, dotarles de mayor eficiencia es un objetivo muy importante para validar una eventual modificación normativa, sin embargo, no puede obviarse: a) ni el fin que persigue la norma que se pretende modificar; b) ni el hecho de que la eficacia del proceso de ejecución no puede medirse exclusivamente desde el punto de vista del ejecutante ya que si bien aquél persigue la completa satisfacción del derecho de éste, tal finalidad no justifica la desprotección de los derechos, intereses y garantías ni del ejecutado ni de terceros a quienes pueda afectar la ejecución. Así, y pese a que los

---

civil debe ser a la vez eficaz y proporcionar las necesarias garantías de buena justicia ("La justicia civil…, *cit.*, pág., 26).

15 Dictar la orden general de ejecución; decidir sobre la oposición a la ejecución; y resolver las tercerías.

16 Así, entre otras, les corresponde la adopción de todas las medidas que sean necesarias para lograr la efectividad del despacho de la ejecución y demás medidas ejecutivas que sean procedentes; la concreción de los bienes del ejecutado a los que se extenderá la ejecución; la ordenación de los medios de averiguación patrimonial que resulten necesarios; la decisión sobre la acumulación de las ejecuciones; la gestión de las subastas judiciales electrónicas; la expedición de mandamientos de pago a través de la Cuenta de Depósitos y Consignaciones, cuya gestión les está encomendada; la tramitación de la venta de los bienes embargados; la realización de las consultas al Registro Público Concursal; la resolución en materia de costas; la imposición de multas al ejecutado que no responda debidamente al requerimiento para la manifestación de sus bienes; y así un largo etc.

incidentes procesales a los que hemos aludido ralentizan el proceso, su existencia resulta imprescindible para garantizar los derechos de las partes y de terceros afectados por el proceso, por lo que, aunque presentan inconvenientes —retrasan la duración del proceso—, deben regularse necesariamente, pero eso sí, de un modo que permita equilibrar todos los intereses que están en juego y, por tanto, también los del ejecutante, que debe poder obtener la satisfacción de su derecho en el menor tiempo posible[17].

Entre las medidas que permitirían mejorar los resultados de la ejecución y, con ello, contribuirían a dotarla de mayor eficiencia, podemos destacar, al menos, las siguientes: a) mejora de la plantilla de los LAJ, que está infra dimensionada[18]; b) aumento de la especialización de los LAJ[19]; c) ampliación y mejora de las herramientas informáticas y tecnológicas puestas al servicio de la Administración de Justicia[20]; d) acortamiento de los plazos de las subastas electrónicas, de modo que se admitan posturas durante diez días en vez de veinte; e) incremento de los intereses de demora ante determinados comportamientos del ejecutado[21].

---

17 En este punto, aunque algunos aspectos de la regulación tanto de la oposición a la ejecución como de las tercerías serían susceptibles de ciertas mejoras que permitirían acelerar su tramitación, lo cierto es que, en general, su regulación es bastante acertada (respecto de la oposición, por ejemplo, el plazo para plantearla es breve y, entre sus motivos no existe ningún hecho especialmente complejo que ralentice su tramitación).

18 Según los datos del último Informe publicado por el Ilustre Colegio Nacional de LAJ sobre "El LAJ en cifras", que data del año 2021, la plantilla orgánica de los LAJ está compuesta por un total de 4.395, habiendo 693 LAJ sustitutos no profesionales (más del 19% de la plantilla, lo que pone de manifiesto un importante déficit de profesionales de carrera), y ello sin tener en cuenta el grave problema de relevo generacional existente (https://letradosdejusticia.es/el-letrado-en-cifras/; págs. 18, 33 y 34).

19 El Informe publicado por el Ilustre Colegio Nacional de LAJ señala que las competencias encomendadas a los LAJ se están ejerciendo con mayor calidad como consecuencia del natural proceso de especialización de éstos en el ejercicio de sus tareas (pág. 147).

20 Aunque España despliega cada vez más las TIC para apoyar la actividad judicial, destinando un mayor porcentaje del presupuesto de los Tribunales a la informatización en comparación con años anteriores, habiendo sido muy bien puntuado el uso de herramientas tecnológicas en nuestro país, con un total de 8,94 sobre 10, resultando la media europea de 6,5 puntos (*vid.*, informe de la CEPEJ), resulta necesario seguir en la misma línea, máxime cuando nos referimos al proceso de ejecución, en el que está comprobado que el uso de las TIC está permitiendo su mejora progresiva especialmente porque conlleva un importante ahorro temporal y económico para el erario público (por ejemplo, gracias a que la investigación de bienes se realiza a través del Punto Neutro Judicial y a que los embargos y las subastas son telemáticas).

21 Por ejemplo, cuando transcurrido un determinado plazo desde el despacho de la ejecución sin que haya cumplido íntegramente su obligación, se aprecie falta de di-

2.2. *El procurador como agente de la ejecución*

Pese a la poca confianza que albergamos en general respecto de las futuras reformas de la Justicia, afortunadamente, en el caso concreto, nuestro presagio reveló una intuición incorrecta ya que, tras el estudio del texto del Proyecto de Ley de medidas de eficiencia procesal del servicio público de Justicia[22], observamos que el art. 23 LEC no sufría alteración alguna en su contenido, por lo que nos quedamos tranquilos, aunque relativamente, dada la perversa e inadecuada práctica, cada vez más habitual, de que el Gobierno legisle[23]. No obstante, y aunque desgraciadamente no nos sorprendió, nuestra tranquilidad se vio de nuevo turbada en cuanto leímos tres de las enmiendas presentadas al Proyecto[24] –la 56; 677; y la 796[25]– y, sobre todo, cuando nos detuvimos en el análisis de la justificación de la inclusión del texto que se proponía en ellas. Veamos esto más despacio. En las tres se proponía una modificación del contenido del apdo. 4 del art. 23 LEC, adicionando una competencia más a las ya atribuidas a los procuradores: la práctica de "las actividades materiales del proceso de ejecución[26]". Por lo que se refiere a su justificación, se aboga por articular en España un sistema similar al francés para la ejecución, incluyendo una figura parecida al *Huissier de justice*, cuyas funciones, según defienden los tres Grupos Parlamentarios, deberían atribuirse a los procuradores, convirtiéndose así éstos en procuradores ejecutores, asumiendo el papel de agentes de ejecución. Antes de continuar, permítasenos formular un

---

ligencia por su parte; incumplimiento de su obligación de manifestar sus bienes; u ocultación de elementos patrimoniales en dicha manifestación (en definitiva, aplicar la previsión del art. 251.2 LRJS a la ejecución civil).

22 Publicado en el BOCG de 22 de abril de 2022.

23 *Vid.* Nieva Fenoll, J., quien, estudiando la reforma de la casación civil y penal operada por el Real Decreto-Ley 5/2023, de 28 de junio afirma que, aunque la reforma es técnicamente correcta, resulta verdaderamente rechazable que tal reforma se haya introducido por Real Decreto-Ley cuando no existía una razón de extraordinaria y urgente necesidad ("Reformando la casación —civil y penal— por Real Decreto-Ley: ¿el espíritu de una época? (1)", Actualidad Civil núm. 7-8, julio-agosto 2023).

24 *Vid.*, BOCG, Congreso de los Diputados, de 3 de febrero de 2023, Serie A, núm. 97-3.

25 La núm. 56 fue presentada por el Grupo Parlamentario Vasco (pág. 47); la 677 por el Grupo Parlamentario Ciudadanos (pág. 588); y la núm. 796 por el Grupo Parlamentario VOX (pág. 677).

26 La enmienda núm. 677 proponía igualmente modificar el apdo. 5 del art. 23 incluyendo en él la previsión de que el procurador pudiera actuar "como conciliador privado en la negociación previa a la vía jurisdiccional". Dada la extensión de este trabajo, nos es imposible detenernos en el análisis de esta cuestión, lo que no obsta a que apuntemos que tal previsión parece copiada de la legislación francesa, dado que ésta atribuye competencia a los *Commisaires de justice* para celebrar conciliaciones de carácter voluntario y previas al eventual proceso contencioso, competencia que, en España, como es sabido, corresponde a los LAJ (LJV).

par de consideraciones previas: a) dado que los textos de las enmiendas datan del año 2023, llama la atención que los tres Grupos parlamentarios sigan refiriéndose al *Huissier de justice*, puesto que desde el 1 de julio de 2022 ya no existen, habiendo pasado a denominarse *Commisaires de justice27*; b) también es llamativo que se proponga la articulación de un sistema similar al francés incluyendo una figura parecida al *Commisaire de justice* y abogando porque sus funciones se asuman por los procuradores, porque con ello, al defender la implantación de tal sistema, evidencian su absoluto desconocimiento del diseño organizativo de la Administración de Justicia francesa[28].

Centrándonos ya en la propuesta de atribución de mayores poderes a los procuradores para llevar a cabo "las actividades materiales del proceso de ejecución", justificada sobre la base de que con ello se lograría la pretendida agilización de la actividad ejecutiva, todo apunta a que, básicamente, y entre otros extremos a los que no podemos aludir dada la extensión de este trabajo, con ello se quiere dotar a los procuradores de mayores poderes en el ámbito de la investigación de los bienes del ejecutado que realiza el ejecutante—que es quien mayor interés tiene en que se lleve a cabo con rapidez y corrección, ya que de ello depende en gran medida la efectiva satisfacción de su derecho—, permitiéndole el acceso a determinados registros públicos[29].

Pues bien, la atribución de competencias en materia de ejecución a los procuradores resulta totalmente inaceptable porque topa, principalmente, con los siguientes impedimentos: a) el procurador es el representante procesal de

---

27 En aplicación de l'ordonnance de 2 de junio de 2016 relativa al estatuto de *Commissaire de justice*, la función del *Huissier de justice* y la del *Commissaire-priseur judiciaire* se fusionaron en una nueva profesión única de *Commissaire de justice*.

28 En Francia, todas las funciones que desempeñan nuestros LAJ se reparten entre dos cuerpos diferentes de funcionarios. Por un lado, los *Greffiers*, funcionarios públicos al servicio de la Administración de Justicia y figura clave en el proceso, cuya presencia durante las vistas resulta obligatoria para dejar constancia escrita de los debates; quien se encarga de la correcta tramitación del proceso y cuyas funciones principales se concretan en el ejercicio de fe pública judicial, la buena conservación de los archivos y en la redacción de sentencias. Por otro lado, encontramos a *los Commisaires de justice*, funcionarios públicos con tareas muy diversificadas, entre las que destaca ser el responsable de llevar a cabo la ejecución forzosa de las decisiones judiciales. De ahí que, aunque análoga y homóloga, la figura del LAJ no encuentre equivalencia con un único cuerpo de funcionarios en Francia.

29 Entre otros, véase Gómez, Y., "La localización de los bienes del ejecutado a los efectos de la ejecución y del embargo", *Revista jurídica de Castilla y León*, núm. 45, 2018.

una de las partes[30]; b) el procurador no es un funcionario[31] lo que, entre otros muchos extremos, afecta especialmente a la posibilidad de que acceda a las bases de datos de la Seguridad Social, Hacienda, etc.[32]; c) supondría una privatización de parte de la ejecución; d) no garantiza en absoluto que se vayan a acortar los tiempos de la ejecución[33]; e) produciría un mayor encarecimiento de la ejecución dado que al ejecutante le supondría una carga económica adicional y nada desdeñable, sin perjuicio de crearse con ello dos tipos de justicia, una gratuita y la otra de pago.

3. CONCLUSIONES

Aunque nuestro sistema judicial es más eficiente que años atrás[34], persiste el reto de seguir avanzando en esta línea respecto del proceso de ejecución para que alcance mayores cotas de eficiencia. Ahora bien, para lograrlo, debe huirse de cualquier intento de privatización de la ejecución, debido a los importantes riesgos que conlleva tal tendencia privatizadora. Y esto es precisamente lo que ocurre cuando se pretende reconocer facultades decisorias a

---

30 Lo que supone que, como tal, está obligado a servir a los intereses privativos y particulares de su cliente, lo que choca frontalmente con lo previsto en el art. 103 CE que establece la obligación de las Administraciones Públicas, la de Justicia también, de servir con objetividad los intereses generales (objetividad y superior interés general que, en el caso de la Justicia, tiene que ver con el ejercicio de derechos fundamentales de todos los ciudadanos).

31 Lo que conlleva una vulneración de la reserva de funciones prevista en el art. 9.2 del TREBEP que prevé que "En todo caso, el ejercicio de las funciones que impliquen la participación directa o indirecta en el ejercicio de las potestades públicas o en la salvaguardia de los intereses generales del Estado y de las Administraciones Públicas corresponden exclusivamente a los funcionarios públicos…" y de lo previsto en el art. 444.2 LOPJ, que reconoce a los LAJ el derecho de especialización profesional en los ámbitos, órdenes y materias determinadas reglamentariamente.

32 Como es obvio, el acceso a tales bases de datos a través del Punto Neutro Judicial permite obtener datos ya no sólo del ejecutado sino también del resto de ciudadanos, datos que son objeto de protección. El acceso a las bases de datos y su uso, que se produce dada la condición de empleado público, está perfectamente controlado, ya que el acceso se ve amparo por una resolución judicial que lo legitima y, a su vez, su uso está sujeto a un sistema de control y posibles sanciones por parte del CGPJ.

33 A pesar de haberse aumentado las facultades de intervención de los procuradores en la ejecución (posibilidad de nombrar a los Colegios de Procuradores como depositarios de bienes embargados o de ser designados como entidad especializada en la subasta de bienes; realización de actos de comunicación; etc.), no se está haciendo un especial uso de ellas, resultando en muchos casos su utilización residual, esporádica, ocasional o incluso nula (*vid.* el Informe del Ilustre Colegio Nacional de LAJ, págs., 193 y 194).

34 *Vid.*, la undécima edición del Cuadro de Indicadores de la Justicia en la UE de 2023.

agentes distintos de los tradicionales operadores jurídicos, en concreto, incorporando a los procuradores como agentes de la ejecución justificándolo en la idea de que, con su intervención, la tramitación del proceso resultará más eficiente, lo que resulta bastante dudoso. Por mucho que el proceso de ejecución resulte lento, la solución a este mal no puede pasar por ninguna reforma que, inspirada en la idea de eficiencia, pueda afectar injustificadamente a los derechos de los justiciables, cosa que ya hemos visto ocurre en este caso, debiendo encontrarse un equilibrio entre la eficiencia y las garantías judiciales.

Por mucho que la crisis económica esté afectando a nuestro Estado y se apele a ella constantemente para justificar recortes en la Administración de Justicia en aras a permitir asegurar su sostenibilidad, el Estado, como responsable de su correcta gestión, debe garantizar su buen funcionamiento, lo que es esencial para salvaguardar los derechos y libertades de los ciudadanos. Tanto el legislador como las Administraciones públicas deben proseguir en la senda de mejora de la ejecución para dotarla de mayor eficiencia, pero para ello deben desoír reivindicaciones de profesionales de la Justicia que impliquen un cambio de paradigma de la Justicia, y no olvidar que, aunque el Derecho comparado puede servirnos de inspiración, no podemos copiar modelos de Estados democráticos avanzados que presentan importantes diferencias con respecto al nuestro.

BIBLIOGRAFÍA

Alcoceba Gil, J.M., "La eficiencia de la justicia: medida, meta o discurso (III)", *Diario La Ley* núm. 10201, de 4 de enero de 2023.

Armenta Deu, T., "Privatización de la Justicia (seguridad jurídica y abandono del proceso)", https://www.researchgate.net/publication/292735705_PRIVATIZACION_DE_LA_JUSTICIA_SEGURIDAD_JURIDICA_Y_ABANDONO_DEL_PROCESO

Cadiet, L., "La justicia civil francesa entre eficacia y garantías", *Civil Procedure Revue,* vol. 4, núm. 3, septiembre/diciembre 2013, págs., 25-50.

Gómez, Y., "La localización de los bienes del ejecutado a los efectos de la ejecución y del embargo", *Revista jurídica de Castilla y León,* núm. 45, 2018, págs., 147 a 187.

Jiménez Conde, F. y Bellido Penadés, R. (Dirs.), *Justicia ¿garantías «versus» eficiencia?,* Valencia, Tirant lo Blanch, 2019.

Mora-Sanguinetti, J.S., "Justicia y economía: la eficiencia del sistema judicial en España y sus impactos económicos", *Papeles de Economía Española,* núm. 168, 2021.

Nieva Fenoll, J., "Reformando la casación —civil y penal— por Real Decreto-Ley: ¿el espíritu de una época? (1)", Actualidad Civil núm. 7-8, julio-agosto 2023.

Ortells Ramos, M., "Eficiencia de la justicia civil y sistema de recursos. Las reformas españolas en el contexto europeo", *Los recursos en el proceso civil: continuidad y reforma* (coords. Ortells Ramos, M., y Bellido Penadés, R.), Dykinson, 2016, págs. 23-59.

Taruffo, M., "Aspectos de crisis de la justicia civil: fragmentación y privatización", *Anuario de la Facultad de Derecho de la Universidad Autónoma de Madrid,* núm. 3, 1999, págs. 61-76.

Capítulo XXXIII:
El incumplimiento de la manifestación de bienes y la responsabilidad penal por frustración de la ejecución

CONSUELO RUIZ DE LA FUENTE
Profesora Lectora de Derecho Procesal.
Universidad Autónoma de Barcelona

Sumario: 1. Introducción; 2. Contenido y alcance del delito de frustración de la ejecución; 3. Problemas prácticos y tratamiento jurisprudencial; 4. Conclusiones.

Resumen: A partir de la LO 1/2015 se introduce un tipo específico para cuando el ejecutado, consciente y voluntariamente, no responde a la orden judicial de manifestar bienes, con el fin de reforzar el deber de colaboración con la ejecución. Sin embargo, tras 8 años de esta inclusión, en la práctica se presentan problemas, fundamentalmente a la hora de armonizar el proceso de ejecución civil y el proceso penal. En el presente artículo analizaremos estos problemas y las soluciones adoptadas por la jurisprudencia, con el fin último de maximizar la eficiencia del proceso de ejecución civil.

1. INTRODUCCIÓN

Si el ejecutado es requerido por el LAJ encargado de la ejecución para manifestar bienes, éste deberá efectuar una relación detallada de los bienes y derechos que forman parte de su patrimonio y que sean suficientes para cubrir la cuantía de la ejecución, en el plazo que le sea indicado en el propio requerimiento. Además, deberá expresar qué cargas y gravámenes soportan tales bienes y derechos.

No cabe duda de que la manifestación de bienes constituye una verdadera obligación procesal. El requerimiento mediante el cual el órgano jurisdiccional ordenará al ejecutado que manifieste relacionadamente sus bienes y derechos, se hará bajo el apercibimiento de las sanciones que puedan imponérsele en caso de que el ejecutado incumpla aquella obligación procesal o que la cumpla en forma defectuosa. Como, por ejemplo, que omita mencionar las cargas y gravámenes que pesan sobre sus bienes y derechos, o que no manifieste bienes que le pertenecen y que sean susceptibles de embargos, o que incluya bienes de terceros, a sabiendas. La LEC otorga al LAJ responsable de la ejecución la facultad de imponer multas coercitivas periódicas al ejecutado que incumpla su obligación aquí referida o la cumpla de forma incompleta o insatisfactoria (589.3 LEC). E incluso el 589.2 LEC, que comprende el supuesto de incumplimiento del ejecutado, indica que el ejecutado puede incurrir en responsabilidad penal, y se le podrán imponer sanciones cuando menos por desobediencia grave. También podrá incurrir en otros delitos como la estafa procesal o el alzamiento de bienes. En consecuencia, el ejecutado no tendrá ninguna libertad para decidir si quiere o no manifestar sus bienes una vez que es intimado para ello judicialmente, pues si se resiste le recaerán los apremios mencionados.

La LO 1/2015 efectúa una modificación al Código Penal introduciendo un tipo específico para cuando el ejecutado, consciente y voluntariamente, no responde a la orden judicial de manifestar bienes. Esto venía siendo una demanda de la doctrina, pues antes de esta reforma, era muy difícil en la práctica hacer efectiva la responsabilidad ante este tipo de conductas antijurídicas.[1]

A partir de dicha reforma se distingue entre aquellas conductas tendientes a obstaculizar o frustrar la ejecución, que tradicionalmente se referían al delito de alzamiento de bienes, y los delitos de insolvencia punibles propiamente tal. La diferencia radica en que en la frustración de la ejecución no existe necesariamente una situación de insolvencia.

El deudor puede tener bienes para hacer efectivos sus créditos, total o parcialmente, pero actúa de manera intencional para frustrar la acción de los acreedores. En cambio, en las insolvencias punibles propiamente tal, se penaliza la ejecución de conductas contrarias al deber de diligencia en la gestión de asuntos económicos que se producen en el contexto de una situación de crisis económica del sujeto o empresa y que ponen en peligro los intereses de los acreedores, o son directamente causales de aquella situación de concurso.

El bien jurídico protegido en la frustración de la ejecución no es otro que el derecho a la ejecución de sentencias y títulos asimilados, reconocido en el 24 CE, además del derecho a que no se entorpezca, dificulte o dilate un proceso de ejecución judicial en el ámbito civil. Con la inclusión del tipo penal específico del 258 CP se refuerza el deber de colaboración procesal que ya imponía el 589 de la LEC y el 118 CE. Asimismo, la doctrina reconoce como bien jurídico protegido de naturaleza supraindividual, el correcto funcionamiento

---

1 Cachón Cadenas, 2000, p. 2911; Correa Delcasso, 2005, p. 220; Juan Pablo; Sbert Pérez, 2009, p. 418-419; Ruiz de la Fuente, Consuelo, 2011, p. 151 y 152.

del sistema crediticio, sin perjuicio de que éste esté situado en una posición inferior a la protección del patrimonio del acreedor.[2]

En esta oportunidad nos centraremos en el delito específico de frustración de la ejecución por incumplir el requerimiento de manifestación de bienes. A varios años desde su vigencia, estamos en condiciones de analizar cómo se está aplicando por parte de los tribunales y valorar si realmente la tipificación de este delito ha contribuido en incrementar la eficacia del proceso de ejecución civil.

2. CONTENIDO Y ALCANCE DEL DELITO DE FRUSTRACIÓN DE LA EJECUCIÓN

A continuación, analizaremos en qué consiste el delito de frustración de la ejecución por incumplir el requerimiento de manifestación de bienes, y que debe concurrir para que se configure la responsabilidad penal por estas conductas contrarias a derecho:

1) Existencia de un procedimiento judicial abierto, en cualquiera de las jurisdicciones.

2) La conducta de tipo delictivo puede consistir en presentar una relación o declaración de bienes o derechos incompleta o mendaz. La presentación incompleta será ocultar bienes o no incluir en la relación bienes de los que es titular el deudor, y mendaz será la declaración engañosa en cuanto que se incluyen bienes de los que no es propietario el deudor, con una descripción que dificulta gravemente su identificación y consiguiente localización o incluso si no aporta las cargas y gravámenes de aquellos bienes y derechos debidamente actualizados.

3) Relación de causalidad entre la relación de bienes y / o derechos incompleta o mendaz y la dilación o entorpecimiento del curso del proceso de ejecución judicial, que conlleve a que se dificulte o impida la satisfacción del crédito del acreedor ejecutante.

Si se presentase una declaración de esas características, pero aun así el acreedor lograra localizar bienes del deudor susceptibles de embargo y suficientes para hacer efectiva la totalidad del monto por el que se despacha ejecución, por ejemplo, a través de la investigación judicial, no se configuraría el delito, ya que el ejecutante alcanzará sus expectativas en el propio proceso de ejecución. No obstante, si como resultado de la presentación de una relación

---

2 Muñoz Cuesta, Javier; 2015, p.2-3.

de bienes incompleta o mendaz el proceso se viera seriamente dilatado o dificultado, sí se consumaría el tipo penal.[3]

4) Asimismo, habrá delito cuando el ejecutado, requerido para ello, no presente la relación de bienes y derechos de su patrimonio en el plazo indicado. (258.2 CP).

En esta modalidad, el delito quedará configurado por una omisión. Hay que precisar que no hace falta reiterar dicho requerimiento, pero sí es recomendable que el LAJ encargado de la ejecución al momento de requerir al ejecutado para que manifieste bienes lo haga mediante una intimación judicial completa, es decir, precisando en qué consiste la obligación de manifestar bienes, en plazo en que debe cumplirse y bajo el apercibimiento de las consecuencias jurídicas que se aplicarán en caso de incumplimiento.

Ahora bien, a diferencia de lo que ocurre en el delito de desobediencia grave a la autoridad, para que se configure el delito de frustración a la ejecución en la modalidad del 258.2 CP, es necesario no solo que se desoiga la orden de la autoridad judicial en forma injustificada, sino que además el proceso de ejecución debe verse seriamente perjudicado.

5) Podrán ser autores de los delitos de frustración a la ejecución, tanto las personas físicas como las personas jurídicas. Aunque no era imprescindible, el legislador precisa este extremo, con lo que refuerza que las personas jurídicas también podrán incurrir en responsabilidad penal si no cumplen correctamente con su obligación procesal de manifestar

---

[3] En este sentido, se manifiesta también la SAP de Almería 70/2022 de 8 de febrero: Por ello, constando un requerimiento judicial para facilitar la relación de bienes embargables en el procedimiento civil de ejecución, practicados personalmente con la denunciada, sin que tal requerimiento conste atendido, concurren indicios suficientes de criminalidad contra el investigado, desprendiéndose indiciariamente de todo ello que ha podido incurrir en el delito tipificado en el 258.2 CP pues presuntamente su conducta ha generado una dilación u obstaculización en el procedimiento civil. La única conducta que exige por tanto el tipo penal es la de no aportar de la relación de bienes, constituyendo un delito de omisión, en el que se consumaría aparentemente desde el momento que el ejecutado conociendo el requerimiento, no lo cumple. Ciertamente el legislador no ha incluido en este apartado la necesidad de que se dilate, dificulte o impida la satisfacción del acreedor. No obstante, doctrina autorizada sostiene la tesis de que, por una interpretación sistemática entre el 258.1 y el 258.2 CP, sería necesario que con su conducta omisiva el acusado dilatara, dificultara o impidiera la ejecución, habida cuenta de que en caso contrario, el bien jurídico protegido nunca podría ser dañado." Ver también, SAP de Tarragona 450/2021 de 5 de noviembre. En la doctrina, ver Muñoz Cuesta, Javier; 2015, p. 5.

bienes y derechos, cuando sean requeridos por la autoridad o funcionario judicial correspondiente.

6) Por último, no se configurará el tipo penal si es que antes de que la autoridad o funcionario hubieran descubierto el carácter mendaz o incompleto de la relación de bienes y/o derechos presentada, el ejecutante compareciera ante ellos y presentara una declaración de bienes o patrimonio veraz y completa. Esto tiene sentido, ya que debemos tener presente que el derecho penal debe aplicarse como última ratio. No tendría ninguna justificación abrir una causa penal si las inexactitudes, errores u omisiones de la relación de bienes del deudor son rápidamente subsanadas sin que se deriven consecuencias negativas para el correcto desarrollo del proceso de ejecución.

3. PROBLEMAS PRÁCTICOS Y TRATAMIENTO JURISPRUDENCIAL

Tras estudiar la jurisprudencia, hemos detectado que en la práctica se presentan dudas relativas fundamentalmente a la armonización del proceso civil de ejecución y el proceso penal derivado de los incumplimientos del deudor en el seno del primero. A continuación, estudiaremos las situaciones más dudosas que se presentan en la práctica y las soluciones aunadas por la jurisprudencia reciente.

1) Imposición de apremios en vía civil y/o en vía penal

La primera duda frecuente es relativa a los apremios que han de imponerse ante un incumplimiento del deber de manifestar bienes. El 589.2 y 3 LEC señala que al ejecutado contumaz se le podrán imponer sanciones, cuanto menos por desobediencia grave, así como multas coercitivas periódicas. Pero surge la duda de si una vez impuestos apremios en la vía civil, se podrá abrir un proceso penal. La jurisprudencia ha zanjado este tema y ha indicado que ambas vías no son excluyentes. Así, por ejemplo, se ha manifestado la Audiencia Provincial de Castellón:[4]

---

4 En el mismo sentido, SAP de Sevilla 360/2016 de 16 de septiembre: "Finalmente tampoco puede prosperar la alegación de que no existe delito de desobediencia grave porque el Juzgado Civil debió acudir escalonadamente primero a la multa coercitiva y luego a la deducción de testimonio a la jurisdicción penal. La respuesta la encontramos en el propio texto del 589.2 de la LEC, que señala en relación al apercibimiento de las sanciones que debe hacerse, que " cuando menos " incurrirá en desobediencia grave, en caso de que no presente la relación de sus bienes o ésta sea inexacta. El párrafo tercero del mismo precepto establece: El LAJ "podrá también" imponer multas coercitivas periódicas al ejecutado que no respondiere. De todo lo anterior se infiere que el primer escalón es el recurso a la jurisdicción penal, precisamente por

"Las posibles actuaciones en vía civil, tales como la subsanación de la titularidad de determinados bienes a nombre de terceros o las facultades sancionadoras contempladas en el art. 589. 1 y 2 de la LEC, no son excluyentes, ni limitadoras de la vía penal." AAP de Castellón 498/2022 de 20 de junio.

2) Existencia de otros bienes susceptibles de embargo

Asimismo, nos podemos cuestionar qué sucede si un ejecutado no incluye un bien o derecho de cuantía importante en su manifestación o da información inexacta del mismo, por ejemplo, no lo individualiza correctamente o por no aportar sus cargas y gravámenes actualizados, pero, no obstante, se logran localizar bienes del deudor susceptibles de embargo. Sobre esto punto, debemos partir de la premisa de que el derecho penal debe aplicarse como última ratio, siempre será preferible hacer todos los esfuerzos para lograr la satisfacción íntegra de la deuda en sede civil. Sin embargo, según las circunstancias del caso, el tribunal penal puede considerar necesario iniciar igualmente la instrucción para esclarecer los hechos.

> *"En cuanto a la existencia de otros bienes susceptibles de embargo, y al principio de intervención mínima del derecho penal, entendemos que ante la elevada cuantía de la deuda y el hecho de su inefectividad, debe darse inicio a la instrucción para el esclarecimiento de los hechos"*[5]

3) Irrelevancia de la cuantía de la deuda por la que despacha ejecución

La cuantía de la deuda por la que se ha despachado ejecución no es relevante a la hora de configurarse el delito de frustración a la ejecución. Lo importante es que exista una resistencia injustificada, o voluntaria, o no cumplir con la obligación procesal de manifestar bienes.[6]

4) Notificación personal del requerimiento o intimación judicial en sede civil

El 589.1 LEC exige que el requerimiento de manifestación de bienes se haga al ejecutado, por lo que habrá que entender que el ejecutado ha de ser

---

la importancia del bien jurídico protegido, pues este precepto es introducido en la nueva LEC por la necesidad de reforzar la eficacia de la ejecución judicial en vía de apremio y ello ante el descrédito general y de todos conocido de la ejecución de condenas dinerarias dejándose a los acreedores desprotegidos ante la posible ocultación de bienes de los deudores ejecutados."

5 AAP de Castellón 498/2022 de 20 de junio (JUR/2023/176627).

6 SAP de Sevilla 360/2016 de 16 de septiembre. FJ 2º: "Finalmente nada obsta a lo anterior que la deuda por la que se ha iniciado la ejecución sea grande o pequeña, pues en relación con esta última la misma es importante para el acreedor que inicia un procedimiento judicial para reclamarla y que debe tener la seguridad jurídica de que los remedios o instrumentos que la Ley arbitra para facilitar la vía de apremio se cumplen. Si es pequeña para la recurrente lo que tenía que haber hecho es pagarla o al menos mostrar una voluntad proclive a dicho abono."

requerido personalmente, salvo en los casos en que el ejecutado está representado por procurador en la ejecución o en el anterior proceso declarativo. El 28.1 LEC señala que, mientras se halle vigente el poder del procurador, ante él se practicarán los emplazamientos, citaciones, requerimientos y notificaciones de toda clase. El número 4 del mismo precepto exceptúa aquellos supuestos en que la ley disponga que se practiquen a los litigantes en persona. Ahora bien, como ya he indicado, el 589.1 señala que el LAJ requerirá al ejecutado, pero no especifica que deba hacerse en persona. Por lo tanto, atendiendo exclusivamente al tenor literal del precepto, no se configuraría una excepción a la regla general del 28.1 LEC. Así lo venía entendiendo parte de la jurisprudencia.[7] No obstante, no puede olvidarse que el incumplimiento de dicho requerimiento puede conllevar contundentes consecuencias penales para el ejecutado inobservante. Por esta razón, consideramos que lo más prudente y eficiente, consistirá en hacer una interpretación amplia y entender que la notificación debe realizarse siempre en forma personal al ejecutado, aún para el caso de que exista poder vigente del procurador. Esta interpretación garantiza la audiencia del ejecutado y además es más eficiente en tanto que evita tener que reiterar el requerimiento tras un incumplimiento, con la consecuente dilación y riesgo de distracción de bienes y derechos. Tras dictarse la LO 1/2015, ya me manifesté diciendo que hubiera sido deseable que en aquella oportunidad se zanjara la diferencia de criterios en cuanto a la notificación del requerimiento o intimación judicial de manifestación de bienes, pues podía crear confusión y dificultades a la hora de hacer efectiva la responsabilidad penal del infractor.[8] Lamentablemente hoy en día esta falta de claridad sigue generando confusiones y derivando en dilaciones y procesos de ejecución ineficientes y complejos. Como lo demuestra el siguiente Auto de la AP de Murcia:

> *"Ciertamente no puede desconocerse la previsión legal contenida en el 589 LEC, en que se hace mención a una eventual desobediencia grave (con las connotaciones de exigencia jurisprudencial que dicho tipo penal entraña), pero considerando la Sala que ya no sería esa la presunta previsión típica penalmente a la que habría de estarse, sino a la específica del 258 CP, como con insistencia afirma la parte apelante, y habiéndose realizado el requerimiento a un empleado de la mercantil, y no personalmente al denunciado, la novedosa tipificación penal, más estricta y rigurosa, requiere el cumplimiento pleno de las premisas en que descansa el derecho penal, entre ellas el principio de responsabilidad personal por los actos propios. Por lo tanto, no constando que el requerimiento se haya efectuado personalmente al denunciado, la decisión judicial de instancia se aventura justificada, sin perjuicio que, de acreditarse por el denunciante que finalmente*

---

7 Ver por todas: AAP de Baleares 98111/2002, de 25 de enero (JUR 2002\98111).

8 Ruiz de la Fuente, Consuelo, 2015, pp. 507-513.

> *el requerimiento se haya efectuado en la persona del deudor, pueda formular de nuevo denuncia o querella"9*

A la luz de lo expuesto, considero fundamental insistir en que la intimación judicial de manifestación de bienes debe ser notificada en forma personal al ejecutado, aunque exista un poder vigente de su representante procesal. Pues, aunque esto pueda requerir algo más de tiempo, finalmente será más eficiente, se evitará la indefensión del ejecutado, asegurando que está al corriente de la obligación procesal que recae sobre él y además conoce de antemano las consecuencias, también penales, que puede acarrear su falta o indebido cumplimiento, con lo que por un lado lo incentiva a cumplir y por otro, facilita hacer efectiva la responsabilidad en la vía penal en caso de incumplimiento.

5) Intimación judicial de manifestación de bienes

En relación con lo dicho en el apartado anterior, resulta esencial para el éxito de la ejecución y para maximizar su eficiencia, que a la hora de requerir al ejecutado para que manifieste bienes se haga mediante una intimación judicial completa. Es decir, el LAJ encargado de la ejecución debe indicar expresamente en qué consiste la obligación procesal de manifestar bienes, qué bienes y derechos deben incluirse, la identificación y localización de ellos, así como las cargas y gravámenes que pesan sobre ellos con su valor actualizado. También deberá dar un plazo para cumplir, que variaré dependiendo de las circunstancias concretas del asunto pero que en todo caso deberá ser breve. Por último, deberá efectuarse bajo los apercibimientos legales dispuestos en la ley, y que tendrán lugar en caso de incumplimiento. De lo contrario, se perderá el tiempo, no se podrá abrir la vía penal en caso de incumplimiento, y se abocará a retiramientos del requerimiento, nuevas dilaciones y, en definitiva, frustración de la ejecución.

Esta necesidad aparece de manifiesto en el siguiente Auto de la AP de Barcelona:

> *"(..) sin que el Juzgado de Instrucción haya requerido del Juzgado de 1ª Instancia el correspondiente testimonio de las actuaciones para poder tener por acreditado que, efectivamente, el investigado dejó transcurrir el plazo fijado sin aportar la relación de bienes que se le requería.*
>
> *Por otra parte, resulta pertinente recordar que el requerimiento efectuado no cumplió con los requisitos exigidos por en el 589 LEC, en cuyo segundo apartado se dispone claramente que el requerimiento al ejecutado para la manifestación de sus bienes se hará con apercibimiento de las sanciones que pueden imponérsele, cuando menos por desobediencia grave, en caso de que no presente la relación de sus bienes.*

---

9 AAP de Murcia 1070/2022 de 30 diciembre y AAP de Murcia 362/2022 de 8 de abril.

Finalmente, no podemos olvidar que parte de la doctrina ha considerado que este tipo penal tiene que ponerse en relación con lo dispuesto en el primer apartado del mismo 258 del CP, por lo que solo se comete cuando con dicha omisión se dilate, dificulte o impida la satisfacción del crédito por parte del acreedor, circunstancia de la que tampoco existe ninguna constancia en las actuaciones.
En estas condiciones, resulta insuficiente la existencia de un requerimiento que, volvemos a reiterar, no cumplió con los requisitos exigidos por el 589 LEC (toda vez que no se advirtió al investigado de las sanciones que podían imponérsele en caso de hacer caso omiso al mismo) para poder apreciar la concurrencia del tipo penal del 258 del CP." (AAP de Barcelona 688/2020 de 13 de noviembre).

6) *Frustración a la ejecución y presunción de inocencia*

Con la incorporación del tipo específico del delito de frustración a la ejecución por incumplimiento del deber de manifestación de bienes, ha surgido la duda de si con éste se puede llegar a vulnerar el principio de inocencia, propio del Derecho Penal, sobre todo pensando en la ocultación de bienes o no inclusión de ellos en la relación de bienes. Ya que se obliga al deudor a destruir una presunción establecida en su contra, pues si no se acredita el derecho que justifica que ese bien pertenece a un tercero, se presume que pertenece al deudor ejecutado. Sin embargo, la jurisprudencia viene entendiendo que esto no es así, pues lo que se tipifica no es la ocultación en sí, sino la falta de colaboración con el proceso de ejecución. En este sentido se manifiesta la AP de Ourense:

"Al respecto señalar que la modalidad delictiva recogida en el n°1 del 258CP, no ha estado exenta de discusión doctrinal y, precisamente, su técnica legislativa fue objeto de crítica por el Informe del CGPJ de16 de enero de 2013 sobre el Anteproyecto de Ley.
El Informe del CGPJ destaca que, a su juicio el art. 258.1 no se compadece con los principios del Derecho Penal, particularmente con el principio de presunción de inocencia, en tanto que se obliga al deudor a destruir una presunción establecida en su contra, sobre la base de la siguiente conjetura: la no acreditación del derecho que ampara el disfrute de un bien ajeno, da lugar a que, a efectos penales, se considere que pertenece realmente al deudor ejecutado.
Ahora bien pese a ello la constitucionalidad del precepto ha sido defendida por voces autorizadas como el Magistrado Sánchez Melgar que al respecto señalaba: "En realidad, penalizar estos comportamientos por la vía del delito de desobediencia no soluciona el problema de fondo. Desde este plano jurídico, la constitucionalidad de esta respuesta, no puesta en duda desde la inclusión del 589 LEC, hace quince años, deja sin argumentosa los que, en presencia de un tipo penal específico, creen encontrarse con una cláusula de inconstitucionalidad."
Postura esta a la que se adscribe la Sala, ya que el 258 CP, lo que sanciona es tan solo, esa falta de colaboración con la administración de justicia, que lleva a efecto la vía de apremio y lo hace por razones de política criminal, reforzando el deber de colaboración procesal que ya imponía el 589 LEC y en tanto considera que no se tipifica una conducta de ocultación, sino que se precisa una modalidad específica, y en tal contexto si el citado 589 LEC, no ha sido cuestionado en el ámbito civil, no parece que en el penal y frente al acusado no frente al ejecutado haya de establecer particularidades. En todo caso además ha de considerarse que la

presunción que establece su inciso final admite prueba en contra, y cuya carga ha de recaer sobre el acusado, como no podía ser de otro modo. El motivo por tanto ha de decaer.": SAP de Ourense, 2021156/2021 de 30 junio (ARP 2021\1360).

4. CONCLUSIONES

El 258 CP tipifica un delito específico de frustración que tendrá lugar cuando el ejecutado, consciente y voluntariamente, no responde a la orden judicial de manifestar bienes. Se refuerza el deber de colaboración con la ejecución, pues antes de esta reforma, era muy difícil en la práctica hacer efectiva la responsabilidad ante este tipo de conductas antijurídicas y el delito de desobediencia a la autoridad no era suficiente.

Para que se configure el delito del 258 CP es menester que exista un procedimiento judicial abierto. La conducta de tipo delictivo puede consistir en presentar una relación o declaración de bienes o derechos incompleta o mendaz. Además, debe existir una relación de causalidad entre la relación de bienes y /o derechos incompleta o mendaz y la dilación o entorpecimiento del curso del proceso de ejecución judicial, que conlleve a que se dificulte o impida la satisfacción del crédito del acreedor ejecutante.

Los apremios impuestos en la vía civil, previstos en el 589.2 LEC no excluyen la imposición de apremios en la vía penal (258 CP) y no están sujetos a aplicaciones escalonadas. Además, ante el incumplimiento del deber de manifestación de bienes, la existencia de otros bienes del ejecutado susceptibles de embargo, no excluye necesariamente la responsabilidad penal derivada de aquel incumplimiento. Sin perjuicio de la aplicación del principio de intervención mínima del Derecho Penal, el tribunal puede considerar que existe responsabilidad penal según las circunstancias del caso concreto, como la resistencia a cumplir y la inefectividad del proceso de ejecución. A estos efectos, tampoco será relevante la cuantía de la deuda por la que se despache ejecución.

El requerimiento de manifestación de bienes al ejecutado en sede civil deberá efectuarse a través de una intimación judicial completa, que deberá ser notificada en forma personal al ejecutado aunque exista un poder vigente del procurador. Además, deberá fijarse con claridad el contenido de la obligación procesal de manifestar bienes y un plazo para cumplir, que deberá ser breve. Por último, deberá efectuarse bajo los apercibimientos legales dispuestos en la ley, y que tendrán lugar en caso de incumplimiento. De lo contrario, se perderá el tiempo, no se podrá abrir la vía penal en caso de incumplimiento, y se abocará a retiramientos del requerimiento, nuevas dilaciones y, en definitiva, frustración de la ejecución. Una intimación judicial de manifestación de bienes contundente y bien practicada será clave en la eficacia de la ejecución y evitará, en muchas ocasiones, incumplimientos que conlleven la apertura de la vía penal.

En definitiva, lo que se tipifica con el delito de frustración a la ejecución no es la ocultación de bienes en sí, sino la falta de colaboración con el proceso de ejecución. Si por ejemplo se incluyen en la manifestación bienes que no pertenecen al ejecutado habrá una presunción de que sí le pertenecen. Pero esta presunción no vulnera necesariamente el principio de inocencia, pudiendo desvirtuarse con una prueba en contrario.

BIBLIOGRAFÍA

Cachón Cadenas, Manuel; *Comentarios a la nueva Ley de Enjuiciamiento Civil,* Tomo III, AAVV, Dir. Lorca Navarrete, Lex Nova, 2000.

Correa Delcasso, Juan Pablo; "La manifestación de bienes del deudor en la nueva Ley de Enjuiciamiento Civil", en *Revista del Poder Judicial,* Nº 78, Consejo General del Poder Judicial, 2005.

Muñoz Cuesta, Javier; "Frustración de la ejecución. Una nueva forma de protección al acreedor", en *Revista Aranzadi Doctrinal,* ISSN 1889-4380, Nº9, 201, pp. 13-22.

Ruiz de la Fuente, Consuelo:

- *Las intimaciones judiciales en el proceso civil,* Atelier, 2011.
- "Novedades en la manifestación de bienes del ejecutado", en Revista Justicia, 2015, Nº1-2, pp. 507-513.

Sbert Pérez, Héctor; *La investigación del patrimonio del ejecutado,* Atelier, 2009.

QUINTA PARTE:
EFICIENCIA DE LA JUSTICIA Y REFORMAS PROCESALES PENALES

Capítulo XXXIV:

¿Eficiencia del proceso penal sin una nueva LECRIM? Un análisis crítico de las recientes (y futuras) reformas de la justicia penal[1]

MERCEDES FERNÁNDEZ LÓPEZ
Profesora Titular de Derecho Procesal.
Universidad de Alicante

Sumario: 1. La eficiencia como clave de bóveda de las recientes y próximas reformas de la justicia penal 2. La eficiencia de la fase de enjuiciamiento 2.1. La reforma de la conformidad 2.1.1. La supresión del límite penológico y la deficiente previsión de medidas de compensación 2.1.2. El silencio del PLOE sobre las conformidades parciales 2.2. La audiencia preliminar del procedimiento abreviado 3. La eficiencia del sistema de recursos: la reforma de la casación penal mediante el Real Decreto-Ley 5/2023, de 28 de junio 4. La eficiencia de la fase de ejecución: algunas consideraciones sobre la propuesta del PLOE 5. Una última reflexión. Los costes de la eficiencia procesal.

Resumen: Las reformas que está sufriendo el sistema judicial al amparo del principio de eficiencia están dando lugar a profundos cambios orgánicos, estructurales y procedimentales. Asistimos a una metamorfosis procesal que sacude sus postulados clásicos y que se sustenta en paradigmas, si no novedosos, sin duda ahora predominantes. La nueva perspectiva legislativa, basada de forma casi exclusiva en claves puramente economicistas, nos deja un panorama procesal que hace inevitable preguntarse acerca de su acomodación en nuestro sistema de garantías, toda vez que el debido equilibrio entre la justicia de la decisión y la eficiencia parece quebrarse deliberadamente en favor de la segunda. De ahí que este capítulo se dedique al análisis de las reformas normativas que se dirigen a implementar la eficiencia en las distintas fases procesales con el objetivo de valorar su impacto sobre el sistema de justicia penal y sobre sus principales fines.

[1] Trabajo realizado en el marco de los siguientes proyectos de investigación: "Los errores en la producción y en la aplicación del derecho" (PID2020-114765GB-I00, Ministerio de Ciencia e Innovación de España), "Empresa y proceso. Cooperación e investigación" (PID2020-119878GB-I00, Ministerio de Ciencia e Innovación de España) y "Crisis y retos de la justicia: El necesario equilibrio entre eficiencia e inclusión de grupos vulnerables" (SBPLY/21/180501/000178, Consejería de Educación, Cultura y Deportes de Castilla-La Mancha, España).

1. LA EFICIENCIA COMO CLAVE DE BÓVEDA DE LAS RECIENTES Y PRÓXIMAS REFORMAS DE LA JUSTICIA PENAL

Si algo ha caracterizado el panorama jurídico de los últimos tiempos ha sido, sin duda, el afán del Ejecutivo por reformar el ordenamiento procesal, fundamentalmente movido por la necesidad de efectuar las adaptaciones exigidas por Europa como consecuencia de la pandemia que atravesamos en 2020. El acceso a los fondos europeos *Next Generation* ha motivado la aprobación de diversas reformas que, desde distintos frentes, tratan de promover el incremento de la eficiencia entendida en estrictos términos de rapidez y ahorro de costes económicos en la tramitación de los procedimientos judiciales de toda índole, particularmente en el orden civil, pero también en el orden penal. Un objetivo que adolece, cuanto menos, de perfiles poco contorneados, al menos tal y como se ha planteado en los diversos instrumentos normativos que ya han visto la luz y en los que se encuentran todavía en tramitación. En particular, me refiero a las medidas de eficiencia procesal incorporadas por el Real Decreto-Ley 6/2023, de 19 de diciembre, por el que se aprueban medidas urgentes para la ejecución del Plan de Recuperación, Transformación y Resiliencia en materia de servicio público de justicia, función pública, régimen local y mecenazgo (en lo sucesivo, RDL 6/2023), pero fundamentalmente a las que se prevé incorporar con la aprobación del Proyecto de Ley Orgánica de medidas en materia de eficiencia del servicio público de justicia y de acciones colectivas para la protección y defensa de los derechos e intereses de los consumidores y usuarios (en lo sucesivo, PLOE)[2]. Este último instrumento normativo recoge, con algunas modificaciones, las principales reformas procesales penales que no pudieron prosperar en 2023 por la disolución de las Cámaras provocada por la convocatoria de elecciones generales y que, dado que afectan a materias sobre las que pesa reserva de ley orgánica, no pudieron incorporarse a los Reales Decreto-ley de junio y diciembre del pasado año. Concretamente, mediante el PLOE se pretende modificar la conformidad para suprimir el límite penológico actual y, en términos generales, para favorecer la finalización anticipada del procedimiento mediante la aceptación de la pena por el acusado (arts. 655 y concordantes LECrim); se modifica el trámite de información a la víctima del delito, tanto en sede policial (art. 771 LECrim) como en sede instructora (art. 776 LECrim) para adaptarlo a la modificación del art. 162 LEC operada por el RDL 6/2023 al establecer la posibilidad de que ofendidos y perjudicados opten por medios electrónicos, telemáticos o similares para recibir actos de comunicación judiciales; se introduce una audiencia preliminar mediante la reforma del art. 785 LECrim (y consiguiente acomodación del art. 786 LECrim, que se reserva

[2] Boletín Oficial de las Cortes Generales de 22 de marzo de 2024.

para el señalamiento del acto de juicio), cuya celebración es preceptiva y tiene diversas y heterogéneas finalidades y, por último, se introduce un nuevo art. 988 bis LECrim con el fin de introducir algunos criterios de ordenación de la fase de ejecución, que actualmente carece absolutamente de regulación[3]. Estas medidas vienen a completar la reforma de la casación penal realizada por el Real Decreto-ley 5/2023, de 28 de junio, por el que se adoptan y prorrogan determinadas medidas de respuesta a las consecuencias económicas y sociales de la Guerra de Ucrania, de apoyo a la reconstrucción de la isla de La Palma y a otras situaciones de vulnerabilidad; de transposición de Directivas de la Unión Europea en materia de modificaciones estructurales de sociedades mercantiles y conciliación de la vida familiar y la vida profesional de los progenitores y los cuidadores; y de ejecución y cumplimiento del Derecho de la Unión Europea (en lo sucesivo, RDL 5/2023) y las modificaciones puntuales introducidas en la LECrim por el RDL 6/2023[4].

Una rápida ojeada a las reformas proyectadas evidencia el abandono, quizás temporalmente y como consecuencia de las dificultades para diseñar un sistema más o menos articulado y respetuoso con los derechos de la persona acusada, de todo lo relativo a la justicia restaurativa en el orden penal, que fue introducida en trámite de informe de la ponencia al PLEP[5] como disposición adicional décima de la LECrim. Parece que su incorporación a la ley procesal ha quedado aplazada, con buen criterio, para someterla a un estudio más sosegado que despeje las profundas dudas que planteaba su lacónica redacción[6].

---

3 El texto actualmente en tramitación se corresponde, en su mayor parte, con el Proyecto de Ley de medidas de eficiencia procesal del servicio público de Justicia (en lo sucesivo, PLEP), publicado en el Boletín Oficial de las Cortes Generales de 22 de abril de 2022 (antes, por tanto, de su modificación en trámite de informe de la ponencia, salvo por lo que respecta a algunas correcciones de estilo).

4 Concretamente, las operadas sobre los arts. 109, 512, 514, 643, 743, 746, 954 LECrim.

5 Boletín Oficial de las Cortes Generales de 8 de junio de 2023.

6 Si alguna conclusión puede extraerse de la sorpresiva inclusión de una disposición adicional décima en la LECrim por el informe de la ponencia al PLEP, con la que se pretendía establecer las bases de un sistema de justicia penal restaurativa, es que se trataba de un mero esbozo que planteaba más incertidumbre que certezas, lo que bien podría ser el motivo de que el legislador haya pisado el freno en una reforma estructural del proceso penal que requiere un mayor grado de reflexión para abrir espacios, ya necesarios, al diálogo y a los acuerdos, así como para visibilizar a las víctimas, pero en un marco de seguridad para las garantías procesales. Como muy certeramente ha destacado Calaza López, la introducción en el proceso penal de la mediación (y, más en general, de fórmulas restaurativas) no puede vincularse a una pretensión de "abaratamiento" de la justicia. Calaza López, Sonia, "La mediación penal: de las bambalinas a la escena", en Calaza López, Sonia y Muinelo Cobo, José Carlos (dirs.), *Postmodernidad y proceso europeo: la oportunidad como principio informador*

En definitiva, ni tenemos una nueva LECrim ni parece razonable tener expectativa alguna de contar con ella a corto o medio plazo. Si en los últimos años no se ha alcanzado el consenso necesario para llevar adelante el Anteproyecto de Ley de Enjuiciamiento Criminal de 2011, el borrador de Código Procesal Penal de 2013 o el Anteproyecto de Ley de Enjuiciamiento Criminal de 2020, la actual inestabilidad, que amenaza con ser lo único estable que cabe pronosticar en el panorama político que nos espera los próximos años, no hace más que confirmar que, lamentablemente, la aprobación de una nueva LECrim sigue siendo una quimera. De ahí que más bien quepa esperar reformas puntuales con las que tratar de adaptar nuestra anciana norma rituaria penal –de la que apenas cabe ya adivinar su columna vertebral— a las exigencias de celeridad y economía procesal.

En cualquier caso, y hecho este apunte, debo comenzar destacando que la respuesta del legislador a los requerimientos europeos de agilidad y eficiencia de la justicia penal (no olvidemos que también de transparencia, aunque nada apunta a ella en las reformas en ciernes[7]) ha sido la que se esperaba: la limitación del acceso al recurso de casación y la huida o evitación del proceso mediante el fomento de la conformidad en la confianza de que ambas medidas contribuyan a la descongestión de la Justicia penal. Y si bien la primera de ellas era de esperar al ser la consecuencia necesaria de la efectiva universalización del recurso de apelación efectuada en 2015, la generalización de la conformidad no deja de ser una reforma procesal *low cost* si se valora en términos puramente económicos (no cabe duda de que los costes de otra índole que supone el abuso de este tipo de instrumentos, especialmente los que puede suponer para la calidad del sistema de justicia, no son precisamente bajos)[8].

---

del proceso judicial, Dykinson, Madrid, 2020, p. 112. Sobre ello y, en particular sobre el contexto procesal que permita crear esos nuevos espacios para el diálogo y para la justicia restaurativa, me parece especialmente sugerente el trabajo de Barona Vilar, Silvia, "Mediación y acuerdos reparatorios en la metamorfósica justicia penal del siglo XXI", *Boletín mexicano de Derecho comparado*, núm. 155, mayo-agosto de 2019, pp. 685 y ss.

7 Particularmente preocupante me parece la posibilidad de celebrar vistas telemáticas con plena garantía del principio de publicidad, toda vez que, a fecha de hoy, la Administración de Justicia no cuenta (al menos, de manera generalizada) con medios para realizar una retransmisión de las vistas que permita el acceso virtual de quienes deseen presenciarlas.

8 A ello me he referido recientemente respecto del nuevo pleito testigo, una de las grandes novedades de la reforma procesal civil introducida por el RDL 6/2023, en Fernández López, Mercedes, "El pleito testigo y la extensión de efectos. Una reforma procesal *low cost* a caballo entre la tutela individual y la tutela colectiva", en Calaza López, Sonia y De Prada Rodríguez, Mercedes (coords.), *El nuevo procedimiento testigo y extensión de efectos*, La Ley, Madrid, 2024, pp. 129 y ss. Una tendencia a la que difícilmente podemos poner freno, pero sobre la que se alerta insistentemente desde

Sin duda, la conformidad es un instrumento que, bien articulado, puede conllevar una descarga importante de trabajo de los tribunales penales, pero la reforma que se propone en el PLOE presenta muchos interrogantes que llevan a poner en duda que su aprobación suponga una verdadera agilización de la justicia penal y que, en caso de lograrlo, los medios empleados sean los más acertados. Como ha señalado Alicia González Navarro al abordar las manifestaciones cada vez más evidentes de la privatización del proceso penal, la conformidad puede contribuir a lograr una justicia menos ineficiente, pero no necesariamente mejor[9].

Frente a las importantes dudas que suscitan las propuestas del PLOE, la reforma de la casación penal, aprobada el pasado año de forma un tanto sorpresiva mediante el RDL 5/2023 –en vigor desde el 29 de julio—, debe ser valorada como oportuna y necesaria a los fines de reconducir el recurso a su original función unificadora. Las nuevas disposiciones que lo regulan hacen suya la doctrina del Tribunal Supremo sobre los criterios de admisión del recurso y apuntalan, como después se verá, su naturaleza de medio de impugnación extraordinario con alcance exclusivamente circunscrito a garantizar la hermeneusis procesal y sustantiva respecto de materias que así lo requieran en aras de una necesaria seguridad jurídica.

Antes de abordar el análisis concreto de las reformas habidas al amparo de la eficiencia, es preciso destacar que resulta muy cuestionable la filosofía que subyace a las mismas, toda vez que el legislador parece limitarse a equiparar "eficiencia" y "obtención rápida y económica de sentencias condenatorias"[10]. Al menos por lo que respecta a la conformidad, parece que con la promoción de su uso indiscriminado se persigue incrementar el número de asuntos pe-

---

la doctrina: "El Derecho Procesal no puede sustituirse por ideas cuyo fundamento y justificación se basa, exclusivamente, en la tendencia a abaratar el gasto público. La construcción de una alternativa al proceso no puede venir, en suma, de la mano de su desvalorización". Asencio Mellado, José María y Fuentes Soriano, Olga, "Prólogo", en Asencio Mellado, José María y Fuentes Soriano, Olga (dirs.), *El proceso como garantía*, Atelier, Barcelona, 2023, p. 24.

9 González Navarro, Alicia, "Breves reflexiones críticas sobre la proyección de los principios de oportunidad y dispositivo en el proceso penal", en Calaza López, Sonia y Muinelo Cobo, José Carlos (dirs.), *Postmodernidad y proceso europeo: la oportunidad como principio informador del proceso judicial*, Dykinson, Madrid, 2020, p. 287.

10 La exposición de motivos del PLOE no dedica especiales esfuerzos a aclarar qué entiende por *eficiencia*. Únicamente, en relación con la reforma orgánica que aborda, indica que "Eficiencia organizativa concurre en aquella estructura que, optimizando los recursos disponibles, se muestra apta para la obtención de sus objetivos", es decir, apunta a la obtención de fines con el menor uso de recursos posibles y, por tanto, a una perspectiva basada exclusivamente en los costes y tiempos de la Administración de Justicia.

nales que finalizan anticipadamente, sin tener en cuenta otro tipo de consideraciones[11], lo que no deja de ser una especie de "contractualización" de la justicia penal[12]. Esta deriva no me parece ni certera ni conveniente, puesto que supone una suerte de privatización del proceso penal[13], desnaturaliza los fines que le son propios y desplaza la centralidad del acto de juicio oral en favor de la búsqueda de un resultado consensuado, de una declaración formal de

---

11 Parecen particularmente interesantes los estudios empíricos que den cuenta de factores que incidan en la decisión de aceptar la pena. Al respecto, por ejemplo, el realizado por Varona, Daniel, Kemp, Steven y Benítez, Olivia, "La conformidad en España. Predictores e impacto en la penalidad", *Indret. Revista para el análisis del Derecho,* 2022, núm. 1. El trabajo arroja información importante, como la incidencia, en términos generales, de la edad, la formación académica o los recursos económicos del acusado, que determina la existencia de un mayor número de conformidades entre jóvenes, personas sin estudios o con escasos ingresos, del sexo de la persona acusada, que parece abrir la puerta a pensar que las mujeres reciben mejores ofertas para llegar a un acuerdo (p. 315). Se ha realizado a partir del análisis de 2959 casos de sentencias penales condenatorias entre 2015 y 2016. Entre los datos que se destacan, se encuentra uno que me parece particularmente interesante: la conformidad es la segunda opción más frecuente entre quienes son asistidos por letrado de oficio en el Juzgado de Guardia y la no conformidad la opción menos frecuente, mientras que entre quienes son asistidos por letrado de confianza en la guardia, es más frecuente la no conformidad que la conformidad (pp. 321 y 322). En definitiva, sería muy recomendable contar con este tipo de estudios para conocer el impacto social y procesal de reformas como la que ahora se valora. En el ámbito americano, tanto por su actualidad como por la claridad de sus conclusiones, es muy recomendable la lectura del informe elaborado en 2023 por la sección penal de la American Bar Association (*2023 Plea Bargaining Task Force Report*), disponible en https://www.americanbar.org/content/dam/aba/publications/criminaljustice/plea-bargain-tf-report.pdf, que revela datos como que los acusados negros reciben condenas más severas, mientras los blancos suelen ser condenados a penas más benévolas, circunstancia que, junto con otras similares, ha llevado a la American Bar Association a solicitar a la fiscalía que recopile y analice periódicamente los datos de los acuerdos alcanzados para detectar este de sesgos (pp. 28 y 29). Solo a partir de estudios de este tipo cabe dar cuenta de lo que recientemente Silvia Barona ha considerado un estado "irremediablemente esquizofrénico de dos o más velocidades procesales o, lo que es lo mismo, la aplicación de un desigual tratamiento del derecho penal según quien sea o quienes sean los sujetos pasivos del proceso". Barona Vilar, Silvia, "El consentimiento en el proceso penal ¿un oxímoron?", *Revista Boliviana de Derecho,* núm. 31, enero 2021, p. 221.

12 Sugerente expresión que tomo de Pereira Puigvert, Silvia, "Un pacto con la justicia. El pateggiamento tras 25 años de vigencia: balance y análisis comparado", *Justicia,* 2015, núm. 2, p. 345.

13 En este sentido, y con detalle sobre la paulatina aproximación de la justicia penal a la civil, puede verse Sanjurjo Ríos, Eva Isabel, "La tendencia privatista del proceso penal. Una progresiva "dosis" de oportunidad procesal ¿para una justicia penal más eficaz?", en Bujosa Vadell, Lorenzo Mateo (dir.), *Derecho Procesal. Retos y transformaciones,* Atelier, Barcelona, 2021, p. 249.

culpabilidad no siempre coincidente con la realidad de los hechos objeto de enjuiciamiento[14]. Ello produce una desconexión entre la eficiencia y muchas de las garantías procesales de los justiciables, que renuncian a la celebración de un juicio oral bajo las reglas del debido proceso porque el sistema se orienta, no solo en sus prácticas, sino también normativamente, a proporcionar una respuesta rápida antes que correcta. Como destaca el abogado secreto, "una declaración temprana de culpabilidad equivale a una declaración barata de culpabilidad. No implica, desde luego, que esa declaración precipitada de culpabilidad equivalga a una declaración correcta de culpabilidad. Renunciar a la segunda en favor de la primera es, a mi entender, repugnante. Los tribunales y los altos miembros de la judicatura encargados de traernos la nueva era de reformas pregonan que el incremento en las declaraciones de culpabilidad es, en sí, algo bueno. ¿Alguna vez se preguntarán cuántas declaraciones de culpabilidad pueden considerarse excesivas?"[15].

Y si hay una idea en torno a la que gira el análisis profundamente crítico que se hace en estas páginas del uso abusivo de la conformidad es el grave riesgo deslegitimador que se asume cuando se hace orbitar el sistema penal en torno al acuerdo de las partes sobre la imposición de la pena. Aunque es comprensible –y también deseable— que en el orden civil se abran nuevos y amplios espacios que permitan alcanzar acuerdos entre las partes (lógicamente, bajo ciertas condiciones), el sistema penal puede resultar gravemente dañado por un número excesivamente alto de acuerdos sin el establecimiento de medidas de compensación que, de algún modo, permitan efectuar un control sobre sus presupuestos. Particularmente, prescindir de la celebración del juicio oral (con la consiguiente pérdida de transparencia que ello implica, dada la limitación del principio de publicidad que tal práctica provoca) y de la certeza sobre la culpabilidad sin un efectivo control previo de la fortaleza de los indicios de criminalidad, del consentimiento libremente prestado por el

---

14 Son muchos los estudios que con rigor advierten de los efectos perniciosos de la conformidad. Entre ellos, me parecen particularmente incisivos los siguientes: Doig Díaz, Yolanda, "Eficiencia procesal a costa de la búsqueda de la verdad. Consideraciones críticas", en Asencio Mellado, José María y Fernández López, Mercedes (dirs.), *Proceso y daños. Perspectivas de la Justicia en la sociedad del riesgo*, Tirant lo Blanch, Valencia, 2022; Lascuraín Sánchez, Juan Antonio y Gascón Inchausti, Fernando, "¿Por qué se conforman los inocentes?", *Indret. Revista para el análisis del Derecho*, 2018, núm. 3, pp. 11 y ss; Aguilera Morales, Marien, "La deriva del "principio" del consenso", *Revista Ítalo-Española de Derecho Procesal*, 2019, vol. 2, especialmente págs. 52 y ss; Bachmaier Winter, Lorena, "Justicia negociada y coerción. Reflexiones a la luz de la jurisprudencia del Tribunal Europeo de Derechos Humanos", *Revista General de Derecho Procesal*, núm. 44, 2018.

15 El abogado secreto, *Historias sobre las leyes y cómo se quebrantan*, Capitán Swing, Madrid, 2019, pp. 178-179.

acusado, de la concurrencia de circunstancias modificativas de la responsabilidad no apreciadas por las acusaciones o de la viabilidad de la reparación de la víctima, supone una pérdida evidente de legitimidad de la decisión penal[16].

No se discute que la conformidad sea un instrumento eficaz para descongestionar la justicia penal, pues no cabe duda de que lo es. A la vista están los excelentes resultados de la reforma procesal de 2002 que introdujo los juicios rápidos y la conformidad premiada. Lo que se pone en discusión es el recurso desmedido a ella sin atajar los problemas de los que adolece (la mayoría ya conocidos) y sin sopesar los que puede provocar su generalización indiscriminada sobre el sistema en su conjunto[17]. Profundizar en ello requiere contar previamente con una visión panorámica de la propuesta del PLOE y de las reformas recientemente aprobadas, así como con un análisis pormenorizado de las medidas en las que se traduce.

Los principales cambios normativos que propone el PLOE para hacer más eficiente la fase declarativa del proceso penal se dirigen en dos direcciones. En primer lugar, se pretende descongestionar los órganos judiciales mediante la terminación anticipada de los procedimientos penales al suprimir el límite penológico actualmente aplicable a la conformidad y mediante la apertura de nuevos espacios a la negociación entre las partes[18]. En segundo lugar, se propone agilizar el procedimiento abreviado mediante la celebración de la denominada "audiencia preliminar" que, como su nombre indica, tiene lugar con carácter previo al acto de juicio y en la que, entre otros fines, podrán formularse cuestiones previas, denunciar causas de nulidad, violación de derechos fundamentales o alcanzar un acuerdo que permita la finalización del procedimiento mediante sentencia de conformidad.

Como después se desarrollará, el efecto que finalmente produzca la celebración de esta audiencia puede ser precisamente el inverso a la pretendida agilización procesal, de modo que se termine por prolongar todavía más la

---

16 Resulta paradójico, advierte Lorena Bachmaier Winter, que se hagan múltiples esfuerzos por articular un juicio oral de corte acusatorio en el que se dan cita todas las garantías cuando, al tiempo, se incrementa el interés en evitar la celebración del juicio y se potencia el uso de instrumentos como la conformidad. Bachmaier Winter, Lorena, "Justicia negociada y coerción…", cit., p. 28.

17 Como certeramente señala Silvia Barona Vilar al abordar el uso abusivo de mecanismos eficientistas, "si un proceso excesivamente largo puede negar la tutela efectiva, es indudable que un proceso excesivamente corto puede incurrir en lo mismo". Barona Vilar, Silvia, "El consentimiento…", cit., p. 222.

18 El Proyecto de Ley de eficiencia procesal contemplaba también el archivo de delitos leves como consecuencia del éxito de un procedimiento de justicia restaurativa, pero como se ha señalado, todo lo relacionado con ésta ha sido suprimido del PLOE.

duración del procedimiento, sin que, además, ello suponga necesariamente la supresión del tradicional trámite de cuestiones previas al inicio del juicio oral.

Dado que el trabajo se dedica fundamentalmente a analizar las reformas dirigidas a lograr una reducción de tiempos y costes procesales, tal análisis se va a realizar en relación con las distintas fases procesales a las que afectan: la eficiencia de la fase declarativa (perseguida a través de la reforma de la conformidad y de la proyectada incorporación de la audiencia preliminar), la eficiencia del sistema de recursos (mediante la culminación de la reforma iniciada en 2015 con las restricciones articuladas a la preparación y admisión del recurso de casación) y la eficiencia de la ejecución penal (pretendida mediante la propuesta de incorporación del art. 988 bis LECrim, por medio del cual se introducen unos mínimos criterios de ordenación en la tramitación de esta fase, aunque se advierte ya de que su laconismo difícilmente podrá contribuir a alcanzar resultados significativos). Se omite deliberadamente el estudio de otras modificaciones normativas que no se encuentran directamente orientadas a la eficiencia del proceso penal, como sucede, por ejemplo, con la reciente modificación de los arts. 112 o 746 LECrim, el intento de reforma del art. 701 LECrim o de articulación de un sistema de justicia restaurativa, que finalmente han desaparecido del PLOE, o las modificaciones puntuales de los arts. 771 o 776 LECrim con las que se pretende adaptar la LECrim a la utilización de medios de comunicación electrónicos que regula el art. 162 LEC desde su reforma mediante el RDL 6/2023. Se omite también el análisis de otras reformas que, si bien se insertan en esta nueva filosofía eficientista, son objeto de tratamiento en otros capítulos de esta obra colectiva, tal y como sucede con la celebración telemática de vistas y juicios penales.

Antes de abordar cada una de las reformas mencionadas, considero preciso hace un breve pero ineludible comentario general sobre la deficiente técnica legislativa tanto del RDL 6/2023 como del PLOE, texto que ha heredado algunas de las carencias que ya presentaba el PLEP. Su paso por el trámite de enmiendas agravó tanto los defectos técnicos (a los que aludiré con más detalle en lo que sigue) como los de redacción. En especial, el uso del lenguaje inclusivo hace farragosa la lectura de los preceptos, y la terminología empleada no se sostiene con un mínimo de coherencia a lo largo del texto, que en unas ocasiones alude a "juez, jueza o tribunal", "presidente o presidenta" o "letrado o letrada", pero en otras se refiere simplemente al juez, al letrado o al presidente, mientras que la persona acusada es, las más de las veces, el procesado o el acusado.

Por fortuna, confusiones técnicas verdaderamente de bulto, como la referencia a los escritos de acusación en el ámbito del procedimiento ordinario por delitos graves o a los escritos de calificación en el ámbito del abreviado, o expresiones como "el derecho del acusado a *testificar* en último lugar" (reforma del art. 701 *in fine* incorporado por el informe de la ponencia al Proyecto de Ley de eficiencia procesal de la que finalmente se ha prescindido) han sido depuradas en el texto que actualmente se encuentra en tramitación, aunque todavía persisten otras, como el uso indistinto de los conceptos de *víctima* y *perjudicado* en diversos preceptos.

2. LA EFICIENCIA DE LA FASE DE ENJUICIAMIENTO

La reforma del enjuiciamiento penal que se propone en el PLOE se traduce en dos grandes medidas que aparecen vinculadas entre sí. La primera consiste en suprimir el límite que actualmente circunscribe la operatividad de la conformidad a los delitos cuya pena no supere los seis años de privación de libertad, lo que se acompaña de la necesidad de constatar que la persona acusada recibe puntual y cabal información por escrito sobre las consecuencias de la aceptación de la pena solicitada por la acusación. La segunda, que parece en cierta medida subordinarse a los fines de estimular nuevas conformidades, consiste en la incorporación del trámite de la audiencia preliminar en el ámbito del procedimiento abreviado (mediante la nueva redacción del art. 785 LECrim). En ella, que habrá de celebrarse preceptivamente, se abordarán las cuestiones previas actualmente previstas por el art. 786.2 LECrim y se ofrece una nueva oportunidad (que se suma a la que se produce al inicio del juicio oral) de alcanzar una sentencia de conformidad. Como puede imaginarse, ambas propuestas dan lugar a realizar numerosas consideraciones.

2.1. La reforma de la conformidad

2.1.1. La supresión del límite penológico y la deficiente previsión de medidas de compensación

La reforma de la conformidad es la principal apuesta del legislador por la eficiencia de la fase de enjuiciamiento penal, dado que pretende posibilitar la terminación anticipada de la primera instancia mediante su aplicación generalizada a todo tipo de procedimientos al suprimir el actual límite penológico de seis años[19].

---

19 La reforma no introduce cambio alguno en la Ley del Jurado, a pesar de que el art. 50.1 LOTJ nada indica al respecto, pues se limita a prever la conformidad como una de las causas de disolución del jurado. Inicialmente, el hecho de que el PLEP mantuviera silencio respecto de la LOTJ parecía responder a su condición de ley ordinaria. Así lo destacó, por ejemplo, Banacloche Palao, Julio, "El proyecto de ley de eficiencia

Frente a la tradicional conformidad, concebida como aceptación pura y simple de la pena más grave de todas las solicitadas, la reforma se hace eco del funcionamiento real de las conformidades y se refiere ahora a ella como resultado de un proceso negociador previo (con el Ministerio Fiscal y/o con la acusación particular, porque así será en prácticamente la totalidad de los casos), pero sin abandonar la posibilidad de que su origen sea el de la mera concurrencia de voluntades del acusado y de su letrado respecto de la pena a imponer. De este modo, aunque los arts. 655 y 785 se refieren a la necesidad de que el defensor le haga llegar al acusado por escrito los términos del "acuerdo alcanzado" (dando cuenta con ello de cómo se desarrolla la conformidad en la práctica diaria), en modo alguno se exige que las acusaciones presten su consentimiento para que el tribunal se encuentre vinculado por la decisión del acusado, con la aquiescencia de su letrado, de aceptar la pena más grave.

El PLOE pretende dar cobertura legal a acuerdos que hasta ahora quedaban sellados mediante conformidades celebradas de manera encubierta por implicar la imposición de penas superiores a seis años de privación de libertad. De ello podemos extraer una consecuencia importante que permite poner en cuestión la eficacia de esta medida para aligerar la carga de trabajo de los tribunales penales, toda vez que es dudoso que pueda provocar un incremento real de supuestos en los que se alcancen acuerdos. En efecto, este tipo de conformidades se podrán realizar ahora abiertamente, sin recurrir a ese cuestionado "simulacro" de juicio oral que precede a la sentencia de conformidad cuando la pena a imponer supera los seis años de privación de libertad y con el que el Tribunal Supremo ha sido tan crítico al calificar el proceder habitual en estos casos como una práctica a todas luces *contra legem*[20]. Se acaba de este modo con las conformidades encubiertas por la vía de autorizar tanto la aceptación de la pena como la negociación respecto de cualquier delito y de cualquier pena. Y, al respecto, como ha tenido ocasión de manifestar el Tribunal Supremo en algunas de las resoluciones en las que ha cuestionado las conformidades fraudulentas, la decisión de ampliar o reducir los márgenes de aplicación de este instrumento procesal compete exclusivamente al legislador. Además, advierte certeramente la Sala Segunda de que la ampliación

---

procesal y el proceso penal: una reflexión crítica sobre las innovaciones propuestas", *Diario La Ley*, núm. 10103, Sección Plan de Choque de la Justicia/Tribuna, 5 de Julio de 2022, p. 7 (versión pdf). Sin embargo, el silencio del PLOE bien puede apuntar a un olvido fruto de las prisas del legislador. En cualquier caso, la aplicación supletoria de la LECrim permite actualmente la terminación mediante sentencia de conformidad antes de la constitución del jurado cuando la pena no supere los seis años y, de salir adelante la reforma, no parece que haya obstáculo en considerar suprimido el límite punitivo a las conformidades previas a ese momento procesal.

20 Así lo hizo sin ambages en las SSTS 291/2016, de 7 de abril y 808/2016, de 27 de octubre manteniendo ese criterio hasta la actualidad.

del ámbito de operatividad de la conformidad a penas más graves podría o debería compensarse y acompañarse de garantías que de algún modo mitiguen el riesgo de condena errónea. Así sucedía, por ejemplo, en el Anteproyecto de LECrim de 2011, que en el caso de penas superiores a cinco años exigía que el tribunal examinara la existencia de indicios racionales de criminalidad independientes al reconocimiento de los hechos para homologar el acuerdo y dictar sentencia de conformidad (art. 145.3 del Anteproyecto), medida que también preveía el art. 172.3 del Anteproyecto de LECrim de 2020[21].

Sin embargo, las medidas de compensación que sería deseable encontrar en una reforma de la conformidad de tan profundo calado brillan por su escasez en el PLOE. Por lo que respecta al acusado, únicamente se exige, con independencia de la gravedad de la pena, que su letrado o letrada le proporcione por escrito los términos del acuerdo alcanzado, sin precisar ni el contenido mínimo de tal información ni las consecuencias de que la misma no se haya proporcionado o la ofrecida no sea completa[22]. Una garantía que dista mucho de un control mínimo sobre la existencia de indicios racionales de criminalidad que el Anteproyecto de Ley de eficiencia procesal previó inicialmente para delitos graves y que lamentablemente desapareció durante su tramitación. A ello se suma que la reforma no hace especial concesión al principio de oportunidad respecto de delitos menos graves (exclusivo ámbito de operatividad deseable de la conformidad)[23], como podría ser la de extender

---

21 Y que Sabela Ubiña denomina muy gráficamente supuestos de conformidad *premium*. Oubiña Barbolla, Sabela, "El riesgo de la conformidad y la celeridad: condenar erróneamente", en González Granda, Piedad, Damián Moreno, Juan y Ariza Colmenarejo, Mª Jesús (dirs.), *Variaciones sobre un tema: el ejercicio procesal de los derechos. Libro homenaje a Valentín Cortés Domínguez*, Colex, Madrid, 2022, p. 747.

22 Art. 655 para el procedimiento ordinario y 785.7 para el abreviado, que plantea dudas acerca del momento en el que debe ofrecerse tal información. Dado el tenor del art. 655, que la exige con carácter previo a la ratificación por el acusado del acuerdo alcanzado, considero que también cuando la conformidad se presta en el ámbito de la audiencia preliminar del procedimiento abreviado debe ofrecerse con carácter previo a la ratificación del acuerdo a presencia judicial, de modo que el tribunal pueda comprobar que el acusado conoce los términos del acuerdo y sus consecuencias como presupuesto para su homologación. Asimismo, y aunque nada se indique en el art. 787 ter apartado 2º cuando la conformidad se presta en el acto de juicio, lo más razonable es considerar que también en este caso se precisa contar con tal información por escrito. Respecto de lo que no cabe duda es sobre el hecho de que tal información por escrito no se precisa en el ámbito de las diligencias urgentes ni de las diligencias previas (con o sin transformación en diligencias urgentes), al margen, claro está, de las comprobaciones que el instructor realice respecto del conocimiento de los términos del acuerdo y de sus consecuencias.

23 Cuando sí lo hacía, por ejemplo, el art. 170.5 del Anteproyecto de 2020, que permitía al Ministerio Fiscal solicitar la pena inferior en grado a la prevista para el delito.

la conformidad premiada del art. 801 LECrim a delitos con pena superior a tres e inferior a cinco años, es decir, a los que permanecen en el ámbito de las diligencias urgentes o de las diligencias previas[24] o, como proponía Gimeno Sendra, el establecimiento de una conformidad premiada para quienes colaboren con la investigación, aun cuando la pena supere los cinco años en estos casos especiales[25]. Quizás estas opciones tendrían un mayor impacto en la práctica que la generalización de una conformidad que, de salir adelante, se limitará a hacer aflorar conformidades que se hubieran producido en todo caso, sin que ello suponga un incremento significativo de las causas penales que finalicen de este modo. Debe tenerse en cuenta que son los delitos que se enjuician a través del procedimiento abreviado (y, en particular, los que tienen atribuida una pena que no supera los cinco años) los que en mayor medida colapsan los juzgados de instrucción y de lo penal y, en consecuencia, a los que preferentemente debería dirigirse la reforma, acompañada, de igual manera, de medidas de compensación que la reforma prácticamente obvia, con la salvedad de exigir esa información por escrito y de la comprobación por el tribunal de que la persona acusada comprende los términos del acuerdo y sus consecuencias. No se repara apenas en uno de los aspectos más problemáticos de la conformidad, toda vez que resulta muy dudoso que exista un verdadero control sobre la calidad del acuerdo alcanzado y sobre la posibili-

---

Sobre tal facultad, véase Doig Díaz, Yolanda, "Sombras y luces de la conformidad del Anteproyecto de Ley de Enjuiciamiento Criminal", en Jiménez Conde, Fernando y Fuentes Soriano, Olga (dirs.), *Reflexiones en torno al Anteproyecto de Ley de Enjuiciamiento Criminal de 2020*, Tirant lo Blanch, Valencia, 2022, pp. 1215-1216.

24 El principio de oportunidad, en palabras de Vicente Gimeno Sendra, consiste en "la facultad que el ordenamiento procesal confiere al M.F. para que, no obstante la sospecha de la comisión de un delito público, pueda dejar de ejercitar la acción penal o solicitar de la autoridad judicial un sobreseimiento o una conformidad que efectúe una reducción sustancial de la pena a imponer al encausado en los casos expresamente previstos por la norma y siempre y cuando hayan de tutelarse intereses constitucionalmente protegidos". Gimeno Sendra, Vicente, "El principio de oportunidad y la mediación penal", en Calaza López, Sonia y Muinelo Cobo, José Carlos (dirs.), *Postmodernidad y proceso europeo: la oportunidad como principio informador del proceso judicial*, Dykinson, Madrid, 2020, pp. 243-244. De acuerdo con ello, únicamente cabe hablar de ejercicio del principio de oportunidad en los casos en los que la conformidad pueda suponer la aplicación de una pena inferior a la prevista por la ley para el delito de que se trate, de modo que, en la actualidad, únicamente la conformidad premiada del art. 801 LECrim responde a este principio, sin que el PLOE disponga concesión alguna al mismo, lo que resulta extraño cuando la reforma avanza claramente en el camino de potenciar la terminación negociada del proceso.

25 Gimeno Sendra, Vicente, *La simplificación de la Justicia penal y civil*, BOE, Madrid, 2020, p. 43.

dad de una condena a pena inferior o incluso una sentencia absolutoria[26]. La posible concurrencia de legítima defensa en un delito de lesiones, el destino de sustancias estupefacientes al autoconsumo o al consumo compartido o la prescripción del hecho (o de alguno de los hechos), por poner algunos ejemplos, son circunstancias que quien asume la defensa letrada debe ponderar al aconsejar a la persona acusada sobre la estrategia procesal a seguir, toda vez que el control de legalidad que efectúa el tribunal es muy somero, pues se limita a la corrección de la calificación jurídica aceptada y a que la pena se encuentre dentro de los márgenes que corresponden a tal calificación.

En cualquier caso, el laconismo del PLOE respecto de la información que se le debe proporcionar al acusado también hace dudar de que tal información sea precisa cuando la conformidad no ha estado precedida de negociación alguna. Dado que lo relevante no es tanto que la aceptación de la pena provenga de un acuerdo o se manifieste unilateralmente por el acusado y su defensa, lo deseable sería que éste fuera igualmente informado por escrito, en un lenguaje comprensible, de lo que supone prestar su consentimiento, de la pena que se le va a imponer y de sus consecuencias, y que el contenido mínimo de tal información quedara establecido por la propia LECrim, de modo que no se hiciera depender del criterio de cada profesional de la abogacía y de cada tribunal la adecuación y suficiencia de la misma. Y no cabe duda de que también el investigado en unas diligencias urgentes que debe decidir, las más de las veces, acuciado por las prisas de su letrado y de la fiscalía en el juzgado de guardia, si acogerse a la conformidad del art. 801 LECrim, debería beneficiarse de tal exigencia para prestar un consentimiento verdaderamente informado y con pleno conocimiento de todas sus consecuencias[27]. Sería deseable, por tanto, que en trámite de enmiendas se incorporase esta previsión también a las conformidades prestadas en diligencias urgentes en virtud de lo dispuesto en el art. 801 o de la correspondiente modificación procedimental realizada al amparo del art. 779.1.5ª LECrim.

Y por lo que respecta, en particular, al contenido de dicha información, considero que debería extenderse, al menos, a los siguientes extremos (sin

---

26 Sobre ello son particularmente sugerentes las reflexiones de El abogado secreto, *Historias sobre las leyes...*, cit., pp. 176 a 181. También se manifiesta partidario de un mayor control judicial del acuerdo Mateos Rodríguez-Arias, Antonio, "Algunas reflexiones críticas sobre la conformidad en el proceso penal", *Anuario de la Facultad de Derecho, Universidad de Extremadura*, núm. 35, 2019, p. 192

27 Sobre las garantías de la conformidad en las diligencias urgentes, véase Oubiña Barbolla, Sabela, "El riesgo de la conformidad y la celeridad: condenar erróneamente", en González Granda, Piedad, Damián Moreno, Juan y Ariza Colmenarejo, Mª Jesús (dirs.), Variaciones sobre un tema: el ejercicio procesal de los derechos. Libro homenaje a Valentín Cortés Domínguez, Colex, Madrid, 2022, pp. 748 a 750.

perjuicio de que el encausado tenga posteriormente cabal conocimiento mediante la sentencia o los oportunos requerimientos efectuados por el LAJ una vez la sentencia devenga firme): los hechos tal y como van a ser declarados probados en la sentencia, la calificación jurídica de los mismos, la pena principal y las penas accesorias, así como las exigencias, prohibiciones y limitaciones que conllevan, la responsabilidad civil cuando también a ella alcance la conformidad, el plan de pagos de la indemnización al perjudicado cuando se haya previsto, el pago de las costas, las consecuencias de la declaración de firmeza de la sentencia y, respecto de la suspensión de la pena, la posibilidad de que el tribunal, a pesar de que el Ministerio Fiscal y/o la acusación particular no se opongan a ella, no la acuerde por tratarse de una facultad discrecional o que quede supeditada al pago de la responsabilidad civil o a otro tipo de condiciones. Es muy habitual que en la práctica se acepte la pena confiando en que será suspendida por el mero hecho de que el fiscal, al alcanzar el acuerdo, manifiesta que no se opondrá a la suspensión, pero sin que el acusado conozca que su concesión es una facultad discrecional que los arts. 80 y ss CP confieren al tribunal, al que no vincula la posición de las partes acusadoras. El conocimiento fehaciente por el acusado de lo que supone la conformidad y de sus consecuencias de la manera más detallada posible facilita el control jurisdiccional sobre el consentimiento prestado y permite minimizar las dudas sobre si el mismo se ha prestado libremente.

Por lo que respecta a la víctima, tampoco se establecen especiales cautelas ni medidas de compensación que mitiguen los efectos de una posible conformidad. Únicamente en el ámbito del procedimiento abreviado se establece la necesidad de oír a la víctima o al perjudicado: "El Ministerio Fiscal oirá previamente a la víctima o perjudicado, aunque no estén personados en la causa, siempre que hubiera sido posible y se estime necesario para ponderar correctamente los efectos y el alcance de tal conformidad, y en todo caso cuando la gravedad o trascendencia del hecho o la intensidad o la cuantía sean especialmente significativos, así como en todos los supuestos en que víctimas o perjudicados se encuentren en situación de especial vulnerabilidad" (arts. 785.4 y 787 ter.1 LECrim). Una obligación de audiencia que nace ya muy diluida cuando se condiciona a que sea posible y a que el Ministerio Fiscal sea quien determine la gravedad del hecho y la importancia de la cuantía a la que asciende la responsabilidad civil. En cualquier caso, debemos considerar que, si el criterio para escuchar a la víctima o al perjudicado es el de la gravedad de la pena o lo elevado de la reparación al perjudicado, con mayor razón deberá ser oído también en el ámbito del procedimiento ordinario, aunque el art. 655 no lo prevea expresamente.

Frente a propuestas reformadoras previas, se opta escuchar, a lo sumo, a la víctima, pero no por condicionar la conformidad a su efectiva reparación[28], algo que dificultaría notablemente la terminación anticipada por este medio, toda vez que la situación de insolvencia del acusado o la dificultad para pronosticar la viabilidad de la reparación civil supondrían, en la práctica, la imposibilidad de homologar acuerdo alguno. Ello no impediría que, como viene siendo habitual, al amparo de la regulación del beneficio de la suspensión de la pena, ésta pueda quedar supeditada al compromiso de pago de la responsabilidad civil y que incluso se indague en el acto de prestar conformidad en la voluntad de cumplimiento del acusado, tratando de fijar un plan de pago lo más realista posible, pero sin que ello condicione la eficacia misma de la conformidad, sino en su caso únicamente de la eventual suspensión de la pena que pudiera acordarse.

---

[28] Así lo estipulaba el art. 170 del Anteproyecto de LECrim 2020, lo que habría supuesto, *de facto*, la imposibilidad de alcanzar un alto número de conformidades como consecuencia de la insolvencia de la persona acusada o, sin ir más lejos, por la dificultad de pronosticar en el momento de efectuar tal control la viabilidad de la efectiva reparación. Sobre las dificultades que origina vincular conformidad y efectiva reparación de la víctima hice algunas consideraciones en Fernández López, Mercedes, "Conformidad, oportunidad y Justicia restaurativa. La cuestionable propuesta de terminación anticipada condicionada a la reparación de la víctima", en Jiménez Conde, Fernando y Fuentes Soriano, Olga (dirs.), *Reflexiones en torno al Anteproyecto de Ley de Enjuiciamiento Criminal de 2020*, Tirant lo Blanch, Valencia, 2022, págs. 1221 y ss (en especial, pp. 1227 a 1229). Sobre la problemática en el contexto italiano, véase Corso, Estefano Maria, "Pateggiamento versus risarcimento: condizione meramente processuale di ammisibilità del rito speciale", *Rivista italiana di Diritto e procedura penale*, 2017, núm. 3, pp. 1123 y ss. El trabajo se hace eco de la doctrina de la Corte Constitucional italiana, que en la sentencia 14-28 de mayo de 2015 desestimó la pretendida ilegitimidad constitucional del condicionamiento del *pateggiamento* y de la suspensión condicional de la pena al efectivo resarcimiento al considerar que se trata de una cuestión de discrecionalidad legislativa que no afecta al ejercicio del derecho de defensa, sino que supone una mera condición de procedibilidad que limita el acceso a una terminación anticipada (pp. 1133 y ss). Ello suscita particulares dudas en el sistema italiano, articulado en torno a la idea de que el derecho de defensa permite al encausado defenderse negociando (sobre ello, puede verse el interesante y exhaustivo trabajo de Della Torre, Jacopo, *La giustizia negoziata in Europa. Miti, realtà e prospettive*, Wolters Kluwer-CEDAM, Milano, 2019, pp. 345 y ss. No obstante, más allá de su encaje constitucional y de su posible colisión con el derecho de defensa, la vinculación de la conformidad con la efectiva reparación de la víctima suscita problemas como los apuntados, que habrá que abordar nuevamente si, como parece, se está retomando la tramitación del Anteproyecto de LECrim de 2020.

2.1.2. El silencio del PLOE sobre las conformidades parciales

Por lo que respecta al alcance de la conformidad cuando sean varias las personas acusadas, los arts. 785.11 y 787 ter.8 en la redacción dada por el PLOE mantienen, en los mismos términos en los que se regula actualmente en el art. 787.8 LECrim, la posibilidad de conformidad de la persona jurídica al margen de la postura procesal del resto de acusados y, por tanto, como clara excepción a la regla de la unanimidad. Lo que resulta más que cuestionable es que, a pesar de la generalización de la conformidad a todos los tipos delictivos, con independencia de su gravedad, el PLOE eluda, como también lo hacía el texto de 2022, el espinoso tema de las conformidades parciales cuando los encausados son personas físicas, puesto que el art. 655 LECrim mantiene la obligación judicial de acordar la continuación del juicio cuando alguno de los procesados no prestara su conformidad con la pena solicitada y, en el ámbito del procedimiento abreviado, los arts. 785.5 y 787 ter.2, requieren la aceptación de los hechos por todas las partes.

La reforma, quizás por las dificultades técnicas evidentes que supone articular un sistema que ofrezca suficiente cobertura a las conformidades parciales, opta por mantener la situación de alegalidad en la que éstas tienen lugar en la actualidad, dado que suelen salir adelante gracias al compromiso oficioso que asume la fiscalía al mantener los acuerdos alcanzados con alguno o algunos de los acusados hasta la finalización del juicio oral[29]. Y ello a pesar de que podría ser una oportunidad para agilizar la tramitación de causas penales complejas, tal y como ya se pretendió en varias propuestas reformadoras que finalmente no prosperaron. Por ejemplo, el borrador de Código Procesal Penal de 2013 permitía en su art. 103.2 las conformidades parciales, aunque sin establecer el

---

[29] Aguilera Morales, Marien, "La deriva del "principio"...", cit., p. 60. Sobre ello se ha pronunciado recientemente el Tribunal Supremo en la STS 526/2023, de 29 de junio, si bien de forma poco clarificadora. Parece que la Sala Segunda no avala este tipo de conformidades, dado que concluye que ni se trata de conformidades en sentido estricto ni dan lugar a sentencias de conformidad (toda vez que ha existido juicio y práctica de la prueba), pero no cuestiona la posibilidad de que puedan alcanzarse acuerdos parciales al inicio del juicio por parte de algunos de los acusados, siempre que continúen en la sala y puedan ser interrogados por el resto de partes (aun cuando conserven su derecho a guardar silencio). Incluso se hace eco de resoluciones previas de la Sala que validan actuaciones procesales por las que se aceptan conformidades parciales realizadas en piezas separadas de la causa principal (STS 256/2023, de 17 de abril), si bien insistiendo en la idea de que formalmente no nos encontramos ante conformidades desde un punto de vista técnico (pareciendo que se refiere a la obtención de una sentencia a partir de la pura y simple aceptación de la pena que permita eludir la celebración del juicio oral). En cualquier caso, la oscuridad de la resolución requeriría un análisis detallado que excede del que se puede realizar en este trabajo.

trámite mediante el que articularlas, mientras el Anteproyecto de LECrim de 2011 las avalaba en el art. 140.1 cuando los acusados pudieran ser enjuiciados separadamente sin afectación del derecho de defensa (previsión que recoge el Anteproyecto LECrim de 2020 en su art. 167.1). Particularmente, creo que, de aceptarse expresamente las conformidades parciales (opción de política criminal que puede resultar interesante), debería garantizarse tanto la continencia de la causa (de modo que solo fuera admisible una *desacumulación* de pretensiones cuando los hechos fueran claramente escindibles)[30] como el derecho de defensa de todas las personas encausadas[31]. Incluso cabría preguntarse acerca de la posibilidad de que los acusados conformes con la pena pudieran beneficiarse de circunstancias apreciadas en el acto de juicio para el resto de personas acusadas cuando también les sean aplicables y no hayan sido tomadas en consideración en los acuerdos alcanzados, como podría suceder, por ejemplo, con la apreciación de la prescripción (debiendo aplazarse en estos casos la declaración de firmeza de la sentencia de conformidad).

2.2. *La audiencia preliminar del procedimiento abreviado*

Si la reforma de la conformidad plantea importantes aristas, la regulación que el nuevo art. 785 LECrim pretende hacer de la nueva audiencia preliminar es particularmente problemática, por cuanto, lejos de redundar en una depuración procesal como la que parece perseguir (similar a la que se atribu-

---

[30] También Banacloche Palao se muestra partidario de autorizar conformidades parciales cuando el enjuiciamiento pueda efectuarse de manera separada. Banacloche Palao, Julio, "El proyecto de ley de eficiencia...", cit., pp. 8 y 9.

[31] Conviene para ello valorar dos elementos particularmente importantes a los efectos de posibilitar la aceptación de la pena por una parte de los acusados: por un lado, la realización de un enjuiciamiento separado cuando alguno de los acusados pretende conformarse y otro u otros han sido citado y no comparecen o han sido declarados en rebeldía y, por otro lado, la necesidad de garantizar la continencia de la causa asegurando que los que han alcanzado un acuerdo estén presentes en el acto de juicio y puedan ser interrogados por las defensas de los acusados no conformes. Moreno Verdejo, al abordar ambas cuestiones, considera viable la primera situación (conformidad de los presentes en ausencia de los rebeldes o no comparecidos sin justa causa) y, por otro lado, sostiene la necesidad de que se garantice el derecho de los no conformes a interrogar a los que han alcanzado una conformidad. Aunque entiendo que ambas situaciones son en gran parte independientes, diría que hay una suerte de contradicción en aceptar la primera si se exige la presencia de todos los acusados en el juicio oral (salvo que, caso de ser hallados los rebeldes o comparecer voluntariamente, sean citados a juicio y comparezcan los conformes para posibilitar su interrogatorio). Moreno Verdejo, Jaime, "La conformidad", en Escobar Jiménez, Rafael y Del Moral García, Antonio (coords.), *El juicio oral en el proceso penal,* 3ª ed., Comares, Granada, 2021, pp. 83 a 90.

ye a la audiencia previa en el juicio ordinario civil)[32], su instauración puede provocar importantes disfunciones y, sobre todo, una mayor carga de trabajo para los juzgados de lo penal y las audiencias provinciales.

Como lo hace en relación con la conformidad, también en este punto el PLOE lleva a la LECrim la práctica instaurada en algunos juzgados y audiencias de celebrar vistas a las que únicamente son convocadas las partes y sus respectivos letrados para abordar las cuestiones previas del art. 786.2 LECrim o para tratar de alcanzar una conformidad[33], pero lo hace reuniendo ambas finalidades en una única audiencia con la evidente voluntad de anticipar el examen de las circunstancias por las que no deba llegar a celebrarse el juicio oral, pero enfocándose principalmente en propiciar una nueva oportunidad para alcanzar una conformidad (de sus doce apartados, ocho se dedican a regular una eventual conformidad), y solo en el caso de que no exista ninguna circunstancia que lo impida, decidir sobre las pruebas propuestas y señalar la fecha de juicio.

El PLOE reforma el art. 802 LECrim y excluye expresamente la celebración de la audiencia preliminar en el ámbito de los juicios rápidos, lo que delata la principal finalidad que subyace a la creación de esta audiencia, que no es otra que la de incrementar el número de conformidades, lo que lógicamente no surtiría efectos en los juicios rápidos, toda vez que el acusado habrá rechazado la conformidad premiada y, por tanto no podrá obtener beneficios similares a los que prevé el art. 801 cuando en diligencias urgentes se evita la continuación del procedimiento mediante la aceptación de la pena. Valoración que cabe extender al procedimiento abreviado cuando la pena no supera los tres años: si el encausado no se acogió a la conformidad premiada interesando la transformación procedimental que viene autorizada por el art. 779.1.5ª LECrim, difícilmente va a hacerlo ante el órgano de enjuiciamiento cuando no cuenta ya con el incentivo que le ofrecía entonces el art. 801 LECrim y sin el señalamiento del juicio a la vista.

En definitiva, dada la expresa exclusión de la audiencia preliminar en el caso de los juicios rápidos, es preciso mantener la posibilidad de plantear cuestiones previas y proposición de nuevas pruebas al inicio del juicio oral (que queda suprimida con la reforma, sin que resulten exceptuadas las causas

---

32 Banacloche Palao cuestiona que la primera de las funciones que se atribuya a la audiencia sea propiciar un acuerdo o conformidad, como en la audiencia previa civil, dado que en el caso penal es preferente el examen de cuestiones previas. Banacloche Palao, Julio, "El proyecto de ley de eficiencia procesal…", cit. p. 10.

33 En los términos previstos en el *Protocolo de actuación para juicio de conformidad* suscrito entre la Fiscalía General del Estado y el Consejo General de la Abogacía y en la Instrucción 2/2009, de 22 de junio, sobre aplicación del protocolo de conformidad suscrito por la Fiscalía General del Estado y el Consejo General de la Abogacía Española.

que provengan de diligencias urgentes)[34] y que el órgano de enjuiciamiento se pronuncie por escrito sobre las pruebas propuestas en los escritos de acusación y defensa.

La audiencia preliminar debe contar con la comparecencia de las partes y de sus letrados, si bien no quedará suspendida por la inasistencia injustificada de alguna de ellas, incluida la persona acusada, siempre que sean advertidas en la citación de que la audiencia se celebrará aun sin su presencia. En tal caso, se celebrará la audiencia para todas las finalidades que puedan desarrollarse sin la presencia de alguna de las partes (es decir, el debate sobre las cuestiones previas planteadas y las decisiones sobre la admisión de las pruebas y la práctica de pruebas anticipadas; por lo tanto, todas a excepción de la conformidad si es el acusado quien no comparece sin causa justificada). No cabe duda de que debe entenderse que la referencia del precepto a las partes integra también a las partes civiles[35], pero no se indica que la víctima y/o el perjudicado no personado deban ser citados. Si nos atenemos a la literalidad del precepto, parece que su citación debería descartarse, toda vez que el art. 785.2 LECrim únicamente alude a la citación de las partes. No obstante, es preciso tener en cuenta que, si llegase a alcanzarse una conformidad, el precepto exige que la víctima y/o la persona perjudicada sea oída por el Ministerio Fiscal "siempre que hubiera sido posible" cuando así lo requieran la gravedad de los hechos o de sus consecuencias y, en todo caso, cuando se encuentre en situación de vulnerabilidad. Ello no implicaría necesariamente que sean oídos en la misma audiencia, dado que únicamente se precisa que se realice ante el Ministerio Fiscal, lo que podría efectuarse mediante trámite escrito de alegaciones o en la propia audiencia si no se ha alcanzado un acuerdo antes de la misma y se interesa su citación para evitar la suspensión del acto si llegara a alcanzarse tal acuerdo en el curso del mismo[36]. En cualquier caso, resulta discutible que un trámite tan relevante como el que posibilita que la víctima y/o la persona perjudicada sean oídas en relación con una posible conformidad y respecto de sus efectos en la reparación del daño, no se articule con un mínimo de detalle que permita una aplicación uniforme y que no deje en manos del criterio del Ministerio Fiscal en qué supuestos debe producirse. Resulta igualmente cuestionable que el derecho a ser oído quede condicionado a la gravedad

---

34 Sobre ello alerta también Banacloche Palao, Julio, "El proyecto de ley de eficiencia procesal...", p. 17.

35 En el mismo sentido, Banacloche Palao, Julio, "El proyecto de ley de eficiencia procesal...", cit., p. 9.

36 Banacloche hace notar que si el acuerdo se alcanza en el acto, como suele ser habitual, y la víctima no ha sido citada o no ha comparecido, su derecho a ser oída no podrá ser garantizado. Banacloche Palao, Julio, "El proyecto de ley de eficiencia procesal...", cit., p. 14.

del hecho, de sus consecuencias o de la vulnerabilidad de la víctima o del perjudicado pero no se indique si en estas circunstancias debe producirse con independencia de cualquiera que sea la forma mediante la que se alcance la conformidad, toda vez que no se entiende el sentido de tal audiencia cuando el acusado acepta la pena sin negociación previa, salvo por la reparación moral que ese derecho de audiencia pudiera suponer[37].

Las finalidades de la audiencia preliminar se describen con claridad en el art. 785.1 LECrim, que dispone que el órgano de enjuiciamiento señalará un vista en la que las partes podrán hacer las alegaciones que estimen oportunas sobre "la posibilidad de conformidad del acusado o acusados, la competencia del órgano judicial, la vulneración de algún derecho fundamental, la existencia de artículos de previo pronunciamiento, causas de la suspensión de juicio oral, nulidad de actuaciones, así como sobre el contenido, finalidad o nulidad de las pruebas propuestas.

Podrán igualmente proponer la incorporación de informes, certificaciones y otros documentos. También podrán proponer la práctica de pruebas de las que las partes no hubieran tenido conocimiento en el momento de formular el escrito de conclusiones provisionales". De este modo, el precepto recoge, con las necesarias adaptaciones, el trámite de cuestiones previas y de proposición de pruebas que actualmente se celebra al inicio del juicio oral (o, en algunos casos, en una vista previa al mismo) en los términos del art. 786.2 LECrim.

No se estipula orden alguno para el planteamiento y resolución de las diferentes cuestiones, decisión que parece quedar a criterio del tribunal, incluyendo la posible existencia de conformidad: "En la misma comparecencia, las partes podrán pedir al juez, jueza o tribunal que proceda a dictar sentencia de conformidad..." (art. 785.4 LECrim). No obstante, si partimos de la redacción del mencionado apartado primero, parece que el legislador entiende preferente el intento de alcanzar una conformidad sobre el resto de finalidades de la audiencia preliminar. Banacloche Palao también lo interpreta de este

37 En nuestro sistema (y también en el que resultará de la aprobación del PLOE), ni la víctima ni el perjudicado pueden oponerse a la homologación del acuerdo que deviene en sentencia de conformidad ni a la aceptación de la pena por parte del acusado (salvo si están personados y deciden no rebajar sus pretensiones civiles y penales para favorecer un acuerdo), lo que abona la idea de que tal audiencia únicamente opere a título de reparación moral o, a lo sumo, para que pueda ser tenida en cuenta si el acuerdo alcanzado ha supuesto una rebaja de la indemnización interesada por la fiscalía. Sobre la necesidad de contar con la víctima en el proceso negociador si se encuentra personada se pronuncia Doig Díaz, Yolanda, "Algunas inconsistencias en la persecución penal de la violencia contra las mujeres", en López Yagües, Verónica (dir.), *Víctimas y especial vulnerabilidad*, Tirant lo Blanch, Valencia, 2023, p. 359.

modo, y considera más acertado postergar la posible conformidad hasta el planteamiento y, en su caso, resolución de las cuestiones previas, por cuanto, a diferencia de lo que sucede en la audiencia previa del juicio ordinario, no se producirá acuerdo alguno hasta tanto queden resueltas las posibles incidencias que impidan la celebración del juicio[38]. Considero, sin embargo, que la casuística es lo suficientemente rica como para valorar positivamente que el PLOE no prevea orden alguno para el examen de las diversas cuestiones planteadas. De este modo, si las partes han llegado a un acuerdo antes de la celebración de la audiencia preliminar, ésta podrá dirigirse exclusivamente a homologarlo y dictar sentencia sin necesidad de abordar el resto de cuestiones, pero si se plantean cuestiones previas, es muy posible que la defensa decida retrasar el intento de un acuerdo a la espera de las resoluciones que dicte el tribunal sobre las cuestiones previas y sobre la admisión de pruebas propuestas en los escritos de acusación y defensa en el mismo acto, interesando un receso para tratar de alcanzar un acuerdo con las acusaciones.

En todo caso, la atenta lectura del precepto permite apreciar que todas y cada una de las cuestiones previas que pueden abordarse en la actualidad al inicio del juicio deberán abordarse ahora en esta audiencia (incluido el control de la acusación), o, al menos, ello es lo que se pretende al establecer su celebración preceptiva. Sin embargo, este carácter precepto es, en mi opinión, el aspecto más cuestionable de este nuevo trámite oral, toda vez que lejos de contribuir a agilizar el procedimiento o anticipar su finalización, puede provocar un importante retraso de su tramitación al celebrarse una nueva vista con independencia de posibles valoraciones sobre su necesidad en el caso concreto.

Incorporar un nuevo señalamiento a la agenda judicial por cada procedimiento abreviado, aun en el caso de que no se planteen cuestiones previas o que resulte prácticamente inviable una conformidad (por ejemplo, en causas complejas con varios acusados, cuando las penas solicitadas por la acusación particular son muy elevadas o cuando la extensión de la hoja histórico penal del acusado permite pronosticar que la pena no será suspendida), puede demorar excesivamente la tramitación y duplicar el trabajo de la oficina judicial, especialmente complejo y laborioso cuando se trata de causas con muchas partes personadas o con múltiples víctimas y/o perjudicados, dado que la oralidad no es necesariamente garantía de celeridad y agilidad procedimental[39]. A ello se suma que el adelanto del trámite a esta nueva audiencia no va a impedir que al inicio del juicio oral pueda tener lugar la alegación de nuevas

---

38 Banacloche Palao, Julio, "El proyecto de ley de eficiencia procesal…", cit. p. 10.

39 En parecido sentido, Banacloche Palao, Julio, "El proyecto de ley de eficiencia procesal…", cit. p. 20.

cuestiones previas o la presentación de documentos y proposición de nuevas pruebas de las que no se hubiera tenido conocimiento al tiempo de celebrarse la audiencia preliminar (art. 787.3 en su redacción según el PLOE). Especialmente, cuando de todos es sabido que la rigidez con la que operan los plazos preclusivos para la admisión de pruebas nuevas o de nuevo conocimiento en otros órdenes jurisdiccionales se convierte en flexibilidad en el orden penal, al adquirir el derecho a utilizar los medios de prueba pertinentes para la defensa tintes especialmente garantistas, sobre todo cuando se refiere a pruebas de descargo. No será extraño que se alegue el desconocimiento de un documento aportado al inicio del juicio oral pero con fecha anterior a la audiencia preliminar (sobre todo, cuando la parte no comparezca a dicha audiencia), lo que motivará, las más de las veces, la duplicidad del trámite de cuestiones previas y de admisión de nuevos medios probatorios.

Por lo que respecta a la decisión de las cuestiones previas aducidas por las partes, el PLOE prevé que se anuncie oralmente y en el acto (se sobreentiende que de forma motivada), salvo que por su complejidad requieran un examen más detallado, en cuyo caso se resolverán mediante auto en el plazo máximo de diez días (art. 785.3). El régimen de recursos no presenta novedad alguna, toda vez que la desestimación de las cuestiones planteadas exige la formulación de oportuna protesta para poder reproducir tales cuestiones en el recurso de apelación frente a la sentencia y, de dictarse resolución que ponga fin al procedimiento, podrá sustanciarse recurso de apelación directamente frente a la misma. Parece que el PLOE suprime la práctica de dejar pendientes de resolver alguna o algunas de las cuestiones previas planteadas para disponer sobre ellas en la propia sentencia, a modo de cuestiones incidentales de especial pronunciamiento. Sin embargo, considero bastante difícil que pueda acabarse definitivamente con esta inercia, puesto que tales cuestiones se encuentran en muchas ocasiones tan vinculadas al fondo del asunto que únicamente pueden resolverse una vez se ha practicado la prueba (así sucede, por ejemplo, en muchos casos de prescripción de los hechos, dado que es preciso conocer con exactitud las fechas en las que estos tuvieron lugar). Lo mismo ocurre cuando se invoca la vulneración de un derecho fundamental y, en especial, la ilicitud de una prueba. En estos casos, y dado que la redacción del art. 785 LECrim no prevé la aportación y práctica de pruebas en el acto sobre alegaciones de tal naturaleza, lo más probable es que la decisión sobre ellas deba postergarse al momento de dictar sentencia. Por ello, sería deseable que, de mantenerse la celebración de esta audiencia, en los escritos de acusación y defensa pudiera incluirse la petición de pruebas sobre la invocada vulneración de derechos fundamentales procesales o sustantivos a los efectos de que el tribunal decida sobre su admisión y puedan practicarse en el acto de la audiencia.

En definitiva, mi confianza en las supuestas ventajas que hayan podido motivar la creación de esta audiencia y su celebración con carácter preceptivo en el procedimiento abreviado es escasa, por no decir nula. Sería interesante reservar la posibilidad de llevarla a cabo cuando así se solicite por alguna de las partes en sus respectivos escritos de acusación y defensa con la finalidad de plantear artículos de previo pronunciamiento o cuestiones previas. Creo que, con la salvedad de procedimientos abreviados de especial complejidad en los que ya es bastante habitual señalar una vista previa al acto de juicio para el planteamiento de estas cuestiones incidentales, es preferible mantener la regulación actual o, a lo sumo, permitir el planteamiento de cuestiones previas por escrito antes del juicio. Además, dado que la conformidad puede realizarse en una comparecencia en la oficina del órgano de enjuiciamiento desde que la causa se encuentra a disposición de éste, la celebración de la audiencia resultará infructuosa las más de las veces.

3. LA EFICIENCIA DEL SISTEMA DE RECURSOS: LA REFORMA DE LA CASACIÓN PENAL MEDIANTE EL REAL DECRETO-LEY 5/2023, DE 28 DE JUNIO

Tras el trámite parlamentario de enmiendas al Proyecto de Ley de medidas de eficiencia procesal del servicio público de justicia (en lo sucesivo, PLEP), el informe de la ponencia, de manera sorpresiva y junto a otras importantes propuestas de reforma[40], incorporó una modificación sustancial del sistema de preparación y admisión del recurso de casación penal. De esta manera, el grupo parlamentario socialista se hacía eco (aunque tardíamente) de la necesidad de agilizar la tramitación del recurso y de reducir drásticamente el porcentaje de admisiones que, en los últimos años, debido a la reforma procesal de 2015, se ha ido incrementando exponencialmente. Frente a los 2958 recursos de casación interpuestos en 2015, en 2022 se interpusieron 8357, lo que supone un incremento cercano al 180%; es decir, que casi se ha triplicado en este periodo la carga de trabajo de la Sala Segunda del Tribunal Supremo[41]. Finalmente, y dado que tal Proyecto de Ley no pudo prosperar por la disolución de las Cámaras, la reforma de la casación se trasladó íntegramente al Real Decreto 5/2023 al amparo de evidentes circunstancias de urgencia y

---

40 Entre ellas, por ejemplo, la articulación de un sistema de Justicia restaurativa en el orden penal y la reforma del art. 701 LECrim por la que la solicitud de la defensa dirigida a que el acusado declarase en último lugar pasaba a ser preceptiva.

41 Datos extraídos de la Memoria anual de 2022 del Tribunal Supremo, disponible en https://www.poderjudicial.es/cgpj/es/Poder-Judicial/Tribunal-Supremo/Actividad-del-TS/Memoria-del-TS/Memoria-2022-TRIBUNAL-SUPREMO (pp. 90 y 91).

necesidad, dado que el normal funcionamiento de la Sala se encontraba seriamente comprometido. El texto, como se sabe, entró en vigor el pasado 29 de julio de 2023.

La tardía generalización de la doble instancia penal que tuvo lugar 2015 vino acompañada del acceso, también generalizado, al recurso de casación por infracción de ley sustantiva de las sentencias dictadas en el ámbito del procedimiento abreviado, incluidas todas aquellas por las que se imponen penas privativas de libertad inferiores a cinco años de prisión o penas de cualquier otra naturaleza con independencia de su duración (es decir, todas las dictadas en apelación por las audiencias provinciales y por la Sala de Apelación de lo Penal de la Audiencia Nacional). Con ello, se pretendió permitir el acceso a la casación de nuevos delitos incorporados en las sucesivas y frecuentas reformas del Código Penal sobre cuya interpretación, de cualquier otro modo, nunca se hubiera podido pronunciar el Tribunal Supremo, quedando francamente cercenada su labor interpretativa de normas sustantivas y procesales, precisa para garantizar el principio de seguridad jurídica. Sin embargo, tal reforma solo previó la inadmisión del recurso de casación por infracción de ley sustantiva con base en la falta de interés casacional cuando se interpusiera frente a las sentencias dictadas en apelación por la Audiencias Provinciales y por la Sala de lo Penal de la Audiencia Nacional, lo que, según se ha comprobado, fue a todas luces insuficiente para contener la avalancha de recursos que actualmente colapsa la Sala Segunda.

La reforma operada se dirige, en lo esencial, a limitar el acceso a la casación por dos vías. En primer lugar, mediante el establecimiento de un primer filtro en la fase más inicial, relativa a la preparación del recurso ante el órgano *a quo* (Audiencia Provincial o Sala de lo Penal de la Audiencia Nacional). Se exige ahora a la parte que pretenda preparar el recurso de casación por infracción de ley que presente un escrito indicando la concurrencia de los requisitos exigidos, el precepto infringido y una exposición sucinta de las razones que fundan la infracción invocada (art. 855 LECrim). De esta forma, se abre la posibilidad de denegar la preparación cuando falte alguno de tales extremos o cuando el recurso que se pretenda interponer no alcance a reunir los requisitos exigidos para recurrir por infracción de ley sustantiva (art. 858 LECrim). En segundo lugar, se limita el acceso de los recursos de casación (tanto amparados en la infracción de ley como en el quebrantamiento de forma) interpuestos frente a las sentencias dictadas en única instancia o en apelación por los Tribunales Superiores de Justicia y las dictadas por la Sala de Apelación de la Audiencia Nacional, siempre que la pena impuesta no sea superior a cinco años o sea de otra naturaleza, cualquiera que sea su duración[42]. En estos casos, se requiere ahora la presencia de *relevancia casacional* para la admisión del recurso (art. 847.1 a) LECrim). De este modo, la admisión ya no solo pivota sobre el conocido concepto de *interés casacional*, que desde la reforma de la LECrim de 2015 limita el acceso al recurso de casación por infracción de ley de las sentencias dictadas por los Tribunales Superiores de Justicia y la Sala de Apelación de la Audiencia Nacional, sino que ahora estará condicionada también por la *relevancia casacional*, que limita el acceso al recurso (tanto por infracción de ley como por quebrantamiento de forma) de las sentencias dictadas por las Audiencias Provinciales y la Audiencia Nacional, lo que se espera que provoque una drástica reducción de los recursos admitidos a trámite, que habrán de ser únicamente los que permitan que la Sala Segunda desarrolle su función de unificación interpretativa, tanto sustantiva como procesal.

Al introducir el concepto de *relevancia casacional* como requisito de admisión del recurso, el legislador avala lo que venía siendo una práctica consolidada del Tribunal Supremo consistente en interpretar conforme al mismo los arts. 884 y 885 LECrim, relativos a las causas de inadmisión, y ello con el fin de tratar de contener el ingente número de recursos que se venían interponiendo desde la reforma de 2015.

Mientras el concepto de *interés casacional* se recogió en el preámbulo de la Ley 41/2015, de 5 de octubre, de modificación de la Ley de Enjuiciamiento Criminal para la agilización de la justicia penal y el fortalecimiento de las garantías procesales, y posteriormente lo hizo suyo el Tribunal Supremo en el Acuerdo de Pleno no Jurisdiccional de 9 de junio de 2016[43], adoptado con ocasión de la interposición masiva de recursos de casación, la evolución del

42 Lo que María Pía Calderón Cuadrado, al analizar el germen jurisprudencial de la reciente reforma, denominó "segunda casación". Calderón Cuadrado, María Pía, "El acceso a la casación penal. Una primera aproximación al hilo de la pérdida de su misión prioritaria y del resurgir de la distinción *ius constitutionis - ius litigatori*", *Anuario de la Facultad de Derecho de la Universidad Autónoma de Madrid*, núm. 22, 2018, p. 352.

43 Relativo a la unificación de criterios sobre el alcance de la reforma de la Ley de Enjuiciamiento Criminal de 2015, en el ámbito del recurso de casación. El acuerdo relativo a la interpretación del art. 847.1, b) LECrim establece, en su letra d), que "Los recursos deben tener interés casacional. Deberán ser inadmitidos los que carezcan de dicho interés (art. 889 2.º), entendiéndose que el recurso tiene interés casacional, conforme a la exposición de motivos: a) si la sentencia recurrida se opone abiertamente a la doctrina jurisprudencial emanada del Tribunal Supremo, b) si resuelve cuestiones sobre las que exista jurisprudencia contradictoria de las Audiencias Provinciales, c) si aplica normas que no lleven más de cinco años en vigor, siempre que, en este último caso, no existiese una doctrina jurisprudencial del Tribunal Supremo ya consolidada relativa a normas anteriores de igual o similar contenido". Posteriormente, la Sala Segunda ha introducido algunos matices interpretativos que complementan y amplían

concepto de *relevancia casacional* ha sido el inverso. En efecto, ha sido el Tribunal Supremo quien lo ha ido perfilando tras la reforma del sistema de recursos de 2015 y, concretamente, a partir del criterio que, por primera vez, se expresó en la STS 476/2017, de 26 de junio. La *relevancia casacional* se contrae, básicamente, a la necesidad de que el recurrente invoque en el recurso motivos que hayan sido discutidos en apelación, pero haciendo uso de argumentos distintos a los ya planteados y debidamente denegados en segunda instancia[44]. Sobre ello, la STS 20/2021, de 18 de enero, es muy gráfica al reiterar y fijar tal criterio: la sentencia objeto de casación es la dictada en apelación (solo indirectamente se produce una revisión de la sentencia de instancia); la casación no es una apelación bis o una segunda vuelta del recurso previo de apelación, de modo que es esperable que el recurrente alegue nuevos argumentos contra la sentencia de apelación, ya que los utilizados previamente han recibido

---

el contenido de este acuerdo. Así ha sido, por ejemplo, en las SSTS 11/2022, de 12 de enero y 98/2022, de 9 de febrero.

44 "La Sentencia contra la que se plantea el recurso de casación es la resolutoria del recurso de apelación. Frente a la misma el recurrente deberá plantear su disidencia, sin que -como principio general y, sobre todo, en relación con el ámbito fáctico- pueda consistir en la reiteración simple del contenido de la impugnación desarrollada en la apelación ni en el planteamiento de cuestiones no debatidas en la apelación, pues las mismas ya han tenido respuesta desestimatoria o son cuestiones que han sido consentidas por la parte. En particular, respecto al ámbito del control casacional cuando se invoca la lesión al derecho fundamental a la presunción de inocencia, cumplida la doble instancia, la función revisora de la casación en este ámbito se contrae al examen de la racionalidad de la resolución realizada a partir de la motivación de la sentencia de la apelación, comprensiva de la licitud, regularidad y suficiencia de la prueba. Respecto al error de Derecho, función primordial de la nueva casación, deberá actuarse conforme a la consolidada jurisprudencia de esta Sala en torno a los dos apartados del art. 885 de la ley procesal penal. Los quebrantamientos de forma, una vez que han sido planteados en la apelación y resueltos en forma negativa, pues de lo contrario la nulidad declarada no tiene acceso a la casación, la queja se contrae a la racionalidad y acierto de la resolución recurrida al resolver la cuestión planteada. Estos elementos son el fundamento sobre los que debe operar la admisión del recurso de casación y cuya inobservancia puede conllevar la inadmisión del mismo, conforme a los artículos 884 y 885 LECrim. Por otra parte, como dijimos en la STS 308/2017 es ajena a la función jurisdiccional una interpretación rígida de las causas de inadmisión, pero sería conveniente y deseable (a la vista de los actuales contornos de la casación derivados de la regulación de la Ley 41/2015) que la parte planteara adecuadamente las razones que sustentan la relevancia casacional de su recurso, bien en cuanto a los aspectos que sostienen su fundamento esencial o bien en relación con los aspectos novedosos que plantea su recurso (números 1 y 2 del artículo 885 LECRIM, sensu contrario). Ello permitiría a esta Sala advertir y apreciar cuáles son las razones que prima facie podrían dar lugar a un pronunciamiento que se apartara de las conclusiones obtenidas en las dos instancias previas a la casación" (STS 476/2017, de 26 de junio).

cumplida respuesta, y serán esos nuevos argumentos los que conformarán el contenido del recurso de casación. En definitiva, el concepto de relevancia casacional viene a imponer al recurrente la carga de justificar la existencia de razones ulteriores a las discutidas en segunda instancia cuya trascendencia se haya podido poner de manifiesto a propósito de la respuesta del órgano de apelación.

La radical limitación del régimen de preparación y admisión de la casación se acompaña de algunas reformas menores. Es el caso de la posibilidad de inadmitir el recurso por providencia sucintamente motivada en lugar de por auto, que se extiende ahora a todos los recursos de casación con independencia del motivo que se invoque (infracción de ley en cualquiera de sus modalidades o quebrantamiento de forma) frente a las sentencias dictadas en única instancia o apelación por los Tribunales Superiores de Justicia y las dictadas por la Sala de Apelación de la Audiencia Nacional cuando la pena privativa de libertad impuesta no exceda de 5 años o, siendo de otra naturaleza, cualquiera que sea su duración o cuantía, siempre que la causa de la inadmisión sea la falta de relevancia casacional y haya unanimidad al respecto (art. 889 LECrim). Asimismo, se aprovecha la reforma también para eliminar el trámite de alegaciones conferido al recurrente y que, en virtud del art. 882 LECrim, seguía a la impugnación de la admisión del recurso (en la casación frente a sentencias dictadas en apelación por las audiencias provinciales o la Sala de Apelación de la Audiencia Nacional, el trámite se venía realizando una vez acordada la inadmisión mediante providencia sucintamente motivada).

En definitiva, la reforma del recurso de casación se ajusta a lo que viene siendo práctica del Tribunal Supremo desde 2017 como respuesta a la necesidad de acotar el ámbito del recurso y merece una valoración positiva en la medida en que garantiza un adecuado cumplimiento de su función nomofiláctica y contribuye a mejorar la racionalidad del sistema penal de impugnación, toda vez que con la regulación del recurso de apelación de 2015 se encuentra debidamente garantizada la efectividad del derecho al doble grado de jurisdicción.

4. LA EFICIENCIA DE LA FASE DE EJECUCIÓN: ALGUNAS CONSIDERACIONES SOBRE LA PROPUESTA DEL PLOE

Como la reforma de la casación penal, merece también buena acogida la incorporación de un nuevo art. 988 bis a la LECrim prevista por el PLOE. Con ello, se pretende incorporar unos criterios básicos para una mejor ordenación de la fase de ejecución penal, que, salvo por lo dispuesto en los arts. 983 a 999 LECrim y en algunos preceptos del CP (como es el caso de algunas disposiciones procesales en los arts. 80 y ss en relación con la suspensión de la pena y su revocación), se encuentra prácticamente huérfana de regulación. Se trata de un mero esbozo de los trámites que deben seguir a la incoación de la ejecutoria y que se refieren a la posible suspensión de la pena privativa de libertad, a su ejecución (y a la de otras penas de distinta naturaleza) y a los dirigidos a hacer efectivos los pronunciamientos relativos a la responsabilidad civil.

El precepto articula, en sus apartados 1 a 3, una serie de medidas que deben ser acordadas de oficio, pero nada impide que decisiones como la suspensión de la pena o su revocación cuando hubiera sido previamente acordada (en el caso de la sentencia de conformidad, antes de la incoación de la ejecutoria, o ya incoada la ejecutoria, pero ante el incumplimiento de alguna de las condiciones impuestas) puedan ser interesadas por las partes. Únicamente se limita a prever las actuaciones en las que se debe concretar el necesario impulso de oficio de esta fase procesal, consistentes en ofrecer un trámite de alegaciones a las partes personadas y a la víctima (aun cuando no se haya personado) para que manifiesten y acrediten lo que estimen pertinente en relación con la posible suspensión de la pena privativa de libertad cuando no se hubiera decidido en sentencia (previa audiencia en el acto de juicio). Dicho trámite es, en principio, escrito, pero el juez o tribunal puede sustituirlo por una vista, debiendo resolver en ambos casos mediante auto lo que corresponda respeto de todas las cuestiones suscitadas.

En su apartado cuarto, el art. 988 bis ordena la celebración de una comparecencia ante el LAJ a los efectos de efectuarle al penado los requerimientos relativos al cumplimiento de las penas impuestas, de la responsabilidad civil a la que hubiera sido condenado, del pago de las costas (cuya mención se omite en el precepto pero debe quedar incluido entre los requerimientos), del decomiso que se hubiere acordado en la sentencia y de realizarle la advertencia relativa a las consecuencias de los posibles incumplimientos en los que pudiera incurrir, como sucede con la transformación de la pena de multa impagada en pena privativa de libertad en los términos del art. 53 CP o, de haberse acodado la suspensión, de su posible revocación.

Asimismo, compete al LAJ la liquidación de las penas impuestas y, aunque no se mencione, de la suspensión que en su caso se hubiere acordado, debiendo fijar el día de inicio del cumplimiento, el día final de cumplimiento (o suspensión) y el tiempo que debiera abonarse, de acuerdo con las reglas de los arts. 58 y 59 CP, por razón de las medidas cautelares personales que le hubieran sido impuestas. La liquidación, de la que deberá darse traslado a todas las partes personadas (y al penado personalmente), se aprobará mediante decreto si no se formulase impugnación, pero de oponerse alguna de las partes, se dará nuevo traslado al resto de las personadas por dos días y se aprobará en tal caso mediante auto, que será nuevamente notificado personalmente al penado si el tribunal modifica la propuesta de liquidación del LAJ.

Debe ser también bienvenida la incorporación a la LECrim de la regla relativa al cómputo de las penas en años (365 días) y en meses (30 días) con la que se viene operando en la práctica y que hasta ahora únicamente prevé el art. 349 *in fine* de la LO 289/1989, de 13 de abril, Procesal Militar.

Con todo, y aunque considero positiva la voluntad de establecer unas bases comunes mínimas en materia de ejecución penal, se pierde una buena oportunidad para llevar a la LECrim algunas cuestiones importantes. En particular, la determinación de la competencia en supuestos en los que resulta dudoso si corresponde al Juzgado de Vigilancia Penitenciaria o al órgano sentenciador (por ejemplo, respecto de la concreción de las medidas que comportará la libertad vigilada), las normas procedimentales contenidas en los arts. 80, 82 y 86 CP (y su interpretación al amparo de la jurisprudencia constitucional contenida en la STC 32/2022, de 7 de marzo, sobre la necesaria audiencia al penado en caso de revocación de la suspensión motivada en el impago de la responsabilidad civil), o la imprescriptibilidad de la responsabilidad civil en los términos en los que la ha declarado el Tribunal Supremo, lo que supone una mayor garantía para los perjudicados, dado que permite mantener viva –o, al menos, activar tanto de oficio como a instancia de parte— la averiguación patrimonial y la adopción de medidas de garantía hasta tanto la responsabilidad civil sea efectivamente satisfecha[45].

En definitiva, la propuesta del PLOE es correcta, acertada y necesaria, pero manifiestamente insuficiente para dar respuesta a las múltiples incidencias que habitualmente se suscitan en esta fase.

5. UNA ÚLTIMA REFLEXIÓN. LOS COSTES DE LA EFICIENCIA PROCESAL

El análisis precedente evidencia una clara apuesta del legislador por la reducción de costes y tiempos procesales, pero tal apuesta no parece haber estado precedida de un examen mínimamente consecuencialista que, basado en criterios de política criminal, haya permitido evaluar el impacto que las reformas pueden tener sobre la confianza en nuestro sistema procesal. Y si bien las medidas dirigidas a contener el número de recursos de casación y a imprimir dosis de eficiencia –aun tímidamente—a la fase de ejecución penal, merecen un juicio positivo, las reformas orientadas a generalizar la terminación negociada del proceso penal plantean muchos problemas que, en mi opinión, deberían llevar al legislador a dar marcha atrás en esta propuesta o,

---

45 Cuestión que resuelve con sumo acierto la STS 607/2020, de 13 de noviembre, aunque no por ello sea una declaración exenta de problemas.

al menos, a repensar su alcance o los términos en los que debe articularse un sistema razonable de acuerdos.

En efecto, la desmedida promoción de las conformidades que articula el PLOE (aunque, como se ha reiterado, sin una mínima concesión al principio de oportunidad) cuestiona seriamente la supremacía del procedimiento contradictorio y de la sentencia como resultado de la prueba, elementos nucleares de legitimación de nuestro sistema penal, que retroceden en favor de la aceptación de la pena fruto de un procedimiento negociador que con total seguridad pronto dejará notar también las principales deficiencias que presenta en sistemas procesales que, como el americano, se sostienen casi en exclusiva sobre las facultades negociadoras de las partes. Es difícil asumir que, con esta reforma, el disfrute de las garantías procesales propias de la centralidad del juicio oral pase de ser la regla general a una mera excepción[46]. Particularmente problemático resultará aceptar que los acuerdos del acusado con las partes acusadoras respondan prácticamente a las reglas del libre mercado, tal y como destaca Armenta Deu, y con ello, que se traslade el centro de gravedad del sistema penal desde la sanción por la comisión de ilícitos penales hacia la mera voluntad de las partes y, en concreto, del acusado o investigado que decide aceptar una pena, con independencia de que su responsabilidad haya quedado acreditada[47]. Ello pone en riesgo la legitimidad de las decisiones judiciales de condena en el ámbito del procedimiento ordinario y del abreviado cuando, ante penas elevadas, tales decisiones no se ciñen a hechos que han sido debidamente acreditados, sino que son fruto del poder de disposición de la persona acusada sobre sus garantías procesales y, en especial, sobre su derecho a la presunción de inocencia. Y de ahí a situaciones abusivas que fuercen, directa o indirectamente, la aceptación de la pena hay un corto y muy peligroso camino en el que la figura del juez como tercero imparcial llamado a resolver y a imponer una pena con fines de prevención general y especial puede devaluarse gravemente, toda vez que la función del decisor queda reducida, las más de las veces, a homologar un acuerdo una vez que constata que el acusado ha elegido "libremente" una sanción penal que se ajusta a los márgenes que establece el Código Penal, lo que se traduce en un control meramente formal de que ha prestado libremente su consentimiento[48].

---

46 Aguilera Morales, Marien, "La deriva del "principio"...", cit., p. 65. De la misma autora, "La conformidad en la propuesta de Código Procesal Penal: *ubi non est iustitia, ibi non potest esse ius*", Ruiz López, Cristina, López Jiménez, Raquel y Moreno Catena, Víctor Manuel (coords.), *Reflexiones sobre el nuevo proceso penal. Jornadas sobre el borrador de Código Procesal Penal*, Tirant lo Blanch, Valencia, 2015, p. 853.

47 Armenta Deu, Teresa, *Derivas de la Justicia. Tutela de los derechos y solución de controversias en tiempos de cambios*, Marcial Pons, Madrid, 2021, pp. 151-152.

48 La escasa intervención judicial en la conformidad también es destacada por Rodríguez-García, Nicolás, "La conformidad en el Anteproyecto de Lecrim de 2020",

No cabe duda de que el sistema penal no puede prescindir de fórmulas de terminación negociadas, pero el porcentaje de asuntos que se resuelven mediante las mismas es un indicador verdaderamente certero del compromiso con la corrección de la decisión judicial. Un número excesivamente elevado de conformidades fuera de los casos en los que habitualmente cabe pronosticar una sentencia condenatoria con un alto grado de fiabilidad, supone un serio ataque a la línea de flotación de la justicia penal, que debe sustentarse sobre la legitimidad de sus decisiones, pero también sobre la legitimidad del procedimiento de imposición de penas, solo predicable cuando esté en condiciones de satisfacer los fines que le son propios[49]. Decía Marien Aguilera sobre el recurso desmedido a la conformidad, pero también, más en general, sobre la operatividad sin límites del principio de oportunidad, que "permitir el *bargain* sin límites —o «legislar desde el realismo», como señalaba el Anteproyecto Caamaño—, [es] doblegarse a lo que, bien mirado, son simples y deleznables corruptelas[50].

La inexistencia de un efectivo control sobre los presupuestos de la sanción penal (y no únicamente sobre su libre aceptación por la persona acusada) no puede alcanzar los fines de prevención general y especial que cabe esperar, toda vez que fracasa desde la doble perspectiva que insoslayablemente debe enmarcar el sistema penal: la justicia de la decisión (en tanto se renuncia con

---

en Jiménez Conde, Fernando y Fuentes Soriano, Olga (dirs.), *Reflexiones en torno al Anteproyecto de Ley de Enjuiciamiento Criminal de 2020*, Tirant lo Blanch, Valencia, 2022, p. 1121. El control no debería limitarse a valorar la legalidad de la pena acordada o aceptada, sino la razonabilidad de su alternativa, esto es, de la que se jugaría el acusado si decidiera defenderse en juicio, que tiende a ser, las más de las veces, sumamente elevada. De este modo es como cabe detectar elementos que inciden directamente sobre la libertad del acusado al aceptar la pena. Bachmaier Winter, Lorena, "Justicia negociada y coerción...", cit., p. 27. Resultan muy expresivas las palabras de Antonio del Moral sobre prácticas que, manifiestamente, representan el manejo de las pretensiones punitivas por la fiscalía a modo premio y castigo: "el acusado que quiere ejercitar todo el haz de derechos que configuran un juicio justo, vendrá a ser "castigado" con un "plus" de penalidad basado no ya en los hechos, sino en esa resistencia a entrar en el sistema de conformidades que tan cómodo y productivo resulta. Ciertos tintes de exageración hay en esa simplificadora visión. Pero también mucho de realidad cotidiana. Con humor y retratando una imagen frecuentísima en nuestros juzgados y tribunales antes de empezar una sesión de juicios (fiscal y defensas "regateando" para llegar a una posible conformidad) alguien decía que ya los fiscales más que togas, necesitábamos "chilabas"". Del Moral García, Antonio, "La conformidad en el proceso penal (Reflexiones al hilo de su regulación en el ordenamiento español)", *Revista Auctoritas Prudentium*, 2008, núm. 1, p. 19.

49 Un ahorro en costes y tiempo que supone un elevado coste también en términos de garantías procesales. Bachmaier Winter, Lorena, "Justicia negociada y coerción...", cit., p. 30.

50 Aguilera Morales, Marien, "La deriva del "principio"...", cit., p. 65.

carácter generalizado al descubrimiento de la verdad como fuente de legitimación de la condena) y la justicia del proceso (en la medida en que el acusado, por razones no contrastables, renuncia a las garantías procesales propias del enjuiciamiento). Un análisis riguroso de las consecuencias y costes de la generalización de la conformidad no puede detenerse en la igualdad formal que el proceso proporciona a las partes y que se traduce en poner a su disposición idénticos medios de ataque y defensa. Es la patente situación de desigualdad intrínseca en la que se encuentra el acusado frente a la acusación –y, particularmente, frente a la fiscalía—en todo proceso negociador la que lleva a cuestionar profundamente la promoción desmedida de la conformidad[51].

De ahí que el germen de lo que parece va a ser la nueva justicia penal deba calificarse, cuanto menos, de frívolo y sumamente desconsiderado con sus postulados clásicos[52]. Sin desconocer que uno de los grandes caballos de batalla es y seguirá siendo la lentitud de la justicia, el modo en el que la misma se combate dice mucho del compromiso con el resto de fines y garantías procesales, y si por algo destaca esta reforma es por una indisimulada apuesta por la descongestión de los tribunales mediante la opción más fácil y menos costosa (en términos puramente económicos) de todas: la renuncia misma al ejercicio de la jurisdicción en favor de una terminación negociada. Una privatización de la justicia penal, en definitiva, cuyas bondades deberán medirse –aunque el legislador haya tratado de eludirlo— mediante parámetros que van mucho más allá de la reducción de costes y tiempos, tales como su impacto sobre la gravedad de las penas inicialmente solicitadas y finalmente impuestas o el número total de sentencias condenatorias alcanzadas mediante conformidad y las características de las causas en las que se dictan (tipo de delito, defensa letrada de confianza o de oficio, edad de la persona acusada, nacionalidad, nivel de estudios, etc.)[53].

---

51 Un excelente y muy riguroso análisis de la igualdad como presupuesto para aceptar la mediación penal –aplicable también a los acuerdos en los que se traducen las más de las veces las conformidades y, en todo caso, a los motivos que subyacen a la decisión del acusado de aceptar la pena solicitada—, puede verse en Fuentes Soriano, Olga, "Riflessioni sulla fattibilità della mediazione penale nei casi di violenza di genere", *Giustizia consensuale,* 2023, núm. 2, especialmente en pp. 505 y ss.

52 También Banacloche es contrario a la extensión "oficial" de la conformidad a los delitos más graves, respecto de los que considera preciso contar con una sentencia basada en la prueba practicada que aporte la necesaria seguridad del resultado procesal. Banacloche Palao, Julio, "El proyecto de ley de eficiencia procesal…", cit., p. 8.

53 Una crítica similar por el impacto del principio de oportunidad sobre el sistema de garantías puede verse en Sanjurjo Ríos, Eva Isabel, "La tendencia privatista del proceso penal. Una progresiva "dosis" de oportunidad procesal ¿para una justicia penal más eficaz?", en Bujosa Vadell (dir.), Lorenzo Mateo, *Derecho Procesal. Retos y transformaciones,* Atelier, Barcelona, 2021, pp. 253 a 259.

No cabe duda de que la ampliación de la conformidad, bien articulada, podría incidir drásticamente sobre el colapso de la justicia penal, toda vez que no solo supone un evidente acortamiento de la primera instancia (dado que reduce la carga de trabajo de los juzgados de lo penal y de las audiencias provinciales), sino también, y sobre todo, una importante aminoración de la presión sobre el sistema de recursos, puesto que se reduce el número de los que las audiencias provinciales, los tribunales superiores de justicia y el Tribunal Supremo deben resolver. Sin embargo, como se ha visto, esta reforma permitirá, a lo sumo, hacer aflorar conformidades encubiertas, pero apenas incrementar el número de terminaciones anticipadas. Además, tales efectos, meramente hipotéticos, no contribuirán a mejorar la justicia penal si no se acompañan de un esfuerzo por mejorar las condiciones en las que se desarrollan los procedimientos. La inversión en la justicia[54] (y no solo en transformación digital y rehabilitación de edificios judiciales, sino también en un incremento sustancial del número de jueces y magistrados), y la reforma integral del proceso mediante una nueva Ley de Enjuiciamiento Criminal que simplifique los procedimientos y ofrezca alternativas atractivas[55] es *conditio sine qua non* para sostener el forjado del sistema penal, que no puede descansar en la conformidad como principal solución al colapso de los tribunales, sino en la solidez de los presupuestos que lo legitiman. Mientras llegan una y otra, el mantenimiento de la razonabilidad procesal pasa necesariamente por emprender reformas urgentes de algunos aspectos, como sucede, entre otros, con la fase intermedia si se pretende que sirva a los fines de contar con un verdadero filtrado que impida la apertura de juicio respecto de causas penales que con claridad no pueden prosperar.

Comparto plenamente la reflexión de Lorena Bachmaier Winter al situar el fundamento de la justicia negociada y su auge en el "fracaso de la propia administración de justicia para tramitar los procesos públicos con todas sus

---

[54] También Pereira Puigvert, Silvia, "Un pacto con la justicia...", cit., p. 348 y, en un análisis del anterior PLEP, del que es heredero el actual PLOE, Bonet Navarro, José, "Algunas consideraciones sobre el futuro servicio público de Justicia", en González Granda, Piedad, Damián Moreno, Juan y Ariza Colmenarejo, Mª Jesús (dirs.), *Variaciones sobre un tema: el ejercicio procesal de los derechos. Libro homenaje a Valentín Cortés Domínguez*, Colex, Madrid, 2022, p. 199.

[55] Es lo que ha sucedido en Italia, donde el número de sentencias de pateggiamento ha cedido un importante espacio al *giudizio abbreviato* y al *procedimento con mesa alla prova*, especialmente en favor de este último, que permite la suspensión condicional del procedimiento para someter al encausado a la realización de trabajos "de utilidad pública" y, cuando sea posible, para que trate de reparar el daño causado con el delito. Un retroceso del que da cuenta Oliver Calderón, Guillermo, "A 35 años de la creación del pateggiamento italiano. Análisis dogmático de su configuración actual y juicio crítico", *Revista Ius et Praxis*, año 29, 2023, núm. 1, p. 198.

garantías en tiempos y a costes razonables; o una opción de política judicial, que permite reducir costes"[56].

Finalizo estas páginas haciendo mías las palabras de uno de los autores que mejor y con más claridad ha alertado sobre el enorme riesgo que asumimos al ceder espacios excesivamente amplios al principio de oportunidad (y, como señala Barja de Quiroga[57], a su socio, la conformidad) en detrimento del principio de legalidad y de las garantías propias del proceso penal clásico: "la oportunidad no puede significar, como tampoco los mecanismos autocompositivos, un remedio a un proceso que se considere fracasado e inútil, pues el proceso acusatorio fue una conquista del Estado de derecho, un avance que no puede ser eliminado y sustituido por fórmulas con tendencia natural a la represión. Porque, no debe olvidarse que el proceso es límite al poder del Estado y límite a la investigación y que el Estado siempre tiende a extremar lo inquisitivo y minar las garantías. Y que los golpes al proceso, aunque en apariencia sean expresión democrática pueden, si no se adoptan las debidas precauciones, tergiversarse y ser utilizadas en un sentido contrario al que muchos en su buena fe desean. La experiencia así lo acredita y obviar la realidad es peligroso. No hay alternativas eficaces para el equilibrio entre derechos y deberes, públicos y privados, confundidos todos cuando de derechos fundamentales se trata, distintas al proceso y todas las fórmulas que se articulen deben tener presente que han de respetar los principios básicos de la contradicción y la igualdad y, en última instancia, que la heterocomposición garantiza una respuesta imparcial y que, en todo caso, los tribunales deben tener la última palabra sin ver afectada aquella cualidad.

Oportunidad, sí, pero con las cautelas y límites necesarios. Legalidad absoluta, no, pero sí regla de un proceso que es de carácter público. Transitar hacia un proceso privado es retroceder. El Estado se ha de comprometer en la solución de controversias y el proceso público ha sido una conquista que no puede comprometerse con aspiraciones propias de otros sistemas no superiores al nuestro"[58].

---

56 Bachmaier Winter, Lorena, "Justicia negociada y coerción...", cit., p. 3. En el mismo sentido se pronuncia también, de forma igualmente clarificadora, Doig Díaz, Yolanda, "Eficiencia procesal a costa de la búsqueda de la verdad. Consideraciones críticas", en Asencio Mellado, José María y Fernández López, Mercedes (dir.), *Proceso y daños. Perspectivas de la Justicia en la sociedad del riesgo,* Tirant lo Blanch, Valencia, 2022, pp. 175-176; de la misma autora, "Algunas inconsistencias...", cit., p. 342.

57 Barja de Quiroga, Jacobo, "El principio de oportunidad: cuestiones generales", en Calaza López, Sonia y Muinelo Cobo, José Carlos (dirs.), *Postmodernidad y proceso europeo: la oportunidad como principio informador del proceso judicial,* Dykinson, Madrid, 2020, p. 65.

58 Asencio Mellado, José María, "Prólogo", en Calaza López, Sonia y Muinelo Cobo, José Carlos (dirs.), *Postmodernidad y proceso europeo: la oportunidad como principio infor-*

BIBLIOGRAFÍA

Aguilera Morales, Marien, "La conformidad en la propuesta de Código Procesal Penal: ubi non est iustitia, ibi non potest esse ius", Ruiz López, Cristina, López Jiménez, Raquel y Moreno Catena, Víctor Manuel (Coord.), *Reflexiones sobre el nuevo proceso penal. Jornadas sobre el borrador de Código Procesal Penal,* Tirant lo Blanch, Valencia, 2015.

Aguilera Morales, Marien, "La deriva del "principio" del consenso", *Revista Ítalo-Española de Derecho Procesal,* 2019, vol. 2.

Armenta Deu, Teresa, *Derivas de la Justicia. Tutela de los derechos y solución de controversias en tiempos de cambios,* Marcial Pons, Madrid, 2021.

Asencio Mellado, José María, "Prólogo", en Calaza López, Sonia y Muinelo Cobo, José Carlos (Dirs.), *Postmodernidad y proceso europeo: la oportunidad como principio informador del proceso judicial,* Dykinson, Madrid, 2020.

Asencio Mellado, José María y Fuentes Soriano, Olga, "Prólogo", en Asencio Mellado, José María y Fuentes Soriano, Olga (Dirs.), *El proceso como garantía,* Atelier, Barcelona, 2023, p. 24.

Bachmaier Winter, Lorena, "Justicia negociada y coerción. Reflexiones a la luz de la jurisprudencia del Tribunal Europeo de Derechos Humanos", *Revista General de Derecho Procesal,* núm. 44, 2018.

Banacloche Palao, Julio, "El proyecto de ley de eficiencia procesal y el proceso penal: una reflexión crítica sobre las innovaciones propuestas", *Diario La Ley,* núm. 10103, Sección Plan de Choque de la Justicia / Tribuna, 5 de Julio de 2022.

Barja de Quiroga, Jacobo, "El principio de oportunidad: cuestiones generales", en Calaza López, Sonia y Muinelo Cobo, José Carlos (Dirs.), *Postmodernidad y proceso europeo: la oportunidad como principio informador del proceso judicial,* Dykinson, Madrid, 2020.

Barona Vilar, Silvia, "El consentimiento en el proceso penal ¿un oxímoron?", *Revista Boliviana de Derecho,* núm. 31, enero 2021.

Barona Vilar, Silvia, "Mediación y acuerdos reparatorios en la metamorfósica justicia penal del siglo XXI", *Boletín mexicano de Derecho comparado,* núm. 155, mayo-agosto de 2019.

Bonet Navarro, José, "Algunas consideraciones sobre el futuro servicio público de Justicia", en González Granda, Piedad, Damián Moreno, Juan y Ariza Colmenarejo, Mª Jesús (Dirs.), *Variaciones sobre un tema: el ejercicio procesal de los derechos. Libro homenaje a Valentín Cortés Domínguez,* Colex, Madrid, 2022.

Calderón Cuadrado, María Pía, "El acceso a la casación penal. Una primera aproximación al hilo de la pérdida de su misión prioritaria y del resurgir de la distinción *ius constitutionis - ius litigatori*", *Anuario de la Facultad de Derecho de la Universidad Autónoma de Madrid,* núm. 22, 2018.

Corso, Estefano Maria, "Pateggiamento versus risarcimento: condizione meramente processuale di ammisibilità del rito speciale", *Rivista italiana di Diritto e procedura penale,* 2017, núm. 3.

Del Moral García, Antonio, "La conformidad en el proceso penal (Reflexiones al hilo de su regulación en el ordenamiento español)", Revista Auctoritas Prudentium, 2008, núm. 1.

---

mador del proceso judicial, Dykinson, Madrid, 2020, pp. 16 y 17.

Della Torre, Jacopo, *La giustizia negoziata in Europa. Miti, realtà e prospettive,* Wolters Kluwer-CEDAM, Milano, 2019.

Doig Díaz, Yolanda, "Algunas inconsistencias en la persecución penal de la violencia contra las mujeres", en López Yagües, Verónica (Dir.), *Víctimas y especial vulnerabilidad,* Tirant lo Blanch, Valencia, 2023.

Doig Díaz, Yolanda, "Eficiencia procesal a costa de la búsqueda de la verdad. Consideraciones críticas", en Asencio Mellado, José María y Fernández López, Mercedes (Dir.), *Proceso y daños. Perspectivas de la Justicia en la sociedad del riesgo,* Tirant lo Blanch, Valencia, 2022.

Doig Díaz, Yolanda, "Sombras y luces de la conformidad del Anteproyecto de Ley de Enjuiciamiento Criminal", en Jiménez Conde, Fernando y Fuentes Soriano, Olga (Dirs.), *Reflexiones en torno al Anteproyecto de Ley de Enjuiciamiento Criminal de 2020,* Tirant lo Blanch, Valencia, 2022.

El abogado secreto, *Historias sobre las leyes y cómo se quebrantan,* Capitán Swing, Madrid, 2019.

Fernández López, Mercedes, "Conformidad, oportunidad y Justicia restaurativa. La cuestionable propuesta de terminación anticipada condicionada a la reparación de la víctima", en Jiménez Conde, Fernando y Fuentes Soriano, Olga (Dirs.), *Reflexiones en torno al Anteproyecto de Ley de Enjuiciamiento Criminal de 2020,* Tirant lo Blanch, Valencia, 2022.

Fernández López, Mercedes, "El pleito testigo y la extensión de efectos. Una reforma procesal *low cost* a caballo entre la tutela individual y la tutela colectiva", en Calaza López, Sonia y De Prada Rodríguez, Mercedes (Coords.), *El nuevo procedimiento testigo y extensión de efectos,* La Ley, 2024.

Fuentes Soriano, Olga, "Riflessioni sulla fattibilità della mediazione penale nei casi di violenza di genere", *Giustizia consensuale,* 2023, núm. 2.

Gimeno Sendra, Vicente, "El principio de oportunidad y la mediación penal", en Calaza López, Sonia y Muinelo Cobo, José Carlos (Dirs.), *Postmodernidad y proceso europeo: la oportunidad como principio informador del proceso judicial,* Dykinson, Madrid, 2020.

Gimeno Sendra, Vicente, *La simplificación de la Justicia penal y civil,* BOE, Madrid, 2020.

González Navarro, Alicia, "Breves reflexiones críticas sobre la proyección de los principios de oportunidad y dispositivo en el proceso penal", en Calaza López, Sonia y Muinelo Cobo, José Carlos (Dirs.), *Postmodernidad y proceso europeo: la oportunidad como principio informador del proceso judicial,* Dykinson, Madrid, 2020.

Johnson, Thea, *2023 Plea Bargaining Task Force Report,* American Bar Association, disponible en https://www.americanbar.org/content/dam/aba/publications/criminaljustice/plea-bargain-tf-report.pdf

Lascuraín Sánchez, Juan Antonio y Gascón Inchausti, Fernando, "¿Por qué se conforman los inocentes?", *Indret. Revista para el análisis del Derecho,* 2018, núm. 3.

Mateos Rodríguez-Arias, Antonio, "Algunas reflexiones críticas sobre la conformidad en el proceso penal", *Anuario de la Facultad de Derecho, Universidad de Extremadura,* núm. 35, 2019.

Moreno Verdejo, Jaime, "La conformidad", en Escobar Jiménez, Rafael y Del Moral García, Antonio (Coords.), *El juicio oral en el proceso penal,* 3ª ed., Comares, Granada, 2021.

Oliver Calderón, Guillermo, "A 35 años de la creación del pateggiamento italiano. Análisis dogmático de su configuración actual y juicio crítico", *Revista Ius et Praxis*, año 29, 2023, núm. 1.

Oubiña Barbolla, Sabela, "El riesgo de la conformidad y la celeridad: condenar erróneamente", en González Granda, Piedad, Damián Moreno, Juan y Ariza Colmenarejo, Mª Jesús (Dirs.), *Variaciones sobre un tema: el ejercicio procesal de los derechos. Libro homenaje a Valentín Cortés Domínguez*, Colex, Madrid, 2022.

Pereira Puigvert, Silvia, "Un pacto con la justicia. El pateggiamento tras 25 años de vigencia: balance y análisis comparado", *Justicia*, 2015, núm. 2.

Rodríguez-García, Nicolás, "La conformidad en el Anteproyecto de Lecrim de 2020", en Jiménez Conde, Fernando y Fuentes Soriano, Olga (Dirs.), *Reflexiones en torno al Anteproyecto de Ley de Enjuiciamiento Criminal de 2020*, Tirant lo Blanch, Valencia, 2022.

Sanjurjo Ríos, Eva Isabel, "La tendencia privatista del proceso penal. Una progresiva "dosis" de oportunidad procesal ¿para una justicia penal más eficaz?", Bujosa Vadell, Lorenzo Mateo, *Derecho Procesal. Retos y transformaciones*, Atelier, Barcelona, 2021.

Varona, Daniel, Kemp, Steven y Benítez, Olivia, "La conformidad en España. Predictores e impacto en la penalidad", *Indret. Revista para el análisis del Derecho*, 2022, núm. 1.

Capítulo XXXV:

Diligencias de investigación auxiliar y diligencias de investigación posprocesal: dos execrables extravagancias[1]

MARIEN AGUILERA MORALES
Catedrática de Derecho Procesal.
Universidad Complutense de Madrid

Sumario: 1. INTRODUCCIÓN. 2. LAS DILIGENCIAS DE INVESTIGACIÓN AUXILIAR Y POSPROCESAL: 2.1 Fundamento. 2.2 Régimen. 2.4. Riesgos. 3. (IN)COMPATIBILIDAD CON EL ACTUAL MODELO DE PROCESO PENAL. 4. CONCLUSIÓN.

Resumen: La atribución al Ministerio Fiscal de la investigación delictiva en el marco del proceso es un futurible deseado por muchos. Actualmente, sin embargo, el propio Ministerio Fiscal se arroga facultades investigadoras so pretexto de que estas últimas tienen lugar *extra processum*. En este sentido, la Circular 2/2022 incide en que, junto a las clásicas diligencias de investigación preprocesales, los fiscales pueden llevar a cabo las que denomina como «diligencias de investigación auxiliar» y «diligencias de investigación posprocesal». El principal objetivo de esta comunicación es dar cuenta del régimen diseñado por la FGE para estas recién bautizadas diligencias y poner de manifiesto sus riesgos, así como su incompatibilidad con nuestro actual modelo de proceso penal.

1. INTRODUCCIÓN

Es conocido que los intentos de reforma global de la Ley de Enjuiciamiento Criminal coincidían en el diseño de un nuevo modelo de proceso en el que el Ministerio Fiscal ostentase la dirección de las investigaciones. Obviamente, el fracaso de esos intentos ha dejado incólume lo que, respecto de esa dirección, dispone secularmente nuestra Ley procesal penal. Guste o no, por

1 Este trabajo ha sido realizado en el marco el Proyecto de Investigación «Hacia una justicia civil eficiente: desafíos actuales y próximos desde la perspectiva europea» (ref. PID2019-103909GB-I00).

tanto, la reconstrucción de la pequeña historia del delito es tarea que, entre nosotros y en su generalidad, sigue legalmente confiada al Juez.

Es verdad que, en los últimos tiempos, la configuración de algunos procesos, como el proceso penal de menores y el de investigación de los delitos que perjudiquen a los intereses financieros de la Unión Europea, se ha sustraído a esa confianza en favor del Ministerio Público. Y también que, justamente por ello, sendos procesos especiales son tenidos como antesalas del modelo de proceso al que muchos dicen aspirar.

Con todo, algo más atrás en el tiempo también nuestro legislador dio carta de naturaleza a otra de esas antesalas, al permitir al Ministerio Fiscal investigar los hechos delictivos de los que tuviera noticia. La antesala en cuestión es la conocida como «procedimiento preliminar fiscal» o «diligencias de investigación fiscal (arts. 5 EOMF y 773.2 LECrim). Pues bien, aunque para muchos de nosotros la actividad extraprocesal del Ministerio Fiscal se reduce a la que tiene lugar en el seno de estas diligencias, se da la circunstancia de que recientemente esta lectura ha sido tachada de miope y «fruto del imaginario jurídico». La tacha procede de la Fiscalía General del Estado (FGE, en lo sucesivo) y es plasmada en su Circular 2/2022 (en adelante, la Circular[2]). Así las cosas, lo sostenido en esta última es que la actividad extraprocesal del Ministerio Fiscal no se agota en la investigación preprocesal, sino que abarca la que tiene lugar durante la tramitación del proceso penal, así como la realizada una vez sobreseído provisionalmente aquél y con vistas a su reapertura. En esta consideración, la FGE da nombre a los tres tipos de procedimientos que pueden dirigir los fiscales *extra processum*: (i) las «diligencias de investigación preprocesal», en referencia a las practicadas antes de la incoación de un proceso penal; (ii) las «diligencias de investigación auxiliar», en referencia a las practicadas *lite pendente*; y (iii) las «diligencias de investigación posprocesal», en referencia a las practicadas tras el sobreseimiento provisional.

Habida cuenta de la estrechez de miras que nos imputa la FGE, el propósito de las próximas páginas es: (i) dar cuenta concisa de lo que la Circular dispone respecto las «diligencias de investigación auxiliar» y las «diligencias de investigación posprocesal»; (ii) advertir de los riesgos que se esconden tras ambas clases de diligencias; y (iii) analizar si cohonestan con nuestro actual modelo de proceso penal.

---

[2] BOE núm.1, de 2 de enero de 2023 (Ref. BOE-A-2023-54).

2. LAS DILIGENCIAS DE INVESTIGACIÓN AUXILIAR Y POSPROCESAL

2.1. Fundamento

El fundamento que se predica de las diligencias de investigación auxiliar y posprocesal es común. Lo sostienen dos argumentos: uno es lo mantenido previamente en otros instrumentos de la propia FGE con el refrendo de la Sala Segunda; otro, los artículos 3.5 EOMF y 773.1 LECrim.

Así, y por lo que hace al artículo 3.5 EOMF, se razona que, en tanto en él se consagra la facultad del Ministerio Fiscal de ordenar a la Policía las diligencias que estime oportunas, hay que entender que tal facultad persiste durante la pendencia del proceso penal e incluso concluido éste.

Respecto del artículo 773.1 LECrim, se discurre de modo parecido. Se pone así el acento en que su párrafo segundo atribuye al Ministerio Fiscal la tarea de impulsar y simplificar la tramitación del procedimiento con la aportación de los medios de prueba y le reconoce la facultad de impartir instrucciones a la Policía; atribución y reconocimiento de los que «fluye con naturalidad» que el Ministerio Fiscal lleve a cabo diligencias en búsqueda de fuentes prueba para aportarlas al proceso, bien practicándolas directamente, bien encomendándoselas a la Policía.

A la vista de estos argumentos —hablamos ya en primera persona—, concluir que el Ministerio Fiscal se encuentra *legalmente* facultado para practicar diligencias de investigación durante y concluso el proceso penal nos parece un salto en el vacío, una grosera extralimitación hermenéutica. Las razones que sostienen nuestro parecer en este punto también son dos:

La primera es que, por mucho que en ocasiones el Alto Tribunal haya adoptada una postura seguidista de la doctrina de la FGE, ni esta última ni la emanada de aquél son fuente del Derecho.

La segunda es que, dada la importancia que toda investigación penal comporta en clave de derechos y garantías, lo propio es que la ley consienta abiertamente las pesquisas y detalle con mayor o menor precisión su régimen jurídico. Lejos de esto, sin embargo, ningún precepto del Estatuto Orgánico ni de la Ley de Enjuiciamiento Criminal contempla expresamente y en positivo que los fiscales puedan realizar labores investigadoras durante o concluso el proceso penal. *A fortiori*, tampoco en uno y otro texto legal hay rastro del régimen jurídico de las recién bautizadas diligencias[3]. Antes bien, el diseño de ese régimen es el que recoge la propia Circular.

2.2. *Régimen*

Aunque la Circular dedica sendos apartados específicos a las diligencias de investigación auxiliar y a las diligencias de investigación posprocesal, el respectivo régimen de estas diligencias se conforma por otros muchos aspectos salpicados aquí y allá de su texto. Exponer el régimen de estas diligencias no se dibuja, por tanto, tarea fácil. No obstante, afrontamos el reto, intentado aportar el orden que falta en la Circular y evitando en lo posible reiterarnos.

a) Diligencias de investigación auxiliar

La *finalidad* de estas diligencias es practicar diligencias de investigación de carácter puntual o concreto durante la fase de instrucción, la fase intermedia y la fase de juicio oral.

Para la incoación del *procedimiento* que les sirve de continente, se exige la forma de decreto y la consignación en él tanto de las diligencias de investigación a realizar como de las razones que justifican su práctica extraprocesal. A esta exigencia se une la de su notificación al investigado/encausado/acusado, a fin de que tenga conocimiento de él y de que participe en la práctica de las diligencias de investigación acordadas. Excepcionalmente, no obstante, se permite prescindir de esta notificación cuando exista urgencia en recabar fuentes de prueba y la práctica de la diligencia en cuestión no exija de contradicción; tal sería el caso —nos ilustra la Circular— de recabar la hoja histórico-penal del acusado para su aportación al inicio del acto del juicio oral, de instar la ampliación de un informe pericial o de solicitar, en fin, el certificado de verificación del etilómetro, cinemómetro o cualquier otro instrumento técnico de medición.

También para la conclusión de estas diligencias se requiere la forma de decreto motivado, que habrá de dictarse una vez cumplimentadas las diligencias de investigación que justificaron su incoación. Además, independientemente del resultado de las pesquisas, se impone para los fiscales la obligación de dar

---

3 Es más: pese a aprobarse poco antes de que la Circular viera la luz, el nuevo Reglamento del Ministerio Fiscal guarda también silencio en este punto, limitándose a indicar que uno de los procedimientos que pueden tramitar los fiscales son —así, *in genere*— las «diligencias de investigación». Cfr. art. 9.1 del Real Decreto 305/2022, de 3 de mayo, *por el que se aprueba el Reglamento del Ministerio Fiscal*. BOE núm. 106, de 4 de mayo de 2022 (Ref. BOE-A-2022-7184).

traslado íntegro de estas diligencias auxiliares al órgano jurisdiccional y, a través de su defensa, al investigado/encausado/acusado.

Finalmente, y por lo que hace a su *contenido*, se rechaza que en las diligencias auxiliares tengan cabida aquellas que requieran de autorización judicial, así como la detención. En el reverso de la moneda —y como novedad—, entre las diligencias permitidas al Ministerio Fiscal con carácter extraprocesal (y, por tanto, en el marco de estas diligencias y en el de las posprocesales), se incluyen aquellas cuya práctica hubiera sido rechazada previamente por el Juez instructor o por el Juez o Tribunal sentenciador (posibilidad esta última, por cierto, que la FGE infiere de los artículos 785 y 786 LECrim[4]).

b) Diligencias de investigación posprocesal

La *finalidad* de esta otra clase de diligencias es obtener fuentes de prueba en aras a la reapertura del proceso penal provisionalmente sobreseído. A estos efectos, se considera irrelevante que esas fuentes pudieran haber sido obtenidas durante el transcurso del proceso y también el momento procesal en el que se decretó el sobreseimiento o si éste fue acordado de oficio o a instancia de parte. Lo que sí se considera capital es que los elementos de prueba obtenidos a resultas de la investigación fiscal sean *nuevos*, esto es, que no constasen en las actuaciones al tiempo de acordarse el sobreseimiento provisional.

En lo relativo al *procedimiento*, estas diligencias guardan un evidente parecido con las auxiliares. Para su incoación, se impone también la forma de decreto motivado. E, igualmente, para el supuesto de que el proceso penal se hubiese dirigido frente a una persona en concreto, se encomienda al Fiscal velar «*en todo caso*» por su derecho de defensa, comunicándole la incoación de estas diligencias, las diligencias de investigación que se practicarán, la posibilidad de intervenir en ellas y, en último extremo, la de tomar conocimiento de las propias diligencias posprocesales a través de su letrado[5].

---

4 Animamos a quienes leen estas páginas a hacer otro tanto con estos preceptos. Tras ello —permítasenos la ironía—, es probable que convengan en que no hay mejor defensa de la máxima kelsiana («todo lo que no está expresamente prohibido por la Ley, está permitido») que la realizada por la FGE.

5 La locución «*en todo caso*» casa mal —*rectius:* no casa— con la peculiaridad que, en materia de garantías extraprocesales, contempla la Circular no sólo para las diligencias auxiliares, sino también para estas otras diligencias. Aludimos a la ya referida facultad de no notificar al investigado la incoación del procedimiento cuando exista urgencia en recabar fuentes de prueba y la práctica de las diligencias de investigación que interesen no exija de contradicción.

A diferencia, sin embargo, de las diligencias auxiliares, las diligencias posprocesales no tienen carácter puntual o concreto, con lo que rigen para ellas los plazos del artículo 5 EOMF. Esto se traduce en que, prórrogas a un margen, los fiscales disponen de un plazo de seis meses (de doce, en el caso de las Fiscalías Especiales) para llevar a cabo cuantas diligencias de investigación estimen necesarias. Vencido aquel plazo o practicadas estas diligencias tendrán —eso sí— que poner fin a este procedimiento mediante decreto motivado. Este decreto no supone el fin de los cometidos del Fiscal pues, en este sentido, la Circular distingue según que los resultados de las diligencias practicadas no hayan resultado relevantes en el esclarecimiento de los hechos o sí lo hayan sido:

En el primer caso, la orden que se traslada a los fiscales es la de comunicar al letrado del sospechoso el resultado de las investigaciones y el decreto de conclusión de estas diligencias. Nada más.

Por el contrario, para el caso de que el resultado fuera relevante en el esclarecimiento de los hechos, e independientemente de que tal resultado sea favorable o adverso al sospechoso, la orden es la de aportar al órgano jurisdiccional las diligencias practicadas y solicitar la reapertura del proceso, así como el dictado de la resolución que proceda; mandato al que se une la consigna de que ha de ser el propio órgano jurisdiccional el que confiera traslado del resultado de estas diligencias posprocesales a las partes.

En último término, las diligencias posprocesales se identifican en *contenido* con las preprocesales. En su seno, por tanto, puede acordarse la detención preventiva, así como cualesquiera diligencias de investigación —incluidas aquellas cuya práctica hubiera sido rechazada previamente por el Juez o Tribunal en la fase de instrucción o intermedia— siempre que no comporten restricción de derechos fundamentales.

2.3. Los riesgos

Prima facie puede resultar llamativo que la FGE apele a la prudencia y moderación en el empleo de las diligencias que ella misma propugna. En cambio, atendidos los riesgos ínsitos a las tan traídas y llevadas diligencias de investigación auxiliar y posprocesal, aquella apelación no genera sorpresa.

Entre los riesgos aludidos los hay comunes a ambas categorías de diligencias. Así, por ejemplo, el posible quebranto de las garantías que asisten a quien se ve sometido al escrutinio del fiscal; la situación de desigualdad a la pueden quedar relegadas las partes del proceso; y, por descontado, la falta de imparcialidad, ya que es improbable que fuera de las lindes del proceso el Fiscal se desprenda de la faceta acusadora que, *de facto*, caracteriza su actuación.

Pero, sin desmerecer en importancia los anteriores, en lo que interesa detenerse aquí es en aquellos otros riesgos sobre los que advierte la FGE y que vincula, respectivamente, a las diligencias auxiliares y a las posprocesales.

a) La elusión del criterio judicial y de los recursos

En el marco de las diligencias auxiliares, el riesgo del que se alerta es el de que los fiscales lleven a cabo sus investigaciones por su cuenta, eludiendo someter al Juez Instructor la solicitud de que se practiquen las diligencias de investigación que interesen y, por lo mismo y eventualmente, la vía de los recursos. Un fraude en toda regla, que hubo quien advirtió mucho antes que la Circular[6], pero para el que hasta el momento no se había puesto solución.

Pues bien, para soslayar este riesgo, la solución que propone ahora la FGE es la de agotar los recursos para impugnar la resolución judicial que rechace la práctica de lo propuesto por el Fiscal y, hecho esto, volver a someter a criterio judicial lo que de las diligencias auxiliares resulte.

La solución —pensamos— sólo con extrema benevolencia merece tal denominación. En primer lugar, porque abre para el Ministerio Fiscal una doble oportunidad de la que carece el resto de las partes del proceso; entraña, en otros términos, un manifiesto desprecio por el principio de igualdad y la idea de proceso justo. Y, en segundo lugar, porque por este camino se pasa por encima del deber que incumbe al Juez de estar en todo caso a lo previamente decidido; implica, también en otros términos, prescindir de las exigencias ínsitas a la cosa juzgada formal (art. 207.3 y 4 LEC).

b) La reapertura del proceso tras la expiración del plazo de la instrucción judicial

Como evidencia la jurisprudencia y denuncia la doctrina, el peligro de que el proceso se reabra por la desidia o negligencia del Fiscal en el marco de las actuaciones judiciales luego sobreseídas, es real. Más aún: lleva aparejadas muy relevantes consecuencias tanto desde la perspectiva legal como constitucional: la lesión del principio de buena fe procesal, desde luego, pero también la del principio de seguridad jurídica, la del derecho fundamental a la intangibilidad de resoluciones firmes (y lo es el auto de sobreseimiento provisio-

---

6 Cfr. DEL MORAL GARCÍA, A., «La terminación de las diligencias de investigación del Ministerio Fiscal», en *Estudios Jurídicos. El Ministerio Fiscal*, 2008, p. 22.

nal, una vez agotada la vía de los recursos) o la del igualmente fundamental derecho de defensa[7].

Lo dicho hasta aquí nos aproxima al supuesto de que el Ministerio Fiscal incoe diligencias de investigación posprocesal tras decretarse el sobreseimiento provisional de la causa por transcurso del plazo legalmente previsto para la instrucción judicial (art. 324 LECrim); supuesto que concentra las prevenciones de la FGE sobre el mal uso que puede darse a estas diligencias. Y con razón —habría que añadir—, pues las diligencias de investigación posprocesal pueden emplearse para poner remedio al incumplimiento del deber que incumbe al Ministerio Fiscal de agilizar e impulsar el proceso, solicitando tempestivamente del Juez Instructor la adopción de diligencias de investigación que interesen a la causa. Otro fraude de libro.

Ocurre empero que, pese a las prevenciones, la FGE bendice el empleo de las diligencias posprocesales allí donde el sobreseimiento provisional trae causa de la aplicación del 324 LECrim. La bendición descansa en la idea de que «no concurre óbice procesal o sustantivo que impida al Ministerio Fiscal desarrollar actuaciones extraprocesales mientras el procedimiento se encuentra en estado de sobreseimiento provisional»[8]; un razonamiento, a nuestro entender, de más que dudoso acierto.

Comprender nuestras dudas en este sentido pasa por traer a la mente que, tanto en su actual como en su anterior redacción, la finalidad que subyace a los controvertidos plazos *ex* artículo 324 LECrim es la de acabar con lo que durante mucho tiempo fue algo habitual en la práctica: la prolongación *sine die* de la instrucción judicial o, en palabras prestadas, terminar con la «desidia persecutoria» y los muy perniciosos efectos perniciosos que ésta provocaba a la sociedad, a la víctima y, muy especialmente, al propio investigado quien quedaba instalado así en un perpetuo estado de inseguridad jurídica[9]. Y aún hay otra razón que alimenta nuestras dudas. Expresada en forma interrogativa es la siguiente: ¿Tiene sentido que el transcurso de estos plazos prive de título competencial al juez para ordenar nuevas diligencias de investigación y que, sin embargo, tal circunstancia sirva de premisa para otorgar ese mismo título a otro órgano oficial de la persecución penal como es el Ministerio Fiscal?

---

7 Aunque antiguo, el caso que refiere SEGRELLES DE ARENAZA corrobora la realidad del riesgo y de las consecuencias que pueden seguir a su actualización. Cfr. «Sobreseimiento provisional, reapertura del proceso y derechos fundamentales», *Cuadernos de política criminal*, nº, 54, 1994, pp.1053 a 1075.

8 Cfr. Circular 1/2021, ya citada, apartado 10.

9 V. BANACLOCHE PALAO, J., «El artículo 324 de la LECrim y la limitación de la instrucción en los procesos penales una contribución al debate», *Diario La Ley*, n.º 9617, 21 de abril de 2020, p. 2.

A nuestro juicio, en suma, además de la falta cobertura legal de las diligencias posprocesales, hay impedimentos de orden lógico que obstan a su apertura caso de que las previsiones del 324 LECrim aboquen en el sobreseimiento provisional de la causa. Ciertamente, repugna a la lógica —a la jurídica y a la común— que lo pretendido al someter a plazo la fase instrucción sea despejar en el menor tiempo posible la situación de incertidumbre en la que se halla el investigado y que, sin embargo, aquella situación pueda prolongarse en el tiempo de manos de las diligencias de investigación posprocesal. Y tanto o más ilógico es impedir la actuación investigadora del Juez agotados los plazos de la instrucción, pero permitirla al Fiscal en la misma circunstancia.

3. (IN)COMPATIBILIDAD CON EL ACTUAL MODELO DE PROCESO PENAL

Desde la Circular se incide reiteradamente en que el empleo de las diligencias aquí examinadas «no puede servir como herramienta a través de la que subvertir el modelo procesal diseñado por el legislador en el que la dirección de la investigación criminal se atribuye al juez de instrucción». En esto, por tanto, también la FGE parece reconocer un riesgo.

Rectamente, no obstante, la subversión del modelo en el contexto de estas diligencias nada tiene de riesgo y sí todo de realidad. Al cabo, facultar al Fiscal para, pendiente el proceso penal, llevar a cabo diligencias de investigación admite una única lectura: consentir la bicefalia en la dirección de la investigación delictiva. A esta lectura podría tal vez oponerse —de hecho, así lo hace la propia FGE— el deber consistente en aportar el resultado de las diligencias de investigación auxiliar a la causa o el carácter puntual propio de estas diligencias. Bien mirado, sin embargo, ninguna de esas objeciones desvirtúa la exégesis. La bicefalia no deja de ser tal porque el resultado de la investigación del Fiscal se lleve al proceso o porque las pesquisas se concreten en la práctica de una o varias diligencias de investigación.

Respecto de las diligencias de investigación posprocesal puede decirse otro tanto. Previamente al sobreseimiento provisional de la causa y la incoación de estas diligencias, lo normal es que haya habido investigación judicial. *Ergo,* hay bicefalia en la dirección oficial de la investigación criminal sólo que sucesiva y no simultánea. Es más: puede darse el caso de que la única investigación llevada a cabo antes de la reapertura del proceso sobreseído sea la realizada por el Fiscal. Así sucederá, por ejemplo, cuando la inicial resolución del proceso penal sea la de acordar a un tiempo su incoación y el sobreseimiento provisional; y así puede suceder cuando las diligencias posprocesales se incoen a raíz del sobreseimiento provisional decretado por el transcurso de los plazos *ex* artículo 324 LECrim.

4. CONCLUSIÓN

En un Estado de Derecho, únicamente con las lentes de la ley debe fijarse la mirada. El uso de otras lentes es inadmisible y puede resultar distorsionador y peligroso. Esto, precisamente, es lo que hace la FGE con las diligencias de investigación auxiliar y posprocesal: emplear lentes que no son legales o que son pseudolegales.

Siendo así lo anterior, por mucho que las diligencias aquí examinadas redunden en una más eficaz persecución de las conductas delictivas, no debería darse por bueno lo que la FGE sostiene sobre ellas. Lo contrario equivale a reconocer la condición de legislador a quien se encuentra en la cúspide del Ministerio Fiscal o, cuando menos, claudicar a la idea de que su doctrina puede levantarse sobre una base legal interpretada de forma muy extensiva. Y no sólo esto. Implica asumir los muy graves riesgos anudados a estas categorías de diligencias; destacadamente, el riesgo de fraude procesal y la situación de desigualdad, indefensión e inseguridad en la que su empleo puede instalar a las partes del proceso. Por último, pero no menos importante, en la medida en que estas diligencias comportan que el Ministerio Fiscal despliegue su potencial investigador simultánea o sucesivamente al del Juez, implican una distorsión de nuestro vigente modelo de proceso.

En definitiva: del mismo modo que algunos tribunales —con el Tribunal Supremo a la cabeza— ven las diligencias de investigación preprocesal una «extravagancia legislativa»[10], las diligencias de investigación auxiliar y posprocesal bien pueden tenerse como dos execrables extravagancias atribuibles, en este caso, a la FGE.

BIBLIOGRAFÍA

BANACLOCHE PALAO, J., «El artículo 324 de la LECrim y la limitación de la instrucción en los procesos penales una contribución al debate», *Diario La Ley*, n.º 9617, 21 de abril de 2020.

DEL MORAL GARCÍA, A., «La terminación de las diligencias de investigación del Ministerio Fiscal», en *Estudios Jurídicos. El Ministerio Fiscal.*

SEGRELLES DE ARENAZA, I., «Sobreseimiento provisional, reapertura del proceso y derechos fundamentales», *Cuadernos de política criminal*, nº, 54, 1994.

---

[10] Las palabras entrecomilladas pertenecen a la STS de 11 de enero de 2017 (ES:TS:2017:16). En el mismo sentido, v. ATSJ Galicia de 25 de septiembre de 2018 (ES:TSJGAL:2018:225A) y SAP Burgos de 16 de julio de 2020 (ES:APBU:667).

Capítulo XXXVI:

El uso de técnicas OSINT para lograr un proceso penal más eficiente: especial referencia a la investigación de delitos de odio en redes abiertas[1]

FEDERICO BUENO DE MATA

Catedrático de Derecho Procesal.

Universidad de Salamanca

Sumario: 1. INTRODUCCIÓN. 2. LA INVESTIGACIÓN EN FUENTES ABIERTAS: UNA CUESTIÓN PENDIENTE EN NUESTRA LECRIM. 3. CONCLUSIÓN.

Resumen: Este artículo aborda la necesidad de utilizar técnicas de inteligencia de fuentes abiertas (OSINT) para investigar delitos de odio en línea y cómo estas técnicas pueden mejorar la eficiencia del proceso penal. En este contexto, la inteligencia de fuentes abiertas, al ofrecer acceso a información disponible públicamente en diversas fuentes, desafía la concepción tradicional de la inteligencia, que se caracterizaba por operar en secreto. Sin embargo, en la era digital, la transparencia y la publicidad de las fuentes de datos son comunes, lo que ha llevado a un cambio significativo en la forma en que se recopila y utiliza la información en investigaciones criminales. Por todo ello, en este artículo destaca la necesidad de considerar las técnicas de inteligencia de fuentes abiertas como una herramienta efectiva en la investigación de delitos de odio en línea, a pesar de la falta de regulación específica en la LECRim.

1. INTRODUCCIÓN

La investigación de los delitos de odio que se cometen en el medio *online*, requieren necesariamente hacer uso de herramientas tecnológicas de investi-

[1] Esta publicación se presenta como resultado del proyecto nacional de I+D+i "Tratamiento procesal de los delitos de odio cometidos a través de medios tecnológicos", ref. PID2021-128339OA-I00, perteneciente a la convocatoria sobre "Proyectos de generación de conocimiento" en el marco del Programa Estatal para Impulsar la Investigación Científico-Técnica y su Transferencia, del Plan Estatal de Investigación Científica, Técnica y de Innovación 2021-2023; financiado por MCIN/ AEI /10.13039/501100011033/ y por FEDER: Una manera de hacer Europa. IP. BUENO DE MATA.F.

gación que permitan la práctica de investigaciones en las diferentes plataformas y aplicaciones. En este sentido, es destacable la Ley Orgánica 13/2015, de 5 de octubre, de modificación de la LECrim, a través de las que se llevaría a cabo la incorporación de la previsión legal de las diligencias de investigación tecnológicas; destacando para la actuación en el ciberespacio el recurso a la interceptación de las comunicaciones telemáticas, el registro de dispositivos de almacenamiento masivo de información, el agente encubierto en Internet y los registros remotos sobre equipos informáticos. No obstante, debemos tener presente que nos encontramos ante medidas que suponen una importante injerencia sobre los derechos fundamentales de las personas investigadas, por lo que su adopción no podrá ser arbitraria en todos los casos, sino que las autoridades deberán justificar el cumplimiento de los principios de especialidad, idoneidad, excepcionalidad, necesidad y proporcionalidad para conseguir el auto motivado que habilite a su utilización en el marco de una investigación de estas características. De igual modo, es reseñable hacer referencia a que en algunos casos podremos encontrarnos con que los hechos han sido cometidos en el marco de canales abiertos de comunicación, por ejemplo, si atendemos a la red social *Twitter*[2]*, ante las que podrían servir otras vías de investigación que utilizan las autoridades policiales y que están basadas en el ciberpatrullaje y para los que no se necesitaría a priori* autorización judicial, e incluso la creación de cuentas falsas para el seguimiento o monitoreo de estas acciones. Sin embargo, también podremos encontrarnos ante canales cerrados de comunicación donde deberemos recurrir a herramientas más complejas como puede ser el empleo de los registros remotos.

Asimismo, será preceptivo considerar que las tecnologías disruptivas, como la inteligencia artificial, están siendo objeto de estudio para favorecer la actuación procesal en todas sus fases[3], incluyendo su empleo en la actuación de las autoridades policiales, en el contexto de la fase de investigación y en el marco de una vista oral cuando tenga lugar la práctica de la actividad probatoria. Es necesario abordar el tratamiento de estas nuevas tecnologías en el ámbito procesal ya que su utilización por parte de los delincuentes es ya una realidad, por lo que tendremos que dar respuesta jurídica al uso de nuevas diligencias como son el cruce inteligente de datos o los sistemas de valoración de riesgo o mapeo abiertos de datos apoyados por inteligencia artificial. El encaje procesal de estas medidas es aún una incógnita, puesto que se debe plantear la analogía de forma excepcional si las mismas quieren ser admitidas hoy en día,

---

[2] MIRÓ LLINARES, F., *Cometer delitos en 140 caracteres. El derecho penal ante el odio y la radicalización en Internet,* Barcelona, España, 2018.

[3] MARTÍN DIZ, F., "Inteligencia artificial y derecho procesal. Luces, sombras y cábalas en clave de derechos fundamentales" en *Nuevos postulados de la cooperación judicial en la Unión Europea,* Valencia, 2021, págs. 969-1006.

al no tener una respuesta exacta en nuestro ordenamiento jurídico y no salir adelante la reforma propuesta de la LECRim en diciembre de 2020 en el que se abordaban estas cuestiones.

Si bien, la finalidad de toda diligencia tecnológica en el proceso penal es la de obtener pruebas para poder imputar a los presuntos autores la comisión del hecho delictivo, muchos son los interrogantes que pueden plantearse aquí de manera general, y que guardan relación con las fuentes de prueba basadas en datos electrónicos que se obtendrían tras la aplicación de la diligencia de investigación correspondiente. Sería necesario así plantearnos un procedimiento concreto para la obtención de pruebas electrónicas que de por sí son volátiles, con el fin de garantizar su inalterabilidad a través de una cadena de custodia[4]. Además, cobra especial relevancia e interés ofrecer un tratamiento de la prueba de indicios en Internet, a través de elementos probatorios obtenidos en redes abiertas e inteligencia artificial y saber qué tratamiento procesal debemos ofrecerle[5].

De igual modo, una vez que dicha prueba es recabada, deberemos plantearnos un procedimiento *ad hoc*, dado que las leyes de enjuiciamiento nos remiten al procedimiento probatorio general, para poder aportar y proponer esta prueba; así como desde el punto de vista del órgano jurisdiccional, saber valorar los requisitos de admisibilidad concretos, más allá de los puramente tradicionales, para que la mismas puedan formar parte del proceso y sean practicadas. Todo este planteamiento en el procedimiento de pruebas electrónicas deberá ser conjugado con la práctica de la toma de declaración de la víctima por parte del juez, una prueba personalísima que se escapa de lo informático y que debe contar con especialidades propias, atendiendo a las particularidades de los diferentes colectivos afectados y la especial protección que deben tener los operadores jurídicos para con estas víctimas.

No deberemos perder de vista el carácter trasnacional del delito, lo que redunda también en una serie de problemas para la obtención y conservación de pruebas electrónicas trasnacionales en procesos penales. En dicho sentido, el 17 de Abril de 2018, la Comisión presentó propuestas para facilitar la recogida y admisibilidad en el proceso penal de la prueba electrónica[6], consistente

---

4 CALAZA LÓPEZ, S., "La digitalización y custodia de la prueba pericial electrónica sobre evidencias virtuales", *La prueba pericial a examen: propuestas de "lege ferenda"*, Barcelona, 2020, págs. 471-481.

5 Vid. COLOMER HERNÁNDEZ, I., "Control y límites en el uso de la información y los datos personales por parte de la Inteligencia Artificial en los procesos penales" en *Justicia algorítmica y neuroderecho: una mirada multidisciplinar* (Dir. BARONA VILAR, S), Valencia, 2021, págs. 287-307.

6 Vid. http://europa.eu/rapid/press-release_IP-18-3343_es.htm (Fecha de consulta: 4 de junio de 2019).

en un nuevo Reglamento sobre la Orden Europea de Obtención (*European Production Order*) y sobre la Orden Europea de Conservación (*European Preservation Order*)[7], que finalmente han visto la luz por medio del Reglamento 2023/1543 del Parlamento Europeo y del Consejo de 12 de julio de 2023 sobre las órdenes europeas de producción y las órdenes europeas de conservación a efectos de prueba electrónica en procesos penales y de ejecución de penas privativas de libertad a raíz de procesos penales[8], y cuya potenciación será también clave a pesar de no contar con una regulación propia y exhaustiva en nuestra LECrim. Este Reglamento además guarda relación con el tema aquí tratado y alude a lo apuntado en los Planes de Acción españoles por el que se pretenden que ONDOD actúe como "*Trusted Flagger*" («comunicante fiable»), para ser un enlace entre plataformas electrónicas y denuncias de particulares de cara a obtener pruebas electrónicas en este sentido.

En este sentido, se plantea el reto de abordar todo un procedimiento probatorio de la prueba electrónica obtenida de delitos de odio cometidos en Internet, lo que a su vez conllevará la elaboración de propuestas concretas tendentes a la configuración de un protocolo o guía de buenas prácticas para la ejecución de diligencias de investigación tecnológica y obtención de evidencias digitales de delitos de odio en Internet, en pro de las garantías procesales del investigado y por ende, a la configuración de un protocolo o guía para la proposición, aportación y práctica de pruebas electrónicas de delitos de odio en Internet.

En definitiva, se vuelve prioritario analizar las particularidades del tratamiento procesal vinculadas a los delitos de odio cometidos a través de medios tecnológicos, con especial atención a las redes sociales; todo ello con una finalidad concreta: conseguir un proceso penal más eficiente a pesar de las lagunas que en este plano presenta actualmente nuestra LECrim.

---

7 Vid. BUJOSA VADELL, L., "Cooperación judicial para la obtención y transmisión de pruebas electrónicas", *A vueltas con la transformación digital de la cooperación jurídico penal internacional,* Navarra, 2022, pág. 69- 97. BUENO DE MATA, F., "Análisis crítico de las futuras órdenes europeas en materia de prueba electrónica", *La cooperación procesal internacional en la sociedad del conocimiento,* Atelier, Barcelona, 2019, págs. 319-329; GÓMEZ AMIGO, L., "Las órdenes europeas de entrega y conservación de pruebas penales electrónicas: una regulación que se aproxima", *REDE. Revista española de derecho europeo,* Nº. 71, 2019, págs. 23-55; DE HOYOS SANCHO, M., "Novedades en materia de obtención transfronteriza de información electrónica necesaria para la investigación y enjuiciamiento penal en el ámbito europeo", *Revista de estudios europeos,* Nº. Extra 1, 2023 (Ejemplar dedicado a: Consolidación del Espacio Europeo de Libertad, Seguridad y Justicia en materia penal), págs. 99-128; FUENTES SORIANO, O., "La (futura) orden europea de entrega de pruebas electrónicas", La justicia penal del siglo XXI ante el desafío del blanqueo de dinero, 2021, Valencia, págs. 207-226.

8

2. LA INVESTIGACIÓN EN FUENTES ABIERTAS: UNA CUESTIÓN PENDIENTE EN NUESTRA LECRIM

En este contexto, la utilización de técnicas de inteligencia en la búsqueda y obtención de fuentes de datos a través de fuentes y canales abiertos se presenta como una herramienta fundamental para optimizar la investigación y la prueba de estos delitos, tema sobre la que no existe aún legislación vigente al respecto. El prelegislador es consciente de esta situación y en el Anteproyecto de LECRim 2020, habla por primera vez[9] de este tema en el Título VIII, donde se propone regular los medios de investigación basados en datos protegidos basados en el acceso y tratamiento de datos personales. Se plantea así un art. 514, al que denomina justamente "Búsqueda y obtención de datos a través de fuentes y canales abiertos", y para el que plantea el caso de la "obtención de datos a partir de fuentes o canales abiertos se realice de forma sistemática y continuada con el objeto de crear un registro histórico de la actividad del investigado en el entorno digital", para el que se exigiría previamente autorización judicial. Con ello, ya se está planteando un cierto control sobre labores de inteligencia que pueden ser realizadas no solo por agentes de policía, sino también particulares, dependiendo del canal tecnológico en el que nos encontremos. Esta cuestión pendiente hacer referencia a las técnicas OSINT (*Open Source Intelligence),* enmarcado dentro del modelo de "inteligencia de fuentes", término acuñado en los años setenta en los EEUU, basada en recopilar información de distintas fuentes que tienen origen en datos de diferente naturaleza y que se basan en aplicar inteligencia sobre fuentes basadas en comunicación por múltiples vías[10].

La metodología parte de que se cuenta ya con al menos una comunicación o noticia *criminis,* por lo que encaja en la fase de instrucción de un proceso penal; es decir, no parte de una naturaleza represora ni anticipatoria del delito, sino que se aplica una vez el delito se ha cometido y en la mayor parte de los casos tenemos a una víctima focalizada que quiere iniciar el proceso como parte, o bien se inicia de oficio al haber tenido la autoridad competente noticia del hecho delictivo aunque resulta indispensable identificar al autor

---

9 Tal y como indica COLOMER HERNÁNDEZ: "El hecho de que el Anteproyecto de LECrim prevea el acceso y el tratamiento de datos personales en las investigaciones penales es claramente un intento de reacción ante el hecho de que en nuestro Derecho no exista una regulación sobre la cesión, el uso y tratamiento de los datos personales que ya estén incorporados a un proceso penal". COLOMER HERNÁNDEZ, I., "Presentación", *Uso de la información y de los datos personales en los procesos: los cambios en la era digital,* Navarra, 2022, pág. 36.

10 MARCHETTI, V., & MARKS, J. D., *The CIA and the cult of intelligence.* New York, 1974.; KAHAN, J. P., "The intelligence of sources: A neglected dimension of intelligence analysis", *Journal of Strategic Studies,* Nº 34, 2021, págs. 67-92.

del mismo. Así esta sería la segunda opción de tipo de inteligencia aplicable a un proceso penal, que en este caso sí encaja con nuestro modelo. Dentro de este modelo de inteligencia existen a la vez diferente subtipos en los que predomina el carácter electrónico, de ahí que en ocasiones también se use casi de manera sinónima para este sistema la nomenclatura de inteligencia de comunicaciones electrónicas[11]. En ocasiones las técnicas se cruzan y en otras, dependiendo de la situación y el hecho concreto, se opta por utilizar únicamente una de ellas. Así tendremos sistemas de inteligencia de fuentes individualizados, múltiples o mixtos aplicados a las diferentes fases del ciclo de la inteligencia. La intención de los tipos combinados es desarrollar información de refuerzo y utilizar múltiples fuentes para corroborar puntos de datos clave. Además, la ventaja de un enfoque de todas las fuentes es que cada una de las disciplinas de inteligencia es adecuada para recopilar un tipo particular de datos, lo que permite a la organización de inteligencia examinar todas las facetas de un objetivo y obtener una mejor comprensión de su funcionamiento.

OSINT se refiere a una amplia gama de información y fuentes que están generalmente disponibles, por lo que su característica principal es la accesibilidad. Es decir, no alude al medio o a la técnica, sino a la posibilidad de acceso a fuentes de las que obtener inteligencia por medio de la recopilación de información de diferentes fuentes abiertas (por ejemplo, documentos legalmente disponibles, redes sociales, actividades públicas de los estados, empresas y sociedad, etc.) con el fin de inferir conocimiento para ser utilizado para un propósito específico[12].

Nos encontramos ante un sistema de fuentes abiertas y accesibles que puede ir unido a su vez a otro modelo de inteligencia. Es decir, este sistema de inteligencia puede contar a su vez con variaciones concretas o subcategorías de OSINT y que en ocasiones pueden encajar de igual modo dentro de esta

---

11 DÍAZ MARTÍNEZ, M., "El factor criminógeno de las TIC", *El proceso penal en la Sociedad de la Información. Las nuevas tecnologías para investigar y probar el delito*, Madrid, 2012, pág. 540; VALLÉS CAUSADA, LM., *La policial juridicial en la obtención de inteligencia sobre comunicaciones electrónicas para el proceso penal*, Repositorio abierto UNED de Tesis Doctorales, 2013.

12 A nivel internacional la conceptualización de OSINT se ofrece por primera vez en 2001 por el *Allied Joint Intelligence* de la OTAN, definiéndolo como: "La inteligencia derivada de una amplia gama de recursos abiertos, como la radio, la televisión, los periódicos, los libros; a los que el público tiene acceso". A nivel nacional, el Ministerio de Defensa replica este concepto al indicar que OSINT hace referencia al "tipo de inteligencia elaborada a partir de información que se obtiene de fuentes de información de carácter público" Vid. https://www.ncia.nato.int/what-we-do/joint-intelligence-surveillance-reconnaissance.html (Fecha de consulta: 26 de agosto de 2023)

categoría los sistemas de fuentes anteriormente vistos si fuesen accesibles[13]. Así, podrían ser parte de OSINT: SIGINT, si se trata señales de satélites públicos; HUMINT, si se obtuvieran mediante entrevista u observación directa; IMINT, si las imágenes están colgadas en espacios públicos; ELINT, vinculada a señales electrónicas públicas; GEOINT, vinculada a imágenes satelitales públicas; FININT, inteligencia basada en información financiera y actividades financieras de individuos accesibles o SOCMINT, inteligencia basada en redes sociales accesibles.

Por todo ello, nos encontramos ante un escenario en el que el modelo de inteligencia basado en fuentes nos empuja irremediablemente cada vez más a hablar de generación de inteligencia "holística", puesto que en muchas situaciones se deberán combinar o integrar sistemas que a su vez albergan una multitud de fuentes con el fin de generar verdadera inteligencia. En nuestra opinión es indispensable contemplar el espectro en su conjunto para poder diferenciar claramente de lo que es mera información y lo que es propiamente labor de inteligencia para posteriormente determinar su naturaleza probatorio, y por todo ello pensamos que estamos ante el tipo de inteligencia idóneo para investigar delitos de odio en redes sociales, cuestiones todas ellas aún no reguladas en nuestra LECrim pero que se están imponiendo ya en la práctica.

Por último, hay que resaltar que este tema conecta a su vez con lo planteado por la Circular 7/2019, de 14 de mayo, de la Fiscalía General del Estado, sobre pautas para interpretar los delitos de odio tipificados en el artículo 510 del Código Penal[14], debido a que establece como factor de polarización radical el análisis de las comunicaciones en las redes sociales abiertas del investigado, y a su vez posibilita que "en casos de especial gravedad o complejidad puede revestir particular importancia la utilización de la denominada «prueba pericial de inteligencia[15]»", cuestión desarrollada jurisprudencialmente pero que tampoco cuenta con un reconocimiento expreso en nuestra LECrim.

Estas dos cuestiones conectan claramente con el uso de inteligencia en la investigación y prueba de los delitos de odio en redes sociales, y además, implícitamente hacen evolucionar la labor de inteligencia a una dimensión distinta donde hasta ahora la situaban la legislación y la doctrina: delitos vinculados a

---

13 RODRIGUEZ RODRÍGUEZ, Y., "Inteligencia de fuentes abiertas (OSINT): Características, debilidades y engaño", *Revista de Análisis GESI*, Nº11, 2019.

14 BOE núm. 124, de 24 de mayo de 2019, páginas 55655 a 55695 (41 págs.), BOE-A-2019-7771. Disponible en: https://www.boe.es/diario_boe/txt.php?id=BOE-A-2019-7771 (Fecha de consulta: 18 de agosto de 2023).

15 Se puede encontrar un análisis monográfico sobre la cuestión planteada en este artículo en BUENO DE MATA, F., *Investigación y prueba de delitos de odio en redes sociales: técnicas OSINT e inteligencia policial*, Tirant lo Blanch, Valencia, 2023.

organizaciones criminales y la implicación de servicios de inteligencia. Con el planteamiento dado en la CFGE su utilización se expande a casos complejos que pueden también estar vinculados con hechos realizados por particulares contra particulares, y planteando su uso no solo por agentes policiales sino también por investigadores privados.

3. CONCLUSIÓN.

En el contexto de una sociedad hiperconectada y altamente digitalizada, la recopilación de información proveniente de fuentes abiertas se ha vuelto fundamental para la investigación de ciberdelitos, especialmente los delitos de odio. La práctica de OSINT permite a las autoridades obtener valiosas pruebas de manera sistemática, incluso cuando los delincuentes se amparan en el anonimato en línea.

Como hemos apuntado, es relevante destacar que el Anteproyecto de 2020 incluyó una consideración importante sobre este tema al proponer un artículo relacionado con la "Búsqueda y obtención de datos a través de fuentes y canales abiertos". Esta disposición requería autorización judicial previa en casos donde la obtención de datos de fuentes abiertas se realizara de manera sistemática y continuada para crear un registro histórico de la actividad del investigado en el entorno digital. Esta propuesta marcó un paso hacia la regulación de la inteligencia de fuentes en el ámbito legal español, aunque no se haya materializado en una legislación definitiva hasta la fecha

Sin duda, la apuesta por el uso de este tipo de técnicas nos lleva a tener una mejor investigación en el caso de ciberdelitos, y más concretamente la consideramos idónea para investigar delitos de odio en redes sociales, puesto que la interrelación de datos electrónicos masivos ofrecidos por el autor será la principal fuente de prueba en la que se basará. Por todo ello pensamos que con su impulso avanzamos hacia un proceso penal más eficaz a pesar de no tener una nueva LECRim.

Si bien, debemos además destacar que OSINT ejemplifica un modelo de inteligencia completamente distinto respecto a la concepción clásica de inteligencia de hace tres décadas, adaptada a la realidad tecnológica e hiperconectada en la que vivimos hoy en día y en la que los datos abiertos marcan una nueva línea para investigar determinadas situaciones, y más concretamente, hechos delictivos cometidos por particulares. Por todo ello defendemos que OSINT desafía por sí mismo el concepto clásico de inteligencia, puesto que, conforme a dicha conceptualización, la inteligencia debería actuar sin publicidad ni trasparencia, sin que sus objetivos y sus métodos fuesen públicos.

Por último, en el plano probatorio se deberá abordar con prontitud, con el fin de obtener un proceso penal más eficiente, un procedimiento probatorio de la prueba electrónica obtenida de delitos de odio cometidos en Internet, por medio de la implementación del Reglamento 2023/1543 del Parlamento Europeo y del Consejo de 12 de julio de 2023 sobre las órdenes europeas de producción y las órdenes europeas de conservación a efectos de prueba electrónica en procesos penales.

BIBLIOGRAFÍA

BUENO DE MATA, F., *Investigación y prueba de delitos de odio en redes sociales: técnicas OSINT e inteligencia policial,* Tirant lo Blanch, Valencia, 2023.

BUJOSA VADELL, L., "Cooperación judicial para la obtención y transmisión de pruebas electrónicas", *A vueltas con la transformación digital de la cooperación jurídico penal internacional,* Navarra, 2022, pág. 69- 97.

CALAZA LÓPEZ, S., "La digitalización y custodia de la prueba pericial electrónica sobre evidencias virtuales", *La prueba pericial a examen: propuestas de "lege ferenda",* Barcelona, 2020, págs. 471-481.

COLOMER HERNÁNDEZ, I., "Control y límites en el uso de la información y los datos personales por parte de la Inteligencia Artificial en los procesos penales" en *Justicia algorítmica y neuroderecho: una mirada multidisciplinar* (Dir. BARONA VILAR, S), Valencia, 2021, págs. 287-307.

COLOMER HERNÁNDEZ, I., "Presentación", *Uso de la información y de los datos personales en los procesos: los cambios en la era digital,* Navarra, 2022, pág. 36.

DE HOYOS SANCHO, M., "Novedades en materia de obtención transfronteriza de información electrónica necesaria para la investigación y enjuiciamiento penal en el ámbito europeo", *Revista de estudios europeos,* N°. Extra 1, 2023 (Ejemplar dedicado a: Consolidación del Espacio Europeo de Libertad, Seguridad y Justicia en materia penal), págs. 99-128.

DÍAZ MARTÍNEZ, M., "El factor criminógeno de las TIC", *El proceso penal en la Sociedad de la Información. Las nuevas tecnologías para investigar y probar el delito,* Madrid, 2012, pág. 540; VALLÉS CAUSADA, LM., *La policial juridicial en la obtención de inteligencia sobre comunicaciones electrónicas para el proceso penal,* Repositorio abierto UNED de Tesis Doctorales, 2013.

FUENTES SORIANO, O., "La (futura) orden europea de entrega de pruebas electrónicas", La justicia penal del siglo XXI ante el desafío del blanqueo de dinero, 2021, Valencia, págs. 207-226.

GÓMEZ AMIGO, L., "Las órdenes europeas de entrega y conservación de pruebas penales electrónicas: una regulación que se aproxima", *REDE. Revista española de derecho europeo,* N°. 71, 2019, págs. 23-55.

MARCHETTI, V., & MARKS, J. D., *The CIA and the cult of intelligence.* New York, 1974.; KAHAN, J. P., "The intelligence of sources: A neglected dimension of intelligence analysis", *Journal of Strategic Studies,* N° 34, 2021, págs. 67-92.

MARTÍN DIZ, F., "Inteligencia artificial y derecho procesal. Luces, sombras y cábalas en clave de derechos fundamentales" en *Nuevos postulados de la cooperación judicial en la Unión Europea,* Valencia, 2021, págs. 969-1006.

MIRÓ LLINARES, F., *Cometer delitos en 140 caracteres. El derecho penal ante el odio y la radicalización en Internet,* Barcelona, España, 2018.

RODRIGUEZ RODRÍGUEZ, Y., "Inteligencia de fuentes abiertas (OSINT): Características, debilidades y engaño", *Revista de Análisis GESI*, Nº11, 2019.

Capítulo XXXVII:

Instrumentos internacionales para la obtención de prueba electrónica y su influencia en la Ley de Enjuiciamiento Criminal

ELISABET CERRATO GURI
Profesora Agregada (acreditada a Catedrática) de Derecho Procesal.
Universitat Rovira i Virgili

Sumario: 1. Introducción. 2. Cooperación internacional en la obtención de prueba electrónica transfronteriza. 3. Influencia del Convenio de Budapest en el proceso penal español: las medidas de investigación tecnológica de la Ley de Enjuiciamiento Criminal. 4. Propuesta de Reglamento Europeo sobre las órdenes de entrega y conservación de pruebas electrónicas. 5. Conclusiones.

Resumen: Los vertiginosos cambios que nuestra sociedad ha vivido en los últimos tiempos por la irrupción de las tecnologías y el uso masivo y generalizado del servicio de correo electrónico y de mensajería instantánea, así como de las redes sociales, han propiciado, a la vez que importantes beneficios, nuevos tipos y conductas delictivas. La naturaleza de estas conductas, con probables implicaciones transfronterizas, hace ineludible prestar atención al Convenio sobre la Ciberdelincuencia (Budapest, 2001) –ratificado por España el 20 de mayo de 2010[1]– que, además de buscar la mayor eficacia de las investigaciones y los procedimientos penales relativos a los delitos relacionados con los sistemas y datos informáticos, contempla entre sus objetivos facilitar la obtención de pruebas electrónicas. Con relación a este último respecto, la presente comunicación pretende examinar la influencia de este Convenio en la regulación de las diligencias de investigación tecnológica de nuestra Ley de Enjuiciamiento Criminal, además de realizar una aproximación a la propuesta de Reglamento del Parlamento Europeo y del Consejo, sobre las órdenes europeas de entrega y conservación de pruebas electrónicas a efectos de enjuiciamiento penal, de inevitable aplicación en caso de que acabe prosperando[2].

---

1 Instrumento de Ratificación del Convenio sobre la Ciberdelincuencia, hecho en Budapest el 23 de noviembre de 2001 (BOE núm. 226, de 17 de septiembre de 2010).

2 A la fecha de publicación de este trabajo: Reglamento (UE) 2023/1543 del Parlamento Europeo y del Consejo de 12 de julio de 2023 sobre las órdenes europeas de producción y las órdenes europeas de conservación a efectos de prueba electrónica en procesos penales y de ejecución de penas privativas de libertad a raíz de procesos penales, aplicable a partir del 18 de agosto de 2026 (según dispone su art. 34.2).

1. INTRODUCCIÓN

El malestar por la incursión de la ciberdelincuencia en nuestra sociedad propicia la firma del Convenio de Budapest entre un número considerable de estados (entre los cuales, casi todos los estados miembros del Consejo de Europa). Este valioso instrumento internacional es el primero y más relevante en proponer una política criminal común en la lucha contra la delincuencia digital[3], esto es, la que deriva del uso de las tecnologías de la información y de la comunicación[4], a partir de la adopción de la legislación adecuada –que a la vez sea capaz de preservar los intereses legítimos de quienes utilicen y desarrollen las TIC– y el fomento de la cooperación internacional que, más allá de los estados, precisa extenderse al sector privado[5].

Tal y como se expone en su Preámbulo, el Convenio de Budapest trata de conferir los poderes suficientes a los estados para combatir de forma efectiva los actos que pongan en peligro la confidencialidad, la integridad y la disponibilidad de los sistemas, redes y datos informáticos, así como su abuso, garantizando su tipificación como delito y facilitando su detección, investigación y sanción, tanto a nivel nacional como internacional, todo ello estableciendo disposiciones que permitan una cooperación internacional rápida y fiable.

El buen fin de esta cooperación precisa tomar en consideración el dictado del art. 23, regulador de los principios generales relativos a la cooperación judicial, en atención al cual "las Partes cooperarán entre sí en la mayor medida posible, de conformidad con las disposiciones del presente capítulo, en aplicación de los instrumentos internacionales aplicables a la cooperación internacional en materia penal, de acuerdos basados en legislación uniforme o

---

3 De ello se ha hecho eco nuestra doctrina judicial, destacando, por todas, la STS (Sala Penal) núm. 494/2020, de 8 de octubre (ES:TS:2020:3215). En este contexto, compartimos la opinión de quienes afirman que la mayor aportación de este instrumento, considerado como el "mejor instrumento internacional que existe para la lucha contra la ciberdelincuencia", ha sido la armonización normativa en la definición y herramientas para la obtención de prueba electrónica. (https://diariolaley.laleynext.es/dll/2022/05/27/el-convenio-de-budapest-es-el-mejor-instrumento-internacional-que-existe-para-la-lucha-contra-la-ciberdelincuencia, fecha de consulta: 20 de julio de 2023).

4 Se prevé que en 2024 el número de dispositivos conectados a internet en todo el mundo sea de 22.300 millones (https://diariolaley.laleynext.es/dll/2022/05/27/el-convenio-de-budapest-es-el-mejor-instrumento-internacional-que-existe-para-la-lucha-contra-la-ciberdelincuencia, fecha de consulta: 20 de julio de 2023).

5 Destacamos el protagonismo de los proveedores de servicios, que en términos del Convenio (art. 1.c.) se corresponden con "i) toda entidad pública o privada que ofrezca a los usuarios de sus servicios la posibilidad de comunicar por medio de un sistema informático, y ii) cualquier otra entidad que procese o almacene datos informáticos para dicho servicio de comunicación o para los usuarios de ese servicio".

recíproca y de su derecho interno, para los fines de las investigaciones o los procedimientos relativos a los delitos relacionados con sistemas y datos informáticos o para la obtención de pruebas electrónicas de los delitos".

2. COOPERACIÓN INTERNACIONAL EN LA OBTENCIÓN DE PRUEBA ELECTRÓNICA TRANSFRONTERIZA

En lo que a nuestro objeto de estudio respecta, los arts. 16 a 21 del Convenio asientan los cimientos relativos a la conservación rápida y comunicación de datos informáticos almacenados, para lo que instan a las partes firmantes a adoptar las medidas legislativas –o del tipo que corresponda– necesarias para que sus autoridades puedan ordenar o imponer dicha comunicación y conservación. Además, esta incipiente regulación hace ya referencia a la comunicación de los "datos relativos a los abonados" por parte de los proveedores de servicios a las autoridades competentes[6] que, según detalla el art. 18.3, se corresponden con "cualquier información, en forma de datos informáticos o de cualquier otro modo, que posea un proveedor de servicios y que se refiera a los abonados de sus servicios", como son: su identidad, el periodo del servicio, la dirección postal, el número de teléfono o los datos relativos a la facturación y al pago, entre otra información referida en el precepto citado, que no permite alcanzar conclusiones sobre la vida privada de los interesados[7].

Más de veinte años de vigencia del Convenio de Budapest ponen de manifiesto la necesidad de reforzar la cooperación internacional en la obtención de prueba electrónica transfronteriza en un contexto donde la ciberdelincuencia es cada vez más latente.

---

6 Sobre el propósito de los arts. 16 a 21 del Convenio, afirma Díaz, A., "El delito informático, su problemática y la cooperación internacional como paradigma de su solución: El Convenio de Budapest. *REDUR*", 2010, p. 202, su referencia "a la preservación de determinados datos informáticos, medidas procesales tendentes sin duda a la agilización de los trámites y la conservación de información fundamental en torno al ilícito". Según señala esta autora, con ello se apuesta primordialmente "por la rapidez, creando métodos tendentes a la recolección de evidencias para la persecución de los delitos informáticos, algo que es plausible desde el punto de vista de la eficacia policial", aunque cierto es, como añade, que los arts. 29 a 34 del texto internacional "se refieren a datos informáticos" si bien "desde una concepción más amplia de cooperación internacional".

7 De la utilidad de estos datos se ha hecho eco la jurisprudencia del TEDH. En concreto, véase la STEDH de 24 de abril de 2018, Benedik vs. Slovenia (*CE:ECHR:2018:0424JUD00623571*).

Con tal propósito se aprueba su Segundo Protocolo Adicional (Budapest, noviembre, 2021)[8], que intensifica la colaboración entre los estados y el sector privado para agilizar la obtención de prueba electrónica transfronteriza almacenada en otros países, potenciado la directa comunicación entre las autoridades competentes de los estados parte y los proveedores de servicios. Todo ello acorde a las condiciones y salvaguardias para preservar la protección adecuada de los derechos humanos y las libertades fundamentales.

En concreto, la norma que escenifica este sustancial avance es el art. 7 del referido Segundo Protocolo Adicional que, con carácter general, empodera a las partes a adaptar sus legislaciones internas para que en el contexto de una investigación o proceso penal sus autoridades competentes puedan adoptar las medidas pertinentes para, de un lado, dirigir órdenes a proveedores de servicios de otros estados igualmente parte que les permitan obtener directamente de ellos información de sus abonados –de hecho, esta es la información que con mayor frecuencia se busca en las investigaciones penales relacionadas con delitos cibernéticos en los que se necesitan pruebas electrónicas–[9]. Y, de otro lado, insten a los proveedores de servicios que se encuentren en su territorio a facilitar la información requerida en caso que reciban una orden de colaboración emitida por una autoridad competente de cualquier otro estado parte; aunque debe matizarse la posibilidad de que los estados firmantes limiten –si así lo hacen constar al tiempo de la firma del Protocolo– la recepción de órdenes a las exclusivamente emitidas por una autoridad judicial o fiscal, o bajo supervisión independiente.

8 https://rm.coe.int/special-edition-second-protocol-en-2021/1680a69930, fecha de consulta: 20 de julio de 2023. España ha firmado este protocolo en mayo de 2022 (https://www.exteriores.gob.es/RepresentacionesPermanentes/ConsejodeEuropa/es/Comunicacion/Noticias/Paginas/Articulos/Espa%C3%B1a-firma-el-Segundo-Protocolo-Adicional-al-Convenio-de-Budapest.aspx#:~:text=Espa%C3%B1a%20firma%20el%20Segundo%20Protocolo,obtenci%C3%B3n%20de%20pruebas%20electr%C3%B3nicas%20transnacionales, fecha de consulta: 20 de julio de 2023).

El primer Protocolo Adicional tuvo lugar en 2003 para la penalización de actos de índole racista y xenófoba cometidos por medio de sistemas informáticos (https://rm.coe.int/168008160f, fecha de consulta: 20 de julio de 2023).

9 Consúltese el informe explicativo del Segundo Protocolo Adicional a la Convención de Budapest en donde, además, se pone de relieve la previsión de dos mecanismos para la rápida obtención de cualquier dato informático almacenado en otro país en situaciones de emergencia, esto es, según explicita el citado informe, cuando exista un riesgo significativo e inminente para la vida o la seguridad de cualquier persona física, siendo en estos casos necesaria una acción rápida para proporcionar asistencia mutua de emergencia o hacer uso de los puntos de contacto para la Red 24/7 establecida bajo la Convención (art. 35) (https://rm.coe.int/special-edition-second-protocol-en-2021/1680a69930, fecha de consulta: 20 de julio de 2023).

La orden que las autoridades competentes dirijan a los proveedores de servicios deberá formularse de conformidad con las particularidades del apartado tercero del precepto indicado, que en esencia deberá contener –al margen de lo añadido en el siguiente párrafo cuarto con carácter suplementario–: la identificación de la autoridad emisora y la fecha de emisión; una declaración de que la orden se emite de conformidad con el Protocolo; el nombre y la dirección del proveedor de servicios que debe atenderla; el delito o delitos objeto de la investigación o procedimiento penal; la identificación de la autoridad requirente de la información, cuando no coincidiera con la emisora de la orden; y una descripción detallada de la específica información que se pretende obtener.

En este punto es interesante la facultad que el apartado quinto del art. 7 dispone para que las partes que lo comuniquen a la Secretaría de Estado del Consejo de Europa reciban asimismo las órdenes emitidas a los proveedores de servicios de su territorio. Ello posibilitará que, a la vez que el proveedor de servicios, el estado parte en el que se integre reciba una notificación simultánea de la orden, además de posible información complementaria y un resumen de los hechos relacionados con la investigación o proceso, lo que debería repercutir en el mejor seguimiento del cumplimiento de la orden; o, en su caso, a evitar la remisión de información por el prestador del servicio cuando dicha revelación pudiera perjudicar las investigaciones o procesos penales del propio estado parte, o bien concurriera alguno de los motivos para la denegación de la asistencia mutua entre las partes, en los términos formulados del párrafo 5.c).

Sin embargo, para la solicitud de "los datos sobre el tráfico o sobre el contenido", que el art. 1 del Convenio define como "cualesquiera datos informáticos relativos a una comunicación por medio de un sistema informático, generados por un sistema informático como elemento de la cadena de comunicación, que indiquen el origen, destino, ruta, hora, fecha, tamaño y duración de la comunicación o el tipo de servicio subyacente", deberá activarse el procedimiento del art. 8 del Protocolo Segundo, que no se conforma con la comunicación directa entre autoridad y prestador del servicio, por el mayor grado de injerencia que supone en la intimidad de su titular y de otras personas que hayan podido intervenir en las comunicaciones[10]. Así, en estos casos en los que puede producirse una mayor afectación de la intimidad del titular de la información se opta por la comunicación entre partes para que sea la autoridad receptora de la orden la que compela al prestador de servicios de

10 https://diariolaley.laleynext.es/dll/2022/05/27/el-convenio-de-budapest-es-el-mejor-instrumento-internacional-que-existe-para-la-lucha-contra-la-ciberdelincuencia, fecha de consulta: 20 de julio de 2023.

su territorio para que facilite la información sobre su abonado o datos sobre el tráfico por esta vía solicitada.

A pesar de todo ello, el efectivo cumplimiento de esta regulación depende de la adaptación que de la misma hagan los estados parte a sus ordenamientos jurídicos, siendo cruciales las consideraciones del Segundo Protocolo Anexo al Convenio de Budapest en la obtención de la prueba electrónica en la lucha contra la ciberdelincuencia.

3. INFLUENCIA DEL CONVENIO DE BUDAPEST EN EL PROCESO PENAL ESPAÑOL: LAS MEDIDAS DE INVESTIGACIÓN TECNOLÓGICA DE LA LEY DE ENJUICIAMIENTO CRIMINAL

La influencia de la Convención sobre Ciberdelincuencia llega al ordenamiento jurídico español a través la Ley Orgánica 13/2015, de 5 de octubre, de modificación de la Ley de Enjuiciamiento Criminal para el fortalecimiento de las garantías procesales y la regulación de las medidas de investigación tecnológica.

La necesidad de combatir las nuevas formas de delincuencia derivada del uso de las tecnologías justifica la regulación de las medidas de investigación tecnológica a partir de la introducción de los arts. 588 bis a 588 octies en la LECrim[11], siendo para nuestro estudio de especial interés las que atañen a la obtención de las pruebas electrónicas[12] en poder de los prestadores de servicios de la sociedad de la información y de comercio electrónico, y su conservación, teniendo en cuenta el deber de colaboración y de guardar secreto de los que se encuentran sujetos a la medida, en virtud del genérico art. 588 bis c), y el riesgo de incurrir en delito de desobediencia en caso de no respetarlo[13].

---

11 Ampliamente analizadas por RICHARD, M., *Investigación y prueba mediante medidas de intervención de las comunicaciones, dispositivos electrónicos y grabación de imagen y sonido,* Wolters Kluwer, Madrid, 2017.

12 Otros autores, como ARRABAL, P., *La Prueba Tecnológica: Aportación, Práctica y Valoración,* Tirant lo Blanch, Valencia, 2019, prefieren la utilización del término "prueba tecnológica".

13 Recuerda CABEZUDO, N., "Algunas reflexiones acerca de la reglamentación de las nuevas medidas de investigación tecnológica en la Ley Orgánica 13/2015, de 5 de octubre, de modificación de la Ley de Enjuiciamiento Criminal", en *Nuevos horizontes del derecho procesal,* M. Jimeno y J. Pérez (coords.), J.M. Bosch editor, Barcelona, 2016, p. 541, la cobertura del referido deber de colaboración "en el ordenamiento procesal al subsumirse dentro del deber general de colaboración con la Justicia (arts. 118 CE y 17 de la LOPJ) y con las Fuerzas y Cuerpos de Seguridad del Estado (art. 4.1 de la Ley Orgánica 2/1986), y el específico de exhibición de los objetos y papeles que pudieran tener relación con una causa penal (art. 575 LECrim)".

De entrada, parece que dan respuesta a nuestra inquietud los arts. 588 ter j) y 588 octies LECrim que, respectivamente, encuentran estrecha conexión con los arts. 18 y 16 del Convenio de Budapest.

En palabras de RICHARD, el art. 588 ter j) LECrim establece –junto con el art. 588 ter k)– "el principio de orden judicial para obtener datos de la comunicación"[14]. Ello implica que la cesión de la información que pudiera obrar en los archivos automatizados de los prestadores de servicios no deba producirse de manera automática ante la petición de cualquiera de las partes o interesados en el proceso; a tal efecto será imprescindible formular la correspondiente solicitud al juez de la investigación para que decida sobre su concesión, en función de la naturaleza de los datos que deban conocerse y las razones alegadas para que se produzca dicha cesión. En consecuencia, esta transferencia de datos para su incorporación al proceso judicial precisará de la correspondiente autorización judicial que la ordene, en cuyo caso, ahora sí, el prestador de servicios tendrá la obligación de facilitarlos.

Es importante advertir la distinción –también señalada en el Convenio sobre cirberdelincuencia, tal y como hemos tenido oportunidad de comentar– que hace la doctrina judicial entre la incorporación al proceso de datos electrónicos de tráfico o vinculados a procesos de comunicación, de los datos de identificación (o, en términos de la propia LECrim "datos necesarios para la identificación de usuarios, terminales y dispositivos de conectividad"), siendo tan solo necesaria autorización judicial en el primero de los casos[15].

Por su parte, complementa la anterior previsión el art. 588 octies LECrim que introduce, como medida de aseguramiento, la orden de conservación de datos para evitar la destrucción de determinados datos o informaciones que se encuentren en un sistema informático de almacenamiento concreto, en tanto no se disponga de la correspondiente autorización judicial para su cesión o, en términos de la exposición de motivos de la Ley Orgánica 13/2015, "garantizar la preservación de los datos e informaciones concretas de toda clase que se encuentren almacenados en un sistema informático hasta que se obtenga la autorización judicial correspondiente para su cesión" y, de este modo, evitar

---

14 RICHARD, M., ob. cit., p. 133.

15 STSJ Castilla León (Sala de lo Civil y Penal, Sección 1ª) núm. 93/2021, de 22 de diciembre de 2021 (ES:TSJCL:2021:4161). Y la SAP de Barcelona (Sección 9ª) núm. 490/2021, de 6 de septiembre de 2021 (ES:APB:2021:9813A) especifica que "[...] a la hora de determinar qué datos aparecen vinculados a procesos de comunicación y cuáles no, suele distinguirse entre datos de naturaleza dinámica y los de naturaleza estática. Los primeros son los que se generan durante un proceso de comunicación, mientras que los segundos aparecen almacenados en las bases de datos de los prestadores de servicios de comunicación para posibilitar esas comunicaciones, pero no se generan como consecuencia de una comunicación concreta".

que la desaparición, alteración o deterioro de esta volátil información pueda frustrar su posterior aportación al proceso como medio de prueba "o, en su caso, su análisis forense".

Siguiendo la literalidad de la norma, parece que la orden de conservación –por un plazo de noventa días, prorrogable por una sola vez–, no precisa de autorización judicial alguna, sino que depende de la iniciativa del Ministerio Fiscal o de la policía judicial, expectantes de obtener la correspondiente autorización judicial para que se produzca la referida cesión de información; aunque según reciente doctrina judicial su emisión puede extenderse también al propio juez de instrucción[16].

Así las cosas, nos sorprende que el legislador no haya ampliado esta facultad al resto de partes procesales personadas, en especial a quien se hubiere constituido en acusación particular, dada la potestad que tiene reconocida para proponer diligencias de investigación y, en particular, solicitar la correspondiente autorización judicial para la cesión de datos electrónicos, del mismo modo que el Ministerio Fiscal (arts. 311.1 y 776.3, y 588 ter j) LECrim). Esta laguna en la norma analizada puede provocar verdaderas situaciones de indefensión a aquellas víctimas que, personadas como acusación particular, pretendan incorporar al proceso datos obrantes en archivos automatizados de prestadores de servicios pues, mientras esperen obtener la pertinente autorización judicial, no van a poder hacer nada para garantizar su conservación. Por ello opinamos que debe hacerse una interpretación integradora del precepto y entender que en la medida que cualquiera de las partes puede solicitar la cesión de los datos electrónicos obrantes en los archivos automatizados de los prestadores de servicios o de personas que faciliten la comunicación, también deberán poder solicitar su conservación.

4. PROPUESTA DE REGLAMENTO EUROPEO SOBRE LAS ÓRDENES DE ENTREGA Y CONSERVACIÓN DE PRUEBAS ELECTRÓNICAS[17]

La aplicación de estos preceptos parece clara cuando el prestador del servicio tenga establecimiento o representación en España. Sin embargo, ello

[16] Destacamos la SAP de Zamora (Sección 1ª) núm. 5/2022, de 27 de enero de 2022 (ES:APZA:2022:76).

[17] Con alguna pequeña variación no sustancial en relación a nuestro objeto de estudio, esta propuesta de reglamento se ha convertido en el Reglamento (UE) 2023/1543 del Parlamento Europeo y del Consejo de 12 de julio de 2023 sobre las órdenes europeas de producción y las órdenes europeas de conservación a efectos de prueba electrónica en procesos penales y de ejecución de penas privativas de libertad a raíz de procesos penales, aplicable a partir del 18 de agosto de 2026.

ocasionalmente sucederá en los delitos cometidos a través de Internet y de las redes sociales, que de manera mayoritaria utilizan como cauce para su perpetración servicios de mensajería instantánea (como Twitter o Whatsapp) o redes sociales (como Facebook o Instagram) transfronterizos, lo que complica la obtención de la prueba electrónica de prestadores de servicios que se encuentren en otro estado de la Unión Europea o fuera de ella, salvo acuerdo internacional que facilite esta actuación.

Precisamente, como hemos podido examinar, el Segundo Protocolo Adicional al Convenio de Budapest trata de dar respuesta a esta realidad. Además, en el ámbito de la Unión Europea existe un instrumento que, en el marco de un proceso penal, habilita a los estados para pedir pruebas o diligencias de investigación a otros estados miembros, cuya regulación se encuentra en la Directiva 2014/41/UE del Parlamento Europeo y del Consejo, de 3 de abril de 2014, relativa a la orden europea de investigación en materia penal, y que España incorporó a su ordenamiento interno a través de la Ley 23/2014, de 20 de noviembre, de reconocimiento mutuo de resoluciones penales en la Unión Europea[18]. Pero esta directiva no alcanza la singularidad derivada de la obtención de la prueba electrónica, siendo necesaria su complementación[19].

En la actualidad es indiscutible que la digitalización de la sociedad tiene una afectación irreversible en la perpetración de la criminalidad y, por ende,

---

18 A mayor abundamiento, CASANOVA, R. y CERRATO, E., "La emisión de una orden europea de investigación para la obtención de prueba transfronteriza y su introducción en el proceso penal español", en *Revista de Derecho Comunitario Europeo*, núm. 62, 2019, pp. 197-232. doi: https://doi.org/10.18042/cepc/rdce.62.06.

19 Así lo ha reconocido la Propuesta de Reglamento del Parlamento Europeo y del Consejo, sobre las órdenes europeas de entrega y conservación de pruebas electrónicas a efectos de enjuiciamiento penal (2018) cuando, en su exposición de motivos, al contextualizar la propuesta, explicita, con referencia a la Directiva relativa a la orden europea de investigación en materia penal, que aunque "cubre todas las medidas de investigación, incluido el acceso a la pruebas electrónicas (...) no contiene disposición específica alguna sobre este tipo de pruebas (...) a excepción de una referencia a la identificación del titular de una dirección IP en el artículo 10, apartado 2, letra e), para el cual no podrá invocarse la sobre tipificación como motivo de denegación del reconocimiento y la ejecución de la solicitud". En este contexto, LARO, E., "Prueba penal transfronteriza: de la orden europea de investigación a las órdenes europeas de entrega y conservación de pruebas electrónicas", en *Revista de estudios europeos*, núm. 79, 2022, p. 290, mantiene que "solo cuatro años después de la promulgación de la DOEI se toma conciencia de la necesidad de contar con un nuevo instrumento que acelere el proceso para la obtención y aseguramiento de pruebas electrónicas, que no va a sustituir a la Directa sobre la OEI sino que se presenta como un complemento a la misma".

en la producción de su prueba, mayoritariamente electrónica[20], marcada por su volatilidad y dimensión internacional. No ajeno a esta realidad, desde 2018 el legislador europeo está desarrollando una interesante propuesta[21] que tiene por finalidad que una autoridad de un estado miembro pueda directamente ordenar la entrega (orden europea de producción) o conservación (orden europea de conservación) de pruebas electrónicas a un proveedor que ofrezca servicios en la UE, con independencia de la ubicación de los datos (art. 1), cuando puedan ser de utilidad en el transcurso de un proceso penal transfronterizo, esto es, que se esté desarrollando en un estado miembro distinto al del proveedor de servicios; todo ello con el debido respeto a los derechos, libertades y principios enunciados en la Carta de los Derechos Fundamentales de la Unión Europea (art. 6 del TUE) y, en especial, al derecho a la defensa de quien se vea inmerso en un proceso penal. Así, a través de estos dos nuevos instrumentos de cooperación judicial penal, pensados para agilizar la obtención y aseguramiento de prueba electrónica transfronteriza almacenada por proveedores de servicios en otra jurisdicción, se plantea una excelente oportunidad para testar la buena salud del principio de reconocimiento mutuo y de confianza entre los estados, al permitir que la comunicación directa entre autoridades se extienda en estos casos a las entidades públicas o privadas proveedoras de servicios (eludiendo, por tanto, la intermediación de las autoridades del Estado de ejecución)[22]; a la vez que seguir avanzando en la lucha contra la cibercriminalidad.

---

20 Según reconoce el Consejo de Europa "En la era digital los delincuentes se valen cada vez de más servicios y herramientas de alta tecnología para planear y cometer delitos. Por este motivo, las pruebas electrónicas se están volviendo esenciales en la lucha contra la delincuencia: actualmente se utilizan datos electrónicos en el **85 %** de las investigaciones penales" (https://www.consilium.europa.eu/es/policies/e-evidence/, fecha de consulta: 20 de julio de 2023).

21 Propuesta de Reglamento del Parlamento Europeo y del Consejo, sobre las órdenes europeas de entrega y conservación de pruebas electrónicas a efectos de enjuiciamiento penal - COM/2018/225 final - 2018/0108 (COD) (https://eur-lex.europa.eu/legal-content/ES/TXT/HTML/?uri=CELEX:52018PC0225&from=ES, fecha de consulta: 20 de julio de2023). En este punto queremos notar la apuesta por la vía reglamentaria, de aplicación directa por los estados, en tanto que aporta "claridad y más seguridad jurídica y evita interpretaciones divergentes en los Estados miembros y otros problemas de transposición (…)", además que a través de un reglamento es posible "imponer la misma obligación de manera uniforme en la Unión".

22 Sobre esta cuestión, LARO, E., ob. cit., pp. 296 - 297, se plantea la afectación que esta propuesta puede tener en el principio de reconocimiento mutuo pues pese a los beneficios que pueden derivarse de este régimen de transmisión y ejecución "como es la comunicación directa entre la autoridad judicial de emisión y el proveedor de servicios, que es el responsable final de facilitar la prueba requerida, evitando así la intervención de una autoridad intermediaria (…) lo que podría dilatar el procedi-

5. CONCLUSIONES

Con la incorporación de las nuevas diligencias de investigación tecnológica en la Ley de Enjuiciamiento Criminal, inspiradas en el Convenio de Budapest sobre la Ciberdelincuencia, el legislador español ha tratado de dar respuesta a esta realidad delictual, aunque su eficacia es más que cuestionable en aquellos casos en los que se pretenda la obtención y/o conservación de los datos e informaciones custodiadas por un prestador de servicios que tenga establecimiento o representación fuera de España, lo que en el ámbito que ahora nos ocupa sucederá de forma mayoritaria.

La anterior limitación hace necesarias iniciativas como la que ha dado lugar al Reglamento Europeo sobre las órdenes europeas de producción y conservación de pruebas electrónicas a efectos de enjuiciamiento penal, de aplicación a todos los proveedores que presten servicios en la UE, aun cuando no estuviesen establecidos en la Unión. La entrada en escena de estos dos instrumentos de reconocimiento mutuo por la vía directa reglamentaria puede suponer un revulsivo en la obtención de prueba en la lucha contra la ciberdelincuencia, siempre con la salvaguarda de los derechos fundamentales de la persona investigada y del prestador del servicio.

En cualquier caso, la reciente incorporación del Segundo Protocolo Adicional del Convenio de Budapest al ordenamiento jurídico español debiera poder mejorar la respuesta a la compleja obtención de prueba electrónica transfronteriza.

BIBLIOGRAFÍA

ARRABAL, P., *La Prueba Tecnológica: Aportación, Práctica y Valoración,* Tirant lo Blanch, Valencia, 2019

CABEZUDO, N., "Algunas reflexiones acerca de la reglamentación de las nuevas medidas de investigación tecnológica en la Ley Orgánica 13/2015, de 5 de octubre, de modificación de la Ley de Enjuiciamiento Criminal", en *Nuevos horizontes del derecho procesal,* M. Jimeno y J. Pérez (coords.), J.M. Bosch editor, Barcelona, 2016

CASANOVA, R. y CERRATO, E., "La emisión de una orden europea de investigación para la obtención de prueba transfronteriza y su introducción en el proceso penal español", en *Revista de Derecho Comunitario Europeo,* núm. 62, 2019, pp. 197-232. doi: https://doi.org/10.18042/cepc/rdce.62.06.

miento de entrega de prueba", no se garantiza que el Estado de ejecución cuente con los mecanismos necesarios para el control de la medida, teniendo en cuenta que "el proveedor de servicios no tiene facultades ni medios jurídicos para realizar un control de tal calibre".

DÍAZ, A., El delito informático, su problemática y la cooperación internacional como paradigma de su solución: El Convenio de Budapest. REDUR, 2010, pp. 169-203.

LARO, E., "Prueba penal transfronteriza: de la orden europea de investigación a las órdenes europeas de entrega y conservación de pruebas electrónicas", en Revista de estudios europeos, núm. 79, 2022, pp. 285 - 303.

RICHARD, M., *Investigación y prueba mediante medidas de intervención de las comunicaciones, dispositivos electrónicos y grabación de imagen y sonido,* Wolters Kluwer, Madrid, 2017.

Capítulo XXXVIII:
La problemática de la interceptación de las comunicaciones como diligencia de investigación en los delitos de odio (sin la nueva LECRIM)

SERGI COROMINAS BACH
Profesor de Derecho Procesal.
Universidad de Salamanca

Sumario: 1. Los delitos de odio. Las diligencias de investigación en los delitos de odio. Retos. 2. Regulación actual de la interceptación de las comunicaciones en la Ley de Enjuiciamiento Criminal y la propuesta de regulación en el Anteproyecto de reforma de la Ley de Enjuiciamiento Criminal. 3. La obtención de datos electrónicos de tráfico o asociados como diligencia de investigación en los delitos de odio. 4. Conclusiones.

Resumen: La presente comunicación tiene por objeto el estudio de la interceptación de las comunicaciones, en concreto, la obtención de datos electrónicos de tráfico o asociados como diligencia de investigación en los delitos de odio. A tal efecto, el autor parte de los principales desafíos que plantea la investigación de los delitos de odio para, acto seguido, estudiar de forma pormenorizada la regulación actual en contraposición con la pretendida por el anteproyecto de reforma de la Ley de Enjuiciamiento Criminal. En especial, los delitos en los que se autorizan los actos de investigación tecnológicos a partir de la jurisprudencia recaída. Por último, el investigador se centra en el desarrollo jurisprudencial que ha habido en cuanto a la obtención de datos electrónicos de tráfico o asociados como diligencia de investigación en los delitos de odio.

1. LOS DELITOS DE ODIO. LAS DILIGENCIAS DE INVESTIGACIÓN EN LOS DELITOS DE ODIO. RETOS.

El delito de odio o *hate speech* es todo "acto criminal motivado por el sesgo o el prejuicio hacia un grupo particular de personas". En este sentido, el delito de odio exige que (1) el acto sea tipificado como delito en el Código Penal; y (2) su motivación se ancle en un sesgo o perjuicio hacia a una comunidad de individuos.

El ordenamiento jurídico español recoge en el artículo 510 del Código Penal las conductas típicas que se consideran *hate speech.* Frente a una regulación anterior que se limitaba a castigar la provocación a la discriminación, al odio o a la violencia contra determinados grupos, el precepto vigente considera punible cualquier actuación que públicamente fomente, promueva o inciten directa o indirectamente al odio, hostilidad, discriminación o violencia contra un grupo determinado (art. 510.1.a); o produzca, elabore, posea con la finalidad de distribuir, facilite a terceras personas el acceso, distribuya, difunda o venda escritos o cualquier otra clase de material o soportes que por su contenido sean idóneos para cometer este mismo delito (art. 510.1.b); o públicamente niegue, trivialice gravemente o enaltezca los delitos de genocidio, de lesa humanidad o contra las personas y bienes protegidos en caso de conflicto armado" (art. 510.1.c). Asimismo, el Estado castigará a cualquiera que lesione la dignidad de las personas mediante acciones que entrañen humillación menosprecio o descrédito contra uno de los grupos protegidos o contra una de las personas por razón de su pertenencia a estos grupos (art. 510.2.a); y a quienes enaltezcan o justifiquen por cualquier medio de expresión pública o de difusión los delitos que hubieran sido cometidos contra un grupo (art. 510.2.b)[1].

Por supuesto y en atención a las características del acto concreto en cuestión, este extenso precepto penal deberá interpretarse en conjunción con el agravante genérico de discriminación del artículo 22.4 del Código Penal o el de asociación ilícita del artículo 515.4 de la misma ley.

De acuerdo con el último informe que analiza la evolución del *hate speech* en nuestro país, los delitos de odio por motivo de la presencia de racismo, xenofobia, intolerancia religiosa, intolerancia a una discapacidad, orientación sexual, identidad sexual o característica sexuales han aumentado significa y peligrosamente en el ámbito cibernético[2]. La modalidad de comisión a través de redes sociales ha sufrido un incremento del 22,75 respecto el anterior año[3].

Por si fuera poco, las estadísticas estudiadas parten de los supuestos d *hate speech* denunciados y, tal y como apunte la propia ONEDE, casi el 90% de las víctimas de delitos de odio no denuncia en España – 80% a nivel europeo. Las razones que subyacen esta falta de *notita criminis* son plurales y serán objeto de estudio en ulteriores trabajos del autor, pero, únicamente a título de ejemplo,

---

1 Otros preceptos del Código Penal que tipifican conductas consideradas *hate speech* son el 170 como modalidad de amenazas; los artículos 522 a 526 para los delitos contra la libertad de conciencia, los sentimientos religiosos y el respeto a los difuntos recogidos en del Código Penal; y los preceptos 511 y 512 para los delitos específicos de discriminación.

2 Informe sobre la Evolución de los Delitos d Odios en España, 2021. Ministerio del Interior. Gobierno de España. Disponible en: https://www.interior.gob.es/opencms/pdf/servicios-al-ciudadano/delitos-de-odio/estadisticas/INFORME-EVOLUCION-DELITOS-DE-ODIO-VDEF.pdf (Fecha de consulta 10 de septiembre de 2023)

3 *Ídem.*

la falta de punibilidad y la falta de consciencia son motivos principales de infradenuncia[4].

Estas circunstancias no sólo obligan a unas imprescindibles pesquisas policiales mediante el uso de medios de investigación tecnológicos, sino también y como apunta BUENO DE MATA, a un ciberpatrullaje para detectar conductas que puedan subsumirse en los tipos explicados[5].

El ciberrastreo va necesariamente de la mano del uso de tecnologías disruptivas, léase, la inteligencia artificial que ya está siendo aplicada por parte de las fuerzas y cuerpos de seguridad del Estados especializados en la materia[6]. A partir de aquí se abre un enorme campo de estudio para el encaje procesal del uso de nuevas diligencias como son el cruce inteligente de datos o los sistemas de valoración de riesgo o mapeo abiertos de datos apoyados por inteligencia artificial[7].

Sin embargo, el objetivo de este trabajo es y debe ser: mucho más concreto: analizar los supuestos en los que los agentes encargados de la instrucción deberán solicitar una autorización judicial en la interceptación de las comunicaciones en los delitos de odio.

2. REGULACIÓN ACTUAL DE LA INTERCEPTACIÓN DE LAS COMUNICACIONES EN LA LEY DE ENJUICIAMIENTO CRIMINAL Y LA PROPUESTA DE REGULACIÓN EN EL ANTEPROYECTO DE REFORMA DE LA LEY DE ENJUICIAMIENTO CRIMINAL

La regulación de los medios de investigación tecnológicos en el Anteproyecto de reforma de la Ley de Enjuiciamiento Criminal suponía un importante paso adelante respecto a la reforma de 2015 en esta materia. En particular,

---

4 ONEDE, *Informe de la encuesta sobre delitos de odio,* 2021. Disponible en: https://www.interior.gob.es/opencms/pdf/servicios-al-ciudadano/Delitos-de-odio/descargas/Informe-de-la-encuesta-sobre-delitos-de-odio_2021.pdf (Fecha de consulta: 18/09/2023).

5 BUENO DE MATA, F., "Delitos de odio y redes sociales: retos procesales", en *Diario la Ley, nº 10180, Sección Tribuna, 29 de Noviembre de 2022,* p. 5.

6 MIRÓ LLINARES, F., *Cometer delitos en 140 caracteres. El derecho penal ante el odio y la radicalización en Internet,* Marcial Pons, Barcelona, España, 2018.

7 BUENO DE MATA, F., «Macrodatos, inteligencia artificial y proceso: luces y sombras», *Revista General de Derecho Procesal,* Núm. 51, 2019. Asimismo, COLOMER HERNÁNDEZ, I., «Control y límites en el uso de la información y los datos personales por parte de la Inteligencia Artificial en los procesos penales» en *Justicia algorítmica y neuroderecho: una mirada multidisciplinar* (Dir. BARONA VILAR, S), Tirant Lo Blanch, Valencia, 2021, pp. 287-307.

la propuesta normativa diferenciaba entre la investigación en canales abiertos y cerrados y recogía – de forma más o menos criticables – los delitos concretos y presupuestos que el juez de garantías debía evaluar ante una petición de autorización por parte de la autoridad encargada de la investigación (509 y siguientes y 5014 y siguientes, respectivamente).

Ahora bien, el hándicap actual es cómo los diferentes operadores jurídicos deben actuar antes supuestos de esta índole con la regulación vigente. Más concretamente, el policía necesita saber cuándo debe solicitar una autorización judicial al juez instructor para poder interceptar las comunicaciones o datos relacionados con las mismas y, por parte de la defensa, el letrado debe conocer la extensión del artículo 18 de la constitución frente a la investigación penal para poder solicitar la exclusión de aquellas pruebas que no cumplan con la constitucionalidad exigida.

Los artículos 588 bis hasta 588 bis k son de obligado cumplimiento respecto a las intervenciones de las comunicaciones telefónicas y telemáticas, la captación y grabación de comunicaciones orales mediante la utilización de dispositivos electrónicos de seguimiento, localización y captación de imagen, el registro de dispositivos de almacenamiento masivo de información y lo registros remotos sobre equipos informáticos[8].

En cuanto a los delitos que se pueden investigar, el artículo 579.1 de la LECrim se refiere a *delitos dolosos castigados con pena con límite máximo de, al menos, tres años de prisión*; *delitos cometidos en el seno de un grupo criminal o delitos de terrorismo.* La remisión a este precepto se realiza tanto en cuanto a la interceptación de las comunicaciones telefónicas y telemáticas (art. 588 ter a LECrim) y la captación y grabación de comunicaciones orales mediante la utilización de dispositivos electrónicos (588 quater b LECrim).

El artículo 588 ter a añade la posibilidad de interceptación de las comunicaciones telefónicas y telemáticas a *delitos cometidos a través de instrumentos informáticos o de cualquier otra tecnología de la información o comunicación o servicio de comunicación*[9].

---

8 Asimismo y si bien no se contempla *per se* en la norma procesal, esta normativa es aplicable a las diligencias de entrada y registro, el registro de libros y papales y a la detención y apertura de correspondencia escrito y telemática, ya que su contenido ya era exigido para tales diligencias por la jurisprudencia del Tribunal Supremo (STS nº 489/2018, de 23 de octubre).

9 La relación de delitos es distinta en el caso de registros remotos sobe registros informáticos (588 septies a LECrim) y brilla por su ausencia en el caso de la utilización de dispositivos o medios técnicos de seguimiento y localización (588 quinquies b LECrim.

Esta regulación debe ser interpretada de acuerdo con la cuestión prejudicial resuelta por el Tribunal de Justicia de la Unión Europea en su sentencia de 2 de octubre de 2018 (C-207/16).

De acuerdo con la *ratio decideni*, el artículo 579.1 de la LECrim debe reinterpretarse de tal forma que para la investigación de delitos cuya pena sea de 5 años o superior cabe acordar las medidas que establece la LECrim, pero sólo no podrán autorizarse para aquellos delitos dolosos comprendidos entre aquellos cuyo límite máximo sea de al menos 3 años y los delitos cuya pena sea de menos de 5 años[10].

Si bien encontramos otras cuestiones igualmente relevantes como, el secreto de las actuación (588 bis d LECrim), la duración de las medidas adoptadas (588 bis e), sus prórrogas (art. 588 bis f L), el control de la medida (art. 588 bis g), la posible afectación de terceras personas (588 bis h), el cese de la medida (art. 588 bis j) o la destrucción de los registros (588 bis k), la determinación de los delitos realizada debe dar paso a una acto de investigación concreto como es la obtención de datos electrónicos de tráfico o asociados a la interceptación de las comunicaciones.

3. LA OBTENCIÓN DE DATOS ELECTRÓNICOS DE TRÁFICO O ASOCIADOS COMO DILIGENCIA DE INVESTIGACIÓN EN LOS DELITOS DE ODIO

En la investigación de los delitos de odio y concretamente cuando estos sean cometidos a través de Internet, la policía debe acceder a la identificación de los posibles autores. Si bien la interceptación del acto puede no menoscabar derecho fundamental alguno cuando estamos hablando de redes abiertas, acceder a los datos de los sujetos activos del hecho delictivo es una cuestión totalmente diferente.

Los datos para la identificación de usuarios, terminales y dispositivo de los artículos 588 ter k a 588 ter m de la Ley de Enjuiciamiento Criminal puede referirse a la identificación mediante el número de IP, códigos de identificación o identificación de titulares o terminales.

En el primer caso, la policía está investigando un delito cometido en internet y tiene en número de IP (Internet Protocol). Este número únicamente

---

10 "Conforme al principio de proporcionalidad, en el ámbito de la prevención, investigación y descubrimiento y persecución de delitos solo puede justificar una injerencia grave el objetivo de luchar contra la delincuencia que a su vez esté también calificada de grave"

sirve en redes del modelo TCP/ IP para comunicarse un equipo dentro de la red y se refiere al protocolo de conexión que utiliza el dispositivo. El usuario simplemente introduce el nombre de dominio y, posteriormente, el servidor se encargará de conducir la comunicación hasta la dirección IP en cuestión (ésta puede ser dinámica o estática).

Las fuerzas y cuerpo de seguridad del Estado pueden acceder a la dirección IP, pero para proceder a la identificación del usuario detrás de la misma se precisa autorización judicial (art. 588 ter k de la LECrim).

Cuando estamos hablando de código de identificación, la policía podrá acceder a los números IMSI o IMEI sin necesidad de autorización judicial. Sin embargo y de acuerdo con la Sentencia del Tribunal Supremo nº 537/2018 de 8 de noviembre, una vez obtenido sí será precisa la autorización judicial para que la operadora ceda los datos que obran en sus ficheros con los que se podrá conocer el concreto número del terminal telefónico para el que se va a solicitar la intervención.

El auto del juez que autoriza estos actos de investigación tecnológica deberá no solo concretar los extremos especificados en el artículo 588 bis c de la LECrim[11], sino, además y por encima de todo, motivar la resolución en base a los principios relacionados en el artículo 588 bis a, que no son otros que los principios de especialidad, idoneidad, excepcionalidad y necesidad. La Sentencia del Tribunal Supremo de 10 de octubre nº86/2018, de 19 de febrero compila la doctrina jurisprudencial del Tribunal Supremo, Tribunal Constitucional y del Tribunal Europeo de Derechos Humanos.

Por último, el Ministerio Fiscal y la Policía Judicial podrá identificar a los titulares o los terminales directamente de los prestadores de los servicios de comunicaciones sin autorización judicial (art. 588 ter m LECRim). Los prestadores de servicio están obligados a comunicar el número de teléfono de cualquier abonado y viceversa (STS nº 523/2017 de 7 de julio).

---

[11] a) El hecho punible objeto de investigación y su calificación jurídica, con expresión de los indicios racionales en los que funde la medida. b) La identidad de los investigados y de cualquier otro afectado por la medida, de ser conocido. c) La extensión de la medida de injerencia, especificando su alcance así como la motivación relativa al cumplimiento de los principios rectores establecidos en el artículo 588 bis a. d) La unidad investigadora de Policía Judicial que se hará cargo de la intervención. e) La duración de la medida. f) La forma y la periodicidad con la que el solicitante informará al juez sobre los resultados de la medida. g) La finalidad perseguida con la medida. h) El sujeto obligado que llevará a cabo la medida, en caso de conocerse, con expresa mención del deber de colaboración y de guardar secreto, cuando proceda, bajo apercibimiento de incurrir en un delito de desobediencia.

4. CONCLUSIONES

La investigación policial en materia de delitos de odio a través de medios tecnológicos requiere de una actualización de las diligencias de investigación, concretamente y en el presente caso, la obtención de datos electrónicos de tráfico o asociados en la interceptación de las comunicaciones.

Los artículos 509 y 514 y siguientes del fallido anteproyecto de reforma de la Ley de Enjuiciamiento Criminal partía de la diferencia entre la investigación en canales abiertos y cerrados y recogía los delitos particulares y presupuestos que el juez de garantías debía evaluar ante una petición de autorización por parte de la autoridad encargada de la investigación.

Ahora bien, la regulación de estos requisitos no puede ser minuciosamente casuística ante la vasta pluralidad de delitos y, por ende, requiere de un desarrollo jurisprudencial complementario que dilucide cuando actos de investigación inicialmente no garantizados devienen garantizados, es decir, en qué momento los los cuerpos y fuerzas de seguridad del Estado deberán solicitar autorización judicial para su respectiva ejecución. En el caso contrario, los agentes pueden caer en una ilicitud probatoria y la consiguiente regla de exclusión operará ante la presunción de inocencia necesariamente imperante.

Los Tribunales españoles han concretado los extremos de la obtención de datos electrónicos de tráfico o asociados en sus resoluciones judiciales. En la identificación mediante el número de IP y códigos de identificación, la policía podrá acceder a la dirección de IP y números IMSI o IMEI, respectivamente. Sin embargo, la autorización judicial será necesaria para identificar a los usuarios asociados a los datos obtenidos en este acto inicial de investigación no garantizado.

En el caso de la identificación de los titularos o de los terminales, los prestadores de servicio deberán comunicar estos datos a Ministerio Fiscal y Policía Judicial sin exigencia de autorización judicial.

La proliferación manifestada de los delitos de odio cometidos mediante medios electrónicos y la constante evolución de éstos últimos requerirán un seguimiento de la jurisprudencia que recaiga en la materia para ver la ponderación entre las diligencias de investigación necesarias con los derechos fundamentales implicados.

BIBLIOGRAFÍA

BUENO DE MATA, F., "Delitos de odio y redes sociales: retos procesales", en *Diario la Ley, nº 10180, Sección Tribuna, 29 de Noviembre de 2022.*

BUENO DE MATA, F., «Macrodatos, inteligencia artificial y proceso: luces y sombras», *Revista General de Derecho Procesal,* Núm. 51, 2019.

COLOMER HERNÁNDEZ, I., «Control y límites en el uso de la información y los datos personales por parte de la Inteligencia Artificial en los procesos penales» en *Justicia algorítmica y neuroderecho: una mirada multidisciplinar* (Dir. BARONA VILAR, S), Tirant Lo Blanch, Valencia, 2021, pp. 287-307.

MIRÓ LLINARES, F., *Cometer delitos en 140 caracteres. El derecho penal ante el odio y la radicalización en Internet,* Marcial Pons, Barcelona, España, 2018.

Capítulo XXXIX:
Víctimas del delito y proceso penal[1]

YOLANDA DOIG DIAZ
Profesora Titular de Derecho Procesal.
Universidad de Castilla-La Mancha

Resumen: La SAP Barcelona de 17 de febrero de 2021 recoge los argumentos del Juez de lo Penal para amonestar a tres mujeres víctimas de un delito de revelación de secretos por negarse a aceptar la conformidad del acusado. Las razones del Juez sirven de punto de partida para reflexionar en torno a la conformidad penal, instituto a través del cual finaliza el 60% de los procesos penales, tras un acuerdo entre defensa y acusación, que entraña siempre una rebaja importante de la pena, de la que se benefician los autores de delitos sexuales y delitos de violencia de género. Se analizarán las consecuencias que la conformidad puede provocar en las expectativas de las víctimas de violencia de género y violencia sexual.

1. INTRODUCCIÓN

Nadie podrá negar que España cuenta actualmente con un marco jurídico dirigido a tutelar los derechos de la víctima en el marco del proceso penal y tratándose de una víctima mujer, puede afirmase que esa estructura normativa no ha hecho sino consolidarse con los años. Desde la Ley Orgánica 1/2004, de 28 de diciembre, de Medidas de Protección Integral contra la Violencia de Género hasta la LO 10/2022, de 6 de septiembre, de garantía integral de la libertad sexual, resulta patente que la violencia de género y la violencia sexual constituyen objetivos prioritarios de la política criminal española, a los que se han dedicado importantes recursos económicos y personales. Véase desde un punto de vista orgánico la creación de los Juzgados especializados en violencia

1 Este trabajo se enmarca en la Investigación realizada en el Proyecto de Investigación SBPLY/21/180501/000178 «CRISIS Y RETOS DE LA JUSTICIA: EL NECESARIO EQUILIBRIO ENTRE EFICIENCIA E INCLUSIÓN DE GRUPOS VULNERABLES», cofinanciado por Fondo Europeo de Desarrollo Regional (FEDER) y convocado por la Consejería de Educación, Cultura y Deportes de la Junta de Comunidades de Castilla-La Mancha.

contra la mujer, las Unidades de Atención a la Familia y la Mujer en el ámbito policial, las Delegaciones del Gobierno en materia de violencia de género, los Observatorios de la Mujer, a los que se suman Protocolos, Guías de Actuación e Instrumentos de medición del Riesgo.

A la estructura institucional se suman herramientas concretas. La primera es el Estatuto de la Víctima que recoge la Ley 4/2015 que, como consagra su exposición de motivos, constituye un catálogo general de los derechos procesales y extraprocesales de las víctimas, dirigido -entre otros aspectos- a reforzar su participación en el proceso, de modo tal, que se facilita la presentación de solicitudes de justicia gratuita ante la autoridad o funcionario que le informe de sus derechos, se le notificará la resolución de sobreseimiento y archivo y el reconocimiento del derecho a impugnarlas dentro de un plazo de tiempo suficiente a partir de la comunicación, con independencia de que se haya constituido anteriormente como parte en el proceso. Y, en la fase de ejecución, se le permite impugnar ante los tribunales concretas resoluciones que afectan al régimen de cumplimiento de condena. La segunda medida, tiene una peculiar trascendencia pues supone actuar incluso contra la voluntad de la víctima, tal y como ocurre, con la dispensa del deber de declarar tras la promulgación de la Ley Orgánica 8/2021 de 4 de junio. Según el actual art. 416.1.4º LECrim, no podrá acogerse a la dispensa el testigo que esté o haya estado personado en el proceso como acusación particular, de modo que, no solo no puede acogerse la mujer víctima de violencia personada como acusación, sino que esta excepción se extiende al caso en que alguna vez haya ejercido la acusación particular, pero haya cesado en tal condición en el momento de deponer[2]. Y en tercer lugar, se promueve su intervención en el proceso penal y su constitución como parte, gracias a los servicios que brindan los Servicios de Asistencia Jurídica Gratuita y la intervención de Asociaciones que velen por sus intereses.

Al fortalecimiento de las herramientas procesales, se añade el incremento progresivo de las penas en los delitos de violencia de género y en los de naturaleza sexual, para castigar y evitar futuros delitos de esta naturaleza[3]. En el ámbito de la violencia de género, la intención del legislador en 2004 fue la

---

2 Vid. Sobre este tema RODRÍGUEZ ALVAREZ, A., «Claves de la reforma de la dispensa del deber de declarar ex Ley Orgánica 8/2021, de 4 de junio», Diario LA LEY, nº 9916, de 20 de septiembre de 2021, Nº 9916, 20 de sep. de 2021, Editorial Wolters Kluwer, pág. 4

3 Véase VARONA GÓMEZ. D., *El sistema punitivo español,* Atelier Libros, Barcelona, 2023, pág. 164-166. Reacciones que pudieron constatarse en las protestas tras el caso de la Manada de Pamplona (SAP Navarra Secc. 2ª, núm. 38/2018 de 20 de marzo). Pueden revisarse también las condenas por agresiones de similar naturaleza en SAP Madrid Secc. 29ª, 1 feb 2019; STSJ Castilla y León núm. 14/2020, de 18 mar 2020.

de abordar el fenómeno desde una perspectiva multidisciplinar[4], lo que no impidió priorizar el aspecto penal a través de tipos concretos como el caso de los delitos de lesiones y malos tratos (art. 148 CP y 153 CP), las amenazas (art. 171 CP) y las coacciones (art. 172 CP), pues se consideró que la respuesta penal hasta ese momento existente en el CP no era suficiente[5]. Posteriormente, se incluyó también una agravante específica por razones de género (art. 22.4 CP), que brindó la posibilidad de ofrecer una respuesta específica a los casos de violencia de género que a pesar de su gravedad cualitativa y cuantitativa, como sucede con el asesinato o el homicidio, precisaban castigar el desvalor añadido.

En el caso de los delitos sexuales, el marco penológico se ha visto intensificado de forma progresiva desde las reformas penales de 2003. Véase como las agresiones sexuales se castigan con penas de prisión de uno a cinco años (art. 178 CP) y de seis a doce años, cuando consista en acceso carnal (art. 179 CP), con circunstancias agravantes susceptibles de merecer penas de doce a quince años (art. 180 CP)[6].

Esta sucinta descripción del panorama de protección de la mujer agredida sirve de punto de partida para poner de manifiesto una paradoja. Si el Estado pone a disposición de la víctima de violencia de género y de delitos sexuales recursos para acceder al proceso y ha elevado las penas del castigo, cómo se explica que en la fase de enjuiciamiento el aparato institucional someta a presiones a la víctima para evitar el juicio.

Si somos conscientes que las víctimas de estos delitos presentan una especial condición debido a su estado psicológico, a su posición respecto del agresor o a su vulnerabilidad, y estas son razones que han desaconsejado la mediación penal, no deberían constituir también argumentos en contra de las conformidades. Si la razón esencial para descartar la mediación descansa en el desequilibrio existente entre agresor y agredida, ¿Por qué al inicio de un juicio, el órgano de enjuiciamiento, exhorta -cuando no presiona- a la defensa y a la acusación particular a alcanzar un acuerdo con la acusación?.

---

4 DE ZUBIRIA DÍAZ, S., «Contextualización de la violencia de género», *En El Tratamiento de la violencia de Género desde la perspectiva criminológica,* Wolters Kluwer, 2020, pág.32. LARRAURI pone en tela de juicio que elevar las penas aumente la confianza de las mujeres en el sistema penal, en LARRAURI, E. *Criminología Crítica y Violencia de Género,* Edit. Trotta, Madrid, 2007, pág. 65

5 DE ZUBIRIA DÍAZ, S., cit., pág. 33.

6 Véase sobre la materia el profundo estudio de LOPEZ LORCA, B., «El anteproyecto de Ley Orgánica de Garantía de la Libertad sexual. Hacia la reconfiguración del derecho penal sexual», DE LA TORRE LASO, J. (coord..), En *Violencia Sexual en Grupo. Un estudio multidisciplinar,* Bosch-Wolters Kluwers, 2022, pág. 113.

Es tan elevada la cifra de juicios que terminan con sentencia de conformidad en España, que no es extraño que se trate de una institución que no ha hecho sino afianzarse y extenderse al extremo de llegar a constituir, como afirma Antonio del Moral, uno de los objetivos del proceso penal[7].

Y ese incremento progresivo del número de conformidades ha provocado pasar por alto la exigencia del art. 787 LECrim, en virtud del cual, la pena solicitada en la acusación no ha de ser superior a seis años (pena de carácter correccional en terminología del art. 655 y 688 LECrim), límite fijado en función de la pena en concreto que determina la acusación y no en la que en abstracto fija el Código Penal. Y en los casos de delitos graves contra las mujeres en los que la acusación supera los 6 años se han vertebrado dos fórmulas de conformidad: la «conformidad forzada» que recurre a las atenuantes de dilaciones indebidas o reparación del daño (art. 21 CP) para reducir la pena y ajustarse a los 6 años y la «conformidad encubierta», que supone un enjuiciamiento brevísimo según las directrices marcadas por la Sala Penal del TS.

Es preciso reflexionar, si este escenario que apuesta por la negociación constituye un instrumento idóneo para erradicar conductas como las agresiones sexuales o la violencia de género, que eluden el debate contradictorio propio del enjuiciamiento y pone en tela de juicio la prevención especial.

2. VÍCTIMAS DE LA CONFORMIDAD

La presión que puede llegar a sufrir una víctima para aceptar una conformidad se ha llegado a plasmar en el texto de una sentencia, cuando el órgano de enjuiciamiento reprocha y castiga a las acusaciones por no facilitar la conformidad. Se trata de la sentencia dictada en julio de 2020 por el Juzgado de lo Penal de Barcelona por tres delitos de descubrimiento de secretos del art. 197.1 CP. El acusado era un bombero, a quien se imputaba instalar una microcámara en el vestuario de mujeres del parque, por grabar a tres compañeras durante casi dos meses. Y aunque el Juzgado de lo Penal núm. 19 de Barcelona[8] condenó al bombero por tres delitos de descubrimiento de secreto, incluyó en los antecedentes de la resolución el siguiente párrafo «Como cuestión previa (…) en fecha 30/04/2019 existió un intento de conformidad que fue rechazado por la acusación particular». Y la negativa de las

---

7 Tal y como alarmado pone de manifiesto DEL MORAL GARCIA, A., «*La mediación en el proceso penal: fundamentos, problemas y experiencias*», En "La Mediación. Presente, pasado y futuro de una institución jurídica", Editorial Netbiblo, Villanueva Centro Universitario de la UCM, Madrid, pág. 53.

8 Véase la sentencia de apelación que corrige la decisión del Juzgado de lo Penal y transcribe los argumento cuestionados en este trabajo. SAP Barcelona, 17 feb 2021.

acusaciones a alcanzar un acuerdo de conformidad es calificada por el Juez como acto dilatorio que achaca a su estrategia procesal -y así se incluye en los hechos probados de la sentencia-. Y frente al comportamiento "reprobable", el Juez en el fundamento séptimo de la sentencia, recorta las costas de la acusación particular debido a la falta de conformidad, que se permite calificar de obstruccionista pues «impidió la celebración del juicio de conformidad que se acordó allá en la fecha de mayo de 2018 donde el acusado mostró su voluntad de conformarse con delitos que era objeto de acusación".

La amonestación que reciben las víctimas en esta resolución judicial pone en evidencia dos problemas derivados de la conformidad: primero, la posición de ajenidad e imparcialidad con la que debería actuar el Juez, que resulta afectada pues es evidente que su intención era eludir el juicio y, como no pudo conseguirlo, decidió castigar a las víctimas que no se plegaron a su recomendación; y, segundo, la incómoda situación que padecen las víctimas -revictimizadas- al ser objeto de presiones por el Tribunal para aceptar la conformidad que Ministerio Fiscal y defensa han negociado.

Resulta importante precisar que en este proceso el interés de la acusación particular era celebrar el juicio y evitar que el acusado se beneficie de las atenuantes que suele ofertar la Fiscalía, al extremo de haber llegado a renunciar en el acto del juicio a la indemnización de 3000 euros en favor de cada una, que consignó el acusado. Quizás pretendían con ello mostrar al tribunal que su pretensión no era económica sino que buscaban conocer cómo ocurrieron los hechos, probar la responsabilidad del acusado y promover cambios en el comportamiento del entorno en el que el delito fue cometido[9].

Uno de los peligros que acarrea la conformidad tal y como se viene practicando en España, es el activismo judicial -reconocido en esos términos en la STS 767/2013-, que se hace patente cuando es el Juez o Presidente del tribunal quien toma la iniciativa de ofrecer a la defensa una solución pactada. Activismo que convierte al juez en parte de un conflicto familiar, como el de la violencia de género. La censurable conducta hacia las acusaciones que recoge dicha sentencia -que legítimamente deciden negarse a modificar las acusaciones- revela el papel de un Juez que no ha asumido su rol neutral y de tercero imparcial que el enjuiciamiento le exigía.

Por otro lado y siempre desde el análisis de los pactos en los delitos de violencia contra la mujer, es preciso atender a la especial construcción de los tipos penales, informados por el principio de ofensividad, que por su especial

---

9 HERNANDEZ MOURA, B., «Efectividad del sistema de comprensión de las víctimas de delitos», En *JUSTICIA: ¿GARANTÍA VERSUS EFICIENCIA?*, TITANT LO BLANCH, VALENCIA, 2019.pág. 720.

gravedad o por la importancia de los bienes jurídicos a los que protegen, precisan de una intervención más intensa del Derecho Penal y, en consecuencia, reclaman una aplicación de la pena sin modulaciones ni ajustes. La naturaleza de los delitos, los bienes jurídicos comprometidos y el incremento de los casos que llegan a los tribunales no hace sino evidente un interés público no solo en la persecución penal sino también en su enjuiciamiento. En este escenario, ¿las conductas reprochadas pueden ser objeto de pactos como si se tratase de intereses sujetos al derecho privado?, ¿es coherente que en este ámbito de especial vulnerabilidad se alteren los marcos penales fijados por el legislador?, ¿entiende la víctima las consecuencias que comporta la conformidad?, ¿muestra libre y voluntariamente su acuerdo?.

Y por último, para concluir, quiero poner el acento en uno de los objetivos del proceso penal, a los que alude la STS (S 2ª) 808/2016, de 27 de octubre, y que la conformidad ha conseguido diluir, me refiero a la búsqueda de la verdad. En la práctica forense es habitual constatar que el acusado, tras mostrar su conformidad con los hechos, la calificación jurídica y la pena solicitada por el Ministerio Fiscal, es preguntado sobre si reconoce los hechos de la acusación y la respuesta positiva evita que tanto el Fiscal cuanto el resto de partes acusadoras continúen con el interrogatorio. Tal aceptación de hechos fijados por la acusación, no se tienen porqué corresponder con la verdad histórica, pero su admisión provoca que tanto para la LECrim cuanto para el resto de partes sean considerados como existentes, descargando al Fiscal de la tarea de presentar prueba de signo incriminatorio.

Podría afirmarse que esta forma de proceder guarda sintonía con la *ficta confessio* prevista en el ordenamiento procesal civil, y como impone el art. 281.2 LEC, los hechos admitidos están exentos de prueba y no deben ser objeto de ella, sin embargo, como advierte AGUILERA MORALES, la conformidad constituye una declaración de voluntad de la parte pasiva solicitando que se dicte sentencia en los términos en los que la pretensión se ha planteado frente a ella, pero difícilmente puede reconocerse tal identidad cuando el encausado carece de ese poder de disposición sobre el derecho material[10] y es que, en este ámbito de aparente negociación entre Fiscal y Acusado, el único que ejerce un poder de disposición es el Ministerio de Fiscal[11] que, sin modificar la parte fáctica de sus conclusiones, introduce atenuantes y reduce penas hasta llegar a una a la que se adhiera la defensa.

---

10 AGUILERA MORALES, M., *El principio de consenso. La conformidad en el proceso penal,* CEDECS, Madrid, 1998, pág.262.

11 ARMENTA DEU, T., ARMENTA DEU, T., *Derivas de la Justicia. Tutela de los derechos fundamentales y solución de controversias en tiempos de cambio,* Marcial Pons, Madrid, 2021, pág. 165

En este acercamiento de posiciones, el acusado efectuará una previsión de cuál puede ser el resultado del juicio, que puede ser más o menos incierto debido a la contradicción entre los actos de investigación realizados y su resultado probatorio en un eventual juicio o en la existencia únicamente de indicios que acrediten su inocencia, etc. Pero en todo caso, serán los actos de investigación, tanto los realizados por la policía como los practicados ante el Juzgado de Instrucción los que sirven de sustento al escrito de acusación y determinarán el grado de certeza de la sentencia de conformidad que, recuérdese, constituye una transcripción del escrito de acusación. Dicha fase previa al juicio cobra un especial valor, pues termina alcanzando la entidad suficiente para enervar la presunción de inocencia.

Véase a título ilustrativo, la Sentencia dictada por la Audiencia Provincial de Murcia de 11 de enero de 2018 que condena al acusado por un delito continuado de abuso sexual cometido contra una menor, en el que, tras la conformidad con la calificación de los hechos, se fundamenta la condena en la observancia del art.406 LECrim, en la abundante prueba documental obrante en autos, y expresamente se refiere al «atestado policial en que se describen las actuaciones practicadas para el esclarecimiento de los hechos y la participación del acusado, y el informe de valoración psicológica emitido por el Instituto de Medicina Legal de Murcia»[12]. La "abundante prueba documental" que sustenta la condena en ese caso, descansa en el atestado policial que, como es sabido por todos, carece de valor probatorio salvo, parece ser, en la conformidad. Y así, mientras el Tribunal Constitucional exige para desvirtuar la presunción de inocencia que exista una mínima actividad probatoria que pueda entenderse de cargo, suministrada por la acusación, practicada en el juicio oral y obtenida respetando las garantías constitucionales y legales[13], en las sentencias de conformidad parece bastar con la investigación policial y las actuaciones de la instrucción que llegan como documental. Ello explica que las sentencias de conformidad carezcan de la declaración detallada y minuciosa sobre los hechos probados[14].

Si la persecución de los delitos de naturaleza sexual y de género constituye una prioridad del sistema judicial español, no parece que las condenas

---

12 SAP Murcia núm. 8/2018, de 11 de enero. En similar sentido véase la SAP Murcia 171/2020 en la que, tras el reconocimiento de hechos del acusado, la sentencia confirma el valor probatorio de la confesión y repite el siguiente fundamento: se "cuenta con la abundante prueba documentar obrante en autores, entre la que se encuentra en el atestado policial en que se describe la concreta intervención de la sustancia estupefacientes», que también se encuentran en las sentencias SAP 352/2019 Murcia 13 dic 2020/78 y SAP Murcia 193/2017.

13 SSTC 171/200, de 26 de junio.

14 STS 27 oct 2016.

fruto de acuerdos privados, poco transparentes, sea el cauce adecuado para castigarlos. Especialmente, si se ha prescindido de la publicidad propia del enjuiciamiento, que garantiza que la resolución de un conflicto grave – y estos delitos lo son- tenga una proyección general que trasciende a las partes y afianza la confianza en la independencia e imparcialidad de los Tribunales, salvo en aquellos casos en que se precise la celebración del juicio a puerta cerrada (art. 681 LECrim).

La conformidad impide conocer la valoración de las estrategias de las partes, no se conocen los relatos de la acusación ni la defensa, no se han discutido ni resaltado los puntos débiles o incongruentes de la contraria, no se han valorado los medios probatorios ni sopesado la credibilidad de los testigos y, por último, no se han percibido los contrainterrogatorios. La violencia contra la mujer presenta características específicas que requieren de una resolución que incluya un razonamiento judicial.

3. CONCLUSIÓN

En este trabajo se ha pretendido poner de manifiesto dos inconsistencias de nuestro sistema de protección de la víctima de violencia de género y violencia sexual. La primera incongruencia se hace patente en la demanda de penas elevadas que exigen ciertos sectores de la sociedad para los delitos de violencia sexual, en la creencia que ello provocará una reducción de los delitos. Cuando lo cierto es que, incoado el proceso y llegado el momento de celebrar el juicio, se toman atajos para dictar una sentencia condenatoria que provoca una reducción de la pena prevista legalmente, gracias a la conformidad encubierta y la conformidad forzada.

La segunda inconsistencia tiene que ver con las expectativas que generamos en las víctimas. Hemos vertebrado un sistema que las anima a denunciar, a constituirse en parte, las asiste legalmente, les brinda medidas de protección durante el proceso, pero cuando llega al enjuiciamiento, las conmina a evitar el juicio a cambio de castigar al agresor con una pena menor.

Razones de eficiencia abonan estas inconsistencias. Es evidente que la posibilidad de imponer una condena sin haber desplegado todas y cada una de las actuaciones propias del juicio oral, consolida una justicia penal ágil y eficaz, pero ello supone reservar las sesiones y debates del juicio para aquellos casos en que la culpabilidad del acusado deba ser declarada por el Juez y la especial gravedad de la violencia de género y la sexual puede requerirlo. Será preciso abrir un debate a fin de reflexionar si deben ser sustraídos del ámbito de la conformidad.

BIBLIOGRAFÍA

AGUILERA MORALES, M., *El principio de consenso. La conformidad en el proceso penal*, Edit. Cedecs. 1998, Madrid.

ARMENTA DEU, T., *Derivas de la Justicia. Tutela de los derechos fundamentales y solución de controversias en tiempos de cambio*, Marcial Pons, Madrid, 2021

DE ZUBIRIA DÍAZ, S., «Contextualización de la violencia de género», En *El Tratamiento de la violencia de Género desde la perspectiva criminológica*, Wolters Kluwer, 2020.

DEL MORAL GARCIA, A., «*La mediación en el proceso penal: fundamentos, problemas y experiencias*», En "La Mediación. Presente, pasado y futuro de una institución jurídica", Editorial Netbiblo, Villanueva Centro Universitario de la UCM, Madrid.

HERNANDEZ MOURA, B., «Efectividad del sistema de comprensión de las víctimas de delitos», En *JUSTICIA: ¿GARANTÍA VERSUS EFICIENCIA?*, TIRANT LO BLANCH, VALENCIA, 2019, pág. 720.

LARRAURI, E, *Criminología Crítica y Violencia de Género*, Edit. Trotta, Madrid, 2007.

LOPEZ LORCA, B., «El anteproyecto de Ley Orgánica de Garantía de la Libertad sexual. Hacia la reconfiguración del derecho penal sexual», DE LA TORRE LASO, J. (coord..), En *Violencia Sexual en Grupo. Un estudio multidisciplinar*, Bosch-Wolters Kluwers, 2022

MORENO VERDEJO, J., *La conformidad*, en "El Juicio Oral en el proceso penal. Especial referencia al procedimiento abreviado", Comares Edit., 2ª Edición, Granada, 2010

NUÑEZ FERNÁNDEZ, J., «La atenuante analógica de confesión tardía en casos de terrorismo yihadista: ¿Un rayo de esperanza para las denostadas medidas premiales?», En La Ley Penal, núm. 141, nov-dic 2019, Wolters Kluwer.

PEREA GONZÁLEZ, A., LOPEZ MARCHENA, M., LAFONT NIXUESA, M.A. SUAREZ GARCIA, V., FRAGA GOMEZ, O.; SALVADOR GARCIA, M.; «Diálogos para el futuro judicial. La Ley Orgánica 10/2022, de 6 de septiembre, de garantía integral de la libertad sexual», Diario La Ley, Nº 10194, Diciembre de 2022, Editorial LA LEY.

RODRÍGUEZ ALVAREZ, A., «Claves de la reforma de la dispensa del deber de declarar ex Ley Orgánica 8/2021, de 4 de junio», Diario LA LEY, nº 9916, de 20 de septiembre de 2021, Nº 9916, 20 de sep. de 2021, Editorial Wolters Kluwer, pág. 4.

RUBIDO DE LA TORRE, X., «Apuntes penales sobre la Ley Orgánica 10/2022, de 6 de septiembre, de Garantía Integral de la Libertad Sexual (ley del «solo sí es sí»)» La Ley Penal, Nº 159, Noviembre de 2022, Editorial LA LEY.

Capítulo XL:

La impugnación de los decretos del Fiscal Europeo Delegado: ¿regulación eficiente?

LIDIA DOMÍNGUEZ RUIZ
Profesora Titular de Derecho Procesal.
Universidad de Almería

Resumen: Una de las cuestiones más controvertidas, en la regulación del procedimiento de la Fiscalía Europea en España, es la limitación del control jurisdiccional de los decretos dictados por el Fiscal Europeo Delegado; hasta el punto de que nuestra Audiencia Nacional ya ha planteado una cuestión prejudicial ante el TJUE. Por ello, con el presente trabajo, pretendemos dejar constancia de dicha regulación y de la problemática que presenta en la práctica.

1. INTRODUCCIÓN

El 3 de julio de 2021 entró en vigor la *Ley Orgánica 9/2021, de 1 de julio, de aplicación del Reglamento (UE) 2017/1939 del Consejo, de 12 de octubre de 2017, por el que se establece una cooperación reforzada para la creación de la Fiscalía Europea*[1] (en adelante, LOFE), implantándose así el procedimiento de la Fiscalía Europea en España para aquellos delitos que afecten a los intereses financieros de la Unión, es decir, los denominados "delitos PIF".

En concreto, la presente Ley conlleva un cambio de paradigma en nuestro ordenamiento, al introducir importantes novedades, por la incompatibilidad que la Fiscalía Europea supone con nuestro modelo de proceso penal. Así, actualmente, junto a nuestro modelo tradicional coexiste un modelo de proceso penal alternativo, creado por la LOFE, donde junto a los Fiscales Europeos Delegados, que son los encargados de la investigación y del ejercicio de la acción

1 BOE, núm. 157, de 2 de julio de 2021.

penal en este tipo de delitos, se crea también la figura del Juez de Garantías, este es, una autoridad judicial imparcial encargada de velar, entre otras cuestiones, por la salvaguarda de los derechos fundamentales. Por tanto, son numerosas y muy relevantes las reformas de carácter orgánico y procesal que la implantación de la Fiscalía Europea ha requerido en nuestro ordenamiento para que su aplicación práctica sea posible.

Ahora bien, a pesar de las ventajas y beneficios que la Fiscalía Europea ha reportado en la recuperación de activos producto de las mencionadas actividades delictivas[2], es evidente que una regulación de tales características no iba a quedar exenta de polémica, al menos, en un sistema nacional como el español[3]; siendo, por tanto, diversas las cuestiones controvertidas contempladas en su regulación. En este sentido, y de todas ellas, queremos centrar nuestra atención en la relativa a la impugnación de los decretos dictados por los Fiscales Europeos Delegados ante el Juez de Garantías, ya que no todos son susceptibles de recurso.

De manera que, con el presente trabajo, pretendemos abordar la controvertida regulación de dicha impugnación, y es que el hecho de que no todos los decretos puedan ser objeto de recurso ha dado lugar a la existencia de posturas totalmente opuestas al respecto, principalmente, la del CGPJ y la del Consejo Fiscal; habiendo planteado ya nuestra Audiencia Nacional una cuestión prejudicial ante el TJUE en relación con la impugnación del decreto por el que el Fiscal Europeo Delegado ordena la citación como testigo.

2. REGULACIÓN CONTEMPLADA EN LA LEY ORGÁNICA 9/2021, DE 1 DE JULIO

Como ya hemos adelantado, el hecho de que los Fiscales Europeos Delegados españoles tengan atribuida la investigación exige la existencia de la figura

---

2 Véase, al respecto, el Informe anual de 2023 de la Fiscalía Europea. El mismo puedo consultarse en: https://www.eppo.europa.eu/sites/default/files/2024-03/EPPO_Annual_Report_2023.pdf (última consulta: 06/09/2024).

3 Y ello a pesar de que el considerando 15 del RFE señale que este nuevo órgano *"no afecta los sistemas nacionales de los Estados miembros en lo que respecta al modo en que se organizan las investigaciones penales"*. Porque como señala la LOFE, en el apartado II de su Exposición de Motivos, dicha afirmación sólo es válida para aquellos sistemas nacionales que siguen el modelo acusatorio de proceso penal, en el que las tareas de dirigir la investigación del delito y garantizar los derechos fundamentales de las personas investigadas se atribuyen a distintas autoridades. A diferencia de lo que sucede en sistemas como el nuestro dónde ambas funciones están atribuidas a la autoridad judicial.

de un Juez de Garantías. Lo cual se desprende del artículo 86.3 del TFUE, al establecer que el Reglamento que se adopte para la creación de la Fiscalía Europea debe fijar, entre otras cuestiones, *"las normas aplicables al control jurisdiccional de los actos procesales realizados en el desempeño de sus funciones"*. Sin embargo, la mayor o menor injerencia del control judicial en las actuaciones de la Fiscalía Europea depende del sistema de garantías y control que establezca cada Estado miembro en su ordenamiento, ya que este es uno de los aspectos en los cuales el *Reglamento (UE) 2017/1939 del Consejo, de 12 de octubre de 2017, por el que se establece una cooperación reforzada para la creación de la Fiscalía Europea*[4], (en adelante, RFE), les deja margen de actuación para la adaptación de sus ordenamientos internos[5].

Así, y por lo que se refiere a nuestro ordenamiento, el Juez de Garantías, figura ajena a la dirección del procedimiento, asume las funciones de control jurisdiccional expresamente establecidas en la LOFE. En concreto, en el artículo 8 se enumeran sus atribuciones básicas, siendo en su apartado 6º donde se establece que le corresponde *"resolver las impugnaciones contra los decretos del Fiscal europeo delegado"*; cuestión que se encuentra regulada en los artículos 90 y 91 de la LOFE.

Sin embargo, no todos los decretos dictados por el Fiscal Europeo Delegado, a lo largo del procedimiento de investigación de la Fiscalía Europea, son susceptibles de recurso, ya que como establece la LOFE en su artículo 90 *"solo podrán ser impugnados ante el Juez de garantías en los supuestos expresamente establecidos en esta ley orgánica"*; encontrándose, además, dichos supuestos dispersos a lo largo de todo su articulado.

2.1. Decretos susceptibles de impugnación

Los supuestos legalmente tasados en los que cabe impugnación frente a los decretos del Fiscal Europeo Delegado son los siguientes: el decreto de incoación del procedimiento de investigación (art. 23.3 I LOFE); el decreto que deniegue la práctica de la diligencia de declaración solicitada por la persona investigada con posterioridad a la primera comparecencia (art. 30.4 II LOFE); el decreto que deniegue la práctica de las diligencias que hubiese solicitado la defensa de la persona investigada por considerarlas oportunas y útiles para la investigación (art. 33.2 II LOFE); el decreto que deniegue la aportación

---

4 DOUE L, 283, de 31 de octubre de 2017.

5 Así lo pone de manifiesto el CGPJ en su *Informe sobre el Anteproyecto de Ley Orgánica por la que se adapta el ordenamiento nacional al Reglamento (UE) 2017/1939 del Consejo, de 12 de octubre de 2017, por el que se establece una cooperación reforzada para la creación de la Fiscalía Europea*, de 25 de marzo del 2021, pág. 137.

de elementos de descargo por la persona investigada (art. 34.2 II LOFE); el decreto por el que se deniegue la personación de la acusación particular (art. 36.4 I LOFE); el decreto por el que se deniegue la personación cuando la víctima ejercite solamente la acción civil (art. 37.2 I LOFE); el decreto que deniegue el acceso de las acusaciones particulares al expediente de investigación de conformidad con lo dispuesto en la LECrim (art. 38 LOFE); el decreto por el que se deniegue la práctica de las diligencias propuestas por la defensa de la acusación particular por considerarlas útiles para la comprobación de los hechos (art. 39.2 II LOFE); el decreto que deniegue la designación de peritos realizada por las partes personadas (art. 44.2 IV); el decreto que, en materia también de dictamen pericial, resuelve sobre la concurrencia del motivo de recusación del perito alegado por alguna de las partes personadas (art. 44.3 II LOFE); los decretos sobre medidas cautelares reales (art. 63.1 LOFE); el decreto que acuerde la detención de la persona investigada (art. 78.1 II LOFE); el decreto que desestime la solicitud de las acusaciones personadas para promover el incidente para el aseguramiento de las fuentes de prueba (art. 99.3 II LOFE); y el decreto que acuerde la reapertura del procedimiento de investigación (art. 113.3 LOFE).

El resto de los decretos que el Fiscal Europeo Delegado puede dictar a lo largo del procedimiento de investigación no pueden ser objeto de recurso, al no contemplarse medios de impugnación contra dichas decisiones. Así, a modo de ejemplo, el decreto en el que se admite la personación de acusaciones particulares y actores civiles (arts. 36.6 y 37.2 LOFE); el decreto que acuerde la remisión de las actuaciones a las autoridades nacionales por falta de competencia (art. 107 LOFE); el decreto que deniegue la reapertura del procedimiento de investigación (art. 113 LOFE); o el decreto de conclusión del procedimiento de investigación. Y ello a pesar de que de los considerandos 87 y 88 del RFE se desprenda lo contrario, al ser actos que producen efectos jurídicos frente a terceros (incluidos el sospechoso, la víctima y otros interesados cuyos derechos puedan verse negativamente afectados por tales medidas). En este sentido, y como se indica en los citados considerandos, este tipo de actos tienen que estar sujetos al control de los órganos jurisdiccionales nacionales, debiendo garantizarse vías de recurso efectivas. Asimismo, dichos órganos, a la hora de controlar la legalidad de tales actos pueden basarse en el Derecho de la Unión, incluido el RFE, y en las disposiciones del Derecho nacional aplicables, en la medida en que la cuestión de que se trate no esté regulada en el Reglamento; pudiendo, además, los órganos jurisdiccionales nacionales plantear cuestiones prejudiciales cuando tengan dudas acerca de la validez de los actos procesales que puedan producir efectos jurídicos frente a terceros en relación con el Derecho de la Unión. Por ello, nos posicionamos a favor de quienes entienden que debería de darse la posibilidad de impugnar dichos decretos alegando como base jurídica el RFE, al ser éste una norma de aplicación directa[6].

2.2. Procedimiento

Por lo que concierne al procedimiento a seguir, el mismo está contemplado en el artículo 91 de la LOFE, según el cual la impugnación tendrá que realizarse por escrito, firmado por la representación del solicitante, dentro de los cinco días siguientes a la notificación del decreto en cuestión dictado por el Fiscal Europeo Delegado. En dicho escrito el solicitante expondrá los motivos en los que basa la impugnación, designará los particulares a tener en cuenta para su resolución y, en su caso, acompañará los documentos justificativos de las peticiones formuladas (art. 91.1 LOFE).

Una vez que se admita a trámite la impugnación del decreto de que se trate, el letrado de la Administración de Justicia dará traslado tanto al Fiscal Europeo Delegado como a las demás partes personadas; lo que tendrá que hacer por un plazo común de cinco días, para que en dicho plazo aleguen por escrito lo que consideren oportuno, designen otros particulares que deban ser considerados y presenten los documentos justificativos de sus pretensiones. Por su parte, el Juez de Garantías tendrá acceso a los particulares designados y, si fuese necesario, solicitará de las partes las informaciones o aclaraciones complementarias que precise, resolviendo sin más trámite la impugnación formulada dentro de los cinco días siguientes (art. 91.2 LOFE).

Finalmente, contra el auto resolviendo la impugnación las partes no podrán interponer recurso alguno. Sin embargo, a pesar de que el artículo 91.3 de la LOFE dispone expresamente la imposibilidad de recurso como regla general, podemos referirnos a dos supuestos en los que sí es posible recurrir el auto del Juez de Garantías resolviendo la impugnación de los decretos del Fiscal Europeo Delegado. En este sentido, y como se desprende del articulado de la LOFE, cabe recurso de apelación tanto contra la resolución que el Juez de Garantías dicte resolviendo sobre la impugnación del decreto de incoación

---

6 En este sentido, RODRÍGUEZ-MEDEL NIETO, respecto al decreto de conclusión del procedimiento de investigación, aunque también trasladable a cualquier decreto que produzca efectos jurídicos frente a terceros [RODRÍGUEZ-MEDEL NIETO, C., *Fiscalía Europea: Primer año de aplicación del Reglamento (UE) 2017/1939 y de la Ley Orgánica 9/2021 LOFE*, Createspace independent publishing platform, 2022, págs. 397-399]. Asimismo, a favor también de la recurribilidad del decreto de conclusión, FONTESTAD PORTALÉS, L., "El decreto de conclusión del procedimiento", en *Tratado sobre la Fiscalía Europea y el procedimiento penal especial de la L.O. 9/2021, de 1 de julio* (dir. GUERRERO PALOMARES, S.), Aranzadi, Cizur Menor (Navarra), 2023, págs. 778-779.

del procedimiento de investigación, como contra la resolución que dicte resolviendo sobre la impugnación de medidas cautelares reales (arts. 23.3 II y 63.2 LOFE, respectivamente); recursos que no tendrán efecto suspensivo. En concreto, será competente para conocer del mismo la Sala de lo Penal de la Audiencia Nacional, mientras que en los supuestos de aforamiento la competencia corresponderá a las salas que se constituyan en el TS o en los TSJ para su resolución (art. 92 LOFE)[7].

3. ¿ES SUFICIENTE ESTA REGULACIÓN?

3.1. Planteamiento

Una vez plasmada la regulación contemplada en la LOFE en materia de impugnación de los decretos del Fiscal Europeo Delegado, cabe destacar que la misma se presenta como una cuestión un tanto controvertida, siendo dos las posturas totalmente opuestas que existen al respecto. Por un lado, la del CGPJ, en su Informe al Anteproyecto de LOFE, a favor de que todos los decretos, y no sólo los previstos legalmente, puedan ser impugnados ante el Juez de Garantías, en base a las exigencias de control jurisdiccional derivadas del artículo 42 del RFE[8]; y ello por contemplarse en la LOFE la adopción de medidas o el rechazo de solicitudes de actuación no susceptibles de impugnación[9].

---

7 Sobre la impugnación de los autos dictados por el Juez de Garantías puede verse, DOMÍNGUEZ RUIZ, L., *El control judicial en el procedimiento de la Fiscalía Europea en España*, Tirant lo Blanch, Valencia, 2023, págs. 145-148.

8 En virtud del artículo 42 del RFE: *"Los actos procesales de la Fiscalía Europea destinados a surtir efectos jurídicos frente a terceros serán objeto de control jurisdiccional por los órganos jurisdiccionales nacionales competentes de conformidad con los requisitos y procedimientos establecidos en el Derecho nacional. Lo mismo se aplicará a los casos en que la Fiscalía Europea se abstenga de adoptar los actos procesales destinados a surtir efectos jurídicos frente a terceros que está jurídicamente obligada de adoptar en virtud del presente Reglamento"*.

9 Asimismo, el CGPJ entiende que la presente regulación es contraria a la doctrina del TC en cuanto a los decretos de los LAJ. En este sentido, y como afirma la STC 151/2020, de 22 de octubre, en su fundamento jurídico 4, *"la exclusión de recurso frente al decreto priva del acceso al control jurisdiccional de una decisión adoptada en el seno de un proceso penal por un órgano no investido de función jurisdiccional, cuando según reiterada doctrina de este tribunal «el derecho a obtener de los jueces y tribunales una resolución razonada y fundada en Derecho sobre el fondo de las pretensiones oportunamente deducidas por las partes se erige como elemento esencial del contenido del derecho a la tutela judicial efectiva reconocido en el art. 24.1 CE"* (ECLI:ES:TC:2020:151). Cfr. *Informe sobre el Anteproyecto de Ley Orgánica por la que se adapta el ordenamiento nacional al Reglamento (UE) 2017/1939 (...)*, cit., pág. 119.

Por otro lado, nos encontramos con la postura del Consejo Fiscal, quien, en su Informe al Anteproyecto de LOFE, cuestiona que el Juez de Garantías no se limite exclusivamente a la salvaguarda de los derechos fundamentales, por lo que el hecho de que asuma otras facultades que van más allá de este ámbito pone en duda que se atribuya realmente la dirección de la investigación de los delitos competencia de la Fiscalía Europea a los Fiscales Europeos Delegados[10].

Ante estas dos posturas totalmente opuestas, sólo la práctica demostrará si el procedimiento de la Fiscalía Europea, así configurado, es ágil y eficaz, sin que tal impugnación pueda ser, en su caso, utilizada por las partes a los efectos de retrasar su tramitación. En cualquier caso, nos posicionamos a favor de quienes consideran que la regulación actual es insuficiente, ya que no deberían limitarse los actos que pueden impugnarse ante el Juez de Garantías. En este sentido, las partes deberían poder impugnar los decretos del Fiscal Europeo Delegado con base en el artículo 42 del RFE; precepto que versa sobre los actos procesales de la Fiscalía Europea destinados a surtir efectos jurídicos frente a terceros, en la medida en que dichos actos tienen que ser objeto de control jurisdiccional por los órganos jurisdiccionales nacionales, así como también aquellos casos en los cuales la Fiscalía Europea esté jurídicamente obligada a adoptar dichos actos pero se abstenga. Por tanto, las partes deberían poder impugnar los decretos del Fiscal Europeo Delegado con base en el citado precepto; debiendo, además, los jueces nacionales, a través del cauce del incidente de nulidad de actuaciones del artículo 240 de la LOPJ, fundado en la vulneración de cualquiera de los derechos fundamentales contemplados en el artículo 53.2 de la CE, admitir a trámite aquellas impugnaciones no previstas en la LOFE[11]. Y es que entendemos que esta es la única manera

---

10 Cfr. *Informe del Consejo Fiscal al Anteproyecto de Ley Orgánica por la que se adapta el ordenamiento nacional al Reglamento (UE) 2017/1939 del Consejo, de 12 de octubre de 2017, por el que se establece una cooperación reforzada para la creación de la Fiscalía Europea,* Madrid, 12 de marzo de 2021, pág. 10.
De igual manera, podríamos trasladar aquí las consideraciones que el Consejo Fiscal hace en relación con las impugnaciones contra los decretos del Ministerio Fiscal en el procedimiento de investigación previsto en el ALECrim de 2020, cuando entiende que un uso desorbitado de esta posibilidad *"acabaría limitando la capacidad decisoria del fiscal, asumiendo el juez de garantías una suerte de función instructora superpuesta a la investigación del Ministerio Fiscal, lo que además conlleva irremediablemente a la ralentización de la investigación"* (*Informe, de 7 de julio de 2021, del Consejo fiscal al Anteproyecto de Ley Orgánica de Enjuiciamiento Criminal aprobado por el Consejo de Ministros en fecha de 24 de noviembre de 2020,* págs. 513-514).

11 En este sentido, CAMPANER MUÑOZ, J., "La impugnación de los decretos del Fiscal Europeo Delegado", en *Tratado sobre la Fiscalía Europea y el procedimiento penal especial de la L.O. 9/2021, de 1 de julio* (dir. GUERRERO PALOMARES, S.), Aranzadi, Cizur Menor (Navarra), 2023, págs. 589 y 594.

de garantizar la imparcialidad de la Fiscalía Europea, teniendo en cuenta la doble función de investigar y acusar que corresponde a los Fiscales Europeos Delegados; por lo que un control menor por parte del Juez de Garantías podría, en ocasiones, dejar en entredicho dicha imparcialidad.

3.2. La primera cuestión prejudicial planteada por España en el procedimiento de la Fiscalía Europea

La limitada regulación en la LOFE, en materia de impugnación de los decretos del Fiscal Europeo Delegado, no ha tardado en ser cuestionada en la práctica. Así, nuestra Audiencia Nacional ya ha planteado una cuestión prejudicial ante el TJUE, tratándose, además, del primer asunto de esta naturaleza que, en España, se suscita por un Juez de Garantías; versando la misma sobre el decreto por el que el Fiscal Europeo Delegado ordena la citación como testigo. Y ello debido a que la LOFE no contempla entre sus supuestos tasados la posibilidad de impugnar dicho decreto. De manera que, en el caso concreto, ante la impugnación del mismo por la representación procesal de las partes y ante las alegaciones en contra realizadas por el Fiscal Europeo Delegado, el Juez de Garantías decide plantear cuestión prejudicial.

En concreto, son cuatro las cuestiones que somete al TJUE de las que, en síntesis, se pueden extraer las siguientes conclusiones: en primer lugar, el decreto en cuestión produce efectos jurídicos tanto frente a los sujetos citados como frente a los investigados en el procedimiento, por lo que en base al artículo 42.1 del RFE debería ser posible su impugnación. En segundo lugar, podría ser cuestionable la validez de la citación acordada en el decreto de los Fiscales Europeos Delegados, y es que al apreciarse una expectativa razonable de participación de los testigos en los hechos delictivos investigados debían haber sido citados como investigados, con todas las garantías previstas en la LECrim y en el artículo 7 de la Directiva (UE) 2016/343, ya que no se prevé el control judicial del mencionado decreto en la LOFE. En tercer lugar, si se compara la regulación prevista en la LOFE con la de la LECrim, se aprecia una quiebra del principio de equivalencia consagrado por la jurisprudencia del TJUE, ya que si la decisión hubiese sido dictada por un Juez de Instrucción sí sería susceptible de recurso. En cuarto y último lugar, la interpretación restrictiva de las facultades de control del Juez de Garantías que regula el artículo

90 de la LOFE dificulta el derecho a la tutela judicial efectiva y al derecho de defensa[12].

Como puede observarse, la Audiencia Nacional sigue la línea, que ya marcábamos con anterioridad, de permitir la impugnación siempre que el decreto dictado por el Fiscal Europeo Delegado produzca efectos jurídicos frente a terceros, pero habrá que esperar el pronunciamiento del TJUE, teniendo en cuenta que cualquiera que sea la decisión que adopte tendrá importantes consecuencias en nuestro ordenamiento.

4. CONCLUSIONES

La LOFE contempla de manera tasada los supuestos en los que los decretos dictados por el Fiscal Europeo Delegado, a lo largo del procedimiento de investigación de la Fiscalía Europea, pueden ser impugnados ante el Juez de Garantías; supuestos que, además de ser muy limitados, se encuentran dispersos a lo largo del articulado de la LOFE. Es patente que la limitación del control jurisdiccional de dichos decretos no se adecua a las exigencias previstas en el RFE, en sus considerandos 87 y 88, así como en su artículo 42. Y es que son varios los decretos que, produciendo efectos jurídicos frente a terceros, como, por ejemplo, el decreto de conclusión del procedimiento de investigación, no aparecen contemplados entre los motivos tasados en la LOFE. De manera que, sin duda, nos encontramos ante una regulación insuficiente.

Como indica el RFE, para controlar la legalidad de los actos procesales que puedan producir efectos jurídicos frente a terceros, deben garantizarse vías de recurso efectivos, pudiendo, además, los órganos jurisdiccionales nacionales basarse en el Derecho de la Unión, y en las disposiciones del Derecho nacional aplicables en la medida en que la cuestión de que se trate no esté regulada en el Reglamento. De igual manera pueden plantear cuestiones prejudiciales cuando tengan dudas acerca de la validez de tales actos en relación con el Derecho de la Unión. Por ello, nos posicionamos a favor de quienes entienden que debería de darse la posibilidad de impugnar dichos decretos, alegando como base jurídica el artículo 42 del RFE, al ser éste una norma de aplicación directa; debiendo, además, los jueces nacionales, a través del cauce del incidente de nulidad de actuaciones del artículo 240 de la LOPJ, fundado en la vulneración de cualquiera de los derechos fundamentales contemplados

---

12 Véase el AAN 4726/2023, de 26 de abril de 2023 (ECLI:ES:AN:2023:4726A). Asimismo, un comentario más en profundidad sobre las cuatro cuestiones que la Audiencia Nacional somete al TJUE puede verse DOMÍNGUEZ RUIZ, L., *El control judicial en el procedimiento de la Fiscalía Europea en España*, cit., en págs. 123-126

en el artículo 53.2 de la CE, admitir a trámite aquellas impugnaciones no previstas en la LOFE.

En definitiva, teniendo en cuenta la doble función de investigar y acusar que corresponde a los Fiscales Europeos Delegados, un control menor por parte del Juez de Garantías podría, en ocasiones, dejar en entredicho la imparcialidad de la Fiscalía Europea. Y es que, como órgano ajeno a la investigación, debe tutelar los intereses en juego en una posición de real y efectiva imparcialidad, lo contrario iría en detrimento de la eficacia del procedimiento de la Fiscalía Europea. En cualquier caso, habrá que esperar al pronunciamiento del TJUE respecto a la cuestión prejudicial planteada por la AN.

BIBLIOGRAFÍA

DOMÍNGUEZ RUIZ, L., *El control judicial en el procedimiento de la Fiscalía Europea en España*, Tirant lo Blanch, Valencia, 2023.

CAMPANER MUÑOZ, J., "La impugnación de los decretos del Fiscal Europeo Delegado", en *Tratado sobre la Fiscalía Europea y el procedimiento penal especial de la L.O. 9/2021, de 1 de julio* (dir. GUERRERO PALOMARES, S.), Aranzadi, Cizur Menor (Navarra), 2023, págs. 569-595.

FONTESTAD PORTALÉS, L., "El decreto de conclusión del procedimiento", en *Tratado sobre la Fiscalía Europea y el procedimiento penal especial de la L.O. 9/2021, de 1 de julio* (dir. GUERRERO PALOMARES, S.), Aranzadi, Cizur Menor (Navarra), 2023, págs. 757-780.

RODRÍGUEZ-MEDEL NIETO, C., *Fiscalía Europea: Primer año de aplicación del Reglamento (UE) 2017/1939 y de la Ley Orgánica 9/2021 LOFE*, Createspace independent publishing platform, 2022.

Capítulo XLI:

La justicia penal entre el pragmatismo y la distopía robótica

LUCANA ESTÉVEZ MENDOZA
Profesora Ayudante Doctora de Derecho Procesal.
Universidad de Las Palmas de Gran Canaria

Resumen: En el contexto de la cuarta revolución industrial, la Administración de Justicia no es ajena a los avances continuos que las tecnologías de la información van imprimiendo en todas las facetas de la sociedad. La vida jurídica no se entiende sin las herramientas informáticas y las tecnologías emergentes que están marcando la diferencia en la transición digital del sector. Este trabajo plantea qué papel puede desempeñar la robótica en un proceso penal más eficiente, actualizado y dinámico. Para ello, se precisan los conceptos tecnológicos con propiedad y se desarrolla una propuesta en dos etapas: una, complementaria o asistencial, y otra, más cercana a los sistemas autónomos de apoyo a la decisión superior e independiente del juez humano salvando el miedo distópico planteado prematuramente con los jueces robots.

1. INTRODUCCIÓN

Inmersos en la cuarta revolución industrial, asistimos a un pulso entre el mundo analógico y el digital en distintos campos de batalla, siendo uno de ellos el de las Administraciones Públicas, en general, y el de la Administración de Justicia, en particular.

Es innegable que las tecnologías de la información y las comunicaciones (TIC) rodean la vida jurídica, igual que el resto de los sectores laborales, siendo ejemplo de ello el uso de herramientas destinadas a facilitar búsquedas en bases de datos de tipo legal o jurisprudencial por parte de los profesionales del Derecho, la posibilidad de firmar documentos y actuaciones procesales electrónicamente, así como de comunicarse de forma telemática con determinadas autoridades.

En este contexto, la Administración de Justicia Electrónica es una realidad, pero a veces se tilda de que es quizás más teórica que práctica, dado que su grado de desarrollo no es elevado en prácticamente ningún país de la sociedad internacional, a pesar de los intentos que durante décadas se han realizado para modernizar los sistemas judiciales nacionales. En España, desde hace más de veinte años se planteó como objetivo llevar a cabo una tarea de actualización del paradigma judicial, como pone de relieve la adopción del Pacto de Estado para la Reforma de la Justicia de 2001, hasta la aprobación del más reciente Plan Justicia 2030. La falta de éxito en esta tarea convierte en un reto seguir afrontando un cambio de la justicia, "identificando los aspectos que requieren de un mayor esfuerzo e intervención de los poderes públicos"[1] y que implique una flexibilidad en las formas de acceso para los ciudadanos y una mejora organizativa y de procesos regida por la eficiencia, entendida como el aprovechamiento de todos los recursos disponibles.

Las TIC, en tanto que tecnologías disruptivas, entendidas como innovaciones sobresalientes destinadas a sustituir un proceso, producto o tecnología establecida previamente para dar lugar a una nueva forma de operar, en lo que a nosotros nos interesa en el ámbito de la justicia, constituyen uno de los recursos cuyo aprovechamiento puede ser infinito. De ahí que diseñar e implementar medidas destinadas a transformar la justicia y sus procesos jurisdiccionales pase hoy, ineludiblemente, por hacer uso de las Ciencias de la Computación y de la Robótica. Hacerlo en el proceso penal, dado que uno de los fenómenos delictuales más desestabilizadores en la actualidad es la ciberdelincuencia, obliga a repensar, al menos indirectamente, la forma de prevenir, detectar, investigar y enjuiciar los delitos en la era cibernética.

Cómo podría incluirse la robotización en un proceso penal y para qué actuaciones, aprovechando las TIC para adaptar un proceso tradicional como el nuestro al cambio social delictual, sin contar con una Ley de Enjuiciamiento Criminal nueva, es la cuestión objeto de estudio en este trabajo. Para reflexionar al respecto, se ha de partir de una aproximación a conceptos tecnológicos básicos y continuar abordando qué papel pueden desempeñar herramientas de robotización en un proceso penal para actualizarlo, digitalizarlo, dinamizarlo y hacerlo más eficiente.

---

1 Alcoceba Gil, J.M. (2023), "La eficiencia de la justicia: medida, meta o discurso (II). Sobre la eficacia como meta de las políticas públicas de justicia", *Diario La Ley, nº 10200,* enero 2023, p.1

2. APROXIMACIÓN TECNOLÓGICA

El auge de las TIC ha convertido en usuales en el lenguaje común terminología propia de la computación, como la Inteligencia Artificial (IA), los algoritmos, la robótica o las redes neuronales, entre otras. A pesar de que, por ello, ya se empieza a tener una idea al respecto, en ocasiones se emplean de manera imprecisa, motivo por el cual se harán algunas concreciones al respecto.

La robótica, es la rama de la ingeniería industrial que se encarga de diseñar y construir robots, esto es, máquinas capaces de realizar tareas automatizadas o de simular un comportamiento humano o animal, en función de la capacidad de su *software*[2]. Según la finalidad perseguida, se diferencia la robótica industrial, que crea robots destinados a la automatización de procesos de fabricación dentro del sector industrial, de la robótica de servicios, que permite emplearlos para facilitar la vida de los seres humanos, desempeñando labores pesadas o repetitivas, entre las que pueden encajar algunas vinculadas al proceso de impartición de justicia.

De manera más específica, robot es "la máquina o ingenio electrónico programable que es capaz de manipular objetos y realizar diversas operaciones", "que imita la figura y los movimientos de un ser animado" (según las acepciones más comunes de la RAE), lo que enlaza con la concepción tradicional del robot y sitúa sus antecedentes en la confección de autómatas, con los que se pretendía crear objetos que simularan vid[3]. En su acepción informática, robot hace referencia al "programa que explora automáticamente la red para encontrar información" (RAE), encajando en él tanto la concepción física (*hardware*), como la lógica (*software*).

El algoritmo, base de algunos robots, se puede definir como la forma humana de resolver un problema que un programador enseña a una máquina a través del lenguaje de programación, esto es escribiendo el código entendible por la máquina[4]. Los algoritmos tradicionales se han caracterizado por dar resultados deterministas a partir de unos datos de entrada. Sin embargo, existen algoritmos que se basan en IA, una disciplina científica que, según la

---

2 *Vid.* Robótica (2021), "¿Qué es la robótica y para qué sirve?", *Revista de Robots,* 27 de diciembre, https://revistaderobots.com/robots-y-robotica/que-es-la-robotica/

3 Estévez Mendoza, L. y Cano Carrillo, J. (2020), "El juez robot y la efectividad del proceso judicial basado en Inteligencia Artificial: una aproximación propedéutica", en Monedero Morales, C.R, Tomás López, A. y Plaza Sánchez, J.F. (Coord), *Aspectos éticos y marcos legales de la comunicación,* Tirant Humanidades, p. 161

4 Maluenda de Vega, R. (2021), "Qué es un algoritmo informático: características, tipos y ejemplos", *Profile,* 21 de enero, https://profile.es/blog/que-es-un-algoritmo-informatico/

RAE, constituye la "rama que se ocupa de crear programas informáticos que ejecutan operaciones comparables a las que realiza la mente humana, como el aprendizaje o el razonamiento lógico"[5]. El diseño de los algoritmos de IA cambia respecto de la forma tradicional secuencial de la programación informática, de manera que ahora con unos datos de entrada la máquina aprende por sí sola, busca patrones y arroja resultados no deterministas.

Junto a estos conceptos conviene también abordar, por un lado, el de digitalización, definida como el proceso de convertir o codificar en número dígitos, datos o informaciones de carácter continuo -una foto, un documento o un libro-[6] y, por otro lado, el de automatización, actividad consistente en aplicar la automática, como ciencia que trata de sustituir el operador humano por dispositivos mecánicos o electrónicos, a un proceso[7].

3. BÚSQUEDA DEL PRAGMATISMO EN LA JUSTICIA PENAL

Adecuar un proceso penal sustentado en un diseño normativo decimonónico al paradigma judicial actual y futuro exige afrontar un cambio. Hasta hace poco se pensaba que éste vendría auspiciado por el nuevo Anteproyecto de Ley de Enjuiciamiento Criminal, aprobado por el Consejo de Ministros el 24 de noviembre de 2020, y por las normas de concreción del Plan Justicia 2030, las leyes de eficiencia organizativa, procesal y digital, en fase de ser aprobadas, a ritmos diversos, cuando se produce la disolución de las Cortes el 29 de mayo de 2023.

¿Significa ello que la modernización del proceso penal y la integración y aplicación de TIC a la justicia, para intentar amoldarlo a las nuevas necesidades y realidades sociales y hacerlo más eficiente queda paralizado? Personalmente creo que no, pues si hemos conseguido juzgar delitos y hacer ejecutar lo juzgado con el mismo texto durante 141 años, podremos seguir haciéndolo durante algunos años más y para su actualización contamos con la Ley

---

5 Según John MacCarthy es "la ciencia y la ingeniería de fabricar máquinas inteligentes, en especial máquinas inteligentes de computación". McCarthy, J., Minsky, M.L., Rochester, N. y Shannon, C.E. (2006), "A Proposal for the Dartmouth Summer Research Project on Artificial Intelligence August 31, 1955", *AI Magazine,* Volume 27, Number 4 Winter, p. 12.

6 De la Torre, F. (2019), "Digitización, digitalización y transformación digital", *Linkedin,* 26 de junio, https://es.linkedin.com/pulse/digitizaci%C3%B3n-digitalizaci%C3%B3n-y-transformaci%C3%B3n-digital-francisco

7 Walther (2023), "¿Qué es la automatización en informática y cómo impacta en las personas y en las empresas?", *Dongee,* 31 de mayo, https://www.dongee.com/tutoriales/que-es-la-automatizacion-en-informatica-y-como-impacta-a-las-personas-y-a-las-empresas/

18/2011, de 5 de julio, reguladora del uso de las TIC en la Administración de Justicia, que permite la incorporación de tecnologías disruptivas en todos los órdenes jurisdiccionales (artículo 1). De hecho, según recoge Gómez Colomer, la introducción de la IA en el mundo de la Justicia es "algo imparable, inevitable y positivo", constituyendo el proceso penal el marco en el que más incidencia puede tener[8].

Una modernización judicial a través de TIC realista y asumible por Administraciones, autoridades y ciudadanos, debe responder a un modelo progresivo, en etapas. En este sentido, me atrevo a plantear consecuentemente, al menos, dos: una en el que las herramientas de computación ayuden al personal de la Administración de Justicia en sus funciones y otro en el que se plantee la posibilidad de que instrumentos robóticos asuman la función jurisdiccional.

3.1. Primera etapa: ¿Robots asistenciales?

Para transformar un proceso penal físico podrían introducirse herramientas TIC con tareas de apoyo de los jueces humanos como primer paso en la automatización. Se trataría de ir más allá de las propuestas de digitalizar el acceso a la justicia, y contar con puntos a disposición de los no profesionales del Derecho para hacer un seguimiento de su caso. Robots "concebidos para ser aplicados de forma directa en el núcleo de la actividad judicial"[9], podrían ejercer funciones de ayuda en los siguientes estadios procesales:

Acontecido un delito, para informar de su existencia de manera telemática, con independencia de que se requiera luego personación o no ante una autoridad policial, como ocurre en España para su ratificación[10]. De manera peculiar se emplea en el País Vasco, donde a pesar de la literalidad de la LECrim, se ha introducido un triple sistema de denuncia: online electrónico, online presencial y en persona[11].

---

8 Gómez Colomer, I. (2023), "Problemas legales del juez robot desde una perspectiva procesal y orgánica", en Arangüena Fanego, C; De hoyos Sancho, M. y Pillado González, E (Dir), *El proceso penal ante una nueva realidad tecnológica europea,* Ed. Aranzadi, p.165.

9 Gascón Inchausti, F. (2022), "Eficiencia procesal y sistemas de inteligencia artificial: la necesidad de pasar a la acción normativa", en Pereira Puigvert, S. y Pesqueira Zamora, M.J. (Dir), *Modernización, eficiencia y aceleración del proceso,* Ed. Aranzadi, p.49.

10 Estévez Mendoza, L (2021): "La cuestión de la eficacia de la denuncia penal interpuesta mediante firma electrónica", en Pérez-Luño Robledo, E., Domínguez Barragán, M.L., Martín-Ríos, P. (dir), *La administración de justicia en España y en América,* Ed. Astigi, Sevilla, pp. 575-588

11 *Vid. Presentación de una denuncia ante la Policía Autónoma Vasca – Ertzaintza,* https://www.euskadi.eus/denuncia_policial/web01-tramite/es

Para asistir al denunciante se podría hacer uso de un *bot* que le sirva de guía en cuanto a los datos e información a incluir en la denuncia. Si el delito fuera privado, la sencillez del trámite de conciliación, previa requerido por la normativa procesal para interponer querella, haría posible que un *bot* mostrara posibles soluciones a las partes o que un robot actuara como letrado virtual.

Para facilitar la admisión o no de denuncias o querellas a trámite se podría contar con asistentes inteligentes que automatizaran la gestión documental. En nuestro país se emplea Veripol para comprobar si una persona miente o no al denunciar y, a pesar de sus limitaciones o críticas[12], no se ha puesto en entredicho que no sea acorde a los canales de denuncia previstos en la LECrim vigente (artículos 262 y 264-268), pues los respeta, siendo empleada como herramienta de asistencia a la autoridad receptora y acorde a la Ley 18/2011, de 5 de julio. Replicar el sistema, adaptarlo a otro tipo de delitos y hacerlo extensible a otros cuerpos policiales, al menos se muestra como una opción viable y plausible tanto jurídica como tecnológicamente.

En fase de investigación, las actuaciones que impliquen comparecencia ante el juez siguen exigiendo su presencia y dudo que se suprimiera con una nueva LECrim, pero otras podrían delegarse. En actuaciones relativamente mecánicas podría usarse un juez en sesión virtual o como juez avatar que planteara las preguntas tipo de la actuación de que se trate y tomara una decisión provisional sujeta a posterior ratificación del juez humano, se liberarían horas de trabajo y se respetarían las garantías procedimentales, interpretadas en perspectiva digital. Igualmente, se podría considerar en interrogatorios y tomas de declaración de partes, testigos o peritos.

En diferentes momentos del proceso podrían incorporarse herramientas TIC para asistir o asumir tareas de personal de auxilio judicial: la gestión y práctica de actos de comunicación, a semejanza de como hacen en Estados Unidos sistemas tipo *Gina* para tráfico o *Jury Chat Bot* con relación al jurado[13]; las notificaciones personales fuera del juzgado; y dejar en manos de máquinas el control del orden en salas o alrededores, así como tareas de vigilancia, cumpliendo la legislación procesal que no especifica que tal responsabilidad deba recaer en el ser humano y pase a asumirla una máquina. Estas funciones de policía, ideales para androides tipo *Anbot*[14], podrían trasladarse la ejecu-

---

12 García, J.G (2021), VeriPol, el polígrafo 'inteligente' de la policía, puesto en cuestión por expertos en ética de los algoritmos", *El País, 9 de marzo,* https://elpais.com/tecnologia/2021-03-08/veripol-el-poligrafo-inteligente-de-la-policia-puesto-en-cuestion-por-expertos-en-etica-de-los-algoritmos.html

13 Horn, J.J (2020), "Artificial Intelligence in the Courts", Our Latest Blog, *Horn Law Group, nº 8,* https://hornlawgroup.net/artificial-intelligence-in-the-courts-no-8/

14 Deusartificial (2019), "AnBot, El Robot Chino", *Deusartificial,* 27 de noviembre, https://deusartificial.com/anbotel-robot-chino/

ción de sentencias de privación de libertad y la ejecución de embargos y lanzamientos, donde tampoco se establece que deban de ser sujetos concretos quienes asumen tales tareas.

Si se pretende conseguir un proceso complemente electrónico, trabajos como el archivo de autos y expedientes en el sentido físico deberían desaparecer, se suprimiría el papel y el archivo se gestionaría electrónicamente, pudiendo diseñarse un período transitorio en que conviviera un sistema híbrido físico-electrónico.

En la fase final del proceso, se podría contar con *bots* creados con herramientas de IA basadas en analítica predictiva para ayudar a los jueces en la resolución del conflicto, teniendo en cuenta los resultados como un criterio decisorio más, acudiendo a ellos como se recurre a la jurisprudencia, agilizando el cálculo de penas, multas o indemnizaciones.

3.2. Segunda etapa: ¿llegaremos a tener juez robot?

El segundo estadio pasaría por valorar la posibilidad de dar cabida a instrumentos robóticos que asumieran la función jurisdiccional, es decir, que fuera una máquina la que juzgue. Para ello, deberían tomarse como referentes los proyectos chinos o estonios[15], donde se aceptan los jueces robots como sujetos capaces de ejercer la jurisdicción y de respetar los principios propios de ésta sin demasiados inconvenientes, sometiéndolos a una reinterpretación adecuada al sujeto robótico al que se aplicarían[16].

Ésta sí sería una cuestión peliaguda. Se podría valorar incorporar a jueces robots progresivamente, para intervenir en casos de delitos leves, de prueba fácil, hasta ir avanzando a modelos más sofisticados, o valorar alternativas que personalmente apoyaría, como incorporar estas figuras a órganos jurisdiccionales colegiados, como un sujeto más, por las opciones que abriría a agilizar la toma de decisiones, a contar con una opinión adicional sustentada sobre una amplia gama de casos similares o para cubrir faltas de personal. Si bien ello exigiría, sin duda, una adaptación de las normas procesales para que estos robots pudieran tener la condición de autoridad judicial, superando la ficción

---

15 Confilegal (2019). "China y Estonia desarrollan «jueces virtuales» basados en Inteligencia Artificial para resolver demandas de cantidad", *Confilegal,* 13 de octubre https://confilegal.com/20191013-china-y-estonia-desarrollan-jueces-virtuales-basados-en-inteligencia-artificial-para-resolver-demandas-de-cantidad/

16 Estévez Mendoza, L. y Cano Carrillo, J.S. (2020), "El juez robot y la efectividad del proceso judicial basado en inteligencia artificial: una aproximación propedéutica", en Monedero Morales, C.R., Tomás López, A.C. y Plaza Sánchez, J (Coord), *Aspectos éticos y marcos legales de comunicación,* Ed. Tirant Humanidades, Valencia, p.165

de asimilarlos al ser humano. Quizás se podría articular tal adaptación sin redactar una nueva LECrim, recurriendo a algún artificio legal para dar cabida en las categorías jurídicas a los robots, tipo modificar el concepto de persona del Código Civil como propone la Unión Europea[17], o el de autoridad vía reforma de normas policiales, o incluir este tipo de robots en un catálogo de tecnologías disruptivas que pudieran incorporarse en actividades de la Administración de Justicia a través de una actualización de la Ley 18/2011.

Adicionalmente, habría que plantearse si la sociedad está preparada para contar con jueces robots que asuman la impartición de justicia en general y en un ámbito tan sensible como el proceso penal, en particular. En el momento actual, con o sin norma procesal que lo amparara, no parece viable que un juez robot actuara en lugar de un juez humano juzgando casos penales, ni social ni jurídicamente, entre otros motivos porque no existen todavía las bases necesarias para afrontar los riesgos derivados de los sesgos y discriminaciones que subyacen en estas figuras y, derivado de ello, se puede poner en entredicho el respeto a alguno de los principios constitucionales esenciales, como el de igualdad, defensa o base para los recursos[18]. Sin embargo, no descartemos que, en un futuro estadio de cuasi plena automatización del sistema de justicia, se pudiera dejar parte de la resolución de casos penales en manos de jueces robots, una vez superado el vértigo a la distopía robótica, esto es, sin caer en la representación ficticia de una sociedad futura de características negativas derivadas de la robotización causantes de la alienación humana.

4. CONCLUSIONES

No se puede negar que la automatización de determinados procesos, a través de instrumentos robóticos, puede mejorar el trabajo de los tribunales, agilizar los procedimientos, eliminar trámites innecesarios, reducir plazos e incluso simplificar la prueba, permitiendo obtener resultados que incrementen la eficiencia procesal y la eficacia judicial.

---

17 *Vid.* Resolución del Parlamento Europeo, de 16 de febrero de 2017, con recomendaciones destinadas a la Comisión sobre normas de Derecho Civil sobre robótica (2015/2103(INL)), apartado 59 f). Doc. P8_TA (2017) 0051

18 Gómez Colomer, I. (2023), *cit*, p. 169. Gascón Inchausti plantea también como problema para esta opción la contradicción con el artículo 22 del Reglamento General de Protección de Datos de la Unión Europea, aunque podría resultar dudosa su traslación al marco penal dada la existencia de normativa especial relativa a la protección de datos aplicable a las actividades de prevención investigación, detección y enjuiciamiento de delitos (Ley Orgánica 7/2021, de 26 de mayo, que traspone la Directiva 2016/680 del Parlamento Europeo y del Consejo, de 27 de abril). Gascón Inchausti, F (2022), *cit.* p. 49

Sin embargo, no por ello hay que tenerle miedo, lejos de la visión apocalíptica de que las máquinas nos eliminarán, creo que se puede afirmar que el jurista, en sentido amplio, sobrevivirá desempeñando funciones basadas en la inteligencia natural del ser humano, dejando a las IA y los robots el trabajo de memorizar y procesar millones de datos en milésimas de segundos y tareas legales de carácter repetitivo, que conllevan una mínima intervención de tipo profesional o que se basan en modelos a seguir.

Soy consciente de que el diseño de un nuevo escenario como el descrito conlleva riesgos, siendo especialmente preocupante el componente ético de la IA y la robótica y la falta de regulación específica al respecto, cuestiones sobre las que, no obstante, ya se está trabajando a nivel internacional, europeo y nacional.

El futuro hacia la justicia penal 4.0 pasa pues por trabajar en la aceptación de la innovación en el marco jurídico desde la perspectiva de que convivimos ya con las TIC y de que nos encontramos ante una transición digital que se vislumbra más como una urgencia que como una opción. Me he referido a la transición digital, teniendo en cuenta que esta expresión es más amplia que la mera transformación y que implica, de un lado, un más ambicioso conjunto de cambios estructurales que han de ponerse en práctica, en el modelo social, productivo y de gestión pública para asegurar, con carácter general, los niveles de bienestar demandados por la ciudadanía y en perspectiva judicial, la detección y represión del crimen como mecanismo de garantía de ese bienestar y, por otro lado, habilitar herramientas para aprovechar las oportunidades ofrecidas por el proceso de digitalización, en concreto en la justicia penal. Todo ello mientras vamos promoviendo cambios de líneas jurisprudenciales, invocando la configuración de conceptos jurídicos acordes a la nueva situación digital, o estableciendo interpretaciones normativas adaptadas a las novísimas tecnologías. Si bien para su asunción se requiere no sólo de innovación tecnológica y recursos económicos y humanos para llevarla a cabo, sino de un cambio cultural que, quizás en el marco de la Administración de Justicia, puede ser lo más difícil de conseguir.

BIBLIOGRAFÍA

Alcoceba Gil, J.M. (2023), "La eficiencia de la justicia: medida, meta o discurso (II). Sobre la eficacia como meta de las políticas públicas de justicia", *Diario La Ley, nº 10200,* enero 2023.

Calaza López, S. (2020), "Ejes esenciales de la Justicia Post-COVID (I)", *Diario La Ley, nº 9737,* noviembre 2020.

Confilegal (2019). "China y Estonia desarrollan «jueces virtuales» basados en Inteligencia Artificial para resolver demandas de cantidad", *Confilegal,* 13 de octubre.

De la Torre, F. (2019), "Digitización, digitalización y transformación digital", *Linkedin,* 26 de junio.

Deusartificial (2019), "AnBot, El Robot Chino", *Deusartificial,* 27 de noviembre.

Estévez Mendoza, L (2020), "Prevención e investigación de delitos en España: ¿un nuevo terreno para la IA?", en González Pulido, I. y Bueno de Mata, F. (coord.), *FODERTICS 8.0: estudios sobre tecnologías disruptivas y justicia,* Comares, p. 259-272.

Estévez Mendoza, L (2021): "La cuestión de la eficacia de la denuncia penal interpuesta mediante firma electrónica", en Pérez-Luño Robledo, E., Domínguez Barragán, M.L., Martín-Ríos, P. (dir), *La administración de justicia en España y en América,* Ed. Astigi.

Estévez Mendoza, L. (2022), "La pregunta simbiótica: ¿robots en el proceso penal español?", en Bueno de Mata, F. (dir), *El impacto de las tecnologías disruptivas en el derecho procesal,* Ed. Aranzadi Thomson Reuters, p.140-145

Estévez Mendoza, L. y Cano Carrillo, J. (2020), "El juez robot y la efectividad del proceso judicial basado en Inteligencia Artificial: una aproximación propedéutica", en Monedero Morales, C.R, Tomás López, A. y Plaza Sánchez, J.F. (Coord), *Aspectos éticos y marcos legales de la comunicación,* Tirant Humanidades.

Galindo Ayuda, F. (2019), "Inteligencia artificial y acceso a documentación jurídica: sobre el uso de las TICs en la práctica jurídica", *Revista Democracia Digital e Governo Electrônico,* Florianópolis, vol. 1, n. 18.

García, J.G (2021), VeriPol, el polígrafo 'inteligente' de la policía, puesto en cuestión por expertos en ética de los algoritmos", *El País, 9 de marzo,* https://elpais.com/tecnologia/2021-03-08/veripol-el-poligrafo-inteligente-de-la-policia-puesto-en-cuestion-por-expertos-en-etica-de-los-algoritmos.html

Gascón Inchausti, F. (2022), "Eficiencia procesal y sistemas de inteligencia artificial: la necesidad de pasar a la acción normativa", en Pereira Puigvert, S. y Pesqueira Zamora, M.J. (Dir), *Modernización, eficiencia y aceleración del proceso,* Ed. Aranzadi.

Gómez Colomer, I. (2023), "Problemas legales del juez robot desde una perspectiva procesal y orgánica", en Arangüena Fanego, C; De hoyos Sancho, M. y Pillado González, E (Dir), *El proceso penal ante una nueva realidad tecnológica europea,* Ed. Aranzadi.

Horn, J.J (2020), "Artificial Intelligence in the Courts", Our Latest Blog, *Horn Law Group, nº 8,* https://hornlawgroup.net/artificial-intelligence-in-the-courts-no-8/

Jiménez Gómez, C. E. (2014), "Desafíos de la modernización de la justicia en tiempos del Gobierno Abierto", *Revista Digital de Derecho Administrativo,* vol. 12. Universidad Externado de Colombia, Bogotá, pp. 225-239.

Maluenda de Vega, R. (2021), "Qué es un algoritmo informático: características, tipos y ejemplos", *Profile,* 21 de enero, https://profile.es/blog/que-es-un-algoritmo-informatico/

McCarthy, J., Minsky, M.L., Rochester, N. y Shannon, C.E. (2006), "A Proposal for the Dartmouth Summer Research Project on Artificial Intelligence August 31, 1955", *AI Magazine,* Volume 27, Number 4 Winter.

Robótica (2021), "¿Qué es la robótica y para qué sirve?", *Revista de Robots,* 27 de diciembre.

Suárez, F. (2022), "Inteligencia Artificial en la Administración de Justicia", *A hombros de Gigantes,* RNE, RTVE play radio, 18 de enero.

Walther (2023), "¿Qué es la automatización en informática y cómo impacta en las personas y en las empresas?", *Dongee,* 31 de mayo, https://www.dongee.com/tutoriales/que-es-la-automatizacion-en-informatica-y-como-impacta-a-las-personas-y-a-las-empresas/

Capítulo XLII:
El ofrecimiento de acciones al perjudicado u ofendido: ¿trámite procesal o derecho?

CARMEN LADRÓN DE GUEVARA PASCUAL
Profesora de Derecho Procesal.
CUNEF Universidad

Sumario: 1. Introducción; 2. El ofrecimiento de acciones al perjudicado u ofendido; 3. Efectos de la omisión del ofrecimiento de acciones; 4. Problemática práctica en el ofrecimiento de acciones; 5. Conclusiones.

Resumen: Hablar de un proceso penal eficiente es hablar de un proceso penal que cumple con su función a la perfección. Y ¿cuál es la función del proceso penal? Tal y como indica el Prof. Banacloche Palao, además del ejercicio del *ius puniendi* y de protección del inocente, «el proceso debe servir para otras dos finalidades más: por un lado, facilitar el resarcimiento y la reparación de la víctima, en la medida en que sea posible, a lo largo de todo el proceso; y, por otro, procurar la reinserción social del delincuente una vez haya cumplido su pena»[1]. Centrándonos en la función reparadora de la víctima, nuestro sistema procesal prevé la posibilidad de que el perjudicado u ofendido por el delito sea parte en el proceso para que de esta forma pueda ejercer las acciones penales y civiles que a su derecho convenga. Es el trámite conocido como ofrecimiento de acciones. Sin embargo, pese a su previsión legal en los arts. 109 y 110 de la LECrim., en ocasiones, ya sea por falta de diligencia de los operadores jurídicos o por dificultades a la hora de localizar a los perjudicados u ofendidos por el delito, es un trámite que no se realiza privándose a las víctimas del delito de su derecho a la reparación y a la participación activa en el proceso penal[2]. En la presente comunicación, además de analizar el ofrecimiento de acciones como parte del derecho a la tutela judicial efectiva de los perjudicados y ofendidos, y no como un mero trámite, así como de los efectos de nulidad de su omisión, se proponen medidas concretas para su efectivo cumplimiento evitando de esta manera la dilatación del procedimiento en el tiempo con los efectos negativos que ello supone para nuestro sistema judicial y para las víctimas.

---

1 Banacloche Palao, J/Zarzalejos Nieto, J: *Aspectos fundamentales de Derecho procesal penal*, Madrid: La Ley, 2023, pág. 34.

2 Art. 3 de la Ley 4/2015, de 27 de abril, del Estatuto de la víctima del delito.

1. INTRODUCCIÓN

De un tiempo a esta parte podemos comprobar como nuestro sistema procesal penal viene evolucionando hacia un mayor protagonismo de la víctima. Sin dejar de lado, como no puede ser de otra manera, la protección de los derechos y garantías de los investigados, poco a poco proliferan los autores que defienden la importancia de colocar a la víctima en un primer plano del proceso penal[3]. Esta evolución a favor de las víctimas también ha tenido su reflejo jurisprudencial, que ha reconocido el principio de protección a las víctimas como uno sobre los que debe sustentarse el derecho penal y que debe regir la actuación de jueces y tribunales.

En los últimos años, han sido varios los pronunciamientos del Tribunal Supremo a favor de la protección de los intereses de las víctimas como una cuestión de interés general. Así, en su sentencia n.º 607/2020, de 13 de noviembre, reconoce que: «(...) en las sentencias penales la protección de la víctima del delito determina una exigencia de tutela muy singular, lo que explica que se atribuya al órgano judicial el impulso y la iniciativa en la ejecución, incluso de sus pronunciamientos civiles. Esa necesidad de una tutela judicial reforzada justifica que la interpretación de las normas del proceso de ejecución deba realizarse en el sentido más favorable a su plena efectividad». Y en la STS n.º 399/2021, de 5 de mayo, expresamente refiere que: «la Sala es consciente de la necesidad de que el proceso penal, no sólo ajuste su desarrollo y desenlace a los principios que legitiman la aplicación de la pena, sino que sirva también como vehículo de reparación a las víctimas del delito. Si además se trata de un delito contra las personas que ha truncado la vida de un joven por un navajazo propinado por su agresor, las razones para reforzar esa función protectora se hacen más que evidentes».

Desde un punto de vista legislativo, esta evolución progresiva hacia una mayor protección jurídica de la víctima del delito ha tenido su máximo reconocimiento en la aprobación de la Ley 4/2015, de 27 de abril, del Estatuto de la Víctima del delito, modificado por la L.O. 10/2022, de 6 de septiembre, de garantía integral de la libertad sexual. Esta ley es el resultado de la trasposición de la Directiva 2012/29/UE del Parlamento Europeo y del Consejo, de 25 de octubre de 2012, por la que se establecen normas mínimas sobre los derechos, el apoyo y la protección de la víctima del delito, y supuso un cambio

---

[3] Véase Subijana Zunzunegui, Ignacio José, *El principio de protección de las víctimas en el orden jurídico penal. Del olvido al reconocimiento,* Editorial Comares, Granada, 2006; Chocrón Giráldez, Ana María, «Tutela cautelar y protección de la víctima en el proceso penal», en *Boletín del Ministerio de Justicia,* Año 61, n.º 2041, 2007; De la Cuesta Azurmendi, José Luis, «El Principio de Humanidad en el Derecho Penal», *Revista Penal de México,* n.º 4, marzo-agosto, 2013.

en lo que a la protección de la víctima se refiere, fijando un catálogo único y sistematizado de derechos procesales y extraprocesales de las víctimas que, si bien es cierto, en su mayoría ya se encontraban mencionados con anterioridad en nuestro ordenamiento jurídico, lo estaban de manera dispersa y poco desarrollada. De ahí que podamos definir al Estatuto de la Víctima como un código general de los derechos, procesales y extraprocesales, de todas las víctimas de delitos, sin perjuicio de remitir a la normativa especial existente en materia de víctimas con especiales necesidades o con especial vulnerabilidad, como por ejemplo las víctimas menores de edad o las víctimas del terrorismo.

De esta forma, en su art. 3 se nos presenta, de manera genérica, el catálogo completo de derechos de la víctima que podemos sistematizar en tres grupos: derechos básicos, derechos de participación en el proceso y derechos relativos a la protección de la víctima. Literalmente se reconoce que: «toda víctima tiene derecho a la protección, información, apoyo, asistencia y atención, así como a la participación activa en el proceso penal y a recibir un trato respetuoso, profesional, individualizado y no discriminatorio desde su primer contacto con las autoridades o funcionarios, durante la actuación de los servicios de asistencia y apoyo a las víctimas y de justicia restaurativa, a lo largo de todo el proceso penal y por un período de tiempo adecuado después de su conclusión, con independencia de que se conozca o no la identidad del infractor y del resultado del proceso»[4].

En nuestro modelo procesal, la posibilidad de participación de la víctima en el proceso penal está prevista en la más que centenaria Ley de Enjuiciamiento Criminal –a través del trámite del ofrecimiento de acciones y posibilitando su personación en el procedimiento como acusación particular hasta el momento mismo de celebración del acto del juicio oral–. Sin embargo, en muchas ocasiones, se plantea como un mero trámite procesal más que como un verdadero derecho de la víctima, lo que implica que no siempre se ponga la diligencia debida, o directamente se obvie, en su realización.

2. EL OFRECIMIENTO DE ACCIONES AL PERJUDICADO U OFENDIDO

El ofrecimiento de acciones es el acto procesal por el cual se informa al perjudicado u ofendido por el delito sobre su derecho a ejercer las acciones penales y civiles pertinentes. Esta posibilidad se reconoce en los arts. 109 y 110 de la LECrim.

---

4 Art. 3 Ley 4/2015, de 27 de abril, del Estatuto de la Víctima del delito.

Cuando el procedimiento se ha incoado a raíz de denuncia o querella de la víctima, se suele entender que el trámite ya ha sido cumplimentado y no se suele realizar de forma separada a la recepción de la denuncia. No obstante, si el procedimiento se ha iniciado por actuaciones de terceros, por ejemplo, la policía, se suele realizar el trámite o bien por la policía, en el procedimiento abreviado, o bien por un representante del juzgado. En este sentido, el art. 761 LECrim. establece que será el "secretario judicial" (ahora Letrado de la Administración de Justicia) quien «instruirá al ofendido o perjudicado por el delito de los derechos que le asisten conforme a lo dispuesto en los arts. 109 y 110 y demás disposiciones, pudiendo mostrarse en la causa son necesidad de formular querella. Asimismo, le informará de la posibilidad y procedimiento para solicitar las ayudas que conforme a la legislación vigente puedan corresponderle»[5]. Generalmente para su cumplimiento, la persona que ha sido víctima de un delito recibe una comunicación escrita en la que se la cita para realizar un ofrecimiento de acciones.

Este trámite procesal persigue varios objetivos. Por un lado, poner en conocimiento de una persona que ha sido perjudicada o agraviada por un delito que existe un procedimiento en marcha. Por otro, ofrecer al perjudicado la oportunidad de ser parte activa en el proceso. Asimismo, con el ofrecimiento de acciones también se propone a la víctima la posibilidad de optar entre reclamar la restitución, indemnización o reparación por los daños y perjuicios que ha sufrido, o renunciar a esa acción.

Además, tras la aprobación del Estatuto de la Víctima del delito, en su art. 13, se reconoce la posibilidad de que la víctima participe en la fase de ejecución con independencia de que se mostrara parte en el procedimiento. Aunque su participación en la ejecución se limita a la posibilidad de solicitar que al liberado condicional se le impongan las medidas necesarias para garantizar su seguridad y de recurrir algunas resoluciones, este reconocimiento supuso una de las grandes novedades introducidas por el Estatuto. Para su cumplimiento, se le deberá de volver a realizar el ofrecimiento de acciones, pero en este caso por parte del Juzgado de vigilancia penitenciaria que esté conociendo del expediente penitenciario.

La importancia del ofrecimiento de acciones reside no tanto en el cumplimiento de un mero trámite procesal de información a la víctima del delito, sino que con él se le abre la puerta al perjudicado u ofendido de poder ejercitar sus derechos con independencia de la actuación de la acusación pública ejercida por el Ministerio Fiscal, pudiendo solicitar una mayor pena o una indemnización más elevada si así lo considerara.

---

5 Art. 761 de la Ley de Enjuiciamiento Criminal.

Sobre el momento procesal en el que el trámite debe realizarse no se especifica en la legislación. Aunque sí que es cierto que debe de entenderse la posibilidad de realizarlo hasta el último momento en el que la víctima tenga posibilidad de personarse en el procedimiento. El art. 109 bis LECrim. establece que las víctimas podrán ejercer la acción penal en cualquier momento antes del trámite de calificación del delito, sin embargo, la jurisprudencia otorga la posibilidad de la víctima de personarse en el procedimiento después de este trámite. Así, la sentencia del Tribunal Supremo n.º 1140/2005, de 3 de octubre, establece que: «la regulación del modo y manera en que las víctimas pueden personarse en el procedimiento ha sufrido modificación en el transcurso de este procedimiento. El antiguo art. 783 de la LECrim. se remitía a los arts. 109 y 110 del mismo texto legal, lo que llevaba a la interpretación de que su personación sólo se podía realizar antes del trámite de calificación. Esta interpretación, excesivamente rigurosa, no encaja con el principio de igualdad de armas, tanto de la acusación como la defensa, por lo que debe ser analizado en el momento de producirse la personación cuando todavía no había entrado en vigor la actual redacción. El vigente art. 785.3 de la LECrim. soluciona el problema, ajustándose más a la previsión constitucional y exigiendo que, en todo caso, aunque la víctima no sea parte en el proceso deberá ser informada por escrito de la fecha y lugar de la celebración del juicio. Con la actual regulación quedan sin efecto las previsiones del art. 110 de la LECrim. Sin retroceder en el procedimiento, que no puede paralizarse ni interrumpirse por dejación del ejercicio de derechos por la víctima, no hay obstáculo para que, si comparece en el juicio oral, acompañado de su abogado, se permita su personación «apud acta» incorporándose al juicio con plenitud de derechos y con posibilidad de presentar conclusiones, si las lleva preparadas, adherirse a las del Ministerio Fiscal o a las de otras acusaciones y cumplir el trámite de conclusiones definitivas. En todos estos casos sin perjudicar el derecho de defensa con acusaciones sorpresivas o que se aparten del contenido estricto del proceso».

3. EFECTOS DE LA OMISIÓN DEL OFRECIMIENTO DE ACCIONES

La jurisprudencia del Tribunal Supremo ha señalado que el hecho de que el tribunal no ofrezca al ofendido el ejercicio de las acciones derivadas del delito generará nulidad de lo actuado cuando se produzca indefensión al perjudicado.

En este sentido, es importante destacar lo que se señala en su sentencia n.º 900/2006, de 22 de septiembre, «si el ofrecimiento de acciones tiende a posibilitar al ofendido o perjudicado el ejercicio del derecho de defensa en un determinado proceso, su omisión debía ser subsanada si el estado del procedimiento permite aún al sujeto afectado el ejercicio eficaz de ese derecho en el mismo proceso, es decir, comparecer en él en tiempo oportuno para poder conocer la instrucción, calificar los hechos y proponer la prueba que sea de su interés (art. 110 LECrim.). De no ser así y si el procedimiento se encuentra ya en una fase que no permite esa actuación procesal, la situación que con dicha omisión se genera a aquel perjudicado es de efectiva y manifiesta indefensión, pues aunque se cumpliera formalmente con la instrucción al mismo de cuanto el art. 109 LECrim. establece, se trataría de una actuación vacía de contenido y carente de toda eficacia, al no poder realizar los actos que son substanciales para la defensa de sus intereses. En estos casos, de conformidad con lo dispuesto en el art. 240.2 Ley Orgánica del Poder Judicial el remedio a adoptar no podría ser otro que el de la anulación de lo actuado con reposición de las actuaciones al momento procesal que permita la correcta realización del acto omitido, esto es, la instrucción a la parte en sus concretas posibilidades de actuación en el proceso como perjudicado, conforme a lo dispuesto en los arts. 109 y 110 LECrim. para que puedan intervenir efectivamente en el proceso ejercitando las acciones civiles y penales, según le conviniere».

Más contundente se muestra el Tribunal Supremo en su sentencia n.º 840/2021, de 4 de noviembre, cuando afirma que: «En el sistema plural de nuestro proceso penal en el que junto a la oficialidad de acción atribuida al Ministerio Fiscal se reconocen otras iniciativas privadas, especialmente la que corresponde a los perjudicados por el delito, dicha acción forma parte del contenido mismo del derecho a la tutela judicial efectiva y si bien ésta no comporta un derecho incondicionado a la apertura y plena sustanciación del proceso penal se requiere, en cambio, un pronunciamiento motivado del Juez que exprese las razones por las que se rechaza la personación procesal».

Lo que nos lleva a concluir que, si la participación del perjudicado u ofendido por el delito en el proceso penal forma parte del derecho a la tutela judicial efectiva, el ofrecimiento de acciones es mucho más que un trámite cuya omisión, en los casos en los que genere indefensión al perjudicado, tiene por efecto la nulidad de lo actuado.

4. PROBLEMÁTICA PRÁCTICA EN EL OFRECIMIENTO DE ACCIONES

Como se ha indicado anteriormente, el ofrecimiento de acciones viene previsto en los arts. 109 y 110 de la LECrim., así como en los arts. 11 y 13 del Estatuto de la Víctima del delito. Asimismo, la jurisprudencia del TS y la doctrina del TC han establecido que su omisión podrá provocar la nulidad de lo actuado siempre que se genere indefensión al perjudicado. No obstante, en la práctica los operadores jurídicos se encuentran con problemas a la hora de cumplir con esta obligación legal.

El primero de los problemas con el que se encuentran es que, en muchas ocasiones, no son conocidos los datos para la localización de los perjudicados u ofendidos. En este caso, aunque se les eximiría de la obligación de efectuar el ofrecimiento de acciones sería necesario dotar de medios a los LAJ para que, en colaboración con la policía judicial y las oficinas de asistencia a las víctimas adscritas a los órganos judiciales. Está dificultad es mayor en el caso del ofrecimiento de acciones en la fase de ejecución por parte de los Juzgados de vigilancia penitenciaria puesto que en la mayoría de los casos no obran en los expedientes penitenciarios datos sobre las víctimas de los penados.

El segundo de los problemas lo encontramos cuando, en el ámbito del procedimiento abreviado y el procedimiento para delitos leves, el ofrecimiento de acciones es realizado por la policía judicial en la tramitación del atestado policial correspondiente. Es frecuente que este trámite no sea reiterado posteriormente por el LAJ o se haga caso omiso a la voluntad de ser parte comunicada por el perjudicado a la policía judicial, esto provoca que un número de importante de víctimas, tras la interposición de la correspondiente denuncia ante la policía, desconozca el curso que se haya dado a la misma y la situación procesal en la que se encuentra.

A modo de ejemplo, citar la sentencia n.º 111/2022, de 31 de marzo, de la Audiencia Provincial de Barcelona por la que se desestima la nulidad de actuaciones planteada por la víctima a la que tras el ofrecimiento de acciones realizado por la policía no se le tomó declaración en sede judicial no habiendo podido intervenir en la fase de instrucción por desconocimiento sobre la incoación del procedimiento judicial. En este caso se desestimó la nulidad planteada al entender la Audiencia que, tras la presentación del correspondiente atestado policial, el juez de guardia incoó diligencias urgentes y practicó las que estimó procedentes, no siendo preceptivo, de conformidad con los arts. 776 y 797.1. 5º LECrim., recibir declaración al denunciante ni hacerle ofrecimiento de acciones cuando ya se le hubiere hecho en sede policial. Considerando por ello que no se generó ninguna indefensión a la víctima lo que llevo a desestimar la nulidad planteada en relación con la sentencia dictada.

Otro problema lo encontramos en las causas con instrucciones que se alargan en el tiempo y que son sobreseídas inicialmente para posteriormente ser reabiertas. Es frecuente que tras la reapertura no se repita el ofrecimiento de acciones provocando con ello que las víctimas se queden al margen de la tramitación del procedimiento que ha sido reaperturado porque en un primer momento rechazaron el ofrecimiento de acciones o lo que puede ser más grave, en los casos en los que fue designado abogado de oficio pero que con el paso del tiempo esa designación decae, al no repetirse el ofrecimiento de acciones no se le da al perjudicado la posibilidad de designar nuevo abogado de oficio que le represente.

Esta situación es la que se dio en el caso resulto por el Tribunal Supremo en su Auto n.º 14440/2008, de 4 de diciembre, por el que admite la nulidad de actuaciones planteada contra, entre otras resoluciones, la sentencia que absolvía al condenado en la instancia. En este caso, se estimó la indefensión generada a los padres de la víctima al no notificarles que la causa se había reabierto como consecuencia de la entrega del procesado por las autoridades francesas. No dándoseles traslado para trámite de instrucción, ni para formular escrito de acusación, ni fueron citados para el juicio oral ni emplazados en el recurso de casación interpuesto contra la sentencia de instancia. En este caso el Tribunal Supremo estimó que: «la falta de llamada del perjudicado que ha formalizado su personación como parte acusadora en el proceso implica la vulneración de diferentes preceptos de la LECrim. En efecto, la preterición de cualquiera de las partes -en este caso, la acusación particular- infringe la capacidad de la víctima para mostrarse parte en el proceso, posibilidad reconocida en nuestro sistema procesal al perjudicado por el delito (arts. 100, 101 y 110 de la LECrim.). También encierra una infracción de las normas que recuerdan el carácter esencial de esa llamada a todas las partes del proceso (arts. 623, 627, 649, 651, 654, 732, 734 LECrim.). Pero ese silencio del órgano jurisdiccional es algo más que una simple infracción de naturaleza formal. La capacidad para acceder al proceso en calidad de perjudicado y de formalizar una pretensión punitiva, integra el contenido del derecho a la tutela judicial efectiva del art. 24.1 de la CE»[6]. Estimando por tanto la nulidad planteada y anulando la sentencia dictada por el Tribunal Supremo por la que se casaba la de instancia y absolviendo al acusado.

Otro caso similar, en el que el abogado de oficio desiste de la representación procesal no siendo informado de ello el perjudicado privándole con ello de la posibilidad de solicitar un nuevo abogado de oficio o designar uno de su confianza, es analizado por el Tribunal Supremo en su sentencia n.º 287/2013, de 3 abril.

Estos problemas prácticos podrían evitarse potenciando la coordinación entre los operados jurídicos, potenciando el deber de información al perjudicado a través de las oficinas de asistencia a las víctimas del delito de los órganos judiciales y estableciendo la obligación de reiterar el trámite de ofrecimiento de acciones cada vez que se reapertura la causa, con la prórroga, si así correspondiere, del derecho de la asistencia jurídica gratuita inicialmente reconocido.

---

6 ATS n.º 111/2022, de 31 de marzo.

5. CONCLUSIONES

I. De un tiempo a esta parte podemos comprobar como nuestro sistema procesal penal viene evolucionando hacia un mayor protagonismo de la víctima. Esta evolución a favor de las víctimas ha tenido su reflejo jurisprudencial, que ha reconocido el principio de protección a las víctimas como uno sobre los que debe sustentarse el derecho penal y que debe regir la actuación de jueces y tribunales.

II. Entre los derechos reconocidos a las víctimas se encuentra el de la participación activa del perjudicado u ofendido en el proceso penal. Para ello está previsto en la LECrim. el trámite del ofrecimiento de acciones.

III. Aunque el ofrecimiento de acciones es mucho más que un trámite puesto que en los casos en los que su omisión genere indefensión al perjudicado provoca el efecto de nulidad de todo lo actuado. Por lo que podemos concluir que el ofrecimiento de acciones al perjudicado u ofendido forma parte del derecho a la tutela judicial efectiva.

IV. Es necesario establecer mejoras de funcionamiento de los operadores jurídicos y mecanismos de coordinación con las oficinas de asistencia a las víctimas del delito y la policía judicial para que este derecho reconocido no quede en papel mojado y sea efectivamente cumplimentado.

BIBLIOGRAFÍA

Banacloche Palao, J/Zarzalejos Nieto, J: *Aspectos fundamentales de Derecho procesal penal*, Madrid: La Ley, 2023.

Chocrón Giráldez, A.M: «Tutela cautelar y protección de la víctima en el proceso penal», en *Boletín del Ministerio de Justicia*, Año 61, n.º 2041, 2007.

De la Cuesta Azurmendi, José Luis, «El Principio de Humanidad en el Derecho Penal», *Revista Penal de México*, n.º 4, marzo-agosto, 2013.

Subijana Zunzunegui, I: *El principio de protección de las víctimas en el orden jurídico penal. Del olvido al reconocimiento*, Editorial Comares, Granada, 2006.

Capítulo XLIII:

Singularidades en la declaración de las víctimas en procesos penales por delitos de odio[1]

FERNANDO MARTÍN DIZ

Catedrático de Derecho Procesal.

Universidad de Salamanca

Resumen: Los delitos de odio proliferan en nuestra sociedad contemporánea como una de las expresiones de mayor lesividad en relación a la condición de las personas desde una doble vertiente de amenaza de daño a los sujetos pasivos del hecho punible, así como una ruptura de la paz social y de la aceptación en sociedad de las diferencias concurrentes en las personas que la integran. Procesalmente, deparan numerosos retos el análisis de las circunstancias que se producen en la investigación y enjuiciamiento de los delitos de odio, tipificados en el art. 510 CP. Uno de los retos más destacables se adentra en valorar las singularidades que se presentan en relación con la declaración de la víctima de esta tipología de hechos criminales, fundamentalmente desde su consideración de víctimas especialmente vulnerables y respecto a los supuestos de victimización supraindividual. En esta línea argumental, y para la eficiencia de los procesos penales de victimización supraindividual, como pueden ser los procesos penales en materia de delitos de odio, podría habilitarse legalmente la intervención de la víctima por representación grupal o víctima subrogada como figura de nuevo cuño que sea el cauce de intervención, a efectos de la declaración del colectivo de víctimas en procesos penales por este tipo de hechos delictivos.

---

1 Esta publicación se enmarca dentro del Proyecto Nacional I+D+i «Tratamiento Procesal de los delitos de odio cometidos a través de medios tecnológicos» (Referencia: PID2021-128339OA-I00) perteneciente a la convocatoria sobre «Proyectos de generación de conocimiento» en el marco del Programa Estatal para Impulsar la Investigación Científico-Técnica y su Transferencia, del Plan Estatal de Investigación Científica, Técnica y de Innovación 2021-2023; financiado por MCIN/ AEI /10.13039/501100011033/ y por FEDER: Una manera de hacer Europa. IP. BUENO DE MATA, F.

1. INTRODUCCIÓN

La pátina de libertad y pluralidad que envuelve las modernas sociedades y sus estructuras jurídico legales, en la mayoría de países con regímenes democrático constitucionales, se ve afectada, cada vez con mayor intensidad y frecuencia, por extremismos, por la radicalidad, por la intolerancia y la discrepancia exagerada y la divergencia impositiva de ideas, creencias, prejuicios, identidades, culturas e, incluso, formas de ser o de actuar. Uno de los indeseables resultados de las circunstancias anteriores es la concurrencia del odio, entendido según la Real Academia Española, como la "antipatía y aversión hacia algo o alguien cuyo mal se desea". Odio que se manifiesta en privado, en actos punibles que no trascienden, fundamentalmente a través de conductas agresivas (amenazas, lesiones, homicidios), pero odio que, también, y cada vez con mayor frecuencia, se manifiesta públicamente a través de discursos, proclamas o declaraciones hostiles y discriminatorias, muy especialmente por el conducto de las redes sociales, desacreditando a personas o colectivos (generalmente vulnerables) a través del fenómeno conceptuado como "discurso del odio" con declaraciones públicas, habitualmente muy ofensivas y denigrantes que exceden, con relevancia penal, el ejercicio de la libertad de expresión.

La transcendencia lesiva de las conductas vinculadas al odio ha dado lugar a su catalogación como tipo penal, el cual ha sido modificado progresivamente desde su origen y en su repercusión criminológica, como desarrolla FUENTES OSORIO[2], dando lugar a subgrupos de delitos de odio. Concretamente, y según el autor de referencia, de manera muy genérica se pueden distinguir tres: el odio como circunstancia agravante por discriminación, como ratio de una anticipación penal por la amenaza de daño que contiene -es decir, con un tinte marcadamente preventivo- y como lesión de la paz pública o de la moral social mayoritaria -en este supuesto ante hechos ya realizados y en los cuales encaja la conducta tipificada en el art. 510 CP-.

Actualmente, la tipología delictiva vinculada a los delitos de odio presenta una menor casuística en su vertiente más ligada a la discriminación y las causas discriminatorias y se ha polarizado mayoritariamente, con asuntos que han trascendido de forma muy notable a la propia sociedad, en delitos de odio caracterizados por la intolerancia y el señalamiento a determinados individuos o colectivos, desde la más absoluta animadversión del sujeto autor del discurso del odio, generando agresiones, más verbales que físicas, que estereotipan y señalan como objetivos a personas o colectivos por alguna circunstancia concurrente en estos (raza, condición sexual, nacionalidad, grupo

---

2 Fuentes Osorio, J.L., "El odio como delito", *Revista Electrónica de Ciencia penal y Criminología,* núm., 19, 2017

social, político o religioso, exclusión social, inmigración, pobreza, etc.). Es en este punto, donde queremos comenzar a señalar el objetivo más directo del presente trabajo, como es la situación de las víctimas de este delito, particularmente cuando son una pluralidad, más o menos determinada o determinable -víctimas colectivas o difusas, según el caso- y en la que su vinculación al tipo delictivo puede ser diferente por cuanto es más un delito de peligro abstracto y que atenta intereses supraindividuales -no queda señalada una víctima concreta y singular- frente a otros supuestos de delitos de odio en que la víctima está perfectamente determinada o determinable -persona/s frente a la cual se profieren amenazas, insultos o se dirige el discurso del odio-, lo que cambiaría en cierto modo la naturaleza del delito de odio hacia un delito de odio concreto, e, incluso, en último término la situación en que pudieran darse episodios de conductas discriminatorias o intolerantes susceptibles de encajar en la tipificación de delito de odio que no se dirigen a una víctima singular y concreta o a un colectivo de víctimas más o menos identificable y que, en este supuesto, vendría a suponer un delito de peligro hipotético.

Si recurrimos a los datos oficiales existentes, ciertamente hemos de considerar que la situación actual en relación a los delitos de odio en España es, cuanto menos, muy preocupante. Según los últimos datos disponibles[3], en cómputo anual, en 2021, se conocieron por causa de delitos de odio 1802 asuntos a nivel nacional, vinculados a situaciones de antigitanismo, antisemitismo, aporofobia, creencias o prácticas religiosas, odio contra personas con discapacidad, discriminación generacional, discriminación por razón de enfermedad y discriminación por sexo o género, ideología, orientación sexual o identidad de género y racismo o xenofobia, que depararon, según la misma fuente oficial, al menos identificadas, en el cómputo de 2020, a 1874 víctimas directas de dichos hechos.

2. PROBLEMÁTICA EN UN DELITO QUE PUEDE PRODUCIR VÍCTIMAS COLECTIVAS O DIFUSAS: EL TESTIMONIO DE LAS VÍCTIMAS

La tipología penal de los delitos de odio, que hemos descrito de forma muy sucinta en el apartado precedente, unida a su correlación cuantitativa de mayor calado en la actualidad como es su manifestación fundamental en forma, que no totalmente exclusiva, de discursos de odio, identifican directa e indirectamente una condición distintiva de las víctimas de estas conductas

---

[3] Disponibles en: https://estadisticasdecriminalidad.ses.mir.es/publico/portalestadistico/portal/datos.html?type=pcaxis&path=/Datos6/&file=pcaxis

punibles, como es la que trasciende la consideración y cualificación, respecto a los sujetos pasivos de estos delitos, de colectivos vulnerables. Las víctimas en los supuestos de delitos de odio que producen una victimización colectiva o difusa son objeto de una actitud amenazadora e intolerante, en ocasiones fruto de estereotipos o prejuicios hacia estas por su posible condición de vulnerables y en ocasiones producto de una visión discriminatoria del autor, que, en ambos casos determina una situación de riesgo para las víctimas o sus derechos e, incluso, como ha señalado nuestro Tribunal Constitucional[4], para el propio sistema de libertades que la Constitución instaura y protege, pese incluso a que pueda invocarse el derecho, también fundamental y constitucional, a la libertad de expresión.

2.1. La condición de vulnerables de las víctimas de delitos de odio: ¿es un elemento condicionante a nivel procesal?

En ocasiones, con cierta habitualidad, el sujeto pasivo de un delito de odio ostentará la condición de víctima especialmente vulnerable, si bien dicha circunstancia no es predicable en todos y cada uno de los delitos de este tipo penal. La posible condicionalidad a la hora de la participación de la víctima especialmente vulnerable en el proceso penal, instrucción y enjuiciamiento, de una delito de odio vendría directamente relacionada con la necesidad de adoptar medidas de protección a dicha víctima especialmente adecuadas a sus circunstancias y en consonancia con las particularidades que prevean para ello la propia Ley del Estatuto de la Víctima del Delito u otras normas especiales en materia de protección a víctimas de concretos delitos (terrorismo, agresiones sexuales, violencia de género o menores) que puedan ser de aplicación. Teniendo presente que uno de los elementos a los que ha de recurrir el órgano jurisdiccional tanto para acreditar la comisión de hecho delictivo como para su posterior enjuiciamiento es la propia declaración de la víctima, será ahí donde también podremos identificar un momento procesal de relevancia en el cual su condición de víctima especialmente vulnerable habrá de ser tenida en consideración al ser sujeto pasivo de un delito en el cual

---

[4] En la Sentencia 112/2016, de 20 de junio, y en relación con un delito de enaltecimiento del terrorismo del art. 578 CP, estima que se considera un supuesto de odio dicha situación como manifestación del discurso del odio que propicia o alienta, aunque sea de manera indirecta, una situación de riesgo para las personas, derechos de terceros y el sistema de libertades. En la precitada Sentencia, el Tribunal Constitucional deniega el amparo solicitado por el demandante, toda vez que la sanción penal de su conducta, como manifestación del discurso del odio, incitaba a la violencia, mediante el enaltecimiento del autor de actividades terroristas, no encontrando amparo en el contenido del derecho a la libertad de expresión del art. 20.1.a CE.

las circunstancias personales, los prejuicios y la discriminación derivada de ellas generan una situación de inferioridad o indefensión que puede deparar a posterior una agravación de la responsabilidad penal del autor del hecho criminal.

Esta circunstancia, anteriormente reseñada, se observa, por ejemplo, en la consideración que realiza la Circular 7/2019, de 14 de mayo, de la Fiscalía General del Estado, sobre pautas para interpretar los delitos de odio tipificados en el artículo 510 CP, en que sitúa la génesis de un delito de odio con la protección directa de colectivos desfavorecidos y vulnerables y con ello determina la propia naturaleza del tipo penal que protege el bien jurídico afectado, En esa misma línea argumental, el hecho de que los delitos de odio se vinculen, fundamentalmente, con hechos en que el sujeto pasivo puede considerarse, generalmente, como colectivo vulnerable, otorga carta de naturaleza a que sean precisas determinadas condiciones y prevenciones en actuaciones procesales que deban efectuarse respecto de estas víctimas, de cara tanto a la propia efectividad de la investigación y enjuiciamiento del delito como, sobremanera, a la protección de las víctimas.

2.2. La declaración testifical de las víctimas de delitos de odio: particularidades procesales relevantes

Una de las diligencias de investigación más relevantes, así como posteriormente en sede de juicio oral uno de los medios de prueba preferentes, de existir en la comisión de un hecho delictivo, es la declaración de las víctimas. La importancia y trascendencia de la transmisión de los conocimientos, consecuencias y circunstancias de comisión del hecho criminal por parte del sujeto pasivo del mismo está fuera de toda duda. El supuesto de los delitos de odio no es una excepción, pero si plantea, en muchos casos una serie de particularidades que reclaman un análisis de la situación y la valoración de las singularidades que concurren. Nos centraremos, inicialmente, en dos de ellas: por una parte, de nuevo en la ya aludida condición de víctima especialmente vulnerable de las víctimas de delitos de odio. En segundo lugar, la determinación de las víctimas de delitos de odio en aquellos supuestos en que la victimización es colectiva o difusa, frente a aquellos otros delitos en que la/s víctima/s son perfectamente identificables y determinables de manera individual, por cuanto la frecuente concurrencia de este tipo penal en su versión de discurso del odio genera una afección supraindividual del bien jurídico afectado como es la seguridad del colectivo hacia quien se dirige la amenaza.

2.2.1. La condición de especialmente vulnerable y su repercusión en la declaración de la víctima de delitos de odio

Siendo la víctima el sujeto pasivo de un delito, siempre sus las circunstancias personales concurrentes pueden determinar un agravamiento de su situación derivándola hacia una inferioridad o indefensión en razón de las especiales características del hecho cometido. De ello pueden colegirse necesidades especiales de protección, tras una valoración de la amenaza que en nuestro caso puede producir cualquiera de las conductas tipificadas en el art. 510 CP. Vinculando esta idea con las previsiones del art. 23 de la Ley 4/2015 del Estatuto de la Víctima del Delito, indica este último texto legal en el apartado b) que se valorarán especialmente las necesidades de protección, entre otras víctimas, de aquellas que lo sean de "delitos cometidos por motivos racistas, antisemitas u otros referentes a la ideología, religión o creencias, situación familiar, la pertenencia de sus miembros a una etnia, raza o nación, su origen nacional, su sexo, orientación o identidad sexual, enfermedad o discapacidad".

En este sentido, la víctima especialmente vulnerable en casos de delitos de odio, y ante la amenaza que suponen los hechos delictivos del autor que promueven la hostilidad, la discriminación o la violencia contra ella, puede verse afectada por una revictimización cuando deba afrontar prestar testimonio ante los órganos jurisdiccionales con la eventual presencia del autor o el hecho de poder revivir o suponer la concurrencia de las amenazas vertidas así como el temor a futuras represalias, persecuciones o estigmatizaciones a nivel personal o grupal, condicionando con ello la voluntariedad, libertad y serenidad que debe presidir su declaración, tratando, de darse estas circunstancias, de evitarla, concluirla cuanto antes e, incluso, olvidar hechos y datos fundamentales de sus testimonio, sin olvidar, en algunos casos, las posibles presiones que desde su entorno o desde el exterior pueda recibir ante su declaración. Es por ello que, la declaración de la víctima de delitos de odio, como víctima especialmente vulnerable, ha de rodearse de todas las garantías, tanto a nivel de protección y seguridad personal de la víctima como a nivel legal con la adopción de todas aquellas medidas previstas en la ley que puedan protegerla para garantizar una declaración que dote de credibilidad, verosimilitud y coherencia a su testimonio. Podría ser de interés, en este sentido, la elaboración de un Protocolo, a modo de Guía de Buenas Prácticas, elaborado por el CGPJ y el Ministerio de Justicia, tal y como se ha realizado para otros grupos de víctimas especialmente vulnerables, y que sirva de marco de referencia para estos supuestos. Además, a efectos de evitar la victimización secundaria, podría valorarse la declaración en dependencias separadas y sin contacto con el autor del hecho delictivo e incluso la utilización de medios tecnológicos para llevar a cabo la declaración mediante videoconferencia, así como la protección de sus datos personales que eviten, fundamentalmente en supuestos de victimización colectiva, su identificación y/o localización.

2.2.2. La concurrencia de victimización supraindividual y su traslación a la declaración de las víctimas de delitos de odio

La perspectiva de los delitos de odio desde la determinación de la víctima del mismo nos ofrece una repercusión dual. En algunos casos la concreción subjetiva de los afectados por el hecho delictivo tipificable en las conductas descritas en el art. 510 CP es directa, individual e indudable cuando, por ejemplo, las amenazas o la promoción de la hostilidad se dirigen a una, o varias, personas concretas. Pero, en otros muchos casos, desgraciadamente cada vez más frecuentes y especialmente a través de las redes sociales[5], la victimización es grupal, ya sea colectiva o difusa, y requiere de la protección de un interés supraindividual. Este condicionante se ve reafirmado cuando revisamos el propio contenido del art. 510 CP y comprobamos como muchos de los supuestos de amenaza, hostilidad o discriminación que ahí se contemplan afectan a un colectivo, vulnerable, en el cual pueden identificarse la víctimas -victimización colectiva- o que puede afectar a un número indeterminado o indeterminable de personas -victimización difusa- en la medida que comparten unos patrones comunes que les integran en el grupo hacia el cual se dirige el delito de odio.

Esta singularidad podría operar como obstáculo procesal en relación con la declaración de las víctimas, al encontrarnos, en el primer caso, victimización colectiva, con un número más o menos elevado de víctimas para cuya deposición de testimonios pueda resultar especialmente compleja la citación y realización de la diligencia, o la práctica de la prueba en el juicio oral, teniendo que delimitarse y acreditarse en estos casos la pertenencia al colectivo de víctimas afectadas para poder participar en dicha condición en las actuaciones y, en decisión del órgano jurisdiccional, la pertinencia, procedencia y necesidad de que presten declaración todas ellas -o al menos las que como tales se personen en las actuaciones y acrediten su condición-.

Algo más compleja puede ser aún, la situación en el segundo de los supuestos: la victimización difusa en delitos de odio y la singularidad de la declaración testifical de las víctimas. En estos casos, nos encontramos por definición ante un supuesto en que las víctimas no están determinadas o no son deter-

---

5 Circunstancia que opera como determinante en la imposición de la pena tal y como prevé el art. 510.3 CP estableciendo que las penas previstas "se impondrán en su mitad superior cuando los hechos se hubieran llevado a cabo a través de un medio de comunicación social, por medio de internet o mediante el uso de tecnologías de la información, de modo que, aquel se hiciera accesible a un elevado número de personas".

minables, conformando igualmente una pluralidad, teóricamente, extensa. En estos casos: ¿A quién cita el órgano jurisdiccional a declarar en la fase de investigación?, ¿Quiénes serían llamados a declarar en juicio oral? Interrogantes de mucho peso procesal por cuanto, como hemos indicado, poder contar con el testimonio y la declaración de las víctimas de un delito es uno de los elementos cruciales, prácticamente insustituibles, para el ejercicio de las funciones jurisdiccionales en un proceso penal por delito de odio. Ante esta circunstancia, planteamos la valoración, idoneidad y viabilidad de recurrir a una figura, ciertamente no contemplada legalmente, que podríamos denominar como "víctima por representación grupal" o "víctima subrogada[6]", por cuanto implicará la declaración de una, o alguna, de aquellas personas que puedan acreditar, por las circunstancias del hecho delictivo tipificado como delito de odio, la condición de sujeto pasivo del mismo por pertenencia al grupo respecto del cual se vierten las amenazas o proclama la hostilidad, persecución o discriminación. Siendo esta la idea que planteamos, inmediatamente surge una serie de incógnitas de cara a su correcta y adecuada conducción procedimental en el marco de la investigación y enjuiciamiento judicial de un delito de odio: ¿quién determina a la/s víctima/s que van a intervenir por representación o subrogación del grupo?, ¿cuál debe ser el número mínimo o máximo de víctimas de estas características que podrían/deberían intervenir?, ¿sería idóneo habilitar una especie de llamamiento público desde los órganos jurisdiccionales para poder contar con el testimonio de aquellas víctimas que así lo deseen? y, finalmente, ¿debería contenerse una previsión legal al respecto?

A la primera cuestión, y como respuesta, entendemos que debería ser decisión jurisdiccional la determinación de las concretas víctimas que van a declarar en tal condición y en estos casos. Respecto del número de víctimas que puedan declarar, entendemos que no es predeterminable de antemano, quedando de nuevo a discreción jurisdiccional su concreción, de forma directamente relacionada a que con el concreto número de testimonios efectuados pueda crearse en el juez o jueza que conoce del asunto la suficiente convicción en relación a los hechos a esclarecer. A la tercera cuestión, la respuesta es más compleja por cuanto habría que habilitar por un lado mecanismos de "llamamiento público" desde los órganos jurisdiccionales y posteriormente filtrar la concurrencia y declaración de aquellas víctimas que como consecuencia del mismo comparezcan en las actuaciones, además de valorar, en conexión con la cuestión anteriormente abordada, el número de víctimas cuyo testimonio pueda precisar el órgano jurisdiccional. La respuesta a la última cuestión ha de ser afirmativa, e incluso, no solo para los supuestos de victimización difusa

---

6 El *Diccionario de la Lengua Española* de la RAE define la palabra subrogar como "sustituir o poner a alguien o algo en lugar de otra persona o cosa"

en delitos de odio sino para todos aquellos que pueden dar lugar a una pluralidad de víctimas indeterminadas o indeterminables.

3. CONCLUSIONES

- Primera: la víctima de delitos de odio ha de ser considerada una víctima especialmente vulnerable en atención a las circunstancias concurrentes en la tipificación del hecho delictivo y en la condición personal de riesgo, amenaza y hostilidad que se ha generado hacia la víctima
- Segunda: la declaración testifical de la víctima de delitos de odio puede presentar singularidades en los casos de victimizaciones colectivas y difusas, que no debieran ser obstáculo para incorporar la declaración de las mismas a través de una serie de previsiones normativas y de resoluciones de los órganos jurisdiccionales que habiliten contar con este importante elemento para la investigación del hecho delictivo y como prueba en el juicio oral. Se recomienda, en este sentido, la elaboración de un Protocolo o Guía de Buenas Prácticas judiciales que contenga previsiones específicas para el desarrollo de las declaraciones de las víctimas de delitos de odio.
- Tercera: la idea nuclear que se ha pretendido abordar ha sido la valoración de la dualidad que presentan los delitos de odio en relación a las víctimas y a su intervención en el proceso prestando declaración, por cuando unos hechos de estas características pueden afectar a una víctima individual, singular, identificable plenamente, cuya declaración testifical a estos efectos no presenta variaciones procesales respecto a lo ya previsto en nuestra LECrim., o puede afectar a una pluralidad, más o menos determinable -víctima colectiva o difusa en función de la identificación del grupo-, y ante ello confluyen toda una serie de particularidades específicas que, como condición principal, no deben ser impedimento ni plantear dificultad insalvable para poder dar cauce de intervención testimonial en el proceso a quienes acrediten dicha condición en los términos y condiciones que establezca la resolución jurisdiccional que así lo acuerde y habilite.
- Cuarto: desde una visión más amplia, sería recomendable que, para hacer más eficiente y adaptado a la realidad social contemporánea el proceso penal, en una reforma procesal penal futura se acometa la consideración legal de las declaraciones testificales masivas o colectivas en supuestos de pluralidad de víctimas mediante posibles soluciones como puede ser la catalogación de la figura de la "víctima por representación grupal o subrogada".

BIBLIOGRAFÍA

Bueno de Mata, F., *Investigación y prueba de delitos de odio en redes sociales: técnicas OSINT e inteligencia policial*, Tirant Lo Blanch, Valencia, 2023

Daunis Rodríguez, A., "Fórmulas para una interpretación restrictiva de los delitos de odio", *Odio, Prejuicios y Derechos Humanos,* Laurenzo Copello, P., Daunis Rodríguez, A. (coords.), Comares, Granada, 2021, pp. 285-313

Fuentes Osorio, J.L., "El odio como delito", *Revista Electrónica de Ciencia penal y Criminología,* núm., 19, 2017

Miguel Sáez, L., "La proyección e incidencia de la justicia restaurativa en la prevención de los delitos de odio", *Avances y prospectiva en la protección jurídico-social de las personas en condición de vulnerabilidad,* Torres Fernández, C.; Jerez Rivero, W.; De La Serna Tuya, J.M.; García Vidal, M. (Eds.), Dykinson, Madrid, 2022, pp. 97-119

Pardeza Nieto, M.D., "Análisis del delito de odio", *Diario La Ley,* núm. 10216, 2023

VV.AA., *Manual práctico para la investigación y enjuiciamiento de delitos de odio y discriminación,* Aguilar García, M.A. (dir.), Centre d'Estudis Jurídics i Formació Especialitzada (Catalunya), 2015.

Capítulo XLIV:

Reflexiones sobre el aseguramiento de la pena de multa a la luz de la STC n.º 69/2023, de 19 de junio

LUIS MIGUEL PÉREZ AGUILERA
Profesor de Derecho Procesal.
CUNEF Universidad

Sumario: 1. INTRODUCCIÓN. 2. ESTADO DE LA CUESTIÓN. 3. VALORACIÓN CRÍTICA. 4. CONCLUSIONES.

Resumen: La STC nº69/2023, de 19 de junio, ha causado un gran impacto en el ámbito del aseguramiento de las responsabilidades pecuniarias derivadas del delito, al declarar que la orden de afianzamiento y subsidiario embargo de bienes del sujeto pasivo del proceso penal para garantizar el cumplimiento de la pena de multa vulnera el derecho fundamental a la presunción de inocencia. En este trabajo, analizaremos las razones que llevan al Tribunal Constitucional a esta conclusión y valoraremos sucintamente cómo afectará a nuestro proceso penal.

1. INTRODUCCIÓN

La legislación procesal debe poner a disposición de los jueces y tribunales de la jurisdicción penal las herramientas necesarias para prevenir los riesgos que amenazan la efectividad de sus sentencias. En el caso de los pronunciamientos de contenido patrimonial, el instrumento adecuado para tal fin son las medidas de aseguramiento de las responsabilidades pecuniarias, dentro de las que suelen distinguirse, por un lado, las medidas de seguridad, y, por otro, las medidas cautelares reales, según afecten al investigado o a los terceros civilmente responsables[1].

El aseguramiento de las responsabilidades pecuniarias es, sin duda, una tarea compleja, que plantea problemas prácticos de gran calado. Además, hoy en día, dichos problemas se agravan a causa de la calamitosa situación de

---

1 MARCHENA GÓMEZ, M., «Algunos aspectos de las medidas cautelares reales en el proceso penal», *Diario La Ley, Sección Doctrina, 1998, Ref. D-229, tomo 5, Editorial La Ley*, pág. 1.

nuestros tribunales, que carecen de los medios personales y materiales imprescindibles para desempeñar adecuadamente la función jurisdiccional. La desmedida duración media de los procesos penales que se tramitan en nuestro país introduce en el sistema judicial un innegable riesgo de infructuosidad de la ejecución, que, en ocasiones, sólo puede atajarse a través de las precitadas medidas de aseguramiento. Sin embargo, la intervención cautelar debe ordenarse con suma prudencia, pues las cautelas que ahora nos conciernen restringen la libertad del sujeto afectado para disponer de su patrimonio y, en muchos casos, estrangulan su economía personal y familiar, generándole un grave perjuicio, que, por desgracia, suele extenderse tanto como el propio proceso.

Desde hace décadas, el Tribunal Constitucional viene defendiendo la compatibilidad de las medidas cautelares con el derecho fundamental a la presunción de inocencia, a condición de que su adopción se produzca en una resolución suficientemente motivada y ajustada a los criterios de proporcionalidad y racionabilidad[2]. Sin embargo, la STC nº69/2023, de 19 de junio, establece una excepción a esta regla, al señalar que el aseguramiento de la pena de multa socava la presunción de inocencia. En este trabajo, analizaremos las razones que justifican este criterio y valoraremos cuál será su impacto sobre el desarrollo de nuestro proceso penal.

2. ESTADO DE LA CUESTIÓN

En el ámbito del procedimiento ordinario, el art. 589 LECrim dispone que «cuando del sumario resulten indicios de criminalidad contra una persona, se mandará por el Juez que preste fianza bastante para asegurar las responsabilidades pecuniarias que en definitiva puedan declararse procedentes, decretándose en el mismo auto el embargo de bienes suficientes para cubrir dichas responsabilidades si no prestare fianza». En el procedimiento abreviado, el art. 764 LECrim, en su apartado 1, faculta al juez para adoptar las medidas cautelares para el aseguramiento de «las responsabilidades pecuniarias, incluidas las costas», y, a continuación, en su apartado 2, remite a las normas sobre «contenido, presupuestos y caución sustitutoria de las medidas cautelares establecidas en la Ley de Enjuiciamiento Civil». Por su parte, el art. 783.2 LECrim establece que, al acordar la apertura del juicio oral, el Juez de Instrucción debe resolver sobre la adopción, modificación, suspensión o revocación de las cautelares reales interesadas por el Ministerio Fiscal o la acusación particular.

---

2 STC nº108/1984, de 26 de noviembre, Sala Primera (Rec. 459/1983), FJ5º.

Lamentablemente, la ley no especifica en qué consisten exactamente las responsabilidades pecuniarias mencionadas en dichos preceptos. Según el Diccionario de la Lengua de la Real Academia Española, el adjetivo pecuniario alude a lo perteneciente o relativo al dinero efectivo. En consecuencia, parece razonable entender que tales responsabilidades engloban las distintas consecuencias económicas que la declaración del delito en sentencia firme produce sobre la esfera patrimonial del delincuente o, en su caso, de los terceros civilmente responsables. Esta interpretación resulta coherente con lo previsto en el Capítulo IV del Título V del Libro I del Código Penal, que se ocupa «del cumplimiento de la responsabilidad civil y demás responsabilidades pecuniarias», y, más concretamente, con su art. 126[3].

Asumiendo esta lógica, la corriente de pensamiento mayoritaria defiende que, tras verificar el cumplimiento de los presupuestos previstos en la ley, los jueces y tribunales deben exigir la constitución de fianzas y ordenar los embargos necesarios para cubrir las responsabilidades pecuniarias estimadas, incluyendo los importes correspondientes a la futurible pena de multa[4]. Resulta interesante destacar que, hasta la entrada en vigor de la Ley 38/2002, de 24 de octubre, la actividad de aseguramiento se desencadenaba de forma automática, tras la aparición de los ya mencionados indicios de criminalidad[5]. Sin

---

3 La Circular FGE nº4/2010, de 30 de diciembre, sobre las fundaciones del Fiscal en la investigación patrimonial en el ámbito del proceso penal, en su pág. 2, se muestra partidaria de esta tesis. Dicho esto, recomendamos la lectura de MAGARIÑOS YÁÑEZ, J.A., «¿Es posible el aseguramiento cautelar de la pena de multa? La posición de las Audiencias Provinciales», *Diario La Ley, Sección Dossier, 2015, Editorial La Ley*, pág. 2., así como del AAP de Valladolid nº451/2022, de 5 de octubre, Sección 2ª (Rec. 607/2022), FJ2º.

4 Este es el criterio seguido, por ejemplo, por AGUILERA DE PAZ, E., *Comentarios a la Ley de Enjuiciamiento Criminal,* Vol. V, Ed. Reus, S.A., 1ª edición, Madrid, 1924, pág. 363, FENECH NAVARRO, M., *Derecho procesal penal,* vol. II, Ed. Editorial Labor, S.A., 3ª edición, Barcelona, 1960, pág. 850, DE LA OLIVA SANTOS, A. (con Aragoneses Martín, S., Hinojosa Segovia, R., Muerza Esparza, J. y Tomé García, J.A.), *Derecho procesal penal,* Ed. Ramón Areces, 7ª edición, 2004, pág. 418, y MONTERO AROCA, J. (Gómez Colomer, J.L., Barona Vilar, S., Esparza Leibar, I. Etxeberría Guridi), *Derecho Jurisdiccional III. Proceso Penal,* 27ª edición, Tirant lo Blanch, Valencia, 2019, pág. 315. En la jurisprudencia menor, cabe traer a colación los recientes AAP de Cáceres nº240/2023, de 21 de abril, Sección 2ª (Rec. 185/2023), FJ3º, de Cantabria nº104/2023, de 3 de marzo, Sección 1ª (Rec. 376/2022), FJ3º, y de Asturias nº92/2023, de 16 de febrero, Sección 2ª (Rec. 646/2022), FJ3º.

5 En contra de lo expuesto en el texto principal, algunos tribunales mantienen el aludido automatismo en el aseguramiento de las responsabilidades pecuniarias, conducta que, a nuestro parecer, resulta plenamente incompatible con la presunción de inocencia, en tanto que incumple los requisitos constitucionales de motivación, proporcionalidad y razonabilidad. Citamos, a modo de ejemplo, el AAP de Castellón nº167/2020, de 21 de febrero, Sección 1ª (Rec. 1340/2019), FJ2º.

embargo, tras la reforma del art. 764 LECrim operada por dicha ley, se abrió paso paulatinamente la idea de que, en todo tipo de procedimientos, el aseguramiento de las responsabilidades pecuniarias se encuentra supeditado al cumplimiento de, al menos[6], dos presupuestos: la apariencia de buen derecho y el periculum in mora. Y ello, como es lógico, con independencia de la naturaleza -penal o civil- de la responsabilidad patrimonial a asegurar en el caso concreto, que deberá tenerse en cuenta, eso sí, al ordenar el procedimiento de adopción de la correspondiente cautela[7].

Como ya hemos anticipado, la STC nº108/1984, de 26 de noviembre, avaló la constitucionalidad de las medidas cautelares «siempre que se adopten por resolución fundada en Derecho, que cuando no es reglada ha de basarse en un juicio de razonabilidad de la finalidad perseguida y las circunstancias concurrentes, pues una medida desproporcionada o irrazonable no sería propiamente cautelar, sino que tendría un carácter punitivo en cuanto al exceso»[8]. Sin embargo, la reciente STC nº69/2023, de 19 de junio, establece una excepción a esta regla, al declarar que el aseguramiento cautelar de la pena de multa constituye una sanción anticipada, incompatible con el derecho fundamental a la presunción de inocencia. Para llegar a esta conclusión, el Tribunal Constitucional sigue el siguiente razonamiento:

- En primer lugar, recuerda que, de conformidad con lo dispuesto en el art. 589 LECrim, la fianza es una medida cautelar real dirigida al aseguramiento de las responsabilidades pecuniarias que puedan declararse en una eventual sentencia condenatoria.

---

6 La remisión a la LEC del art. 764.2 LECrim ha alentado el debate sobre la preceptividad de la previa petición de parte y del ofrecimiento de caución sustitutoria para el aseguramiento de la responsabilidad civil ex delicto. Sobre esta materia, son interesantes, entre otros, los trabajos de GIMENO SENDRA, V., *Derecho procesal penal,* Ed. Aranzadi, S.A.U., 3ª edición, Pamplona, 2019, pág. 756, y OCAÑA RODRÍGUEZ, A., *Medidas cautelares reales en el proceso penal y decomiso,* Ed. Sepín, 1ª edición, Sevilla, 2016, pág. 158.

7 El AAN nº22/2023, de 18 de enero, Sala de lo Penal, Sección 4ª (Rec. 19/2023), FJ2º, señala que «No debemos olvidar que el artículo 589 LECrim, se refiere de forma genérica a las responsabilidades pecuniarias, lo que incluye tanto la pretensión civil, las costas procesales y las multas. Sin embargo, sus principios informadores son distintos. Por un lado, la pretensión de resarcimiento y las costas procesales responden al principio dispositivo, mientras que las penas están informadas por el principio de legalidad. Y por ello, son distintas las medidas cautelares adoptadas para asegurar la pretensión civil acumulada al proceso penal de aquellas otras que se acuerdan para asegurar la pena de multa, que no dejan de ser medidas de naturaleza penal y no civil».

8 STC nº108/1984, de 26 de noviembre, Sala Primera (Rec. 459/1983), FJ5º.

- En segundo lugar, insiste en que la LECrim no concreta qué debe entenderse por responsabilidades pecuniarias y cuestiona veladamente la posibilidad de dotar a la pena de multa de tal consideración. No obstante, lejos de concretar su postura, se limita a indicar que existen «significativas diferencias» entre la multa y las restantes partidas que, según la concepción tradicional, integran las responsabilidades pecuniarias. En este apartado, parecen surtir efecto las alegaciones del recurrente, que sostiene que, si dichas responsabilidades incluyeran la multa, resultaría inexplicable la remisión del art. 764.2 LECrim a la legislación procesal civil.

- En tercer lugar, alude a la existencia de diversas «situaciones alternativas al cumplimiento in natura» de la pena de multa, que, en caso de no hacerse efectiva en dinero, puede sustituirse por la responsabilidad personal subsidiaria o por los trabajos en beneficio de la comunidad, regulados en el art. 53 CP.

- En cuarto lugar, defiende que la previsión legal de dichas fórmulas alternativas al cumplimiento in natura de la pena de multa elimina el periculum in mora, que, conforme a lo dispuesto en el art. 764.2 LECrim, es necesario para la adopción de toda medida de aseguramiento de las responsabilidades pecuniarias.

- En quinto lugar, tras descartar la concurrencia de periculum in mora, niega la instrumentalidad de las medidas de aseguramiento de la pena de multa y afirma que, al incluir la cuantía de la multa solicitada como pena por las partes en la fianza, «tan sólo podría pretenderse garantizar el cumplimiento de la pena de multa como sanción pecuniaria, en dinero, cuando aún no se ha celebrado un juicio con todas las garantías en el que se declare la culpabilidad del acusado del delito de que se le acusa».

- Y, finalmente, en sexto lugar, concluye que esta forma de proceder constituye «una anticipación de pena, por cuanto equipara a acusado y culpable» y avanza los efectos de una eventual sentencia condenatoria, vulnerando su doctrina sobre la presunción de inocencia, que «comprende el derecho a recibir "la consideración y el trato de no autor o no partícipe en hechos de carácter delictivo o análogo a estos sin previa resolución dictada por el poder público u órgano competente que así lo declare, y determina por ende el derecho a que no se apliquen las consecuencias o los efectos jurídicos anudados a hechos de tal naturaleza en las relaciones jurídicas de todo tipo».

3. VALORACIÓN CRÍTICA

En la STC nº69/2023, de 19 de junio, el Tribunal Constitucional no ofrece -ni pretende hacerlo- ninguna razón de peso para descartar la integración de la pena de multa dentro de las responsabilidades pecuniarias mencionadas en los arts. 589 y 764 LECrim. Aun así, creemos conveniente aclarar que, en este debate, nada aporta la remisión a las normas sobre contenido, presupuestos y caución sustitutoria de la LEC contenida en el art. 764.2 LECrim, que, a nuestro modo de ver, responde exclusivamente a la voluntad del legislador de modernizar el proceso penal, ahormando el aseguramiento de las responsabilidades pecuniarias a los estándares civiles, mucho más eficaces que los penales[9].

Dicho esto, es innegable que, entre las distintas partidas que integran las responsabilidades pecuniarias, existen diferencias de calado. En efecto, la multa es una pena y, por consiguiente, desempeña una función retributiva, rehabilitadora y de prevención general[10]. Por el contrario, no sucede lo mismo con la responsabilidad civil derivada del delito y las costas procesales, que aspiran a reparar el quebranto patrimonial experimentado por los ofendidos y los perjudicados a causa del hecho delictivo y de su participación en el proceso.

Con todo, creemos que estas diferencias son irrelevantes a la hora de valorar la pertinencia de la intervención cautelar analizada en este trabajo[11]. Tan importante es para el buen fin del proceso el cumplimiento efectivo de la pena como la satisfacción de la responsabilidad civil ex delicto y el pago de las costas procesales. Además, todos estos pronunciamientos se ven igualmente amenazados por los riesgos que se ciernen sobre el proceso, que, por desgracia, suele prorrogarse excesivamente en el tiempo. En consecuencia, no se puede aspirar a una tutela judicial efectiva del ius puniendi estatal y del derecho de las víctimas a ser resarcidas sin articular los mecanismos de prevención idóneos para garantizar la ejecución in natura de todos y cada uno de los pronunciamientos relativos a estas cuestiones.

Aclarado lo anterior, consideramos que las «situaciones alternativas al cumplimiento in natura» de la pena de multa previstas en el art. 53 CP no neutralizan el periculum in mora, imprescindible para el afianzamiento y subsidiario

---

9 ASENCIO MELLADO, J.M. (Dir.), *Derecho procesal penal*, 2ª edición, Tirant lo Blanch, Valencia, 2022, pág. 344.

10 GARCÍA ÁLVAREZ, P. y MUÑOZ CONDE, F., *Derecho Penal. Parte. General*, Tirant lo Blanch, 11ª edición, Valencia, 2022, pág. 46.

11 No en vano, la pena por excelencia es, sin duda, la privación de libertad, y nadie discute que, en ocasiones, la única forma de garantizar su efectividad es, precisamente, la prisión provisional. En este sentido, es véase la STC nº19/1999, de 22 de febrero, Sala 2ª (Rec. 523/1998), FJ5º.

embargo de bienes del investigado suficientes para cubrir los importes estimados por tal concepto. Y ello, principalmente, por las siguientes razones:

- En primer lugar, es evidente que el legislador prioriza el abono en metálico de la pena de multa frente a la responsabilidad personal subsidiaria. En este sentido, más allá de la ilustrativa denominación escogida para esta última institución, el art. 53.1 CP condiciona su implementación a que el condenado no proceda al pago de la multa «voluntariamente o por vía de apremio». Así pues, parece claro que las reiteradas «situaciones alternativas», lejos de desarticular el riesgo de infructuosidad, ordenan la actuación del tribunal en aquellos casos en los que tal riesgo ya se ha materializado. Ahora bien, al menos, a nuestro modo de ver, esto último no exime a los jueces y tribunales del deber de acometer la intervención cautelar necesaria para evitarlo, garantizando, de este modo, el cumplimiento de la sentencia en sus propios términos.
- En segundo lugar, el art. 53 CP contempla dos supuestos que, en nuestra opinión, escapan del razonamiento del Tribunal Constitucional. Por un lado, en su apartado 3, dicho precepto establece que la responsabilidad personal subsidiaria «no se impondrá a los condenados a pena privativa de libertad superior a cinco años». Por consiguiente, es indudable que, en estos casos, el peligro en la demora no queda desvirtuado por las fórmulas alternativas a las que apela la sentencia analizada[12]. Por otro lado, en su apartado 5, el art. 53 CP dispone que «si la persona jurídica condenada no satisface, voluntariamente o por vía de apremio, la multa impuesta en el plazo que se hubiere señalado, el Tribunal podrá acordar su intervención hasta el pago total de la misma». No hace falta decir que esta intervención, que, por definición, debe producirse tras la firmeza de la sentencia, puede resultar completamente estéril si, durante la tramitación del proceso, la situación económica de la persona jurídica se deteriora de forma fortuita o a causa de la realización de maniobras deliberadamente ordenadas a vaciar su patrimonio. Así pues, en este caso, el periculum in mora tampoco queda desarticulado.

Por todo lo anterior, consideramos que, pese a lo dispuesto en el art. 53 CP, la pena de multa no es inmune al riesgo de infructuosidad. Y, partiendo de esta base, el razonamiento del Tribunal Constitucional se desmorona como un castillo de naipes, pues, por un lado, se disipan las dudas sobre la instrumentalidad de las medidas de aseguramiento de la pena de multa, que

---

[12] La STS nº788/2014, de 26 de noviembre, Sala 2ª (Rec. 1003/2014), FJ4º, señala que la suma de la pena principal y la personal subsidiaria para el caso de impago nunca puede exceder de cinco años y, a continuación, indica que, en tal caso, sólo podrá exigírsele al penado el pago de la multa, bien voluntariamente, bien por vía de apremio.

vuelven a percibirse como una herramienta esencial para la protección del derecho fundamental a la tutela judicial efectiva y, por otro, se pone de manifiesto la compatibilidad de dichas medidas con el derecho fundamental a la presunción de inocencia, siempre, claro está, que se cumplan los estándares de motivación, conforme a criterios de proporcionalidad y razonabilidad, a los que antes hicimos referencia.

Para terminar, debemos señalar que el nuevo enfoque del Tribunal Constitucional amenaza con socavar la ya de por sí maltrecha eficiencia de nuestro proceso penal. La tramitación de la pieza de responsabilidades pecuniarias no es, precisamente, un ejemplo de pulcritud[13]. La sobrecarga de trabajo, la falta de medios y la percepción de esta tarea como una cuestión menor son factores que conducen a que, en la práctica, no pocos tribunales posterguen esta tarea sine die o la lleven a cabo de manera puramente formal, propiciando que se declare la insolvencia del investigado, sin llegar a realizar una verdadera investigación de su situación patrimonial. En nuestra opinión, si, en lugar de combatir esta mala praxis, se priva a los tribunales de las herramientas necesarias para garantizar la efectividad de la pena de multa, el cumplimiento in natura de este pronunciamiento se convertirá en una quimera. Además, las labores de ejecución de sentencia se complicarán sustancialmente, exigiendo una mayor movilización de medios personales y materiales, que, actualmente, parece inasumible.

4. CONCLUSIONES

I. Tradicionalmente, el Tribunal Constitucional ha mantenido que las medidas cautelares son compatibles con el derecho fundamental a la presunción de inocencia, siempre que se adopten en una resolución fundada en Derecho y que ponderar debidamente la finalidad perseguida y las circunstancias del caso concreto, a fin de cumplir las exigencias de proporcionalidad y razonabilidad.

II. La STC nº69/2023, de 19 de junio, parece separarse de este criterio, al señalar que el aseguramiento de la pena de multa es incompatible con el derecho fundamental a la presunción de inocencia. Según esta sentencia, la previsión de situaciones alternativas al cumplimiento in natura de la pena de multa en el art. 53 CP neutraliza, en todo caso, el peligro de infructuosidad de este pronunciamiento. En consecuencia, la fianza y el subsidiario embargo de bienes para garantizar el pago de

---

[13] OCAÑA RODRÍGUEZ, A., *Medidas cautelares reales en el proceso penal y decomiso*, op. cit., pág. 23.

la multa carecen de instrumentalidad y comportan una anticipación de la pena.

III. En nuestra opinión, el art. 53 CP no impide la apreciación de periculum in mora, sino que ordena la actuación del órgano jurisdiccional cuando éste ya se materializado, frustrando el cumplimiento in natura de la pena de multa. Por consiguiente, las medidas de aseguramiento de dicha pena son instrumentales y perfectamente compatibles con el derecho fundamental a la presunción de inocencia, siempre que se respeten las exigencias constitucionales anteriormente detalladas.

IV. En la práctica, la proscripción de las medidas de aseguramiento analizadas en este trabajo minimizará las expectativas de ejecución in natura de la pena de multa, incrementando sustancialmente los costes humanos y materiales de la fase de ejecución de la sentencia.

BIBLIOGRAFÍA

AGUILERA DE PAZ, E., *Comentarios a la Ley de Enjuiciamiento Criminal,* Vol. V, Ed. Reus, S.A., 1ª edición, Madrid, 1924.

ASENCIO MELLADO, J.M. (Dir.), *Derecho procesal penal,* 2ª edición, Tirant lo Blanch, Valencia, 2022.

MONTERO AROCA, J. (Gómez Colomer, J.L., Barona Vilar, S., Esparza Leibar, I. Etxeberría Guridi), *Derecho Jurisdiccional III. Proceso Penal,* 27ª edición, Tirant lo Blanch, Valencia, 2019.

DE LA OLIVA SANTOS, A. (con Aragoneses Martín, S., Hinojosa Segovia, R., Muerza Esparza, J. y Tomé García, J.A.), *Derecho procesal penal,* Ed. Ramón Areces, 7ª edición, 2004.

FENECH NAVARRO, M., *Derecho procesal penal,* vol. II, Ed. Editorial Labor, S.A., 3ª edición, Barcelona, 1960.

GARCÍA ÁLVAREZ, P. y MUÑOZ CONDE, F., *Derecho Penal. Parte. General,* Tirant lo Blanch, 11ª edición, Valencia, 2022.

GIMENO SENDRA, V., *Derecho procesal penal,* Ed. Aranzadi, S.A.U., 3ª edición, Pamplona, 2019.

MAGARIÑOS YÁÑEZ, J.A., «¿Es posible el aseguramiento cautelar de la pena de multa? La posición de las Audiencias Provinciales», *Diario La Ley, Sección Dossier, 2015, Editorial La Ley.*

MARCHENA GÓMEZ, M., «Algunos aspectos de las medidas cautelares reales en el proceso penal», *Diario La Ley, Sección Doctrina, 1998, Ref. D-229, tomo 5, Editorial La Ley.*

OCAÑA RODRÍGUEZ, A., *Medidas cautelares reales en el proceso penal y decomiso,* Ed. Sepín, 1ª edición, Sevilla, 2016.

Capítulo XLV:

Justicia terapéutica para una justicia 2030[1]

ANDREA SPADA JIMÉNEZ
Profesora Ayudante Doctora de Derecho Procesal.
Universidad de Málaga

Resumen: En el presente trabajo se plantean las bases de un sistema de justicia terapéutica, utilizado en Estados Unidos a través de la denominación de *Tribunales de Resolución de Problemas,* con un fundamento y una eficacia comprobada a lo largo de los años que concuerda con los objetivos del Plan de Justicia 2030 que prevé el Estado. Sin embargo, en dicho plan no se encuentra la justicia terapéutica ni un sistema semejante, lo consideramos adecuado para hacer más eficiente el proceso penal, ya que ostenta las mismas bases y un fundamento semejante que la justicia restaurativa la cual si observamos que se promueve a través de los MASC en el Proyecto de Ley de Medidas para la Eficiencia Procesal. Con lo cual, se plantea en el presente trabajo, por un lado, los objetivos del Plan de Justicia 2030 en la consecución de un ecosistema del servicio público de justicia eficiente y por otro unas bases del sistema de justicia terapéutica en aras de acercar al lector a un sistema procesal penal eficiente para determinados colectivos (enfermos mentales, drogodependientes, alcohólicos, familia, etc.).

---

1 El presente trabajo se enmarca en los siguientes proyectos: I+D+I PID Medio ambiente, seguridad y salud: nuevos retos del Derecho en el siglo XXI (MESESA) /Environment, Security and Health: new Challenges of Law in the 21st Century (MESESA). Ref: PID 2021-122143NB-I00, Proyecto de Generación del Conocimiento 2021 del Ministerio de Ciencia e Innovación y la Agencia Estatal de Investigación, que lleva por título (IP María Isabel Torres Cazorla). I+D+I PID Transición Digital de la Justicia, Proyecto estratégico orientado a la transición ecológica y a la transición digital del Plan Estatal de investigación científica, técnica y de innovación 2021-2023, en el marco del Plan de Recuperación, Transformación y Resiliencia, Ministerio de Ciencia e Innovación, financiado por la Unión Europea: Next Generation UE, con REF. RED 2021-130078B-100 (IPs Sonia Calaza y José Carlos Muinelo). I+D+I PID Ejes de la Justicia en tiempos de cambio, en el marco de los programas estatales de generación de conocimiento y fortalecimiento científico y tecnológico del sistema de I+D+i, del Ministerio de Ciencia e Innovación, con REF PID2020-113083GB100, desde el 1 de septiembre de 2021 hasta el 30 de agosto de 2024. En el grupo de investigación PAIDI SEJ252: Garantías procesales en un Estado de Derecho (G.P.E.D.).

1. INTRODUCCIÓN

Actualmente, el camino hacia el desarrollo sostenible, nos ha llevado a modificar nuestro sistema de administración pública. Nos encaminamos hacia un ecosistema que incluye una economía circular; a una edificación y sistema urbanístico sostenible; a la integración de los sistemas digitales asistenciales para mejorar la calidad de vida; y por supuesto a la modificación del sistema judicial, en aras de garantizar un acceso del ciudadano a la justicia más flexible y cercano así como más económico y más rápido, en definitiva, más eficiente. Ahora bien, dentro de esa eficiencia hemos observado como se está adecuando nuestro sistema público de justicia, a través de diversas reformas propuestas. Sin embargo, llama la atención que el sistema de justicia terapéutica no se hubiera propuesto como una forma de hacer más eficiente el sistema procesal penal, por lo cual ante tales circunstancias en el presente trabajo se aborda la configuración del ecosisitema del servicio público de justicia que se propone en el Plan de Justicia 2030, así como se plantean las bases de la denominada justicia terapéutica como una propuesta para crear un sistema más eficiente de justicia penal.

2. JUSTICIA 2030: EL ECOSISTEMA DEL SERVICIO PUBLICO DE JUSTICIA

Hacer referencia a un ecosistema del servicio público de justicia, es hacer referencia al Plan de Justicia 2030[2] que se plantea desde el Ministerio de Justicia. Dicho Plan se enmarca dentro del Plan de Recuperación, Transformación y Resiliencia del Gobierno de España financiado con los fondos *Next Generation* de la Unión Europea. Un plan cuyo objetivo es desarrollar un sistema de administración de justicia más eficiente y sostenible.

La fundamentación del Plan de justicia 2030 al que se hace alusión en el presente trabajo proviene de la consecución de los Objetivos de Desarrollo Sostenibles (ODS) previstos en la Agenda 2030. Los ODS se adoptan por la Asamblea General de Naciones Unidas, el 25 de septiembre de 2015 en la resolución "Transformando nuestro mundo: Agenda 2030 para el desarrollo sostenible"[3]. En dicha resolución se plantean 17 objetivos sobre la base de lo

---

[2] Resumen ejecutivo del Plan de Justicia 2030. Catálogo de publicaciones de la Administración General del Estado. Ministerio de Justicia. Secretaría General Técnica. https://cpage.mpr.gob.es

[3] UN Doc A/RES/70/1 (21 de octubre de 2015) https://www.mdsocialesa2030.gob.es/agenda2030/documentos/aprobacion-agenda2030.pdf

dispuesto en los objetivos del Milenio adoptados en el año 2000, mediante los cuales se pretendía erradicar la pobreza, mejorar el sistema básico de salud y garantizar la seguridad alimentaria, las oportunidades de educación, y la igualdad de género siendo los problemas principales a nivel internacional[4]. Sin embargo, el cambio climático ha generado que dichos problemas se acrecienten y que por tanto los objetivos también sean mayores y encaminados a una transformación profunda en todos los sectores de la administración de cada Estado para garantizar el desarrollo sostenible, estableciéndose así la consecución de los siguientes 17 objetivos: 1. Fin de la pobreza. 2. Hambre cero. 3. Salud y bienestar. 4. Educación de calidad. 5. Igualdad de género. 6. Agua limpia y saneamiento.7. Energía asequible y no contaminante. 8. Trabajo decente y crecimiento económico. 9. Industria, innovación e infraestructura.10. Reducción de las desigualdades. 11. Ciudades y comunidades sostenibles. 12. Producción y consumo responsables. 13. Acción por el clima. 14. Vida submarina. 15. Vida de ecosistemas terrestres. 16. Paz, justicia e instituciones sólidas. 17. Alianzas para lograr los Objetivos.

Pues bien, teniendo lo expuesto en cuenta, en el resumen ejecutivo del plan de Justicia 2030[5], el cual utiliza el término de justicia en un sentido amplio, se pretende la transformación del sistema del servicio público de justicia, disponiendo que los mayores retos a los que nos enfrentamos actualmente y que por tanto fundamentan la modificación de sistema público de justicia son el cambio climático, la desigualdad, la pandemia del COVID-19 y la digitalización y para afrontar una nueva configuración del sistema del servicio público de justicia se plantean tres objetivos:

- Acceso al ejercicio de derechos y libertades.
- Eficiencia del servicio público de justicia.
- Contribuir a la cohesión y sostenibilidad.

Es en el objetivo número dos a través del Proyecto de Ley de Medidas para la Eficiencia Procesal, donde se incentiva el uso de métodos alternativos de resolución e controversias, con lo cual en tanto en cuanto, la justicia terapéutica tiene sus bases en dichos métodos cabría pensar que el legislador podría haber intentado incluir el sistema de JT en sus proyectos y es que el fundamento

---

4 MICHAELS, R. /RUIZ ABOU-NIGM, V./VAN LOON, H. (eds.). ZEH, S. (coord.) *The private side of transforming our World.* Intersentia Studies on Private International Law. Intersentia. 2021.

5 Resumen ejecutivo del Plan de Justicia 2030. Catálogo de publicaciones de la Administración General del Estado. Ministerio de Justicia. Secretaría General Técnica. https://cpage.mpr.gob.es

en torno a la necesidad de una mayor eficiencia y acceso a la justicia para los ciudadanos se enmarca dentro de los ODS.

3. TRIBUNALES DE JUSTICIA TERAPÉUTICA: ENCAMINADOS A UNA JUSTICIA 2030

3.1. Origen y fundamento

Ante la necesidad de modificar el sistema de justicia penal en aras de configurar un sistema más eficiente caracterizado por la resocialización y el carácter preventivo del mismo, no cabe duda que se debe hacer una mención a la denominada "justicia terapéutica" como un sistema efectivo ante la comisión de delitos por determinados colectivos.

La justicia terapéutica como establece Wexler "es el estudio del rol de la ley como agente terapéutico"[6], la cual se encuadra dentro del denominado derecho integrativo[7] surge dentro del ámbito de la salud mental siendo sus promotores son los prof. Wexler y Winick, los cuales con base en estudios psicológicos desarrollaron unas guías de ayuda a adherencia a los tratamientos médicos de sus pacientes y prevenir que hubiera recaídas. Para ello aseguraban que si la relación del médico-paciente se desarrollaba ajustándose a ciertos parámetros habría una mayor eficacia en el tratamiento que si no lo llevaban a cabo de esa manera. Atendiendo a ello, el médico debía ostentar una actitud activa, positiva, de empatía con el paciente, mediante la cual al paciente se le explique de la forma más sencilla y comprensible posible y junto a sus familiares en que consiste el tratamiento, cuales son los efectos del mismo y como ha de suministrarse, alejándose así de la utilización de una terminología técnica y compleja que no será comprendida por el paciente o que el paciente observa como impuesta y no es consciente de los beneficios de llevar a cabo el tratamiento. Asimismo, para asegurar la eficacia del mismo, se determinaba que los familiares cumplían con un rol relevante al estar presentes en la disposición del tratamiento del médico al paciente, porque lo hace participe y asegura que el tratamiento se esté aplicando de la forma adecuada[8]. Partiendo de lo expuesto se extrapola el cumplimiento con el tratamiento, con el de una pena, planteándose la eficacia por tanto en el sistema judicial.

---

6 Wexler, D.B. Justicia terpaéutica: Una visión general

7 Véase VARONA MARTÍNEZ, G. Justicia restaurativa y justicia terapéutica: hacia una praxis reflexiva de transgresiones disciplinares, en Pillado Gonzalez, E. (dir.)/ Farto Piay, T (coord.) *Hacia un proceso penal más reparador y socializador.* Dykinson,2019.

8 WEXLER D. B./ WINICK, B.J. *Therapeutic Jurisprudence* Abstract ID 1101507 2008-15.

Dentro del sistema judicial por tanto, la JT Tiene como fin adecuar el derecho o el proceso a la afectación emocional y psicológico de las personas sobre las que se aplica el derecho partiendo de la base de que la aplicación de las normas no tiene la misma afectación sobre todos los sujetos siendo a veces incluso contraproducentes. Lo que se pretende a través de la JT es adecuar por tanto el sistema normativo a la persona que comete el acto delictivo, en busca de la fundamentación emocional y psicológica que conllevan a la persona a cometer ese acto delictivo dejando a un lado que el sistema normativo solo actúe con un fin punitivo.

Para ello, la JT lo que realiza es la humanización del derecho[9] a través de la aplicación de técnicas y herramientas psicológicas en la aplicación del mismo, que se debe ejecutar adecuando todo el sistema normativo, el procedimiento judicial y los operadores jurídicos y agentes que intervienen antes, durante y posteriormente al proceso.

Tribunales configurados para la aplicación de la JT existen, en Estados Unidos se han creado los llamados Tribunales de Resolución de Problemas. Antes de adentrarnos en la configuración de estos tribunales, es importante hacer referencia al fundamento de su creación, ya que la creación de cada uno de ellos tiene un denominador común y es la necesidad de abordar el problema del incremento en la comisión de hechos delictivos por un grupo de personas en concreto, la reincidencia en la comisión del hecho, el quebrantamiento de la pena y la masificación de los centros penitenciarios. Cabe formular varias cuestiones ante tal escenario: ¿Dónde está la ruptura del sistema procesal? ¿El sistema judicial y penitenciario es eficaz? ¿Sirve para todo tipo de personas la aplicación de la norma por igual? ¿Estamos ante colectivos específicos? Pues bien, la respuesta a dichas preguntas es clara, el sistema judicial, procedimental y penitenciario no es eficaz porque la norma no debería ser aplicada por igual a todos los colectivos que conviven dentro de la sociedad; y si, efectivamente, estamos ante colectivos específicos en los que se manifiesta la ausencia de un sistema procesal adecuado[10].

---

9 PILLADO GONZALEZ, E. Aproximación al término justicia terapéutica. en PILLADO GONZALEZ, E. (dir.)/ FARTO PIAY, T (coord.) *Hacia un proceso penal más reparador y socializador.* Dykinson, 2019.

10 Véase como ejemplo de un sistema adecuado la colaboración entre la Unidad de Psiquiatría Legal
Hospital Aita Menni, el Departamento de Salud del Gobierno Vasco y la Audiencia Provincial de Guipúzcoa, creado para el cumplimiento de medidas de seguridad de personas con enfermedades mentales condenadas al cumplimiento de una medida de seguridad que en un centro penitenciario carecen de la asistencia específica para garantizar su cumplimiento.
https://www.aita-menni.org/es/unidad/unidadpsiquiatria-legal-mondragon/

3.2. Tribunales de Justicia Terapéutica

Es en 1899, en Chicago donde nace el primer TRP, ya que ante el incremento de delincuencia juvenil se crea un Juzgado de Menores especializado en delitos cometidos por menores de edad con una configuración más rehabilitadora que retributiva.

En 1989, en Miami, ante la masificación de los centros penitenciarios y el alto índice en el consumo de drogas, se crea otro TRP, que son los Tribunales de Tratamiento de Tráfico de Drogas, los cuales solo ostentaban jurisdicción para conocer de los hechos delictivos cometidos por personas que hubieran cometido el hecho delictivo motivados por su adicción a las drogas siempre y cuando se trate de hechos delictivos no violentos.

La relación entre el consumo de drogas y la comisión de hechos delictivos y la reincidencia de los delincuentes generaban la existencia de un bucle que quebrantaba el sistema judicial, las llamadas puertas giratorias, el delincuente era condenado en un procedimiento por la comisión del hecho delictivo, cumplía su pena pero volvía a delinquir, porque el hecho de cumplir una condena privativa de libertad no conllevaba un tratamiento sobre esa persona en cuanto a su drogodependencia, lo que generaba que una vez, cumpliera la pena, nuevamente volviera a consumir drogas y volviera a delinquir. El fin retributivo de la pena no abordaba el problema, por lo que era necesario adecuar la pena para ello.

Ahora bien, los Tribunales de Tratamiento de Tráfico de Drogas, no se habían creado como un Tribunal de Justicia Terapéutica en sentido estricto, sin embargo, sí que compartían el mismo fin, el cual era rehabilitar a la persona para evitar su reincidencia y así obtener la resocialización de la persona. Lo que se pretende con su creación por tanto es centrarse en las causas que promueven la drogodependencia para acabar con ella y de esa misma manera acabar con la criminalidad, eliminando así las posibilidades de que la justicia tenga un efecto de puerta giratoria y por lo cual sea más efectiva.

Los denominados Tribunales de resolución de problemas, existentes actualmente en Estados Unidos[11] que funcionan con los principios de una justicia terapéutica dependen del Estado donde se encuentren, pero abordan diversas materias: El de tratamiento de drogas en menores y adultos; Conducir bajo los efectos del alcohol; enfermedades mentales; de familia; veteranos de guerra. Con lo cual, se utilizan para aquellas situaciones en las que la aplicación de un sistema de medidas como reproche penal para el autor del hecho delictivo sobre la causa de cometer la conducta delictiva genera mayor efi-

---

[11] https://www.ilapsc.org/problem-solving-courts/resources/

cacia que una exención de responsabilidad criminal, carente de medidas de seguridad, en lo cual, la víctima no se considera reparada; o que esa persona sea condenada al igual que otra ausente de una enfermedad mental y conlleva al cumplimiento de una pena carente de una reeducación y reinserción.

En los informes en torno a la eficacia práctica de los Tribunales de justicia terapéutica en Estados Unidos, demuestran ser favorables en relación con la reinserción social y la reincidencia12, y es que como determinaba Wexler "El poder judicial necesita lineamientos penales no sólo en términos de qué condena imponer sino también en términos de la forma y el proceso de la imposición de la condena"13. Con ello se hace referencia a que efectivamente el proceso se ha de encaminar a ser más reparador, restaurativo y menos punitivo[12] [13] en tanto en cuanto el ser humano es más proclive aceptar las condiciones de un contrato donde se compromete a realizar determinadas actividades a cambio de determinadas condiciones[14]. Como expresa Pillado, E. para el cumplimiento de los fines de la pena se ha de tener en cuenta tanto a la víctima como al victimario y para ello la pena ha de ser más individualizada a cada caso concreto[15].

---

12 Veáse los informes en relación a la eficacia para Jovenes drogodependientes. DRAKE, E., LEE, S., AOS, S., PENNUCCI, A., KLIMA, T., MILLER, M., ANDERSON, L., MAYFIELD, J. Y BURLEY, M. Chemical Dependency Treatment for Offenders: A Review of the Evidence and Benefit-Cost Findings. Full Report (Documents núm. 12-12-1201). Olympia, WA. Washington State Institute for Public Policy. 2012. STEIN, D. M., HOMAN, K. J. & DEBERARD, S. The effectiveness of juvenile treatment drug courts: A metaanalytic review of literature. Journal of Child & Adolescent Substance Abuse, 24(2), 2015. 80-93. 13WEXLER, DAVID B., Justicia Terapeutica: Una Vision General (Therapeutic Jurisprudence: An Orientation). Arizona Legal Studies Discussion Paper No. 14-23, 2014.

13 [14] Véase BARONA VILAR, S. Manifestaciones de justicia terapéutica derivadas del principio de oportunidad (ii): mediación, en PILLADO GONZALEZ, E. (dir.)/ FARTO PIAY, T (coord.) *Hacia un proceso penal más reparador y socializador.* Dykinson, 2019. En el mismo sentido: MARTINEZ SOTO, T Formaciones de operadores jurídicos. PILLADO GONZALEZ, E. (DIR.)/ FARTO PIAY, T (coord.) *Hacia un proceso penal más reparador y socializador.* Dykinson, 2019.PILLADO GONZÁLEZ, E., "La justicia terapéutica y sus manifestaciones en el proceso penal español" en Barona Vilar, S. Mediación, arbitraje y jurisdicción en el actual paradigma de justicia. Civitas, 2016, pág. 251 a 277.

14 [15] WEXLER, DAVID B. AND WINICK, BRUCE J., Therapeutic Jurisprudence. Therapeutic
Jurisprudence, in Principles of Addiction Medicine, 4th Edition.2008.

15 [16] PILLADO GONZÁLEZ, E., "La justicia terapéutica y sus manifestaciones en el proceso penal español" en Barona Vilar, S. Mediación, arbitraje y jurisdicción en el actual paradigma de justicia. Civitas, 2016, pág. 251 a 277.

3.3. Principios y funcionamiento del sistema de JT

Se debe tener en cuenta que los Tribunales de JT tienen como base el sistema de justicia restaurativa[16], con lo cual se tiene en cuenta las necesidades de la víctima y del victimario, su buena fe y la capacidad material de asumir las responsabilidades18, sin embargo, las víctimas son proclives a aceptar un tratamiento terapéutico y a rechazar uno restaurativo,

básicamente porque sienten que en un sistema restaurativo no están conformes con que exista una simetría de partes, sin embargo, en uno terapéutico se encuentran en un nivel diagonal y no horizontal[17]. Con lo cual, para el funcionamiento adecuado de una justicia terapéutica, se deberá contar en principio con los principios de la JT: una intervención judicial activa y continua; un seguimiento especializado sobre el sujeto y su conducta; colaboración de los servicios de tratamiento con el procesamiento de los casos judiciales, así como la colaboración de diversas entidades especializadas; y la participación de agentes multidisciplinares en todo el proceso[18]. Ello significa que los Tribunales de JT en su funcionamiento21 se asemejan al previsto para los menores de edad en España, donde se tienen en cuenta tales cualidades, resultan más individualizados, con unos operadores jurídicos más cercanos y unas medidas aplicables en caso de condena adecuadas a las circunstancias del menor y su conducta post-condena. En el caso de España, tal y como se configura el procedimiento cabría considerar que pudiera ser aplicable esa individualización en los tratamientos con medidas de seguridad en los que pudiera existir cierta flexibilidad, pero todavía queda mucho camino para desarrollar un sistema de JT, ya que el legislador en su Plan de Justicia 2030 fomenta los (métodos alternativos de solución e controversias) MASC pero no se adentra en este tipo de sistemas.

---

16 [17] PILLADO GONZALEZ, E. Aproximación al término justicia terapéutica. en PILLADO GONZALEZ, E. (dir.)/ FARTO PIAY, T (coord.) *Hacia un proceso penal más reparador y socializador.* Dykinson, 2019. 18 MARTINEZ SOTO, T Formaciones de operadores jurídicos. PILLADO GONZALEZ, E. (DIR.)/ FARTO PIAY, T (coord.) *Hacia un proceso penal más reparador y socializador.* Dykinson, 2019.

17 [19] SAEZ VALCARCEL, R., "Mediación Penal. Reconciliación, perdón y delitos graves. La emergencia de las víctimas", en Reforma penal…ob. cit., pág. 76. Cit en: MARTINEZ SOTO, T Formaciones de operadores jurídicos. PILLADO GONZALEZ, E. (DIR.)/ FARTO PIAY, T (coord.) *Hacia un proceso penal más reparador y socializador.* Dykinson, 2019.

18 [20] WEXLER, D. Empezando con los principios de la Justicia Terapéutica en casos penales: Consejos sobre cómo y dónde comenzar. Revista Española De Investigación Criminológica, 14, 1–12. 2016

[21] Véase el ejemplo del funcionamiento en Estados Unidos: https://treatmentcourts.nmcourts.gov/que-sonlos-tribunales-para-la-resolucion-de-problemas/

4. CONCLUSIONES

Con el presente planteamiento sobre la utilización de tribunales de justicia terapéutica, observamos que se podría enmarcar bajo el cumplimiento de dos de los tres objetivos principales del Plan de Justica 2030 (el primero y el segundo), ya que por un lado, la justicia es más cercana para el ciudadano, y más reparadora y restaurativa lo que significa que lo enriquece y produce en la sociedad una mayor confianza en el sistema de justicia. Por otro lado, a pesar de que es verdad que se necesita un presupuesto muy alto para la creación y mantenimiento de los tribunales de JT, también es cierto que el coste es menor para la justica una vez creados, en tanto en cuanto se garantiza un mayor cumplimiento de la pena por parte del ciudadano y una menor reincidencia, lo que garantiza que la inversión en la creación de nuevos tribunales especializados sea productiva, como así mismo genera puestos de trabajo en la administración de justicia para profesionales de otros ámbitos como pueden ser los psicólogos y ello genera mayor empleabilidad y concienciación social en torno al sistema jurisdiccional.

Asimismo, se debe tener en cuenta que un 25 por ciento de la población reclusa tiene una enfermedad mental, con lo cual, se abordaría el problema de raíz y quizás sea efectivo como en Estados Unidos para mejorar la calidad de los sistemas penitenciarios y por ende el cumplimiento de los fines de la pena, al disminuir la masificación de los centros penitenciarios.

Cabe recordar que si atendemos a nuestro sistema procesal penal actual, cabe la imposibilidad de imponer una medidas de seguridad si se ha resuelto la existencia de una causa de exención de responsabilidad por anomalía psíquica, porque se produce el sobreseimiento del proceso (véase el art.637.3 y 101 a 104 LECrim). Con lo cual, el sistema penológico carece de ser un sistema reeducador o resocializador ante un delincuente con esas características y conduce a una reincidencia porque el problema que conlleva el hecho de delinquir no se ha atacado desde sus orígenes, con lo cual cabe hacer una reflexión y un estudio más profundo sobre este tema.

Por todo lo expuesto, se considera por esta parte que resultaría eficiente crear un sistema de JT para los enfermos mentales, drogodependientes y alcohólicos o como mínimo crear un sistema penológico que permita desarrollar un tratamiento terapéutico del autor para garantizar la reinserción social y evitar la reincidencia.

BIBLIOGRAFÍA

BARONA VILAR, S. PILLADO GONZALEZ, E. (DIR.)/ FARTO PIAY, T (coord.) *Hacia un proceso penal más reparador y socializador.* Dykinson, 2019.

MARTINEZ SOTO, T. Formaciones de operadores jurídicos en justicia terapéutica, en PILLADO GONZALEZ, E. (DIR.)/ FARTO PIAY, T (coord.) *Hacia un proceso penal más reparador y socializador.* Dykinson, 2019.

DRAKE, E., LEE, S., AOS, S., PENNUCCI, A., KLIMA, T., MILLER, M.,

ANDERSON, L., MAYFIELD, J. Y BURLEY, M. Chemical Dependency Treatment for Offenders: A Review of the Evidence and Benefit-Cost Findings. Full Report (Documents núm. 12-12-1201). Olympia, WA. Washington State Institute for Public Policy. 2012.

Resumen ejecutivo del Plan de Justicia 2030. Catálogo de publicaciones de la Administración General del Estado. Ministerio de Justicia. Secretaría General Técnica. https://cpage.mpr.gob.es

MICHAELS, R. /RUIZ ABOU-NIGM, V./VAN LOON, H. (eds.). ZEH, S. (coord.) *The private side of transforming our World.* Intersentia Studies on Private International Law. Intersentia. 2021.

PILLADO GONZALEZ, E. Aproximación al término justicia terapéutica. en PILLADO GONZALEZ, E. (DIR.)/ FARTO PIAY, T (coord.) *Hacia un proceso penal más reparador y socializador.* Dykinson, 2019.

PILLADO GONZÁLEZ, E., "La justicia terapéutica y sus manifestaciones en el proceso penal español" en Barona Vilar, S. Mediación, arbitraje y jurisdicción en el actual paradigma de justicia. Civitas, 2016,.pág. 251 a 277.

STEIN, D. M., HOMAN, K. J. & DEBERARD, S. The effectiveness of juvenile treatment drug courts: A meta-analytic review of literature. Journal of Child & Adolescent Substance Abuse, 24(2), 2015. 80-93.

UN Doc A/RES/70/1 (21 de octubre de 2015)m https://www.mdsocialesa2030.gob.es/agenda2030/documentos/aprobacion-

Unidad de Psiquiatría Legal Hospital Aita Menni: https://www.aita-menni.org/es/unidad/unidad-psiquiatria-legal-mondragon/ agenda2030.pdf

VARONA MARTÍNEZ, G. Justicia restaurativa y justicia terapéutica: hacia una praxis reflexiva de transgresiones disciplinares, en PILLADO GONZALEZ, E. (DIR.)/ FARTO PIAY, T (coord.) *Hacia un proceso penal más reparador y socializador.* Dykinson,2019.

WEXLER, D. Empezando con los principios de la Justicia Terapéutica en casos penales: Consejos sobre cómo y dónde comenzar. Revista Española De Investigación Criminológica, 14, 1–12. 2016.

WEXLER, DAVID B., Justicia Terapeutica: Una Vision General (Therapeutic Jurisprudence: An Orientation). Arizona Legal Studies Discussion Paper No. 14-23, 2014.

WEXLER, DAVID B. AND WINICK, BRUCE J., Therapeutic Jurisprudence. Therapeutic Jurisprudence, in Principles of Addiction Medicine, 4th Edition.200

SEXTA PARTE:
EFICIENCIA PROCESAL Y DIGITALIZACIÓN DE LA JUSTICIA

Capítulo XLVI:
Las vistas online: reflexiones para la justicia del futuro

FRANCISCO RAMOS ROMEU
Profesor Titular de Derecho Procesal.
Universidad Autónoma de Barcelona

Resumen: Se estudia la videoconferencia como herramienta para la celebración de vistas judiciales online. Se revisa la experiencia de estos años, las ventajas y los restos que conlleva, y se reflexiona en torno a su regulación, su uso y su evolución futura en una justicia virtual en el metaverso.

1. ¿LAS VISTAS ONLINE: SOLO UNA MODA?

¿Son las vistas online, solo una moda? En el año 2020, la pandemia del COVID-19 forzó a la Administración de Justicia a desplazarse al mundo online. Se adoptó legislación específica para permitir a los tribunales realizar actuaciones judiciales de forma telemática. El Real Decreto Ley 16/2020 de 28 de abril, de medidas procesales y organizativas para hacer frente al COVID-19 en el ámbito de la Administración de Justicia y la Ley 3/2020, de 18 de septiembre, de medidas procesales y organizativas para hacer frente al COVID-19 en el ámbito de la Administración de Justicia, contemplaban que, durante la pandemia, se realizaran comparecencias, vistas, la deliberación del tribunal, y en general todos los actos procesales, de forma telemática.[1]

---

[1] Decía el Real Decreto Ley 16/2020 de 28 de abril: *"Artículo 19. Celebración de actos procesales mediante presencia telemática. 1. Durante la vigencia del estado de alarma y hasta tres meses después de su finalización, constituido el Juzgado o Tribunal en su sede, los actos de juicio, comparecencias, declaraciones y vistas y, en general, todos los actos procesales, se realizarán*

Igualmente, en el mundo del arbitraje, numerosas instituciones arbitrales se sumaron a este movimiento de impartición de justicia online, la promovieron, y algunas hasta reformaron sus reglamentos a fin de contemplarla específicamente o desarrollarla. La Corte de Arbitraje de la Cámara de Comercio Internacional publicó una "Nota de Orientación de la CCI sobre Posibles Medidas Destinadas a Mitigar los Efectos de la Pandemia del COVID-19" que aconsejaba el uso de las videoconferencias cuando fuera posible y apropiado.

Pero ahora que la pandemia del COVID-19 ha remitido. ¿Está decayendo la tendencia a celebrar actuaciones telemáticas? ¿Cuándo es apropiado celebrar una vista online? ¿Los ciudadanos tienen un derecho a una administración de Justicia física o presencial?

En este trabajo hacemos una revisión de la experiencia de la celebración de las vistas online en los últimos años y el poso que nos ha dejado de conocimientos y reflexiones de cara a la configuración de la justicia del futuro. El uso de las nuevas tecnologías en la Administración de Justicia es un fenómeno mucho más amplio, dentro del que se enmarca este trabajo, que se centra exclusivamente en las "vistas online" que se realizan por "videoconferencia". Su objeto se centra en el "medio" de esta actuación procesal, entroncando con los debates clásicos sobre la forma del proceso, como los de la "oralidad" y la "escritura", con la finalidad de ver en qué medida puede contribuir este medio a resolver los problemas del derecho procesal y sus limitaciones de cara a la impartición de justicia.

En efecto, distinguimos el "acto procesal", que es una "vista", del "medio" por el que se realiza. La "videoconferencia" es un medio que se caracteriza por permitir una comunicación bidireccional y simultánea de imagen y sonido, haciendo posible una interacción visual, sonora y oral, de los intervinientes.[2] En

---

preferentemente mediante presencia telemática, siempre que los Juzgados, Tribunales y Fiscalías tengan a su disposición los medios técnicos necesarios para ello. 2. No obstante lo dispuesto en el apartado anterior, en el orden jurisdiccional penal será necesaria la presencia física del acusado en los juicios por delito grave. 3. Las deliberaciones de los tribunales tendrán lugar en régimen de presencia telemática cuando se cuente con los medios técnicos necesarios para ello. 4. Lo dispuesto en el apartado primero será también aplicable a los actos que se practiquen en las fiscalías." Luego, el art. 14 de la Ley 3/2020 retomó estas normas y las desarrolló y limitó en algunos puntos que ahora no vienen al caso. La principal limitación fue requerir la presencia física del acusado en las vistas sobre prisión provisional o juicios con pena de prisión superior a 2 años, salvo causa justificada. Se reforzó también el derecho de defensa del investigado al mencionarlo como límite a la celebración de actuaciones telemáticas. Y, en fin, a pesar de que se celebrara la vista online, se dispuso que el juez podía requerir la presencia física de quién considerara necesario.

2 Las definiciones al uso utilizan este concepto. Ver por ejemplo la definición del art. 2.6) del Reglamento (UE) 2023/2844 del Parlamento Europeo y del Consejo de 13 de diciembre de 2023 sobre la digitalización de la cooperación judicial y del acceso

este sentido, la "videoconferencia" es un "sustituto de" o "medio alternativo a" la "reunión física" de los intervinientes, la "llamada telefónica" o la "correspondencia escrita". Son todos ellos distintos "medios" a través de los cuales se puede llevar a cabo un acto procesal.

También debemos diferenciar el "medio" de los dispositivos técnicos ("hardware") y programas informáticos ("software") que lo hacen posible, y que tampoco forma parte de nuestro núcleo de interés. Una "videoconferencia" puede realizarse a través de un teléfono inteligente, de un ordenador portátil u otro dispositivo específico. El enlace entre estos dispositivos puede a su vez conseguirse a través de una conexión de datos de diferentes características (línea fija vs. inalámbrica, wifi vs. satelital, etc.). Y a partir de este "hardware", los usuarios pueden emplear múltiples programas informáticos para la "videoconferencia", tales como Zoom, Microsoft Teams, Google Meet, Webex, etc. entre los más utilizados hoy.

Es un ámbito en constante cambio, como lo demuestra la reciente publicación a medida que se escriben estas líneas del Real Decreto-ley 6/2023, de 19 de diciembre, por el que se aprueban medidas urgentes para la ejecución del Plan de Recuperación, Transformación y Resiliencia en materia de servicio público de justicia, función pública, régimen local y mecenazgo, que introduce reformas de calado sobre la Administración de Justicia y sobre las vistas online. Aunque realizamos algunos apuntes sobre esta regulación, una evaluación más profunda deberá esperar a que se produzca su plena entrada en vigor y se desarrollen sus normas.

2. LAS VISTAS ONLINE: SITUACIÓN NORMATIVA EN ESPAÑA

Antes de una valoración operativa, examinamos la regulación sobre la videoconferencia existente en España. Nuestro objetivo no es realizar un análisis exhaustivo de toda su problemática procesal, sino identificar las disposi-

a la justicia en asuntos transfronterizos civiles, mercantiles y penales, y por el que se modifican determinados actos jurídicos en el ámbito de la cooperación judicial. No es muy distinta de la que da el art. 2 del Convenio Iberoamericano sobre el uso de la videoconferencia en la Cooperación Internacional entre Sistemas de Justicia, hecho en Mar del Plata el 3 de diciembre de 2010. Ni tampoco de la que recoge el actual art. 229.3 LOPJ que también hace el énfasis en que se trata de un sistema de *"comunicación bidireccional y simultánea de la imagen y el sonido y la interacción visual, auditiva y verbal entre dos personas o grupos de personas geográficamente distantes."*

ciones básicas que la permiten y en qué condiciones. Existen muchos trabajos en la doctrina que tienen mayor profundidad que se citan en la bibliografía.[3]

2.1. Legislación orgánica sobre el Poder Judicial

Por extraño que pueda parecer, en España la celebración de vistas online es una posibilidad desde hace ahora más de 30 años, tras unas reformas muy prematuras de finales del siglo XX que nos dejaron un panorama legislativo muy moderno, no sólo visto con los ojos actuales, que pervive en sus rasgos esenciales hasta la actualidad.

Se introduce la posibilidad de su uso por la Ley Orgánica 16 /1994 de 8 de noviembre de reforma de la LOPJ, que modificó el art. 230 LOPJ. Tras recordar el artículo 229 LOPJ que las actuaciones judiciales deben ser predominantemente orales, sobre todo en materia criminal, sin perjuicio de su documentación, como exigía el art. 120.2 CE, el nuevo artículo 230 añadía que los Juzgados y Tribunales puedan utilizar *"cualesquiera medios técnicos, electrónicos, informáticos y telemáticos, para el desarrollo de su actividad y ejercicio de sus funciones, con las limitaciones que a la utilización de tales medios establece la Ley Orgánica 5/1992, de 29 de octubre, y demás leyes que resulten de aplicación."* El legislador también añade a continuación que las personas que demanden la tutela judicial de sus derechos e intereses puedan relacionarse con la Administración de Justicia a través de los mismos *"medios técnicos cuando sean compatibles con los que dispongan los Juzgados y Tribunales y se respeten las garantías y requisitos previstos en el procedimiento que se trate."*

No se configuraba el uso de los medios telemáticos como una obligación del tribunal, ni como un derecho del ciudadano, pero se habilitaba su uso siempre que tribunal y partes dispusieran de los medios necesarios. Aunque no se mencionaba la "videoconferencia" o la "videollamada", ni ningún formato específico de comunicación, se daba la posibilidad de utilizar "medios telemáticos" como regla general, con las limitaciones derivadas de la legislación sobre el tratamiento automatizado de datos, el equivalente de la moderna regulación de la protección de datos de carácter personal.[4]

---

3 Ver, para el proceso civil, García Sanz, Javier y González Guimaraes-Da Silva, Javier, Las "vistas telemáticas" en el proceso civil español: visión comparada, regulación y cuestiones prácticas que suscita su celebración", en Diario La Ley nº 9659, 23.06.2020, Ed. Wolters Kulwer (2020). Y para el proceso penal, ver Gutierrez Barrenengoa, Ainhoa, El uso de la videoconferencia en el proceso penal: utilidades, requisitos y limitaciones, Revista de Derecho, Empresa y Sociedad (REDS), Nº. 14, pp. 27-41 (2019).

4 Ver sobre el encaje de la videoconferencia en este artículo García Sanz, Javier y González Guimaraes-Da Silva, Javier (2020).

Debe celebrarse la clarividencia del legislador español porque en 1994 esta regulación era muy avanzada. En esa época, Internet era aún una red cuyo uso estaba limitado a ámbitos académicos y gubernamentales, y no gozaba de la popularidad de ahora. Se estaban apenas lanzando los primeros programas de búsqueda generalistas como Mosaic y Netscape Navigator, hoy extintos. Los ordenadores y los móviles era dispositivos grandes y pesados, con pocas funcionalidades, nada que ver con los teléfonos inteligentes u ordenadores de los que hoy dispone una mayoría de los ciudadanos y no eran aptos para una videoconferencia. La videoconferencia requería de equipos especializados y conexiones con un ancho de banda que no eran accesibles al gran público. Por tanto, España tenía una regulación que miraba al futuro e impulsaba el avance de los medios tecnológicos en la Administración de Justicia y si en aquellos años no se utilizaban más es por la escasez de medios adecuados.

La regulación actual de la videoconferencia se sigue encontrando en los artículos 229 y 230 LOPJ sin variaciones de calado, aunque sí una redacción más moderna. Los principales cambios han consistido en detalles como los siguientes. Primero, mencionar y definir la videoconferencia específicamente. Segundo, establecer que corresponde al juez o tribunal acordar la celebración de la vista por videoconferencia. Tercero, establecer que su uso debe asegurar en todo caso la posibilidad de contradicción de las partes y la salvaguarda del derecho de defensa. Cuarto, regular la verificación de la identidad de los intervinientes, que se atribuye al Letrado de la Administración de Justicia del Juzgado o Tribunal que haya acordado la medida, desde la propia sede del juzgado, mediante la previa remisión o la exhibición directa de documentación, por conocimiento personal o por cualquier otro medio procesal idóneo. Y, por último, disponer que el uso de los medios telemáticos para celebrar vistas sea obligatorio, si el juzgado o tribunal dispone de los medios materiales necesarios para ello. Igualmente, su uso está sujeto a las posibles instrucciones que pueda impartir el Consejo General del Poder Judicial que se consideran obligatorias (art. 230.1 LOPJ).

A la fecha actual, por tanto, podemos hablar de que existe una regulación general favorable a su uso, con previsiones de respeto de las garantías y verificación de la identidad que son obvias -aunque no se dijera expresamente daría lo mismo porque la aplicación de las normas generales llevaría al mismo resultado-, y muy flexible ya que no ata a la Justicia a ningún medio concreto, sin perjuicio de las instrucciones que pueda impartir el Consejo General del Poder Judicial. Existe una gran discreción del tribunal encargado del asunto a la hora de decidir sobre la celebración de una vista online y cierta inseguridad en los criterios que deben regir el uso de los medios telemáticos, pero también libertad de hacer para adaptarse a las circunstancias.

Hasta la fecha, se desconoce si el CGPJ ha impartido instrucciones. Sí nos consta que ha publicado una "Guía para la celebración de actuaciones judiciales telemáticas de 25.05.2020", aprobada por su Comisión Permanente el 27.05.2020, y que ha sido modificada el 11.02.2021, pero muy centrada en la situación de la pandemia.[5] Esta guía rezuma una cierta desconfianza hacia la videoconferencia. Aunque, por un lado, reconoce que debido a la necesidad de evitar el contacto físico por la pandemia es recomendable realizar actuaciones telemáticas, por otro, los supuestos en que considera aconsejable su uso son extremos, por *"situación de imposibilidad, dificultad o inconveniencia constatable de acudir a la sede física del órgano judicial y, en todo caso, siempre sería preferible a la opción de su aplazamiento o suspensión"* para "actuaciones internas" -aquellas en las que no participan profesionales o ciudadanos- o "actuaciones externas" con operadores jurídicos, pero sin ciudadanos, y si se trata de "actuaciones externas" con operadores jurídicos y ciudadanos, como la práctica de la prueba, la preferencia es por la celebración física salvo que *"se considere adecuado en atención a las circunstancias que concurran, como el número limitado de intervinientes, corta duración previsible de la vista o juicio, menor complejidad previsible de los interrogatorios o la ubicación distante de los domicilios de las personas que hubiesen de intervenir"*.

Pero el problema no son las normas que la permiten o si el CGPJ es o no favorable, sino los medios de que dispone la Administración de Justicia, ya que en nuestra experiencia siguen siendo muy desiguales. Se trata de una desigualdad territorial, donde los juzgados de las comunidades autónomas pudientes y de las grandes ciudades disponen de más medios que los juzgados de zonas más pobres y rurales. Igualmente, existe una desigualdad jerárquica, en que los tribunales de mayor jerarquía normalmente disponen de más medios. Esto provoca una cierta inseguridad al ciudadano sobre si el tribunal dispone de los medios materiales necesarios para atenderle de esta forma en su caso concreto. Aunque disponga de ellos, no siempre están disponibles debido a que su uso es compartido con otro tribunal, cuando no están averiados. Esto obliga a preguntar caso por caso y no se puede dar nunca por sentado que la actuación de celebrará por videoconferencia.

2.2. Normativa básica civil y supletoria tras el Real Decreto-Ley 6/2023

Hasta recientemente, los arts. 229 y 230 LOPJ era la regulación de la videoconferencia. Pero se complementa hoy con un nuevo artículo 137 bis LEC,

---

[5] La Guía está disponible online aquí: https://www.poderjudicial.es/cgpj/es/Servicios/Informacion-COVID-19/Guias-y-Protocolos/Guia-para-la-celebracion-de-actuaciones-judiciales-telematicas (Última visita 29.01.2024).

sobre la realización de actuaciones judiciales mediante el sistema de videoconferencia, introducido por el Real Decreto-ley 6/2023, de 19 de diciembre, por el que se aprueban medidas urgentes para la ejecución del Plan de Recuperación, Transformación y Resiliencia en materia de servicio público de justicia, función pública, régimen local y mecenazgo, y que entró en vigor el 20 de marzo de 2024.[6] También puede ser relevante el nuevo artículo 129 bis LEC, sobre la celebración de actos procesales mediante presencia telemática, cuyo contenido se solapa, cuanto menos en parte.

Estas nuevas disposiciones se sitúan en la regulación general de los actos procesales que realiza el Título V del Libro I de la LEC, que recordemos es norma supletoria en otros órdenes jurisdiccionales, y se convierten por tanto en la disciplina general, sin perjuicio de otras disposiciones específicas que puedan encontrarse en las leyes procesales, sobre todo en la LECrim.

Las reformas parten de una preferencia por las actuaciones telemáticas, pero pronto surgen los condicionantes. El art. 129 bis LEC apartado 1°, establece como regla general que los juicios, vistas, audiencias, comparecencias y declaraciones, y en general todos los actos procesales, se realizarán preferente-

---

6 Por su novedad y relevancia para este trabajo, lo reproducimos en esta nota al pie: *"Artículo 137 bis. Realización de actuaciones judiciales mediante el sistema de videoconferencia. 1. Las actuaciones judiciales realizadas por videoconferencia deberán documentarse en la forma establecida en el artículo 147 de esta ley. El tribunal velará por el cumplimiento del principio de publicidad, acordando las medidas que sean necesarias para que las actuaciones procesales que sean públicas y se celebren por este medio sean accesibles a los ciudadanos. 2. Los y las profesionales, así como las partes, peritos y testigos que deban intervenir en cualquier actuación por videoconferencia lo harán desde la oficina judicial correspondiente al partido judicial de su domicilio o lugar de trabajo. En el caso de disponer de medios adecuados, dicha intervención también se podrá llevar a cabo desde el juzgado de paz de su domicilio o de su lugar de trabajo. 3. Cuando el juez o la jueza, en atención a las circunstancias concurrentes, lo estime oportuno, estas intervenciones podrán hacerse desde cualquier lugar, siempre que disponga de los medios que permitan asegurar la identidad del interviniente conforme a lo que se determine reglamentariamente. En todo caso, cuando el declarante sea menor de edad o persona sobre la que verse un procedimiento de medidas judiciales de apoyo de personas con discapacidad, la declaración por videoconferencia solo se podrá hacer desde una oficina judicial, en los términos del apartado 2. Las víctimas de violencia de género, violencia sexual, trata de seres humanos, y víctimas menores de edad o con discapacidad podrán intervenir desde los lugares donde se encuentren recibiendo oficialmente asistencia, atención, asesoramiento y protección, o desde cualquier otro lugar si así lo estima oportuno el juez siempre que dispongan de medios suficientes para asegurar su identidad y las adecuadas condiciones de la intervención conforme a lo que se determine reglamentariamente. 4. El uso de medios de videoconferencia deberá solicitarse con la antelación suficiente y, en todo caso, diez días antes del señalado para la actuación correspondiente. 5. Lo dispuesto en los apartados anteriores será de aplicación también a aquellas actuaciones que hayan de realizarse únicamente ante los Letrados de la Administración de Justicia. 6. Lo dispuesto en este artículo deberá realizarse garantizando la accesibilidad universal."*

mente mediante presencia telemática, si la oficina judicial dispone de medios y la intervención se realiza desde un punto de acceso seguro. Sin embargo, el 2º ya corta las alegrías porque de cara a los actos que entrañen la práctica de prueba, la regla general es la presencia física.[7] Se puede excepcionar, pero ya depende de que el tribunal lo acuerde *"en atención a las circunstancias del caso"* o que el declarante *"resida en municipio distinto de aquel en el que tenga su sede el tribunal."* o que se trate de una *"autoridad o funcionario público"* y en todo caso, el juez por resolución motivada puede siempre ordenar la presencia física, salvo de la autoridad o el funcionario.

Esta disposición, por tanto, tiene un contenido bastante tradicional puesto que la obtención de prueba telemática es una excepción que el juez debe valorar a la luz de criterios tradicionales como la distancia física y otros indeterminados. Esto va a condicionar el uso de la videoconferencia, porque ésta es una especie de las actuaciones telemáticas, cuanto menos es lo que resulta de una lectura conjunta.

Porque el nuevo artículo 137 bis LEC establece requisitos adicionales relativos al uso de la videoconferencia que, a la luz de los arts. 229 y 230 LOPJ, se nos antojan también restrictivos, a pesar de venir incorporadas a una norma que preconiza la transformación de la Justicia y según su Exposición de Motivos trata de *"potenciar el entorno digital con el propósito de favorecer una más eficiente potestad jurisdiccional"*.

Primero, porque el ciudadano no puede conectarse desde cualquier lugar, sino que la regla general es que los profesionales, las partes, los peritos y los testigos intervendrán por videoconferencia desde una oficina judicial. Además, no es cualquier oficina judicial, sino la correspondiente al partido judicial de su domicilio o lugar de trabajo. Y aunque excepcionalmente parece que el juez podrá acordar que la intervención se realice desde cualquier lugar, esto depende de un reglamento que lo regule, en particular en cuanto a la verificación de la identidad de los intervinientes. En estos momentos, no existe claridad sobre la flexibilidad que se empleará.[8]

---

7 Dispone que *"la audiencia, declaración o interrogatorio de partes, testigos o peritos, la exploración de la persona menor de edad, el reconocimiento judicial personal o la entrevista a persona con discapacidad, será necesaria la presencia física de la persona que haya de intervenir y, cuando ésta sea una de las partes, la de su defensa letrada."*

8 El art. 129 bis LEC también obliga a que las vistas, audiencias, comparecencias, declaraciones y, en general, todos los actos procesales, se realicen preferentemente mediante presencia telemática a través de un punto de acceso seguro de conformidad con la normativa que lo regule. La oficina judicial tendrá un punto seguro hay que entender, dando cumplimiento a ambos requisitos.

Por tanto, la parte, el profesional, el testigo, abogado no podrá conectarse a la vista desde cualquier lugar, sino que tendrá que acudir a una oficina judicial. Como se comprenderá, esto no evitará el correspondiente desplazamiento, recortando sobremanera lo que es precisamente una de las ventajas del medio. Y si bien pudiera tener alguna justificación para los no profesionales, como la parte, un testigo o un perito, desde luego no es de recibo que se siga la misma regla para los profesionales de la justicia como los abogados y procuradores. Estos colectivos, son actores habituales, sujetos a controles profesionales, y disponen de un despacho profesional localizado. Son, además, los primeros interesados en el buen funcionamiento del instrumento y conscientes de sus responsabilidades, por lo que la desconfianza a las que se les somete es discriminatoria, sino denigratoria. No hay una igualdad con el juez, porque este tiene que acudir al juzgado donde se encuentra su despacho. En todo caso, somos partidarios de que tampoco el juez tenga que desplazarse necesariamente a la oficina judicial.

Segundo, esta norma también restringe el uso de la videoconferencia porque deberá solicitarse con la antelación suficiente y, en todo caso, diez días antes del señalado para la actuación. No es, por tanto, según la legislación, un mecanismo normal y habitual, sino que requiere de petición expresa de la parte, sin el cual no será posible su uso. Además, hay un tiempo para solicitarlo y caso de no cumplirse, se podrá denegar. Nuevamente, no se saca partido de las ventajas del medio, como es su facilidad de concertación y de remedio para imprevistos. ¿Qué daño hay si al abogado o el testigo que tenía que coger un vuelo que se cancela se le oye por videoconferencia como mal menor para evitar la suspensión de todo un juicio, sobre todo si las partes están de acuerdo?

Tercero, el art. 137 bis LEC también exige que el tribunal dé cumplimiento al *"principio de publicidad, acordando las medidas que sean necesarias para que las actuaciones procesales que sean públicas y se celebren por este medio sean accesibles a los ciudadanos"* (párrafo 1°), lo que parece que se reitera en el último párrafo de la norma cuando dispone que se debe garantizar la "accesibilidad universal" (párrafo 6°). Esta exigencia, que es por supuesto acorde con la garantía de publicidad del juicio, en la práctica puede convertirse en dinamita para la videoconferencia. Qué se supone que se debe hacer, ¿dar publicidad al enlace en estrados cada vez que se acuerde una videoconferencia? ¿Y permitir también con otro enlace la participación de ciudadanos? Obligar al juez o tribunal, a título individual o de órgano especifico, a dar cumplimiento a la garantía de publicidad y accesibilidad, sin especificar en qué consiste, excede de sus facultades y sus medios y crea una inseguridad jurídica. Es la Administración de Justicia la que debe garantizar esa publicidad y accesibilidad de las vistas online, y aunque el legislador da pasos en este sentido en el Real Real

Decreto-ley 6/2023, de 19 de diciembre, se trata de cuestiones organizativas, y que todavía esperan una implementación efectiva.

En definitiva, los arts. 129 bis y 137 bis LEC son normas restrictivas y lastradas por una visión de la Administración de Justicia tradicional, ligada a la presencialidad. Estamos muy lejos de implementar una justicia virtual, por mucho que diga la Exposición de Motivos del Real Decreto-ley 6/2023, de 19 de diciembre.

2.3. Normativa supra e internacional

La regulación nacional sobre la videoconferencia se complementa con legislación supra e internacional de nuestro entorno y plenamente vigente en España que permite la videoconferencia para la cooperación jurisdiccional y la práctica de pruebas internacional.

Empezando por las disposiciones más generales, aunque sean las más recientes, tenemos el Reglamento (UE) 2023/2844 del Parlamento europeo y del Consejo de 13 de diciembre de 2023, sobre la digitalización de la cooperación judicial y del acceso a la justicia en asuntos transfronterizos civiles, mercantiles y penales, y por el que se modifican determinados actos jurídicos en el ámbito de la cooperación judicial.

Este Reglamento establece el marco jurídico del uso de la videoconferencia u otras tecnologías de comunicación en procedimientos civiles y penales con fines distintos de la obtención de pruebas, sin perjuicio de otras disposiciones comunitarias específicas.[9] En asuntos civiles, se contempla el uso de la videoconferencia para celebrar vistas a petición de una de las partes, o cuando lo disponga la ley o el juez, a fin de permitir intervenir a la parte o su representante que se encuentra en otro estado, atendiendo a (a) la disponibilidad de tales tecnologías, (b) la opinión de las partes en el procedimiento sobre el uso de tales tecnologías, y (c) la idoneidad del uso de tal tecnología en las circunstancias concretas del asunto (art. 5). En asuntos penales, se aplicará a los procedimientos europeos penales, para oír a un sospechoso o condenado o a un afectado por el delito -en general, víctima o ofendido-, cuando (a) las circunstancias concretas del asunto justifiquen el uso de dicha tecnología, y (b) haya conformidad del interviniente por ese medio (art. 6).

---

9 Se deja a salvo por tanto la aplicación del Reglamento (UE) 2020\1783 sobre obtención de pruebas, lo que disponga el Reglamentos (CE) 861/2007 sobre el proceso europeo de escasa cuantía y el Reglamento (UE) 655/2014 sobre la orden europea de retención de cuentas (arts. 1.a y 5.1 del Reglamento 2023/2844))

Adicionalmente, en la Unión Europea puede utilizarse la videoconferencia para obtener pruebas. Actualmente, se contempla en el Reglamento (UE) 2020/1783 del Parlamento Europeo y del Consejo de 25 de noviembre de 2020 relativo a la cooperación entre los órganos jurisdiccionales de los Estados miembros en el ámbito de la obtención de pruebas en materia civil o mercantil, pero ya fue contemplada por la norma equivalente anterior que databa de 2001.[10] Un órgano judicial de un Estado miembro puede tomar declaración por videoconferencia, siempre que dicha tecnología esté disponible y sea adecuada habida cuenta de las circunstancias del caso (art. 20), o pedir la videoconferencia en el marco de una colaboración con el otro tribunal para la obtención de la prueba (art. 12.4).

En fin, el Convenio Iberoamericano sobre el uso de la videoconferencia en la Cooperación Internacional entre Sistemas de Justicia, hecho en Mar del Plata el 3 de diciembre de 2010 tiene como objetivo facilitar y agilizar la cooperación internacional entre los sistemas de justicia de los países iberoamericanos a través del uso de la videoconferencia. Establece un marco legal uniforme para tomar declaración a testigos, peritos o imputados, con el fin de mejorar la eficiencia y la celeridad de la administración de justicia. Es por tanto una norma que puede tener gran utilidad para sortear el océano atlántico.

3. ¿QUÉ VENTAJAS TIENE CELEBRAR VISTAS ONLINE?

Celebrar vistas online tiene ventajas y desventajas. Es forzoso reconocerlo para no caer en la tentación de tomar una postura a favor o en contra de forma dogmática y prejuzgando el instrumento. Entre las ventajas que podemos enumerar, y sin perjuicio de que pueda haber otras, estarían las siguientes.

En primer lugar, las vistas online aportan flexibilidad, se pueden concertar y desconcertar con facilidad porque no requieren de la planificación que necesita un encuentro físico: conocer el lugar donde se celebrará, donde se estará previamente, cómo llegar al lugar, el tiempo de desplazamiento que se requerirá, etc. Por todo ello, cuando involucran a múltiples personas resulta más fácil encontrar un momento para reunirse online que reunirse físicamente. Por lo mismo, cuando una misma persona debe celebrar múltiples vistas, resulta más fácil coordinarlas. Y en fin, cuando surgen imprevistos no es muy costoso desconcertarlas y programarlas nuevamente. Esta es una ventaja muy

---

10 Era el hoy derogado Reglamento (CE) n°1206/2001 del Consejo, de 28 de mayo de 2001, relativo a la cooperación entre los órganos jurisdiccionales de los Estados miembros en el ámbito de la obtención de pruebas en materia civil o mercantil.

importante en la Administración de Justicia porque normalmente se ven involucradas en una vista muchas personas y las mismas personas, los profesionales y el juez, celebran muchas vistas, y no son infrecuentes los imprevistos.

En segundo lugar, como ventaja podemos citar la propia reducción de tiempo y costes de celebración. Al evitarse el desplazamiento, no hay coste ni tiempo de desplazamiento para ir al juzgado y para volver. Gran parte de estos costes los asumen los ciudadanos que deben desplazarse al juzgado, a menudo desde lugares distantes. En una vista online también puede obviarse el coste de un espacio físico, de tamaño suficiente, preparado con los muebles y dispositivos, que permita la reunión de tantas personas para celebrar una vista. Por tanto, las vistas online reducen los costes de acceso a la justicia y de resolver el conflicto, lo que redunda en beneficio de las partes, pero en última instancia también en beneficio de la sociedad. Los recursos de tiempo y dinero que se liberan se pueden dedicar a otros menesteres igual o más importantes. Por ejemplo, los abogados y los jueces pueden dedicarse a otros asuntos dentro del mismo día, y también las partes, testigos y peritos, pierden menos tiempo de trabajo.

En tercer lugar, y ligado con todo lo anterior, las vistas online favorecen una mayor participación de los intervinientes. Al no requerir desplazamientos resulta más fácil que las personas que pueden o deben participar lo hagan efectivamente. El declarante no debe desplazarse desde Australia para poder participar a una vista que se celebra en España. Es por tanto más fácil que aquel testigo clave o aquel gran experto mundial que reside lejos, participe mejorando la calidad de la decisión que se adopte. De la misma forma al evitarse los avatares de un desplazamiento es menos probable que falle alguno de los intervinientes. No se queda atrapado en el atasco, no se cancela el vuelo a última hora. Esto redunda en que se produzcan menos causas de suspensión de las vistas. Igualmente, si se produce alguna incidencia que impide la celebración de la vista, resulta menos costoso suspenderla y fijar una nueva fecha para su celebración. El daño causado es mucho menor que cuando la vista es física, porque se han ahorrado esos costes de desplazamiento. Es una ventaja importante en la Administración de Justicia cuando es frecuente que tengan que intervenir testigos o peritos que nada tienen que ver con las partes y se desconoce si vendrán o no vendrán.

En cuarto lugar, el registro de lo que sucede en una vista online es muy sencillo. La mayoría de las aplicaciones hoy permiten su grabación automáticamente y sin mayores contratiempos, tanto del audio como del video. No solo eso, sino que además los programas de transcripción automática también permiten obtener una copia escrita de su contenido.

En quinto lugar, las vistas evitan los desplazamientos y el contacto físico, lo que tiene una relevancia fundamental, en aspectos como son la seguridad e integridad físicas. En la época de la pandemia era determinante porque reducía la transmisión del virus y la enfermedad, un beneficio personal y social. Pero también esta misma característica contribuye a evitar todo lo que implica encontrarse con alguien. Pensemos en las víctimas que se ven obligadas a coincidir con su agresor en la sala de vistas. Las vistas online evitan la revictimización o reducen el miedo o la ansiedad que pueden producir estar cerca de la otra persona. Y de la misma forma se aumenta la seguridad personal ya que, entre otros, se evita el riesgo de fuga durante el traslado de un preso, posibles agresiones durante la celebración de una vista, o las medidas de seguridad necesarias para proteger a una parte o un testigo en la sala de vistas.

4. RETOS Y LIMITACIONES DE LAS VISTAS ONLINE

Sin embargo, las vistas online también tienen desventajas. Tienen limitaciones o plantean retos que es necesario tener en cuenta. Algunas desventajas no son exclusivas de las vistas online, sino que las comparten con las físicas, sólo que adoptan otras formas en el mundo virtual. Citamos por tanto las siguientes desventajas, sin ánimo exhaustivo, pero sí constructivo y desmitificador.

La primera y más relevante es que las vistas online consisten en un espacio bidimensional, como es la pantalla de un dispositivo, al que sólo llegan imagen y sonido. Este espacio bidimensional por fuerza reduce la información que pueden transmitir. Desde luego queda excluida información que podría llegar por medio del olfato, el tacto o el sabor. Se podría pensar que estos sentidos no son importantes en la impartición de justicia, pero no es cierto. Contribuyen a la formación de la experiencia total de lo que significa escuchar a una parte, un testigo o un perito. Pero, además, en algunos casos, hay información que necesariamente debe transmitirse por ellos: hay objetos que deben reconocerse por el tribunal y los intervinientes, como el tacto de una tela si el litigio se refiere a la calidad de su producción, o el olor de una marca, cuando ésta consiste en esto precisamente y se discute si causa confusión con otra, o el sabor de una sustancia, para saber qué es sin necesidad de análisis químicos más profundos. Incluso la información que se transmite por la vista o el oído por videoconferencia no es tan detallada como la que percibiría un ojo o un oído humano directamente. La calidad o resolución de las cámaras o de la pantalla afectan al grado de detalle y pueden impedir ver algunas de las reacciones de la parte o del testigo, o apreciar debidamente el texto u el objeto.

En segundo lugar, las vistas online dependen de una infraestructura tecnológica que es pobre o desigual según el lugar o las personas. Hay juzgados que carecen de medios o los que están a disposición son antiguos, lo que afecta a la calidad de la reproducción del sonido y de la imagen. Lo mismo las partes o los testigos: no disponen de un teléfono inteligente o de una cámara o la calidad de los que tienen no es suficiente para una conexión de calidad con sonido e imagen. O incluso la conexión de datos, por limitaciones de la red física, no tiene la velocidad suficiente para admitir una conexión de calidad, es muy borrosa, o se entrecorta el sonido, o se congela la imagen. Esto puede afectar a la posibilidad de realizar la vista online o entrañar una drástica reducción de la información que aporta.

En tercer lugar, las vistas online, cuando son reiteradas o largas pueden provocar lo que se conoce como "fatiga tecnológica". Es decir, un malestar físico y mental causado por el uso excesivo y continuo de la tecnología, que puede dar lugar a cansancio extremo, falta de motivación, dolores musculares, migrañas, pérdida de concentración y sueño. Cuando estamos pensando en abogados y jueces que pueden verse obligados a estar durante todo el día delante de una pantalla para seguir múltiples juicios o bien para seguir un juicio cuya duración se alarga durante varios días, este aspecto deviene relevante y deberá pensarse en la necesidad de adoptar medidas que lo eviten como sesiones más cortas, descansos programados, el uso de unos medios y ubicación adecuados (mobiliario ergonómico, iluminación adecuada), etc. Curiosamente, el mundo físico no desaparece y sus condiciones afectan al mundo online.

En cuarto lugar, y relacionado con lo anterior, al celebrarse una vista online debe pensarse en los efectos de zona horaria. Cuando se concierta una reunión online y sus intervinientes se encuentran en distintos lugares del planeta, en distintas zonas horarias, para algunos puede ser la primera hora de la mañana y para otros la última hora del día. De la misma forma, por razones culturales o sociales, las personas en la misma hora no se encuentran en el mismo momento del día: por ejemplo, la hora de la comida puede determinar que para unos sea antes de comer y para otros después de comer. Las capacidades mentales y físicas de unos y otros intervinientes no serán las mismas en ese momento, afectando por ejemplo al testigo al prestar su declaración, al abogado al realizar su alegato, o al juez al prestar la atención necesaria. En el mundo internacionalizado en el que vivimos, y pensando en que las vistas online pueden ser especialmente útiles en los asuntos internacionales, es una cuestión que debe tenerse en cuenta.

En quinto lugar, entre las desventajas de las vistas online debemos mencionar las posibilidades de fraude y trucos tecnológicos, aunque sin magnificar su importancia. Es cierto que se vuelve posible suplantar la identidad de un testigo mediante un *"deepfake"*, que se puede evitar responder a una pregunta fingiendo una interrupción de la comunicación congelando la pantalla a voluntad con apretar un botón. Pero estas son situaciones que también pueden suceder en las vistas presenciales, sólo cambia la forma. Alguien podría hacerse pasar por el testigo que no es con un carnet falso en la sala de vistas o el testigo puede fingir un malestar físico temporal para esquivar una pregunta. Las conductas reprobables, sean físicas u online, son igualmente sancionables por las leyes penales y por tanto la protección es común. Además, alrededor de una vista, presencial u online por igual, existen muchas circunstancias que previenen este tipo de situaciones. Las partes conocen normalmente a las personas que van a intervenir, los abogados realizan sus averiguaciones, y en todo caso se pueden realizar los controles de identidad pertinentes tan pronto surja la duda. Por tanto, aunque se menciona como una desventaja, sería injusto pensar que sólo se da en las vistas online. De lo que se trata es de conocer que esto puede ocurrir y estar alerta.

En sexto lugar, entre las desventajas de la vista online debemos mencionar la necesaria protección de la seguridad de los datos, la privacidad y la confidencialidad del sistema. Nuevamente sin magnificarlo porque es algo que también es necesario hacer en una vista física y quizá con mayores costes. Es cierto que en una vista online se puede producir la intervención de terceros no invitados, robos de información, o la divulgación indebida de su contenido, pero también se puede producir en una vista presencial. Y al igual que en una vista física se adoptan medidas y se realizan controles, también los programas para celebrar una vista online deben proporcionar las herramientas necesarias de protección de la seguridad, privacidad y la confidencialidad. El coste del guardia de seguridad se convierte en el coste del programa de videoconferencia, siendo posiblemente menor incluso. Existen hoy en día proveedores de servicios que pueden garantizar el cumplimiento con todos estos requisitos y existen mecanismos legales que protegen las vistas online como las físicas.

En séptimo lugar, aunque no menos importante una desventaja de la vista online es la de su menor publicidad, cuando menos en los términos actuales. Si en una vista física basta con acudir al juzgado en hora de audiencia pública, para una vista online no existe la misma facilidad si no se publican los datos de acceso. La publicidad no deja de ser una garantía de que todo lo que allí suceda responderá a los parámetros legales y la mera posibilidad de que cualquiera asista se convertirá en acicate para que se cumplan. Las vistas online no deberían ser distintas a las vistas presenciales y por tanto deben ponerse en obra los mecanismos legales y técnicos necesarios para garantizar esta publicidad.

5. ¿CUÁNDO ES APROPIADO HACER UNA VISTA ONLINE?

En nuestra opinión, las vistas online no son más que una herramienta que tiene ventajas e inconvenientes y se puede hacer un buen o mal uso de la herramienta, que deberá medirse en función de las circunstancias.[11] No hay nada que obligue a concluir que las vistas online son intrínsecamente inferiores para impartir justicia que las vistas físicas porque la realidad a la que se van a aplicar es muy variada. Por tanto, la cuestión es qué circunstancias deben tenerse en cuenta de cara a celebrar una vista online. En nuestra opinión son los siguientes: (1) la infraestructura de medios y personal; (2) el objeto del acto; (3) el formato global; (4) la ponderación de beneficios y costes.

Primero, la infraestructura y el entorno tecnológico, que debe ser adecuado tanto desde un punto de vista personal como material. Si los medios de que dispone la Administración de Justicia, la parte, el testigo, etc. no son adecuados, la videoconferencia no podrá funcionar y debe descartarse sin dudar por falta de medios materiales. Por otra parte, no es lo mismo pedir a un testigo persona mayor con escasos conocimientos informáticos que se conecte y preste su declaración online, que pedirlo a una persona joven o adulta que utiliza la videoconferencia con regularidad. Tampoco es lo mismo exigir a una empresa multinacional que dispone de abundantes recursos que celebre la vista online que exigirlo a una pequeña empresa, situada en un país con escasos medios tecnológicos.

Segundo, es importante el objeto o contenido de la vista. No son iguales una vista para tomar declaración a un testigo, para reconocer a una persona o un objeto o incluso un lugar, que una vista cuyo contenido es discutir una excepción procesal o formular conclusiones a la vista de la prueba. En este sentido, en el ámbito de la justicia civil, existen muchas audiencias previas en las cuales las cuestiones que se tratan son todas ellas cuestiones que pueden ser ventiladas en una conversación entre los representantes de las partes y el juez, ya que de lo que se trata es de argumentar o transmitir oralmente información conceptual que permita tomar una decisión. En las vistas que consistan en la práctica de prueba personal o en que haya objetos que no sean meros documentos que puedan escanearse, en cambio, deben considerarse las limitaciones del medio y esa pérdida de información que puede existir de no celebrarse presencialmente. Pero tampoco debe preferirse la presencialidad a ultranza, porque al fin y al cabo, la vistas presenciales son muy caras para todos.

---

[11] Es frecuente que la doctrina alcance una conclusión similar. Ver, por ejemplo, De Vocht, D.L.F., Trials by video link after the pandemic: the pros and cons of the expansion of virtual justice, China-EU Law Journal nº 8, pp. 33-44 (2022).

Tercero, debe considerarse el formato global del acto, si es una vista virtual o híbrida. No son equiparables una vista híbrida, en que parte de los intervinientes se reúnen físicamente y otros intervienen de forma telemática, de otra totalmente virtual u online. En una vista totalmente virtual todos los participantes se encuentran en la misma situación, con las mismas limitaciones, y expectativas similares. Hay una igualdad, que es valorable en términos de la garantía equivalente. En cambio, en una vista híbrida, la persona que interviene de forma telemática se encuentra en una situación totalmente diversa del resto de intervinientes reunidos presencialmente, prácticamente en un mundo aparte. Es fácil que se sienta marginada porque para los reunidos físicamente, la pantalla se difumina ante el peso de los sucesos reales que acaparan la atención de los sentidos. O la persona que interviene a distancia es fácil que no entienda lo que está pasando en el lugar donde todos están reunidos y que se dificulte la comunicación.

Por último, como con toda herramienta, el uso de las vistas online requiere de una ponderación de medios y fines, es decir en términos de eficiencia para alcanzar un resultado. Aquí los parámetros a tener en cuenta son, por un lado, la importancia del asunto, la importancia de una decisión correcta, de que la información llegue de forma total y adecuada. Y, por otro lado, los gastos del proceso o de la vista en términos de coste y tiempo. Un asunto de mucha importancia económica o graves consecuencias personales para los implicados se debe despachar con una vista presencial dado que se justifica plenamente incurrir en los costes de tiempo y dinero que entraña una vista presencial. En cambio, en un asunto de pequeña cuantía o escasa relevancia práctica, ahorrarse el coste de la vista presencial resulta fundamental, incluso para la rentabilidad del asunto.

En conclusión, no hay un elemento determinante, ni siquiera preponderante. Por eso, nos parece razonable que en última instancia la decisión dependa del acuerdo de las partes y, a falta de este, de la decisión del juzgador que está a cargo del enjuiciamiento del caso concreto, dado que son los que mejor situados están para valorarlo. En nuestro sistema arbitral, se cumple claramente esta regla dado que prima el acuerdo de las partes sobre el procedimiento y a falta de este corresponde al árbitro. En nuestro sistema judicial, en cambio, la opinión de las partes no se tiene formalmente en cuenta siempre, aunque sí corresponde al juzgador tomar la decisión respecto del caso concreto. En todo caso, consideramos que las últimas reformas legislativas vienen a introducir reglas fijas, como la vista física preferente para la práctica de prueba, que chocan con una debida ponderación de las circunstancias del caso.

6. LA INTEGRACIÓN DE LA VISTA ONLINE CON OTRAS REGLAS DEL JUEGO: AJUSTES NECESARIOS DE LA NORMATIVA

La celebración de una vista online requiere adaptar el acto procesal al nuevo medio en que se celebra, lo que no siempre se ha tenido en cuenta en la regulación legal. En este sentido, el legislador hasta la fecha se ha limitado a establecer un marco que permita al juez celebrar la vista online, pero no ha modificado otras normas que regulan los actos procesales o el propio proceso, lo que da lugar a ciertas dificultades prácticas. Hay cosas que pueden hacerse presencialmente y en cambio, online, no pueden necesariamente realizarse de la misma forma. Pongamos algunos ejemplos de situaciones que pueden ser habituales y que nos sugieren que, al margen de las disposiciones generales sobre la videoconferencia, deberían regularse otras situaciones para dar mayor seguridad a su uso.

Una primera situación sería aquella en que es necesario aportar o intercambiar documentación en la vista. Por ejemplo, en la audiencia previa del juicio ordinario o en la vista del juicio verbal la parte puede aportar documentos nuevos o de nueva noticia o relevantes a la vista de las alegaciones. Cuando la vista es física se entrega una copia físicamente del documento al juez y a las demás partes. ¿Como hay que hacerlo en una vista online? Nada dice la normativa y en la práctica se está procediendo de varias formas: o bien durante la vista online se solicita a la parte que envíe un correo electrónico con la copia de la documentación que quiere presentar, lo que exige que sean documentos y no otros medios de prueba, que previamente estén escaneados y que se disponga de los correos electrónicos para su envío; o bien se hace llegar a la otra parte y al juez con anterioridad a la vista por correo o a través del Lexnet, lo que no da cumplimiento exactamente a la exigencia legal pero es mejor que no poder aportarla y sin que se vea mermado el derecho de la otra parte; o bien, si es una vista híbrida y la parte está asistida con procurador, éste se puede encargar de presentar la documentación físicamente al tribunal y a la otra parte en el acto.

La segunda situación sería aquella en que es necesario exhibir una documentación o un objeto a un testigo o un perito por ejemplo para que los examine y tomarle la declaración. En una vista presencial está a disposición tanto el declarante, como una copia de los autos o del objeto, y esta exhibición se hace fácilmente. En cambio, en una vista online totalmente debe tenerse previamente escaneada una copia de la documentación para poderla proyectar en la pantalla o bien el testigo perito debe disponer de una copia, bien porque ya la tiene personal o porque se le ha facilitado con anterioridad. En una vista híbrida, si el perito interviene online, entonces deberá hacerse de forma similar. Pero si el perito está físicamente presente, pero no lo está el abogado, deben darse las instrucciones para la exhibición correspondiente de la copia del juzgado. Ni qué decir tiene que estas situaciones pueden dar lugar a dudas sobre la autenticidad de la copia que ve el declarante, si está apreciando debidamente un detalle, o si todo el mundo está examinando el mismo documento a la vez.

La tercera situación es la relativa a la ausencia de interferencia en las personas intervinientes. Esto es particularmente importante respecto de los testigos que deben prestar libre y espontáneamente su colaboración al tribunal. Debe poderse ver al testigo y a lo que lo rodea de forma que descartemos que esté prestando declaración sometido a coacción o amenaza, o que esté recibiendo las respuestas dictadas por una persona situada detrás de la cámara. Esto puede exigir que el juez realice comprobaciones adicionales y pida al testigo que muestre la situación a su alrededor y le haga preguntas sobre dónde está, si hay alguien más con él, y si existe algún impedimento para tomarle voluntariamente declaración. Son preguntas que quizá deberían incorporarse a las "generales de la ley" en estos supuestos y no verlas como invasivas o ataques a la intimidad.

Una cuarta situación es la relativa a la verificación de la incomunicación de los declarantes. A fin de que no se contamine un testigo con otro testigo es necesario evitar que un testigo pueda presenciar la declaración de otro testigo y en una vista física el control del acceso a la sala de vistas lo consigue. En una vista online, debe suceder lo mismo y, por tanto, el testigo solo debe poder acceder en el momento de prestar su declaración y no puede estar presente en otras declaraciones. Esto puede obligar a crear enlaces específicos o controlar la asistencia a la vista activamente, pero se hace más difícil garantizar el cumplimiento de la independencia porque detrás de una misma conexión puede haber más personas o puede ocultarse la identidad del asistente. Al margen de articular los medios tecnológicos necesarios, ¿se debería quizá reforzar el cumplimiento de este requisito con advertencias del juzgado o sanciones específicas que hoy no se contemplan?

Una quinta situación se produce en relación con las comunicaciones abogado-cliente. El abogado y el cliente pueden tener que conversar o dar o recibir instrucciones sobre lo que se está produciendo en ese momento durante la vista. Instrucciones o intercambios de impresiones que por fuerza son confidenciales y deben estar protegidos por el secreto profesional. En una vista física, ambos deben encontrarse a distancia que lo permita, lo que no siempre se cumple. En una vista online, deben articularse medios para que esto sea posible también, por ejemplo, mediante la habilitación de salas de videoconferencia confidenciales o chats privados, aunque esto pueda requerir una interrupción del acto en sí, lo que también es necesario a veces en una vista física.

Una sexta situación, similar a la mencionada, se producen en caso de que sea necesaria interacción entre un declarante y un intérprete. El intérprete puede requerir de aclaraciones del declarante sobre el contenido, sentido o significado de sus palabras. Aunque pudiéramos pensar en que este intercambio debería ser público o no existe daño en que pueda oírse por todos los participantes, esto no es siempre así porque esta conversación puede contaminar y afectar al contenido final de la declaración y la percepción de los asistentes.

Por último, una séptima situación, ya mencionaba en otros momentos, es aquella en que sea necesario realizar un reconocimiento judicial de un lugar, persona u objeto. En una vista online, debido a las limitaciones del medio, esto puede ser difícil de realizar con garantías y por tanto se hay que valorar sí en ese concreto supuesto debe celebrarse el reconocimiento de forma aparte o presencialmente.

7. ¿EXISTE UN DERECHO A UNA VISTA PRESENCIAL?

En el análisis de la videoconferencia, es pertinente plantearse si existe un derecho a la vista presencial o física, por contraposición a la vista online o virtual.

Es una cuestión relevante no solo porque las administraciones de justicia en el mundo están implementando procesos de digitalización que irán a más en el futuro, sino también porque ya hoy se están celebrando actuaciones telemáticas y vistas online y la cuestión es pertinente en distintos momentos. Por el hecho de que la vista se haya celebrado online, ¿puede esto dar lugar a la anulación del juicio a instancia de una parte o del arbitraje en una acción de anulación? En procesos con una dimensión internacional, los tribunales de un Estado que tiene que tomar declaración a un testigo a petición de los de otro Estado, ¿cumplen correctamente su cometido si lo hacen online o impactará negativamente en el resultado de lo que se obtenga? En fin, está la cuestión de sus efectos en el ámbito del reconocimiento y ejecución de sentencias y laudos extranjeros. Si el arbitraje se ha llevado a cabo íntegramente online, ¿podrá ser reconocido por la justicia española o de otro lugar? Cuando la justicia española rinda una sentencia tras celebrar una vista online, ¿será reconocida por los tribunales del resto de los Estados?

A fuer de no poder realizar un estudio exhaustivo mundial, referimos el resultado de la encuesta del “International Council for Commercial Arbitration” o “Consejo International para el Arbitraje Comercial”, una asociación privada no gubernamental entre cuyos fines está la promoción del arbitraje, a juristas de 78 jurisdicciones de países parte del Convenio de Nueva York de 1958 sobre reconocimiento y ejecución de laudos arbitrales, llevada a cabo entre agosto del 2020 y mayo del 2021 y que ha dado lugar al informe nº 10 titulado "Existe un derecho a una vista física en el arbitraje internacional?"[12] Los resultados no se limitan al arbitraje sino que también abarcan a la justicia estatal lo que permite una comparativa.

En el arbitraje, la mayor parte de las jurisdicciones no contemplan un derecho a una vista física o presencial. Entre las excepciones, se encuentran países como Ecuador, Túnez, Venezuela, Vietnam, Zimbabwe y Suecia, en que sí existe un derecho a una vista física. Para los expertos consultados, la cuestión es dudosa en China, Bahrain, Dinamarca, Alemania y Noruega.

En cuanto al derecho a una vista física ante la justicia estatal, la situación sería la inversa. La mayor parte de las jurisdicciones contemplan un derecho a la vista física, aunque se aceptan las vistas online o la videoconferencia en ciertos casos, excepto en Ecuador, China y Túnez, países que la descartan en todo caso. En una minoría de países, los expertos descartan que exista un derecho a una vista física: England & Wales, Alemania, Croacia, Hungría y Nueva Zelanda.

Aunque no tenemos lugar para referirlo con detalle, los resultados de la encuesta evidencian que las disposiciones de los distintos Estados en cuanto a las condiciones en que pueden celebrarse vistas online son muy diversas. También que la mayor parte de los análisis dogmáticos parten de las garantías procesales que incorporan todos o la inmensa mayoría de los ordenamientos estudiados.

Estos datos nos muestran que en el arbitraje existe una mayor flexibilidad para celebrar vistas online que en los litigios ante la jurisdicción estatal. También se aprecia que ni mucho menos se ha generalizado todavía la realización de vistas online ante la justicia estatal. Sin embargo, el hecho de que no se garanticen las vistas online en el arbitraje es un dato que forzosamente tendrá un impacto también sobre la justicia estatal y su evolución futura. No es infrecuente que la justicia estatal trate de emular al arbitraje. La tendencia hacia la virtualización del arbitraje apunta a que todavía la justicia estatal tiene camino por recorrer en la misma dirección.

Para poner en contexto los resultados de la anterior encuesta queremos compartir con el lector otro dato relevante. Las vistas online son una manifestación del uso de la oralidad en los procedimientos judiciales, oralidad que no es un universal compartido y tiene un uso desigual. Para verlo reproducimos en la siguiente ilustración el grado de uso de la oralidad en los procedimientos judiciales de 108 países relativos a la reclamación de cheques a partir de los datos que constan en el proyecto Lex Mundi realizado en el año 2002 bajo la

---

12 International Counsel for Commercial Arbitration, "Report nº 10, Does a Right to a Physical Hearing Exist in International Arbitration?" (2022).

supervisión del Banco Mundial.[13] Se preguntó a los expertos sobre el uso de la oralidad para distintos trámites procesales: demanda, contestación, fase probatoria, resolución final, etc. Con eso podemos construir un "índice de escritura".

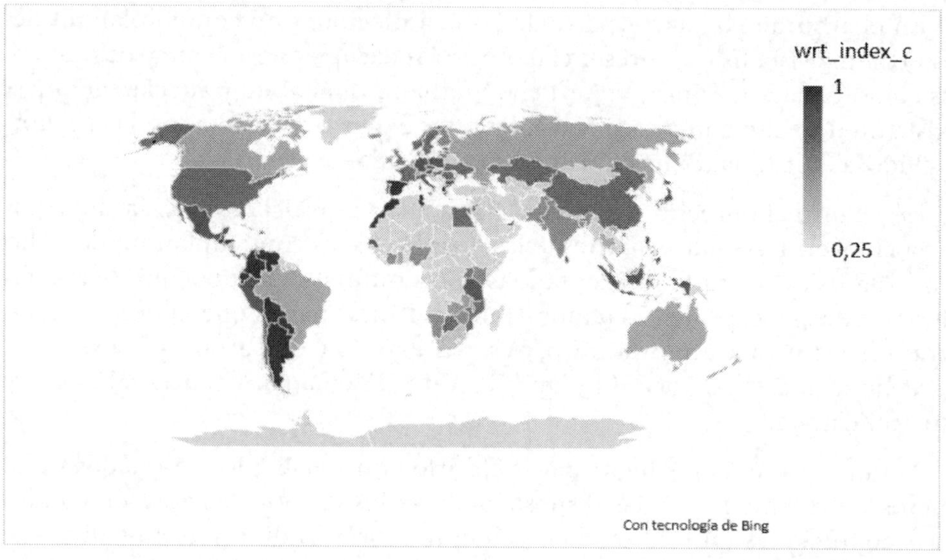

Ilustración 1. La oralidad en el mundo (World Bank/Lex Mundi Project 2003 – 108 países)

En color azul más oscuro encontramos los países con un mayor índice de escritura y en azul más claro aquellos con un menor índice de escritura. No se dispone de datos de los países en gris. Con solo una mirada podemos ver que la escritura sigue siendo la tónica general en los países con una tradición de Derecho Civil, y sobre todo herederos del derecho español, cómo se puede ver en los diversos países de Latinoamérica. En cambio, en los países del Derecho Común ("Common Law"), el uso de la oralidad está mucho más implantado. Esto nos augura quizá una mayor reticencia en el ámbito hispanoamericano de cara a la implantación de las vistas online. Pero incluso en los países más liberales como los Estados Unidos de Norteamérica, los resultados de una encuentran realizada por una prestigiosa universidad sobre la justicia virtual durante la pandemia evidencian que el grado de satisfacción dista mucho de ser completo, abogando buena parte de los entrevistados por volver a una justicia más tradicional.[14]

---

13 Djankov, Simeon, La Porta, Rafael, López-de-Silanes, Florencio, Shleifer, Andrei, Courts: the Lex Mundi Project, National Bureau of Economic Research nº 8890 (2002). Disponible en https://www.nber.org/papers/w8890.

14 Ver Pico i Junoy, Joan, La Experiencia norteamericana de la Virtual Justice: no es oro todo lo que reluce, en Logros y retos de la justicia civil en España (coord. por Guillermo Schumann Barragán; Fernando Jiménez Conde (dir.), Julio Banacloche Palao (dir.), Fernando Gascón Inchausti (dir.)), Ed. Tirant lo Blanch, pp. 719-728 (2023).

8. LAS VISTAS EN EL METAVERSO JUDICIAL Y LAS GARANTÍAS PROCESALES

La celebración de vistas online nos lleva a plantearnos cómo será el futuro de la administración de justicia. Se ha hablado de la Justicia en el "metaverso", un mundo online en tres dimensiones. Tal y como indica la etimología de la palabra, un mundo "más allá de nuestro universo". Nos promete una experiencia sensorial completa online superando por tanto todas las limitaciones que actualmente pueden afectar a una vista online. Es una visión muy ambiciosa y de muy difícil realización. Aunque no se alcance en su totalidad ciertamente todavía podemos acercarnos más a este ideal en muchos sentidos.

Una justicia en el metaverso posiblemente nos obligará a enfrentar una nueva realidad para las actuaciones judiciales dado que el metaverso podrá ser configurado y articulado, dentro de las ingentes posibilidades de un mundo informático. La inteligencia artificial y la ingeniería masiva de datos apenas nos están abriendo la puerta a estas nuevas posibilidades, que ahora sólo nos cabe conjeturar.

Así podemos pensar que la justicia en el metaverso incorporará inteligencias artificiales que ejecutarán algoritmos detectores de mentiras durante las declaraciones de testigos o peritos. La inteligencia artificial revisará que lo que manifiestan las partes o los peritos se corresponde con otras declaraciones o documentación que obra en autos, en tiempo real, advirtiendo al resto de participantes en la vista. Igualmente, imaginamos que la inteligencia artificial estará a la escucha de todo lo que suceda y podrá automáticamente ilustrar el contenido de la discusión, exhibiendo los documentos o fragmentos de la declaración que corroboran lo que se está diciendo, sin necesidad de instrucciones específicas. Incluso podrá acudir a las entrañas de internet para aportar nuevos hechos y alegaciones, como por ejemplo precedentes judiciales relevantes. El metaverso quizá también nos traiga la posibilidad de transportar la vista al lugar de los hechos, donde las partes y el juez podrán examinar en detalle su situación entonces y en el mismo momento de la vista. Por último, en este metaverso probablemente nos encontremos con partes virtuales que no necesariamente tendrán una contrapartida física: un Ministerio Fiscal virtual, un abogado defensor de oficio virtual o, por supuesto, un juez virtual, todos ellos inteligencias artificiales que realizarán la labor de los homónimos, bien en apoyo, bien en sustitución de personas reales.

Las vistas online que hoy tratamos están muy lejos todavía de esta imagen y no queremos necesariamente articular una visión negativa de este metaverso judicial, pero debemos prevenirnos en contra de un metaverso judicial que se convierta en una pesadilla tecnológica, en una deshumanización de la justicia. La forma y contenido de este metaverso sigue estando hoy en nuestras manos y por tanto nos corresponderá a todos nosotros como sociedad decidir qué tipo de administración de justicia habrá en el metaverso.

Para movernos en el futuro mundo de la justicia virtual, desde nuestro punto de vista no es necesario regular un derecho fundamental a las vistas presenciales, como tampoco lo es establecer un derecho fundamental a las vistas online. Nuestra propuesta pasa por defender las garantías y derechos procesales que son comunes y ampliamente compartidas, lo que de conseguirse ya será mucho. En este sentido, el art. 10 de la Declaración Universal de los Derechos Humanos de 1948, así como otros convenios internacionales sobre derechos humanos, recogen el núcleo de estas garantías universalizadas y que deberá servirnos de patrón y guía: *"toda persona tiene derecho, en condiciones de plena igualdad, a ser oída públicamente y con justicia por un tribunal independiente e imparcial, para la determinación de sus derechos y obligaciones o para el examen de cualquier acusación contra ella en materia penal."*

Esta declaración no contempla el medio ni el formato de los procedimientos judiciales, ni expresa ni implícitamente. No predetermina en ningún sentido la cuestión de si una vista online o física vulnera los derechos de un ciudadano. Sí obliga a que el tribunal sea independiente e imparcial, lo que es posible en una vista virtual. También obliga a dar un derecho de audiencia en condiciones de igualdad y justicia, pero nuevamente es perfectamente posible en un mundo virtual. Donde quizá se requerirá un mayor esfuerzo es en garantizar el derecho a un juicio público que también contempla este artículo. Es aquí donde la justicia virtual se enfrenta a un reto que requiere cambios mayores y profundos. Apuntamos dos direcciones sobre las que debe actuar el legislador en el futuro para dar cumplimiento a esta garantía.

Primero, si la justicia pasara a ser virtual, el público debería poder acceder a las vistas a fin de que no mermara esta garantía de publicidad. El escrutinio público del acto judicial aporta seguridad jurídica a todos los ciudadanos. Basta con que un espectador pueda estar presente en un juicio para que esto tenga repercusiones sistémicas y generales. Actualmente la administración de justicia no permite todavía dar pleno cumplimiento a este derecho cuando las vistas se celebran online. En un futuro deberíamos pensar en que habrá una página web de la administración de justicia con multitud de accesos a las salas de justicia de los tribunales a las que podrá accederse con normalidad desde cualquier lugar por cualquier interesado al igual que ocurre hoy en día con las vistas que se celebran en audiencia pública. El reciente Real Decreto-ley 6/2023, de 19 de diciembre, da un pequeño paso en esta dirección.

Segundo, la garantía de publicidad lleva implícito un mandato de transparencia de la Administración de Justicia que en un mundo virtual e informático debe jugar un papel más relevante del que juega hoy. Ahora se publican las resoluciones judiciales y se hacen disponibles públicamente. Pero cuando las inteligencias artificiales sean apoyos omnipresentes para la Administración de justicia o cuando directamente tengamos jueces-robot, la existencia de estas inteligencias artificiales, los algoritmos de funcionamiento, los datos con los que han sido entrenadas, cómo y por quién, los datos con los que se nutren y que consultan para producir sus resultados, así como los resultados que puedan producir y el uso práctico que se les dé, deberá también estar a disposición del público para garantizar esa publicidad de la justicia y la transparencia de su funcionamiento. Sólo así se evitará que volvamos a los tiempos del oráculo y que realmente la justicia virtual entrañe un progreso para la humanidad.

BIBLIOGRAFÍA

De Vocht, D.L.F., Trials by video link after the pandemic: the pros and cons of the expansion of virtual justice, China-EU Law Journal nº 8, pp. 33-44 (2022).

Djankov, Simeon, La Porta, Rafael, López-de-Silanes, Florencio, Shleifer, Andrei, Courts: the Lex Mundi Project, National Bureau of Economic Research nº 8890 (2002). Disponible en https://www.nber.org/papers/w8890.

García Sanz, Javier y González Guimaraes-Da Silva, Javier, Las "vistas telemáticas" en el proceso civil español: visión comparada, regulación y cuestiones prácticas que suscita su celebración", en Diario La Ley nº 9659, 23.06.2020, Ed. Wolters Kulwer (2020).

Gutiérrez Barrenengoa, Ainhoa, El uso de la videoconferencia en el proceso penal: utilidades, requisitos y limitaciones, Revista de Derecho, Empresa y Sociedad (REDS), Nº. 14, pp. 27-41 (2019).

International Council for Commercial Arbitration, "Report nº 10, Does a Right to a Physical Hearing Exist in International Arbitration?" Editorial International Council for Commercial Arbitration (2022). Disponible en https://www.arbitration-icca.org/icca-reports-no-10-right-to-a-physical-hearing-in-international-arbitration.

Pico i Junoy, Joan, La Experiencia norteamericana de la Virtual Justice: no es oro todo lo que reluce, en Logros y retos de la justicia civil en España (coord. por Guillermo Schumann Barragán; Fernando Jiménez Conde (dir.), Julio Banacloche Palao (dir.), Fernando Gascón Inchausti (dir.)), Ed. Tirant lo Blanch, pp. 719-728 (2023).

Capítulo XLVII:

Algunas consideraciones en torno a la regulación presente y futura de las actuaciones procesales penales mediante videoconferencia[1]-[2]

ROSER CASANOVA MARTÍ
Profesora Lectora de Derecho Procesal.
Universitat Rovira i Virgili

Sumario: 1. Introducción. 2. Regulación actual en España tras la finalización de la pandemia. 3. Hacia donde vamos: breve análisis de las propuestas en *standby* del legislador español. 4. A modo de conclusión.

Resumen: Con la declaración, el pasado 4 de julio de 2023, de la finalización de la situación de crisis sanitaria ocasionada por la COVID-19, el objetivo de esta comunicación es analizar la regulación vigente en el ordenamiento jurídico español sobre el uso de la videoconferencia en el proceso penal, así como realizar una aproximación al futuro más inmediato en torno a las diferentes propuestas de regulación en esta materia que deberá afrontar el Gobierno que se constituya a raíz de los resultados de las elecciones generales de 23 de julio de 2023.

---

1 Este estudio se enmarca en los «Proyectos de I+D+i» del Plan Estatal de Investigación Científica del Ministerio de Ciencia e Innovación del periodo 2021-2025: Nuevos retos tecnológicos del derecho probatorio" (PID2020-115304GB-C21); y "Nuevos retos de género del derecho probatorio" (PID2020-115304GB-C22). Asimismo, se enmarca en el Grupo de Investigación SGR 2023 "Retos del Derecho Procesal (ReDePro)" reconocido y financiado por la Agència de Gestió d'Ajuts Universitaris i de Recerca (AGAUR) del Departament de Recerca i Universitats de la Generalitat de Catalunya.

2 Este capítulo fue elaborado y enviado con anterioridad a la aprobación del Real Decreto 6/2023, de 19 de diciembre de 2023, por el que se aprueban medidas urgentes para la ejecución del Plan de Recuperación, Transformación y Resiliencia en materia de servicio público de justicia, función pública, régimen local y mecenazgo («BOE» núm. 303, de 20/12/2023), lo que tiene como consecuencia que no se hayan podido tener en cuenta las novedades introducidas sobre el tema objeto de estudio. Siendo esto así, téngase en cuenta que el pasado 20 de marzo de 2024 entró en vigor el nuevo art. 258 bis en la Ley de Enjuiciamiento Criminal sobre la celebración de los actos procesales mediante presencia telemática que acoge en gran medida el contenido de las Propuestas de Ley de Eficiencia Procesal y de Eficiencia Digital analizadas en este trabajo.

1. INTRODUCCIÓN

El uso de la videoconferencia[3] para la realización de determinadas actuaciones procesales ha experimentado un crecimiento exponencial en los últimos tiempos, crecimiento que en gran medida deriva de la irrupción del COVID-19 en marzo de 2020. En el ámbito de la justicia, esta práctica tuvo como consecuencia que más allá de actuaciones procesales puntuales se permitiese -si bien excepcionalmente durante el tiempo que duró la pandemia- la celebración de juicios telemáticos[4]. Para dar respuesta al uso masivo de la videoconferencia en el ámbito judicial, el Consejo General del Poder Judicial elaboró una Guía para la celebración de actuaciones judiciales telemáticas[5] con el objetivo de ser un texto provisional mientras no se constase con una regulación integral de esta cuestión en la Administración de Justicia[6].

De vuelta, parece que, de manera definitiva, a la realidad anterior a la pandemia[7], vemos que la realización de actos procesales telemáticos ya no es pre-

---

3 Entendida como un "encuentro a través de una red de telecomunicaciones, frecuentemente convocado con anterioridad, que permite a varios interlocutores verse, oírse y compartir información", https://dle.rae.es/videoconferencia (fecha de consulta 01.08.2023).

4 Arts. 19 y 20 del ya derogado Real Decreto-ley 16/2020, de 28 de abril, de medidas procesales y organizativas para hacer frente al COVID-19 en el ámbito de la Administración de Justicia. A raíz de la pandemia del COVID19 celebración de actuaciones judiciales en formato virtual. https://www.abogacia.es/actualidad/noticias/primer-ano-de-juicios-telematicos-300-000-comparecencias-virtuales/ (fecha de consulta: 01.08.2023).

5 Disponible en: file:///Users/roser/Downloads/GUIA%20ACTOS%20PROCESALES%20TELEMATICOS%20Y%20ANEXO_CP27052020.pdf (fecha de consulta: 02.08.2023).

6 Así lo reconoció el propio CGPJ en su comunicación de 27 de mayo de 2020. Consúltese https://www.poderjudicial.es/cgpj/es/Poder-Judicial/En-Portada/La-Comision-Permanente-aprueba-una-Guia-para-la-celebracion-de-actuaciones-judiciales-telematicas (fecha de consulta 02.08.2023). Además, la disposición final 3ª de la Ley 18/2011, de 5 de julio, reguladora del uso de las tecnologías de la información y la comunicación en la Administración de Justicia, ya establecía que "el Gobierno presentará un proyecto de Ley que regule de manera integral el uso de los sistemas de videoconferencia en la Administración de Justicia", lo que se encuentra pendiente de cumplimiento. https://www.boe.es/buscar/act.php?id=BOE-A-2011-11605&p=20200919&tn=1#dftercera (fecha de consulta: 02.08.2023).

7 Las medidas contenidas en el Capítulo III sobre medidas organizativas y tecnológicas de la Ley 3/2020, de 18 de septiembre, de medidas procesales y organizativas para hacer frente al COVID-19 en el ámbito de la Administración de Justicia dejan de ser aplicables, como indica la Disposición transitoria segunda de la referida ley, por la reciente Orden SND/726/2023, de 4 de julio, por la que se publica el Acuerdo del Consejo de Ministros de 4 de julio de 2023, por el que se declara la finalización de la situación de crisis sanitaria ocasionada por la COVID-19.

ferente, sino que la presencialidad vuelve a ser la regla general, al menos hasta saber qué sucede, durante la próxima legislatura, con el Plan Justicia 2030[8] y la recuperación, o no -y en qué términos-, por parte del nuevo Gobierno, de las Propuestas de Ley de eficiencia procesal y digital[9]. Siendo esto así, en este preciso momento, no encontramos amparo legal para la celebración de juicios completamente online en el ordenamiento jurídico vigente, sin embargo, sí que se permite la realización telemática de determinados actos procesales como declaraciones, interrogatorios, testimonios, ratificación de informes periciales o vistas, siempre que se respeten todas las garantías procesales[10], sobre todo cuando nos encontramos en sede del proceso penal donde el derecho de defensa cobra especial relevancia.

A pesar de ello, está claro que la Administración de Justicia no puede quedarse al margen de la revolución tecnológica y así lo reconoce la propia doctrina judicial: el proceso judicial "no puede sustraerse al avance de las nuevas tecnologías. Y la utilización del sistema de videoconferencia para la práctica de actos procesales de indudable relevancia probatoria, forma parte ya de la

---

8 Consúltese https://www.justicia2030.es/ (fecha de consulta 26.07.2023). Si bien cabe recordar el mandato que tiene el legislador de legislar sobre esta materia como se desprende del tenor literal de la Disposición final decimosegunda. Actuaciones telemáticas.

9 Real Decreto 400/2023, de 29 de mayo, de disolución del Congreso de los Diputados y del Senado y de convocatoria de elecciones («BOE» núm. 128, de 30 de mayo de 2023). La decisión de adelantar las elecciones generales al 23 de julio, tomada por el presidente del Gobierno, Pedro Sánchez, [...] «mata» el Plan Justicia 2030, cuya implementación había sido pensada para un periodo de 10 años. Esto quiere decir que los tres proyectos de Ley que sustentan dicho Plan, ahora en el Parlamento -la Ley Orgánica de Eficiencia Organizativa (LOEO), la Ley de Eficiencia Procesal y la Ley de Eficiencia Digital-, decaerán -«morirán»- con el fin de esta Legislatura. Consúltese https://confilegal.com/20230529-el-adelanto-de-elecciones-mata-los-tres-proyectos-de-ley-de-eficiencia-de-la-justicia-ahora-en-el-parlamento/ (fecha de consulta 26.07.2023).

10 Parte de la doctrina es reticente a la generalización de los juicios telemáticos y alerta de la necesidad de proteger las garantías constitucionales del proceso en su desarrollo, mostrándose más partidaria de la celebración presencial de los juicios. Destacamos a PICÓ JUNOY, J., "La experiencia norteamericana de la *Virtual Justice*: no es oro todo lo que reluce", en Logros y retos de la justicia civil en España (dir. Jiménez Conde, Banacloche Palao, Gascón Inchausti), Tirant lo Blanch, Valencia, 2023, pp. 726 a 728; PRENDES VALLE, M., *Algunas reflexiones sobre los juicios telemáticos*, Revista de Jurisprudencia, diciembre 2021, https://elderecho.com/algunas-reflexiones-sobre-los-juicios-telematicos (fecha de consulta: 20.07.2023); y RICHARD GONZÁLEZ, M., "La implantación de la denominada justicia electrónica en la era post COVID-19", en La prueba a debate, J. M. Bosch, 2021, pp. 154 y ss.

práctica habitual de los Tribunales de justicia"[11]. Por lo tanto, la experiencia adquirida durante el tiempo de pandemia y la evolución constante de la tecnología en todos los ámbitos de nuestra sociedad debe llevar al legislador a aprobar una ley que dé respuesta a esta realidad que ya no se concibe sin la digitalización.

Con este telón de fondo, el objetivo de este trabajo es analizar la regulación vigente sobre el uso de la videoconferencia en el proceso penal, así como realizar una aproximación al futuro más inmediato en torno a las diferentes propuestas de regulación realizadas por parte del legislador español en esta materia, a pesar de la caída de éstas por la disolución de las Cortes en mayo de 2023.

2. REGULACIÓN VIGENTE EN ESPAÑA TRAS LA FINALIZACIÓN DE LA PANDEMIA

Pese a la reciente declaración, el pasado 4 de julio de 2023, de finalización de la situación de crisis sanitaria ocasionada por la COVID-19 y tras la derogación de la normativa existente durante la pandemia, en el ordenamiento jurídico español se encuentra igualmente contemplada la posibilidad de realizar actuaciones procesales a través de videoconferencia, para la totalidad de los órdenes jurisdiccionales, en los arts. 229 y 230 de la Ley Orgánica del Poder Judicial -y concordantes-.

En concreto, el apartado tercero del art. 229 LOPJ -introducido por la disposición adicional única de la Ley Orgánica 13/2003[12]- permite la utilización de la videoconferencia en las declaraciones, interrogatorios, testimonios, careos, exploraciones, informes, ratificación de los periciales y vistas, siempre que se cumplan los siguientes requisitos: en primer lugar, cuando se permita la comunicación bidireccional y simultánea de imagen y sonido, es decir, que exista una verdadera conversación; en segundo lugar, cuando sea posible la interacción visual auditiva y verbal de los intervinientes situados en puntos

---

[11] AAP de Burgos (Sección 1ª) núm. 146/2022, de 21 de febrero, f.j. 2º; AAP de Madrid (Sección 27ª), núm. 323/2019, de 27 de febrero, f.j. 1º. En este sentido, se pronuncia también el Tribunal Supremo, como recuerda en su sentencia (Sala de lo Penal, Sección 1ª) núm. 17/2021, de 14 de enero, f.j. 1º: "La posibilidad del uso de la videoconferencia como mecanismo para no recurrir al expediente de la prueba anticipada, más allá de los casos estrictamente necesarios, se ha convertido en una innegable realidad en la práctica de los tribunales".

[12] Ley Orgánica 13/2003, de 24 de octubre, de reforma de la Ley de Enjuiciamiento Criminal en materia de prisión provisional.

geográficamente distantes; y, en tercer lugar, cuando se salvaguarde el derecho a la contradicción y el derecho de defensa.

Sobre ello, la doctrina judicial avala la videoconferencia como método que garantiza la oralidad, la inmediación[13] y la contradicción[14]. En concreto, como señala la reciente SAP de Ávila (Sección 1ª), núm. 6/2023, de 1 de febrero[15], "la utilización de la videoconferencia, y en general, del uso de los nuevos medios técnicos de comunicación, está expresamente autorizada en las actuaciones procesales con la sola exigencia de que se respeten las garantías del proceso y muy especialmente el principio de contradicción".

Centrándonos en el ámbito penal, la utilización de la videoconferencia está expresamente prevista en los arts. 325 (fase de instrucción) y 731 bis LECrim[16] (fase de enjuiciamiento) que, si bien no se prevé su uso con carácter general, se admite siempre que exista alguna de las siguientes razones: a.- Utilidad, seguridad u orden público. b.- Dificultad o alto coste de la comparecencia personal de la persona o perito concernido. c.- Cuando deban intervenir menores, en garantía de su indemnidad, para evitar la denominada "victimi-

---

13 El AAP de Burgos (Sección 1ª) núm. 146/2022, de 21 de febrero, f.j. 2º, recuerda lo que el Tribunal Supremo indica en relación con este principio: "el principio de inmediación sigue siendo considerado un valor que preservar, sólo sacrificable cuando concurran razones que, debidamente ponderadas por el órgano jurisdiccional, puedan prevalecer sobre las ventajas de la proximidad física y personal entre las fuentes de prueba y el Tribunal que ha de valorarlas". Sobre este principio en el contexto de las declaraciones telemáticas véase a FERNÁNDEZ-FIGARES MORALES, M. J., "Audiencias telemáticas en la Justicia. Presente y futuro", Tirant lo Blanch, Valencia, 2021, p. 125.

14 Así se pronuncian, entre otras, el AAP de Burgos (Sección 1ª) núm. 146/2022, de 21 de febrero, f.j. 2º; la SAP de A Coruña (Sección 2ª), núm. 314/2020, de 23 de julio; y la STS (Sala de lo Penal, Sección1ª), núm. 161/2015, de 17 de marzo. Asimismo, sobre los principios, garantías y derechos procesales que regulan los actos orales del proceso y, por ende, los realizados mediante videollamada véase FERNÁNDEZ-FIGARES MORALES, M. J., Audiencias telemáticas..., ob. cit., pp. 32 y ss. Véase también BUENO BENEDÍ, M., *Videoconferencia y juicios telemáticos,* La Ley, Barcelona, 2023, quien realiza un análisis de la normativa y la jurisprudencia existente sobre la videoconferencia en los procesos judiciales para determinar qué es necesario para respetar los derechos y garantías de las partes y contribuir a una justicia de calidad.

15 En la misma línea se pronuncian la SAP de A Coruña (Sección 2ª), núm. 314/2020, de 23 de julio, f.j. 2º; el AAP de Madrid (Sección 27ª), núm. 323/2019, de 27 de febrero, f.j. 1º.

16 Sobre este precepto señala la SAP de Ávila (Sección 1ª) núm. 6/2023, de 1 de febrero que "De dicho artículo hay que resaltar que la utilización de la videoconferencia no tiene la vocación de sustituir en el futuro *sic et simpliciter* la oralidad e inmediación de la tramitación del proceso ni muy singularmente del plenario".

zación secundaria" derivada de la presencia física de la persona menor víctima en el plenario.

Como señala el Tribunal Supremo[17], "la lectura contrastada de estos preceptos evidencia que mientras el art. 229 LOPJ condiciona la utilización de la videoconferencia a que no se resientan los principios estructurales de contradicción y defensa, el art. 731 bis LECrim rodea esa opción tecnológica de cautelas que solo justificarían su empleo cuando se acreditara la concurrencia de razones de utilidad, seguridad, orden público o, con carácter general, la constatación de un gravamen o perjuicio para quien haya de declarar con ese formato".

Así pues, queda claro que, en la actualidad, en aplicación de los preceptos analizados, es totalmente posible, en el ámbito penal, la realización de actuaciones procesales, entre las que destaca la práctica de las pruebas, por videoconferencia. Sin embargo, como recuerda el AAP de Burgos (Sección 1ª) núm. 146/2022, de 21 de febrero[18], el Tribunal Supremo señala que "no es menos cierto que cualquier modo de practicarse las pruebas personales que no consista en la coincidencia material, en el tiempo y en el espacio, de quien declara y quien juzga, no es una forma alternativa de realización de las mismas sobre cuya elección pueda decidir libremente el órgano judicial sino un modo subsidiario de practicar la prueba, cuya procedencia viene supeditada a la concurrencia de causa justificada, legalmente prevista".

Más cautelas, si cabe, merece la declaración del encausado en sede de juicio oral mediante videoconferencia, pues como señala el Tribunal Supremo[19] si bien existe la "posibilidad legal del juicio con presencia solo virtual (pero, en todo caso, presencia) del acusado", debe tenerse en cuenta el derecho de defensa y "la exigencia de fundadas razones de excepcionalidad que, mediante el adecuado juicio de proporcionalidad, respalden la decisión de impedir el contacto visualmente directo del órgano de enjuiciamiento con el imputado"[20]. Siendo esto así, según el tenor literal del art. 731 bis LECrim es admitida, aunque con considerables cautelas, la posibilidad de la decla-

---

17 STS (Sala de lo Penal, Sección1ª), núm. 161/2015, de 17 de marzo; y, en la misma línea se pronuncia el AAP de Madrid (Sección 27ª), núm. 323/2019, de 27 de febrero, f.j. 1º.

18 f.j. 2º. Y STS (Sala de lo Penal, Sección1ª), núm. 161/2015, de 17 de marzo.

19 STS Sala de lo Penal, Sección 1ª, núm. 652/2021, de 22 de julio, f.j. 1º.

20 SAP de Ciudad Real (Sección 2ª) núm. 78/2022 de 9 de mayo, f.j. 1º. Si bien es cierto que es legalmente factible la celebración de un juicio oral con presencia solo telemática del acusado, también lo es que deben cumplirse todas las garantías, pues de no ser así podrá declararse la nulidad de las actuaciones. Este es el caso que se analiza en la SAP de Madrid (Sección 2ª), núm. 497/2022, de 6 de septiembre, en la que se declara la nulidad de las actuaciones por celebrarse el juicio con el acusado a través de

ración del encausado mediante videoconferencia, y así lo reconoce la doctrina judicial[21].

En definitiva, en el contexto normativo actualmente vigente en nuestro país, existe cobertura para la realización, en determinadas ocasiones, de actuaciones procesales penales a través del sistema de videoconferencia, pero, sin embargo, no se prevé legalmente la posibilidad de celebrar juicios telemáticos, quedando a la expectativa de la aprobación de una futura regulación al respecto.

3. HACIA DONDE VAMOS: BREVE ANÁLISIS DE LAS PROPUESTAS EN *STANDBY* DEL LEGISLADOR ESPAÑOL

El legislador español en un intento de agilizar la justicia y sus procedimientos pretendió aprobar la Propuesta de Ley de Eficiencia Procesal (PLEP) y la Propuesta de Ley de Eficiencia Digital (PLED)[22], las cuales no han visto la luz, esperemos que sea por el momento, debido a la convocatoria de elecciones generales, celebradas el pasado 23 de julio de 2023. Estas propuestas iban encaminadas a convertir en regla general la celebración de las actuaciones procesales a través de videoconferencia, trasladando la asistencia física al juzgado solo en determinados supuestos[23]. Centrándonos en el ámbito penal pasamos,

---

videoconferencia pero que éste no podía visualizar la vista que se estaba celebrando por ser solo llamada, sin que su queja fuera atendida por la Juez que presidía la vista.

21 Así, por ejemplo, véase la SAP de Ciudad Real (Sección 2ª) núm. 78/2022, de 9 de mayo, f.j. 1º; y el AAP de Barcelona (Sección 5ª), núm. 18/2022, de 12 de enero, f.j. 2º.

22 Véase ampliamente MARTÍN PASTOR, J., "Retos de la justicia digital", en Logros y retos de la justicia civil en España (dir. Jiménez Conde, Banacloche Palao, Gascón Inchausti), Tirant lo Blanch, Valencia, 2023, pp. 592 a 614, quien realiza un análisis detallado de ambas propuestas.

23 En la misma línea va el legislador europeo, que en el ámbito penal, tras la Orden Europea de Investigación (véase el art. 24 de la Directiva 2014/41/CE del Parlamento Europeo y del Consejo, de 3 de abril de 2014, relativa a la orden europea de investigación en materia penal y los arts. 197 y 216 de la Ley 3/2018, de 11 de junio, por la que se modifica la Ley 23/2014, de 20 de noviembre, de reconocimiento mutuo de resoluciones penales en la Unión Europea, para regular la OEI) tiene sobre la mesa la propuesta de Reglamento del Parlamento Europeo y del Consejo sobre la digitalización de la cooperación judicial y del acceso a la justicia en los asuntos transfronterizos civiles, mercantiles y penales, y por el que se modifican determinados actos legislativos en el ámbito de la cooperación judicial. (Bruselas, 1.12.2021, COM (2021) 759 final, 2021/0394(COD)). Consúltese en https://eur-lex.europa.eu/legal-content/ES/TXT/?uri=CELEX%3A52021PC0759 (fecha de consulta: 21.07.2023). Sobre la propuesta de Reglamento véase el estudio de FONTESTAD PORTALÉS, L., "La digitalización de la cooperación judicial penal en la Unión Europea", en A

a continuación, a hacer un breve análisis del contenido del PLEP, por un lado, y el PLED, por el otro.

En primer lugar, el PLEP[24] señalaba en su Exposición de Motivos (III) que solo se modificaba la LECrim en cuestiones puntuales en aras a "ordenar los procedimientos existentes para fomentar su agilización, hasta tanto se elabore y entre en vigor una nueva Ley de Enjuiciamiento Criminal que diseñe un procedimiento penal del siglo XXI". En cuanto a los actos procesales telemáticos se introducía -a través del art. 18 PLEP- una Disposición adicional octava que recogía algunas reglas especiales y necesarias para la celebración de actuaciones judiciales mediante el sistema de videoconferencia en el orden jurisdiccional penal.

Sobre esta propuesta debemos señalar que tras la convocatoria de elecciones, fue -igualmente- publicado el 8 de junio de 2023 en el Boletín Oficial de las Cortes Generales el informe[25] de la ponencia sobre el Proyecto de Ley de medidas de eficiencia procesal del servicio público de Justicia y la incorporación de las enmiendas realizadas al texto en el cual, por lo que nos interesa en este estudio, la propuesta de Disposición adicional octava de la LECrim quedaría redactada de manera idéntica que en el PLED; contenido que analizaremos a continuación. Ello significa que, en caso de rescatar la tramitación de los textos durante la nueva legislatura, el legislador debería valorar si es necesaria tal duplicidad o, por el contrario, eliminar una de las dos normas que modifican la LECrim para evitarlo.

En segundo lugar, el PLED[26], a través de su Disposición final primera, modificaba la LECrim añadiéndole un Título XIV al Libro I "De los actos procesales mediante presencia telemática", en el que se incluía un nuevo art. 258 bis rubricado "Celebración de actos procesales mediante presencia telemática", con un contenido mucho más amplio que el analizado en la primera propuesta de PLEP.

Así, en el apartado primero, se preveía que, una vez constituido el Juzgado o Tribunal en su sede, los actos de juicio, vistas, audiencias, comparecencias, declaraciones y, en general, todas las actuaciones procesales, se realizarán preferentemente mediante presencia telemática, siempre que las oficinas judicia-

---

vueltas con la transformación digital de la cooperación jurídico penal internacional, Aranzadi, Pamplona, 2022.

24 Disponible en https://www.congreso.es/public_oficiales/L14/CONG/BOCG/A/BOCG-14-A-97-1.PDF (fecha de consulta: 02.08.2023).

25 Disponible en https://www.congreso.es/public_oficiales/L14/CONG/BOCG/A/BOCG-14-A-97-4.PDF (fecha de consulta: 27.07.2023).

26 Disponible en https://www.congreso.es/public_oficiales/L14/CONG/BOCG/A/BOCG-14-A-116-1.PDF (fecha de consulta: 27.07.2023).

les o fiscales tuviesen a su disposición los medios técnicos necesarios para ello. No obstante, aun cuando el carácter preferente que le otorgaría esta norma a la presencia telemática, se introducía la potestad de que el juez o Tribunal, en atención a las circunstancias, dispusiera otra cosa.

Por su parte, en el apartado segundo se contemplaban todas las excepciones a la regla general descrita, previsoras de la necesaria presencia física del acusado en la sede del órgano judicial de enjuiciamiento en los siguientes supuestos:

1) en los juicios por delito grave[27] y juicios de Tribunal de Jurado[28].

2) en los juicios por delito menos grave, cuando la pena exceda de dos años de prisión o, si fuera de distinta naturaleza, cuando su duración no exceda de seis años.

3) en el resto de juicios si así lo solicita él o su letrado, o si el órgano judicial lo estima necesario.

4) en todos los juicios, cuando el acusado resida en la misma demarcación del órgano judicial que conozca o deba conocer de la causa, salvo que concurran causas justificadas o de fuerza mayor.

5) en la audiencia prevista en el art. 505 LECrim, cuando el Ministerio Fiscal o la parte acusadora interese su prisión provisional, salvo que se encontrare detenido o preso en un lugar fuera de la demarcación del órgano judicial competente.

6) si el investigado o encausado estuviere en libertad y tuviere su domicilio fuera de la demarcación judicial, a petición propia o de su letrado, salvo causa justificada o de fuerza mayor.

Añade, además, que cuando se disponga la presencia física del investigado o acusado, será también necesaria la presencia física de su defensa letrada. Y cuando se permita su declaración telemática, el abogado del investigado o acusado comparecerá junto con este o en la sede del órgano judicial.

En el apartado tercero, por su parte, se prevén las contra excepciones a las excepciones anteriormente descritas. De manera que, deberá garantizarse especialmente que las declaraciones o interrogatorios de las partes acusadoras, testigos o peritos se realicen de forma telemática: cuando sean víctimas de violencia de género, de violencia sexual, de trata de seres humanos o cuando

---

27 Son delitos graves las infracciones que la ley castiga con penas graves (art. 13 CP) que son las penas descritas en el art. 33.2 CP, entre las que se encuentra la pena de prisión superior a cinco años.

28 Art. 1 de la Ley Orgánica 5/1995, de 22 de mayo, del Tribunal del Jurado.

sean víctimas menores de edad o con discapacidad; y cuando el testigo o perito comparezca en su condición de Autoridad o funcionario público. Todo ello, salvo que el Juez o Tribunal, mediante resolución motivada, en atención a las circunstancias del caso concreto estime necesaria su presencia física.

Tras el análisis del redactado de las propuestas legislativas realizamos dos observaciones: por un lado, la duplicidad normativa que existiría en el ámbito del proceso penal si se aprobasen ambos proyectos pues se introduce dos veces en la LECrim, con una redacción idéntica, la preferencia de la celebración telemática de las actuaciones procesales en el ámbito penal y sus excepciones, a través de una Disposición adicional octava (que introduciría el PLEP) y de un nuevo art. 258 bis (que se introduciría por el PLED), por lo que entendemos que el futuro legislador debería subsanar tal innecesaria duplicidad. Y, por el otro, que el recurso de los juicios telemáticos en el ámbito penal quedaría -como entendemos que debe ser-[29] muy restringido dejando, en la mayoría de los supuestos, paso a las excepciones tasadas o a la potestad del juzgador para decidir sobre la presencialidad o virtualidad del acto.

Al margen de estas propuestas de reforma, creemos que es necesaria, como indica FERNÁNDEZ-FIGARES MORALES[30], "una ley procesal que abarque, de forma integral, la regulación de estos actos virtuales"[31], que prevea con todo detalle cómo deben desarrollarse.

4. A MODO DE CONCLUSIÓN

Es incuestionable que la regulación actualmente vigente en el ordenamiento jurídico español sobre el uso de la videoconferencia y los juicios telemáticos es totalmente insuficiente[32]. Actualmente, tras la declaración de finalización de la pandemia, la normativa aplicable es básicamente la de los arts. 229 y 230 LOPJ -y concordantes-. Y, de momento, la futura regulación queda lejos de ser

---

29 En la misma línea, se muestra a favor de que el legislador establezca supuestos en los que será necesaria la presencia física en el proceso penal MARTÍN PASTOR, J., Retos de la justicia..., ob. cit., p. 613.

30 FERNÁNDEZ-FIGARES MORALES, M.J., Audiencias telemáticas..., ob. cit., p. 124.

31 Debemos traer de nuevo a colación que la disposición final 3ª de la Ley 18/2011, de 5 de julio, reguladora del uso de las tecnologías de la información y la comunicación en la Administración de Justicia, establece que el Gobierno presentará un proyecto de Ley que regule de manera integral el uso de los sistemas de videoconferencia en la Administración de Justicia, lo que se encuentra pendiente de cumplimiento. https://www.boe.es/buscar/act.php?id=BOE-A-2011-11605&p=20200919&tn=1#dftercera (fecha de consulta: 02.08.2023).

32 En este sentido también se pronuncia PRENDES VALLE, M., *Algunas reflexiones...*, ob. cit.

aprobada, pues el avance de las elecciones generales al mes de julio de 2023 ha producido un retroceso en el despliegue del Plan Justicia 2030. La urgencia de legislar sobre esta materia debería llevar al nuevo Gobierno a tener como objetivo prioritario recuperar la tramitación de las diferentes propuestas legislativas para seguir avanzando en una regulación integral y actualizada de la digitalización de la Justicia, mandato que en realidad tiene desde 2011 con la Disposición final tercera de la Ley 18/2011, de 5 de julio.

Somos conscientes de la dificultad que ello conlleva, teniendo en cuenta el avance constante de la tecnología y las garantías procesales en juego. Sin embargo, la digitalización de la justicia, como en el resto de los ámbitos de nuestra sociedad, será en un futuro no muy lejano una realidad cuya regulación será imprescindible para conseguir la necesaria seguridad jurídica y salvaguarda de todos los principios y garantías procesales de los que intervienen en el proceso judicial.

BIBLIOGRAFÍA

BUENO BENEDÍ, M., *Videoconferencia y juicios telemáticos*, La Ley, Barcelona, 2023.

FERNÁNDEZ-FIGARES MORALES, M.J., Audiencias telemáticas en la Justicia. Presente y futuro, Tirant lo Blanch, Valencia, 2021.

FONTESTAD PORTALÉS, L., "La digitalización de la cooperación judicial penal en la Unión Europea", en A vueltas con la transformación digital de la cooperación jurídico penal internacional, Aranzadi, Pamplona, 2022.

MARTÍN PASTOR, J., "Retos de la justicia digital", en Logros y retos de la justicia civil en España (dir. Jiménez Conde, Banacloche Palao, Gascón Inchausti), Tirant lo Blanch, Valencia, 2023, pp. 543 a 648.

PRENDES VALLE, M., *Algunas reflexiones sobre los juicios telemáticos*, Revista de Jurisprudencia, diciembre 2021, https://elderecho.com/algunas-reflexiones-sobre-los-juicios-telematicos (fecha de consulta: 20.07.2023).

PICÓ JUNOY, J., "La experiencia norteamericana de la Virtual Justice: no es oro todo lo que reluce", en Logros y retos de la justicia civil en España (dir. Jiménez Conde, Banacloche Palao, Gascón Inchausti), Tirant lo Blanch, Valencia, 2023, pp. 719 a 728.

RICHARD GONZÁLEZ, M., "La implantación de la denominada justicia electrónica en la era post COVID-19", en La prueba a debate, J. M. Bosch, 2021, pp. 139 a 184.

Capítulo XLVIII:

Celebración de actos procesales de forma telemática y sus implicaciones en el principio de inmediación

ELISABET CUETO SANTA EUGENIA
Profesora Ayudante Doctora de Derecho Procesal.
Universidad Pontificia Comillas (ICADE)

Sumario: 1. Introducción; 2. El principio de inmediación revisado; 3. Celebración de actos procesales online; 4. Conclusiones.

Resumen: El principio de inmediación implica que las partes y los testigos deben estar presentes físicamente en el lugar donde se lleva a cabo la audiencia o juicio, permitiendo al juez tener una percepción de primera mano para tomar decisiones. Sin embargo, con la digitalización de los procedimientos judiciales, surge la posibilidad de llevar a cabo ciertos actos procesales de manera telemática, cuestión que implica que estos actos puedan llegar a realizarse sin la presencia física de las partes. Este avance plantea la necesidad de revisar el principio de inmediación y analizar si la presencia telemática puede tener un impacto negativo en las garantías procesales. El presente trabajo pretende hacer frente a los desafíos que surgen de esta problemática, analizando y revisando ciertos matices inherentes al principio de inmediación.

1. INTRODUCCIÓN

El principio de inmediación implica la relación directa y cercana entre el juez o tribunal y las partes involucradas en un proceso judicial. De este modo, en su acepción clásica este principio implica que las partes y los testigos deben estar presentes físicamente en el lugar donde se lleva a cabo la audiencia o juicio, lo que permite al juez observar directamente las pruebas, el testimonio y las expresiones de las partes, y tomar decisiones basadas en una percepción de primera mano[1].

---

1 *Vid.* MONTERO AROCA, J., *Proceso (civil y penal) y garantía, El proceso como garantía de libertad y responsabilidad,* Tirant lo Blanch, 2006, p. 62, TORRES, W., "Oralidad - Inmediacion - Concentracion,", *Derecho Penal y Criminología,* Vol. 24, No. 74, 2003, pp. 186

Sin embargo, con el avance de la tecnología y la creciente digitalización de los procedimientos judiciales, surgen los actos de comunicación telemáticos. Estos actos se refieren a la posibilidad de que ciertos trámites y actuaciones judiciales se realicen a través de medios electrónicos y telemáticos, sin que las partes o los actores involucrados estén presentes físicamente en el mismo lugar[2]. El presente trabajo tiene por objetivo analizar la implicación que el hecho de realizar actos procesales online puede llegar a tener en el principio de inmediación, revisando si puede tener un impacto negativo en relación con las garantías procesales.

2. EL PRINCIPIO DE INMEDIACIÓN REVISADO

Si bien el principio de inmediación en origen implicaba que tanto las partes como el órgano juzgador se encontrasen físicamente situados en el mismo lugar[3], con el avance de las nuevas tecnologías surge el concepto de "presencia telemática", implicando la posibilidad de que, aún si alguna de las partes no se encuentra en la sede del órgano jurisdiccional, el hecho de que comparezca empleando medios tecnológicos —por ejemplo por medio de videoconferencia—, puede llegar a bastar para no contravenir el principio de inmediación.

La presencia telemática implica, en esencia, la capacidad de estar presente o participar en un evento, reunión, audiencia o cualquier situación que requiera interacción humana a través de medios telemáticos o electrónicos, en lugar de estar físicamente presente en el mismo lugar donde ocurre el evento. De este modo, la presencia telemática permite a las personas interactuar, comunicarse, colaborar y participar en diferentes actividades sin necesidad de estar físicamente presentes en el mismo espacio físico. Esto no es exclusivo de los actos procesales, sino que aplica para diversos ámbitos, como por ejemplo las reuniones virtuales, el teletrabajo, educación online, etc.

---

y 187 y FERRER BELTRAN, J. "El Control de la Valoracion de la Prueba en Segunda Instancia, Inmediación e inferencias probatorias", *Revus: Journal for Constitutional Theory and Philosophy of Law*, Vol. 33, 2017, p. 109.

2 Acerca de los actos telemáticos celebrados durante la pandemia en España, vid. MARTÍN OSTOS, J., "Justicia y pandemia en España (2020)", *Revista de Estudios Jurídicos y Criminológicos*, N.º 2, 2020, p. 84.

3 Sobre la importancia de esto, profundiza CABEZUDO RODRÍGUEZ, N., "Aproximación a la teoría general sobre el principio de inmediación procesal. De la comprensión de su trascendencia a la expansión del concepto", *Oralidad y escritura en un proceso civil eficiente, Coloquio de la Asociación Internacional de Derecho Procesal*, Vol. 2, 2008, pp. 317-327.

Emplear el concepto de presencia telemática para el ámbito jurídico supone fundamentalmente la posibilidad de participar en línea en una audiencia o juicio. De este modo, las partes involucradas, abogados, testigos, etc. pueden utilizar medios telemáticos o electrónicos, en lugar de estar presentes físicamente en la sede del órgano juzgador. Esto impacta innegablemente en el concepto clásico del principio de inmediación, que tradicionalmente requería la presencia física de todas las partes. En aras de adaptarse a los avances tecnológicos actuales, por tanto, el concepto de inmediación ha de revisarse[4].

Si bien es cierto que la "presencia telemática" presenta una serie de ventajas, como el hecho de facilitar el acceso a la justicia para aquellos sujetos que tengan dificultades para acudir físicamente a la sede del órgano juzgador —ya sea debido a barreras geográficas u otras circunstancias—, o el hecho de reducir costos y tiempo asociados a los desplazamientos; lo cierto es que de cara a afirmar que este tipo de "presencia" no contravenga el principio de inmediación resulta imprescindible analizar ciertos factores, que son claramente problemáticos, como los desafíos que pueden surgir en términos técnicos y de seguridad —una conexión estable, suficiente privacidad, protección de los datos personales de las personas involucradas, la necesidad de acreditar la identidad de los sujetos en aquellos casos en los que no se disponga de webcam o la conexión no permita fluidez, y un largo etc.—. Además, la pérdida del contacto físico, aún en aquellos casos en los que todo sale bien y los actos procesales se llevan a cabo sin incidencias, en algunas ocasiones resulta una pérdida notoria —ejemplo claro de esto es la percepción del lenguaje corporal en la valoración por parte del juez de una prueba testimonial, que al ser realizada por videoconferencia puede resultar menos clara[5]—.

3. CELEBRACIÓN DE ACTOS PROCESALES ONLINE

Con el avance de la tecnología y la digitalización de los procedimientos judiciales, muchas jurisdicciones han implementado la posibilidad de realizar audiencias en línea o telemáticas. Esto se ha vuelto especialmente relevante en situaciones de emergencia, como la pandemia de COVID-19, donde la presencia física era limitada o peligrosa[6].

---

4 Sobre esta necesidad de emplear un enfoque nuevo para el principio de inmediación, *vid.* TAYRO TAYRO, E. A., "La videoconferencia. Un nuevo enfoque del principio de inmediación procesal", *Revista Oficial del Poder Judicial*, Vol. 8, No. 10, 2016, pp. 554.

5 Acerca de esto, *vid.* AMONI REVERÓN, G. A., "El uso de la videoconferencia en cumplimiento del principio de inmediación procesal", *IUS:revista del Instituto de Ciencias Jurídicas de Puebla,* No. 31, 2013, p. 76

6 Al respecto, *vid.* MARTIN OSTOS, J., *op. cit.,* 75 y ss.

Los actos de comunicación telemáticos pueden ser diversos: juicios, comparecencias, declaraciones, vistas y deliberaciones de los tribunales, todo ello realizado por medios digitales —habitualmente videoconferencias que permitan que las partes, testigos y abogados participen desde ubicaciones remotas—.

El hecho de que un acto procesal se realice sin la presencia física de todos los sujetos implicados presenta la necesidad de determinar si el hecho de que el juzgador se encuentre a distancia de aquello que está valorando, obstaculiza de algún modo su percepción —un ejemplo de esto puede ser el hecho de que un testigo declare empleando videoconferencia, y la posibilidad de que la voz se reproduzca por medio de un sistema de sonido y la imagen se vea a través de la pantalla, cuestión que puede llegar hacer que ciertos matices se pierdan—[7].

A pesar de las ventajas que ya han sido previamente mencionadas —la agilización de los procedimientos, el ahorro de costos o la posibilidad de facilitar la participación de personas que se encuentran en lugares distantes—, lo cierto es que los desafíos que se presentan son arduos, especialmente los relacionados con la seguridad y las garantías procesales. En concreto en los procesos penales, que tienen una serie de garantías específicas debido su naturaleza, resulta especialmente cuestionable la posibilidad de realizar algunos actos de forma telemática. Así, por ejemplo, resulta patente la necesidad de que el investigado esté presente —recordemos que resulta inadmisible la condena en rebeldía salvo en supuestos excepcionales y de escasa gravedad específicamente previstos por la ley[8]—.

En resumen, el alcance de la participación en línea no es absoluto y debería ser específicamente regulado. Si bien en muchos casos —como por ejemplo para garantizar la declaración de un testigo que tiene problemas geográficos graves para acudir— puede resultar muy beneficioso, en otros muchos puede resultar ser un desatino, siendo más deseable la presencia física del juez en el mismo espacio que aquello que está valorando.

4. CONCLUSIONES

Con el avance de las nuevas tecnologías, surge la posibilidad de que ciertos actos procesales se realicen de manera telemática. Esto, si bien supone una serie de ventajas innegables tales como facilitar el acceso a la justicia o reducir

---

7 Al respecto, *vid.* AMONI REVERÓN, G. A., *op. cit,* pp. 72 y 72.

8 ASENCIO MELLADO, J. M., "EL proceso penal con todas las garantías", Revista de la Asociación IUS ET VERITAS, No. 33, 2006, p. 238.

ciertos costos y tiempo asociados con desplazamientos físicos, también conlleva ciertos retos, siendo uno de ellos la revisión del principio de inmediación.

Resulta crucial analizar si el hecho de llevar a cabo ciertos actos procesales online llega a contravenir el principio de inmediación, dado que la pérdida del contacto físico puede tener un impacto en la percepción y valoración de pruebas y testimonios. En concreto en el ámbito penal, resulta especialmente cuestionable permitir la presencia telemática debido a las garantías específicas que se requieren en este tipo de procesos —y resulta indiscutible que la presencia del investigado ha de ser física—.

En resumen, a pesar de que la presencia telemática puede tener ventajas en ciertos casos, es necesario reconocer que su alcance no es absoluto y que cada situación debe ser evaluada individualmente para determinar si es apropiado aplicarla o si es preferible mantener la presencia física del juez, partes y testigos.

BIBLIOGRAFÍA

AMONI REVERÓN, G. A., "El uso de la videoconferencia en cumplimiento del principio de inmediación procesal", *IUS:revista del Instituto de Ciencias Jurídicas de Puebla,* No. 31, 2013, pp.67-85.

ASENCIO MELLADO, J. M., "EL proceso penal con todas las garantías", *Revista de la Asociación IUS ET VERITAS,* No. 33, 2006, pp. 235-247.

CABEZUDO RODRÍGUEZ, N., "Aproximación a la teoría general sobre el principio de inmediación procesal. De la comprensión de su trascendencia a la expansión del concepto", *Oralidad y escritura en un proceso civil eficiente, Coloquio de la Asociación Internacional de Derecho Procesal,* Vol. 2, 2008, pp. 317-327.

FERRER BELTRAN, J. "El Control de la Valoracion de la Prueba en Segunda Instancia, Inmediación e inferencias probatorias", *Revus: Journal for Constitutional Theory and Philosophy of Law,* Vol. 33, 2017, pp. 107-126.

MARTÍN OSTOS, J., "Justicia y pandemia en España (2020)", *Revista de Estudios Jurídicos y Criminológicos,* N.º 2, 2020, pp. 75-98.

MONTERO AROCA, J., *Proceso (civil y penal) y garantía, El proceso como garantía de libertad y responsabilidad,* Tirant lo Blanch, 2006.

TAYRO TAYRO, E. A., "La videoconferencia. Un nuevo enfoque del principio de inmediación procesal", Revista Oficial del Poder Judicial, Vol. 8, No. 10, 2016, pp. 547-559.

TORRES, W., "Oralidad - Inmediacion - Concentracion,", *Derecho Penal y Criminología,* Vol. 24, No. 74, 2003, pp. 183-194.

Capítulo XLIX:

Los sistemas de jurimetría como herramienta de justicia predictiva: luces y sombras[1]

JORDI GIMENO BEVIÁ
Profesor Titular de Derecho Procesal.
UNED

Sumario: 1. LA JURIMETRÍA: CONCEPTO Y FUNDAMENTO 2. SU UTILIZACIÓN COMO HERRAMIENTA *LEGAL TECH* 3. LAS PREOCUPACIONES DEL PODER JUDICIAL 4. ALGUNOS RIESGOS QUE PLANTEA LA JUSTICIA PREDICTIVA 5. REFLEXIÓN FINAL: ¿HACIA LA (IN)JUSTICIA PREDICTIVA?

Resumen: Desde hace unos años se utiliza en nuestro país herramientas de jurimetría que permiten al usuario realizar predicciones sobre las probabilidades de éxito de sus pretensiones ante los tribunales. La analítica masiva de datos puede ayudar a detectar problemas o disfunciones del sistema judicial, lo que facilita que tenga encaje como herramienta para la eficiencia procesal. Sin embargo, en el otro lado de la moneda, existen potenciales afectaciones al derecho a la intimidad, acceso a la justicia y al principio de igualdad que deben ser tenidas en cuenta ante el auge de estos sistemas de justicia predictiva que, además, recientemente han incorporado inteligencia artificial.

1. LA JURIMETRÍA: CONCEPTO Y FUNDAMENTO

La jurimetría puede ser definida como la disciplina, técnica o instrumento que parte de la aplicación de métodos cuantitativos y análisis estadísticos al Derecho o, más concretamente, a las resoluciones judiciales. De este modo, ofrece una panorámica de los factores que influyen en la toma de decisiones del órgano judicial, estableciendo así una suerte de patrones de comportamiento legal. Con ello, puede inferirse, desde una perspectiva *ex ante*, el

1 Este trabajo ha sido desarrollado en el marco del proyecto de investigación "Transición Digital de la Justicia" (IP. Profra. Dª. Sonia Calaza López), Proyecto estratégico orientado a la transición ecológica y a la transición digital del Plan Estatal de investigación científica, técnica y de innovación 2021-2023, en el marco del Plan de Recuperación, Transformación y Resiliencia, Ministerio de Ciencia e Innovación, financiado por la Unión Europea: Next Generation UE, con REF. RED 2021-130078B-100.

devenir de un determinado proceso, de ahí que se conceptualice como una herramienta de justicia predictiva. Sin embargo, aunque son términos relacionados, entendemos que justicia predictiva es un fenómeno más amplio que jurimetría o, si se prefiere, la segunda forma parte de la primera o consiste en una herramienta o técnica de justicia predictiva, si bien pueden existir otras[2].

Así pues, la jurimetría, por ende, puede convertir la justicia en una ciencia más previsible y transparente permitiendo, con base en la analítica masiva de datos, detectar problemas o disfunciones del sistema judicial, lo que facilita que tenga encaje como herramienta para la eficiencia procesal[3].

Si bien se trata de un fenómeno poco conocido en los países de tradición jurídica romano-germánica, como España, -no así en EE. UU., donde surge en la década de los 50- lo cierto es que la irrupción de los sistemas de *Legal Tech* a finales de la pasada década -también con marcada influencia angloamericana- ha supuesto la irrupción de estas herramientas[4]. Como seguidamente observaremos, trascienden los tradicionales buscadores de jurisprudencia para ofrecer al usuario una búsqueda inteligente y exacta de la información que, según sus necesidades, precise en la defensa de sus intereses en el proceso judicial.

2. SU UTILIZACIÓN COMO HERRAMIENTA *LEGAL TECH*

Sin ánimo de ahondar en todas las aplicaciones jurimétricas o de analítica de datos jurídicos, al efecto de exponer su funcionamiento, sirva como ejemplo Jurimetría, del grupo La Ley, seguramente una de las aplicaciones pioneras en la aplicación de la justicia predictiva al Derecho en nuestro país (año 2017). Se trata de una herramienta que sistematiza y extrae de forma exhaustiva la inteligencia que reside en un conjunto de más de 10 millones de resoluciones judiciales y en toda la estadística judicial procedentes de to-

---

2 Como sostiene SUAREZ XAVIER "la jurimetría, la estadística judicial, procesos de automación y otras formas de smartificación de la justicia pueden integrarse en el concepto de justicia predictiva, pero no configuran el concepto en sí mismo." en SUAREZ XAVIER, P.R. Tesis Doctoral *Gobernanza, inteligencia artificial y justicia predictiva: los retos de la Administración de Justicia ante la sociedad en red,* (Tesis Doctoral) 2021, pág. 420

3 En este sentido, ARMENTA DEU califica la justicia predictiva como un "término muy amplio" y considera que "se promueve como herramienta para la eficiencia procesal, combinando una mejora en la calidad de la toma de decisiones y una reducción de la actividad judicial" en ARMENTA DEU, T. *Derivas de la justicia,* Marcial Pons, 2021, pág. 262

4 Sobre ello, vid. DE ANDRADE, M.D "A utilizaçao do sistema r-studio e da jurimetria como ferramentas complementares à pesquisa jurídica", en *Quaestio Iuris* vol. 11, nº02, Río de Janeiro 2022, pág. 687

das las instancias y órdenes jurisdiccionales de España, a las que se incorporan medio millón de nuevas resoluciones cada año. Jurimetría consta de seis módulos interconectados, cada uno con una finalidad y alcance diferente y complementario: 1) Jurimetría del caso: evalúa los parámetros críticos para el éxito del caso, conociendo la trayectoria del Juez y de los abogados contrarios, con acceso a la jurisprudencia más relevante; 2) Jurimetría del Juez o Magistrado: permite analizar la trayectoria, líneas argumentales y posicionamientos del juez en cuestión; 3) Jurimetría del abogado: análisis global de la contraparte en el proceso, desde todas las perspectivas; 4) Jurimetría de la empresa: permite realizar un análisis de los litigios en los que ha sido parte alguna de las grandes empresas; 5) Jurimetría del Tribunal: permite conocer la actividad de los juzgados y tribunales de España, en aspectos como la duración media de los procesos, la congestión o la probabilidad de recurso; y 6) Jurimetría del Organismo Público: permite examinar los procesos judiciales en los que ha sido parte un organismo o entidad pública, a partir de cualquier óptica[5].

Estas herramientas, en la última década, han sufrido una importante evolución a la luz de la introducción de inteligencia artificial. En efecto, los sistemas de jurimetría o analítica masiva de datos judiciales ya utilizan técnicas de *Big Data* judicial, *Machine Learning*, algoritmos de similitud y proximidad, así como técnicas de procesamiento del lenguaje natural (PNL). De este modo, el software selecciona y extrae los datos relevantes principalmente de las bases de datos judiciales, y las "procesa" utilizando I.A para facilitar al usuario la analítica jurisprudencial requerida, prediciendo los distintos parámetros y calculando la probabilidad de éxito de una determinada acción ante los tribunales.

Es importante detenerse en la obtención de los datos que alimentan los sistemas de jurimetría o analítica judicial. Tal y como es sabido, corresponde al CGPJ ex art. 560 1. 10º LOPJ determinar el modo en que se realiza la recopilación, tratamiento y difusión de las resoluciones judiciales. Ello se lleva a cabo a través del Centro de Documentación Judicial (CENDOJ) que, tras los correspondientes procesos técnicos, publica oficialmente la jurisprudencia de todos los Tribunales colegiados españoles y la difunde a toda la ciudadanía de forma universal y gratuita. Ahora bien, esa difusión accesible y gratuita queda

---

5 Información extraída de su propia página web https://jurimetria.laleynext.es/content/Inicio.aspx#
También existen otras aplicaciones interesantes como son Tirant Analytics https://analytics.tirant.com/analytics/estaticas/guiausuario/guia_analytics_web.pdf, vLex Analytics https://vlex.es/p/spain-court-analytics/ y Neo de Lefevbre https://lefebvre.es/noticia/nace-neo-la-primera-plataforma-la-gestion-del-conocimiento-juridico-del-mercado-europeo/

limitada a que el usuario consulte los documentos a título particular, no pudiendo realizar descargas masivas ni emplearla con fines comerciales[6].

Las empresas del sector jurídico-tecnológico -es difícil considerarlas únicamente editoriales- que promueven estos *softwares,* sin embargo, sí pueden utilizar la información contenida en el CENDOJ con fines comerciales con base en acuerdos de explotación que llevan suscribiendo año tras año con el CGPJ. Asimismo, también recaban información de "otros organismos públicos y/o privados autorizados" sin precisar, sin embargo, de qué organismos se trata[7].

Conviene tener presente, por consiguiente, que estas herramientas, nutridas de información pública, son creadas, implementadas, mejoradas y comercializadas por el sector privado sin ningún tipo de supervisión ni tampoco regulación del sector público -ni, como seguidamente veremos, del Poder Judicial-.

3. LAS PREOCUPACIONES DEL PODER JUDICIAL

Como hemos avanzado, la utilización de estos sistemas de analítica de datos judiciales acontece en nuestro país desde la llegada de Jurimetría, de La Ley -ahora Aranzadi-La Ley- en el año 2017. Sin embargo, no ha sido hasta el año 2022, aprovechando el preceptivo informe al Anteproyecto de la Ley de Medidas de Eficiencia Digital el momento en el que el CGPJ ha tomado conciencia de las implicaciones que pueden tener estos sistemas indicando, literalmente, que "*se echa en falta la determinación de los criterios de utilización de la jurimetría y de la inteligencia artificial por parte de empresas y particulares a partir de bases de datos, incluso aquellas configuradas por este órgano constitucional; el cual habrá de tener la necesaria participación en la determinación de tales criterios de uso*". [8]

Resulta, a nuestro juicio, paradigmático, que, a estas alturas, cuando los productos llevan años empleándose por los operadores jurídicos, el CGPJ muestre su preocupación al respecto. Pero esta preocupación no es, ni mucho menos, por una cuestión baladí. Los acuerdos de explotación para fi-

---

[6] De hecho, al acceder al CENDOJ aparece la siguiente advertencia "*El usuario de la base de datos podrá consultar los documentos siempre que lo haga para su uso particular. "… No está permitida la utilización de la base de datos para usos comerciales, ni la descarga masiva de información. La reutilización de esta información para la elaboración de bases de datos o con fines comerciales debe seguir el procedimiento y las condiciones establecidas por el CGPJ a través de su Centro de Documentación Judicial. Cualquier actuación que contravenga las indicaciones anteriores podrá dar lugar a la adopción de las medidas legales que procedan.*"

[7] Vid. el tratamiento de datos del software Jurimetría: https://jurimetria.laleynext.es/content/TratamientoDatos.aspx

[8] Véase el Informe del CGPJ al Anteproyecto de Ley de Eficiencia Digital, pág. 63

nes comerciales tradicionalmente afectaban a buscadores de jurisprudencia, mientras que actualmente son utilizados y procesados para establecer patrones sobre los pronunciamientos de diferentes órganos judiciales. Ante ello, no es descabellado plantearse la legalidad o no de estos sistemas y la necesidad de limitarlos. Y, sobre todo, teniendo presente lo que acontece en algunos sistemas de Derecho comparado donde, tomando como ejemplo Francia, algunas funcionalidades están prohibidas.

Así pues, en el país galo, el artículo 33 de la Ley para la Reforma de la Justicia prohíbe, estableciendo incluso penas de cárcel, que se publique información estadística sobre las decisiones y el patrón que siguen los jueces a la hora de dictar sentencia[9]. Pudiera parecer una medida drástica y exagerada, pero más allá de que pueda afectar a la apariencia de imparcialidad del magistrado -lo cual es discutible-[10], lo cierto es que las herramientas jurimétricas más avanzadas, como algunas que se emplean en EE. UU., inciden también en datos biográficos del juez que, siendo irrelevantes para el ejercicio de la potestad jurisdiccional, pueden afectar a su derecho a la intimidad personal y propia imagen (art. 18 CE)[11].

En España, sin embargo, la utilización de estos sistemas de analítica de datos judiciales no está prohibida, sino que, sencillamente, no existe ningún tipo de regulación particular, por lo que está permitida y es utilizada habitualmente por los operadores jurídicos.

Del mismo modo, y quizá realizando cierta autocrítica, la preocupación se extiende también "*incluso a aquellas* -las bases de datos- *configuradas por* "*este*

---

9 Concretamente, dicho artículo establece que "Los datos de identidad de los magistrados y miembros de la oficina judicial no podrán ser reutilizados con el fin o efecto de evaluar, analizar, comparar o predecir sus prácticas profesionales reales o supuestas."

10 En este sentido SANZ BLAS, M.C. y MALLADA CONTE, D. "Legaltech: aproximación, herramientas. Uso del nombre y apellidos del magistrado/magistrada: riesgos existentes" , publicado en una tribuna en el portal de El Derecho el 18 de enero de 2022 y disponible en el siguiente enlace https://elderecho.com/legaltech-aproximacion-herramientas-uso-del-nombre-y-apellidos-del-magistrado-magistrada-riesgos-existentes Decimos que es discutible que ello pueda afectar a la apariencia de imparcialidad porque sin necesidad de utilizar estos softwares, sino simplemente a través del CENDOJ, se pueden conocer las líneas argumentales del juez o magistrado. Es más, en partidos judiciales pequeños, es incluso habitual que los abogados litiguen en numerosas ocasiones ante un determinado juez y puedan predecir, con base en su experiencia previa, las posibilidades de éxito de un determinado caso.

11 Por ejemplo, la herramienta "Context" de la empresa jurídica LexisNexis permite no solo conocer las áreas de especialización, sentencias dictadas, tiempos de procesos... de cada juez, sino también su formación académica, otra experiencia profesional, noticas del juez en fuentes abiertas, etc. https://www.lexisnexis.com/en-us/products/context.page#exp1

órgano constitucional", es decir, por el propio CGPJ, entendemos que haciendo referencia al CENDOJ. Y es que en diciembre de 2021, el CGPJ puso a disposición de los Jueces y Magistrados -también miembros de la Oficina Judicial, como LAJs- la aplicación KENDOJ (*Knowledge Extractor* for CENDOJ) que aplica técnicas de inteligencia artificial y *machine learning* para llevar a cabo dos actuaciones: de un lado, la pseudonimización automática de un documento para el cumplimiento de los estándares del RGPD y, de otro, facilitar el acceso a la información más relevante de cada documento con anterioridad a su lectura así como una búsqueda más acertada de legislación y jurisprudencia para el desarrollo de sus funciones.

Por último, resulta criticable que el CGPJ considere que debe tener una "*necesaria participación*" en la determinación de los criterios de uso de la jurimetría. Quizá nos hemos acostumbrado, por habitual, a que en las distintas comisiones para elaboración de normas procesales, así como en la propia comisión de codificación se encuentren jueces y magistrados pero lo que no es admisible ni conveniente es que el CGPJ pretenda usurpar funciones legislativas porque, de un lado, afecta claramente a la -ya maltrecha- separación de poderes y, de otro, porque sería harto paradójico que vocales del órgano de gobierno de los jueces participen en anteproyectos de ley sobre los que tendrán que pronunciarse a la hora de votar el preceptivo informe del CGPJ[12]. Por supuesto que es lógico que el ejecutivo, a quien corresponde la iniciativa o impulso legislativo, tenga en cuenta la realidad de la administración de justicia y pueda informarse sobre el enfoque de una ley para que esta pueda aplicarse eficazmente por quienes ostentan la potestad jurisdiccional pero el CGPJ no puede exigir un rol preponderante en una tarea que, evidentemente, no le corresponde. Además, no es aventurado afirmar que la aplicación de tecnologías disruptivas como las que se analizan en el presente trabajo seguramente genere resistencias y reticencias entre los jueces y magistrados -salvo excepciones-, lo que pudiera traducirse en normas poco ambiciosas y no demasiado innovadoras.

---

[12] Sobre ello se ha pronunciado con brillantez DE LA OLIVA SANTOS quien sostiene que "*Quien legisla tiene el deber de informarse e ilustrarse para hacer leyes practicables que supongan mejoras, pero eso es una cosa y otra, bastante distinta, que los afectados por la norma tengan algún derecho, escrito o supralegal, a estar representados corporativamente en su elaboración.*" en su Blog "Por Derecho" entrada de 12 de marzo de 2012 https://andresdelaoliva.blogspot.com/

4. ALGUNOS RIESGOS QUE PLANTEA LA JUSTICIA PREDICTIVA

Las preocupaciones del CGPJ y los riesgos que plantea la justicia predictiva también han sido compartidas por la doctrina procesal, si bien refleja distintas posiciones. ARMENTA DEU alerta de los riesgos que plantea la justicia predictiva, riesgos que califica de "*sistémicos*" pues implicará que el justiciable deje de acudir -o acuda menos, según sus palabras- a los tribunales habida cuenta los pronunciamientos ya serán conocidos y la justicia predictiva conseguirá que éstos sean cada vez más homogéneos[13]. Así las cosas, de acuerdo con la autora, entendemos que solo accederán a la justicia aquellos cuyas pretensiones tengan una mayor probabilidad de ser acogidas por el tribunal lo cual, *a sensu contrario,* puede ser percibido como un modelo que promueve la eficiencia del sistema procesal, desgraciadamente a costa de una desjudicialización forzosa.

En un enfoque más cercano a su aceptación, también MARTIN DIZ considera prioritario el asentamiento de la inteligencia artificial y su aplicación al Derecho procesal, pero priorizando las garantías frente a la eficiencia, teniendo muy presente el "*innegable grado de avance tecnológico*" que suponen, principalmente para la abogacía, estas herramientas predictivas[14]. Y su uso no solo es factible por la abogacía pues también podría ser usada por los jueces, magistrados y personal de la oficina judicial que, aun teniendo sus propias bases de datos, nada impide que lo puedan utilizar a título particular pero un uso generalizado todavía genera recelos en el Poder Judicial[15].

Por otro lado, quizá como aspecto positivo, NIEVA FENOLL señala que, en la argumentación jurídica, "*la inteligencia artificial hará que la labor de persuasión sea menos ardua, al poderse recopilar con mucha mayor facilidad la información disponible y los argumentos a favor y en contra de las diferentes opciones y, como ya se dijo, no estará condicionada por las emociones o sentimientos, sino que integrará solamente datos objetivos*"[16]. Y poniendo el foco en la conceptualización del fenómeno, BARONA VILAR considera que "*hay que valorarla como lo que es, a saber, un sistema computacional asistencial. No es un modelo sustitutivo de la mente humana*"[17] . En efecto, en consonancia con ambos autores, la jurimetría que actualmente se emplea como herramienta *Legal Tech* es un instrumento asistencial -cier-

---

13 ARMENTA DEU, T. *Derivas de la justicia,* op.cit. pág.263

14 MARTIN DIZ, F. "Justicia predictiva: inteligencia artificial y algoritmos aplicados al proceso judicial en materia probatoria" en *El impacto de las tecnologías disruptivas en Derecho procesal,* (BUENO DE MATA, F. dir.), Thomson Reuters Aranzadi, 2022, pág. 138

15 BORGES BLÁZQUEZ, R. *Inteligencia artificial y proceso penal,* Ed. Thomson Reuters Aranzadi, 2021, pág. 164

16 NIEVA FENOLL, *Inteligencia artificial y proceso judicial,* Marcial Pons, 2019. pág. 30

17 BARONA VILAR, S. *Algoritmización del Derecho y de la Justicia. De la Inteligencia Artificial a la Smart Justice,* Tirant lo Blanch, 2021, pág. 371

tamente eficaz- para el apoyo a la labor del abogado, facilitando contenidos para la redacción de escritos y argumentos de cara a la defensa de las pretensiones en el proceso. Supone, por ende, la aceleración de la labor de análisis y estudio que tradicionalmente realiza el abogado, pero siempre subsistirán elementos subjetivos, concretos y particulares del caso que deberán ser aportados por el ser humano.

5. REFLEXIÓN FINAL: ¿HACIA LA (IN)JUSTICIA PREDICTIVA?

En nuestra opinión, no cabe duda que servirse de estas herramientas *Legal Tech* para la elaboración de la estrategia procesal colocará a la parte que las posea en una posición aventajada frente a la que carezca de ellas.[18] Y en contra de lo que pudiera pensarse, no sólo se aplica en el orden jurisdiccional civil, sino también en el penal -Jurimetría la incorporó en 2020-[19], donde podrá ocurrir que el investigado que carezca de recursos y se acoja a la justicia gratuita se enfrente no solo al Ministerio Fiscal -que quizá a título particular pueda emplear esta herramienta- sino también al acusador particular provisto de estas tecnologías.

En un contexto en el que la jurisprudencia cada vez tiene mayor relevancia en el sistema judicial, corremos el riesgo de avanzar hacia un control, clasificación y comercialización del *big data* judicial por parte de las grandes tecnológicas, conculcando el principio de igualdad de armas y relegando a quienes carecen de recursos a un acceso básico -y no *premium*- a las resoluciones judiciales.

Esta situación, novedosa hasta la fecha en nuestro país, es una realidad desde hace años en los Estados Unidos, donde la jurisprudencia tiene un innegable "valor", en un doble sentido: de un lado, porque el precedente judicial adquiere un papel fundamental en los sistemas de *common law* (o *case law*) y, de otro, porque -salvo contadas excepciones- el acceso a la jurisprudencia federal es de pago[20].

Cabe recordar, a este respecto lo acontecido en dicho país donde un joven activista, Aaron Swartz, trató de "liberar" la jurisprudencia de los tribunales

---

18 En un mismo sentido vid. REIFARTH MUÑOZ, W. "El uso de la inteligencia artificial en el proceso judicial y los derechos fundamentales", en *El impacto de las tecnologías disruptivas en Derecho procesal,* (BUENO DE MATA, F. dir.), Thomson Reuters Aranzadi, 2022, pág. 210

19 Vid. al respecto https://diariolaley.laleynext.es/dll/2020/11/16/la-jurisdiccion-penal-ya-en-jurimetria

20 Véase al respecto la web de la *Public Access to Court Electronic Records,* conocida como PACER https://pacer.uscourts.gov/pacer-pricing-how-fees-work

federales de EE. UU., a la que se accedía previo pago, descargando la jurisprudencia de PACER para alojarla en la base abierta (*open access*) de RECAP. Desgraciadamente, este joven, que se enfrentaba a cargos penales que suponían décadas de prisión por las descargas realizadas, terminó suicidándose[21].

Si bien, en nuestro país, la reutilización y el acceso a la documentación judicial es un debate que todavía sigue muy abierto -recordemos que los particulares no pueden realizar descargas masivas[22]-, en nuestra opinión, produce cierta desconfianza que grandes empresas del sector jurídico-tecnológico marquen el paso a la Administración de Justicia. Seguramente el CGPJ ha pecado de ingenuidad y falta de previsión ante una tecnología que no es el futuro, sino el presente. Ante esta realidad, quizás debieran re-examinar el alcance de los acuerdos comerciales de explotación, tradicionalmente limitados a las bases de jurisprudencia, arbitrar medidas relacionadas con la definición de "reutilización" de resoluciones judiciales y las actividades que deben quedar excluidas de dicho concepto[23], así como promover una supervisión, externa, independiente y, a ser posible, pública, de las herramientas jurimétricas, asegurando que se ajustan a Derecho y que los patrones realizados, entre otros aspectos, no afectan a la intimidad de los jueces.

Por todo ello, deberemos estar vigilantes pues de la innovación a la involución no hay tanto y de la justicia a la (in)justicia predictiva, tampoco.

---

21 Respecto a este tema y en relación a la figura de Aaron Swartz, resulta muy recomendable, el documental "The internet's own boy: the story of Aaron Swartz", disponible, entre otras plataformas, en Youtube siguiendo este enlace https://www.youtube.com/watch?v=mT8FJcIx3HI También, más información sobre Swartz en el siguiente enlace: https://arstechnica.com/tech-policy/2013/01/internet-pioneer-and-information-activist-takes-his-own-life/

22 Sobre el alcance sobre la reutilización y acceso a la documentación véase la interesante réplica que realiza el juez Alfonso Peralta a la entrada sobre el limitado acceso a las resoluciones judiciales, de Jaime Gómez-Obregón, en el Blog Hay Derecho https://www.hayderecho.com/2022/07/07/del-limitado-acceso-a-las-resoluciones-judiciales/

23 Aunque ello no resulte tan sencillo, tal y como se desprende del informe del CGPJ tras la STS (Sala III) de 28 de octubre de 2011 que anuló el Reglamento 3/2010 sobre reutilización de sentencias y otras resoluciones judiciales al estimar la falta de competencia del CGPJ para reglamentar la actividad de reutilización de sentencias, que entiende el Alto Tribunal que queda regida por la Ley 37/2007 de Reutilización de Información del Sector Público

BIBLIOGRAFÍA

ARMENTA DEU, T. *Derivas de la justicia,* Marcial Pons, 2021

BARONA VILAR, S. *Algoritmización del Derecho y de la Justicia. De la Inteligencia Artificial a la Smart Justice,* Tirant lo Blanch, 2021

BORGES BLÁZQUEZ, R. *Inteligencia artificial y proceso penal,* Ed. Thomson Reuters Aranzadi, 2021

DE ANDRADE, M.D "A utilizaçao do sistema r-studio e da jurimetria como ferramentas complementares à pesquisa jurídica", en *Quaestio Iuris* vol. 11, nº02, Río de Janeiro 2022

DE LA OLIVA SANTOS, A. Blog "Por Derecho" entrada de 12 de marzo de 2012 https://andresdelaoliva.blogspot.com/

MARTIN DIZ, F. "Justicia predictiva: inteligencia artificial y algoritmos aplicados al proceso judicial en materia probatoria" en *El impacto de las tecnologías disruptivas en Derecho procesal,* (BUENO DE MATA, F. dir.), Thomson Reuters Aranzadi, 2022

NIEVA FENOLL, *Inteligencia artificial y proceso judicial,* Marcial Pons, 2019.

REIFARTH MUÑOZ, W. "El uso de la inteligencia artificial en el proceso judicial y los derechos fundamentales", en *El impacto de las tecnologías disruptivas en Derecho procesal,* (BUENO DE MATA, F. dir.), Thomson Reuters Aranzadi, 2022

SANZ BLAS, M.C. y MALLADA CONTE, D. "Legaltech: aproximación, herramientas. Uso del nombre y apellidos del magistrado/magistrada: riesgos existentes" , publicado en una tribuna en el portal de El Derecho el 18 de enero de 2022 y disponible en el siguiente enlace https://elderecho.com/legaltech-aproximacion-herramientas-uso-del-nombre-y-apellidos-del-magistrado-magistrada-riesgos-existentes

SUAREZ XAVIER, P.R. *Gobernanza, inteligencia artificial y justicia predictiva: los retos de la Administración de Justicia ante la sociedad en red,* (Tesis Doctoral) 2021

Capítulo L:
Medios técnicos en el proceso y eficiencia procesal

CARMEN RODRÍGUEZ RUBIO
Profesora Permanente de Derecho Procesal.
Universidad Rey Juan Carlos

Resumen: A través de la constitucionalización de los principios del procedimiento y por medio de la legislación orgánica y procesal estos principios informan la realización de los actos procesales, requiriéndose su observancia cuando se utiliza la tecnología en el proceso. La existencia de estos principios ha sido respaldada tanto por la doctrina como por la jurisprudencia, y no únicamente los principios procedimentales de publicidad, oralidad e inmediación, sino otros principios y garantías procesales como son el principio de contradicción, el derecho al debido proceso, el derecho a la defensa o el derecho a un proceso sin dilaciones indebidas. En suma, en la realización de los actos procesales a través de medios técnicos asistimos a reformas legales cada vez más usuales debido a la incorporación de las TIC en el proceso. A su vez, la videoconferencia es más frecuente en las leyes procesales, siendo una de las reformas más recientes la que ha tenido lugar por medio de L.O. 8/2021, de 4 de junio, de Protección Integral a la Infancia y a la Adolescencia frente a la Violencia, en la que se reconoce que la declaración de testigos menores de edad o de personas con discapacidad necesitadas de especial protección pueda efectuarse a través de medios técnicos para evitar la confrontación visual con el inculpado. Hay que señalar que la utilización de la tecnología en el proceso, desde un punto de vista legal, se ha incorporado en atención a la eficiencia en la Administración de Justicia, siendo así como se ha reconocido en la ley que es considerada como la principal dentro del marco jurídico de las TIC, esto es, la Ley 18/2011, de 5 de julio, Reguladora del Uso de las Tecnologías de la Información y la Comunicación en la Administración de Justicia. Dicha eficiencia ha sido examinada por la Comisión Europea para la Eficiencia de la Justicia en el informe de evaluación de 2020, para este fin la Comisión no solo ha tomado en consideración el uso de las tecnologías sino una diversidad de elementos presentes en la Administración de Justicia.

1. INTRODUCCIÓN

La Ley 16/1994, de 8 de noviembre supuso una transformación de los medios técnicos en el proceso. En tal sentido, la ley citada introdujo cambios en los recursos técnicos, electrónicos, informáticos y telemáticos en la Administración de Justicia[1]. La modificación legal dio paso a una nueva redacción del art. 230 de la Ley Orgánica del Poder Judicial (en adelante, LOPJ) determinando mecanismos garantizadores para la identificación del órgano, la confidencialidad, privacidad y seguridad de los datos. Asimismo, por medio de estas modificaciones legales, se decidió asegurar la compatibilidad de los sistemas a través de la intervención reglamentaria del Consejo General del Poder Judicial (en adelante, CGPJ), determinándose en su Exposición de Motivos la coexistencia de las aplicaciones informáticas utilizadas en la Administración de Justicia, requiriéndose su aprobación previa por el CGPJ, así como la garantía de su compatibilidad. La finalidad, como se mencionaba en la ley, era lograr la integración y la comunicación, de conformidad con lo previsto por el CGPJ.

Continuando con lo dispuesto en la legislación orgánica y considerando los cambios legales que han tenido lugar con posterioridad, en el modo de realización de los actos procesales, el art. 229.2 LOPJ reconoce el principio de oralidad del procedimiento concediendo su prevalencia en las formas procesales, así como su documentación. Necesariamente, en relación con la forma de los actos procesales, debemos partir de la constitucionalización de los principios del procedimiento, pues el art. 120 de la Constitución (en adelante, CE) dispone la publicidad de las actuaciones judiciales, atendiendo a las excepciones que recojan las leyes de procedimiento. Asimismo, afirma la preeminencia del principio de oralidad "sobre todo en materia criminal" y reconoce la motivación de las sentencias y su pronunciamiento en audiencia pública.

Sin duda, el principio de publicidad está conectado con el principio de oralidad de los actos procesales, además ha de ser reconocido en el art. 24.2 CE donde se contempla el derecho a un proceso público, y a su vez, desde el punto de vista internacional, cabe mencionar los arts. 6 y 14.1 del Convenio Europeo para la Protección de los Derechos Humanos y de las Libertades fundamentales, de 4 de noviembre de 1950 (en adelante CEDH) y del Pacto Internacional de Derechos Civiles y Políticos, de 16 de diciembre de 1966 (en adelante, PIDCP) respectivamente.

Desde luego, el uso de medios técnicos en el proceso se ha de poner en relación directa con los principios procedimentales que de acuerdo con el principio de legalidad inspiran las formas procesales, esto es, el modo de expresión de las actuaciones procesales. Prieto Castro cuando se refería al juicio oral ponía de manifiesto la importancia del principio de publicidad, pues la

---

[1] BONET NAVARRO, J., "Retos de derecho probatorio ante las nuevas tecnologías" en *Inteligencia artificial legal y administración de justicia*, Aranzadi, Pamplona, 2022, pp. 439-451.

vigencia de dicho axioma permite que se pueda conocer la actuación de los tribunales de justicia, asimismo se conocerá el comportamiento de las partes, de tal forma que se ejerce indirecta y psicológicamente una labor de vigilancia de la justicia penal[2]. Por su parte, el principio de oralidad está ligado al de publicidad, de tal manera que para que un procedimiento sea oral no todos los actos procesales han de desarrollarse de manera verbal ante el órgano jurisdiccional, sino que lo decisivo es la fase probatoria. Por ende, podrá defenderse que un procedimiento es oral si los elementos de la sentencia tienen su fundamento en las alegaciones y en los actos probatorios del plenario, por el contrario, el procedimiento estará informado por el principio de escritura si la sentencia dictada en el proceso se funda únicamente en el estado de las actas. A dichos principios habría que sumar el de inmediación debido a que este implica la celebración del juicio y la práctica de las pruebas ante la presencia directa del tribunal, tomando en consideración para el dictado de la sentencia las alegaciones y actos probatorios provenientes de las partes[3].

Desde el punto de vista legal, el art. 229.2 LOPJ también reconoce los principios más arriba expresados (inmediación y publicidad) al disponer que ciertas actuaciones como son: declaraciones, interrogatorios, testimonios, careos, exploraciones, informes, ratificaciones periciales y vistas se realicen ante el tribunal, todo ello bajo el principio de publicidad, excepto en los casos previstos en la ley.

Los principios del procedimiento también se han puesto de relieve en la jurisprudencia de los tribunales de justicia. De este modo el Tribunal Constitucional (en adelante, TC) en la Sentencia 62/1982, de 15 de octubre, declaró que el derecho a un proceso público en materia penal se encuentra reconocido en el art. 11 de la Declaración Universal de Derechos humanos, de 10 de diciembre de 1948; también reconocido en el art. 14 del citado PIDCP y en el art. 6 del también mencionado CEDH. En virtud de los preceptos internacionales y en atención al art. 10. 2 CE, ha concluido que el derecho a un proceso público encuentra unos límites previstos en el derecho internacional. Asimismo, al tratarse de un derecho fundamental la decisión que suponga su restricción ha de estar razonada con el fin de que la persona que resulte afectada conozca el motivo de su limitación.

La jurisprudencia del Tribunal Europeo de Derechos Humanos (en adelante, TEDH) también ha incidido en los principios del procedimiento, en

---

2 PRIETO CASTRO, L., *Derecho Procesal Penal,* Tecnos. Madrid, 1987, pp. 287-292. También en esta línea, CORTÉS DOMÍNGUEZ, V., *Introducción al Derecho Procesal,* Tirant lo Blanch, Valencia, 2021, pp. 245-261.

3 GIMENO SENDRA, V., *Derecho Procesal Civil, Parte General,* Colex, Madrid, 2003, pp. 35 y ss.

particular ha destacado su carácter público, examinando con este fin el art. 6 CEDH. En tal sentido ha declarado que la publicidad protege a las partes de una Administración de Justicia secreta y es uno de los medios para garantizar la confianza ante los juzgados y tribunales (Caso Fejde; Caso Andersson; Caso Helmers y Caso Tierce, entre otros). Asimismo, ha habido otras sentencias anteriores (Caso Axen y Caso Sutter) en las que el TEDH al examinar el art. 6.1 CEDH ha afirmado que para averiguar si hay una vulneración del precepto citado hay que valorar los procedimientos en su totalidad, según el orden judicial interno. También en la importante Sentencia de 26 de mayo de 1988 (Caso Ekbatani) declaró la vulneración del art. 6.1 CEDH por no haberse celebrado audiencia pública en la segunda instancia, debido a que el tribunal superior juzgaba cuestiones de hecho y de derecho, concretamente, debía decidir sobre la inocencia o culpabilidad de la parte apelante. Esta sentencia y otras que tuvieron lugar con posterioridad supusieron un cambio en la jurisprudencia constitucional. Así, en la Sentencia 167/2002, de 18 de septiembre, se puso de manifiesto que los principios de inmediación y contradicción, integrantes del derecho a un proceso con todas las garantías, precisan que el tribunal superior oiga de nuevo a los recurrentes personalmente cuando haya de juzgar de nuevo la inocencia o culpabilidad de los acusados, y tenga que valorar otra vez las declaraciones de primera instancia.

En el uso de la videoconferencia la doctrina europea se ha manifestado de nuevo en la importante Sentencia del TEDH de 5 de octubre de 2006, concretamente en el Caso Marcello Viola c. Italia. En el caso que se comenta, el demandante ante el tribunal se encontraba sometido a un régimen penitenciario al que se le aplicaban restricciones con el exterior, esta situación dio lugar a que participara mediante videoconferencia en los debates de la apelación. Esta situación, en palabras del TEDH, no colocó a la defensa en una situación de desventaja respecto a las demás partes procesales, pudiendo ejercer sus derechos de acuerdo con la noción de juicio justo reconocido en el art. 6 CEDH.

2. LA INCORPORACIÓN DE MEDIOS TÉCNICOS EN LAS LEYES PROCESALES

Las experiencias a través de videoconferencia en las actuaciones procesales han sido limitadas, en particular se han referido a la realización de ciertos actos procesales que han requerido de la presencia del sujeto interviniente, por lo que aún no se ha introducido con plenitud el juicio telemático en los tribunales de justicia. No obstante, hay que apuntar que ante la pandemia (COVID-19) se estableció que la forma telemática fuera el medio preferente para la realización de actos procesales, a través de Real Decreto Ley 16/2020, de 28 de abril, y posteriormente también la Ley 3/2020, de 18 de septiembre, de Medidas Procesales y Organizativas para hacer frente al COVID-19 en el ámbito de la Administración de Justicia, reconoció la forma telemática para la realización de actos procesales.

La Ley de Enjuiciamiento Criminal ha previsto el uso de las tecnologías para la realización de ciertos actos procesales tanto en fase de instrucción como en fase de plenario. En esta línea, el art. 325 de la Ley de Enjuiciamiento Criminal (en adelante, LECRIM) prevé la realización de videoconferencia para la comparecencia del investigado o el encausado, el testigo, perito o sujeto que se encuentre en situación especialmente gravosa, dándose razones de utilidad, seguridad o de orden público. La videoconferencia podrá ser decidida por el juez de oficio o a instancia de parte. Ante esta previsión legal, la utilización de la videoconferencia hoy por hoy es indiscutible[4]. Incluso la utilización de este medio técnico es defendible para disminuir la victimización secundaria en víctimas especialmente vulnerables como pueden ser mujeres, niños o ancianos[5]. A su vez también se prevé la videoconferencia en la fase de juicio oral en el art. 731 bis LECRIM.

Este último precepto ha sido objeto de análisis en la Sentencia del Tribunal Supremo 652/2021, de 22 de julio. En el caso examinado el recurrente había intervenido en el juicio mediante videoconferencia, dándose esta situación durante la pandemia. De acuerdo con lo expresado por el Tribunal Supremo (en adelante, TS) no puede afirmarse que el precepto de la ley procesal antes mencionado sea inconstitucional, ni que se omitieran por el tribunal juzgador los principios de necesidad y proporcionalidad, ni tampoco que su intervención a través de ese medio técnico le ocasionara indefensión. Asimismo, el TS abunda en la cobertura legal de la videoconferencia, en la existencia de una resolución motivada y en cómo la medida fue idónea y su naturaleza excepcional y proporcionada.

Para la ejecución de estas comparecencias virtuales se establece el cumplimiento del principio de contradicción entre las partes y la salvaguarda del derecho a la defensa. De igual modo, el sujeto que comparezca necesitará acreditar su identidad, ofreciéndose legalmente varios modos: remisión, exhibición directa de la documentación, por conocimiento personal o por cualquier otro medio procesal idóneo.

---

4 ARMENTA DEU, T., *Lecciones de Derecho Procesal Penal,* Marcial Pons, Madrid, 2019, pp. 3003-304.

5 Sobre la víctima, véase: ZAFRA ESPINOSA DE LOS MONTEROS, R., *Inteligencia artificia legal y Administración de Justicia,* Aranzadi, Pamplona, 2022, pp. 487-512; PLANCHADELL GARGALLO, A., *Proceso Penal, Derecho Procesal III,* Barcelona, 2022, pp.111-128. Sobre victimización véase: GÓMEZ GARCÍA, L., *Manual de Victimología,* Delta publicaciones, Madrid, 2019, pp. 49-62.

Más recientemente ha habido una modificación en la ley procesal penal a través de la L.O. 8/2021, de 4 de junio, de Protección Integral a la Infancia y a la Adolescencia frente a la Violencia. En dicha ley se dispone la declaración del testigo como prueba preconstituida, realizándose el acto procesal de conformidad con el principio de contradicción y garantizándose el derecho a la defensa. En cuanto a los medios tecnológicos utilizados, el art. 449 bis LECRIM establece la documentación del acto mediante grabación del sonido y de la imagen y también acta sucinta del Letrado de la Administración de Justicia. Igualmente; el art. 449 ter LECRIM dispone que en todo caso el juez ha de acordar la declaración del testigo como prueba preconstituida cuando se trate de un menor de catorce años o de una persona con discapacidad necesitada de especial protección, manteniéndose las garantías propias del plenario. Asimismo, la L.O. 8/2021, de 4 de junio, en su art. 707, permite que las personas menores de edad o con discapacidad puedan declarar mediante videoconferencia evitando así la confrontación visual con el inculpado.

3. MEDIOS TÉCNICOS Y EFICIENCIA PROCESAL

Es reseñable que la Ley 18/2011, de 5 de julio, Reguladora del Uso de las Tecnologías de la Información y la Comunicación en la Administración de Justicia sea considerada como la ley más destacable dentro del marco jurídico de las TIC en la Administración de Justicia. Su preponderancia desde el punto de vista tecnológico se pone de manifiesto en su preámbulo pues afirma la modernidad de la justicia con la finalidad de proteger el derecho a la tutela judicial efectiva (art. 24.1 CE y 14.1 PIDCP). Para esa modernización uno de los elementos más importantes es la incorporación de las nuevas tecnologías en las oficinas judiciales de manera que se incrementen los niveles de eficiencia. Igualmente, la ley, en su preámbulo, expresa el abaratamiento de los costes del servicio público de justicia con las nuevas tecnologías, ofreciendo más confianza y dando lugar a una mayor seguridad.

En suma, el uso de las nuevas tecnologías se hace valer legalmente como un instrumento modernizador que salvaguarda el derecho fundamental a la tutela judicial efectiva, que logra la eficiencia en los juzgados y que abarata el coste de los servicios. Asimismo, el plan de acción E-Justicia ha sido tenido en cuenta legalmente con el objeto de mejorar la eficiencia de los sistemas judiciales a través de la aplicación de las TIC en la gestión de los procesos que se sustancian ante los tribunales[6].

---

6 Sobre la eficiencia de la justicia y el uso de la tecnología, véase: BARONA VILAR, S., "Cuarta revolución industrial (4.0) o ciberindustria en el proceso penal: revolución

En este marco, recientemente, se ha tenido noticia del informe de evaluación de la Comisión Europea para la Eficiencia de la Justicia sobre sistemas judiciales europeos. En cuanto a los resultados sobre el uso de las TIC en España, estos son positivos porque su uso ha sido puntuado por la Comisión Europea para la Eficiencia de la Justicia (en adelante, CEPEJ) con un total 8,94 sobre 10, una puntuación muy superior a la media europea pues esta ha sido de 6.5. También en cifras cabe destacar la tasa de implementación porque igualmente ha superado la media europea, siendo en lo civil de 9,3 puntos; en lo criminal 9,17 y en lo contencioso-administrativo 9,06, cuando la media europea es de: 6,6 (civil) 5,7 (criminal) y 6,1 (contencioso-administrativo)[7].

En cuanto a la eficiencia de nuestro sistema judicial, la CEPEJ concluye que los tribunales españoles alcanzaron los mayores indicadores de eficiencia en la segunda instancia y dentro del orden jurisdiccional penal. En este marco, los tribunales penales parecen ser más rápidos en la segunda instancia, siendo el único orden en el que el tiempo de disposición (DT) está por encima de la media europea. De acuerdo con el informe "todos los casos y categorías de casos parecen verse afectados por la pandemia de COVID-19" siendo los asuntos civiles y mercantiles ante el TS los más afectados. Siguiendo el informe, el DT ha aumentado en todas las categorías en primera instancia y para todos los casos, excepto en el orden jurisdiccional civil en la segunda instancia. También ha aumentado el número de casos entrantes ante el TS en el orden jurisdiccional penal debido a la ampliación del recurso de casación[8].

Si tenemos en cuenta las cifras ofrecidas en el informe observamos que, en general, el sistema judicial español no es capaz de resolver todos los casos que recibe, de manera que el atraso de asuntos va en aumento. Así en lo civil la tasa de resolución es en primera instancia de: 86,3%; en segunda instancia: 116% y en casación 74,7%. En lo criminal, en primera instancia es de 95,1%, en segunda instancia 103% y en casación 74%, es decir, solo está disminuyendo el atasco de asuntos en la segunda instancia, mientras que en la primera instancia y recursos extraordinarios el atraso aumenta. Todo ello a pesar de haber logrado una implementación óptima de las nuevas tecnologías, de acuerdo con las cifras aportadas por la propia Comisión.

Además de los criterios que se acaban de mencionar, el informe también aporta otros datos importantes sobre la eficiencia en el sistema judicial. Así, detalla cuál es el número de jueces profesionales en nuestro país por cada

---

digital, inteligencia artificial y el camino hacia la robotización de la justicia", *Revista Jurídica Digital*, UANDES, 2019, pp. 1-17.

7 Informe sobre la eficiencia de la justicia de 2022 (datos 2020). Abogacía Española. Consejo General (www.abogacía.es).

8 European Judicial Systems CEPEJ Evaluation Report (https://m.coe.int/).

100.000 habitantes, siendo en 2020 11.24, mientras que la media europea es de 17,60. También en relación con el personal no juez España cuenta con 102.69, siendo la media europea de 56,13. En cuanto a los fiscales nos encontramos con 5.37, siendo la media europea de 11,10. Respecto al personal no fiscal tenemos 4.82, por su parte la media europea es de 15,22. En cuanto a los abogados contamos con 303,55 y la media europea es de 134,51. También es destacable, de acuerdo con el informe, que en nuestro país "existe un elevado número de juzgados de primera instancia debido al concepto específico de un juez – un tribunal- que existe en España". Finalmente, se ha de tomar en consideración también, por un lado, la especialización y, de otro, el número de causas penales en primera instancia por cada 100 habitantes en nuestro país. Respecto a lo primero, nos encontramos por debajo de la media europea, ya que la especialización es del 39% y la media europea es del 43%; en cuanto al número de asuntos penales en primera instancia, estamos por encima de la media europea siendo en 2018 de 4,51 y en Europa de 2,43 y en el año 2020 el número fue 3,89, mientras que la media europea ha sido de 2,61.

4. CONCLUSIONES

El proceso considerado desde sus diferentes vertientes, en los distintos órdenes jurisdiccionales, necesita un modo de expresión, es decir, una forma de realización de sus actos procesales; atendiendo de esta manera, en su ejecución, a los principios del procedimiento, todo ello en virtud del principio de legalidad, ya que la libertad de forma no se ha reconocido en nuestro ordenamiento jurídico[9]. Estos principios han sido afirmados en la jurisprudencia de los tribunales de justicia tanto a nivel interno como internacional en cumplimiento de las leyes y los tratados internacionales ratificados por España en materia de derechos humanos[10]. La existencia de estos principios ha de ser observada en los actos procesales que se realizan a través de medios técnicos, como es el uso de la videoconferencia en el proceso.

La introducción de las TIC en las actuaciones judiciales es cada vez más frecuente, especialmente en situaciones extraordinarias. Su incorporación, desde el punto de vista legal, se ha defendido en atención a la eficiencia en la Administración de Justicia, habiéndose examinado recientemente dicha efi-

---

9 MONTERO AROCA, J., *Derecho Jurisdiccional I, Parte General,* Tirant lo Blanch, Valencia, 2012, pp. 292-303.

10 Sobre IA y derechos humanos, véase: MARTÍN DIZ, F., Inteligencia Artificial y proceso: garantías frente a eficiencia en el entorno de los derechos procesales fundamentales, en Justicia: ¿Garantías versus eficiencia? Tirant lo Blanch, Valencia, 2019, pp. 815-826.

ciencia por la Comisión Europea para la Eficiencia de la Justicia, por medio de su informe de evaluación sobre los sistemas judiciales europeos. En este informe se ponen de manifiesto diferentes elementos que se han considerado, siendo las nuevas tecnologías uno de ellos. Su implementación ha sido óptima en España, según el informe, sin embargo, se presentan otros factores muy relevantes para lograr la eficiencia en la Administración de Justicia.

BIBLIOGRAFÍA

ARMENTA DEU, T., *Lecciones de Derecho Procesal Penal,* Marcial Pons, Madrid, 2019, pp. 3003-304.

BARONA VILAR, S., "Cuarta revolución industrial (4.0) o ciberindustria en el proceso penal: revolución digital, inteligencia artificial y el camino hacia la robotización de la justicia", *Revista Jurídica Digital,* UANDES, 2019, pp. 1-17.

BONET NAVARRO, J., "Retos de derecho probatorio ante las nuevas tecnologías" en *Inteligencia artificial legal y administración de justicia,* Aranzadi, Pamplona, 2022, pp. 439-451.

CORTÉS DOMÍNGUEZ, V., *Introducción al Derecho Procesal,* Tirant lo Blanch, Valencia, 2021, pp. 245-261.

European Judicial Systems CEPEJ Evaluation Report (https://m.coe.int/).

GIMENO SENDRA, V., *Derecho Procesal Civil, Parte General,* Colex, Madrid, 2003, pp. 35 y ss.

GÓMEZ GARCÍA, L., *Manual de Victimología,* Delta publicaciones, Madrid, 2019, pp. 49-62.

Informe sobre la eficiencia de la justicia de 2022 (datos 2020). Abogacía Española. Consejo General (www.abogacía.es).

MARTÍN DIZ, F., Inteligencia Artificial y proceso: garantías frente a eficiencia en el entorno de los derechos procesales fundamentales, en Justicia: ¿Garantías versus eficiencia? Tirant lo Blanch, Valencia, 2019, pp. 815-826.

MONTERO AROCA, J., *Derecho Jurisdiccional I, Parte General,* Tirant lo Blanch, Valencia, 2012, pp. 292-303.

PLANCHADELL GARGALLO, A., *Proceso Penal, Derecho Procesal III,* Barcelona, 2022, pp.111-128.

PRIETO CASTRO, L., *Derecho Procesal Penal,* Tecnos. Madrid, 1987, pp. 287-292. ZAFRA ESPINOSA DE LOS MONTEROS, R., *Inteligencia artificia legal y Administración de Justicia,* Aranzadi, Pamplona, 2022, pp. 487-512.

Capítulo LI:

La digitalización de la cooperación judicial y del acceso a la Justicia en los asuntos transfronterizos: referente para la digitalización de los sistemas judiciales nacionales[1]

ÁNGEL TINOCO PASTRANA
Profesor Titular de Derecho procesal.
Universidad de Sevilla

Sumario: 1. Introducción. La proactividad de la Unión Europea. 2. El contraste: la situación española. 3. El futuro Reglamento para digitalización de la cooperación judicial y del acceso a la Justicia en asuntos transfronterizos civiles, mercantiles y penales. 4. Conclusiones.

Resumen: La Unión Europea está llevando a cabo importantes acciones en materia de digitalización y modernización de la cooperación judicial en materia civil y penal y de los sistemas judiciales de los Estados. La implementación de sistemas informáticos seguros e interoperables para la realización de los actos procesales, constituye un importante motor para la transición digital en los sistemas judiciales nacionales, con instrumentos como e-CODEX. En la construcción del ecosistema procesal digital europeo en el Espacio de Libertad, Seguridad y Justicia, encontramos iniciativas legislativas avanzadas, como la propuesta de Reglamento para la digitalización de la cooperación judicial y del acceso a la Justicia en asuntos transfronterizos civiles, mercantiles y penales. La realización de actos procesales de forma telemática y la implementación de mecanismos como la videoconferencia o tecnología similar, constituye un relevante modelo a tener en cuenta. El futuro Reglamento resuelve problemáticas análogas a las que pretendía resolver el Proyecto de Ley de Eficiencia Digital, respondiendo al menos parcialmente, a un contexto

---

1 ORCID ID: https://orcid.org/0000-0002-6622-9030. El presente trabajo se ha realizado en el marco del Proyecto de Investigación "El Derecho Procesal Civil y Penal desde la perspectiva de la Unión Europea: la consolidación del Espacio de Libertad, Seguridad y Justicia (CAJI)", Proyecto I+D+i PID2021-124027NB-I00, Agencia Estatal de Investigación, Ministerio de Ciencia e Innovación. Este capítulo fue redactado en septiembre de 2023, antes de la promulgación del Reglamento (UE) 2023/2844 (DOUE L de 27 de diciembre de 2023, ELI: http://data.europa.eu/eli/reg/2023/2844/oj) y del Real Decreto-ley 6/2023, de 19 de diciembre (BOE de 20 de diciembre de 2023, nº 303, ELI: https://www.boe.es/eli/es/rdl/2023/12/19/6/con), entre otros actos legislativos relacionados.

similar. Una futura regulación española para la realización de los actos procesales de forma electrónica, del expediente y documento judicial electrónico, no puede estar al margen del inminente Reglamento, debiendo considerar los estándares de protección de garantías procesales que establezca. En conclusión, la realidad cortoplacista en gran medida, estará definida por una modernizada legislación europea en materia de digitalización judicial, que contrastará con la existe en nuestro país, lo cual podrá servir como motor para la digitalización de nuestra Justicia, entre otras cuestiones que abordaremos.

1. INTRODUCCIÓN. LA PROACTIVIDAD DE LA UNIÓN EUROPEA

En este trabajo se abordan las recientes y relevantes iniciativas del legislador europeo para la digitalización y modernización de los sistemas judiciales en la Unión Europea (UE) y su repercusión en la digitalización de la Justicia en el ámbito interno. Los avances en materia de digitalización de la cooperación judicial y del acceso a la Justicia en los asuntos transfronterizos, constituyen un contexto que tendrá una clara influencia en la modernización y eficiencia de los sistemas nacionales, pudiendo además ostentar el papel adicional de servir de paradigma para su efectiva digitalización. Se integra en el acervo normativo de la UE para la construcción del Derecho procesal europeo, superándose el concepto de *cross-fertilization.* No se puede entender ni menos aún conseguir el objetivo de la digitalización de los sistemas judiciales internos, al margen el contexto europeo, sus innovaciones y salvaguardas de las garantías procesales, entre otras cuestiones. Son numerosos los actos e iniciativas legislativas recientes en la materia, como el Reglamento (UE) 2022/850, relativo al sistema informatizado para el intercambio de datos, "sistema e-CODEX", instrumento fundamental para la arquitectura digital de la cooperación judicial[2], que se integra en otros instrumentos como el futuro Reglamento que nos ocupa.

La Comisión Europea adoptó el 1 de diciembre de 2021 tres iniciativas legislativas para digitalizar los sistemas judiciales en la Unión Europea[3]. La UE

---

2 *Cfr.* CARRERA, S., MITSILEGAS, V. y STEFAN, M.: *Criminal Justice, Fundamental Rights and the Rule of law in the Digital Age. Report of a CEPS and QMUL Task Force*, CEPS, Bruselas, 2021, pp. 47-50.

3 *Vid.* https://ec.europa.eu/commission/presscorner/detail/es/ip_21_6387. Estas propuestas responden a las prioridades determinadas en la "Comunicación sobre la digitalización de la Justicia" y la "Estrategia sobre la formación judicial europea" de diciembre de 2020, pilares fundamentales de las iniciativas para la modernización de los sistemas judiciales en la UE. Forman parte integrante de la política de la UE "Un futuro digital para Europa", de la "Estrategia digital de la Unión Europea", de la "Década digital de Europa 2030", del Programa "Europa digital 2021-27" y de la denominada "Brújula digital", lo cual refleja la importancia de esta materia en la UE.

es plenamente consciente de que la Administración de Justicia no puede estar al margen de la revolución tecnológica que existe en todos los sectores y de que la digitalización de la Administración de Justicia constituye una gran asignatura pendiente. Se trata por un lado, de la propuesta de Reglamento del Parlamento Europeo y del Consejo, sobre la digitalización de la cooperación judicial y del acceso a la Justicia en asuntos transfronterizos civiles, mercantiles y penales (PRD), cuya importancia se refleja en la rapidez de su tramitación legislativa, encontrándose en la actualidad en fase de negociaciones interinstitucionales y a la espera de la posición del Parlamento en primera lectura, prevista para el 20 de noviembre de 2023[4]. Este inmediato Reglamento regula relevantes actuaciones procesales telemáticas, como veremos y, junto con la correlativa Directiva, constituirán una realidad que en gran medida supondrá un punto de inflexión, con un indudable reflejo y repercusión en los sistemas nacionales de los Estados miembros.

Las otras dos iniciativas relativas a la digitalización de los sistemas judiciales adoptadas por la Comisión Europea en diciembre de 2021, se centran en el ámbito penal y en la finalidad de la lucha eficaz contra el terrorismo y otras formas de delincuencia transfronteriza grave, lo cual pone de manifiesto que, en el Espacio de Libertad, Seguridad y Justicia (ELSJ), el dogma seguridad continúa ostentando una posición predominante. Nos referimos a la propuesta de Reglamento del Parlamento Europeo y del Consejo, para el intercambio de información digital en casos de terrorismo, que digitalizará la comunicación entre Eurojust y las autoridades de los Estados a través de un canal moderno y seguro, que sustituya a los actuales métodos inseguros y anacrónicos, cuyo procedimiento legislativo ya está concluido con la reciente firma del acta final el pasado 4 de octubre, estando únicamente a la espera de la publicación del nuevo Reglamento en el DOUE[5]. También nos referimos a la iniciativa legislativa que ya ha culminado con la promulgación del Reglamento (UE) 2023/969 del Parlamento Europeo y del Consejo de 10 de mayo de 2023, por el que se establece una plataforma de colaboración en apoyo del funcionamiento de los equipos conjuntos de investigación, que entró en vigor el pasado 6 de junio de 2023[6]. El diseño, desarrollo y mantenimiento de la plataforma, corresponderá a eu-LISA, Agencia de la Unión Europea para

---

4 Bruselas, 1.12.2021 COM (2021) 759 final, 2021/0394 (COD), propuesta acompañada de la correlativa propuesta de Directiva para modificar los actuales instrumentos de reconocimiento mutuo y otros relativos al acceso a la Justicia en asuntos transfronterizos.

5 Bruselas, 1.12.2021 COM(2021) 757 final 2021/0393 (COD).

6 Crea un sistema de comunicación electrónica segura entre los miembros y participantes en un equipo conjunto de investigación, como Eurojust, Europol y OLAF, permitiendo además el intercambio de información y pruebas y establece un mecanismo de registro avanzado para rastrear toda intervención en la prueba que se comparta.

la Gestión Operativa de los Sistemas Informáticos de Gran Magnitud en el ELSJ, creada por el Reglamento (UE) 2018/1726. Esta Agencia ostenta un papel fundamental en el ámbito de la digitalización de la cooperación judicial, como se refleja en que actualmente está asumiendo el traspaso íntegro de la gestión operativa e-CODEX, lo cual deberá culminarse en el segundo semestre de 2023 (art. 10.4 Reglamento e-Codex).

2. EL CONTRASTE: LA SITUACIÓN ESPAÑOLA

La relevante, proactiva y fértil actividad legislativa de la UE en materia de digitalización y modernización de la Justicia, contrasta con la situación existente en nuestro país, además de con la "timidez" de nuestro legislador, a pesar de los objetivos o "propósitos" del Plan de Trabajo Justicia 2030, "Plan de Recuperación, Transformación y Resiliencia para el Servicio Público de Justicia". Comprobamos como en sus tres objetivos, el acceso al ejercicio de derechos y libertades, la eficiencia del Servicio Público de Justicia y contribuir a la sostenibilidad y la cohesión, la digitalización de la Justicia constituye un ítem transversal, por tanto, un elemento estructural fundamental e imprescindible. No obstante, cuestiones tales como la efectiva implantación de la nueva oficina judicial, que lleva pendiente desde hace años como tantas otras, reflejan que la modernización de la Justicia en nuestro país, que padece graves problemas endémicos y estructurales, constituye una cuestión candente desde hace lustros que parece ser la gran olvidada por el Estado e incluso un objetivo imposible. Está por ver si los objetivos de Justicia 2030, constituyen o no una "declaración de intenciones" y si la dotación presupuestaria y la propia voluntad del Estado son suficientes. Por ello es tan importante la transformación digital de la Justicia propugnada desde la UE, que consideramos es la gran impulsora y leitmotiv de la transición digital de la Justicia en nuestro país, que además aporta los fondos Next Generation para Justicia 2030. Son múltiples los factores que dificultan la efectiva implementación de la digitalización de la Justicia, tales como la proliferación de diversos sistemas informáticos para la gestión de los asuntos en las diversas Comunidades Autónomas, siendo escépticos sobre si la cogobernanza propugnada en Justicia 2030, pudiera ser viable en un ámbito donde la homogeneidad e interoperabilidad son fundamentales.

Por ello, consideramos que, para la efectiva modernización, eficiencia y digitalización de nuestra Administración de Justicia, la actividad del legislador europeo y, por tanto, la futura digitalización en el ámbito de la cooperación judicial y del acceso a la Justicia, ostentará un papel fundamental. Pero no se puede propugnar el dogma o paradigma de la digitalización como la panacea y la fórmula para solventar todos los problemas que padece la Administración de Justicia, se pueden implementar útiles herramientas telemáticas que mejoren la tramitación de los procedimientos y el acceso a la Justicia, sin necesidad de soslayar principios fundamentales como la inmediación y publicidad de las actuaciones, por lo que no podemos ser defensores de una digitalización a ultranza que abarque la totalidad de las actuaciones procesales. De hecho, se han manifestado críticas respecto a la generalización de la celebración de las vistas de forma telemática en el proceso civil o a que la propugnada eficiencia procesal realmente tenga el efecto no deseado de comprometer la efectiva tutela jurisdiccional de los derechos, dificultándose el acceso al proceso, suprimiéndose actos procesales, introduciéndose la celebración telemática de las vistas[7] a través de videoconferencia o potenciándose los MASC[8].

Tanto en el ámbito europeo como en el nacional, observamos problemáticas comunes que impulsan la digitalización de la Justicia, tales como el limitado progreso en esta materia, que contrasta con el existente en otros ámbitos de la vida y la situación generada por la pandemia COVID-19, que observamos que en gran medida ha sido la gran detonante de las iniciativas europeas y nacionales en esta materia, al evidenciar la necesidad de conseguir la resiliencia de los sistemas judiciales en situaciones críticas, lo cual constituye un principio del Estado de Derecho. La UE ha puesto de manifiesto que es necesario un enfoque holístico para que el Espacio Europeo de Justicia sea resiliente y se protejan los derechos fundamentales, entre otras cuestiones, con problemáticas comunes tales como la necesidad de afrontar la denominada "brecha digital". Como ha resaltado la Comisión Europea, no todos los Estados han progresado del mismo modo en materia de digitalización de la Justicia, aunque estén trabajando en ello, considerándose dicha digitalización como uno de los "motores clave" de la política de la UE, junto con la independencia judicial[9]. La UE como gran impulsora de la transición digital de la Justicia, pondrá

---

7 *Cfr.* RICHARD GONZÁLEZ, M.: "Elogio del juicio oral (presencial) escrito por un profesor partidario del uso de la tecnología en el sistema judicial", Diario La Ley, nº 9654, 2020, pp. 16-17. Si bien las nuevas tecnologías presentan relevantes ventajas, en modo alguno es equiparable un juicio oral virtual al de carácter presencial.

8 En este sentido, *vid.* las críticas vertidas sobre la reforma del proceso civil por BANACLOCHE PALAO, J.: "Las reformas en el proceso civil previstas en el Anteproyecto de Ley de Medidas de Eficiencia Procesal: ¿una vuelta al pasado?", Diario La Ley, nº 9814, 2021, pp. 1-2 y 6, entre otras.

9 Sobre la resiliencia de los sistemas judiciales, el impacto de la COVID-19 y las cuestiones referidas *cfr.* https://ec.europa.eu/commission/presscorner/detail/es/ip_21_6387, *vid.* además el Informe inicial de Evaluación de Impacto de la Comisión sobre la PRD, apartados "Definición del Problema" y "Objetivos Generales", pp. 8 y 21 y, análogamente el Proyecto de Ley de Medidas de Eficiencia Digital, aptdo. II de la Exposición de Motivos.

a disposición de los Estados sistemas informáticos[10] que podrán utilizar, lo cual evitará una excesiva fragmentación y facilitará la interoperabilidad.

En el Proyecto de Ley de Medidas de Eficiencia Digital del Servicio Público de Justicia de 2022[11] (PLED), son numerosas las referencias al marco de la UE, como por ejemplo en el sistema de identificación seguro en procedimientos o actuaciones realizadas a través de videoconferencia, donde se podrá aplicar tanto la regulación nacional como de la UE (art. 23.1), en las comunicaciones transfronterizas en la cooperación jurídica internacional, respecto a las que el Ministerio de Justicia tendrá que garantizar que el servicio o aplicación común como nodo para las comunicaciones transfronterizas, garantice la interoperabilidad en el marco de la UE conforme a su acervo normativo (arts. 4.1,o) y 55.1), en la interoperabilidad de los datos abiertos del Portal de datos de la Administración de Justicia con el Portal de datos de la UE (art. 87) o respecto a que las aplicaciones desarrolladas por las Administraciones con competencia en materia de Justicia, puedan ser declaradas como de "fuentes abiertas", supuesto en el que se publicarán con Licencia pública de la UE (art. 100.2). Y ello al margen de las importantes simetrías que observamos existen entre el referido PLED y la PRD, al igual que con el Reglamento e-CODEX, en cuestiones tales como el punto de acceso general de la Administración de Justicia (art. 12 PLED), respecto al punto de acceso electrónico europeo (art. 14 PRD), si bien en el PLED se contempla la relación electrónica con la Administración de Justicia como obligatoria para determinadas personas y, en la PRD se concibe como algo facultativo, sin que ello repercuta sobre la forma en la que las personas se comuniquen con las autoridades nacionales conforme al Derecho interno (considerando 19 Preámbulo PRD). Tanto el PLED como la PRD versan sobre el acceso digital a la Justicia y regulan profusamente el documento procesal electrónico y las comunicaciones digitales. Una cuestión fundamental común a las iniciativas nacionales y europeas, estriba en la importancia de la ciberseguridad, cuestión de la que se ocupa el PLED

---

10 Ejemplo de ello lo encontramos en el punto de acceso e-CODEX alojado en el punto de Acceso General de la Administración de Justicia, para el intercambio de órdenes europeas de investigación y sus correspondientes pruebas, implantado en la UCIF y en el Juzgado Central de Instrucción nº 5 de la Audiencia Nacional o en el propio sistema e-EDES proporcionado por la Comisión para los Estados que no hayan desarrollado sistemas nacionales para la digitalización de la cooperación judicial y del acceso a la Justicia, que se utiliza en nuestro país en el ámbito de la orden europea de investigación y la asistencia mutua, entre otros.

11 Del mismo modo, en los otros dos Proyectos de 2022, el Proyecto de Ley de medidas de eficiencia procesal del servicio público de Justicia y el Proyecto de Ley Orgánica de eficiencia organizativa del servicio público de Justicia, la digitalización de las actuaciones procesales ostenta un protagonismo esencial, aspecto que, en gran medida, constituye un elemento transversal fundamental para la reforma de la Justicia.

creando, entre otros órganos, el Centro de Operaciones de Ciberseguridad de la Administración de Justicia (arts. 96 y 99). Este extremo en el marco europeo ostenta un papel prioritario, como se refleja entre otros instrumentos, en la "Resolución sobre la estrategia de ciberseguridad de la UE para la década digital" adoptada por el Parlamento en junio de 2021, en el Reglamento (UE) 2019/881 relativo a ENISA (Agencia de la Unión Europea para la Ciberseguridad) y en la aprobación el 7 de marzo de 2023, del Reglamento (UE) 2023/588, por el que se establece el Programa de Conectividad Segura de la Unión para el período 2023-2027 (IRIS)[12]. De cualquier forma, antes llegará la digitalización en materia de cooperación judicial y del acceso a la Justicia en la UE que en el ámbito del Derecho interno, pues como hemos visto, la tramitación legislativa de la propuesta de Reglamento está prácticamente concluida, por contraste a la situación española dado que la tramitación legislativa del PLED, decayó con la disolución de las Cortes Generales en mayo de 2023.

3. EL FUTURO REGLAMENTO PARA DIGITALIZACIÓN DE LA COOPERACIÓN JUDICIAL Y DEL ACCESO A LA JUSTICIA EN ASUNTOS TRANSFRONTERIZOS CIVILES, MERCANTILES Y PENALES

Este inmediato Reglamento de carácter horizontal y la correlativa Directiva, modifican los actuales instrumentos de reconocimiento mutuo además de otros de diversa naturaleza, habiéndose concebido además para que tenga un impacto directo en los ordenamientos de los Estados miembros. En primer lugar, favorecerá que las partes puedan comunicarse directamente con las autoridades judiciales a través de medios electrónicos y ejercitar acciones en otro Estado miembro, salvo en lo regulado en la normativa sobre la notificación y traslado de documentos. En segundo lugar, permitirá que se puedan celebrar vistas orales a través de videoconferencia, con fines diferentes a la obtención de pruebas en asuntos civiles y mercantiles (ello se regula por el Reglamento (UE) 2020/1783), para que los procedimientos sean más rápidos y menos itinerantes. En tercer lugar, permitirá que se puedan transferir solicitudes, do-

---

12 Al respecto, https://www.consilium.europa.eu/es/press/press-releases/2023/03/07/secure-space-based-connectivity-programme-council-gives-its-final-approval/. El Reglamento IRIS contribuye a la transición digital de la UE y a la estrategia de puerta de enlace global de la UE, con tecnologías de cifrado avanzado como la criptografía cuántica, con la finalidad de garantizar servicios de comunicación rápidos y seguros incluso cuando las redes de comunicación terrestres se han visto interrumpidas. Todo ello refleja la importancia de la fortaleza, resiliencia y mejora continua de la arquitectura digital de la UE.

cumentos y datos de forma digital entre autoridades competentes, acabando con el uso del papel.

Se establece un sistema informático descentralizado compuesto por los sistemas de los Estados Miembros y los órganos u organismos de la UE y por los puntos de acceso interoperables (art. 3 PRD), canal electrónico seguro basado en e-CODEX (considerando 6 PRD). No se ha optado por un sistema centralizado de la UE, al ser complicado justificarlo desde la perspectiva de los principios de subsidiariedad y proporcionalidad, como se destaca en la Evaluación inicial de Impacto, por lo que los Estados podrán utilizar sus propios sistemas informáticos, si bien los tendrán que modernizar e interconectar[13]. No obstante, la Comisión creará y mantendrá un sistema informático de referencia que de forma gratuita los Estados podrán utilizar en lugar del nacional (art. 13 PRD), lo cual sin duda además de reducir costes, permitirá una más ágil y homogénea gestión de los asuntos. De todos modos, la creación por los Estados de un canal digital requiere inversiones para que interactúe con e-CODEX, lo cual tendrá una positiva repercusión en la digitalización a escala nacional.

La utilización por las personas físicas y jurídicas del punto de acceso electrónico europeo, para comunicarse con las autoridades judiciales y realizar actos procesales en materia civil y mercantil, será facultativa, siendo necesario que lo consientan expresamente. Dicho punto de acceso, con cuyos gastos correrá la Comisión, forma parte del sistema informático descentralizado que deberá alojarse en el portal e-Justice, sirviendo como ventanilla única (art. 4 PRD). Sin embargo, la comunicación digital será obligatoria entre órganos jurisdiccionales y autoridades competentes, que tendrán que aceptar la comunicación electrónica de personas físicas y jurídicas, conforme al Reglamento eIDAS. La digitalización del acceso a la Justicia en los asuntos transfronterizos, reducirá los costes de los procesos, al igual que su duración[14]. Pero estimamos que estas facilidades, pueden conllevar el riesgo de que se "incentive" litigar

---

13 *Cfr.* KRAMER, X.: "Digitising access to justice: the next steps in the digitilisation of judicial cooperation in Europe", Revista General de Derecho Procesal, nº 56, 2002, p. 6. La Comisión Europea considera que dejar que los Estados miembros desarrollen sus propias soluciones informáticas nacionales conduce a la fragmentación y al riesgo de incompatibilidad. La Comisión parece "cojear" un poco entre la necesidad de cooperación judicial en casos transfronterizos y la necesidad inherente de mejorar la digitalización de la Justicia a nivel nacional lo cual, dada la base legislativa del Reglamento, no es difícil que cree cierta fricción.

14 Dichos beneficios contrastan con el reducido coste de su implantación, cifrado en unos 300.000 € anuales por cada Estado, como se refleja en las "Repercusiones presupuestarias" incorporadas en la Propuesta de Reglamento publicada por la Comisión Europea en diciembre de 2021.

transfronterizamente y se incremente el volumen de asuntos, por lo que no se debe hacer una "foto fija" de la litigiosidad transfronteriza actual.

Como decíamos, en primer lugar, se permitirá la incoación electrónica de procedimientos judiciales transfronterizos y la comunicación digital de las partes con las autoridades judiciales en materia civil y mercantil, además del pago electrónico de tasas (art. 4 y 9 PRD), lo cual se establece de forma facultativa para evitar que se amplíe la "brecha digital".

En segundo lugar, se permitirá la audiencia a través de videoconferencia o tecnología análoga, con un tratamiento diferente en los asuntos civiles y mercantiles, respecto a los penales (arts. 7 y 8 PRD). No obstante, ésta constituye la innovación respecto a la que tenemos mayores recelos, sobre todo en materia penal, dado que puede repercutir en la tutela judicial efectiva. Con carácter general se trata de algo facultativo que en el proceso penal requiere el expreso consentimiento del investigado, acusado o condenado y cuando un menor participe, se informará a los titulares de la patria potestad, decidiendo la autoridad conforme al interés superior del menor. No se trata de utilizar la videoconferencia a efectos de obtención de prueba, ni de celebración de juicios que puedan dar lugar a una resolución sobre la culpabilidad o inocencia de un acusado (precisión introducida por el Consejo), sino para la audiencia de las partes[15]. Pero sin duda alguna, la videoconferencia o tecnología análoga, repercute en la inmediación judicial y afecta a importantes rasgos de la comunicación tanto verbal como no verbal que podrían perderse. A veces son tímidas las fronteras que delimitan la audiencia de las partes de la fuente de prueba o de la posibilidad de que conlleve la absolución o condena, pues constituye un acto procesal que puede repercutir en la convicción judicial. Además, en el proceso penal la audiencia por este medio podría conllevar la adopción de una medida cautelar de carácter personal. Ello puede afectar de forma clara tanto a la inmediación judicial como al principio de audiencia o contradicción. Consideramos que la audiencia electrónica deberá celebrarse conforme al principio de proporcionalidad, ponderando el sacrificio de los derechos afectados con los fines que se pretenden conseguir. Una visión puramente de "economía procesal", puede dañar severamente el derecho fundamental a la tutela judicial efectiva.

---

15 En España la perspectiva es diferente. Destaca MAGRO SERVET, V.: "Optimización del uso de la videoconferencia en la Ley de medidas de eficiencia procesal del servicio público de justicia", Práctica de Tribunales, nº 159, 2022, pp. 3, 5 y 6, que se potencia la videoconferencia para todos los órdenes jurisdiccionales, permitiéndose para la práctica de la prueba e incluso, estableciéndose de oficio respecto a la declaración de las víctimas de violencia de género, violencia sexual, trata de seres humanos y menores de edad o con discapacidad.

No obstante, a pesar de no ser obligatorio para las partes, salvo la precisión introducida por el Consejo relativa a que podrá no ser necesario el consentimiento del investigado, acusado o condenado si la persona supusiera una amenaza contra la seguridad o salud pública (art. 8.1,c) PRD), nos planteamos si la videoconferencia debería ser excepcional ante supuestos extraordinarios e incluso limitarla a asuntos de menor magnitud como los civiles y mercantiles de escasa cuantía y a los penales que constituyan la denominada "criminalidad de bagatela".

Destacamos que si bien la instauración de mecanismos de digitalización en la cooperación judicial en materia de comunicación, registro y almacenamiento de información, posee gran relevancia como útiles herramientas que facilitan y mejoran la cooperación judicial y el acceso a la Justicia, hay que evitar que ello conlleve una reducción de garantías procesales; no hay que olvidar que la digitalización no es la panacea y la importancia de preservar las garantías.

En tercer lugar, se introduce la transmisión digital de solicitudes, documentos y datos entre las autoridades nacionales competentes y los órganos u organismos de la UE, de forma obligatoria y salvo imposibilidades técnicas (art. 3 PRD), lo cual sin duda requiere una valoración muy positiva. No obstante, estimamos que es necesaria la propia ordenación, interoperabilidad e incluso "codificación", de los sistemas y herramientas digitales en el ELSJ, conforme a la arquitectura del sistema e-CODEX, además de la resiliencia del sistema, la transmisión digital segura, los mecanismos de verificación y autenticación, la protección de la cadena de bloques, la propia cadena de custodia digital y la prevención de ciberataques. La transmisión digital segura constituye una mejora considerable, permitiendo una más ágil y sencilla comunicación entre las autoridades y la cumplimentación de los Anexos u Órdenes de los diversos instrumentos e incluso su propia traducción. Como señaló la Comisión, en la actualidad la comunicación entre autoridades se realiza exclusivamente de forma impresa, suponiendo el canal electrónico un ahorro de tiempo además de económico cifrado en unos veinticinco millones de euros anuales.

4. CONCLUSIONES

Si bien a medida que hemos ido tratando las diversas instituciones objeto de este trabajo se han ido incorporando las respectivas conclusiones, a modo de reflexiones finales observamos que la UE constituye un actor fundamental para la modernización y digitalización de la Justicia en los Estados, creando un marco normativo que regula las actuaciones telemáticas de forma ágil y garantista, que tendrá un relevante impacto en los sistemas nacionales, además de poner a disposición de los Estados útiles herramientas informáticas concebidas *ad hoc.* En este ámbito es fundamental la homogeneidad e interoperabilidad de los sistemas informáticos, además de cuestiones como la seguridad, resiliencia y confiabilidad de los mismos. Si bien existen problemáticas comunes y análogas a las que responder tanto a nivel europeo como nacional, la UE posee un marco legislativo con un desarrollo cualitativo y cuantitativo sustancialmente superior al existente en España. Por razones obvias, antes verá la luz el Reglamento sobre la digitalización de la cooperación judicial y del acceso a la Justicia en asuntos transfronterizos, que las "decaídas" reformas españolas, lo cual supone que existirá un marco específico europeo que tendrá que tener en cuenta el legislador español. De todos modos, la digitalización a ultranza no está justificada sin considerar su repercusión en el respeto de las garantías procesales y en principios como la inmediación judicial y la audiencia o contradicción. En este sentido, consideramos que el futuro Reglamento quizá es más garantista que el PLED, tratando por ejemplo la "delicada" audiencia a través de videoconferencia de una forma más proporcionada, poniendo de manifiesto que es posible avanzar en la digitalización de las actuaciones procesales preservando el sistema de garantías y abordando claramente la cuestión de la "brecha digital", realidad que no debe olvidarse, máxime estando en juego la propia tutela judicial efectiva.

BIBLIOGRAFÍA

BANACLOCHE PALAO, J.: "Las reformas en el proceso civil previstas en el Anteproyecto de Ley de Medidas de Eficiencia Procesal: ¿una vuelta al pasado?", Diario La Ley, nº 9814, 2021.

CARRERA, S., MITSILEGAS, V. y STEFAN, M.: *Criminal Justice, Fundamental Rights and the Rule of law in the Digital Age. Report of a CEPS and QMUL Task Force*, CEPS, Bruselas, 2021.

KRAMER, X.: "Digitising access to justice: the next steps in the digitilisation of judicial cooperation in Europe", Revista General de Derecho Procesal, nº 56, 2002.

MAGRO SERVET, V.: "Optimización del uso de la videoconferencia en la Ley de medidas de eficiencia procesal del servicio público de justicia", Práctica de Tribunales, nº 159, 2022.

RICHARD GONZÁLEZ, M.: "Elogio del juicio oral (presencial) escrito por un profesor partidario del uso de la tecnología en el sistema judicial", Diario La Ley, nº 9654, 2020.